惠来史略

上卷

本书编委会 编

羊城晚报出版社
·广州·

图书在版编目（CIP）数据

惠来史略：上、下卷 / 本书编委会编. -- 广州：羊城晚报出版社，2024. 9. -- ISBN 978-7-5543-1345-9

Ⅰ．K296.54

中国国家版本馆 CIP 数据核字第 2024EY7702 号

惠来史略：上卷
Huilai Shilüe: Shangjuan

责任编辑	王晓娜　杨映瑜
责任技编	张广生
装帧设计	友间文化
出版发行	羊城晚报出版社
	（广州市天河区黄埔大道中309号羊城创意产业园3-13B　邮编：510665）
	发行部电话：（020）87133053
出 版 人	陶　勇
经　　销	广东新华发行集团股份有限公司
印　　刷	广州市岭美文化科技有限公司
规　　格	787毫米×1092毫米　1/16　印张87　字数160万
版　　次	2024年9月第1版　2024年9月第1次印刷
书　　号	ISBN 978-7-5543-1345-9
定　　价	760.00元（上、下卷）

版权所有　违者必究（如发现因印装质量问题而影响阅读，请与印刷厂联系调换）

编委会

策　划： 魏洁林

主　编： 肖辉生

编委会办公室

主　任： 黄镇城

副主任： 黄烈生　陈合辉　黄裕兴　叶宏桂

撰　稿： 叶宏桂

编辑人员（按姓名笔画）：

方　铄　方元雄　方永汉　方伟林　方彦权　方琼英　吴林钰　张子仪

陈金松　陈荣辉　林俊泓　高子烁　唐少华　黄　鹏　黄泽立　黄政国

黄绿蓝　詹太鹏　詹腾辉　蔡振顺　熊秋婷

参与审稿： 林　娟　张佳宇　谢振汉　胡松海

　　　　　　黄镇清（特邀）　罗海平（特邀）　林锡彬（特邀）

序

修史明志，鉴往知来。经过编纂团队两年多的辛勤努力，在惠来建县五百周年之际，《惠来史略》付梓在即，这是一项很有意义的工作，可喜可贺！

习近平总书记强调，不忘历史才能开辟未来，善于继承才能善于创新。在五百年承前启后、继往开来的历史交会点上，编辑出版这样一套史书，对于我们更好地了解惠来悠久历史，从各个时期发展进程中总结和汲取经验，以惠来建县五百周年为新起点新动力，汇聚更加磅礴的前行力量，加快推动惠来争创全国经济百强县、当好全省"百千万工程"典型县的新蓝图变为实景画，具有重要意义。

《惠来史略》共有上、下两卷，分为建置、管理机构、人口、经济、教育、文化、军事、民情风俗八篇共四十九章，坚持以史为据、依史寻源，以纪实的手笔，能详则详，该简则简，系统介绍了惠来历史变迁、政治活动、经济发展、风土人情等，全面再现了惠来人民艰苦奋斗的发展创业史、荡气回肠的战天斗地史、矢志不渝的追求幸福史，不仅记载着惠来很不平凡的过去，也映衬着惠来非同凡响的今天，更昭示着惠来辉煌灿烂的明天。

当前，中国特色社会主义建设已经进入新时代，在中国共产党的坚强领导下，惠来干部群众众志成城、争先创优，加力提速将惠来推向全市经济发展的舞台中央，成为揭阳产业强市的主战场和广东沿海经济带东翼的重要增长极，全面开启中国式现代化建设新征程。在此，我们感谢每一位为惠来经济社会发展付出汗水、作出贡献的参与者。面向未来，我们将团结惠来150万父老乡亲，更加担当使命、奋发有为，把人民对美好生活的向往作为奋斗目标，奋力推动惠来实现新跨越。故以此为序。

2024年9月

目录

大事记

一、明代 / 001

二、清代 / 004

三、中华民国 / 009

四、中华人民共和国 / 020

第一编　建　置

第一章　惠来县的前身——海宁县 / 088

第一节　海宁县历史沿革有关记载 / 088

一　嘉庆重修《一统志》关于晋代海宁县沿革的记载 / 089

二　嘉庆重修《一统志》关于"海宁故城"和"千秋镇"的记载 / 090

三　嘉庆重修《一统志》关于"龙溪山"和"海宁岭"的记载 / 091

第二节　海宁县县治千秋镇 / 091

一　古代千秋镇 / 091

二　军事重镇 / 092

三　关于宋帝昺的记载和传说 / 092

四　历代志书收录关于千秋镇的吟咏 / 093

第三节　历代关于海宁县的论述和考证 / 094

一　饶宗颐《海宁考》 / 094

二　蔡起贤《海宁——惠来考》 / 096

第二章 惠来县诞生和得名 / 098

第一节 惠来置县 / 098

一 设置惠来县起因 / 099

二 惠来置县时间考证 / 100

三 为设县奔波的东陇乡绅方宗珙和船场里张天保 / 102

第二节 惠来得名 / 103

一 惠来都的设置 / 103

二 "惠来"得名 / 104

第三章 惠来的疆域都鄙 / 106

第一节 明清时期都鄙设置情况 / 106

一 郭春震《潮州府志》"卷八·杂志·村名" / 106

二 康熙二十六年《惠来县志》记载 / 107

三 雍正八年《惠来县志》记载 / 107

第二节 民国时期区乡设置情况 / 108

一 民国二十三年（1934） / 108

二 民国二十九年（1940） / 108

三 民国三十年（1941） / 108

四 民国三十六年（1947） / 109

五 民国三十七年（1948） / 109

第三节 中华人民共和国成立后惠来县行政区划设置情况 / 109

一 1949—1952年，全县设六区一农场 / 109

二 1952—1953年，设九区一镇 / 112

三 1953—1956年，设十区一农场 / 113

四 1956—1958年，撤区设委员会 / 118

五 1958—1961年，政社合一，成立人民公社 / 119

六 恢复设置惠来县 / 119

七 1983—1986年，政社分设，置区建乡 / 120

八 撤区建乡镇（1986—2003） / 121

九 侨园镇建制变化情况 / 132

  十 南海乡、青山乡、河林乡撤并 / 133

  十一 2004年后 / 133

 第四节 历代惠来疆域面积变化情况 / 145

  一 明代惠来疆域 / 145

  二 清代惠来疆域 / 145

  三 民国时期惠来疆域 / 146

  四 中华人民共和国成立后 / 146

 第五节 "康熙迁界"时期的惠来县 / 147

  一 迁界原因——"海氛未息" / 147

  二 迁界经过——"初迁复迁" / 148

  三 迁界影响——"遍野嗸嗸" / 150

  四 结论——否定态度 / 152

 第六节 惠来古今村名变化和别称 / 153

  一 雅称 / 154

  二 简称 / 156

  三 合并 / 157

第二编 管理机构

第四章 明清时期惠来县衙 / 160

 第一节 明清时期县衙的规制建筑 / 160

 第二节 明清时期官吏衙役的薪俸待遇 / 163

第五章 各时期县政府的行政长官 / 164

 第一节 明清时期县衙主政者 / 165

  一 明代 / 165

  二 清代 / 168

第二节　民国时期民政长、县知事、县长　/ 177

一　民政长　/ 177

二　县知事　/ 177

三　县长　/ 178

四　伪维持会会长　/ 181

五　县长　/ 181

第三节　中华人民共和国（书记、县长）　/ 183

第四节　古代官员政绩述要　/ 185

一　蒋恩　/ 185

二　诸燮　/ 186

三　林春秀　/ 186

四　蒋一清　/ 190

五　方之矩　/ 191

六　胡钦　/ 192

七　刘弘宝　/ 192

八　游之光　/ 192

九　陈宗汤　/ 197

十　陈咨诧　/ 198

十一　许直　/ 198

十二　沈惟煌　/ 199

十三　张士昊　/ 200

十四　萧英汉　/ 200

十五　张秉政　/ 201

十六　查曾荣　/ 204

十七　张珆美　/ 207

十八　周葆熙　/ 211

第六章　古代惠来其他官方机构　/ 212

第一节　千户所和巡检司　/ 212

一　靖海守御千户所　/ 212

二　神泉巡检司 / 215
　　三　葵潭巡检司 / 217
　第二节　司法行政机构 / 219
　　一　典史衙 / 219
　　二　察院（按察司） / 220
　　三　布政司 / 221
　第三节　军事机构的附属场所 / 221
　　一　兵马司 / 221
　　二　演武场 / 221
　　三　靖海仓 / 222
　　四　甲子所仓 / 222
　第四节　官方设立的福利机构 / 223
　　一　养济院 / 223
　　二　育婴堂 / 223
　　三　阴阳学 / 224
　第五节　盐税和鱼税征收管理场所 / 224
　　一　隆井场衙署 / 224
　　二　河泊所廨宇 / 225

第三编　人口

第七章　建县以来人口数量变化情况 / 228
　第一节　明清时期到民国时期人口情况 / 229
　　一　明代人口增长缓慢 / 229
　　二　清初锐减，乾嘉猛增 / 229
　　三　民国时期大增大减，总体稳定 / 231

第二节　中华人民共和国成立后人口迅速增长 / 232

- 一　人口恢复阶段（1949—1952）／ 233
- 二　人口增长第一个高峰期（1953—1958）／ 233
- 三　人口增长第二个高峰期（1961—1973）／ 233
- 四　执行计划生育工作较有成效的时期（1974—1977）／ 233
- 五　总体趋势继续飙升（1978—1987）／ 234
- 六　第四次至第五次全国人口普查（1990—2000）／ 234
- 七　2004年末和2011年末户籍人口情况 ／ 234
- 八　2012—2022年人口情况 ／ 237

第三节　人口流动情况 / 239

- 一　民众流入惠来 ／ 239
- 二　惠来人口外流情况 ／ 244

第八章　人口组成比例 / 245

第一节　少数民族在惠来的情况 / 245

第二节　人口性别比例 / 246

第三节　文化程度 / 249

- 一　文化素质逐渐提高 ／ 251
- 二　文化素质比较 ／ 254
- 三　青少年在校情况 ／ 255
- 四　2020年全县人口年龄构成 ／ 256
- 五　2020年受教育程度人口 ／ 256

第四节　职业成分 / 256

- 一　明清民国时期职业以农渔盐为主，手工业商业为辅 ／ 256
- 二　中华人民共和国成立后，劳动行业以农林牧渔为主 ／ 257
- 三　适龄劳动人口 ／ 258
- 四　15岁及以上人口的在业情况 ／ 259
- 五　在业人口的产业、行业情况 ／ 260

第五节　家庭规模和结构变化 / 262

第九章　姓氏人口　/ 263
　　第一节　2000年万人以上姓氏人口　/ 263
　　第二节　2000年千人以上万人以下姓氏人口　/ 264
　　第三节　2000年百人以上千人以下姓氏人口　/ 265
　　第四节　历代落户惠来的主要姓氏和形成村落　/ 266
　　　一　宋代落户惠来的姓氏和形成村落　/ 267
　　　二　元代落户惠来的姓氏和形成村落　/ 267
　　　三　明代落户惠来的姓氏和形成村落　/ 267
　　　四　清代以后落户惠来的姓氏和形成村落　/ 268
　　　五　中华人民共和国成立后落户惠来的姓氏　/ 268
　　第五节　惠来主要姓氏分布及典故　/ 268
　　　一　林　/ 268
　　　二　黄　/ 269
　　　三　陈　/ 270
　　　四　方　/ 270
　　　五　吴　/ 271
　　　六　郑　/ 271
　　　七　胡　/ 272
　　　八　李　/ 272
　　　九　张　/ 272
　　　十　詹　/ 273
　　　十一　王　/ 273
　　　十二　朱　/ 273
　　　十三　唐　/ 274
　　　十四　卢　/ 274
　　　十五　蔡　/ 274
　　　十六　许　/ 275
　　　十七　杨　/ 275
　　　十八　谢　/ 275

十九 刘 / 275

二十 高 / 276

二十一 周 / 276

二十二 其他姓氏典故 / 276

第十章 人口政策 / 278

第一节 管理机构 / 278

一 20世纪50年代到60年代的人口管理部门 / 278

二 20世纪70年代后的人口管理部门 / 279

第二节 乡镇计划生育服务所 / 279

第三节 计划生育工作的开展 / 280

一 宣传试行时期 / 280

二 全面推行和逐步完善时期 / 281

三 从严格控制到逐渐放开 / 283

第四节 落实人口政策的管理措施 / 284

一 基层计划生育服务 / 284

二 人口与计划生育信息化网络 / 284

三 计生服务网络 / 285

第四编 经济

第十一章 各历史时期惠来经济概况 / 290

第一节 明清时期和民国时期的经济概况 / 291

一 明代：农业和盐业为主，龙溪都较其他四都经济发展较差 / 291

二 清代：迁界 复界成为经济"分水岭" / 291

三 民国时期：战乱频仍，民不聊生 / 291

第二节 中华人民共和国成立后经济发展概况 / 292

一 1949—1979年的经济概况 / 292

二　1980—1999年的经济概况　/ 297

三　2000—2023年经济概况　/ 298

第三节　人民生活水平　/ 300

一　农村居民生活　/ 300

二　城镇居民生活概况　/ 304

三　体现生活水平的几项指标　/ 306

第十二章　农业经济　/ 309

第一节　各年代农业经济总体概况　/ 310

一　1949—1979年农业经济概况　/ 310

二　1980—1999年农业经济概况　/ 311

三　2000—2004年农业经济概况　/ 311

四　2011年农业经济概况　/ 311

五　2013年农业经济概况　/ 312

六　2015年农业经济概况　/ 312

七　2016年农业经济概况　/ 313

八　2018年农业经济概况　/ 313

九　2020年农业经济概况　/ 314

第二节　渔业　/ 315

一　民国时期惠来渔业发展情况　/ 317

二　中华人民共和国成立后海洋捕捞业　/ 320

三　海水养殖　/ 330

四　淡水养殖　/ 335

第三节　种植业　/ 337

一　耕地　/ 338

二　农具　/ 343

三　粮食作物　/ 354

四　油料作物　/ 362

五　经济作物　/ 364

六　水果　/ 366

七　蔬菜 / 371

　第四节　畜牧业 / 372

　　一　家畜 / 374

　　二　家禽 / 377

　　三　鸵鸟 / 379

　第五节　农业经营体制和农村经济体制改革 / 379

　　一　农业生产合作社 / 380

　　二　人民公社 / 381

　　三　农村经济体制改革 / 382

　第六节　国营农林场 / 384

第十三章　工业经济 / 387

　第一节　明清时期的工业概况 / 387

　　一　陶器生产 / 387

　　二　盐业生产 / 388

　　三　古代县志有关工业的史料记载 / 393

　第二节　民国时期的工业概况 / 394

　　一　主要工业门类 / 395

　　二　私营作坊 / 396

　　三　个体手工业 / 397

　　四　锡矿开采 / 399

　　五　煤矿开采 / 400

　　六　海盐生产 / 400

　第三节　中华人民共和国成立后惠来工业的起步和发展 / 401

　　一　中华人民共和国成立后惠来工业概况 / 402

　　二　国营工业起步良好 / 406

　　三　集体工业在国民经济中处于中坚地位 / 409

　　四　个体工业在夹缝中成长 / 412

　　五　商业部门兴办工厂 / 413

　　六　工业生产门类 / 415

第四节　工业经济改革后工业迅猛发展　/ 429

一　工业体制改革　/ 430

二　1980—1999年工业经济总体概况　/ 432

三　第二次全国工业普查惠来县工业经济　/ 440

四　国营工业发展情况　/ 441

五　集体工业企业发展情况　/ 446

六　个体工业历尽坎坷走上坦途　/ 448

七　筑巢引凤的"三资"工业　/ 449

第五节　21世纪以来惠来工业经济概况　/ 458

一　2000—2004年各类型工业概况　/ 459

二　2004年制造业工业门类　/ 461

三　2011年惠来工业经济情况　/ 469

四　2013年惠来工业经济情况　/ 471

五　2015年惠来工业经济情况　/ 472

六　2017年惠来工业经济情况　/ 474

七　2018年惠来工业经济情况　/ 474

八　2020年惠来工业经济情况　/ 478

九　2022年惠来工业经济情况　/ 478

第六节　风力发电　/ 480

一　发展风力发电　/ 480

二　海湾石风电场　/ 481

三　石碑山风电场　/ 481

第七节　惠来电厂　/ 481

一　2011年概况　/ 482

二　2013年概况　/ 483

三　2014年概况　/ 483

四　2016年概况　/ 483

五　2018年概况　/ 483

六　2019年概况　/ 484

七 2022年概况 / 484

第八节　崛起中的惠来临港产业园 / 484

一 惠来临港产业园的成立和发展 / 485

二 产业园基础设施建设 / 486

三 产业发展 / 488

第九节　大南海国际石化综合工业园 / 492

一 石化炼油项目实质性启动阶段（2011—2012） / 493

二 功能区和行政管理区混合时期（2013—2018） / 494

三 全面建设时期（2019—2022） / 498

四 2023年进入正式生产 / 501

第十四章　商业贸易 / 502

第一节　古代惠来海上贸易史料记载 / 503

一 港门、海澳为惠来古代海上贸易提供便利条件 / 504

二 遗存见证惠来古代海上贸易一斑 / 505

三 明隆庆《潮阳县志》记载有关惠来海上贸易情况 / 506

第二节　明清时期商业概况 / 506

第三节　民国时期商业概况 / 507

一 南港生意 / 508

二 圩镇集市 / 509

三 商品输出与输入 / 511

四 经营方式 / 513

第四节　私营商业的社会主义改造 / 514

第五节　中华人民共和国成立后的商业经营体制 / 516

一 经济恢复和"一五"计划时期（1949—1957） / 516

二 "大跃进"和全面调整时期（1958—1965） / 516

三 "文化大革命"时期（1966—1976） / 516

四 经济体制改革时期 / 517

第六节　国营商业概况 / 520

一 国民经济恢复时期（1949—1952） / 520

二　第一个五年计划时期（1953—1958）／521

三　国民经济调整时期（1958—1965）／522

四　"文化大革命"时期（1966—1976）／524

五　改革开放时期（1978—1987）／524

六　社会主义市场经济时期／524

七　2011—2022年／525

第七节　集体商业概况／526

一　供销合作社／526

二　合作商业／527

第八节　私营和个体商业概况／529

一　私营商业／530

二　个体商业／530

第九节　集市贸易概况／531

一　市场分布／531

二　贸易情况／531

第十节　商品购销／532

一　粮油供应／532

二　生产资料经营／538

三　土特产品／539

四　食品副食品／541

第十一节　对外贸易／550

一　进出口商品／551

二　农副产品出口／552

三　工业产品出口／553

四　进出口企业／555

第十二节　饮食服务业／555

一　饮食业／555

二　旅馆服务业／557

三　惠来宾馆和民营企业家方秀明／558

| 第十五章 | 财政收入和财政支出 / 559 |

　　第一节　财政收入 / 560

　　　一　明清时期的财政收入 / 560

　　　二　民国时期的财政收入 / 560

　　　三　中华人民共和国成立后的财政收入 / 561

　　　四　财政主要税种收入 / 564

　　第二节　财政支出 / 567

　　　一　明清时期财政支出 / 567

　　　二　民国时期财政支出情况 / 569

　　　三　中华人民共和国成立后惠来县财政支出情况 / 570

第五编　教育

| 第十六章 | 科举时代的惠来教育 / 577 |

　　第一节　县学 / 578

　　　一　学宫 / 578

　　　二　教官与生员 / 584

　　　三　考试 / 588

　　　四　经费 / 589

　　　五　武学 / 590

　　第二节　书院 / 590

　　　一　文明书院 / 590

　　　二　靖海书院 / 591

　　　三　神泉书院 / 591

　　　四　龙溪书院 / 592

　　　五　葵潭书院（葵峰书院） / 592

第三节　社学 / 593

第四节　官学 / 594

第五节　义学 / 594

一　惠来县义学 / 595

二　葵潭义学 / 595

第六节　私塾 / 596

第七节　科举世家 / 597

一　惠来都洋美村方鲁家族 / 597

二　前詹村詹一惠家族 / 604

三　东福阜方正家族 / 610

四　龙溪都船场乡张秉文家族 / 615

五　河田村林奇祚家族 / 620

六　惠来都陇头里方廷兰家族 / 624

七　龙溪都青坑乡黄远登家族 / 629

八　许腾鹤 / 633

第十七章　民国时期的教育 / 637

第一节　幼儿教育 / 638

第二节　小学教育 / 638

一　民国前期 / 638

二　民国后期 / 639

第三节　中学教育 / 641

第四节　中等专业教育和社会教育 / 643

一　简易师范班 / 643

二　社会教育 / 643

第十八章　中华人民共和国成立后的教育事业 / 644

第一节　幼儿教育 / 646

一　1977年后幼儿教育得到较快发展 / 647

二　2011年后幼儿教育发展情况 / 648

三　幼儿园保教工作　/ 651

　　四　幼儿园选介　/ 651

第二节　小学教育　/ 653

　　一　"文化大革命"前的小学教育（1949—1966）　/ 653

　　二　"文化大革命"期间的小学教育（1966—1976）　/ 654

　　三　现代化建设时期（1977—1987）　/ 654

　　四　1994—2004年的小学教育　/ 655

　　五　2011年后小学教育情况　/ 656

　　六　小学简介　/ 660

第三节　中学教育　/ 664

　　一　跟随新中国的步伐发展　/ 664

　　二　1958年全国"大跃进"，全县全日制中学出现了盲目发展的倾向　/ 665

　　三　"文化大革命"十年动乱，中学教育受到严重破坏　/ 665

　　四　迎来曙光　/ 666

　　五　2011年后的中学教育情况　/ 667

　　六　学校简介　/ 670

第四节　中等教育　/ 678

　　一　惠来县工农师范学校　/ 678

　　二　潮汕农林干部学校　/ 678

　　三　惠来县劳动大学　/ 678

　　四　惠来县农业技术学校　/ 678

　　五　汕头地区供销学校　/ 679

　　六　惠来县卫生学校　/ 679

　　七　汕头医专隆江分校　/ 679

　　八　惠来县教师进修学校　/ 680

　　九　惠来县农机学校　/ 680

第五节　业余教育　/ 680

　　一　1950—1966年兴办业余学校和农民夜校　/ 680

二 1966—1975年举办"政治夜校" / 681

三 1977—2004年大办"扫盲、脱盲"班 / 681

四 农民技术教育 / 683

五 职工教育 / 684

六 各类成人业余学校简介 / 685

第六节 职业中学教育 / 686

第七节 民办教育 / 687

一 1993—2004年的民办教育情况 / 687

二 2011年后的民办教育情况 / 687

第八节 特殊教育 / 688

第九节 成人学历教育 / 689

一 成人中专 / 689

二 成人大专 / 689

三 省、市院校函授教育 / 690

四 各镇场成人文化技术学校教育 / 690

五 成人学校选介 / 691

第十节 基金会 / 692

一 惠来县教育基金会 / 692

二 揭阳市葵潭慈善基金会 / 693

第十一节 校舍建设和教学设备 / 694

一 校舍建设 / 694

二 场室建设 / 696

第十二节 教师的社会地位、工资待遇 / 698

一 住房 / 699

二 工资 / 700

三 政治待遇和社会地位 / 701

大事记

惠来史略·上卷

 一、明代

- ★ 嘉靖三年（1524）冬十月，析潮阳县的惠来、酉头、大坭三都，隆井都一半；与海丰县的龙溪都，合置惠来县，因县治在惠来都，故名"惠来县"。

- ★ 嘉靖四年（1525）三月，建县城。董其事者守备程鉴、通判陈硕，知县蒋恩奉新命至，历时两年竣工，城围长2333米，高5.7米，设东、南、西、北四门。

- ★ 嘉靖五年（1526）四月，知县蒋恩始建县衙。同年于县衙北侧建学宫（儒学）。

- ★ 嘉靖七年（1528）八月，台风摧禾拔屋，是年饥荒。次年大旱，荒情严重，饥民以草根、野菜、树皮充饥。

- ★ 嘉靖十八年（1539），学宫被台风摧毁。次年，通判魏一恭、诸燮改建于县衙东侧，即今县立第一中学初中部校址。

- ★ 嘉靖十九年（1540）冬，流寇袭县城，时仓库无储积，贼无所得。事后知县调甲子所百户一员，领壮丁百人守御。

- ★ 嘉靖二十二年（1543），潮州府通判诸燮署理县事，在县城南门新拓44丈，合旧城共744丈，雉堞1488堵，窝铺20间，改东、西二门，就旧城基辟县前横街，浚濠宽1.5丈，设东、南水关2座，城楼4座，4门各设兵马司2间。
- ★ 嘉靖二十七年（1548）春，筑靖海守御千户所城。城围560丈，高2.1丈，设东、南、西、北四门，每门窝铺2间。
- ★ 嘉靖三十二年（1553）夏五月，知县林春秀为防御海盗，修筑神泉城，城围300丈，高1.3丈，三面临海，东北靠文昌山，设东、西二门，次年竣工。
- ★ 嘉靖三十三年（1554），知县林春秀纂修《惠来县志》，此为惠来首次修志，此书已无存。
- ★ 嘉靖三十三年（1554），巨寇杨立盘踞归善、海丰、惠来，后为海丰知县张济时所获，贼遂平。
- ★ 嘉靖三十四年（1555）秋，代理知县李樵募民开护城河，河宽8.3米，两岸砌石，逾月竣工。
- ★ 嘉靖三十五年（1556），海丰县八万洞贼首关总，率众300余，抢劫澳头、华清、新岱等村，残杀乡民，掳掠人质回洞，出票赎命，人民受害甚为惨重。
- ★ 嘉靖三十六年（1557），贼首温旦纠集同伙数百人，扎寨于梅田楼新荒乡，抢劫龙溪都一带乡村，乱掳乱杀，澳头村受害尤甚。
- ★ 嘉靖三十七年（1558）十月，倭寇入侵龙溪都，劫掠焚烧澳头、岐石等村。官兵千余人跟踪追击，指挥杨箎阵亡。十二月十八日，倭寇占据荆陇寨（今京陇村），在沿海劫掠。洋美等4村被杀害村民数千人。其后，倭寇得到潮阳白哨贼首张阿公的接应，重新窜回龙溪都，在龙江市（今隆江镇）扎营月余，乡民东奔西逃，流离失所。
- ★ 嘉靖三十九年（1560），八万洞盗首黄启荐，扎寨冰山头（今邦山村）攻陷甲子所，城中居民及龙溪都为躲避倭祸暂居城内的难民，惨遭杀害甚众，妇女被掠掳。
- ★ 嘉靖四十年（1561），海盗侯大才（称海哨）踞林樟与大盗黄真（称白哨）踞北山洋、马湖，联合攻劫华清等乡村，并掳掠妇女勒赎。
- ★ 嘉靖四十三年（1564），大海盗吴平（福建诏安四都人）从海丰转入潮阳，沿海抢劫。继而扎屯于惠来县麻竹埔、双溪一带乡村，四处抢杀。其后，勾结已受招抚的白哨贼首黄真，夜袭惠来县城，为巡检朱景晓击退。

- ★ 隆庆二年（1568），倭寇入侵甲子所，千户马焘麻痹轻敌，城被攻陷，龙溪都一带受害惨重。马焘因失职罪下狱，死于狱中。

- ★ 隆庆四年（1570），入春至初夏无滴雨，又常遭贼寇蹂躏，田园抛荒，人民苦不堪言。

- ★ 隆庆五年（1571）七月，海盗林道乾，于龙溪都一带掳民劫舍，后闻官兵准备进剿，遂远遁。

- ★ 隆庆五年（1571）九月，曾作倭寇向导的海盗杨老率贼众攻陷甲子所城，掳掠男女上船。次日，船遇台风，全部沉没，贼与被掳者均溺死。

- ★ 隆庆五年（1571）十月，海盗林凤（饶平人）攻陷神泉城，老幼死者无数。后总兵张文勋、副使张可怀率兵进剿，林凤逃国外。

- ★ 隆庆六年（1572）秋，狼虎成群，白天伤害人畜。县城郊外无人敢独行。知县倪良才令把总带兵驱除，历时1个月，毙虎5只。

- ★ 万历元年（1573）夏，蝗虫残害庄稼，连年荒旱。

- ★ 万历元年（1573）冬十二月，海寇林凤犯靖海。

- ★ 万历十六年（1588），惠来同科考中举人的有林世赏、谢正蒙、汪巨瀚、方一位共四人。是年，在县城连城街建"四举亭"。

- ★ 万历十九年（1591）六月，铅锡（今前詹镇）石山上的石头忽然动荡不止，连续3天，县民躁动。前往观者甚多。

- ★ 万历二十八年（1600）八月上中旬，小震，下旬大震数次，墙垣皆裂。

- ★ 万历二十九年（1601），于县城西郊缶窑山北麓建永兴寺，为当时西郊一大胜景。

- ★ 万历三十三年（1605）五月，降赤雨，以盆盛之，水色淡红。

- ★ 万历三十三年（1605）夏六月，知县游之光于南关大墩建文昌阁。台上高阁三层，前有弘文堂一座，祀文昌帝君。

- ★ 万历三十六年（1608），知县游之光主理编纂县志，历时四阅月，计12卷，参与编修者有邑人詹一惠、林世赏、翁延寿。搜求逸事者有林正干、方子说、吴汝云、吴大器。此志已佚。

- ★ 天启六年（1626），闽人刘香聚众万人，驾舟百余艘，与其党杨六、杨七、钟斌，往来海洋劫掠。南澳总兵俞咨皋招抚杨六、杨七、钟斌，唯刘香不受抚。是年，刘香焚劫惠来都见龙头村。

★ 天启七年（1627），知县陈宗汤建径口关，为从东入惠门户，离城15公里，俗称关门。

★ 崇祯三年（1630）七月，百花尖山上的大石突然起立移行7步，行迹入地半尺。

★ 崇祯七年（1634）正月，海盗刘香率10船贼众登陆，直逼县城，焚劫西南二关，官兵不敢出战。贼掳掠男女上船，发票勒赎。

★ 崇祯七年（1634）二月，潮州后营兵400人，扎屯靖海所，因海寇刘香焚劫西、南二关，呈详蒙发200名，赴县城防卫，以文昌阁为营，称文昌营。

★ 崇祯十三年（1640）五月，知县陈咨讬铸铁炮十门，飞枪百子等炮50余门。

★ 崇祯十五年（1642），盗贼劫掠葵潭周围乡村。知县许直闻报，令练锋营把总蔡猷、哨翁斌、吴德等率兵进剿，官兵追至海丰界门楼径，突遭贼伏击，蔡猷等战死，许直嘉其以身殉贼，详文云："总哨捐躯赴敌，贼知兵将用命，不敢睨视封疆，批准于关帝庙侧立木牌附祀。"后委属员春、秋两次于厉坛致祭。

★ 崇祯十五年（1642）五月，惠来饥荒，县城发生抢粮事件。

★ 崇祯十六年（1643），山寇陈大智（惠来人）于正月十八日攻劫杭美乡。三月十六日企图袭击县城仓库和牢狱，途至虎头山，中哨官余嘉的伏击，陈大智与头目吴铳老、黄大鬃等均被擒杀。

二、清代

★ 顺治元年（1644），文昌阁失火，阁与文堂俱焚毁。

★ 顺治二年（1645）七月，龙溪都谢塘村林学贤（明崇祯己卯举人）闻清兵南下，组织农民围攻县城。

★ 顺治二年（1645）十月二十日，南明都督郭奇奉命率兵万余，到县解围。十一月初四日，林学贤接受招抚，退居虎头寨。

- ★ 顺治三年（1646）七月，原踞碣石卫的饶平人苏成，在惠来地方豪绅勾引下，以卫城复业为由，入驻惠城，苏在城中，朘剥居民，荼毒地方，又企图占据神泉，民愤很大。
- ★ 顺治三年（1646）十一月十六日，林学贤率众万余，重困惠城，扎营达三圩。
- ★ 顺治三年（1646）十二月二十九日，清巡抚佟养甲，提督李成栋率军由闽入粤，取道惠来，驻师于城西郊。城中豪绅，泣恳剿林。是日林学贤在迎战清军中战死。
- ★ 顺治四年（1647）七月二十六日，普宁十三寨老鸦地罗英（明末屡寇普宁、揭阳二县）率众数千，连续围攻惠来县城3日，焚劫西、南二关后，撤居铅锡、杭美、周田等地。
- ★ 顺治五年（1648）六月初七日，罗英率领千人围攻靖海所城。县告急于府。南明都督汤加币、监纪推军李元发率兵救援被击败，又派典史黄云龙前往招抚，被扣留。至八月靖海所城陷落。
- ★ 顺治六年（1649）六月十六日，罗英再次围攻县城。七月二十六日在城西禄昌激战时，罗英中伏被杀。
- ★ 顺治六年（1649）秋，郑成功令部将率师从靖海攻占惠来城，委派汪汇之为知县，卢爵镇守惠来城。
- ★ 顺治七年（1650）十二月，碣石镇清军将领苏利遣部将陈万权率兵攻陷惠来县城，知县汪汇之自杀，守将卢爵战死。
- ★ 顺治十七年（1660），设惠来营，战守兵500名。
- ★ 康熙元年（1662），清廷下旨以海氛不靖为由，令沿海居民迁入内地50里，惠来县实际移民入内地30里，弃置田园40余顷（4000多亩）。
- ★ 康熙二年（1663）十一月，清吏部侍郎科尔坤勘查潮州沿海疍民，决定将其全部徙入内地，将沿海村舍尽行拆毁。清驻碣石镇水军总兵苏利与驻龙江部将郑三、驻神泉部将余煌、驻靖海部将陈烟鸿一起反叛，抗拒迁界。
- ★ 康熙三年（1664）三月，清廷遣吏部尚书伊里布、兵部侍郎硕图和藩院将军等勘查海界，下令将边民徙足50里。
- ★ 康熙三年（1664）八月七日，征南大将军王国光督师由潮州至惠来进剿抗拒迁界的苏利。苏利与陈烟鸿、郑三先后战死，余煌败逃，属下将士阵亡千余人。两次迁界，惠来迁去大坭、隆井二都及惠来、酉头、龙溪三都的一半。

★ 康熙三年（1664），建惠来营游击署，在县衙后，坐东向西。

★ 康熙五年（1666），郑成功部将丘辉驾船70余艘进攻甲子港，为清总兵许龙所败。

★ 康熙六年（1667），惠来土豪郑君赤聚众数百人，以鲁阳为据点，抢劫周围村庄群众财产。知县孙汝谋与守将李仲科率兵进剿，生擒郑君赤，余众解散。

★ 康熙八年（1669）春，惠来始展复旧界，开垦废弃荒田，展界执行者为两广总督周有德。靖海所、神泉司城添设战守官兵500名。

★ 康熙十一年（1672）四月，粟粒生白翅（一种俗称"驿仔"会飞的蛀虫），每二石仅值银一钱，时谓熟荒。

★ 康熙十一年（1672），在县城东郊建永福寺。

★ 康熙十三年（1674）四月，潮州总兵刘进忠反叛清廷。碣石镇苗之秀奉令统兵至惠城西郊飞鹅山待命。六月，尚之孝（平南王尚可喜之子）率铁骑数千征讨。驻县西双山数月后，经盐岭抵潮州。

★ 康熙十四年（1675）八月，清提督严自明调走惠来县城守城大炮8门，运至峡山营堡进攻潮阳。

★ 康熙十五年（1676）正月初三晚，清军从潮阳溃败，宿营惠城南郊，驻惠来守备吴恭紧闭城门，阻止其进城，城外民房被焚。

★ 康熙二十年（1681）六月二十八日，县西北双髻年茅坪山裂陷，长70米，宽10余米。

★ 康熙二十六年（1687），惠来知县张秉政奉令重修《惠来县志》，分18卷，参加修志的有进士张经、举人方应祷、贡生郑国光、陈龙光。

★ 康熙三十七年（1698），天气奇旱，百姓只得以树皮充饥。知县白章带头捐俸买米赈济饥民，动员富户义助，难民赖以存活，百姓称颂。

★ 康熙四十年（1701），永福寺住持宋超月于元旦后坐禅绝食烟火，至十一月二十九日（公历1702年1月）圆寂，享寿134岁。

★ 康熙四十一年（1702），海盗蔡俊（澄海县人，俗呼为三十二），聚众千余人，盘踞新庵山，勾结山贼陈异。是岁八月初四日，陈异率贼三百余，突至杭美乡劫掠。游击张图麟潜遣千总徐韬率兵八十余人，于象岗截击，陈异溃败。碣石镇刘国兴统兵至，蔡俊逃匿潮阳。千总钱寿率乡练吴钦，擒获蔡俊，解回惠来县城斩首。

★ 康熙四十三年（1704），知县查曾荣主持续修《惠来县志》，该志分18卷，参加修志人员有举人陈琳、林昂，副榜贡生唐宽，恩贡生张钟。

★ 康熙五十四年（1715），从上一年八月至是年五月，连续9个月没降雨，粮价飞腾，斗米值银四钱。知县佟世俊以平价粜官粮代赈。

★ 康熙五十六年（1717），惠来鼠疫流行，死者无数。疫区居民搬往山区躲避。

★ 康熙五十六年（1717），惠来沿海建炮台6处，共安装大炮46门。

★ 康熙五十九年（1720），普宁鲤湖寨盗贼黄班庆，是岁七月二十二日，出兵四处劫掠，被普宁县令罗秉琦率兵击败。黄班庆连夜逃至惠来葵潭，自缢于空庙。

★ 雍正四年（1726），是年饥荒，斗米银六钱三分。百姓多以树皮草根充饥。县衙从四月初一至六月下旬，在文昌阁煮粥赈济，就食饥民，日以万计。

★ 雍正五年（1727）春夏间，饥荒未解除，又发生大瘟疫，全城发病率达三四成。绅衿及较殷实的居民，踊跃捐款采购粮食，在文昌阁煮粥赈济饥民，并购买草席，收埋死者。

★ 雍正八年（1730），知县张珝美奉令纂修《惠来县志》，成书18卷。

★ 雍正八年（1730），葡萄牙天主教士在百埗村设堂传教。

★ 乾隆二年（1737年），知县杨宗秉应县内士绅所请，恢复文昌阁坐南向北，因资金不足，中途停建。

★ 乾隆四年（1739），布政使司萨哈谅请准在惠来神泉、揭阳湖口各设巡逻船2艘，每船配兵丁12名，巡查河道。

★ 乾隆十五年（1750），粤海关监督派员驻潮海关总口、潮州各地陆续设立关口。惠来县神泉设正税口，辖靖海挂号口。

★ 乾隆十七年（1752），春饥，斗米值银四钱。饥民请求官府平粜。

★ 乾隆十七年（1752）九月十二日酉时，惠来发生地震。

★ 乾隆十九年（1754），在百花尖山半腰，始建百花岩寺。

★ 乾隆二十四年（1759）十二月初八日，县衙失火，门房、大堂、二堂悉数烧尽。知县杨楚枝复建。

★ 乾隆二十五年（1760）夏，神泉港海面纵横数十里清澈见底，连续10多天。

★ 乾隆二十七年（1762），建武宁寮、北寮、南寮、后陂寮、河田寮共5个癞民所，收养麻风病人171名。

★ 乾隆二十七年（1762），续建文昌阁竣工，阁前增建大堂3间，两边建学舍18间；潮州知府周硕勋题额"文明书院"。

★ 乾隆六十年（1795）三、四月，潮州各县饥荒，惠来县饥民采树皮草根为食。六、七月复遭瘟疫，死者甚多。

★ 嘉庆十年（1805），海盗李崇玉，惠来甲子所人，勾结群贼，恣为不法。官兵捕之急，遂入海为盗。七月二十四日，率贼船40余艘进犯靖海，劫去乌涂尾港（今靖海港）汛内废大炮1门。署千总羊得耀、署知县谢最淳，雇募渔船乡勇追击，李崇玉抛大炮入海而逃逸。

★ 道光二十二年（1842），法国天主教士在葵潭吉成村设堂传教。

★ 咸丰四年（1854）三月，潮阳县大长陇乡天地会陈娘康，在陈店圩起义反清，派郑游春、陈阿围、林通柿率众二千，从潮阳石港山入惠来，于五月十二日晚攻陷惠来县城。抓获知县汤廷英。汤与游击辛鼎甲、教谕彭瑞龙同被斩首示众。潮州知府吴均令县丞何泉裕等组五十三乡团练图复惠来。八月十五日，陈阿围率众撤离惠城。

★ 咸丰八年（1858），凤镇村两姓豪绅以向北村、杨厝寨村争夺鱼池为导火线，挑动联乡分为乌红旗派械斗。遍及全县311个自然村，延续12年之久。潮州知府派兵逐村抓人，以钱取赎，参加械斗的乡民户户倾家荡产。

★ 同治三年（1864），相继发生旱、涝、风三灾，田园失收，米价昂贵，百姓饥饿死亡甚多。

★ 同治九年（1870），潮州总兵方耀奉檄清办积案。在查办咸丰四年天地会攻占惠来县城，处死知县汤廷英一案中，以叛匪、通匪等罪名，杀害惠来无辜乡民400余人，并榨取大量金钱。

★ 光绪六年（1880），惠来县始有西医西药。

★ 光绪八年（1882），由设于英国伦敦的国际海上人命保险机构——万国公司在坂美村石碑山岬始建国际航海灯标。至光绪二十七年（1901）建成，定名：石碑山灯塔。

- ★ 光绪二十二年（1896），鼠疫流行，遍及惠城、靖海、神泉、隆江、葵潭、东港、田心、东陇、周田等地。断续发生，直至民国八年（1919），前后共24年，发病共计2.5万例，死亡率达90%以上。
- ★ 光绪二十七年（1901），撤销神泉海关口，改设靖海分口，属潮州总口（常关）管辖。
- ★ 光绪三十年（1904）六月初一日，按督抚电示，正式撤裁绿营额兵，改编为常续备军。惠来募兵40名。
- ★ 光绪三十一年（1905），惠来设立学务公所，次年改为劝学所。
- ★ 宣统三年（1911）八月，革命军光复汕头。九月，清惠来知县曹子昂离任。革命军派陈履生为惠来县民政长。

三、中华民国

- ★ 民国元年（1912）7月，设临时县议会。民政长改为县知事。8月，劝学所改称督学局。
- ★ 民国八年（1919），创办惠来县立中学，是年暑期招收两个旧制班，学生近百人。
- ★ 民国九年（1920），汕头审判厅在县设立惠来分庭。
- ★ 民国十年（1921），广东省颁布实行民选县长及选举县议会议员的法令。惠来县于同年11月，选举郑宗棨为县长。
- ★ 民国十一年（1922）8月2日，强台风，带来暴雨海潮袭击惠来县，人畜伤亡严重，全县死亡500多人。灾后，县设救济所，华侨纷纷捐款救济灾民。
- ★ 民国十一年（1922），督学局改组为县教育局。
- ★ 民国十二年（1923）8月，方汝楫与方凤巢、林雪棠、吴梦龙、刘仕棠等组织惠来青年社。

★ 民国十二年（1923）9月，惠来农村约有300户，1500余人秘密参加农会。主要分布于坑仔、榕树头、长青围等村。

★ 民国十二年（1923）10月，彭湃在汕头市成立"惠潮梅农会筹备处"。当时加入惠潮梅农会的有10个县的农会，惠来为其一。

★ 民国十二年（1923），停止使用铜钱，改用铜仙（即铜圆）。

★ 民国十四年（1925）11月，方汝楫、方凤巢、詹友石等，建立中国共产主义青年团惠来支部。12月改为共青团惠来特别支部，书记邝纪璜，后为方汝楫、方裕韬。

★ 民国十五年（1926）2月22日，时任东江各属行政委员的周恩来在汕头市外马路90号主持召开东江行政会议。惠来工会代表方凤巢，农会代表方汝桂，商会代表吴光星出席会议。当时县已成立工会的有船业、理发、盐业、建筑、手工业共5个行业，同时还成立商民协会。

★ 民国十五年（1926）春，中国共产党惠来支部成立，邝纪璜、黄符先后担任书记。

★ 民国十五年（1926）春，广东妇女解放协会惠来分会成立。吴明妮、卓定华、方和平等7人为常务委员。会址设于学宫旁节孝祠。

★ 民国十五年（1926）4月，葵潭、隆江两个区农会和44个乡农会相继成立，正式入会会员5420人；各乡农民自卫军在农会成立之后建立组织。

★ 民国十五年（1926）夏，惠来"新国民社"，组织起"青年同志会"和"孙文主义学会"。"青年同志会"在县城设筹备处，在区乡设立小组，极力与青年社争夺学生运动领导权，攻击、污蔑工农运动。

★ 民国十五年（1926）8月，建立中国共产党惠来县部委会，书记黄符。

★ 民国十五年（1926）秋，惠来农民在全县发动起"抗租抗债""抗捐抗税"和退租"斗争。

★ 民国十五年（1926）12月，省农民协会潮梅海陆丰办事处批准成立惠来县农民自卫军模范队，成员52人。

★ 民国十五年（1926），广东省政府令各县公署改为县政府。

★ 民国十六年（1927）3月15日，"惠来青年同志会"在纪念孙中山逝世2周年群众集会上乘机闹事，制造流血事件。在葵潭，枪杀农会会员2人，绑架特派员4人；在隆江，对集会群众大打出手；在靖海，强占商民协会会址，公开与农会对抗。

★ 民国十六年（1927）3月19日，驻葵潭国民党军陈运泰部先后两次进攻登瀛村

（今兵营村）。焚烧民房24间，抢劫耕牛8头及财物一批。

★ 民国十六年（1927）3月19日，国民党隆江警备中队40多人围剿坑仔村，被农民自卫军包围，该中队长被击毙，其余缴械投降。

★ 民国十六年（1927）4月20日，惠来农民自卫军模范队撤离惠城，在华湖汇合潮阳农民自卫军转移到陆丰新田，编入惠潮梅农工救国军，北上湘鄂。

★ 民国十六年（1927）4月29日，兵营、新村等十余村农民自卫军3000多人，为反击国民党白色恐怖，攻下葵潭镇，镇压了该镇土豪劣绅。同日，坑仔村农民自卫军击退国民党惠来县保安队队长林红弟率部会同隆江保安队300多人的第二次围剿。

★ 民国十六年（1927）9月，在中共惠来部委委员方凤巢的领导下，坑仔村成立武装团队，成员80多人，负责人吴乃桐、吴梦龙、吴锋、蔡宗江。为迎接南昌起义部队南下，各地农民自卫军对国民党军队发动反击，封锁隆江镇，攻克神泉区署。

★ 民国十六年（1927）11月，建立中共惠来县委员会。书记黄符，委员5人（吴应丁、方凤巢、方增民、余德明、吴直栽）。

★ 民国十六年（1927）12月，潮阳、普宁、惠来三县，根据中共广东省委和中共东江特委的指示，惠来县以农民自卫军为基础，建立东江工农革命军东路团队。惠来为第五团队，负责人吴锋。

★ 民国十七年（1928）年初，开始兴建惠潮公路（惠城至石坑村）全长33公里，宽7米。

★ 民国十七年（1928）1月，国民党甲子镇警察署长，伙同逃窜葵潭的陆丰保安队长，勾结葵潭区百埔村肖觉等土豪、劣绅，在甲子纠集500余人（拥有长短枪200余支）地主武装。宣言以"救乡反共"为职志。1月8日向海陆丰苏维埃政权发起疯狂反扑，攻陷陆丰县城。中旬，彭湃、徐向前等率工农革命军红四师收复陆丰县城，下旬，攻下肖觉的老巢百埔村。并在2月14日攻下地主民团大本营葵潭镇。

★ 民国十七年（1928）3月上旬，彭湃在兵营村召开惠来县农民代表会，决议攻打惠城，成立攻城总指挥部，实行武装暴动。

★ 民国十七年（1928）3月中旬，彭湃和工农革命军第四师副师长兼参谋长徐向前率红二、四师和潮阳、普宁、惠来三县地方武装及近十万农民的暴动队伍（长矛队）两次攻克惠来县城（攻城指挥部设于苗海村"六房公祠"）。于攻城同时，在苗海村成立惠来县苏维埃政府，各区乡苏维埃政权也相继成立。

★ 民国十七年（1928）3月下旬，中共东江特委机关从海陆丰转移到惠来，并决定红二、四师部分主力留在惠来，帮助潮、普、惠三县扩大大南山革命根据地。

★ 民国十七年（1928）4月5日，三路"围剿"大南山革命根据地的国民党军队，进逼到大南山腹地，红军于当天撤出惠城。8日，中共东江特委和惠来县委与惠来苏维埃政府转移到林樟村。

★ 民国十七年（1928）5月，县苏维埃在东江特委领导下，彭湃于林樟村三山祠召开潮、普、惠三县县委联席会议。会议通过三县暴动计划，并成立暴动委员会。大会根据潮、普、惠三县暴动委员会拟定先从惠来、普宁举行暴动的计划，决定第三次攻打惠来县城。

★ 民国十七年（1928）9月29日，驻羊公坑东江特委机关遭到国民党军队围攻。彭湃突围脱险，中共东江特委委员郑志云、惠来县委负责人方凤巢中弹牺牲，王昭海被捕牺牲。

★ 民国十七年（1928）10月，中共东江特委转移到潮安、丰顺。至此潮、普、惠三县党组织与上级失去联系，除三县党组织领导人带领部分武装人员于大南山坚持隐蔽斗争外，三县党组织基本处于涣散状态。

★ 民国十七年（1928）12月10日，中共东江特委临委在八乡山召开会议，作出恢复党组织，发展武装等决定。会后，特委委员方汝楫到潮、普、惠传达会议决定，部署恢复和发展党组织的工作。

★ 民国十七年（1928），惠城开始设立邮政代办所，正式办理邮政业务。

★ 民国十八年（1929）1月，方汝楫在羊公坑召开惠来县党的干部会议，重新建立中共惠来县委员会，书记方光庆，委员5人。至7月，全县已恢复和新建立党支部23个，党员130余人。

★ 民国十八年（1929）7月，潮阳、普宁、惠来以三县的工农红军和赤卫队为基础，在大南山林招村建立中国工农红军第六军第十六师第四十七团。团长何石，政委陈开芹。同时各县区建立常备武装，惠来县常备武装编为游击队第二大队，大队长谢义兰。

- ★ 民国十八年（1929）秋，于麻竹埔乡召开县工农兵代表大会，恢复惠来县苏维埃政权，主席方光庆。同时，在盐岭村成立惠来县总工会。秋收后，县苏维埃与神泉区苏维埃在前湖乡进行土地分配的试点工作。

- ★ 民国十八年（1929），葵潭锡矿矿工约3000人，日产净锡约1.5吨。

- ★ 民国十九年（1930）4月15日，红军47团配合惠来县地方武装攻打隆江镇不克，伤亡117人，团长李彬（湖南人，黄埔军校学生）牺牲。

- ★ 民国十九年（1930）4月28日，国民党毛维寿旅2000余人进犯大南山。红军47团、49团在赤卫队配合下，击毙敌军官兵117人，俘23人，缴获枪支200多支。

- ★ 民国十九年（1930）10月29日，红军四十七团和惠来各区乡常备武装，在惠城、华湖、神泉、靖海等地1000多名赤卫队员配合下，再次围攻惠来县城。经两天战斗，城未攻下。

- ★ 民国十九年（1930）11月，潮、普、惠三县第一次工农兵代表大会在大南山召开，决定三县合并，成立潮普惠苏维埃政府。主席方光庆，并以三县常备武装统一编为第一、第二、第三大队，惠来为第二大队，大队长庄合兴。

- ★ 民国十九年（1930）年底，根据中央军委南方办事处的指示精神，红军49团改编为中国工农红军第六军第二师第一团。第47团、第46团合并改编为第二团，主要活动于潮普惠苏区，团长陈伯虎，政委卢笃茂。

- ★ 民国十九年（1930），由县内政、绅、商界发起，募捐创建惠来民众医院，为惠来县第一间医院，首任院长王昭坚。

- ★ 民国二十年（1931）5月，红军二团配合惠来西南部赤卫队三四百人，连克北溪、青坑、圆墩等地国民党联防队据点，缴获全部枪械。

- ★ 民国二十年（1931）夏，大南山苏区根据中共中央和广东省委指示，开展反AB团斗争，在这场斗争中，整个大南山党、政、军被错杀领导干部和骨干在500人以上（惠来县籍约200人）。

- ★ 民国二十年（1931）7月，国民党独立二师（师长张瑞贵）进攻大南山，搜索上下林樟后，驻防云落、葵潭。

- ★ 民国二十年（1931）9月，张瑞贵委任骆凤翔为潮普惠三县联防主任，骆受令率部进攻盐岭村，驻盐岭红军古大存部抗击后撤往陆丰。

- ★ 民国二十年（1931）9月11日，潮普惠县苏维埃政府主席梁耀东（辽宁人）在流沙被捕。

★ 民国二十年（1931），始筑惠城到葵潭公路，全长38公里。至民国二十三年（1934）全线路基筑成，因缺乏资金建桥梁涵洞，仅惠城至隆江15公里可通汽车。

★ 民国二十年（1931），县海关靖海口撤销，进出口业务由汕头海关办理。

★ 民国二十一年（1932）3月11日，张瑞贵集中3个团兵力及地方警卫队4000余人，分三路围剿大南山苏区。逐村烧杀掳掠之后，在四周修筑炮楼。

★ 民国二十一年（1932）4月，张瑞贵下令封锁大南山，限南山北区（八乡林）居民于12日以前一律迁出原属各县境内，并责令各县县长督饬区乡商民团体设法收容迁出居民。

★ 民国二十一年（1932）9月，张瑞贵率所部和第三军第二团再次进剿大南山。红一团、红二团几经转战，伤亡严重。中共东江特委领导人卢笃茂率余部移至北山。至此，大南山全部失陷，中共党政机关转入地下。

★ 民国二十一年（1932）10月，南山特区苏维埃政府主席林花仔在惠来蔡店坑开展兵运工作时，被国民党军队捕杀。东江苏维埃委员方和平（女）被捕后叛变。是年，大南山苏区被国民党军队屠杀的群众在2000人以上，房屋全部被烧光，群众逃亡几尽。

★ 民国二十二年（1933）5月，惠城绅士陈家辉等10余人，联名向省政府指控惠来县县长李本清在任期间贪污。此前，绅士们曾向张瑞贵呈请李本清继任县长。张瑞贵示意所部团长张镜澄逮捕向省控告的全部人员，并下令处死联名状上前3名（陈家辉、方子平、方锡三），由团长欧洪执行。

★ 民国二十二年（1933）6月19日，于林招村设立南山移垦委员会。张瑞贵兼任委员长，以招抚流亡民众为名，诱缉逃亡在外的南山革命群众。

★ 民国二十二年（1933）7月1日，潮梅地方法院改组为汕头法院，各县分庭裁并。汕头地方法院，直辖潮阳、澄海、惠来、南澳。

★ 民国二十二年（1933）秋，中共东江特委，汇集隐蔽和游击于各地红军的地方武装约300人，整编为东江工农红军第一、第二路军。第一路军由总指挥古大存率领转移到丰顺、兴梅。第二路军总指挥卢笃茂，率部在南山坚持游击战争。

★ 民国二十二年（1933），成立惠来县苗圃，培育桉树和相思树。

★ 民国二十二年（1933），全县田地经过清丈，查实报省课征田亩为25.44万亩。

- 民国二十二年（1933），神泉港有客货船通汕头，客运两艘，货运3艘。
- 民国二十二年（1933），葵潭始设电报局。
- 民国二十二年（1933），华林村海边玻璃沙由私营庆隆、大丰公司登记经营，运销汕头。
- 民国二十三年（1934）春，京陇村农民自己集资筑堤防潮，治理咸田，筑堤长2000余米，宽10米，高3米，设闸5孔，称"玉带堰"。改塭田为良田500亩，改造半咸田2500亩。
- 民国二十四年（1935）5月，潮普惠苏维埃主席黄德田（惠来人）叛变，使南山秘密印刷场地设施、秘密联络点（都设于深山岩洞）等大部分被捣毁。至此，共产党在惠来的地下活动基本停顿。
- 民国二十四年（1935）10月，广东省政府以大南山群山绵亘，距潮阳、普宁、惠来三县县治遥远为由，特成立南山管理局，治所设于潮阳县林招村，后移两英圩。惠来县划归南山局管辖共36个自然村。
- 民国二十四年（1935），停止使用银圆。
- 民国二十五年（1936），是年年底统计，全年从汕头运销惠来的主要产品：有大米8万包，面粉4万包，洋糖8000包，豆饼4万片，田料2万包，药材30万元。香烟60万元。
- 民国二十五年（1936），钓石村发现一河蚌，内生有十八座立体罗汉像。当时被神泉镇中兴街周云生及一姓杜者各购到一半，周家一直珍藏，蚌壳直径12厘米，完整无损，壳膜光泽璀璨。杜姓已迁居外地。
- 民国二十六年（1937）9月，中共地下党员陈绍贡在惠城成立"惠来县青年救亡同志会"，主席陈绍贡。次年1月改称"惠来县青年抗敌同志会"。
- 民国二十六年（1937）秋，侨胞林连登捐资兴建惠来县立中学2层教学楼1幢。
- 民国二十六年（1937）10月，吴健民、张学武等爱国师生组织"惠来银河剧团"，到城乡各地开展抗日宣传。
- 民国二十六年（1937）11月，中共惠来支部重新建立，陈绍贡为书记。
- 民国二十六年（1937）12月，神泉、隆江、葵潭、靖海、梅林等地都成立青抗会，华湖、涂田、鹅豆、东陇等村成立青抗工作队。青抗会会员发展到1500人，并出版《救亡导报》《救亡日报》《惠来救亡》报刊。

- 民国二十六年（1937）冬，成立"惠来妇女救亡同志会"。常务干事陈刚红、方萌明、朱秀英。次年1月改称"惠来妇女抗敌同志会"。
- 民国二十六年（1937），惠来设邮局（三等局），在葵潭、隆江、神泉、靖海设4个代办所。
- 民国二十七年（1938）2月8日，日本军舰炮击神泉澳角村。澳角宫仔被炸，驻军营房被击穿（营房原为清代海防炮位，当时驻省保安团一个排），炸死村民2人。
- 民国二十七年（1938）春，广东省分区成立民众抗日自卫团。划潮阳、揭阳、惠来、普宁为第八区，翁照垣为统率委员会主任委员。
- 民国二十七年（1938）4月，建立中共惠来总支部。书记陈绍贡，组织委员陈克特，妇女委员陈刚红。
- 民国二十七年（1938）5月，国民党军警袭击县青抗会总部。以青抗会会员参加"红须姑娘"为由，逮捕2名常务干事，并通缉陈绍贡。在潮汕各县青抗会声援下，当局被迫释放被捕的2名干事。
- 民国二十七年（1938）6月6日，日本飞机1架在澳角村投弹2枚。8月4日又袭击惠城，在铺仔头、学井巷投弹5枚，炸死居民15人。
- 民国二十七年（1938）10月，中共惠来县工作委员会建立。直属中共潮汕中心县委潮普惠分委领导，书记陈绍贡，下设9个支部。
- 民国二十七年（1938），县建有2个林场，面积262亩，造林6.24万株，主要是桉树、相思树。
- 民国二十八年（1939）6月，日军占领汕头港及附近港口，其后，神泉港成为潮梅地区唯一能够对外贸易港口。国民党政府在神泉设货运稽查处。不久改为"曲江海关神泉分卡"，成为正式口岸，经营进出口贸易。
- 民国二十八年（1939）9月8日，7架日本飞机，轮番轰炸神泉镇，炸死居民24人。
- 民国二十八年（1939）12月，惠来成立抗日自卫大队。中共惠来地下党员30余人加入自卫大队，组建为志愿独立小队，领取枪支30余支，驻防前詹、赤澳、神泉一带。
- 民国二十八年（1939），陈俊永创办《群报》，聘用青抗会常务干事方应昌、方祖谦为编辑。
- 民国二十八年（1939）年底，全县有小学294所，学生1.59万人。有私塾59所，学生2888人。

★ 民国二十九年（1940）1月，国民党第一次反共高潮波及潮汕各地。惠来当局多次下令解散青抗会，并开列黑名单，缉捕抗日爱国进步人士。6月，惠来青抗会被迫停止活动。

★ 民国二十九年（1940）3月，为防日军空袭，便于疏散城内居民，拆除惠来县城城垣。

★ 民国二十九年（1940）9月，撤销中共惠来县工作委员会，建立中共惠来县总支部。属中共潮阳县工作委员会领导。12月转属中共潮（阳）惠（来）南（山）县委领导，总支书记杜文辉。

★ 民国二十九年（1940）10月，修治城内排水工程。

★ 民国三十年（1941）6月25日，日军舰两艘，从汕头开至惠来，停泊于澳角村海面，26日凌晨4时，日海军陆战队300余人，在两架轰炸机的掩护下，登陆进犯神泉。国民党驻神泉保安团某营在文昌山抗击入侵日军，击毙日军20余名，日军当天下午撤退。是役保安团官兵牺牲34人，被打死和飞机炸死群众200余人。

★ 民国三十年（1941）8月底，全县锡矿发照开采的有8家公司，由于日军入侵潮汕，港路不通，经营衰退，多数倒闭。此时翁照垣创办兴记行，独资开采经营凤地山锡矿。

★ 民国三十年（1941），海埕村成立"老正天香"潮剧班。考山村私人出资组成"中一枝香"潮剧班。

★ 民国三十一年（1942）2月，日军侵占我国香港及东南亚各地后，不少华侨间道回到中国内地。广东省紧急救侨会特在潮、梅各地设招待所，护送归国华侨。惠来县招待所设于神泉。

★ 民国三十一年（1942）7月，贯彻中共中央"隐蔽精干，长期埋伏，积蓄力量，以待时机"的方针。中共惠来特派员郑流阳宣布惠来党组织停止活动。

★ 民国三十一年（1942）夏，日军轰炸机1架，坠毁于神泉图田上村海边沙滩上，活捉其飞行员1名，缴获机关炮2门。

★ 民国三十二年（1943）5月，因连续8个月干旱，田园断青，惠来大饥荒。仅40多天时间，全县死于饥饿、疫病（流行性霍乱）约15万人。

★ 民国三十三年（1944）冬，县奉令在惠城东郊建军用飞机场。范围东起惠政桥头，西至方公祠路边中段，南至赤山院，北至义昌埔北侧。已平整好场基300亩，后因故停工。

★ 民国三十四年（1945）1月30日，日军400多名骑兵，在进犯普宁流沙后，分数路袭击惠来，当日，抗击日军进攻的自卫队中队长周寄生战死。

★ 民国三十四年（1945）2月1日，日军攻陷惠来县城，2月2日攻陷靖海所城和神泉镇。

★ 民国三十四年（1945）3月，建立中共潮、普、惠县委员会，书记林川，5月派郑流阳到惠来恢复党的组织活动。6月，活动于潮普惠一带的抗日游击队伍改称"抗日游击队韩江纵队"第二支队，由林川担任支队长兼政委。

★ 民国三十四年（1945）8月6日，日本侵略军撤离惠城。

★ 民国三十五年（1946）2月，中共惠来特别支部建立，书记黄欣睦。3月，成立中共图田特别支部，下辖3个支部，隶属中共潮阳县委领导。

★ 民国三十五年（1946）秋，惠来县立中学学生600余人，在惠城大街和县政府门前举行示威游行，抗议、声讨县府官员和豪绅侵吞救济粮的丑行。领导这场运动的是中共惠来县特派员詹泽平和学生支部。

★ 民国三十五年（1946），惠来田赋实物计量，奉令改为以市秤计算，废除石、斗、升、合各种量器。

★ 民国三十六年（1947）11月，潮汕人民抗征队第三大队，挺进大南山根据地。攻克林樟乡公所，缴获该所全部武器，拔除了国民党南山管理局西部重要据点。

★ 民国三十六年（1947）11月下旬，于下林樟村成立"八乡林惠南武工队"，队长方文瑞。这是惠来地区第一支中共领导的武工队。

★ 民国三十六年（1947）12月15日，中共潮阳县地下组织派遣林金顺率10余名游击队员到惠来东区关外开展工作。20日夜宿清水岩。遭惠来方武平侦缉队包围，除1人脱险，余11人被捕。21日下午，9名游击队员遭杀害。

★ 民国三十七年（1948）1月5日，惠来县政府成立"戡乱动员委员会"，由县长方乃斌兼任主任。

★ 民国三十七年（1948）1月，于锡坑村成立大南山东区武工队，队长马毅友。

★ 民国三十七年（1948）1月中下旬，潮汕人民抗征第三大队第一中队，在武工队的配合下，接连数天攻下双溪乡公所、径口乡公所，继而击败靖海盐警队，攻进靖海镇，尔后，连续拔掉华堡、林招等4个乡公所，缴获武器一批。

★ 民国三十七年（1948）3月，中共惠来地下组织在径口村成立关外武工队，队长周洪。此后，相继在各地组织起5支武工队：4月下旬于圆墩村成立东营武工队，队长方明生；5月于长青围成立三清山武工队，队长叶章礼；6月于山美村成立山美武工队，队长林献人；同月于后山村成立西联武工队，队长张水龙；7月于东陇村成立东陇武工队，队长方妈来。

★ 民国三十七年（1948）5月，于南山白马仔村，成立中共惠（来）南（山）县委，统一领导大南山根据地及惠来地下党和武工队。

★ 民国三十七年（1948）6月，中共南山县委于八乡林组建惠南抗征第一中队（又称飞龙队），中队长周成；于长青围成立三清山区抗征第一中队，中队长谢德成。

★ 民国三十七年（1948）6月，中共潮汕地委决定，在大南山惠来县林樟村成立潮（阳）普（宁）惠（来）南（山）人民行政委员会，组织建立乡村政权，发动群众进行减租反霸等工作。

★ 民国三十七年（1948）8月，中共惠来县委在鲁阳村组建惠南抗征第二中队（又称飞虎队），中队长张万辉；于长青围村成立三清山区抗征第二中队，中队长郑木京。

★ 民国三十七年（1948）8月31日，潮汕抗征队一部，在关门山伏击国民党惠来县县长方文灿的警卫队，打死7人，打伤10余人，俘虏4人。

★ 民国三十七年（1948）10月，中共惠来县委于长青围村成立三清山区抗征大队，大队长肖介山；于鲁阳村成立惠南抗征第三中队，中队长林茂兴。

★ 民国三十七年（1948）秋，武工队在钓石村截获国民党粮船两艘，稻谷2万余斤。

★ 民国三十七年（1948）12月，靖海镇解放，成立靖海区军事管制委员会，主任陈绍宏。

★ 民国三十八年（1949）1月3日，潮汕人民抗征五大队，根据惠城地下党提供的情报，乘夜派便衣队潜入城内，在内线人员的配合下，活捉惠来政警大队直属分队队长方国雄，缴获武器一批。

★ 民国三十八年（1949）1月5日，潮汕人民抗征五大队，在内线人员的配合下，不费一弹拿下隆江市尾山炮楼。俘自卫中队长陈南中以下官兵50多人。

★ 民国三十八年（1949）1月，中共惠南县委撤销，成立中共惠（来）陆（丰）

南（山）边县委，县委机关设鲁阳村，书记郑流阳。

★ 民国三十八年（1949）1月8日，潮汕人民抗征五大队，在东陇村伏击增援隆江的政警中队，俘虏中队长以下官兵28人，并缴获武器一批。

★ 民国三十八年（1949）1月，惠来抗征队第十团在鲁阳村成立。2月，奉令改编为中国人民解放军闽粤赣边纵队第二支队第十团。

★ 民国三十八年（1949）2月，成立中共惠潮县委员会，县委机关设大南山沙碑村。

★ 民国三十八年（1949）2月，中共潮汕地委决定撤销潮普惠南行政委员会。成立惠西和惠潮行政委员会。

★ 民国三十八年（1949）3月2日，隆江镇解放，成立隆江区军事管制委员会，主任陈克特。

★ 民国三十八年（1949）3月10日，神泉镇解放，成立神泉区军事管制委员会，主任方腾。

★ 民国三十八年（1949）3月18日，甲子区解放，成立甲子区军事管制委员会，主任林莱堂。

★ 民国三十八年（1949）4月26日，葵潭和平解放，移交轻重机枪5挺、长短枪160支。成立葵潭区军事管制委员会，主任李达。

四、中华人民共和国

1949年

★ 5月20日，中国人民解放军闽粤赣边纵队第二支队攻克惠来县城。至此惠来县全境解放。24日成立惠来县城区军事管制委员会，主任詹泽平。

★ 6月，撤销中共陆惠南边县委，成立中共惠来县委员会，书记詹泽平。

★ 6月，将惠来县梅林区（原第四区）辖属的梅峰镇、松阳乡、南（腩）阳乡、高埔乡、云落乡、崩崁乡、葵龙乡、埔头乡共55个村划属普宁县。

- 8月1日，经潮梅人民行政委员会批准，成立惠来县人民政府。辖惠城、神泉、惠东、隆江、葵潭、甲子6个行政区，县长詹泽平。
- 9月，企图逃往香港的国民党潮阳政警大队官兵150多人，在澳角村被迫投降。收缴迫击炮1门，重机枪1挺，轻机枪6挺，长短枪140多支。
- 10月，驻惠来的中国人民解放军闽粤赣边纵队第二支队第十团改为独立营，12月改为惠来武装大队，次年改为惠来县人民武装部。
- 12月，接管翁照垣葵丰农场和华侨林连登的惠民垦殖公司，初改称国营葵潭农场，粤东行署潮汕农林干部学校设于此。1952年学校迁潮安古巷，更名"汕头市五七干部学校"。农场改称粤东第一示范农场。1956年改称葵潭农场。

1950年

- 1月，中国人民银行惠来办事处成立，4月迁址在惠城连城街。同时发行人民币。县人民政府发出布告：规定使用人民币，禁止以米标价和港币在市面流通。
- 4月21—24日，召开惠来县第一届各界人民代表会。出席会议代表230人。会议中心议题是：组织全县人民抓紧季节，开展春耕生产；节约度荒，减租减息。
- 4月，甲子区辖下甲子镇及18个乡划归陆丰县。
- 4月，鳌江澳仔村（即中澳村）"长发党"头子林锡三，纠集道徒数百人，参加湖东（属陆丰县）暴乱。6月初，县保卫委员会，宣布取缔"长发党"组织，长发党信徒412人登记自新。
- 5月，连续发生三次大雨，引起山洪暴发，江河泛滥，农作物遭淹，损失严重，受灾情况为数10年来所罕见。
- 6月，全县人民捐献18亿元（折现行人民币18万元），购置"惠来号"战斗机1架，支援抗美援朝。
- 7月21—24日，召开惠来县第二届各界人民代表会。出席代表300人，会议中心议题是：组织全县人民保护夏收，进行夏种，完成夏征任务；发动群众，开展农村民主改革，清匪反霸。
- 8月，夏荒。省、地、县各级人民政府工作人员和驻汕部队，节衣缩食，捐献大米25万公斤，以及现金、衣服，救济县内灾民。
- 8月，县人民政府制订惠来县减租减息条件25条，公布实施。

- ★ 9月，对全县天主教堂和基督教堂进行调查登记，分布于百峰、吉成的天主教徒2179人；分布于周田、隆江、葵潭、靖海等地基督教徒437人。
- ★ 9月，惠来人民中学在靖海设分教处，12月改建为惠东中学。1951年改称惠来第二中学。
- ★ 11月11—14日，召开惠来县第三届各界人民代表会，出席代表291人，会议中心议题是：搞好冬耕，完成秋征，为翌年春季开展土地改革创造必要条件。
- ★ 11月，破获"闽粤赣边人民反共救国军潮汕指挥部第二十二总队""东南人民反共救国军第一纵队第三大队"二股武装特务组织，捕获总队长以下45名。
- ★ 是年，天花流行，全县死亡97人。

1951年

- ★ 1月24日，县镇反指挥部宣布，在全县范围内开展镇压反革命运动。
- ★ 3月，兴建惠城粮食加工厂，首次用机械加工大米，晚上发电供应县城机关照明，县开始有电灯。
- ★ 4月，揭阳县完成土地改革，抽调一批土改工作骨干和农村积极分子120人来惠来县帮助土改。
- ★ 5月18日，驻汕人民解放军46军，派出234名指战员组成土改工作队，支援惠来县土地改革，合地方干部共678人，组成6个土改工作队分赴各区，在全县深入开展"退租退押，清匪反霸"运动（简称八字运动）。
- ★ 6月6—12日，召开惠来县第四届各界人民代表会，出席代表288人，会议中心议题是：争取今冬明春完成土地改革。
- ★ 8月18日，破获"闽粤赣边人民反共救国军第一纵队第二支队"武装特务组织，捕获总队长、大队长等武装特务10名。
- ★ 9月，成立土地改革委员会（简称土委会），县委第一书记左明兼任主任。
- ★ 9月，县人民政府、县土委会、县公安局、县法院发出联合布告《关于支持农民运动及有关镇压反革命分子的四项决定》。
- ★ 11月，成立惠来县合作总社。同时建立惠城区供销合作社，为县第一个区基层社。
- ★ 12月，全县从6月份开展"八字运动"，至年底，共退出租谷744.5万公斤，解救8万灾民，度过灾荒。

- 12月，县确定后溪洋、凤镇、孔美3个乡为土改试点乡，开始划阶级成分和分田，试点乡于1952年3月完成土改工作。

1952年

- 1月21—23日，召开惠来县第五届各界人民代表会，出席代表320人，会议中心议题是：推翻封建统治，完成土地改革任务。
- 1月，在县级、党政机关开展"三反运动"：反贪污、反浪费、反官僚主义在工商界开展"五反"运动：反行贿，反偷、漏税收，反偷工减料，反偷窃国家资财和盗窃国家经济情报。
- 1月，调整全县行政区划，将原6个区，改为九区一镇。
- 2月，全县在48个乡开展第一批划阶级分土地，于夏收前完成。
- 4月15日，美国飞机入侵沿海领空，在惠城、神泉、靖海等地撒下大量细菌。
- 8月，全县在63个乡开展第二批划阶级分土地。到11月，全县九区一镇127个乡约24万农业人口的土地改革全部完成。共没收地主、公堂土地15.11万亩，分配给农民，人均分得0.7亩。
- 12月20—24日，召开惠来县第六届各界人民代表会，出席代表363人，会议中心议题是：完成土地改革，迎接生产高潮。
- 是年，惠潮公路全线通车，改名葵和公路（葵潭至和平），全长87公里。

1953年

- 1月，全面铺开土改复查工作，解决土改遗留问题，于当年3月底完成。
- 2月21日，粤东区第二届劳动模范大会在汕头召开。惠来县受奖的互助组12个，其中方章粦、陈庆信两个互助组获模范互助组称号。
- 3月10—25日，县妇联开办学习班，区、乡、村妇女干部共500多人参加，学习贯彻1950年颁布的《中华人民共和国婚姻法》。学习后，在全县开展宣传婚姻法。
- 3月28日，全面开展"查田定产"。全县10个区528个自然村，新丈量耕地计税面积47.1万亩，计征产量5.49万吨。
- 4月26—29日，召开惠来县第七届各界人民代表会，出席代表316人（其中列

- 席50名）。会议中心议题是：组织春耕生产行动高潮，开展爱国增产运动。
- ★ 5月10日，县人民政府宣布同善社、先天道、老母会、长发党及其各支派均为非法组织，予以取缔。全县查出4个组织的大小头目124人，道徒1655人。
- ★ 5月26日，开展第一次人口普查。全县总人口34.56万人，其中男性17.04万人，女性17.52万人。
- ★ 5月，全县有6个区45个乡，发生急性胃肠传染病，共发病5738例，死亡62人，至9月病情得以控制。
- ★ 8月下旬，渔业民主改革全面铺开。至10月10日，全面完成全县21个乡，1.33万户，6.07万人的渔业民主改革。新制度得以建立。
- ★ 11月5—18日，召开全县扩大干部会议，贯彻党在过渡时期总路线总任务，实行粮食计划收购，计划供应。

1954年

- ★ 2月25日，惠来县第一个农业生产合作社"寄陇村第一农业生产合作社"成立。实行土地入股，统一经营，收益按土地和劳力比例进行分配。
- ★ 3月11—13日，召开惠来县第八届各界人民代表会，出席代表388人，会议中心议题是：开展以互助合作为中心的爱国增产运动。
- ★ 3月，创办地方国营惠来县印刷厂和犁鼎厂。
- ★ 4月，西岭锡矿5个采矿中队合并成立凤地山矿业社，社员625人。
- ★ 4月21—25日，召开惠来县第一届人民代表大会，出席代表334人，会议中心议题是：听取和审议政府工作报告，开展以互助合作为中心的农业增产运动。
- ★ 7月，县人民政府增设工业科、手工业管理科。制定了手工业生产要为农业服务，为城乡人民生活服务，为出口服务，为工农业建设服务的方针，引导手工业走合作化道路。
- ★ 8月，兴建惠城镇鸡心屿水库，为县第一座水库。1955年3月完工。
- ★ 10月，县文化馆主办农村业余剧团第一次会演，参加的农村业余剧团18个，获得广泛好评。
- ★ 12月，试办个体手工业生产合作社（隆江铁器社、神泉竹器社、新圩陶器社），为县第一批手工业合作组织。

- 12月，兴建关门水库，1955年3月竣工。

1955年

- 2月12—16日，召开惠来县第三届劳动模范及区乡干部会议。通过评功表模，树立农村中走社会主义道路的榜样。
- 6月11—15日，惠来县第一届人民代表大会第二次会议在惠城召开，大会选举产生惠来县人民委员会，取代县人民政府，选郭拱为县长，官浩扬、谢秀莲（女）为副县长。
- 8月，成立惠来县食品公司，对猪、禽、蛋等商品实行统一经营。
- 9月15日，来自台湾的国民党飞机3架，扫射神泉港，渔民死伤30多人。
- 10月，前詹镇岛南村一组扣舡渔船，一次捕获黄花鱼195吨，该组渔船装满黄花鱼后，通知附近渔船帮忙装鱼。
- 12月，全县成立初级农业社411个，入社3.42万户，占总农户51.76%；成立高级社68个，入社2.95万户，占农业总户数44.75%。组织手工业社8个。
- 是年，根据省政府部署，给华侨地主、华侨富农提前改变阶级成分。全县侨眷2443户1.09万人，土改时划为地主、富农218户1330人，给予改正成分211户1292人。

1956年

- 1月5—10日，县工商业联合会（简称工商联）三届二次代表会议在惠城召开，传达贯彻全国工商联一届二次会议和人大一届二次会议精神，学习党的和平改造方针政策。
- 3月，贯彻中共中央农业发展纲要。全县农业合作化迅速发展。
- 4月，广东省委书记陶铸来惠来县检查工作。
- 4月，首次在南海流动沙滩上大面积种植木麻黄防护林1112亩，填补海滨森林资源空白点。
- 4月，创办《惠来农民报》，1957年元旦改称《惠来报》。
- 6月19日，实行撤区并乡，全县设置22个乡（镇），并分别成立乡镇人民委员会和中共乡镇基层委员会。

- ★ 7月7—14日，在惠城召开中国共产党惠来县第一次代表大会。出席的正式代表353人，候补代表23人，选举县委委员23人。讨论通过《县委一年来的检查报告》《惠来县7年远景规划》。
- ★ 8月1日，创办惠来县气象站，站址设于县城东北郊。
- ★ 10月3—7日，召开县三级干部会议和农业社升级并社骨干训练班，会议确定在搞好生产前提下，大力搞好农业升级并社及结合整顿工作。
- ★ 10月，惠来县设有线广播站，开始播音。
- ★ 10月，靖海南门外村渔船，日产黄花鱼140吨。1957年该村派代表参加全国劳模大会。
- ★ 12月，动工兴建蜈蚣岭水库，1958年2月竣工。
- ★ 12月，成立惠来县第一支农村电影放映队，县城人民会堂开始对外放映电影。
- ★ 是年年底，全县完成对农业、手工业和资本主义工商业的社会主义改造。
- ★ 是年，全县水稻种植面积41.94万亩，平均亩产150公斤，总产6.3万吨。

1957年

- ★ 1月19—24日，召开惠来县第二届人民代表大会。
- ★ 3月19日，神泉港出现海市蜃楼，从下午1时至黄昏，历时6小时。
- ★ 3月，成立专业潮剧团，初称"玉正潮剧团"后改称"惠来潮剧团"。
- ★ 5月，全县发生流行性感冒，至6月底患者约13万人，占总人口30%，死亡6人。
- ★ 7月，修筑龙江大堤，沿龙江两岸，西起塘田渡口和邦山村，东南至洋下村和钓石村，全长77.8公里，堤基宽8.6米，高11.5米。国家投资120万元。
- ★ 7月，开展整风运动。在运动中出现阶级斗争扩大化，至次年10月底，共有机关干部、中小学教师289人，被划为右派分子。
- ★ 7月，中共惠来县委作出"关于处理乌红旗纠纷械斗方案"。号召群众退旗。依法逮捕为首分子27名。
- ★ 11月，修筑资深避风塘（即资深港），次年1月竣工，可供200—300艘渔船避风。省水产厅投资40.7万元，县自筹3万元。
- ★ 12月，兴建古杭上水库，移民57户269人。
- ★ 是年，司神公路（司马浦—神泉）通车，在惠来县境内17.3公里。葵西公路（葵潭经鳌江—溪西镇西湖村）通车，全长34公里。

1958年

★ 4月，在靖海镇至资深长4公里的沿海沙滩上，填土种植木麻黄树，营造防护林带5条，总长10公里，面积1.3万亩。

★ 是月，省林业厅在青山乡创办青坑林场，面积32平方公里。

★ 5月13—17日，召开惠来县第三届人民代表大会。大会号召动员一切社会力量，为全面实现生产"大跃进"而奋斗。

★ 7月，动工兴建大型水库——石榴潭水库。

★ 9月，全县成立红旗、东红、红光、红星、红江5个人民公社。潮阳县雷岭乡20个村1455户7423人，划归惠来县红旗人民公社。

★ 9月，全县5个公社仿照军事编制，分建5个师，18个生产战斗团，36个营和5个直属营。

★ 10月，城乡大办食堂，全县建有食堂525个，实行吃饭不用钱。"放开肚皮吃干饭，三餐干饭不用钱"，吃了20多天，粮食几乎殆尽，只得组织生产度荒。

★ 10月，全县掀起大炼钢铁热潮，投入劳力12万人，建小高炉600个，土坯炉2000个。

★ 10月，全县掀起深翻改土热潮，每天出动12万—15万人，平整耕地3.9万亩，深翻水田4.2万亩。

★ 11月，在惠城建立惠来县第一个农业拖拉机站，有拖拉机10台。

■ 国务院奖状

- 12月，惠来县东红狮石（今周田镇狮石村）农业生产合作社、寄陇农业社获得周恩来总理亲笔签名的国务院奖状"农业社会主义建设先进单位"。
- 12月10日，汕头专署宣布，撤销惠来县建制（12月14日国务院批准）。12月21日，红旗、红光、红星、红江4个公社并入普宁县，东红公社并入潮阳县。
- 是年，大办工业，先后兴办一批国营厂，有澳角鱼露厂、神泉海肥厂、农业机械修造厂、神泉造船厂、神泉矿场、隆江水泥厂、圆墩瓷厂、葵潭煤矿等。
- 是年，创办四香果林场。

1959年

- 3月31日上午10时，县东南沿海发生12级以上强旋风，神泉、澳角、前詹、靖海、华林等海上作业渔船共400人遇险，华林村渔民死亡60余人，其余得到及时抢救脱险。
- 4月，人民公社下设生产大队和生产队。实行"统一领导，分级管理，三级核算"。
- 4月，将原属惠来县的红江公社横山等10个村划归陆丰县；陆丰县三池埔村划归普宁县。
- 8月，惠城镇机关人员和群众，义务开凿一条人工运河，北起文昌阁旁，南至溪洋村船闸，全长1.4公里，宽14—30米。
- 9月，关门水库大坝崩决，大水冲进4个大队5个自然村，死亡17人，受伤23人，损坏房屋200多间，受灾水田6000亩。
- 10月，惠城乌坟岭水电站建成，装机1台40千瓦，为县第一座小水电站。
- 11月，创办国营东埔农场，面积17平方公里。
- 11月，兴建詹官陂水库，1960年竣工。
- 是年，海洋捕捞渔船，开始使用尼龙网、白胶丝流刺网。

1960年

- 3月，为安置东南亚归国华侨，创建国营大南山华侨农场，农场总面积48平方公里。
- 8月，图田邦田渡口，因渡船超载沉没，造成6人溺亡。

1961年

- 1月，在惠城北郊榕石庵东侧，兴建惠来县革命烈士纪念碑，占地4000平方米。
- 3月，恢复惠来县建制。惠来县人民委员会仍驻惠城，辖19个人民公社。
- 4月28日，全县农村开展整风整社运动。
- 8月，成立惠来县农业科学研究所（简称农科所），所址初设于四香果林场，后移县城西郊新亭埔。
- 10月29日—11月3日，召开中共惠来县第二次代表大会。
- 12月19—22日，召开惠来县第四届人民代表大会。

1962年

- 3月29日，地震，全县有轻微感觉。
- 4月，因人民公社生产大队、生产队规模过大，故作调整，并调整核算单位和确立"四固定"（即耕地、劳力、耕牛、农具）制度。
- 5月，全县经济生活困难，农村断粮1.22万户，水肿病人1868人，求乞逃荒653户784人（5月份统计数字）。
- 10月8日，全县军民经过四昼夜战斗，全歼第一股登陆的国民党武装特务14名，缴获大批军用物资。
- 12月6日，军民配合作战，将国民党第二股登陆的武装特务10名，全部俘虏。同时，海军部队在神泉附近海面击沉国民党登陆护送船1艘，击毙敌人23名，活捉6人。
- 是年，全县精简压缩机关、企事业单位的干部职工2413人。
- 是年，新建惠来汽车站于县城东郊，占地面积1.13万平方米。

1963年

- 8月，中共惠来县委决定，在农村分期分批深入开展社会主义教育运动，并在隆江搞试点。
- 9月25—29日，召开惠来县第五届人民代表大会第一次会议，出席会议代表327人，中心议题是：继续贯彻执行"以农业为基础，工业为主导"的总方针。

- ★ 10月，靖海公社造船社李荣成改制安装县第一艘机帆船。
- ★ 是年，关桥公路（从关门到桥头）通车，全长9.1公里。
- ★ 是年，蜈蚣岭水库坝后电站建成投产，装机2台，容量250千瓦。

1964年

- ★ 8月，全县抽调干部职工661人，组成工作队，到揭阳县地都公社开展四清（即清理政治、经济、组织、思想）运动。
- ★ 10月，在县城西郊西坛顶兴建第一座自来水站。投资12万元，次年12月竣工供水。

1965年

- ★ 6月2日，县召开第三次贫下中农代表会议，选举产生县贫下中农协会第一届筹备委员会。
- ★ 6月，县"四清"工作队651人，被分配到陆丰县甲子等5个公社参加"四清"运动。
- ★ 9月，动工兴建惠政桥，把原杉木结构改为永久性公路桥，全长114米，宽7米，高7米，1966年9月竣工。
- ★ 12月31日，汕头专署财贸委员会发出"关于组织学习塘田购销站经验"的通知。
- ★ 是年，县农械厂（后称农机一厂）创制磨薯机成功。
- ★ 是年，稻谷种植面积35.4万亩，平均亩产250公斤。

1966年

- ★ 6月19日，中共惠来县委成立"文化革命"小组，派工作组进驻惠来一中和有关文化单位。
- ★ 7月，全县水灾后，出现流行钩端螺旋体病，全县发病1088例，住院305人，死亡2人。
- ★ 8月，县级机关干部职工参加为期3天的300里行军锻炼。
- ★ 11月17日，中小学师生开始步行串联。县设红卫兵接待站，供应外地经过的红卫兵食宿。
- ★ 12月，中学停课闹革命，普遍成立了红卫兵组织。城乡掀起破四旧（即旧思想、旧文化、旧风俗、旧习惯）运动。

★ 12月，竹内水电站建成投产，装机1台，容量125千瓦。

★ 是年，县农械厂创制脚踏式单车链传动打谷机，后在地区推广，20世纪90年代仍为农村普遍使用。

1967年

★ 1月，县城和各公社都纷纷组织各种名称的红卫兵战斗队，开展大鸣、大放、大字报、大辩论，批判走资本主义道路的当权派和学术权威。

★ 2月，在上海"一月风暴"的影响下，全县红卫兵进行夺权，大小机关单位的领导，一律靠边站。原县、社、大队各级政权组织，陷于瘫痪。

★ 3月25日，成立惠来县军事管制委员会，主任王云清（汕头军分区副司令员）、副主任李卓魁（县武装部政委）、张兴周（部队副团长）。

★ 是年，流行性脑膜炎暴发，发病1.49万人，死亡410人。流行至1968年，死亡人数212人，为全省发病率最高县份之一。

★ 是年，庵泉（仙庵—神泉）公路全线通车，由仙庵起，经靖海、资深、前詹至神泉，全长34公里。

1968年

★ 3月12日，汕头专区革命委员会批准撤销惠来县人民委员会。3月18日成立惠来县革命委员会。主任李卓魁，副主任张兴周、宁文、詹美香（女），下设办事组、政治工作组、保卫组、生产指挥组、民事组。

★ 8月，全县掀起揪"反共救国军"热潮。乱揪乱斗达2000余人。同时，又以无中生有的"搞武斗计划"为罪名，揪斗干部职工800余人。累计被迫害含冤而死者76人，致伤残者数百人。

★ 9月，工人宣传队、军队代表、贫下中农管理小组进驻中小学校。

★ 11月，县革命委员会（简称县革委会）在岭门农场开办"五七"干部学校。县党政机关和企事业单位受审查的干部400多人，集中该校，边劳动，边受审查。

★ 11月，动员1966—1968年三届属于城镇非农业户口的高、初中毕业生2791人上山下乡。在1968年前，还组织社会青年1136人到海南岛各农场安家落户。
- ★ 12月，汕头市第二人民医院，实施走"6·26"道路，三分之二的医务人员共131人，下放到惠来县各大队医疗站。

1969年

- ★ 2月，在县城东郊，重建惠来县瓷厂。
- ★ 7月28日上午11时50分，"6903"号超强台风在惠来登陆，阵风44米/秒，海潮水位达历史最高峰，全县死亡25人，受伤431人。来势之猛、危害之大，为历史罕见。

■ "6903"号台风登陆点位于靖海

- ★ 12月，在鳌江河左岸滩涂上开展围垦造田。每天出动4万民工，奋战20天，筑鳌江河左堤16公里，高4米，造田4000亩。

1970年

- ★ 2月，全县开展"一打三反"（打击现行反革命，反贪污盗窃、反投机倒把、反铺张浪费）运动。
- ★ 4月13日，部署战备人口疏散安置工作。对城镇五类分子、危害社会治安分子、盲目流入城镇的无户口人员，限期在3个月内分批迁移农村。
- ★ 8月，地方国营惠来罐头厂建成投产，厂址在葵潭镇，占地面积4万平方米，建筑面积2万平方米。
- ★ 9月30日—10月5日，召开中共惠来县第三次代表大会，李显文当选为县委书记，宁文为副书记。
- ★ 9月，广汕公路葵潭大桥改建为二拱桥，长136米，1972年5月竣工。

- ★ 10月，县拖拉机站11台中型拖拉机下放给社队，拖拉机站改建为惠来县农机二厂。
- ★ 11月，中共惠来县委制订《关于农业学大寨的规划》，提出奋战2年建成大寨式新惠来。
- ★ 12月，动工兴建葫芦潭水库，1972年11月竣工。
- ★ 是年，磁窑水电站建成投产，装机3台容量165千瓦。

1971年

- ★ 1月17日，图田邦田渡发生沉船事故，东陇大队8名社员溺死。
- ★ 12月，地方国营惠来糖厂建成投产，厂址在溪西公社西湖村，占地面积20万平方米，建筑面积2.15万平方米。
- ★ 是年，石榴潭水库坝后电站建成投产。安装1号、2号机组，容量640千瓦。1973年安装3号、4号机组，容量640千瓦。

1972年

- ★ 7月，发生流行性喘憋性肺炎，全县发病1.44万例，死亡900人，同时麻疹流行，发病2.13万例，死亡81人。
- ★ 8月，中共惠来县委组织公社书记到山西省昔阳县大寨大队参观学习。回来后，在全县掀起以大搞农田水利基本建设为主要内容的"农业学大寨"运动。
- ★ 12月，县组织工作队，到点埔、华清、葵亭3个大队，搞坡地旱园大平整示范点，为全县大搞坡地旱园平整拉开序幕。
- ★ 12月，中共惠来县委作出《关于进一步深入开展农业学大寨群众运动的决定（草案）》。
- ★ 是年，推广旱坡地种植杂交高粱1.5万亩。

1973年

- ★ 2月，中共惠来县委从县直属机关和农村干部中抽调人员，组成党的基本路线教育工作队，到问题较多的社、队蹲点。
- ★ 5月9日，仙庵公社华清村与四石村再次发生械斗，致死4人，打伤12人。

- 9月23日，盐岭村与普宁县军埠公社何厝围村，因山界纠纷发生械斗，双方出动近400人，打伤43人。
- 11月，惠西桥改建为石拱桥，1974年6月竣工，桥长60米，高5.8米，桥面主车道宽7米。
- 12月，中国人民解放军以惠来县田心公社华林村，仙庵公社桥观村、四石村、望前村为中心区域，进行军事演习。

1974年

- 1月2—3日，陨霜（未到霜时而严霜下），最低温度4.1℃，越冬番薯受冻害，而春小麦获丰收，全县种植小麦4.79万亩，平均亩产77公斤，超历史水平。
- 1月，全县城乡分期分批开展党的基本路线教育运动。以"清经济"和"使资本主义绝种"为主要内容，延续到1978年。
- 5月12日—10月10日，全县相继发生八起共24名女青少年集体投水自杀事件，死亡17人，年龄最大23岁，最小15岁。
- 10月，中共惠来县委再次发出《关于进一步开展农业学大寨运动的若干问题》，强调抓好批林批孔。

1975年

- 3月3日，潮阳县因整修南山截洪需要，经省革委会批准，将惠来县田心公社划归潮阳县。并决定将潮阳县雷岭公社划归惠来县，而潮阳县无执行省的决定。
- 3月23日，神泉公社华埔村第一生产队5名女青年集体投水自杀（当时县公安局调查分析，最后无结论）。
- 4月11日，全县有12个公社99个自然村，流行松毛虫病，发病1845例。
- 5月14日，鳌江公社澳头渡口，渡船超载翻船，7人溺死。
- 6月12日，县革委会发出布告，规定全县圩市实行"五日一圩"制，以公历每旬1日、6日为圩日。
- 9月15日，中共惠来县委书记徐国良参加全国第一次农业学大寨会议。会议上宣布全国有316个县为学大寨先进县，惠来为其中之一。
- 10月27日，在红山甘蔗基地召开全县四级干部会议，动员全县人民以批林批孔为纲，深入开展党的基本路线教育，革命加拼命，建设大寨县。
- ★ 是年，全县掀起开山造田热潮，县在红山开辟万亩甘蔗基地，因缺资金无法配套引水设施，1986年后改植荔枝。

1976年

- ★ 3月，全县沿海驻军撤离，同时建立4个省办民兵固定哨所。
- ★ 3月，在隆江公社创办"六·二六"医科大学，学制2年，半工半读，学员"队来队去"，一年后停办。
- ★ 5月，中共惠来县革委会再次发出《关于全党动员，苦战1年建成大寨县的决定（修正稿）》。
- ★ 9月，动工兴建船桥水库（中型），1979年竣工。
- ★ 10月，五福田水电站开工兴建。
- ★ 是年，隆青公路通车。从隆江起至青山乡螃蟹村，全长22.5公里。
- ★ 是年，动工建葵潭青陂万亩水果基地，建靖海暗宝斗万亩粮食基地，均半途停工。
- ★ 是年，农田基本建设共投放3200万劳动日，完成农田水利工程134宗。

1977年

- ★ 春，旱情严重，山泉枯竭，江河断流，受晒干死农作物数量多。4—5月，人民解放军于大山湖两次发射碘化催雨弹共124枚，旱情得以缓解。
- ★ 5月27—31日，全县特大暴雨，为百年所未遇，山洪暴发，造成严重水灾。房屋倒塌618间，压伤2人，被雷电击死3人，击伤2人。
- ★ 5月，动工兴建塘田35千伏变电站，1981年建成投产。
- ★ 7月22日，中共惠来县委作出《关于堵住资本主义若干问题的决定（修正稿）》。
- ★ 8月3日，图田大队一群青年在邦田渡乘渡船过海时，骤遇旋风，渡船翻沉，7名女青年溺死。
- ★ 8月29日，县革委会发出《关于保卫社会主义公有制，巩固发展集体经济》的布告，在全县掀起"割资本主义尾巴"大高潮。
- ★ 是年，开始利用沼气照明、煮饭。

1978年

- 1月,龙江河下游改道入海工程竣工,从溪南村开新河道至南海哨所出海,全长5公里,投资120万元。
- 3月,县大南山华侨农场接受安置从越南归国的难侨3000人。
- 6月,对1966年9月起被遣送和战备疏散到农村的城镇非农业居民3907户,给予办理回城复户。
- 7月29日,全县各单位一律取消以"革命委员会"和"革命领导小组"为名称的公章,恢复启用"文化大革命"前的公章。

1979年

- 1月1日,药材计量单位,由市制改为公制,中药处方计量改为"克"。
- 2月11日,中共惠来县委召开平反大会,纠正"文化大革命"期间的冤、假、错案6宗,为受迫害350人平反昭雪。
- 4月1日,惠来县对"文化大革命"期间,被扣上各种罪名的374名教师,分别在全县21个公社(场)召开平反大会,颁发平反证书,恢复政治名誉,对伤残者发放伤残补助药费。
- 5月5日,县委报请汕头地委和广东省委,取消惠来县1975年获得的"农业学大寨先进县"称号。
- 5月,惠城镇创办对外加工区。该区位于东郊,占地面积1.65万平方米,建筑面积2万平方米,建楼式厂房12幢,总投资1000万元,为县第一个外向型加工区。
- 7月8日,华湖公社新厝村东南200米处,在旱园地下半米深处发现古代甬钟1个。
- 8月2—4日,太平洋第8号台风袭击惠来。阵风12级,因灾死亡1人;受伤175人;倒塌住房1380间;无家可归者274户1415人;损坏渔船337只;被冲崩堤围190多处;沿海防护林50%受破坏。
- 8月,出现霍乱病。疫情波及19个公社,发病781例,死亡10人。
- 9月25日,惠来县科学技术协会在县城成立,举行第一次代表大会。

1980年

- 2月27日,资深、芦园、澳角等村和神泉镇居民浅海船队共11艘渔船出海作业,在海上遭龙卷风袭击，21人死亡，61人得救脱险。

- 3月31日，县机械工业产品首次出口。县农机一厂生产的BA型8寸水泵出口泰国250台。
- 5月，发生狂犬病，至1985年2月，全县发病死亡133人。
- 8月27日，惠来县邮电局正式开放国际报话业务。
- 9月25—30日，召开中共惠来县第四次代表大会。黄继藩当选为县委书记，方锦明、李志光、蔡锡恭、方桂弟为副书记。
- 9月30日，恢复"惠来县第一中学"校名。确定为县重点中学，初中部改为三年制，高中部恢复向全县招生。
- 10月，动工兴建周田35千伏变电站，1982年4月竣工，工程费68万元。
- 11月7—14日，召开县政协一届一次会议，宣告政协惠来县委员会成立。
- 11月8—13日，召开惠来县第六届人民代表大会，开始设立县人大常委会。
- 11月13日，根据全国五届人民代表大会第二次会议关于《实行县级直接选举成立人民政府》决定，成立惠来县人民政府。
- 12月，牛拖二级电站竣工投产，装机2台，容量6000千瓦，投资330万元。
- 是年，县公安局缉私艇，共抓获走私船101艘，缴获走私手表20万块，收录机1万部，计算器1.8万个，黄金5万克，银圆10万余枚，其他物资一大批。

1981年

- 1月31日，县人民政府首次组成赴香港考察组，一行4人。
- 1月，建县电视差转台，台址设于县城惠东路。
- 3月26日，县委决定恢复"县革命老根据地建设委员会"的机构，由县长方锦明兼任主任。
- 4月，县人民政府发出捕杀家犬、预防狂犬病的通知，在1个月内，全县灭犬2.49万只，占全县养犬总数89%。
- 4月，霍乱病流行，波及18个公社（场）189个大队，至11月2日，全县发病1725例，死亡13人。
- 7月5日，动工整治靖海港，投资396.8万元。
- 9月22日，太平洋第16号强台风在陆丰与惠来沿海登陆，台风强度大，11级以上阵风持续7小时；范围广，半径300公里；海潮水位高16.39米，达到1969年"7·28"强台风的水位。民房倒塌2051间，揭顶8130间，受伤群众42人，渔船全毁68只，经济损失约2000万元。

★ 10月，卫生部部长钱信忠在省卫生厅张勤陪同下，到惠来视察县人民医院。

★ 10月，广东省广播电视厅拨给惠来县10瓦电视差转机一部，全县开始有电视转播节目。

★ 11月，动工兴建葵阳影剧院，占地面积7666平方米，建筑面积5878平方米，1984年3月，投资208万元。主体建筑面积4700平方米，为双层楼房，钢筋混凝土框架结构。

★ 11月，县委、县政府决定，改建县政府招待所。命名为"葵园大厦"，中共广东省委书记吴南生题写"葵园大厦"匾额。1982年6月竣工，共5层89间房260个床位，投资136.6万元。

★ 12月，重建龙江河大桥，1983年12月竣工，全长285米，高10.7米，宽9米。

1982年

★ 2月15日，中共惠来县委召开第四届第四次全体会议，作出《关于端正党风，坚决刹住走私、贩私、贪污受贿等歪风的决定》。

★ 4月11日，县委发出《关于广泛深入宣传全国人大常委会〈关于严惩严重破坏经济罪犯的决定〉的通知》。

★ 5月28日—6月2日，惠来县普降大暴雨，总降雨量490毫米，造成严重损失。全县因灾死亡3人，经济损失总值约300万元。

★ 7月1日，由县政府拨款20万元，兴建惠来县广播电视楼，用50瓦电视差转机正式转播广东省电视台第一套节目。

★ 7月，开展第三次人口普查，全县总人口67.91万人，其中男性34.69万人，女性33.22万人。

★ 9月1日，县药品公司按照国家公布药品清单，淘汰127种药品，总值2.22万元。

★ 是年，县委新办公大楼动工建设，楼高4层。

1983年

- ★ 1月30日，县委作出《关于惠来县改革盐业管理体制，实行联产专业承包的情况报告》，上报中共汕头地委，谋求解决多年来盐业生产存在经营体制大、盐民收入低问题。

- ★ 1月，全县农村实行联产承包责任制，结束人民公社"三级所有，队为基础"经济制度。

- ★ 3月1—28日，连续低温阴雨，全县降雨量375毫米，平均气温15.8度；20日，有局部地区下雹。

- ★ 3月，县成立改灶节燃领导小组，开展改灶节燃工作。

- ★ 4月4日，隆江北溪等村降冰雹，10分钟内地面冰雹3—4厘米厚，房屋倒塌277间，为历史所罕见。

- ★ 4月10日—7月中旬，惠来县出现历史罕见低温阴雨气候。100天内，78天降雨，降雨量占年平均降雨量70%，4次暴雨成灾：5月12日11时至15时，仙庵骨丁湖水库地区降雨量343毫米；5月29日，船桥水库地区2小时降雨量220毫米；6月3日，靖海公社3小时降雨量192毫米；6月18至19日，惠城降雨量225毫米，船桥水库降雨量661毫米。全县受洪水包围村庄38个，受浸农田21万多亩，房屋倒塌351间，冲毁公路39公里。

- ★ 6月，县二轻渔网厂，引进日本产织网机4台，改传统的手工织网为机械织网。

- ★ 6月，县水利电力局助理工程师林木龙，以国家技术援助方式，赴索马里共和国为其设计水电站。1985年6月回国。

- ★ 7月13日，中共广东省委决定，实行地市合并，以市领导县的体制，惠来为汕头市辖县。

- ★ 8月，二轻工业38个工厂，施行各种形式承包责任制。

- ★ 9月，隆江公社妇联主任黄秀珍到北京出席中国妇女第五次全国代表大会。

- ★ 11月9日，政社分开，设区建乡，全县设16个区1个镇，辖4个乡级镇和176个乡。

- ★ 11月，县电机厂创造高压电力计量箱，经省市有关部门的技术鉴定合格，投入批量生产。

- ★ 是年，在全县开展严厉打击刑事犯罪活动，抓获各类违法犯罪分子686名。

- ★ 是年，葵潭镇吉成村与县农业局合作，在5.13亩老荔枝园进行高产试验。共产15.8吨，平均亩产3.07吨。

1984年

- 3月7—11日，县委、县政府召开第二次"爱国守法、勤劳致富"表彰大会。表彰1983年度率先走上富裕道路的先进集体和"两户一体"（即重点户、专业户、经济联合体）的代表。会后，县党政领导带领12个贺富组，登门向受表彰的集体和个人表示祝贺。

- 3月27日，神泉港出现"海市蜃楼"，显现5层古式碉堡、现代建筑群，时间持续2个多小时。

- 4月21日，省口岸办公室批准靖海港为进出口货物装卸点。

- 6月16—19日，政协惠来县第二届委员会第一次会议在县城召开。会议选举产生第二届委员会，主席林佛成，副主席詹益器、詹益光、黄基忠、黄朝英、郭敏、方尔鹏。

- 9月20—25日，召开中共惠来县第五次代表大会。曾宪松当选为县委书记，陈钦声、吴惜鼻（吴志华）、卓奎为副书记。

- 10月，在惠城镇兴建葵阳对外工业区，占地面积4万平方米，投资1200万元。

- 10月，根据中共广东省委落实统战政策领导小组《关于解决错划右派分子改正结论中"尾巴"问题的通知》精神，惠来县全面完成教育系统206名"右派"人员摘帽改正工作。

- 10月，惠城建筑工程队陈子奇带领24名工人，至非洲利比亚国修建公路。

- 11月18日，县委、县政府按中央提出的"六条标准"，认真搞好土地承包期调整工作，承包期延长为15年。

- 11月，县高岭土开发公司聘请省地质队，对坂美矿区进行详查工作，经过钻探，其蕴藏量约200万吨。

- 是年，结束人民公社体制，全县成立525个经济合作社，其职能是组织、管理、服务农业生产。

1985年

- 1月，中共中央军委副主席徐向前，为中国工农红军第四师攻城指挥部旧址（苗海村）题词。

★ **3月28日**，综合治理神泉港第一期工程动工，1986年竣工，投资750万元。

★ **3月**，在惠城南门大街动工兴建商业大厦，楼高8层，建筑面积6600平方米，投资500万元，1986年9月竣工。

★ **5月3—9日**，政协惠来县第二届委员会第二次会议在县城召开，会议增选赖只为政协惠来县第二届委员会副主席。

★ **6月23—25日**，太平洋第4号强台风袭击惠来，并带来暴雨狂潮。全县降雨量301毫米，堤围决口8处；房屋倒塌516间；农作物受灾36万亩；渔船沉没104艘，损失严重。

★ **7月**，动工改建惠城中心市场，共4座2—3层楼房，1987年竣工，建筑面积6272平方米，投资223.7万元。

★ **8月18日**，县委、县政府发出《关于落实造林种果领导岗位责任制的决定》。落实县、区两级单位与个人责任制，办挂钩点178个，规划造林13万亩，种果1.36万亩。

★ **9月**，惠城镇新建自来水厂1座，日产万吨，投资180万元。

★ **11月30日**，全县中小学实现"一无二有"（即学校无危房，班班有教室，人人有课桌椅），经汕头市教育局检查验收合格。自1978年以来，全县有236所学校新建、改建和扩建校舍，新建教室876间，宿舍852间，新增课桌椅32470套，总投资1279万元。

★ **11月**，邦山桥闸径流电站建成投产，装机2台，容量1000千瓦，年发电量478万度。

★ **12月8日夜**，空军某部1架歼击机在葵潭区陂尾村坠毁。

★ **12月31日**，惠城镇龟头山自来水厂第一期工程竣工。该厂位于县城东面雷岭河右岸，水源取于雷岭河，占地面积1.4万平方米。日制水量1万吨，投资200万元。

★ **是年**，中共惠来县委、县人民政府，为第二次国内革命战争时期，被错杀革命干部和红军战士100人，落实政策，平反昭雪。

1986年

- 3月23日，县举行综合整治神泉港第一期工程完工暨新航道通航剪彩仪式。国家水电部、广东省、汕头市以及惠来县各级领导与群众约2万人参加剪彩活动。

- 3月，汕头经济特区养鳗联合公司，在隆江镇北溪村兴建隆溪养鳗场，面积100亩，投资300万美元。

- 3月，县农业局助理工程师郑东峰，以国家技术援助方式，赴西萨摩亚共和国为其建立蔬菜基地，1987年5月回国。

- 4月，葵潭镇玄武村自筹33.5万元，兴建农民文化宫，占地面积1800平方米，10月1日举行竣工剪彩仪式。中共广东原省委书记任仲夷为文化宫题匾"龙华苑"，设有图书室、广播室、娱乐室、阅览室等。

- 5月4日，县委、县政府作出《关于在全县干部、职工和青少年中开展学习优秀少先队员郑创业的决定》。郑创业是鳌江区澳下小学二年级12岁学生，为抢救一名不慎落水遇险的伙伴，而牺牲了自己的生命。

- 6月12日，根据中共中央文件精神，惠来县人民武装部改为地方建制，是日举行移交仪式。

- 7月11日，太平洋第7号强台风在神泉港登陆。阵风12级以上，平均风力9级，持续27小时。台风正面袭击惠来，危害严重，经济损失估值5220万元。

- 8月30日，文昌大厦奠基，主体楼7层，建筑面积1.27万平方米，投资2500万元，次年完工。

- 9月，葵潭35千伏变电站动工兴建，1987年9月竣工，总投资110万元。

- 11月8日，撤区建乡镇，全县建14个镇3个乡。辖287个村委会，1个渔委会，27个居委会。

1987年

- 1月，全县撤区建乡镇。全县建立惠城、华湖、神泉、东陇、靖海、仙庵、周田、前詹、隆江、溪西、岐石、鳌江、东港、葵潭14个镇；河林、青山、南海3个乡；华侨农场、葵潭农场、东埔农场、青坑林场4个农林场。全县共有287个村委会和1个渔委会、27个居民委员会、553个自然村。

- 2月，葵潭镇兴建工业区，占地面积5万平方米，投资400万元。隆江镇建对外加工区，用地1.65万平方米，投资380万元。

★ 2月，惠（城）神（泉）公路安澜大桥动工，年底竣工，桥长122.9米，宽7米，总造价160万元。整治神泉港第二期工程动工，投资460万元。

★ 4月12—15日，政协惠来县第三届委员会第一次会议在县城召开。林佛成当选为政协主席，林养通、张松、陈家豪、陈锡梧、黄美云当选为副主席。

★ 5月21日，连续大暴雨，下午4时，靖海资深村6名女孩在同一地点被雷电击死。

★ 5月，县红山系万亩荔枝基地初步建成。红山系包括三镇（溪西、岐石、鳌江）、三场（葵潭场、东埔场、华侨场），总面积1.56万亩。

★ 6月10日，动工改建葵和公路惠来路段。总长66.1公里，分4期进行。总投资3000万元。

★ 6月，惠城110万伏变电站建成投产，总投资253万元。

★ 6月，隆江镇在象湖村北侧，动工兴建隆江养鳗场，占地面积175亩，计划投资250万美元。在惠城西郊进修学校原址动工建县办飞鹅工业区，用地4.5万平方米，投资1500万元。

★ 9月9日，政协广东省委员会主席吴南生到惠来县视察葵阳对外工业区。

★ 10月，溪西镇动工兴建溪西养鳗场，总面积1.1万平方米，计划投资2000万元。

★ 10月，主要由县旅游总公司筹集资金，在文昌阁周围征地100亩，兴建葵阳公园，第一期工程用地30亩。

★ 12月，县罐头厂投资300万元，引进瑞士高频电阻焊罐机，每小时产量1万个。

★ 是年，华湖、澳角渔网厂，利用外资，引进日本织网机，开始进行技术改造。

1988年

★ 1月1日，设于葵阳对外工业区的惠来县电视转播台试播，5月31日，国家广电部批准建立"惠来县电视台"。

★ 1月7日，惠来县慈云中医院开始筹建。

★ 2月27日，举行惠来县电视转播台落成典礼。

★ 2—3月，广东省人民政府批准大南山华侨农场场部中心区和隆江、葵潭、神泉、靖海、东陇、华湖、周田、前詹、仙庵、溪西、岐石11个镇为沿海经济开放区重点工业卫星镇（区），按中央和省有关文件规定，享受优惠政策

★ 4月9日，神泉港整治续建第二期工程竣工，该工程于1987年2月动工，造价413.72万元。

★ 5月1日，政协惠来县文史资料征集研究委员会成立，同年12月编印《惠来文史》第一辑。

★ 7月1日，县经济委员会对县办国营厂推行厂长承包经营责任制。从1988—1990年为第一轮承包期。

★ 7月3日，开通县城3000门史端乔自动电话和256门程控电话，开通隆江、葵潭各800门自动电话。

★ 7月19日，太平洋第5号强台风在神泉港登陆。这次台风风速快，持续时间长，带来大海潮，出现海啸。直接经济损失估值7214.38万元。

★ 7月27日，中午雷雨，仙庵、周田、华湖、隆江、南海等乡镇有8名农民在田野被雷电击死，另有6人被击伤。

★ 8月25日，县委召开党政联席会议，经讨论，同意对中华人民共和国成立后被处理离队的国家工作人员给予落实、恢复干部名誉。同时，给109名冤假错案受害者各照顾一名符合招工条件的子女安排工作。

★ 同月，隆江中学初中学生许银川（13岁）参加在上海举行的全国少年棋类集训赛暨"劲雕杯"三棋赛，荣获中国象棋男子组第一名，并被授予精神文明奖。

★ 10月11日，成立惠来县教育基金会，由44名有关人士组成，其中理事会成员21名。

★ 11月4日，县供销联社青山供销社，被广东省人民政府评为"省级先进企业"。

★ 是年，建溪西、仙庵两个110千伏输变电站，建县火力发电厂（厂址在东陇镇北山村），投资112.77万元。

★ 是年底，县纪委审查历史冤案，彻底平反"文革"期间冤假错案219宗（人）。

1989年

★ 3月11日，撤销水利电力局辖下的供电公司，设立惠来县供电公司。

★ 4月15日，县委、县政府制定《关于鼓励发展我县"外引内联"企业的补充规定》。

★ 5月9日，慈云中医院奠基。位于南门东路，工程总投资1500万元，由香港慈云阁董事局全额赞助。

- ★ 6月26—30日，县委、县政府组成9个检查验收组，对全县各乡镇（场）造林种果挂钩点，进行逐个检查验收与考核。检查结果，全县共完成造林种果12万亩，完成任务超额16.5%。
- ★ 10月，惠来县火力发电厂第一期工程竣工投产。该工程于1988年10月动工，占地面积8000平方米，建筑面积1100平方米，总投资1350万元。
- ★ 12月31日，县公路局被广东省公路局评为"好路工区"。
- ★ 是年，全县造林17万亩，其中荒山造林5.5万亩，补植造林11.5万亩，基本实现消灭荒山。
- ★ 是年，全县建成葵发、葵阳、葵利、飞鹅、隆江、葵潭、周田等10个工业区，累计建成厂房84幢13.6万平方米。全县外引企业132家，实现工业产值1.15亿元，占全县工业产值28.8%。

1990年

- ★ 2月18日，水利电力部部长杨振怀到惠来县视察。
- ★ 4月1日，中午，东陇、神泉、南海、溪西、隆江等地受龙卷风袭击。
- ★ 6月30日午夜，东陇、溪西、隆江等7个村遭受龙卷风破坏。风过处，直径0.8米的榕树被连根拔起，高压供电铁塔被压弯。
- ★ 6月，县检察院被中华人民共和国最高人民检察院授予"全国检察系统反贪污贿赂先进集体"光荣称号。
- ★ 7月12—15日，中共惠来县第七次代表大会在县城召开。吴志华当选为县委书记，戎铁文、卓奎、萧喜荣为县委副书记。
- ★ 7月30日，惠来县受南海9号台风袭击，8级以上风力持续12个小时，降雨持续135个小时，最大3天降雨595毫米。这次灾害全县各地无一幸免，全县农作物受灾8.84万亩，鱼池漫顶冲坏0.25万亩，死亡3人，倒塌房屋687间，损坏1086间，倒、断通信线路43条39.5公里。全县损失总值1623.3万元，其中水利水电工程769.3万元。
- ★ 8月9日—10月29日，全县共有10个乡镇40个村发生霍乱病人75例，无死亡病例。
- ★ 8月20日，第四次人口普查结束。普查结果：全县总户数15.81万户；总人口

79.47万人。

- 8月，投资364万元的澳角渔业中学建成。该校是全省第一所由村自筹资金建成的中学。

1991年

- 1月15日，县办12家国营工厂，实行第二轮厂长承包经营责任制，承包期3年（1991—1993）。
- 2月，惠来县红十字会成立。
- 4月3日，惠来慈云中医院竣工，6月2日试业。该院为县旅港同胞慈云阁董事局同仁倡议共同捐建，总投资1500万港元。该院为园林式设计，占地面积1.28万平方米，首期工程为门诊楼、住院楼、综合楼、宿舍楼。
- 4月5日，广东省小水电暨第二批电气化县工作会议在惠来县召开。
- 6月，溪西镇建成110千伏变电站，直接连接省、市电网。
- 7月19日，太平洋第七号强台风在汕头市沿海登陆，惠来县在台风半径范围之内，农作物受灾14.8万亩，倒塌房屋612间，经济损失约4888.8万元。
- 8月，镇北水库配套供水工程竣工试产，11月交付使用。该工程1990年9月动工，建筑面积878平方米，上水管道4132米，水泵机组10台，1000立方米清水池两个，投资1157.92万元。
- 9月，在资深村附近建成沿海陆上无人自动气象站，并投入使用。
- 11月，县水利电力局被水利部评为全国水利系统综合经营先进单位。
- 11月17日，惠城镇葵东市场竣工，举行开业典礼。该市场于1990年3月动工，占地面积5392平方米，建筑面积1.78万平方米，总投资600万元。
- 是年，全县卫生事业建设蓬勃开展。竣工投入使用项目包括：捐资1500万港元的惠来县慈云中医院，捐资300万元的葵峰医院（葵潭中心卫生院），投资53万元的前詹卫生院，投资30万元的溪西卫生院门诊楼。

1992年

- 2月，水利部部长杨振怀为"惠来县防汛调度中心"题名。
- 3月8日，惠来县公路局岐石道班女班长吴惠妹同志被全国总工会授予"全国先进女职工"称号。

★ 5月22日，仙庵变电站竣工投产，110千伏首期工程安装2万千伏安的主变1台，架设110千伏惠来至仙庵线路30.45公里。

★ 8月，经省检查验收，惠来县城实现绿化达标，绿化覆盖率为31.7%。

★ 8月8日，广电部批复同意惠来县建立有线电视台。

★ 11月26日，揭阳市人民政府批复：同意县国营商业系统20家公司，以县国营商业联营总公司和县国营商业总公司为基础，组成县商业（集团）公司。

★ 是年，经广东省检查验收，全县森林覆盖率44%，如期达到省规定绿化标准。

★ 是年，惠来一中停止招收初中一年级新生，经3年过渡为高级中学。

1993年

★ 3月，惠来火力发电厂第二期工程竣工。该工程于1992年9月动工，总投资1302.5万元。

★ 6月10—14日，惠来县第十届人民代表大会第一次会议在县城召开。会议选举产生新一届人大常委会组成人员16人，主任暂缺，副主任林友江、方锦泉、郭绍松、顾兴升、翁禄书。

★ 6月10—13日，政协惠来县第五届委员会第一次全体会议在县城召开。参加委员109人，会议选举黄友汤为主席；许清水、方延福、陈锡梧、张淑昌、周木泉、黄谋逊为副主席；常委16人。

★ 6月19—22日，中共惠来县第八次代表大会在县城召开。萧喜荣当选为县委书记，赵锡浩、黄水利当选为县委副书记。

★ 8月15日，惠来籍棋手许银川在全国象棋个人赛中，以8胜4和1负的总成绩获得冠军。

★ 8月，京陇初级中学创立，成为惠来县第一所九年一贯制学校。

★ 8月，交通部部长黄镇东等视察惠来港口、公路等交通基础设施建设情况，省交通厅厅长李配武及县党政领导戎铁文等陪同视察。

★ 9月14日上午6时45分，太平洋第15号强台风在靖海镇登陆。台风范围小、强度大、移动慢，最大平均风速22.2米/秒，持续1天时间，破坏性大，为多年来所罕见。全县因灾死亡11人，受伤450人；受损农作物20.6万亩，水果15.3万亩，林木53.12万亩。直接经济损失约3.6亿元。
- ★ 10月，广东省省长朱森林等一行视察G324国道惠来路段。
- ★ 12月，神泉镇澳角村渔业海捕产量超万吨，达2.8万吨，被省政府评为"全省优秀渔业村"。
- ★ 12月，葵峰医院（葵潭中心卫生院）通过市级评审为"一级甲等医院"。这是县实行分级管理达标上等的第一个医疗单位。
- ★ 是年，惠来县列入全国渔业百强县行列。当年全县水产品总产量7.24万吨，列全国第59位。

1994年

- ★ 1月，县医院外一科为一心包破裂、心脏破裂、左肺贯穿伤、出血性休克的外伤病人进行抢救手术成功。该例被列为市、县科技成果。
- ★ 3月17—18日，中共中央政治局委员、广东省委书记谢非视察惠来县。充分肯定惠来县在外引内联办工业、发展"三高"农业和基础设施建设等方面的工作成就。
- ★ 4月1日，重点水利工程象湖渡槽建成通水，确保溪西、岐石等6个镇、场5333.33公顷农田的灌溉和20万人口的食用水需要。
- ★ 4月，经人民银行广东省分行批准，设立交通银行汕头分行惠来办事处（科级单位）。
- ★ 5月6日，缅甸光阴寺赠送给惠来县黄光山寺汉白玉佛像一尊，安放在黄光山玄德古寺前广场。
- ★ 5月28日，惠来境内县道惠仙公路（3632线）一期改建工程开工。这是全市首宗被批准列入省世行贷款的工程项目。该项目改造里程20.5公里，总投资4650万元。
- ★ 6月9日，葵潭兵营慈云大桥竣工，举行通车典礼。该桥为东往隆江、西往葵潭的通路。
- ★ 9月16日下午4时20分，台湾高雄以西海峡发生7.3级地震，波及惠来。仙庵镇京陇学校受震，学生争抢下楼，造成40多名学生不同程度受伤。
- ★ 是年，全县市场建设投入超亿元，新建7个，改造3个。至此全县市场建筑面积达到26.05万平方米，人均0.31平方米，比1992年增加0.19平方米。

1995年

- ★ 3月4日，设立"惠来会计师事务所"。
- ★ 6月1日，顶溪水库至靖海镇配套供水工程竣工，该工程于1994年7月动工，设计供水量7000立方米，总投资527.08万元。
- ★ 6月25日凌晨起，惠来县电话号码由6位升为7位。
- ★ 7月31日，第4号强热带风暴袭击惠来县，渔船、农作物、水利设施、电信设施遭受破坏，经济损失约3506万元。
- ★ 8月10日，省政府批准惠来县大南山华侨农场管理区（镇科级农场建制）设立为县（处）级行政管理区。
- ★ 8月11日上午8时—14日上午8时，全县普降暴雨，雨量达339.2毫米，江河水位急剧上涨，堤围被冲垮31处，村庄受淹50多个，民房倒塌1400间，农作物受浸近10万亩。直接经济损失9865万元。
- ★ 8月31日15时，第9号强台风在海丰与惠东之间沿海登陆。台风强度大、范围广、持续时间长，最大平均风速22米/秒，阵风12级，持续1天，并伴随大暴雨，全县受灾严重，经济损失约2亿元。
- ★ 10月5日，惠来县粤东中学举行奠基典礼。12月1日动工兴建，由香港粤东发展有限公司捐资1500万元。
- ★ 10月18日，新建隆江医院（即隆江中心卫生院）开业。该院占地面积18.3亩，建筑面积9000平方米，投资700万元。
- ★ 是年，惠来县被列入国家"八五"计划第四批商品粮基地县。
- ★ 是年，神泉镇41007号灯光围网船摘取全省群众渔业单船产量和经济效益两项桂冠。该船当年捕鱼量769吨，创产值422万元。
- ★ 是年，惠来被国家教委评为"扫盲"先进县。
- ★ 是年，惠来县八项新产品获国家专利。分别是：全自动陶瓷电饭锅和保健锅、新型立式搅拌机、组合式搅拌机、新型地漏、摩托车磁电机、塑艺台、特大范围全自动稳压器。其中全自动保健锅获国家发明专利。
- ★ 是年，全县渔网生产发展迅速，其中华湖渔网厂成为县首家自营进出口的乡镇企业。

1996年

- 2月14日，葵潭110千伏变电站竣工投产启用。
- 3月29日，县人武部收归军队建制，改称"中国人民解放军广东省惠来县人民武装部"。
- 3月，惠来县公路局被省交通厅评为广东省"八五"交通建设先进集体。局长胡汉生被评为先进个人。
- 7月5日，县水利电力局改称水利局，加挂防汛、防旱、防风指挥部牌子。
- 8月，惠来一中学生吴腾飞以综合分满分（900分）的成绩，获全省文科"状元"。
- 8月，惠来粤东中学及3所九年一贯制学校葵潭慈云世铿学校、狮石初级中学、锡溪初级中学创立，并开始招生。
- 10月25日，县城南环一路（惠神路—站南路）、站南路（南环一—葵和路）、惠南路（公园—南环一）、惠神路（南环一—葵和路）相继建成通车，大大改善县城尤其是葵南新区交通环境。
- 11月，设立中国农业发展银行惠来县支行。
- 11月，深汕高速公路全线开通，惠城出入口投入使用。
- 12月13日，金龙大厦落成开业暨惠城城市信用社乔迁举行典礼。金龙大厦占地面积6600平方米，建筑面积2.6万平方米，总投资1亿多元。
- 是年，县"普九"工作通过省人民政府的检查验收。

1997年

- 1月2日，隆江人民医院举行揭牌暨开业典礼。该院占地面积18.3亩，先后投资800万元，建成9000平方米的新院址；投资200万元添置一批先进医疗器械。聘用一批水平较高技术人才，提高医院整体水平。
- 1月15日，惠来粤东金海湾植物园开始兴建。该园位于仙庵镇东部沿海沙滩上，由深圳龙岗裕丰实业有限公司独资创办。10月11日，高尔夫球场建成试业。
- 2月10日，邮电部部长杨贤足到惠来视察。
- 5月13日，惠来县葵梅中学举行奠基典礼，该校位于惠城镇乌盆岭（盐岭河东面）。
- 是月，神泉镇人民政府被省人民政府评为"普及九年义务教育，扫除青壮年文盲"工作先进单位。

- ★ 是月，国家教委对惠来县"两基"（即基本扫除青壮年文盲、基本普及九年义务教育）工作进行抽查，经验收合格，惠来获"两基"工作达标县称号。
- ★ 7月2日，全县普降暴雨，达304毫米，江河水位暴涨，灾情严重，因灾死亡7人，直接经济损失约3114万元。
- ★ 8月1日，仙庵110千伏变电站举行投产剪彩仪式。
- ★ 8月15日，揭阳市交委在惠来县公路局召开示范窗口工作会议，惠来公路局被授予揭阳市首家交通系统示范窗口单位。
- ★ 8月，汕头海关惠来办事处获准设立。
- ★ 9月，惠来县第一个公路收费站，省道广葵公路溪西收费站落成，并举行开征仪式。10月5日，该线路葵东收费站相继开征。
- ★ 10月，神泉港5000吨级外港码头开工。该项目由汕头康美工业总公司投资4500万美元兴建，首期工程计划两年内建成第一个5000吨级泊位。
- ★ 10月，神泉镇澳角村被省委评为"农村基层组织建设"先进单位。
- ★ 11月10日，县委八届四次会议在县城召开。会议确定"团结务实、励志创业、负重图强"为惠来精神的表述内容。
- ★ 11月13日，有867年历史的惠来黄光山玄德古寺举行石佛落成典礼，佛高21.84米，为全省石佛之最。
- ★ 12月，国道G324线惠来段通过交通部验收，被评为文明样板路。
- ★ 是年，全县14个无电村通电，实现行政村村村通电的目标。
- ★ 是年，惠来组建首家工业企业集团——华湖渔业用品集团有限公司，并被市列为重点扶持的企业集团。
- ★ 是年，惠来县海湾石和后田两个风电场由国家计委正式立项，计划总投资2.4亿元，总装机2.04万千瓦，并被定为国家"乘风计划"示范项目。
- ★ 是年，葵潭怡景电子工业城项目签约建设，计划总投资1500万美元，年产值2.4亿元。

1998年

- ★ 1月1日，惠来县人民医院设立急救中心，开通120急救电话，配套急救车，实行24小时值班制。

- 3月3日，县委提出在第一轮土地承包期满后，在进行延长土地承包期工作中，区别不同地区，不同情况，分类指导，严格执行中央"大稳定、小调整"的原则，积极稳妥进行。
- 3月底，仙庵镇排角湾海域出现红色臭水，经有关部门鉴定为赤潮，附近3个村无法进行浅海捕捞。
- 3月，在神泉镇建成气象自动站。
- 7月9日，广东省交通厅副厅长彭凤梧一行到惠来县检查验收创建示范"窗口"工作。通过验收，县公路局被授予广东省交通系统为人民服务、树行业新风示范"窗口"单位，成为揭阳市交通系统唯一被省交通厅授牌单位。
- 8月，惠来县葵梅中学开始招生。
- 9月，顶溪水库—粤东金海湾植物园有限公司配套供水工程竣工。该工程于1998年初动工，设计月供水量7000立方米，总投资380万元。
- 10月6日，揭神公路惠来路段改造工程举行开工典礼。改造里程34.3公里，初步预算造价1.29亿元，为惠来县公路建设史上投资最大的项目。10月25日，工程全线开工，计划工期20个月。
- 10月15日，县道惠仙公路第二期中段改建工程竣工。该工程于1997年3月动工，改造里程16.1公里，总投资3250万元（为广东省世行贷款项目）。
- 10月，县慈云中医院被评为广东省百家文明医院。
- 11月，普惠高速公路惠来段建设工程动工，里程共14.785公里。
- 是年，全县17个乡镇全部修建计划生育服务所及婚育学校，按要求进行配套设施建设，总建筑面积1.04万平方米，总投入资金1180万元。

1999年

- 1月20日，县检察院个别干警违规上路查车罚款。2月4日，县委根据"1·20"事件联合调查组调查结果，依纪依规处理县检察院5名违规者。
- 1月，开通"121"天气预报自动答询电话。
- 2月，县农科所原所长、高级农艺师李正民发表《晚稻生态矮化育种的实践与研究》论文，经世界学术贡献奖评审委员会审定，获世界学术贡献奖论文金奖。
- 2月27日，神泉镇5艘渔船出海捕捞，因强风突袭，其中4艘沉没，死亡5人，1艘失去联络,船上4人下落不明。

★ 2月,隆江镇成人文化技术学校被评为省级示范性学校,标志着惠来县农村成人教育进入新的阶段。

★ 2月,蜈蚣岭水库上涵电站竣工。该工程1998年4月兴建,装机1台250千瓦,投资110万元。

★ 5月,县公路局葵潭公路站道班班长余文合被中华全国总工会授予五一劳动奖章。

★ 6月1日,为期两个月的首次伏季休渔开始启动。全县所有拖网、围网渔船都做到"船进港、网封起、证集中"。

★ 6月6日晚10时,第3号强台风正面袭击惠来,最大风力12级,伴随大雨。全县农作物、果林、供电、通信设施损失严重,直接经济损失达1.5亿元。

★ 7月23日,县完成首届村民委员会选举工作,1402名村委当选后即上任。

★ 7月31日,顺利实施伏季休渔制度。此后每年均实施两个月的休渔制度。

★ 8月10日,首次开展全县土地证书年检工作。

★ 9月,神泉镇澳角村建成全市第一所电信营业所。

★ 9月28日,财政局新办公楼揭牌剪彩。

★ 10月9日,县委、县政府承诺,至11月底,农村到户电价降至每千瓦时1元以下。18日,取消农村私人承包管电,由乡镇供电所直接抄表、收费、管理、服务"四到户"。乡镇供电所属县电力局派出机构,实行县、镇管理一体化。

★ 11月3日,惠来籍特级象棋大师许银川在上海举行的广洋杯第六届世界(中国)象棋锦标赛中获得男子个人冠军。

★ 12月20—26日,惠来出现历史罕见的低温(1.5℃)霜冻天气。全县受灾人口2.31万人,受灾作物17.7万亩,其中绝收13.2万亩,受冻鱼虾池6000亩,因灾经济损失约6745万元。

★ 12月30日,新建的县计划生育服务中心建设工程竣工,占地面积6700平方米,建筑面积5670平方米,投入资金800万元。

★ 12月31日,由广东省初级保健办主任翟祖唐率领的省评审团,对惠来县三镇六村进行检查评审,经3天检评,县初级卫生保健通过评审达标。

★ 是年,实施《医师执业法》,开展医师资格认证与考核工作,全县完成执业医师资格认证670人，资格考核76人。

2000年

- 1月14日，位于靖海镇客鸟尾石笋区附近的海湾石风电场，经验收，工程具备投运条件，举行启动仪式。该风电场首期工程于1998年9月6日奠基动工，投资1.4亿元，装机容量22×600千瓦；1999年12月28日竣工。
- 4月24日，香港康泽实业（集团）有限公司董事长吴葵生捐赠300万元，资助县人民医院创办粤东地区首家使用计算机自动导航多弹头射频仪的癌症治疗中心。
- 5月12日，共青团揭阳市委决定追授因勇斗歹徒而牺牲的惠来青年郑少耿为"揭阳市模范共青团员"。
- 5月13日，共青团揭阳市委决定追授勇救落水同学的林晓冰（惠城中学初一级学生）"舍己救人好少年"光荣称号。
- 5月19日，国家交通部部长黄镇东和广东省交通厅厅长张远贻等一行视察普惠高速公路修筑情况，并到葵潭立交桥工地进行实地考察。
- 5月30日，2000年国际武术锦标赛在青岛市举行，惠来精武学校代表广东省组队参赛，队员杨泽涛获得短器械项目银牌，杨永剑获得长器械、拳术两个项目的铜牌。
- 6月23日，县召开三级干部会议，贯彻殡葬改革政策，约1700人参加。会议部署从2000年7月1日开始实行"一刀切"火葬制度。
- 11月1日，县第五次人口普查登记工作正式开始。普查结果：全县总人口961658人，其中男性489148人，女性472510人。
- 是年，靖海海湾石风电场正式并网发电。

2001年

- 1月9日，县慈云中医院被确认为广东省第二批中医院6家示范单位之一，成为粤东地区首家省级示范中医医院。
- 6月15日，县根据国家粮食局《关于取消〈市镇居民粮食供应转移证明〉的通知》，取消入粮户口管理，外地调动、学生上学不再办理迁移粮食关系手续。
- 6月21日上午8时左右，两艘油船在惠来县海域相撞，有漏油污染海面。污染面积

8平方公里，逐渐扩散。接报后，惠来立即派出渔政船赶赴出事海域，监察、掌握现场情况，向沿海乡镇发出紧急通知，做好防范工作。

★ 7月6日上午7时，第4号台风"尤特"横扫惠来县，最大风力12级以上，平均风速15米/秒，同时普降暴雨，海潮暴涨，最高潮水位达16.68米，比1969年"7·28"强台风高潮水位高0.29米。由于台风来势猛，强度大，影响范围广，致沿海6个乡镇2.5万人口受浸，全县遭受严重损失，直接经济损失3.04亿元。

★ 12月3日，惠来县海域被列入广东省"建设人工鱼礁"12个重点礁区之一，计划投入资金3500万元。

★ 12月25日，为期8年的惠来县利用世行贷款结核病控制项目，在完成各项任务指标后，关账结束。

2002年

★ 4月中旬，惠来电厂一期工程（4×600兆瓦）通过省评审，项目初步可行性研究报告上报国家计委，一期工程总投资141.8亿元。

★ 4月底，惠来出现有史以来罕见旱情，从2001年9月以来无明显降水，造成秋、冬、春三季连旱，9个月降雨量仅44.6毫米，严重影响春耕生产和人民的正常生活。全县大部分水井干涸，沿海井水反咸，全县饮水困难人口34万人。国防惠来建设公司总经理方江坤获悉情况，马上与中国人民解放军广州军区联系，申请批准空军某部队62名官兵，军车8部，配套急水车，供水工具，其他救灾物资进驻惠来县支援抗旱救灾，将饮用水送到惠城、神泉、靖海、东陇、鳌江、岐石等镇灾区，连续救灾15天，全部费用由方江坤捐助。惠来县人民政府授予国防惠来建设公司"奉献爱心，支援抗旱"锦旗。

★ 5月1日，流沙至惠城公路改造工程竣工通车。该路是揭神公路中的一段，又称1941线。改造工程起于国道G324线K609+367处，止于惠城镇南环二路，全长40.37公里，投资总概算3.14亿元，于1998年7月开工。

★ 6月11日，嘉信鲍鱼养殖场建设竣工投入生产。该场位于前詹镇岛南村海滨，系湛江水产研究所与侨商合资创办，占地面积75亩，投入资金2380万元。2001年3月动工。

- 6月12日，金荔红酒业有限公司第一期建设工程竣工投产，位于东陇工业区。该公司由县华强建设（集团）有限公司与广东省佳宏实业有限公司合资创办。第一期工程于2000年底开工，投入资金8500万元。
- 6月13日，龙泉果林山庄天然山泉水厂竣工投产，该厂位于惠城镇北面，日产"圣龙泉"牌天然山泉水60吨。17日，"圣龙泉纯净水"上市。
- 10月1日，县广播电视局开通县城有线电视网络，传输20套节目。
- 10月17日，石榴潭水库除险加固工程动工。该工程总投资1.47亿元，为县投资额最大的水利工程，采取全国性投标。
- 11月25日，岐石镇岐石村陈宝坤参加广东省第四届残疾人运动会，以23.44米成绩获得铁饼投掷金牌、标枪投掷铜牌。

2003年

- 1月10日，春南电器制造厂竣工投产。该厂位于惠城镇深汕高速公路出入口处，占地面积100亩，由港商方发槐先生投资创办。2000年12月开工，首期工程投资7000万元。
- 2月5日，总投资8亿元、装机容量10万千瓦的惠来县石碑山风电场，获国家计委正式批准立项。
- 2月15日，揭阳市政府决定撤销惠来县南海乡，其区域分别并入隆江、岐石和溪西三镇。
- 2月21—27日，县精英武术学校在香港首届国际武术节武术比赛中，获得3金1银1铜的成绩。
- 2月25日凌晨2时10分，粤惠来430特号拖网船作业后返航时，被一艘货轮撞沉，5名船员全部落水，除1人被周围渔船救回外，其余4人下落不明。该船属神泉镇华家村。
- 4月9日，广东省政府批准设立揭阳（惠来）沿海经济开发试验区，总面积6.9平方公里。
- 6月下旬，县食品进出口公司与香港顺景鲜果有限公司签订150吨荔枝出口订单，实现惠来荔枝首次出口。
- 8月13日，新编《惠来县志》首发式在县政府三楼会议厅举行。应邀参加首发式的有惠籍在外工作老同志吴健民，历任惠来县县长方锦明、赵锡浩、陈澄民、黄水利，市史志办领导，以及县五套班子领导。

★ 9月1日，隆江镇海埕村附近发现一棵数千年古树。大树埋于2米多深泥砾土下，树身长19.9米，头部周长2.62米，尾部周长1.87米，尾部还有10多米烂折在泥土中。

★ 12月12日，广东省政府批准，撤销青山乡和河林乡，青山乡并入隆江镇和葵潭镇，河林乡并入惠城镇。

★ 12月25日，中国外贸史协会副会长、省政府文史馆馆员、中山大学历史系教授黄启臣，郑和纪念馆筹建委员会主任罗平，市民俗文艺戏剧家林英聪等一行，到神泉镇考察历史人物郑和的有关事迹。

2004年

★ 1月1日起，全国开展第一次经济普查。县全面开展经济普查工作。

★ 1月10—19日，首届沿海城市（惠来）名优产品交易会在县文化广场举行。

★ 1月15日，国家农业部核准，溪西镇养鳗场被评为全国唯一的一家水产业标准化综合示范区。

★ 2月8日，县小灵通电话试放号。

★ 2月，葵潭邮政支局邮政储蓄余额突破1亿元大关，成为粤东地区农村邮储网点第一家。

★ 3月1日，计划总投资5395万元的岐石片区供水工程动工建设。

★ 5月8日中午12时10分，一股龙卷风袭击岐石镇，其走向从览表村、林美村、坑仔村到双湖村，持续约15分钟，风速49.4米/秒，受灾人口28310人，死亡2人，受伤85人，房屋倒塌204间，揭顶272间，无家可归的村民82户462人，造成直接经济损失约3100万元。

★ 7月27日，11号热带风暴在惠来县沿海登陆。靖海镇月山村2只出海捕捞的竹排沉没，3人下落不明。

★ 8月8日，中共中央政治局委员、广东省委书记张德江考察惠来县域经济发展情况，视察春南电器厂、金荔红果酒厂、大宏鲍鱼养殖场。

- ★ **9月28日**，石碑山风电场正式开工建设。项目计划安装167台国产风机，总装机容量10万千瓦，单机容量600千瓦，总投资7.4亿元。第一批2.5万千瓦，计划2005年第二季投入运行；2006年8月，全部机组投产。
- ★ **12月22日**，惠来县作为粤东最大的荔枝产区，经过推荐和专家评审，被国家林业局命名为"中国荔枝之乡"。
- ★ **12月29日**，全国总工会副主席陈秀榕，在市领导方汉藩、孙锐卿陪同下，到惠来农机一厂慰问曾经为当地经济发展作出重大贡献老工人，赠送慰问品、慰问金。

2005年

- ★ **1月11日**，中共广东省委副书记、省长黄华华率省有关部门负责同志莅惠调研。实地考察惠来县春南电器厂、金荔红果酒厂有限公司、大宏鲍鱼养殖场和神泉工商所。
- ★ **3月9日下午**，惠来县神泉港两次出现海市蜃楼奇观。首次从下午2时35分至3时30分，再次从下午4时39分至6时45分。出现的景象有帆船、拱形大桥、车辆、碉堡、士兵、木屋、砖屋、行人，还有群山、城墙、城堡等。
- ★ **7月26日**，惠来电厂一期工程获国家发改委核准，项目总投资63.16亿元，建设2×60万千瓦机组，计划2007年投产发电。
- ★ **同年**，龙泉食品有限公司的"圣龙泉"商标被评选为广东省著名商标。实现惠来县著名商标零的突破。

2006年

- ★ **4月24日**，惠来帝浓酒业有限公司生产的荔枝酒、草莓酒定量包装商品，获得省质量技术监督局准予使用计量保证能力合格标志，即"C"标志，这是惠来县首家企业获此殊荣。
- ★ **5月17日**，强台风"珍珠"夹带暴雨正面袭击惠来，惠来沿海平均风力达12级，阵风15级。造成粮食作物受灾12.8万亩，经济作物受灾8.2万亩，荔枝受灾21万亩，民房倒塌435间，揭顶1756间，校舍受损634间46150平方米，水产养殖受损9559亩，渔港防护堤崩塌10处，竹排受损20只，渔船碰撞受损80艘，林木毁损30万亩，还有部分水利、交通、工商企业、电力、通信等设施也受到不同程度损坏，直接经济损失达7880万元。

★ 6月27日，由中国佛教协会副会长、省佛教协会会长释明生大师倡议，社会慈善家陈绍常捐资的"爱心复明助残行动"捐赠仪式在惠来县举行。陈绍常捐资22.8万元，用于资助合作医疗投保和免费为惠来县106例白内障患者做复明手术。惠来县委、县政府向陈绍常先生赠送"助残济困、功德无量"牌匾。

★ 7月21日，中海油粤东（惠来）LNG项目签字仪式在揭阳市机关大院西附楼迎宾厅举行。

★ 8月5日，惠来县神泉港申报"国家一级渔港"，通过国家专家组的现场论证评审。

★ 12月9日，中国能源协会授予惠来县"中国能源工业大县"称号。

2007年

★ 2月18日，惠来电厂1号机组发电投产。

★ 3月1日，惠来县全面铺开城乡医疗保险工作。

★ 3月8日，中国海事第一船"海巡31"首次靠泊惠来。

★ 4月23—24日，广东省委副书记、省长黄华华到惠来电厂、大南海国际石化港开展调研活动。

★ 6月17日，沙特阿拉伯王子苏理曼一行，到惠来县考察神泉港、惠来电厂、大南海国际石化综合工业园等项目。

★ 7月19日，揭阳市（惠来）大南海国际石化综合工业园获省政府正式批准立项。

★ 9月12日，"粤电2号"轮装载6万多吨燃煤成功靠泊惠来电厂煤码头，标志着电厂码头建设进入5万吨级轮船通航阶段。

★ 9月13日，《惠来荔枝地理标志产品保护》由国家质检总局受理公告，于12月11日通过总局专家评审团审核。

★ 11月19日，"惠来县神泉国家一级渔港"项目获国家农业部批准。

2008年

★ 4月7日，揭阳市政府与华润电力控股有限公司举行项目签字仪式，合作开发建设"华润惠来电厂和仙安风电场"。出席仪式的有华润执行副总裁卜繁森、揭阳市委书记、市长。

- ★ 5月27日，惠来县人民政府出台《惠来县城市污水处理费征收管理暂行办法》规定：从7月1日起，居民生活用水、工业用水、行政事业用水、经营性用水、特种用水均按用水量的90%，每吨征收污水处理费0.3元。
- ★ 8月，由华润电力控股有限公司投资的仙安风电场动工建设，一期工程计划投资4.7亿元，总装机容量4.93万千瓦。
- ★ 11月11日，市委、市政府在葵潭世铿院举行全国侨联爱国主义教育基地、国家"AAA"级旅游景区落成庆典，这是揭阳市第一个3A级旅游景区。
- ★ 是年，惠来县检察院被国家文明委评为"全国精神文明建设先进单位"。

2009年

- ★ 2月26日，广东省地方标准《地理标志产品惠来荔枝》由省质量技术监督局正式批准发布，2009年6月1日起实施。
- ★ 3月12日，在北京钓鱼台国宾馆，广东省政府与中国石油天然气集团公司成功签署合作协议，将在惠来县建设年炼油能力达5000万吨及100万吨乙烯的世界级超大型炼化项目。首期投资550亿元人民币，建设年炼油能力2000万吨的炼油项目。出席仪式的有中国石油天然气集团公司总经理，广东省委书记汪洋、省长黄华华、副省长黄龙云、省委副秘书长葛长伟及省发改委、财政厅、劳动和社会保障厅、中国石油集团公司主要领导、揭阳市主要领导。
- ★ 3月25日，惠来县体育局被评为"2008年全国全民健身活动先进单位"。
- ★ 4月17日，载有8.56万吨电煤"畅明洋"轮靠泊惠来电厂码头。这是粤东地区迎来吨位最大船舶。
- ★ 5月15—18日，惠来县工艺美术协会会长陈德丰的木雕作品《十八罗汉》在第五届中国（深圳）国际文化产品博览交易会上，获"中国工艺美术文化创意奖"金奖，《龙虾蟹篓》获铜奖。
- ★ 6月20日，惠来县海宏食品实业有限公司一批415吨、货值14705美元的熟鱼丸、熟鱼条等鱼糜制品，经揭阳检验检疫惠来办事处检验合格后，进入香港市场，这是惠来县鱼糜制品首次销往香港。
- ★ 7月，惠来县华润仙安风电场试产发电。

- ★ 8月11日，由华润电力（风能）有限公司投资4.8亿元，装机容量5万千瓦的华润关山风电项目举行开工仪式。
- ★ 8月16日，在2009年世界羽毛球锦标赛中，惠来籍男子双打选手傅海峰获得金牌。
- ★ 12月4日，由茂业国际控股有限公司董事长黄茂如先生、张静女士伉俪出资3000多万元赠建惠来县人民医院门诊大楼隆重举行落成庆典仪式。出席仪式的有省政协原副主席林兴胜、省卫生厅副厅级巡视员吴少林、揭阳市副市长林丽娇，惠来县常务副县长黄镇城等党政有关部门领导。
- ★ 12月6日，惠来县举行黄光山佛光寺落成暨圣像开光庆典，市县有关部门领导及全国各地僧人、群众8000多人参加盛典。
- ★ 12月15日，国家发改委批复，同意中石油广东石化炼油项目开展前期工作，标志着该项目建设跨进了关键一步。省政府专门召集11个部门开会部署项目推进工作。
- ★ 12月29日，厦深铁路跨普宁、惠来两地长12.697公里大南山隧道全线贯通。该隧道耗资5亿多元。
- ★ 同年，惠来县羽毛球业余体校被国家体育总局评为"国家高水平体育后备人才基地"。

2010年

- ★ 1月1日，惠来县2010年首届"恒和杯"业余象棋大赛在葵阳公园举行，县领导蔡合城、蔡桂君、周惠琴出席开幕式。
- ★ 2月24日，"惠来大庚园杯"全国象棋冠军邀请赛隆重开幕，象棋大师赵国荣、陶汉明、于幼平、赵鑫鑫、徐天汇、洪智、吕钦、许银川参加比赛。中国象棋协会秘书长刘晓放，揭阳市、惠来县领导等出席开幕式并观摩赛事。
- ★ 6月30日，是广东省首个"扶贫济困日"，团省委、省青联、省少工委组织全省57个示范点统一开展关爱留守少年儿童"爱在希望家国"活动，惠来县前詹镇古杭村是全省首批示范点，也是全县唯一一个示范点。
- ★ 9月20日，从即日起，揭阳市委决定把每年9月20日定为揭阳市"感恩日"。根据市统一部署，惠来县举行"忠诚·感恩"万人行活动。

★ 12月11日，中海油粤东LNG一体化项目在惠来县举行奠基仪式，广东省副省长刘昆、揭阳市委书记参加奠基仪式。

2011年

★ 2月23日，由国家疾控中心性病、麻风病控制中心常务副主任张国成带队国家"麻风十一五规划"终期评估考评组，到惠来县开展麻风病防治终期评估工作，县政府分管领导黄镇城陪同，考评组一致认为惠来县麻风病防治工作到位，达到预期目的。

★ 4月23日，县第三水厂开工建设。该水厂占地50亩，设计日制水能力5万立方米，取水源头为蜈蚣岭水库，采用自动化制水工艺，概算投资8784万元。

★ 6月8日，省委副书记、省长黄华华带领省有关部门负责人莅临惠来县，就贯彻落实省委十届八次全会精神、加快转变经济发展方式、保持经济社会长期平稳较快发展的问题进行调研。

★ 8月17—18日，省卫生厅副厅长陈祝生带领"基本消灭麻风病考核验收组"，到惠来县进行基本消灭麻风病工作达标验收。参加验收活动的领导有市政府副秘书长林敏、市卫生局局长梁若云，县分管领导黄镇城。陈祝生在考核反馈会上代表省考核组宣布，惠来县基本消灭麻风病工作达到卫生部标准，通过省政府考核验收。

★ 10月20日，惠来县在县委四楼会议室举行《惠来县志（1979—2004）》首发式。

2012年

★ 1月20日，惠来华强建设集团有限公司向困难群众捐款献爱心30万元。捐款仪式在县政府三楼会议室举行。

★ 2月19—20日，中央电视台中文国际频道（CCTV-4）《远方的家——沿海行》栏目组到惠来县拍摄专题片。栏目组在惠来县重点拍摄惠来神泉渔民富有沿海特色的朴素快乐渔家生活以及惠来电厂等素材。

★ 2月21日，惠来县召开《惠来年鉴》编纂工作会议，动员和部署惠来县首部《惠来年鉴》编纂工作。副县长周惠琴出席会议并讲话。

★ 3月18日，揭阳（惠来）大南海国际石化综合工业园管理委员会办公楼举行衔牌揭彩仪式。县领导班子成员参加仪式。

- ★ 3月27日，惠来县召开专门会议，热烈庆祝落户大南海石化工业园区的中委合资广东石化2000万吨/年重质原油加工工程获国务院核准。
- ★ 4月14日，县城有线电视用户数字化整转工作全面铺开。
- ★ 4月20日，国家发改委发出《关于中委合资广东石化2000万吨/年重质原油加工工程项目核准的批复》，世界首个一次性投资建设年炼油能力2000万吨项目——中委合资广东石化2000万吨/年重质原油加工工程项目获国务院正式批准，项目投资586.11亿元。
- ★ 4月27日，中委合资广东石化2000万吨/年重质原油加工工程项目在揭阳（惠来）大南海国际石化综合工业园举行开工仪式。中共中央政治局委员、广东省委书记汪洋宣布工程开工。
- ★ 4月27日，惠来县隆重举行靖海湾港口装备制造综合项目、金海湾生态旅游综合开发项目、中电投综合物流项目三个开工仪式，标志着揭阳海港经济区建设已经全面启动。
- ★ 5月9日，惠来县在葵潭镇隆重举行中国友联画院惠来大庚园创作交流中心成立暨揭牌仪式。
- ★ 5月22日，县召开首届"葵花文艺精品奖"表彰大会。授予38件文艺精品"葵花文艺精品奖"称号。
- ★ 6月12日，惠来县警民合力成功抓获一持枪抢劫犯罪嫌疑人，见义勇为群众李城彪左小腿中枪，被及时送医。9月19日，省见义勇为基金会秘书长廖伟明带领慰问组，专程前往惠来县鳌江镇，慰问见义勇为、与民警合力擒获劫匪的李城彪，并送上慰问金。
- ★ 8月5日，惠来籍体育健儿傅海峰荣获第30届伦敦奥运会羽毛球男子双打金牌，这是历史上惠来籍运动员首获奥运金牌。
- ★ 8月16日，县举行扶持贫困大学生助学金发放仪式。惠来华强建设集团有限公司出资28.2万元，资助贫困大学生75人，奖励县文理科状元2人。
- ★ 8月20日，县农业局土肥站站长林华杰荣获第六届潮汕星河国瑞科技奖。
- ★ 12月27日，隆江镇举行"中国国际和平学校"（后改为"惠来滨海学校"，董事长黄少贤）奠基庆典活动。中国国际和平学校由广东金贤有限公司和中国对外友好协会、首都师范大学合作兴办。

2013年

- 1月4日，县乒乓球协会成立大会在县乒协球馆举行。前世乒赛女单冠军、奥运双打冠军乔红，县委常委、组织部部长许应充，副县长周惠琴等到会祝贺。县邮政局局长甘伟祥当选为县乒协首届主席。4—6日，惠来县乒乓球协会成功举办首届"帝浓杯"男女单打比赛。比赛结束后，县委常委、纪委书记、县乒协名誉主席贝继勤等为获奖选手颁奖。

- 1月16日，东陇镇举行2013年春节扶贫济困捐资仪式，惠来华强建设集团有限公司董事长捐资79万元慰问东陇镇困难群众。副县长严俊江、周惠琴等参加捐款仪式。

- 3月6日，惠来县著名民营企业广东帝浓酒业有限公司"帝浓""果真"商标获2012年广东省著名商标称号。

- 3月18日，举行惠来县人民政府综合政务服务管理办公室和政务服务中心衔牌揭彩仪式，县政务服务中心正式启动运作。县领导贝继勤、陈局、陈贞益、黄华亮等参加仪式。

- 4月2日，市见义勇为基金会理事长卢湖生和市政法委领导一行，到溪西镇军林村对见义勇为、献出宝贵生命的村民林木火家属进行慰问，送上慰问金2万元。林木火于3月22日在下井营救村民时触电身亡，年仅32岁。

- 4月29日，中央电视台第七频道《乡土》栏目摄制组一行到惠来开展为期5天采访摄制工作。摄制组先后到神泉镇、靖海镇、惠城镇拍摄，内容包括惠来海滨度假村沙雕文化节、靖海古城墙、潮宜轩绿豆饼制作流程、鲍鱼养殖、惠城镇山美村"一乡一品"等。拍摄后制作成专题片分两集播出。

- 5月21—22日，出现特大暴雨强降水天气，截至22日8时，全县24小时平均累计雨量达147毫米，全县19个监测站有16个超过100毫米，县城24小时录得全县最大雨量215毫米，仅22日早上6时至8时两小时内的降水就达142毫米，暴雨红色预警信号生成。这是近几年来惠来县仅次于2010年"6·25"强降水的一次严重自然灾害。全县受灾人口21.6万人，紧急转移1.8万多人，受水围困18个村庄，房屋倒塌21间，房屋严重损坏33户。

- 6月7日，第十一届全国政协副主席厉无畏到惠来金贤集团调研工作，广东金贤集团董事长黄少贤陪同。

- ★ 6月10日，惠来县中医药学会成立大会在县慈云中医院举行。
- ★ 6月18日，大型全景式系列报道《广东沿海行》联合摄制组抵达惠来，开始为期4天的摄制采访工作，拍摄内容包括石碑山灯塔、客鸟尾石笋区、石碑山风电场、中委广东石化炼油项目、海洋捕捞、渔民生活、鲍鱼养殖等。摄制后分两部分在广东新闻联播播出。
- ★ 6月25日，省高考放榜，惠来县第一中学学生方捷睿取得理科681分（排位分701分），位列全省第15名。
- ★ 8月17日，受台风"尤特"外围环流影响，8月17日8时到18日8时，惠来县普降暴雨到大暴雨，全县平均降雨量206毫米，惠城镇盐岭站录得全县最大雨量443.8毫米。强降水造成全县17个镇（场）不同程度受灾，受灾人口31.79万人，其中受浸村庄55个，受淹人口55350人，直接经济损失22130万元，受灾较为严重的有隆江、惠城、溪西、葵潭、东陇、华湖等镇。
- ★ 9月6日，市见义勇为基金会到隆江镇月潭村看望慰问见义勇为烈士郑少耿家属，送上一万元慰问金。郑少耿于2000年与持刀抢劫的歹徒搏斗时牺牲，后被中华人民共和国民政部授予"见义勇为、革命烈士"荣誉称号。
- ★ 9月9日，惠来县社会组织总会成立大会在县工商联大厦召开。
- ★ 9月22日，惠来县遭受第19号强台风"天兔"的正面袭击，台风强度之高、持续时间之长、影响范围之广、直接损失之大是惠来历史所罕见。强台风造成惠来县部分民房、厂房倒塌、揭顶，几处海堤决口、部分涵闸冲毁、道路损毁，农作物及水产养殖等严重受损，大量树木倒折，个别地方交通受阻，通信、供水设施受损，电力全面中断，电视网络瘫痪。全县受灾人口48.536万人，直接经济损失16.1亿元。
- ★ 11月14日，惠来县靖海镇坂美村渔民林亚银获得"揭阳市玉德人物"荣誉称号。
- ★ 12月7日，周田镇狮石村天福寺举行落成揭彩开光庆典活动。县领导方汉明、周惠琴、黄少波及揭阳、汕头、韶关等地统战系统领导、各地佛教界代表、社会贤达等应邀出席庆典活动。
- ★ 12月25日，中国民主促进会惠来县支部委员会成立。市政协副主席、民进揭阳市委主委陈奇春，县领导为民进惠来县支部委员会揭牌。
- ★ 12月26日，汕头海关在惠来县瀚源制衣有限公司举行企业评级授牌仪式，为该公司荣获"海关总署AA类企业"授牌。汕头海关关长孟杨，县领导贝继勤、陈局等参加了仪式。惠来县瀚源制衣有限公司是揭阳市第四家、惠来首家获得AA级外资企业。

★ 12月28日，厦深铁路葵潭站正式启用。厦深铁路是国家《中长期铁路网规划》四纵四横快速铁路通道中杭州至深圳沿海快速通道的重要组成部分。线路起自厦门经漳州、潮州、汕头、揭阳、汕尾、惠州至深圳，设计时速200公里，基础预留时速250公里。线路全长502.4公里，其中惠来路段21.45公里。

★ 12月31日，县护理学会举行成立暨第一次会员代表大会。

2014年

★ 1月24日，揭阳市委政法委、市综治办和市见义勇为基金会组织慰问组到惠来县开展慰问活动，慰问惠来县因见义勇为牺牲的勇士亲属及因见义勇为致伤残人员，向见义勇为牺牲勇士的直系亲属发放慰问金10000元，向见义勇为致伤残人员发放慰问金5000元。受慰问对象还收到惠来县政府慰问金2000元。

★ 3月3日，县卫生和计划生育局正式成立，举行衔牌揭彩仪式。县领导贝继勤参加仪式并为新组建县卫生和计划生育局衔牌揭彩。

★ 3月5日，惠来县举行神泉镇省级文物保护单位澳角炮台揭彩仪式，副县长周惠琴参加仪式并作讲话。

★ 7月6日，惠来真爱医院开业并举行庆典活动，揭阳市卫计局领导，县领导方秀明、黄烈纯等参加活动。

★ 8月11日，鳌江镇东岱村村民李城、李城彪兄弟俩荣获"全国见义勇为模范群体"荣誉称号。这是本届评选活动全省唯一获得这一荣誉的群体。

★ 8月12日，县委县政府召开县城南门大街拆迁改造建设会议，县长贝继勤在会上讲话，县委常委、常务副县长黄镇城主持会议。

★ 8月17日，揭阳市葵潭慈善基金会在葵潭世铿中学举行2014年奖教奖学颁奖会，奖励小学生899名、中学生264名、高考上一本和二A线大学新生114名，奖励先进教师80名，奖励3所中学、10所小学，奖教奖学金105万元。

★ 10月8日，惠来县城建局组织工程施工人员对县城南门大街改造建设工程范围内被依法收回房屋进行拆迁，县城南门大街改造工程进入实质性建设阶段。县领导黄镇城、县城建局负责人到现场指挥拆迁工作。

★ 11月4日，惠来县靖海镇举行资深村文化广场奠基仪式。广东省政协原副主席林兴胜，广东省直工委副书记姚楚旋，县委常委、武装部长林士涛，潮汕星河基金会永远荣誉会长、北京潮商会常务副会长、北京永利房地产有限公司董事长林辉勇，北京潮汕商会，广东省工商行政管理局，广东省建设厅有关领导，靖海镇党政主要领导，县文广新局有关领导等及嘉宾出席仪式。资深村文化广场占地50亩，由林辉勇先生独立捐资1000多万兴建。

★ 11月6日，省残联康复部副部长吴江龙带领省验收组，在揭阳市康复办主任、市残联理事长吴仉贤陪同下，到惠来县开展"全国白内障无障碍县"创建达标工作验收活动。县委常委、常务副县长黄镇城及县有关单位领导陪同活动。验收组对惠来县所做相关工作给予充分肯定，认定惠来县"全国白内障无障碍县"创建工作通过省验收达标。

★ 11月13日，在华湖镇堡内村举行省级非物质文化遗产项目"抛锣"挂牌揭彩仪式。县领导蔡桂君及文广新局、华湖镇政府领导等参加活动。

★ 12月29日，人民银行揭阳市中心支行在惠来农信联社机关办公大楼举行惠来县鳌江镇山栗村"信用村"创建授牌仪式，授予鳌江镇山栗村"信用村"称号，标志着惠来县第一个"信用村"诞生。

2015年

★ 2月13日，东陇镇举行扶贫慰问困难户活动仪式，华强建设集团公司董事长向东陇镇政府捐赠慰问金80万元。

★ 3月8日，惠来一中新校区高中部正式启用上课。

★ 3月9日，县惠民医院正式开业，县领导黄烈纯及社会各界人士参加开业揭牌仪式。

★ 4月28日，召开全县医疗卫生人才队伍建设座谈会，对惠来县拔尖医技人才进行表彰，向荣获"省名中医"称号县慈云中医院医生胡水勋颁发省政府证书，发放奖金。

★ 5月16日，广东省政府授予惠来县"广东省林业生态县"称号。

★ 6月8日，县文物保护单位城隍庙举行重建落成、庙记揭彩庆典活动。

- 7月9日上午9时至12时，2015年第十号台风"莲花"正面袭击惠来县。受台风"莲花"影响，惠来县最大平均风力12级，最大瞬间风力15级，全县普降暴雨到大暴雨，严重影响当地人民群众生产生活秩序，全县34.9万人不同程度受灾，转移人口6537人。同日，中共中央政治局委员、广东省委书记胡春华赶赴惠来县视察灾情，指导抗灾复产工作，揭阳市委书记严植婵、市长陈东，县委书记、县长陪同视察活动。
- 7月20日，举行县人民医院新住院大楼落成揭彩仪式。县领导参加活动，许松青主持落成揭彩仪式，黄镇城在揭彩仪式上讲话。县人民医院新住院大楼2012年12月动工建设，占地面积1500平方米，建筑面积25000平方米。
- 9月17日，县法学会在县政府五楼会议厅成立并召开第一次会员大会，市法学会会长周新全，县领导黄镇城、吴少华出席会议，周新全、黄镇城在会上讲话。会议选举县法学会第一届理事会，吴少华当选为会长。
- 9月19日，广东广播电视台综艺频道纪录片《老渔村的90后》在惠来海滨度假村开机，县领导蔡桂君在开机仪式上讲话，并与省台有关领导一起为开机仪式揭幕。
- 10月13日，县政府和揭阳市工商行政管理局，在县工商行政管理局会议室举行惠来县工商行政管理局体制调整人财物移交仪式，标志着县工商行政管理体制由垂直管理调整为属地管理。
- 10月19日，县公安局信访股股长陈卓坤获"第二届揭阳市玉德人物"荣誉称号。
- 10月31日，惠来县十力禅院举行十力禅院慈善会成立活动，县领导周惠琴、蔡城为十力慈善会衔牌揭彩。

2016年

- 1月7日，广东省见义勇为基金会理事长朱明健，揭阳市见义勇为基金会的领导，县委常委、政法委书记吴少华等到惠来县隆江镇月潭村，看望慰问革命烈士郑少耿亲属。
- 1月15日，县博物馆被命名为"第五批揭阳市爱国主义教育基地"。
- 1月18日，东陇镇政府举行2016年春节扶贫济困慰问活动仪式，惠来华强建设集团有限公司董事长捐赠慰问金128万元。

- ★ 1月21—22日，世界银行调研组到惠来县，实地考察世界银行贷款帮助广东欠发达地区义务教育均衡优质标准化发展示范项目。该项目由广东省教育厅组织实施，拟定落地省内16个欠发达地区，惠来县是其中之一。
- ★ 1月25日，县葵阳影剧院维修改造工程全面完工，通过验收，于当日试营业。葵阳影剧院于2014年8月正式维修改造，历时1年4个月，项目投入1600多万元。
- ★ 3月18日，全县16家农村淘宝服务站在各镇场正式试业运营，副县长吴俊平与县直有关单位领导参加惠城镇东郊社区服务站开业仪式，并到华湖镇华陇村服务站检查指导工作。
- ★ 5月23日，由市见义勇为基金会副理事长孙潮烈、市委政法委副调研员林罗秀带队的慰问组，到葵潭镇塗墙墩村慰问勇斗歹徒负伤村民温汉忠。
- ★ 5月31日，广东金贤集团有限公司在隆江新城举行首都师范大学附属惠来学校落成典礼活动。县领导黄镇城、吴少华、郑明辉、周惠琴，以及市教育局、首都师范大学基础教育研究院、广东金贤集团负责人黄少贤等出席典礼活动。
- ★ 6月29日，首届惠来县最美人物颁奖活动在县葵阳影剧院举行。叶宏桂、袁喜林、杨镇辉等10名同志获首届惠来县最美人物奖。
- ★ 11月13日，县太极拳协会在东陇镇铜炉村成立，市、县体育局及东陇镇主要领导，有关单位领导、嘉宾及太极拳爱好者等出席挂牌仪式。
- ★ 11月15日，县工艺美术协会会长陈德丰被授予第四届广东省"工艺美术大师"荣誉称号。
- ★ 11月29日，惠来县迎来民间传统节日十年一次"打火醮"活动。"打火醮"活动从11月29日开始，12月8日结束。
- ★ 12月24日，广东省文物保护单位惠来县赤山古院衔牌揭彩仪式在华湖镇东福村举行。

2017年

- ★ 1月9日，惠来县获评"广东十大海上丝绸之路文化地理坐标"称号。
- ★ 5月7—9日，广东省委书记胡春华到惠来县调研。
- ★ 5月13日，惠来县在惠城镇石古村含尾坑举行惠来县常青环保有限公司揭牌暨含尾坑卫生垃圾处理场办公楼落成庆典仪式，含尾坑卫生垃圾处理场投入1.8亿元，山地403亩，设计有效库窑450万立方米，日处理量380吨，服务全县15个镇场生活垃圾处理，特许经营期30年。

★ 8月17日，惠来县在县技工学校举行揭阳润青慈善基金会成立暨揭牌仪式。

★ 8月31日，惠来县福利院举行全国"巾帼文明岗"授牌仪式。

★ 9月10日，广东省首个社区乡贤咨询委员会在惠城镇西三社区举行成立暨衔牌揭彩仪式，惠来县人大常委会主任黄镇城、省老区办副主任廖纪坤、县委组织部领导、惠城镇主要领导、西三社区乡贤等参加。

★ 9月15日，惠来县特殊教育学校迎来首批60名学生，正式开学。学校开办1个培聪班和5个培智班，招收60名学生，招生对象为6—15周岁智力、听力、语言残疾的儿童少年。

★ 9月30日，惠来坤宁医院举行开业庆典活动，副县长方瑛参加活动。

2018年

★ 1月12日，惠来县监察委员会正式挂牌，成为揭阳市首家挂牌成立的县级监察委员会。

★ 2月8日，惠来出入境边防检查站举行成立揭彩仪式，汕头边检总站党委书记、总站长李新华参加活动。

★ 3月19日，惠来县在县技工学校大操场举行升国旗奏唱国歌仪式，县四套班子领导、县直副科级以上单位现职副科级以上干部400多人参加仪式。县委书记蔡淡群在仪式上讲话。按照市委部署和要求，惠来县确定于每周一举行升国旗奏唱国歌仪式。

★ 7月14日，由县体育局主办、县足球协会筹备小组、县来乐足球俱乐部承办2018年惠来县第一届乡镇足球联赛开幕式在来乐足球场举行，有8支参赛足球队参加开幕式。

★ 8月28—30日，在惠来一中（新校区）开展为期三天的惠来县党章党规党纪专题教育活动，全县副科级以上干部870多人参加全封闭式培训活动。揭阳市委书记、市人大常委会主任李水华到场作动员讲话，市委常委、纪委书记、监委主任李文骥，市纪委副书记、监委副主任黄锐亮，县委书记蔡淡群，市委党校讲师张双喜作专题辅导报告。此次封闭式培训，拉开惠来大规模反腐败序幕。

- 9月13日，惠来县足球协会举行成立揭牌仪式。惠来县足球协会正式成立，标志着惠来足球事业迎来新的发展契机。
- 10月19日，惠来县在城隍庙举行广东省第七批省级非物质文化遗产项目"惠来打火醮"揭牌仪式。
- 11月28日，在葵阳影剧院举行惠来县"学模范、学标兵"先进事迹报告会，陈郑生、黄镇城、周惠琴等县几套班子领导和全县副科级以上领导干部参加报告会，县委副书记、县人大常委会主任黄镇城主持报告会。
- 12月10日，中华人民共和国住房和城乡建设部等部门把孔美村列入第五批中国传统村落名录。2019年2月14日，广东省文学艺术界联合会发布"关于认定第六批广东省古村落的通知"，孔美村榜上有名。
- 12月26日，汕头至汕尾高铁暨2018年全省重大项目集中开工仪式在惠来县举行。"汕汕高铁"在惠来县率先开工，将在东陇镇赤洲村设惠来站。

2019年

- 1月1日，揭普惠高速公路全线8个收费站（其中惠来境内有葵潭、东港2个）正式启动无感支付，标志揭普惠高速全线进入移动支付时代。
- 1月26日，揭惠高速公路前詹收费站建成启用，新芦连接线（前詹镇新陂村—神泉镇芦园村）全线通车。前詹收费站为揭惠高速终点，设置3入7出共10条车道（含4条ETC通道，入出各2条）。终点延伸的新芦连接线尚未完成，为临时通道。
- 2月2日，惠来县在葵阳公园举行"贤德人物"塑像落成揭彩仪式。县领导蔡淡群、陈郑生、周惠琴、蔡桂君、郑超群等共同为塑像揭彩。惠来县选取"文化名人苏福、陈雪坡、佛门高僧宋超月、岭南名臣谢正蒙、抗日名将翁照垣、工农革命运动先驱方汝楫"六位历史名人为惠来贤德人物代表。
- 3月，广东省爱国卫生运动委员会授予惠来县等51个城镇"广东省卫生城市、广东省卫生镇（县城）"称号。
- 4月1日，东港镇获评全市创建"三个最"优秀镇（街）称号（最安全稳定、最公平公正、法治环境最好的地区）。
- 4月21日，惠来一中在学校体育馆举行建校100周年庆祝大会。揭阳市政府副市长姚丽璇、市教育局领导、惠来县四套班子领导蔡淡群、陈郑生、黄镇城、周惠琴及惠来一中校友、师生等2500多人参加庆祝大会。

★ **4月29日**，揭阳前詹风电有限公司举行成立暨揭牌仪式，县委副书记、县长陈郑生及广东公司总工程师张翼出席活动。

★ **5月13日**，广东省政协主席王荣带队到惠来县调研政协基层建设。省政协秘书长吴伟鹏，市政协主席陈澄民、副主席蔡榜潘、秘书长林素钦，惠来县政协主席周惠琴，县委常委、常务副县长方武德等陪同。

★ **5月25日**，中山大学惠来校友会（校友联络处）在惠来县惠来宾馆宴会厅举行成立大会。中山大学党委书记陈春声、中山大学惠来校友会会长黄晓东、惠来县委书记蔡淡群、县长陈郑生、各地校友会代表、惠来县各界知名人士及中山大学惠来校友会校友等400多人参加成立大会。陈春声、黄晓东、蔡淡群、陈郑生等为校友会衔牌揭彩。

★ **7月12日**，县公安局举行警犬基地揭牌仪式，市公安局副局长陈培标，县委常委、政法委书记郑海涌，市、县公安局有关领导及警种负责人等参加仪式。

★ **7月12日**，国内单机容量最大的海上风电机组——明阳智能MYSE7.25兆瓦风电机组在惠来靖海镇后王村成功实现并网上电，标志中国海上风电技术发展步入新征程。

★ **7月16日**，惠来县在政府五楼会议厅召开大南海石化工业区行政管辖范围划转惠来县管辖工作会议，大南海石化工业区党委副书记严俊江主持会议，县委常委、常务副县长方武德出席并讲话。

★ **7月25日**，在溪西镇举行溪西镇行政管辖运营范围划转惠来县揭牌仪式。

★ **7月30日**，揭阳移动惠来分公司成功开通惠来县第一个5G基站，实现对惠来县文化广场及周边区域中国移动5G信号覆盖，标志惠来县正式开启5G时代。

★ **8月11日**，县民间文艺家协会举行成立大会，方俊雄当选会长。

★ **8月15日晚8时**，惠来县在慈云文化广场举行"2019盛世欢歌——庆祝中华人民共和国成立70周年暨海洋（开渔）旅游文化节大型文艺晚会"。市委书记叶牛平，市委常委、宣传部部长方赛妹，副市长曾瑞如出席晚会。县委书记蔡淡群，县长陈郑生，县委副书记、县人大主任黄镇城参加。

★ **8月28日**，揭阳市召开市六届人大五次会议，391名出席会议代表举手表决，一致通过《揭阳滨海新区"一城两园"总体规划》("一城两园"指惠来县老城区和粤东新城组成"一城",大南海石化产业园、惠来临港产业园组成"两园")。

★ 9月29日,揭阳市粤东新城管理委员会举行揭牌仪式。市委书记、市人大常委会主任叶牛平,市委常委、组织部部长熊松,市委常委、市纪委书记李文骥,市委常委江林生等参加揭牌仪式。

★ 是日,惠城镇五福田红星广场启用暨东江特委历史展览馆动工仪式举行。揭阳市委领导叶牛平、李文骥、江林生为彭湃烈士塑像揭彩。

★ 10月8日,响应国家深化收费公路制度改革,揭普惠高速公路在8个收费站原有15条ETC车道基础上,增加ETC车道36条。揭普惠路段完成最后三套ETC门架吊装,至此,广东粤东高速公路实业发展有限公司提前一周完成全部17套ETC门架吊装任务。

★ 10月14日,揭阳市大南山华侨管理区管辖范围成建制转由惠来县管理交接仪式在大南山华侨管理区办公大院招待所一楼会议厅举行。

★ 11月12日,通用电气(简称"GE")在亚洲布局首个海上风电机组总装基地开工仪式在惠来县临港产业园举行。

★ 12月2日中午12点,惠来县正式开通"村村通广播","村村通广播"系统是通过现代通信技术,把全市各村大喇叭进行联网,实现多级管理和信息实时发布功能。惠来全县15个镇场、227个村居(委会)完成升级改造。

★ 12月18日,惠来县第三人民医院举行落成开业揭牌仪式。

★ 12月30日,惠来县旅游协会成立大会在惠来宾馆葵阳厅举行,县委常委、宣传部部长方锦屏出席大会。

2020年

★ 1月5日,惠来县首届冬瓜王大赛总决赛暨颁奖仪式在鳌江镇山栗村举行。南方+电视台对冬瓜王大赛进行现场直播,县委副书记严俊江在仪式上致辞。

★ 1月5日,县政协召开《惠来文史》(第十一辑)"古乡贤专辑"编印座谈会。县政协主席周惠琴及县政协文史科相关人员,该书署名作者、编辑人员,有关学校领导等参加座谈会。县政协副主席吴少玲主持会议。

- 1月7日，首届"揭阳打卡胜地"网络推选活动圆满结束。惠来滨海长廊获评"2019年度揭阳十大打卡胜地"。
- 1月15日，揭阳市委农村工作办公室评出"揭阳市十大美丽乡村""揭阳美丽乡村精品线路""揭阳特色村"。靖海镇前吴村获评"十大美丽乡村"；惠城镇石古村、林樟村、五福田村列入"美丽乡村精品线路"；隆江镇孔美村、邦庄村、凤光村、月潭村，神泉镇芦园村，靖海镇后湖村、厚山村，葵潭镇青坑村、长埔村，前詹镇铭东村、沟疏村、古杭村，鳌江镇山栗村，周田镇杭美村列入"揭阳特色村"。
- 1月19日，县委宣传部、县文明办、县文联在县城文化广场举办"墨色添香年味浓"2020年送春联进万家活动。县委书记蔡淡群，县委副书记严俊江，县委常委、惠城镇委书记林朝阳，县委常委、宣传部部长方锦屏等领导出席活动。县委书记蔡淡群为"广东好人"林亚银、柯石磷和揭阳市第四届玉德人物陈文乙赠送春联；县委副书记严俊江为揭阳市第二届玉德人物陈卓坤、县老文化人苏文炳和吴书智赠送春联；县委常委、惠城镇委书记林朝阳，县委常委、宣传部部长方锦屏为惠来县历届道德模范（最美人物）李俊兰、黄新泉、叶宏桂、袁喜林、倪小梅、黄荣亮、杨镇辉、林美贞和吴丽珠赠送春联。
- 2月3日，县委书记蔡淡群主持召开县委常委会（扩大）会议暨县新型冠状病毒疫情防控指挥部工作会议，传达中央应对新型冠状病毒疫情工作领导小组会议、广东省防控新型冠状病毒感染的疫情工作领导小组（指挥部）电视电话会议精神及《中共中央关于加强党的领导为打赢疫情防控阻击战提供坚强政治保证的通知》等上级文件精神和1月31日揭阳市委书记叶牛平带队到惠来县检查疫情防控工作指示精神。
- 4月4日，溪西镇西尉村确诊2例输入关联新冠病例，"0"的纪录被打破，惠来县随之升为"中风险区"，疫情未扩散，一个多月后降为"低风险区"。
- 4月10日，广东省文化和旅游厅发布广东省第六批省级非物质文化遗产代表性项目代表性传承人名单，惠来民俗打火醮、神泉英歌等榜上有名。
- 6月3日，惠来县在靖海炮台开展"纪念林则徐靖海收缴鸦片181周年暨惠来县禁毒宣传月启动仪式"活动。
- 6月12日，首届中国惠来鲍鱼国际网络节暨惠来名特优新农产品云展会在惠来县神泉镇拉开帷幕,云展会集中展示惠来鲍鱼及当地名特优新农产品。广东省农业农村厅二级巡视员陈文、揭阳市副市长曾瑞如、县委书记蔡淡群、县长肖辉生、副县长陈蓉霞开启"市县长大联播"。由10家惠来鲍鱼养殖企业发起的"中国惠来鲍鱼产业数字网络联盟"正式成立。省农业农村厅授予惠来县"广东省数字乡村发展试点县"与"中国惠来鲍鱼产业'广东数字农业试验区'"两块牌子。

★ 6月24日,中山大学惠来校友会在惠来一中举行"心系惠来、助力高考"——空调捐赠仪式。因疫情影响,高考时间延迟一个月,中山大学惠来校友会捐资为惠来县高考各考点购买并安装立式空调508台。

★ 7月18日,首届中国惠来凤梨网络节暨名特优新农产品云展会在惠来县举办。省农业农村厅、揭阳市和惠来县有关部门领导出席。活动借助云直播、云展示、云论坛、云贸易、云拍卖、云培训、云连线等方式,打造升级版县域"网络节+云展会"。

★ 7月22日,惠来县禁毒基金会成立大会暨衔牌揭彩活动在县技工学校隆重举行。中国禁毒基金会理事长杨凤瑞,广东省禁毒办副主任、省公安厅禁毒局副局长何伟钦,揭阳市委常委、政法委书记张时义,市政府副秘书长、信访局局长林建文,县委副书记、县长肖辉生,县人大常委会主任黄镇城,县政协主席周惠琴,县委副书记严俊江,县禁毒基金会理事长黄汉清等出席活动。活动中募集捐赠款项400多万元。基金会对2019年度禁毒工作表现优秀同志进行奖励慰问。

★ 8月17日,"方健宏图书捐赠座谈会"在惠来县新时代文明实践中心讲堂举行。广东省政协常委、文化和文史资料委员会主任方健宏,捐赠自己收藏多年影印版《钦定四库全书荟要》一套及其他书籍1622册,收藏安放于县实践中心图书阅览室。

★ 8月30日,鳌江镇在该镇楼内小学举行黄志祥考上清华大学颁奖会,楼内村乡贤出资奖励该村在2020年高考中取得优异成绩学生。

★ 10月4日,县作家协会在县少年宫举行成立大会,审议通过《惠来县作家协会章程》,选举产生第一届理事会成员,黄惠长当选为会长。

★ 10月,中共惠来县委追授黄耿丰"惠来县优秀共产党员"称号。黄耿丰是惠来县大南山侨区（侨园镇）连城村驻村第一书记，在开展驻村工作中突发脑出血，抢救无效，因公牺牲，年仅44岁。

★ **12月30日**，由县委宣传部、县文明办主办，县融媒体中心承办惠来县第二届"最美人物"和道德模范表彰晚会在葵阳影剧院隆重举行。现场表彰2020年惠来"最美人物"11名，"道德模范"5名，"最美退役军人"5名。

2021年

★ **1月30日**，在县农业农村局举行惠来鲍鱼产业协会揭牌活动，召开惠来鲍鱼产业协会成立大会暨发展鲍鱼产业推进会。县政协副主席郑龙彬参加活动。

★ **2月22日**，从印尼穆阿潘泰港载运70700吨民生物资煤船舶"粤电8"，在揭阳海事局精心服务护航下安全进靠靖海电厂煤码头1号泊位。这是靖海电厂一类口岸正式开放以来迎来首艘船舶。

★ **2月25日**，全国脱贫攻坚总结表彰大会在北京人民大会堂隆重举行，葵潭镇政府经济发展服务中心主任陈楚卿获评"全国脱贫攻坚先进个人"，华南理工大学驻隆江镇孔美村扶贫工作队获评"全国脱贫攻坚先进集体"。

★ **4月30日**，靖海镇举行"活力古城 美丽靖海"镇区10个微改造项目集中开工活动，总投资1000万元，拉开镇区立体式微改造序幕，向中国共产党成立100周年华诞献礼。

★ **5月15日**，揭阳市福利彩票发行中心为位于惠来县城塘边村商住楼一楼福彩44200301投注站举行颁奖仪式，惠来县彩民喜中双色球680万元大奖。

★ **6月28日**，由县委县政府主办、县文化广电旅游体育局组织创排，惠来县潮剧演艺中心演出庆祝中国共产党成立100周年新创文艺作品大型现代革命潮剧《南山红英》在葵阳影剧院举行彩排。县委书记蔡淡群，市委宣传部副部长、揭阳日报社社长陈鸿彬，县委副书记、县长肖辉生等县四套班子领导、县直有关部门及部分群众共同观看彩排演出。

★ **6月29日**，经党中央同意，中央组织部决定，对惠来县委书记蔡淡群等103名同志，授予全国优秀县委书记称号，予以表彰。

★ **7月10日**，在靖海镇石碑山角举行惠来海岸带综合示范区石碑山角试点岸段建设工程开工仪式。该工程修复海岸线长度2.1千米，其中基岩岸线1.6千米，砂质岸线0.5千米，投资5561.59万元，计划2021年12月31日完成建设任务。

★ 10月16日，2021年"粤字号"农产品品牌设计大赛之百县百品打擂台活动成功举行。综合网络投票、专家评审以及现场打擂等环节得分，惠来鲍鱼以91.16高分荣登榜单前三名，获得2021"粤字号"农产品百县百品县域公用品牌"优秀品牌"称号。

★ 10月26日，由县委宣传部推送的专题片《惠来红色故事：红色家书》入选省委组织部"百部精品党课"，全市共有3部入选。

★ 11月5日，惠来县靖海镇退休教师柯石磷获得第八届全国道德模范提名奖，11月22日，县委书记蔡淡群带队到靖海镇看望慰问柯石磷，县委常委、宣传部部长温美娜参加慰问活动。

★ 12月9日，中国科协、广东省科协分别公布2021—2025年度第二批全国科普示范县（市、区）创建单位名单，惠来县成功入选。

★ 12月28日，由中央文明办主办、中国文明网承办"我推荐我评议身边好人"活动正式公布11月"中国好人榜"名单。其中，第八届全国道德模范提名奖获得者、靖海镇退休教师柯石磷入选"中国好人榜"见义勇为好人。

★ 12月29日，惠来县凤梨产业园入选2021年省级现代农业产业园建设名单。

★ 12月29日，广东惠来"农民工匠"模式获评第三批全国农村公共服务典型案例。

2022年

★ 1月20日，揭阳市委常委、副市长、惠来县委书记蔡淡群带队走访慰问"全国优秀教师"张坚洵，并致以新春问候和祝福。

★ 1月23日，惠来县前詹镇铭东村、华湖镇白塔村入选"揭阳十大美丽乡村"，前詹镇山海旅游观光线路（前詹镇赤澳村—沟疏村—石峻村—铭东村）入选"揭阳美丽乡村精品线路"。

★ 1月28日，惠来鲍鱼荣获2022广东农产品"12221"市场体系建设十大优秀案例奖。

★ 2月3日，广东能源葵潭农场光伏复合项目完成建设，成功并网发电。项目投产后，年均可提供清洁电量超5亿度，年可节约标煤超16万吨、减排二氧化碳近45万吨。

★ 2月28日，大南海中石油520万立方米原油商业储备库项目建设迎来首个里程碑——200万立方米工程实现机械完工，为中石油广东石化炼化一体化项目5月进油提供有力支持。

★ 3月4日，靖海镇中心小学退休教师柯石磷上榜全国见义勇为模范名单。

★ 4月24日，惠来县以干燕窝、杧果为主要支撑产品入选全国农产品数字化百强县。

★ 4月25日，惠来县第一张二维码门（楼）牌在前詹镇石峻村安装上墙，标志着全县二维码门（楼）牌上墙工作拉开序幕。

★ 5月13日，广东省农业农村厅官网发布《关于2022年省级现代农业产业园推荐名单的公示》公告，广东省共有53个产业园进入公示名单，其中惠来县鲍鱼产业园是全省唯一入选的鲍鱼产业园。

★ 5月25日，全国公安系统英雄模范表彰大会在北京举行，广东惠州铁路公安处普宁站派出所葵潭警务区四级警长朱少铭获评"全国公安机关爱民模范"。

★ 5月28日，国家电投"新能源+海洋牧场"融合创新示范基地在惠来县神泉镇开工建设，将构建"海上发电、海下牧渔"发展新模式，推进养殖、海工、装备、碳汇多领域融合创新。国家电投广东公司副总经理、国电投创研院执行董事兼总经理王跃青，广东海洋协会会长韩广德参加基地开工仪式并启动项目建设。

★ 6月9日，揭阳市海关关长马照亮率队将"供港澳蔬菜种植基地检验检疫备案证书"送到惠来县新惠龙种养专业合作社负责人手中。新惠龙种养专业合作社位于隆江镇邦山村境内蔬菜基地成为惠来县首家、揭阳市第二家供港澳蔬菜基地。

★ 6月17日，全国单体最重、直径最大风力发电机组单桩基础，在国家电投神泉二350兆瓦海上风电项目增容项目海域上完成沉桩作业。

★ 6月25日，南方电网广东揭阳供电局重点工程220千伏滨海变电站在惠来县顺利投运，这是粤东地区首座投运220千伏智能变电站。

★ 7月9日，惠来农产品"12221"市场体系建设行动——2022年惠来荔枝采购商产地行暨晚熟荔枝新品种现场观摩品鉴会在惠来县举行。县农业农村局携手华南农业大学荔枝科技创新团队，正式发布2022年优质荔枝新品种——"MS56"（迟美人）。

★ 7月16日，惠来县隆江镇新容社区党总支书记、居委会主任林蓓家庭被省妇联授予2022年"广东省五好家庭"称号。

★ 7月18日，中石油广东石化一体化项目最大一台设备苯乙烯装置四联换热器运抵现场，成功吊装。该装置总重1656吨，长56.5米，号称世界最大换热器。

★ 7月27日，揭阳港前詹作业区通用码头一期工程项目顺利完成第一件方块安装就位。该工程是揭阳第一个公用深水通用码头，建成后将兼备海上风电母港功能，拟建设1个7万吨级通用泊位，1个3000吨级通用泊位（结构按7万吨级设计）、1个挖入式港池（1万吨级），工程总投资24亿元，计划2023年竣工投产。

★ 8月2日，惠来县华深水产养殖有限公司广东省博士工作站揭牌，该博士工作站成员主要包括来自暨南大学、惠州学院等学校专家人才。

★ 8月13日，惠来县葵潭慈善基金会在爱心公园举行第九届奖教奖学颁奖大会，奖教奖学金近50万元。

★ 8月14日，惠风康乐奖教奖学金、海景集团奖学金颁奖典礼暨惠风康乐慈善基金会揭牌仪式在广工揭阳校区（惠来）行政楼报告厅举行。

★ 8月18—26日，广东省第十六届运动会"中国体育彩票"竞技体育组击剑项目比赛在英德市举行，惠来县运动员吴泽涛勇夺男子花剑甲组冠军，这是揭阳市代表团在本届省运会获得首枚金牌。

★ 8月23日，惠来县在临港产业园举行广东蓝水龙门吊吊装完工仪式暨重点项目建设推进会。高达127米、跨度89米、起重量2000吨级的龙门吊，历时4个月成功竖起，目前为亚洲最高、吊重最大龙门吊。

★ 9月24日，惠来县靖海镇后湖村、周田镇仙家村获评省"民主法治示范村（社区）"创建单位。

★ 9月28日，广东省百份优秀镇域乡村振兴规划评选活动获奖名单公布，由华南理工大学驻隆江镇帮镇扶村工作队提交、乡村振兴与发展研究院参与编制完成的隆江镇镇域乡村振兴规划荣获一等奖，是全省参与驻镇帮镇扶村工作高校中唯一获奖单位。

★ 10月5日，2022年县域经济创新发展论坛广东分论坛发布《2022广东省区县高质量发展百强研究》，惠来县进入"2022年广东省百强区县"榜单。

★ 10月8日，中石油广东石化炼化一体化项目总变电站首年完成供电3.3834亿千瓦时，在石油炼化行业属于"超级电网"工程。

★ 10月13日，惠来县惠城镇后洋村（生猪）、侨园镇詹厝葛村（茶叶）、葵潭农场湖美村（油甘）上榜2022年省级"一村一品、一镇一业"专业村名单。

★ 10月23日，惠来县刘泽龙获得2022年世界技能大赛特别赛电子技术项目金牌。

★ 11月3日，广东省乡村振兴局、南方杂志社共同组织开展全省百份优秀乡村振兴调研报告和百份优秀镇域乡村振兴规划评选活动，驻惠来县靖海镇帮扶工作队分别获得全省百份优秀乡村振兴调研报告"二等奖"和百份优秀镇域乡村振兴规划"优秀奖"，这是揭阳市唯一获得"双料"奖项的工作队。

★ 11月16日，广东省机械技师学院惠来籍学生吴鸿宇在2022年世界技能大赛特别赛中获得数控车项目金牌，实现中国在该项目"两连冠"。

★ 12月11日，惠来县神泉镇溪东村获评"全国文明村镇"。

★ 12月20日，县文明委在全县开展第三届"最美人物"和道德模范评选活动，评选出"最美人物"10名、提名奖9名，道德模范5名、提名奖4名。

★ 12月29日，国家电投惠来神泉二海上风电项目实现全容量并网发电，标志着全球商用最大单机容量海上风电场建成投运。

★ 同日，中央储备粮揭阳直属库有限公司仓储项目开工仪式在县临港产业园举行。揭阳市委副书记、市长支光南，市委常委、副市长蔡淡群，中储粮广东分公司党委书记、总经理诸葛宁军，县委书记魏洁林，县委副书记、县长肖辉生等县领导，市、县直有关单位主要负责人参加活动。

2023年

★ 1月16日，惠来县首届东南亚美食节暨茶叶展销"网络节+云展会"在县侨园镇八国风情旅游度假区广场举行。

★ 2月2日晚，由县文明委、县委宣传部主办的惠来县第三届"最美人物"和道德模范表彰晚会在葵阳影剧院隆重举行。

★ 2月3日，中国科协发文，决定命名2021—2025年度第二批全国科普示范县（市、区），惠来县喜登荣誉榜。

★ 2月17日，中国石油单套产能最大全密度聚乙烯装置——广东石化80万吨/年全密度聚乙烯装置挤压机一次开车成功，并产出合格粒料。至此，广东石化项目聚丙烯、高密度聚乙烯、全密度聚乙烯这聚烯烃三套生产装置全部产出合格产品，进入试生产阶段。

- 2月25日，惠来县公安局葵潭派出所户籍室被授予"全国巾帼文明岗"荣誉称号。

- 2月26日，惠来县前詹镇石峻村入选第九批"全国民主法治示范村（社区）"名单，成为揭阳市3个获此殊荣的村之一。

- 3月22日，惠来县东港镇长青村列入第六批中国传统村落名录。

- 4月25日，"全国文明单位"广东粤电靖海发电有限公司设备部厂用电班荣获"广东省青年文明号"称号。

- 4月28日，揭阳神泉一（二期）海上风电项目实现全容量并网，标志着国家电投在粤东海上风电投产容量累计突破90万千瓦。

- 5月16日，广东石化炼化一体化全厂智能化项目正式上线，34套系统全面投入运行，成为中国石油集团公司炼化企业首家采用工业互联网技术构建的云原生智能工厂。

- 5月17日，惠来县林海峰家庭荣获第十七届广东省书香家庭称号。

- 5月18日，粤东天然气主干管网"海丰—惠来"联络线项目海丰分输站正式投入生产运营，该项目是广东省政府部署的"市市通工程"重要组成部分，也是粤东地区连接粤港澳大湾区的重要能源通道。

- 5月26日，"哈弗尼"号外籍油轮顺利驶入惠来港口岸神泉港区的中委广东石化2000万吨/年重油加工工程产品码头泊位中，这是该码头通过口岸开放验收后迎来的首艘成品油出口货轮，标志着广东石化炼化一体化项目成品油从此打开便捷出口新通道。

- 6月7日，惠来县林惠枝、黄良江、林敦睦、林锦莲、钟洪5户家庭创建省"美丽庭院"，受省妇联、省农业农村厅通报表扬。

- 6月16日，广东中旭农业股份有限公司获省人社厅批准设立博士工作站，市县人社部门领导黄旭安、林少明为该公司举行衔牌揭彩。

- 7月2日，惠来县气象局获"全国气象部门创建模范机关先进单位"称号。

- 7月3日，惠来县岐石镇览表村举行奖教奖学座谈会，嘉奖考上清华大学的吴泽钊、吴振才两位学生。

- ★ **7月13日**，惠来县建县500周年形象标识（LOGO）发布暨表彰会在县青少年宫举行。此次征集评选活动共收到全国各地参赛作品348件，经过层层筛选，湖南省张家界市胡玉萍设计作品《引航》脱颖而出，被评选为惠来县建县500周年形象标识（LOGO）。

- ★ **8月9日**，惠来县第三届"最美农民"黄海仲，组建电商团队发展线上菠萝销售，助农增收致富。

- ★ **8月14日**，2023国际自盟自由式小轮车世界杯法国蒙彼利埃站比赛中，惠来籍周慧敏获得女子公园赛冠军。

- ★ **8月21—23日**，2023年广东省青少年象棋锦标赛在广东工业大学揭阳校区开赛，本次锦标赛由广东省体育局主办，省社会体育和训练竞赛中心、省象棋协会、揭阳市文广旅体局、惠来县政府联合承办。

- ★ **10月1日**，揭阳港前詹作业区通用码头一期工程项目主泊位沉箱全部安装完成。本次安装沉箱长21.06米，宽18.02米，高18.1米，重达3487吨，属该项目最大最重沉箱，相当于6层楼高。

- ★ **10月1日**，葵阳书院揭牌仪式在县城葵阳公园举行，县委常委、宣传部部长温美娜参加活动并为葵阳书院揭牌。

- ★ **10月7日**，惠来县政务服务中心正式对外开放运行。新场地总面积8000平方米，设置8个办事专区、6个功能区，设置52个服务窗口、17个后台审批室，进驻办事部门34个，进驻事项1088项。

- ★ **10月26日下午**，惠来县人民政府与广东省第二人民医院共建惠来县人民医院融合型紧密医联体合作签约暨揭牌仪式顺利举行。省第二人民医院院长瞿红鹰，副书记李文华，市政府副市长罗毅，市卫生健康局局长徐锦泉，县委书记魏洁林，县委副书记、县长肖辉生等领导参加仪式。

- ★ **11月7日**，惠来县入选全省"百千万工程"首批典型县镇村名单。

- ★ **11月22日**，惠来县东陇镇苗海村、东港镇长青村、周田镇前湖村入选第八批广东省古村落。

- ★ **12月26日**，中共广东省委宣传部、广东省发展和改革委员会联合主办的2023年广东省"诚信之星"发布仪式在广州举行，全省共有10个集体（个人）获此荣誉称号，其中，来自惠来县茗典食品有限公司总经理史伟坚榜上有名，成为粤东地区唯一获此殊荣的个人。

★ 12月26日，汕汕高铁正式通车，惠来站首趟列车驶出。汕汕高铁正线全长162.8公里，设计行车速度350公里/小时，设汕头、潮南、惠来、陆丰东、汕尾共5座车站，总投资264.6亿元。是国家铁路网络"八纵八横"之一甬广线的组成部分，是连接长三角和珠三角的交通枢纽。

★ 12月28日，广东惠来520万方原油商业储备库建设工程配套码头工程举行开工仪式，其建设投用将进一步健全广东石化公司生产运行保障体系，持续提高原油接卸能力。

★ 12月29日，揭阳市海上风电产业联盟成立大会在惠来县临港产业园举行。这将进一步加快能源绿色转型升级，推动海上风电产业聚集发展、延伸。

★ 12月31日，惠来县新的社会阶层人士联合会成立。

★ 12月，中国国家铁路集团有限公司、中华全国铁路总工会授予朱少铭"新时代·铁路榜样"光荣称号。2024年1月，中共中央宣传部、中国国家铁路集团有限公司授予朱少铭"最美铁路人"称号，朱少铭是广州铁路公安局惠州公安处惠来站派出所三级警长。

★ 是年，惠来县工商联被认定为全国"五好"县级工商联，从2015—2023年，连续9年获得全国"五好"县级工商联称号。

2024年

★ 1月7日，县委副书记、县长肖辉生带队到普宁市里湖镇学习交流推进"百县千镇万村高质量发展工程"、人居环境和市政秩序整治工作。

★ 1月16日，惠来县东陇镇苗海村、东港镇高美村入选2023年广东省"民主法治示范村（社区）"名单。

★ 1月19—20日，县委宣传部、县文联联合举办"古邑焕新彩，书画赞惠来"——惠来县喜迎建县500周年惠籍书画名家采风创作活动。县委常委、宣传部部长温美娜参加活动并讲话。

★ 1月20日，华南理工大学建筑设计研究院李彬彬主持设计的"孔美寓·粤美流韵——惠来县隆江镇孔美村活动中心设计"获得2023年度"粤美乡村"风貌设计大赛专业组别一等奖，成为广东省唯一入选一等奖高校设计团队。

- ★ 1月23日，惠来县见义勇为评定委员会在县公安局召开见义勇为表彰大会。大会为舍身救人的张长衡、杨亚古、黄世宏、吴梅钏、江晓彬颁发见义勇为证书和奖励金。县人民政府副县长、见义勇为评定委员会主任、公安局局长郭创龙，县见义勇为评定委员会主要领导及成员出席会议。

- ★ 1月31日，东港镇石坑村入选省"百千万工程"典型村，着力描绘和美乡村"新画卷"。

- ★ 2月12日，2024年葵潭镇"迎春杯"新春足球赛在该镇美丽圩镇客厅——爱心公园足球场开赛。

- ★ 2月20日，揭阳市委书记、市人大常委会主任王胜到惠来县、大南海石化工业区调研推进重点港口码头项目建设，并到广东石化有限责任公司调研石化产业链延链发展、精准招商等工作。广东石化有限责任公司领导周健、郑海涛，市领导蔡淡群、刘鹏、李晋龙参加相关活动。

- ★ 2月22日，惠来县在葵阳剧院举办第四届"最美人物"表彰暨"绿美惠来"公益晚会，活动共表彰道德模范（含提名奖）10人，第四届"最美人物"（含提名奖）22人，2023年为绿美惠来生态建设作出突出贡献先进集体27个、先进个人3人。

- ★ 3月8日，惠来县人民检察院"12309"检察服务中心被广东省妇女联合会授予2023年度广东省"巾帼文明岗"荣誉称号。

- ★ 3月15日，惠来塘田卷煎肉卷、猪肉籽、鱼册、虾枣、隆江猪脚预制菜等特色美食亮相第二届中国国际（佛山）预制菜产业大会。

- ★ 3月24日中午12点左右，在惠来县靖海镇坂美村石碑山灯塔附近海域出现日晕奇观。在阳光照射下，天空中形成一个以太阳为中心的彩色光环。

- ★ 3月29日，农业农村部发布《关于第一批乡村工匠名师拟认定名单的公示》，广东省10人入选，惠来县陈德丰榜上有名。

- ★ 4月3日，惠来县临港产业园广东蓝水深远海装备科技有限公司生产制造的深海养殖平台"恒燚一号"在惠来前詹港区顺利出港，驶往湛江东海岛海洋牧场规划海域进行安装使用，标志粤东地区先进海工制造业迈出重要一步。

- ★ 4月12日，广东省第二人民医院惠来医院举行县域紧急医学救援联盟单位揭牌仪式、应急设备物资交接仪式、疼痛门诊暨共建疼痛专科联盟揭牌仪式。广东省第二人民医院党委副书记、院长瞿红鹰，县政府副县长陈锦坚参加活动并为县域紧急医学救援联盟单位、疼痛门诊暨共建疼痛专科联盟揭牌。

★ 4月19日，市委书记、市人大常委会主任王胜到惠来县调研推进"百千万工程"建设和重点项目建设。

★ 4月27日，惠来县隆江镇邦山村、惠城镇上林村、靖海镇后湖村、葵潭镇吉镇村、东陇镇东陇村、华湖镇白塔村、鳌江镇山栗村入选第一批广东省乡村振兴示范镇、村创建名单。

★ 4月28日，广东省卫生健康委官网发布《关于拟推荐国家卫生城镇名单的公示》，拟向全国爱卫办推荐26个国家卫生县（市）、160个国家卫生乡镇。惠来县隆江镇拟推荐为国家卫生乡镇。

★ 5月9日，省委农村工作会议暨深入实施"百县千镇万村高质量发展工程"推进会召开，惠来县入选广东省首批以县城为重要载体新型城镇化试点名单。

★ 5月16日，2024年揭阳市助力"百千万工程"乡村篮球赛（村BA）市级赛圆满落幕，惠来县神泉镇澳角村篮球队夺得冠军，将代表揭阳市参加全省"百千万工程"乡村篮球赛（村BA）。

★ 5月17日，县政协举行《惠来文史（工业经济史专辑）》赠书仪式。该书系统梳理惠来建县500年来不同历史阶段工业发展史料，约25万字，由县政协文史科科长叶宏桂执笔撰稿。

★ 6月1日，广东工业大学揭阳校区携手惠州铁路惠来站、惠来县岐石镇联合开展"群星熠熠，众心育苗"先进典型进校园系列活动，活动邀请抗美援朝老战士——陈木林（95岁，惠来县岐石村人）分享他的红色革命故事。

★ 6月19日，靖海镇委镇政府、驻靖海镇帮镇扶村工作队举办"象城潮兴·海滨盛韵""百千万工程"主题系列活动，活动聚焦古城保护更新、活化利用文章，推动文旅深度融合，促进乡村全面振兴。省贸促会一级调研员肖泽勋，广东舞蹈戏剧职业学院副校长吴海，广东能源集团党委工作部副部长郑琼珑，省工业和信息化厅机关党委正处职干部、驻隆江镇帮扶工作队队长詹欣程，团省委青年发展部副部长、驻桂岭镇帮扶工作队队长陈健彬，县委常委、宣传部部长温美娜等出席晚会。

★ 6月24日，市委副书记、市长支光南带队到惠来县调研，调研队先后前往惠来县隆江镇邦山村山地公园、文体广场和前詹镇沟疏村滨荷湾、石峻村榕石生态园，调研"百千万工程"项目建设、美丽圩镇客厅规划建设、强村公司运营管理、绿美揭阳生态建设等情况。

★ **6月27日**，广东粤电靖海发电有限公司1号机组在完成锅炉点火、汽轮机冲转等一系列操作和多项试验后，启动并网一次成功。这标志着该公司"东方600MW超临界汽轮机"改造为"上海630MW超临界汽轮机"增容工程成功并正式投产。

★ **6月27日**，国家主席习近平举办国宴，热情招待参加"和平共处五项原则发表70周年纪念大会"的各国嘉宾，惠来荔枝新品种"巨美人"首次被人民大会堂选为国宴水果，成为贡品，为惠来荔枝争得美誉。

★ **6月29日**，惠来县隆江镇中心卫生院（县第二人民医院）、周田镇卫生院（县第三人民医院）上榜全国乡镇卫生院500强榜单。

★ **12月10日**，惠来县举办学宫泮池（惠来一中大池）揭牌仪式，县人大常委会原主任黄镇城、县人大常委会代理主任李壮潮、县政协副主席黄元发等领导出席揭牌仪式。学宫泮池全面整修改造历时一年多，清淤排污，建设环池休闲步道、理斋长廊、实甫台、澄心如意亭，共投入资金450万元。

★ **12月10日**，惠来县永福禅寺举办"2024粤港澳大湾区禅宗六祖文化节暨永福禅寺重建15周年寺院落成全堂佛像开光"庆典仪式，参加活动有：广东省民族宗教委主任、省宗教文化交流协会会长张科，省政协民族宗教委员会专职副主任刘端雄，省民族宗教委副主任陈继平，揭阳市委常委、统战部部长姚丽璇，省委统战部二级巡视员林奕丹，惠来县委常委、统战部部长陈震坤等党政领导，以及各界宗教人士300多人。

惠来史略·上卷

第一编

建 置

惠来县位于广东省东南沿海，揭阳市西南部。地理坐标：北纬22°53′30″—23°11′10″，东经115°54′55″—116°34′10″。东连汕头市潮南区，西接陆丰市，北邻普宁市，南濒南海。以县治惠城镇为中心，东距汕头市78公里，西至广州402公里，从神泉港水路至香港137海里。有岛屿9个。2023年全县陆地面积1253平方公里（包括大南海石化工业区），海域管辖面积1328.6平方公里（2021年前，惠来县海域面积7689平方公里），海岸线111.53公里（中华人民共和国成立后至20世纪90年代，惠来县海岸线82公里；21世纪后至2021年海岸线109.5公里，2022年县农业农村局提供重新测量的海岸线111.53公里）。

第一章

惠来县的前身——海宁县

〔第一节〕海宁县历史沿革有关记载

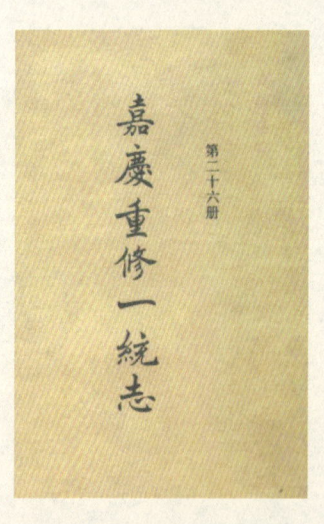
■ 嘉庆重修《一统志》第二十六册封面

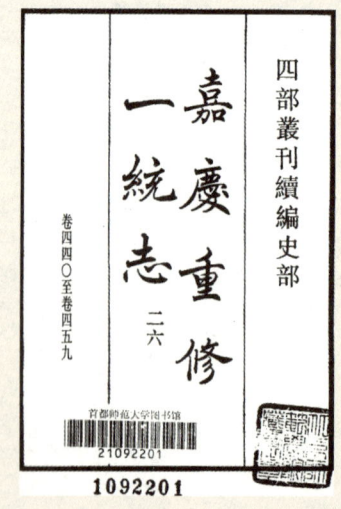
■ 嘉庆重修《一统志》第二十六册扉页

第一章 惠来县的前身——海宁县

■ 嘉庆重修《一统志·潮州府》关于"海宁县"的记载

惠来县境，古为百越之地，秦汉属南海郡揭阳、博罗两县辖地。东晋咸和六年（331），从南海郡析出部分地域设立东官郡，在今惠来西部地域置海宁县，隶属东官郡。东晋义熙九年（413），又从东官郡析置义安郡（郡治设于今潮州市），海宁与海阳、潮阳、绥安、义招为其属县。海宁县历宋、齐、梁、陈、隋各朝，至唐武德四年（621），撤去建制，并入潮阳。五代、宋、元属潮阳、海丰两县辖地。历史上海宁县存在时间290年。

一、嘉庆重修《一统志》关于晋代海宁县沿革的记载

嘉庆重修《一统志·潮州府》记载："惠来县，在府西南二百七十里，东西距一百七十里，南北距五十五里。东至潮阳县界八十里，西至惠州府陆丰界九十里，南至神泉司海岸十五里，北至潮阳、普宁两县夹界四十里；东南至靖海所海岸六十里，西南至陆丰县界七十里，东北至海门一百里，西北至陆丰县东海滘界八十里。汉揭阳县地，晋义熙中置海宁县，属义安郡，宋齐至隋因之，

唐初省为潮阳县地。明嘉靖三年，割潮阳及惠州府海丰县地置惠来县，属潮州府，本朝因之。"

二、嘉庆重修《一统志》关于"海宁故城"和"千秋镇"的记载

嘉庆重修《一统志·潮州府·古迹》记载：海宁故城，在惠来县西，晋末置，属义安郡，唐初省。《寰宇记》："海宁县在潮阳郡东六里，西接东官县界。"按《隋书·地理志》："海宁县有龙溪山。"《元和志》："龙溪山今名海宁岭，在潮阳县西一百七十里，以故，县得名。"则县与山必当相近。《寰宇记》谓在郡东六里者误。

嘉庆重修《一统志·潮州府·古迹》记载：千秋镇，在惠来县西北龙溪都，其地背山面谷，宋景炎二年，邹沨从文天祥驻兵于此，为之铭。

■ 嘉庆重修《一统志·潮州府·古迹》关于"海宁故城"和"千秋镇"的记载

三、嘉庆重修《一统志》关于"龙溪山"和"海宁岭"的记载

嘉庆重修《一统志·潮州府·山川》记载：龙溪山，在惠来县西，《隋书·地理志》："海宁县有龙溪山。"《元和志》："龙溪山今名海宁岭，在潮阳县西南一百七十里。"《县志》有疏山，今在县西四十里龙溪都，延袤百里，居民赖以樵采；又西十里有蜈蚣山，近潦洋村，山下临溪，中有大石、小石二州。按《元和志》"龙溪山在潮阳县西南一百七十里"，今惠来县在潮阳西南一百二十里，则此山尚应在县西五十里。县志不载，唯疏山、蜈蚣及磨山，道里相近，且其都犹曰"龙溪"，盖即取故山为名也。

嘉庆重修《一统志·潮州府·山川》关于"龙溪山"和"海宁岭"的记载

[第二节] 海宁县县治千秋镇

海宁县位于今惠来县西部，县城乃是今葵潭镇千秋镇村。以今葵潭镇千秋镇村的现状，作为东晋时期海宁县的县城似乎缺乏说服力。但在唐宋时期，僻处深山的千秋镇仍然能够作为军事重地，并留下不少足以支撑传说的遗迹遗址。那么，在晋隋时期，千秋镇完全可以具备容纳县城之机构场所。

一、古代千秋镇

千秋镇位于葵潭镇东北约5公里处，该村背靠"无胆山"，西南山下有一深堀"金交椅堀"。村北面临龙江河，当地称"龙溪"，有三条支流：高埔溪、牛屎溪、龙潭溪，三水环绕千秋镇，形成千秋镇三面临水、一面靠山的独特地理地势。20世纪80年代，县文物部门曾到千秋镇考察。千秋镇原住民有魏、杨、林、

胡、陈、戴、高、吴、欧等姓氏，小村庄不大可能出现这么多不同姓氏人群，符合县城多姓氏同居的特点。宋末千秋镇，潮州人和漳浦人杂居，至今村民仍有漳浦口音存在。当年有一条新街，商铺林立，新街之南有一处盐坑，是食盐购销集散地。还有一处"白马园"，传说是宋帝昺随从太监的墓地，民国时期国民党军阀在千秋镇挖掘"白马园"，挖出陪葬的三个陶碗。太监坟之南，有一段贝灰夯筑的城墙，原先与传说"鬼仔围墙"的土墙连在一起，面临龙江河，20世纪90年代墙体长12.4米、高3.4米、厚40厘米。墙后有一座林氏宗祠，仅存颓墙门框。千秋镇北面，有一片宽阔的丘陵，有千穴古砖室墓群，墓砖拱形状长25厘米、宽13厘米、厚5厘米。据文物部门考证，此系晋墓。村北巨石刻有"永镇千秋"四字。前年古榕"万年青"之北，有一片园地，当地人称为"学园"，是千秋镇昔日办学经费收入，古代惠来县志有记载。遗憾的是，这些记载或传说的遗址遗迹，到2023年已经几乎荡然无存。

二、军事重镇

历史上，千秋镇曾是显要的军事重镇，唐代朝廷曾在此屯营驻兵。史书多有记载千秋镇。

唐代朝廷在千秋镇驻兵把守，维护社会治安，明代已废。明嘉靖郭春震《潮州府志·地理志》记载："千秋镇，在县西五十里，其地背山面谷，水绕山盘，唐末盗贼蜂起，官兵屯营守之，今废。"

三、关于宋帝昺的记载和传说

南宋逃亡皇帝宋帝昺，从杭州到福建一路南逃，在千秋镇村驻跸，留下不少传说。2002年新华出版社出版的《惠来县志·社会习尚》记载：

南宋末年，元兵入侵，宋帝昺南逃。……辗转来到惠来的千秋镇。

千秋镇，这村位于龙溪上游河畔，背山面谷，是个险要地方。宋帝昺到达的第二天一早，农民就见那里土墙高筑，便传说是"鬼仔围城"护驾。

宋帝昺四处巡视，见门外有一株古榕，便命名为"万年青"。他登上镇后高山，侍从搬出金交椅让座。他正要坐下，忽然地动山摇，金交椅滚落到山脚下。宋帝昺说"此无胆山也"。金交椅落到山脚,撞出一个堀,后人称为"金交椅堀"。跟来的一个太监死后埋在附近,称"太监坟"。宋帝昺察看地势之后,在一块大石上留下"永镇千秋"四个字,此地后成为小村,更名为"千秋镇"。

四、历代志书收录关于千秋镇的吟咏

（一）明隆庆六年（1572）《潮阳县志·文辞志》收录南宋处置使邹沨《千秋镇铭》:"崇冈壁立,曲水长流。天险莫升,人谋何等。山川万古,镇垒千秋。"

（二）雍正《惠来县志·山川》记载清朝邑人进士张经《过千秋镇诗》:"瑟瑟寒烟照水湄,共传帝子古营基,微虫尚守旧时约,春草池塘罢鼓吹。"

（三）清雍正《惠来县志·艺文》收录张珆美《过千秋镇》:"回环石镇一溪流,船过溪头点白鸥。往代几更存尺土,丰碑永勒号千秋。到来风雨蛙声寂,何处旌旗帝子留?南海褓胎南渡日,不教文陆复中州。"

（四）康熙《惠来县志·学校》记载,千秋镇乃是县学"外围园":"千秋镇外围园,租银二两八钱,带下都米一十七亩四分,递年克为诸生会课之费。"

（五）明万历《广东通志·古迹》记载:"惠来县千秋镇在县西北,宋景炎二年,邹沨从文天祥勤王过此,为之铭。"

（六）清康熙潮州知府林杭学纂修《潮州府志·古迹》记载:"惠来龙溪都,有千秋镇,其地背山面谷。宋邹沨尝驻兵其上,石刻云'崇冈壁立,曲水长流。天险莫升,人谋何等。山川万古,镇垒千秋'。"

（七）《惠来县地名志》记载。2014年惠来县地名委员会办公室《惠来县地名志》记载:"千秋镇村委会

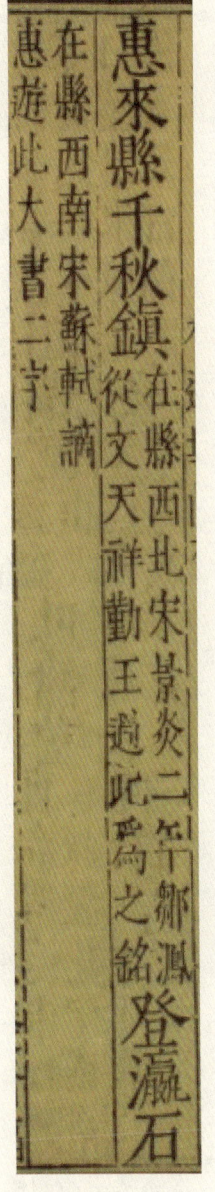

■ 明万历《广东通志·古迹》记载千秋镇

Qiānqiūzhèn Cūnwěihuì。位于东经116°00′06″，北纬23°04′49″。南宋末年，元兵入侵，宋帝昺兵败南逃，曾驻兵于此，写下'永镇千秋'遗迹，也含千秋永固之意，故名。千秋镇村曾是旧城古镇，宋代时有陈、欧、高三姓在此定居。至明末清初，才有杨、魏、胡、林姓来此聚居。古时以水路交通为主，为龙江航运至终点，南至陂洋，北至梅林，全长八十公里。山区货物买卖都集中于此转运或外销，曾是有名的水运交通贸易重地。"

（八）2002年出版《惠来县志·文化遗址》记载："葵潭千秋镇宋代土城遗址。据府志载：宋末文天祥部将曾驻兵在此。有土城残迹，有街道、学园、太监坟、古墓群等。有人认为这里是前海宁县城遗址，结论则有待取证论证。"

〔第三节〕历代关于海宁县的论述和考证

一、饶宗颐《海宁考》

海宁县位于今惠来县西部，潮学大师饶宗颐先生1948年撰写《海宁考》发表于汕头《大光报·方志周刊》第54期，对海宁县作了严谨考证，认为海宁县位于惠来县西部的可能性较大。全文如下：

（一）沿革。

古义安郡于晋安帝义熙九年分东官郡立，领县五，一曰海宁。海宁吴时始为县，属高兴郡，晋武改海安。

《晋书·地理志》，"高兴郡吴置，有海安"。注，"海安吴曰海宁"。

《宋书·州郡志》，"东官太守领县六，一曰海安男相，吴曰海宁，晋武改名，太康地志属高兴"。

至义熙析东官郡为义安郡，海安乃分而为二县，属东官者仍名海安，其属义安者改为海宁。

《宋晋·州郡志》，"义安太守有海宁。何志，兴郡俱立；晋地记，故属东官"。《南齐·州郡志》东官之海安与义安之海宁分而为二。

历宋齐梁陈，海宁相沿属于义安郡，为领之一，《隋志》义安郡领县五，仍有海宁。唐初省海宁为潮阳县地（阮《通志·沿革表》），海宁自此遂废。

(二)海宁地望。

海宁所在有二说,一谓为漳州之龙溪,一谓在潮属之惠来。

1. 陈天资《东里志》云,"海宁今龙溪";又云,"开皇十年,析海宁置龙溪"。周硕勋《乾隆潮州府志·沿革》,"梁时析海宁置龙溪县,以属南安郡,即闽之漳州府龙溪县"。此一说也。

2. 阮《通志·古迹略》引旧《府志》云,"海宁废县,晋置,在惠来县西"。此又一说也。

考《隋书·地理志》海宁县有龙溪山(《南北史补志》同),《元和郡县志》"潮阳县龙溪山,今名海宁岭,在县西南一百七十里。"(阮《通志》引此文下有"以故县得名"语。《太平寰宇记》引《南越志》云"海宁县在潮阳郡东六里,西接东官县界",《清一统志》谓"在郡东"盖因此误。《阮通志》按云"海宁属义安,义安今潮州,时其址与东官毗连,故《南越志》云西接东莞也"。今按《南越志》为最古记载,其言海宁西与东官相接,为惠来地无疑。则第二说是,而第一说非也。

(三)海宁与惠来。

考惠来置县在嘉靖三年。因正德七年间,御史熊兰疏请立县,至是遂析潮阳之惠来、酉头、大坭、隆井(三分之一)四都,又析海丰龙溪一都置县,以惠来为名。《乾隆海丰志》:"嘉靖三年,析龙溪六图之地为惠来县。"(《雍正惠来志》同)是惠来县所属有龙溪,原为海丰地。据《元和志》,海宁岭在潮阳西南百十里,以此计之,海宁故县应在今惠来与海丰接壤地。海宁岭一名龙溪山,而海丰有龙溪都,都名龙溪,必因山以为名。考漳州又号龙溪,与此同名。旧府志以海宁为漳州之龙溪者,殆以同名牵涉而误,斯不可不辨也。《雍正惠来志》于海宁县一字不提,故撰此文,以裨其缺。

附:惠来未置县前沿革表

汉		南海郡揭阳县地
吴		高兴郡海宁县
晋	武帝时	高兴郡海安县
	安帝义熙九年	东官郡海安男相　　义安郡海宁县

（续表）

南朝	宋齐梁陈相仍	义安郡海宁县	
隋		义安郡海宁县	
唐		潮州潮阳郡潮阳县	循州海丰县
五代		潮州潮阳县	祯州海丰县
宋		潮州潮阳县	惠州海丰县
元		潮州路潮阳县	惠州路海丰县
明	嘉靖三年置	潮州府惠来县	

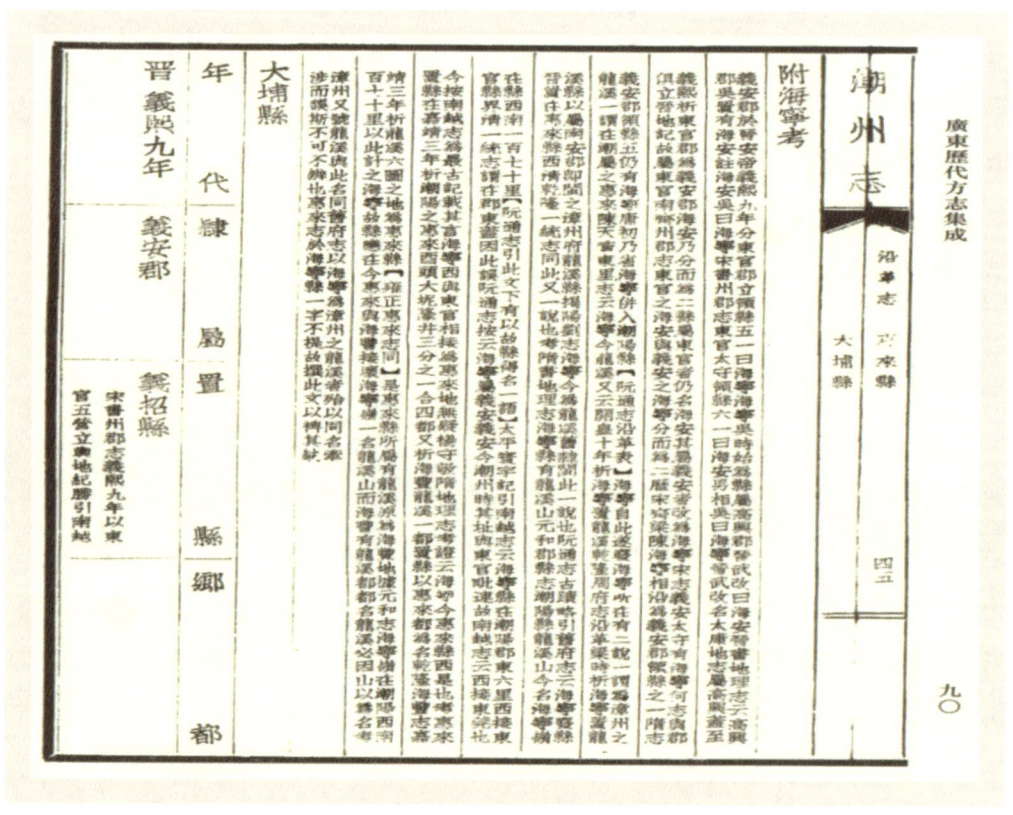

《潮州志·沿革志》收录饶宗颐《海宁考》

二、蔡起贤《海宁——惠来考》

蔡起贤是潮汕当代著名学者、诗词家，20世纪90年代曾任政协汕头市文史研究委员会副主任、岭海诗社副社长。他是我国著名的古典文学专家、诗词家、书法家詹安泰教授的入门弟子。蔡起贤从事学术研究，广泛涉猎于古典文学、周易、考据等诸多领域。1990年，他专门撰写《海宁——惠来考》，就"海宁位于惠来县西部"这个问题作出严谨考证。摘录如下：

5月15日随汕头市政协文史资料委员会同志，同往潮阳、普宁、揭西、惠来4县，了解各县文史研究情况，进行经验交流。在惠来县的研讨会上，惠来县同志提到《惠来文史》第一辑中《惠来概述》谈惠来的沿革，惠来曾称海宁和惠来县名称的由来这两个有争论的问题，按海宁确与现在的惠来有关。晋代咸和六年之前，潮州称揭阳，为东官郡一个属县。到咸和六年，才拆出东官郡之揭阳县立为义安郡。义安郡领海阳、绥安、海宁、潮阳4个县。于此时将原属东官郡的海安县分成两个县，属东官的仍称海安，属义安的称为海宁。《元和郡县志》："潮阳县龙溪山，今名海宁岭，在县西南一百七十里"。阮元《广东通志》云："以故，县得名"。又《太平寰宇记》引《南越志》云："海宁在潮阳郡东六里，西接东官界"。《阮通志》对此有按语云："海宁属义安，义安今潮州，时其址与东官毗邻，故《南越志》云'西接东莞（即东官）也'。"清代杨守敬《隋书·地理志考证》也说："海宁今惠来县西是也。"考惠来置县为明嘉靖三年（惠来张志建置沿革云："嘉靖四年析潮阳、海丰置惠来县，是年三月始建县治"。潮阳唐志亦称四年置，而《明史·地理志》作嘉靖三年，海丰志亦作三年。当是三年奉制报可，越年始开县。现据《明史》），当时析潮阳之惠来、酉头、大坭三都，隆井三分之一合四都，又析海丰龙溪一都置县。惠来所属之龙溪原为海丰地。知海宁旧城，应在现在惠来与陆丰接壤处。以上引资料，知惠来自晋至隋属义安郡海宁县，至唐武德四年省海宁并入潮阳，及明嘉靖三年，又由潮阳析出为惠来县。这就是惠来县的沿革情况。

海宁与惠来的关系争论，实不始于今天。海宁的所在地，向来就有二说。一说是漳州的龙溪，明陈天资《东里志》："海宁今龙溪，开皇十年，析海宁置龙溪。"周硕勋《潮州府志》："海宁今为龙溪，旧隶闽。"一说是现在的惠来。阮元《广东通志·古迹略》引旧府志云："海宁废县，晋置，在惠来县西。"清《乾隆一统志》所记，与它相同。后一说上面引证已可说明惠来县地前属海宁。前一说以海宁为漳州之龙溪实因名同而致误。考《隋书·地理志》"海宁县有龙溪山"。《元和郡县志》:"潮阳县龙溪山今名海宁岭。"海丰析入惠来之龙溪都,亦因龙溪山而得名。县唐初省海宁并入潮阳,海宁若为漳州之龙溪,将如何并入潮阳?潮阳将如何遥控?又《东里志》等或说"梁时析海宁置龙溪县",或说"开皇十年析海宁置龙溪",事实唐武德四年之前与惠来有关的海宁仍属义安郡领县,并未有变化。《东里志》等皆失考。

第二章

惠来县诞生和得名

〔第一节〕惠来置县

据明隆庆《潮阳县志》记载:"成化十四年,督臣朱英奏置惠来县。"明成化十四年(1478),督臣朱英首次向朝廷建议设置惠来县,朝廷未作决议。

正德七年(1512),东陇耆民方宗琪等呈赴巡按广东监察御史熊兰议奏增县治。朝廷经过若干年勘核,于明嘉靖三年(1524)冬十月批准监察御史熊兰奏议,设立惠来县,析潮阳县大坭、酉头、惠来三都和隆井都之一半(即赤洲、东陇、后溪洋等7村),析海丰县龙溪都(即隆江镇总铺洋雨亭以西区域),合置惠来县。因县治设于惠来都,故名惠来县。次年(1525)蒋恩建县城。嘉靖三十二年(1553),又割入靖海守御千户所,隶属潮州府,直至清末。

孙淑彦《惠来历代县长考略》记述:"明成化十四年(1478),督臣朱英奏请置惠来县,朝廷未作决议。正德七年(1512),巡按广东监察御史熊兰再次奏朝廷,增设惠来县。"可见,设置惠来县的过程一波三折,远非惠来县志记载的那么简单。

一、设置惠来县起因

（一）监察御史熊兰的提议。熊兰是朝廷设置惠来县的一位关键性人物，他上奏朝廷要求增设惠来县治的疏略，有理有据，分析中肯有力。

康熙《惠来县志》"建置沿革"卷收录熊兰《明增县治疏略》："巡按广东监察御史熊兰奏议，略曰：照潮州府潮阳县惠来、酉头、隆井、大坭等都与惠州府海丰县龙溪都地方，编民鄙陋，罔知教化，啸聚寇劫，据捕逋逃。推原所自，盖其地东南临海，西北阻山，离潮阳县一百十余里，离海丰县二百余里。道途僻远，顽民负固，壤地空旷，盗贼潜匿。宽之适以长奸，隐之易于生变，因循日久，积弊滋深。今该司、道佥议于惠来都地增设县治一所，割附近里分以隶之。创立衙门，修设学校，申明法令。选官则依裁减之额，差徭则量服役之数。其工费则取潮州解剩盐利，并税契赃罪，折毁淫祠等银。臣等看得前项地方，县治增设，则官近民而政易施，民近官而情易达；礼教得以家喻户晓，刑法得以耳闻目击；良民有所劝而免寇盗之害，顽奸知所惩无复负固之志：是乃一方长治久安之计，非特一时弭盗安民之策也。"

在这份疏略中，熊兰首先点明当时大坭、酉头、惠来、隆井等都的无政府行为："编民鄙陋，罔知教化，啸聚寇劫，据捕逋逃。"这足以引起朝廷的重视。

接着，他分析了造成这种棘手局面的地理原因："盖其地东南临海，西北阻山，离潮阳县一百十余里，离海丰县二百余里。道途僻远，顽民负固，壤地空旷，盗贼潜匿。"地形地势和官府势力薄弱，使这片2000多平方公里的土地严重"失管"。然后，他指出这种无政府状况的危害性和行政管理难以把握："宽之适以长奸，隐之易于生变，因循日久，积弊滋深。"并进一步罗列增设惠来县治具备的充足条件："选官则依裁减之额，差徭则量服役之数。其工费则取潮州解剩盐利，并税契赃罪，折毁淫祠等银。"最后，他总结增设惠来县治的好处："官近民而政易施，民近官而情易达；礼教得以家喻户晓，刑法得以耳闻目击；良民有所劝而免寇盗之害，顽奸知所惩无复负固之志。"

正是因为这份奏疏，使增设惠来县治列入官府的议事日程。

（二）惠来知县张秉政的看法。清康熙二十六年（1687），时任惠来知县张秉政奉令主理编修《惠来县志》（下简称《康志》），此为惠来历史上第三次纂修县志，共十八卷。此志于2007年重新翻印出版，成为现存流行的反映惠来县历史全貌最早的县志。该志对于惠来置县的历史，提出看法。《康志》卷一"建置沿革"序："邑为粤之丸区，欲求建革于古初，疆理之迹，邈邈莫稽。但考省郡两志，断自秦汉，或增或并，或废或兴，大抵郡邑皆由省而增，地利则由芜而辟，惠建分两邑之界。"在张秉政看来，省志和郡志记载，惠来地域在秦汉时期已设立行政机构了，其间有过多次撤并。到了明嘉靖三年（1524），始置惠来县："（惠）潮阳旧所统地，南至海丰之界。民依险阻，多逋赋。弘治末，流贼为难。正德七年，耆民方宗珙等呈赴巡按御史熊兰，议奏增县治，以弹压之。至是，始析隆井二分之一及大坭、酉头、惠来三都，并析海丰之龙溪一都，置立县治。"析潮阳的隆井、大坭、酉头、惠来以及海丰的龙溪，合置惠来县。是年，全县共20258人，面积2052平方公里，平均每平方公里不足10人。这里点出置县的两点原因：一是民多逃税；二是流贼为难。在"建置沿革"的结尾，张秉政还有更详细的说明："界当惠潮，伏孽易丛，勾稽屡阻。未立治之先，缘御海氛，已设靖海一所。继又虑其辽阔，特建惠来，为入潮之门户。旋虑其孤峙，复建神泉，为惠来之左辅。星罗棋布，绸缪周密。"这里再指出两点原因：一是地方辽阔，官府势力难及，容易给流贼占山为王；二是官府法令、行为屡屡受阻。这是朝廷增设县治、加强管理的主要原因。

二、惠来置县时间考证

惠来是明嘉靖三年还是嘉靖四年置县？

（一）明嘉靖四年。明嘉靖二十六年（1547）潮州知府郭春震主持编写《潮州府志·卷二·建置志》记载："惠来县，旧为潮阳、海丰之界，民依险阻，多逋负。弘治末，流贼劫掠益甚，正德七年，御史熊兰因耆民方宗珙等议，奏增县治。嘉靖四年，析潮阳之都四，曰：惠来、酉头、大坭、隆井；析海丰之都一，曰：龙溪；置今县。以县治在惠来都，故名。东潮阳，西海丰，北揭阳，南大海。"康熙《惠来县志》、雍正《惠来县志》关于惠来县建立的记载与此相同。

（二）明嘉靖三年。饶宗颐总纂民国《潮州志·大事志》记载："（嘉靖）三年，置惠来县。十月，以潮阳县惠来都置（《明史·地理志》）。初，惠州海丰县龙溪等都，与潮阳县惠来等都，皆滨海阻山，远县治，期会催科既难，而盗贼复时窃发，号为难治。遂议割二县之地立惠来县（《惠州志》）。至四年三月始城，董其事者，守备程鉴，通判陈硕。又明年竣事（《惠来张志·建制沿革》）。"

（三）结论。由此引出惠来县究竟是明嘉靖三年抑或嘉靖四年置县的争论。其实，这个问题并不矛盾，而是如何解读，万历《广东通志·大事记》和《广东通志·潮州府卷》已经给出答案。万历《广东通志·大事记》记载："嘉靖三年甲申……置惠来县。惠州海丰县龙溪等都，与潮州潮阳县惠来等都，皆滨海阻山远县治，期会催科既艰，而盗贼复时窃发，号为难治，遂议割二县之地立惠来县，隶于潮。"大事记记载是明嘉靖三年（1524）朝廷批准设置惠来县。万历《广东通志·潮州府卷》"沿革"记载："惠来县本晋东官郡地，当潮阳、海丰之交，民俗怙险多遘赋。弘治末，流贼为梗，正德七年，御史熊兰请设县治，嘉靖四年始割潮阳四都、海丰一都置县，以其地在惠来都，故名。编户三十里，广一百八十里，袤二百八十里。东至潮阳八十里，南至海丰九十里，西至海十五里，北至潮阳西十里。"《潮州府卷》"沿革"记载是明嘉靖四年（1525）确定惠来县的地域范围和县治所在地。

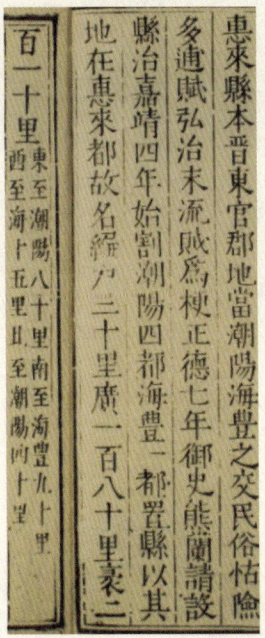

■ 万历《广东通志·大事记》记载　　■ 万历《广东通志·潮州府卷》记载

三、为设县奔波的东陇乡绅方宗琪和船场里张天保

惠来设县,东陇乡绅方宗琪是一位奔走呼号的重要人物,又是筹划建设县城的积极参与者。

据《康志》"疆域"记载:当时的惠来都,东距"潮阳县治一百二十里",西至"海丰县治二百七十里",以至官府势力鞭长莫及,山贼为祸,百姓受苦。

方宗琪是当时东陇一位有名望的人物,从老百姓的立场出发,对于"地旷聚贼"的动荡状况,忧心如焚。他联合其他几位有名望的乡绅,于正德七年(1512),一起向当时巡按广东的监察御史熊兰上书,要求设立县治。历尽艰辛,得到朝廷批准后,方宗琪负责县城的筹建,凡事亲力亲为,深得家乡父老认同。《康志》卷十四"人物"篇有载:"明方宗琪,隆井都东陇乡人。初隶潮阳,嘉靖四年(实为三年,旧志误),以地旷聚贼,宗琪倡议设县。朝廷俞可,命宗琪董其役。城郭衙宇,先后经营,皆资宗琪之力。迨卒,父老拟立祠以祀。"可见,方宗琪是惠来设县的首倡者。

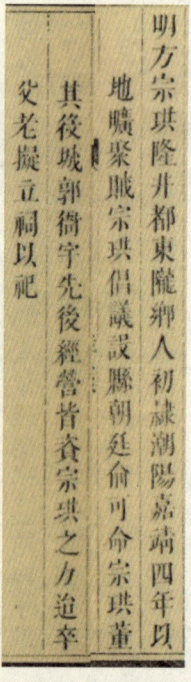

■ 同治《惠来县志》记载张天保事迹　　■ 同治《惠来县志》记载方宗琪事迹

县志记载申请设立惠来县的有功人物还有张天保,雍正《惠来县志·贤迹》记载隆江镇区(龙溪都船场位于今隆江镇区)张天保事迹:"张天保,字健夫,龙溪都船场里人。初祖批,宋时为海丰主学,立籍龙江,为文学之宗,保其十世孙也。生平质俭正直,乡间推为祭酒。正德初,都属丰邑,地多盗,保画策弭之,与方宗珙请立县,经理任劳,举正位宾席,卒年七十五。"

〔第二节〕惠来得名

历代《惠来县志》记载,惠来得名因县治在惠来都,而名"惠来县"。明嘉靖二十六年(1547)潮州知府郭春震《潮州府志·卷二·建置志》记载:"惠来县,旧为潮阳、海丰之界,民依险阻,多逋负。弘治末,流贼劫掠益甚,正德七年,御史熊兰因耆民方宗珙等议,奏增县治。嘉靖四年(实为三年),析潮阳之都四,曰:惠来、酉头、大坭、隆井;析海丰之都一,曰:龙溪;置今县。以县治在惠来都,故名。"康熙《惠来县志》、雍正《惠来县志》关于惠来县建立的记载与此相同。

一、惠来都的设置

未有惠来县,先有惠来都,这是已经确定的事实。那么,什么年代设置惠来都?明嘉靖三年(1524)设置惠来县之前,惠州府海丰县龙溪都和潮州府潮阳县惠来都是两府相邻之地。即是说,从广州府过惠州府到潮州府,进入潮州府地界的第一站就是惠来都。这是涉及"惠来"得名的一个重要元素。

(一)北宋绍兴年间的"惠来驿"。惠来都诞生始于何时?唐代有没有"惠来"?未见记载。最早见诸记载"惠来"的史书是康熙二十三年(1684)潮州府知府林杭学修纂的《潮州府志》,里面收录北宋进士龚茂良的诗《题惠来驿》。

龚茂良(1121—1178),宋绍兴八年(1138)登进士第,林杭学《潮州府志·艺文》收录龚茂良《题惠来驿》:"十里平畴际远山,土膏未动觉牛闲。行人偏得晴相送,不道虹霓望已悭。晴云欲午常挥扇,晓雾生寒又著绵。自是岭南多气候,日中常有四时天。"

康熙二十六年《惠来县志》和雍正《惠来县志》皆收录此诗，文字稍有不同："十里平畴际远山，土膏初动稆人闲。晴空偏得欢行旅，不道虹霓望已悭。晴云日午常挥扇，晓雾生寒又著绵。自是越南多气候，日中长有四时天。"

（二）南宋嘉熙年间的"潮阳惠来都"。在古代惠来县志中，见诸记载的"惠来"还有南宋嘉熙二年（1238）潮州府知州事郑良臣"惠来真致，实有望后之人焉"。详见康熙《惠来县志·艺文上·赤山院施田记》（潮州府同知衡岳）："潮阳惠来都，距县百余里。……宋嘉熙二年，知州事郑良臣道经其地，书于石曰'惠来真致，实有望后之人焉'。"雍正《惠来县志》同样有载。

二、"惠来"得名

（一）出自韩愈《平淮西碑》"莫若惠来"。如果唐代已有"惠来"，那么，肯定是得名于韩愈的《平淮西碑》。

《平淮西碑》又名《韩碑》，记述了唐宪宗元和十二年（817）裴度平定淮西（今河南省东南部）藩镇吴元济的战事。《平淮西碑》："淮蔡不顺，自以为强，提兵叫谁，欲事故常。始命讨之，遂连奸邻，阴遣刺客，来贼相臣。方战未利，内惊京师；群公上言，莫若惠来。帝为不闻，与神为谋，乃相同德，以讫天诛。"文中"惠来"之意：招抚使之归顺。

（二）出自苏轼《过阴那山并序》"自惠来潮"。北山绍圣元年（1094）四月，章惇、蔡京等人以苏轼"讥讪先朝"威名，把已经59岁的苏轼贬为英州（今广东省英德县）知事。六月，苏轼还在赴英州的路上，又第二次遭贬，贬为"宁远军节度副使，惠州安置"。同年十月二日，苏轼携侍妾王朝云、三子苏过，经过半年时间的长途跋涉抵达惠州。苏轼、韩愈同为"唐宋八大家"，苏轼对韩愈怀有敬意，于是，在惠州期间，他特意前往潮州府拜谒韩文公祠，在经过梅州阴那山时，挥笔写下《过阴那山（并序）》。

苏轼《过阴那山（并序）》

自惠来潮，既访韩山，再六日，归舟蓬辣上，乃闻高僧了拳结庐于此，及兹一览，水石云林，诚为罗浮仲擘也，因赋此云：

吾治有罗浮，已为东粤奇。又闻有此山，更为罗浮推。中有唐僧者，自言惭愧师。瀹云铺法界，轮月照禅帷。色相窥峰石，慈悲度蒹葭。我来惠不远，僧去已多时。

佛骨藏金塔，禅踪看碧漪。香浮空鹤舞，钟逐晓风驰。我自虚无寂，中庸末发之。

韩愈和苏轼，在各自的年代皆为壁立高峰，皆为后代所仰望。韩愈《平淮西碑》固然在前，但《平淮西碑》在潮汕地区的知名度和影响力不高。反而是苏轼的《过阴那山（并序）》，在潮汕文人中影响深远，后代文人多有附和之咏。

（三）宋代惠来都在惠州府和潮州府的地理位置。嘉靖《潮州府志·杂志》记载，宋元明初期，惠来都设堡三：赤山、禄昌、北山，村十四：东福阜、坑东、下翁、岭尾、新埔、石马埔、洋尾、陇头、钓鳌石、吉钓涌、蚬龙头、桂林、石洲、西岭。惠来都地理范围大概包括现在惠城镇、华湖镇、东陇镇。嘉靖《潮州府志·杂志》所载惠来都地理范围与康熙《惠来县志·都鄙》一致，康熙《惠来县志·都鄙》所载惠来都"堡五、村二十三"。

嘉靖《潮州府志·杂志》记载，龙溪都设堡五：罗溪、巨镇、岐石、葵潭、菜湖，村二十一：高埔、龙冈、沙陇头、竹湖、后葛、北溪、东岱、渔湖、新岱、澳头、缭洋、船场、冈前、店前、后輋、溪口、梅林、云落、双派、鲨溪、山川。龙溪都地理范围大概包括现在的隆江镇、溪西镇、岐石镇、侨园镇、鳌江镇、东港镇、葵潭镇和普宁市的高埔、梅林、云落等地。嘉靖《潮州府志·杂志》所载龙溪都地理范围与康熙《惠来县志·都鄙》一致，康熙《惠来县志·都鄙》所载龙溪都"堡十五、村五十六"。

惠来都属于潮州府潮阳县管辖范围，龙溪都属于惠州府海丰县管辖范围，即是说，从惠州府到潮州府，进入潮州府地界的第一站就是惠来都。

苏轼"自惠来潮"的意思是从惠州府到潮州府，而从惠州府过潮州府的第一站就是惠来都，"惠来"的命名方式与惠来的地理位置完全契合，以地理位置命名是地名命名方式很常用的一种方式，这是非常有力的证据。

第三章

惠来的疆域都鄙

〔第一节〕明清时期都鄙设置情况

都鄙是古代行政区域的名称。惠来县康熙、雍正《惠来县志》，只登载清康熙二十六年（1687）、雍正八年（1730）都鄙（乡村）设置，明嘉靖二十五年（1546）潮州知府郭春震主编《潮州府志》，其《卷八·杂志·村名》收录惠来县建制初期明代的都鄙设置。

一、郭春震《潮州府志》"卷八·杂志·村名"

（一）惠来都设3堡：赤山堡、禄昌堡、北山堡；辖14村：东福阜、坑东、下翁、岭尾、新埔、石马埔、洋尾、陇头、钓鳌石、吉钓涌、龙头（见龙头）、桂林、石洲、西岭。

（二）酉头都设3堡：铅锡堡、周田堡、西石头堡；辖22村：木坑、坑尾、后屿、赤澳、港内、神泉、前埔、厚山、南湖、方冈、南山、象冈、鞋袜山、石碑、虎空山、石寮、横山、大潭、漠港、后深园、溪东、铭湖。

（三）大坭都设3堡：武宁堡、荆陇堡、葛山堡；辖15村：后表、下埔、双山、茆洋、塘下、后黄、锡溪、青洲、仓上、洪桥、新田、塘边、下埔、洋口埔、石坑。

（四）隆井都设2堡：赤洲堡、东洲堡；辖7村：下竈、金东洲、牛陃头、下尾、前港、溪仔洋、埔尾。

（五）龙溪都设5堡：罗溪、巨镇、岐石、葵潭、菜湖；辖21村：高埔、龙冈、沙陇头、竹湖、后葛、北溪、东岱、渔湖、新岱、澳头、缭洋、船场、冈前、店前、后眷、溪口、梅林、云落、双汰、鲨溪、山川。

二、康熙二十六年《惠来县志》记载

清顺治十四年（1657），全县划分为5都、15堡（楼）、88村（里），计：惠来都辖3堡、16村；大坭都辖3堡、10村；酉头都辖3堡、26村，隆井都辖1堡、5村，龙溪都辖5堡、31村。

三、雍正八年《惠来县志》记载

雍正元年至三年（1723—1725）间，全县设置5都、29堡、132村。

（一）惠来都辖5堡：禄昌、赤山、西坑、西澳、吉清；辖23村：洋美、陇头、北山、东福阜、赤山、钓鳌石、桂林、石洲、西陇、华翁、华谢、厚谢、陇美、羊角林、水口、吉清、现龙头、海埕、乌石、达三埠、郭冈、大溪、小溪。

（二）酉头都辖4堡：神泉、铅锡、木坑、周田；辖31村：华湖、神泉、横山、石峻、前詹、后山头、莉坑、黄冈寨、狮石头、前湖、后屿、杭美、漠港、华美、铭湖、后寮、前埔、港内、南山、华林、古埔、鳌头径、前吴、厚山、鞋袜山、后池、石碑、赤澳、青洲、沟疏、西埔。

（三）大坭都辖4堡：武宁、后表、洪桥、茚洋；辖15村：锡溪、崎岾、武宁、荆陇、葛山、厚衡、西塘、东铺、洪桥、仙庵、华清、茚洋、心江、石坑、双山。

（四）隆井都辖1堡：赤洲；辖7村：东陇、华灶、赤洲、金东洲、鳌头、华埔、后溪洋。

（五）龙溪都辖15堡：螺溪、龙江、鸡岗、渔湖、双梅、莲塘、甘泉、东溪、北溪、云落、梅洋、梅林、梅田、高埔、大陂；辖56村：螺溪、巨镇、船场、港子美、月潭、龙江、竹湖、象湖、沟边、西湖、冈前、黄牛洋、赤坭山、后葛、横山后、东山、北洋、鲁阳、马湖、谢塘、塘田、蕉布、溪沙、大禾田、渔湖、尖处葛、北山埔、盐坑、青坑、螃蟹、千秋镇、桔子葛、葵潭、陈牙屯、梅洋、万安寨、田心、下寮、梅林屯、大厝场、尖石、南阳、梅田、高埔、黄沟车、溪西、沙岗、沙陇头、岐石、华清、新埭、东埭、澳头、下澳、新寮、长青寨。

〔第二节〕民国时期区乡设置情况

民国时期之始,废除都堡,设置区乡。

一、民国二十三年(1934)

全县划分为6个区、102个乡、1个镇。民国二十六年(1937),各乡镇实行保甲制。以户为单位,10户为1甲,10甲为1保,5—12保为1联保。民国二十七年(1938),将联保改为乡公所。

二、民国二十九年(1940)

推行新县制。全县划分为6个区、9个镇、40个乡:

第一区,为县城区,辖4镇、7乡:东南镇、城西镇、北靖镇、华堡镇,华春乡、陇头乡、溪洋乡、西安乡、凤洲乡、东陇乡、东福乡。

第二区,为神泉区,辖1镇、5乡:神泉镇,东山园乡、秀水里乡、赤沟乡、香石乡、前宫乡。

第三区,为靖海区,辖1镇、9乡:靖海镇,锡田乡、京陇乡、狮石乡、资深乡、仙点乡、田心乡、十三乡、周田乡、杭美乡。

第四区,为隆江区,辖1镇、7乡:隆江镇,凤镇乡、凤山乡、西联乡、溪岭乡、龙美乡、鳌梅乡、鼎澳乡。

第五区,为葵潭区,辖1镇、5乡:葵潭镇,新东乡、区中乡、月南乡、东墩乡、溪南乡。

第六区,为梅林区,辖1镇、7乡:梅峰镇,松阳乡、南阳乡、高埔乡、云落乡、崩坎乡、葵龙乡、船埠乡。

三、民国三十年(1941)

全县划分为4个区(城区与神泉合并为第一区,葵潭与梅林合并为第四区)、8个镇、42个乡。翌年,民国三十一年(1942),全县又调整为6个镇、36个乡。民国三十五年（1946），全县又调整为5个镇、25个乡。

四、民国三十六年（1947）

民国政府实行撤区并乡设镇，把全县划分为6个镇、37个乡。

五、民国三十七年（1948）

恢复民国二十九年（1940）建制，全县划分为6个区、9个镇、40个乡。

〔第三节〕中华人民共和国成立后惠来县行政区划设置情况

一、1949—1952年，全县设六区一农场

1949年8月，惠来县人民政府成立，全县分设为6个区，下辖6个乡级镇，111个行政村，556个自然村；以及华侨创办的葵丰农场：惠民垦殖公司。

（一）惠城区：辖惠城镇和14个行政村：东山、西联、墩南、梅北、东陇、寄陇、达山、华东、溪洋、华春、华堡、香服、盐岭、华石村。

属下自然村60个：梅北、东山、西联、墩南、东陇、石洲、西陇、上排山、下排山、陇头、寄港、北山、苗海、陈炉、东福、前何、后陈、新寨、坑东、官路、南山岭、后溪洋、华英、华谢、华埔、塘边、达三埠、灰寨、赤岭、湖头栅、巨潭、后埔、鹅豆、宫山、钟丘洋、后陂、后曾、金交椅、海埕、上山家、下山家、桂林、古巷、埔尾、华吴、白沙湖、新乡仔、洪厝埔、金竹寨、学地、蔡店坑、寮前、盐岭、杨萄树、头寮、东坑、刘西塘、将军湖、陇头坑、虎头岩。

（二）神泉区：神泉镇和15个行政村：涂田、六乡、澳角、前湖、西士、乐洲、衡埔、芦园、四凤、前詹、两合、三顺、沟美、香五、溪东。

属下自然村86个：神泉、澳角、芦园、华家、东坑仔、沟疏、赤澳、下埔尾、下庵、彭完、前詹、西埔、新乡仔、赤石、仕兜、后山、后塘、麦田、斗门宫、秀水里、大溪、寮仔、葛木、鸡母石湖、石峻、盐路溪、横山、排埔、大蔗埔、英世内、新赤山、老赤山、石龟塘、尖埔、拔仔园、前湖、古杭、溪东、乌

石盘、溪东港、乌涂尾、新碑、詹厝田、后吴、后堀、后宫、乌石、赤洲、港头、后岱、田中央、黄厝墩、下房、金东洲、下埔、涂田、文昌、鳌头、羊角林、古丁田、丁田埔、内新地、外新地、新居、池畔、顶寨、新彭田、老彭田、寨内、溪仔畔、宫仔前、尉尾、前宅、涂楼、犁林、犁高、下宫林、山尾园、永交、红塘、茶铺、先春、华村、吴王、华宅、祭坑。

（三）隆江区：辖隆江镇和25个行政村：坑湖、光山、镇林、见龙头、赤岑、孔美、钓石、西尉、鲁邦、桃山、盟溪、凤埔、东埔、赤象、竹沟、龙东、龙西、凤镇、华清、岐石、览表、河樟、澳头、下澳、龙岱。

属下自然村119个：隆江、向北、杨厝寨、市尾、竹老、竹新、水头、黄洋、蛟边、白寨、潭头、象湖、峰霞、御史岭、桥埔、凤镇朱、凤镇林、后吉、岗前、山美、前埔、塘边、井尾、东文、陈陇、山头、埔尾、山岗、鸡岗、乌树林、坑仔、朱厝埔、和双、湖寨、双湖、伯公岭、向北寮、新圩、镇前、西安、军林上村、军林下村、溪南、孔子美、下尾、月潭、周尾、林太、洋仔、水口、见龙头、邦庄、吉清、钓石、山陇、竹坑、赤岑、乌篮沟、洋下、浮埔洋、溪西、盟山、永安、詹厝坑、东埔上村、东埔下村、庄卢、山仔、院前新村、院前老村、村头、西尉、西湖詹、西湖黄、山吉埔、吉内、石佛、南湖、山栗、鲁洋上村、鲁洋下村、渡头、邦山、北洋、叠石龟、新曲溪、老曲溪、后山、叶厝、双洋、溪垎洋、谢塘、塘田、油甘坑、连城、桃园、下仔、石洲、新厝埕、五福田、上林樟、下林樟、河田、牛角栏、泗竹埔、茂水田、大垱、黄竹潭、深坷、石流潭、石砻口、林厝埔、前后洋、叮咔树、望岭、小溪、必章、石鼓、大山。

（四）葵潭区：辖葵潭镇和14个行政村：元青、屯溪、溪北、岭后、岭前、百崂、新湖、横陂、石角、葵长、玄武、长春、吉成、溪南。

属下自然村93个：西坑、银坑、马湖岭、新乡仔、大片、谢家洋、落虎坝、里仁潭、新圩、马鞍山、青坑、汗塘、圆墩、老乡、泥坑、朱厝寨、尾寮、里鱼墩、圩埔、中寮、头寮、九福坑、盐坑、桃树岗、北溪、溪口、葛鱼塘、余家寮、石田、楼仔、北山埔、顶寨、兵营、吉镇、千秋镇、南照埔、头屯、门口割、埔尾、溪沙、祠堂吴、尖厝葛、葵潭、西岭肚、宫兜、南湖、洪山陈、赖厝乡、石门坑、圆山、水尾、石门、东港、长青、金鸡塔、后旗、下涂楼、顶涂楼、屯仔、湖仔尾、长青围、新村、大旗、汪厝寮、范厝寮、沟尾、云头埔、渡头李、鸟坑、月湖、横山、天青湖、大陂、挨耷家、黄厝巷、谢厝巷、溪尾、长埔、青陂、葵亭、桔仔埔、陂乌、马龙湖、池边、羊头山、园头埔、内坑、石陂仔、深涂、岭后、下洋、蕉布、榕树头。

（五）甲子区：辖甲子镇和16个行政村：北斜、雨亭、西山、范厝寮、坑尾、北池、旺厝寮、渔池、博社、赤坎围、可湖、海口新乡、可湖仔、归湖、豪头、洋尾。

属下自然村98个：甲子、渔池、水口、坑尾、横山尾、政坑、客楼、渔澳、客头、下埔、大厝寮、鹿栏、上堆、蔡必坑、欧厝寮、鹿角头、下陇、石西、西檀、淡政、盐边、新寨、壕头、西心、华容寮、大斜寮、许婴寮、洪厝寮、涂尾寮、新查、大坑头、袁厝寮、石牌、试潭寮、北池、北斜、北门寮、湖东上村、湖东下村、前边、山前、后洋、奎湖、海口新村、唐沟、横界、洋尾、唐厝、可湖仔、外山、东林、可湖、大茂、后洪、前乡仔、乌石、岱头、监寮、巷口、清仔、雨亭、赤坎、漫头园、长春园、旺厝园（甲子镇及以上村庄1950年4月归还陆丰县；以下村庄，历史上一直为惠来县辖村）、览表、后汛、前汛、篮尾山、乌石、铺山、桥头、岐石、华清、金鸡山、西埔、沃仔林、高陵、沃头上村、沃头下村、溪头陈、溪黄、吴畔、楼内、龙舟、新岱李、新岱林、水磨、虎堀、东山、石丁、东岱、新寨、后陈、新安、三清、陈公仔、范厝寮、北池。

（六）靖海区：辖靖海镇和27个行政村：前湖、考山、径口、新寮、十二联、凤上、凤下、象青土、前港山、象城、建设、资深、港寮、大美山、美池山、七福、华林、团结、京陇、锡溪、田墘、点埔、桥仔头、南埔、长田、睦邻、仙庵。

属下自然村100个：仙美、铭湖、后寮、下林、桥头、铭湖黄、铭湖寨外、前湖、施家輋、犁头寨、牛头径、仙塘埔、古埔、华美、打石头、田边、华埔、桃坑、林内、史厝坑、径口、新乡、黄岗寨、狮石、前埔、象岗、后屿、青洲、沬港、驿后、葛山、义湖、马厝乡、后王、杭美、虎空山、塔兜、后石、南山寨、南山村、后湖、后池、月山、清江、南门外、靖海、西门外、港寮、大潭、坂美、西山、石碑后、资深、考山、前吴、后山（1950年12月增设华林区，析出下列村庄为新设区辖村，共44村）、南埔、诗家、磨洋、双山、石坑、龙鬃口、田心、华林、桥仔头、下清、四石、望前、仙庵、东铺、红桥、西塘、塘下、新乡、浮埔、浮山、翁厝乡、新田、西庄、后埔仔、羊口埔、京陇、仙家、武宁、锡溪、兴岗、崎岎、东埔、点埔、顶溪、湖里行、磨里湖、华园、仙宅、田墘、学地、宁寨、山内、柯厝乡、老畔。

二、1952—1953年，设九区一镇

1952年5月，把原有6个区划分为9个区和1个区级镇。

（一）原惠城区分设为惠城镇和第一区。

惠城镇辖1个镇（惠城镇）6个乡：东山、西联、墩南、梅北、华春、华堡乡。

第一区辖8个乡：东陇、寄陇、达山、华东、溪洋、香服、盐岭、华石乡。

（二）原隆江区分设为第二区和第五区。

第二区辖1个镇（隆江镇）12个乡：光山、镇林、见龙头、孔美、钓石、凤埔、赤象、竹沟、凤镇、河樟、龙东、龙西乡。

第五区辖13个乡：坑湖、赤岑、西尉、鲁邦、桃山、盟溪、东埔、华清、岐石、览表、澳头、下澳、龙岱乡。

（三）原葵潭区分设为第三区和第四区。

第三区辖1个镇（葵潭镇）10个乡：元清、屯溪、溪北、岭后、石角、葵长、玄武、长春、吉成、溪南乡。

第四区辖4个乡：东埒、新湖、横陂、岭南。

（四）原靖海区分设为第七区和第八区。

第七区辖8个乡：前湖、考山、径口、新寮、十二联、象青士、凤上、凤下。

第八区辖1个镇（靖海镇）8个乡：前港山、象城、建设、资深、港寮、大美山、美池山、七福。

（五）原神泉区改为第六区，辖1个镇（神泉镇）15个乡：涂田、六乡、澳角、前湖、西士、乐洲、横埔、芦园、四凤、前詹、两合、三顺、沟美、香五、溪东。

（六）原华林区改为第九区，辖11个乡：华林、团结、京陇、锡溪、田墘、点埔、桥仔头、南埔、长田、睦邻、仙庵。

三、1953—1956年，设十区一农场

1953年4月，改为10个区，辖131个乡镇546个自然村；设粤东区第一示范农场（前身为葵丰农场和惠民垦殖公司）。

一区：驻惠城镇，辖12个乡58个自然村。

赤洲乡：赤洲、港头、后岱、田中央、下房、黄厝墩。

三顺乡：文昌、鳌头、羊角林。

四凤乡：后堀、后吴、后宫、乌石。

东陇乡：东陇。

四香乡：蔡店坑、白塔、学地、寮前。

寄陇乡：陇头、寄港、新乡村。

溪洋乡：后溪洋。

华陇乡：华翁、华谢、陇美、后谢。

五服乡：白沙湖、新乡仔、洪厝埔、金竹寨、必田、新地。

盐岭乡：盐岭、杨萄树、东坑、陇头坑、头寮、将军湖、刘西塘、虎头岩。

达山乡：苗海、北山、达三圩、铜炉、灰寨、驿埔、赤岭、居潭、湖头栅。

华石乡：华吴、石洲、三姓、西陇、排山上村、排山下村、埔尾、古巷、桂林。

二区：驻隆江镇，辖1个镇、16个乡，71个自然村。

隆江镇：杨厝寨、向北、市尾村和镇区、隆江城、容天、关镇、七社。

新圩乡：新圩。

邦山乡：邦山、北洋、后港。

林樟乡：下林樟、上林樟、五福田。

河田乡：河田、牛角兰、泗竹埔、茂水田、石榴潭、黄竹潭、大垱、浮草洋。

石鼓乡：石鼓、大山、小溪、望岭、叮咛树、前后洋、石砻口、林厝埔、必章、杜猴寮。

山美乡：山美。

赤头山乡：赤头山、御史岭、峰霞。

孔美乡：孔美、林太、邦庄、舟尾、月潭、华美。

见龙头乡：见龙头、洋仔、吉清。

鹅豆乡：鹅豆、宫山、后碑、后曾、钟丘洋、金交椅。

海埕乡：海埕、上山家、下山家。

凤镇乡：凤朱、凤林、陈陇。

竹湖乡：竹湖老村、竹湖新村、水头、黄洋。

前埔乡：前埔、东门、西塘、塘边、井尾。

后吉乡：后吉、岗前、洋心栅、桥埔。

象湖乡：象湖。

三区：驻葵潭镇，辖1个镇13个乡72个自然村。

葵潭镇：长春、玄武、吉成。

里仁潭乡：里仁潭、鞍塘、马鞍山、新圩、大片、谢家洋、落虎坝。

溪口乡：溪口、余家寮、葛鱼塘、磁窑。

兵营乡：兵营、顶寨、楼仔、北山埔、内坑、园头湖。

岭后乡：岭后、下洋、桔仔埔、新乡仔、榕树头、西坑、银坑、池边、陂乌、马龙湖、三清、马湖岭。

溪沙乡：溪沙上村、溪沙下村、祠堂乡、尖厝葛、蕉布、石田。

吉镇乡：吉镇、门口葛。

石角乡：土墙墩、石陂仔、涂角寮、陂尾、深涂。

葵亭乡：外青陂、白石岗、埔仔、田心、中央乡、灰寨、老乡、狮爷、长埔。

圆墩乡：圆墩、张公坪、深坷、涂坑、桃树岗。

北溪乡：北溪。

头屯乡：头屯、千秋镇、南照埔。

青坑乡：青坑、螃蟹。

头寮乡：头寮、尾寮、鲤鱼墩、朱厝寨、圩埔、九坑、盐坑。

四区：驻百塘村，辖13个乡60个自然村。

　　百塘乡：百塘、白坑、顶涂楼、屯仔。

　　新村乡：新村、新村中乡、长青围、大旗、高陵、鸟坑。

　　东港乡：东港、长青、金鸡塔。

　　月湖乡：月湖、渡头李、范厝寮、沟美、云头埔、下涂楼。

　　宫兜乡：宫兜、西岭肚、湖仔尾、南湖、红山陈。

　　大陂乡：大陂陈、大陂林、下畚家、溪尾、黄厝巷、后旗。

　　横山乡：横山肖、横山张、天青湖、谢厝乡。

　　石丁乡：石丁、虎堀、水磨、东山、新安、山栗。

　　澳头乡：澳头上村、澳头下村、大坑头。

　　龙舟乡：龙舟、陈公仔。

　　楼内乡：楼内、溪头、新寨、澳仔、吴畔、下澳。

　　石门坑乡：石门坑、石门、圆山、水美、赖厝乡。

　　新岱乡：新岱李、新岱林、东岱、后陈。

五区：驻溪西村，辖17个乡83个自然村。

　　盟山乡：盟山、永安、詹厝坑。

　　南湖乡：南湖、石佛、新厝詹、东埔上村、东埔下村。

　　后山乡：后山、塘田、油甘坑、叶厝乡、清平、双洋、溪墘洋。

　　西尉乡：西尉、西湖詹、西湖黄、院前老村、院前新村、村头、山仔、仙葛埔、吉内。

　　鲁阳乡：鲁阳上村、鲁阳下村、华湖、顶寨、曲溪新村、曲溪老村、渡头、谢塘。

　　桃园乡：桃园、连城、下坝、马湖、石洲、新厝埕。

　　华清乡：华清、西埔、金鸡山。

　　坑湖乡：朱厝埔、坑仔、湖寮、乌石、伯公岭、和双、双湖、向北寮。

　　览表乡：览表、北宅。

　　岐石乡：岐石、桥头、铺头。

　　林美乡：林美、前汛、后汛。

鸡岗乡：鸡岗、乌树林。

山头乡：山头、山岗、埔尾。

赤岑乡：赤岑、浮埔洋、洋下、乌林沟。

军林乡：军林上村、军林下村、溪南、西安、镇前。

山陇乡：山陇、水口上村、水口下村、油厝寨、南里、北里、楼畔、后城。

溪西乡：溪西上村、溪西下村、高地、尊炉。

六区：驻神泉镇，辖1个镇、8个乡，21个自然村。

神泉镇。

澳角乡：澳角、华家。

芦园乡：芦园、溪东港、东坑仔。

华埔乡：华埔、金东洲。

涂田乡：涂田上村、涂田下村。

溪东乡：辖溪东、乌涂尾、乌石盘、詹厝田、新陂。

沟疏乡：沟疏、赤澳、彭完、下庵、下埔尾。

钓石乡：钓石。

前詹乡：前詹。

七区：驻考山村，辖13个乡39个自然村。

兴岗乡：兴岗、崎岎、东埔。

锡溪乡：锡溪、宁寨、学地。

京陇乡：京陇、后埔仔。

武宁乡：武宁、仙家、羊口埔。

径口乡：径口、施家輋、史厝坑、犁头寨。

黄岗乡：黄岗寨、新乡、田边、华埔。

鳌头径乡：鳌头径、仙塘埔、古埔、下尾。

西埔乡：西埔、塔兜。

考山乡：考山、打石山、华厝、后头。

东前湖乡：东前湖、林内、涂坑。

狮石乡：狮石、前埔。

象岗乡：象岗、青洲、后屿。

杭美乡：杭美、坑仔。

八区：驻靖海镇，辖1个镇、9个乡，39个自然村。

靖海镇。

南门乡：南门外。

资深乡：资深、石碑。

葛山乡：葛山、西门外、驿后。

后湖乡：后湖、旧厝、后衡、草美、前林、义湖。

铭湖乡：铭湖、后寮、仙美、油园、桥头、塔兜。

屿兜乡：屿兜、斗门宫、后山、后枫、赤石、后墩、麦田。

港寮乡：港内、下林、南山寨、后石塔、虎空山、鞋月山、后池、南山。

坂美乡：坂美、大潭、西山。

前吴乡：前吴、后山、沬港。

九区：驻华林村，辖13个乡35个自然村。

田心乡：田心。

华林乡：华林。

石坑乡：石坑、龙鬚口。

南埔乡：南埔、诗家、双山、磨洋。

点埔乡：点埔、湖里行、磨里湖。

东铺乡：东铺、红桥。

浮埔乡：浮埔、浮山、新田、翁厝乡。

四石乡：四石、望前。

桥仔头乡：桥仔头、下清。

仙庵乡：仙庵、顶溪、新乡仔。

仙宅乡：仙宅、柯厝乡、下园。

田墘乡：田墘、山内上村、山内下村、塘边。

西塘乡：西塘、四美、西庄、塘下。

十区：驻惠城镇，辖1个镇、12个乡，68个自然村。

　　惠城镇。

　　衡山乡：横山、排埔、尖埔、石龟埔、石湖、大蔗埔、英世内、新赤山、老赤山、拔仔围。

　　秀水里乡：秀水里、濂溪、大溪、割木、寮仔、石峻、新乡仔。

　　前湖乡：辖前湖、古杭。

　　东山乡：东安、翁山、东郊、柞通、塘边、东内。

　　梅北乡：梅北。

　　西联乡：西联。

　　墩南乡：尚颜、墩尚宫、下埔仔、洋尾、南美。

　　东福乡：东福、前何、后陈、官路、新寨、南山岭。

　　茶铺乡：茶铺、先春、吴王、华村、华宅、祭坑。

　　古丁田乡：古丁田、古丁埔、内新地、外新地。

　　华堡乡：寨内、溪仔畔、宫仔前、新厝、池畔、顶寨、坪老、西埔、大王、坪新。

　　犁集乡：犁高、犁林、涂楼、会美、永郊、宫林、葫园、前宅、红塘、山美园。

四、1956—1958年，撤区设委员会

1956年12月，撤销区一级建制，把原131个乡镇合并为16个乡人民委员会和6个镇人民委员会。

（一）16个乡人民委员会：田心、仙庵、京陇、周田、前詹、秀水里、华湖、东陇、楼内、河田、凤镇、青坑、后山、岐石、兵营、东港。

（二）6个镇人民委员会：惠城镇、隆江镇、葵潭镇、神泉镇、靖海镇、资深镇。

1958年春，撤销秀水里、东陇、兵营、楼内4个乡，设南海农林场、四香果林场，全县有12个乡、2个农林场、6个镇。

五、1958—1961年，政社合一，成立人民公社

1958年9月，取消乡镇建制，实行政社合一，全县成立5个人民公社，1个林场，共辖404个大队。

（一）红旗公社：包括原惠城镇、神泉镇、华湖乡、前詹乡和原河田乡的盐岭、将军湖、陇头坑、刘西塘、东坑仔、虎头岩等村及从潮阳县划入的雷岭乡20个村。

（二）东红公社：包括原靖海镇、资深镇、周田乡、仙庵乡、田心乡、京陇乡。

（三）红光公社：包括原隆江镇、凤镇乡、河田乡（部分村划入红旗公社）、后山乡、岐石乡和青坑乡的头寮、尾寮、盐坑等7个村。

（四）红星公社：包括原葵潭镇、青坑乡（部分村庄划入红光公社）。

（五）红江公社：包括原葵潭农场、东港乡。

1958年12月，撤销惠来县建制，东红公社101个生产大队并入潮阳县；红旗、红光、红星、红江4个公社303个生产大队与普宁县合并，定名为普惠县，1959年2月恢复称普宁县。

六、恢复设置惠来县

1961年3月，恢复惠来县建制，全县共设置19个人民公社5个农林场。

19个人民公社：惠城、华湖、东陇、神泉、秀水里、前詹、隆江、河田、溪西、岐石、兵营、青坑、葵潭、周田、仙庵、靖海、鳌江、田心、水上（专门从事海上运输，1964年9月由县交通局管辖）。

5个农林场：华侨农场、葵潭农场、东埔农场、青坑林场、双湖农场（后改称南海农林场）。

1963年11月，兵营公社并入葵潭公社；秀水里公社并入前詹公社。全县共辖17个公社。

1975年4月，增设东港、兵营2个公社；田心公社划入潮阳县。全县划分为17个公社5个农林场254个生产大队4808个生产队，以及惠城镇、靖海镇、神泉镇（公社级）。

1981年6月，增设南海公社（辖9个生产大队）。

七、1983—1986年，政社分设，置区建乡

1983年11月，实施政社分设，置区建乡。全县划分为16个区、4个农林场、1个区级镇，辖4个乡级镇、176个乡、14个管区、3个乡级街道办事处，共527个自然村。

东陇区（12个乡）：辖寄陇、东陇、赤洲、华房、四凤、钓石、古巷、华吴、石洲、北山、苗海、达三圩。

华湖区（10个乡）：辖祭坑、茶铺、丁田、堡内、犁集、连岗、东福、华陇华谢、溪洋。

神泉区（1个乡级镇11个乡）：神泉镇，辖澳角、芦园、溪东、横山、前湖、蔗埔、角林、鳌头、文昌、金华、图田。

前詹区（11个乡）：辖前詹、仕兜、岛南、港寮、濂溪、铭湖、西埔、秀水里、石峻、沟疏、赤澳。

周田区（15个乡）：辖前湖（1984年全县地名普查时定名东前湖，区别于神泉前湖村）、考山、华厝、径口、厝坑、黄岗、新乡、兴岗、崎岎、狮石、杭美、头径、仙埔、象岗、武宁。

靖海区（1个乡级镇8个乡）：靖海镇，辖后湖、葛山、前吴、资深、月山、驿后、坂美、大潭。

仙庵区（15个乡）：辖仙庵、顶溪、东铺、四美、西华、浮埔、京陇、田墘、华园、锡溪、点埔、里行、桥观、下清、四石。

河林区（5个乡）：辖山美、石鼓、新风、林樟、河田。

隆江区（1个乡级镇20个乡）：隆江镇，辖隆江、月潭、竹湖、北溪、象湖、后吉、邦山、岗前、史岭、凤红、峰霞、赤圫山、凤光、孔美、见龙、前埔、井尾、鹅豆、海墘、山家。

溪西区（13个乡）：辖溪西、西尉、西湖、清平、后山、鲁阳、尖坑、盟山、山头、新圩、镇前、军林、溪南。

岐石区（7个乡）：辖前汛、林美、坑仔、乌石、华清、岐石、览表。

葵潭区（1个乡级镇16个乡）：葵潭镇，辖长春、玄武、吉成、葵亭、青陂、三池、塗墙墩、吉镇、门口葛、千南、头屯、溪口、兵营、石田、新联、新光。

青山区（5个乡）：辖青坑、螃蟹、圆墩、头寮、尾寮。

鳌江区（12个乡）：辖东岱、新李、新林、龙舟、山栗、虎堀、楼内、溪头、中澳、澳上、澳下、乌坑。

东港区（10个乡）：辖大旗、新村、月湖、高美、东港、长青、宫兜、五联、西岭肚、百埗。

南海区（6个乡）：辖朱埔、双湖、山陇、埔洋、赤岑、林沟。

惠城镇：3个乡级街道办事处：西联、东山、梅北；14个管理区：辖东山、东郊、东安、墩南、梅北、西一、西联、五服、西溪、洋美、将军湖、盐岭、四香、英内，华侨农场（10个管区）：辖桃园、谢塘、七联、陂乌、詹厝葛、石洲仔、连城、新厝埕、蕉布、岭后。

葵潭农场（2个管区）：辖南湖、湖美。

青坑林场（4个管区）：辖桃树岗、黄竹潭、深坷、坭坑。

东埔农场（5个管区）：辖石佛、鸡岗、南湖、乌树林、东埔。

八、1986—2003年，撤区建乡镇

1986年11月，撤区建乡镇，按原来行政区划进行改置，全县设立14个镇、3个乡、4个农林场，下辖288个村民委员会、27个居民委员会、553个自然村。隆江、葵潭、神泉、靖海、周田、仙庵、前詹、华湖、东陇、溪西、鳌江、岐石、东港、惠城14个区镇设为镇；河林、青山、南海3个区改设为乡。

（一）**惠城镇**：居民委员会4个：东南、西联、葵梅、四香场；村民委员会18个，下辖自然村31个。

东山：东山（柞通、华群、塘边村）。

东郊：东郊村。

西一：西一村。

西二：西二村。

西三：西三村。

英内：英内村。

墩南：墩南（墩高、南美村）。

四香：四香（红园、蔡店坑、学地村）。

将军湖：将军湖（含陇头坑村）。

西溪：西溪（含金竹寨、必田村）。

小溪：小溪（含杜猴寮村）。

新乡仔：新乡仔（含新地、洪厝埔村）。

东安：东安。

梅北：梅北。

元春：元春。

洋美：洋美。

盐岭：盐岭（含刘西塘、下坑仔）。

白沙湖：白沙湖。

（二）**隆江镇**：居民委员会3个：新容、江城、关镇；村民委员会27个，下辖自然村61个。

隆江：隆江（杨厝寨、新寨、向北、市尾、黄洋组成）。

月潭：月潭（含华美村）。

邦庄：邦庄（含林太、洋仔村）。

海埕：海埕村。

竹湖：竹湖（竹老、竹新、水头村）。

后吉：后吉（含岩前村）。

井尾：井尾（含西塘、塘边村）。

鹅豆：鹅豆（含后曾村）。

前埔：前埔（含铁山圩村）。

凤光：凤光村。

孔美：孔美（含周美村）。

见龙头：见龙头（含吉清村）。

山家：山家（含上山家、下山家村）。

蛟边：蛟边（含白寨、潭头村）。

桥埔：桥埔村。

东门：东门村。

宫山：宫山（含后陂、金交椅村）。

陈陇：陈陇村。

凤红：凤红（含庵兜、浮草洋村）。

邦山：邦山（含后港村）。

岗前：岗前村。

象湖：象湖村。

史岭：史岭（含新乡、羊心栅、于头、新丰村）。

赤坽山：赤坽山（含下乡、陈厝乡、罗厝角村）。

北洋：北洋村。

峰霞：峰霞（含大坰、北海村）。

北溪：北溪（含北溪老乡村）。

（三）**葵潭镇**：居民委员会3个：葵春、葵吉、葵玄；村民委员会21个，下辖自然村44个。

长春：长春。

玄武：玄武（含油车寮、寨仔、面前园村）。

吉成：吉成村。

头屯：头屯村。

溪口：溪口村。

兵营：兵营（含圆头湖、内坑）。

千秋镇：千秋镇村。

南照埔：南照埔村。

三池埔：三池埔村。

石陂仔：石陂仔村。

青陂：青陂（含外青陂、内青陂、田心、埔上、白石岗村）。

陂美：陂美（外陂美、内陂美、大湖山村组成）。

土角寮：土角寮。

葵亭：葵亭（含狮爷、中央、灰寨、祠堂、老乡村）。

门口葛：门口葛村。

吉镇：吉镇村。

新联：新联（余家寮、葛鱼塘、缶窑村）。

新光：新光（上村、下村、祠堂林村）。

石田：石田（含顶寨、楼仔、北山埔村）。

塗墙墩：塗墙墩。

长埔：长埔村。

（四）神泉镇：居民委员会3个：城内、北门、南华街；村民委员会19个，下辖自然村28个。

神泉：神泉村。

鳌头：鳌头村。

文昌：文昌村。

角林：角林村。

澳角：澳角村。

前湖：前湖村。

华家：华家村。

溪东：溪东村。

金东：金东村。

图田：图田村。

图上：图上村。

蔗埔：蔗埔（含尖埔、英世内村）。

赤山：赤山（含新赤山、老赤山、石龟埔、拔仔围村）。

神泉渔民：神泉渔民村。

芦园：芦园（含东坑仔、溪东港村）。

横山：横山（含排埔、石湖村）。

石盘：石盘村。

桃美：桃美村。

华埔：华埔村。

（五）靖海镇：居民委员会2个：城东、城西；村民委员会23个，下辖自然村28个。

驿后：驿后村。

坂美：坂美村。

北星：北星村。

东光：东光村。

南外：南门外村。

前吴：前吴、宫前村。

大潭：大潭村。

后池：后池村。

南山：南山村。

后石塔：后石塔村。

旧厝：旧厝村。

义湖：义湖、前林、草美村。

葛山：葛山村。

资深：资深、石碑村。

西锋：西锋村。

西外：西门外村。

厚山：厚山村。

沫港：沫港村。

月山：月山、南山寨村。

虎邦山：虎邦山村。

后湖：后湖村。

后王：后王村。

西山：西山村。

（六）周田镇：辖周田居民委员会；村民委员会15个，下辖自然村32个。

考山：考山村。

径口：径口村。

兴岗：兴岗、前乡仔村。

崎岕：崎岕、东埔村。

新乡：新乡村。

象岗：象岗、青洲村。

杭美：杭美、坑仔、华美村。

仙埔：仙埔、仙家村。

东前湖：东前湖、林内、涂坑村。

华厝：华厝、后头、石山、田边村。

厝坑：厝坑、施家輋、新村。

黄岗：黄岗、下埔村。

武宁：武宁村。

狮石：狮石、前埔、后屿村。

头径：头径、古埔村。

（七）仙庵镇：辖仙中居民委员会；村民委员会20个，下辖自然村32个。

仙庵：仙庵、仙乡村。

东铺：东铺、红桥村。

下清：下清村。

田墘：田墘、仙宅、仙内村。

里行：里行、里湖村。

西庄：西庄村。

浮山：浮山村。

口埔：口埔村。

锡溪：锡溪、学地村。

四石：四石村。

顶溪：顶溪村。

四美：四美、西塘村。

桥观：桥观村。

京陇：京陇村。

点埔：点埔村。

塘华：塘华村。

浮埔：浮埔、仙田、翁厝乡、林厝村。

华园：华园、柯厝、塘边村。

宁寨：宁寨村。

望前：望前村。

（八）**前詹镇**：辖新詹居民委员会；村民委员会20个，下辖自然村35个。

前詹：前詹、港仔、后山村。

斗南：斗南、麦田村。

仕兜：仕兜、后方、后堆村。

港寮：港寮、下林村。

秀水里：秀水里、寮仔、大溪、葛木村。

赤澳：赤一、赤二、彭王、下庵、下埔尾村。

沟疏：沟疏村。

西埔：西埔、赤石村。

古杭：古杭。

濂溪：濂溪村。

新乡：新乡村。

桥头：桥头、油园村。

石峻：石峻村。

詹田：詹田村。

新陂：新陂村。

铭东：铭东村。

铭西：铭西村。

仙美：仙美村。

塔兜：塔兜村。

后寮：后寮村。

（九）**华湖镇**：辖华堡居民委员会；村民委员会17个，下辖自然村42个。

华谢：华谢村。

溪洋：溪洋村。

华宅：华宅村。

先春：先春、华村、吴王村。

美园：美园、宫林、红塘村。

犁集：永郊、犁高、犁林、涂楼、前宅、会美村。

丁田：丁田、丁埔、南山岭村。

坪田：彭老、彭新村。

东福：东福、前何、新寨、后陈、坑东村。

官路：官路村。

华陇：华英、陇美、后谢村。

祭坑：祭坑村。

茶铺：茶铺村。

白塔：白塔村。

堡内：寨内、宫仔前、溪仔畔、西埔村。

新地：内新地、外新地、大王村。

池畔：池畔、顶寨、新厝村。

（十）**东陇镇**：辖葵中居民委员会；村民委员会12个，下辖自然村33个。

东陇：东陇村。

赤洲：赤洲村。

北山：北山村。

钓石：钓石村。

华房：华房、后岱、田中、黄厝墩、港头村。

苗海：苗海、铜炉、驿埔、花寨、赤岭村。

寄陇：寄港、陇头、新乡村。

华吴：华吴村。

古巷：古巷、埔尾、桂林村。

达三圩：达三圩、湖头栅、车潭村。

四凤：后堀、后宫、后吴、乌石村。

石洲：石一、石二、排上、排下、西陇。

（十一）溪西镇：辖新溪居民委员会；18个村民委员会，下辖自然村37个。

西湖：西詹、西黄、吉埔村。

盟山：盟山村。

山头：山头、山岗、埔尾村。

镇前：镇前、西安村。

溪南：溪南、水口上村、水口下村。

溪二：溪二村。

永安：永安村。

曲溪：曲老、曲新村。

院前：院前老村、院前新村、山仔村。

后山：后山、塘田、油甘坑村。

清平：清平、双洋、溪洋、叶厝、吉内村。

新圩：新圩村。

军林：军林上村、军林下村。

溪一：溪一村。

尖坑：尖坑村。

鲁阳：鲁阳上村、鲁阳下村、渡头村。

西尉：西尉村。

村头：村头村。

（十二）岐石镇：辖岐石居民委员会；村民委员会7个，下辖自然村16个。

岐石：岐石、桥头、铺山村。

华清：华清、西埔、金鸡山村。

乌石：乌石、湖寮村。

前汛：前汛、后汛村。

林美：林美村。

坑仔：坑仔、伯公岭村。

览表：览表、双梅、北宅村。

（十三）东港镇：辖东青居民委员会；15个村民委员会，下辖自然村27个。

大旗：大旗、大旗新乡村。

月湖：月湖、月湖新乡村。

东港：东港、金塔村。

长青：长青村。

西岭肚：西岭肚、顶乡仔村。

长围：长围村。

旺寮：旺寮、新华村。

石门坑：石门坑、内厝村。

白坑：白坑、顶涂楼村。

高美：高美、云新、下涂楼、后旗村。

宫兜：宫兜村。

新村：新村村。

百埗：百埗村。

渡头：渡头村。

圆山：圆山、石门、水尾村。

（十四）鳌江镇：辖新街居民委员会；14个村民委员会，下辖自然村27个。

东岱：东岱村。

新林：新林、新林新乡、后陈、后陈新乡村。

楼内：楼内、新寨、楼内圩村。

中澳：中澳村。

山栗：山栗村。

三清：三清村。

新李：新李村。

龙舟：龙舟、新乡、红涂村。

溪头：黄畔、陈畔村。

澳上：澳上、大坑头村。

石丁：石丁村。

鸟坑：鸟坑村。

虎堀：虎堀、新安、新林、东山、水磨村。

澳下：澳下村。

（十五）河林乡：村民委员会12个，下辖自然村22个。

山美：山美、山美新村。

河田：河田村。

泗竹埔：泗竹埔村。

上林：上林村。

新风：新风村。

叮美：叮咛村、望岭村。

石古：石古、大山、必章村。

牛角栏：牛角栏村。

五福田：五福田、老乡村。

后洋：后洋、前洋、钟丘洋村。

石兰口：石兰口、林厝埔、双凤村。

林樟：上林樟、下林樟。

（十六）青山乡：村民委员会5个，下辖自然村10个。

圆墩：圆墩、后輋村。

螃蟹：螃蟹村。

尾寮：尾寮、鲤鱼墩、中寮、尾寮埔村。

青坑：青坑村。

头寮：头寮、九福坑村。

（十七）南海乡：村民委员会7个，下辖自然村13个。

林沟：林沟、洋下村。

山陇：山陇村。

双湖：双湖村。

埔洋：埔洋、后城、厝寨、刘畔、南里村。

赤岑：赤岑村。

朱埔：朱埔、向寮村。

和双：和双村。

（十八）华侨农场：辖侨场居民委员会，10个村民委员会，辖自然村24个。

桃园：桃园、马湖、巷顶村。

谢塘：谢塘、下湖仔村。

七联：榕树头、桔仔埔、新乡、银坑、三鸟场、西坑、马湖岭村。

陂乌：陂乌、池边、马龙湖村。

詹厝葛：詹厝葛村。

石洲仔：石洲仔村。

连城：连城村。

新厝埕：新厝顶、龙湖村。

蕉布：蕉布、深涂村。

岭后：岭后、下洋村。

（十九）葵潭农场：辖场部居民委员会；村民委员会2个，辖自然村2个。

湖美：湖美村。

南湖：南湖村。

（二十）东埔农场：辖场部居民委员会；村民委员会5个，辖自然村5个。

石佛：石佛村。

鸡岗：鸡岗村。

红湖：红湖村。

乌树林：乌树林村。

东埔：东埔村。

（二十一）青坑林场：村民委员会1个，下辖自然村4个。

桃树岗：桃树岗、黄竹潭、深圳、泥坑村。

九、侨园镇建制变化情况

1995年8月，揭阳市委、市政府根据广东省人民政府文件，将大南山华侨农场改制设立为行政管理区（正处级），保留大南山华侨农场牌子（一套人马两块牌子），作为揭阳市人民政府派出机构，赋予部分县级行政、经济管理职能，享受县级同等政策待遇，区域面积46.2平方千米，辖两个办事处4个社区、14个村委会。2019年10月，根据中共揭阳市委六届第89次常委会议《关于华侨农场改制决定事项的通知》精神，将揭阳市大南山华侨管理区成建制划转惠来县管理（名称不变，机构规格从县处级调整为正科级，为惠来县人民政府派出机构），撤销桃园办事处、龙湖办事处，区域面积46.2平方千米，辖14个行政村（24个自然村）、4个社区。2020年，经省政府批准，改称"侨园镇"。

十、南海乡、青山乡、河林乡撤并

2003年3月，广东省政府批准惠来县建立沿海经济开发试验区（后改称"大南海石化工业区"），面积6.9平方公里，区址在原南海乡（2003年2月撤销南海乡），其所属行政村划入邻近的镇。其中朱埔村、双湖村、和双村划入岐石镇；赤岑村、林沟村划入隆江镇；山陇村、埔洋村划入溪西镇。2003年12月，广东省政府批准惠来县对乡镇行政区进行调整，撤销青山乡和河林乡。青山乡所属螃蟹村、青坑村、圆墩村划入葵潭镇；头寮村、尾寮村划入隆江镇；河林乡行政辖区划入惠城镇。

十一、2004年后

2004年底，惠来县设14个镇、3个农林场、1个沿海经济开发试验区，辖35个（社区）居委、272个行政村、505个自然村（不含大南山华侨农场）。行政村实行村民自治，通过民主选举建立村民委员会（简称村委会）；圩镇建立社区居民委员会（简称社区居委会）。

2014年4月，溪西镇、东埔农场隶属大南海石化工业区。2019年7月15日，溪西镇、东埔农场行政管辖范围由大南海石化工业区划转回惠来县管理。原大南海石化工业区南海街道埔洋村、山陇村行政管辖范围划转溪西镇管理。

2023年12月31日，全县设15个镇、3个农林场。行政区域情况如下：

（一）**惠城镇**。社区14个：洋美、英内、元春、柞通、东安、东郊、墩高、塘边、西一、西二、西三、南美、华群、梅北。

行政村19个（自然村34个）：

白沙湖村：白沙湖村。

叮美村：叮年树、美岭。

河田村：河田。

后洋村：后洋、钟丘洋。

将军湖村：将军湖、陇头坑。

林樟村：林樟村。

牛角兰村：牛角兰。

山美村：山美。

上林村：上林。

石古村：石古、必樟、大山。

石兰口村：石兰口、林厝埔、双凤。

四香村：店坑、学地、红园。

泗竹埔村：泗竹埔。

五福田村：五福田。

西溪村：西溪、金竹寨、必田。

小溪村：小溪村、杜猴寮村。

新风村：新风村。

新乡仔村：新乡仔、新地、洪厝埔。

盐岭村：盐岭、刘西塘。

（二）**隆江镇**。社区3个：江城、新容、关镇。

行政村35个（自然村60个）：

竹老村：竹老。

赤二村：赤二。

赤一村：赤一。

林沟村：林沟、洋下。

后吉村：后吉。

见龙村：见龙。

隆江村：杨厝寨、市美、向北、新寨、黄洋。

邦庄村：邦庄、祥子、林太。

山家村：上山家、下山家。

孔美村：孔美、周美。

蛟边村：蛟边、白寨、潭头。

尾寮村：尾寮。

邦山村：邦山、后港。

桥埔村：桥埔。

竹湖村：竹新、水头。

峰霞村：峰霞、北海、大坪。

吉清村：吉清。

井美村：塘边、井美。

西塘村：西塘。

东门村：东门。

鹅豆村：鹅豆、后曾。

史岭村：史岭老村、新乡、洋心闸、余头、新丰。

宫山村：宫山、后陂、金交椅。

北溪村：北溪。

北洋村：北洋。

陈陇村：陈陇。

赤坭山村：赤坭山。

凤光村：凤光。

凤红村：凤红。

岗前村：岗前。

海墘村：海墘。

前埔村：前埔、铁山圩。

头寮村：头寮。

象湖村：象湖。

月潭村：月潭、华美。

（三）**葵潭镇**。社区3个：长春、玄武、吉成。

行政村23个（自然村31个）：

葵亭村：葵亭。

长埔村：长埔村。

青陂村：青陂、上青陂。

三池埔村：三池埔。

石陂村：石陂。

塗墙墩村：塗墙墩。

土角寮村：土角寮。

吉镇村：吉镇。

门口葛村：门口葛。

千秋镇村：千秋镇。

南照埔村：南照埔。

头屯村：头屯。

溪口村：溪口。

新联村：余家寮、葛鱼塘、缶窑。

陂美村：陂美。

兵营村：兵营、园头湖、内坑。

石田村：石田、楼仔。

新光村：中村、祠堂、上村。

顶寨村：顶寨。

北山埔村：北山埔。

螃蟹村：螃蟹。

青坑村：青坑。

圆墩村：圆墩。

（四）**靖海镇**。社区2个：城东、城西。

行政村21个（自然村25个）：

后王村：后王。

后湖村：后湖。

旧厝村：旧厝。

义湖村：前林、义湖、草美。

驿后村：驿后。

西锋村：西锋。

西外村：西外。

南外村：南外。

东光村：东光。

北星村：北星。

葛山村：葛山。

厚山村：厚山。

前吴村：前吴。

沬港村：沬港。

资深村：资深。

坂美村：坂美。

大潭村：大潭。

西山村：西山。

后池村：后池。

月山村：月山。

南山村：虎邦山、石塔、南山。

（五）**神泉镇**。社区2个：北门、南华。

行政村19个（自然村28个）：

澳角村：澳角。

华家村：华家。

石盘村：石盘。

芦园村：芦园、东坑仔、溪东港。

溪东村：溪东。

桃美村：桃美。

横山村：横山、排埔、石湖。

前湖村：前湖。

蔗埔村：蔗埔、尖埔、英世内。

赤山村：新赤山、老赤山、拔仔围、石龟埔。

角林村：角林。

鳌头村：鳌头。

文昌村：文昌。

金东村：金东。

华埔村：华埔。

神农村：神农。

神渔村：神渔。

图田村：图田。

图上村：图上。

（六）**仙庵镇**。社区1个：仙中。

行政村20个（自然村32个）：

东舖村：东舖、红桥。

浮埔村：浮埔、新田、林厝、翁厝。

华园村：华园、柯厝、塘边。

里行村：里行、里湖。

四美村：四美、西塘。

田墘村：田墘、仙宅、仙内。

锡溪村：锡溪、学地。

仙庵村：仙庵、新乡。

点埔村：点埔。

顶溪村：顶溪。

浮山村：浮山。

华清村：华清。

京陇村：京陇。

口埔村：口埔。

宁寨村：宁寨。

桥观村：桥观。

四石村：四石。

塘华村：塘华。

望前村：望前。

西庄村：西庄。

（七）**周田镇**。社区1个：周山。

行政村17个（自然村31个）：

考山村：考山。

仙家村：仙家。

径口村：径口。

兴岗村：兴岗。

青洲村：青洲。

武宁村：武宁。

仙埔村：仙埔。

象岗村：象岗。

新乡村：新乡。

黄岗村：黄岗、华埔。

华厝村：华厝、后头、石山、田边。

崎岕村：崎岕、东埔。

头径村：头径、古埔。

杭美村：杭美、华美、坑仔。

前湖村：前湖、土坑、林内。

狮石村：狮石、前埔、后屿。

厝坑村：厝坑、施家、新村。

（八）**前詹镇**。社区1个：新詹。

行政村20个（自然村30个）：

前詹村：前詹。

后寮村：后寮。

铭东村：铭东。

铭西村：铭西。

仙美村：仙美。

塔兜村：塔兜。

古杭村：古杭。

濂溪村：濂溪。

新乡村：新乡。

詹厝田村：詹厝田。

石峻村：石峻。

新陂村：新陂。

沟疏村：沟疏。

秀水里村：秀水里、葛木、大溪、寮仔。

仕兜村：仕兜、后方、后墩。

港寮村：港寮、华林。

桥头村：桥头、油园。

西埔村：西埔、赤石。

赤澳村：赤澳、彭王。

岛南村：岛南、麦田。

（九）**华湖镇**。社区1个：华堡。

行政村17个（自然村40个）：

丁田村：丁田、丁埔、南山岭。

新地村：内新地、外新地。

池畔村：池畔、顶寨、新厝。

坪田村：坪新、坪老。

堡内村：西埔、溪仔畔、宫仔前、寨内。

白塔村：白塔。

美园村：美园、宫林、红塘。

犁集村：犁高、犁林、永郊、会美、塗楼、前宅。

祭坑村：祭坑。

华宅村：华宅。

茶铺村：茶铺。

先春村：先春、华村、吴王。

东福村：东福、后陈、前何、新寨。

官路村：官路。

华陇村：华英、后谢、陇美。

溪洋村：溪洋。

华谢村：华谢。

（十）**东陇镇**。社区1个：葵中。

行政村12个（自然村31个）：

东陇村：东陇。

寄陇村：寄陇。

钓石村：钓石。

四凤村：后吴、后堀、后宫、乌石。

苗海村：苗海、铜炉、驿埔、赤岭、花寨。

达三圩村：达三圩、湖栅、车潭。

华房村：华房、黄厝墩、田中、后岱、港头。

古巷村：古巷、埔美、桂林。

石洲村：石一、石二、排上、排下、西陇。

北山村：北山。

赤洲村：赤洲。

华吴村：华吴。

（十一）**岐石镇**。社区1个：岐山。

行政村10个（自然村17个）：

和双村：和双。

坑仔村：坑仔。

林美村：林美。

双湖村：双湖。

朱埔村：朱埔、向寮。

乌石村：乌石、湖寮。

前汛村：前汛、后汛。

华清村：华清、金鸡山、西埔。

览表村：览表。

岐石村：岐石、铺山、桥头。

（十二）**鳌江镇**。社区1个：新街。

行政村16个（自然村24个）：

东岱村：东岱。

新李村：新李。

新林村：新林、后陈。

龙舟村：龙舟、新乡。

楼内村：楼内、新寨。

吴畔村：吴畔。

溪头村：黄畔、陈畔。

中澳村：中澳。

澳上村：澳上、大坑头。

澳下村：澳下。

鸟坑村：鸟坑。

陵村村：高陵。

虎堀村：虎堀、东山、新安、水磨。

三清村：三清。

石丁村：石丁。

山栗村：山栗。

（十三）**东港镇**。社区1个：东青。

行政村15个（自然村23个）：

长围村：长围。

新村村：新村。

大旗村：大旗。

百塈村：百塈。

新寮村：新寮、新华。

渡头村：渡头。

月湖村：月湖。

高美村：高美、下楼、后旗、云埔。

白坑村：白坑、上楼。

东港村：东港、金鸡塔。

长青村：长青。

宫兜村：宫兜。

圆山村：圆山、水尾、石门。

石坑村：石坑、内厝。

西岭村：西岭。

（十四）**溪西镇**。社区1个：新溪。

行政村20个（自然村44个）：

溪一村：溪一。

溪二村：溪二、尊炉。

西尉村：西尉。

院前村：院老、院新、山仔。

村头村：村头。

西湖村：西詹、西黄、吉埔。

清平村：清平、吉内、溪洋、双洋、叶厝。

后山村：后山、塘田、甘坑。

鲁阳村：鲁上、鲁下、渡头。

曲溪村：曲新、曲老。

尖坑村：尖坑。

永安村：永安。

盟山村：盟山。

山头村：山头、山岗、埔美。

新圩村：新圩。

镇前村：镇前、西安。

军林村：军上、军下。

溪南村：溪南、水上、水下。

山陇村：山陇。

埔洋村：埔洋、刘畔、南里、厝寨、后城。

（2019年10月整体搬迁到埔洋新村）

（十五）**侨园镇**。社区4个：侨东、侨南、侨西、侨新。

行政村14个（自然村22个）：

桃园村：桃园。

连城村：连城。

石洲村：石洲。

新厝埕村：新厝埕、叶下桃。

谢湖村：谢塘、华湖。

陂乌村：陂乌、池边、马龙湖。

华洋村：华洋。

蕉布村：蕉布。

岭后村：岭后。

榕树头村：榕树头。

深塗村：深塗。

西坑村：西坑、新乡、桔仔埔。

银坑村：银坑、马湖岭、三鸟场。

詹厝葛村：詹厝葛。

（十六）东埔农场。社区1个：东湖。

行政村5个（自然村7个）：

乌林村：乌林。

鸡岗村：鸡岗。

东埔村：东下、东上、新尖。

南湖村：南湖。

石佛村：石佛。

（十七）葵潭农场。社区1个：场部。

行政村2个（自然村2个）：湖美村、南湖村。

（十八）青坑林场。行政村1个（自然村1个）：桃树岗。

〔第四节〕历代惠来疆域面积变化情况

一、明代惠来疆域

康熙《惠来县志·疆域》记载："东至潮阳界八十里，与草湖铺相抵，至潮阳县治一百二十里，与练江相隔；西至海丰界九十里，与赤岗营相抵，至海丰县治二百七十里；南至大海十五里，即神泉港；北至潮阳界四十里，在雷公岭锣鼓水等处；东南至靖海所六十里；东北至潮阳界四十里，与峡山都相抵；西北至潮阳界一百三十里，以云落（今属普宁）巡司为界；东北至府（今潮州市）二百五十里，西南至广东会城（今广州市）一千零三十里，北至北京八千里。"

二、清代惠来疆域

乾隆二十六年（1761）《重修潮州志·惠来疆域图》记载：清初惠来辖地，广二百三十里，袤六十五里，境域总面积1806平方公里。地广人稀，山丘多、平原少。东至潮阳沙陇地界八十里，东北至草芜湖八十里，东南至潮阳海门港八十里，北至盐岭草洋塘九十里，西南至陆丰甲子所七十里，南至大海二十里。西北之梅林、高埔圩、黄沙庵、寒婆径，及其距离惠来都一百五十里的南阳，与东北之雷岭等乡村，皆属惠来辖地。

三、民国时期惠来疆域

民国时期出版饶宗颐《潮州志·实业志》记载："惠来县境，原有面积约307.8万亩，即2052平方公里。"

1940年的地图，惠来县地域，西北面直接与揭阳县相连。

四、中华人民共和国成立后

惠来县随着区划的变化，其土地资源也不断变迁。据新编《惠来县志》（2002年版）载：自1949年8月1日建立惠来县人民政府后，至1980年期间，惠来县境域划归潮阳、普宁、陆丰等县的土地资源面积共约800平方公里。主要有三次大变动：

（一）第一次变动。1950年3月，省政府正式批准，将雷岭地带24个村庄划入潮阳县，这些村庄是：赤竹坪、东盘、双溪、鹅地、西坑、东洋、后峡、刘士可、羊公坑、茶园、钟厝、旗北、南溪、店前、济美、龟山、松柏林、龙坑、大輋、下厝仔、牛角区、打铁寮、蜂仔岱、麻竹埔等，总面积约55平方公里。同时期，将原属惠来的整个梅林区（第四区）划入普宁县（1950年3月省政府正式批准）。梅林区辖下有8个乡镇、近500个自然村。1950年4月，甲子区划入陆丰县。

（二）第二次变动。拆县和复县期间。1959年4月，普宁县在与陆丰进行区域调整时，把原属惠来总面积约40平方公里的横山、横山张、天星湖、谢厝乡、大陂陈、大陂林、黄厝巷、下夻家、后旗、溪尾共10个自然村划入陆丰县；陆丰县陂洋公社部分村庄划入普宁县。惠来复县后，普宁县把从陆丰县划入的三池埔1个自然村划归还惠来。原属惠来总面积约35平方公里的马鞍山农场，即马鞍山、里仁潭、新圩、鸟归堂、鞍堂、老虎坝、谢坑洋、大片等8个自然村被留为普宁县辖区。原属惠来总面积约20平方公里石坑、龙须口、双山、诗家4个村被留为潮阳县辖地。原划入惠来的雷岭乡20个自然村仍归还潮阳县。

（三）第三次变动。1975年，潮阳县实施南山截洪工程，须经惠来县田心、华林交界处入海。经省政府批准，惠来县田心公社划入潮阳县；潮阳县雷岭公社划入惠来县。而后，田心公社正式划入潮阳县，而雷岭公社纳入惠来县的调整计划未能实施。这样，县域又减少了田心、华林、茆洋、南埔等村，总面积约20平方公里。

经多次调整，惠来县境域划入普宁、潮阳、陆丰等县区域总面积共800平方公里。2023年，惠来县陆域面积1253平方公里，海域面积1328.6平方公里。

〔第五节〕"康熙迁界"时期的惠来县

据康熙《惠来县志》记载："康熙元年壬寅四月，因海氛未息，奉令迁移地亩，勘立边界，将沿海地方斥去三十里，立界设防，令居民移入内地。迁去田地四十三顷四十二亩。自潮阳交界和平寨起，至本县浮埔、靖海所驿后止，建立墩台六所。"

迁界究竟是怎么回事？康熙元年（1662），清廷为杜绝沿海民众对郑成功军事力量的支援，下令沿海人民迁入内地居住；康熙八年（1669），因郑军已退守台湾，遂下令展界，各地所展地界幅度不一；康熙十七年（1678），又因军事需要，再将一些地方的百姓移入原迁界限内；康熙二十年至二十二年（1681—1683），清廷平定郑军，统一台湾后，才下令全部复界。

康熙元年全国范围的迁界，给整个国家特别是广东、福建等接近台湾的沿海地区造成了巨大的影响。惠来是当时潮州府的一个滨海小县，不可避免深陷其中。具有民本思想的惠来知县张秉政（康熙十七年至二十六年在任），在他主纂的《惠来县志》中，如实记载了这段历史，上面短短的一段文字，潜藏着多少惠来人民的血和泪！

一、迁界原因——"海氛未息"

迁界的唯一原因是抗清的郑成功军事力量对清廷造成威胁，为了隔绝郑成功，而采取这种惨绝人寰的措施。

顺治十三年（1656），由于郑成功在海边神出鬼没，不时冲击东南沿海，特别是广东、福建一带，清廷颁布"禁海令"："寸板不许下海、片帆不许入口。"不但禁止渔船、商船出海捕鱼和贸易，也禁止外来船只进入港口停泊，企图将郑家军困死海上。福建和广东沿海居民首当其冲，很多经济来源断绝，接着殃及远在南海诸岛谋生的渔民和商贾。

康熙元年（1662）三月，郑成功经澎湖顺利登陆台湾，一路所向披靡。清政府急红了眼，悍然采取"根治"手段，于康熙元年（1662）四月，颁布更为彻底也更为残暴的"迁界令"："令滨海民悉徙内地五十里，以绝接济台湾之患。"沿海居民被强迫在3日之内搬迁，百姓背井离乡，生灵涂炭。

二、迁界经过——"初迁复迁"

康熙《惠来县志》具体记载了惠来县整个迁界的过程：

"康熙元年壬寅四月，……迁去田地四十三顷四十二亩。"

"二年癸卯八月，知县李济仝大人踏勘绘图，至三年甲辰续迁，共迁去乡村市镇数百处，田地一千六百六十三顷零，随粮男丁一千三百七十四丁，妇女一千七百七十口。"

"四年乙巳春正月，筑建墩台，东北自潮阳交界石坑起，至本县南门外墩止，西南自南门外起，至海丰交界吊旗山止，共计墩台二十九座，墩外剗浚边沟，广五尺，深一丈。"

"六年丁未，筑建营堡，县东建于径口，拨兵四十名守之；县西建于龙江，拨兵百名守之。插竖桩栅四处：惠政桥栅，四间桥栅，林招桥栅，龙江桥栅。"

"八年己酉春二月，展界设防，初迁续迁，一概展复，开垦田地。三年后升科，并撤桩栅，另立边于海口。"

康熙元年（1662）首次迁界，清廷派科尔坤、介推两位大臣负责迁界事宜，从山东至广东，绵长的海岸线所有沿海各处居民一律内迁30—50里，所有沿海船只悉数烧毁，片板不许留存。首次迁界，惠来县"沿海地方斥去三十里"，共迁去田地43顷42亩，占全县可从事农业生产土地的1.76%。当时惠来的海岸线100多里，所迁之地可耕地不多。

康熙三年（1664），郑成功全面收复台湾后，清廷气急败坏，再次颁布"迁界令"，这次由伊里布、硕图负责，勒逼广东从饶平、澄海、揭阳、潮阳、惠来至廉江、合浦、钦州等24州县沿海居民再次内迁，并封港毁船，禁止居住。还谕令将界外地区房屋全部拆毁，田地不准耕种，渔民不准出海捕鱼，出界者立斩不赦。做到彻底"尽夷其地，空其人"。两次迁界，惠来县共迁去土地1663顷，占全县可从事农业生产土地的67.88%；迁移随粮男丁1374人，妇女1770人，共3144人，占全县实在丁口26.56%。惠来县共5都，"迁去大坵、隆井二都，惠来、酉头、龙溪三都之半"，迁移之地占全县大半。

这还远远不够。清廷还有一系列的"坚壁清野"措施出台：

康熙四年（1665），再次筑墩台，仅一个小小的惠来县，就修筑墩台29座，连同康熙元年所建6座，共35座墩台。墩台外开挖深沟，宽5尺，深1丈。"一寨之成，费至三四千金，一墩半之。"劳民伤财。

康熙六年（1667），筑建营堡，于惠来东部建径口堡，守兵40名；于西部建龙江堡，守兵100名。

到处插竖桩栅。惠来县竖栅4处：惠政桥栅，四间桥栅，林招桥栅，龙江桥栅。

沿海迁界的过程与其说是移民，不如说是一次空前绝后的屠杀和掠夺。

一是时限紧。按照记载："勒期仅三日，远者未及知，近者知而未信。逾二日，逐骑即至，一时跄踉，富人尽弃其赀，贫人夫荷釜，妻襁儿，携斗米，挟束稿，望门依栖。"

二是放火烧。"令下即日，挈妻负子载道路，处其居室，放火焚烧，片石不留。"

三是狠心杀。对于不肯迁移的居民，就是一个"杀"字。清廷统治者在这方面从来就是不手软的："民死过半，枕藉道涂。即一二能至内地者，俱无儋石之粮，饿殍已在目前。"

迁界之惨酷，诚如屈大均在《广东新语》中所写："自有粤东以来，生灵之祸，莫惨于此。"

在孙汝谋担任惠来知县（康熙三年至十年）后期，迁界终于有所松动。康熙四年（1665），广东巡抚王来任（有的史料作王来壬）巡视沿海一带，亲见内迁的民众生活十分悲惨，他将实际情况上奏朝廷，希望皇帝能让动迁的百姓回到原来的居住地。康熙七年（1668）春，王来任病故，临终前还向朝廷上奏陈情，恳请展界。康熙八年（1669），朝廷派两广总督周有德前往沿海一带勘察，同年，朝廷恩准惠来展界，但仍然设防，另立边于海口。

后任惠来知县张秉政兴冲冲写下《喜展界》:"万里全疆画界分,于今重复课耕耘。蛟蜃戢影澄遥岛,鸡鹜将雏认里坌。汪泽谕宽三载赋,炊烟缕锁一行云。环郊闻得闹春社,齐颂恩光恰海滨。"

惠来的老百姓为了感谢王来任、周有德两人,遂在靖海、览表、隆江、神泉、资深等地,修建"二公庙",用隆重的方式纪念巡抚王来任和总督周有德二公。靖海镇更是重修为"周王二公祠",将王来任、周有德当作先辈奉祀。

三、迁界影响——"遍野嗸嗸"

迁界涉及的范围有多远?据阮旻锡《海上见闻录》:"上自辽东,下至广东,皆迁徙,筑短墙,立界碑,拨兵戍守,出界者死,百姓失业流离死亡者以亿万计。""以亿万计"当属文学夸张。在广东,迁界涉及28个州县,深入到田庐连片、农工商业发达地区,被迁士民数百万,抛荒田地共531万亩有余。迁徙之民被迫离开故土,扶老携幼,流离载道,行乞街市,饿死病死,不计其数。

全面估计迁界对于整个国家的影响恐怕不可能,仅以惠来县为例。

"遍野嗸嗸"是惠来知县张秉政对于迁界造成影响的沉痛概括。他主纂的康熙二十六年《惠来县志》"贡赋物产":"惠瘠壤耳,迁移之际,遍野嗸嗸。展界后,哀鸿虽集,而流亡者有之。阡陌虽垦,而汙莱者有之,抚字者亦既心劳矣。"惠来原本就是穷山恶水,迁界期间哀鸿遍野,而展界后,哪怕朝廷"汪泽谕宽三载赋",百姓仍然困顿不堪,惨淡度日。

综合康熙《潮州府志》和《惠来县志》、雍正《惠来县志》、乾隆《潮州府志》的记载,从顺治十四年(1657)至乾隆二十八年(1763),惠来县人口和农业收入的变化情况如下:

顺治十四年(1657),除"逃、绝、老、幼免编外",惠来县实编男妇14985人,其中成丁男子6231人,"实在食盐课银"(女人口)8754人。田地、山塘、埔溪2493顷99亩,夏税农桑米75石5斗5升,秋粮米11365石5斗1升。

顺治十七年(1660),惠来县人口21211人,其中男子11857人。

康熙元年(1662),首次迁界,惠来县迁移43顷42亩,剩下2450顷57亩,实际收成米11281石5斗8升。

康熙三年（1664），第二次迁界后，全县实在男丁4857人，女人口6984人。

康熙十一年（1672），实在男丁5264人，女人口7478人。实在田地、山塘、埔溪1535顷10亩，实际收成米6220石3斗6升。

康熙二十二年（1683），实在男丁5542人，女人口7806人。田地、山塘、埔溪1706顷66亩，实际收成米7078石。

康熙二十五年（1686），实在男子成丁6093人，女人口8505人。

康熙治下，尤其到了中后期，国力日渐强盛，但惠来的经济却沉疴难起，人口增长缓慢，农业生产遭受严重破坏后，很长时间无法复苏。一直到乾隆年间，才缓和过来。周硕勋乾隆二十八年（1763）《潮州府志》："各县现届编征实在丁口……惠来县，男丁六千二百三十一丁，妇女八千七百五十四口，实在共一万四千九百八十五丁口。……又乾隆元年起至二十一年止，盛世滋生永不加赋丁口二千九百丁口。"征税人口终于恢复到顺治十四年的水平。同时，全县课税田地2561顷10亩，实际收成米11737石9斗6升，稍微超过顺治十四年的收成。

相关的资料记载有：

"起江浙，抵闽粤，数千里沃壤捐作蓬蒿，土著尽流移。"

"稍后，军骑驰射，火箭焚其庐室，民皇皇鸟兽散，火累月不熄。而水军之战舰数千艘亦同时焚，曰：'无资寇用。'"

"每处悬一牌，曰：敢出界者斩！"

"越界数步，即行枭首。武兵不时巡界。间有越界，一遇巡兵，登时斩首。"

"界畛既截，虑出入者之无禁也，于是就沿边扼塞建寨、墩，置兵守之。城外乡民按户征银，照丁往役。……一寨之成，费至三四千金，一墩半之。拷掠鞭捶，死于奔命者不知凡几矣。"

惠来县仅仅是一个缩影，而且是并不典型的缩影，相对于其他迁界时间长达20多年的地区来说，遭受荼毒只有8年的惠来还是比较幸运的。但是，即使是"幸运"的惠来，也还是付出整整106年（1657—1763）的时间，才使全县的经济、人口重新回到百年前的原点。这是惠来人民的血泪史，更是中国历史上惨痛的悲剧！

四、结论——否定态度

志书是官修的,很大程度代表了当时政府的立场和观点。对于康熙年间迁界一事,清王朝的官员们是如何评价的呢?引用清代所编修的志书,看看作为"食君俸禄"的朝廷臣子是怎样的态度。清代潮州知府林杭学(康熙十六年至二十七年在任)编纂的《潮州府志》对于康熙年间迁界一事的记载和评价——《海潮揭饶惠澄六县迁地之事》:

边海多寇患,屡蹂内地。康熙元年,钦差少宰科尔坤、少司马介推,仝平南王尚可喜、将军王国光、沈永忠、提督杨遇明等,巡勘六县。海滨筑小堤为界,令居民迁入堤内,越界者死,而海寇犹滋蔓也。三年,又差冢宰伊里布、少司马硕图,偕藩院、将军、提督等再巡勘。海阳迁去龙溪、上莆、东莆、南桂四都,秋溪、江东、水南三都之半;潮阳迁去直浦、竹山、招收、砂浦、隆井五都,附廓、峡山、举练三都之半;揭阳迁去地美一都,桃山半都;饶平迁去隆眼、宣化、信宁三都;惠来迁去大坭、隆井二都,惠来、酉头、龙溪三都之半;澄海迁去上外、中外、下外、蓬州、鳄浦、鮀江六都,仅存蘇湾一都,至五年而全县毕裁,设墩台戍卒以守。七年,抚院王来任上复地之疏,督院周有德毅然行之,民始庆甦生。

从周有德"毅然行之",可以看出他顶着很大的压力,这压力是来自朝廷的。从"民始庆甦生",我们更可以想象到老百姓听到展界的消息是多么欢欣鼓舞。如果不是之前的迁界多么不得人心,给老百姓造成了惨痛的灾难,又怎么会有如逢大赦的喜庆呢?

既然是不得人心的政府行为,当然会遭到反抗。见诸记载直接抗拒迁界的是碣石的苏利,林杭学《潮州府志》——《王将军潮惠之捷》:

康熙三年奉旨续迁。土弁苏利据碣石弗从,遣其党劫掠潮阳、惠来地方。将军王国光发兵剿之,斩首千余,余党奔溃。寻合,藩院提督兵征利,一鼓而阵诛之,碣石平。

这是站在歌颂王国光的立场来写这件事的,有点语焉不详。苏利"弗从",给后人留下很大的想象空间,究竟为什么"弗从"?从惠来知县张秉政组织编写的《惠来县志·兵事·苏利抗迁之变》,可以看出言外之意的苗头:

《苏利抗迁之变》："康熙元年迁地，二年续迁。知县李济同大人履勘绘图，立界剖沟。碣石苏利抗迁，沿海地方分哨据守。其党郑三据龙江，余煌据神泉，陈烟鸿据靖海。三年八月初七日，征南大将军王国光督师由潮达惠，至靖海大塘埔，烟鸿拒，敌授首，遂长驱至邑。初十日，龙江郑三一鼓而歼，神泉余煌奔窜。师由长青与平藩合剿，利出战南塘埠，杀败身死，大师凯旋。"

从一个"抗"字，我们还是能够看出一些苗头。不论是"弗从"还是"抗拒"，不难看出修志者站在客观的角度记载"抗迁"者的作为，同时也可以从另一个侧面看出，编者对于迁界一事的否定。

〔第六节〕惠来古今村名变化和别称

地名是人们赋予地理实体的专有名称，是人类社会发展的活化石。惠来于明嘉靖三年（1524）置县，至今将近500年，地域范围从最初2052平方公里到今天1253平方公里，地理名称从少到多，其间发生了很大变化。

据张秉政康熙《惠来县志》记载，明清时期惠来各都建置情况如下：

惠来都（五堡）：禄昌、赤山、西坑、西澳、吉清。二十三村：洋美、陇头、北山、东福阜、赤山、钓鳌石、桂林、石洲、西陇、华翁、华谢、厚谢、陇美、羊角林、水口、吉清、见龙头、海埕、乌石、达三埔、郭岗、大溪、小溪。

酉头都（四堡）：神泉、铅锡、木坑、周田。三十一村：华湖、神泉、横山、石峻、前詹、后山头、莉坑、黄岗寨、狮石头、前湖、后屿、杭美、漠港、华美、铭湖、后寮、前埔、港内、南山、华林、古埔、鳌头径、前吴、厚山、鞋袜山、后池、石碑、赤澳、青洲、沟疏、西埔。

大坭都（四堡）：武宁、后表、洪桥、茚洋。十五村：锡溪、崎岼、武宁、荆陇、葛山、厚衡、西塘、东铺、洪桥、仙庵、华清、茚洋、心江、石坑、双山。

隆井都（一堡）：赤洲。七村：东陇、华灶、赤洲、金东洲、鳌头、华埔、后溪洋。

龙溪都（十五堡）：螺溪、龙江、鸡岗、渔湖、双梅、莲塘、甘泉、东溪、北溪、云落、梅洋、梅林、梅田、高埔、大陂。五十六村：螺溪、巨镇、船场、港子美、月潭、龙江、竹湖、象湖、沟边、西湖、冈前、黄牛洋、赤坭山、后葛、横山后、东山、北洋、鲁阳、马湖、谢塘、塘田、蕉布、溪沙、大禾田、渔湖、詹厝葛、北山埔、盐坑、青坑、螃蟹、千秋镇、桔子葛、葵潭、陈牙屯、梅洋、万安寨、田心、下寮、梅林屯、大厝场、尖石、南阳、梅田、高埔、黄沟车、溪西、沙岗、沙陇头、岐石、华清、新埭、东埭、澳头、下澳、新寮、长青寨。

　　古今惠来地名，由于不同时期惠来所辖地域的变化，一些地域现已属于潮阳、普宁、陆丰，如茆洋、心江、石坑、双山、云落、梅林、高埔、大陂、陈牙屯、梅洋、万安寨、田心、下寮、梅林屯、大厝场、尖石、南阳、梅田、高埔、黄沟车等，本文不作讨论。

　　不少地名仍沿用原名，如：

　　堡：赤山、吉清、神泉、周田、武宁、后表、赤洲、鸡岗、双梅。

　　村：洋美、陇头、北山、赤山、桂林、石洲、西陇、华翁、华谢、陇美、羊角林、水口、吉清、海埕、乌石、达三埔、小溪、华湖、神泉、横山、石峻、前詹、前湖、后屿、杭美、华美、铭湖、后寮、前埔、南山、华林、古埔、前吴、石碑、赤澳、青洲、沟疏、西埔、锡溪、崎岎、武宁、葛山、西塘、东铺、仙庵、华清、东陇、赤洲、鳌头、华埔、月潭、竹湖、象湖、西湖、鸡岗、赤坭山、鲁阳、马湖、谢塘、塘田、蕉布、溪沙、詹厝葛、北山埔、青坑、螃蟹、千秋镇、葵潭、溪西、岐石、华清、新埭、东埭、澳头、下澳、新寮。

　　一些地名则出现变化，有的变化有迹可寻，有的无迹可循，不过数量很少。如禄昌堡，因旁边有禄昌河（今盐岭河）而得名，地理范围在今惠城梅北，而梅北之得名则是取村内梅花宫、北栅两个地名首字，与原名没有丝毫联系；船场，是惠来名人张经、张灏父子（《神泉海赋》作者）的家乡，位于隆江镇区内，即狗头山东侧，今隆江医院南侧，但已没有与之相对应的地名。达三埔今写为达三圩，只是写法不同而已，不算变化。地名出现变化的原因主要有如下几种：

一、雅称

　　有些地名的意涵不够雅致，后人不合心意，遂用同音字或谐音代替，在使用中得到广泛认可，如：

（一）龙江，今隆江镇。原是龙江河下游一片冲积平原，故名龙江。由于地理位置优越，交通便捷，商贸发达，成为"三百六十乡墟"，乡贤取国语同音字，遂改名隆江，寓意生意兴隆。

（二）荆陇，今仙庵镇京陇村。南宋绍兴三十年（1160），福建漳州胡道夫到该处落籍，因村北面是宽广山陇地，荆棘丛生，故取名荆陇。清乾隆丙午年（1786），村中贤达觉得"荆"过于土气，取国语同音"京"代之，显得霸气。

（三）港子美，今隆江镇孔美村。北宋时罗氏由福建入潮，后裔分支创居港子美；宋末福建省莆田进士唐瑶莆起兵勤王战死，其子唐干臣于元初与罗氏合居港子美，明末罗姓迁出，后为唐氏独居，改称孔子美。中华人民共和国成立初期在孔子美设行政村，简称孔美。

（四）漠港，今靖海镇沫港村。南宋末年已有村落，明隆庆年间（1567—1572），陈、林、郑、吴诸姓先后到此聚居，因村紧傍狮石湖南岸，西南原有一河流，在村西侧形成港湾（今已被沙积没），村三面为沙滩，刮风时黄沙漠漠，故称"漠港"。因"漠"与"沫"同音，后改称"沫港"。

（五）厚衡，今靖海镇后王村。元末已有村落，元至正十一年（1351），王姓从隆井都鳌头村到此聚居，因村后是一片宽阔且东西横贯长约二公里的山陵，故称"厚衡"，由于村原有王、陈、黄三姓，后来他姓迁徙，只剩王姓，因厚与后、衡与王谐潮音，定名"后王"。

（六）巨镇，今隆江镇凤光村、凤红村。元末（1364），二世祖都巡公创居巨镇里，明末崇祯十四年（1641），因地形似飞凤，改称"凤镇"。凤镇有林、朱二姓，分别居住在村东、西两畔；中华人民共和国成立初期，由政府改林姓居住地为"凤光"，朱姓居住地为"凤红"。

（七）桔子葛，今葵潭镇吉镇村。明嘉靖年间（1522—1566），廖、古、詹诸姓已在此定居，称桔子葛，后徙别地。嘉靖四十五年（1566），黄平山从福建省南靖县归得里吴峰社到此置居，沿用旧村名，后又以桔子有吉祥之意，雅称"吉镇"。

其他还有：沟边，今隆江镇蛟边村；洪桥，今仙庵镇红桥村；莿坑，今华湖镇祭坑村。不一一列举。

二、简称

有些地名，在使用中显得比较啰唆，老百姓常使用简称，一般是四字、三字简为二字，并得到广泛认同，遂确定下来。如：

（一）郭岗顶寨，今华湖镇顶寨村。明嘉靖元年（1522），黄氏迁移"郭岗顶寨"居住创村，其时有郭、糠二姓在寨顶天然"石寨"居住，后来子孙不旺，迁移他乡。黄氏为纪念历史悠久的"郭岗顶寨"，将村名改为"顶寨"。

（二）钓鳌石，今东陇镇钓石村。宋元祐六年（1092），林氏一支从福建莆田迁此创村，辛未科进士海丰正堂林月隐也于此创居。因村南庙前河边屹立巨石，宜人垂钓，名曰"钓鳌石"，以石命名，今简称钓石。

（三）见龙头，今隆江镇见龙村。1085—1127年，林纮（宋元丰己未科进士）从福建莆田县迁居揭阳，其子迁居惠来古巷村定居。南宋（1253）由三子定居今见龙头，因村背后之山如龙起伏，状似龙首，故称"龙头"（又称下陇头），中华人民共和国成立后简称"见龙"。

（四）黄岗寨，今周田镇黄岗村。1320—1335年，田氏从福建莆田到此定居，继而方、林、王、蔡诸姓迁入聚居，相传黄岗村地龙从关门山起，其经五峰，即经龙船埔、鹭鸶埔、塔仔金、后北埕，终聚于楼间仔埔，由于楼间仔埔以黄土为主，称"黄岗"。黄岗由东、南、西三面围墙和一条护寨河围成村寨，东、西开二个寨门，故名"黄岗寨"，今简称黄岗。

（五）鞋袜山，今靖海镇月山村。因村左侧山上有两块巨石，一块似鞋，一块似袜，故名"鞋袜山"。1956年为简化称呼，且因"袜"潮音同"月"，故改称"月山"。

（六）鳌头径，今周田镇头径村。1286—1294年，林姓从福建莆田来此定居。陈、黄、李姓相继迁入，先人看地龙山脉形如猛牛，为了子孙后代能金榜题名，特命名为"鳌头径"。神泉镇有鳌头村，通邮通电时常出错，造成诸多不便。1965年，经乡贤商量酝酿，报经上级同意，改名为"头径"。

（七）后溪洋，今华湖镇溪洋村。南宋嘉定年间（1208—1224），吴家始祖名养（号千十）从福建省莆田县调到潮阳县任巡辖，卸任后到此定居开基创乡。原有马、林等姓氏先居于此，后马、林二姓氏迁徙他乡定居，仅存吴姓。因地处惠来都禄昌溪（今称盐岭河）流经隆井都赤洲楼出海的末段河道，当地人称"后溪"，村建在其东南侧，也名后溪。昔日村四周多滩塗地，历经年代变迁，遂为田垅，但常受暴洪海潮之害，田地没入其中，变为汪洋泽国，故后人称其为"后溪洋"，1950年简称溪洋，一直沿用至今。

其他还有：长青寨，今东港镇长青；金东洲，今神泉镇金东；狮石头，今周田镇狮石；东福阜，今华湖镇东福。

三、合并

（一）港内、盐寮合并为今前詹镇港寮村。1333—1339年，郑氏从潮阳神山村南迁来此创村，先居径口，后迁该村，尔后又有林姓迁入聚居，原称"港内"。1951年以后与邻村盐寮及其他村落合并，取名"港寮"。

（二）螺溪、螺溪东门合并为今隆江镇东门村。宋末已有村，居马姓；因村东有一溪曰"螺溪"，村即以溪为名；1388—1398年，井尾村蔡提控携家迁入，后在村四周筑围墙，设东西南北四寨门，马姓迁往潮阳，后吴姓因与蔡姓亲戚关系迁入，居东门；后吴姓人口超过蔡姓，遂有"螺溪东门"称谓；1949年设东门乡，1956年改称东门村。

惠来史略·上卷

—— 第二编 ——

管理机构

第四章

明清时期惠来县衙

明嘉靖三年（1524）朝廷设置惠来县，其时尚无县衙。据康熙版《惠来县志》记载，第二任惠来知县蒋恩（1525—1531年任）初到惠来时，只能借住民房。嘉靖五年（1526）四月，蒋恩开始兴建县衙。从明嘉靖五年（1526）到清雍正九年（1731），经过205年共72任知县的不断修葺建设，惠来县衙已经初具规模。

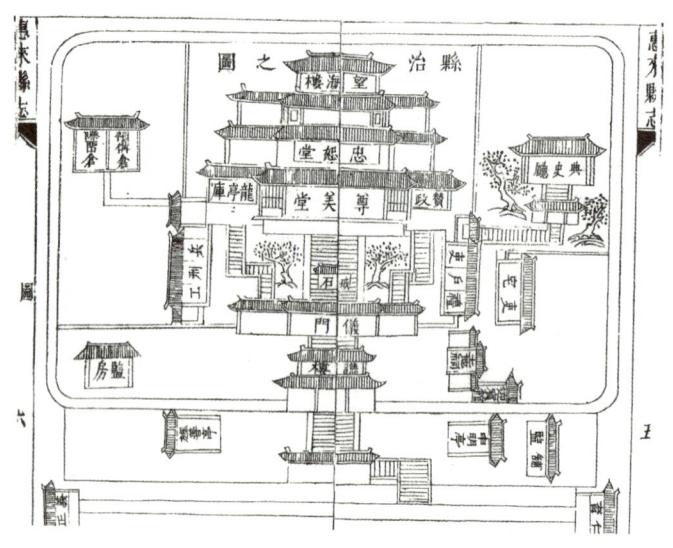

■ 明清时期惠来县衙示意图

〔第一节〕明清时期县衙的规制建筑

康熙《惠来县志·公署》记载明清时期惠来县衙的规制："惠邑僻壤，燕寝虽乏凝香，而庭堪调鹤；邮亭未落燕泥，而门可容车。敢云邹鲁之邦，亦曰小国之体。"可以说，明清时期，惠来虽是"僻壤"，但县衙还是具备"小国之体"的。

照壁和亭坊。 明清惠来县衙在今县政府驻地。从今南门大街自南向北行进，迎面是一面照壁。照壁也叫影壁，是中国建筑的独特形式，它能挡住外人视线，使外人不能对里面的办公设施一览无遗，从风水学上讲它有"避邪"的作用，即不"冲"，民间大户人家也常用。照壁前面横街东西有两个亭坊，东坊是"仁育"，西坊是"义正"。康熙三十八年（1699），知县查曾荣重建两坊，东坊改名为"畏天"，西坊改名为"保赤"。

谯楼。和照壁相对的是谯楼，即县衙大门。谯楼初建时矮小简陋，明万历三十三年（1605），知县游之光（1604—1609年任）捐钱重建，"四隅广一十八丈，高三丈一尺"（康熙版《惠来县志》）。康熙三十年（1691），知县欧偕鼎重建谯楼。楼上挂匾"第一谯楼"。门上挂匾"千秋保障"，取千秋永镇之意。大门两边挂一副对联：

无有反侧无有偏党愿嘉与百姓平平共登斯路

可对天知可对人言敢谓开重门洞洞正如我心

该对联表明执政者光明正大、公道正义。楼上也有一副对联：

排闼静观当前鸡犬桑麻尽成景色

扁扉细听莫把祁寒暑雨误作潮声

该对联显示执政者倾听民声、了解民意的愿望。

申明亭。在县衙大门外有申明亭2座，也是游之光在任时所建，东边是"瘅恶亭"，西边是"旌善亭"。"瘅恶亭"东边原有一间"总铺"（县前铺），总铺是负责传递全县官方文书的机构，游之光任知县时把它改建为"监铺"，羁押轻犯。

仪门。走进县衙大门，迎面是仪门。按《辞海》解释："仪门，明清两代称官署大门之内为'仪门'，取有仪可象之意。"仪门是县令到任，迎送上级官吏出入之门，平时出入走东边的"生门"，西边的是"死门"，是解押死囚犯出入的，此门平时关闭。康熙三十年（1691），知县欧偕鼎重建仪门。雍正八年（1730），知县张珆美捐资重修仪门。仪门外东边是一座土地祠，土地祠旁边是迎宾馆。知县林正康（1588—1591年任，1593年回任）于明万历二十一年（1593）修建迎宾馆，初建时屋宇简陋潮湿，明万历三十四年（1606）游之光重建。后因年久失修而倒塌，到清康熙七年（1668），知县孙汝谋（1664—1671年任）捐俸重修。仪门外西边是贯城，即监房。

戒石亭。走进仪门，中间是一条石铺甬道。甬道中有一座"戒石亭"，一般上面刻有"公生明，廉生威"几个字，是皇帝用来告诫县老爷办案要光明正大，才能在老百姓心目中树立起威信的戒条。甬道两边是两棵榕树，今仍在，已是枝繁叶茂的大榕树，成为历史的见证。

书吏廊房。榕树两边是书吏廊房，是县衙的职能办事机构，东边是吏、户、礼房，西边是兵、刑、工房，东西两边共有12间。吏房掌管官吏的选任、述职、提拔、分配等事宜，户房主要掌管赋税、户口、劝农等事，礼房掌管礼乐、祭祀、宴乐及学校贡举的政令等事，兵房负责武官的提拔、选用、考查、兵籍、军令等事宜，刑房负责缉拿盗贼，工房负责地方工程营造。吏、户、礼房的东边还有吏宅一座。

公堂。走过甬道，迎面就是知县办公的公堂。据康熙二十六年《惠来县志》记载，公堂"周围一百十丈"。有正堂一座（左耳房库，右架阁库，架阁库就是档案库），第二任惠来知县蒋恩修建后，经何英才（1535—1539年任）、林春秀（1539—1541年任，1550—1554年回任）、官德章（1543—1547年任，1554年回任）等知县陆续修缮。明万历三十三年（1605），知县游之光重修，始命名为"尊美堂"，取尊"五美"之义。"五美"是孔子教导学生从政的必须遵循的五种品德："惠而不费，劳而不怨，欲而不贪，泰而不骄，威而不猛。"意思是：要给百姓以恩惠而自己却无所耗费，使百姓劳作而不使他们怨恨，要追求仁德而不贪图财利，庄重而不傲慢，威严而不凶猛。正堂是知县审理刑事案件，举行重大典礼，迎送上级官吏，接受圣旨的地方。再进去还有川堂一座，川堂是正堂和后堂之间的辅助建筑物，挂匾"清勤率属"，取清廉、勤勉、谨慎之意；到清朝时匾改为"忠恕堂"。雍正八年（1730），知县张珆美捐资重修川堂。公堂大厅前面有一列卷棚，先用茅草盖顶，曾多次被台风刮掉，明嘉靖三十五年（1556），游之光改用木瓦覆盖。正堂东边是赞政厅，知县孙汝谋（1664—1671年任）于康熙六年（1667）重建。正堂西边是龙亭库。

后宅衙。"忠恕堂"进去是县堂后宅衙，是知县家眷住的地方。有门屋一座，前堂一座，游之光题匾"视如堂"，取"视民如伤"的意思。后堂一座，东西两边各有一间厢房，挂匾"观我堂"，取容易观察"我"的生活之意。后堂后面有一座

"望海楼"，东边是3间厨房，西边是3间房间，西南3间作为书房。"望海楼"前面原有一个池塘，后来填平盖房。康熙十一年（1672），知县程学灏改建后宅衙内署。雍正四年（1726），知县王人杰捐资重建内署东书厅。

以上正堂、川堂、县堂后宅衙构成县衙的主体部分。

典史衙。在正堂赞政厅的东边，是典史衙。《辞海》解释："典史，官名。元始置，明清沿置，为知县下掌管缉捕、监狱的吏官。"就是说，典史衙相当于今公安机关。典史衙有门屋一座，正厅一座，后厅3间，厢房各一间。因风吹雨打，明显损坏，典史陈钶于明万历三十五年（1607）主持重新修建，厅左右各扩建一间书房，门外左边还建一座土地祠。

际留仓和预备仓。正堂龙亭库西边为际留仓和预备仓，是存放物资的仓库，两仓相连。际留仓是明知县何英才兴建的，共5间。预备仓也有5间房和中官厅一座，年久失修，逐渐朽坏。明万历三十六年（1608），游之光申请重建，得到批准，委托典史陈钶督造。用杉木做梁柱，高2丈1尺，仓前留2尺多筑台阶，地面用灰沙压坚实，避免潮湿。仓后空地建小房3间，作为仓库管理员的住所。

〔第二节〕明清时期官吏衙役的薪俸待遇

雍正《惠来县志》记载了雍正年间惠来县衙及典史衙人员编制、各色人等的年工资收入情况。但县志记载知县的工资收入只是其中的"基本工资"，知县的收入还有禄米、养廉银等，清代七品知县的养廉银一年1200两，而一品大员比如总督一年的养廉银达到16000两。"基本工资"只是收入的零头，这部分才是薪俸的大头。

知县。俸银45两内（除额荒外），尚实支银42两6钱6分5厘整，逢闰加俸银2两3钱2分4厘整。

门子。县衙门子（2名），工食银12两（除额荒外），尚实支银11两3钱7分7厘整，逢闰加银6钱4分8厘整。

皂隶。县衙皂隶（13名），工食银78两（除额荒外），尚实支银73两9钱5分4厘整，逢闰加银4两2钱1分6厘整。

马快。县衙马快（8名），工食银48两（除额荒外），尚实支银45两5钱1分整，逢闰加银2两5钱9分4厘整。

民壮。民壮（50名），工食银300两，逢闰加银16两2钱1分5厘整。雍正九年（1731）奉文，拨给潮州府7名。

轿伞扇夫。轿伞扇夫（7名），工食银42两（除额荒外），尚实支银39两8钱1分1厘整，逢闰加银2两2钱7分整。

库子。库子（4名）工食银24两（除额荒外），尚实支银23两7钱5分5厘整，逢闰加银1两2钱9分7厘整。

斗级。县衙斗级（4名），工食银24两（除额荒外），尚实支银22两7钱5分5厘整，逢闰加银1两2钱9分7厘整。

禁卒。县衙禁卒（8名），工食银48两（除额荒外），尚实支银45两5钱1分整，逢闰加银2两5钱9分4厘整。

典史。俸银31两5钱2分（除额荒外），尚实支银29两8钱8分5厘整，逢闰加俸银1两7钱3厘整。

典史衙的门子（1名）、皂隶（4名）、马夫（1名）与县衙的一样，都是每人6两。

第五章

各时期县政府的行政长官

明嘉靖三年（1524）至2024年，500年间主政惠来的管理者共有221任（中华人民共和国成立后只统计县委书记），简介如下。

〔第一节〕明清时期县衙主政者

一、明代

（一）杨孟训，四川丰都人，监生。嘉靖四年（1525）任，卒于途。

（二）蒋恩，字石城，广西全州人。正德年间（1506—1521）举人。嘉靖五年（1526）任惠来县令，执政6年，卒于官。是实际到任的第一位惠来县令，有惠政，民恩之，立遗爱碑纪念。明嘉靖郭春震《潮州府志》、康熙张秉政《惠来县志》名宦有传。

据《潮州府志》载：惠来"儒学在县治左，嘉靖六年，知县欧淮建"。若以此而论，蒋恩任职惠来期间，尚有知县欧淮到任。因资料不详，未能列入名册。

（三）张宠，江西信丰人，监生。嘉靖十二年至十四年（1533—1535）任惠来县令。因贪污以贪赃罪罢官。

（四）王仕实，以潮州府经历于嘉靖十四年（1535）代理惠来县事。

（五）何英才，字时英，号半坡，福建福清龙田庐江人，举人。正德十三年（1518）登进士，历任奉政大夫。嘉靖十四年至十八年（1535—1539），任惠来令。嘉靖十九年（1540）升真定府通判。

（六）林春秀，字麓平，号实甫，福建闽县人，举人。嘉靖十八年至二十年（1539—1541），任惠来县令。

（七）刘贡，江西石城人，监生。嘉靖二十年（1541）任惠来县令。

（八）诸燮，字子相，号理斋，浙江余姚人。嘉靖十四年（1535），二甲第八十八名进士。嘉靖十七年（1538）任兵部主事，历任邵武同知，后谪潮州通判，曾守北海关，因忤巡边大使被贬为茶陵同知。嘉靖二十一至二十二年（1542—1543），任潮州通判时代理惠来县令。《万历通志》、康熙《惠来县志》有传。

（九）官德章，字台峰，福建闽县高湖人。嘉靖十六年（1537）举人。嘉靖二十二年（1543），任惠来县令。

（十）龙潢，江西吉水人，监生。理学家王阳明弟子。嘉靖二十七年至二十八年（1548—1549）任惠来县令，后调任广西怀远令。

（十一）林春秀，嘉靖二十九至三十三年（1550—1554）再任。康熙《惠来县志》有传。

（十二）官德章，嘉靖三十二至三十三年（1553—1554），重任代理惠来县令。官德章于林春秀上京觐见期间代理。

（十三）李谯，字时望，别号少屏。福建欧宁人。嘉靖三十四年至三十五年（1555—1556），从广西钦州节判调任惠来县令。

（十四）林桂，字以奇，福建晋江人。嘉靖十九年（1540）举人，授遂昌教谕。嘉靖三十五年（1556）升任惠来令。道光《晋江县志》有传。

（十五）罗仕俊，湖南湘潭人。嘉靖十九年（1540）举人。嘉靖三十九年（1560），任惠来县令。

（十六）胡钦颜，广西全州人，举人。嘉靖四十一年（1562），任惠来县令。

（十七）陈淳质，福建晋江人，嘉靖三十一年（1552）举人。嘉靖四十四年（1565）任惠来县令，后改东安令，调泰州通判。

（十八）施厚，广西宾州人，举人。隆庆二年至四年（1568—1570），任惠来县令。

（十九）叶朝镇，福建寿宁人，岁贡。隆庆六年（1572）任惠来令。

（二十）陈应梅，福建莆田人，举人。隆庆五年（1571）任潮阳教谕，隆庆六年（1572）代理惠来县令，后升江西崇仁知县。

（二十一）倪良才，广西宜山人，举人。万历二年（1574）任惠来县令。

（二十二）陈载熙，福建南安人，举人。万历三年（1575）任惠来县令，后调广州府广宁令。

（二十三）蒋一清，字冰壶，号霁轩，广西化州人，举人。万历六年至十年（1578—1582），任惠来县令。万历七年（1579）兼任潮阳县令。

（二十四）文体循，广西全州人，举人。万历十年（1582）任惠来县令，后调任饶平县令。

（二十五）胡仕朝，江西南昌人，举人。万历十五年（1587）任惠来县令，时约一年。

（二十六）林正康，广西隆安人，选贡生。万历十六年至十九年（1588—1591），任惠来县令。

（二十七）黄廷柱，湖广丰州人，岁贡生。万历十九年（1591），任惠来县令。

（二十八）郑可大，号云台，福建邵武人，选贡生。万历二十年（1592），任惠来县令。

（二十九）林正康，广西隆安人，贡生。万历二十一年至二十四年（1593—1596），再任惠来县令。

（三十）方之矩，字勿逾，直隶贵池人，选贡生。万历二十四年至三十二年（1596—1604），任惠来县令。

（三十一）游之光，字东璧，直隶婺源人，举人。万历三十二年至三十七年（1604—1609），任惠来县令。万历三十五年（1607）兼理潮阳县令，后升任平度知州。

（三十二）蒋鉴偃，广西全州人，举人。万历三十八年至三十九年（1610—1611），任惠来县令。

（三十三）康时升，湖广籍，江西举人。万历三十九年（1611）任。

（三十四）周之祯，字以宁，直隶长州人。万历四十一年（1613）三甲第68名进士。万历四十一年至四十四年（1613—1616），任惠来县令。万历四十三年（1615）兼摄潮阳令；万历四十四年（1616）调任潮阳县令。海阳进士林熙春有《贺惠来侯周公调潮阳序》《贺兼摄潮阳惠来周公父母膺荐序》。

（三十五）李窦，字宏中，福建晋江人，举人。万历四十四年（1616）任。

（三十六）杨秀芳，云南广宁州人，举人。泰昌元年至天启四年（1620—1624）任惠来知县。潮阳进士林熙春有《送惠来杨明府行取》一首。

（三十七）陈宗汤，字心铭，福建龙岩人，举人。天启六年至七年（1626—1627）任惠来县令。天启七年孟冬，陈知县撰《建径口关碑记》。

（三十八）翁世治，江西南昌进贤人，贡生。崇祯三年（1630）任惠来县令。

（三十九）林凤翥，福建莆田人，举人。崇祯七年（1634）任惠来县令。

（四十）陈咨祀，字葵明，四川长寿人，举人。崇祯十年至十三年（1637—

1640）任惠来县令。后迁庆阳府同知。旧志云："去之日，百姓号离遮留，有遗爱碑。"

（四十一）**许直**，字若鲁，号桂玉，直隶如皋人。崇祯七年（1634）三甲第40名进士。崇祯十四年至十五年（1641—1642）任惠来县令；后擢升吏部验封司主事，进文选司考功员外郎。

（四十二）**万邦俊**，河北顺天府人，举人。崇祯十五年（1642）任广东饶平县令，兼代理惠来县令。

（四十三）**沈惟煌**，字默庵，陕西宁夏籍，湖广德安府孝感人，贡生，授教谕。崇祯十六年（1643）升任惠来县令。崇祯十七年至清顺治二年（1644—1645），奉南明政权莅任惠来知县，后擢升四川合州知州。离任时，老幼泣送长亭。

二、清代

（四十四）**龚燿**，籍贯与出身失考。顺治三年（1646），署理惠来县事。

（四十五）**吴希点**，浙江处州府庆元县人。顺治三年（1646）以随征军功议叙署理惠来县事。

（四十六）**吕建周**，浙江青田人。明崇祯间任连城令，清顺治三年放弃明官。顺治五年至六年（1648—1649），代理惠来县令。

（四十七）**梁汝广**，籍贯与出身失考。顺治七年（1650）任惠来县令。同年秋，南明郑成功部将黄山攻破惠来县城，逐去县令梁汝广。

（四十八）**汪汇**，字汇之，福建人。南明郑成功部将黄山部下中军。《民国饶府志》列为"南明职官"。清顺治七年、南明永历四年（1650）秋接任惠来县令。

（四十九）**张邦声**，籍贯与出身不详，何时到惠来就任待考。康熙《惠来县志·兵事·李天蛟之变》载，"顺治十年癸巳（1653）三月二十一日，署县张邦声密令碣石将陈万权"，依此可知张邦声于顺治十年至十二年（1653—1655）任惠来县令。

（五十）**刘文英**，籍贯与出身失考。据康熙《惠来县志》载："顺治十三年夏四月，海上警报频传，代理惠来县令刘文英在城外筑重墙以辅之。"由此考证，刘文英于顺治十三年（1656）曾任惠来县令。雍正《惠来县志·建置沿革》记载："明崇祯十三年七月，辟'兴贤门'。按：此门不宜开辟，径口风隙，扫学明堂，无裨文明。且门名'兴贤'，遂兆学贤围城之变。至顺治丙申年（1656），署县事刘文英塞其门，修为敌楼。"

（五十一）**李济**，陕西西安府富平人，举人。顺治十三年（1656）任。

（五十二）**陈万权**，江西人，水师右营游击（碣石将），顺治十四年（1657）任惠来县令。任期不详。

（五十三）**李济**，陕西西安府富平人，举人。康熙二年（1663）再任。

（五十四）**孙汝谋**，辽东沈阳人，举人。康熙三年至十年（1664—1671）任。

（五十五）**程学灏**，江苏镇江丹徒人，贡生。康熙十一年至十二年（1672—1673）任惠来县令。

（五十六）**段藻**，山西泽州人，顺治十六年（1659）二甲第95名进士。康熙八年（1669）任普宁县令。康熙十三年（1674）兼任惠来县令。

（五十七）**卫允中**，陕西韩城人，贡生。康熙十三年至十五年（1674—1676）任惠来县令。

（五十八）**张秉政**，字持公，陕西人，贡生。康熙十七年至二十六年（1678—1687）任惠来知县。纂修《惠来县志》，迄今犹存。

（五十九）**吴光贞**，籍贯与出身失考。康熙二十二年（1683）代理惠来县事。其间张秉政上京觐见，授命代理惠来县事。

（六十）**曾承肇**，福建莆田人，举人。康熙二十七年（1688）接任惠来县令。

（六十一）**方谦之**，籍贯失考，康熙二十八年（1689）代理惠来县令。其时任潮州通判，兼署惠来县事。

（六十二）**欧偕鼎**，广西融县人，举人。康熙三十年（1691）任惠来县令。

（六十三）**张其德**，山西崞县人，举人。康熙三十年（1691）任惠来县令。

（六十四）**张士昊**，字藻庵，福建福清人，岁贡。康熙三十年（1691）任台湾府学教授，参与修纂《台湾府志》。康熙三十四年至三十六年（1695—1697）升任惠来县令。邑人朱翼《送张藻庵明府归里》诗："何时贾郁仍花色，渡海铁舟再问葵。"

（六十五）**白章**，籍贯失考。康熙三十六年至三十八年（1697—1699）以海丰县令兼代理惠来县事。

（六十六）**查曾荣**，字春谷。浙江仁和人。本姓查，改姓严，后奉旨重新改姓查。康熙三十八年至四十六年（1699—1707）任惠来县令。康熙四十一年（1702）兼代理海丰县事。

（六十七）**彭象升**，河南兰阳人。康熙三十五年至四十年（1696—1701）任潮阳县令。康熙四十七年（1708）代理惠来县令。

（六十八）**王佚**，直隶蠡县人。康熙三十九年（1700）三甲第148名进士。康熙四十八年（1709）任惠来县令。康熙四十九年（1710）代理普宁县令。

（六十九）**佟世俊**，奉天镶红旗人，监生。康熙五十三年至五十五年（1714—1716）任惠来县令。旧志赞他"刑清政简，重土爱民"。

（七十）**徐坦**，山东蓬莱人，贡生。康熙五十七年至五十八年（1718—1719）任惠来县令。

（七十一）**张瑷**，山东嘉祥人，岁贡。康熙六十年（1721）任潮州府同知。雍正元年至二年（1723—1724）以潮州府同知署理惠来县事。

（七十二）**王人杰**，奉天人，举人。康熙五十九年（1720）任潮阳知县。雍正二年至四年（1724—1726）调任惠来县令。

（七十三）**白日宣**，山西平定人，岁贡。雍正二年（1724）任大埔县令。雍正五年（1727）任惠来县令；同年调任潮阳县令。

（七十四）**张玿美**，字昆崖，陕西武威人，廪生。雍正五年至十年（1727—1732）任惠来县令。写有《葵阳八景》诗，为惠来名胜风光喝彩。纂修《惠来县志》，迄今犹存。

（七十五）**裘曰菊**，江西新建人，举人。雍正十一年至乾隆元年（1733—1736）任惠来县令。

（七十六）**杨宗秉**，字远感，山西绛州人，例贡生。乾隆二年至八年（1737—1743）任惠来县令。旧志云："有才名，果于事。"

（七十七）**徐廷栋**，浙江桐乡人，拔贡生。乾隆八年至九年（1743—1744），任惠来县令。

（七十八）**王玮**，河南汤阴人，乾隆十年至十八年（1745—1753），任惠来县令。

（七十九）杨楚枝，云南太和人，举人。乾隆十九年至二十一年（1754—1756）任惠来县令。乾隆二十一年（1756）调任潮阳县令。

（八十）张署，江苏丹徒人。乾隆二十二年至二十四年（1757—1759）任惠来县令。

（八十一）贺朝冕，江苏镇江府丹阳人，举人。乾隆二十五年至二十九年（1760—1764）任惠来县令。乾隆三十年至三十一年（1765—1766）调任揭阳县令，后任从化、龙门县令。

（八十二）洪其哲，字东村，贵州玉屏人。乾隆十二年（1748）三甲第154名进士。乾隆二十九年至三十一年（1764—1766）任惠来县令。乾隆五十三年至五十五年（1788—1790）任揭阳县令。

（八十三）裘尹，江南人，举人。乾隆三十二年至三十三年（1767—1768）任惠来县令。

（八十四）郑熊佳，字南翔，号蓬山，直隶天津人。乾隆二十五年（1760）三甲第37名进士。乾隆三十四年至三十五年（1769—1770）任惠来县令。后历任电白、琼山、乐昌县令，擢升钦州知州。

（八十五）李械，四川，举人。乾隆三十六年（1771）任惠来县令。

（八十六）张六行，河南长葛人。乾隆二十六年（1761）二甲第55名进士。乾隆三十七年（1772）任惠来县令。

（八十七）王紘，顺天府举人。乾隆三十八年（1773）任惠来县令。

（八十八）徐锡礼，浙江举人。乾隆四十一年（1776）任惠来县令。

（八十九）赵振铎，乾隆四十二年（1777）任惠来县令。籍贯失考。

（九十）余继起，云南举人。乾隆四十二年（1777）任惠来县令。

（九十一）余作沛，浙江龙游县举人。乾隆四十三年（1778）任惠来县令。乾隆五十九年（1794）任海阳知县，擢升云南邓州知州。

（九十二）谢绍猷，福建上杭人，例贡。乾隆年间（年期不详）兼署理惠来县令。实授揭阳县令，未到任而卒。

（九十三）张聚奎，贵州举人。乾隆五十九年（1794）任惠来县令。

（九十四）郭彩凤，籍贯失考。乾隆六十年（1795）任惠来县令。

（九十五）叶先春，籍贯与出身失考。嘉庆元年至二年（1796—1797）任惠来县令。据《民国饶府志》载：叶先春，其人为官贪劣，民怨沸腾，任期不满一年而去。嘉庆二年（1797）元宵，邑人曾有联刺之曰："雷打枯枝，苍天不容老叶；雨袭元宵，万民皆怨先春。"

（九十六）冯亨，河南仪封人，举人。嘉庆二年（1797）任揭阳县令。嘉庆三年（1798），任惠来县令。

（九十七）谢治河，四川梓童人，举人。嘉庆四年（1799）任惠来县令。嘉庆二十年（1815）代理紫金县令。

（九十八）梁孔灿，广西举人。嘉庆七年（1802）任惠来县令。

（九十九）姚祖恩，浙江钱塘人。乾隆四十九年（1784）二甲第24名进士。嘉庆十二年（1807）任惠来县令。

（一〇〇）杨星耀，安徽人，廪贡生。嘉庆十六年至十八年（1811—1813）任惠来县令。

（一〇一）汪长龄，山东济南历城人。乾隆四十六年（1781）二甲第33名进士。乾隆五十六年（1791）任浙江宁波府奉化县令。嘉庆十九年至二十年（1814—1815）任惠来县令。

（一〇二）伍某，名字与籍贯及出身失考。嘉庆二十年至二十一年（1815—1816）任惠来县令。惠城城隍庙前石碑有《廉明县主伍太爷示禁》，时间为嘉庆二十一年七月初九日。据此考证伍县令任期。

（一〇三）凌企曾，江苏长洲人。嘉庆十三年（1808）三甲第27名进士。嘉庆二十二年（1817）任惠来县令。

（一〇四）李洪育，湖北沔阳人。道光年间（1821—1850）曾任惠来县令，任期不详。同治十三年（1874）任丰顺县令。

（一〇五）郝某，据《民国饶府志》记载：道光年间（1821—1850）曾任惠来县令。籍贯、出身与任期不详。

（一〇六）于某，据《民国饶府志》记载：道光年间（1821—1850）曾任惠来县令。名字与籍贯、出身及任期不详。

（一〇七）柏贵（？—1859），字雨田，蒙古正黄旗人，额哲忒氏。嘉庆二十四年（1819）举人。道光六年（1826）任惠来县令。历任惠来、普宁、龙门、东莞等县知县，南雄直隶州知州，河南巡抚。咸丰三年（1853）授广东巡抚，后署理两广总督。

（一〇八）徐殿兰，字典兰，浙江湖州人。道光年间（1821—1850）任惠来县令。同治十二年（1873）任梅州同知。光绪年间任归善令。徐殿兰曾在惠来县衙题一联曰："有一日闲，各勤尔业；无十分屈，莫进吾门。"

（一〇九）咸昌，四川驻防汉军，举人。道光十五年至十六年（1835—1836）任惠来县令。历任揭阳、惠来、顺德等县知县。

（一一〇）王治洽，江西豫章人。道光十六年（1836）任惠来县令。

（一一一）王普惠，据《民国饶府志》载：道光年间（1821—1850）曾任惠来知县。籍贯、出身与任期不详。

（一一二）罗世位，广东澄迈人。据《民国饶府志》载：道光年间（1821—1850），曾任惠来知县。其出身与任期不详。

（一一三）吴均（？—1854），字云帆，浙江钱塘人，举人。道光年间（1821—1850）曾任惠来县令，年期不详。《揭阳历代县长考论》载："吴均，道光十八年夏六月至十九年春正月（1838—1839）任揭阳县令。"《潮阳县志》（1997年版）载："吴均，清道光十六年（1836）、十八年（1838）、道光二十一年（1841）三任潮阳知县；道光二十四年（1844）任海阳县令；道光二十七年（1847）与咸丰三年（1853）二任潮州知府。咸丰四年（1854），时值潮阳大长陇村陈娘康、梅花村郑油春起义。吴均坐镇峡山圩，率官兵与义军于司马浦激战兵败。后来在弹压海阳民变事件中病死于军营。"

（一一四）崔康，道光二十四年至二十五年（1844—1845）任惠来县令。籍贯与出身不详。惠城城隍庙有石碑《廉明县主崔太爷禁示碑》，时间为"道光二十五年八月二十六日"。

（一一五）史朴（1799—1878），字文辅、晓初，号兰畦、竹友，直隶遵化州人。道光十六年（1836）三甲第68名进士。道光十七年（1837）与二十三年（1843）二任海阳县令；道光十九年（1839）为潮阳县令；道光二十一年至二十五年（1841—1845）任揭阳县令。道光二十六年（1846）任惠来县令。

（一一六）张观美（1814—？），字砚秋，号寄影老人，安徽池州府建德县人。道光二十年副榜。道光二十八年（1848）任惠来县令。

（一一七）张邦泰，字浦云，江西泰和县人，举人。道光十三年（1833）后，历任开平、丰顺、澄海县令。咸丰元年至二年（1851—1852）任惠来县令。后任揭阳令、署理潮阳县令，代理嘉应州知州。

（一一八）许延珏，字子双，浙江仁和人，廪生。咸丰三年（1853）任。

（一一九）汤廷英（？—1854），安徽单县人。咸丰四年（1854）任惠来县令。当年三月，大长陇陈娘康在陈店圩率众起义反清，扎营南山绸岭，派郑油春、陈阿围、林通柿等率众二千，从潮阳石港山进入惠来。五月十二日晚，攻陷惠来县城，县令汤廷英、游击辛鼎甲、教谕彭瑞龙等被捕后，同被斩首示众。

（一二〇）乌某，河南人。咸丰四年（1854）夏六月，代理惠来县令。其名字与出身不详。

（一二一）何泉裕，顺天大兴人，监生。咸丰四年（1854）秋署理惠来县事。

（一二二）许延珏，浙江仁和人。咸丰五年（1855）再任惠来县令。是年秋，丁日昌曾到惠来探访老友许县令。

（一二三）彭龄，陕西沔县（今勉县）人。咸丰六年（1856）任惠来县令。旧志云："爱土恤民，有慈惠之称。"

（一二四）陈元煜，五华人，咸丰年间（1851—1861）曾任惠来县令。出身与任期不详。

（一二五）彭绍荪，咸丰年间（1851—1861）曾任惠来县令。籍贯、出身与任期失考。

（一二六）周葆熙，字雨棠，浙江嘉兴秀水人，附贡生，钦赏五品衔广东候补布政司经历。同治四年（1865）任惠来县令。

（一二七）卢某，同治六年（1867）任惠来县令。名字、籍贯、出身与任期失考。

（一二八）张睿，甘肃古浪人，监生。同治七年至九年（1868—1870）任惠来县令。后任潮阳、丰顺、普宁等县令。

（一二九）王怀寿，同治十年（1871），任惠来县令。其籍贯与出身失考。

（一三〇）陈烈，福建长乐人，举人。光绪元年（1875），任惠来县令。

（一三一）关持纬，字关榕，广西临桂人。同治十二年（1873）代理普宁县令。光绪六年（1880），任惠来县令。

（一三二）田郅轩，字耕莘。光绪十年（1884）任惠来县令。其籍贯与出身失考。

（一三三）关持纬，广西临桂人。光绪十二年（1886）再任惠来县令。

（一三四）温月楼（1825—1893），又名东州，号树棻，福建上杭洪山乡半迳村人。道光二十九年（1849）在广州中举人。光绪元年至十九年（1875—1893）历任海阳、饶平、惠阳、龙川、惠来、澄海、连平、开平、广宁、始兴及四川的长宁等11个县的知县。其间曾任惠来县令，任期不详。光绪十九年（1893）病逝于海阳任所。为官近二十年，以清廉赢得口碑。

（一三五）陈金镛，浙江人。光绪十九年至二十一年（1893—1895）任。

（一三六）雷裕纶，籍贯与出身失考。光绪二十一年（1895）任惠来县令。同年因纵容丁役滋扰被革职。

（一三七）池伯炜，榜名百炜，字滋膺，福建闽县人。光绪十八年（1892）二甲第72名进士，翰林院庶吉士、散馆。光绪二十二年（1896）授惠来县令。光绪二十三年至二十四年（1897—1898）兼任揭阳县令。光绪二十四年（1898）任海阳县令。葵潭长春社区郑氏家庙的堂匾"辅德堂"是池伯炜所书，落款为"壬辰科翰林池伯炜书"。

（一三八）刘镇寰，广西临桂人。曾任乐昌县令。光绪年间（1875—1908）曾任惠来县令。后于民国期间为桂军将领。

（一三九）冯秉经，四川平昌岳家乡人，举人。光绪年间（1875—1908）曾任惠来县令。宣统元年任开平令。

（一四〇）刘祖祺。光绪年间（1875—1908）曾任惠来县令。籍贯、出身与任期不详。

（一四一）辛显祯，光绪年间（1875—1908），曾任惠来知县。籍贯、出身与任期不详。

（一四二）王之臣，光绪年间（1875—1908），曾任惠来知县。籍贯、出身与任期不详。

（一四三）陶祖培，举人。光绪二十一年至二十三年（1895—1897）任普宁知县。光绪二十四年（1898），任惠来县令。籍贯失考。

（一四四）张凤喈，安徽庐江人，举人。光绪二十五年至二十六年（1899—1900），任惠来县令。

（一四五）成守正，光绪二十七年（1901），任惠来县令。籍贯、出身失考。

（一四六）劳鼎勋，字勉存，江西善化人，解元。历署曲江知县。光绪二十七年至二十八年（1901—1902），任惠来县令。后任广东乡试同考官，改署江西饶州府知县，擢升道员。

（一四七）任玉树，字瑶阶，浙江人。光绪二十八年（1902）秋八月代理惠来县令。光绪三十一年（1905）代理澄海县令。

（一四八）王春霖，字浮孚。光绪二十九年（1903）秋七月十二日任惠来县令。到任不满10天病逝。

（一四九）冯某，光绪二十九年秋至三十一年（1903—1905）任惠来县令。名字与籍贯及出身不详。

（一五〇）丁启桢，光绪三十一年（1905）夏六月初九任惠来县令。籍贯与出身失考。

（一五一）张凤喈，安徽庐江人。光绪三十二年至三十三年（1906—1907），再任惠来县令。

（一五二）曹子昂，河北乐亭人。光绪十二年（1886）三甲第67名进士。历任澄海、惠州、永安县令。光绪三十四年（1908）春至宣统三年（1911）秋，任惠来县令。民间传说，曹子昂在任时，民众诉讼，不分情由，申诉方与被控者双方各先交一百毫只。故邑间咸称其绰号为"曹百毫"。宣统三年秋八月十九日（1911年10月10日），革命军在武昌起义成功；同年11月10日汕头市各地相继光复。曹子昂见清廷大势已去，即离任返乡。临行时哀叹《自吟》一首："历尽艰辛气自平，吁嗟孤掌莫能鸣。但求合众成功美，免使卑躬罪负荆。时兮如流难再挽，夜游秉烛叹浮生。红尘富贵黄粱梦，息影林泉听鸟声。"

〔第二节〕民国时期民政长、县知事、县长

1911年，宣统帝逊位后，民国政府任命民政长为县级行政长官，民国元年（1912）秋七月，广东都督府下令，各县设临时议会，并改各县"民政长"为"县知事"，1921年改称"县长"。1945年春二月至同年秋八月，在日本侵略者占领惠来时，成立"治安维持会"，这是日本侵略者在沦陷区利用汉奸建立起来的一种临时地方傀儡政权组织。惠来人方世模任维持会会长，充当日本汉奸。

一、民政长

（一五三）陈履生（籍贯与出身不详），1911年冬至中华民国元年（1912），由国民革命军汕头军政府委任为惠来县民政长，主宰惠来县政权行政职能。

二、县知事

（一五四）陈修龄，字伯达，福建长乐人，清末生员。民国元年冬至三年初（1912—1914）任惠来县知事。

（一五五）陈祺（1866—1918），字康侯，揭阳榕城人。清光绪十七年（1891）举人。曾任吉林省候补知府。民国二年（1913）任揭阳县临时参议会议长。民国三年春至四年（1914—1915）任惠来县知事。

（一五六）朱瑞华，汕头市庆华里人。马存发部的军官，民国四年至五年（1915—1916）任惠来县知事。

（一五七）丘君博，潮安县人。民国五年（1916）任揭阳县知事，民国六年至七年（1917—1918）任惠来县知事。

（一五八）成符孟，字啸田，连县人。民国八年（1919）任惠来县知事，后历任新宁、台山县长，两广总督财政部部长。

（一五九）林镇彝，梅县人。民国七年（1918）任澄海县知事。民国八年冬至十年（1918—1921）任惠来县知事。

（一六〇）林公任（1889—1952），字美栋，惠来县靖海人。中国同盟会会

员，汕头市善后委员会委员。民国十年（1921）任惠来县知事，同年冬任广州孙中山总统府监印秘书。陈炯明叛变炮击总统府时，护印有功，受孙中山先生赞扬。

三、县长

（一六一）**郑宗棨**，民国十年（1921）六月，中华民国政府公布《县议会议员选举规则》，实行民选县长。是年冬11月，郑宗棨被选任为惠来县县长。同年"县知事"，改称"县长"，并选举县议会议员。

（一六二）**李道闲**，名毓藩，揭阳县霖田都（今揭西灰寨）人，晚清廪生。民国十一年（1922），李烈钧部主持潮汕军政时，为了广辟粮饷弥补军需，宣布废除"民选"县长，撤去郑宗棨职，委任李道闲为惠来县县长，协助筹饷作为军需。

（一六三）**吴祖志**（1894—1952），名士超，惠城镇梅北村人。民国十一年（1922）任惠来县县长，任期数月。后任国民党海外部秘书。

（一六四）**许筠山**，籍贯失考。民国十二年（1923）春三月任惠来县县长。当年陈济棠、许崇智南北军阀混战，许筠山由军队委派，任期仅三天。

（一六五）**方雄文**，惠来县惠城西联村人，邑庠生。民国十二年（1923）春三月至秋七月任惠来县县长。

（一六六）**方梦龙**，字如山，惠来县惠城西联村人。民国十二年八月至十三年十月（1923—1924）任惠来县县长。民国十七年（1928）四月，被国民党驻防军团长曾一环以"土豪劣绅"罪枪决。

（一六七）**林公任**，民国十四（1925）春，参加广州国民革命军第一次东征，讨伐潮汕一带叛军，受东征军委派再任为惠来县县长，任期仅两个月。同年六月，随东征军回广州平叛，后参加北伐，转战湖南、湖北、河南等地，任湖北禁烟公署主任秘书。

（一六八）**查光佛**（1886—1932），名能，字竞生，湖北蕲州人，同盟会会员。武昌起义后，任都督府秘书，曾在汉阳总司令部任职，民国元年（1912）后，历任南京临时政府稽查委员，同盟会鄂支部交际处处长，中华革命党湖北讨伐袁军总司令秘书驻武汉特派员、护法军政府总裁机要秘书、广州大本营秘书。民国十四年冬十一月至十五年夏四月（1925—1926）代理惠来县县长。后任江汉宣抚使参议、《中央日报》总编辑、国民党汉口市宣传部部长、国民党史编纂委员会编纂秘书等职。

（一六九）**方钟年**，字毓川，惠来县东陇乡人。民国十五年（1926）夏五月至秋八月任惠来县县长。

（一七〇）**方炳彰**，名书彪，惠来县秀水里人。广东陆军小学、保定陆军军官学校转北京陆军军需学校第三期毕业。历任国民革命军连长、参谋、参谋长、师长等职，授少将军衔，兼署惠来、丹阳、澄海等县县长。民国十五年（1926）7月任惠来县县长，任期仅9天。民国二十六年（1927）任第一战区司令部高参。民国二十七年（1928）授中将军衔，后任军政部驻河南省军粮局长、军政部军需监（中将级）等职。退役后，任广东省参议会参议员，惠来县临时参议会议长等职。饶宗颐编纂民国《潮州志》时，方书彪和方乃斌等人负责提供惠来县的有关资料。民国三十八年（1949）赴台湾后，看破红尘，潜心佛学，曾赋诗云："往事数生平，家国惭无补；色相本是空，功名与尘土。"

（一七一）**黄晓沧**，四川成都人。民国十五年（1926）任惠来县县长，任期仅数月。同年调任饶平县县长。

（一七二）**方瑞麟**，字少麟，自署悟庵，普宁县洪阳镇德安里人。清末秀才，曾赴日本留学，同盟会会员，华侨安慰使，广东省政府参议员。民国十五年（1926）任惠来县县长，任期二个月。

（一七三）**邵肇明**，民国十五年（1926）任惠来县县长。

（一七四）**方雄文**，惠来县人。民国十五年（1926）9月至12月再任惠来县县长。

（一七五）**徐希元**，浙江人。民国十六年（1927）任惠来县县长，任期约半年。

（一七六）**饶子康**，广东梅县人。民国十六年秋至十七年春（1927—1928）任惠来县县长。

（一七七）**吴炳奎**，字榕荪，惠来县后溪洋村人。民国十七年（1928）3至4月任惠来县县长，任期仅一个多月。

（一七八）**廖鸣鑫**，广东潮州人。民国十七年（1928）任惠来县县长，任期二个月。

（一七九）**林鹤年**（1879—1940），字寿荃，自署鹤庐主人，惠来县东港长青村人。光绪三十年（1904）郡庠生。民国六年（1917）授县知事，到福建任职。历任兴宁、揭阳、河源等县检察官,再任阳山、丰顺县县长。民国十七年至十八年(1928—1929)任惠来县县长。后历任五华县推事、曲江县府秘书等职。

(一八〇)**陈季博**(1888—1953),名汝济,号任桢、啸桥,广东梅县人。同盟会会员,参加黄冈起义和梅县光复之役。曾任汕头《大风报》编辑,赴日本留学,孙中山先生委任为东京特派员,国民党驻日总支部常务委员兼组织部部长。回国后,历任广东省党部秘书,黄埔军校政治教员,总司令部上校秘书,广东省政府秘书等职。民国十八年(1929)夏六月至冬十月任惠来县县长,任期四个月。民国三十四年(1945)赴台湾,历任台湾省行政公署及台湾省政府参议,台湾省文献委员会编纂委员会委员等职。

(一八一)**吴仕湘**,湖南固始人。民国十八年(1929)冬至十二月任惠来县县长。后调任高明县县长。

(一八二)**李本清**,电白人。民国十八年(1929)冬十二月至二十年(1931)秋七月任惠来县县长。

(一八三)**饶子康**,梅县人。民国二十年至二十一年(1931—1932)再任惠来县县长。

(一八四)**吴鲁贤**,开平人,美国耶鲁大学毕业生。民国二十一年(1932)春至同年秋任惠来县县长兼公路局长,任期仅4个月,呈请辞职。

(一八五)**李本清**,电白县人。民国二十一年秋至二十二年(1932—1933)再任惠来县县长。民国二十二年,惠来县城绅士陈家辉等10多人,联名向省政府指控县长陈本清任期贪污。潮汕驻军师长张瑞贵示意团长张镜澄逮捕控告的全部人员,并下令将联名状前三名陈家辉、方子平、方锡三处死。

■ 惠城镇护城河发现的石刻

（一八六）**丘桂兴**，广西人。民国二十二年春至二十四年夏（1933—1934）任惠来县县长。

（一八七）**李绍钦**，广西合浦人，保定军官学校毕业，曾任国民军团长。民国二十四年夏至二十八年冬（1935—1939）任惠来县县长。

（一八八）**庄剑兰**，广东潮阳人。民国二十八年冬至二十九年冬（1939—1940）任惠来县县长。2022年惠城镇护城河一工地发现石刻："修筑惠来县在城西南沟渠水平图，测绘者技士廖若儒，核定者县长庄剑兰，民国廿九年立。"

（一八九）**郑峻岳**，广东饶平人。民国二十九年冬至三十二年夏（1940—1943）任惠来县县长。同期主持出版《新惠日报》。

（一九〇）**方德明**（1905—？），族名章道，惠来县资深人。国民大学毕业，东渡日本留学，就读东京政法大学；曾任国民革命军第四路军属下团参议室、政治部中校主任。民国三十二年夏至三十三年秋（1943—1944）任惠来县县长。后弃政从商前往香港，任惠来旅港同乡会会长。

（一九一）**陈宏溁**，广东始兴人。民国三十三年秋九月至三十五年春二月（1944—1946）任惠来县县长。

四、伪维持会会长

（一九二）**方世模**，惠来县人。民国三十四年（1945）春二月至同年秋八月，在日本侵略者占领惠来时，出任维持会会长，充当日本汉奸。维持会，亦称"治安维持会"，是日本侵略者在沦陷区利用汉奸建立起来的一种临时地方傀儡政权组织。

五、县长

（一九三）**方乃斌**（1895—1991），字启东，号葵叟，惠城梅北村人。广州国立广东高等师范文史系毕业，曾任韩山师范校长、汕头《岭东日报》编辑主任，汕头市政厅市长、国民党广东省党部执行委员；历任丰顺、博罗、普宁、阳春、潮阳、增城等县县长。民国三十五年春二月至三十六年春二月（1946—1947）任惠来县县长。饶宗颐编纂民国《潮州志》，时任惠来县县长方乃斌和惠来一中校长方卓然等人提供关于惠来县的资料。1949年2月赴香港后,任香港珠海书院文史教授。

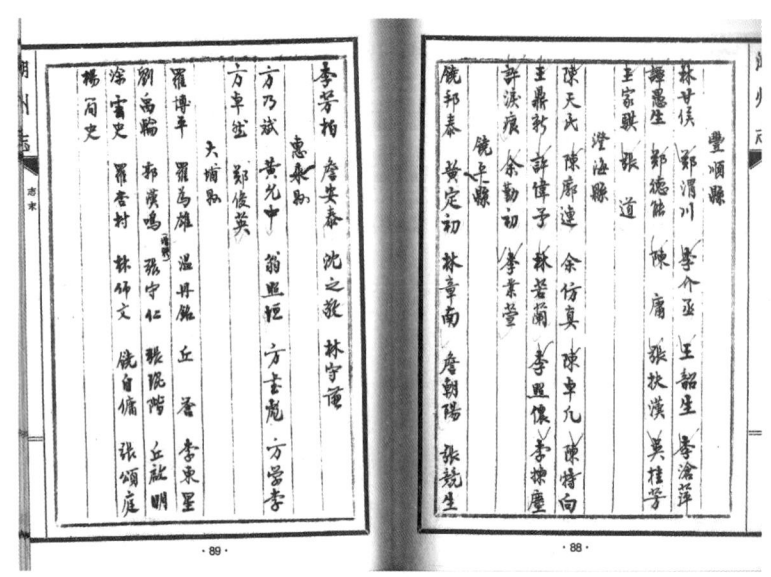

■ 收录于《潮州志·志末》的"潮州修志委员会委员名单"

（一九四）**方文灿**,惠城梅北村人。广东大学毕业,历任国民党汕头市党部委员兼任训练部长、广东省党部视察员、党务指导员、省参议员、军政部军署上校视察等职。民国三十七年（1948）春二月至十一月任惠来县县长,1949年赴台湾。

（一九五）**邹瑛**,广东五华人,大学生。民国三十七年冬十一月至三十八年夏四月二十三日（1948—1949）,由广东省政府"县长"考试中选派,出任惠来县县长。

1949年5月19日,中国人民解放军闽粤赣边纵队第二支队向惠来县城挺进,共产党与解放军派员与国民党政府县长邹瑛、政警大队长陈家骐等接触,敦促其弃暗投明。邹瑛等见四面被围,宣布无条件投降。1949年5月20日,惠来县全境解放,成为潮汕地区第一个全境解放的县份。

（一九六）**李士琦**,广东东莞人。南京陆军步兵学校第二期毕业生。曾任国民党军中校团副、上校教官,民国三十八年（1949）五月,授陆军少将衔,任广东第七区保安副司令。据国民党"广东省政府第十二次委员会第二十八次会议"（1949年6月14日）记录:"省民政厅长王光海提议,惠来县长邹瑛撤职,遗缺拟派第七区保安副司令李士琦代理。"其实,此乃一纸空文。当年底李士琦移居香港。

〔第三节〕中华人民共和国（书记、县长）

书记	县长
詹泽平，广东普宁县人。1918年出生，历任中共惠来特派员、中共惠来县委书记。1949年5月20日，任中国人民解放军惠城区军事管制委员会主任（主持全县政权工作）	詹泽平，广东普宁县人。1949年8月1日，由潮梅人民行政委员会批准，成立惠来县人民政府。当年8月1日至1952年4月，委任詹泽平为惠来县县长
罗彦，广东普宁人，1949年10月至1950年2月，任中共惠来县委书记	
林史，广东普宁人，1950年2月至1951年6月，任惠来县委书记	
左明，河北省蓟县（今隶属天津市）人。1916年出生，1951年5月，被任命为中共潮汕地委委员兼中共惠来县委第一书记	左明，1952年4月至1953年2月，兼任惠来县县长
常胜，河北蓟县人，1953年2月至1954年3月，任惠来县委代书记。1954年3月至1955年4月，任惠来县委第一书记	常胜，本姓王、名祖春，河北省蓟县人。1952年5月至1953年2月，任惠来县副县长。1953年2月至5月，任惠来县县长
高振勇，河北滦县人，1955年4月至1957年9月，任惠来县委第一书记	马枚，潮阳县和平乡人。1953年5月至1955年5月，任惠来县县长
方思远，广东普宁人，1957年9月至1958年12月，任惠来县委第一书记	郭拱，潮阳县人。1955年6月，在惠来县第一届人民代表大会第一次会议上被选为县长，任期至1958年12月
1958年12月，汕头专署经国务院批准，宣布撤销惠来县建制，原县域内的红旗、红光、红星、红江4个公社并入普宁县，东红公社并入潮阳县。至1961年3月，恢复惠来县建制，辖19个公社	
方八鹏，惠来人，1961年3月至1965年6月，任惠来县委第一书记	匡锡九，河北省人。1961年3月，在惠来县第四届人民代表大会第一次会议上，匡锡九被选任惠来县人民委员会县长，任期至1963年9月
王玉田，河北蓟县人，1965年9月至1968年3月，任惠来县委书记	亢德保，河北省丰润人。1961年8月至1963年8月，任惠来县副县长。1963年9月在惠来县第五届人民代表大会第一次会议上被选为惠来县县长，任期至1968年3月
李卓魁，广东揭阳县人。1961年9月至1968年12月，历任惠来县人民武装部政委、中共惠来县委常委、县委书记	
1968年3月后，原惠来县人民委员会县长，改称"惠来县革命委员会主任"，实行任命制	

（续表）

书记	县长
	李卓魁，广东揭阳县人。1968年3月至12月，任惠来县革命委员会主任
李显文，辽宁省人。1970年9月至1973年9月，任中共惠来县委书记	李显文，辽宁省人。1968年12月至1973年9月，任惠来县人民武装部政委，县革命委员会主任
徐国良，辽宁省宽甸人，1973年9月至1979年3月，任惠来县委书记	徐国良，1928年出生，辽宁省宽甸人。1973年9月至1979年3月，任惠来县革命委员会主任、中共惠来县委书记
黄继藩，广东澄海人，1979年3月至1984年4月，任惠来县委书记	黄继藩，1930年出生，广东省澄海县人。1948年8月入伍，1952年加入中国共产党。1979年3月至1980年10月，任县革命委员会主任
1980年11月8日至13日，在惠来县第六届人民代表大会第一次会议上，根据全国第五届人民代表大会第二次会议关于《实行县级直接选举成立人民政府》的决定，撤销惠来县革命委员会，重新成立惠来县人民政府，选举县人民政府县长	
曾宪松，广东揭阳人，1984年9月至1986年4月，任惠来县委书记	方锦明，1930年出生，惠来县寄陇村人。1948年5月入伍，1980年9月任中共惠来县委常委、县农林水办公室主任；10月任中共惠来县委副书记。同年11月8日至13日，在惠来县第六届人民代表大会第一次会议上，选举方锦明为县人民政府县长。任期至1984年5月。之后调任汕头市民政局局长、广东省民政厅老区办主任等职
吴志华（吴惜鼻），广东饶平人，1986年4月至1992年1月，任惠来县委书记	陈钦声，1940年出生，普宁县人，1984年6月，在惠来县第一次会议上被选为县长，任期至1987年4月
戎铁文，惠来人，1992年1月至1993年5月，任惠来县委书记	戎铁文，惠来县靖海镇人。1987年4月，任中共惠来县委副书记，同月在惠来县第八届人民代表大会第一次会议上被选为县长。任期至1992年1月
萧喜荣，广东潮阳人，1993年5月至1996年2月，任惠来县委书记	萧喜荣，广东省潮阳县人。1992年4月，在惠来县第九届人民代表大会第一次会议上被选为县长。任期至1993年6月
蔡佑南，广东揭西人，1996年2月至1999年6月，任惠来县委书记	赵锡浩，潮州市人。1993年6月，在惠来县第十届人民代表大会第一次会议上被选为县长，任期至1996年3月

（续表）

书记	县长
方汉藩，广东普宁人，1999年6月至2003年3月，任惠来县委书记	陈澄民，湖南省临武县人，1996年4月，在惠来县第十届人民代表大会第四次会议上被选为县长，任期至1998年4月
	黄水利，惠来县周田镇径口村人。1998年4月，在惠来县第十一届人民代表大会第一次会议上被选为县长，任期至2002年4月
张敬兀，广东揭西人，2003年3月至2005年4月，任惠来县委书记	张敬兀，揭西县人。2002年4月，在惠来县第十一届人民代表大会第五次会议上被选为县长，任期全2003年4月
黄少宽，广东普宁人，2005年4月至2007年12月，任惠来县委书记	黄少宽，普宁县人，2003年4月，在惠来县第十二届人民代表大会上被选为县长，任期至2005年4月
	陈声亮，揭西县人，2005年在惠来县第十二届人民代表大会第三次会议上被选为县长，任期至2006年9月
林旭群，广东揭阳人，2007年12月至2013年12月，任惠来县委书记	林旭群，广东省揭东县人，2006年9月，在惠来县第十三届人民代表大会第一次会议上被选为县长，任期至2008年3月
邱辉盛，广东普宁人，2013年12月至2018年2月，任惠来县委书记	方如隆，普宁市人，2008年3月至2013年11月任惠来县县长
	贝继勤，揭西县人，2014年3月当选为惠来县人民政府县县长
	邱鹏，广东榕城人，2017年9月至2018年4月，任惠来县委副书记、县长
蔡淡群，广东揭东人，2018年2月至2022年7月，任惠来县委书记	陈郑生，广东榕城人，2018年5月至2019年9月，任惠来县委副书记、县长
魏洁林，广东榕城人，2022年7月至今，任惠来县委书记	肖辉生，广东普宁人，2019年9月至今，任惠来县委副书记、县长

〔第四节〕古代官员政绩述要

一、蒋恩

蒋恩，字石城，广西全州人，明正德朝举人。明嘉靖五年（1526）至嘉靖十一年（1532）任惠来县令。

嘉靖五年，因惠来首任县令杨孟训卒于上任途中，由蒋恩任惠来令。当时，惠来县初创，百事未备，蒋恩至惠来，未有公署，只能寄寓于民间。但工作照样干，他首先忙于勘地建公署、建察院和城隍庙，辟集市和住宅区。并劝课农桑，振兴学校，使民知向学。蒋恩莅惠来执政六年后，卒于官。因有惠政，故民思之，并立遗爱碑纪念。康熙《惠来县志》有传。

蒋恩在惠来的具体工作是：嘉靖五年夏四月，建县治和察院。同年，建儒学于县治之北。至十八年为台风摧毁。六年，建北山驿。嘉靖十年，建魁星亭，以耸文峰之秀。

二、诸燮

诸燮，字子相，号理斋，浙江余姚人。嘉靖十四年二甲第八十八名进士。十七年任兵部主事，后任邵武同知，谪潮州通判。明嘉靖二十一年（1542）初至嘉靖二十二年（1543）代理惠来县令。

诸燮曾守山海关，忠贞为国，后因忤巡边大僚被谪为茶陵同知。精理学，一洗陈言。撰《通纪会纂》四卷；辑《新镌通鉴集要》十卷二十册。

诸燮于嘉靖二十一年代任惠来令，政平讼简。代理一年后升同知去，合邑思之。祀名宦。康熙《惠来县志》有传。诸知县在惠来任间做了一件有益于民的事。南城逼近县治，居民弗安，兼海寇掠城外。诸燮乃召耆民庄文凤等论之曰："尔邑新设，民居零星无以为守，且城南空虚湫隘，非县治所宜，今宜开拓数十丈，移城外之民以实之，所谓一劳永逸之计也。"庄文凤等更相踊跃，遂申请如议。是举也，费役有经，规模宏廓，至今民居环辏，无寇贼疾疫之患，皆燮力也。

嘉靖十九年改建儒学于县治之东。儒学本第二任县令蒋恩所建，于嘉靖十八年为飓风摧毁，故改建之。嘉靖二十二年，拓县南城四十四丈，合旧城共七百七十四丈，雉堞一千四百八十八堵、城楼四座，四门各设兵马司二间寓守城军士。

三、林春秀

林春秀，字麓平，又字彦甫，号实甫，福建闽县人，是惠来历史上一位入祀"名宦祠"的有为知县。他于嘉靖十八年（1539）至二十年（1541）、嘉靖二十九年（1550）至三十三年（1554），两次就任惠来知县。在任期间，他为惠来人民做了大量好事，惠来人民为之立"遗爱碑"。康熙《惠来县志·选举》"名宦"有传，主要事迹有：

（一）重修大陂驿大门、正堂、后堂。康熙《惠来县志·公署》大陂驿："在县西九十里，明洪武四年驿丞刘本建。成化四年驿丞廖通重建。嘉靖十八年知县林春秀重修大门、正堂、后堂各三座，前后左右厢房各三间，其西为驿丞廨，今遗址犹存。"

林春秀，字麓平，福建闽县人，嘉靖间乡荐，二十九年除惠来令，秀才谓精明，操持严毅。下车问民疾苦，兴学校，举废坠，抚流离，除盗贼。一切山林川泽，为奸民冒占者，悉清理，还之官。四载风恬化洽，建邑之初所未有也。后升同知，去，民思之，立遗爱碑。

■ 摘自同治《惠来县志》原版

（二）重视教育，除山盗，惩治奸民。林春秀在惠来前后6年，断案较多，"除盗贼，一切山林川泽，为奸民冒占者，悉清理，还之官。"康熙《惠来县志·山川》记载具体事迹，主要有：1."东福阜溪，在县东五里，发源大峯，经光华绕东福阜抵神泉入海。先是，乡民方良赋冒首占业，嘉靖三十二年，知县林春秀断复为官溪。" 2."古产陂溪，在县东五十里，发源金刚髻山，至仓上洋，通靖海港入海。灌田百余顷。旧为乡民彭邦俊霸占，勒收乡民水税。嘉靖三十二年，知县林春秀断还官，与乡民灌溉。" 3."大墩山，在县南门外，相距半里许。东西各有小墩，堪舆家呼为众星拱月，为县治案山。旧志云：'草创之初，县民方宜高等冒为己业。嘉靖三十三年，知县林春秀查无给管，复作官山。环植榕木百株，寻以兵火之。后方汝明纳银一十二两，首米在户。两旁有坟墓数堆。万历三十三年，知县游之光查明，论令生员方应慧输出还官。建文昌阁弘文堂于此。'" 4."龙江溪，在县西三十里，有三源：一源出南阳山，由峰滩至河口会；一源出梅田山，至河口会；一源出鸢子嶂，由鲎溪、古寨、葵潭至河口，会同至鲁阳分流，东为林招溪，西为沙岗溪，中为龙江溪，抵神泉入海。先被乡民陈通影射河泊给管，冒占勒索水税。知县林春秀查追涂抹，复断还官。" 5."渔湖溪，在县西北三十里，发源尖山，合龙江至神泉入海。先被乡民蔡论等冒占，知县林春秀复断为官溪。"6."览表渡溪，在县西南六十里，发源摩山，经新埭至甲子港入海。每遇风涛，波浪汹涌，冲坏田坐，亦一方之巨浸也。先是，豪民吴国观等科索水税，乡民周景忠等献于潮阳萧家，讦讼数年。知县林春秀复断为官溪。万历十六年，寄庄排年吴重光、黄允贤复告给管，种植菱荷。三十四年，刁军伍仁冒为己业，投宦启衅。知县游之光堪明，复断还官，岁令吴重光等供税四钱，仅许其种荷护堤。"7."透龙湖，在县西北二里，周三十丈，深不可测。相传雷振地裂，遂成巨浸。时或鸣号，则天大风雨。人以其神，因名。岁旱，溉田数十顷。旧志云：'县民李彦卿冒首专利。嘉靖三十二年，知县林春秀复断作官湖。嗣后年久，县民方彦佩将上下填塞为田，首米五分。万历初年，卖方朝博。三十四年，知县游之光查明，委典史陈钶清丈实，得五分八厘一毫，与前年官湖出水处无碍，不妨小民灌溉。议照中则科米，岁输银入文昌赡士。"

（三）嘉靖三十年（1551），**建孔庙大成殿、两庑、棂星门、新泮池、明伦堂等，并购置祭孔乐器**。康熙《惠来县志·学校》："启圣祠一座，今改为崇圣祠，旧在射圃后，嘉靖三十年，知县林春秀移建明伦堂后。""圣殿后为明伦堂，朱子书额，左有神厨，房有卧碑，右有祭器库。嘉靖二年（应为'三十二年'），知县林春秀建。"

（四）嘉靖三十二年（1553），**兴建县学观海亭、学门仪门、宰牲所**。康熙《惠来县志·学校》记载："观海亭在儒学西北，先是生员孙献谟地……知县林春秀以埔地易之，创亭其上，地为城中最高，南望大海，有记（《观海亭记》）。"

（五）**捐出工资十两银子重建赤山院**。邑人陈光世《重建赤山院记》："辛亥春，麓平林公莅兹土，见其瓦砾委积，林莽四塞，颓垣败砌，若非可礼神而布令者。欲新之，会寇扰且饥，寝，比二年癸丑，公乃曰：'兹役其可兴乎！'维时耆民方氏裔，旧檀越方某等，率众进曰：'往者阻于时艰，今民力有余，唯公命。'公以邑之公事，所公帑诎乏，岂可以重烦吾民？乃捐俸金一十两易木直，其甓瓦砾石，则听乎民之乐义者助焉。于是，伐恶木，剃奥草，拓其规制，指画以授之，中为堂，前为门，左右翼以廊庑，轮奂一新，其圮者因而葺之。是役也，经始于癸丑冬十月朔，竣事则甲寅春日也。公偕邑博诸君谋会以落之，复相与题咏赓和以壮之。"

（六）续修靖海所城。康熙《惠来县志·兵署》："靖海守御千户所，在大坭都，洪武间，百户董聚建，原隶潮阳。嘉靖三十二年重建，改隶惠来。"嘉靖三十二年（1553）是林春秀任惠来县令。

（七）建神泉城。康熙《惠来县志·建置沿革》："（嘉靖）三十二年夏五月城神泉。周围三百丈，高一丈三尺，东西二门。神泉在县治之南十五里，相距仅一望耳。海贼泊澳，呼吸立达，则神泉固县之一外部也。"

（八）重建乡厉坛五所。康熙《惠来县志·秩祀》："乡厉坛，记五所，一在惠来都赤山院西埔，一在酉头都狮石前，一在入坭都莲花桥，一在隆井都大峡墩，一在龙溪都龙江。嘉靖三十二年，知县林春秀重建。"

（九）向海道副使何元述伸详被势豪霸占的学田80多亩归还县学，抑制地方势力，支持发展教育事业。嘉靖三十三年（1554），扩建儒学泮池。康熙《惠来县志·学校》记载："新泮池，旧为生员方大谦、翁端阳，耆民方宜教田。嘉靖三十三年，知县林春秀以东门外空地及延福园、新市园等埔地易之，周围筑堤丈许，凿为大池，共计十有三亩。"

（十）林春秀文才颇佳，《惠来县志》收录他的文章有《观海亭记》《官埔记》《义阡记》《乡约文》，诗歌有《苦旱词》《海滨即事》。摘录几首：

《苦旱词》："山城点水如点金，三农望雨如望粟。云雷翕忽犹苦迟，霹霖通宵不知足。去年稻熟尚阻饥，今年稻荒更谁告。官长征租莫后时，租完且度升平曲。"

《海滨即事》："万里扬帆海上舟，祥云沃日信安流。雁声不过沧溟去，知是南天最尽头。"

《春日留题赤山院》二首："古院临郊敞，行春玩物华。烟村三百社，雨树十千家。海气频凝市，山桃早着花。尚渐刍牧地，绕径问桑麻。""乱山回竹径，古树入招提。晓路侵苔滑，春云压帽低。风清鸣剑佩，雨沛足耕犁。共卜丰年兆，晴空隐彩霓。"

明嘉靖三十三年（1554），林春秀主持编修《惠来县志》。这是惠来县见诸记载首次修志，方志界一致认为，此书已佚。

林春秀是有真才实学之人，他纂修《惠来县志》是"奉文"还是个人行为？

不得而知。其时惠来置县只有20多年，修志属于首创，"草创未几，百凡阙略"。难度可想而知，而且，该志成书之时，已是林春秀去任之后，接任者是否同样重视此事，不得而知。该志全修者也未见记载。

关于此书的纂修过程以及志书的内容、体例、水平，见诸记载有：1. 明代万历年间惠来知县游之光《惠来县志·序》："建邑后二十有余年，而有林实甫之笔，顾其书成于去任之时，因陋就简，体裁失次，仅同野稗。于以征往俟来，不已戋戋乎？" 2. 赐同进士出身、吏部观政、邑人张经《康熙惠来县志·序》："惠建自前明嘉靖间，兵灾之余，邑乘未遑，麓平林公仅具其概。" 3. 广西北流县知县邑人詹一惠《惠来县志·序》："邑之有志，自嘉靖甲寅秋林侯麓平君始，草创未几，百凡阙略，而君纂辑成书，为可继耳。" 4. 福建盐运使司同知、邑人翁延寿《惠来县志·序》："邑自开建之初，志载阙焉。后廿余年，而晋安林公始事纂修，于是百凡草昧，开载未悉，而文义亦少逊焉。"

由于林春秀所编纂的《惠来县志》未见存世，关于此志的规模及水平，只能从后代相关史书记载中一窥管豹。游之光、林世赏、詹一惠、翁延寿是编修万历《惠来县志》的官员，他们对于该志的评论（这4位肯定是阅读过该志的），可以得出这样的结论：1. 该志内容粗略，"仅具其概""开载未悉""仅同野稗"；2. 体例不够严谨，纲目不全；3. 该志文体不准确，"体裁失次"；4. 该志文字水平一般，"文义亦少逊"。

但是，这部县志具有独特意义，成为惠来县修志的源头，诚如詹一惠所说："君纂辑成书，为可继耳。"

四、蒋一清

蒋一清，字冰壶，号霁轩，广西宣化人。万历初举人，万历六年（1578）至十年（1582）任惠来令。时惠来连年遭兵燹，疮痍斑斑，民众流离失所，蒋一清加意拊循，省刑宽赋，但对奸恶者则极力除之。万历十年春，蒋一清重建魁星亭，以耸象岗文峰之秀。有贤声，当其离任时，攀卧之民者众。万历十七年（1589）兼任潮阳知县。升临安府同知。祀名宦，康熙《惠来县志》有传。雍正九年（1731）《惠来县志》记载蒋一清断案："莲台寺塘，在县西三十里巨镇村，周围八里，塘中多生莲实,灌田百余顷。旧志知县游之光云:'查前塘原带米二十一亩,万历八年丈量,复折米四十九亩六分三厘一毫二丝。万历十年,朱思怡、林一隆等讦告军门、各衙门。知县蒋一清查照印信给管,将原额照数分派:林一隆等原塘十九亩,应得一十九分;朱思怡等原塘二亩,应得二分。具由详府。知府郭子章复审云:朱、林二氏之所争者,不在塘而在取塘之水以灌田,林氏塘多而田少,朱氏塘少而田多,断塘中之利尽以予林,代纳粮差;塘中之水听朱氏随田灌注,林氏不得阻勒,详允在案。越今十余载矣,又复告争不结。究厥所鬻争,不在水而在取莲启衅也。惠俗好讼见小,贤者不免,他不足责矣。'因并纪之。"这个案件比较复杂,牵涉的人较多,迁延的时间较长,成为后来不少事件的源头。从蒋一清的判决来看,应该是比较合理的。

五、方之矩

方之矩,字勿逾,直隶贵池人,选贡生。万历二十四年(1596)至三十二年(1604)任惠来令,任期九年,始终一节,茹檗饮冰,平易近民。平日往返于各地,简车少马,人不知其为县令。对于迎接来往高官,亦没有大肆铺张浪费以迎合。在惠来任职九年,离开时,"行李萧然"。是一位有惠政的知县。祀名宦,康熙《惠来县志》有传。当方知县离任时,邑举人陈尚志有《长相思》词赠之,对方知县的政绩赞赏有加:"我公清,我公明,寸腔热血洒南溟。九年一片冰。饥我生,忿我平,恬波息尽东海鲸。村落鸡犬宁。"

康熙《惠来县志》卷二《疆域》载:"劝农亭,在县东郭外。万历二十四年知县方之矩来令兹土,宽仁廉惠,邑人爱之,筑生祠为祀。矩不欲居,其名自题曰:劝农亭。"在古代,人们对于官员的最高敬仰,就是为他本人建"生祠"。惠来人既然要为县令方之矩建生祠,说明他为地方做了不少好事,因为建生祠是古代对官员的最高规格的称许。另一方面,方县令婉谢了这种最高级别的荣誉,不愿为自己建生祠,而是将生祠改为他用。本县贡生方三朋(字敬允)撰写《桂殿秋·题东郊方之矩公祠》,对方知县予以高度评价:"贤县宰,之矩公,奉檄惠来著惠风。爱民勤政号循吏,去日讴歌响彻空。龚遂德,海瑞清,方尹由川到穗城。一箱书剑扬帆去,县志于今垂大名。"

万历三十年（1602）仲春，方知县撰《茚溪碑记》，今存康熙《惠来县志》卷十七《艺文上》。这是一件疏通河流、方便灌溉农田，"为拯民溺而除患于永久"之事。惠来方乃斌1983年赋词《醉太平·重建惠城东郊方之矩县令纪念祠赋感》："贵池名贤，惠邑青天，那堪祠宅颓然，去思碑保全。垂四百年，仁泽宣传，光新庙宇重圆，方山瓜瓞绵。"

雍正九年（1731）《惠来县志》记载方之矩断案："茚溪，在县东六十里，发源于黄岗，北流十余里，合绕心江。又十里，经茚港总会诸水入练江。古有石桥三间横跨，之下可通舟。茚溪数乡居民，赖无水患。后为潮阳豪家筑梁，绝流而渔，积至壅。于万历二十九年，知县方之矩悉其利害，详院复为官溪。有茚溪碑记。"方之矩是一位敢于任事的县官，潮阳豪家在茚溪筑梁，致使惠来地域的河流壅塞，他把官司打到潮州府，迫使"诸豪心服，请决其流，遂上其事于御史"（《茚溪碑记》）。

六、胡钦

胡钦，字明峰，广西桂林人，由乡荐，万历二十六年（1598）除本学教谕，方正严谨，励心苦节，每课诸生，必亲为改窜，或接题同作。诸生有事，率以情遣。贫不能葬者，捐俸助之。莅任数月，士风丕变。卒于官，以状闻，时学道蔡克廉批曰："本官学行兼优，足励风化，甚为可悼。"准迎入祀。诸士至今有遐思云。

七、刘弘宝

刘弘宝，字台岩，福建晋江人。宝素性耿介，登万历丙戌进士，授翰林院庶吉士，戊子改户科给事中，历升刑、工二科，都以建言忤时。出为浙江左参政。岁乙未，会以追勘工程事，谪惠来典史。单骑就任，唯图书数卷，仆从二人。驻县治两载，借寓南郭大观堂。以诗文自娱。至地方利病，如痌瘝在身，力为调护，士民戴之。著有《大观堂即事》《游大观堂》《重过大观堂》。

八、游之光

游之光，字东璧，直隶婺源人。举人。万历三十二年（1604）冬月任惠来知县。万历三十五年（1607）兼理潮阳令。万历三十七年（1609）升平度州知州。祀名宦。康熙《惠来县志·选举》"名宦"有传。海阳进士林熙春有《赠东璧游父母兼摄潮阳报政还惠序》，对游之光备为推许。主要事迹有：

（一）万历三十三年（1605），重修县公署，匾其额为"尊美堂"，其他各堂分别为"清勤堂""观我堂"等。康熙《惠来县志·公署》："惠来县公署……万历三十三年，知县游之光重修，匾其堂曰'尊美堂'，取尊五美之义。川堂一座，匾其堂曰'清勤率属'，取清慎勤之义。后堂一座（左右二房），堂曰'观我堂'，取易观我生之义。厅前卷蓬一列，旧有小蓬，以茅茨覆之，屡为飓风摧毁。三十五年，知县游之光改建，庀木为栋，覆之以瓦，风雨不坏。"

（二）万历三十三年（1605），建谯楼一座，额其匾为"千秋保障"；又题第一层柱联曰："无有反侧，无有偏党，愿嘉与百姓，平平共登斯路；可对天知，可对人言，敢谓开重门，洞洞正如我心。"题楼上柱联曰："排闷静观，当前鸡犬桑麻尽成景色；肩扉细听，莫把祁寒暑雨误作潮声。"康熙《惠来县志·公署》："谯楼一座，即大门，先是卑隘倾圮，明万历三十三年，知县游之光捐赎锾，改建四隅，广一十八丈，高三丈一尺，匾其门曰'千秋保障'，取千秋永镇之意。匾其楼曰'第一谯楼'。"并赋诗《谯楼新成》："赫赫阳门起丽谯，飞甍接栋切云霄。疏棂光照城头月，书角声残海上潮。五夜退思清梦短，三年滥俸宦情遥。登归倍觉山河壮，保障何辞答圣朝。"

（三）建申明亭二所，东曰"旌善亭"，西曰"瘅恶亭"。又建县堂后宅衙，颜其匾为"视如堂"。康熙《惠来县志·公署》："申明亭二所，在大门外，东西各一所，东曰'旌善亭'，西曰'瘅恶亭'，知县游之光建。县堂后宅衙，在后堂，门屋一座，前堂一座，明知县游之光匾其堂曰'视如堂'，取视民如伤之义。"

（四）万历三十三年（1605）夏，游之光主持建文昌阁。康熙《惠来县志·建置沿革》："（万历）三十三年夏六月建文昌台于大墩。台上高阁三层，阁前弘文堂一座。本县形势，后枕五朝，前面大海，虎山环其东，葵岭障其西。中有大墩，两傍有小墩。说者谓文星不耸，议建塔以应'文昌山上玉华笏，五百年后圣人出'之谶。"游之光撰《建文昌阁记》："盖闻天地间，扶舆灵淑之气，峙而为山，流而为川，蓄而为雄。都巨邑城郭宫宇台阁，是皆不容终秘，必有所待而开。而当其将开未开之间,又必有人焉,为之主张斡旋,然后其士民相与,世食其福而袭其休。故《易》言:'泰而归功,于辅相裁,成天地人,盖相参云'。惠来,古潮阳一都鄙耳。我世庙朝俞抚臣议,始拆为邑。其地北宸五朝,南面大海,虎山笙其东,蔡岭环其西,中有大墩,如印如圭。两傍有小墩以翼之,如辅如弼。盖天造地设形胜也。顾草昧初辟,事多阔略,越六十有余年,至蒋令公一清,稍稍言兴起文学之事,建魁星亭于跃龙岗,树赤帜于大墩。壬午以来,邑人士后先发迹,贤书所称,有待而开。非与,自蒋公迄今又逾二十年,所矣说者,往往称引志载,有'文昌山上玉华笋,五百年后圣人出'之谶,谓宜建文峰以应之。而当事者率谦让未遑。此曷以故?盖常情骇于虑始,巧妇窘于无炊,此其难,难在经费劳,伤之业谤可虞。甲乙之筑舍莫决,此其难,难在持议。甲辰冬,余不佞奉命来理兹土。入其邑,其民朴而顺,其士秀而文,其山川气脉,佳丽磅礴,不觉勃然色喜。既而环视学宫城郭,阙圮滋多,则愀然有动乎中。其明年,月在蕤宾,邑之缙绅士大夫以请,余不敢以不敏谢手焉。疏檄士民,士民协从。又阅月,会有堪舆家从西江来谒巡台朱先生,遂请载之后车,至则相与相度卜基,政得蒋公树帜处。以问业者,业者曰:'苟有造于一邑,何敢爱其瘠亩,愿以输。'且助之金。是可以举事矣。辄卜日鸠工,捐赎锾数百缗以佐费(一缗即一串1000钱),遴邑之殷实好义者十余人,各董厥事。规方六丈五尺以为台,台凡两层,就台规方四丈五尺。构木为阁,阁凡七丈,直辟百八十余步以为堂,堂凡三进,若城之北门,治之鼓楼。一时先后竣事,望之屹然,干霄插云,盖邑之一大观也!继而朱君嘉璟衰然举于乡,天时人事,捷于桴鼓,矧兹诸人士蒸蒸济济,应期而兴,惠之昌也,未有艾也!"

望着堂堂皇皇的文昌阁,游之光不禁喜出望外,赋诗一首《文昌阁新成诗》以纪之。

(五)万历三十六年(1608),建奠丽亭于县治十字街,题匾"入潮第一邑",北曰"平易近民",南曰"奠丽群生"。康熙《惠来县志·疆域》:"奠丽亭,在县治十字街,旧有牧爱坊,后废。编木为棚,简陋甚矣。万历三十六年,知县游之光从堪舆家言,建亭其上,题曰'入潮第一邑',北面扁曰'平易近民',南面扁曰'奠丽群生'。为邑伟观云。"并赋诗《奠丽亭》:"翼翼危亭镇四衢,聿新海上旧舆图。输踏尽日如流水，争指全潮第一区。"同年，在文昌阁弘文堂前建玉华笏坊。康熙《惠来县志·疆域》："玉华笏坊，在文昌阁弘文堂之前，其向西北。万历三十六年，知县游之光建，取应'文昌山上玉华笏'之谶也。"

（六）任间又重建关帝庙。康熙《惠来县志·秩祀》："关帝庙，在西关中街社学旧址。万历三十三年，方天福、方洪盛等输赀重建。知县游之光为清出生员林之栢原占地。益之题曰'汉寿亭侯祠'。正堂一座，前堂一座，门屋中左右。于是规模恢弘，为阖县庙宇之冠。"

（七）任间开辟北关。同治《惠来县志·山川》："北关，原城门闭塞不通，知县游之光复开于城隍巷，其外为耆民吴文奎埔地，令其让出丈余为路，以便牛车出入，昔建铺十余间。"

（八）游之光在惠来任职时间较长，加上勇于办事，断案较多，在惠来留下了不少业绩。康熙《惠来县志·山川》记载了他断案的具体事迹，主要有：1."象山，在县西北四十五里，溪水绕其下，绵亘数十里。万历中，为乡民蔡论等冒黄藤岗米十五亩，花分各户，暨占擅利。历经知县郑可大、游之光，断复还官，与民樵采。"2."黄猴峯，在县西北五十里，东至象山十里。中有茭东湖、和尚山、走马岭、林满坑、曲溪、打石窑、春白山、后坪埔、挟圾仔、角子潋、李阿峡、尾寮、夏厝寮、涧头埔、石桥、神坑、鳖潭尾、乾薪坑、石子坑等处，为蔡论等冒占擅利，乡民卢朝会等联名具告院道，知县游之光断还官，与民樵采。详允勒石。"3."头巾石山，在县西北四十里，西至黄猴峯二十里。中有荒坑、高塘仔、赤坎、军仔坑、李四坑、虎咬山埔、上磜、上大岭、头官铺、头寮、后空墩、中寮山、中寮、官后埔、苦楮山、豺狗洋等处，为蔡论等冒占。三十三年，知县游之光复断作官山。详允勒石。"4."鹤老坑山，在县西南六十里，北至黄猴峯二十余里。中有鲤鱼墩、官铺、官径、吊视三洋、詹公陂山、葵坑、马头山、黄竹枥、上四坑、狗圻坑、南坑仔、脱皮岭、大岭背、青皮竹、大土宁宫坑、后峯、梅仔坑、小港岭、蘇竹堀、吊狗石、鹰婆吊、总路口等处，旧为蔡论等冒占。三十三年，知县游之光复断作官山。详允勒石。"游之光在惠来5年，把被土豪蔡论霸占的象山、黄猴峯、头巾石山、鹤老坑山，通通收为官山，可见，是一位敢于办事、善于办事的县官。

（九）游之光由举人出仕，才华横溢，县志载有《绍姒录序》《建文昌阁疏》《建文昌阁记》《檄惠父老文》等文章，以及《神龙赋》和《谯楼新成》《望海楼》《题翁太学寅旸堂》《奠丽亭》《劝农亭》等诗歌。兹录三首，以见他的才情之一斑：

《题永兴寺》："出郭人烟尽，岧峣见梵宫。径斜纤草绿，地僻蔓桃红。禅榻菩提偈，香台贝叶风。恍然忘吏事，浩劫坐来空。"

《赤山院》："古树拂青坛，春光晓尚寒。百花风乍暖，四墅鸟成欢。望岁从兹日，明农敢自安。应知刀剑卖，麦可两岐看。"

《望海楼》："满城佳气拥高楼，万紫微茫拂槛流。风送涛声疑带雨，月明练色似浮沤。窗中牛斗通三象，檐近星辰跨十洲。不道放衙堪极目，却惭勾漏有丹丘。"

（十）明万历三十六年（1608），知县游之光主理纂修《惠来县志》，参加修志者有：广西北流县知县、邑人詹一惠，四川大竹县知县、邑人林世赏，福建盐运使司同知、邑人翁延寿。同时，召集邑之耆民搜集逸事，有林正干、方子说、吴汝云、吴大器等。此志未见于世。

关于该志纂修，游之光在"序"中有详细说明："岁戊申，邑之缙绅、先生、学士、大夫以请余，唯唯否否，以告当道。当道报曰：'可于是揖缙绅、先生、学士、大夫而与之畴咨。'谕耆民林正干、方子说、吴汝云、吴大器等，蒐求逸事，属诸北流君讨论既确，余始序次删辑，列为十二卷，图有说、事有纪，自舆地、官署、赋役、食货以至名贤、孝节、迁客、辞人之类，靡不各有评骘。凡四阅月而后成帙。"毫无疑问，游之光是位有心人，他于繁忙政事之余，"留心文献，博稽广询"，完成此部县志，诚如翁延寿所说："嗣万历东璧游公莅惠，以文章政事著声，钱谷之暇，留心文献，博稽广询，裒辑成书。"

关于此志，见诸记载有：1. 詹一惠"序"："乃质所闻于父老而参之舆论，其事则礼乐、政教、宦迹、人文，上及沿革、休咎之征，下至户口、阨塞之处，炳炳具载。其体裁略效古编年之法，损之益之，阐幽光而悉微隐，务求合乎至当之论。" 2. 林世赏"序"："邑之称志者未远，草昧其体近于稗，官侯一易以《春秋》编年例，复用紫阳氏提纲分注之法，以寓其叙述。"从上面的记述可以看出，该志设有12卷，主要内容包括：舆地、官署、赋役、食货、名贤、孝节、迁客、辞人、沿革、休咎、户口、阨塞、礼乐、政教、宦迹、人文等。

此次修志，有几点值得借鉴：一是分工明确。"林正干、方子说、吴汝云、吴大器等，蒐求逸事"；游之光"序次删辑"。二是编排采用编年体，用朱熹（紫阳氏）"提纲分注"法注释，"其体裁略效古编年之法，损之益之。""以《春秋》编年例，复用紫阳氏提纲分注之法，以寓其叙述"。三是内容丰富，体例较为完备。12卷内容有自然环境，有政治，有经济，有文化，有人物等方面内容，应该是一部不错的志书。四是广泛求证材料真实性，多方求证，不厌其烦（"乃质所闻于父老而参之舆论"）。

此志未见于世，在2007年重新出版的康熙二十六年《惠来县志》里，仍可以看到不少属于《万历惠来县志》的内容。游之光、詹一惠、林世赏、翁延寿、陈尚志为该志所作之序，确凿无疑是该志的；《旧志山川图说》《旧志县郭图说》《旧志县志图说》《旧志学宫图说》《旧志文昌图说》等内容，有可能是林春秀县志内容，也有可能是该志首纂；至于游之光、詹一惠、林世赏、翁延寿、陈尚志等人的诗文，应该可以确定是属于该志收录的。

九、陈宗汤

陈宗汤，字心铭，福建龙岩人，举人。天启五年（1625）冬十一月至七年（1627）任惠来令。陈宗汤"丰裁峻整，遇事飚发，一时豪猾敛迹。然礼贤如宾，爱民若子。"多有政绩，祀名宦。康熙《惠来县志》有传。

在陈宗汤任县令时，县令往来于潮州府时，路上没有公廨。陈宗汤捐俸买地建行署三座，门匾题"葵阳公署"，堂匾题"禅林一枝"，以供往来官员休憩之用。天启六年，在离县三十里邑之东（即今周田镇北关门山，现为惠来县文物保护单位），两山对峙，中通一径，山石险要，荆榛丛芜，经常有盗贼和"暴客"出没，严重危害当地行人。因此，他疏通道路，砌石为关，名"径口关"。又增设兵役三十名，确保往来行旅安全。再在雄城上建一小阁祀关帝，题匾曰"雄关天堑"。径口建成后，"轮蹄不绝，行李无侵，险阻已成周行，绿林化为康庄。"天启七年孟冬，陈县令撰《建径口关碑记》，详记其事。

十、陈咨讬

陈咨讬,字葵明,四川长寿人,举人。崇祯十年(1637)至十三年(1640)任惠来令。在惠来任职期间,笃诚慈爱,保民若子。自奉淡薄,其内署寂若斋厨。后迁庆阳府同知。旧志称:"去之日,百姓号离遮留。有遗爱碑。"康熙《惠来县志》有传。陈知县在惠来生活自律,以俭为荣,慈爱民众。崇祯十二年春,奉檄各府县举行修、练、储、积四事。陈知县增修环城雉堞,雉堞增高四尺,女墙增高二尺,城壕基址各砌以石,越二年竣工。林学贤乙酉年攻城4个多月,幸守御有备,城不得破,"其功宜千秋尸祝也。"十三年夏五月,陈知县铸大铁炮十门,飞枪、百子等炮五十余门。同年夏七月,辟兴贤门。

十一、许直

许直(?—1644),字若鲁,又字一缄,号桂玉,直隶如皋人。崇祯七年三甲第四十名进士。崇祯十四年(1641)至十五年(1642)任惠来令。

素以理学自任。初授义乌令,崇祯十一年丁母艰,服阕,补惠来令。任间多有政声。旧志说他:"下车作誓盟神;申讲乡约;平价救荒,蠲逋革耗;自设匦以闻过,月课士以七艺。"到任即向神盟发誓,要当好县令。他具体做的事是与民众制定乡规乡约;以平价米出售来救济平民。更有特色的是,自设意见箱,让乡民投寄指出自己施政的缺点。明清时期,除了军功,至少要考得贡生的身份才有资格当县令,现职县令是过来人,何况还是一名进士,有经验,虽说儒学有教谕任教,当某位县令重视教育时,会经常到儒学为生员讲课。许县令就是喜欢为生员讲课的县令,而且每月都到。崇祯十五年夏五月,饥荒,米粮严重缺乏,有人铤而走险,在惠来城内抢粟,对此,许知县做了较好的处理:一方面重惩首犯;另一方面出示赈济,号召富裕士民捐粟救济灾民,帮助民众渡过难关。同年,许直擢吏部验封司主事,进文选司考功员外部。崇祯十七年甲申国变,京城陷,闻崇祯帝自缢,号恸欲绝,为书报其父,作诗六章,有句:"愿待吾皇遍诸帝,哀祈仍使国威扬。丹心未雪生前恨,青节空留死后馨。"然后自缢而死。其妻亦随之自缢死。许直是一位很典型的明朝殉臣。南明隆武元年赠太仆寺卿,谥忠节(亦作忠愍,《明末忠烈纪实》和《甲申朝事小纪》均作"忠节"),崇祀名宦,留碑永志。《明史》《明末忠烈纪实》有传。邑举人林寿芝对许直在惠来任职期间，有很高的评价，他在《许侯永思碑记》中，对许县令尊崇备至，有句曰："我侯树德于惠，葵岭让高；且我惠饫侯之德，神泉让深。令将何以为报哉，惟有勒此一片石耳。"

十二、沈惟煌

沈惟煌，字默庵，陕西宁夏籍，湖广德安府孝感人，贡生。授教谕。崇祯十六年（1643）夏至清世祖顺治二年（1645）任惠来令。崇祯十七年，李自成进北京，崇祯帝在北京煤山自缢，朱明皇朝结束，但仍有若干朱明忠臣拥戴朱姓后裔先后在南方建立政权，与清军抗衡，史称之为"南明"。计有福王弘光政权、唐王隆武政权、鲁王政权、唐王绍武政权、桂王永历政权、韩王定武政权等。崇祯十七年之后，沈惟煌仍奉南明政权。崇祯十六年，沈惟煌任惠来令，莅任三载，为板荡时期，忙于恤灾平乱。清顺治二年迁升四川合州知州，暂留任候代时，遇林学贤起事而被困于城中数月。离任时，旧志说："老幼泣送长亭。"祀名宦，康熙《惠来县志》有传。

沈知县上任第一年，在县北郊外一里许建榕石庵。榕石庵几经兴废，现在已成为惠来名胜。清顺治二年，福建漳浦举人林学贤闻郑成功下江南，与弟林赞南、林有声、生员林时发等潜谋袭惠来县治。时知县沈惟煌以书讯之。林学贤答书有云："虽无彝齐之操，亦何至有盗跖之行。倘不善之将浼，虽九死其何辞。"相诒至秋七月十二日，林学贤统兵至县，据关帝庙为营，遗书入城致沈知县，其中有云："不佞起家儒术，本无嗜杀之心，足下若肯降心相从，尊眷度能保全，送出境外，以报平日相与之情。如其不然，环城一攻，众皆有愤，不佞虽焦唇敝舌，终不能为之覆庇也。"沈知县掷书地下，即严督士民固守，誓无二志。此后双方对垒，县城被困三个月，"城中食尽，斗米一两，斤肉二钱，棹凳门屏，折毁供薪，鸡狗杂畜，宰无遗种，彻夜萧然，绝鸣吠之声。"至冬十月，潮州府总兵王振远带援兵到，即解围。十一月初四日，林学贤入县城谒见各营将及知县乡绅，俯首膝跪，但求赦罪。

在围城之时，能否将信息送到潮州府，请潮州府派来援兵，其作用决定城能否保住。这个关键人物是靖海义民卢和其人。卢和是靖海所人，在顺治二年林学贤围城时，沈知县在与林对垒中，为向潮州府求援，命卢和胸怀血书并信鸽二只，趁黑夜从城南缒出，匍匐膝行十五里至神泉，然后从海路至潮州府，放信鸽为号。在此行程中，夜中如遇贼，或蹲伏似狗，或似弃尸，人不能识。如此，竟然往返二十四次。当时，城中少金帛，卢和冒危送情报，并非为了金钱。"特以官令不敢违，主恩不可负，亲戚父老不忍舍，往来出入，狎虎如鸥，握蛇如饴，视刀林剑树如杯棬衽席。彼世之大儒，口谈气节，临事鼠首，未见火而思避焚，未见水而思避溺者矣。"张经在《义民卢和传》中高度评价卢和其人："和，独出万死一生之力，救全城旦夕之命，身无壶公之符，肉委饿狼之蹊，此真蜉蚁之诚可撼川岳，卑田之院足走冠裳者矣。彼野史传昆仑奴之救主，古押衙之藏生，此属子虚之荒谈。即有之，亦不过烟花之细事。兹乃国步多艰之日，颠沛倾覆之顷，直以茕茕一身，履冰蹈尾，效七日之泣，出同袍之师，其所成就，岂不伟哉。"

十三、张士昊

张士昊，字藻庵，福建福清人，岁贡。康熙三十年任台湾府学教授，参与修纂以巡道高拱乾主纂的《台湾府志》（十卷，于康熙三十五年刊印）。康熙三十四年（1695）至三十六年（1697）任惠来令。莅任三载，操守严正，礼士爱民。听讼时甚为公正，且是非立决。对豪猾之徒严治之，县境治安肃然。三十六年岁饥，捐俸赈灾煮粥于文昌阁，自夏四月初一日起至六月十五日止，历时两个半月，活人不少。离任时，士民攀辕如归市。雍正《惠来县志》有传。康熙三十六年，在县城北门旧学地建养济院，专门收养孤贫者。

当张县令将归里时，邑人朱翼有《送张藻庵明府归里》诗，歌颂他在惠的为官清廉和治惠政绩：

法屹山陵不可移，冰壶泠泠峻丰仪。鲁恭驯雉传三异，杨震无金有四知。
来暮方歌凫化舄，去思为怅道留碑。何时贾郁仍花色，渡海铁舟再问葵。

十四、萧英汉

萧英汉，字倬长，号云亭，广之顺德龙江乡人也。由岁贡，于康熙三十五年（1696）秉铎惠来（担任惠来县学教谕），以崇德行、正文体为己任，造椅桌，勤月课，士之敦行谊者尤礼之。捐俸修葺西庑，性甘淡泊，虽寒毡冷署而介节自持。雅嗜吟咏，兴会所至，招及门于北郭外榕石山寺，分韵赋诗，怡然自适。司教一十四载，蓁土化焉。丁外艰去，阖学为立"去思碑"。

十五、张秉政

张秉政，字持公，陕西人，康熙十七年（1678）至二十六年（1687）任惠来县令。他在惠来当了10年父母官，对惠来的军事政治、社会治安、经济文化作出了卓越贡献。他富有才情，留下了不少关于惠来人情风俗、旅游胜地的诗歌和文章，是一个较有作为的县令。主要业绩有：

（一）**击败海寇**。张秉政上任这一年，有海寇肆无忌惮地掠夺乡民，所谓安民莫先靖乱，因而，他捐钱造三眼火枪150门，组织精壮之士击败之。康熙《惠来县志》卷十一《兵事·海寇丘辉流劫之变》记载："海寇臭红肉丘辉有船百馀艘，游弋海上，由甲子门沿劫览表、新寮等乡。十七年，宪檄团练乡勇。知县张秉政选择精壮八百名，调习操演，捐赀造三眼枪一百五十门，分发乡勇，棋布要冲等处。贼知有备，引去。至十八年五月，贼艘复至黄岗登岸。知县张秉政督率乡勇截杀，会游击韩典督兵进击，合力拒敌，随擒杀贼魁二十余级于排兜澳，余贼败走，登舟不及，溺死者无算。"

（二）**修筑腾蛟、起凤二亭**。康熙十九年（1680），修筑腾蛟、起凤二亭。康熙《惠来县志·建置沿革》："（康熙）十九年庚申四月，知县张秉政修筑腾蛟、起凤二亭。"

（三）**修乡贤祠**。康熙二十年（1681），重修乡贤祠。康熙《惠来县志·建置沿革》："（康熙）二十年辛酉，重修乡贤祠。"

（四）**建墩台**。康熙二十一年（1682）冬十月，分别于神泉港、靖海所、湖口港、石碑澳、田心寨改建墩台五处。康熙《惠来县志·建置沿革》："（康熙）二十一年壬戌冬十月，改建墩台五处，一筑神泉港东、一筑靖海所西、一筑湖口港、一筑石碑澳、一筑田心寨。"

（五）**修文庙**。张秉政重修文庙，并撰写《重修文庙记》。

（六）**重建永兴寺**。康熙二十五年（1686），张秉政捐资重建县西永兴寺，并撰写《重建永兴寺记》。

（七）改建文昌祠。康熙二十六年（1687）春，捐资改建文昌祠于县城南郊。康熙《惠来县志·学校》："文昌祠，在县治南郊外，前甲申火灾，康熙二十六年，知县张秉政以旧时坐向未吉，今改坐癸向丁，丙子丙午分金，后辰五朝，前面瀛海，双峰在右，云塔在左，祀文昌、魁星二神，春秋二丁设祭于此。门屋一座，中堂一座，后堂一座，左右二廊为义学讲习之处。"撰写《重建文昌阁记》和《重建文昌祠序》，并赋诗《文昌祠落成》："当年祠宇向青峦，选胜于今改旧观。门对南离生笔彩，地通溟渤起文澜。云霄路近鹏联翩，桃李风清客倚栏。自是千秋虔俎豆，应知多士庆弹冠。"

（八）诗文。张秉政才情较高，属较有诗情者，县志收录文有《重修文庙记》《重建文昌祠记》《重建文昌阁记》《重建永兴寺记》《拓建吴真君庙记》，诗有《喜展界》《禁马回京》等。兹录数首以见一斑：

《九日榕石登高》："欲览民风藉胜游，喜逢佳节到林丘。不知巨石何年起，久伴白云此地留。便可登高瞻蔀屋，何妨泛菊醉朋俦。荣枯卉木寻常事，莫向登临感暮秋。"

《游永福寺》："香林游以数，春日兴犹酣。形胜无多地，东郊第一庵。尘中存静土，物外对瞿昙。向佛浮图峙，解禅众鸟参。磬声和梵呗，茶碗助僧谈。异馥花供座，祥光日上龛。慈云生牖北，法雨洒天南。卧钵龙何慧，扑窗蝇自憨。迷津高衲渡，说法宰官惭。柏子空庭落，衣珠何处探。"

《喜展界》："万里全疆画界分，于今重复课耕耘。蛟螭戢影澄遥岛，鸡鹜将雏认里粉。汪泽谕宽三载赋，炊烟缕锁一行云。环郊闻得闹春社，齐颂恩光恰海濆。"

《普陀岩祷雨》七言古风："十洲自古传灵异，阆苑瑶台仙佛地。蓬瀛浩浩紫澜生，上有岩峦作砥柱。我宰葵阳虽僻陬，银涛雪浪涌无际。有意望洋何处观？城西指点普陀山。适遇蕴隆思祈祷，戴星瘅玉岂能闲。石篆鲸钟苔斑驳，何年飞落此山间？年深岁月生光怪，摩娑疑有神灵在。瑶草灵苗恍可寻，花果无名令人骇。流泉纡折溅云林，脉通溟渤分余派。我溯泉流陟一峰，万里空青指顾中。楼台宫阙浮蜃气，俯览城闉烟火浓。日月精华骨沐浴，晦明风雨跃鱼龙。甘澍未来民告语，山灵吁帝怜赤子。弥漫黑云雷电飞，旱魃奔逃不敢舞。万陇千畦占有年，争看滂沱四郊雨。"

（九）编修《惠来县志》。清康熙二十六年（1687），张秉政编修《惠来县志》，此为惠来县第三次纂修，计十八卷。

参加修志者有：赐同进士出身、吏部观政、邑人张经，四川重庆府南川县知县、邑人方应祷，明经、邑人郑国光和陈龙光。该志原版唯一孤本现存于天津市人民图书馆，2007年惠来县地方志办公室前往扫描，重新编排目录，印刷出版，该志得以重见天日，成为惠来县最重要的一部历史文献。

张秉政主持纂修的《惠来县志》，是入清编修的第一部《惠来县志》，也是现时流传最早的惠来县志。全书共六册十八卷，基本涵盖了惠来境内的人文地理、社会经济等方方面面的历史和当时现状。内容全面，文字简洁，资料翔实，思想开明，特色突出，是一部古代志书善本。该志有几个突出特点：1.篇目设置合理，分类详细。该志设置为篇目体，为建置沿革、星野疆域、山川、贡赋物产、职官、选举、公署、学校、秩祀、兵防、灾祥、风俗、人物、节烈、寓贤仙释、艺文（上、中、下）。每卷或以朝代为顺序，如建置沿革卷，职官，兵防，灾祥，人物，寓贤仙释，节烈，艺文（文部、赋部）；或以方向排序，如山川，以方向统分全县之山、之河。基本都是卷之下设目，简单明了。独卷之四贡赋物产中"物产"一目，下设有谷之属，蔬之属，果之属，木之属，花之属，草之属，竹之属，药之属，羽之属，毛之属，鳞之属，介之属，布帛之属，货之属等小目。体例完备，自然，地理，政治，经济，人文，大方面都具备，按现代志书编撰要求来说，能够做到"横不断项，纵不断线"。2.设置图说，凸显特色。该志卷一前设有凡例、目录，分别介绍该书之体例发端及目录索引，还增设"图说"这一特色篇目，有如现代之特辑。共设有山川图说、学宫图说、文昌祠图说、靖海守御所图说，结合图片对全县之山川、县郭、县治、学宫、文昌祠、靖海守御所进行概述，图片按方位结合具体之地名，辅以旧志之论说，新、旧结合，使人对全县之概貌有一个总的、全面的、清晰的认识。3.该志艺文篇匠心独运，把惠来的人情风俗、山川风景、重要建筑等，囊括在艺文篇中，从另一个角度，以另一种笔调，反映惠来的山川秀丽，人文荟萃，物事演变。如《卷之十七·艺文上·文部》，共录入36篇序、记，其中，反映惠来建筑的有《重建赤山院记》等21篇，反映惠来民情风俗的有《乡约文》《檄惠父老文》等8篇，其他少数几篇策、书、疏，也与民生有关。

关于该志编修，参与修志的邑人张经在《康熙惠来县志·序》写道："兹逢圣天子大修一统之典，邑侯持公张先生敬承德音，蒐辑志事，犹以簿书期会，思虑未专，用询野老之言，以广轩辀之献。余与二、三同人，罔忖荒陋，谋野编辑，而进退笔削，裁自侯衷。"这是一次全国性的修志，正是所谓"盛世修志"，人员配置和经费保障都比较丰饶，收获的成果当然较为丰硕。诚如四川重庆府南川县知县、邑人方应祷在《康熙惠来县志·序》所写："诚钜典也！"当不属谀美之词。

十六、查曾荣

查曾荣，字春谷，浙江仁和人。本姓查，改姓严，后奉旨复姓查。康熙三十八年（1699）至四十六年（1702）任。康熙四十一年（1667）代理海丰县令。查曾荣在惠来任职时间较长，是一位对惠来的发展大有贡献的长官。为了减少战事，他改剿为抚；他建常平仓储备粮食，居安思危，为旱灾之时可用；他又重修志书，使惠来的历史能保存下来。他没有想到的是，当年为了防寇而修建的城墙，如今是游人观光和发思古之幽情的绝妙地方。其主要业绩有：

（一）康熙三十八年（1699），**修理城池四门**。靖海城匾曰"靖海安澜"。雍正《惠来县志·建置沿革》："（康熙）三十八年己卯，知县查曾荣修理城池，勒石纪事，按方锡额，东曰'东隅保障'，南曰'南海安澜'，西曰'西关锁钥'，北曰'北极藩屏'。"同年修靖海、神泉二城。雍正《惠来县志·建置沿革》："靖海为东土屏藩，神泉为南海门户，岁久城圮，知县查曾荣捐金修理，匾其门曰'靖海安澜'。

（二）康熙三十八年**重建西庑，修义路、礼门等**。雍正《惠来县志·建置沿革》："儒学西庑久为风雨飘零，栋折瓦落。知县查曾荣捐赀重建西厢五间，复修义路、礼门二门。""（康熙）三十八年己卯，知县查曾荣重修县治前横街仁育、义正二坊，易其额，东曰'畏天'，西曰'保赤'。"

（三）康熙三十九年（1700），**修察院左侧大陂驿署为北山驿署**。雍正《惠来县志·建置沿革》："此署旧建为杨公祠，及后大陂驿居之，驿裁，改为北山驿署，今驿又奉裁。"又重修常平仓正厅三间，西直屋十四间，东直屋十间，厅左右二间，以储粮备赈灾之用。雍正《惠来县志·建置沿革》："三十九年庚辰，知县查曾荣重修常平仓，正厅三间，西直屋十四间，东直屋十间，厅左右二间，俱编列字号，共成二十六廒，以储积谷。留中厅为查盘公所，额以'常平'，复跋曰'稽古常平仓'。谷价太贱，增价籴以贮之。俟岁饥，则减价粜与贫民，法至善也。"

（四）康熙四十一年（1702）春，捐俸重建县城隍庙亭。康熙四十一年春久无下雨，而无雨则无禾，无禾则无岁，无岁则民必遭饥饿。因此，他郑重其事斋戒数日，然后在城隍庙设坛祷雨"于火云烈日中"，三日后，果然天降大雨。查知县喜而说："雨珠耶？雨玉耶？雨粟耶？邑人莫不额手相庆，而归其功于余。余曰：此神赐也。"因此，事后他即捐俸，重建城隍庙亭以报答神庥。并撰写《重建城隍庙亭记》，提出了颇有见地的看法："岂如古之崇尚浮屠，动逾千金，劳民佞佛，而邀福于冥冥者哉，虽然救灾捍患，官司之责，而趋事赴工，余又喜惠民之馨鼓弗击，而乐效其子来也，从此而政简民安，物无夭札，人无疵疠，君子攸跻，小人攸宁，其受庇于斯亭之下者，锡福宁有既耶。"康熙四十四年（1705）春，捐俸重建城隍庙。

（五）增设衙署和重建榕石庵。康熙四十二年（1703）孟春，查曾荣考虑到梅林（今属普宁）离县治较远，写下《新设梅林衙署详文》，向上司请示增设衙署。又重建榕石庵，并撰《重建榕石庵记》。

（六）康熙四十三年（1704）仲春，查曾荣出文招抚海寇，平息战火，使民众免受兵灾烽火之苦。雍正《惠来县志·艺文》记载查曾荣《招抚海寇檄文》："嗟尔蠢动，或苦于饥寒而营生无计，或迫于法网而就死不甘，或有冤无伸挺而走险，或怀才莫试奋不顾身，其始不过一念之偶乖，而后遂致三尺之难逭。嗟嗟！谁无父母，谁无妻子？而忍离其骨肉以出没于骊龙之宫，亦有坟墓，亦有田庐，乃甘轻去其乡以哨聚于鲛人之窟？况今天下，率土尽已来宾，岂容一方小膄或有弗靖。为此传檄，用布悃忱，给以免死之牌，开夫自新之路。尔其卖刀买犊，务归农于花村杏坞，勿复扬帆揭竿以肆毒于海市蜃楼。庶上不负各宪之弘仁，而下克体本县生全之至意。"以文而论，这篇《檄文》写得动之以情，晓之以理,确实煞费苦心。据查曾荣后来在诗中咏及,自檄文贴出后,颇有一些人卖刀买犊,归农捕鱼。此前,在康熙四十一年,查曾荣即招抚吉、温三百余人,并捐俸给粮养。此后,康熙四十三年又招抚陈英部,"惠潮两郡自此无盗患矣"。查曾荣喜而作《招抚流寇赋》。

(七)铁面冰心,为民请命。雍正《惠来县志·山川》"保护县龙"记载了查曾荣保护山川的事迹,大茅坪、小茅坪和珍珠帘山是否县之龙脉,那是堪舆家的事情。查知县敢于为民请命,是值得称颂的。雍正九年《惠来县志》记载:"邑之西有大茅坪、小茅坪,又有珍珠帘山,皆县之龙脉,人首处也,关系一邑生灵。奸人射利,不顾生命,串通山主,岁岁为难,阖邑士民,具呈恳禁,保护县龙。邑主查讳曾荣铁面冰心,为民请命,通详三院,出示严禁,以护龙脉,以保坟墓。人民沾恩,遐迩颂德,作记垂远,载入艺文。邑人林昂有古风志喜。"

(八)查曾荣喜欢写诗,兹录其咏惠来风景诗三首:

《棋坪石晚眺》:"棋坪遗迹不知年,登眺公余一爽然。野鹿尚寻山外径,真仙疑啸海中天。纵横列宿临空际,环绕层峦护座前。千古烟霞凭去住,却逢野老为谈禅。"

《九日登文昌阁》:"弘文阁迥碧云间,胜迹居然第一班。万项日光横大海,四周秋气入诸山。翠烟杳霭迎人意,绿野浓匀助吏颜。恃此南离增桂籍,前贤芳躅好追攀。"

《泛舟龙江适值秋月》:"清流曲折傍沙洲,一棹烟波夜色悠。月为临江添桂影,径虽通海绝蜃楼。葱葱松柏青山晚,瑟瑟蒹葭白露秋。空忆西风鲈脍美,每怜劳吏戴星游。"

(九)康熙四十三年(1704),查曾荣主持增修县志,此为第四次纂修。参与者有邑举人陈琳、举人林昂、贡生唐宽、贡生张钟等。中山图书馆和中山大学图书馆各存一部,惠来县内未发现有存此志。

此时距清代康熙二十六年首次修志仅过了17年。查曾荣只是在张秉政县志的基础上增加这10多年的内容,正如他给老乡、提督广东学政翁嵩年所说:仅是在张秉政县志基础上"校正附益"。提督广东学政翁嵩年之序:"潮州惠来令查君之官七年,乃得增修县志,告成问序于余,且曰:'是书成于前令张君,曷敢有加?惟据目前可书者，校正附益之，为后之君子倡。'"查曾荣写给上司的信比较谦虚，倒也是实情。

但是，此次增修，还是有一定难度，毕竟也经过一个多月才完成。诚如江西弋阳县知县、邑人林昂序："自丁卯距今一十八年，虽山川疆域物产风俗依然如昔，而期间户口之增减，赋役之繁简，忠孝节义之幽光，人才宦迹之霞举，不无待贤有司之厘定也。"

其实，此次增修不是这么简单，查曾荣序："康熙甲申，案牍稍暇，细检旧本，谋所以修辑之，而犹虞谋野虽获无当大雅。因偕博士萧君英汉、谭君永泰，暨二三同人，若林君昂、陈君琳、唐君宽、张君钟辈，蒐求逸事，相与校雠。益以新条，援以旧例，乱者序之，缺者补之，讹者正之。若予之建常平、均丁口、修学宫、葺城垣、免兵船、设营堡种种，稍有补于民社者。邑之绅士亦强集于十有八条之简端，以付梨枣。"从这段话可以看出，此次增修的主要工作：一是增加新的内容；二是混乱之处予以重新排列；三是缺漏部分予以补充；四是错误之处予以更正。

林昂在序言中讲得更加具体："编摩较订于一方之险易，一事之沿革，一钱谷之增减，一人之始终，必求其精且确。阅月余而书成。"

这次修志是查曾荣个人行为，他在繁忙的工作之余，发现张秉政县志之错漏，萌生"乱者序之，缺者补之，讹者正之"念头，是有心人，更是一雅人。只是该志增加的内容不多，史料价值不大，未予翻印出版。

十七、张珰美

张珰美，字昆崖，陕西武威人，雍正元年廪生。雍正五年（1727）冬任惠来令。旧志说他"性廉正，威惠兼济，民讼争委曲，开导使自感悟，顽梗者绳以法"。先是晓之以理，劝大家尽量不要打官司。其次是对确实顽固不化者，则绳之以法。这样的做法，在今天来看，仍是正确的。张珰美是一位值得惠来人敬重的父母官，一是他任职时间长，有足够时间做事；二是他勇于任事，这是最重要的内因；三是政局稳定，客观环境给他提供工作的舞台。张珰美在惠来任间，对于惠来的建设和发展有很大的推进。张珰美豁免河泊所课米（《详免米菜鱼行税饷及扣抵河泊所渔油课米文》），又创义学，立课程，训士子，惠来之文风大变。他在职八载，惠政在民。后升廉州知州，累官雷琼道，以亲老为由辞职返家。张珆美才华横溢，文学修养高，能文擅诗。乾隆周硕勋《潮州府志》有传。主要业绩有：

（一）设葵潭巡检司。张珆美鉴于葵潭为闽粤通衢，故奏请裁北山驿，改设葵潭巡检司，以方便百姓。同治《惠来县志·建置沿革》："雍正七年，知县张珆美以葵潭乡为闽粤往来孔道，界处崇山，离县甚远，必需专员管理，应设巡检一员在葵潭驻劄。盗贼私枭，专责巡检捕缉，遇有失事，照专管例议处。若沿途递解饷鞘人犯等事，凡到葵潭，令该巡检验明申报，拨役护送，毋庸绕道抵县，致滋耽搁。详请允设葵潭司巡检一员，给印信，其巡检衙役，照经制额数添设。所需官俸役食，将奉裁汰北山驿驿丞额编经费银两拨给。"

张珆美写下《设葵潭司详文》："为详请要地需员专辖以济公务事，切查地方冗员，例应详请裁汰，而要地必须专员职守，庶于地方公务方克有济。查卑县葵潭一乡，去县城八十余里，当惠潮各属以及闽省往来之孔道，凡饷鞘解犯公文差使，必由葵潭住歇，复绕道到县查验换文，方得前往。是葵潭一乡，实属惠来之要区。又且山陬僻壤，崇山鸟道，远近村落并无巡司管辖稽查，保无奸匪潜匿，赌博盗牛，为害生民之事。在卑县与典史相去几及百里，一时不能兼顾，未免有鞭长不及之虞。是当亟为申请专员驻辖者也。伏查卑县冗员有北山一驿，驻扎县城，向无夫马管辖，业于雍正二年奉文裁汰所有，该驿俸薪以及皂役工食，俟该驿丞去任即行裁革，遵行在案。该丞尚未去任，官役俸食尚未裁革，即将北山驿一缺，恳赐题留，改设巡检，移驻葵潭，以专职守。其葵潭附近村乡以及过往饷鞘解犯等项，均应责令巡缉查验，并责令稽查保甲严察赌博盗贼等事。其人命户婚田土词讼，不许干预。至于衙署，现有京饷馆公房一所，虽年久废弛，尚可修复驻扎，无庸另设。其官役俸食等项，在该丞原有旧制亦无庸更议。倘蒙俞允题留，将该丞调驻，不独公务可以办理，且与地方民生大有裨益矣。再，卑职更有请者，查潮府各属递送人犯以及解饷赴省，自潮府起程，一站至普宁，自普宁一站至葵潭，若从葵潭大路一站即至海丰之东海滘，由东海滘一站则至海丰县。今查现在解送人犯饷鞘自潮府来者，则到葵潭住歇，绕道八十余里来县照验换文前往，复绕道六十里至甲子，自甲子一百一十里方至海丰之东海滘。自省解送来者，由东海滘到甲子，由甲子到县，始至潮阳。似此迂回二百五六十里于崇山滨海之地，不独路径崎岖，且无顿宿之地，在解役人犯实多疾苦疎脱之虞。若将该员改调驻辖专司其任，俾得就彼查验报明卑职。在卑职预拨人役就彼护送前往，无容绕道来县，则驾轻就易，劳逸可均，于公务实获有济矣。"

（二）修沿海炮台及兵营。雍正六年（1728），捐俸重修沿海炮台及兵营。同治《惠来县志·建置沿革》："（雍正）六年戊申，知县张珆美捐俸重修沿海炮台并营房。"

（三）建义学，请名师。雍正六年（1728）捐俸建义学，请名师，设官田为义学之用，邑举人张蚪在《张邑侯义学记》中说："侯以西凉名家，恭膺简命出宰惠来，下车之始，即以兴教化，厚风俗为己任。甫一载，民和年丰，刑清政简，日与都人士讲学论文，亲加评隲。爱谋之绅士，捐清俸百金，购地于县治之东，葺为义学，共一十六楹。复请之当道，立官地租一十七两，田谷九石，自捐俸一十两以为修脯之资。规制既定，聘荐绅谢石首先生隆以西席。"

（四）建文明塔（敬字塔）。雍正六年（1728）建置文明塔一座。同治《惠来县志·建置沿革》："（雍正）六年，知县张珆美奉文，捐俸建置文明塔一座，与士庶共收拾遗字，仍赠匾一面'广收博采'，联一对'珍惜图书府，蝉联甲第辉'。"

（五）建常平仓。雍正七年（1729），重建常平仓，共十七间，以为储粮之用。同治《惠来县志·建置沿革》："（雍正）七年己酉，重建常平仓。按常平仓原二十六间，额贮谷一万一千五百六十余石，因历年久远，风雨倒坏过半，所存之仓，墙垣倾塌，木实朽烂。知县张珆美申详列宪允，照雍正六年新例修建，并举于七年二月兴工，至四月竣事，共建仓厫一十七间，以便积贮。"同年重修察院。同治《惠来县志·建置沿革》："（雍正）七年己酉，知县张珆美捐赀重修察院。"

（六）重修川堂、大堂、仪门并建六房。雍正八年（1730），张珆美捐资重修川堂、大堂、仪门并建六房，又立义学（有《义学记》）。同治《惠来县志·建置沿革》："（雍正）八年庚戌，知县张珆美捐赀重修川堂、大堂、仪门，并建六房。（雍正）八年庚戌，知县张珆美立义学于察院两旁，大门东八间，内祀'文昌'；大堂西八间，内祀'魁星'。又详入膏火之资。"

（七）诗文。张玿美诗文俱佳，县志留下大量诗文，文有《设葵潭司详文》《申详遗米文》《详免米菜鱼行税饷及扣抵河泊所渔油课米文》《韩木记》《义学记》，诗歌较著名的是《葵阳八景》《葵阳八咏》，以及《重过寒婆径》《神泉观海》《茚洋雨中观海》《过千秋镇》等十多首，兹录几首，以展其诗情：

《九日游永福寺步邑进士张稼村原韵》："乌帽黄尘攀紫藤，好从萧寺一停签。再逢南菊秋容老，试看新潮海气蒸。地主自能常护法，山僧还许共传灯。暂时卸却纷嚣事，不尽欢歌对友朋。"

《晓行梅林山中》："入山深处行人少，绿洞红岩鸟道穿。树老龙麟屯雨雾，竹摇凤尾带厨烟。无多暑气宜秋爽，好为民情废早眠。三载一临风景异，桑麻庐井各陶然。"

《天青湖山中》："青苍万叠一天涵，曲折清溪抱草庵。松老霜皮云溜湿，雨晴石壁气成岚。肩舆代马行如驶，秔稻登场急似蚕。无路好寻山麓过，年来乘兴几回探。"

（八）编修县志。雍正九年（1731），张玿美纂修县志，此为第五次纂修，历时四阅月，计十八卷。参与者有邑举人谢元选、贡生陈天生、贡生朱翼、廪膳生詹敬文、增广生翁国正等。

此志是迄今为止发现的古代惠来县志最完整、内容最丰富的县志。该志具有一个突出特点，那就是具有较高的史料价值和学术价值。该志全面反映惠来从明嘉靖三年（1524）置县到清雍正八年（1730），全县经济、政治、文化、社会生活等方面的具体情况，史料价值很高，对研究明清时期的历史，具有一定的学术价值。一般地方志书的史料价值，大多体现在该志书对地方典型材料即地方特色的记述上，而该志的史料价值，则不仅表现在地方性上，更重要的是呈现出当时某个方面、某个领域的总体情况，以及当时的一些普遍的做法和规则。"葵阳信史"是雍正年间广东分巡惠潮兵备道按察使司副使胡恂为雍正《惠来县志》所作的序中，对《雍志》的准确定位。原文是："此志芟芜补缺，不佚旧，不侈新，不繁词，不溢美，庶几乎犹存其实者，谓为'葵阳信史'。"葵阳是惠来别称。该志原版本现存于北京故宫博物院，乃国内发现的唯一版本，惠来县地方志办公室前往扫描。该藏本在经过近300年的颠沛流离后,已经残破不堪,内容残缺甚多。全书320页,整页全缺的有30页,缺半页的有7处,字迹模糊不清的有72处120多字。而且,该藏本因避讳而缺字或改字很多,已经发现的有80多处。照扫描本重印肯定不行。为了恢复该书的原貌,惠来县地方志办公室组织人力进行补充、整理,利用康熙二十六年《惠来县志》、民国二十九年《惠来县志》重印本、《潮州府志》《潮州耆旧集》等相关资料,进行校勘填补,重新编排目录,于2009年出版,使《雍志》得以重新面世。

十八、周葆熙

周葆熙,字雨棠,浙江嘉兴秀水人,附贡生。钦赏五品衔广东候补布政司。同治四年(1865)冬初至六年(1867)代理惠来令。周葆熙在惠来的时间不长,又是代理县令,所存史料不多。同治六年(1867)秋七月十五日,周葆熙为县城东栅永福古寺高僧宋超月撰写碑文,碑记仍存于东栅永福寺。

同治五年(1866),上宪谕呈缴访各地县志。而雍正八年(1730)张珺美所纂修《惠来县志》因咸丰四年(1854)兵乱,原版已失去。同治五年春三月十五日,邑绅方汝进呈送周葆熙雍正《惠来县志》原板三百四十六块。周葆熙得到旧志原版之后,为保存地方文献,立即着手刊印。遗憾的是,周葆熙考虑到刚上任不久,没有精力增补漏略之处,只是依照原貌刊印。周葆熙《重梓县志弁言》作出说明:"际此烽烟遍熄,寰宇升平,正宜彰往迹而诏后来,偃武事而修文教。第熙莅兹半载,求治虽殷,然于催科犹未起色,学校犹未丕兴,讼狱犹未胥平,缉捕犹未遽清,汲深绠短,夙夜悚惶。翔复弇鄙寡文,敢操笔削之,权致滋取之罪?因就原板校证旧编,凡朽腐阙失应剞劂补换者四十余页,半由原本散失无可摹刊,姑留阙文刷订成帙,篇次序图仍悉其旧。"

该志原本县内无存。2020年2月,县政协常委、文史学习委员会主任罗海平从网友处买到美国哈佛大学汉和图书馆珍藏清同治五年(1866)周葆熙重梓《惠来县志》PDF版,遂提供给县地志办。该版本是木板印刷,所用木板有康熙张秉政版、康熙查曾荣版、雍正张珺美版的木板雕刻,木板长短大小不一,字体各有不同,成为该版本的"特色"。周葆熙重梓之《惠来县志》,独创性于篇首注明该版本"缺页表"以及"前言",其"前言"由湖南平江县长寿司巡检、邑人方汝进所撰,详细陈述该版本346块木板保存、被盗、失而复得的详细过程,惊心动魄,成为该版本独特价值。该版本书页残缺较多,个别页面文字模糊不清,自同治之前历代清代皇帝顺治、康熙、雍正、乾隆、嘉庆、道光、咸丰以及圣人孔子的名字,皆在避讳之列,空缺之字数百个。县地志办组织人力补缺补漏,主要依据张秉政和张珛美编修两套《惠来县志》,并新编目录,方便查阅,近一年时间终告完成。填补了古代惠来县志版本空白。

第六章

古代惠来其他官方机构

雍正《惠来县志·公署》记述:"向离之治用,昭花满之封。奉檄而驰,应有皇华之驿。倘鸣琴戴星而乘轺栖露,非所以壮国体而表民瞻也。惠邑僻壤,燕寝虽乏凝香,而庭堪调鹤;邮亭未落燕泥,而门可容车。敢云'邹鲁之邦',亦曰'小国之体'。"惠来古代官方办事机构和办公场所,规制严整,干净肃穆。

〔第一节〕千户所和巡检司

一、靖海守御千户所

靖海守御千户所具有重要的军事意义。"为惠邑门户,其地北枕黄牛,东插黄岗,西峙双髻,南面大海,烟波漾淌。"其设置"非独以防野伏,兼以御水魅也"。

(一)设置。明太祖朱元璋洪武二年(1369),朝廷在大坭都(时隶属潮阳县)设置靖海守御千户所,由兵部直接管辖。洪武二十七年(1394),百户董聚扩建所址。此后多有修建或修补,其中以嘉靖二十七年(1548)春重建记载最详:

"城在县东南六十里，周围五百六十丈，高二丈一尺，四门城楼四座，每座窝铺二间。靖海前面大海，最称要害，至是始建城。村落乡民苦于海寇，依城为居。后倭寇大炽，乡围俱陷，惟靖海屹然，全活甚众。"可见靖海守御千户所在历史上的重要作用。嘉靖三十二年（1553），靖海守御千户所改隶惠来县。清康熙十年（1671），知县孙汝谋修筑靖海所城。康熙三十八年（1699），知县查曾荣捐金修理靖海所城，门挂匾"靖海"。民国饶宗颐《潮州志·大事志》记载："（洪武）二十七年甲戌，公元一三九四，设大城靖海守御所。是年，都指挥花茂奏设大城守御千户所于宣化都，百户董聚请建靖海守御千户所于大坭都。（吴《府志·屯政考·兵防考》）"设置时间与明洪武二年不同。

（二）**职官**。明代，守御所设千总1名，享正五品职，统辖10个百户所和靖海、鸬珂二汛。行政区域包括大坭都以及酉头都一部分村落。

明代靖海守御千户所共有千户、百户、镇抚19名。任职官员：千户奚福聚，直隶凤阳人；千户萧茂；千户陈得伍，卢州府人；千户王政，直隶上元人；千户王文，湖广临湘人；千户郑兴，卢州府人；副千户毛忠；镇抚刘成，东昌府人；镇抚邓聪和杜鑑；百户赵保，高邮州人；百户王刚，滁州人；百户苏文得，袁州府人；千户周信，扬州府人；千户徐忠，滁州府人；百户高荣，扬州府人；百户陈万文，福州府人；百户陈英和高鑑。

明代靖海守御千户所设有吏目，清代裁撤。历任吏目：李进寿，南昌人，万历年间任；曹文元，金华人，万历年间任；王用宾，平湖人，万历年间任；王庭芝，江宁人，天启年间任；傅尚忠，大兴人，天启年间任；王极，大平人，崇祯年间任；周思鑑，临海人，崇祯年间任。

（三）**屯田**。屯田的做法，按饶宗颐《潮州志》记载："昉于宋，沿于元，明洪武初，兵荒之后，民无宁处，耕稼既废，粮饷匮乏，始命诸将分军于龙江等处屯田，自是遍于各地。大抵卫所军士，以三分守城七分屯垦。……到清雍正三年，裁卫所归诸有司，其屯军之丁课田粮，虽附民里，而屯田又存版籍，其后诡冒转售，田并侵没，军亦逃亡。"

清代，靖海所设屯田千总一员，驻靖海所内。雍正《惠来县志》："原额屯丁四十二丁，康熙二十三年届，编审新增一丁，实在屯丁四十三丁，岁征银一十二两五钱七分零六丝一忽，遇闰加银五钱五分六厘一毫一丝九忽。"靖海所屯田有两处：蒲塘、杜塘，都在潮阳。共有"原额田地四十四顷八十亩又丈溢，全书下则税二十九亩，共田地四十五顷零九亩，带粮米一千三百四十七石。内除荒陷税一十九顷零三亩，连减则无征米六百二十八石五斗五升七合，实征熟税二十六顷零六亩，米七百一十八石四斗四升三合"。

靖海所历任屯田千总：高标，陕西肤施县人，武生，康熙九年（1670）任；张翮，浙江义乌人，武生，康熙十七年（1678）任；单濂，陕西同州人，兵部办事官，康熙二十三年（1684）任；郑鼎勷，山西平阳人，武举，康熙三十年（1691）任；胡清瑷，河南人，兵部办事官，康熙三十四年（1695）任；张承良，山西太原府人，武举，康熙三十八年（1699）任；王仪，俸满千总，康熙四十二年（1703）任；张定远，山西太原府人，兵部候力，雍正二年（1724）任。雍正四年（1726）奉裁。

清代官俸（年俸）分为6部分：俸银、薪银、心红银、蔬炭银、蔬银、养廉银。据饶宗颐《潮州志》记载："千总：俸银14两9钱6分5厘，薪银33两3分5厘，养廉银120两。把总：俸银12两4钱7分1厘，薪银23两5钱2分9厘，养廉银90两。"千总、把总都没有心红银、蔬炭银、蔬银。而外委把总更连俸银、薪银都没有，只有养廉银18两。

（四）守兵。明洪武七年（1374），朝廷确定卫、所编制，每卫设前、后、中、左、右5个千户所。大约定以5600人为1卫，1120人为1千户所，112人为1百户所。

明代，靖海守御千户所原额旗军有1121名（其中水兵100名），甲子所门澳旗军100名，负责沿海一带的守卫。另外，还有陆兵后营400名驻靖海所，崇祯七年（1634）拨200名驻守县城文昌阁。

清康熙八年（1669）展界，靖海所、神泉司城添设战守官兵500名，共1500名。

康熙十二年（1673），清政府派守备驻扎靖海。雍正九年（1731），知县张玿美将神泉巡检司移驻靖海。

康熙二十三年（1684），"更定营制，奉裁，实存官8员，马步战守兵七百五十名，防守惠来县及分防靖海所、神泉司城、龙江、云落等汛。"（饶宗颐《潮州志》）靖海所设守备一员，把总一员，兵200名。守备属正四品，康熙三十四年（1695）定为正五品，年官俸："俸银18两7钱6厘，薪银48两，心红银12两，蔬银

12两,养廉银200两。"(饶宗颐《潮州志》)没有蔬炭银。

康熙四十一年(1702),"奉文抽拨马步战守兵一十二名,移送三江口新协募补外,实马步战守兵七百三十八名。"(雍正《惠来县志》)其时,靖海所城有千总一员,兵50名,营房14间。靖海塘汛兵3名,营房2间。

康熙五十六年,靖海港炮台安置大炮8门,设专防千总一员,台兵47名,营房18间。隶属南澳镇海门营。在靖海所东门外设一教场,供防守水兵操练演习。靖海港西设一墩台。港口每年正月、九月,会同文武官员演放,每炮演射10次。

清代兵饷分为三类,马兵年24两银,步兵年18两银,守兵年12两银,马、步、守兵年给米3石6斗。

二、神泉巡检司

神泉是惠城的门户,具有重要的军事意义。雍正《惠来县志》记载:"神泉在县治之南十五里,相距仅一望耳,海贼泊澳,呼吸立达,则神泉固县之一外障也。"饶宗颐《潮州志》"海防总论"认为:"海门守备分守之靖海,而南以石碑澳为要害,贼舟屡泊登岸剽掠,与赤山、铅锡、石井诸澳皆苦海氛,而神泉为尤甚。神泉登岸十五里则为惠来县南门,上下舟航皆入此港,为当邑第一要冲,筑城港口,驻劄防兵,左右炮台,威武震耀。"

历代神泉发生的战事很多,见诸记载的有:明正德二年(1507),海寇朱秉瑛攻占神泉城,烧杀掳掠。明隆庆五年(1571)十月,海盗林凤(饶平人)攻陷神泉城,总兵张元勋、副使赵可怀率兵追剿,林凤远遁国外。

(一)**设置和建设**。明嘉靖三十二年(1553),鉴于海盗频犯,时任惠来知县林春秀申请建神泉巡检司城。五月开始筑城,"周围三百丈,高一丈三尺,东西二门"。费用方面,"支本府(潮州府)牛皮筋骨银六百三十七两有奇,为砖石之费。"

清顺治十三年(1656),官府议裁神泉司。理由是"神泉……有大港通海,港内一支西达龙江,一支直抵南关,接合濠流,为县之门户。明代设神泉巡检一员,领弓兵以备稽防。前因苏弁(苏成)占据枭司,奉部议,裁革冗员,行县详夺。"可是,全县上下都认为:神泉司城本来就是作为县城的外藩,林学贤围攻县城时都依赖神泉互为犄角，得以保全，于是决定不裁撤。并于当年四月，在神泉司城东北界增筑层城。"海上警报频闻，署县刘文英、防将陈万权，以东北界冈阜高敞，为簧宫来脉，不便凿濠。前寇每于此处瞰攻。遂于城外筑重墙以辅之，其厚加倍，并修砌马路，增加敌楼、炮台十余所"。

康熙三年（1664），神泉司城倒毁。康熙十年（1671），知县孙汝谋重新修筑。

康熙二十一年（1682），于神泉港东建一墩台。

康熙三十八年（1699），知县查曾荣捐金修理神泉司城，门上挂匾"安澜"。后因台风摧毁，"坍塌平地，片瓦无存。巡检移驻县城，以旧祀刘、陈二公祠为署"。

雍正九年（1731），知县张珺美以"靖海孤悬径口关外，离县辽远，详请将神泉巡检移驻靖海，兼管神泉"。奉文领银120两，并设法捐俸，在原来剩下的靖海守御千户所衙署地基上，建设巡检衙署，共12间。

（二）职官和守兵。明代，神泉巡检司设巡检一员，皂隶2名。康熙八年（1669）展界，靖海所、神泉司城添设战守官兵500名。康熙二十三年（1684）更定营制，神泉巡检司设置把总一名，兵100名。康熙四十一年（1702），神泉司城设外委把总一员，兵20名。康熙五十六年（1717），港口设置一处炮台，安装大炮8门。设专防把总一员，台兵47名，营房18间。兵饷分为三类，马兵年24两银，步兵年18两银，守兵年12两银，马、步、守兵年给米3石6斗。

据雍正《惠来县志》记载：巡检年俸银31两5钱2分，除额荒外，尚实支银29两8钱8分5厘，逢闰加银1两7钱3厘；皂隶年工食银6两，除额荒外，尚实支银5两6钱8分8厘，逢闰加银3钱2分4厘。据饶宗颐《潮州志》记载：千总年俸银14两9钱6分5厘、薪银33两3分5厘、养廉银120两；把总年俸银12两4钱7分1厘、薪银23两5钱2分9厘、养廉银90两；外委把总只有养廉银18两。

明代神泉司历任巡检：孙文质，黄陂人，嘉靖年间任；李潴，龙溪人，嘉靖年间任；石金，桂林人，嘉靖年间任；沈遇贤，临淮人，嘉靖年间任；胡俊，枣阳人，嘉靖年间任；杨友，龙溪人，嘉靖年间任；罗曰鸾，信丰人，嘉靖年间任；朱孟阳，海州人，嘉靖年间任；陈肖凤，晋江人，隆庆年间任；朱景晓，金华人，万历年间任；姚良，余姚人，万历年间任；陈德懋，泉州人，万历年间任；蔡宗，龙溪人，万历年间任；萧耀，莆田人，万历年间任；张潴，南安人，万历年间任；莫僖，闽县人，万历年间任；丁时用，绍兴人，万历年间任；李嵩，桂林人，万历年间任；唐谦，丰城人，万历年间任；饶典，邵武人，万历年间任；马应麟，宁国府人，万历年间任；蒋时钟，桂林人，万历年间任；倪宗伯，饶州人，万历年间任；徐三才，钱塘人，万历年间任；朱向旸，福清人，万历年间任；夏希周，福清人，万历年间任；陈兆和，松溪人，万历年间任；游于栋，崇安人，天启年间任；周齐，应城人，天启年间任；黄应试，全椒人，天启年间任；孙可仕，贵池人，崇祯年间任；谢盈熙，龙溪人，崇祯年间任；王端本，闽县人，崇祯年间任；曾镰，澄海人，崇祯年间任；韩天朝，漳浦人，崇祯年间任。

清代神泉司历任巡检：王德政，丰闰人，顺治年间任；朱灼，长洲人，康熙六年任；魏德裕，慈溪人，康熙十七年任；张大伦，当涂人，吏员，康熙二十一年任；胡敏祖，池州人，吏员，康熙三十六年任；丁天成，浙江归安人，吏员，康熙五十七年任；洪楠，直隶保定府祁州人，监生，雍正九年任；祝以松，绍兴山阴人，吏员，乾隆三年任；任其瑛，顺天宛平人，吏员，乾隆九年任；任振钰，顺天通州人，吏员，乾隆十九年任；张俊良，江宁上元人，吏员，乾隆二十三年任；俞肇锵，光绪三十四年任。

俞肇锵是见诸记载的最后一任神泉司巡检，也就是说，直到光绪三十四年（1908），神泉司仍然存在并发挥着军事作用。

三、葵潭巡检司

（一）张珆美详请设立葵潭巡检司。雍正七年（1729），惠来知县张珆美以"葵潭乡为闽粤往来孔道，界处崇山，离县甚远，必需专员管理，应设巡检一员"为由，具文向上级申请设立葵潭巡检司，得到批准。

张珆美在《设葵潭司详文》中，开宗明义提出观点："查地方冗员，例应详请裁汰。而要地必须专员职守，庶于地方公务方克有济。"这个"要地"指的就是葵潭。为什么葵潭是"要地"？张珆美做了解释："查卑县葵潭一乡，去县城八十余里。当惠潮各属以及闽省往来之孔道，凡饷鞘解犯公文差使，必由葵潭住歇，复绕道到县查验换文，方得前往。是葵潭一乡，实属惠来之要区。"原来，早在清朝时期，葵潭已经成为潮汕地区的交通要地。然后，张珆美又说明在葵潭设"专员管理"的必要性,因为葵潭地处"山陬僻壤,崇山鸟道",而且"远近村落并无巡司管辖稽查",难免会有"奸匪潜匿,赌博盗牛,为害生民之事"。而葵潭"与典史相去几及百里,一时不能兼顾,未免有鞭长不及之虞",因此"是当亟为申请专员驻辖者也"。

至于"地方冗员",指的是北山驿。"伏查卑县冗员,有北山一驿,驻扎县城,向无夫马管辖,业于雍正二年奉文裁汰。所有该驿俸薪以及皂役工食,俟该驿丞去任,即行裁革,遵行在案。该丞尚未去任,官役俸食尚未裁革。"北山驿机构已于雍正二年(1724)撤销,而人员仍在,工资照领,确属"冗员"。

"要地"尚没机构驻辖,而已撤销的"冗员"机构还在领工资,张珌美提出一个妥善的解决方案:"将北山驿一缺,恳赐题留,改设巡检,移驻葵潭,以专职守。"这么两全其美的方案,当然打动了上级官员的心。

接下来,张珌美阐述葵潭巡检司的大致职责:"葵潭附近村乡,以及过往饷鞘解犯等项,均应责令巡缉查验,并责令稽查保甲,严察赌博、盗贼等事。"至于"人命、户婚、田土、词讼,不许干预"。

又说明设置葵潭巡检司具备两个有利条件。一是衙署现成,"现有京饷馆公房一所,虽年久废弛,尚可修复驻扎,无庸另设"。二是经费不需另拨,"其官役俸食等项,在该丞原有旧制,亦无庸更议"。

张珌美最后总结设置葵潭巡检司的好处:"不独公务可以办理,且与地方民生大有裨益。"

种种客观因素和有利条件,使得设置葵潭巡检司成为一件水到渠成的事情。雍正七年(1729),葵潭巡检司设立;雍正八年(1730),首任葵潭司巡检、山东即墨人黄绳中到任,葵潭巡检司正式挂牌办公。

(二)办公地址。葵潭巡检司位于葵潭寨内,原为京饷馆驻地。京饷馆因年久失修,瓦屋废圮,仅剩下一段地基。知县张珌美捐俸,又添上县里常年的罚没款,在京饷馆西北兴建巡检司衙署,共9间房子。这就是葵潭巡检司的办公地址。

(三)人员工资。据雍正《惠来县志》记载,葵潭司巡检"俸银三十一两五钱二分(除额荒外),尚实支银二十九两八钱八分五厘零,逢闰加银二两六钱二分六厘六毫"。巡检与县学教谕、训导的薪俸相同。巡检司有皂隶2名,2名皂隶工食银"一十二两（除额荒外），尚实支银一十一两三钱七分七厘零，逢闰加银一两"。有铺司兵35名，35名铺司兵工食银"二百一十两（除额荒外），尚实支银一百九十九两一钱零七厘零，逢闰加银一十二两三钱五分零"。配置了35名铺司兵，可见葵潭巡检司的任务还是很重的。有件作4名，4名作作工食银"一十八两（除额荒外），尚实支银一十七两零六分六厘零，逢闰加银九钱七分三厘"。巡检司的均平银184两8钱9分1厘7毫（除额荒、裁扣外），尚实支银149两4钱6分4厘。

其实，设置葵潭巡检司，对于官府来说，有着更为深层的用意。当时，潮州府各属县押送犯人、解饷上省城，从潮州府启程，一站到普宁；自普宁一站到达葵潭，若从葵潭大路走，一站可至海丰县的东海滘（今陆丰东海），由东海滘一站则至海丰县城。但是，当时无法走这条路，因为到了葵潭后，要绕道80里，到惠来县城照验换文；然后再绕道60里至甲子，自甲子110里才能到达海丰的东海滘。白白多走170里的路程。另一方面，从省城到潮州府，则从东海滘到甲子，从甲子到惠来县城，从惠来县城再到潮阳县城，"似此迂回二百五、六十里于崇山滨海之地，不独路径崎岖，且无顿宿之地"，很不方便。而如果能在葵潭设置巡检司，"专司其任，俾得就彼查验，报明卑职，在卑职预拨人役，就彼护送前往，无容绕道来县，则驾轻就易，劳逸可均，于公务实获有济矣"。

（四）任职人员。据民国时期饶宗颐《潮州志》记载，除首任巡检黄绳中外，历任葵潭司巡检有：沈大文，秀水例监；乾隆二年，林应桂，顺天宛平吏员；乾隆五年，王国英，浙江慈溪人；乾隆二十年，陈士彪，绍兴山阴吏员；光绪三十四年，夏厚焯。可见，一直到光绪三十四年（1908），葵潭巡检司仍然存在。至于哪一年撤销巡检司，未见记载。

〔第二节〕司法行政机构

一、典史衙

雍正《惠来县志·公署》记载："典史衙，在县堂东，门屋一座，正厅一座，后厅三间，厢房各一间，厨房一间。因风雨摧毁，明万历三十五年，典史陈钶重建。厅左书房一间，厅右书房一间，门外左畔土地祠一座，具明典史陈钶改建。"惠来县典史衙位于县政府东侧，即今惠城派出所。

典史是中国古代官名，元代始置，明清沿置。设于州县，为县令的佐杂官，不入品阶，即"未入流"。原本职责是"典文仪出纳"。明清两代均有设置典史，是知县下面掌管缉捕、监狱的属官。典史属于未入流（九品之下）的文职外官，但在县里的县丞、主簿等职位裁并时，其职责由典史兼任，惠来未设县丞、主簿。因此典史职务均由吏部铨选、皇帝签批任命，属于"朝廷命官"。

明洪武十三年，典史的月俸是月米三石。清代典史年俸银31两5钱2分、养廉银80两。

清代别称典史为"右堂""少府"等，由儒士、吏员除授，掌管缉捕、稽查、狱囚、治安等。如无县丞、主簿，则典史兼领其事，无所不管。因此，清代称其为杂职首领官。清律严禁典史受理词讼，但遇知县公出，可受权代理审案，在典史廨（也称"巡捕衙"）办公，下设攒典1人，协助办事，百姓习称为"司爷""捕廉老爷""四爷"等。

二、察院（按察司）

雍正《惠来县志·公署》记载："按察司，在城隍庙西，义仓南，久废圮，遗址犹存。"明代按察司是第二任知县蒋恩所建，位于城隍庙西面，义仓南面，清代只存遗迹。嘉靖三十二年（1553），知县林春秀重建为察院。

雍正《惠来县志·公署》记载："察院，在县治东，旧为按察司，明知县蒋恩建。嘉靖三十二年，知县林春秀重修，改为察院。正堂一座，川堂一座，后堂一座，夹室二间，皂隶房东西各三间，仪门中左右，大门中左右。堂后花亭一座知县游之光重建，围墙共计七十一丈，内有空地二所，自知县林春秀之后，各公署俱废圮，独此仅存。每遇上司巡历，往往借寓民房及各家祠堂。兴废举坠，亦今一急务也。"

明代的都察院简称察院，是接待上级官员巡察的官方场所。御史出差在外，其衙署也叫察院。巡按的职能范围很广：纠官邪，戢奸暴，平狱讼，雪冤抑，以振扬风纪，而澄清其吏治。

三、布政司

雍正《惠来县志·公署》记载:"布政司,在城隍庙西,与按察司相连,久废圮。明崇祯年间,生员詹懋琏、孙烈祖、谢兆熙、郑国光,与按察司地二处,共请盖屋居住,每年共输租银一两。"

明代布政司是主管民政和财政的机构,位于城隍庙西面,与按察司相连,邻近县学宫。明崇祯年间,县学生员詹懋琏、孙烈祖、谢兆熙、郑国光租用布政司废地建房居住。

[第三节] 军事机构的附属场所

一、兵马司

雍正《惠来县志·公署》记载:"兵马司,旧在东、西、南三门。后台风摧毁,东城兵马司改建'去思亭',仍实地五厘。邑民方用冒占盖屋,议纳价一两一钱五分。南门东西二畔兵马司地,明崇祯间,生员方一经请盖屋,输租银二钱。西门东西二畔兵马司地,康熙二十五年,黄辉玉请盖屋,年输地租银二钱。"东门兵马司改建"去思亭",今仍在。

兵马司是驻守城门的官方机构,明代的兵马司隶属于兵部,清代的兵马司隶属于都察院。兵马司初设时,街区凡有水火盗贼及人家细故之或须闻之官者,皆可一呼即应,救火、巡夜,清廉为政,不取分文。但是到后来日久弊生,始而捕盗,继而讳盗,终且取资于盗,同盗合污,不得人心。

二、演武场

雍正《惠来县志·公署》记载:"演武场,在东门外之北,官厅一座,明万历三十五年,知县游之光、典史陈钶重修,久圮废,屡议修筑未果。"演武场位于今东郊社区。

古代的城池往往驻扎着军队,而军队必须有练兵习武的地方,以保持旺盛的战斗力,这种设施称之为演武场,也称教场或校场。从万历三十五年游之光、陈钶重修后,到清雍正年间已经荒废,多次议修未果。

三、靖海仓

雍正《惠来县志·公署》记载："靖海仓,明代额设仓官一员,在千户所衙门之东,今裁。"靖海仓位于千户所衙门的东边,明代设靖海仓大使一名,清代裁撤。历任靖海仓大使:吴琪,福州人,嘉靖年间任;陈仕通,高州人,嘉靖年间任;全纶,郧阳人,嘉靖年间任;周应昌,兴化人,嘉靖年间任;黄锷,平乐人,嘉靖年间任;李琳,桂林人,嘉靖年间任;李芹献,兴化人,嘉靖年间任;萧福,衡州人,嘉靖年间任;黄天舆,莆田人,嘉靖年间任;王靖,龙溪人,万历年间任;麦盛,广州人,万历年间任;陈志光,广州人,万历年间任;阮廷衢,顺天府人,万历年间任;陈梓伟,汀州人,万历年间任;封汝皋,广州人,万历年间任;王公在,福建福清人,万历年间任;何应奎,福建汀州人,万历年间任;雷孟金,福建建宁人,万历年间任;林迁,广州人,万历年间任;潘文奎,浙江湖州人,万历年间任;邓元象,新城人,崇祯年间任;程世良,芜湖人,崇祯年间任。

四、甲子所仓

雍正《惠来县志·公署》记载:"甲子所仓,明代额设仓官一员,廨在海丰县,今裁。"靖海仓和甲子所仓,皆为贮存供应军队粮食的官方场所,清代裁撤。甲子仓大使明代任职:熊仲缘,桂林人;雷震,衡州人;方清,兴化人;聂恩,丰城人;叶钰,抚州人;陈朝华,泉州人;潘文钢,福州人;刘宪,汀州人;林绅,莆田人;以上俱嘉靖间任;戴朝卿,福州人;黄国臣,梧州人;区辅卿,肇庆人;张凤阳,广南卫人;俞子允,绍兴人;罗日弘,肇庆人;刘湛,吉安人;禤大科,肇庆人;何策,广州人;陶表金,桂林人;刘万英,南康人;彭鑰,汀州人;康蕃锡,泉州人;陈学礼,绍兴人;管鸣凤,江陵人;蔡玉,晋江人;以上俱万历间任;唐大栋,长汀人;陈邦熹,建阳人;黎有纶,长汀人;以上俱天启间任;常天有,曲周人;潘仪,靖州人;余学相,宜山人;以上俱崇祯间任。

〔第四节〕官方设立的福利机构

一、养济院

雍正《惠来县志·公署》记载:"养济院,在北门旧学地西。因院毁,生员林汝成首为园。(万历)三十六年,知县游之光清理实丈一分三厘七毫,追补价银二两六钱。"惠来的养济院,到明万历年间已经不存在了。

明朝的"养济院",其实就是古代的一种由朝廷设立的社会救助机构,与南梁的孤独园,唐朝的悲田院,宋朝的安济坊,元朝的众济院等基本类似,主要用于收养鳏寡孤独的穷人和乞丐。穷苦出身的朱元璋,对于民间百姓疾苦可谓深有体会,因而在称帝之后,不仅十分关心普通百姓的生存状况,对于没有生活保障的孤寡老人和因残疾生活不能自理的穷苦人,生存状况同样十分关心,曾多次给中书省提到了鳏寡孤独的穷人和乞丐问题。根据《明太祖实录》的记载,朱元璋于洪武元年(1368)下诏,"鳏寡孤独废疾不能自养者,官为存恤",又于洪武五年(1372)下诏,"天下郡县立孤老院",不久后又将孤老院改名为养济院,并规定收养对象为"民之孤独残病不能生者",明朝养济院机制自此建立,并使养济院作为官办慈善机构在全国予以推广和普及。不过,由于明朝中后期朝廷财政的影响,养济院的建设随着时间的推移,供应开始逐渐减少。万历年间,朝廷虽不敢违背祖制,但各地却因财政问题不得不对养济院的收养名额依据地方财政状况予以限制,养济院的功能开始逐渐减弱。

二、育婴堂

雍正《惠来县志·公署》记载:"育婴堂,在察院西傍一间,知县查曾荣奉文修建。"查曾荣于康熙三十八年(1699)至四十六年(1707)任惠来知县,是一位对惠来做出重大贡献的贤明父母官。

育婴堂是清代民间慈善机构中普及率较高的善堂之一。育婴堂有严格的规章及完善的管理机制,不仅收养弃婴,而且还印发善书。如民间盛传的《八字功过格》中的"义"字篇中就有:"救一溺婴,百功。收一无主弃孩,百功。"

三、阴阳学

雍正《惠来县志·公署》记载："阴阳学，在西门旧驿前。后台风摧毁，知县游之光实丈地一分八厘七毫五丝（以银子计算），林钦德请盖屋，议追价四两三钱三分。"明代惠来阴阳学位于今西门桥头容光理发社附近。

阴阳学说是古代中国人民创造的一种哲学思想，属于道家的分支之一。上古年代，就有阴阳崇拜，但是阴阳学说来自《易经》，正所谓"太极生两仪，两仪生四象，四象生八卦"。阴阳学是元明两代地方设立的天文学校。元代开始设于诸路，后推及各府、州。教学内容为天文与术数。明代地方阴阳学官，府曰"正术"，州曰"典术"，县曰"训术"。

〔第五节〕盐税和鱼税征收管理场所

一、隆井场衙署

雍正《惠来县志·公署》记载："隆井场衙署，旧设于潮阳县凤洲地方，后圮废无存。场大使多居潮阳民舍。雍正八年，大使纪功详请修建衙署，奉文查议。知县张珣美以隆井场所管神山、古丁、古埕、平湖等栅，与潮阳仅隔一河，历来大使俱驻潮邑，议详于潮阳城内置买地基，购料修建。"隆井盐场管辖五个栅埕：平湖栅、古埕栅、古丁栅、神山栅、惠来栅，前四栅地属潮阳县，唯惠来栅属于惠来县。惠来盐场管辖范围东接陆丰县海甲栅界，西接隆江城池边塘汛，南连大海，北接惠来县城。惠来盐场设盐课大使，管辖赤洲、田中、华房、华埔、东围、金东、文昌、靖海、林美共九围盐田。盐仓位于惠来县隆井都赤洲乡。

雍正《惠来县志》记载历代隆井场盐课司大使：

（一）明代：张宝，嘉靖年间任；周于德，隆庆年间任；黄桂芳，隆庆年间任；李昌，从善人；李进，平南人；刘廷恺，慈溪人；苏秦高，柳州人；俞显珍，南昌人；刘钟，漳州人；官天禄，邵武人；李锷，绍兴人；李应元，邵武人；孙克恭，峄县人；陈三相，山阴人；姚维烜，晋江人；王世宾，湖广人，以上俱万历年间任；戴大有，桐庐人；倪梓，仁和人；吴子澄，长洲人，以上俱天启年间任；杜庆，宁国人；张治维，庐江人；洪运升，临川人；周化玉，眉州人；王端本，闽县人，以上俱崇祯年间任。

（二）清代：王国瑞，山阴人，顺治年间任；余之俊，大兴人，康熙四年任；冯荣祖，大兴人，康熙九年任；薛应达，长安人，康熙二十二年任；杨凤祥，余姚人，康熙二十六年任；李有诚，登州人，康熙三十五年任；徐绶，顺天大兴人，康熙五十三年任；范焕，顺天宝坻人，康熙五十七年任；陈以第，江南青阳人，雍正五年任；纪功，江南宝应人，雍正八年任。此后未见记载。

二、河泊所廨宇

雍正《惠来县志·公署》记载："河泊所廨宇，设于潮阳县。"河泊所是征收鱼税的官方机构，办公场所设于潮阳县，兼管惠来。早在元代，即有河泊课之征、河泊官之设。但在全国范围内系统地设置鱼税征收机构——河泊所，则自明初始。

惠 来 史 略 · 上 卷

―― 第三编 ――

人 口

20世纪70年代，相继于县境龙江河、雷岭河沿岸的饭钵山、虎沟等地发掘出新石器时代的生产工具和生活用品，如石磋、石斧、陶斧、陶罐、陶纺轮；西周时期的乐器甬钟；春秋时期的陶器、铜矛等器物及墓葬群。部分出土文物现保存于县博物馆。这说明：至晚在周代，已有古先民群体在今惠来县境定居生息。

第七章

建县以来人口数量变化情况

惠来县境居民，古为越族。经过历代中原汉族移民不断南迁定居和长期的民族融合，古南越族已基本同化于汉族。晋隋唐初时期的海宁县缺乏相关记载，人口情况不明。宋元明初惠来地域分属海丰、潮阳两县，人口数量无法统计。明嘉靖三年（1524）建县时，全县实编人口约两万人，至明万历三十一年（1603），全县人户4120户22012人，其中汉族4113户，居住于山区的輋户（畲族）仅6户，沿海疍民1户。按照人口性质，全县人户4120户分为11种类型：民户2414户，军户648户，官养士1户，灶户422户，寄庄分烟户141户，马站马驿弓兵铺兵等户355户，各色匠户129户，力士1户，疍家户1户，輋户6户，寡妇户2户。

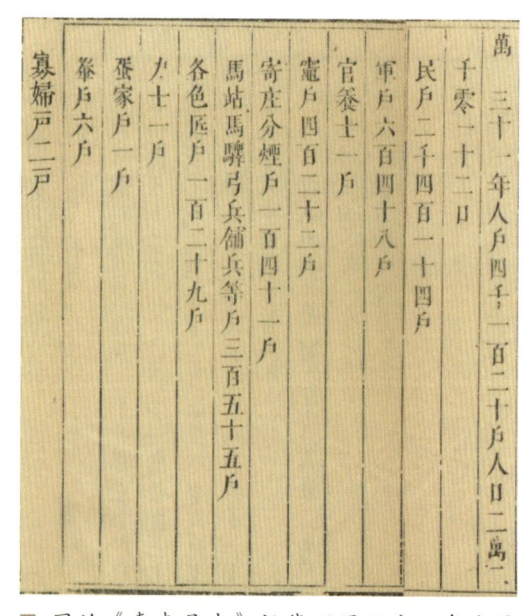

■ 同治《惠来县志》记载万历三十一年全县户口情况

〔第一节〕明清时期到民国时期人口情况

惠来县设置于明嘉靖三年（1524）。嘉靖四年（1525），全县总人口2.03万人，至1987年，不计算已割出的约800平方公里区域面积的人口在内，全县总人口74.12万人，约为建县时人口的35.5倍。2022年，全县总人口149.49万人，其中，从明嘉靖三年至民国三十八年这425年间增长13.5倍，中华人民共和国成立后1949年至2022年73年间增长了4.09倍。

一、明代人口增长缓慢

惠来设县之初，由潮阳县割入人户3556户18530人，其中男子10735丁，妇女7795口；由海丰县割入人户711户1728人，其中男1196丁，妇女532口。合计全县人口为20258人。万历三十一年（1603），全县人口为22012人，即经过79年，人口净增1754人，平均每年增加22人。而后，由于战乱，外地人口不断流入，至崇祯十五年（1642），全县人口增至41042人。明代，从置惠来县（1524）算起，至明朝灭亡（1644），120年之间，全县人口增加1倍，发展较缓慢。

二、清初锐减，乾嘉猛增

清代初期，惠来属南明政权的统治范围，曾二度被卷入战争的漩涡，人民的生命财产遭到严重摧残。顺治三年（1646），惠来县举人林学贤起兵反清，在兵营村筑寨，两次围攻县城，受到清军的凶残镇压；紧接着，普宁人罗英带领人马进入惠来县境，围攻县城，且一度攻破靖海守御千户所，与县内民众组织的地方武装互相杀戮，死者逾万。顺治十四年（1657），按纳税人数编制户口，除逃、绝、老、幼免编外，实编男妇总数为1.5万丁口，其中男子成丁为6231丁，妇女为8754口。成丁男

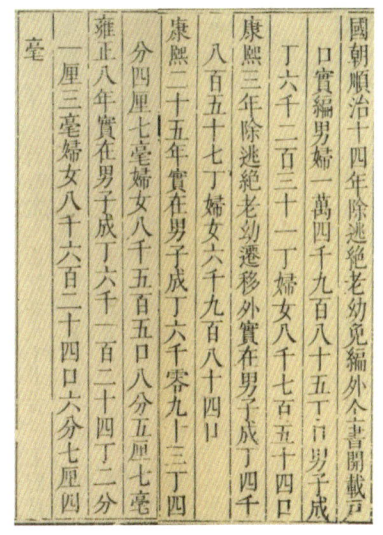

同治《惠来县志》记载清代人口情况

子锐减。

康熙初年，强令沿海居民迁离海界的7年中，又一次造成了人口的大量死亡和逃亡。迁界的第三年，即康熙三年（1664），全县实编成丁总人数已减少为1.18万人，其中男子成丁数为4857丁，又减少了21%。康熙八年（1669），展复旧界，允许人民回归家园，这4年之中，史无人口记载，但可断定锐减的幅度更大。尔后，经过60年的休养生息，即雍正八年（1730），人口仍无法恢复，全县成年人口仅1.47万人。

乾隆年间，政局比较稳定，清廷采取奖励垦殖，奖励生育的政策，采取"滋生人口，永不加赋"措施，生产有较大的发展，人口明显增长。乾隆二十一年（1756），全县实编人口1.79万丁口，即按顺治十四年纳税人口作为实编人口编列，超出部分，属滋生人口。据乾隆《潮州府志》记载，乾隆元年至廿一年，全县滋生人口2900人，平均每年增加138人。乾隆二十一年总人口，如按成丁纳税人口与免赋老幼各占一半计算，全县人口应约为3.38万人。

嘉庆廿三年（1818），全县总人口增长至15.58万人（包括老幼在内），62年间净增人口12万人，平均每年增加1936人，是建置惠来县以来从未有过的人口猛增阶段。

咸丰以后，社会动荡不安，人口增速迅速下降。咸丰四年（1854）起，至清王朝灭亡，先后发生了天地会陈娘康攻陷惠城，历时12年的乌红旗派联村派别械斗，连续24年的鼠疫流行等事件，在这一过程中，死亡率上升，困于生计的成丁男子大量出洋佣工，相对地造成了人口增长速度下滑。宣统三年（1911），估约全县人口总数27.8万人。

明清时期部分年度惠来县人口情况表

年代	公元	总户数	总人口			人口变化		
			合计	男	女	相距时间（年）	增加人数	减少人数
明嘉靖四年	1525	6267	20258	11931	8327			
嘉靖十一年	1532	4337	20811			7	553	
嘉靖二十一年	1542	4416	21230			10	419	
嘉靖三十一年	1552	4474	21351			10	121	
嘉靖四十一年	1562	4518	20518			10		833

（续表）

年代	公元	总户数	总人口			人口变化		
			合计	男	女	相距时间（年）	增加人数	减少人数
万历二十一年	1593	4477	19712			31		806
万历三十一年	1603	4120	22012			10	2300	
崇祯十五年	1642	5021	41042			39	19030	
清顺治十四年	1657		14985	6231	8754	15		26057
顺治十七年	1660		21211			3	6326	
康熙三年	1664		11841	4857	6984	4		9370
康熙十一年	1672		12742	5264	7478	8	901	
康熙二十二年	1683		13350	5542	7808	11	608	
康熙二十五年	1686		14599	6093	8506	3	1249	
雍正八年	1730		14748	6124	8624	44	149	
乾隆元年	1736		14985			6	237	
乾隆二十一年	1756		17885			20	2900	
嘉庆二十三年	1818		155810			62	137925	
宣统三年	1911		277730			93	121920	

注：清顺治十四年（1657）至乾隆二十一年（1756）为成丁实编人口数。

三、民国时期大增大减，总体稳定

清代晚期至民国初期，未见有人口记录。根据《广东历代方志集成》（民国未完成卷）资料记载，民国十七年（1928）全县人口约为30万人。

民国二十一年（1932），总人口40.67万人。而后两三年中，人口有所下降。其根本原因是国民党重兵围剿大南山革命根据地，捕捉农会会员和参加过革命斗争的农民，促使大批青壮年农民逃亡外国或内地；民国二十三年（1934），总人口下降为32.87万人。

民国二十六年（1937），在外谋生人口陆续

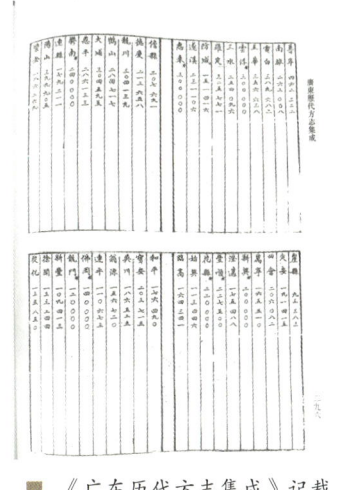

■ 《广东历代方志集成》记载民国时期惠来县人口

迁回故乡，当年间，总人口骤增至42.92万人。民国三十二年（1943）发生大饥荒和流行性霍乱瘟疫，全县死于饥饿和霍乱15万多人，其中饿死8.7万多人，占当年总人口27%；外流逃荒1.13万户，占总户数21.5%。至民国三十五年（1946），全县人口仅60077户25.57万人。据民国饶宗颐《潮州志·户口志》记载民国三十五年惠来县详细户口："户数60077户，255719人，其中，男134735人，女120984人。（《惠来县政府报告表》）"

民国三十八年（1949），全县人口恢复至29.34万人。整个民国时期，经历数次大起大落，人口自然增长率甚微。

民国时期部分年度惠来县人口情况表

年代		公元	总户数	总人口			人口变化		
				合计	男	女	相距时间（年）	增加人数	减少人数
民国	17年	1928		300000			17	22270	
	21年	1932		406731			4	106731	
	22年	1933	62485	377918	208522	169396	1		28813
	23年	1934	61644	328682	184601	144081	1		49236
	26年	1937	79324	429241	224490	204751	3	100559	
	30年	1941	83145	416490	221057	195433	4		12751
	31年	1942	78894	404823	211482	193341	1		11677
	32年	1943		240000			1		150000
	35年	1946	60077	255717	134733	120984			
	38年	1949	64180	293416			6	53416	

注：民国三十二年（1943）减少人数系疫病死亡和外逃，约15万人。

〔第二节〕中华人民共和国成立后人口迅速增长

1949年5月20日，惠来全境解放以后，流落外地的人口（包括海外华侨）陆续回乡，人口开始回升。经过土地改革，变革了生产关系，经济、文化、医疗卫生事业不断发展，死亡率不断下降，而出生率在20世纪70年代以前仍一直保持在中华人民共和国成立前的水平上,因而,人口增长迅速。1974年以后,开展计划生育工作,人口增长率才逐步降低,但人口数量依然迅猛增加,直到20世纪90年代后,人口增长速度得到有效控制。

一、人口恢复阶段（1949—1952）

1949—1952年,是惠来县人口恢复阶段。外流人口陆续迁回是促进人口增长重要因素。1952年全县人口达31.5万人（1949年6月连同区域割入普宁、潮阳4万多人口未计算在内）,比1949年29.34万人,净增2.16万人,平均年增5386人,年增长率20.4‰—30.9‰,年平均增长率为30.7‰。

二、人口增长第一个高峰期（1953—1958）

1953—1958年,是中华人民共和国成立后县人口增长的第一个高峰期。1958年人口38.65万,比1952年净增7.16万人,平均年增1.19万人,年增长率24.7‰—47.4‰,年平均增长率34.9‰。

三、人口增长第二个高峰期（1961—1973）

1959—1960年,为经济困难时期,人口增长率相对降低,分别为11.8‰和17.3‰。

1961—1973年,是惠来县人口增长的第二个高峰期。1960年为39.79万人,1973年达57.89万人,13年间净增18.1万人,平均年增1.39万人,增长率除1964年降至极低点5.8‰之外,其余年份均在25‰以上,年平均增长率为29.25‰。

四、执行计划生育工作较有成效的时期（1974—1977）

1974—1977年,是县执行计划生育工作较有成效的时期。1977年,总人口61.23万人,比1973年净增3.34万人,平均年增8344人,增长率11.6‰—18.1‰,年平均增长率14.09‰。

五、总体趋势继续飙升（1978—1987）

1978—1987年，人口增长幅度曾一度回升。回升的原因，首先在于一些乡镇对计划生育工作放松管理，其次是由于1961—1966年生育高峰期出生人口开始进入旺盛的育龄时期。1979年，全县有12.57万户64.07万人，其中农业人口55.91万人，占总人口87.26%；非农业人口8.16万人，占总人口12.74%。人口密度511人/平方公里。人均耕地面积0.59亩，以农业人口计算人均0.68亩。1982年人口出生率由1978年的15.05‰，上升至25.53‰。1983年开始，随着人口计划生育工作的加强，晚婚、晚育、优生、优育的计划生育观念逐渐深入人心，人口素质不断得到提高，惠来县人口自然增长率得到有效控制。至1987年，出生率下降为15.34‰。1987年总人口74.12万人，比1977年的61.23万人，净增12.89万人，平均年增1.29万人，增长率9.5‰—27.5‰，年平均增长率为19.26‰。

六、第四次至第五次全国人口普查（1990—2000）

第四次全国人口普查，1990年7月1日0时，全县普查登记158092户，常住人口794734人，其中男性408166人，占51.36%；女性386568人，占48.64%。

2000年第五次人口普查时，全县普查登记94.94万人，其中农业人口75.53万人，比1990年第四次人口普查66.18万人，增加9.35万人，增长14.13%；非农业人口14.88万人，比上次普查12.62万人，增加2.26万人，增长17.91%。非农业人口增长速度低于农业人口，其占总人口的比重从第四次普查的15.88%下降到15.68%，农业人口的比重从83.28%下降到79.56%。

七、2004年末和2011年末户籍人口情况

2004年末，全县户籍人口（含大南山华侨农场）21.49万户114.05万人，其中农业人口93.26万人，占总人口81.77%；非农业人口20.79万人，占总人口18.23%。全县人口密度910人/平方公里，人均耕地面积0.26亩，按农业人口计算人均0.31亩。对比1979年，人口总量增加49.98万人，年均增加2万人，年均增长率3.12%；人口密度每平方公里增加399人，年平均每平方公里增加16人。

2011年，年末全县总户数254249户，总人口1324650人，比上年末增加16013

人；全县非农业人口344195人，其中实有非农业人口231220人；全县出生人数15549人，人口出生率11.81‰；死亡人数6691人，死亡率5.08‰；自然增长人数8858人，自然增长率6.73‰。年末常住人口1088669人，其中城镇人口432528人，农村人口656141人，城镇化率39.73%。

1949—1987年惠来县人口增长情况表

年度	总户数	总人口	比上年度增加人数	增长率‰
1949	64180	293416		
1950	66500	299404	5988	20.4
1951	67398	305518	6114	20.4
1952	72055	314962	9444	30.9
1953	76516	329915	14953	47.4
1954	77372	342164	12249	37.1
1955	77851	352723	10559	30.8
1956	79525	364084	11361	32.2
1957	80200	377199	13115	36.0
1958	80864	386540	9341	24.7
1959	82644	391117	4577	11.8
1960	86027	397884	6767	17.3
1961	89152	417305	19421	48.8
1962	89934	432166	14861	35.6
1963	90105	443139	10973	25.4
1964	89529	445740	2601	5.8
1965	90448	460959	15219	34.1
1966	91665	475341	14382	31.2
1967	93243	489774	14433	30.3
1968	101211	504307	14533	29.6
1969	99288	517244	12937	25.6
1970	101566	533617	16373	31.6

（续表）

年度	总户数	总人口	比上年度增加人数	增长率‰
1971	103710	548056	14439	27.0
1972	104580	563703	15647	28.5
1973	105673	578889	15186	26.9
1974	107226	589367	10478	18.1
1975	111185	597965	8598	14.5
1976	115541	604902	6937	11.6
1977	119630	612265	7363	12.1
1978	123885	626444	14179	23.1
1979	125665	640743	14299	22.8
1980	128321	657769	17026	26.5
1981	132092	673566	15797	24.0
1982	138263	692115	18549	27.5
1983	144796	705364	13249	19.1
1984	152295	717541	12177	17.2
1985	157279	726729	9188	12.8
1986	166555	734120	7391	10.1
1987		741151	7031	9.5

注：1. 以上统计数字为年终数字。人口普查时间的所在年度数字与当年年终数字有出入。

2. 第一次人口普查时间为1954年5月26日，总人口345589人，其中男性170379人，女性175210人。

3. 第二次人口普查时间为1964年6月30日，总人口454256人，其中男性228942人，女性225314人。

4. 第三次人口普查时间为1982年6月30日，总人口679082人，其中男性346874人，女性332208人。

5. 本表增长率按本年度比上年度增加人数计算，包括人口割属数字在内，与自然增长率计算方法不同。

中华人民共和国成立后惠来县历次人口普查登记及增长情况表

单位：万人

普查次别	普查时间	普查登记总人口数	比1949年增长%	与上次普查间隔时间	比上次普查增加人数	每年平均增加人数
第一次人口普查	1954年5月26日0时	34.56	17.78	4年5个月	5.22	1.18
第二次人口普查	1964年6月30日0时	45.43	54.84	10年1个月	10.87	1.08
第三次人口普查	1982年6月30日0时	67.91	131.46	18年	22.48	1.25
第四次人口普查	1990年7月1日0时	79.47	170.86	8年	11.56	1.45
第五次人口普查	2000年11月1日0时	94.94	223.59	10年4个月	15.47	1.50
第六次人口普查	2010年11月1日0时	108.32		10年	13.38	1.34
第七次人口普查	2020年11月1日0时	104.08		10年	-4.24	-0.42

八、2012—2022年人口情况

2012年，全县总人口1329899人；2014年，全县总人口1399758人，常住人口111.6万人，城镇化率42.36%；2016年，全县总人口1439163人，常住人口112.41万人，城镇化率42.7%。

2017年末，全县总户数256600户，总人口1446895人，比上年末增加7732人，其中城镇人口566007人，乡村人口880888人；全县当年出生人数16608人，人口出生率11.51‰；死亡人数12560人，死亡率8.7‰；自然增长人数4048人，自然增长率2.79‰。年末常住人口112.35万人，城镇化率42.80%。

2018年末，全县总户数261436户，总人口1455622人，比上年末增加8727人，其中城镇人口632779人，乡村人口822843人；全县当年出生人数28352人，人口出生率19.54‰；死亡人数2780人，死亡率1.92‰；自然增长人数25572人，自然增长率17.62‰。年末常住人口112.41万人，城镇化率42.88%。

2019年末全县总户数274348户，总人口1483764人，比上年末增加6623人，其中城镇人口640977人，乡村人口842787人；全县当年出生人数23590人，人口出生率15.93‰；死亡人数2808人，死亡率1.90‰；自然增长人数20782人，自然增长率14.04‰。年末常住人口114.2万人，城镇化率42.91%。

2020年末，全县户籍人口户数284728户，人口1487825人，比上年末增加4061人，其中城镇人口639410人，乡村人口848415人；全县当年出生人数30896人，人口出生率20.79‰；死亡人数13510人，死亡率9.09‰；自然增长人数17386人，自然增长率11.7‰。据《惠来县第七次全国人口普查公报》：2020年11月1日零时，全县常住人口为1040779人。

2020年户籍人口数及其构成

指标	户籍人口数（人）	比重（%）
全县户籍总人口	1487825	100.0
其中：城镇	639410	42.98
乡村	848415	57.02
其中：男性	764879	51.41
女性	722946	48.59
其中：0—17岁	474101	31.87
18—34岁	475994	31.99
35—59岁	368963	24.80
60岁及以上	168767	11.34

2021年末全县总户数293607户，总人口1494257人，比上年末增加6432人，其中城镇人口639996人，乡村人口854261人；全县当年出生人数23762人，人口出生率15.94‰；死亡人数4255人，死亡率2.85‰；自然增长人数19507人，自然增长率13.08‰。全县常住人口105.01万人。

2022年末全县总户数297434户，比上年增加3827户；总人口1494938人，比上年末增加681人，其中城镇人口638686人、乡村人口856252人；全县当年出生人数19620人，人口出生率13.13‰；死亡人数6931人，死亡率4.64‰；自然增长人数12689人，自然增长率8.49‰。全县常住人口105.47万人，其中城镇常住人口47.19万人，占常住人口比重（常住人口城镇化率）44.74%，比上年末提高0.46个百分点。

〔第三节〕人口流动情况

一、民众流入惠来

中原汉族民众流入惠来县定居，可以追溯至隋唐以前。南宋及明代，是汉族民众大量流入的高峰期，且大部分间接来自福建，被称为"福佬"。1985年，在编写《惠来地名志》时，对全县241个行政村进行调查考证：建于北宋的村庄，全县仅有5个，建于南宋的48个，建于元代的16个，建于明代的132个，建于清代的40个。其先祖，从中原地区直接迁入的数量不多，绝大多数是从福建莆田等地分派而来。建立于宋代的53个乡村中，确知居民来源的有30个，其中，从福建移入的就有22个。大抵在明代设置惠来县之前，至2024年，县内主要大姓族群，已聚成固定的较大村落，如：周田、青坑的黄姓，狮石、凤光、见龙、新岱的林姓，东陇、惠城、东福、寄陇的方姓，杭美、岐石等村的陈姓，览表、溪洋的吴姓，华清的卢姓，澳头的郑姓，华翁的翁姓，华谢的谢姓，凤红的朱姓，孔美的唐姓，井美的蔡姓，华湖的高姓等。

惠来县地域宋代创村情况表

村名	建村时间	居民来源
华谢	北宋太宗大中祥符六年	谢氏从潮安大滘乡来此定居
孔美	元至元二十三年	北宋时罗氏由福建入潮，后裔分支创居港子美；宋末福建省莆田进士唐瑶莘起兵勤王战死，其子唐干臣于元初与罗氏合居港子美，明末罗姓迁出，后为唐氏独居，改称孔子美。中华人民共和国成立初期在孔子美设行政村，简称孔美
岐石	北宋仁宗景祐元年	陈氏从福建莆田八角井脚来此与林姓为邻
前汛	北宋哲宗元祐二年	有傅雍理者，从中原携家到此隐居。建炎元年（1127），陈氏先祖从南京流放至此，与傅卜居为邻
钓石	北宋元祐六年	林氏从福建莆田移此定居
古巷	北宋徽宗时建中靖国元年	林氏从福建莆田东洋村移此置村
赤洲	南宋高宗绍兴年间	刘氏从福建到此创村，后吴姓等陆续迁入

（续表）

村名	建村时间	居民来源
陈陇	南宋绍兴年间	福建莆田人、海丰县令陈原父之后裔在此守墓，遂成村
京陇	南宋绍兴三十年	福建漳州东山官宦胡道夫避祸到此落籍
华翁	南宋乾道二年	翁氏从揭阳分支来此创村
山陇	南宋乾道四年	福建莆田陈原父之后裔在此创村
览表	南宋光宗绍熙四	吴氏先祖从福建莆田迁惠来都创乌石村。是年从乌石村分支到此创村
东福	南宋宁宗庆元年间	村地原为圩市，居郑、陈、张、何等姓。福建莆田方骥之的长子方孟全创坑东村。至明朝中期，全村为方姓
陇头	南宋庆元年间	方骥之创业于惠来都。其后，孙士梅派居于此
东陇	南宋嘉定元年至十七年	方麟之及吴氏从福建莆田到此定居
溪洋	南宋嘉定元年至十七年	吴振业从福建莆田到此定居
凤镇	南宋嘉定元年至十七年	林氏从福建莆田到此定居。淳祐年间，朱姓于村侧置居。后分为二片村，林姓居地称凤光，朱姓居地称凤红
后堀	南宋嘉定元年至十七年	吴氏祖先从福建莆田迁入惠来都乌石村，是年分支置后堀村
鲁阳	南宋嘉定十二年	蔡氏从山东至此定居
华吴	嘉定十年	林氏从古巷村派居于此
新岱	南宋宝庆元年至绍定元年	林姓从福建莆田到此创村。淳祐十二年（1252），李姓从普宁鲤湖来此聚居。今分新林、新李二片村
前詹	南宋绍定元年至五年	詹氏从饶平到此创村
狮石	南宋嘉熙元年至四年	林氏从福建莆田来此定居
见龙	南宋宝祐元年	原为方姓居地，称下陇头，后他徙。徽宗年间，福建莆田林姓移入先创古巷村，宝祐元年古巷分支至此居住
鳌头	宋景定五年（1264）	潮安县汤头村王鳌安（曾在惠州任县令）至此创村
周田	宋末咸淳元年至祥兴二年	黄氏从澄海菊地到此置居，初称周山，后称周田。明隆庆年间，其子孙分派为前湖（即东前湖）、考山、下厝三个村，清康熙年间，又从前湖附近分立新村径口村
千秋镇	宋末咸淳元年至祥兴二年	古为集圩地。南宋末年，魏、杨二姓从福建漳浦到此创业

（续表）

村名	建村时间	居民来源
井美	宋末咸淳元年至祥兴二年	蔡瑶裔知潮州"相此螺溪，择居立籍于此"
竹湖	宋末咸淳元年至祥兴二年	林氏从福建莆田到此定居

惠来县地域元代创村情况表

村名	建村时间	居民来源
葛山	元至元十七年	河北省永清县史天泽第八子至此创村
邦山	元至元二十五年	唐瑶莆另一子分居凤山，后改称邦山
头径	元至元二十七年	林氏从福建莆田到此创村，而后，黄、陈诸姓迁入
杭美	元延祐元年至七年	陈氏从潮安鳌头村分支来靖海小泥澳仔落籍，至正年间（1360年前后），举族迁居今村
黄岗	元泰定年间	田氏从福建莆田到此创村，而后，方、林等姓迁入聚居
澳头	元天历二年	郑氏从海丰甲子迁入
港寮	元元统二年	郑氏从潮阳神山村南移至此
华清	元至元十年	卢东耕从潮阳凤港迁到华清；明洪武四年卢氏另一支从海丰（今陆丰）大塘来此定居

惠来县明代创村情况表

村名	建村时间	居民来源
楼内	洪武年间	黄、周二姓先祖从福建乌龟乡来此定居
头屯	洪武年间	王姓从潮阳仙溪迁此创村
白塔	洪武年间	曾氏从揭阳白塔来此创村。弘治十六年陈姓迁入聚居
后湖	洪武十六年	蔡氏从福建分化府牛巷至此创村
象湖	永乐年间	郑氏从潮阳神山迁入创村
后吉	永乐年间	郑氏从潮阳神山迁入创村
崎岭	宣德年间	冯氏从福建莆田至此定居，陈、林诸姓随后迁入
池畔	宣德五年	黄姓从福建莆田来此创村
华房	正统年间	房氏从大埔县迁入创村
院前老村	正统年间	詹氏从饶平来此创村

（续表）

村名	建村时间	居民来源
蛟边	天顺年间	张姓从福建沙坝尾到此创村
邦庄	天顺年间	庄姓从普宁果陇迁入创村
红湖	天顺年间	许姓从潮阳胜前至此创村
图田	成化年间	周氏从福建莆田来此创村
后池	成化年间	程氏从福建安定至此创村
大旗	弘治年间	简氏从福建永澄县韶阳村至此创村
坑仔	弘治年间	郑、蔡、林诸姓分别从潮阳梅花、福建莆田等地迁入聚居
宫兜	弘治十六年	陈氏从福建莆田到此创村
沟疏	正德年间	吴氏从潮阳溪头到此定居，林、陈诸姓相继迁入
鸡岗	正德年间	谢姓从潮阳排山迁此定居，后陈、江、罗、康等姓到此聚居
西塘	正德年间	徐、李二姓从福建卢岗至此创村
河田	正德年间	林氏从福建莆田到此定居
东岱	正德年间	李姓从福建莆田到此创村
西詹	正德五年	詹氏从饶平到此创村
溪南	正德七年	陈姓从潮阳溪南来此创村
清平	正德十六年	李姓从揭西河婆至此创村，称李厝乡，清同治年间更今名
后旗	嘉靖年间	庄氏从普宁果陇及潮阳教美先后到此聚居
金鸡塔	嘉靖年间	王君彬从福建到此创村
龙舟	嘉靖年间	黄、周、陈诸姓先后从福建迁居于此
华园	嘉靖年间	余氏先祖（余德居）从汕头市郊月浦来此创村
山栗	嘉靖三年	梁氏携子（陈姓）从福建泉州流落于此定居
北洋	嘉靖初	陈氏从福建漳州浦县到此定居
新村	嘉靖初	正德年间，谢氏从福建龙岩到惠来置居，先居岭后村、大旗村，嘉靖初，徙此置村
仙埔	嘉靖年间	孔氏从山东曲阜昌平至此创村
永安	嘉靖三十五年	郑姓从潮阳神山来此创村
长青	嘉靖末期	林、钟、刘诸姓从福建乌石等乡迁居于此
余家寮	嘉靖四十四年	余法高从普宁尖石北山村至此搭寮创村
吉镇	嘉靖四十五年	黄平山从福建南靖县归得里到此创村

（续表）

村名	建村时间	居民来源
资深	隆庆年间	张氏从潮阳港头村至此定居，后有柯、林、方诸姓迁入
旧厝	万历年间	黄氏从潮阳龙湖至此定居，取名义湖，而后，其子孙在附近又辟新居，遂称旧厝
鹅豆	万历年间	张、苏二姓从福建莆田来此定居
北溪	万历年间	刘得来从兴宁到此定居
涂楼	万历九年	潮阳高姓媳妇携两子到此落户
盐岭	万历年间	朱、何二姓分别从福建莆田和东洲到此聚居
双湖	万历年间	郑姓从潮阳梅花到此创村
义湖	天启年间	黄氏子孙新创村，沿用老村名
厝坑	天启年间	赖、游、张三姓从福建莆田来此创村
茶铺	天启六年	肖氏从潮阳绵城至此安家，清初普宁南门村李姓迁入聚居
榕树头	崇祯年间	周、林二姓从福建泉州来此创村
史岭	崇祯年间	余、严二姓从福建莆田来此创村
后洋	崇祯年间	夏姓从福建莆田来此创村
石佛	崇祯年间	姚姓从揭西棉湖到此定居，县内吴、庄等姓先后迁入聚居
西岭肚	崇祯年间	许氏从福建汾水来此创基
旺寮	崇祯末年	吕氏从海丰县潭冲村来此定居。后曾、林、肖等姓迁入聚居

惠来县清代创村情况表

村名	建村时间	居民来源
大潭	顺治元年	林氏从福建来此创村
峰霞	顺治初年	叶氏祖妈携两子从福建泉州逃荒至此，搭寮垦荒，遂成村
林沟	顺治十五年	李氏从汕头市郊乌登村来此创村
将军湖	顺治年间	廖氏从潮阳司马浦至此创村
后山	康熙年间	陈氏从潮阳后坑迁入定居
南湖	康熙年间	邓氏从潮阳至此定居
桃园	乾隆二十六年	陈氏（永宁）从福建泉州至此创村
柯厝	乾隆后期	柯氏从潮阳峡山洋内分居于此
渡头	光绪二十八年	李氏从陆丰横山迁入置村

二、惠来人口外流情况

历史上,惠来属地广人稀的县份,居民外迁的情况很少。从清代开始,由于某些特殊原因,造成几次居民大迁徙。晚清及整个民国时期,由于贫困程度加剧及地缘方面的关系,居民出国谋生络绎不绝。

(一)居民大迁徙。清初,发生了两次居民大量外迁的事件。顺治三年至五年(1646—1648),由于自然灾害及战乱等原因,惠来人口大量减少。康熙元年(1662)始,清王朝为防御郑成功的进攻,强迫粤省沿海居民内迁,惠来区域的全部五个都中,大坭、隆井两个都全部划入迁界范围,惠来、酉头、龙溪三个都的一半也在迁界范围之内。这些地区,是人口密集之地。迁界实施近7年,沿海居民被迫抛弃家园,生计断绝,相率逃亡外地或国外。

(二)过番。惠来地临南海,神泉、靖海两个港湾的港道长五六里,且水深均在4米以上,造船业、海上运输相对较发达。从明代开始,已有居民迁移海外谋生。晚清以后,居民漂洋到东南亚国家谋生或定居的数量越来越多。俗语"荡到无,过暹罗",源出于此。

光绪十四年(1888)冬,汕头洋务委员会与荷兰使者议定"华民出国佣工章程",潮汕各地逐年都有大批居民卖身过洋当劳工,俗称"卖猪仔",到达地点为"日里"(印尼),这些卖身劳工很少能回国。而后出国的地点是"习叨""槟榔屿"和"暹罗"(即新加坡、马来西亚和泰国)。根据民国《潮州志》记载,光绪五年(1879),潮州九县从汕头仙埠出洋的有1.41万人,其中,惠来籍居民1090人。这仅是当年出国人数的一部分,因为惠来居民可直接从县内各港口坐船出国。

民国时期,居民因贫困加剧,以及政治上的原因,出国而最后在国外定居的人数骤增。民国二十二年至二十四年(1933—1935),为过番的高峰期。彼时,国民党重兵围剿南山革命根据地,对革命者采取"宁可错杀一千,不能放过一个"的残酷镇压政策,许多农会会员和赤卫队员,相继出逃暹罗(泰国)等东南亚国家及港澳。

居民出国历史悠久,经过历代的繁衍传播,由近及远,世界上绝大多数国家都有惠来县籍华侨,而人数居多者为泰国、越南、新加坡、印尼、马来西亚等东南亚国家。

第八章

人口组成比例

〔第一节〕少数民族在惠来的情况

惠来人口，汉族占绝大多数。明万历三十一年（1603），全县4120户，还有疍家1户，畲族6户，人数多少未详。中华人民共和国成立后的人口登记中，已不见有疍家户及畲族。

1982年第三次人口普查，全县汉族人口67.91万人，少数民族90人，占总人口0.13‰。少数民族人口中，计有瑶族60人，壮族10人，苗族2人，朝鲜族1人，侗族1人，傣族1人，黎族1人，外国人加入中国籍8人。少数民族人口，居住于华侨农场的有74人，居住于其他乡镇的少数民族人口，大体上是同汉族居民因婚姻关系而由外地迁入的。1987年，全县汉族人口741074人，少数民族77人，其中回族、侗族、傣族、黎族、朝鲜族各1人，苗族2人，壮族10人，瑶族60人。1990年第四次人口普查，全县有少数民族78人，占总人口0.1‰。外国人加入中国籍4人。2000年第五次人口普查，全县总人口94.94万人，普查登记的少数民族包括：壮族、蒙古族、维吾尔族、黎族、藏族、土家族、满族、苗族、水族、傣族、彝族、瑶族、布依族、朝鲜族、侗族、回族、基诺族等17个，人数148人，比1990年增加70人，增长89.74%；占总人口数的比重上升到0.16‰。在普查登记的少数民族中，户口在本地的人口77人，占52.03%；户口在外地的人口69人，占46.62%。惠来县第四次人口普查以后，增加的少数民族人口主要是县外、省外少数民族流入惠来务工经商。2004年，全县少数民族包括回族、藏族、苗族、彝族、壮族、布依族、朝鲜族、满族、侗族、瑶族、白族、土家族、黎族、畲族、拉祜族、水族、仡佬族、保安族、独龙族、毛南族、基诺族等21个，人口117人，比2000年减少31人。

2000年惠来县人口民族构成表

单位：人

名称	总人口	汉族	少数民族	其中：蒙古族	维吾尔族	苗族	壮族	土家族	其他
总计	949355	949207	148	20	11	40	19	11	47
惠城镇	115033	115025	8	1		1	5	1	
华湖镇	56075	56027	48	3		22	2	10	11
仙庵镇	72274	72240	34	6	4	9	2		13
靖海镇	64137	64136	1		1				
周田镇	65582	65577	5	2					3
前詹镇	43938	43929	9		1	2	3		3
神泉镇	70110	70106	4		1	3			
东陇镇	73523	73519	4	1	1	1			1
岐石镇	48583	48582	1						1
隆江镇	99244	99241	3		1				2
溪西镇	45636	45632	4	2	1				1
鳌江镇	38461	38454	7	1			3		3
东港镇	25384	25381	3	1			1		1
葵潭镇	75063	75062	1	1					
南海乡	13965	13963	2				1		1
青山乡	10494	10492	2						2
河林乡	17255	17245	10	2	1	2			5
东埔农场	9654	9654							
葵潭农场	4325	4323	2				2		
青坑林场	619	619							

〔第二节〕人口性别比例

明清两代，惠来县男女性别结构极不平衡。明代，男性远多于女性。明嘉靖四年（1525），男性占总人口58.9%，女性仅占41.1%。

清代，女性远多于男性。顺治十四年（1657），男性占总人口41.58%，女性占58.42%，这种女性人口比男性人口多出近1/3的失衡状况一直延续至乾隆年间（1736—1795）。

民国时期，男性远多于女性。但随着时间的推移，男女比例逐渐接近平衡。民国二十二年（1933），男性为20.85万人，女性16.94万人。民国三十五年（1946），男性13.47万人，女性为12.1万人，男与女的性别比（女=100）从123.1下降为111.3。

中华人民共和国成立以来，性别结构较为均衡。1954年第一次人口普查，男女性别比（女=100）为97.24，女稍多于男。1964年第二次人口普查，性别比为101.61，男稍多于女。1982年第三次人口普查，性别比为104.41，男稍多于女。

惠来县三次人口普查性别比例情况表

年度	年龄分组	合计	性别人数		性别比（女=100）	占总人口数%
			男	女		
第一次人口普查（一九五四年）	总人口	345589	170379	175210	97.24	100
	0—14岁	134545	70826	63719	111.15	38.93
	15—59岁	196454	95264	101190	94.14	56.85
	60岁以上	14590	4289	10301	41.64	4.22
第二次人口普查（一九六四年）	总人口	454256	228942	225314	101.61	100
	0—14岁	203291	105327	97964	107.52	44.75
	15—59岁	227544	116027	111517	104.04	50.09
	60岁以上	23421	7588	15833	47.93	5.16
第三次人口普查（一九八二年）	总人口	679082	346874	332208	104.41	100
	0—14岁	257089	132079	125010	105.65	37.86
	15—19岁	370502	194369	176133	110.35	54.56
	60岁以上	51491	20426	31065	65.75	7.58

1982年惠来县人口分年龄组性别状况表

年龄别	人口数			占总人口%	性别比（女=100）
	合计	男	女		
总计	679082	346874	332208	100	104.41
0—4岁	93235	47769	45466	13.73	105.07
5—9岁	74787	38341	36446	11.01	105.20
10—14岁	89067	45969	43098	13.12	106.66
15—19岁	78653	40447	38206	11.58	105.87
20—24岁	58035	30262	27773	8.55	108.96
25—29岁	59323	31580	27743	8.74	113.83
30—34岁	43852	23146	20706	6.46	111.78
35—39岁	30626	16594	14032	4.51	118.26
40—44岁	25687	14265	11422	3.78	124.89
45—49岁	27757	14520	13237	4.09	109.69
50—54岁	24391	12398	11993	3.59	103.38
55—59岁	22178	11157	11021	3.27	101.23
60—64岁	17977	8455	9522	2.65	88.79
65—69岁	14127	6029	8098	2.06	74.45
70—74岁	9627	3432	6195	1.42	55.40
75—79岁	6008	1732	4276	0.88	40.51
80—84岁	2631	578	2053	0.38	28.15
85—89岁	849	167	682	0.12	24.49
90—94岁	235	33	202	0.03	16.34
95—99岁	35	/	35	0.01	
100—104岁	2	/	2		

1990年，性别比高达105.66，超出正常范围；至2000年回落为103.45，全县总人口性别比进入正常范围。

全县分年龄性别比，呈现低年龄组高于高年龄组的趋势，属正常的社会现象。其中20—34岁人口性别比低于35—64岁人口性别比，与适龄青年服兵役和大批男性青年外出务工经商有关。0—4岁婴幼儿性别比高达116.78，其中1岁、2岁、3岁性别比分别高达119.42、117.19、120.47，属畸高性别比。

2000年惠来县分年龄人口性别比表

单位：人

年龄别	人口数	占总人口%	其中 男	其中 女	性别比	年龄别	人口数	占总人口%	其中 男	其中 女	性别比
总计	949355	100	482718	466637	103.45	50—54岁	33396	3.52	17492	15904	109.98
0—4岁	85825	9.04	46234	39591	116.78	55—59岁	22255	2.34	11756	10499	111.97
5—9岁	138967	14.64	73332	65635	111.73	60—64岁	23175	2.44	12081	11094	108.90
10—14岁	117902	12.42	61143	56759	107.72	65—69岁	18633	1.96	8882	9751	91.09
15—19岁	101808	10.72	52656	49152	107.13	70—74岁	15487	1.63	6971	8516	81.86
20—24岁	69567	7.33	33681	35886	93.86	75—79岁	11751	1.24	4688	7063	66.37
25—29岁	71600	7.54	33367	38233	87.27	80—84岁	7002	0.74	2319	4683	49.52
30—34岁	70861	7.46	35292	35569	99.22	85—89岁	3365	0.35	905	2460	36.79
35—39岁	56869	5.99	29618	27251	108.68	90—94岁	1157	0.12	220	937	23.48
40—44岁	51572	5.43	27167	24405	111.32	95—99岁	274	0.03	51	223	22.87
45—49岁	47867	5.04	24860	23007	108.05	100岁以上	22	0.002	3	19	15.79

据《惠来县第七次全国人口普查公报》，2020年11月1日零时，全县常住人口中，男性人口为526003人，占50.54%；女性人口为514776人，占49.46%。总人口性别比（以女性为100，男性对女性的比例）由2010年第六次全国人口普查的99.96上升为102.18。

〔第三节〕文化程度

1949年以前，文盲、半文盲人口约占总人口70%。中华人民共和国成立后，大力开展扫盲工作，逐渐普及小学教育及开展各项教育工作，经过近40年的努力，文化教育事业发生了翻天覆地的变化，人口的文化素质得到很大的提高。

1964年第二次人口普查统计（减去0—6岁的儿童），文盲、半文盲人口占总人口38.83%，小学文化程度以上人口占27.27%；1982年第三次人口普查，文盲、半文盲人口占总人口36.61%，小学文化程度以上人口占44.74%。全县人口数的每1万人（减去0—6岁的儿童）中，有大学程度11.8人，高中程度388人，初中程度843人，小学程度3230人，文盲、半文盲3776人。

由于传统的重男轻女的思想在广大农村中仍然存在着较大影响，因而，在县人口文化构造中的性别差异还比较突出，女性接受文化教育人口远远少于男性，且文化层次越高，女性越少。1982年，全县12岁以上的文盲、半文盲人口共21.65万人，其中女性18.11万人，占77.87%；在具有大学程度的人口中，女性仅占12%。地域性的文化差异也比较悬殊，城镇接受文化教育的人口远多于农村，山区的平均文化程度一般低于平原地区。

1982年惠来县人口年龄组文化程度情况表

年龄组	7岁以上人数	大学	高中	初中	小学	文盲、半文盲
总计	560235	801	26356	57267	219385	256426
7—9岁	49148	/	/	/	22109	27039
10—14岁	89067	/	23	3336	55781	29927
15—19岁	78653	8	5246	17359	30401	25639
20—24岁	58035	39	8640	9944	19110	20302
25—29岁	59323	116	6050	8595	21921	22641
30—34岁	43852	134	2556	5897	17329	17936
35—39岁	30626	122	1431	4636	11706	12731
40—44岁	25687	172	1058	2805	9752	11900
45—49岁	27757	118	526	1952	9498	15663
50—54岁	24418	34	350	1064	6952	16018
55—59岁	22178	29	221	787	5939	15202
60岁以上	51491	29	255	892	8887	41428

1982年惠来县人口普查性别文化程度表

文化 人口层次	大学			高中			初中			小学		
	总数	男	女	总数	男	女	总数	男	女	总数	男	女
	801	706	95	26356	22553	3803	57267	48811	8456	219358	167943	51415
比例	100%	88.14%	11.86%	100%	85.57%	14.43%	100%	85.23%	14.77%	100%	76.56%	23.44%

一、文化素质逐渐提高

1982年第三次人口普查，文盲、半文盲人口占总人口36.61%，小学文化程度以上人口占44.74%。全县每1万人（不含0—6岁的儿童）中，有大学程度11.8人，高中程度388人，初中程度843人，小学程度3230人，文盲、半文盲3776人。在全县人口文化构成中的性别差异比较明显，女性接受文化教育人口远远少于男性，且文化层次越高，女性越少。1982年，全县12岁以上的文盲、半文盲人口共21.65万人，其中女性18.11万人，占77.87%；在具有大学程度的人口中，女性仅占12%。地域性的文化差异也比较悬殊，城镇接受文化教育的人口多于农村，山区的平均文化程度一般低于平原地区。

2000年第五次人口普查，惠来县的人口文化素质有很大提高，主要表现是：受教育程度小学及以上人数大幅度增长，受教育程度初中及以上人数的增长幅度，远远超过6岁及以上人口数的增长幅度。6岁以上人口初中程度以上的比例，从1990年的21.19%，增长到33.53%，上升12.34个百分点。其中，初中程度占6岁以上人口的比重从1990年的15.83%，增大到27.23%，上升11.4个百分点；具有小学程度的人数占6岁以上人口的比重，从1990年的50%，增大到56.39%，上升6.39个百分点。这是惠来县10年间普及义务教育的结果。受教育程度大专及以上人数10年间增长82.23%，具有高中、中专程度的人数增长47%。

文盲半文盲人数大幅度下降。第五次人口普查结果，全县15岁以上文盲半文盲人数从1990年的14.69万人，减少到4.81万人，减少67.26%。第五次普查登记中15岁及其以上人数从49.34万人，增加到60.67万人，一般文盲率从1990年的29.77%，下降到7.93%，下降21.84个百分点。从年龄构成看，不识字或识字很少的人口中，66.9%是60岁以上的老年人口。从性别构成看，不识字或识字很少的人口中，占83.1%是女性人口。不识字或识字很少的人口数，高年龄组人口数多于低年龄组人口数，女性人口多于男性人口。

2000年惠来县6岁及以上受各种教育人数构成表

单位：人

受教育程度	第五次人口普查		第四次人口普查		五普比四普增长%
	人数	构成%	人数	构成%	
6岁及以上人数	834674	100	660095	100	26.45
其中：大学本科以上	274	0.03	217	0.03	26.27
大专	3028	0.36	1595	0.24	89.84
高中、中专	49302	5.91	33539	5.08	47
初中	227281	27.23	104473	15.83	117.55
初中以上小计	279885	33.53	139824	21.18	100.17
小学	470707	56.39	330017	50	42.63
合计	750592	89.93	469841	71.18	59.75

2000年惠来县每10万人拥有小学以上文化人数情况表

单位：人

项目	大学以上	大专	高中、中专	初中	小学	合计
第五次人口普查	29	319	5193	23939	49579	79059
第四次人口普查	28	204	4303	13363	42212	60110
五普比四普增加人数	1	115	890	10576	7367	18949
增长幅度%	3.57	56.37	20.68	79.14	17.45	31.52

2000年惠来县15岁及以上不识字人口情况表

单位：人

年龄别	15周岁及以上人口数			不识字或识字很少			一般文盲率%		
	小计	男	女	小计	男	女	小计	男	女
总计	606661	302009	304652	48098	8120	39978	7.93	2.69	13.12
15—19岁	101808	52656	49152	221	74	147	0.22	0.14	0.30
20—24岁	69567	33681	35886	303	48	255	0.44	0.14	0.71

（续表）

年龄别	15周岁及以上人口数			不识字或识字很少			一般文盲率%		
	小计	男	女	小计	男	女	小计	男	女
25—29岁	71600	33367	38233	685	83	602	0.96	0.25	1.57
30—34岁	70861	35292	35569	1140	122	1018	1.61	0.35	2.86
35—39岁	56869	29618	27251	1379	114	1265	2.42	0.38	4.64
40—44岁	51572	27167	24405	2240	192	2048	4.34	0.71	8.39
45—49岁	47867	24860	23007	2977	241	2736	6.22	0.97	11.89
50—54岁	33396	17492	15904	3592	320	3272	10.76	1.83	20.57
55—59岁	22255	11756	10499	3386	367	3019	15.21	3.12	28.76
60—64岁	23175	12081	11094	5481	1036	4445	23.65	8.58	40.07
65岁以上	57691	24039	33652	26694	5523	21171	46.27	22.98	62.91

2000年惠来县乡镇场15岁及以上不识字人口情况表

单位：人

名称	15岁及以上人口数			不识字或识字很少人口			一般文盲率%		
	小计	男	女	小计	男	女	小计	男	女
总计	606661	302009	304652	48098	8120	39978	7.93	2.69	13.12
惠城镇	79360	39970	39390	1286	209	1077	1.62	0.52	2.73
华湖镇	35572	18012	17560	1782	256	1526	5.01	1.42	8.69
仙庵镇	44628	21970	22658	2610	364	2246	5.85	1.66	9.91
靖海镇	41330	19682	21648	4463	879	3584	10.80	4.47	16.56
周田镇	42691	20873	21818	5230	802	4428	12.25	3.84	20.30
前詹镇	28095	13695	14400	3801	570	3231	13.53	4.16	22.44
神泉镇	47433	23518	23915	4320	675	3645	9.11	2.87	15.24
东陇镇	45619	22527	23092	4400	709	3691	9.65	3.15	15.98
岐石镇	28743	14377	14366	1901	322	1579	6.61	2.24	10.99
隆江镇	64634	32207	32427	5673	1087	4586	8.78	3.38	14.14
溪西镇	27376	13704	13672	2322	427	1895	8.48	3.12	13.86
鳌江镇	23713	12049	11664	4207	691	3516	17.74	5.73	30.14
东港镇	15546	7770	7776	1155	176	979	7.43	2.27	12.59
葵潭镇	46874	23696	23178	2559	454	2105	5.46	1.92	9.08
南海乡	8659	4452	4207	736	170	566	8.50	3.82	13.45

（续表）

名称	15岁及以上人口数			不识字或识字很少人口			一般文盲率%		
	小计	男	女	小计	男	女	小计	男	女
青山乡	6564	3437	3127	500	111	389	7.62	3.23	12.44
河林乡	10921	5611	5310	571	99	472	5.23	1.76	8.89
东埔农场	5911	2947	2964	490	90	400	8.29	3.05	13.50
葵潭农场	2640	1322	1318	0	0	0	0	0	0
青坑农场	352	190	162	92	29	63	26.14	15.26	38.89

二、文化素质比较

1979年后，随着经济的发展和教育的普及，全县人口文化素质逐渐提高。1982年，每10万人中拥有初中、高中（含中专）以及大专以上文化程度人数，分别为8434人、3881人、118人。1990年，每10万人中拥有初中、高中（含中专）以及大专以上文化程度人数，分别为13363人、4303人、232人。2000年第五次人口普查，分别为23939人、5193人、348人。

相对全省平均水平，惠来县人口文化素质仍然很低，特别是具有较高文化素质人口平均水平偏低的状况，差距更大。1990年，每10万人中拥有大专以上文化程度人数，惠来比全省平均人数少1106人。到2000年，每10万人中拥有大专以上文化程度人数，惠来比全省平均人数少3212人。全县每10万人中拥有初中、高中、中专以及大专以上文化程度人数，分别为全省的65.5%、40.3%和9.78%，都低于全省水平，而且受教育程度层次愈高，差距愈大。

惠来县和全省每10万人拥有小学以上文化程度人数情况表

单位：人

项目		大专及以上	高中、中专	初中	小学	合计
第五次人口普查	惠来县人数	348	5193	23939	49579	79059
	广东平均人数	3560	12880	36690	33145	86275
	惠来比全省	-3212	-7687	-12751	+16434	-7216
第四次人口普查	惠来县人数	232	4303	13363	42212	60110
	广东平均人数	1338	13928	23041	40451	78758
	惠来比全省	-1106	-9625	-9678	+1761	-18648

三、青少年在校情况

（一）在校学生年龄层。惠来县第五次人口普查，长表抽样汇总资料整理表明，在校小学生年龄绝大多数在6—14岁，在校初中生年龄多数在12—19岁，在校高中生与中专生年龄多数在15—20岁。

2000年惠来县分年龄性别中小学生在校人数情况表

（普查长表抽样10%的家庭户）

单位：人

年龄	小学			初中			高中和中专		
	合计	男	女	合计	男	女	合计	男	女
合计	19465	10165	9300	6200	3712	2488	1559	1110	449
6	1819	1004	815						
7	2553	1379	1174						
8	2582	1362	1220						
9	2609	1365	1244	2	1	1			
10	2736	1428	1308	2	1	1			
11	2408	1229	1179	11	9	2			
12	2071	1038	1033	60	40	20			
13	1684	860	824	321	197	124			
14	1003	500	503	1016	645	371	4	4	
15				1684	936	748	19	12	7
16				1493	875	618	98	72	26
17				914	567	347	270	197	73
18				450	281	169	355	234	121
19				247	160	87	305	227	78
20							266	192	74
21岁以上							242	172	70

（二）在校男女学生比例。小学以7—12岁，初中13—15岁，高中16—18岁为适龄学生人口，小学至初中，男生与女生人数差距较少，高中的差距较大。16—18岁男性人口，在校率68.98%，而女性人口在校率只有45.24%。

2000年惠来县中小学适龄青少年在校比率表

（普查长表抽样10%的家庭户）

单位：人

年龄	总人数			在校人数			在校率%		
	合计	男	女	合计	男	女	合计	男	女
合计	27987	14576	13411	24346	13232	11114	86.99	90.78	82.87
7—12岁	15465	8032	7433	15034	7852	7182	97.21	97.76	96.62
13—15岁	6300	3317	2983	5731	3154	2577	90.97	95.09	86.39
16—18岁	6222	3227	2995	3581	2226	1355	57.55	68.98	45.24

四、2020年全县人口年龄构成

据《惠来县第七次全国人口普查公报》：2020年11月1日零时，全县常住人口中，全县常住人口中，0—14岁人口为324525人，占31.18%；15—59岁人口为565337人，占54.32%；60岁及以上人口为150917人，占14.5%，其中65岁及以上人口为107182人，占10.3%。与2010年第六次全国人口普查相比，0—14岁人口的比重提高0.58个百分点，15—59岁人口的比重下降5.68个百分点，60岁及以上人口的比重提高5.10个百分点，65岁及以上人口的比重提高3.68个百分点。

五、2020年受教育程度人口

全县常住人口中，拥有大学（指大专及以上）文化程度的人口为30483人；拥有高中（含中专）文化程度的人口为87264人；拥有初中文化程度的人口为355175人；拥有小学文化程度的人口为372045（以上各种受教育程度的人口包括各类学校的毕业生、肄业生和在校生）。与2010年第六次全国人口普查相比，每10万人中拥有大学文化程度的由693人上升为2929人；拥有高中文化程度的由7097人上升为8384人；拥有初中文化程度的由35704人下降为34126人；拥有小学文化程度的由42206人下降为35747人。

〔第四节〕职业成分

一、明清民国时期职业以农渔盐为主，手工业商业为辅

明代按职业分户。据清雍正《惠来县志》记载，明万历三十一年（1603），

全县有民户2414户，灶户422户，寄庄分烟户141户，各色匠户129户，疍家户1户，輋户6户，寡妇户2户，军户648户，官养士1户，力士1户，马站、马驿、铺兵、弓兵等355户，共4120户，2.2万人。如减去军、驿等兵户1005户，全县居民户为3115户，其中，从事农业2414户（包括因海禁而纳入农业的沿海渔户）占77.49%；从事盐业生产的灶户422户，占13.55%；从事工业的各色匠户129户，占4.14%，商贾等占4.8%。

清代，从康熙八年（1669）海禁解除之后，从事海洋捕捞或半渔半农的人口逐渐增加。

民国时期，据《潮州志》记载，从事农业人口占80%（包括部分亦农亦盐的人口），渔民人口占10%，工业人口占4%，商业人口占1.25%，公务员人口占0.75%，自由职业人口占1%，人事服务人口占0.5%，无业游民人口占2.5%。

二、中华人民共和国成立后，劳动行业以农林牧渔为主

中华人民共和国成立以来，人口的职业范围不断扩大。1982年第三次人口普查统计，全县人口67.91万人，在业人口为31万人，占总人口45.65%。在业人口中，男性18.02万人，女性12.98万人，其职业构成是：农林牧渔劳动者25.66万人，占82.77%；生产工人、运输工人和有关人员2.71万人，占8.74%；各类专业技术人员9270人，占2.99%；国家机关、团体、企事业单位负责人2547人，占0.82%；办事人员和有关人员2400人，占0.77%；工业工作人员9387人，占3.03%；服务性工作人员2630人，占0.85%；其他劳动者73人，占0.02%。

全县不在业人口11.2万人，其中，有城镇待业青年6970人。

1982年惠来县行业人口情况表

行业名称	在业人口数	男	女	占在业人口%
农林牧渔业	258038	143526	114512	83.24
矿业、木材采运业	2361	1462	899	0.76
电力、煤气、自来水业	599	505	94	0.19
制造业	19915	10600	9315	6.43

（续表）

行业名称	在业人口数	男	女	占在业人口%
建筑业	2890	2678	212	0.93
交通运输、邮电业	2554	2404	150	0.82
商业、饮食业、物资供销	12055	9794	2261	3.89
住宅管理、公用事业、服务业	1453	1208	245	0.47
卫生、体育、福利事业	1677	1055	622	0.54
教育、文化艺术事业	4318	3445	873	1.39
科研、技术服务业	65	48	17	0.02
金融保险业	559	457	102	0.18
国家机关、群众团体	3483	3034	449	1.12
其他行业	20	10	10	0.01
合计	309987	180226	129761	100

三、适龄劳动人口

国家以16岁以上，男未满60岁，女未满55岁，为适龄劳动人口。

1990年第四次人口普查，全县适龄劳动人口数41.48万人，占总人口52.2%。2000年第五次人口普查，适龄劳动人口数增加到50.67万人，占总人口53.37%，其占总人口比重增长1.17个百分点。从年龄分组情况看，20—24岁呈负增长，2000年比1990年减少4697人，主要是1976—1980年计划生育工作的因素。

2000年惠来县适龄劳动人口构成表

单位：人

年龄别	第五次人口普查		第四次人口普查		五普比四普增长	
	人数	构成%	人数	构成%	人数	幅度%
总计	506687	100	414838	100	91849	22.14
16—19岁	82700	16.32	65168	15.71	17532	26.90
20—24岁	69567	13.73	74264	17.90	-4697	-6.32
25—29岁	71600	14.13	57773	13.93	13827	23.93
30—34岁	70861	13.99	56624	13.65	14237	25.14

（续表）

年龄别	第五次人口普查		第四次人口普查		五普比四普增长	
	人数	构成%	人数	构成%	人数	幅度%
35—39岁	56869	11.22	51584	12.43	5285	10.25
40—44岁	51572	10.18	36187	8.72	15385	42.52
45—49岁	47867	9.45	23614	5.69	24253	102.71
50—54岁	33396	6.59	25659	6.19	7737	30.15
55—59岁	22255	4.39	23965	5.78	-1710	-7.14

四、15岁及以上人口的在业情况

第五次人口普查时，在业情况仅以10%长表抽样普查登记，据长表登记资料汇总的15岁及以上人口在业人数，剔除非适龄劳动人口，全县抽查的适龄劳动人口4.86万人，在业人口3.71万人，占76.3%；其中适龄男人口2.49万人，在业人口2.05万人，占82%；适龄女人口2.36万人，在业人口1.66万人，占70.2%。从适龄男人口年龄分组看，16—18岁人口在业率较低，大部分还在学校读书；25—59岁各年龄组人口在业率都在90%以上，是男性劳动力资源得到充分利用的表现。从适龄女人口年龄分组看，16—18岁人口在业率成倍地高于男人口，说明惠来县高中适龄男人口在校读书的机会比同龄女人口高得多；在20岁以上适龄女人口中，以20—24岁在业率80.1%为最高，随着她们陆续进入婚育期，部分妇女先后成为家务劳动者，在业率随着年龄的增加而下降。

惠来县"五普"10%长表登记15岁及以上人口在业情况表

（普查长表抽样10%的家庭户）

单位：人

年龄别	15岁及以上人口数			在业人数			在业人数占%		
	小计	男	女	小计	男	女	小计	男	女
合计	59628	29528	30100	39637	21899	17738	66.47	74.16	58.93
15岁	2062	1062	1000	212	59	153	10.28	5.56	15.30
16岁	2209	1139	1070	445	133	312	20.14	11.68	29.16
17岁	2032	1087	945	688	248	440	33.86	22.82	46.56
18岁	1981	1001	980	942	374	568	47.55	37.36	57.96

（续表）

年龄别	15岁及以上人口数			在业人数			在业人数占%		
	小计	男	女	小计	男	女	小计	男	女
19岁	1851	960	891	1068	450	618	57.70	46.88	69.36
20—24岁	6725	3200	3525	5205	2382	2823	77.40	74.44	80.09
25—29岁	7099	3308	3791	6035	3069	2966	85.01	92.78	78.24
30—34岁	6811	3403	3408	5830	3292	2538	85.60	96.74	74.47
35—39岁	5570	2877	2693	4796	2811	1985	86.10	97.71	73.71
40—44岁	5067	2656	2411	4366	2608	1758	86.17	98.19	72.92
45—49岁	4698	2408	2290	3961	2367	1594	84.31	98.30	69.61
50—54岁	3349	1724	1625	2645	1656	989	78.98	96.06	60.86
55—59岁	2236	1186	1050	1574	1075	499	70.39	90.64	47.52
60—64岁	2154	1113	1041	1058	768	290	49.12	69	27.86
65岁以上	5784	2404	3380	812	607	205	14.04	25.25	6.07
总计适龄劳动人口	49628	24949	24679	37056	20465	16591	76.28	82.03	70.21

五、在业人口的产业、行业情况

1982年第三次人口普查，全县人口67.91万人，在业人口31万人，占总人口45.65%。在业人口中，男性18.02万人，女性12.98万人。其职业构成是：农林牧渔劳动者25.66万人，占82.77%；生产工人、运输工人和有关人员2.71万人，占8.74%；各类专业技术人员9270人，占2.99%；国家机关、团体、企事业单位负责人2547人，占0.82%；办事人员和有关人员2400人，占0.77%；工业工作人员9387人，占3.03%；服务性工作人员2630人，占0.85%；其他劳动者73人，占0.02%。

1990年第四次人口普查，全县人口79.47万人，在业人口36.34万人，占总人口45.73%。在业人口中，男性21.52万人，女性14.82万人。其职业构成是：农林牧渔劳动者26.45万人，占72.78%；生产工人、运输工人和有关人员5.15万人，占14.17%；各类专业技术人员1.24万人，占3.41%；国家机关、团体、企事业单位负责人3243人，占0.89%；办事人员和有关人员3927人，占1.08%；服务性工作人员5372人，占1.48%。

2000年第五次人口普查，10%长表抽样登记资料汇总的在业人口的产业、行业分布情况，反映惠来县各行业在业人口的性别比悬殊。在三项产业15个行业中，除制造业和教育文艺业之外，其余各行业在业人口均以男性人口为主，性别比高于128，而且高于全部在业人口性别比123.5，男性在业人口相对女性的优势明显。从人口的行业构成看，在业人口从事传统的农林牧渔业之外，务工经商的劳动力已经占相当比重。据长表抽样汇总，全县从事非农业的在业人口占25.3%。净流出县外的10多万人口都是从事非农业劳动。按户籍口径计算，全县从事非农业劳动人口，所占的比重达到40%左右。在劳动力从农业向非农业转移过程中，男性劳动力主要转向经商，从事贸易、餐饮业的在业人口性别比高达226.7，即男劳动力为女劳动力的2倍多；制造业在业人口性别比仅56.2，即男劳动力仅为女劳动力的一半。

惠来县"五普"10%长表汇总在业人口从事行业分布表

单位：人

三次产业和行业门类名称	在业人口数				占合计在业人口%		
	合计	男	女	性别比	小计	男	女
总计	39637	21899	17738	123.46	100	100	100
第一产业（农林牧渔业）	29605	15715	13890	113.14	74.69	71.76	78.31
第二产业	4270	2004	2266	88.44	10.77	9.15	12.77
开采业	76	71	5	1420	0.19	0.32	0.03
制造业	3453	1242	2211	56.17	8.71	5.67	12.46
电力、煤气和水的生产供应业	146	119	27	440.74	0.37	0.54	0.15
建筑业	595	572	23	2486.96	1.50	2.61	0.13
第三产业	5762	4180	1582	264.22	14.54	19.09	8.92
地质勘查、水利管理	9	8	1	800	0.02	0.04	0.006
交通运输仓储邮电通信业	610	566	44	1286.36	1.54	2.58	0.25
批发零售贸易、餐饮业	3035	2131	904	235.73	7.66	9.73	5.10
金融保险业	74	58	16	362.50	0.19	0.26	0.09
房地产业	15	9	6	150	0.04	0.04	0.03
社会服务业	457	363	94	386.17	1.15	1.66	0.53
卫生、体育和社会福利业	223	149	74	201.35	0.56	0.68	0.42
教育、文艺广播、电影电视业	737	400	337	118.69	1.86	1.83	1.90

（续表）

三次产业和行业门类名称	在业人口数				占合计在业人口%		
	合计	男	女	性别比	小计	男	女
科研和综合技术服务业	3	2	1	200	0.008	0.009	0.006
国家党政机关和社会团体	548	457	91	502.20	1.38	2.09	0.51
其他行业	51	37	14	264.29	0.13	0.17	0.08

〔第五节〕家庭规模和结构变化

1990年第四次人口普查时，全县平均每户家庭人数4.98人，比全省平均4.42人多0.56人。第五次普查平均每户家庭增加到5.36人，比"四普"增加0.38人；而同期全省每户人数却减少为3.69人，比"四普"减少0.73人。一增一减，可见惠来县比全省的家庭户人数进一步增多。2000年第五次人口普查，全县登记总户数17.66万户。其中集体户0.08万户，家庭户17.58万户。

1990年和2000年各乡镇场家庭户平均人数变化表

单位：户、人

名称	第五次人口普查家庭户户数及人数			第四次人口普查每户人数	五普比四普每户增减人数
	户数	人数	每户人数		
总计	175771	941688	5.36	4.98	0.38
惠城镇	24520	114206	4.66	5.15	-0.49
华湖镇	9692	54975	5.67	4.91	0.76
仙庵镇	12573	71691	5.70	4.89	0.81
靖海镇	12005	63831	5.32	5.11	0.21
周田镇	12238	65116	5.32	4.90	0.42
前詹镇	7995	43784	5.48	4.76	0.72
神泉镇	13777	69264	5.03	4.87	0.16
东陇镇	12415	72836	5.87	4.92	0.95
岐石镇	8500	48464	5.70	5.07	0.63
隆江镇	18173	99160	5.46	5.12	0.34
溪西镇	7870	45245	5.75	4.88	0.87

（续表）

名称	第五次人口普查家庭户户数及人数			第四次人口普查每户人数	五普比四普每户增减人数
	户数	人数	每户人数		
鳌江镇	6571	38133	5.80	4.89	0.91
东港镇	4464	25058	5.61	4.82	0.79
葵潭镇	15312	74538	4.87	5.35	−0.48
南海乡	2311	13794	5.97	4.95	1.02
青山乡	1911	10437	5.46	4.89	0.57
河林乡	2839	16955	5.97	4.87	1.10
东埔农场	1670	9467	5.67	4.60	1.07
葵潭农场	817	4144	5.07	4.32	0.75
青坑林场	118	590	5	4.81	0.19

第九章

姓氏人口

2000年县公安局户籍人口统计，全县共有姓氏234个，其中在1万人以上的有21个姓，810053人，占全县总人口85.78%。

〔第一节〕2000年万人以上姓氏人口

2000年，林、黄、陈、方为全县排列前四的大姓，其中林姓人口占全县总人口17.74%，黄姓占10.08%。2000年惠来县万人以上姓氏有21个，人口情况如下表：

排序	姓氏	人口数（人）	占总人口%	排序	姓氏	人口数（人）	占总人口%
1	林	167520	17.74	12	朱	18099	1.92
2	黄	95220	10.08	13	唐	18061	1.91
3	陈	78503	8.31	14	卢	17994	1.91
4	方	77347	8.19	15	蔡	17564	1.86
5	吴	73641	7.80	16	许	16887	1.79
6	郑	38736	4.10	17	杨	16582	1.76
7	胡	30158	3.19	18	谢	14703	1.56
8	李	26016	2.75	19	刘	11178	1.18
9	张	24037	2.55	20	高	10944	1.16
10	詹	24003	2.54	21	周	10326	1.09
11	王	22534	2.39				

说明：詹，包括占、尖；杨，包括扬。

〔第二节〕2000年千人以上万人以下姓氏人口

2000年，惠来县姓氏人口在10000人以下、1000人以上有38个姓，总人数117889人，占全县总人口12.48%。具体情况如下表：

排序	姓氏	人口数（人）	占总人口%	排序	姓氏	人口数（人）	占总人口%
22	庄	9189	0.97	41	萧	2053	0.22
23	翁	9129	0.97	42	房	2046	0.22
24	曾	8096	0.86	43	元	1961	0.21
25	钟	7505	0.79	44	徐	1883	0.20
26	严	6457	0.68	45	邓	1870	0.20
27	洪	5551	0.59	46	江	1835	0.19
28	柯	5417	0.57	47	邱	1810	0.19
29	史	5297	0.56	48	佘	1713	0.18
30	戴	3886	0.41	49	施	1614	0.17
31	余	3832	0.41	50	戎	1600	0.17

（续表）

排序	姓氏	人口数（人）	占总人口%	排序	姓氏	人口数（人）	占总人口%
32	廖	3437	0.36	51	孔	1554	0.17
33	赖	2808	0.30	52	沈	1522	0.16
34	奚	2578	0.27	53	孙	1516	0.16
35	罗	2516	0.27	54	简	1503	0.16
36	苏	2482	0.26	55	欧	1442	0.15
37	何	2310	0.25	56	韩	1390	0.15
38	温	2262	0.24	57	傅	1309	0.14
39	魏	2133	0.23	58	程	1205	0.13
40	叶	2069	0.22	59	姚	1109	0.12

说明：萧，包括肖。

〔第三节〕2000年百人以上千人以下姓氏人口

2000年，全县姓氏人口在1000人以下、100人以上有31个姓，总人数14205人，占全县总人口1.5%。具体情况如下表：

排序	姓氏	人口数（人）	占总人口%	排序	姓氏	人口数（人）	占总人口%
60	夏	931	0.10	76	游	404	0.04
61	颜	870	0.09	77	黎	381	0.04
62	马	864	0.09	78	葛	322	0.03
63	冯	829	0.09	79	连	308	0.03
64	卓	796	0.08	80	古	299	0.03
65	阮	759	0.08	81	蒋	297	0.03
66	郭	756	0.08	82	彭	270	0.03
67	龚	662	0.07	83	吕	262	0.03
68	官	645	0.07	84	邹	246	0.03
69	潘	604	0.06	85	幸	220	0.02

（续表）

排序	姓氏	人口数（人）	占总人口%	排序	姓氏	人口数（人）	占总人口%
70	康	483	0.05	86	范	204	0.02
71	梁	462	0.05	87	袁	190	0.02
72	赵	458	0.05	88	侯	170	0.02
73	蓝	442	0.05	89	汤	107	0.01
74	宋	441	0.05	90	薛	103	0.01
75	田	420	0.04				

说明：蓝，包括篮。

不满100人的姓氏有144个，人口2297人（最后7个姓，各个姓的人口只有2人），占全县总人口0.24%。排列如下：杜、纪、倪、代、邢、邵、顾、尤、巫、柳、董、丁、麦、艾、韦、芦、付、谭、雷、章、任、没、传、石、涂、秦、曹、岱、熊、陆、利、文、伍、葵、辞、龙、崔、甘、木、金、藩、莫、主、岳、潭、兰、向、释、贝、蒙、汪、邬、布、丛、亚、候、白、贞、覃、呈、殷、要、毛、丘、黛、饶、庆、羊、幸、贺、尹、彦、辛、关、段、童、包、易、符、应、凌、增、农、樊、贡、森、练、阳、糠、英、庞、薛、邝、孟、聂、隆、档、管、华、舒、岑、单、昊、荣、冼、骆、陶、贾、梅、美、伟、苗、曲、未、泰、成、吉、壬、澎、耿、旦、班、宁、鲁、花、顺、红、永、钱、振、民、锦、万、闵、春、营、尚、闫、刁、奈、光、大、月、俞。

〔第四节〕历代落户惠来的主要姓氏和形成村落

2000年第五次全国人口普查，惠来全县一共有234个姓氏，其中人口10000人以上的姓氏有21个，1000人以上10000人以下的姓氏有38个，100人以上1000人以下的姓氏有31个，合计100人的姓氏有90个，不满100人的姓氏有144个。2018年人口普查数据，惠来总人口261436户1455622人，其中林、黄、陈、方约占总人口40%以上。

一、宋代落户惠来的姓氏和形成村落

在北宋时期（960—1127），惠来见诸记载比较成规模的村庄只有5个。具体的人口没有史料记载。在南宋时期（1127—1279），从外地到惠来落户创建村庄的有48个。那时候主要是从福建莆田、漳州和中原一些地方的人口迁徙到惠来落户。其中有：林、黄、陈、方、吴、郑、胡、李、张、詹、王、朱、唐、蔡、杨、谢、刘、翁、严、戴、余、何、罗、沈、廖、高、傅、魏、彭、欧、史、元、阮、薛共34个姓氏。北宋和南宋创建的村庄有：华谢、孔美、岐石、前汛、钓石、古巷、赤洲、陈陇、京陇、华翁、山陇、览表、东福、陇头（寄陇）、东陇、后溪洋（溪洋）、巨镇（凤红和凤光）、后堀、鲁阳、华吴、新岱、前詹、狮石、见龙头（见龙）、鳌头、周田、千秋镇、井美、竹湖共29个村庄。从宋代开始，可以看出，惠来的人口和村庄是通过不断的人口迁徙演变增加的。

二、元代落户惠来的姓氏和形成村落

到了元朝（1280—1368）的时候，据《元史·地理志》记载：1290年，全潮汕人口共有445550人。惠来地区人口约15000人。从外地迁入新增加的姓氏有：田、候、赵、马、卢、古、程、姚共8个姓氏。这个时期创建的村庄有：葛山、邦山、牛头径（头径）、杭美、黄岗、澳头、港寮、华清（岐石镇）等9个村庄。到了元朝，这个时期惠来地域一共有70个村庄，新迁入的姓氏一共有42个。

随着惠来人口和村庄的新增，给惠来带来了繁荣，同时也带来了利益纠纷。

三、明代落户惠来的姓氏和形成村落

到了明朝（1368—1644），全县一共有村庄132个。明朝嘉靖四年（1525），惠来县人口增加到了20258人（纳税人口）。这个时候陆续有从外地迁入增加新的姓氏：洪、梁、潘、汤、汪、游、冯、柯、柴、周、黎、房、许、庄、曾、简、邱、袁、徐、赖、孔、奚、佘、夏、钟、苏、萧、吕、龚、艾、孙、郭共32个姓氏。这个时期创建的村庄就更多了，分别是：楼内、头屯、白塔、后湖、象湖、后吉、崎岺、池畔、华房、院前老村、蛟边、邦庄、南湖、图田、后池、大旗、坑仔、宫兜、沟疏、鸡岗、西塘、河田、东岱、西詹（西湖詹）、溪南、清平、后旗、金鸡塔、龙船洲（龙舟）、华园、山栗、北洋、新村、仙埔、永安、长青、余家寮、吉镇、资深、旧厝、鹅豆、北溪、涂楼、盐岭、双湖、义湖、厝坑、茶铺、榕树头、牛屎岭（史岭）、后洋、石佛、西岭肚、旺寮等54个村庄。

发展到明朝最后一任皇帝崇祯十五年（1642），全县一共有201个村庄，人口更是发展到41042人，新增加迁入的姓氏有74个。

四、清代以后落户惠来的姓氏和形成村落

到了清朝（1644—1911），全县新创建村庄40个，再增加15个迁入的姓氏：叶、邓、宋、官、邬、卓、戎、纪、颜、练、韩、施、邹、狄、蓝。外地迁入创建了9个村庄：大潭、峰霞、林沟、将军湖、后山、南湖、桃园、柯厝、渡头（李）。到了清朝嘉庆二十三年（1818），惠来全县的人口发展到了155810人。到了清末宣统三年（1911），全县一共有241个村庄，人口增加到了277730人，迁入的姓氏增加89个。

五、中华人民共和国成立后落户惠来的姓氏

中华人民共和国成立后，惠来新增加的姓氏主要是两个时期。第一个时期是中华人民共和国成立初期，中国人民解放军奉命转业地方工作和外籍干部调动到惠来工作落户，新增加的姓氏有：白、甘、陆、伍、贝、石、曲、丁、饶、巫共10个姓氏；第二个是1979年12月中共十一届三中全会后实行改革开放，外省各地到惠来县工作、经商、务工等各行业落户增加的姓氏。

〔第五节〕惠来主要姓氏分布及典故

根据2000年县公安局户籍人口统计，全县人口最多的21个姓氏（1万人以上），分布主要镇村有：

一、林

（一）分布情况。惠城镇：西联村、英内村、柞通村、华群村、塘边村、东郊

村、东安村、南美村、元春村、梅北村、墩高村、洋美村、河田村、林樟村、上林村、石兰口村、牛角栏村、泗竹埔村、五福田村、石古村。隆江镇：见龙头村、凤光村、竹湖村、新寨村、水头村、赤圳山村、吉清村、邦庄村。葵潭镇：玄武村、长春村、门口葛村、头屯村。神泉镇：神泉村、角林村、石盘村、文昌村、溪东村、东坑仔村、澳角村。靖海镇：前吴村、厚山村、沫港村、资深村、大潭村、坂美村。仙庵镇：仙庵村、锡溪村、点埔村、学地村、四石村、里行村。周田镇：狮石村、黄岗村、象岗村、头径村。前詹镇：西埔村、沟疏村、秀水里村、斗南村。华湖镇：犁集村、新地村、华陇村、美园村、宫林村、堡内村。东陇镇：古巷村、钓石村、赤洲村、达三圩村。溪西镇：军林村、鲁阳村、新圩村、西安村。岐石镇：林美村、坑仔村。鳌江镇：新林村。东港镇：长青村、东港村、圆山村、百墘村。东埔农场：鸡岗村、乌林村、东埔下村。

（二）**典故**：三仁皇子派，九牧大夫家；双桂家声远，九龙世泽长。

"三仁"：指殷商末年，微子、箕子、比干三位王叔皆是皇族派系，林氏源自皇族之裔。

"双桂"：指开闽二世祖林景与三世祖林缓，相继授封为桂阳郡（今湖南郴州）南平侯。

"九牧"：州之长官称为牧。九牧指宋朝林伋生九个儿子均为州牧。

"九龙"：指闽林十六世祖林披，生有九子，名苇、藻、著、荐、晔、蕴、蒙、迈、蔇，同时任州牧刺史，故称"九龙世泽长"，也称"九牧大夫家"。

"五梅下潮"：指原来居住在莆田东井的林氏祖先林启夫，生有五个儿子，名梅斋、梅岗、梅轩、梅陇、梅溪，号称"五梅"，全部进入潮汕地区，创居在潮汕各地。

二、黄

（一）**分布情况**。惠城镇：英内村、南美村、祚通村、梅北村、西联村、东郊村、东安村、墩高村、元春村、小溪村、望岭村、河田村。隆江镇：黄洋村、岗前村、山家村、头寮村、尾寮村。葵潭镇：吉镇村、长春村、玄武村、葵亭村、兵营村、北山埔村、内坑村、门口葛村、园头湖村、圆墩村、青坑村。神泉镇：芦园村、澳角村、前湖村。靖海镇：坂美村、后湖村、义湖村、旧厝村。仙庵镇：仙庵村、东铺村、点埔村。周田镇：考山村、华厝村、东前湖村、径口村、新乡村。前詹镇：铭湖村、塔兜村。华湖镇：堡内村、官路村、池畔村、新厝村、宫仔前村、祭坑村、顶寨村、美园村、内新地村。溪西镇：西湖村。岐石镇：坑仔村。鳌江镇：楼内村。东港镇：石门坑村、高美村、百埒村。侨园镇：榕树头村、詹厝葛村。东埔农场：东埔上村。

（二）典故。天下黄氏出江夏，万系同宗江夏黄；江夏世家，江夏流芳。

"江夏"：黄姓氏族的郡望。一说在湖北两陵，今湖北黄州黄冈县；一说在湖北武昌江夏县（以前叫江夏郡）。

三、陈

（一）分布情况。惠城镇：墩高村、西联村、东安村、塘边村、英内村、梅北村、祚通村、华群村、东郊村、南美村、元春村、必田村、白沙湖村、学地村、洋美村、望岭村。隆江镇：陈陇村、北洋村、北溪村、峰霞村、宫山村、象湖村。葵潭镇：长春村、玄武村、螃蟹村。神泉镇：镇区。靖海镇：沫港村、镇区。仙庵镇：点埔村、顶溪村、东铺村、华清村、锡溪村、仙庵村。周田镇：杭美村、头径村、坑仔村、兴岗村、崎岅村。前詹镇：古杭村。华湖镇：新地村、华翁村、白塔村。溪西镇：新圩村、溪南村、山陇村。岐石镇：岐石村、前汛村。鳌江镇：龙舟村、山栗村。东港镇：东港村、宫兜村。侨园镇：桃园村、谢塘村。东埔农场：鸡岗村。

（二）典故。历来有"忠顺世家"之誉，"颍川世家"。源于唐开元二十八年（740），陈姓先祖陈邕受封为"忠顺王"。史书记载：潮汕的田姓、孙姓、王姓、胡姓、夏姓、陆姓、丁姓、袁姓等姓氏，都有从陈姓分裔出来；还有满、母、贯、文等姓也有陈姓的分裔。

四、方

（一）分布情况。惠城镇：西联村、英内村、墩高村、梅北村、祚通村、东郊村、东安村、南美村、元春村、白沙湖村、新乡仔村。神泉镇：溪东村、镇区。

靖海镇：资深村、镇区。前詹镇：秀水里村、濂溪村、仕兜村、赤澳村。华湖镇：东福村、后陈村、新寨村、华陇村、前何村。东陇镇：东陇村、寄陇村、石洲村、赤洲村。

（二）**典故**。方山世泽、元老宗风、金紫流芳。

"方山世泽"：指方氏始祖，居住在方山而得姓。

"元老宗风"：指周宣王时，方氏祖先方腾伐荆蛮有功，被封为卿士，执政朝纲，世人咸称"元老"。

"金紫流芳"：指唐代方氏祖先方廷范，授"上柱国金紫大夫"爵禄。

"四之入潮"：指原居住在福建莆田的方氏先祖，方骥之、方麟之创潮阳惠来都，方凤之创普宁洪阳，方骏之创揭阳南溪。此外，据史书和《方氏族谱》载："雷、方、邝三姓同宗，施、游、房源出方氏"。

五、吴

（一）**分布情况**。惠城镇：南美村、梅北村、东安村、墩高村、英内村、西联村、祚通村、华群村、塘边村、东郊村、东安村、南美村、元春村、洋美村、白沙湖村、石古村、石兰口村、牛角兰村。隆江镇：东门村、岗前村、赤泥山村。葵潭镇：吉成村。神泉镇：横山村、赤山村。仙庵镇：桥观村、四石村、望前村、红桥村。前詹镇：沟疏村。华湖镇：溪洋村、外新地村、华陇村、坪田村。东陇镇：东陇村、华吴村、后堀村、后宫村、赤洲村、苗海村。溪西镇：溪西村。岐石镇：览表村、坑仔村。东埔农场：鸡岗村、石佛村。

（二）**典故**。吴氏有"大成生五龙，三龙下广东"典故。源出有南宋福建邵安的吴大成，生有五个儿子，名叫奋龙、应龙、兴龙、见龙、乘龙。大儿子和二儿子留在邵安，其余三个儿子进入广东到潮州创业繁衍。吴氏的宗书："潮阳系出晋江公，作邑唐时到此中。肇创胪溪为鼻祖，本支百世不迁宗。"吴氏宗祠楹联："溯理学渊源派衍鸿港基开梅莆；稽延陵启瑞辖直闽粤谱系漳湖"。

六、郑

（一）**分布情况**。惠城镇：英内村、梅北村、西联村、洪厝埔村。隆江镇：

月潭村、后吉村、海埕村、象湖村、赤岑村。葵潭镇：土角寮村。仙庵镇：四石村、顶溪村、望前村。前詹镇：港寮村。华湖镇：祭坑村。溪西镇：永安村、双湖村、新圩村。岐石镇：坑仔村。鳌江镇：澳上村、澳下村。

（二）典故。郑氏历来有"一斗油麻子孙衍"的句子。民间以"一斗油麻"诙谐而形象比喻郑氏族裔子孙播衍的速度。

七、胡

（一）分布情况。惠城镇：东安村、英内村、西联村、华群村、梅北村。神泉镇：镇区。靖海镇：驿后村。仙庵镇：京陇村、口埔村、西庄村、东铺村。周田镇：武宁村。东陇镇：西陇村。

（二）典故。昔有"打虎不死反伤身，举家避难入潮来"典故。据史书记载：宋代绍兴年间（1131—1162），进士、员外郎胡道夫，因弹劾权奸秦桧受害，举家浮海南下避祸，落户潮阳县大坭都荆陇村（现在的惠来仙庵镇京陇村）创居。

八、李

（一）分布情况。惠城镇：梅北村、西联村、英内村、东安村。隆江镇：山家村、林沟村。葵潭镇：兵营村。靖海镇：镇区。仙庵镇：华清村、西塘村、宁寨村。华湖镇：茶铺村、永郊村、大王村。溪西镇：清平村。鳌江镇：东岱村、新李村。东港镇：渡头村。

（二）典故。潮汕李氏有"同饮三江，蕃衍三阳；纵横交错，星罗棋布"的说法。"三江"：指潮汕地区的韩江、榕江、练江。"三阳"：指海阳（今潮安）、潮阳、揭阳。

九、张

（一）分布情况。惠城镇：东安村、梅北村、英内村、祚通村、墩高村、南美村、西联村、必章村、石古村。隆江镇：蛟边村、鹅豆村、赤坭山村、向北村。葵潭镇：葵亭村、镇区。靖海镇：资深村。仙庵镇：顶溪村、田墘村。周田镇：新乡村、厝坑村。

华湖镇：外新地村、坪田村。东港镇：白坑村。

（二）**典故**。历史传说：黄帝的第五子名挥，创造弓箭，因而得姓为张。挥为张姓鼻祖。相传：三世祖张允格，升天后为玉皇大帝；六世祖张果老，升天后为八仙之一；八世祖张义成，升天后封为灶神；八十五世祖张仲是文昌帝君的化身。此外，张道陵咸称为降魔伏怪的张天师。

"留侯世家"：汉高祖刘邦封张良为留侯，后人咸称张氏为"留侯世家"。

十、詹

（一）**分布情况**。惠城镇：西联村、英内村、梅北村、墩高村。隆江镇：史岭村、岗前村。前詹镇：前詹村。溪西镇：村头村、西尉村、院前村、西詹村。侨园镇：陂乌村。东埔农场：新詹村。

（二）**典故**。史书有"八角九进士"的美誉。出自饶平县饶洋镇陈坑詹氏八角楼村，于清雍正至道光年间（1723—1850）的一百余年，相继有出九名进士和二十名举人，故咸称赞詹氏"八角九进士"。

十一、王

（一）**分布情况**。惠城镇：洋美村、英内村、梅北村、柞通村、墩高村。

隆江镇：镇区。葵潭镇：头屯村、吉成村。神泉镇：鳌头村、芦园村、镇区。靖海镇：后王村、西山村。仙庵镇：点埔村、浮埔村。周田镇：古埔村。华湖镇：宫林村、美园村。东陇镇：北山村。东港镇：金塔村。东埔农场：东埔下村、鸡岗村、乌林村。岐石镇：林美村。

（二）**典故**。《潮州王氏汤头族谱》记载："大纲公治县兄弟四支，分居海潮揭饶（海阳、潮阳、揭阳、饶平）四县，繁盛世世相传不失。"潮州归湖汤头村是潮汕王姓的发祥地。大宝、大纲、大鼎、大珪是潮汕王氏开支之祖。大宝官至吏部尚书，大纲任知县。

十二、朱

（一）**分布情况**。惠城镇：梅北村、西联村、墩高村、洋美村、英内村、盐岭村。隆江镇：凤红村、桥埔村。葵潭镇：螃蟹村。靖海镇：月山村。周田镇：象岗村。岐石镇：朱埔村、和双村。

（二）典故。族表：开章正学乃文公，启迪书生承道统，盛德植基宜笃庆，永昌云衍懋光宗。潮阳、惠来、海陆丰的朱姓同一派系。

十三、唐

（一）分布情况。惠城镇：梅北村、西联村、英内村。隆江镇：孔美村、邦山村、镇区。溪西镇：山头村、镇前村、新圩村。东埔农场：鸡岗村、乌林村。

（二）典故。唐姓有"桐叶封弟，君无戏言"的故事。西周时期，周公讨灭晋唐后，年幼的周成王与弟弟叔虞在玩耍的时候，成王拿一片桐叶给弟弟说："封给你啦！"在旁史官随即记载下来，并请成王择日封地，称之为"天子（君）无戏言，言则史书之，礼成之"。于是，成王便把唐国旧地封给叔虞。后来，唐被楚灭，子孙以唐为氏。

十四、卢

（一）分布情况。岐石镇：华清村、乌石村、林美村。东港镇：东港村。

（二）典故。"精研周易，事亲至孝"，这是对潮汕卢姓始祖卢侗的称誉。卢侗（1023—1068），被列为潮州前八贤之一。潮汕卢氏全部是他的后裔。

十五、蔡

（一）分布情况。惠城镇：梅北村、墩高村、英内村。隆江镇：井美村、东门村、西塘村、镇区。神泉镇：前湖村。靖海镇：后湖村、北星村、驿后村。溪西镇：鲁阳上村、曲溪新村。岐石镇：坑仔村。鳌江镇：虎堀村。侨园镇：谢塘村、连城村。

（二）典故。"天下蔡氏出济阳"。春秋战国时期，蔡国被楚国灭亡，子孙以国为氏。河南济阳为蔡氏子孙聚散地，所以就有了"天下蔡氏出济阳"的说法。

十六、许

（一）分布情况。惠城镇：东郊村、西联村、英内村、梅北村、墩高村、元春村。神泉镇：金东村、镇区。前詹镇：沟疏村。仙庵镇：顶溪村、望前村。岐石镇：和双村。东港镇：西岭村。东埔农场：南湖村。

（二）典故。许氏宗源之称号（楹联）："太岳家声远"（或为"太岳家风远"），"高阳世泽长"（亦作"名贤世泽长"）；"绪承太岳流源远，派衍高阳世泽长"。横批："高阳世家""高阳旧家""名贤世家""派衍高阳"。

十七、杨

（一）分布情况。惠城镇：梅北村、英内村。隆江镇：镇区、桥埔村、山家村、厝寨村。葵潭镇：千秋镇村、南照埔村、长埔村。神泉镇：角林村、芦园村。仙庵镇：点埔村、东铺村、华清村。华湖镇：美园村。溪西镇：尖厝坑村、油甘坑村、盟山村。东港镇：石门坑村。

（二）典故。《唐书·宰相世系表》记载：唐代华阴县（今陕西东部）杨氏先后有11人出任宰相，故有"唐代宰相出杨门"的美誉。汉、唐时期设置弘农郡，杨氏人才辈出，弘农为杨氏发祥地之一。所以杨氏后人喜欢用"弘农杨氏"自称。

十八、谢

（一）分布情况。惠城镇：西联村、东安村、梅北村、英内村。神泉镇：溪东村、芦园村。华湖镇：华谢村、后谢村。东港镇：长围村、新村。侨园镇：谢塘村。东埔农场：鸡岗村。

（二）典故。谢氏春联"玉树家声远，芝兰世泽长"。这是赞誉潮汕谢姓始祖谢枋高风亮节的楹联，世代流传。

十九、刘

（一）分布情况。惠城镇：梅北村、祚通村、西联村、英内村、金竹寨村、盐岭村、西溪村、石古村、叮美村。隆江镇：北溪村。葵潭镇：长春村、吉成村。靖海镇：镇区。仙庵镇：仙庵村、里行村。周田镇：施家村。华湖镇：坪田村。东陇镇：赤洲村。岐石镇：乌石村。东港镇：长青村、月湖村。

（二）典故。汉代有歌谣："张王李赵遍地刘"，夸赞刘氏族人旺盛。南方刘氏自称"彭城世家"。彭城（今江苏徐州一带），是汉代刘氏族的郡望。

二十、高

分布情况。惠城镇：元春村、梅北村、英内村。葵潭镇：玄武村。神泉镇：前湖村。前詹镇：秀水里村。华湖镇：堡内村、犁高村、涂楼村、先春村、溪仔畔村、寨内村。溪西镇：新圩村。岐石镇：乌石村。

二十一、周

分布情况。惠城镇：梅北村、英内村、西联村、石古村。葵潭镇：镇区、头屯村。神泉镇：文昌村、图田村、图上村。靖海镇：镇区。仙庵镇：浮埔村。周田镇：青洲村。前詹镇：西埔村。鳌江镇：鸟坑村。东埔农场：乌林村。

二十二、其他姓氏典故

（一）洪。洪姓的堂号有："敦煌，豫章，宣城，六桂，画锦，三瑞"等。敦煌（甘肃）共洪氏，豫章（江西南昌）宏、弘洪氏，六桂（唐代入闽始祖膝下六兄弟），为洪氏三大支系。

（二）曾。有俗语："天下一曾无二曾。"意思是说曾氏只有一个源头，是夏朝少康曲烈的后裔。源于夏禹的血缘。

（三）戎。靖海戎氏"三代祠"楹联："江陵衍派家声远，靖海创垂世泽长"。江陵（今湖北荆州一带）是戎氏先祖的郡望，靖海是戎氏子孙创业永垂之地。

（四）赖。赖氏有"松阳世家"美誉。松阳（今浙江西南部松阴溪西岸），是赖氏先祖的郡望。

（五）郭。郭氏有"汾阳世泽""汾阳世家"美誉。楹联："汾水长流流百世，阳光普照照千家"。汾阳是郭氏先祖的郡望。

（六）赵。赵姓贤人誉称"天水先生"。天水是赵氏先贤居住的郡望。

（七）徐。"徐福——日本始祖之一"。据《史记》记载：秦始皇三十七年（公元前210），"齐人徐市（号称徐福）等上书，言海中有三神山，名曰蓬莱、方丈、瀛洲，仙人居之。请得斋戒，与童男童女求之。于是遣徐福发童男女数千人，入海求仙人"。徐福一去就没有回来，后来就在祖洲（今日本）将童男童女婚配，生养繁殖，成为日本人的始祖之一。现在，日本的许多地方有徐福祠、徐福庙。

（八）辜。"卿乃无辜受罪，今赐卿姓为'辜'"。相传唐代初期，林氏开闽始祖林禄的八世裔孙林正，是唐太宗贞光八年进士，任江西观察使的职位，为政廉洁，平反冤狱，整肃吏治，得罪权奸。被权奸诬，江西百姓联名上书辩冤。唐太宗派人调查属实，下诏给林正平反，殿见道歉说："卿乃无辜受罪，今赐卿姓为'辜'，以志朕过也。"从此，中国便有辜姓，林正成为辜姓的始祖，史称莆田"辜正"始祖。福建地方志书有载。

（九）萧。萧姓楹联："兰陵望族家声远，御史英名世泽长"。秦汉时，萧姓世居兰陵，名人辈出。汉高祖刘邦建立汉朝时，萧何辅佐刘邦得天下，任宰相。明朝嘉靖年间，萧端蒙为潮州七贤之一。

（十）叶。史书记载有"叶沈王游"四姓联宗之句。战国时，楚司马之子沈诸梁，封于叶邑（河南叶县旧城），爱民如子，史称叶公，子孙以邑为氏。故民间有"叶皮沈骨，枝繁叶茂"之说，意为叶姓源于沈氏，繁衍繁荣。

（十一）苏。潮州神童苏福。明洪武初年，潮州府潮阳县酉头都神泉村神童苏福，生有异质，五岁矢口识字，八岁能文成章，下笔俱若神助，十四岁进京殿试，归途病卒。著有《三十夜月诗》，誉满潮州，明太祖颁旨赐葬。故史有"文昌山上玉华笏，五百年后圣人出"之句。

（十二）房。房姓楹联："天下规矩，学士谋猷"。"天下规矩"：指东汉甘陵房植，遵守礼法，闻名朝野。"天下规矩"：指唐太宗年间，中书令房玄龄善谋福政。

（十三）翁。福建、潮汕、台湾翁氏的堂号称"六桂堂"。有"六桂联芳""六桂腾芳"之誉。六桂者，指翁氏十一世祖唐代甲榜进士、官授闽州刺史，入闽始祖翁轩，其长子翁何的四世孙翁乾度生有六子：翁初厚、翁处恭，翁处易，翁处朴、翁处廉、翁处休，俱先后高中进士，时人誉称"六桂联芳，六桂腾芳"。

（十四）沈。沈姓楹联："肇武岐周，历汉梁唐宋，继起名贤延世泽；发祥固始。经皖浙闽潮，频来豪俊重山邱"，道明了沈氏的来源与入潮脉络。

（十五）欧。欧与欧阳同宗，通称。欧阳《得姓歌》："因封受姓得欧阳，道德文章百世昌。上溯渊源及大禹，禹垂明德至少康。庶子无余封会稽，二十余世至允常。子为勾践封越伯，传衍六世至无疆。伐楚楚伐族属散，子蹄封欧余山阳。苗裔因之为姓氏，代有名贤与忠良。渤海名士号坚石，才藻美赡扬晋邦。长沙日询率更令，字法楷范唐已彰。太祖讳修出于宋，文章政事俱流芳。大元使臣蕃潮汕，五湖四海创辉煌。"

（十六）畲族。有"盘、蓝、雷、钟"四姓，相传有《盘瓠歌》，又名《龙麒歌》《高皇歌》。五帝年代，畲族首领盘瓠帮助帝喾平定犬戎族作乱立功。盘瓠生有三子一女，俱受帝喾赐姓。

第十章

人口政策

〔第一节〕管理机构

一、20世纪50年代到60年代的人口管理部门

（一）惠来县节制生育指导委员会。1957年，成立"惠来县节制生育指导委员会"，任务是：开展节制生育的宣传，进行节育技术指导。

（二）惠来县计划生育办公室。1964年11月，成立"惠来县计划生育办公室"，与县卫生局合署办公。1971年，各公社成立计划生育办公室。1974年，各大

队相应成立计划生育领导小组。

二、20世纪70年代后的人口管理部门

（一）惠来县计划生育办公室。1979年，中共惠来县委发出关于《县计划生育办公室列县局级机构的通知》。1979年10月，设置惠来县计划生育办公室，为县政府局级职能机构。

（二）惠来县计划生育委员会。1984年4月，县计划生育办公室改为"惠来县计划生育委员会"，为县人民政府的一个职能工作部门。内设行政组、宣传组、业务组和技术指导站。后改设秘书股、宣传股、统计股和机关股。1993年机关股改为城镇股。

（三）惠来县计划生育局。1997年，县计划生育委员会改称惠来县计划生育局，先后增设科技股、人秘股、计生督查专业队，城镇股改为政策法规股。

（四）惠来县人口与计划生育局。2004年9月，县计划生育局改为"惠来县人口与计划生育局"。局人员编制16名，在职人数108人，内设机构有：人事秘书股、宣传教育股、政策法规股、规划统计股、科学技术股、流动人口管理股；直属行政单位有人口计生督查专业队、人口计生协会。主要职责：编制全县人口发展计划，加强对人口与计划生育目标管理责任制的日常检查工作，指导计划生育技术服务工作等。2014年，计划生育局与卫生局合并，称为"县卫生和计划生育局"，简称"卫计局"。

2019年，将县卫生和计划生育局职责，以及县民政局老龄工作职责，县安全生产监督管理局职业安全健康监督管理职责等整合，组建为"县卫生健康局"，简称"卫健局"。

〔第二节〕乡镇计划生育服务所

1987年全县乡镇设置有21个计划生育办公室，配计划生育专职人员92人。2001年，各乡镇设置计生服务所，配备医技人员42人，工资由县财政拨付。至2004年底，全县乡镇共有计生专职人员130人，其中医技人员42人。

全县各行政村都配置专职的计划生育干部1—2名，共489人。2004年规定每人每月工资450元，由县财政承担150元，乡镇100元，村200元。

2004年惠来县各镇计生服务所情况表

单位：平方米、人

镇名	占地面积	建筑面积	全所总人数	其中医务人员数
惠城镇	600	600	5	2
华湖镇	708	608	4	1
东陇镇	500	500	5	3
神泉镇	750	500	7	3
靖海镇	856	856	4	2
周田镇	558	558	6	2
仙庵镇	600	400	4	3
前詹镇	780	780	4	1
镇名	占地面积	建筑面积	全所总人数	其中医务人员数
隆江镇	2120	1120	16	4
溪西镇	680	650	5	2
岐石镇	560	460	3	2
鳌江镇	490	470	3	2
东港镇	680	480	4	2
葵潭镇	910	510	7	3

〔第三节〕计划生育工作的开展

一、宣传试行时期

1953—1961年，是县计划生育工作的酝酿阶段，在一定范围内开展节育宣传，对多子女的干部，动员自愿采取节育手术。1961年以前，全县干部自愿采取节育手术的有64人，其中男结扎29人，女结扎34人，补救措施1人。1962年开始，是计划生育试行阶段，在全县主要城镇，宣传动员节制生育，施行节育手术，至1966年，全县共做节、绝育手术2808例，其中放环1354例，女结扎308例，补救措施491例。

1967—1969年，由于"文化大革命"的影响，机构瘫痪，计划生育工作处于停止状态。

1963年，县开始宣传晚婚，提倡按法定结婚年龄推迟3年。1964年提倡城市男28岁以上，女25岁以上结婚，农村放宽些，并规定学生和学徒在学习和未转正期间不准结婚。1973年，贯彻省革命委员会的新规定，农村男25周岁，女23周岁以上，城市男27周岁，女24周岁以上结婚。1980年，贯彻广东省五届人大二次会议通过并公布实施的《广东省计划生育条例》，农村男子25周岁，女子23周岁以上；城市男子26周岁，女子25周岁以上结婚。

1964年开始宣传节制生育，提倡一对夫妇生育两个孩子，最多不超过三个。1971年，提倡一对夫妇生育两个孩子，胎次间隔4年。1973年强调只生两个孩子，间隔4年，对生三个或三个以上的，给予适当限制。1979年提出一对夫妇最好生一个孩子，最多两个，坚决制止生第三胎。1982年贯彻中共中央、国务院文件精神，惠来县人民政府规定：国家干部、职工、城镇居民，除特殊情况经过批准之外，一对夫妇只生育一个孩子；农村普遍提倡一对夫妇只生一个孩子。对要求生第二胎的，须经当地政府批准，可作有计划的安排。坚决杜绝生第三胎。

二、全面推行和逐步完善时期

从1970—1987年，计划生育工作从全面发动到制度完善，经历了三个阶段。

（一）全面开展阶段（1970—1976年）。1970年，计划生育工作开始列入县各级党委和政府的重要议事日程。秋，召开全县计划生育工作会议，制订了1971—1975年的计划生育工作规划，要求：1971年全县出生率降低到15‰以下；1970年全县有育龄夫妇5万对，落实节育措施要达到30%，但到年底，真正落实节育措施仅1940例，占全县育龄夫妇总数的4%。

1974年，县召开了全党抓计划生育工作的三级干部会议，严肃要求各级干部以身作则，先行落实节育措施。全县251名公社党委、常委、科、局级以上干部中，有244名带头做了节育手术。当年，计划生育工作真正进入高潮，共举办了30期学习班，参加学习的达4万多人次；组织了有400多人参加的检查团，对全县城乡382个单位的计划生育工作进行大检查；组织一支以医务人员为骨干、赤脚医生为基础的650人的手术队,边宣传,边治病,边为群众做节育手术。全县全年落实各种节育措施的共有2.8万多例。

至1976年底,人口出生率、自然增长率从1969年的30‰和24.9‰,分别下降到15.55‰和9.9‰。

(二)深入发展阶段(1977—1983年)。1978年,根据中央文件提出一对夫妇生育子女数"最好一个,最多二个"的号召。县计划生育工作转移到宣传提倡一对夫妇只生一个孩子上来,并制订县机关、学校、企事业单位实行计划生育奖惩办法的若干规定。

1980年,中共中央发表《关于控制我国人口增长问题致全体共产党员、共青团员的公开信》,接着,省颁布《广东省计划生育条例》。县根据上级有关文件和规定,相继制订、下发18个计划生育有关文件,广泛开展宣传教育,强化人口意识,逐步实行法制管理,控制人口增长。1982年,为贯彻中共中央、国务院关于"除经批准外,一对夫妇只生育一个孩子"的政策规定,县人民政府先后作出规定:坚决实行生一胎放环,生二胎结扎,杜绝生三胎。以及针对城镇、机关、企事业单位计划生育工作若干问题作了具体规定:对独生子女,规定若干优待办法;对不执行者,坚决实行三停(停工、停职、停薪)和征收社会负担费;对已育二个孩子,女方在40岁内的对象,限期施行绝育手术。拒不执行者,按情节,分别给予降薪、降职、留察直至除名的处分。

1983年,惠来县人民政府关于《独生子女申请手续及优待办法的新规定》。对干部职工户,规定每月发给独生子女保健费5元。如终身只生育一个孩子的,退休后,享受加百分之五的退休金;农村的独生子女户,可享受两个孩子的自留地,在住宅基地、专业承包等各方面给予优先照顾。

(三)贯彻新条例阶段(1984—1987年)。1986年,贯彻重新修改后的《广东省计划生育条例》(1980年制订),惠来根据县的实际情况,制定"五项规定":

1. 关于国家干部、企业单位干部、职工的生育政策和节育措施。规定:国家干部、职工一对夫妇只生育一个孩子(五种特殊情况除外),凡未经批准而生育第二个孩子的,夫妇双方一律给予开除出队伍的处分。

2. 关于城镇居民的生育政策和节育措施。规定:城镇居民,除《条例》规定五种特殊情况者外，一对夫妻只生育一个孩子；可以生育第二个孩子的，凡不够间隔期或没有经过批准，计划外生育第二个孩子的，一次性征收超计划生育费500元，同时，第二个孩子不给予办理供应粮食手续；超生第三胎的，一次性征收超计划生育费不少于1500元，超生的孩子不给予办理粮食供应手续，并取消夫妻双方粮食供应指标。

3. 关于乡村基层干部的生育政策和节育措施。规定：乡村基层干部凡生第三胎的，给予开除党籍、团籍、撤销行政职务的处分，并按当地的乡规民约，进行经济处分。

4. 关于农村人口的生育政策和节育措施。规定：农村人口，提倡一对夫妇只生一个孩子，生二胎的，要按计划，有指标、够间隔（满四周年以上），坚决禁止生第三胎；生第一胎上环，生第二胎落实结扎绝育措施；凡计划外生育第三胎的，一次性征收超计划生育费不少于1000元。

5. 关于集体单位计划生育的奖惩办法。规定：对单位内违反计划生育的对象不处理的，追究单位领导及上级主管部门领导的责任。对顶着不办的单位领导给予撤职处分。

重新修改后的《条例》，是计划生育政策的进一步完善。1987年，全县人口出生率下降到15.34‰。

三、从严格控制到逐渐放开

1988年后，节育效果明显。1988年，全县出生人口11233人，出生率15.09‰，1991年和1992年短暂升高，达到20‰以上，开始逐渐下降，1999年下降为14.98‰，2004年，全县人口出生率下降至12.97‰。

2015年12月31日，中共中央、国务院出台《关于实施全面两孩政策，改革完善计划生育服务管理的决定》。从2016年开始，惠来县开始执行一对夫妻可以生育两个孩子的政策。

〔第四节〕落实人口政策的管理措施

从20世纪60年代开始，由于宣传、提倡计划生育，贯彻一系列的节育政策和推行有效的节育技术措施，因而明显地降低了人口出生率，人口过快增长的趋势得到有效的控制。1973年以前，惠来县大部分年份人口出生率在30‰以上，最高年份达41‰。1974年以后，有一半年份的人口出生率控制在20‰以下。1987年，人口基数是1957年的2倍，而出生人口数比1957年减少了4680人。1977年后，全县人口自然增长率有回升的趋势。1977—1979年，3年回升10.33‰。1980年，中共中央发表《关于控制我国人口增长问题致全体共产党员、共青团员的公开信》，接着，省颁布《广东省计划生育条例》。县根据上级有关文件和规定，相继制订、下发18个计划生育有关文件，广泛开展宣传教育，强化人口意识，逐步实行法制管理，控制人口增长。1979年人口出生率为24.99‰，1999年下降为14.98‰。人口自然增长率1979年为20.23‰，1999年下降为9.56‰；计划生育率1979年为55.14%，1999年上升为84.85%。

"十五"计划期间，全县比"九五"期间少生约5万人，出生率下降到12.97‰；人口自然增长率下降到7.83‰。人口过快增长势头得到控制，人口出生率和人口自然增长率持续下降。

一、基层计划生育服务

1998年以来，投入大量人力、财力，改建和扩建村的"三栏二室一校一会"，增配计生专干，推进计生工作重心下移，使全县形成"县指导、镇负责、村为主、户落实"的基层计划生育管理格局。

二、人口与计划生育信息化网络

全县人口计生部门建成内部网络和本级育龄妇女信息数据库，全面纳入广东省人口与计划生育信息系统，市、县、镇三级人口和计生资源广域网基本完成，县镇二级可通过市级数据平台实现人口信息交换，并与省、市数据平台连通。2003年，投入150多万元，其中省投入45万元，建设人口计生局信息中心平台，配置计算机45台、已婚育龄妇女信息软件35套（包括17个镇场），以及相应的配套设施等，该信息系统已全面建成并投入使用。2003年底，选派30名计生干部到省计生计算机培训中心进行培训，2004年对全县计生系统操作员和县人口与计生局全体职员进行新一轮培训，并将已婚育龄妇女信息录入建档，实现省、市、县、镇四级联网。

三、计生服务网络

2004年，全县计划生育服务网络建设已具规模，所属14个镇全部按照省的标准建设和配套乡镇计生服务所。县人口计生局推出"妇康卡"，以育龄妇女常见疾病普查普治为切入口，落实各项优待和服务措施，切实做好季度查环查孕和开展免费检查、治疗服务，扎实开展计划生育优质服务。

2004年，全县人口出生率12.97‰。2022年，全县人口出生率13.13‰。

1953—1987年惠来县人口自然增长率情况表

年度	当年出生人数	出生率‰	死亡率‰	自然增长率‰
1953	9647	29.24	/	22.38
1954	9647	28.19	/	22.38
1955	14086	39.93	/	31.88
1956	14518	39.88	/	30.88
1957	16052	42.56	8.05	34.43
1959	/	/	/	11.8
1960	8477	21.31	/	13.73
1961	11357	27.22	/	18.73
1962	17368	40.18	/	30.72
1963	16043	36.2	/	27.75
1964	15900	35.67	/	27.30
1965	19332	41.94	/	36.07

（续表）

年度	当年出生人数	出生率‰	死亡率‰	自然增长率‰
1966	17980	37.82	7.57	31.50
1969		30.00	/	24.90
1970	15668	29.36	/	23.35
1971	18794	34.29	7.95	27.24
1972	19312	34.26	/	27.32
1973	17947	31	/	27.32
1974	13760	23.35	/	16.96
1975	10558	17.66	/	12.08
1976	9353	15.46	/	9.90
1977	10431	17.04	/	11.47
1978	12386	19.77	/	15.05
1979	15803	24.66	/	20.23
1980	15860	24.11	/	19.96
1981	14291	21.22	/	16.78
1982	17434	25.19	/	20.33
1983	16777	23.79	5.11	18.67
1984	15087	21.03	4.99	15.20
1985	13000	17.89	4.83	11.67
1986	11775	16.04	4.60	11.45
1987	11372	15.34	4.31	11.43

1988—2004年惠来县人口出生情况表

单位：人

年份	出生人口		其中：计划内人数	多孩人数
	出生人数	出生率‰		
1988	11233	15.09	8992	422
1989	11302	15.03	9277	488
1990	15002	18.93	12465	946
1991	16831	20.17	13701	1958

（续表）

年份	出生人口		其中：计划内人数	多孩人数
	出生人数	出生率‰		
1993	17062	19.96	13953	1623
1994	17011	19.69	12632	1983
1995	16763	19.21	12402	2178
1996	16534	19.09	12283	1940
1997	16150	18.45	12295	1270
1998	14751	15.94	12691	593
1999	15185	14.98	12884	416
2000	13451	13.06	11859	181
2001	13651	13.05	12012	198
2002	13753	13	11961	205
2003	13787	12.96	12121	195
2004	13937	12.97	12147	302

惠 来 史 略 · 上 卷

—— 第四编 ——

经 济

第十一章

各历史时期惠来经济概况

惠来县背山面海，自然资源丰富。农业经济结构多元化。1949年以前，由于受自然条件、社会条件的限制，工农业生产等各方面得不到应有的发展，经济基础十分薄弱。1949年，全县工农业总产值仅4130万元。其中工业总产值353万元（按1980年可比价计算）。粮食平均亩产85公斤，总产6.01万吨。中华人民共和国成立以来，由于变革了生产关系，不断调整产业结构，政府重视投入基础设施建设，生产条件不断改善，农业发展迅速，轻工业也得到相当的发展。1978年，中共十一届三中全会以后，坚持执行以经济建设为中心的方针，在稳住粮食生产的基础上，优化商品性生产，大力发展地方工业、合资企业和对外加工业，经济发展速度加快，生产环境和投资环境的主要设施配套已具备良好的基础并略具规模，商业经济乘势而起，方兴未艾。20世纪80年代，是惠来经济发展的"黄金时期"。1987年，全县工农业总产值3.67亿元，其中工业总产值1.62亿元（按1980年可比价计算）。粮食平均亩产309公斤，总产18.28万吨。2004年，全县生产总值57.46亿元，工农业总产值95.6亿元，社会商品零售总额13.7亿元；职工年工资收入9377元，农民人年纯收入2945元；全县财政一般预算收入6779万元。2023年，全域实现地区生产总值419.13亿元，比增57%；县本级实现地区生产总值351.09亿元、比增13.2%。完成规上工业增加值36.8亿元、比增124.4%，固定资产投资125.35亿元、下降22.9%，社会消费品零售总额108.31亿元、比增4.4%，外贸进出口总额86.65亿元、比增394.6%；按可比口径，一般公共预算收入23.25亿元、比增87.25%，其中税收收入6.64亿元、比增31.41%，非税收入16.61亿元、比增125.57%。全年各季度主要经济指标亮牌评价管理综合排名均列全市第一。

〔第一节〕明清时期和民国时期的经济概况

一、明代：农业和盐业为主，龙溪都较其他四都经济发展较差

明嘉靖三年（1524）设置惠来县，据县志记载：明嘉靖四年（1525），惠来区域面积约为2052平方公里，人口仅2.03万人，总耕地面积2067顷（合20.67万亩）。当时境内东部区域与西部区域的经济发展状况悬殊。东部、中部四个都是从潮阳县割入的，总面积不足全县区域面积的一半，已有人口1.85万人，耕地1357顷（合13.57万亩），盐田130顷78亩（合1.3万亩），专业盐工1350人，并拥有排角、靖海、资深、赤澳、神泉等渔港，沿海居民亦渔亦农，经济相当发达；而从海丰县割入的西部区域龙溪都（今总铺洋以西），面积占全县总面积一半多，人口仅1728人，平均每平方公里居民不足1.5人，总耕地仅709顷43亩（合7.09万亩）；中、东部四都每亩上田派官民米为8升，而龙溪都每亩上田仅纳官米1升，可见置县初，西部区域的荒芜落后状况。至万历九年（1581），全县耕地增加了313顷16亩（合3.13万亩），其中西部区域的开发幅度较大。

二、清代：迁界、复界成为经济"分水岭"

明末清初，战乱频繁。清顺治十四年（1657），人口由明崇祯十五年（1642）4.1万人，骤降为1.5万人（实编），经济大倒退。康熙三年（1664），清廷强行迁徙海界，将沿海村舍尽行拆毁，惠来五都中，大坭、隆井二都居民全部内迁，其余三都均内徙一半，人口集中、土地肥沃的沿海区域尽成废墟，经济全面崩溃，人民饿死逃亡数量极大。康熙七年（1668），允许沿海居民复业，至雍正十三年（1735），垦复耕地共16.77万亩，经济得到恢复。乾隆二十五年（1760）总耕地增至42.54万亩，经济有较大幅度的发展。清末，总人口已接近28万人。

三、民国时期：战乱频仍，民不聊生

民国时期，惠来总体经济相对落后，是富庶的潮汕地区的贫困县份之一。

工业分量极小，只有造船、制糖、酿酒、陶瓷、酱油、印刷、五金、农具等人工操作小作坊。20世纪20年代，经济曾一度有大的发展。民国二十八年（1939）以后，才有西岭锡矿等8家私营小型锡矿开采业。农业也仍处于粗耕作、低产量的落后状况。由于境内南北倾斜度较大，而水利设施十分简陋，水土流失非常严重。1945年，广东省统计局根据陆地测量局实测图计算，全县总耕地为77.04万亩，属扩大了的数字，实有面积约60万亩，其中，较好的水田仅24万亩，其余部分均属旱涝无法保证收获的旱园、沙田和半咸田。民国二十四至二十九年（1935—1940），水稻年播种面积均在56万亩左右，而年总产稻谷仅140万担，平均每亩年产2.5担，粮食未能自给。渔业和盐业相对有所发展。海洋捕捞大小渔船已有1400多艘，最高年产8500吨；1949年，全县拥有盐田1.8万亩，年产原盐4800吨。

〔第二节〕中华人民共和国成立后经济发展概况

中华人民共和国成立后，经济建设随着现代化科学技术逐步向前发展。特别是20世纪80年代贯彻"改革、开放"以来，农村生产力的释放量不断扩大，投入了第二、三产业的建设，全方位的经济建设出现前所未有的规模和速度。

一、1949—1979年的经济概况

从1949—1979年，惠来县的经济建设进程，大体可分为六个时期：

（一）第一个时期为中华人民共和国成立初期（1950—1952）的经济恢复时期。1949年秋县人民政府开始发动群众开展减租减息的斗争。1951年6月开展"退租退押、清匪反霸"的"八字运动"，全县共退出稻谷7445吨，解决了8万多饥民的吃饭问题；1951年12月开始土改试点工作，至1952年秋完成了全县的土地改革工作，没收公堂、地主和征收富农的田地合计15.1万亩，平均每人分得0.7亩。经过一系列运动，真正翻身当主人的广大劳苦群众的劳动热情空前高涨，支离破碎的经济得到恢复。1952年，工农业总产值5044.26万元（其中工业产值占工农业总产值9.16%）比1949年增长25.78%。粮食总产7.03万吨，比1949年增加1万多吨，接近民国时期最高年份（1949年7月，划入潮阳约55平方公里，1950年3月，划入普宁约630平方公里，

惠来区域面积减少近三分之一，田地减少近20万亩）。这期间，工农业总产值年平均为4518.06万元（其中工业产值占9.05%），粮食年产量平均6.54万吨。

（二）第二个时期（1953—1957），国民经济第一个"五年计划"时期，即"一五"时期。1953年秋完成了全县6万多渔业人口的渔业民主改革运动。1954年开始实行农业合作化（至1956年，加入初、高级农业生产合作社的农户占全县总农户94.31%），并开始发挥集体的力量，开展农田水利设施建设。在此期间，同时完成对私营工业、手工业的社会主义改造，生产力得到空前的发展，抗拒自然灾害的能力逐年加强，经济建设成效显著。这一时期，工农业总产值年平均为7039.07万元（其中工业产值占14.10%），比前时期年平均增长55.83%。粮食产量平均为9.18万吨，比前一时期平均年产量增长40.36%，是惠来经济发展的第一个"黄金时期"。

（三）第三个时期（1958—1962），即"二五"时期。这一期间，国民经济和物质生活严重困难（1959—1962年）。1958年9月，实行人民公社化，全县农村合并为工、农、商、学、兵"五位一体"，农、林、牧、副、渔五业政社合一的5个大公社。在"大跃进"浪潮中，不切合实际的"共产风"和浮夸风以及反科学的生产措施曾一度使经济和生产遭受严重损失。1958年秋，水稻获大丰收，平均亩产442斤（属惠来历史前所未有最高水平），县领导即提出"千斤稻、万斤薯（亩产）"的高产指标，并宣布"让农民放开肚子吃干饭，三餐干饭不用钱"的指示，在全县办起525个公共食堂，不出一个月，粮食普遍空虚。公社在劳动报酬上，实行贫富大队、贫富生产队以及生产中的社员与社员之间层层拉平的平均主义分配办法。1958年12月撤销惠来县建制，分属普宁、潮阳。1959年，浮夸风升级至政治运动，在原全县区域农村开展"反右倾、鼓干劲、拔白旗、插红旗的生产政治运动"。一批敢于说实话、据实上报粮食产量、社员口粮的干部被当作"白旗"撤去职务，一些惯于说假话、放"卫星"的被当作"红旗"受重用，给指导生产造成严重失误。如：深翻改土运动，把1米以下的生土翻上耕地的表层，使数万亩良田多年减产。为追求粮食产量高指标，实施所谓"满天星""蚂蚁出洞"等水稻密植法（株距1寸宽），造成严重失收。最典型的例子是一个大队把30亩已灌浆的水稻移植到1亩地上，结果不但放不出"卫星"，且造成颗粒无收。严重的"共产风"、浮夸风加上连年严重频繁的自然灾害，造成粮食大幅度减产。1958年，全县粮食总产10.54万吨，1959—1961年，原县区域内粮食总产分别为7.93万吨、8.14万吨、7.48万吨，下降幅度分别为24.77%、22.78%、28.94%；畜牧及其产品严重下降，生猪的出栏量下降幅度61%—78%，其收购量下降幅度54%—72%，经济陷入十分困难的境地。粮食和物资奇缺，物价飞涨，包括机关干部在内的全县人民均处于半饥半饱的生活状况。在此期间，兴办了煤矿、陶瓷、酱油、造纸等一批工业企业；修通地方公路100多公里；建成全县最大的石榴潭水库（总库容1亿立方米，1971年设置坝后电站，年发电量711万度）等大中型水库5座，以及小（一）型水库14座，正常总库容量达2.34亿立方米，有效灌溉面积18.60万亩；以填土造林的方法，全面绿化了靖海和南海两个广阔的沿海沙滩，有效地抵制了风沙的侵袭。这些建设成果，为后来工农业生产的发展奠定了基础。这一时期的惠来人民，以吃大苦耐大劳的坚韧意志和冲天干劲，在缺食少衣的极端困苦的情况下，每天高强度劳动10多个小时，只凭简单的劳动工具，创造了这么多辉煌业绩。1961年3月恢复惠来县建制。1962年，贯彻中央"六十条"，纠正了"共产风"和浮夸风，开放了农贸市场，给农民一定自留地，并鼓励开荒自救。是年，农业生产取得好收成，严重缺粮局面得到改善。这期间，工农业总产值年平均为7240.98万元（其中工业产值占22.35%），对比"一五"计划时期，年平均增长2.87%，而其中农业产值年平均却下降5.67%；粮食产量年平均8.66万吨，比前一时期平均年产量下降5.88%。

（四）第四个时期（1963—1965），即三年调整时期。认真地贯彻执行中共中央对国民经济的"调整、巩固、充实、提高"的八字方针，压缩基本建设投资，工业实行必要的关停；适应农村生产发展的以生产队（20多户组成）为核算单位的经济体制得到全面贯彻，有力地调动了农民的积极性，全县经济迅速恢复和发展。工农业总产值年平均为7731万元（其中工业产值占16.1%）比"二五"计划时期，年平均增长6.77%；粮食产量年平均9.61万吨，比前期年平均产量增长10.97%。

（五）第五个时期（1966—1975），即"三五""四五"时期。时逢"文化大革命"。这一时期的前期，由于"左"的错误思想的冲击，正常的社会秩序、工作秩序都遭到不同程度的破坏，直接损害了国民经济的发展。1968—1969年，在全县范围内，掀起大揪所谓"反共救国军"的高潮，提出要揪出24个方面的敌人，从机关、学校到农村，到处乱抓乱斗，严刑逼供，人人自危，偷渡逃港形成高潮。1968年，工农业产值和粮食总产均大幅度下降。1970年以后，随着政治气候转变，动荡纷乱的无政府主义局面和工作秩序逐步恢复正常，国民经济建设逐渐步入正轨，按照需要和可能，先后兴建了果子厂、陶瓷厂、罐头厂、糖厂、农机二厂、电机厂等一批地方国营企业，使工业产业结构渐趋合理，经济发展平稳，工农业总产值年平均递增6.5%，其中，工业产值年平均递增13.24%。这一时期，工农业总产值年平均1.14亿元（其中工业产值占26.31%），比前一时期年平均产值增长47.59%，其中工业年平均产值比前一时期年平均产值增长141.51%；粮食产量年平均11.50万吨，比前一时期平均年产量增长19.66%。

（六）第六个时期（1976—1979），即"五五"时期。这一时期，在农业学大寨运动中，投放大量劳动力，日夜奋战，大规模地开展农田基本建设，扩大、平整、改造了大量耕地，全面地整治了农田的排灌系统，卓有成效地改善了全县的生产条件，农业经济出现新的发展局面。这一时期，也做了一些错事。1977年7月，县革委会作出《关于堵住资本主义若干问题的决定（修改稿）》，制订从各方面和各条渠道断绝资本主义来源的10条土政策，在全县实施割"资本主义尾巴"的运动，包括柴草、蔬菜在内的农副产品不准上市，有些社队甚至连农民自留地上的经济作物也铲掉，严重挫伤农民的生产积极性，并造成商业萧条，怨声四起。1979年，在中共中央十一届三中全会精神指导下，扭转了各种"左"的指导思想，充分尊重生产队的自主权，允许因地制宜发展多种经营，重新开放农贸市场，国民经济步入良好的运行轨道。这一时期，工农业总产值年平均1.79亿元，比上一时期年均产值增长56.53%，其中工业年平均产值比前一时期平均年产值增长98.05%；粮食平均年产量16.20万吨，比前一时期平均年产量增长40.80%（以上数据均按1980年不变价计算）。

1949—1979年惠来县工农业总产值增长速度表

单位：万元

年份	工农业总产值	增长速度（%）	其中			
			农业	增长速度（%）	工业	增长速度（%）
1949	4010		3657		353	
1950	4329.05	7.96	3962	8.34	367.05	3.98
1951	4684.94	8.22	4288	8.23	396.94	8.14
1952	5044.26	7.67	4582	6.86	462.26	16.46
1953	5727.89	13.55	5162	12.66	565.89	22.41
1954	6681.85	16.66	5959	15.44	722.85	27.74
1955	6965.75	4.25	6018	0.99	947.75	31.11
1956	7973.58	14.47	6606	9.77	1367.58	44.30
1957	7846.26	-1.59	6488	-1.79	1358.26	-0.68
1958	8931.10	13.83	7347	13.24	1584.10	16.63
1959	7501.03	-16.01	5588	-23.94	1913.03	20.76
1960	7006.14	-6.60	5181	-7.28	1825.14	-4.59
1961	6298.06	-10.11	4693	-9.42	1605.06	-12.06
1962	6468.59	2.71	5304	13.02	1164.59	-27.44
1963	6534.33	1.02	5538	4.41	996.33	-14.45
1964	7321.72	12.05	6048	9.21	1273.72	27.84
1965	9336.87	27.52	7877	30.24	1459.87	14.61
1966	10226.83	9.53	8454	7.33	1772.83	21.44
1967	10057.02	-1.66	7906	-6.48	2151.02	21.33
1968	8748.02	-13.02	6953	-12.05	1795.02	-16.55
1969	10134.46	15.85	8002	15.09	2132.46	18.80
1970	10754.19	6.12	8183	2.12	2571.19	20.57
1971	11748.51	9.25	8462	3.41	3286.51	27.82
1972	12083.41	2.85	8676	2.53	3407.41	3.68

（续表）

年份	工农业总产值	增长速度（%）	其中			
			农业	增长速度（%）	工业	增长速度（%）
1973	13271.48	9.83	9151	5.48	4120.48	20.93
1974	13298.80	0.21	8935	-2.36	4363.80	5.91
1975	13778.89	3.61	9359	4.75	4419.89	1.29
1976	15341.09	11.34	10193	8.91	5148.09	16.48
1977	16112.82	5.03	10371	1.75	5741.82	11.53
1978	17227.98	6.92	10893	5.03	6334.98	10.33
1979	17253.63	0.15	10944	0.47	6309.63	-0.4

二、1980—1999年的经济概况

（一）改革开放初期（1980—1989）。1980年后，惠来县贯彻改革开放的方针，在农村实行各种形式的联产承包责任制，大力发掘多种经营和商品性生产，大批多余劳动力转入第二、三产业。工业方面，相继兴建一批对外加工区和内外合资企业，乡镇工业异军突起，经济进入新的发展阶段。这一时期，工农业总产值（按1980年可比价计算）年平均2.2亿元（其中工业产值占31.03%），比前一时期平均年产值增长23.28%；粮食平均年产量17.32万吨，比前一时期平均年产量增长6.91%。

农业开始转入大规模的开发阶段，海滩涂的开发利用已略具规模，以荔枝为龙头产品的果业已基本形成基地化，"三高"农业开始进入试验；工业结构初步优化。继县城县辖的葵阳、飞鹅两个较大规模的对外加工区创建之后，葵潭、隆江等乡镇相继兴办了一批吸资能力较强的加工区，经济发展跨出更大步伐。1986年和1987年，工农业平均年产值（按1980年可比价计算）达3.22亿元（其中工业产值占41.84%），比前一时期平均年产值增长46.14%，其中工业产值增长97.05%；粮食平均年产量17.08万吨，比前一时期平均年产量下降1.35%。1986年进入"七五计划"，在全面深化改革中，工农业生产和对外经济迈开新的步伐，全县经济出现新局面。1988年，年末总人口747876人，耕地面积356553亩，工农

业总产值52701万元，社会总产值111254万元，国内生产总值65547万元，国民收入59781万元，社会消费品零售总额27497万元，财政收入3950万元，财政支出3583万元。1989年，年末总人口756603人，耕地面积356553亩，工农业总产值66137万元，社会总产值137891万元，国内生产总值78188万元，国民收入71834万元，社会消费品零售总额35384万元，财政收入4671万元，财政支出4634万元。

（二）进入社会主义市场经济时期（1990—1999）。据2002年新华出版社《惠来县志·附录》"1988—1999年惠来县国民经济和社会发展情况表"整理：

1990年，惠来县的年末总人口数为828547人，耕地面积为356553亩，社会总产值为161554万元，国内生产总值为81042万元，国内生产人均总值为1023元，国民收入为76004万元，工农业总产值为79813万元，社会消费品零售总额为32993万元，财政收入为5789万元，财政支出为5268万元。

1992年，惠来县的年末总人口数为850025人，耕地面积为336761亩，社会总产值为249505万元，国内生产总值为120210万元，国内生产人均总值为1235元，国民收入为114203万元，工农业总产值为193190万元，社会消费品零售总额为36712万元，财政收入为12545万元，财政支出为11775万元。

1995年，惠来县的年末总人口数为876726人，耕地面积为301500亩，社会总产值为620119万元，国内生产总值为232525万元，国内生产人均总值为3374元，国民收入为249199万元，工农业总产值为399176万元，社会消费品零售总额为54486万元，财政收入为13400万元，财政支出为11821万元。

1999年，惠来县的年末总人口数为1027326人，耕地面积为311996亩，社会总产值为1051450万元，国内生产总值为438482万元，国内生产人均总值为4450元，工农业总产值为726423万元，社会消费品零售总额为82943万元，财政收入为24217万元，财政支出为24135万元。

三、2000—2023年经济概况

2000年，全县完成地区生产总值32.09亿元，比1999年增长8.27%。一、二、三产业产值分别是210330万元、175531万元、81773万元，三次产业占比为44.98∶37.53∶17.49。全县人均生产总值4505元。

2004年，全县完成地区生产总值57.46亿元，比2003年增长4.60%。一、二、三产业产值分别是241625万元、219325万元、117165万元，三次产业占比为41.79∶37.94∶20.27。全县人均生产总值5268元。

2011年，全县完成地区生产总值153.94亿元，比2010年增长15%。三次产业比例由2010年的26.0∶48.9∶25.1转变为24.8∶52.0∶23.2。全县人均生产总值14179元，比增13.5%。

2013年，全县完成生产总值207.04亿元，比上年增长15.1%。第一产业增加值46.25亿元，第二产业增加值117.75亿元，第三产业增加值43.04亿元，一、二、三产业分别比增4.2%、22.3%和8.3%。三次产业比重由2012年的23.4∶55.0∶21.6演变为22.3∶56.9∶20.8。地方公共财政收入5.14亿元，比增22.3%，历史上首次突破5亿元。人均地区生产总值1.88万元，规模上工业总产值503.75亿元，比增23.1%。农村经济总收入112.78亿元，农民人均纯收入7756元，分别比增12.52%和13%。至2013年12月底，全县全辖各项存款余额138.14亿元，比增23.8%。

2015年，全县完成地区生产总值242.33亿元，比上年增7.1%。完成第一产业增加值52.09亿元，第二产业增加值137.03亿元，第三产业增加值53.22亿元，第一产业、第二产业、第三产业分别比增5.0%、7.1%和9.0%。三次产业比重由2014年22∶572∶20.8演变为21.5∶56.5∶22。

2016年全县完成地区生产总值259.69亿元，比增5.6%。完成第一产业增加值57.61亿元，第二产业增加值142.12亿元，第三产业增加值59.97亿元，第一产业、第二产业、第三产业分别比增4.7%、4.9%和8.2%。三次产业比重由2015年的21.5∶56.5∶22.0演变为2016年的22.2∶54.7∶23.1。

2018年，全县完成地区生产总值281.41亿元，比上年增长3.5%。完成第一产业增加值47.40亿元，第二产业增加值162.46亿元，第三产业增加值71.56亿元，分别比增5.3%、3.1%和3.2%；三次产业结构调整为16.9∶57.7∶25.4。

2020年，面对突如其来新冠肺炎疫情严重冲击，统筹做好疫情防控和经济社会发展工作，全县经济社会平稳健康发展。全县完成地区生产总值257.69亿元，比减3.5%。第一产业增加值57.74亿元，比增4.8%；第二产业增加值77.4亿元，比减11.7%；第三产业增加值122.55亿元，比增0.3%。三次产业结构

22.4∶30.0∶47.6。

2022年,经市统计局统一核算,全县实现地区生产总值286.28亿元,同比下降1.7%。第一产业增加值62.94亿元,增长4.8%,其中完成农林牧渔业增加值65.73亿元,增长5.3%;第二产业增加值80.74亿元,下降13.2%,其中完成工业增加值63.63亿元,下降8.7%,完成建筑业增加值17.19亿元,下降28.5%;第三产业增加值142.60亿元,增长3.5%,其中完成批发和零售业增加值41.36亿元,下降1.1%,完成房地产业增加值33.83亿元,增长3.8%。三次产业比例为22.0∶28.2∶49.8。人均地区生产总值27203元,下降2.3%。

〔第三节〕人民生活水平

一、农村居民生活

惠来农民历来占全县人口的绝大多数,至1987年,仍然占全县总人口84%。中华人民共和国成立之前,绝大多数农民属佃耕户,受剥削甚为严重,加上种类繁多的苛捐杂税,经常连最低的生活水平"番薯糜"也保不住,碰到水、旱、风、潮等自然灾害,就只能以野菜树皮活命。相当一部分是极贫困的家庭,夏无蔽身之衣,冬无御寒棉被,成年男子,夏秋基本上都是光着上身,一件短裤遮住下体,到了冬季,一家人只能钻在稻草洞里过夜。中华人民共和国成立后,农民生活在不断地改善,社会商品购买能力也一步一步地提高。20世纪60—70年代,农民的衣食住已大为改善,但仍处于谋求温饱为满足的阶段,农村中穿鞋着袜的仍为极少数,餐桌上很少见有肉类蛋品,同等价格的肥猪肉(煎油炒菜)远远畅销于精肉。改革开放以来,农民的生活水平提高更快,老式建筑的"下山虎""四点金"、新式建筑的多层楼房大批涌现,电视机、家庭电话的数量不断增加,相当部分青年农民西装革履,不异于城镇青年。农村副食品消耗量逐年增加,精猪肉价格高出肥猪肉的1倍多。

1957—1987年惠来县农村人口收入情况表

年份	参加分配人数	每年每人口粮(市斤)	每人每年工值收入(元)
1957	/	301.00	/

（续表）

年份	参加分配人数	每年每人口粮（市斤）	每人每年工值收入（元）
1962	/	294.00	/
1965	/	381.60	/
1966	386218	408.00	56.40
1967	384291	323.20	55.70
1968	409381	256.40	45.00
1969	428162	307.00	52.30
1970	444119	292.60	47.70
1971	460129	308.00	53.20
1972	476484	293.50	46.40
1973	488112	341.20	51.20
1974	488487	327.50	50.20
1975	485339	328.20	50.60
1976	489548	366.00	56.70
1977	495613	388.00	57.30
1978	500561	413.00	56.70
1979	478416	411.00	57.60
1980	492222	432.00	66.80
1981	512276	419.00	133.50
1982	541212	452.40	204.10
1983	555146	446.00	225.00
1984	574165	472.00	275.00
1985	580893	/	317.00
1986	587394	/	343.00
1987	620056	/	429.00

注：农民自留地收入及副业收入等不计在内。

（一）农村居民收入情况。1979年，中共十一届三中全会后，党和政府采取一系列改革措施，放宽政策，有效调动农民的生产积极性。据县统计局1982年3

月17日农村调查资料：以华湖公社华宅大队、仙庵公社田墘大队、东港公社百埔大队共30户179人为抽样调查对象，1981年农民人年纯收入190.6元，比1978年全县公社分配每人纯收入56.7元，增加2.36倍。

农村调查资料表明：1984年农民人均纯收入321.9元，比1981年增长68.89%；1987年人均纯收入461.22元，其中家庭经营收入394.98元，占纯收入的85.64%，比1984年增长43.28%；1990年人均纯收入1041元，比1987年增长1.26倍。农村抽样调查统计的数字常略高于年终的决算数字。

农民收入的提高，主要有三方面原因：一是保持传统的家庭畜牧业的健康发展，如养猪、养"三鸟"等；二是得到政府的引导支持，发展"三高农业"，如开山种果，其中2000年荔枝种植面积20万亩；三是富余劳力外出做工或经商，如岐石镇，2004年外出做工、经商的人数有1000多人；四是乡镇工业兴起，农村居民进工厂做工。

1979—2004年惠来县农村居民人均收入情况表

单位：元

年度	纯收入	增长%	年度	纯收入	增长%
1979	58		1992	1023	12.29
1980	69	18.97	1993	1121	9.58
1981	134	94.20	1994	1306	16.50
1982	204	52.24	1995	1603	22.74
1983	225	10.29	1996	1895	18.22
1984	275	22.22	1997	2206	16.41
1985	317	15.27	1998	2404	8.98
1986	336	5.99	1999	2515	4.62
1987	429	27.68	2000	2628	4.49
1988	565	31.70	2001	2637	0.34
1989	691	22.30	2002	2702	2.46
1990	806	16.64	2003	2805	3.81
1991	911	13.03	2004	2945	4.99

说明：农民人均年纯收入为农业部门年终统计数（计划局提供）。

2011年,全年农村居民人均纯收入5964元,比2010年增长14.4%;农村居民家庭恩格尔系数48.3%。2021年,农村居民人均可支配收入15979元,比上年增长13.4%。2022年,农村居民人均可支配收入16931元,比上年增长6%。

(二)农村居民消费结构。惠来县农村居民的支出,主要是生活消费,包括食品、衣着、住房、日常用品、燃料和文化生活服务支出。根据县统计局90户抽样调查资料表明,1979—2004年,农村人年平均生活消费支出结构发生很大的变化。比较突出的是食品,从1981年人均食品支出85.09元,到1987年241.54元,2004年1295.64元,上升幅度较大,说明农村食品质量提高,物价也提高。由中华人民共和国成立初期的"食糜(稀粥)配菜脯",到2000年后变成经常"吃干饭配鱼肉"。"恩格尔系数"(食品占生活消费支出的比重)最高为1996年70.9%,2004年为65.63%,1987—1990年为小康水平的临界线。国际上常常用恩格尔系数来衡量一个国家和地区人民生活水平的状况,联合国粮农组织提出的标准,恩格尔系数在59%以上为贫困,50%—59%为温饱,40%—50%为小康,30%—40%为富裕,低于30%为最富裕。农村抽样调查范围小,极限性较大,所体现数据只作参考。

惠来县几个年份农村居民人均支出情况表

单位:元

年份	生活消费支出	其中:食品	燃料	衣着	住房	日用品	文化服务	食品支出占支出总数%
1981	154.60	85.09	16.06	12.91	17.50	19.24	3.80	55.04
1984	285.63	159.04	25.56	15.56	60.23	18.91	6.33	55.68
1987	483.81	241.54	16.23	17.61	122.11	60.05	26.27	49.92
1990	970.46	477.65	78.64	26.29	222.04	104.83	61.01	49.22
1993	967.71	435.57	20.70	37.53	317.18	93.88	62.85	45.01
1996	1616.61	1146.10	42.70	95.52	75.83	94.81	161.65	70.90
1999	1634.37	1048.72	43.78	91.87	106.02	127.07	216.91	64.17
2002	1803.20	1129.46	46.57	66.88	311.87	85.95	162.47	62.64
2004	1974.08	1295.64	67.18	69.70	272.90	87.22	181.44	65.63

二、城镇居民生活概况

截至改革开放,非农业人口的城镇居民,各历史时期的经济收入和生活水平跟农民不相上下。20世纪80年代以来,乡镇企业、外资、合资等企业迅速发展,给城镇居民创造了越来越多的就业途径;农村经济的快速增长有力地促进了城镇商业的繁荣,服务行业空前活跃,成年的城镇居民一般都有就业的机会,经济收入都有不同程度的提高。从总体上看,20世纪80年代,城镇居民的生活水平平均高于农民的平均水平。

惠来县1952—1987年历年职工收入情况表

年份	全民所有制			集体所有制		
	年末人数	工资总数（万元）	平均工资（元）	年末人数	工资总数（万元）	平均工资（元）
1952	2186	61.53	309	/	/	/
1957	4633	236.40	510	/	/	/
1962	13444	601.10	447	/	/	/
1965	13180	521.20	395	/	/	/
1970	15290	599.70	392	/	/	/
1975	18586	850.60	458	/	/	/
1978	25080	1139.80	494	6259	265	423
1980	27468	1542.3	561	14160	605	427
1981	29809	1773.6	660	14308	600	419
1982	29179	1983.3	736	13840	588	425
1983	28263	2099.7	763	13971	612	445
1984	25258	1864.3	767	17662	917	519
1985	26883	2219.7	885	18608	1121	602
1986	28580	2840.6	1092	19324	1298	672
1987	29100	3177.5	1147	20693	1562	755

1979—2004年,全县职工工资经过5次调整,收入不断增加。1979年,全民职工人均年工资544元,到2004年,全县职工(包括集体职工)人均年工资9377元,增加

16.24倍。2011年,年末全县城镇单位从业人数38536人,其中在岗职工人数38523人;全部职工工资总额69400万元,其中在岗职工工资总额69368万元。全县在岗职工年人均工资收入18004元,增长9.8%。2021年,城镇居民人均可支配收入25418元,比上年增长12.9%。2022年,城镇居民人均可支配收入26364元,比上年增长3.7%。

1979—2004年惠来县在岗职工工资情况表

单位:人

年份	全民职工				集体职工				全县人均年工资（元）
	职工总数	工资总额（万元）	年均人数	人均年工资（元）	职工总数	工资总额（万元）	年均人数	人均年工资（元）	
1979	26056	1310.40	24082	544	13532	567.20			
1980	27468	1542.30	25837	597	14160	604.90	14160	427	
1981	29809	1773.60	26877	660	14308	600.40	14308	420	
1982	29179	1983.30	26931	736	13840	577.60	13840	417	
1983		2099.70	28263	743		612	13971	438	
1984	25258	1864.30	24300	767	17662	916.90	15499	592	699
1985		2219.70	26883	826		1121	18608	602	
1986	28580	2840.60	26022	1092	19324	1297.70	15727	825	991
1987	29110	3177.50	27711	1147	20693	1562.10	17507	892	1048
1988	30020	4077.20	28340	1439	22253	2305.50	19209	1200	1342
1989	30303	4941.20	29496	1675	21868	2980.30	20206	1475	1605
1990	31212	5429.50	29949	1813	22905	3695.30	20136	1835	1850
1991	31871	6026.20	30877	1952	22046	3714.90	18881	1968	2003
1992	32846	6811.80	31431	2167	18779	2901	15984	1815	2176
1993	32889	7567.30	31938	2369	13672	2542.50	12323	2063	2320
1994	33421	10099.10	31942	3162	14993	3760	13523	2780	3092
1995	35240	13033.80	32875	3965	12382	2579.70	11985	2152	3588
1996	33964	13067.40	32746	3991	12054	2399	11354	2115	3648
1997	34411	13283.80	33984	3909	12687	2224.90	12619	1763	4373
1998	26784	14026.70	26138	5366	4870	2170.80	4870	4457	5520

（续表）

年份	全民职工				集体职工				全县人均年工资（元）
	职工总数	工资总额（万元）	年均人数	人均年工资（元）	职工总数	工资总额（万元）	年均人数	人均年工资（元）	
1999	27348	15634.50	27267	5734	5405	2370	5409	4382	5817
2000	28930	17032	28503	5976	4697	2249	4774	4711	6171
2001	29214	18024.20	29122	6189	4572	2159.40	4575	4720	6280
2002	29246	22479.30	29152	7711	4202	2064.30	4220	4892	7453
2003	28773	26151.90	28538	9164	4214	2180.20	4207	5182	8630
2004	28164	27154.50	28033	9687	3042	1947.20	3045	6395	9377

三、体现生活水平的几项指标

（一）主要工业消费品。根据县统计局抽样调查资料，农村居民拥有耐用消费品，共有26种。从1979—2004年每百户农村居民拥有量的变化情况，可以看出全县经济的发展及农村居民生活的提高。自行车，1981年每百户居民拥有57辆，到1984年拥有80辆，1990年拥有130辆，数量一直上升，到1999年拥有196辆。以后拥有量逐步下降，到2004年拥有100辆。自行车拥有量下降的主要原因，是有些较富裕农村居民不再用自行车，而换成摩托车，2004年每百户拥有摩托车43辆。电风扇，从1987年开始，每百户居民拥有25台，一路上升，到2004年拥有166台。电视机，1987年电视机进入农村居民家中，每百户居民只有2.5台，到2004年每百户居民拥有88台。固定电话从1994年开始每百户居民只有9部，到2004年拥有84部。影碟机2000年每百户拥有29部，到2004年拥有63部。农村居民消费水平，从低档向中高档转化，消费量由少变多。

（二）居民住房。根据第五次人口普查资料，2000年，全县家庭户17.58万户94.17万人，平均每户住房2.15间，平均每人住房面积11.75平方米。在抽中登记长表的1.74万户家庭中，其中单独居住的家庭户占88.8%。居住楼房的占19.11%。外墙材料使用钢筋混凝土的占26.7%。单独使用厨房占71%，以燃气和电作为炊事燃料占45.59%，有洗澡设施占55.15%，独立使用厕所占50.9%。比1979年各方面的住房条件大有改善。

（三）社会购买力。1979—2004年，惠来县城乡居民购买力不断提高，全县社会消费品零售总额和城乡集市贸易成交额逐年增长。

1979—2004年惠来县社会消费品零售总额和城乡集市贸易成交额表

单位：万元

年份	社会消费品零售总额		城乡集市贸易成交额	
	金额	增长%	金额	增长%
1979	9053			
1980	11278	24.58	74812	
1981	11840	4.98	75188	0.50
1982	11112	-6.15	75948	1.01
1983			76715	1.01
1984	10143		77490	1.01
1985			78670	1.52
1986	19968		80440	2.25
1987	22387	12.11	82081	2.04
1988	27497	22.83	83756	2.04
1989	35384	28.68	85465	2.04
1990	32993	-6.76	87298	2.14
1991	34660	5.05	89997	3.09
1992	36712	5.92	93551	3.95
1993	40905	11.42	96944	3.63
1994	43989	7.54	99430	2.56
1995	54486	23.86	101459	2.04
1996	60869	11.71	104382	2.88
1997	66907	9.92	107721	3.20
1998	75398	12.69	110483	2.56
1999	82943	10.01	113900	3.09
2000	90491	9.10	118646	4.17
2001	98816	9.20	123590	4.17
2002	108243	9.54	126142	2.06
2003	120812	11.61	131458	4.21
2004	137021	13.42	138054	5.02

（四）**居民储蓄**。20世纪80年代后，随着改革开放的不断深化，人民生活水平不断提高，全县城乡储蓄和个人储蓄逐渐增加。据对80户农户抽样调查情况报告，人均储蓄从1981年的15元到2004年302.74元。

1979—2004年惠来县储蓄存款、农村存款余额情况表

单位：万元

项目年度	存款合计	个人储蓄存款	占%	农村存款	占%
1979	914	107	11.71	325	35.56
1980	1585	160	10.09	586	36.97
1981	1492	253	16.96	825	55.29
1982	1565	278	17.76	813	51.95
1983	2804	392	13.98	335	11.95
1984	3980	811	20.38	487	12.24
1985	3601	1380	38.32	245	6.80
1986	6686	2350	35.15	880	13.16
1987	8435	3359	39.82	1033	12.25
1988	15770	7519	47.68	1418	8.99
1989	21158	11426	54	1882	8.89
1990	29207	16772	57.42	1675	5.73
1991	37339	21112	56.54	2523	6.76
1992	41169	25368	61.62	3207	7.79
1993	50743	31493	62.06	2604	5.13
1994	58354	40320	69.10	139	0.24
1995	70693	51452	72.78	807	1.14
1996	82657	70396	85.17	916	1.11
1997	113866	91905	80.71	1883	1.65
1998	138371	111760	80.77	1009	0.73
1999	149602	120440	80.51	1390	0.93
2000	137914	120046	87.04	1693	1.23
2001	154891	132704	85.68	1536	0.99
2002	182199	153552	84.28	2210	1.21
2003	209960	182423	86.88	2100	1
2004	272670	229335	84.11	5667	2.08

第十二章

农业经济

古代，惠来在潮州府所辖十县中，农业经济属于较好的县份，水产业得天独厚，近海渔场水产丰富，盐场遍布沿海各村，平洋地区水稻种植产量较高，山区畜牧业养殖较多，总体上农业水平不错。农业经济在国民经济中占着主导地位。中华人民共和国成立前，受封建所有制的长期束缚，水利失修，根本无法抵御水、旱、风、潮等频繁的自然灾害，加上耕作粗放，种植业的生产水平极低，粮食不能自给；海洋捕捞技术落后，设备简陋，产量低，产品无法进行保鲜处理。尽管农业资源占有一定优势，经济却长期处于落后地位。中华人民共和国成立后，变革了土地私有制度，对渔业实行社会主义改造，为农业生产的不断发展创造了决定性的条件。1965年，双季稻亩产首次上千斤。1982年，粮食亩产超千斤，双季稻亩产600公斤。1987年，农业总产值2.05亿元（1980年不变价），是1949年3777万元（1980年不变价）的5.4倍。粮食总产18.28万吨，平均亩产309公斤，分别是1949年总产6万吨，平均亩产85公斤的3倍和3.6倍；年末有林面积77.86万亩，是1949年不足2万亩的38倍，森林覆盖率由1%增至41.5%；水产品总量2.88万吨（其中海洋捕捞2.54万吨）是1949年3524.75吨（其中海洋捕捞3381.35吨）的11.4倍；主要畜牧品种猪、牛、羊年终存栏量24.1万头，是1949年6.45万头的3.7倍。在农业总产值的构成中，各业的比重也发生了明显的变化，与1949年相比，种植业由68.9%，下降为46.3%；林业由0.4%，上升至8.8%；牧业由11.7%，上升为13.1%；副业由12.5%上升至20.6%；渔业由6.5%上升为11.2%。2022年，全县完成农林牧渔总产值101.42亿元，占全县生产总值的35.43%；全年粮食作物播种面积49.68万亩（33136.56公顷），比上年增长1.30%，全年粮食产量18.53万吨，比上年增长3.93%；全年肉类总产量3.50万吨，比上年增长0.5%。

〔第一节〕各年代农业经济总体概况

一、1949—1979年农业经济概况

1949年秋，县人民政府开始发动群众开展减租减息的斗争。1952年，全县农业总产值4582万元，比1949年增长25.78%；粮食总产量7.03万吨，比1949年增加1万多吨，接近民国时期最高年份（1949年7月划入潮阳约55平方公里，1950年3月划入普宁约630平方公里，惠来区域面积减少近三分之一，田地减少近20万亩）。1949—1952年，农业总产值年平均为408.79万元，粮食年产量平均6.54万吨。

1953年秋，完成了全县6万多渔业人口的渔业民主改革运动，全年农业总产值5162万元，增长速度12.66%。1954年开始实行农业合作化，开展农田水利设施建设，农业总产值5959万元，增长速度15.44%。1953—1957年，粮食产量年平均为9.18万吨，比前一时期平均年产量增长40.36%，是惠来经济发展的第一个"黄金时期"。

1958年秋，水稻获大丰收，平均亩产442斤（属惠来历史前所未有最高水平），县领导即提出"千斤稻、万斤薯（亩产）"的高产指标，全县粮食总产10.54万吨，农业总产值7347万元，增长速度13.24%。1962年，贯彻中央"六十条"，1963年，农业生产取得好收成，严重缺粮局面得到改善。这期间，农业总产值年平均为161.84万元，其中农业产值年平均却下降5.67%；粮食产量年平均8.66万吨，比前一时期平均年产量下降5.88%。1963—1965年，即三年调整时期，这期间全县贯彻执行中共中央对国民经济的"调整、巩固、充实、提高"的八字方针，适应农村生产发展的以生产队（20多户组成）为核算单位的经济体制得到全面贯彻，有力地调动了农民的积极性，全县经济迅速恢复和发展。农业总产值年平均为124.47万元，粮食产量年平均9.61万吨，比前期年平均产量增长10.97%。

1966—1975年，即"三五""四五"时期，时逢"文化大革命"。1970年，国民经济建设随之逐渐步入正轨，农业总产值8183万元，增长速度2.26%。1970—1975年期间，粮食产量年平均11.50万吨，比前一时期平均年产量增长19.66%。1979年，在中共十一届三中全会精神指导下，扭转了各种"左"的指导思想，充分尊重生产队的自主权，允许因地制宜发展多种经营，重新开放农贸市场，国民经济步入良好

的运行轨道。农业总产值10944万元，增长速度0.47%，粮食平均年产量16.20万吨，比前一时期平均年产量增长40.80%（以上数据均按1980年不变价计算）。

二、1980—1999年农业经济概况

1980年，惠来县贯彻改革开放的方针，在农村实行各种形式的联产承包责任制。1980—1985年，农业总产值（按1980年可比价计算）年平均683万元，粮食平均年产量17.32万吨，比前一时期平均年产量增长6.91%。1984年，农业总产值17762万元，增长速度18.71%。1986—1987年，这两年，农业平均年产值（按1980年可比价计算）达1347万元，粮食平均年产量17.08万吨。1987年，农业总产值20509万元，增长速度21.18%。1990年，农业总产值达到2.28亿元，其中种植业11707万元，林业1771万元，畜牧业3712万元，副业7393万元，渔业3842万元。1995年农业总产值12.61亿元，其中种植业51637万元，林业3463万元，畜牧业18881万元，副业16821万元，渔业35338万元。1999年农业总产值17亿元，其中种植业71227万元，林业3659万元，畜牧业23727万元，副业23922万元，渔业47499万元。

三、2000—2004年农业经济概况

2000年，农业总产值17.8亿元，其中种植业73414万元，占比41.24%；林业产值4515万元，占比2.54%；畜牧业产值25436万元，占比14.29%；渔业产值48482万元，占比27.23%；副业产值26177万元，占比14.7%。2004年，农业总产值17.59亿元，其中，种植业、林业、畜牧业、渔业、副业产值分别为9.04亿元、0.49亿元、2.77亿元、5.17亿元、0.12亿元，比重分别为51.39%、2.80%、15.74%、29.39%、0.68%。

四、2011年农业经济概况

2011年，全县农林牧渔业产值551632万元，比增5.1%，实现增加值381207万元，比增5.3%。农村经济总收入90.62亿元，增长10.5%。农民人均年纯收入5964元，比增14.4%。全县共下拨种粮补贴和农资补贴等资金1945.2万元；全年

粮食种植面积54.18万亩，总产19.97万吨，比增2.6%。蔬菜种植面积19.68万亩，比增0.15%；总产44.98万吨，比增5.9%。水果总面积37.21万亩，比增7.1%总产量11.45万吨，比增7.3%。主要农产品粮食方面有稻谷、薯类、大豆，产量分别是92510吨、103108吨、2094吨，分别比增2.2%、2.9%、1.3%。经济作物方面有甘蔗、花生、蔬菜、水果，产量分别是5667吨、8123吨、449758吨、114547吨，分别比增3.8%、1.5%、5.9%、7.3%。全年肉类总产量3.73万吨，下降2.2%年末生猪存栏量27.69万头，比增8.07万头牛存栏量1.6万头。全县水产品总产量83119吨、总产值70227万元，分别比增1.46%和15.36%其中海水产品产量6.83万吨，产值5.6亿元淡水产品产量1.48万吨，产值1.42亿元。切实落实惠渔政策，落实渔船柴油补贴11282万元。大力发展海水养殖业，拓展海洋捕捞业。全年投入457万元，改造、整治农田4500亩。切实抓好小型水库除险加固工程建设，列入年度计划的3宗中型水库和63宗小型水库全部开工，已竣工61宗，共投入资金4093万元。按照"规划到户、责任到人"的要求，切实抓好扶贫开发工作。2011年全县97个贫困村落实帮扶资金2.6亿元，实施扶持贫困村经济发展项目251个，共有1.81万户9.8万贫困人口实现脱贫。推进贫困村雨污分流工程建设，致力改善居住环境，至2011年底，全县80个贫困村雨污分流工程动工建设，其中61个村已竣工。

五、2013年农业经济概况

2013年，在自然灾害频繁严重的情况下夺取了抗击"8·16"特大暴雨和强台风"天兔"等自然灾害的重大胜利，粮食生产稳定发展，农业农村经济平稳较快发展。全县完成农林牧渔业总产值66.82亿元，比增4.1%。农民人均纯收入8016元，比增16.8%。粮食作物播种面积21.69万亩，总产量7.29万吨，其中水稻12万亩，总产量4.1万吨。水果37万亩，总产量13万吨。渔业总产值12亿元，比增5.3%。投入资金779万元，完成生态景观林带建设工程年度任务96.7公里；投入资金969万元，完成森林碳汇建设工程年度任务5.01万亩。

六、2015年农业经济概况

2015年，全县完成农林牧渔业产值74.02亿元，比增4.5%。粮食作物种植面积

54.7万亩,产量20.2万吨,比增1.1%,其中水果种植面积37.36万亩,产量14.46万吨,比增0.6%。水产品产量8.88万吨,产值10.01亿元,分别比增1.3%和7.9%。畜牧业产值9.46亿元,比增1.7%,其中肉类产量5.2万吨、蛋类产量10.58万吨。林木绿化率69.4%,森林覆盖率53.2%。发放种粮补贴和农资补贴等资金1910.9万元。抓好葵潭等6个镇"一镇一品"示范镇工程建设。新一轮扶贫"双到"工作扎实推进,全县70个重点贫困村投入资金3.8亿元,实施扶村项目1830个,实施扶户项目5.59万个。

七、2016年农业经济概况

2016年,全县完成农林牧渔业总产值75.30亿元,比增5.1%。粮食作物种植面积48.67万亩,总产量54.73万吨,其中水稻播种面积22.03万亩,产量8.27万吨。水果种植面积34.68万亩,总产量14.6万吨,其中荔枝种植面积15.3万亩,产量3.25万吨。水产品总产量8.37万吨,总产值9.65亿元,其中海洋捕捞产量5.29万吨,产值4.83亿元。畜牧业总产值9.8亿元,比增3.6%,其中肉类产量4.77万吨。林地绿化率97.8%,森林覆盖率53.3%,林木绿化率69.5%。落实农业三项补贴资金1863.4万元。抓好葵潭、仙庵、周田、神泉、前詹、鳌江等6个镇的"一镇一品"示范镇工程建设,推动帝浓公司、安大公司、佳泰业公司、乐天公司、潮宜轩专业合作社等企业与"一镇一品"进行产销对接。严格责任落实,实施精准扶贫,全县66个相对贫困村和173个分散贫困人口面上村全部落实驻村帮扶制度,初步制订贫困村、贫困户三年帮扶规划和年度帮扶计划。全县帮扶单位到位资金1380万元,实施帮扶项目200个;动员8家社会组织、10家企业和一批乡贤,对接项目16个,投入资金810万元。

八、2018年农业经济概况

2018年,全县完成农林牧渔业总产值63.68亿元,比增5.3%。粮食作物播种总面积48.61万亩,总产量55.21万吨,其中水稻播种面积22.14万亩,产量8.39万吨。蔬菜种植面积18.15万亩,产量47.23万吨;水果种植面积34.68万亩,产量16.81万吨。生猪存栏14.91万头、出栏22.87万头;家禽存栏145.26万只、出栏

844.26万只；肉类产量4.3万吨；蛋类产量0.82万吨。渔业总产量7.93万吨，总产值18.24亿元，其中：海水捕捞产量4.85万吨，产值8.58亿元；海水养殖产量1.77万吨，产值6.03亿元；淡水养殖产量1.26万吨，产值1.39亿元。投入绿化资金2459.69万元，完成"五路绿化"任务478.63公里。精准扶贫工作顺利推进，全县累计投入扶贫开发资金30677.84万元，其中投入光伏扶贫资金1192.74万元，建设项目12个；设立风险基金600万元，发放贷款869万元；17家社会组织参与精准扶贫，开展扶贫项目75个。落实农业"三项补贴"资金2405万元。康美药业（惠来）南药产业园成功入选2018年第三批省级现代农业产业园。

九、2020年农业经济概况

2020年，全县完成农林牧渔业产值91.23亿元，比增5.4%。全县完成农作物播种面积71.4万亩（47623.8公顷），产量96.81万吨。粮食作物播种面积49.67万亩（33129.89公顷），产量18.21万吨，其中：水稻播种面积26.29万亩（17535.43公顷），产量10.36万吨；番薯播种面积21.14万亩（14100.38公顷），产量37.49万吨；蔬菜播种面积14.49万亩（9664.83公顷），产量44.87万吨。水果面积19.77万亩（13186.59公顷），产量13.97万吨，其中：荔枝面积10.48万亩（6990.16公顷），产量3.56万吨；菠萝面积2.14万亩（1427.38公顷），产量4.98万吨。生猪存栏量15.5万头，能繁母猪存栏量1.2万头，出栏量21.2万头；禽类存栏量252.3万只，出栏量1212.3万只；牛存栏量1.5万头，出栏量0.9万头；羊存栏量1.05万只，出栏量0.9万只。水产品产量8.56万吨，比增1.2%，其中：海洋捕捞产量4.36万吨，比减5.7%；海水养殖产量2.35万吨，比增9.3%；淡水捕捞产量0.09万吨，比增1.1%；淡水养殖产量1.76万吨，比增10.2%。累计收到"631"产业扶贫开发资金（不含"三保障"资金）49379.48万元，全部投入使用。其中投入实施产业扶贫项目资金49118.72万元，帮助贫困户自主创业"以奖代补"资金及项目评估费用260.76万元。扶贫资金主要投入到地方特色农业产业和现代农业产业项目，重点是打造南药、鲍鱼、凤梨、新安大养殖4个现代农业产业园，推进冬瓜、番薯、大蒜等10个农业产业万亩工程。举办冬瓜王大赛、惠来鲍鱼、惠来荔枝、惠来菠萝等国际网络节和首届"粤菜师傅"美食文化节，促进消费扶贫，带动贫困村稳定增收、贫困人口脱贫致富。全县相对贫困人口6月底实现"八有"指标达标退出，73个相对贫困村实现"十项"指标达标出列，退出率100%。

〔第二节〕渔业

康熙《惠来县志·贡赋物产》记载惠来鱼类和贝壳类详细品种，对于渔业生产情况未见记载。鱼类和贝壳类详见如下。

鳞之属：为鲤。为鲫。为鲢。为草鲩。为乌鱼。为黄鳝。为鳢。为鳜。为鲋。为泥鳅。为乙鼠。为白鳗。为金龙。为广篸。为珠带。为朱鱼。马鲛。为西刀。为银鱼。为白鱼。为江鱼。为鲳。为鳗。为鲫。为鲈。为鲨。为鲂。为柔鱼。为鳜。为比目鱼。为墨鱼，一名乌贼，喷墨自卫，鱼不得食之。为河豚，一名西施乳，有毒，炊时不可沾火尘，东坡所谓："舍命食河豚也"。为水母，亦名海蜇，形如覆帽，腹下有物如絮，俗谓"有足而无口"。为龙虾，有长至二尺许。为虾。为锁管。

介之属：为鲎，《岭南录异》云："鲎眼在背上，雌负雄而行，其血色碧，壳如石。"为蛎房，壳烧灰，坚白细润，用以涂壁，经久不脱。为龟。为鳖。为花螺，大者可容一升，味甜。为九孔螺，即鳆鱼。为香螺，味甚甘美。为吹螺，其壳可为猎者之用。为蚌。为蟳。为蟹。为螃蜞。为海胆，壳可为杯勺。为月姑，即西施舌，肉白如截肪。为车螯，类蛤蜊而甲甚厚。为蚶，《海物志》名天脔，《本草》名瓦垅子。为蚬。为仙人掌。

惠来海岸线百米深线内渔场面积有2689平方海里。沿海滩涂约4万亩，可利用面积2万余亩，已经开发1.1万亩。陆上河流主要有鳌江河、龙江河、雷岭河。全县山塘水库水面积有3万余亩。县渔业历史悠久，水产品丰富，靖海的鲍鱼、鲨鱼翅、鳗鱼膘，资深的鱿脯，芦园的龙虾，图田的白鲳，览表的蚝等珍贵水产品，历来享有盛名。海洋资源，鱼类有100余种，渔获中占较大数量的有30余种；虾类有6属20余种；贝类有西施舌、响螺、角螺、东风螺、泥蚶、蚝等。全县沿海有6个渔业镇37个渔村。1987年从事渔业生产人口5.86万人，从事渔业生产的劳力2.2万人。渔业生产有海洋捕捞、海水养殖、淡水捕捞、淡水养殖4种作业。自古以海洋捕捞为主。海湾滩涂有养蚝、鱼塭等海水养殖。内陆农村，采集天然鱼苗，放养于池塘湖泊中，进行淡水养殖。中华人民共和国成立后，在县人民政府的支持和扶植下，渔业得到较快恢复和发展。1949年全县水产品3525吨，1953年增至5610吨，1957年增至1.2万吨，比1949年增长1.25倍，为历史最高水平。1980年后，惠来县的渔业体制开始改革，主要是将集体所有的渔船、网具折价下放给渔民自己经营，调动了渔民生产积极性。在生产经营上，建立以渔船为独立经营单位体制，取消鱼产品派购政策，全面放开鱼价。1981年后，渔村出现多种经营形式，渔业得到迅速发展。1987年水产品产量2.88万吨，其中海洋捕捞2.54万吨，淡水捕捞150吨，海水养殖1333吨，淡水养殖1931吨。1990年全县水产品产量达到4.52万吨，比1979年增加5.38倍。1993年，全县水产品产量达7.24万吨，在全国水产品产量百强县中排59位。由于渔业效益提高，渔民大量更新渔船，增大渔船功率。到1997年，全县机动渔船1027艘，功率6.11万千瓦。渔业生产力超过资源再生力，单船产量逐渐减少，渔船大多亏本。为保护渔业资源，促进渔业资源可持续发展，政府出台一系列新政策。2002年农业部实行报废渔船补贴政策，停止签发新捕捞许可证，逐步淘汰破旧渔船，取缔"三无"（无证件、无船籍港、无船名号）渔船。2004年，全县渔业人口11.62万人，占全县总人口10.34%。2011年全县渔船887艘，渔业经济总产值11.86亿元，比2010年增加25.75%。2020年，惠来县渔业生产总量8.56万吨，比增1.18%，其中：捕捞4.448万吨，养殖4.112万吨。渔业经济产值28.78亿元，其中：第一产业（海洋捕捞、海淡水养殖、水产品种苗）产值20.34亿元，第二产业（水产品加工、渔业机具制造、渔用饲料药品、渔业建筑）产值5.55亿元，第三产业（渔业流通服务、水产仓储运输、休闲渔业）产值2.9亿元。全县养殖面积5.046万亩（3365.69公顷），其中：海水养殖面积2.5695万亩（1713.86公顷）；淡水养殖面积2.4765万亩（1651.83公顷）；海水养殖产值6.59亿元，产量2.35万吨，淡水养殖产值1.89亿元，产量1.762万吨。养殖产量占水产品产量48%，产值占水产品产值53%。

  2022年，全县水产品总产量87701吨，其中：海水养殖24036吨、淡水养殖18697吨，海洋捕捞43548吨、淡水捕捞880吨。

一、民国时期惠来渔业发展情况

惠来渔业历史悠久，史料多有零星记载，但多属管中窥豹，难见全貌。特别是明、清时期渔业总体情况如何，未见记载。到了民国时期，惠来渔业发展已有一定规模。

惠来有二大渔港：神泉港（包括澳角）、靖海港（包括资深，亦作后深园或后秋园），其他还有金东洲、下埔（华埔）、涂田（图田）、芦园、沟梭（沟疏）、前尖（前詹）、港内、赶尾（坂美）等小渔村。

水产品丰富，靖海的鲍鱼、鲨鱼翅、鳗鱼鳔，资深的鱿脯，芦园的龙虾，图田的白鲳，览表的蚝等珍贵水产品，历来享有盛名。海洋资源，鱼类有100余种，渔获中占较大数量的有30余种；虾类有6属20余种；贝类有西施舌、响螺、角螺、东风螺、泥蚶、蚝等。

神泉区（包括澳角）渔业大部分是远海、近海作业，渔船多是包帆、艚仔、网仔，渔场在澳角外海三十里至八十里之间。渔获物以癞哥、磲仔、带鱼、乌贼、鱿鱼为多数，占全部产量百分之六十五以上。其他于沿海岸捕鱼的小船，渔获物则以马鲛、乌鲳、旗鱼、黄花鱼、鳗鱼及虾、蟹等。清末民初，该区共有包帆、艚仔约100对；民国十五年（1926），约有80对；民国二十三年（1934）调查，有包帆63对；1937年后，仅存40对左右。民国初期，约有网仔100余对；民国十五年（1926）约有80对；民国二十三年（1934）调查约有55对；1937年后仅存20多对。小船民国初期有400多只，抗日战争后仅剩100来只。

靖海港（包括资深）渔业属于近海、沿海岸作业，所用中型渔船、渔罾仔形状略似网仔。靖海渔场在离岸十里至二十里，资深则在其西南十里至四十里。渔获物以鳗鱼、黄花鱼、带鱼、红目鱼、乌贼、鱿鱼为大宗，占全部产量百分之六七十。内港渔船、渔获物与神泉、澳角等地相近。民国初年，靖海区罾仔船150余对；民国十五年（1926）有120多对；民国二十三年（1934）调查，有113对。小船民国初年有150余只，1937年后仅剩二三十只而已。

沿海渔船造型，都是历代相传，一般都有百年以上的历史。船名则根据主要作业而命名，一般可以一船多用。清末民初，已有较大型渔船如莲艚艚船、网仔船，全县总计有远海大型渔船100余对，近海中型渔船260余对，沿岸内港小型渔船600多只。民国十年（1921）已有包帆船、艚船出现，中小渔船有鸟网船、莲螺船、跳仔船、犁鸟船以及船排等。以后逐渐减少，民国十五年（1926）神泉、澳角、金东洲等渔村，有包帆船80对。15年间约减少20%。抗日战争后，损失惨重，1946年，仅有大型渔船40对左右，中型渔船100余对，小型渔船120多只。远海渔船最大的是包帆，其次是艚仔（较包帆小十分之二）；近海渔船为网仔、罾仔；沿岸为扫绫、掺绫、压绫、鸟罾、艚仔、莲螺船；内港则有跳白、抛溪等；名目颇多。

汛期通常自农历七月至第二年三、四月止，以八月、九月、十月及翌年二月份，这4个月为最盛（俗称月信）。七月、十一月、十二月及翌年三月次之。正月是春节，正月十五日前渔民不出船。惠来沿海尤其是神泉一带，有"新年第一只出海船必亏"的陋俗，认为第一只出海船会得罪"龙王爷"，因此大家都不愿意"撞煞"，持观望状态，直到有熬不住的不得不出海。后来采用"抓阄"，大家贴钱给新年后第一个出海的渔船船主，这种情况才稍有改变。

民国时期，全县年收获最多的年份达到1700万斤；1947年，仅有320万斤。收获减少不仅仅是渔船减少，渔获物亦锐减。就各种渔船收获量统计，民国初期，大船每对出海日可获300斤—500斤，中船每对100斤—300斤，小船每只30斤—50斤不等。抗日战争后，大船每对出海日仅获150斤—300斤，中船每对60斤—200斤，小船则尚无大减。

淡水捕捞，民国时期，龙江河、鳌江河中下游，狮石湖都有淡水捕捞。既有专业者，也有农民兼营。中华人民共和国成立后，淡水捕捞产量很少，年产不足100吨，占全县渔业总产量不到1%。20世纪50年代后，大力进行水利建设，拦河筑闸，鱼类回游路线受阻，产孵繁殖受到破坏，导致鱼类资源减少。加上70年代后，农田防治病虫害，大量使用化学药物，水域污染较严重，种苗受毒杀，有的鱼类绝迹，捕捞量大大下降。

水产制造业，以神泉墨鲺、靖海鱿鱼为大宗，产量较为可观。民国十四年（1925）以前，多用肩挑越岭过普宁县的高明（俗称"九民"）、流沙等地，潮阳县的两英等乡销售。鲺料用八桨帆船运到汕头等地，电船通航后则用电船。间或也有肩挑到普宁、潮阳接壤各乡贩卖。

鱼产量丰富的渔村，经济颇为富裕。民国二十年（1931）以后，因地方不安宁，骤呈荒歉。据记载，民国二十五年（1936），惠来县全年运销量有鲜鱼8万担（1担100斤），鱿鱼鲻3000担，鱼膘300担，鱼翅100担。但与全盛时期相比，估计约减少45%，而全民族抗日战争时期情况更糟糕。

民国时期饶宗颐《潮州志·实业志》记载惠来渔船、渔业概况，详见下表。

民国时期惠来渔船概况表

（方承斌调查）

渔港	渔船艘数			年产量		渔获物最大宗者占全数百分比
	清末民初	1921—1931	1947年	最盛	1947年	
神泉、靖海（其附近渔村属之）	大型百余对、中型百余对、小型四五百只	约为清末民初百分之八十	大型四十余对、中型二十余对、小型百许只	一千二百万斤	二百二三十万斤	红鱼、癞哥、乌贼、碟仔、带鱼等占全数百分之六七十
靖海（其附近渔村属之）	大型（无）、中型一百五十余对、小型一百五十余只	约为清末民初百分之八十	大型（无）、中型八十余对、小型二三十只	五百万斤	九十万斤	鳗鱼、黄花、带鱼、乌贼、柔鱼、红鱼等占全数百分之六七十
合计	一千四百余艘	一千一百余艘	四百余艘	一千七百万斤	三百二十万斤	
大型渔船为包帆、艚仔；中型渔船为网仔、罾仔，皆以对计；小型渔船如浮绫、掺绫、扫绫、来螺船、鸟罾、竹排、跳白等皆以只计						

惠来渔业概况表

（方承斌调查）

渔船种类	渔船名称	使用渔港或渔村	渔获物	劳资关系
远洋	包帆、艚仔	神泉、澳角	鲳、沙鱼、癞哥、红鱼、碟仔、带鱼、乌贼、比目、柔鱼、鳗	每次出渔所得除公费外（公费指膳食杂用等），劳资各半而均分之（包帆每对渔工自二十人至二十三四人，艚仔每对十八人至二十人）

（续表）

渔船种类	渔船名称	使用渔港或渔村	渔获物	劳资关系
近海	网仔、罾仔	金东洲、神泉、澳角、前尖、芦园、资深、沟梭	红口、黄脊鲳、鳗、螺、虾	除公费外，资方得百分之三十五，劳方得百分之六十五（每对渔工十二人）
沿岸及内港	扫绫、掺绫、压绫、竹排、鸟罾、艚仔、来螺船、跳白	金东洲、下埔、塗田、神泉、澳角、芦园、沟梭、前尖、港内、赶尾、资深、靖海	马鲛、乌鲳、旗鱼、带鱼、黄花、虾苗、鳗、虾、蟹	除船由渔夫自置者外，其受佣者无公费。渔获物资方得百分之二十，劳方得百分之八十（每艘渔工多寡不等）

二、中华人民共和国成立后海洋捕捞业

1949年，全县存有大小木帆船926只，渔民3757户，1.62万人，其中下海劳力2268人。年产量3381吨。中华人民共和国成立后，对沿海渔区进行民主改革，引导渔民走集体化道路，大力扶植生产，开展渔业技术革新，加强渔民技术培训，逐步摆脱落后的生产方式。整治港湾，建设安全设施，使海洋捕捞得到迅速恢复和逐步发展。1958年"大跃进"，又经过人民公社化、"文化大革命"和社会主义教育运动，渔业受"左"的干扰十分严重。特别是推行大队核算、统一分配，把个体已发展起来的杉排、竹排，强行归公经营，在产品上是"见鱼收购"。结果渔村情况是：生产靠贷款，亏本集体负责，渔民生活靠瞒产私分，集体空虚，全县渔业贷款800万元，集体财产只有500万元，资不抵债。海洋捕捞1957年达到历史上最高水平，年产1.15万吨，此后20多年，时起时落，在1万吨左右徘徊。1978年后，通过落实渔业方面的一系列政策，对生产体制进行全面改革，调动了渔民的生产积极性。股份船、联营船、个体船得到大力发展。1980年，惠来县的渔业体制开始改革，主要是将集体所有的渔船、网具折价下放给渔民自己经营，调动了渔民生产积极性。特别在生产经营上，建立以渔船为独立经营单位体制，同时取消鱼产品派购政策，全面放开鱼价。随着社会购买力的增强，鱼价上涨，刺激渔业的发展，渔民收入逐年增加。渔民开始多方集资，新造渔船，加大渔船功率。机帆围网船上配有探鱼仪、对讲机以及保鲜设备，提高生产力，产量逐年增加。1984—1987年，渔民投资

2849万元，新发展108—450马力渔船308艘，9350吨，3.94万马力，渔业生产得到稳步发展。1987年海洋捕捞量2.54万吨，比1979年1.05万吨增加1.5倍。全县海洋捕捞机动渔船985艘1.29万吨，5.17万马力。木帆船440只，载重965吨，杉排、竹排1928只。海洋捕捞进入发展阶段。1990年全县水产品产量达到4.52万吨，比1979年增加5.38倍。1993年，全县水产品产量达7.24万吨，在全国水产品产量百强县中排59位。由于渔业效益提高，渔民大量更新渔船，增大渔船功率。到1997年，全县机动渔船1027艘，功率6.11万千瓦。1998年，全县渔船968艘，1.55万吨位，功率5.87万千瓦，海洋捕捞产量6.65万吨，创历史最高水平。渔业生产力超过资源再生力，单船产量逐渐减少，渔船大多亏本。1999年后，由于渔业资源逐渐减少，海捕产量逐年降低。为保护渔业资源，促进渔业资源可持续发展，政府出台一系列新政策。2002年农业部实行报废渔船补贴政策，停止签发新捕捞许可证，逐步淘汰破旧渔船，取缔"三无"（无证件、无船籍港、无船名号）渔船。2004年，海捕产量5.35万吨，比1998年降低19.61%。2011年，淘汰破旧渔船146艘功率15673.8千瓦，转产渔民1111人，发放减船补助金1429.35万元。2012年，全县海洋捕捞渔船888艘功率90463.1千瓦，全年发放渔船补助用油量42848.92吨，发放柴油补助金1.535亿元。

（一）渔民。1988年，全县从事渔业人口5.73万人，占总人口7.66%。2004年，全县渔业人口11.62万人，占全县总人口10.34%。

1988—2004年惠来县渔业人口情况表

单位：万人

年份	全县总人口	渔业总人口	占总人口%	渔业专业劳力	渔业兼业劳力	人均收入（元）
1988	74.79	5.73	7.66	1.76		601
1989	75.66			1.21		
1990	82.85	5.55	6.70	2.15	0.12	1036
1991	84.01	5.77	6.87	2.15		
1992	85	6.09	7.16	2.27		1275
1993	85.92	6.33	7.37	2.36		1406

（续表）

年份	全县总人口	渔业总人口	占总人口%	渔业专业劳力	渔业兼业劳力	人均收入（元）
1994	86.84	6.25	7.20	2.22		1470
1995	87.27	6.35	7.28	2.24	0.02	1832
1996	87.02	6.34	7.29	2.25		2112
1997	92.49	5.89	6.37	2.15		2260
1998	94.35	6.45	6.84	2.15		2139
1999	102.73	6.66	6.48	2.18		2364
2000	104.88	6.67	6.36	2.18	0.06	2419
2001	105.52	6.76	6.41	2.23		2043
2002	106.32	6.69	6.29	2.25		2504
2003	107.13	6.31	5.89	2.31		2205
2004	112.37	11.62	10.34	2.31	2.26	2279

（二）渔船。中华人民共和国成立后，海洋捕捞渔船，由风帆改为机动。首先是神泉海洋捕捞队，1960年在包帆船上安装动力，改为机帆船。经过推广和不断的改进，至20世纪80年代初，大小渔船都是用机动。1987年全县拥有机动渔船（包括机动杉排）996艘1.27万吨，5.09万马力，基本实现渔船机械化。并逐步增加渔船配套设施，1969年开始使用记录式探鱼仪，在生产中效果显著。1976年使用无线电对话机，至1987年基本普及。1979年，惠来县渔船868艘，其中机动渔船95艘，功率5653.62千瓦。渔船作业方式，主要有拖、围、刺、钓四种作业。由于渔船逐步机动化，生产力提高，渔船增加。1984年，全县渔船达到1181艘，其中机动渔船724艘，功率1.44万千瓦。1985年后，县内能自行建造大功率渔船，降低投资成本，且渔船性能好，拖力大，抗风浪能力强，生产效益提高。1984年使用雷达，1987年已有10余台应用于航行。1986年开始使用定位仪。这些配套仪器的齐全，有效地提高了海洋捕捞量与安全率。1987年按作业分，县渔船有拖网作业船、灯光围网作业船、刺网作业船，以及钓业和浅杂海作业船。到1992年，全县渔船1053艘，其中机动渔船1037艘，功率4.7万千瓦。由于出现渔民盲目造船，渔船数量过多及功率过大，导致渔业生产效益降低。2003年11月，惠来县执行省人民政府《关于扶持沿海渔民转产

转业，保持渔区稳定议案的办理方案报告》，实施减船74艘。2004年，全县渔船1960艘，其中机动渔船1011艘，功率5.95万千瓦。2011年，淘汰破旧渔船146艘功率15673.8千瓦，2012年，全县海洋捕捞渔船888艘功率90463.1千瓦。2017年全县海洋捕捞渔船865艘，2022年全县海洋捕捞渔船702艘。

1. 风帆拖网船。借助风力驱动，一般是4—6级风较为适当，7级以上风力航行有困难，造价较低，分布于沿海主要渔村。其共同点是底部较平，无龙骨，使用开尾舵，吃水浅，稳性差。具体分为：（1）包帆船，始于县金东洲村，已有百年历史，船体大，载重25—35吨。民国时期最多时达80多对，是中华人民共和国成立前后县沿海渔业生产的主要船型。70年代以前作业，以双拖为主，捕捞底层鱼类，有红鱼、红目莲、迪仔、那哥等，每对船年产量一般70吨。作业渔场在水深30—45米处，抗风力较强，阵风7级仍可作业。60年代试验单拖作业，70年代全面推广单船作业。80年代增加8—12马力船尾机2台，提高了航速。1987年全县仅存包帆船19艘，实际投产只有2艘，已被机动船代替。（2）莲艚船，为县第一代较为大型渔船，刺钓结合，载重15—20吨，始于金东洲村，已有200年历史。到30年代末，已逐步消失。（3）网仔船，继莲艚船之后出现。载重20吨左右，已有150年历史，始于澳角村，民国初期有100余对，中华人民共和国成立后存有10多对，50年代后期被淘汰。（4）艚船，船体仅次于包帆船，载重25吨左右。始于资深村，已有百年历史。民国时期最多时达100对。作业方式是双船底层拖网，作业于深20—30米处，一般是当日出，当日归。80年代初，虽然进行单船拖网改革，安装2台小型船尾机，但属淘汰型渔船，1987年仅存5艘。（5）小拖网船（又叫鸟船），船体较小，载重5—10吨，50年代始于澳角村，分布沿海渔村。70年代达70余对，作业方式为双船底层拖网，一般在水深30米以内，属沿岸作业，80年代初已淘汰。（6）望艚船，为靖海镇南外村钓鲨渔船。20世纪50年代开始造船，载重30吨左右，主要从事钓业。60年代逐步减少，至80年代已淘汰。

2. 机动拖网船。是20世纪80年代新兴渔船。分布于澳角、神泉、芦园、金东洲、资深等村。初为澳角村向香港购买一条虾艇船改装，马力108×2，载重50—70吨，船体坚固，稳性好，投产后经济效益显著，但抗风能力较差，对粤东渔场风大浪高不大适应。针对这种情况，结合多年的实践经验，于1985年由神泉造船厂，改造一种适合南海渔场作业的机动拖网船。主要特点是：船体较小，动力为108—150马力，载重10—15吨，稳性好，抗风能力强，船速7—8节，一般在水深40—60米处作业，捕捞对象主要有鱿鱼、章鱼、红鱼、鲳鱼等经济价值较高的底层鱼类。一般单船年产100吨。由于这类船造价低，收入高，受到渔民欢迎，至1987年，全县已发展到316艘，载重9750吨，总马力4.08万匹，实现机动拖网船代替风帆拖网船。

3. **机帆灯光围网船**。灯光围网是20世纪60年代发展的新兴捕捞方式。此类渔船结构较合理、坚实，马力80—135匹。1963年由澳角村建造一艘，1964年投产，通过反复实践摸索，1967年定型批量生产，效益显著，因此灯光围网作业在全县兴起。1976年全县已有灯光围网船57艘。捕捞对象为趋光性较强的中上层鱼类，主要有巴浪、花仙、青鳞等。1977年为产量最高年份，年产5810吨，占总产55%。70年代末，由于中上层鱼类捕捞过度，资源衰退，多数渔船无法生产，1987年仅存神泉村13艘。

4. **围网作业船**。在20世纪50年代初曾有敲䑩作业。全县最多时发展到20艘。作业时用大船两艘，称䑩公䑩母（载重10—15吨），用小艇28—36只，称䑩仔。捕鱼时，䑩公䑩母停定，敞开大网，众䑩仔散开，用木棍一齐敲打船舷、船舱板，发出噪声，传入水中。头部有"石"的鱼类，闻噪声后难受即逃避，众䑩仔就朝䑩公䑩母围拢，把鱼赶入网中。1954年仕兜村敲䑩船曾有一网捕获金龙鱼196.4斤的记录。由于敲䑩作业纯属滥捕，对鱼类资源破坏十分严重，1958年国家提出停止发展，1959年国务院规定，禁止敲䑩作业。从此，县敲䑩全部停产。

5. **浅杂海渔船**。分布于沿海渔村，船型杂，数量多，占全县渔船总数70%以上，主要有跳白船、犁鸟船、掇鸟船、挖龙船、掺莲船、竹排等。这些渔船，体积小，建造简单，成本低且历史久远。俗话说："有鱼有村就有竹排"。作业工具多种多样。渔场在水深15米以内，捕捞对象多是洄游沿岸索饵的幼小鱼类。主要生产季节是暑海（5—9月）。1977年全县有2800只，其中竹排2662只。产量低，渔民生活困难。60年代初，除竹排外，已逐步淘汰。70年代，浅杂海渔船作业基本得到控制。80年代初，只有杉排、竹排保有一定数量。1987年全县有杉、竹排2117只。

（三）**捕捞方式**。惠来县海洋捕捞作业方式，主要有拖、围、刺、钓、耙刺、笼壶六类，余者属地区性和季节性作业，数量和产量的比重不大。

1. **拖网**。拖网作业，主要依靠渔船的动力拖曳袋形网具，机动拖网渔船的数量、吨位、功率在各种作业中比重较大。1989年全县拖网渔船376艘，1.12万吨位，功率3.47万千瓦，产量3.09万吨，占整个海捕量的76%。至1998年，全县拖网渔船增至491艘，1.17万吨位，功率4.19万千瓦，产量达4.35万吨，占海捕总量6.65万吨的65.43%。

1980年前，拖网渔船以风帆渔船为主，包括包帆、艚船、网仔等。机动拖网渔船是80年代新兴渔船，分布于资深、澳角、神泉、金东洲、芦园等主要渔村。1979年，澳角村有一渔民自筹资金向香港流动渔民购买1艘158千瓦（79×2）旧虾艇改装为单拖渔船，投产后经济效益显著。当年全县专业机动拖网渔船仅2艘，100吨位，428千瓦，属单船底层拖网作业方式。1980年起，资深、澳角、神泉3个主要渔村渔民筹集资金，陆续向港澳渔民购买158千瓦、224千瓦，载重50吨—70吨旧虾艇进行改造配套。至当年底，机动单拖渔船增至14艘485吨位，功率1568千瓦。虽是旧渔船，但船体坚固，且稳定性好，抗风能力强，航速8—10节，拖力大，船上装有液压起网机、对讲机、探鱼仪，部分还安装雷达、卫星导航仪等助渔导航仪器，设有鱼货保鲜冰舱，续航能力可达15天以上，每船作业人数8—10人，为单船底拖方式，是当时较为先进的生产渔船。

1985年，惠来县造船技术人员和渔民，通过总结各类渔船的优点，结合多年生产实践经验，在神泉造船厂技术人员努力下，为澳角村渔民黄红仁研制建造第一艘被认为是比较适合粤东渔场作业的拖网渔船。其特点是船体较小，结构合理，功率79千瓦，载重15吨，稳定性好，拖力大，抗风浪能力强，航速7—8节，渔船造价及生产成本低，6—7人能出海生产，深受渔民欢迎，得到全面推广。至1989年，全县有拖网渔船376艘，1.12万吨位，3.47万千瓦。90年代初，开始建造功率112千瓦、20吨位以上渔船。新造渔船船体、功率逐渐增大到30吨位、150千瓦以上。

渔船在向机械化发展的同时，拖网网具也进行了改进，推广疏目拖网，高口疏目快速拖网，拖索则由麻索改为钢丝绳。经过改进后的拖网，具有网口高、网具轻、阻力小、拖速快、成本低等优点，能捕获中上层鱼类。

拖网作业的主要捕捞对象，有蛇鲻、金线鱼、鲱鲤、鱿鱼、乌贼、章鱼、真鲷、黄鲷、黑鲷、带鱼、马面鲀、鲆、鲽、鲰鱼、竹笑鱼以及虾、蟹类等。

2. 围网。围网作业是以包围的方式，捕捞上、中层集群性鱼类的作业。按渔具的分类原则，惠来县围网网具为单船光诱围网（俗称灯光围网）。1982年前，全县沿海渔村围网作业是海洋渔业生产的主要方式，产量大于拖网作业，占海洋捕捞总产量的30%以上。历史最兴旺时期的1977年围网产量5810吨，占海捕总量55.6%。围网渔船多为汕头渔轮修造厂、汕尾造船厂建造，惠来县神泉造船厂也建造部分渔船。结构合理而坚实，航速快，一般都达到10节，功率在59千瓦—136千瓦的居多。围网作业方式是：主船带2—3条灯艇，抵达渔场后，放下灯艇，点燃大光灯诱集鱼群，然后由大船放网围捕，每个作业单位25—30人。20世纪80年代中期，围网渔船使用水下铊锢灯诱鱼，效果比使用大光灯更佳。

由于对海洋中、上层鱼类资源数量估计过高，对围网作业方式未能做出调整，各地围网渔船盲目发展，追求高产，酷渔滥捕，资源日益衰减。灯光围网作业从1983年开始滑坡，多数渔船亏损，无法坚持生产，至1994年，全县仅存神泉渔业村一艘围网渔船生产。20世纪90年代中期，中上层鱼类资源有恢复趋势，渔船又有所发展，1998年全县增到13艘，715吨位，3627千瓦，但经济效益高低不均，到2004年，坚持正常生产的仅有神泉渔业村1艘。

3. 刺网。刺网是一种长带状的网具，敷设在海里，拦截鱼虾类通道，利用网眼刺挂或网衣缠绕而得渔获物。刺网作业是惠来县沿海渔民的传统作业方式，历史悠久，种类繁多，有浮刺、流刺、底刺、定刺四大类。根据网具分类，可细分为：漂流单片刺网、漂流三重刺网、底层定置单片刺网、底层漂流单片刺网。

刺网渔船多种多样，功率在15千瓦—112千瓦之间，单位作业人数以船体大小而定，小则四五人，大的有七八人。1981年资深村建造70艘，功率44千瓦—53千瓦。至1989年，全县机动刺网渔船502艘，1589吨位，功率1.02万千瓦。进入90年代，因渔场不断向外拓展，小功率渔船难以适应远距离作业，新造刺网渔船功率增至112千瓦以上，44千瓦以下渔船逐渐淘汰。此类渔船集中在靖海镇的南外村和资深村，刺网淡季兼业钓鱼、耙刺作业。

刺网主要是捕获体型较大、经济价值较高的鱼虾类，如马鲛、鲳鱼、白姑鱼、带鱼、鳗鱼、大黄鱼、蛇鲻、方头鱼、海鲫、鲨鱼、刺鲳、舌鳎、鲷科鱼类和各种对虾等，具有高产优质效果。靖海镇南外村、资深村的大功率渔船，都到禁渔区线外生产。其他渔村的刺网作业，多数为小功率船排，均在禁渔区线内的沿岸渔场生产。由于渔船拥挤，刺网之间，刺网与拖网之间，往往因争夺渔场而产生作业纠纷，严重影响生产。且捕捞的鱼虾类中，有一些是溯游来近海的产卵群体，如中国对虾、长毛对虾、墨吉对虾、鳗鱼、马面鲀、白姑鱼等。过量发展刺网，会造成对资源的破坏。

20世纪70年代中期，惠来县非机动小船得到控制，但杉、竹排渔船依然保持一定的数量。1988年全县还有杉排504只，竹排1386只。到1995年，渔民开始用塑料代替杉、竹，变成塑料机排渔船，每只载重1吨左右，功率小的4千瓦，大的9千瓦，有的1部挂机，有的2部挂机，每个作业单位1—3人。这些塑料机排成本低，具有操作简易，停泊方便、快捷等特点，沿海港湾沙滩到处可见，是惠来沿海渔村、半渔村的特色渔业。2004年，全县有4千瓦—9千瓦塑料机排1800只以上，全属沿岸渔场生产，常年作业，出海频繁，凌晨出海，中午前后返航。捕捞对虾季节，甚至每天出海三四次。

4. **钓鱼**。钓鱼作业，是利用钓绳、钓钩及饵料，引诱捕捞对象吞食上钩，达到捕捞渔获物的一种作业方式。按渔具分类，有定置单钩延绳钓、手持单钩曳绳钓、手持复钩曳绳钓。

钓鱼作业渔船，一般都由刺网渔船兼作，20世纪90年代前，功率只有15千瓦—79千瓦。90年代后，功率增至79千瓦—294千瓦。随着船体及功率的增大，靖海镇南外村已有子母式钓鱼船，母船带小艇2—4只，单位作业人数14—18人，到达渔场后，放下小艇，在大船周围作业，并保持联系，当发现鱼群，及时向母船报告，边生产边探鱼，扩大作业范围，提高捕捞效率。靖海镇南外村定置单钩延绳钓鲨鱼，历史悠久。定置单钩延绳钓鳗鱼、手持复钩曳绳钓石斑鱼等，都是惠来县沿海渔民的传统作业。钓鱼作业，对海底地貌要求不高，岩礁海区也可垂钓，渔获物多数为优质鱼类，经济价值较高。

5. **耙刺**。耙刺类是用钩、叉、耙、铲等工具，以刺、射、耙、掘等方式采捕的渔具。鱿鱼钓，一轴多钩，形似有柄菊花，有大、中、小三种规格，以渔获物个体大小选择渔具作业。按渔具分类属耙刺类，垂线复钩形式，是一种以垂线方式作业，由钩线和复钩构成的渔具，称垂线复钩鱿鱼手钓，专捕鱿鱼。汛期为每年4—10月，以7—8月为旺期，渔场一般在水深12米—48米，底质为沙、沙泥及粗底礁盘海区。渔船功率15千瓦—112千瓦，刺网渔船兼作。这种传统的作业方式直至2020年不变。

6. **笼壶**。笼壶是利用笼壶状器具引诱捕捞对象进入而捕获的渔具。20世纪80年代以前，神泉、澳角村有专门捕捞东方螺笼壶作业，一般由小船排在浅海区作业，后因资源逐年减少而停产。90年代后期，因限制小功率渔船进行拖网作业，全县有18艘79千瓦底拖网渔船改为笼壶作业，捕获蟹类、贝类及螺类。作业方式为定置延绳倒须笼，每船作业人数5—6人，于沿岸渔场生产。

7. **其他作业方式**。20世纪80年代后，县内其他捕捞作业方式有：抄、地拉、掩罩和陷阱。（1）抄网，是由网囊、框架和手柄组成，以舀取或推移方式作业的渔具。渔船多数将抄网作为其他大型网具的附属渔具，用于抄取渔获物。（2）地拉网，是在近岸水域作弧形展开以包围鱼类，并以岸滩为基地曳行起网的网具。（3）掩罩，是由上而下扣罩捕捞的渔具。惠来有抛撒掩网的手抛网。（4）陷阱，是固定设置在水域中，使捕捞对象受拦截、诱导而陷入的渔具，有拦截插网和导陷建网2种。

（四）**渔场**。惠来海洋渔场东跨台湾浅滩渔场，西连陆丰水域。靖海镇有"鲥仔矿"渔场，神泉镇对面水深35—80米为拖网渔场，是县历来捕捞的主要场所。渔场海底较为平坦，地势从大陆逐步向南倾斜，水深32米处，有一条沙积线，俗称埕顶，横跨县海底。沙积线内30米深的底质多为泥沙，线顶为沙质；线外多泥质，逐步向外倾斜。鲥仔矿渔场海底复杂，礁石丛生，盛产优质鱼类。县境有雷岭河、盐岭河、龙江河、鳌江河，积大量陆地淡水直汇南海，淡水夹带大量营养盐渗入海区和海水交接，形成混合水带，盐质低，水质营养多，是鱼类索饵越冬栖息良好地方，因此形成粤东的中心渔场。每年春秋汛期，福建和邻县潮阳、海丰、陆丰以及港澳渔船，经常云集于此。整个渔场海面属季风区，每年冬春吹东—东北风，经常出现6级以上的强风天气；夏秋经常出现台风，每年有5—8次台风，直接和间接影响县海区的渔业生产。

1. **沿岸渔场、近海渔场和外海渔场**。20世纪70年代后，国家海洋渔业生产主管部门和水产科研机构，根据南海北部不同水深海域渔业资源的开发利用状况和调整捕捞生产布局的需要，按海域的不同水深划分：（1）沿岸渔场，亦称浅海渔场，沿海最低落潮线外侧至南海区机动渔船底拖网禁渔区线以内为沿岸渔场，即水深40米以内的渔场。这一海域是主要经济鱼、虾类的产卵场和育肥场，也是刺钓、围网、风帆拖网和小型渔船作业的渔场。20世纪50—60年代，该渔场的捕捞量占全部海洋捕捞量80%以上，70年代后，随着渔业资源的变化和渔船作业布局调整，比重逐步下降。（2）近海渔场，亦称中海渔场，南海区机动渔船底拖网禁渔区线外侧至80米等深线以内为近海渔场，即水深40米—80米的渔场。这一海域是底拖网作业和刺钓作业的主要渔场。1980年9月南海区渔政会议经两省（区）协商决定：1982年年底前，所有机拖船要出线外生产。此后，这一渔场的捕捞量，在整个海洋捕捞的比重逐年提高。（3）外海渔场，亦称深海渔场，80米等深线外侧为外海渔场，即水深80米—200米渔场。该海域为众多经济鱼类生息繁育的主要场所，是大型拖网、灯围作业的理想生产渔场，但因惠来县的经济和港口建设所限制，只有少数功率较大的底拖渔船，能到该海区作业。

2. **粤东渔场和台湾浅滩渔场。**惠来县海洋捕捞渔船作业的渔场，按海域的地理位置和传统作业习惯的大范围划分为：（1）粤东渔场，位于北纬22°00′—北纬24°30′，东经114°00′—东经118°00′，面积4.8万多平方公里，水深多在60米以内。海域的水深度变化较小，地形平坦。海域受粤东沿岸淡水、台湾暖流支梢和南海外海水的影响。有韩江等河流淡水注入，带来大量的有机物质及无机盐类。河口区的水质肥沃，饵料生物丰富，是多种经济鱼、虾类的产卵场及其幼体的育肥场。海域内按作业方式的不同分为拖网、围网、刺钓、拖虾等作业渔场。（2）台湾浅滩渔场，位于北纬22°00′—北纬24°30′，东经117°30′—东经121°30′，面积8.3万多平方公里。水下大部分由沙洲组成，称台湾浅滩。沙洲内沙丘数量多，地形起伏大。沙丘峰顶水深15米—20米，谷底水深30米—40米。除浅滩南面和东南面地形复杂、障碍物较多外，其余水域海底较为平坦，适宜拖网作业。浅滩及其周围水域有较明显的上升流，营养盐丰富，海洋生物种类繁多，是传统的好渔场。该渔场与汕头渔场连成一片，为惠来县渔船主要作业渔场，历来有拖、围、刺、钓等多种作业类型。

（五）**鱼汛。**县海域鱼汛鱼期。根据节气的转换变化特点，一年分春汛、暑海和秋冬汛3个大汛期。

1. 春汛（1—5月）。是鱼类进入县沿海洄游觅食、产卵的主要季节，成为捕捞各种鱼类的旺汛期。捕捞量约占全年产量的36%—40%。捕捞品种，拖网作业主要有那哥（蛇鲻）、带鱼、鱿鱼、迪仔（绒文单角鲀）、墨斗鱼（乌贼）、虾、蟹等；灯光围网作业主要有巴浪（蓝圆鲹）、花仙（鲐鱼）等上中层鱼类；20世纪50年代的敲3作业主要有金龙鱼（黄花鱼）等；刺网作业有马鲛、鲳等；钓业则为鲥鱼、海鳗、鲈鱼等。

2. 暑海（6—9月）。多为幼鱼幼虾索饵群体，捕捞对象多为幼鱼，有迪仔、鱿鱼仔、巴浪仔、饶仔、红目连仔等幼鱼。渔场一般水深20米，是浅杂海作业的旺汛期。捕捞方式主要有大鸟大网、灯光小围网、铅脚莲、杂莲等。这些作业方式落后，经济效益低，对水产资源破坏性大，是调整和淘汰的作业。暑海后期，幼鱼逐渐长大，游向外海深水区，因而渔场逐步向外，形成一年一度拖网渔业旺汛期。

3. 秋冬汛（10—12月）。是暑海近期的延续，汛初生产较好，后期风浪大，抗风能力较差的渔船，无法出海。出海生产经常是抢风头追风尾，争流次，拖网作业处于休捕期。

三、海水养殖

县域海水养殖面积约有2万亩，其中可养殖鱼、虾、蟹1万亩，可供养殖贝藻及网箱养鱼1万亩。民国30年（1941）县的象岗、西港、溪洋、东陇、钓石、四凤、周田、华清、岐石、鳌江、东港等乡村，围垦的鱼埕近4000亩，进行纳苗生产。随着农业生产的发展，鱼埕逐步从埕—咸田—农田发展，到1949年全县鱼埕面积仅存1100亩。中华人民共和国成立后，农民获得了滩涂和鱼埕生产管理权，生产积极性有较大提高，海水养殖得到恢复和发展。1958年从原来1949年的1100亩扩大至6000亩，年产量205吨。公社化后，由于管理不善，到1964年减存4800亩，年产量75吨。1965年体制下放，生产又有了发展，面积虽未增加，但产量提高到105吨。"文化大革命"十年间，贯彻"以粮为纲"的方针，海水养殖面积到1976年约存1000亩，产量30吨。80年代初才逐步恢复，到1985年面积恢复到3645亩，产量72.4吨。2011年，全县海水养殖产量16525吨，比2010年增长3.29%。这个时期的海水养殖业主要有：

（一）鱼塭养殖。县鱼塭养殖，以岐石村居多，全村有1个大塭，18个小塭，总面积2255亩。鱼塭生产历来都是以潮来纳鱼、虾，潮退下网开闸收取鱼虾的生产方法。1975年后改变生产方法，在网尾加青耕布纳取虾苗，并实行虾、蟹分塭养殖，产量提高，收入增加，经济效益明显。

（二）养牡蛎（蚝）。蚝是惠来县主要养殖品种之一。品种为近江牡蛎。养殖地主要在鳌江河下游的览表村。1958年面积2000亩，产量105吨。鳌江水闸建成后，闸内没有海水，搬到闸外养殖，70年代逐步减少，80年代后逐步恢复，至1985年面积1060亩，年产量70吨。览表养蚝，历来以石块、破陶瓷等为附着物。1982年汕头市水产局拨款1万元，制作水泥柱养蚝，面积扩大到1100亩，产量提高。20世纪80年代中、后期，览表湾围垦，养殖面积减少，加上潮水不畅通，产量下降，只有小面积生产。

（三）养对虾。1980年惠来县试养对虾。省、县共拨款1万元，于岐石镇前汛村开池4口，面积93亩，投放海区捕捞的沙虾。1984年7月，从海门沃内培养室运来长毛对虾苗57.4万尾，投放神泉北门塭养殖场，面积12亩，当年收获0.7吨，以后养殖面积逐步扩大，产量有所增加。1986年全县投资964.4万元，建成养虾池7100亩，在靖海、资深建两个虾苗室，育苗水体2000立方米。1987年大量养殖。1988年底，县渔业发展公司向汕头特区水产发展公司贷款（虾贷）955.33万元，开发可供粗、精养虾面积7100亩。从赣榆县运来中国对虾苗5000万尾，投放面积3176亩。1988年试养日本对虾722万尾，面积480亩。1989年试养斑节对虾1826亩，投苗162万尾。

1985年县养虾开发总公司在靖海建对虾培苗室，水体100立方米。1986年2月从深圳运来中国对虾亲虾，培育中国对虾苗56万尾；1988年与台商合作，培育出一批日本对虾苗。1986年县水产局在资深建对虾培苗室，同年4月试产，培育出长毛对虾苗240万尾，1987年生产中国对虾苗480万尾，1988年用本地日本对虾、斑节对虾（一尾）亲虾，培育出日本对虾苗15万尾、斑节对虾苗0.3万尾。1989年后，全县建造大小对虾培苗室50多所，总水体约4万立方米，年产量超过15亿尾。培育出的斑节对虾苗，除供应县内之外，还远销山东、浙江、福建、海南等地。惠来县养殖对虾，由于虾池标准低，质量差，虾池水浅，加上生产资金不足,养虾技术跟不上,虾病流行,连年亏本。县委、县政府发动群众自救,整治改造虾池,配套抽水机、增氧机,开展技术培训。要求对发过病的虾池,严格晒池、消毒,有淡水来源的虾池放进淡水浸泡15—30天;放苗前虾池培育好基础饲料,待形成优势,抑制病原菌繁衍;提倡投喂人工合成饲料,杜绝病原菌带进虾池;养殖条件差的虾池,提倡粗放,不投饲料或少投饲料;提倡适时投苗;确实不能养虾的池,实行改养蟹、鱼、江蓠等。1995年,先后开发高位池养虾,沙滩开池养虾,提水养虾,开闸纳潮鱼池改为养虾,引进南美白对虾养殖,养殖面积迅速扩大。还有部分虾池,继续养殖斑节对虾、沙虾、日本对虾。2004年,全县养虾面积2万亩,年产量800吨。

（四）鱼苗采捞。县历来有捕捞天然种苗进行养殖,或销往外县的习惯。主要品种有：1.鲻苗。沿海产鲻鱼苗较多的有仙庵镇的四石村,靖海的港口,资深的石港,前詹的港寮、赤澳,神泉的港口和溪东,岐石的览表等地。每年冬至前就准备工具进行"探港",从大寒到春分,用小拖网进行捕捞。以小寒大寒苗为最好,雨水后次之。若受天气影响,产量不稳定。最高年份为1985年达1000万苗以上。2.鳗苗。县沿海凡有淡水注入南海的地方都有鳗苗。1984年前捕捞的鳗苗都交售汕头市水产进出口公司出口,1985年起,供应四香、点埔、隆溪、隆江等养鳗场。每年12月至次年4月,为捕捞季节。产量不稳定,常年产量100公斤左右。1972年前每条收购价0.06元,1988年每条价3.2元。3.黄鳍鲷苗。沿海各地都有,捕捞季节及方法与鲻鱼同,产量比鲻苗少,年产量约500万苗。大部分运往深圳、珠海出售。4.黄鲷（板头）、真鲷（赤鬃）、鲈鱼苗等。以神泉、靖海港、览表湾较多。生产季节比鲻苗慢1—2个季节,捕后销往深圳、珠海。5.其他种苗。据调查和群众实际捕捞,县沿海内湾种苗有青蟹苗、沙虾苗、小长毛对虾、黑毛对虾、斑节对虾苗、薄壳苗、总角截蛏苗等。

（五）紫菜养殖。桥观、资深、坂美、沟疏、芦园等村的海域都有野生紫菜。入口脆、味道好,其中以坂美紫菜最有名,远销东南亚。1965年引进半人工养殖法,1966年开始全人工养殖,每亩有效生产面积180平方米。1971年每亩收获49公斤。以后在神泉西港养殖场、览表虾业养殖场都有推广生产。

20世纪80年代,县贯彻省委、省政府《关于大力发展水产养殖的决定》,鼓励水产养殖，调整养殖结构，有效推动养殖业发展。到1987年，全县养殖产量3162吨，比1979年660吨增3.8倍，养殖面积4.84万亩，育苗场13个。养殖品种从单一养殖四大家鱼发展到养鳗、养鳖、养虾、养鲍、养贝等。1994年底，惠来县建成第一家工厂化养鲍场。1995年，全县养殖产量为9884吨，养殖面积4.83万亩。随着养殖业的发展，养殖品种逐步增多，到2004年全县养殖产量2.27万吨，养殖面积6.33万亩。2020年，全县养殖面积5.046万亩（3365.69公顷），其中：海水养殖面积2.5695万亩（1713.86公顷）；淡水养殖面积2.4765万亩（1651.83公顷）；海水养殖产值6.59277亿元，产量2.35万吨，淡水养殖产值1.8936亿元，产量1.762万吨。养殖产量占水产品产量48%，产值占水产品产值53%。这个时期的海水养殖主要有：

（六）鲍鱼。1994年底，神泉镇芦园村渔民集资160万元，创办鲍鱼海水养殖场，位于芦园村海边沙滩上，占地面积1000平方米，建有养殖池60个，养殖水体648立方米，培苗水池24个，水体432立方米。从福建购进鲍鱼苗25万粒，进行放养，精心管理，成活率达80%以上。当年产量达4000余公斤，创税利40多万元；在培育鲍鱼苗方面，也取得成功。神泉镇政府及时总结推广这一经验，发动村民集资合股养鲍生产。到2000年底，全镇已投产的鲍鱼养殖场有6家，养殖水体达1.2万立方米。同年12月，引进深圳客商投资1200万元，举办宏兴鲍鱼养殖场，建养殖池300个，养殖面积约15亩。2001年，由县联华工贸总公司投资3000万元，在前詹镇海边兴建大宏鲍鱼养殖场，占地面积5.46万平方米，已建成养殖池1600个，4.8万立方米，于2002年下半年投产。这些工厂化海水养殖场，获得较高利润。在高效益的驱使下，大规模兴建鲍鱼养殖场和改建对虾培苗室形成热潮。

到2004年底，全县大小鲍鱼养殖场近百家（含小型培苗场），总水体40多万立方，总投资超过2亿元（不含生产流动资金）。当年虽制订《惠来县工厂化养鲍技术规范》，但工厂化养鲍仍面临一些不利因素，主要是：1.种质退化，致体弱多病、成活率低、生长慢；2.海域污染和自身污染日益严重；3.产品更新换代意识和生产人员技术素质差；4.缺乏正确的引导；5.种苗生产常常夭折，需到外地购买种苗，增加成本；6.饲料、柴油、水电、劳力等费用增加。2011年，全县有工厂化鲍鱼养殖场78家，24.3万立方水体，年生产量697吨，初步形成鲍鱼养殖名优品种产区。2020年，全县沿海鲍苗工厂化养殖场170多家，养殖水体128万立方米，占地面积5000多亩，年产苗量40多亿粒，成品鲍2000多吨，产值15亿元以上，鲍苗主要销往福建、广东省内等地。

（七）西施舌。惠来县神泉港以西是西施舌主产区，以东的仙庵镇排角湾也盛产。天然繁衍的西施舌，一度出现酷捞滥捕，1999年全县采捕超千吨，使西施舌资源受到极大的破坏。县政府于2002年发布《关于加强渔业自然保护区管理的通告》，县水产局成立护养增殖管理小组，组织专业管理队伍8人，配套快艇和手提式对讲机6部，设置管理范围标志4处，护养增殖面积1.63万亩。1997年，县水产局与南海水产研究所合作，改造资深对虾培苗室，开展西施舌人工孵化，当年培育出西施舌稚贝777万个，平均壳长2.1毫米。1998年未能捕捞到亲贝，试验中断。1999年培育196.3万个，平均壳长4.43毫米。2000年培育出较大规格种苗25万个，壳长15毫米。2001—2002年共培育较大规格种苗239.8万个，壳长18毫米—31毫米。2004年培育650万个，壳长5.5毫米。历年培育的种苗全部投放海区增殖和养殖。2003年投放部分于望前村文蛤养殖场，收获甚微。水产管理部门继续采取各项护养增殖措施，重点抓好"三定"，即定时间（生殖后方可采捕）、定船数（定人数，控制捕捞强度）、定规格（定可捕标准，一般每粒在0.2公斤以上）。虽然西施舌种苗人工孵化获得成功，并于2002年获得国家水产科学院科技进步二等奖，但因中间培育（标粗阶段）成活率低，技术攻关未能成功，2004年底仍处于攻关阶段。最终因无法攻克难关无疾而终，甚为可惜。

（八）其他养殖品种。1.江蓠，是生产琼脂的最好原料。县内以神泉港、览表湾为多。1988年东陇个别虾池长满江蓠，影响养虾生产。1995年后，工厂化养鲍大发展时，需要大量江蓠为饲料，县内部分虾池、鱼塭改养殖江蓠。至2004年，岐石、神泉、东陇等镇养殖较多，总面积1050亩以上，生产量相对稳定。2.养蟹，1984年以后，养虾业不景气，部分虾池改养蟹，发展较快。因缺乏大苗，只得收购小蟹苗养成，有的到外地采购。2004年全县养蟹的面积达3000亩以上，效益较好，而且相对稳定，但因种苗受限制，养殖面积、产量、效益受制约。虽开展蟹苗人工繁育，但未获成功。3.海胆增殖，海胆卵及其提取物有抑制癌细胞生长的作用，每公斤收购价高达1000元。靖海镇和仙庵镇从1985年起，采捕收购大小海胆放于天然海区增殖护养，待到生殖季节期，捕大留小，开壳取卵，加工出口日本、欧盟等国际市场。

四、淡水养殖

民国时期，县已有淡水养殖。到1949年淡水养殖池塘面积2800亩，年产量20吨。中华人民共和国成立后，淡水养殖得到发展，1957年养殖面积扩大到5200亩，同时推广"八字精养法"（即水、种、饵、密、混、轮、防、管）的科学技术，年产量110吨。以后长时间发展缓慢。1982年在多种经营方针指导下，淡水养殖发展较快。1987年全县可供淡水养殖的水域面积约6万亩，实际利用面积3.7万亩，占可利用水面61.7%，年产量1290吨。县淡水养殖分为池塘养鱼、水库养鱼、河涌养鱼，其中以池塘养鱼为主，产量占淡水养殖总产量88%。以华湖、周田、东陇、隆江、鳌江、葵潭为主产区。产品以鲩、鲢、鲤、鳑等鱼为主。2004年底，全县养殖面积达到3.45万亩，总产量1.34万吨，平均亩产388公斤。2020年，淡水养殖面积2.4765万亩，产量1.762万吨，产值1.8936亿元。

（一）池塘养鱼，不仅提供养殖产品，塘泥还可改良土壤，全县每个村都有。20世纪50年代由于种苗困难，多数是春放秋收，每年放养一次。60年代开始，改为轮捕轮放，捕大留小，捕后投放一次种苗，充分利用水体面积，提高单位产量。放养品种，根据池塘环境而有所不同。村边池塘，多数有村中生活污水流进，水质肥活，以投放鲢、鳙、鳑、鲤、非洲鲫鱼为主，搭配少量鲩鱼，每亩放养1500—2000苗；沿海和山塘，水质瘦，以鲩鱼为主，兼配鲢、鳙和小量鲤鱼，每亩放养800—1000苗。1985年，全县有鱼塘面积6842亩，总产量1135吨，亩产平均165.9公斤。1979年以后，池塘养鱼在全县每个村都有。鱼塘主产区在华湖、周田、东陇、隆江、葵潭、鳌江、东港等镇。2004年全县池塘放养面积达1.94万亩，产量1.01万吨，平均每亩520公斤。

（二）水库养鱼，2021年底，全县蓄水工程144宗，大型水库1座、中型水库7座、小（一）型水库35座、小（二）型水库101座，山塘87座。面积大，投资大、管理困难，缺乏专业人员，产量不高，1985年放养面积2.7万亩，占水库总面积67.5%，平均亩产只有1公斤。20世纪80年代中期，全县利用山塘、水库224座、面积4万亩，逐渐放养。1985年放养2700亩。2004年，水库放养1.39万亩，总产2890吨；山塘放养1200亩，总产410吨。

（三）**河涌养鱼**，中华人民共和国成立后，开始发展河涌养鱼，1971年隆江镇凤红村利用河涌养鱼400亩，当年收获15吨。1974年邻近的陈陇村也进行河涌养鱼。放养品种以鲩、鲢、鳙鱼为主，鲮、鲤次之。后因填涌造田而逐年减少。

（四）**建池养鳗**，1972年外贸部门扶持农村养鳗，在葵亭、鳌头村的鱼池混养鳗鱼，收获很少。1984年县人民政府组织有关部门，到福建参观学习，开始发展养鳗生产。1985年县四香果林场投资11万元，建造养鳗池12亩，仙庵镇兴建养鳗场，投资14万元，建鳗池7亩。1986年四香场放养4亩，收成鳗1.5吨；仙庵场投放6亩，收成鳗2.3吨。1987年四香场12亩鳗池，投放8万苗，收成鳗8.5吨，仙庵场投放7亩，收成鳗4.5吨。同年汕头特区养鳗联合发展公司，在隆江镇北溪村兴建隆溪养鳗场，占地145亩。同年底隆江镇也投资250万美元。在镇的北郊建养鳗场，占地175亩。20世纪90年代是养鳗黄金时期，21世纪后销声匿迹。

（五）**鱼苗采集与良种引进**，20世纪50年代淡水养殖的鱼苗，主要依靠个体鱼苗商贩，从潮安、潮阳等县购入。1958年县供销社将个体户组成鱼苗采购组，每组8人，到肇庆、佛山一带购进，供应全县。人民公社化后，有10个公社成立鱼苗场。1961年成立县鱼苗场，场址在后溪洋村，面积65亩。1961年迁往县城的南门外，建直径9米，孵化池1个，孵化鳙鱼花43.8万苗。1972年孵化各种鱼苗达576万苗，是历史最高水平。70年代，10年间每年保持在400万苗以上。1978年县鱼苗场并入四香场后，鱼苗生产逐年减少，1980年仅孵化鱼苗72万苗，比1972年大幅度下降。1982年在隆江镇凤红村老溪头新建县鱼苗场，占地100亩，孵化设施配套齐全，鱼苗塘17亩，当年孵化鱼苗169万苗，以后几年保持在150万苗左右。良种引进。中华人民共和国成立后，从国内引进各种淡水鱼新品种，进行繁殖培育，推广应用，取得一定的经济效益。其中主要的品种有：1960年引进的莫桑比克罗非鱼（又称非洲鲫鱼），效果很好，能够自行繁殖后代。1983年引进露斯塔野鲮38条，孵出野鲮花25万苗，该品种喜欢杂食，生长快，肉质好，疾病少，属优良品种，很受欢迎。

（六）**鳗鲡养殖**，俗称白鳗、乌耳鳗，天然生长。1982年为发展惠来养鳗生产，县委、县政府组织农委、水产、水电等部门和有关镇，到福建参观学习。1985年由汕头特区养鳗联合发展公司投资创办隆溪养鳗场，位于隆江镇，投入生产后，效益较明显。接着隆江镇创办隆江养鳗场，位于象湖村附近。溪西镇与汕头特区鳗联合作，创办溪西养鳗场。全县养鳗总面积675亩。1986—1987年效益较好，年产45吨，产值338万元。后因鳗苗紧缺，价格逐步猛涨，从1986年每条鳗苗0.5元，到2004年每条12元，而且要到北方购买，费用高；购欧洲鳗苗，病害多、成活率低；饲料需从日本进口，成鳗价格大幅度下跌，出现生产越多，亏本越大的局面。2004年，隆江养鳗场停产，隆溪、溪西二场继续生产。

（七）**中华鳖养殖**。惠来县养鳖从1986年开始形成高潮，神泉、惠城、隆江、鳌江、周田等镇都建养鳖场。规模较大的是葫芦潭水库坝下黄条德鳖场，面积60亩，并配套有亲鳖、孵化场地、保温大棚等设施。全县养鳖场总面积450亩。20世纪90年代中期，鳖苗供不应求，各地组织到省外收购，价格贵，每只在5元—8元之间，加运杂费，每只需15元左右。并且技术跟不上，不懂晒背防病等，致发生肠胃病、红斑病等，经济效益差。1998年，我国台湾和越南养殖的鳖，进入国内市场，在汕头机场交货，每公斤活鳖50元。养鳖业受到冲击，当年全县养鳖户全部亏本。大部分因没有自己孵鳖苗的场地而停产，只有小部分场坚持自繁、自育和自养。

〔第三节〕种植业

据1980年对土地资源的调查，全县土地总面积187.95万亩，其中山地、丘陵101.55万亩，除高程在500米以上的1.04万亩外，均属宜林宜果地；沿海沙滩11.46万亩；塭地10.34万亩；平原及沿河阶地46.05万亩，近80%的耕地在高程20米以下；河流、水库的水域及滩涂等面积18.55万亩；海岸线长，海域面积广阔，生物资源较丰富，为综合型的农业经济区域。

中华人民共和国成立前，受封建所有制的长期束缚，水利失修，根本无法抵御水、旱、风、潮等频繁的自然灾害，加上耕作粗放，种植业的生产水平极低，粮食不能自给；中华人民共和国成立后，变革了土地私有制度，为农业生产不断发展创造决定性的条件。1965年，双季稻亩产首次上千斤。1982年，粮食亩产超千斤，双季稻亩产600公斤。1984年，粮食亩产、总产创造历史最高水平，稻谷亩产达1336斤。1987年，粮食总产18.28万吨，平均亩产309公斤，分别是1949年总产6万吨，平均亩产85公斤的3倍和3.6倍。惠来县的种植业以粮食作物为主，常年播种面积占种植面积的80%左右。品种以水稻和番薯为主体，其他粮食作物有小麦、荞麦、木薯、大豆、玉米、高粱、小米、薏米、荷兰豆、赤豆、绿豆、淮山等。大宗经济作物主要为花生、甘蔗、黄麻和大蒜。中华人民共和国成立以来，坚持以农业为基础的方针，大修农田水利工程，推行良种和先进栽培技术，改革耕作制度，调整作物布局，农作物的单位面积产量不断提高。

一、耕地

（一）**古代和民国时期惠来耕地概况**。明嘉靖四年（1525），全县有耕地面积20.98万亩，其中水田20.67万亩，旱园3122亩。明万历九年（1581），全县耕地面积为24.73万亩。清乾隆二十五年（1760），耕地增至42.55万亩。民国二十九年（1940），全县耕地为30.3万亩（割入南山管理局的盐岭地区和雷岭地区共64个自然村耕地面积未计算在内）。民国三十四年（1945），根据广东省统计局陆地测量局实测图计算，为77.04万亩（包括村庄、池塘、沙滩、沿海滩涂地在内），属扩大了的数字，但实有的耕地面积远超过1949年的数据，因当时惠来原区域南阳山区和雷岭山区近700平方公里的区域分别由普宁和潮阳两县行使管辖权，而其中的耕地面积未计算在内。

（二）**1949—1979年耕地概况**。1949年全县的总耕地面积为39.08万亩，其中水田23.18万亩，旱园15.9万亩（其时，未经省府批准而实际为普宁、潮阳两县行使管辖权的惠来原区域的田地未计算在内），单造田5.3万亩。中华人民共和国成立后，政府鼓励垦荒。1950年8月，县人民政府公告："凡垦荒者，熟荒3年，生荒5年免交公粮。分田时不计入分田数目之内。"至1952年，通过垦荒扩大耕地5万多亩。农业合作化期间（1953—1957），全县共开垦耕地3.24万亩，其中狮石湖、溪洋两处围垦工程净增耕地4600亩。1960—1966年，群众为克服经济生活困难，积极开荒，全县共垦出耕地1.9万亩，其中东陇围和钓石围两处围垦工程共扩地8500亩。1969—1977年，在农业学大寨运动的推动下，搞了8处围垦工程（鳌江河畔、览表、华清、岐石、西港、文昌、北门塭、港寮），共开垦耕地1.41万亩；平整红山、庵宝岛、葵岭等，开山造田1.6万亩。中华人民共和国成立以来，累计扩大耕地共9.23万亩，但因修水利、建山塘水库、筑公路以及厂矿建设、民房建筑、挖鱼池等，占用了大批耕地，到1986年底，全县实有耕地35.71万亩，其中水田20.74万亩，旱园14.97万亩。按总人口计算，平均每人占有耕地0.49亩；按农业人口计算，平均每人0.57亩。对比1949年，总人口平均每人有耕地1.33亩，农业人口平均每人有耕地1.65亩，分别减少了0.84亩和1.08亩。

中华人民共和国成立前，水利长期失修，抗灾能力极低，常是"三日无雨火烧埔，一日下雨变洪湖"。农业生产很不稳定，农田灌溉用水主要靠天然降水和从池塘、沟堀、水井提水，沿海农田用水靠挖沙泉。

中华人民共和国成立以来，惠来县在农田基本设施建设方面所投入的劳动力，远超过日常耕作的总劳力，取得了显著的成效，基本解除了频繁的自然灾害的威胁，耕地的土质也得到了很大的改善。

至1985年全县共建成大、中、小型水库及山塘224座，总库容3.04亿立方米；引水工程28宗，引水流量12.16立方米每秒。还修筑江海堤围40条，总长257公里，捍卫农田22.16万亩；造林绿化，制止水土流失面积80.2平方公里。设置机灌井392眼。拥有电动排灌站装机169台5191千瓦，机械排灌站74处，装机1906马力，水轮泵33台，提高了耕地的稳产高产水平。

惠来县属滨海丘陵地形，土壤质地少数黏重，多数偏砂，耕作层厚仅3—4市寸，产量很低。中华人民共和国成立后，进行了两次大规模耕地平整和深翻改土。1956—1958年，全县平整耕地3.9万亩，水田深翻（部分结合改土）4.2万亩。1972—1976年，平整坡田、旱园，治理"三跑"地（跑土、跑肥、跑水）5.5万亩。在平整过程中，削平887个小山丘，建造成100亩以上的小平原167片。1979年，全县耕地面积38.01万亩，其中水田21.67万亩。按总人口计算，人均耕地0.59亩；按农业人口计算，农民人均耕地0.68亩。

1949—1979年惠来县耕地面积情况表

单位：亩

年份	耕地面积			总人口（人）	人均耕地	农业人口（人）	农民人均耕地	农村劳动力（人）
	合计	水田	旱地					
1949	390820	231842	158978	293416	1.33	236208	1.65	117937
1950	410340	241552	168788	299404	1.37	241034	1.70	120391
1951	439640	259032	180608	305518	1.43	245962	1.79	122890
1952	441132	259322	181810	314962	1.40	253873	1.74	127713
1953	441910	259569	182341	329915	1.33	266022	1.66	133772
1954	442217	259400	182817	342164	1.29	275933	1.60	139011
1955	455024	264032	190992	352723	1.29	284207	1.60	142914
1956	462333	264321	198012	364084	1.26	293037	1.58	147065
1957	446417	254553	191864	377199	1.18	308156	1.45	154610
1958	396524	220183	176341	386540	1.02	315744	1.26	166391
1959	368506	210750	157756	391117	0.94	297663	1.24	164480
1960	369123	210367	158756	397884	0.92	316684	1.16	171762
1961	373839	212474	161365	417305	0.89	350138	1.07	166853
1962	372324	212025	160299	432166	0.86	370362	1.00	181334
1963	369100	211161	157939	443139	0.83	377331	0.98	166470
1964	369278	211350	157928	445740	0.82	382065	0.96	186228
1965	369054	210029	159025	460959	0.80	394947	0.93	158415
1966	367539	209130	158409	475341	0.77	421824	0.87	164357
1967	362525	207483	155042	489774	0.74	430496	0.84	173518
1968	362675	208271	154404	504307	0.71	434915	0.83	160945
1969	363073	210393	152680	517244	0.70	438865	0.82	164134
1970	366130	212811	153319	533617	0.68	469178	0.78	175397
1971	362190	212088	150102	548056	0.66	482298	0.75	177978
1972	359783	211854	147929	563703	0.63	496761	0.73	185233
1973	360193	212669	147524	578889	0.62	503633	0.71	191071
1974	366143	213532	152611	589367	0.62	524291	0.70	195134

（续表）

年份	耕地面积			总人口（人）	人均耕地	农业人口（人）	农民人均耕地	农村劳动力（人）
	合计	水田	旱地					
1975	371975	215023	156952	597965	0.62	532039	0.69	202598
1976	384421	217389	167032	604902	0.63	538644	0.71	189173
1977	385893	218025	167868	612265	0.63	544175	0.70	193760
1978	383403	217108	166295	626444	0.61	549591	0.69	193457
1979	380146	216682	163464	640743	0.59	599117	0.68	210789

（三）1980—1999年耕地概况。1980年后，由于落实生产责任制，耕地归各户经营，耕地基本没有平整，保持原有状态，行政村经济薄弱，农田基本建设投入少，镇村每年虽组织冬修水利，但多以清淤为主，多数涵闸路桥年久失修，特别是水库主灌渠的中下游，多数处于瘫痪和半瘫痪状态。如蜈蚣岭水库灌渠，自东陇村、苗海村以下沟渠已中断引水近10年，华房、四凤等村农田已没有水库水灌溉。县农业、水利等部门积极争取上级项目资金，如粮食基地县、粮食自给工程、中低产田改造、山水田林路"大禹杯"竞赛等，投入农田水利基本建设和中低产田改造，修建了机耕路、引水渠、路桥、涵闸等。结合改土增肥等综合措施，在隆江、岐石、仙庵、周田等镇，建设一批较高标准的改造中低产田示范村，为粮食持续增产发挥了积极作用。

1979—1987年春，省、地、县共投资74.97万元，社（乡、镇）、队（村）自筹88.49万元，共改造低产田7.23万亩，其中治理山坑冷酸田2.05万亩，旱坡地2.59万亩，低洼田2.02万亩，咸田4910亩，"望天田"730亩。经整治后，一般每亩增产50多公斤。据1981年土壤普查统计，全县水田共21.61万亩，其中已实现旱涝保收的11.02万亩，占50.98%。但仍有易旱的4.05万亩，占18.76%；易涝的4.94万亩，占22.87%；"望天田"1.6万亩，占7.39%。按产量水平计算，年亩产低于400公斤的低产田2.2万亩，占10.17%；亩产400—500公斤的中低产田1.62万亩，占7.5%；亩产500—600公斤的中产田6.02万亩，占27.85%；亩产600—800公斤的中高产田6.82万亩，占31.56%；亩产800—1000公斤的高产田9527亩，占4.41%。

旱园中，没有排灌设施而经常受旱的占总面积的57.98%，年仅能种一造旱粮，亩产番薯500多公斤。至1985年，全县耕地总面积35.71万亩，耕地有效灌溉面积达33.73万亩，占94.5%，其中保证灌溉面积27.87万亩，占78%。水田已有80%以上实现自流灌溉，旱园也有30%实现自流灌溉。1987年，粮食作物年平均亩产上升至309公斤。1999年，全县耕地面积31.2万亩，其中水田18.08万亩，旱地13.12万亩，农民人均耕地0.36亩。

1980—1999年惠来县耕地面积情况表

年份	合计（万亩）	水田（万亩）	旱地（万亩）	总人口（万人）	农业人口（万人）	农民人均耕地（亩）
1980	37.48	21.53	15.95	65.78	57.61	0.65
1981	37.41	21.50	15.91	67.36	57.74	0.65
1982	37.26	21.47	15.79	69.21	59.69	0.62
1983	37.10	21.36	15.74	70.54	60.98	0.61
1984	36.95	21.30	15.65	71.75	61.72	0.60
1985	35.71	20.74	14.97	72.67	62.36	0.57
1986	34.21	19.85	14.36	73.41	62.81	0.54
1987	35.71	20.74	14.97	74.12	63.13	0.56
1988	35.66	20.72	14.94	74.79	63.56	0.56
1989	35.66	20.72	14.94	75.66	64.08	0.55
1990	35.66	20.72	14.94	82.85	68.79	0.52
1991	34.28	20.24	14.04	84.01	69.81	0.49
1992	33.68	19.76	13.92	85	70.64	0.48
1993	32.72	19.06	13.66	85.92	71.46	0.46
1994	32.58	19	13.58	86.84	72.18	0.45
1995	32.49	18.93	13.56	87.67	72.69	0.45
1996	31.59	18.33	13.26	87.02	71.96	0.44
1997	31.56	18.31	13.25	92.49	76.75	0.41
1998	31.36	18.16	13.20	94.35	78.42	0.40
1999	31.20	18.08	13.12	102.73	85.53	0.36
2000	28.91	15.94	12.97	104.88	87.24	0.33
2001	28.91	15.94	12.97	105.52	87.66	0.33

（续表）

年份	合计（万亩）	水田（万亩）	旱地（万亩）	总人口（万人）	农业人口（万人）	农民人均耕地（亩）
2002	28.91	15.94	12.97	106.32	88.24	0.33
2003	28.91	15.94	12.97	107.13	88.77	0.33
2004	29.41	16.44	12.97	112.37	92.18	0.32

（四）2000—2022年全县耕地概况。2000年，全县耕地面积28.91万亩，其中水田15.94万亩，旱地12.97万亩，农民人均耕地0.33亩。2004年，全县耕地面积29.41万亩，其中水田16.44万亩，旱地12.97万亩，农民人均耕地0.32亩。2011年底，全县耕地保有量43.55万亩。2015年底，全县耕地保有量37.66万亩。2020年底，全县耕地保有量36.24万亩。2022年底，全县耕地保有量28.99万亩。

二、农具

惠来古代农业生产的各种农具很多，择要介绍几种。

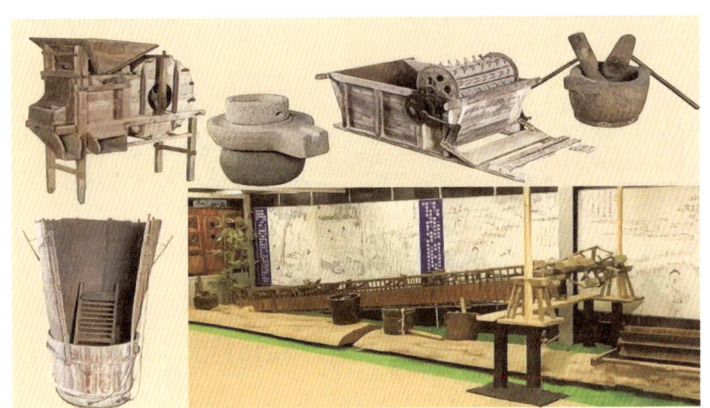

■ 惠来古代部分农具和生活用具

（一）犁

1. 种类：冬犁、早犁。

2. 用途：耕地起土用。

3. 构造：全部为木质及鉎（生铁）质所构成，并藤或竹篾束绞之，木质部分由下而上曰犁脚、犁尾，横者曰犁辕（潮音读黄），直者曰犁企，正小木曰犁公（潮音读安）仔。犁辕近牛，一端有横木曰犁后踢，銎质部分着地处作锐形，曰犁头，倚于犁企正处曰犁壁。犁头之处有一小横铁，曰犁头栅。冬犁与早犁构造大体相同。

4. 副件：连结于牛之绳曰犁乾钓，为麻制，挂于牛肩，上如弓形者曰牛鞍，为木所制，挂于牛颈；下弓形者曰牛头栅，为藤制。此皆使用犁时必备之副件。

5. 备考：使用犁以牛为发动力，人于犁尾施转方向驾驶之。秋耕田中有水，牛循田沟而行，故早犁犁脚其势须向前倾斜；冬耕田土干，牛循田面而行，故冬犁犁脚构造微向右前方倾斜。稽犁为后稷之孙叔均所制。牛鞍古称牛轭，犁头曰犁镵，犁脚曰犁床，犁企正曰犁柱，犁尾曰犁柄，犁后踢曰犁鞲，犁公仔曰犁鼻。

（二）耙

1. 种类：冬耙、早耙。

2. 用途：耕地松土用。

3. 构造：全部为木质及铁质所构成，耙柄用木制，耙齿为铁制，春耕因土疏松，故早耙为单列式，耙齿用十六齿组成。秋耕因田土常水黏质，故耙齿须前后两列，前列耙齿十四，后列十五，每齿相距三寸，长八寸，前列与列后相距一尺，全长四尺五寸。

4. 副件：结连一切杂件与犁副件相同，唯于盖平田面时，则须用竹制长条，横耙齿间，曰耙笪。

5. 备考：耙之功用，在使土疏细，及盖平表面，以利播种，且借以培土除草，及疏散掩埋肥料，吾国自古已有。但各地土壤不同，所用亦异，大别可分为手用耙及畜力耙。手用耙除园艺外，耕田少有用者，上所述即畜力耙也。用时皆以牛为发动力，亦有用人代畜力者，但极少数耳。古有方耙、"人字"耙、"而字"耙及棉用耙等，其构造略异，但其作用则同。而"而字"耙，州属用者今尚多，所谓手耙者是。

（三）锄头

1. 种类：厚锄、薄锄、硬锄及镫锄、铁搭。

2. 用途：掘地、松土及除草用。

3. 构造：可分柄及刃二部，柄为木质或竹质，长约五尺；刃为铁制嵌钢，厚锄开口处阔六七寸，接柄处略狭，较薄锄厚二分。薄锄形状亦与厚锄相同，唯较厚锄薄。刃口处七八寸，用于沙壤土除草最宜。硬锄形狭长，阔约四寸，其边缘较厚锄为厚，用以掘干黏土最宜，且利于开沟挖掘。镫锄与前三种形状不同，其形似马镫，铁质部扁平，上面接柄之环形，挎于刃部之上，柄接于顶端，最适于砂壤土除小草之用。铁搭古称"而字"耙，其构造与锄头略同，唯铁质部分为齿四或五组成，铁搭为松土中耕最佳，所用之力较省。

（四）扁担

1. 种类：木制或竹制。

2. 用途：整地、施肥、收获，用以挑负作物，作用极广。

3. 构造：以坚木所制，长约六尺，形扁圆，中稍圆而两边稍缩，盖便负物。其用竹片制者，长五尺，则不可用挑负较重之物。

（五）畚箕

1. 用途：搬运土块、移种与迁粪及收获用。

2. 构造：竹制，底用竹篾编成，上面连担处亦用篾绞成竹绳，其高低适各人之用而制之。

（六）控槌

1. 用途：松土或实土用。

2. 构造：以一坚圆柱木及一长条木或竹竿所组成，状简单，竿长约四尺，木质，圆柱大小不等，长约一尺，直径约四寸。

（七）灰匙

1. 用途：疏松土壤或移植蔬菜、栽培盆花用。

2. 构造：以一小铁板制成，一端略尖，以利插地，另一端延长，插于柄，呈乙字形，柄多用坚木所制，长约三寸。

3. 备考：灰匙本为泥水匠常用之器，故名。

（八）水车

1. 种类：脚踏车、手摇车。

2. 用途：用以汲水上田。

3. 构造：全部除车钉为铁制外，余均为木质构成。其构造可分三部：脚踏车轴总曰车头,支持手攀处曰车棚,运水上岸者曰车身,车头之轴曰车心,脚踏处曰车过涧,支持脚踏者曰车钗,转车骨者曰车头叶,支持整个车头者曰车椅仔,上有木钉曰羊角,手攀之横条曰车压,支持车压者曰车术。车身又可分二部:转动部分之车心曰车钩骨,车钩骨上之阻水方形薄板曰车扇,车钩骨间各节连接之铁制横栓曰车钉,车身近水面之转轴曰车尾叶。车身主要为三木板,构成下面者曰车底,两侧之板曰车壁,支持车身者曰车脚,中间支持车扇运转者曰车桥。车身之长,各因地势需要而伸缩,普通长一丈五尺,阔六寸。车钩骨五十七个,车尾叶六片,车心长六尺,车头叶七片,长六寸。车过涧为四组,每组四个,共十六个,以供人脚踏。车椅仔二个,高一尺五寸。车术由踏地至顶,长五尺二寸。手车之构造状同脚车,唯于车身前部装一轴辘,与车尾同辘之两端,伸以铁条作拐形,另以二木杆之摇板御拐铁,而以手推转之。虽各部与脚踏车同而短小,约脚车之一半或三分之一。

4. 副件:车尾夹车之竹竿二条,曰车吊竿,所扎用之绳曰车吊索。

5. 备考:水车古称翻车或龙骨车,可分为人力、畜力、风力及机械力,州属除饶平、丰顺及大埔一部分利用山泉水力发动外,大部皆用人力水车。人力水车又分脚踏、手摇二种,其脚踏者最普遍。手摇车短小,其横轴即装车槽之前端,另制两摇板而已。

(九) 戽斗

1. 种类:有竹戽、铁戽。

2. 用途:用以扬水。

3. 构造:有竹制、马口铁制二种,口阔八寸,与高成垂直,长十一寸,形似蛤壳,于口处延长一竹竿,长约四尺,以利用于手握。

4. 备考:古称竹扬枕。

(十) 桔槔

1. 用途:灌溉用以引水。

2. 构造:为一木桶,连麻绳于一杠杆,中间支一柱,另一端装巨石而成,而以此适量之木桶,下井引水,石借以助省升提力之用。

3. 备考:俗称吊窝,此器于山园高地处常用之。

（十一）播桶

1. 种类：二人用及一人用二种。

2. 用途：灌溉用以扬水。

3. 构造：播桶为木制小桶，形圆，直径约尺余，高与直径相若。以麻绳四，系其桶缘之两端，延长各约一丈，以二人用势推之，一张一缩，则水可由池塘吸入桶而灌田。或以绳系于其梁，则一人可拖之，但二人者，其汲水量较一人为巨。

4. 备考：此制用耕地有塘者为多，二人用与一人用，其不同者，一无横梁，一有之。

（十二）喷水桶

1. 种类：大曰桶，小者曰壶。

2. 用途：用以灌溉园蔬用。

3. 构造：以木为桶，高二尺，直径一尺二寸，面横以梁，便系绳于扁担。桶侧下方剜一洞，斜插竹管，长三尺，直径二寸余，管刳去其节，使通桶而斜，上端存其节，以阻溢水，并于其上侧割一横涵以出水。用时以手握桶梁，倾水注管，水激而从涵喷射矣。其以手持者为喷水壶，则用马口铁所制，形为圆柱，一侧设有柄，以利手持，亦有柄在上面者。另一侧则设喷水管，喷水管之口设一盖，盖上钻小孔以渗水，用手倾壶，水即由小孔喷出。

4. 备考：喷水桶用时须二个，以肩挑洒，利于溉园圃菜蔬，喷水壶利于洒盆花及菜苗。

（十三）尿筒

1. 种类：尿筒及渗筒二种。

2. 用途：灌水及收肥、施肥用。

3. 构造：为竹制，全体分柄及筒二部分。柄之长短不一，随用者设之，普通约四尺。筒高八寸，直径二寸，一端存其节以蓄肥液。渗筒则于筒之下方及下侧方钻微孔数十，使水或肥液由小孔渗出。

4. 备考：渗筒俗名微筒，用以灌溉小植物或初播菜苗，以其尚在萌芽故也。至筒之大小，随适用而定，大约以竹一节为准。

（十四）尿桶

1. 用途：施肥及灌水用。
2. 构造：用木制成圆柱形，高约一尺六寸，阔直径约一尺二寸，桶缘剜二小孔，系以竹篾制之竹绳，俾利挑用。

（十五）轮撑

1. 用途：施肥用，以下蓄粪坑，汲取肥液，舀于尿桶者。
2. 构造：轮撑为木制圆形小桶，上面横一活动木梁，梁中剜一孔，以装一长竹竿，长约一丈二尺。
3. 备考：此器最重者，要在于梁之两端，能活动，以便舀粪液倾注于尿桶。

（十六）播勺

1. 用途：施肥时用以舀粪，泼于所施之耕地。
2. 构造：木制圆形小盆，直径约八寸，高四寸，柄用坚竹或木制，长约四尺，横插于盆侧。

（十七）塗鏨

1. 种类：竹编制及马口铁二种。
2. 用途：取池塘溪泥或沙碛用。
3. 构造：用竹篾编成，亦有马口铁制者，状若蚶壳，向口处以一木杆组之成柄，俾利手握。
4. 备考：状如戽斗之无长柄者。

（十八）田压

1. 用途：压禾用。
2. 构造：木条或竹条制成，形似丁字状，可分二部，一为柄，一为压条，即由两条杠杆所组成，柄与压条之长皆约五尺，亦随用者之适宜而伸缩之，亦有柄成叉形者。
3. 备考：田压古称田荡，盖当大熟时，其禾倾斜阡陌间，用以压禾，不使蔓乱。

（十九）镰刀

1. 种类：钩镰、锯镰、草镰、菜镰、蔗镰。
2. 用途：收获各种植物及除草用。

3. 构造：式样虽有多种，但全部构造可分为柄与刃二部，柄通常为木或竹制，刃以熟铁镶钢制之。钩镰柄之长短无定，视用途而异，刃为半月形或新月形，长四五寸至七八寸，刃尖端或平尖，刃部嵌钢。锯镰柄长约三寸，刃为新月形，铁制，不嵌钢，刃部向内处有锯齿。草镰古名平口镰，柄长约四寸，刃阔四寸，柄前部为铁制，刃嵌纲。菜镰柄长亦三寸，刃为铁制，唯柄与刃成斜角，以便割作物。蔗镰形似新月，柄长三尺，刃嵌钢。

4. 备考：钩镰古称大镰刀，锯镰称锯口镰刀，余皆称平口镰刀。镰刀为割作物主要之器，各地使用习惯不同，故式样亦异，大致为上述数类。

（二十）稻篮

1. 用途：收获时用以架禾穗。

2. 构造：用坚厚竹皮编制，形圆中空，高约二尺，直径约尺半，下略展开。

3. 备考：早稻收获时用架禾穗，以避水湿。

（二十一）摔桶

1. 用途：收获时摔稻谷用。

2. 构造：为木制椭圆形有底之桶，长约四尺，阔二尺四寸，高二尺。

3. 副件：摔桶梯、摔斗笪、摔斗竹。摔斗梯为摔斗附件中之重要器，其构造以两坚木作干，微成弓状，中间用竹条作横梁若梯形者，约十三条，大小适用于桶内。摔斗笪为竹篾编成，用装于摔斗之周围，以防摔谷时飞扬者，长约七尺，高三尺。摔斗竹为支撑摔斗笪之用，以坚竹片制之，长约六尺，阔约一寸，每一摔斗约需七条。

（二十二）连枷

1. 用途：收获时为打稻之用。

2. 构造：用木条四，茎以生革编之，长三尺，阔四寸，又有以独梃为之者，皆于长木柄头造为擐轴，举而转之，以扑禾也。

3. 备考：此农具适合于山地旱田之用。

（二十三）禾担

1. 种类：有圆形、扁形二种。

2. 用途：收获用，人负稻草。

3. 构造：为木制或竹制，长约七尺。木制者中部着肩处为圆，而两端成三角尖形；或一端尖锐裹以铁衣，以利于刺作物。竹制者两端均削尖锐。

4. 备考：禾担以两端尖锐，故俗称曰尖担。

（二十四）筲箕

1. 用途：收获用。

2. 构造：竹篾及藤所制，形似蛤壳，大小都有，大者容量一斗余。

（二十五）箩

1. 种类：有方箩、圆箩。

2. 用途：收获时用以装作物。

3. 构造：普通用竹篾制，亦有用藤制者，然颇少见。高二尺，口之直径一尺至尺半，底较口略小，用绳系口缘，用时以扁担挑之。

4. 副件：麻绳。

（二十六）筐

1. 用途：收获装作物。

2. 构造：有竹制及藤制，似箩，唯箩编成甚密，筐则颇疏，且有孔。

3. 副件：麻绳。

4. 备考：筐利于滤作物之含水分者，其用与箩同。

（二十七）篮

1. 用途：收获时用以装作物。

2. 构造：与筐状同而小，以薄竹皮为绳系其口缘，以供手提。

3. 备考：篮似筐而小，以手提之，大小、形状甚多，其制作亦视用途而不同。

（二十八）耙朳

1. 种类：大耙、小耙。

2. 用途：收获用以耙作物用。

3. 构造：为木所制。大耙为一木板，厚六分，高约一尺，阔约三尺，有柄向上，长约四尺，木板下面距离地二寸处，钻两孔以系绳，用时须二人，一在前挽绳，一在后御柄而行。小耙朳构造简单，以一高约七寸，阔约一尺二寸，厚四分之木板，及一长约五尺木制或竹制之柄而成，用时颇便利。

4. 备考：此器古仅称曰扒。

（二十九）竹笓

1. 种类：有疏笓、密笓。

2. 用途：收获、晒谷用以除草。

3. 构造：为竹所制，有柄长四尺，齿亦为竹制。疏者有齿七或九，密者十五至二十。

（三十）谷筛

1. 用途：晒谷时用以去草。

2. 构造：谷筛为竹制，形圆，直径约二尺，由小竹片编成小孔。

3. 备考：以混草谷置于筛中，用手摆动，谷由孔下出。

（三十一）簸箕

1. 用途：收获用，以之鼓风去草及秕谷。

2. 构造：为竹制，形圆，平底直径约二尺。

3. 备考：用时执其边缘，用力向左右摆动，扬播生风，而秕及草俱去。

（三十二）竹帚

1. 用途：扫稻谷之用。

2. 构造：用竹条子以藤或篾束之而成，以竹或木为杆，长四尺，削其一端而贯之。

（三十三）竹笪

1. 用途：供晒谷及覆谷，避渗雨露之用。

2. 构造：以粗竹篾编成为席状，长约一丈五尺，阔约八尺。

（三十四）风柜

1. 用途：收获时除去秕谷及谷稃之用。

2. 构造：木制，状似橱，由四足支持，高与人齐，可分左右两部。右方为一圆形中空之柜，中设一轴，轴上插四扇，扇为薄木板所制。轴上设一拐臂，拐动则轴转，轴转扇亦转，风因而生。左侧亦为一空橱，上设一漏斗，下设二洞，以为漏坚谷及秕之需，横列并用薄板阻之。此空橱右连圆形之橱，左则全通。用时谷倾于漏斗而转动拐臂，则风由右方向左吹，谷由漏斗下落，其秕则向左方扬去，而坚实之谷则下流而出漏斗。通空橱之处，设一关栅，以节制漏斗下落之谷量。

3. 备考：器与古飏扇之作用相同，即古所称之扬谷器也。

（三十五）栳

1. 用途：量谷器。

2. 构造：木制圆柱形，腹稍张，高约一尺，直径约九寸，有底，上有一横梁，以备手执。

3. 备考：栳为量谷之器，其容量约二十斤。

（三十六）斗

1. 用途：量米器。

2. 构造：与栳之构造相同，唯高与容量较栳为小。

3. 备考：斗有大小多种，为量米之器，其容量大者二十斤，小者十三斤不等。

（三十七）笚

1. 种类：有大小二种。

2. 用途：储藏农作物，如谷或甘薯等。

3. 构造：用竹片编成，大小、长短无定。

4. 备考：大笚以大厚竹片为经，而以小竹篾为纬以编之，小者经纬皆用薄竹篾。

（三十八）谷盅

1. 用途：储藏时用以调气。

2. 构造：以竹皮片编成为圆柱形，上下与中皆空，有若烟囱，直径大小不等，普通约一尺，长短则视用途而定。

3. 备考：置于谷仓或谷囤中，为调气，使谷不易发霉。

（三十九）砻

1. 种类：土砻、柴砻。

2. 用途：辗谷成米之用。

3. 构造：土砻全部为木、竹、土制，先用竹片和篾编成砻壳，上下各一，高各一尺，中空，直径约一尺七寸。下壳用坚木作十字形为脚，十字木之中，竖一圆木锥作轴心，然后实土，钉以小坚木片，使成沟状。上壳中隔木板为方井，每边约七寸，而以一坚长木横跨过砻壳，左右约五寸，横木于其中及两端各剜一孔，中孔针对下砻之木轴心两端孔，以为砻手磨转之用。其实土植小木片成沟如下砻，用时下谷于上砻而旋转之，以成米。此古式之土砻也。柴砻以坚木条作架，高约二尺，长约七尺，阔约二尺。用一长约二尺之铁轴心，竖以直径一尺之圆铁盘二，铁盘上用砻砂（金属矿质，状若砂，故名）和英石灰，实而碾平之。而于木架上之另一端，作一木轮，直径约三尺，轮边系皮带，以带挽砻心之铁轴，而以木砻手搭木轮之一边旋转之，则谷从铁盘上之漏斗徐下，成米矣。

4. 副件：砻手用坚拐木一，长约七尺，于拐处装一小铁锥，直处连一横木，长约二尺，俾挨砻人推手之需。此外麻绳及短竹竿，则作吊砻手之用。

（四十）米筛

1. 种类：竹筛。

2. 用途：用以分米与谷稃之别。

3. 构造：竹筛，以小竹篾编成，有网目筛状，平而且圆，直径约二尺，状若簸箕，边缘环以竹圈，俾利筛者握手摇动之用。机械筛，用木片制成槽状，长七尺，高七寸，阔尺半，以两小木撑其一端，使成斜坡。槽面织以铁丝成孔，如竹筛之网目。用一另织成之铁丝网目，缘以木骨，名曰铁筛，抽放木槽中，本槽上端承以漏斗，下端及腹端均挖成出米谷之洞。谷既于砻中碾成米稃，混合后装入漏斗下落，则稃壳从槽面下走，而未辗之谷穿过槽面，网目从铁筛上下走出下端之孔，其米则渗过铁筛之下，从腹际之孔走出矣。

（四十一）碓臼

1. 种类：手舂臼、脚踏臼。

2. 用途：以舂去米皮之用。

3. 构造：手舂臼，以一坚石剜一圆窝，直径约一尺三寸，深约一尺五寸，底圆滑，状似鸡卵壳一半，名曰石臼。而用一坚木锥，长约六尺，直径约四寸，木锥中段削小，以供手握，名曰杵。而下米于臼中，以手握杵，上下舂之，而米去皮成白矣。脚踏臼，以石臼入地安定，距臼四尺，竖二短石柱，离地面约二尺上，琢成小窝，名曰碓耳。再以一坚木为干，长约五尺，方五寸，曰碓身。以一木锥，长二尺，贯于碓身之一端中心（距末端约一尺），小木锥两端衣以铁圈，安碓耳之上者，名曰锥钗。另以一圆坚木，长二尺，直径六寸，一端钉以铁片铁笠钉，一端削小，穿碓身之一端，名曰碓头。而脚踏碓臼成矣。工作者以脚踏于一端，下力则碓头伸张，缩足而推之以手，则碓头入臼舂米，一往一复之间，而米白矣。

4. 备考：手舂臼，今已少用，而脚踏臼有不安定者，另制一架，以安碓身，而便移动，此但少数耳。

（备注：所述尺寸，俱以英尺计算。）

三、粮食作物

惠来粮食作物以水稻、番薯为主，还有小麦、大麦、玉米、豆类、高粱、小米、木薯、姜薯、薏米、淮山等。历史上，产量很低，不能自给。中华人民共和国成立后，粮食作物播种面积占总播种面积80%左右，单位面积产量不断提高，1949年，年平均亩产仅85公斤；1979年后，进一步调整种植结构，引进新良种，推广实用新技术，广大农民种田科学水平提高，粮食播种面积有所减少，单产提高，总产增加。1987年，平均亩产上升至309公斤。当年全县粮食增产获省农业厅特等奖。1990年仙庵、周田、华湖、惠城、东陇、隆江、溪西七镇参加省实施潮汕平原吨粮田丰收计划，全县粮食增产，获国务院奖励。1994年，省政府开始实行粮食考评责任制，下达粮食播种面积、总产、储备粮及优质稻比例等项指标。1995—1996年实施国家级商品粮基地建设项目，粮食各项指标比下达任务增长，获省政府奖励。1996年，全县粮食单产超400公斤，总产突破25万吨。1999—2000年实施国家级粮食自给工程建设项目，2000年粮食总产比下达指标增14.2%。2001年后调整种植结构，粮食种植面积减少，总产下降。2004年粮食播种55.03万亩，总产21.67万吨。2020年全县粮食作物播种面积49.603万亩，产量18.11万吨，水稻播种面积26.294万亩（17538.1公顷），产量10.258万吨。

（一）水稻。水稻为惠来县第一位粮食作物。1949年以前，产量很低，年亩产一般为200公斤左右。

中华人民共和国成立后，植稻面积一般在32.5万—47.8万亩之间，占农作物总播种面积38.8%—50.4%；占粮食作物种植面积50%—64%，总产占粮食总产58%—77%。东陇洋、总铺洋、华陇洋、京陇洋、鸟坑洋5个较大的平原，水田地总面积共7

万多亩，为水稻主产区。水稻单产提高大体上经历了这样几个阶段：1949—1952年，年亩产由202公斤提高到230公斤；1952—1956年，由230公斤提高到301公斤，并开始出现典型单位。如1953年，惠城东山乡塘边村陈庆信互助组和寄陇乡方章麟互助组共插水稻24.97亩，年平均亩产达503.5公斤；1957—1962年，年亩产在300公斤左右；1958年12月寄陇村因粮食高产而获得国务院颁发的周恩来总理亲笔签名奖状。1963—1966年，年亩产提高至500公斤；1967—1976年，年亩产降至500公斤以下。

"文化大革命"期间，有些单位，坚持推广良种和农业技术措施，仍获得增产。1970年，早稻平均亩产跨《纲要》（800斤）的生产大队8个共23个生产队，其中，惠城公社东山大队年亩产达845公斤。1978年后，推广农业新技术，落实家庭联产承包责任制，单位面积产量进一步提高。1982年亩产首次突破600公斤。1984年又提高至666公斤。中华人民共和国成立后，水稻单位面积产量迅速提高，除了兴修水利，改良土壤这些主要因素之外，还跟改进耕作制度，不断更换良种和提高栽培技术等技术性措施有着密不可分的关系。20世纪80年代后全县年种稻面积26万—32万亩，播种面积占粮食面积48%—55%，总产占50%—65%。粮食单产随着科学技术进步而提高。1996年，省农科院、华南农业大学、上海复旦大学、中国科学院等单位专家先后到惠来调查，在溪西镇后山村发现野生稻100多亩。2011年，全县水稻播种面积25.03万亩，总产量9.25万吨。2012年，全县水稻播种面积25.32万亩，总产量9.52万吨。

1949—1987年惠来县粮食作物生产情况表

单位：亩、公斤、吨

年度	种植面积	亩产	总产量	每年增长%	农业人口人年生产粮食
1949	707775	85	60082		509
1950	721645	88.5	63901	6.35	530
1951	730130	92.5	67515.7	5.60	549
1952	742915	94.5	70278.5	4.10	552
1953	773605	99	76881.4	9.40	579

（续表）

年度	种植面积	亩产	总产量	每年增长%	农业人口人年生产粮食
1954	757626	115.5	87737	14.10	638
1955	803537	117.5	94540.5	7.80	665
1956	810831	134	108326.7	14.4	738
1957	758541	121	91970.3	-15.1	597
1958	728142	145	105479.5	14.7	668
1959	537243	147.5	79335.6	-24.8	533
1960	596972	136.5	81458.5	2.7	514
1961	645392	115.5	74895.3	-8.1	428
1962	685311	112	91793.5	22.6	496
1963	601609	150.5	90652.6	-1.2	480
1964	573468	145	82124	-8.4	435
1965	608487	188.5	114817.9	38.30	581
1966	610516	190.5	116302.2	1.3	551
1967	623462	170.5	106161.7	-8.7	491
1968	583633	147.5	86198.35	-18.8	396
1969	604316	183.5	110765.1	28.5	505
1970	624946	181.5	110454.6	2.4	484
1971	652206	184.5	120288.9	6.0	500
1972	638402	172.5	110381.9	-8.2	444
1973	661551	196.5	129977.8	17.8	516
1974	673875	184.5	124349.6	-4.3	474
1975	738499	181.5	132240.1	6.3	497
1976	777635	190	147587.8	11.6	548
1977	806773	198	159921	8.2	587
1978	793875	205.5	163248.4	2.2	594
1979	736356	225	165506.8	1.4	592
1980	707551	245.5	173862.8	5.0	604
1981	661363	248	163906.4	-5.8	568
1982	679347	258.5	175651.3	7.2	589

（续表）

年度	种植面积	亩产	总产量	每年增长%	农业人口人年生产粮食
1983	704759	247.5	176750.1	0.63	580
1984	676463	274	185237.2	4.8	680
1985	623327	264	164501	-11.2	528
1986	615299	258	158815	/	/
1987	592449	309	182807.4	/	/

（二）薯类

1. 番薯。番薯学名甘薯，又名地瓜，明代已开始栽种，为县第二位粮食作物。番薯是惠来县在全省乃至全国种植面积较大、单产较高的粮食作物，故有"番薯县"之称。在20世纪50年代中期以前的漫长历史上，惠来农民大体上过的是"番薯粥汤度三餐"的生活，番薯实际上是惠来农民的主食粮。番薯属旱地作物，耐肥耐瘠，适应性广。鲜薯除作食粮、饲料外，还可酿酒、晒干片、磨粉等，藤叶也是牛、猪等所喜欢的饲料。薯粉除加工为粉丝外，常作惠来著名特产外销，60年代初，惠来雪粉（特白薯粉），在国外市场上享有盛名。1949—1987年，全县每年种植面积16万—32万亩，占粮食总面积23%—42%。鲜薯单造亩产710—2210市斤，总产2亿—4.6亿斤，折稻谷0.4亿—0.92亿斤，占粮食总产20%—38%；1949年，鲜薯每亩单产为355公斤，1985年达1105公斤，增长2.11倍。番薯按植期不同分为春种薯、夏种薯和过冬薯（秋末冬初种植），以夏种薯产量最高。按耕地类型不同，又分为旱园薯和水田薯。旱园番薯种植面积较多，但因水土流失较严重，土壤浅薄贫瘠，干旱缺肥，历来产量偏低，亩产几百斤至几千斤不等，一般为750公斤左右。水田番薯以早稻薯（早稻割后即种植）为主，产量较高较稳，一般亩产2000—3000公斤，高产者超过万斤。1975年以后，单产亩产超万斤的面积逐渐增加。1980年，神泉公社技术站高产试验的1.546亩潮薯1号，实收亩产达6727公斤，创全县单产最高记录。1991年东陇村种植林薯4号高产田块，鲜薯亩产7538公斤；1992年周田镇华美村种植优质薯广薯111连片200亩，平均亩产2832公斤，高产田亩产4149公斤。全省在惠来召开现场推广会。1996年周田镇黄岗村秋收优质薯新普六、广薯111连片千亩,平均亩产4033公斤,获揭阳市"三高"农业奖。联合国粮农组织专家、日本农业专家、省有关专家,多次到惠来对番薯生产及加工进行考察指导。与省合作的番薯项目,1994年获省科技进步二等奖,2000年获省农业技术推广一等奖。番薯一年四季都可种植,三造收成,鲜薯供作食粮、饲养畜禽、加工淀粉、制作粉丝等,薯粉运销省内外及香港等地。

(1)番薯品种。番薯品种历来繁多。不同的品种适应不同的土质和气候。一般春种薯以早熟品种为主,夏种薯以中迟熟品种为主,过冬薯则选择抗寒、抗旱性较强的品种。民国时期至20世纪50年代初,以农家品种为主,其特点是抗逆性强,优质低产,亩产几百市斤至1000多市斤。早熟种有:幼藤仔、番青枝、接芋只、娘仔牵茶、上海种等;中迟熟品种有:红心竹头种、青藤仔(白心鸡爪)、赤目仔、刺帕搭、白皮碰、白藤、石康种(志洋薯)、红心仔(红心志洋)、青心仔(青心志洋)、铁线藤、红心鸡爪、番种、树薯企、乌骨企龙、七叶红、扁豆碰、荔枝种、红枝风虎、冇谷仔、大叶婆、半夜富、芋种、水浸仔、海山、秋瓜种、麻脚企等。这些品种,大部分延续到60年代,少部分保留到70年代。在这些品种中,铁线藤、红心鸡爪虽产量低,但质地特优。铁线藤含粉量非常高,吃起来又香又甜;红心鸡爪,含糖量很高,且能长时期存放,可惜这两种品种已近乎失传。

20世纪50—70年代,品种逐步从优质低产向优质中产和中质高产方向发展。先后从邻县和外地引进多个品种。据1962年调查统计,全县保留地方品种43个,从外地引进的品种有:杜粪种、红皮袄、高农选五、高农选一、马来亚、白55/100、不论春、018红肉、鸟梨、华北553、禺大、选六、选三、牛黄、新竹头、0115/13、51/93、华北117、广东50/27、华东54/39共20个品种。经评选鉴定,较优质、高产、栽培面积较多的地方品种有14个,其中宜种水田的有:省种、韭菜种、红心竹头种、赤目仔、青藤仔、青枝仔、刺帕搭、白藤、石康种、沙拉越等;适宜旱园的有鸟咬梨、六叶缺、志洋薯等;水旱均适宜的为青藤仔、韭菜种。从外地引进良种属高产的有华北48、普薯六号(简普六)、普八、杜粪种、红皮袄、高农选五、马来亚、潮薯1号等13个品种;属优质中产的有牛黄、新竹头等7个品种。其中,华北48高产抗瘟,品质较好,高产亩产万斤以上;普六、普八薯质优良,产量较高,潮薯1号一般亩产3000—4000公斤,高产超万斤。这四个品种至1987年仍为种植面积较广的当家品种。

（2）番薯耕作制度。民国时期至中华人民共和国成立初期，生产条件差，旱园番薯普遍年种一造。中华人民共和国成立后，随着农田水利条件大幅度改善，复种指数增加，耕作制度逐步趋于合理。番薯除与水稻、花生等轮作之外，还根据不同地质和节令，常与豆类、水稻、小麦、冬蔬菜等作物进行相互的套种，连瘦地也多达到二年三熟。

（3）番薯栽培技术。民国时期至20世纪50年代，多采用大畦、矮垄、浅沟、疏植方式，亩插2000—2500苗。70年代起，水田番薯采用小畦、高垄、深沟、饱腰的合式薯垄，规格为长28—32寸，宽7—8寸，亩植3000苗左右，插植方式由深斜改为浅斜，部分采取水平插；旱园过冬薯多采用大畦、浅沟、密植的方法，一般畦宽包沟为4—4.5尺，植4—5行，株距8—9寸，亩插6000—8000苗，均产生明显的增产效果。50年代以前，番薯施肥管理缺乏经验，常造成藤旺、薯少。50年代中期起，经过总结经验，逐步改进施肥技术，采用施足基肥，促进早生早发，结薯前控制氮肥施量，适度转赤，以利结薯。科学地调节甘薯不同生长期的用水。一般中耕除草2—3次，结合索动藤蔓，以防止节上生根。80年代后期，部分地区采用化学除草。

2. 木薯。木薯又名树薯，适宜丘陵旱地，为县大宗薯类作物，种植历史悠久。1949—1987年，种植面积949—10190亩，一般年份为2000—4000亩，亩产500公斤左右，高产2000—2500公斤。年收购量几十万斤至几百万斤，1967年最多达225.2万公斤。种植规格一般为4×3（尺）。木薯有毒，含氢氰酸，需切片浸水半天后才可食用。干片碾粉可掺米、面粉等做成粿品，也可作饲料。发展木薯生产对解决全县粮食不能自给有着重要意义。由于种植结构调整，1988年后木薯种植面积逐年减少。2004年全县种植面积800亩，总产1200吨，为农家自种自用。

种植比较多的其他粮食薯类还有薯蓣科的淮山、大薯、姜薯等。

（三）豆类

1. 大豆。品种有黄豆、黑豆、褐豆、青豆及灰面黄等。惠来县栽培大豆历史悠久，主要品种为小粒黄豆和早熟小粒乌豆，亩产不够50公斤。中华人民共和国成立后，先后引进大粒乌、大粒黄、灰面黄及钢豆等品种，产量有所提高。

1949—1969年，年种1万—3万亩，亩产50公斤左右；1970—1987年，年种2万—4万亩，亩产稳定在50公斤以上。大豆可制成多种营养丰富的副食品，其茎叶肥分也较高，大豆根瘤菌有固氮作用，适当轮作能提高土壤肥力。20世纪80年代年种植面积2万—2.5万亩，亩产50公斤左右。1992年全县种植2.31万亩，亩产103公斤，总产2387吨。2000年全县种植1.93万亩，亩产116公斤，总产2241吨。2004年全县种植2.09万亩，亩产109公斤，总产2279吨。

2. 蚕豆。也称胡豆、扁豆，是冬种粮肥兼收作物，种子富含蛋白质和淀粉，茎叶均可作绿肥和饲料。惠来最早种植蚕豆是靖海镇前吴村，30年代从外地引进种植，亩产75—100公斤。因其生育期较长，一般于"小雪"前后播种，至"清明"后才可收获，影响早造生产，故推广范围不广。20世纪60年代后期，为实现粮肥兼收，从兴宁引进早熟小粒品种，收获期要提前10—15天，但产量较低，亩产仅50公斤左右；而后又引进迟熟的云南大粒品种。70年代，全县年种4000—6000亩。80年代后，年种1000—3000多亩。

3. 豌豆。豌豆有硬荚和软荚两类，各有紫花和白花二种，民国时期已有种植。硬荚者，俗称番仔豆，种子供食用，也可制青豆罐头；软荚者，俗称荷兰豆，收嫩荚作蔬菜。1964年以前，全县年种3000—8000亩，亩产15—25公斤；1965年后，每年植1万—1.5万亩，亩产25—50公斤。20世纪60年代开始引进矮脚品种"北京豌豆"。80年代初又引进"草原3号""草原7号"，产量均有较大幅度的提高。豌豆喜湿润凉爽气候，"立冬"至"小雪"前后下种，"惊蛰"至"春分"分批摘取成熟豆荚或采用食用软荚，即播后70—80天初收，采收期约2个月。惠来农民常把豌豆寄种于秋番薯地上。

其他杂豆有白豆、赤豆、绿豆、赤小豆等。20世纪70年代前，全县每年种植3000—5000亩，80年代后，种植面积在万亩以上。

（四）杂粮

1. 高粱。又称蜀黍，惠来县俗称"蔗守"，栽培历史悠久。1970年前，全县每年种植几千亩，亩产100公斤左右，多植于旱园或四旁五边地，或间种于春花生、番薯、蔬菜地等。1971年，在省协作组帮助下，杂交高粱试种成功，平均亩产292.5公斤。1972年，全县种植杂交高粱和本地高粱2.3万亩。1973年夏，杂交高粱成熟时，长春电影制片厂专程到寄陇大队摄制新闻纪录片，县酒厂也用杂交高粱酿制成优质高粱酒，省内各地纷纷来县参观。杂交高粱产量虽高，但黏质差，产品滞销，农民不喜欢继续种植。

2. 粟。北方称谷子，惠来县叫"宋仔"，种植历史悠久。1949—1987年，全县每年种植500—1500亩，亩产50—75公斤，以春植间种为主，多间种于花生畦中心。

3. 玉米。又称玉蜀黍，俗称"玉米仁"，民国时期已有小面积种植，中华人民共和国成立后，每年种植几百亩，亩产100—175公斤。县内玉米苞个小，产量较低，但米质好，香甜适口，多作副食品销售。80年代种植品种苞少、产量低。1989年开始承担省杂交玉米试验后，杂交玉米的引进推广面积扩大，年种植面积1万亩左右，亩产鲜苞1500公斤—2000公斤。主要应用品种是从省农科院引进的粤农9号、粤农90-137及白糯1号、香白糯等。1997年，隆江凤光村"冬种杂交玉米栽培示范推广项目"，获县科技进步二等奖；协作完成早熟优质丰产粤农90-137新品种应用获省科技进步三等奖。2004年，全县种植面积7150亩，总产1855吨。

4. 薏苡。俗称薏米，可供食用也可供药用，营养价值和经济价值较高。薏苡栽培历史悠久，清雍正《惠来县志》已有记载。中华人民共和国成立后，随着人民生活水平的提高，薏米的销路日益扩大，种植面积逐年增加，至70年代，已发展为惠来的大宗商品，每年种植几千亩，1984年达1.54万亩，总产量3346吨。一般亩产200—250公斤，高产可达350—400公斤，最高亩产500公斤。华湖镇为县薏米主产区，每年种植面积3000—4000亩，收入在100万元以上。因种植结构调整，1997年后种植面积逐年减少。2004年全县种植面积600亩，总产量195吨。

5. 小麦。小麦为冬种主要粮食作物，栽培历史悠久，在全县粮食作物中排列第三位。1949—1969年，每年种植约2万亩。20世纪70年代强调"以粮为纲"，小麦种植面积扩大，每年种植4万—9万亩。80年代后，粮食形势好转，每年种植面积缩小为4万亩左右。1987年，平均亩产167公斤，为1949年平均亩产31.5公斤的4.7倍。小麦品种，民国时期以"和尚麦"（无芒）、赤仔为主。20世纪50年代筛选出早熟"和尚麦"种，并以此为主要栽培品种。60年代中期引进中熟品种四方麦（河婆六角麦）和粤农；迟熟品种欧柔——该品种分药力强、多穗大穗，产量高，为60年代中后期至70年代的当家品种。70年代初还引进早中熟品种福麦7号、抗锈青及墨西哥小麦波塔姆、依尼亚、他纳瑞等。1976年引进迟熟品种长麦2148，增产显著，逐渐取代欧柔成为当家品种。1980年早熟品种龙溪35、37，逐步取代福麦，成为主要搭配品种。20世纪60年代以前，县小麦栽培技术落后，东区多用小畦直行条播法，畦宽包沟3.5市尺左右，植两行，行距1—1.2市尺，绿色面积占40%；中区、西区采用点播或横行条播法，畦宽包沟4尺左右，绿色面积约占60%。1972年组织干部到苏州、晋江等地参观，学习外地先进经验，对栽培技术进行改革：（1）采用半耕法，畦面浅耙或浅锄切稻头，深度1—2寸；（2）改直畦为横畦，小畦为大畦，浅沟为深沟，采用横畦双靠膣，半字排水沟，畦宽包沟约6尺，亩播种量20—25市斤，绿色面积约占85%，提高了土地的利用率，并防止渍水伤根；（3）推广科学的施肥法：早施"麦针肥"，重施"分药肥"，适施拔节、壮胎肥，巧施穗、粒肥，农家肥与化肥相结合，取得明显增产效果。80年代后，随着化肥供应充足，推广施用化学钾肥，做到氮、磷、钾相结合，单产又有较大幅度的提高。历史上，多以园麦为主，由于水利条件的限制，播期迟早不统一。70年代后期，小麦多种于水田，播期渐趋一致，于"立冬"前后播迟熟种，继之播早熟种，一般于"小雪"前后播完，翌年"春分"至"清明"前收获。小麦属冬种主要粮食作物。20世纪80年代后期年播种面积3万—6万亩，1991年参加实施粤东百万亩小麦创高产活动，全县小麦播种面积8.2万亩，亩产215公斤、总产1.76万吨，有东陇、周田、东港3镇及21片高产片获汕头市政府奖励。1993年后由于种小麦效益低，种植面积明显减少。2000年起后全县基本没有种植小麦。

6. 大麦。大麦俗称"心哺（媳妇）闲"，栽培历史悠久，麦粒较小麦大，是酿制啤酒的主要原料，也可作饲料、食粮，抗逆性强，耐旱耐瘠，生长期短，多植于远瘦旱园和沿海沙园。20世纪50年代，全县每年种植1万—2万亩，60年代后种植面积逐步下降。亩产一般50—75公斤，高产100多公斤。传统麦类还有燕麦（又称大麦）、荞麦（俗称三角麦），种植面积历来不多，产量也很低。

四、油料作物

惠来油料作物历来以花生为主，还有少量的芝麻及油菜籽。20世纪60年代末，曾一度试种过油莎草。

（一）花生。俗称"地豆"，栽培历史悠久，种植面积较大。1949—1970年，全县年种4万—5.8万亩，80年代后，种植面积扩大，1987年达9.4万亩。1964年以前，亩产33.5—77公斤；1965—1980年，亩产70—90公斤；1981年后，亩产稳定在100公斤左右。1980年，隆江镇铁山圩在6.8亩地上进行春花生的高产试验，品种为粤选58，平均亩产达301.5公斤，其中2.4亩的亩产为310公斤，为县历史上单产最高纪录。花生适宜与禾本科及薯类作物轮作，以二年轮种一次为佳，农谚云："地豆种重地，豆死株也稀。"1960年以前，都为春植。1961年以后，开始秋植，1976—1987年，每年秋植花生为0.5万—1.5万亩。花生品种，50年代以前，多沿用本地农家品种，即以挽种、斧头种、番地豆、堵仁、鸡规等蔓生型、小荚种为主。50年代末，引进澄海"狮头企"，株型直立、荚果较大，适宜密植，比农家老种明显高产。1973年引进粤油551及其选系粤选58，均比本地种增产20%以上，种植面积占80%—90%，基本取代原有农家品种。1984年，又引进汕油27进行秋植试验，100亩示范田平均亩产210.5公斤，比粤油增产27.6%。1985年后，全县基本普及汕油27的秋植。

花生栽培，民国时期，一般在"春分"后至"谷雨"播种，大暑后收获。迟熟种在"处暑"后收获。20世纪60年代中后期，多在"惊蛰"前后播种，常遇早春低温阴雨天气，造成烂种缺苗。70年代后，各地根据当地实际，调整了播种期：西部区域东港、鳌江等地，多于"立春"至"雨水"播种，中部区域多于"惊蛰"前后播种，东部区域多于"惊蛰"至"春分"播种。秋植花生一般在"立秋"前后播种。1958年以前，多采用大畦疏植的10×8（寸）的播种规格，每穴放二仁。1958年后，随着直立型品种的引进，逐步改为密植，畦宽包沟4.5尺左右，规格为8×6（寸），旱埔园为8×5至8×4（寸），每穴放二仁，有的畦边放至三仁，单产明显提高。花生的肥水管理，在60年代后逐步科学化。历史上，只施基肥，没有追肥。基肥以草木灰、土杂肥、水肥为主。60年代初开始施用磷酸钙。70年代改变不追肥习惯，普及早施三叶期肥（氮肥加水肥穴施），重施七叶期肥（以草木灰、石灰为主，苗黄弱者加氮肥）；80年代后，增施化学钾肥。改直畦为横畦，浅沟为深沟，开好中心排水沟，使花生单产有较大幅度的提高。

20世纪80年代后,全县常年种植花生面积7万—8万亩,80年代亩产90—100公斤。1986年以后引进花生新良种汕油27、汕油71、汕油523、粤油256,单产提高。1990年参加全国十省市花生中低产技术开发项目,全县种植面积8.29万亩,亩产124公斤,总产1.03万吨。1993年种植9.51万亩,亩产133公斤,总产1.26吨。2000年种植8.18万亩,亩产151公斤,总产1.23万吨。2004年全县种植7.95万亩,亩产130公斤,总产1.03万吨。

(二)芝麻。俗称"油麻",栽培历史悠久。1949—1987年,全县每年种植200—400亩。亩产15—25公斤,最高亩产仅达67公斤。芝麻籽含油率一般为50%—60%。县有黑、白两个品种。多植于旱埔园或间种于花生、番薯等作物,其茎叶簇生绒毛,大蟋蟀吃后常被刺破肠子,有保护主作物的作用。县主要用作饼食和粿品原料。黑芝麻籽还可入药。

(三)油菜籽。品种有白菜型和甘蓝型二种,1949—1987年,全县每年种植仅几百亩,1979年最多,种植1772亩,亩产一般25—40公斤。最高产110公斤。白菜型油菜,本地叫"油芥",种子出油率近50%,不但有较高的营养价值,且有较高的药用价值,其品种从民国时期延续至1987年。

五、经济作物

(一)甘蔗。惠来属丘陵地区,全县有大面积旱坡地适宜种植甘蔗。早在明代开始,惠来已有甘蔗种植,而且每年都有大宗蔗糖由神泉港启运销售国内外。民国十六年(1927),全县甘蔗总产达到20万吨。1949—1954年,年植3万亩左右,单产1吨多;1955—1963年,强调粮食生产,每年种植面积下降为1万多亩,单产1.5—2.1吨;1964—1966年,采取按产补助粮食并调整收购价格,每年种植2.5万亩左右,单产2.5—3.5吨;1967—1977年,每年种植面积2.4万—3.7万亩,单产降为1.5—2.3吨;1982—1987年,每年种植面积2万—3万亩,单产3—4.3吨。民国至50年代初,主要品种为竹蔗,还有少量芦蔗。竹蔗茎细、挺直、皮硬,耐瘦耐旱,适宜在县山坡旱地种植。1954年引进高产高糖的台糖134,至70年代,淘汰并代替竹蔗成为当家品种。从50年代中期至1987年,共引进蔗种20多个,经过试种,选育出一批较高产高糖,并比较适宜于县环境的品种,如桂糖1号、台糖172、粤农76/169、福引9号等。70

年代后期开始,中、西区域的惠城、隆江、溪西、葵潭等地大力发展果蔗,一般亩产7—8吨,高产10吨以上。80年代后,每年种植面积1500亩左右。惠来气候温暖,一年四季均可植蔗。70年代以前,主要种植在坡地旱园和河流两岸河浸滩地,实行番薯—甘蔗—甘蔗,或豆类—甘蔗—甘蔗的三年轮作制。80年代后,准许部分水田改种甘蔗,实行水稻—甘蔗—甘蔗轮作,单位产量大幅度提高。60年代以前,糖坊设备简陋,甘蔗取汁一律用牛拉石滚碾榨,效率低,抽出率不超过60%。60年代后,改用机榨,蔗汁抽出率提高20%。1972年2月,惠来糖厂建成,日榨量800吨,全部制成白糖。1982—1986年,年种植面积2万—3万亩,单产3吨—4.3吨;1987—1992年,年种植面积1.5万亩左右,单产4—4.7吨。1993年后,全国食糖价格放开,蔗价偏低,影响糖蔗生产,全县甘蔗种植面积大幅度减少。1994—1998年,每年种植0.2万—0.4万亩,单产5—5.6吨。1997年,糖厂停产,转种果蔗。2004年,全县种植果蔗0.1万—0.25万亩,单产达到5—6吨。

20世纪50年代初,惠来甘蔗主要品种为竹蔗,还有少量芦蔗,50年代中期到1987年,全县共引进蔗种20多个,经过试种,选育出一批适宜当地种植的品种,如桂糖1号、台糖172、粤农76/169、福引9号等。20世纪90年代,县农业局完成"旱地甘蔗盖地膜高产栽培技术",平均亩产5.75吨,比常规栽培法亩增2.04吨。

(二)麻类。惠来栽培麻类已有几百年历史,主要用作编织布料、渔网、绳索等原料。20世纪50年代初,农村随处可见农民纺织裁制的苎麻衣、青麻、黄麻衣。中华人民共和国成立后,麻类生产有较大的发展,20世纪70年代,黄、红麻已成为惠来比较大宗的经济作物,粮食生产所需的资金和化肥,主要靠黄麻的奖售和换购。1966年以前,主要品种为黄麻和苎麻。民国时期,亩产麻皮50多公斤。中华人民共和国成立后至60年代中期,亩产提高至100公斤。1972年开始,贯彻奖售政策,改进栽培技术,同时引进新良种粤园5号(黄麻)、青皮3号(红麻),推广红麻上山,实行间、套植作,种植面积扩大,单位产量提高。1972—1979年,每年植麻均在万亩以上,亩产由1972年前的150—200公斤,提高到250公斤,加工熟麻除自用之外,每年外调1000—2000吨。80年代后,塑料工业飞速发展,胶丝尼龙多方面代替了麻皮的用途,麻皮滞销,价格下降,全县每年植麻下降为几千亩，总产仅1000—1500吨。1987年，全县植麻仅480亩，总产32吨。

（三）茶叶。惠来历史上主要产茶地为南阳、石船等山区（1953年割属普宁县）。中华人民共和国成立后，主要产地为河林乡、葵潭镇和华侨农场等山区。1964—1965年，先后引进潮州凤凰公社的"水仙"和福建的"水仙"品种，种植面积逐年扩大，1986年，全县总种植面积7033亩，茶叶总产352.5吨。品种主要为福建"水仙""枚占""茗花""黄旦"和凤凰的"水仙""大叶乌龙""小叶乌龙""大红"等。茶叶主要销售县内外，也销售中国香港和日本、东南亚国家。

（四）胡椒。惠来县历史上没有种植胡椒的记载。1962年，大南山华侨农场根据归国难侨的建议，开始试种，收获颇丰，种植面积逐年扩大。1974年，近邻的东埔农场也开始引种。年平均亩产50公斤左右，最高年份1973年，平均亩产180公斤。1981年，全县种植面积达5271亩，1982年，全县总产61.9吨。而后，曾一度受进口胡椒的冲击，种植面积减少，产量下降。1986年，总产量回升至93.55吨。

（五）橡胶。1952年，葵潭农场开始试种橡胶。1966年，葵潭农场与相邻的东埔农场开始大面积种植。1975年开始割胶。至1986年，这两个农场总植胶面积1.19万亩，割胶面积8647亩（30.93万株），年产干胶382吨。

（六）烟草。烟草原产美洲中南部，传入中国约在十六世纪中叶。惠来在清初编纂的志书中，已有栽培烟草的记载。中华人民共和国成立前，农民栽培烟草只作自用。中华人民共和国成立后，县建烟丝厂，曾发动农民种烟，最高年份1976年，种植面积达2376亩，烟叶总产量最高为1978年的122吨。80年代后，随着人民生活提高和县烟丝厂的倒闭，种植面积急剧下降，至1987年，基本停止种植。

（七）棉花。20世纪70年代以前有小量种植，1966年种植面积最多，达5661亩。一般年份亩产棉絮15公斤左右。县域春夏高温多湿，病虫害多，不适宜棉花生长。70年代后，不再种植。

六、水果

惠来四季常青，水果资源丰富。清雍正《惠来县志》卷四记载水果品种43个。1981年的果树资源普查，查出全县栽培果树33类123个品种，还有部分野生果树资源。民国时期，多零星种植，少有大面积栽培。1958年后，各地大办果林场和果园，开始大面积的连片种植。1983—1986年，县政府把发展水果生产作为振兴惠来经济的一项重大措施来抓，并把基地化和规模化作为主攻目标，省、市、县先后拨出专款432万元无息或低息贷款扶助农户发展水果生产，5年共新种各种果树13.67万亩，建成若干个万亩以上的荔枝商品生产基地和菠萝商品生产基地。1987年，全县果树面积达到22.63万亩，水果总产量2.12万吨，分别为1949年水果面积1.24万亩和总产量865.9吨的18.26倍和24.47倍，其中荔枝面积8.36万亩，居全省县级第二位。1992年，揭阳市委、市政府提出发展"三高"农业的要求，县委、县政府开始制定措施，扶持发展"三高"农业生产。1993年，县直部委办、县直局、公司73个单位，采取联营或扶持形式，挂钩帮助乡镇发展水果生产，同时出台了招商引资优惠措施，提出新种水果5年内免收特产税的激励措施，因此，以荔枝为主的水果生产得到很大的发展。1995年底，全县水果种植面积29.5万亩，比1991年增加4.7万亩。其中荔枝种植面积达到14.1万亩，形成以荔枝为主的"一带二系三基地"的水果生产格局，即以葵和公路为主体的公路沿线荔枝带，大南山系和三清山系荔枝区，"红山"5万亩荔枝基地、"东南三角"果林基地、"犁头庵"优质水果基地。此后，随着招商引资的继续发展，全县建成葵潭农场、东埔农场、四香果林场、汕华种养基地、大坪山果林场、车坪岭水果场等多个大面积水果专业种植场。2004年，全县水果种植面积40.28万亩，总产9.98万吨，其中荔枝面积21.02万亩，总产3.17万吨。惠来水果远销国内外市场，荔枝、龙眼等优稀水果远销东南亚国家和中国港澳等地区，少量远销到美国。先后建成两家规模大、档次高的荔枝加工企业——揭阳市润亚庄园荔枝烤干厂和惠来县帝浓酒业有限公司，带动惠来"三高"水果生产的发展。各种水果还加工成干品或罐头出口。民国时期，惠来"南通梅饼"在东南亚国家、香港和国内的上海、广州等大都市的知名度很高。20世纪60年代初，县先后设立葵潭水果加工厂和葵潭罐头厂，水果加工形成规模，水果加工品出口量不断增加。1973—1980年，水果加工品出口共8523.5吨，其中，菠萝罐头4912.7吨，柑桔罐头2403.8吨，荔枝罐头708吨。2022年，惠来县为粤东荔枝种植面积最大县，荔枝种植17.36万亩，总产量10万多吨，品种40多个。

（一）**荔枝**。惠来栽培荔枝历史悠久，明、清时代已有栽培记载，为"惠来五宝"之一。葵潭镇吉镇村还遗留一棵树干周长3.1米、树冠覆盖面积285平方米、树龄200多年,被称为"云盖月"老荔枝树。葵潭镇千秋镇村有一株宋代"福荔",据称已有800年历史,在1969年"6904"号超强台风破坏之前,每年可收获荔枝上千斤。1949年全县有荔枝1574亩,总产74.6吨。1958年后,逐年扩大种植面积。80年代后,县政府多次拨出专款扶持荔枝生产,建成了红山等若干个万亩以上的连片荔枝基地。1987年,全县种植面积8.36万亩。1986年,全县荔枝总产量4786吨。荔枝生产已成为惠来经济的重要组成部分。主要品种为"乌叶",属传统品种,品质佳,风味好,1987年总种植面积为5.86万亩,占荔枝总种植面积70%。其次为"风花"(淮枝),1987年种植面积为2.5万亩,占总荔枝种植面积29.8%。1963年前,惠来县荔枝主要品种为"乌叶""风花"(淮枝)。1963年后,先后引进"糯米糍""桂味""三月红""妃子笑""荷包荔""白蜡""香荔""苏州荔""鹅蛋荔"等近10个新品种,其中"糯米糍""桂味""妃子笑"等为品质佳、市场价格较高的优稀品种。种植面积较大的品种有乌叶、淮枝、妃子笑、糯米糍、桂味等。2002年,惠来组织编写广东省农业地方标准《晚熟淮枝、乌叶荔枝综合标准》。2004年12月22日,国家林业局授予惠来县"中国荔枝之乡"称号,荔枝产业成为惠来农业一大支柱产业。2022年,全县荔枝种植面积17.36万亩,产量10万多吨。

(二)**柑橘**。清雍正《惠来县志》已有种植柑橘的记载,但历来种植量极少,

糯米糍

妃子笑

岭丰糯

■ 井岗红糯　　■ 观音绿　　■ 无核荔

《潮州志》载："民国二十二年（1933），惠来柑桔产量500公斤，民国二十六年（1937）2000公斤。"1949年，全县种植柑橘面积180亩，总产量21吨。中华人民共和国成立后，柑橘生产逐步发展，1959年，全县种植面积扩大至5262亩，总产量221.5吨。1978年中共十一届三中全会后，县政府调整粮食与经济作物比例，提倡发展水田柑，每年从地方财政安排部分资金进行扶持，至1987年，全县柑橘种植面积达到2.1万亩，总产量3340吨。1949年以前，主要品种为蕉柑、雪柑、蜜柑。中华人民共和国成立后栽培的主要品种为暗柳甜橙、兰花橙、雪橙、蕉柑、椪柑、江西红橘等。1988年种植2.26万亩，总产量0.46万吨，种植面积创历史最高水平。1993年后，由于全国各地大面积种植，供大于求，价格暴跌，果贱伤农，大部分柑农改种其他作物。2000年后市场转旺，逐渐有所恢复。2004年，全县种植柑橙面积890亩，总产量582吨。

（三）凤梨（菠萝）。惠来的山地非常适宜种植凤梨，栽培历史已有100多年，民国时期《广东通志》记载惠来葵潭凤梨的资料。1949年总种植面积1556亩，总产量178吨。20世纪70年代末期，凤梨已成为惠来出口的主要商品及食品罐头工业的主要原料。主要品种有"南梨"（无刺卡因种）"北梨"（本地品种）"细果红毛梨""菲律宾""大果红毛梨"等，其中，以"南梨"适应性最广，产量也较高，种植面积占总种植面积95%以上。1987年，全县凤梨种植面积4.5万亩，总产量0.64万吨。2004年，全县凤梨种植面积2.75万亩，总产量2.06万吨。菠萝成为惠来县第二大宗种植的水果。主要品种有"南梨"（无刺卡因种）"北梨"（本地品种）"细果红毛梨""菲律宾""大果红毛梨"等，其中以南梨适应性最广，产量也较高，种植面积占总面积95%以上。惠来凤梨现代农业产业园在2019年被评为"揭阳市十大现代农业产业园"，列入"惠来县10个万亩种养基地"。2021年,全县凤梨种植面积5.9万亩。

■ 《广东历代方志集成·民国版》记载葵潭菠萝

■ 优质凤梨

(四)**香蕉**。历史上,县香蕉种植量不多。1949年,全县种植80亩,总产量194吨。1982年,县委、县政府把香蕉列为重点发展项目。1987年全县种植面积1.3万亩,总产量0.65万吨。2004年全县种植面积0.85万亩,总产量0.6万吨。主要品种有矮脚香蕉、粉蕉、米蕉。

(五)**龙眼**。惠来县栽培龙眼历史悠久,康熙《惠来县志·山川》记载:"普陀岩山,在县西北十里,五朝山之西,两石夹峙,岩祀普陀佛,有飞来钟与石香炉,岩口有泽,岁旱祷雨即应。前后荔奴百株,实颇佳种,传唐僧大颠所植,山高可以望海。""荔奴"即龙眼。但种植数量极少,1979年前零星种植。20世纪80年代后,龙眼生产逐渐发展,县委、县政府列为重点发展项目,先后引进石硖、储良、大乌丸、福眼、古山二号等优良品种。2004年全县龙眼种植面积2.16万亩,总产量0.37万吨。

(六)**主要杂果**。惠来杂果种类繁多,种培面积和产果量较多,或经济价值较高的主要有:青橄榄、乌橄榄、青梅、龙眼、柿、阳桃、梨、杧果、香黄、李、桃、油甘等。20世纪80年代以来,主要杂果年总产一般在1000吨以上。2004年,主要杂果年总产在2万吨以上。

七、蔬菜

惠来四时鲜蔬，种类繁多。清雍正《惠来县志》记载，有品种46个，中华人民共和国成立后有品种近100个。民国时期，惠来生产的蒜头和萝卜干，在国内外都享有很高的知名度。1949年，全县蔬菜种植面积3.1万亩，平均每个人口约1分地。1987年，全县种植面积6.47万亩，平均每个人口0.087亩，总产8.77万吨。除蒜头、萝卜干为历史大宗商品之外，20世纪80年代后，腌芥菜、洋葱头已发展为大宗商品销售外地，蘑菇、刀豆等也成为县罐头工业的重要原料。1992年，县委、县政府把蔬菜生产作为发展"三高"（高产、高效、优质）农业的重要项目来抓，通过调整种植结构和优化产业布局，利用冬闲土地，充分发挥资源优势，大力发展冬种生产，蔬菜生产发展迅速。至2004年，全县蔬菜种植面积达到21.46万亩，总产量41.03万吨。形成五大蔬菜生产基地，即以周田为主的芥菜生产基地，周田、仙庵为主的大蒜生产基地，鳌江为主的冬瓜生产基地，溪西为主的萝卜生产基地，惠城、东陇、神泉、隆江为主的新鲜蔬菜生产基地。2012年，蔬菜复种面积20.3万亩，总产量46.22万吨。

常年种植主要有六大类95个品种。一是叶菜类，有：春菜、油菜、芥菜、厚合、芹菜、白菜（分小白菜、广府青、包心白、天津青）、包菜（分金山、大板、本地种）、香菜、格蓝菜、菠菜、莴苣、茼蒿、芫荽、韭菜、苋菜、蕹菜、葱、西洋菜、益母草、珍珠菜。传统名种有隆江格蓝菜。二是根茎类，有：萝卜（分马耳、梅花、南畔洲、火车头）、蒜头（分南蒜、湛江蒜、普蒜）、大葱头、球格蓝、芋、竹笋、姜、指姜、南姜、大薯、马铃薯、淮山薯、姜薯、葛薯、东京薯、苏木薯、芒光、荸荠、莲藕、红萝卜、大头菜。传统名种有周田大蒜和华湖萝卜干。三是花果类，有：花椰菜、茄子（分大折茄、象牙茄）、番茄、辣椒、甜椒、韭菜花、紫色茄。四是瓜匏类，有：冬瓜、南瓜、西瓜、香瓜、黄瓜（俗称甜瓜）、苦瓜、角瓜、丝瓜、角匏、匏瓜（葫芦匏）、梨瓜、岭南木瓜、海南木瓜。传统名种有后山香瓜。五是豆荚类，有：刀豆、菜豆、豌豆、大荚荷兰豆、小荚荷兰豆、蚕豆、粉豆、燕仔豆。六是菌藻类，有：白木耳、黑木耳、蘑菇、草菇、赤菜、紫菜、可可菜、紫菜苔、香菇、凤尾菇。传统名种有靖海紫菜。

惠来县种植蔬菜种类繁多，其中主要的有：

（一）芋头。清雍正《惠来县志》已有种植芋头的记载。1949—1987年，全县每年种植1100—1500亩。一般亩产1500—2000公斤。

（二）大蒜。大蒜是惠来沿海冬种的主要经济作物，也是惠来出口量最大的农副产品，蒜头在东南亚国家很有名气，其种植历史在五百年以上。中华人民共和国成立前，种植面积及产量，没有明确的统计。1949年以来，每年种植面积5000—10000亩，蒜头总产量1800—6850吨。传统品种为"南蒜"，其生长期170—180天，亩产0.7—0.75吨。"南蒜"最大特点是味辣气香，但个头和鳞片均较小。1963年开始引进湛江蒜，70年代后取代"南蒜"而成为当家品种。80年代后又引进"普蒜"。"普蒜"味不及"南蒜"，但鳞片较大，产量也较高，销路畅，但忌高温，若开春西南风早来，产量明显下降。沿海细沙地很适宜种植大蒜。2004年，全县种植面积1.06万亩，总产0.77万吨，主要品种有"南蒜""普蒜""湛蒜"。

（三）萝卜。萝卜是惠来县的主要经济作物，萝卜加工成菜脯（称萝卜干），是大宗出口商品。20世纪90年代惠来菜脯在东南亚地区享有很高的知名度。萝卜几乎整年都可种植，但以秋冬栽培为主，其种植历史悠久。2000年，溪西镇的萝卜生产被列入2000—2004年省人大"一乡一品"议案项目，全镇年种植面积1万亩以上。2003年，按广东省农业地方标准，县组织编写《惠来萝卜脯加工技术规程》，规范了萝卜脯的加工技术。2004年，全县萝卜种植面积5万亩，总产26万吨，萝卜加工企业共有40多家。种植品种主要有马耳、南畔洲、梅花、火车头等。

（四）芥菜。芥菜（俗称大菜）是惠来县冬种主要经济作物，为农家自种自用。20世纪80年代开始进入市场，1991年后全县芥菜生产快速发展，尤以周田为最，并带动加工业的发展。全县芥菜年种植面积1.2万亩，总产2.88万吨。主要品种有大坪埔、赤叶大蕾、三稔桃等。

〔第四节〕畜牧业

县畜牧业历来以饲养牛、猪、鸡、鸭为主，其中猪、鸡有一定数量的输出。民国饶宗颐《潮州志》载：惠来年销香港生猪3万头，鸡20万只，鲜蛋400吨。畜牧业在全县农业经济中占有一定位置。中华人民共和国成立后，县人民政府实施了一系列保护和发展畜牧业的措施。农业取得丰收，为畜牧业发展奠定基础。1950年县人民政府经济建设科，设立家畜保育组，组织民间兽医一起防治牛、鸡、猪疫病。1952年引进苏联大白猪。以后陆续引进良种猪种，普及科学养猪知识，促使养猪生产大发展，上市的肥猪，每头毛重从中华人民共和国成立初期约50公斤，提高到100公斤。1987年全县生猪饲养量34.98万头，当年出栏肥猪14.5万头，牛存栏量3.09万头，羊3349头。畜牧业总产值2612万元，占农业总产值12.74%。

改革开放后，县政府根据国家经济政策，提出以市场经济调节生产，畜牧业逐渐由农村副业生产转变为商品生产，由家庭饲养转变为适度规模饲养。1998年，全县年饲养生猪50头以上重点户达153户，其中500头以上4户，5000头以上2户，并呈发展态势。2004年底，饲养生猪50头以上的重点户、专业户550户，其中500头以上42户，5000头以上4户。畜牧业结构有较大变化，原以养猪为主转变成以养"三鸟"为主。1983年全县"三鸟"饲养量86.69万只，1987年173万只，2004年1470万只，年养禽1万只以上养殖大户98户，饲养量占总饲养量的37%。形成产业化、规模化生产。2012年，全县畜牧业总产值10.58亿元，比2011年（下同）增长3.8%。肉类总产量38912吨，比增4.2%；生猪年末存栏量284893头，出栏量298140头；家禽年末存栏量319.98万只，比增1.79%，出栏量1035.17万只，比增4.07%；牛年末存栏量16524头，比增3.86%；羊年末存栏量5947只，下降5.47%。2022年，全县畜牧业总产值19.2亿元，肉类总产量35144.9吨，禽蛋总产量6446.9吨；生猪存栏18.75万头，出栏24.91万头；家禽存栏263.68万只，出栏1023.85万只；羊存栏1.05万只，出栏1.3万只。

惠来县家畜饲养品种上略有不同，全县大体分四个类型地区：（一）东南沿海养猪区，包括仙庵、周田、靖海、前詹、神泉5个镇，以养猪为主，是全县大猪上市量和产肉量最多、出栏率最高、平均头重较大的地区。1987年仙庵镇出栏肥猪1.74万头，居全县之首位。但该区养牛较少。（二）中部平原猪禽区，包括惠城、华湖、东陇、隆江、溪西5个镇，是县粮、油、糖主产区。该区水域河网多、养猪和鸡鸭数量均居全县首位。大猪上市仅次于东南沿海，母猪和种鸡种鸭数量占全县总数四成。（三）西南沿海猪、牛区，包括鳌江、岐石、南海3个乡镇。按人口比例，该区养母猪头数全县第一，上市肥猪单头量重，但数量很少。

养牛仅次于西北山区,居全县第二位。华清村的牛,体力大、拉力强。(四)西北山区牛、羊区,包括河林、青山、葵潭、东港4个乡镇和华侨农场(侨园镇)、东埔农场、葵潭农场,是县牛、羊生产基地。牛、羊数量分别占全县总数33%和36%,1985年有成年母牛1940头,母羊499头,但养猪业较差。

一、家畜

(一)猪。农村历来有户户养猪习惯,是家庭经济的主要来源之一。猪肉又是城乡人民的主要副食品,养猪关系到国计民生,对促进农业丰收关系重大。中华人民共和国成立后,人民政府重视养猪业发展。1951年发放农贷,为贫困农民解决猪苗、猪舍的资金困难,县贸易公司及时收购生猪,每担高出市价(26元)4—8元收购,解决农民卖猪困难。1953年贯彻"私养公助",积极发展畜牧业。农业合作化,农业社开始发展集体养猪,1956年全县有114个农业社养猪,总头数达4245头。全年饲养量由1950年10.63万头,增加到15.36万头,年终存栏数由1950年4.95万头,增加到6.72万头。1957年4月,县人委会决定:由县到乡到社逐级实行生猪产、购、销三包,以提高农民养猪积极性。并规定生猪购、销工作由国营食品公司统一经营,其他单位和私营商贩不得介入,并全面实行凭证定量供应猪肉。1958年公社化时,强调公养,私人养猪全部折价归公,发动群众献屋、献料、移村,建万头猪场。当年肉猪出栏量虽比上年增长65%,但年终存栏量没有增加,致使1959年肥猪出栏头数比1952年减少一半。1961年4月,贯彻"公私并举,私养为主"的办法,县拨款3.3万元,饲料粮100吨,猪苗6000头,帮助粮食主产区缺猪苗的社队和社员发展养猪,并扶持8个猪苗基地,解决精饲料不足的困难。由于采取一系列措施,1962年底生猪存栏量恢复到9.22万头,比1958年增长12.05%,其中母猪1.21万头,解决猪苗紧缺的困难。此后,生猪饲养稳步发展,1964年全年饲养量提高到20.38万头,年终存栏量达到11.21万头。1968年后至80年代初,生猪饲养量徘徊不前,农村经济体制改革后,生猪饲养有了很大的发展。1980年建立县种畜场,年繁育优良母猪种苗450头,供应饲养户。1983年母猪饲养量达到最高纪录,全县母猪存栏1.93万头,能繁育的母猪达到1.75万头,生猪饲养量31.92万头,肉猪出栏量11.25万头。1985年,县政府大力倡导发展畜牧业,要求农牧部门推广科学饲养,缩短畜禽饲养周期。1985—1986

年,县农业局畜牧股先后2次在县种畜场,按广东省1984年饲养标准,开展科学配方快速养猪试验,并将试验成果向全县推广,取得良好效果。1987年,全县生猪饲养量34.98万头,出栏肉猪14.51万头,出栏率41.5%。1990年,全县生猪饲养量35.9万头,出栏肉猪16.7万头,出栏率47%,以后出栏率逐年增长。1991年,县政府发展畜牧业生产的主要政策是:依靠科技,着力宣传,引导饲养户发展规模化生产。同年建立汕华养猪场,年饲养量3500头;1992年建立运港养猪场,年饲养量2500头,对全县适度规模养猪起到推进作用。1993年,全县养猪重点户、专业户达87户,全县年饲养量达37万头,出栏肉猪达到19.1万头。1994年,全县生猪饲养量35.8万头,出栏肉猪18.8万头,年终存栏17万头。1995年,因地方财力的制约,对县种畜场中止补贴,种畜场停止生产,母猪种苗缺乏,母猪饲养量大幅减少。1998年,全县存栏母猪4500头,年缺猪苗13万—14万头;2000年,全县存栏母猪3900头,年缺猪苗15万头,养猪业发展受到一定程度的制约。2003年,德云机械化养猪场投建,年饲养量5000头,带动全县养猪业发展。2004年底,全县生猪饲养量45.6万头,出栏23.6万头,年饲养50头以上养猪专业户550户,年饲养1000头以上养猪大户9户,养猪业向专业化趋势发展。2011年,生猪年末存栏量276873头,比2010年增长41.14%;出栏量279143头,比2010年下降3.27%。

(二)牛。农村养牛,以役用为主。1949年全县共有耕牛1.66万头。中华人民共和国成立后,人民政府发布了保护和繁殖耕牛的政策。为扶植农民多养牛,1951年发放耕牛贷款,并对耕牛实行保险。1952年全县投保耕牛1.5万头。办理赔偿耕牛216头,全额5483万元(旧人民币)。1953年,全县耕牛增加到2万头,以后数年保持稳定。1954—1956年在农业合作化中,有些农业社,排斥母牛、幼牛,不同意折价入社,造成母牛、小牛、弱牛价贱滞销,断乳后的小牛,仅值3—5元。县人委会及时召开各级干部和社员会议,反复贯彻保护母牛、幼牛的政策,拨贷款2万元,帮助农业社办小牧场,把母牛、幼牛、弱牛集中到牧场饲养。全县226个农业社,办有58个小牧场,母牛、幼牛、弱牛共3505头,得到小牧场的饲养。1956年1月,召开"惠来县第一次牧童青少年积极分子大会",到会代表228人,其中40人被评为牧牛模范。1957年耕牛存栏量达3.09万头,比1952年增长53.35%,并外调3000头,支援缺牛县。

1958年后,强调"一大二公",缺乏落实集体管养耕牛责任制,耕牛饲养受到影响,存栏量连年下降,1959年下降到2.4万头。1960年贯彻落实三级所有,队为基础的生产责任制,允许社员个人养牛。1961年针对全县耕牛数连年下降,老弱牛多(占40%)、壮牛少、母牛空孕多(占50%)、牛源少、牛力缺乏的现象,县人委会决定,把耕牛固定在生产队范围内,实行"五包一奖"(即包工分、饲料、肥料、使役、体重,超体重奖励)。1962年,总结推广东陇公社两个生产队,实行"公有私养,保重包耕"和"保重租用,养用挂钩"的经验。当时对全县管养好耕牛起着很大推动作用。

1968年,农村开展"斗私批修",提出私人不能养牛。1975年禁止社员私养耕牛,养牛再次受到挫折。1979年,农村实行经济体制改革,原属集体的耕牛,投标归个人饲料,农民个人养牛积极性又得到提高,牛价上涨,较好的耕牛每头值千元以上。1985年全县出生小牛4644头。1987年全县养牛3.1万头,其中个人饲养3.09万头。

县耕牛品种,有黄牛和水牛两大类。黄牛属陆丰种,水牛为本地种。1958年开始,曾多次引进外地公牛、母牛品种,均不适应本地环境,群众也不欢迎。80年代初,曾引进海南高峰黄牛,深受群众欢迎。其特点是耐热、耐劳、使役性能好。1984年再次引进13头(其中公牛两头),在7个乡镇中设公牛配种站,由专业户承包饲养。

县自古有葵潭、隆江两个耕牛市场。葵潭圩市为农历一、四、七日,隆江为二、五、八日。1957年养牛发展较快,圩场交易繁荣,售出外县役牛3000头,肉牛641头。人民公社化后,耕牛市场关闭。1963年重新开放。"文化大革命"时再度关闭。1979年,原集体的耕牛,投标归个人饲养,农民养牛积极性提高,当年养牛1.98万头。体制改革以后,县政府重视饲养耕牛,1981年引进海南高峰黄牛,耐热、耐劳、使役性能好,受到群众欢迎。1984年又两次引进高峰黄牛13头,其中公牛2头。是年由县政府拨款,在基层乡镇建立公牛配种站7个,选择9头公牛由专业户承包饲养管理,并进行配种有偿服务。1985年,省农业厅拨出无息贷款10万元,扶持惠来农民饲养耕牛,使农村耕牛饲养量迅速增加,1987年,全县耕牛存栏量3.09万头。1988年,实施省人大议案,在全县推行"种草养畜",改良草山草坡,发展草食动物。1991年,全县耕牛存栏量3.65万头,种草养畜工作受到国家农业部表彰。1994

年，县畜牧局在鳌江镇推广种植墨西哥类玉米、黑麦草养牛。1996年在全县推行秸秆氨化养牛，解决耕牛越冬饲料。2000年，耕牛存栏3.2万头，2004年底，存栏3.86万头，惠来县养牛业呈发展态势。2011年，牛年末存栏量15910头，比2010年下降0.47%。

（三）羊。民国时期，惠来山区有少数农民养羊，主要分布在西片葵潭、东港，东片仙庵、周田、前詹等地山区，每群10余只至三四十只，由附带劳动力放牧。自由采食，除雨天外，极少投放饲料。品种多为本地山羊。城镇附近，有少量杂交奶羊。肉食羊很少，主要是供年节及祀祭之所需，仅够县内自给。民国三十三年（1944）全县有山羊2636只。

中华人民共和国成立后，随着经济发展，人民生活提高，群众认为羊肉能壮阳补脾，需求量逐渐增大。每年冬季菜羊上市由几百只增加到千余只。1955年县总结编印了《山羊饲养管理及疫病防治技术》，进行宣传，有效地推动养羊业的发展。1959年山羊存栏量7194头。1961年县拨出部分饲料，扶植养羊业。1965年底，全县羊存栏量7854只，上市1373只，上调省239只，均为历史最高水平，此后逐渐减少。1979年，全县山羊存栏量2643只。此后，山羊饲养量有所增加，由1980年存栏3170只，发展到1984年存栏5210只。1984年后，由于大种果树，山坡草地面积减少，放牧场地受限制，山羊饲养量相应减少，至1987年羊存栏量3349头，其中东港镇约占1/4。1989年，县政府实施省人大"种草养畜"议案，山羊饲养量逐渐增加。1994年存栏量6712只，2000年存栏量8128只，主要分布在西片山区。2004年底，全县山羊存栏量达到1.57万只，饲养50只以上专业户22户，品种主要为本地山羊，另有山西山羊50余只，杂交白奶羊30多只。2011年，羊年末存栏量6309只，比2010年增长11.9%。

二、家禽

（一）鸡。在家禽中饲养量最多。1985年全县饲养量88.55万只，平均每户5.6只，比1949年增长2.9倍。品种主要是本地土鸡，个体小（成年鸡每只体重约1公斤）、产蛋性能差（每只年产蛋50—80个，每个重约40克），但抗病力强，觅食性能好，饲养条件要求不高，且肉质鲜美可口。中华人民共和国成立后，曾先后引进来航、澳洲黑、洛岛红、仙居、三黄等良种鸡,但缺乏纯种繁育,只作杂交利用,其中以仙居鸡种推广较多。1985年引进红布罗、爱拨益加等肉用鸡,进行标准化饲养试验。红布罗种养56天,爱拨益加种养49天,平均体重达2.1公斤。鸡是惠来县的主要家禽,2000年前鸡的饲养量居"三鸟"(鸡鹅鸭)之首,农村几乎家家户户都饲养,1985年全县饲养量88.55万只,农村每户平均5.6只。

  鸡的品种经过长时间改良。1979年前,鸡的品种主要是本地鸡(草鸡),抗病力强,觅食能力好,饲养条件要求不高,肉质鲜美,但个体小(成年鸡体重0.8—1公斤)、产蛋性能差(每只年产蛋50—80枚,枚重约40克)。1979年以后,畜牧部门先后引进来航、澳洲黑、洛岛红、仙居、三黄及广黄等良种鸡。1983—1985年,县农业局对仙居鸡进行推广,年推广鸡苗3万余只,对本地鸡起到一定改良作用。但由于数量有限,缺乏纯种鸡群,未能全面改良本地鸡品种。1985年,县农业局、县种畜场联合进行红布罗、爱拨益加肉鸡标准化饲养试验。红布罗鸡饲养56天,爱拨益加鸡饲养49天,平均体重达到2.1公斤。通过推广试验成果,有力推动全县养鸡业发展。1991年全县饲养鸡251万只。此后,养鸡业逐步向专业化、规模化发展。1993年饲养量361万只,1998年增至577万只,2000年达到615万只,年饲养5000只以上专业户170户。2004年,鸡饲养量有所下降,年仅514万只,但专业化、规模化程度有所发展,年饲养5000只以上专业户296户,饲养1万只以上专业户30户。品种主要有:福清(K9)、穗麻、石歧杂、本地鸡(草鸡)。

  (二)鸭。历史上养鸭较多,因需一定水面供其澡游,助长发育,故不如鸡饲养广泛。1985年全县养鸭47.91万只,比1949年增长5.1倍。中部三河汇合地区,东部狮石湖畔,西南鳌江一带为养鸭的主产区,有专业户成群经营。鸭的品种,母鸭以麻鸭为主,每只年产蛋200—240个,每个重60克。公鸭以番鸭较多,平时需添小鱼虾及低值贝类等动物性饲料,才能提高配种受精率。肉鸭为坭鸭,系番鸭与麻鸭杂交育成。鸭的饲养粗放,一般80—90天,每只重1.5—2公斤。曾引进北京鸭,但数量不多,推广不全面。1988年,华湖石井养鸭场引进英国樱桃谷鸭3000只作为种鸭,东陇镇引进福建大眉600只、北京白300只作为种鸭,优良品种逐渐普及,饲养量迅速增长。1990年后,随着畜牧科学技术的推广应用,优良品种引进普及,养鸭经济效益逐渐提高,养鸭业迅速发展,逐步形成产业化生产。1993年,全县养鸭184.6万只。1994年，东陇镇开始推行母鸭人工授精技术，提高种蛋的受精率，由原30%左右提高到80%。鸭的饲养量进一步增加，1998年全县养鸭357万只，2000年733万只，开始超过鸡的饲养量，2001年802万只，2002年848万只，养鸭5000只以上专业户137户。2003年，县有法M14种鸭场一个，饲养种母鸭1.2万只，法国巴巴里R71公鸭400多只。2004年底，全县鸭的饲养量近1000万只，年饲养1万只以上的大户47户，形成产业化生产，成为畜牧业经济一大支柱。

（三）鹅。养鹅以水草丰盛地区较多，饲养量远不及鸡、鸭，但鹅的个体大，素食，饲养期短，周转快，经济效益好。品种为本地土种鹅，一般饲养3个月，每只重3.5—4.5公斤。曾引进阳江鹅和狮头鹅适应县内饲养，很受群众欢迎。1989年，县畜牧局在华湖南山岭场开展柱花草粉配合饲料养鹅试验；1994—1996年在鳌江、华湖等镇开展种植黑麦草养鹅示范推广，对全县养鹅业起到一定推动作用。2000年，全县养鹅2.5万只，2004年达到3.6万只。

三、鸵鸟

1998年，靖海镇创建鸵鸟养殖场，从南非引进80只种鸟。1999年引进100只红颈种鸟，年产蛋2000多枚。2000年该场饲养鸵鸟6451只，种鸟250只，2004年饲养鸵鸟3200只。

〔第五节〕农业经营体制和农村经济体制改革

在漫长的土地私有制时代，惠来农村农民的经营形式均为各户单干，农忙季节相互换工。民国时期，部分农村有农民自己组织起来的互助组这一形式的劳动组织。互助组大体上以亲朋为纽带，农忙季节，孤儿寡妇户也能得到优先照顾。民国三十五至三十七年（1946—1948），广东省政府建设厅训令各县组织渔业和农业合作社。这一时期，惠来沿海渔村成立起30个渔业股份合作社，部分地区也相继办起农业合作社和农场，省府给予一定的渔贷和农贷。但大体上都未能按章程实施而流于形式，无船渔民、少地农民也不可能在这种经营体制中获得多少实惠。中华人民共和国成立后，农业的劳动组织形式和经营体制根据生产力发展的需要而发生了重大变化,这些变化逐步把农业生产引向更深层次的发展。

一、农业生产合作社

农业生产合作社是在互助组的基础上建立起来的,是农业个体生产转变为集体经营的一次重大变革。1952年秋土地改革结束惠来农村开始开展以互助合作为中心的大生产运动。最先成立具有典型意义的是一区寄陇乡方章麟互助组。全组7户,其中孤寡3户,常年帮工,互助互利。1952年,全组水稻平均亩产380公斤,比全县平均亩产237.5公斤高出143公斤;1953年,全组水稻平均亩产提高到503.5公斤,比全县水稻平均亩产248.5公斤高出1倍。1953年春,响应中共中央关于在农村开展互助合作的号召,以方章麟互助组为先进典型在全县范围进行宣传发动,至年底,全县共成立互助组3742个,入组户数2.4万户,占总农户数37.05%,其中常年互助组250个,户数1955户,占总农户数3.01%。1954年,全县互助组增至5612个,参组户数4.14万户(人口18.53万人),占总农户63.09%,其中常年互助组1334个,1.23万户(人口5.27万人),占总农户18.67%。当年2月,粤东区第二届劳动模范大会在汕头市隆重召开,方章麟互助组和东山乡陈庆信互助组被授予模范互助组的称号。

互助组这一小规模的生产组合虽有利于互助互帮,但对于抗击自然灾害的能力毕竟有限,更谈不上能够开展农田水利设施的建设。1954年2月底,县首批常年互助中的方章麟、陈庆信互助组在扩大户数的基础上,首先转办为初级农业生产合作社(简称初级社)。方章麟互助组在转为合作社(社主任方章庭)时,坚持入社自愿,退社自由的约法,规定土地入股分配占总收获的42%—45%,扣除种子肥料等生产成本和提留少数公积益金之后,余下部分按劳分配。夏秋间,各区乡又新办8个初级社。至年底,全县共有初级社89个,入社农户3551户,占总农户5.41%。

1955年秋,贯彻中共中央"全面规划,加强领导"的方针,在全县范围内开展扩社和建社,掀起了农业合作化高潮。至1956年春,全县共办起初级社412个,入社农户3.59万户,占总农户54.3%。

1956年,农业合作化进入新的层次,多数初级社合并扩大为农业高级合作社(简称高级社)。高级社取消土地分红,耕牛、农具折价归公,收获全部实行按劳分配。至年底,全县组建成高级社293个,入社农户5.26万户,占总农户78.57%。初级社减为178个，入社农户1.05万户，占总农户数15.75%。全县入社农户占总农户数94.33%，基本实现了农业的社会主义改造。

在创办高级社的过程中，一些地方仓促上马，经济管理跟不上去。1957年春夏间，富裕中农首先发难，在农村中掀起一场退社风波。县委、县政府根据中共中央《关于整顿农业生产合作社的指示》精神，及时进行整顿。整顿主要内容是：提高经营管理水平，调整健全劳动组织，推行"三包一奖"的责任制，（即对基层生产单元——生产队实行包工、包产、包种成本——种子、肥料、农具、耕牛等，超产奖励的办法）。实行劳动定额，按件报酬，搞好收益分配，妥善处理好耕牛、农具入社等各项政策遗留问题。经整顿，风波平息，人心安定，农业社这一经营体制得到巩固，生产和经营管理也逐渐走上轨道。至年底，全县高级社增至480个，入社农户6.73万户，占总农户数96.55%；初级社降剩19个，入社户数1546户。高、初级农业社入社的总户数共6.89万户，组织面占总农户数98.77%。

在农业合作化的过程中，农田水利建设同时形成高潮，并具体、生动地显示了它的优越性和强大力量。1955—1956年，全县先后完成大双、双枚、水磨潭、茫溪等6座小型水库和鳌江堤闸、西塘引水设施及16座山塘的建设任务，总灌溉面积7.5万亩，并使另3万亩农田解除了咸潮的威胁；同时，改造2.61万亩的单造田为双季稻田；1956年，首创粮食种植面积、单产和总产三超历史的最高水平。原计划用2年时间，结果仅用7个月的时间（1957年7月至次年2月），就完成了77.8公里，基堤宽8.6米，高11.5米，大小建筑物69宗的隆江大堤修筑任务。

二、人民公社

1959年9月，根据中共中央《关于在农村建立人民公社问题的决议》的精神，县撤销了乡镇建制，建立为工农商学兵"五位一体"，农林牧副渔五业一统的政治和经济、生产和政权组织合一的5个大公社。这些公社是：红旗公社——由原惠城镇、神泉镇和堡内、东陇、秀水里、前詹合并而成；红光公社——由原隆江和河田、凤镇、后山、岐石乡合并而成；红星公社——由原葵潭镇和兵营、青坑乡合并而成；红江公社——由原东港乡、楼内乡合并而成；东红公社——由原靖海镇和周田、华林、资深、仙庵、田心乡合并而成。公社下设管区和生产队。公社成立初期,实行平均主义的分配制度。

1959年4月,开始实行《统一领导、分级管理、三级核算》的规定。公社以下的原行政村改设为生产大队,生产大队辖多少不等的生产小队。在经济核算中,生产大队为基本核算单位。规定在总收入中扣除生产费用25%,国家税金7%,提交给公社作公积益金10%,生产大队公积益金7%,其余50%分给农民。生产大队对生产小队实行包产、包工、包成本和超产奖励的制度,并开始允许社员经营小量自留地和小规模的家庭副业。

1961年3月恢复惠来县建制(1958年12月撤销合并入普宁、潮阳2县),将原来5个大公社调整划分为19个公社,404个大队,3582个生产小队,并于4月开始贯彻《中共中央关于农村人民公社工作条例(草案)》(简称《六十条》),针对群众的迫切要求,着重解决"两个平均主义"(平均分配和产品平调),贯彻按劳分配的原则。1962年,继续贯彻《六十条》,进一步调整生产大队和生产队的规模,确定以生产队为核算单位,有效地保障了生产小队的自主权,从根本上解决"平均主义"和"共产风"的问题,使人民公社"三级(公社、大队、生产队)所有,队(生产队)为基础"体制得到巩固,有效地调动了农民的生产积极性。广大群众称赞"这是真正爱人民吃饭的政策"。

在"文化大革命"期间,这一政策受到冲击,按劳分配的制度曾一度被"政治评工""政治评粮"所代替,农民的自留地曾一度被取消,正当的家庭副业被当作所谓"资本主义尾巴"而列入批判内容,农副产品不准上市,农民的生产积极性被挫伤。

三、农村经济体制改革

1981年起,以家庭为单元的承包经营农业在全县推行。1983年,按照中共中央关于《当前农村经济政策若干问题的决定》,惠来县做好两件事:一是实行政社分设,撤销从1958年建立的人民公社,建区设乡;二是全面推行家庭联产承包制,结束人民公社"三级所有,队为基础"的管理模式。到1983年底,全县联产到户的生产队4711个,占总数的99.83%;落实联产承包18.56万户,占总农户97.97%。放手发展多种形式的合作组织,处理好承包关系中"统"与"分"的关系,宜统则统,宜分则分,承包是前提、基础、核心,统与分都通过"包"来完善,使家庭在农业经营上有自主权,解放农业劳动力,推进农业经济的"两个转化":即从自给半自给的自然经济向大规模的商品经济转化,从传统农业向有中国特色的现代化农业转化。

1984年,惠来县贯彻中共中央《关于一九八四年农村工作的通知》精神,在稳定和完善联产承包责任制的基础上,县政府放宽农村经济政策,扶植"两户一体"(即重点户、专业户、经济联合体),制订14条措施,其主要内容包括:延长土地承包期限至15年;切实保护"两户一体"的合法权益;允许农民个人经商和长途贩运;根据发展商品性生产的需要,鼓励农民承包较大面积的山地、水域,进行开发性生产;对承包山地种果、造林等效益慢的项目,适当延长承包年限。积极发展农村商品经济,引导农民发展高价值的经济作物,有计划的调整农业种植结构,粮经(粮食作物和经济作物)比例由1983年的79.3:20.7,调整为75:25。农业获得丰收,粮食单产、总产均创历史新高。农业重点户和专业户1.53万户,新的经济联合体6144个。随着农村商品经济的发展,农村生活水平显著提高,1984年农民人均收入275.1元,比1983年增22.2%。

1986年,围绕发展农业生产,组织产前、产后服务,按照"大稳定、小调整"的原则,对机动田提留过多和山地承包过分集中的问题,做适当调整,进一步落实联产承包责任制,完善以家庭经营为基础,以服务为中心的合作经济。1987年,县根据发展有计划商品经济的要求,逐步改革农产品统派购制度,建立并完善农产品市场体系,主要是完善粮食合同定购制度,实行合同定购和市场收购并行的"双轨制";其他农产品,则实行自由购销。

1992年,县委、县政府按照中共十三届八中全会精神,提出要搞好农业深度开发,主要是树立大农业商品经济的观念,发动群众,有计划、有组织地大力发展果林业、畜牧业、水产业和加工业,达到最大的产出和较佳的经济及生态效益。具体目标是改造宜果林地,以山坡地发展水果生产为重点,兴办家庭果林场,集体筹资连片开发,部门单位和农民联合开发,实行立体种养,逐步达到集约化、商品化和基地化,开创"种养加工相结合,农工商一体化,产供销一条龙"的农村经济新格局。至1997年,全县水果种植到达面积32.94万亩,比1992年增加6.9万亩,其中荔枝面积17.44万亩,比增6.6万亩;水产养殖面积4.8万亩,增加1.2万亩；水产品总产量位居全国百强县（市）第59位；禽畜饲养、蔬菜种植也逐步实现基地化、规模化，全县形成以水果、水产、禽畜、蔬菜为主的"四大商品基地"。

1994年，在稳定联产承包的基础上，发展农村股份合作经济，推进农村土地经营权的改革，出现不少以开发性项目、资金、技术、劳力参股经营和以土地经营权入股的新型农村经济组织。全县以种养、捕捞为主的农村股份合作组织达到443个，为农村经济发展注入新的活力。

1995年，以"两田制"（即口粮田、承包田）和股份合作制为重点的农村体制改革逐步推进。全县521个经济合作社，实行"两田制"的有404个，耕地面积24万亩，占全县耕地总面积的77.5%。

1998年，县委、县政府下发《关于进一步稳定和完善土地承包关系的通知》。对第二轮土地承包工作进行部署，具体是稳定和完善以家庭承包经营为基础，统分结合双层经营体制，落实土地承包期再延长30年的政策，推进农村股份制等多种所有制经济发展。1999年，第二轮土地延长承包工作全面完成。

2002年，围绕实施新《土地管理法》，对土地管理作出新的规定。在承包期内，承包者可以将其承包土地的经营权依法转让、转包、入股、互换、联营、出租等，土地承包经营权有偿流转的收入受法律保护。

农村经济体制改革，使农业得到迅速而全面的发展。2004年，全县农村经济收入53.4亿元，农民人均收入2945元。农业（包括种、林、牧、渔）总产值17.59亿元（1990年不变价计算）。粮食播种面积达57.11万亩（包大豆），总产21.9吨；蔬菜播种面积21.46万亩，总产41.03万吨；水果种植面积40.3万亩，总产9.98万吨。牧业、渔业生产稳步发展，全年肉类总产量3.79万吨，水产品总产量7.73万吨。

〔第六节〕国营农林场

中华人民共和国成立以来，惠来县先后建立一批地方国营农林场，属全民所有制单位。

（一）葵潭农场。场部设在鳌江镇人民政府驻地附近，在惠城西南28公里处。

总面积26平方公里,1987年人口3541人。场地原属国民党抗日爱国将领翁照垣将军创立的葵丰农场和爱国华侨林连登先生创立的惠民垦殖公司。1949年人民政府接管后,创办为粤东行署农林干部学校。1952年改为粤东区第一示范农场。1955年开始使用机械拓荒,改称为国营葵潭机械农场,隶属省农业厅。1956年隶属省华南垦殖局,并改称为葵潭农场。1962年隶属汕头农垦局(1985改粤东农垦局)。主要经营橡胶和水果。橡胶种植面积7200多亩,年产干胶280吨左右。主要水果有荔枝、生柑、菠萝等,其中荔枝种植面积3100亩,年产500吨左右,优良品种有"冇粟仔""桂味"和"糯米糍",是世界银行水果良种培养中心和省农垦粤丰公司联营的水果商品基地。1987年定为副处级单位,隶属广东省汕头农垦局,1993年隶属揭阳市农垦局,社会及环境等事务由惠来县管理。2021年,更名为"广东农垦葵潭农场有限公司"。2022年,全公司总面积21平方千米,下辖4个作业区、2个村委会(湖美、南湖)、3个社区(场部、惠民、葵峰),人口6008人,在岗职工141人。2022年公司实现社会总产值2.81亿元,营业收入742.07万元。

(二)大南山华侨农场。场部设在距惠城西面21.5公里处。总面积48平方公里,1987年人口1.4万人。1960年为安置东南亚归国难侨而建。1978年为安置越南难侨,从兵营公社划入5个大队。两次共安置来自越南、柬埔寨、缅甸、泰国、老挝、印度、马来西亚、印度尼西亚、新加坡等国家的归侨3719人。隶属广东省华侨农场管理局。主要经营茶叶、胡椒、水果和粮食种植,兼有制鞋、制茶、电力修配、毛织、建材、粮食加工等工业生产。全场种植茶叶4000多亩,胡椒1200多亩,水果5500多亩(其中荔枝3200亩),粮食作物1万多亩。年产茶青1300多吨,干胡椒50多吨。制茶厂2个,年产干毛茶90吨,其中乌龙茶行销国内外。PRC塑料泡沫拖鞋最高年产量达342万双,以出口为主,是广东泡沫拖鞋的最大厂家。该场今改为侨园镇。

(三)青坑林场。场部设于惠城西北23.3公里处。1958年4月创建,隶属汕头市林业局,为市属4个主要林业基地之一。总面积36平方公里,1987年人口950人。经营山地4.35万亩,造林3.24万亩,其中杉1.09万亩,松2.11万亩,森林覆盖率为90%。1978年以来年产木材3094立方米。1983年种植青橄榄400亩,5500株。

境内蕴藏大量白色瓷土,有待开发。

(四)**南海农林场**。场部在惠城西15.8公里处,面积40平方公里,海岸线长6公里。1987年人口1.08万人。1959年10月建立国营赤岑防护林场,隶属广东省林业厅。1964年与1961年创建的国营双湖农场(隶属汕头地区农垦局)合并为农林场,改为县辖。1982年划归南海公社辖管。建场前从和双村至林沟村一带有海滩沙地4.2万亩。从宋天启五年(1625)以来,先后被荒沙吞没18个村庄和万亩农田。1961年开始,营造防护林5407亩。1964—1968年又大面积造林2.4万亩,从而堵住了荒沙,稳定了生产,近6个镇场受益面积达6万多亩。场以经营林木为主。宜林地1.7万亩,占总面积94%,已全面绿化。

(五)**东埔农场**。场部在惠城西南19公里处。1959年11月创建,隶属粤东农垦局。总面积21平方公里,1987年人口7530人。已开垦利用土地面积2.36万亩,耕地6104亩。1966年造防护林4422亩,1982试种橡胶成功,获国家科委的"橡胶树在北纬18—24度大面积种植技术"发明奖。1986年橡胶种植面积4694亩13万株,开割5.5万株,制干胶117.6吨。场除经营经济林之外,还经营农业和水果业。1991年改称"广东省东埔农场",属全民所有制企业,1993年隶属揭阳农垦局,2021年1月1日改称"广东农垦东埔农场有限公司"。2022年实现社会总产值2.15亿元,主营业收入284.61万元。

(六)**四香果林场**。场部在惠城北面4.2公里处。总面积2平方公里,1987年人口370人。1958年由红旗公社(即惠城镇)所办,称四香综合农场。1964年曾在场设惠来县共产主义劳动大学,主授水果栽培技术。1965年为县辖企业,称四香果林场。主种荔枝、生柑。1987年有荔枝1040亩,生柑215亩,杂果100亩,其他经济作物100亩。年产荔枝在170吨—200吨之间。该场因已撤销建制,成为惠城镇四香行政村。

第十三章

工业经济

〔第一节〕明清时期的工业概况

惠来县明清时期工业基础极其薄弱,历史资料关于工业的记载仅有零星散见。惠来自明嘉靖年间置县时,已有陶瓷、砖瓦、制盐、制糖等工业生产。清康熙廿六年、雍正八年惠来县志记载,县已有纺织手工业,出产葛布、苎布、蕉布、青麻布、黄麻布、棉花布,大部分属自产自用。还有以蔗糖为原料加工成冰糖,以及磨面粉、碾米、磨豆腐、榨油等农副产品加工工业,也有打绳索、织草席等手工业。

一、陶器生产

惠来县生产陶器历史悠久。据传在明朝中期,从外地来的陶器师傅,见新圩村一带环境土质适合生产陶器,便选址搭棚定居进行生产。"隆江八景"之一"墨斗吐烟",说的就是当年新圩村的陶器生产作坊。

明代,惠来县已有东溪窑(今属惠城镇)和北溪窑(今属葵潭镇)生产瓷器,至民国末年,两处瓷窑仅存遗址,不知何时停产。而圆墩村在中华人民共和国成立初期仍生产瓷碗,从附近挖取高岭土,利用溪水动力,以水碓舂泥,以当地山草作燃料烧制。所产瓷碗,平底,碗壁既高且厚,白胎蓝花,很有特色。后来亦停产了。

同治《惠来县志·山川》记载惠城镇泗竹埔村(莿竹埔)东溪窑生产陶器的情形:"东溪窑山,在县西北四十里,两峰旁峙,中有一小涧,莿竹埔乡人搭茅屋数间,以水碓舂泥,用以陶碗。"

惠来县《第三次全国文物普查成果集》记录惠城镇泗竹埔村"东溪窑址":

"东溪窑址位于广东省揭阳市惠来县惠城镇泗竹埔村西三公里处的山坡。据资料记载建于明代,明至清代,这里原有18条窑,属馒头窑,面积约5万平方米,主要烧制的有瓷碗、盘、杯、碟及陶罐等,碗、盘、碟上釉明亮如琉璃。现窑址已毁,周围只剩下碗、盘、碟等碎片的堆积物,厚达3米多。窑址对研究明清以来民间陶瓷烧制及彩绘艺术具有较高的价值。"

同治《惠来县志·山川》记载葵潭镇圆墩村(员墩)北溪窑生产陶器的情形:"北溪窑山,在县西北六十里,山名员墩,临一小涧,庵美角乡人搭茅屋,水碓舂泥陶碗,与东溪二陶,备乡邑器用。"

惠来县《第三次全国文物普查成果集》记录葵潭镇青坑村"豪猪窝窑址":"豪猪窝窑址,位于广东省揭阳市惠来县葵潭镇青坑村西南面的半山腰上,盛产于明朝至民国期间。属龙窑,长60米,遗存有堆积物达3米多厚,面积约2500平方米,烧制的瓷器有碗、盘、杯、碟,也有陶器。现窑址已被铲除,遗存有碗、盘、杯、陶罐等碎片,分布范围约1000平方米。窑址对研究明清以来民间陶瓷烧制及彩绘艺术具有较高价值。"

二、盐业生产

惠来地处南海之滨,拥有111.53公里海岸线,明清时期县域海岸线更长,历来"鬻海之利"颇丰。"鬻海之利"即盐业利润,盐业乃国家专利行业,盐官则是美差,人人趋之若鹜。惠来盐业发展源远流长,封建时代曾经是全县的经济支柱。明代"清廉天下冠"的岭南名臣、监察御史、惠来人谢正蒙痛感盐法遭受破坏,愤而写下《盐法不堪再壤疏》,得到朝廷重视。康熙初年沿海迁界,惠来沿海各乡迁离海边30里,盐场废弃,食盐腾贵,导致老百姓挑海水煮盐。

惠来沿海滩涂面积广阔,海水的波美度在18° Bé—25° Bé,常年蒸发量193厘米,每立方米海水可晒盐13.3公斤。明嘉靖时已有专业灶户422户,采用盐灶蒸煮,官府设立场使专管。明万历三十一年(1603),全县有灶户422户,工人1390人,有盐田30.78顷,埕墒595墒。属潮阳县隆井场惠来栅。至清雍正年间,发展为蒸晒法制盐。雍正八年(1730),惠来栅墒从隆井场分出,成立惠来盐场,设盐课大使,管辖赤洲、田中、华房、华埔、东围、金东、文昌、靖海、林美共9围盐田。全县合计592.5塥（每塥面积大小不等，平均3方丈），8030公亩。每年定额收盐2.91万包。乾隆二十五年（1760）增收576包。惠来盐场所产的原盐，除配给惠来埠盐6057担外，余者由神泉港运出经海门、达濠，入澄海县长桥口，查验后运潮安广济桥应配。县每年额征菜盐饷银1541两。

（一）惠来盐场沿革。明嘉靖三年（1524）惠来置县，辖惠来、大坭、酉头、龙溪、隆井5都，当时隆井盐场管辖5个栅埕：平湖栅、古埕栅、古丁栅、神山栅、惠来栅，前4栅地属潮阳县，唯惠来栅属于惠来县。但盐场却以"隆井"命名，可能是该处盐场产量较高的缘故。明及清初，惠来栅埕一直由隆井盐场管辖。

清雍正八年（1730）奉文分辖隆井场、惠来场，隆井盐场管辖范围东接达濠城河东场界，西接惠来县界，南至大海，北邻庵埠。下辖浦东、古埕、渡头、东溪头、平湖、东平湖、西沧洲7围，盐田650塥5分。盐仓设在潮阳县城南，距潮阳县城20里，距潮州府城140里。

惠来栅埕从隆井场分出后，成立惠来盐场。惠来盐场管辖范围东接陆丰县海甲栅界，西接隆江城池边塘汛，南连大海，北接惠来县城。惠来盐场设盐课大使，管辖赤洲、田中、华房、华埔、东围、金东、文昌、靖海、林美共9围盐田。盐仓位于惠来县隆井都赤洲乡，距县城10里，距潮州府城210里。

（二）原盐生产及生产税。各场收盐，岁有常额，明代、清初，惠来场每年额收盐29064包，每包150斤。

清雍正年间及以后，全县盐田合计650塥5分，晒池4406口。灶丁1390人，灶田30顷78亩。共额征课银678两6钱9分4厘6毫7丝，全部由隆井场征收汇解。

乾隆十九年（1754），根据实际情况重新确定各盐场限额，上报朝廷核实，超奖减惩。如额外多收一、二分者，记功示奖；多收三分以上者，附请议叙协办委员，遇缺题补。倘额内少收，责令知府确查，实因本年积雨连阴，较往岁为甚，则减收三分以下者，姑准记过；若减收至四分以上，即行咨斥。如阴雨未甚，乃由纵容售私之故，不论多寡，严参究审。

乾隆二十五年（1760），惠来场增收盐576包，即每年额收盐29640包、444.6万斤。

（三）原盐运输及运输价格。惠来场产盐除坐配惠来埠外，余归海运，由神泉港经过赤澳、海门、达濠汛，入澄海县属之长桥口查验，直抵潮州府城广济桥应配。运送惠来场盐，涉历大海、内河，小船不能辁运，用圆底海船七八只，或由长桥进港，或由东陇口进港，水路都是30里。原盐由海运到口之时，报明巡船司事，书役覆验舱口，尺寸相符，给单放行。由港口水路60里至广济桥下盘查所报验，尺寸符合，搬入海运大船。如果运省，由神泉港经过佛堂门、虎头门查验，直抵东汇关应配。每水程一张载引250道（每道235斤），每程计盐58750斤。

各埠有桥上桥下之别，桥即广济桥，海阳、潮阳、揭阳、澄海、饶平、惠来、普宁称桥下埠，就场配运，其余皆为桥上埠，桥上埠与桥下埠额饷各不相同。各埠运盐由有司填给水程照运，分别远近定以到埠限期，一般在10—50日，海阳、潮阳、揭阳、澄海、惠来、饶平、普宁等桥下埠填限10天。大埔埠限15天，丰顺埠运桥盐限10天，运场盐限20天。

食盐运输有加价银和脚银（俗称"脚皮费"）。惠来场盐每100包加价银1两，由场官具领，分给各晒场。另外，因场地离河湾远，每100包加脚银7两，作为雇夫挑运之费，由船户具领。

潮州府城有公馆一所，供盐场人员至郡城时住宿。该公馆建于雍正十一年（1733），造价银260两，在花红盐价内支给。有馆役一名，每月工食银6钱，在场脚加价银内支给。

（四）食盐销售及销售税。食盐销售属于国家专利，各县皆设埠地销售食盐。惠来总埠位于县城西门外，下辖8个子埠：靖海、神泉、赤洲、隆江、伍山、葵潭、梅林、金东洲。惠来总埠销售的食盐例就场配，坐配惠来场盐，每程用本境小船水陆25里运至总埠，收仓销售。

朝廷确定"引目提纲"（分菜引、渔引，菜引即食盐，渔引乃渔盐，菜引征税较高，渔引征税较低），即税率。惠来埠与海阳埠、潮阳埠、揭阳埠等一样，每菜引一道行盐235斤，征收：额饷银5钱9分8厘8忽，平头银2分1厘3毫6丝，硃引奏银1分2厘1毫4丝，道库银4厘6毫6丝4忽，解费银4厘7毫8丝4忽，京饭食银8厘9毫7丝2忽，加价银1分5厘6毫6丝8忽，公费银1分5厘6毫6丝8忽，杂项银3分9丝6忽，盐价银2钱3厘6毫6丝8忽。每渔引一道行盐235斤，征收：额饷银2钱9分1厘9毫2丝，平头银

1分1厘2毫6丝，砾引奏银1分2厘1毫4丝，道库银2厘2毫8丝，解费银2厘3丝6忽，京饭食银4厘3毫8丝，加价银1分5厘6毫6丝8忽，公费银1分5厘6毫6丝8忽，杂项银3分9丝6忽，盐价银2钱3厘6毫6丝8忽。

各埠食盐售价俱系部颁定数，运输程限时间长的埠价较高。清代康乾时期，惠来埠每斤卖银5厘，与海阳、潮阳、揭阳同价。普宁埠6厘，大埔、嘉应每斤7厘，平远8厘，广西的宁都、兴国高达1分以上。

朝廷对食盐销售征收埠地课额。惠来埠递年额菜引2577道3分3厘3毫6丝，配盐6005674斤1两6钱1分6厘，额征菜饷银1541两2钱6分8厘5忽9微8沙4尘4渺6漠7末1逡8巡（内除由县径解运库抵补虚粮银38两3钱5分3厘7毫外），运同实征菜饷银1502两9钱1分4厘3毫5忽9微8沙4尘4渺6漠7末1逡8巡，平头银53两7钱9分5厘5毫，砾引奏银31两2钱8分9厘，道库银11两7钱2分2厘7毫，解费银12两2分3厘3毫，京饭食银23两1钱1分9厘，加价银40两3钱7分8厘3毫，公费银40两3钱7分8厘3毫，杂项银77两5钱6分6厘7毫，盐价银524两9钱1分7厘5毫。

（五）设立"盐务衙门"、隘口维护专利经营。专利政策靠严刑峻法来维持。盐业属于高利润行业，铤而走险，贩卖私盐，任何年代都存在，但贩卖私盐在任何时代都是非法的。宋太宗时规定：私煎私贩成盐一两者决15杖，200斤以上者刺面解京处置，三人以上成伙私贩、持武器及为首者处死。但利之所趋，生死罔顾，封建时代私盐活动屡禁不止。

1. 盐业管理人员的设置。为了维护朝廷的垄断利益，明清时期封建朝廷在交通要道设立隘口，负责堵截私盐。隘口人役由运同随时调遣，根据需要设巡丁若干名。惠来隘口设在神泉港，离县城20里，有巡船一只，水手5名。卖盐的埠地安排巡丁巡逻，惠来总埠有巡丁12名，属下8个子埠共有巡丁42名，另外于盐岭、双溪、崩坎、径口等偏僻处，共设巡丁13名。

惠来盐场归属隆井场代管，隆井场设大使一名，每年俸银31两5钱；皂隶2名，每年工食银12两。衙署原设于潮阳县凤洲地方，清代前期坍塌无存。盐场大使多寄居潮阳民舍。雍正八年（1730），大使纪功详请修建衙署，奉文查议。惠来知县张诏美以隆井场所管神山、古丁、古埕、平湖等栅，与潮阳仅一河之隔，历来大使俱驻潮阳，议详于潮阳城内置买地基，购料修建。是故惠来县内没有盐场衙署。

2. 雍正《惠来县志》记载历代隆井场盐课司大使。

明代：张宝，嘉靖年人；周于德，隆庆年间任；黄桂芳，隆庆年间任；李昌，从善人；李进，平南人；刘廷恺，慈溪人；苏秦高，柳州人；俞显珍，南昌人；刘钟，漳州人；官天禄，邵武人；李锷，绍兴人；李应元，邵武人；孙克恭，峄县人；陈三相，山阴人；姚维烜，晋江人；王世宾，湖广人；以上俱万历年间任。戴大有，桐庐人；倪梓，仁和人；吴子澄，长洲人；以上俱天启年间任。杜庆，宁国人；张治维，庐江人；洪运升，临川人；周化玉，眉州人；王端本，闽县人；以上俱崇祯年间任。

清代：王国瑞，山阴人，顺治年间任；余之俊，大兴人，康熙四年任；冯荣祖，大兴人，康熙九年任；薛应达，长安人，康熙二十二年任；杨凤祥，余姚人，康熙二十六年任；李有诚，登州人，康熙三十五年任；徐绶，顺天大兴人，康熙五十三年任；范焕，顺天宝坻人，康熙五十七年任；陈以第，江南青阳人，雍正五年任；纪功，江南宝应人，雍正八年任。此后未见记载。

（六）盯期、生产工艺。从海水到成盐生产过程称为盯期，盯期长短受各场生产条件及季节的影响。据县志记载：隆井场春冬2日一盯，夏秋一日一盯，盐颗小，色白，每两洗沙4分；惠来场春夏秋抢收一日一盯，冬季二三日一盯，盐颗小，色黄，每两洗沙3分。

由于历代官府对制盐业严加控制并任意掠夺盘剥，致使盐工生活贫穷，加上盐价低，盐民求温饱尚有问题，无能力扩大再生产，以致制盐工艺几百年相沿不变，堤围与池等设备陈旧落后，缺乏防御自然灾害的能力，造成产量低、质量差。《惠来县志》（2002年版）记载惠来县传统制盐工艺，分制卤和结晶两道工序。制卤又分沙埕制卤和水埕制卤法。

1. 沙埕制卤法。涨潮时纳入海水，储于塌头水堀。晴天上午八九点钟将沙埕的沙塍耙松，深度以收集后装满沙塌为度。蒸发力强时，加喷海水于沙塍，让其蒸发，使盐分附于沙粒之上。下午三四点钟，收集咸沙，运至塌床，加压踏实，戽上海水灌浸过滤成卤，浓度10%—16%之间，集于卤缸，然后灌至结晶池，继续蒸发浓缩成盐。次日，挖出过滤后的淡沙，堆于塌床两边，再运回沙幅均匀铺平，灌注海水咸化后又收集至塭床滤卤,周而复始。

2.水埕制卤法。纳入海水于储水塘中,供蒸发制卤用。晒水深度,根据潮汐期长短和蒸发强度,灵活掌握。一般头池约3厘米,以后依次减薄。雨季短汛则薄晒勤跑,每天过卤,采取一步一卡,卤咬卤留水底等操作法。直至饱和后灌于结晶池。

三、古代县志有关工业的史料记载

明清时期,惠来先后有6次编修县志,明代两次修志已轶,清康熙廿六年张秉政编修的《惠来县志》成为惠来历史上最早的记载惠来历史的"百科全书"。此后,查曾荣、张珰美、周葆熙所编修的志书内容逐渐增多。从周葆熙于同治六年重梓的《惠来县志》,搜集到古代惠来的工业主要有:磨银器、开采锡矿、盐业、织布、制糖等,其中,盐业的内容较为详细。

(一)**磨银器**。同治《惠来县志·山川》记载:"砂岗,在县西三十三里,中有一堀,仅如箕大,出砂匀细圆滑。随取随盈,可磨银器,锻银者需之。"

可见,早在明清时期,惠来已有银器银饰磨光行业。

(二)**开采锡矿**。同治《惠来县志·山川》记载:"议者以县龙来自珍珠簾、大小茅坪,奸民开采锡矿,大伤风水,屡经厉禁,亦所不免。"

从记载可以看出,珍珠簾山、大茅坪山、小茅坪山隐藏丰富锡矿,明清时期已有敢冒风险的民众前往开采,官府屡禁不止。

同治《惠来县志·保护县龙》记载,清康熙年间,惠来县令查曾荣颁布严禁在珍珠簾山、大茅坪山、小茅坪山开采锡矿的禁令。

(三)**盐业**。同治《惠来县志·盐课》记载清初至清雍正年间惠来盐场生产、盐工和税收情况,从某一个时间节点上可以看出明清时期惠来盐业的生产规模。同治《惠来县志·盐课》记载:

"惠来一栅隶本县,通场岁办原额盐课六百七十八两六钱九分四厘六毫六丝五忽六微二纤,灶田三十顷七十八亩一分七厘六毫八丝三忽,每亩征银二厘一毫二丝五忽。埕塭五百九十五塭,灶丁一千三百九十丁,共额银六百七十八两六钱九分四厘六毫七丝。"

"康熙二十一年奉文加增灶田课银,隆井场加增灶田课银一百五十三两六钱五分一厘二毫五丝。"

"埠额引饷。本县埠额,销埠引二千五百七十七道三分三厘六毫六丝,每道引配盐二百三十五觔。"

"本县每年额征菜盐饷费银一千五百四十一两二钱六分八厘零四忽九微零八沙四尘零四渺二漠七末一逡八巡。"

（四）织布行业。同治《惠来县志·物产》记载明清时期惠来能织出较为精细的葛布:"布帛之属。为葛布,精细者佳,为苎布,为蕉布,为青麻布,为黄麻布,为棉花布。"

（五）制糖行业。同治《惠来县志·物产》记载:"货之属。为盐,为乌糖,为白糖,系甘蔗汁煮成。为冰糖,糖就釜烹炼,劈鸡卵搅之,令渣上浮,至火候熟,倾钵中俟坚,碎钵取出,洁白可爱,其坚如冰。为饴糖,为芝糖,为葛蕨粉,为蜂蜜,为柏油烛,为青金烛,为薯瓤,可染渔网。"

制糖行业除了红糖、白糖,还详细介绍冰糖的生产过程。还有磨制葛蕨粉,制作蜡烛,以及可染渔网的薯瓤。

〔第二节〕民国时期的工业概况

民国时期的工业有造船、织网等,溪西新圩村的陶器在1926—1929年享有盛名,隆江的农具产品品种齐全,隆江张财合菜刀、张和合锄头、张才利铁耙,靖海黄三合锄头、刘顺兴铁钉、葵潭"千字号"锄头、丁斧、神泉柯顺和船钉、江盛船锚、陈凤宜锄头,都是县内较有名气的产品。神泉的造船工业,1943年,年产140吨级的包帆船200艘、网仔船100艘。葵潭的竹制品成为县内重要的支柱产业,享有"葵潭竹笠""茶街箩"美称。

1989年惠来县地方志办公室《惠来概况·经济》记述:"1949年以前,全县仅有酿酒、烟丝、制锅、酱油、印刷、火柴等几个私营工场和红糖、榨油、磨面、碾米、陶瓷、造船、铁竹木农具、家具、五金、修配、刻印、缝衣、砖瓦、贝灰、织席、绳索、糖饼、豆腐等个体手工业。"

民国二十四年（1935），惠来运往汕头销售的工业产品有：原盐1500吨，黄糖2500吨，薯粉7500吨。这些工业产品，虽是来自在城乡的个体生产，但已是惠来县国民经济的重要组成部分。

全民族抗日战争时期，国民党抗日名将翁照垣回潮汕期间，一面继续抗日，一面大办实业发展经济，他在葵潭和汕头永兴街创办"兴记行"，在葵潭区西岭肚村办矿场，设点收购附近村民开采的锡矿，铸成锡锭，运销潮汕各地。兴办兴隆药酒厂，生产"长春""虎骨木瓜"等补药酒，畅销潮汕及惠州各地。

1949年，全县工业总产值353万元，其中全民所有制工业6.27万元，占1.77%；合作社经营22.46万元，占6.36%；个体手工业225.26万元，占63.81%；私营工业99.01万元，占28.05%。个体手工业和私营工业占九成以上，个体手工业占据绝对优势。全县工业总产值仅占工农业总产值8.8%。中华人民共和国成立前夕，全县从事金属制品业88户231人，从事木业167户287人，从事竹器专业人员113人，副业1135人，从事陶器业13户22人。其中：惠城金属制品业11户28人，木业24户36人；隆江金属制品业25户68人，木业65户112人；神泉金属制品业15户37人，木业11户37人；靖海金属制品业16户35人，木业35户67人；葵潭金属制品业14户42人，木业18户35人。

一、主要工业门类

（一）榨土糖。惠来为潮汕地区蔗糖主要产区之一。据《潮梅现象》记载：汕头糖业公会估计，全潮汕区产糖，揭阳十之三，惠来十之二，惠来年产糖量常年10多万担（如按比例推算，1934年潮属产糖量有200多万担，则是年惠来产糖量应为40万担以上），约80%输出县外。饶宗颐1948年《潮州志》记载：惠来甘蔗产量最高（1927年）达400万担，1935年销出县外土糖达50万担。

土糖品种有红糖（也称青糖或黄糖）、土白糖、赤砂糖、冰糖等，以红糖为主。全县各区均有产糖，以一区（惠城）、四区（隆江）为多，其红糖质优，价也较高，称为"南青"和"隆青"，多销往华中、华北；五区（葵潭）、六区（梅林）糖质较差，销往毗邻县缺糖区。土白糖、赤砂糖、冰糖等输出也不少，但自进口白砂糖大量流入以及嗣后揭阳糖厂建成之后，"机白"充斥并占领市场，惠来"土白"逐渐缩减。

（二）**磨薯粉**。番薯在惠来县普遍种植，常年产量五六十万担，为农村主要副粮，除作粮食及饲料外，用以磨粉，县内自给有余，年可输出数万至十数万担，由汕头转运上海并销往华中华北地区。惠来生产薯粉之优质者称"雪粉"，提供出口。

（三）**晒萝卜干**。惠城、隆江一带均盛产萝卜，主产区为华湖，年输出量少则数千担（每担100斤），多则数万担，运香港转销南洋。

（四）**榨花生油**。本县多砂质土，宜种花生。全县年产花生数万担，多时达十万担。东区片为主产区，隆江、溪西、岐石一带产量也颇大。花生多用于榨油，全县年输出花生油数千担。

（五）**食盐**。年产约10万担，年输出税盐约3万担。私盐输出估计也有数万担，主要渠道有三：经雷岭过潮阳；经盐岭过普宁；经葵潭转鲤湖、河婆等地。

二、私营作坊

民国时期，惠来县私营工业，几乎全属手工生产的小作坊。多数作坊主有祖传的生产技术，掌握生产中的主要工序，依靠自家劳力为主，雇用少量工人，住宅和生产场地连在一起。私营作坊分布于惠城、隆江、葵潭、靖海、神泉等圩镇，用传统的生产工艺进行手工生产。经营方式多数是前店后厂，亦工亦商，产品自产自销。如惠城梅饼、五味姜，靖海豆粿，神泉朥饼，葵潭蜜梅，隆江冬瓜糕、绿豆饼，均为本县名产。葵潭的竹木制品供应县内农渔业生产及人民生活所需，隆江孔美村的草席编织全县有名，神泉的造船、打铁、打索、烧灰等手工业颇盛。这种小作坊民间不称为工厂，而习惯叫"铺"。酿酒的叫"酒铺"，制烟丝的叫"烟铺"，犁鼎铸造的叫"犁鼎铺"。民国时期，惠来县的主要工业行业有：

（一）**酱油业**。较有名的有惠城镇的"陈周盛酱油铺"，它创于清咸丰年间，生产酱油、酱料，代代相传，到1949年已传21世。所产的晒油和甜油，闻名全县。方健合创于20世纪20年代，产品畅销县内外。1949年5月，惠来县全境解放时，5个主要圩镇有方健合、陈同发、桃李园、民丰、源兴等大小20余家酱油作坊，工人约144人（包括铺主家属）。

（二）**酿酒业**。1949年前，私营酿酒小作坊遍布城乡，采用传统的陶瓷发酵，土灶锡龙蒸馏。较大的铺号有和兴、兴巧、仁记、源盛等25户。产品主要有糖涂酒、米酒，多数销县内。少量销往邻县。

（三）烟丝业。民国时期，县生产销售烟丝的铺店共15户，分布各圩镇。每家烟丝铺有工人3—7人。压烟、切烟，全是手工操作。烟丝主要销县内，也有小部分销往陆丰甲子。余佳兴、黄丰兴、罗荣昌等烟丝厂的产品盛销潮普惠陆一带。其中葵潭有烟丝生产批发商户5家。

（四）凉果业。清光绪年间，葵潭镇已有蜜饯生产，称为蜜料铺。民国末，葵潭有元兴、元丰、裕元、广香等4户较大的蜜料铺加工作坊。产品销往陆丰、惠阳一带，一些脯制品（如梅脯）通过水路，直销广州、香港以及东南亚各国。葵潭的"蜜梅""老香橼"是闻名国内外的传统产品。

（五）犁鼎铸造业。民国时期，隆江镇有长兴和公成两户犁鼎铺，生产犁头、犁壁和铁锅。全部雇用工人生产，依靠人力鼓风、下料、浇铸，产品销往全县。

（六）印刷业。民国末期，惠城镇有五股东集资兴办铅字印刷厂，名为惠来县葵峰印务所。有四度八开平台印刷机1台，小号圆盘机1台，主要印刷各种报表账簿，并承印当时惠来出版的小报，兼营纸张文具，工人、学徒共6人。1949年全县解放后，葵峰印务所仍继续经营。

三、个体手工业

1949年前，县个体手工业行业繁多，其中以铁器、木器、竹器生产为主。所生产的生活用品和小农具，基本上能满足县内人民生产、生活上的需求。

（一）铁器生产。清末民初，潮阳、普宁、大埔、五华等地铁匠迁入惠来县，从事铁器生产，手工生产各种铁制用具、农具。隆江镇有条"打铁街"，长约100米，街道两边几乎全是打铁铺户，产品畅销全县。"打铁街"曾是隆江圩标志性地名，21世纪初仍保留民国时期风貌。

（二）木器、竹器生产。木制家具、农具有100多种，多数按产品门类专业生产，如农具类有水车、木犁、木桶；家具类有桌、椅、床等，都是以业主为主，雇用二三名工人就可经营的专业户。规模较大的有神泉镇的造船（木船）业。民国二十九至三十二年（1940—1943），神泉的造船业有了很大的发展，潮阳海门、陆丰甲子等地都来订造木制渔船。竹业主要产地在葵潭镇。因龙江河流经该镇，两岸翠竹茂密，故原材料取之不尽。主要产品有竹笠、竹箩、竹筐、畚箕等，畅销本县及邻县。

（三）**陶器生产**。民国初期，溪西镇新圩村以产陶器而著称。民国十五至十六年（1926—1927）是该村陶器生产最盛时期，生产工人有140多人，年产110窑。后因税收加重，造成产值日趋下降。民国末年，东溪窑（今属惠城镇）和北溪窑（今属葵潭镇）两处瓷窑仅存遗址，不知何时停产。圆墩村在中华人民共和国成立初期仍生产瓷碗，从附近挖取高岭土，利用溪水，以水碓舂泥，以当地山草作燃料烧制。所产瓷碗，平底，碗壁既高且厚，白胎蓝花，很有特色。后来亦停产了。

1949年惠来县圩镇手工业情况表

行业名称	户数	从业人员（人）			资金额（元）		
		合计	工人	业主	合计	固定	流动
铁器	52	128	43	85	12281	8771	3510
水车	30	63	/	63	3504	2174	1330
木犁	12	28	1	27	782	348	434
家具	22	34	5	29	1345	470	875
木屐	32	45	6	39	1560	845	715
造船		151	151	/	4500	4500	
竹器	142	363	21	342	4807	324	4483
棺材	21	68	3	65	7715	2817	4898
绳缆	13	25	11	14	602	344	258
贝灰	26	129	33	96	7790	3491	4299
砖瓦	26	345	42	303	13000	7800	5200
陶瓷	2	149	149	/	5891	1500	4391
豆腐	71	152	/	152	3851	2699	1152
缝衣	76	89	1	88	7712	7669	43
磨粉	31	81	/	81	2739	1843	896
粉丝	33	80	/	80	2016	864	1152

（续表）

行业名称	户数	从业人员（人）			资金额（元）		
		合计	工人	业主	合计	固定	流动
修理自行车	13	20	/	20	1879	929	950
修理钟表	9	13	/	13	802	490	312
木器修理	4	4	/	4	305	145	160
五金修理	20	31	/	31	717	657	60
其他行业	109	321	111	210	17007	8104	8903

四、锡矿开采

（一）兴业公司和集益公司联合开采。民国十七年（1928），葵潭区西岭肚村农民发现当地表土含锡矿砂。于是，群众开始淘洗锡矿砂出卖。表土锡砂已尽，经挖坑掘井寻矿，又在凤地山上发现锡矿脉。从此上山挖锡人数增多，同时出现私营锡丰、宝藏等公司收购锡矿。民国十八年（1929），兴业和集益两个较大的公司联合，垄断了矿山。一些小公司，有的被挤垮，有的被吞并。民国二十八年（1939），集益和兴业两大公司在利益分配上发生内讧，加上日军占领汕头，水运断阻，锡锭滞销，公司陷入困境。民国三十年（1941），西岭肚村农民在凤地山发现另一矿源，蕴藏量比先前发现的更加丰富，于是农民们相率上山开采，当地势力群体以挖矿破坏"地灵"为名，禁止农民上山开采。

（二）"兴记行"垄断西岭锡矿场。民国三十一年（1942），西岭矿发生一宗抢劫杀害案，案情重大。西岭肚村的地主怕受牵连，委托赋闲在家乡葵潭的抗日名将翁照垣出来斡旋解决。翁照垣利用个人威望顺利摆平这件棘手的事情，并趁机将西岭矿的开采权拿到手，开了一间"兴记行"进行开采。民国三十二年（1943），集益公司首次招收工人采矿，实行月薪制。邻县农民纷纷前来矿山做工。但采矿设施落后，且矿工生活待遇差，每个壮劳动力每月工资约三斗米。

民国三十三年（1944），葵潭镇的"兴记行"挤掉"兴业公司"，独资开采锡矿，派矿警把整个矿山控制起来。此后，矿工采得的矿砂，须低价售给"兴记行"。有些资本家前来矿山开设开采公司，须通过一定的社会关系，征得翁照垣同意后，方可开采。所得利润四、六分成，40%的利润交给"兴记行"。当时，在西岭矿开设的采矿公司有60多家。"兴记行"在葵潭镇的新乡仔和戴厝顶（今葵潭镇玄武社区）兴建炼锡炉两座，工人约50人，日炼锡最高达1吨。葵潭镇富翁楼还设立锡箔加工厂。到1950年西岭锡矿区共产精锡矿约3000吨。

1949年，西岭矿获得解放，县政府派出工作人员到西岭矿场，组织工人成立工会，设立矿砂收购站，300名解放军前来矿山参加采矿。

（三）其他矿场。 除西岭肚、凤地山外，县境还发现多处锡矿。民国三十年（1941）6月以前，经县批准发证开采锡矿的有：五区头寮乡头寮坑，领证人黄海；六区黄竹坑，领证人蔡熙；四区石牌坑，领证人吴克敏；六区径子杭陂下，领证人张质圆；五区南洋仔乡九黄坑，领证人济群公、张文广；四区葵潭二行铺仔、甲头母虾地，领证人黄旭初；四区葵潭三坑山、牛过、红岭、头陂坑，领证人方鼎铭；四区葵潭葵亭村、蟹地、佛山、狗门坑，领证人林世洲。矿区总面积278.94公顷。

五、煤矿开采

清道光二十一年（1841），龙溪都头屯村的农民杨胡昭在该村后壁栏山发现煤矿，并在该处挖小土窿进行开采。随后，每年冬季农闲时节，头屯村的农民便三五成群到后壁栏山开采煤矿。清同治五年（1866），惠来知县下令禁止当地农民开采，派兵到头屯村，看守矿山窿洞。此后，农民前来采煤，须先征得官方同意，由地方士绅作担保，并缴纳开采所得10%交给官府，方可从事采矿作业。

1920年，葵潭区里仁乡大地主黄立把持煤矿开采。1933年，葵潭区资本家黄应合插手矿区开采权。1938年，矿区开采权为汕头大资本家郑桂清所把持。

后来，头屯村农民重新三五合伙上山采煤，郑桂清买通官府进行镇压。当地农民提出抗议，手持锄头、尖串与官兵对抗，官府不得不作出一些让步。1946年，翁照垣得到该煤矿的开采权。

六、海盐生产

1935年，惠来运往汕头销售的原盐有1500吨，可见盐业生产已成惠来县重要工业行业。1949年前，全县有盐工3600多人，共有盐田1.86万公亩，年产原盐4800吨。

民国时期，惠来盐场辖十围，面积1.86万公亩。计有：赤洲围59堪1500公亩、华埔围59塥1765公亩、华房围34.5塥2800公亩、东围108塥1300公亩、田中围83塥1200公亩、文昌围48塥3000公亩、靖海围32塥1988公亩、益案围30塥1090公亩、林美围106塥1500公亩、华清围2499公亩。这些盐围，主要分布于神泉、东陇、靖海、岐石等镇。

民国三十三年（1944），惠来县盐场分署从潮桥盐场公署中划出，与陆丰县合并成立陆惠盐场，归粤东盐务管理局管辖，同年12月撤销，惠来盐场重归潮桥盐场公署管辖。

民国时期，制盐工艺几百年相沿不变，堤围与盐池等设备陈旧落后，缺乏防御自然灾害的能力，造成产量低，原盐质量比其他县差。虽有制订原盐质量标准，但各盐围生产都未执行，盐质随市场销路而变化。虽有丰富资源和良好晒盐天然条件，但盐业生产一直无法得到大的发展。

〔第三节〕中华人民共和国成立后惠来工业的起步和发展
（1949—1979）

中华人民共和国成立后，县人民政府利用县内工业资源，开始兴办国营工业企业，自力更生，艰苦创业，从无到有，逐步建立地方国营工业，并对私营工业和手工业进行社会主义改造。1950年，全县工业产值仅有367.05万元，比1949年增长3.98%；占工农业总产值4329.05万元的8.48%。1952年，全县有铸鼎、酿酒、烟丝、酱油、印刷等12户私营工业，分散在惠城、隆江、葵潭等圩镇，生产工人135人，从业人员53人。1952年，工业产值占社会总产值11.43%。1954年成立县委工业部、人委工业科，专门领导全县工业生产。这一年，政府接管隆江鼎厂、惠来印刷厂，至1956年，全县分散在各圩镇的烟丝、酿酒、酱油三个行业的8户工厂进行公私合营，形成了以公有制为主体的地方工业体系。工业生产以每年平均递增11%的速度持续发展。1958年"大跃进"和撤销惠来县制并入普宁县、潮阳县，使惠来工业发展经历了严重的挫折。1960年，工业产值1825.14万元，比1959年减少4.59%；占工农业总产值26.05%。1961年恢复惠来县制，贯彻中共中央对国民经济"调整、巩固、充实、提高"的八字方针，工业有了稳步发展。1962年，工业产值1164.59万元，占社会总产值17.67%。1970年前后，兴建了罐头厂、糖厂、电机厂，全县工业产值2571.19万元，比1969年增长20.57%，全县工业得到恢复和发展。1979年，全县工业产值6309.63万元，比1978年降低0.4%；占工农业总产值17253.63万元的36.57%；占社会总产值34.73%。

一、中华人民共和国成立后惠来工业概况

中华人民共和国成立前夕，全县工业只有酱油、烟丝、酿酒、制锅、印刷、火柴等几个私营工场和红糖、榨油、磨面、碾米、造船、陶瓷、铁竹木农具、家具、五金、修配、刻印、缝衣、砖瓦、贝灰、织席、绳索、制盐、糖饼、豆腐等个体手工业。设备简陋。工艺落后。从业人数少。生产能力低下。1949年全县工业产值仅353万元（1980年不变价），占工农业总产值4010万元的8.8%。

1951年，县贯彻对私营工商业实行"利用、限制、改造"的政策，分别成立了"烟丝联营社"和"酒业联营社"。1954年，县政府设立工业科，加强对私营工业的改造和管理，并着手筹建国营工业。先后创办地方国营惠来印刷厂，组建地方国营惠来县犁鼎厂。1956年，私营工业进行公私合营改造。原烟丝联营社转为公私合营惠来烟丝厂；酒业联营社合并转为公私合营惠来酿酒厂，并在五个圩镇（惠城、隆江、葵潭、神泉、靖海）设分厂；全县21户私营酱油业合并转为公私合营惠来县酱油厂。至此，全县建成国营厂2家，公私合营厂3家，基本上结束了个体分散的小作坊生产阶段。1957年，全县工业总产值1358.26万元，比1949年增长2.8倍，占社会总产值17.16%。

"大跃进""文革"时期，工业生产一度下降。1963年，全县工业产值下降为996.33万元。1963年后，县贯彻中共中央关于"调整、巩固、充实、提高"八字方针，对国营工业进行了调整整顿。1965年，工业产值1459.87万元，比1964年增长14.61%，占社会总产值16.04%。1968年重建葵潭煤矿，1969年重建县陶瓷厂，1970年新建农机修造二厂和县果子厂，1971年新建县罐头厂，1972年新建糖厂和重建鱼露厂，1973年新建电机厂（后改为县电器厂）。至1978年，全县共办起国营工业14家，二轻集体工业12家，工业门类、规模开始有较大转变。工业产值达到6334.98万元，占社会总产值35.35%。1978—1979年，是惠来工业迈步发展的崭新时期。县

委、县政府抓住改革开放的良好机遇，发挥人缘、地缘和政策优势，采取了一系列强有力的措施，外引内联，推动惠来工业迈出新步伐。

中华人民共和国成立后，1949—1979年，惠来工业经济经历了若干不同情况的历史发展时期。

（一）中华人民共和国成立初期（1949—1952）经济恢复时期。第一个时期为中华人民共和国成立初期（1949—1952）的经济恢复时期。1949年秋，县人民政府开始发动群众开展减租减息的斗争。1950年工业产值367.05万元，其中：全民所有制工业6.27万元，合作社经营工业40.79万元，个体手工业238.56万元，私营工业81.43万元。1951年6月开展"退租退押、清匪反霸"的"八字运动"，12月开始土改试点工作，至次年秋完成了全县的土地改革工作。经过一系列运动，真正翻身当主人的广大劳苦群众的劳动热情空前高涨，支离破碎的经济得到恢复。1951年工业产值396.94万元，其中：全民所有制工业21.95万元，合作社经营工业68.59万元，个体手工业230.45万元，私营工业75.95万元。1952年，工农业总产值5044.26万元，比1949年增长25.78%。其中工业产值462.26万元，比1951年增长16.46%，占工农业总产值9.16%（轻工业占6.19%、重工业占2.97%），占社会总产值11.43%；三项产业国内生产总值比重87.51∶6.65∶5.84。

1950—1952年，工农业总产值年平均为4518.06万元（其中工业产值占9.05%）。

（二）国民经济第一个五年计划时期（1953—1957）。第二个时期（1953—1957），国民经济第一个五年计划时期，即"一五"时期。1953年秋，完成了全县6万多渔业人口的渔业民主改革运动；1954年开始实行农业合作化，并开始发挥集体的力量，开展农田水利设施建设。在此期间，同时完成对私营工业、手工业的社会主义改造，生产力得到空前的发展，抗拒自然灾害的能力逐年加强，经济建设成效显著。这一时期，工农业总产值年平均为7039.07万元（其中工业产值占14.10%），比前时期年平均增长55.83%。是惠来经济发展的第一个"黄金时期"。

1953年，工农业总产值5727.89万元，其中工业产值565.89万元，比1952年增长22.42%，占工农业总产值的9.88%。1957年，国内生产总值比重

81.89∶10.97∶7.14；工业产值在社会总产值所占比重为17.16%。

1953年工业产值565.89万元，其中：全民所有制工业61.11万元，合作社经营工业182.55万元，个体手工业237.68万元，私营工业84.55万元。到1957年，工业产值1358.26万元，其中：全民所有制工业641.96万元，合作社经营工业243.61万元，公私合营工业164.19万元，集体所有制工业277.99万元，个体手工业30.515万元。全民所有制和集体所有制工业已经完全碾压公私合营和个体手工业。

（三）"二五"时期（1958—1962）。第三个时期（1958—1962），即"二五"时期。这一期间，国民经济和物质生活严重困难（1959—1962）。1958年9月，实行人民公社化，全县农村合并为工、农、商、学、兵"五位一体"，农、林、牧、副、渔五业政社合一的5个大公社（红旗、东红、红光、红星、红江）。在"大跃进"浪潮中，不切合实际的"共产风"和浮夸风以及反科学的生产措施曾一度使经济和生产造成严重损失。1958年12月撤销惠来县建制，分属普宁、潮阳。1959年，浮夸风升级至政治运动，在原全县区域农村开展"反右倾、鼓干劲、拔白旗、插红旗"的生产政治运动。1959—1961年，原县区域内经济陷入十分困难的境地，粮食和物资奇缺，物价飞涨，包括机关干部在内的全县人民均处于半饥半饱的生活状况。在此期间，兴办了煤矿、陶瓷、酱油、造纸等一批工业企业；修通地方公路100多公里。这些建设成果，为后来工农业生产的发展奠定了基础。1961年3月恢复惠来县建制。1962年，贯彻中央"六十条"，纠正了"共产风"和浮夸风，开放了农贸市场，给农民一定自留地，并鼓励开荒自救。这期间（1958—1962），工农业总产值年平均为7240.98万元，对比"一五"计划时期，年平均增长2.87%；其中，工业产值占工农业总产值22.35%。

1958年，工业产值1584.1万元，比1957年增长16.63%，占工农业总产值17.74%。1962年，工业产值1164.59万元，比1961年降低27.44%，占工农业总产值18%；国内生产总值比重79.47∶12.3∶8.23；工业产值占社会总产值比重17.67%。

1959年，全县工业产值1913.03万元，其中全民所有制工业1086万元，集体所有制工业827.03万元，全民所有制工业和集体所有制工业势均力敌。

1961年，全县工业产值1605.06万元，其中全民所有制工业870.26万元，集体所有制工业705.54万元，个体手工业29.06万元，全民所有制工业和集体所有制工业仍然相差不大。

（四）三年调整时期（1963—1965）。第四个时期（1963—1965），即三年调整时期。惠来县认真地贯彻执行中共中央对国民经济"调整、巩固、充实、提高"八字方针，压缩基本建设投资，工业实行必要的关停；适应农村生产发展的以生产队（每队由20多户组成）为核算单位的经济体制得到全面贯彻，全县经济迅速恢复和发展。工农业总产值年平均为7731万元，比"二五"计划时期，年平均增长6.77%；其中工业产值占工农业总产值16.1%。

1963年，工业产值996.33万元，比1962年降低14.45%，占工农业总产值6534.33万元的15.25%；1965年，工业产值1459.87万元，比1964年增长14.61%，占工农业总产值9336.87万元的15.64%。1965年，国内生产总值比重为80.49∶10.48∶9.03；工业产值占社会总产值16.04%。

1964年，全县工业产值1273.72万元，其中全民所有制工业750.73万元，集体所有制工业519.49万元，个体手工业3.5万元，全民所有制工业占据绝对优势。1964年轻工业产值占工农业总产值15.73%，重工业产值占工农业总产值1.67%；1965年轻工业产值占工农业总产值13.95%，重工业产值占工农业总产值1.69%。

（五）"三五""四五"时期（1966—1975）。第五个时期（1966—1975），即"三五""四五"时期，时逢"文化大革命"。

这一时期的前期，由于"左"的错误思想的冲击，正常的社会秩序、工作秩序都遭到不同程度的破坏，直接损害了国民经济的发展。1968年，工农业产值和粮食总产均大幅度下降。1970年以后，随着政治气候转变，动荡混乱的无政府主义局面和工作秩序逐步恢复正常，国民经济建设随之逐渐步入正轨，按照需要和可能，先后兴建了果子厂、陶瓷厂、罐头厂、糖厂、农机二厂、电机厂等一批地方国营企业，使工业产业结构渐趋合理，经济发展平稳，工农业总产值年平均递增6.5%，其中，工业产值年平均递增13.24%。这一时期，工农业总产值年平均1.14亿元（其中工业产值占26.31%），比前一时期年平均产值增长47.59%，其中工业年平均产值比前一时期年平均产值增长141.51%。

1966年，工业产值1772.83万元，比1965年增长21.44%，占工农业总产值10226.83万元的17.34%；1968年，工业产值1795.02万元，比1967年降低16.55%，占工农业总产值8748.02万元的20.52%；1970年，工业产值2571.19万元，比1969年增长20.57%，占工农业总产值10754.19万元的23.91%；1973年，工业产值4120.483万元，比1972年增长20.93%，占工农业总产值13271.48万元的31.05%；1975年，工业产值4419.89万元，比1974年增长1.29%，占工农业总产值13778.89万元的32.08%。1975年，国内生产总值比重为66.06：21.81：12.13；工业产值占社会总产值30.19%。

1967年，全县工业产值2151.02万元，其中全民所有制工业1158.22万元，集体所有制工业992.8万元，全民所有制和集体所有制工业各占半壁江山。1974年，全县工业产值4363.8万元，其中全民所有制工业2464.84万元，集体所有制工业1898.96万元，全民所有制工业占工业产值56.48%。

（六）"五五"时期（1976—1980）。第六个时期（1976—1980），即"五五"时期。这一时期，卓有成效地改善了全县的生产条件，农业经济出现新的发展局面。这一时期，也做了一些错事。1977年7月，县革委会作出《关于堵住资本主义若干问题的决定（修改稿）》，制订从各方面和各条渠道断绝资本主义来源的10条土政策，在全县实施割"资本主义尾巴"的运动，严重挫伤农民的生产积极性，并造成商业萧条，怨声四起。1979年后，全国各地在中共中央十一届三中全会精神指导下，扭转了各种"左"的指导思想，充分尊重生产队的自主权，允许因地制宜发展多种经营，重新开放农贸市场，国民经济步入良好的运行轨道。这一时期，惠来县工农业总产值年平均1.79亿元，比上一时期年均产值增长56.53%，其中工业年平均产值比前一时期平均年产值增长98.05%。

1976年，工业产值5148.09万元，比1975年增长16.48%，占工农业总产值15341.09万元的33.56%；1979年，工业产值6309.63万元，比1978年降低0.4%，占工农业总产值17253.63万元的36.57%。1979年，国内生产总值比重为60.23：25.05：14.72；工业产值占社会总产值34.73%。

二、国营工业起步良好

（一）20世纪50年代良好的发展势头。随着新中国的诞生，惠来工业迎来破茧蝶飞的新生势头。1951年5月，惠城粮食加工厂投产，是县第一家国营粮食加工厂。同年接管了隆江私营火砻厂，改建为隆江粮油加工厂。1954年1月创建地方国营惠来县印刷厂。同年3月又创建地方国营惠来县犁鼎厂。1956年，新建葵潭、隆江两个地方国营电力厂。惠来县开始有了县办国有工厂，并且出现良好发展势头，生产和经营情况蒸蒸日上。

1956年在对私改造的高潮中，全县私营的酱油、酿酒、烟丝3个行业，实行全行业公私合营，建立了公私合营惠来酱油厂、酿酒厂、烟丝厂。同时接管了神泉、狮石、周田3户私营粮食加工厂，改建为周田粮食加工厂，并把靖海供销社的粮食加工组转为靖海粮食加工厂。这些粮食加工厂，由县粮食局统一管理，独立核算、自负盈亏。1957年底，全县已有国营粮食加工厂6家，县办地方国营厂2家，公私合营厂3家，职工总数151人，企业规模较小，但生产扎实，经济效益好。

据1962年《惠来新志（初稿）》记载："1957年底，我县已建立起有色金属、电力、金属加工、烟丝、酿酒、酱油、印刷等八个厂，全部职工247人，其中生产工人180人。即：专区营西岭场职工76人，其中生产工人53人；地方国营四个厂，职工55人，其中生产工人37人；公私合营三个厂，职工116人，其中生产工人90人。此外，还有民窟矿山六处，工人2821人。"

据1962年《惠来新志（初稿）》记载："'一五'计划（1953—1957）期间，工业产值完成2091.89万元，比1952年平均每年增长283%。从几种主要产品来看，锡精矿完成2329吨，比1952年平均每年增长78.4%；白酒889吨，比1952年平均每年增长11%；铁锅98944个，比1952年平均每年增长27.1%；发电量14万度，比1952年平均每年增长180%。"

（二）撤销惠来县制使惠来国营工业遭受挫折。1958年初，创建惠来县农机修造厂（后称农机一厂），惠来县神泉海肥厂和惠来县澳角鱼露厂。同年底，撤销惠来县制后，原惠来县印刷厂、县农机厂搬迁到流沙镇，并入普宁县地方国营印刷厂和农机厂。把公私合营的酱油厂、酿酒厂、烟丝厂和地方国营犁锅厂，下放给当地人民公社，成为公社的工业企业，使县刚起步的地方国营工业受到影响。同时又在县境内大建地方国营厂。先后有：电力厂（厂址惠城）、造船厂（厂址神泉）、海肥厂（厂址神泉）、钛铁矿场（场址神泉）、瓷厂（厂址葵潭）、水泥厂（厂址隆江）、煤矿（矿址葵潭头屯）、锡矿（矿址西岭凤地山）；并把个别手工业社和公社办的工业升级为县办国营厂。计有新圩陶器社、惠城造纸厂、惠城贝灰厂、惠城化工厂。由于发展过快，技术设备不配套，普遍存在产供销不协调的问题。加上体制变化，管理不善，个别厂矿无法投产，大部分厂生产极不正常。据县工业部门1960年底统计，县境内地方国营厂共16家，其中有9家亏损，盈亏相抵，净亏5.43万元。全员劳动生产率是1957年的28.57%。据1962年《惠来新志（初稿）》记载：1958—1960年，工业基本建设投资939.78万元，每年平均比1957年增长89.1%。

1. "大跃进"大办工厂。据1962年《惠来新志（初稿）》记载：1958年"大跃进"，全县工业基本建设投资68.88万元，比1957年增加373%。国营和公私合营厂矿从8个增至21个，职工总人数3484人。新建的厂矿有燃料系统的葵潭煤矿、隆江石油厂；建筑系统的隆江水泥厂；机电系统的惠城电力站、神泉造船厂、惠城农械厂；化工系统的篮尾（周田杭美）化肥厂、神泉化肥厂、澳角海肥厂；食品系统的葵潭果子厂等13个工厂。还有由手工业社和矿业社转为地方国营的西岭矿场、隆江陶瓷厂、葵潭瓷厂。

2. 土法上马"大办钢铁"。这段时期，惠来城乡出现"大办钢铁"的闹剧，1958年8月24日，惠来县第一炉钢铁在惠城钟丘洋铁厂出炉。据1962年《惠来新志（初稿）》记载：全县投入钢铁生产的多达115952人，机关干部、部队、学生、工人、农民，一齐出动，日夜苦战，上山挖煤、挖矿、砍柴、烧炭，并以惠城、隆江、葵潭、靖海和周田的关门为基地，建起"小土高炉"150个，土坯炉2000多个。

3. "亮点"也很突出。据1962年《惠来新志（初稿）》记载：1958—1960年，原煤产量54269吨；发电量136万度，平均每年比1957年增长800%。有色金属工业有很大发展，1958年锡精矿产量674吨，比1957年增长25%。稀有金属的生产也成长起来，1958—1960年，共产"独居石"10吨，锆英石124吨。石油工业投入生产，1958—1960年共产原柴油360吨。化工工业3年生产大批产品：盐酸20吨、土化肥12640吨、钾镁肥1374吨、高级农药"鱼藤精"5吨、土农药154吨、卤块21吨。建筑原料工业有很大发展，1958—1960年，试制成功并生产"250号"以上的土水泥295吨，贝灰32488吨，平均每年比1957年增长49%。轻工业方面，1958—1960年，生产日用陶瓷741件，平均每年比1957年增长49%。试制成功土纸、纸板、肥皂等新产品。

（三）恢复惠来县制后重现稳步发展势头。1961年3月，重新恢复惠来县制。下半年开始贯彻中共中央对工业"调整、巩固、充实、提高"八字方针，对"大跃进"时期新办的地方国营厂，先后进行不同的处理。原属集体所有制的手工业社，全部恢复为集体经济。电力厂划归县水利电力局管辖。西岭锡矿转归汕头地区有色金属公司经营；原4家下放给人民公社管理的国营厂和公私合营厂收归为县办国营厂，对暂时不具备生产条件的8家厂矿先后关闭。

经过几年的调整，至1965年，全县县办国营工业企业仅存6家，职工总数263人，产值139.9万元，全员劳动生产率5220元，比1963年提高2倍。地方国营工业在调整巩固中有所发展。

1966年"文化大革命"初期，工业生产虽受干扰，但由于广大干部职工的抵制，生产仍保持稳定。根据县内已有的工业资源，从1968年开始，由省投资，重建葵潭煤矿；1969年重建瓷厂（厂址在惠城镇），部分新产品出口，部分在县内外销售；1970年重建果子厂（厂址葵潭镇）；1972年重建鱼露厂。为落实工业服务农业，发展农业机械化的方针，1970年新建农机二厂，主要业务是对农用汽车、拖拉机的维修，这对促进农业机械化生产起着重要的作用。1972年新建县电机厂（即现在的电器厂），解决了当时县内机电产品奇缺的困难。同时，还相继新建了罐头厂、糖厂，为县特产菠萝、荔枝、柑桔和甘蔗，提供了现代化加工设备。特别是糖厂的建立，结束了传统牛拉石碾榨蔗，明灶大锅煮糖的土法生产。这些工厂的兴建，有效地促进全县农副产品的生产。

1976年全县有县办国营厂14家，职工总数1780人，年产值1545万元，比1965年有了很大增长。但经济效益较差，亏损的主要原因，是工厂之间发展不平衡，许多小厂都盈利，但抵不上一个大厂的亏损。同时葵潭煤矿生产不稳定，澳角鱼露厂缺乏原料，两家企业于1980年被迫第二次关闭。

三、集体工业在国民经济中处于中坚地位

（一）二轻工业成为全县工业系统的主力军。据1950年统计，全县圩镇的个体手工业共有708家，从业人员1994人。分11个行业，主要分布于惠城、隆江、葵潭、神泉、靖海五大圩镇。从1953年开始，经过加工订货、试点建社和合作化

高潮三个阶段，至1956年，逐步走上了合作化道路。

1. 加工订货阶段。县合作总社于1953年增设生产企业股，在隆江镇铁器、木器手工业中，试行加工订货。即由隆江供销社组织钢材、木材等原料，供应铁器、木器手工业户加工，按合同收购其产品。在加工订货中，木器个体户郑智刚组织6户同业者，成立水车加工小组，发挥技术特长，提高生产效率和产品质量，促进经济效益的提高。产量比过去增长9%，成本降低20%，有效地解决了资金不足和生产上淡、旺季矛盾。在加工订货中，提高了手工业者走合作化道路的信心。

2. 试点建社阶段。1954年8月，县人民政府增设了手工业管理科，重点是加强对手工业者的教育和管理工作。同年9月，成立了县手工业劳动者协会，全县五个主要圩镇（惠城、隆江、葵潭、靖海、神泉）设立分会，分会主任由镇长兼任。1954年12月，以新圩陶器社、隆江铁器社、神泉竹器社为试点，建立手工业生产合作社，社员209人。3个试点社的生产呈现良好发展势头。1955年上半年比1954年同期产值增长59%，人均收入增加25%，坚定了全县个体手工业者走合作化道路的信心。至此，各行业纷纷酝酿建社。1955年底，全县批准成立8个手工业生产合作社，另有11个生产社和24个生产小组（从业人员1080人），已写了入社申请书，等待批准。

3. 合作化高潮阶段。1956年1月，召开全县手工业者代表大会。会上推选出联社筹委会组成人员，同时撤销手工业劳动者协会。自此之后，全县手工业合作社不断发展。到1956年底，已组织手工业生产合作社51个，社员1552人，拥有固定资产6.26万元，流动资金8.01万元；手工业生产合作小组26个，组员230人，拥有固定资金1866元，流动资金5536元。合计入社（组）人员1782人，占全县手工业从业人数96.2%。全县基本上完成了对个体手工业的社会主义改造，手工业生产有所发展。

据县工业部门1956年统计，全县手工业生产合作社和生产合作小组，完成总产值207.38万元，利润总额7.25万元，社员入社股金4.03万元。

（二）二轻工业在不断调整中稳步发展。1957年全县手工业合作社开展民主整社。根据"发展生产、民主办社"原则，遵照"独立核算，自负盈亏，按劳分配"的具体指示，进行对照检查。经过一年的整社，社员思想觉悟进一步提高，建立健全各项规章制度，并按期开好社员大会，实施对干部的有效监督，加强对社员的民主管理。

1958年3月,召开全县手工业第一届社员代表大会,正式成立手工业生产合作社联合社(简称县联社)。1958年9月,县人民政府宣布惠来县完成了对手工业社会主义改造的历史任务,撤销县手工业管理科。10月,人民公社化后,将全县手工业社(组)全部下放给人民公社管理,转为公社工业企业,统称工厂。为支援农业生产,公社大办小化肥厂、小农药厂、小农机厂,充分发挥工人的聪明才智,研制了一批新产品,生产工具也得到有效的改进。由于当时受物质技术条件所限,这些发明创造,多是半途而废。这一时期,职工人数和管理人员迅速增加,小厂(社)照搬大厂的管理机构、管理模式,把原来"民主办社,自负盈亏,计件评分"的原则,改为统负盈亏,工资固定,干部实行任命制。体制的改变,以致多数厂不能正常生产。年底,又撤销惠来县制,人心更不稳定。

1961年恢复惠来县制,贯彻"调整、巩固、充实、提高"的八字方针,手工业管理机构也同时恢复,手工业科改称手工业局,与手工业联社合署办公。于是对人民公社工业进行全面调整,全县人民公社管理的工业,共44个工厂,职工3181人,经过调整,改变为81个生产单位,职工压缩到2644人。其中手工业社33个、职工1348人,占总人数50.98%;手工业合作小组17个,职工86人,占3.25%;仍属人民公社管理的厂31个,职工1210人,占45.76%。将原44个统负盈亏的核算单位,分为115个自负盈亏的核算单位。贯彻按劳分配原则,改变固定工资制度,实行计件工资、分成工资、包产上缴和固定工资加奖励等分配形式,全面开展以发展生产为中心的增产节约运动。1965年,全县手工业总产值593万元,生产稳步发展。

从1970—1983年,县领导机关曾三次作出决定,将集体手工业企业下放给公社管理,又三次收归县手工业局(1973年改称第二轻工局,简称二轻局)管理。管理体制的频繁变动,管理部门不断更迭,出现了干部工作上的"短期效应"、财务混乱、责任不清等问题。据1983年二轻局财务记载:"下放期间,由于管理不善,企业亏损67.6万元,待处理的流动资金损失24.4万元,企业自有流动资金亏损55.6万元。"

(三)**乡镇工业蓬勃发展**。乡镇工业的前身,是中华人民共和国成立初期乡镇的个体手工业。1958年人民公社化后,在公社大办工业中逐步发展扩大,成为社、队的工业。1970年后，队办工业有了发展，因为队办工业可以直接安排队里的富余劳力，增加队里的收入，以提高工分值。

1974年县增设社队企业管理局，与二轻局合署办公，加强了社队企业的领导和管理。1980年县社队企业管理局独立办公，全县社队企业有了明显发展，当年工业企业总收入1564万元。

四、个体工业在夹缝中成长

惠来解放初期，惠来的县办工业尚未建立起来。1952年，全县有铸鼎、酿酒、烟丝、酱油、印刷等12户私营工业，分散在惠城、隆江、葵潭等圩镇，生产工人135人，从业人员53人。1953年，进入第一个"五年计划"经济建设时期，开始对资本主义工商业进行社会主义改造，民间称为"公私合营"。

1956年手工业合作化后，全县主要圩镇只剩下5%的个体户没有入社，年产值2.99万元。而分散在农村的个体手工业也并入农业社，因此，全县个体手工业为数很少。原手工业行业繁杂，各有各的生产经营特点，合作化后，生产经营实行统一模式，少数行业出现矛盾。20世纪50—70年代，惠来县的个体工业行业主要有缝衣服、烧制砖瓦、贝灰、制作豆腐等。

1961年，全县从事个体手工业有262人，年产值29.06万元。1962年增加到301人，年产值44.23万元。1966年"文化大革命"时期，由于大批大斗所谓"资本主义道路"，割"资本主义尾巴"，个体手工业销声匿迹，纷纷转入地下生产，个体手工业者沦为社会底层，在夹缝中求生存。直到20世纪70年代中期，这种现状才逐渐改观。

1988年《惠来县计划经济志（初稿）》记载：1949年，全县个体手工业225.26万元，占工业产值353万元的63.81%；私营工业99.01万元，占28.05%。1950年，个体手工业238.56万元，占工业产值367.05万元的64.99%；私营工业81.43万元，占22.18%。1951年，个体手工业230.45万元，占工业产值396.94万元的58.06；私营工业75.95万元，占19.13%。1952年，个体手工业232.44万元，占工业产值462.26万元的50.28%；私营工业89.8万元，占19.43%。1953年，个体手工业237.68万元，占工业产值565.89万元的42%；私营工业84.55万元，占14.94%。1954年，个体手工业237.71万元，占工业产值722.85万元的32.89%；私营工业137.96万元，占19.09%。1955年，个体手工业226.42万元，占工业产值947.75万元的23.89%；私营工业131.12万元，占13.83%。1956年，个体手工业2.99万元，占工业产值1367.58万元的0.22%；私营工业的统计退出历史舞台。1957年，个体手工业30.51万元，占工业产值1358.26万元的2.25%。1958年后，个体手工业不再列入工业经济统计范围。

（一）**缝衣行业**。缝衣社原属各家各户来料加工性质，建社后统一收料，统一分配加工，不论技术高低，任务一律拉平，收入平均分配。水平高的社员觉得入社后自己吃亏，收入不如以前，不如单干，都先后退社，整个行业从集体又走回个体。

（二）**砖瓦、贝灰、豆腐等行业**。砖瓦、贝灰、豆腐等行业，生产工艺简单，当时，农业社多分工从事这些行业。由于成本较低，就地供应，所以，手工业社受到打击，于是这些行业也逐步变为个体经营。

五、商业部门兴办工厂

1958年，"大跃进"时期，在"全党办工业"的号召下，惠来县商业部门兴起了"大办工业"之风。

（一）**商办工厂兴起**。1958年下半年开始，全县各级商业企业，先后办起鱼露厂、炼油厂、土化肥厂、海肥厂、泥炭土厂等，大大小小号称数百家，有的由商业部门投资，有的由商业部门组织，或者是几个人的小工场挂上"某某厂"的名称，没有正规生产设备，也缺乏相应科学技术和管理水平，土法上马，一哄而起。1960年以后，这些工厂陆续下马，至1961年，已荡然无存。

1964年以后，商业糖专公司所属各经营部，实行"前店后厂"经营方式，开展糖饼加工销售。20世纪80年代改革开放后，陆续下马。

（二）**惠来县糖专公司糖饼厂**。1961年10月，从工业部门移入一家糖饼加工厂，归县糖专公司管理。起初仅是按老一套设备和技术，生产各种饼类、糖食、豆制品等本地传统产品，主要是调拨县城各门市销售，少量调县内各基层单位，生产规模小，年产值仅5万—8万元。20世纪60年代后半期，开始生产糖果、饼干，均属手工操作，产量低，质量也较差，仅销于县内。1970年以后，生产继续发展，糖果、饼干逐步在县内占有一定市场，并有部分产品（主要是束沙、豆橇等花生制品）销往县外。20世纪70年代初，该厂移地翻修，扩大生产规模，改名为"惠来县糖专公司糖饼厂"，实行半独立核算。1975年，安装红外线烤饼机和糖果加工机等机械设备，实现半机械化生产，生产规模进一步扩大，产品质量有所提高。饼干、糖果，质量虽较汕头生产的产品差，但价格较便宜，适应农村需要，在县内颇有销路。1979年以后，该厂大量加工冰糖调出县外，年达数千担。1980年，该厂改为独立核算，并根据"改革、开放"新形势要求，进行整顿、改革。开展技术革新、充分发挥原有机械作用、提高生产率；改进经营方式，实行牌价、议价结合，销售饼类、饼干不收粮票；恢复传统产品，接收预订加工喜糖，扩大经营范围，生产继续发展。1980年和1981年，产值达到办厂以来最高峰，并在惠城开设零售门市7家，糖、烟、酒综合经营。全厂人员，从办厂初期的10多人，增至90多人（包括零售门市），加上临时雇用人员共100多人。

进入20世纪80年代，随着市场开放，多家经商，多渠道流通，竞争激烈。就惠城而言，有固定经营场地的个体饼食加工户10多家，临街设档，即产即销，批零兼营，竞争力很强。糖果、饼干方面，外地产品逐渐占领县内市场，该厂由于设备、技术老一套，品种不能更新，质量无法与时俱进不断提高，在市场竞争中处于劣势，生产外调冰糖逐年减少，从1982年开始，生产逐年大幅度下降，经营出现亏损。至1984年11月，累计亏损额达8.8万元，挂账待处理损失及有问题商品共达10万多元，人员发不出工资，面临倒闭危机。1984年11月以后，改变经营方式，逐步由生产单一型转为生产经营型，经营工业品购销，以商养工，力争扭转危机。1985年3月，该厂改为新兴贸易公司，生产宣告下马。

据1992年《惠来县商业志》记载：县糖专公司糖饼厂1968年产值14万元，生产糖果17.7吨、糕点88.85吨；1970年产值19.4万元，生产糖果68.3吨、糕点62.5吨；1972年产值35.7万元，生产糖果130.3吨、糕点98.1吨；1974年产值38.8万元，生产糖果147.75吨、糕点127.15吨；1978年产值51.1万元，生产糖果127.55吨、糕点229.2吨；1980年产值92.7万元，生产糖果193.5吨、糕点299.4吨。1980年达到最顶峰，此后开始走下坡路，1985年产值1.6万元。

（三）**商兴毛衫厂**。1986年，根据上级指示精神，积极探索在新的形势下，以新的经营思想、经营方式发展新型商办工业的路子。1987年，通过外引内联，本县纺织品公司与港商合办了"商兴毛衫厂"（"三来一补"企业），引进制毛衣设备66台，组织生产工人106人，已加工毛衫4190打，获工缴费6.2万元。但因种种原因，该厂于1988年下马。

六、工业生产门类

中华人民共和国成立后，县地方工业生产，贯彻执行"为农业生产服务，为城乡人们生活服务，为工农业建设服务"的方针。20世纪50年代工业中的铁、竹、木三大行业，年产小农具40万件，有力地支援了农业生产。60年代开始，有自行车式脱粒机、磨薯机、碾米机、饲料粉碎机等。适应了农村经济的发展需要，支援了农业生产的发展，使农业生产初步实现半机械化。经过30多年的艰苦创业，工业生产不断发展。70年代初，开始打破县工业产品地产地销的旧传统，向外县外省销售。到80年代初，已有食品、机械、陶瓷、工艺美术、塑料、渔网、绳缆等7个行业，其中15种产品出口。

机械工业拥有的机械设备和科技人员，在全县各行业中是最多最强的。30多年来从手工生产到机械生产，从产品地产地销到出口外销，发展很快。但在生产过程中，各厂都在谋求建立"小而全"的企业，因而忽视了专业化的协作生产，因此设备很难配套，生产极不稳定。塑料渔网工业，由50年代的手工生产，到80年代进入机械化生产，是全县工业产品出口最多的行业。由于国际市场需求瞬息万变，产品常受打击，经营缺乏主动权，严重影响生产，使产值波动不稳。

（一）采矿工业。中华人民共和国成立后，县开采的矿产品种有锡、铅、锌、钨、钛、锆英石、硫铁矿、高岭土、花岗岩以及煤炭等。

1. 西岭锡矿区。位于葵潭镇西南约6.7公里的凤地山，面积0.35平方公里。1951年，由潮梅矿务局设立西岭矿场，具体开展管理和组织采矿工作，领导矿工开展民主运动，成立西岭矿山管理委员会。1953年命名为"中央有色金属局广东分局粤东管理处西岭矿场"。下辖博美、里湖、隆江、头屯4个管理站，并建西岭冶炼厂，建炼锡炉两座，负责冶炼从陆丰、普宁、惠来三县收购的锡矿，日购锡精矿约4吨。

中华人民共和国成立后，集体组织矿山中队为采矿主力。1952年秋，西岭矿第一个矿工生产合作组成立，组员380人；到1953年夏，组织起来的合作组有5个，组员达到600多人。1954年4月，5个合作组合并起来，成立凤地山矿业社，有社员625人。1955年增加到676人，1956年合作化高潮时社员892人。矿业社成立后，采矿业有了明显的发展。西岭矿开始有了积累，在国家援助下，开始有了动力机械，生产技术不断提高，年产量达到250吨，屡次被评为省、汕头专区、惠来县的有色金属先进生产单位。1958年，凤地山矿业社与新矿山"扫帚地"红领巾社进行合并，社员900多人，组织机构进一步扩大和统一，同年秋天由县接管，成为地方国营矿场，成为全民所有制矿山企业。1958年，广东省地质队勘探后称：储锡矿石21.5万吨，含锡量4137吨，属大型锡矿。1958年底，撤销惠来县制，分别并入普宁县、潮阳县，凤地山矿业社转为地方国营普宁县西岭矿场。职工总数1050人，原矿业社积累的利润59万元，全数上缴县财政。

1958年，西岭矿年产量537吨；1959年485.6吨；1960年300.2吨，工人从800多人增加到1159人。全场拥有大小动力机械11部马力434匹，有机械化风钻、电动卷扬机、电动水泵、虎口机、棒磨机等，还有一间拥有两部车床、一部刨床的修配厂，建起3389平方尺的职工宿舍、一座可容2000人开会的大会堂，还有医疗设备较为齐全的保健所、职工业余学校、图书馆、运动场等。

1961年恢复惠来县制，西岭矿改称为惠来县西岭矿。矿山从集体转为全民后，各项管理工作未能及时跟上，以致连年亏损。1961年亏损30万元。因县财政无法支持，1962年8月由汕头有色金属公司接管经营，改称"汕头有色金属公司西岭矿"。当时在册人数509人。同年底建成日处理80吨机械化重选流程选厂，经济技术指标逐渐提高。由于原矿区长期为民窿开采，转国营后，10米中段以上的主矿脉已基本采尽。因此产量逐年下降，至1976年矿区锡矿资源已经枯竭。经勘探，发现在扫帚地有筒形铅锌矿体，1977年转产铅锌矿，1980年铅锌矿体下部过渡为磁黄铁矿，又再转产硫铁矿。

西岭锡矿区，自民国十八年（1929）开始开采，至1980年，将近50年的历史。锡矿基本采完，锡矿区段提出闭矿停产报告。

2. 青坑锡矿区。位于青山乡青坑村北约2公里处，1958年汕头地质队普查钻探，估计C级矿石储量约177万吨，金属量为1755吨，矿石平均品位0.2%。1949年前曾有人开采，1954年组成矿业小组，1956年转为矿业社，社员200余人，1958年增加到400人，共采锡精矿约60吨。公社化后，该矿区并入当地农场，1962年又恢复为矿业社。1968年将红锡岭（东港镇内）和隆江两个矿业社合并，由于社员多，产量少，经济效益很低，社员生活十分困难。于是多数社员退社自寻生活门路，最后仅存26人，分成3个小组，坚持继续生产。当初矿业社成立时，采矿社员定为矿工，但未能在工业入户。直到1979年，农业、工业、锡矿葵潭收购站都不管，是个"三不管"的矿业社。

3. 葵潭煤矿区。位于葵潭镇头屯村。1950年，头屯村周边群众利用农闲和冬季，三五人合伙上山开采煤矿，仍然采用"土法"开采。1954年1月，葵潭转业军人黄靴组织第一个采煤互助组；葵潭长春村长郑庚组织第二个互助组上山开采煤矿。自此，葵潭煤矿区走上集体化道路。随着农业合作化的迅速发展，原来的采煤互助组合并为联组，1954年冬，转为初级合作社，由合作社组织转业采煤队，单头屯村就有4个采煤合作社，组织了4支采煤专业队。1956年，初级社合并成立高级社，采煤队的组织，随之扩大。

1958年2月1日，中共汕头地委派来一位副矿长，着手进行煤矿厂的筹建工作。由于县委的高度重视和当地人民的支持配合，短短两个月内，便顺利完成资源勘探、选择厂址、组织人力物力。1958年5月，县人民政府在头屯村建立"地方国营惠来县葵潭煤矿厂"，组织大规模的开采。从这个时期开始，葵潭煤矿厂开始负担供应潮汕地区大部分工业用煤和民用燃料的任务。1958年6月，葵潭煤矿厂接收了葵潭公社大慰山、妈山两个煤窑，全厂人数扩大到89人。"大跃进"时期，时任县委书记亲自到矿场部署生产计划，安排新增工人宿舍，1958年11月，从神泉、靖海、惠城、隆江抽调1000多人，开赴葵潭煤矿参加采煤，煤窑由原来6个增加到32个，挖煤人数由800多人增加到2800人。划入煤矿的劳动大军2000余人，仍以民隆土法开采，煤矿工人在窿洞内排长龙阵用畚箕传递，向外运煤。1958年全年产量15120吨，超额完成全年任务108%。

1959年，汕头地区投资接管经营，改称"汕头地区葵潭煤矿"，人数逐渐精简。到1960年职工总数约500人。据县工业部门年底统计，已生产原煤5.43万吨。

同年，普宁县地质队根据地质调查和生产情况，对矿区发展提出四点意见：（1）选择大型井口和露天开采场所；（2）应集中主要力量于底部一号煤层开采，不要分散力量；（3）地质勘探工作没有必要再进行，可边采边探；（4）矿脉储量少而分散，每一地段的储量最多只有几万吨，建井规模应认真考虑。这些意见，对葵潭煤矿开采前景做了客观估计。1961年产量从1960年1.65万吨下降到6780吨。1962年汕头地区提出不再投资，下放给县经营。惠来县无资金投入，宣布闭矿，建矿5年共产煤6.21万吨。1968年由省投资，重建地方国营葵潭煤矿。选择溪口村东田山建井。该地原是溪口民窿，因窿洞已深，无法继续开采。但由于煤质较好，故重建斜井，长120米，继续开采。1968年夏投产，日产原煤30—40吨，1970年又将头屯村原已封存的斜井重新开封投产。以后陆续扩建3处斜井，共分4个工区。当时较好的工区，日产量约60吨，较差的日产量只有几吨，且矿脉极不稳定，忽大忽小，大矿脉采面可达4米，小矿脉只有几厘米。全矿区年产量约2万吨。至1978年，各矿区都因无煤可采而停产。第二次建矿10年，共产原煤16.78万吨，1980年宣布关闭。22年中煤矿时断时续，两上两下，共产原煤22.78万吨。

4. 神泉锆英石矿区。位于神泉镇区对面图田村沿海一带，矿体呈弦月状窄条形。与海岸平行，长5公里，宽50—200米，藏有工业价值的伴生矿物——锆英石和钛铁矿。两者比例为1∶2.5。还有少量和微量的磁铁矿、白铁矿、独居石等。矿石平均含量为每立方米1.74公斤。储量约4326吨。1959年2月，县人民政府根据地质资料，组织170人在神泉镇建矿，以半机械化进行露天开采，至1960年止，共开采锆英石170吨，钛铁340吨，1962年因产品无销路停产。

（二）机械工业。中华人民共和国成立前，惠来机械工业是空白点。1958年始建"惠来县农业机械修理制造厂"（简称农械厂，后称农机一厂）。同年底，因撤销惠来县而并入普宁县农械厂。1961年恢复惠来县制时，县农机厂同时恢复。但设备简陋，主要业务是修配农具。1965年县农械厂创制了磨薯机、碾米机、脱粒机等农业加工机械。经过试制样机，修改定型，实际试用，证明具有体积小、重量轻、效率高、价格低的特点，适应农村的需要。1969年县手工业联社先后购进普通车床和冲压机械58台，各种规格的电动机300余台，使县二轻工业中的农机厂有了基础。

20世纪70年代开始，农机厂和新建的县电机厂、农机二厂，先后创制和仿制了一批市场紧缺的机电产品,经有关部门鉴定合格,可以投产的有发电机、电动机、变压器、电焊机、卷扬机等产品。除满足县内需要外,部分产品远销华中、华北和东北。1980年,全县机械工业,努力提高产品质量,增加品种,加强企业内部生产管理,同时配套了对产品质量检测的各种仪器装置。外部与大城市、大专院校加强联系,积极开发新产品。产品开始转向县外销售为主,其中农用水泵、手摇油泵、园艺工具,成批量出口。在开发新产品中,机械设备逐步配套,技术力量不断增强,多数企业得到发展。但在新形势下,部分企业由于应变能力较差,生产陷于困境。全县机械工业共有18家,其中全民所有制6家,集体所有制12家。

(三)食品工业。

1. 粮食加工。1980年,全县有碾米磨面厂17家,其中国营厂10家,乡镇集体厂7家,其中以惠城、隆江厂规模较大,年生产能力各为大米1万吨,余者各厂均在3000吨左右,全县生产设备年生产能力3.4万吨,还没有充分利用。乡镇办的粮食加工厂,设备简单,只用县产的双筛吸糠碾米机,厂数不多。村及村以下办的粮食加工业,遍地开花,方便了农村稻谷加工。从20世纪70年代开始,结束了古老的用土砻、石碓加工稻谷的历史。

中华人民共和国成立前,县各圩镇有牛拖(或人拖)的磨面小作坊。

中华人民共和国成立初期,县还没有面粉厂,所供应面粉由汕头调入。20世纪60年代惠城粮管所曾用饲料粉碎机磨面,面粉又黑又粗,群众并不欢迎,只能每月硬性搭配供应。1972年县粮食局在惠城镇梅北村兴建面粉厂。经过几次扩建,到1980年全厂占地面积1500平方米,建筑面积600平方米。年生产面粉2000吨。

2. 油脂加工。中华人民共和国成立初期,全县花生榨油,仍沿用传统的老式木制筒车。1957年油脂油料归粮食局统一经营后,全县有7个粮管所先后附设油坊。1963年改用铁制180型榨油机,全县共购进9台,效率比木式油车提高1倍,出油率提高0.4%(百斤油料计)。20世纪70年代增加4台95型榨油机,从花生脱壳到出成品油,一条龙生产。每班每台油车入榨花生仁2000—2500公斤。比180型机工效提高5倍,每百公斤花生仁增加出油0.4—0.5公斤,且成品油纯净。全县粮管所附设的榨油车间,在完成花生榨油任务后,还用米糠榨油。从1958年开始，年产米糠油3吨，产量逐年增加。

3. 制糖。中华人民共和国成立后，全县生产蔗糖，仍是土法加工，每年甘蔗收获季节，搭起糖寮，用牛拉石碾榨汁，明灶大锅煮糖。生产的是红糖，出糖率低，质量差，年产1000—3000吨，1966年产糖9355吨，为历史上产糖最高年份。20世纪70年代初兴建惠来县糖厂。1972年投产后，土法生产的农村糖寮基本停产，1980年全县榨蔗量36556吨。县办糖厂，位于溪西镇西湖村附近，紧靠龙江南岸。占地面积20.13万平方米，建筑面积2.09万平方米，生产能力日榨蔗800吨，属中型糖厂。

4. 酿酒。酒类是本县较大宗的工业产品之一，中华人民共和国成立前，县酿酒小作坊遍布城乡，产销合一。1950年，在县专卖公司的引导下，五个圩镇（惠城、隆江、葵潭、神泉、靖海）100多家私营酒坊组成酒业联营社，统一供销。1953年，县专卖公司成立后，酒类生产由公司拨给原料，产品由公司收购后，批发给零售单位或商贩销售。私商、小贩经营酒类零售，须经专卖管理处批准发给牌照。随着对私改造工作的深入开展，产销分开，生产方面，组成公私合营惠来酿酒厂，总厂设在惠城，隆江、靖海设车间，其余酿酒作坊实行合作化，产品由国营专卖公司统购包销。1956年2月，实行全行业公私合营，组成公私合营惠来县酿酒厂，逐步更新设备，改良技术，生产有了较大发展。"公社化"以后，县以下酒类生产单位都放给公社管理。此后几年中，生产失控，公社、农场、大队以至一些拥有原料的单位，纷纷开办酒厂，酒类生产单位猛增。由于当时牌市差价悬殊，不少生产单位不执行专卖条例，擅行自留自销，税收、专利严重走漏，也影响国营商业市场供应的货源。农村私营酒厂全部关闭。1960年后，农村酿酒厂多数自行恢复，不执行酒类专卖规定，产销混乱。当时连国营酒厂也随意自留自销，据糖专公司调查，1961年一季度，厂产酒21.5吨，交售仅7.5吨，税收专利虽照缴，但市场正常渠道的供应受到很大的影响。1962年，对酒类的生产和经营初步进行整顿。全县核定保留生产单位121个，其余全部封闭。随着农业生产的恢复和发展，酿酒原料逐步充裕，有些封闭的酒厂继续生产，保留的酒厂盲目扩大生产，产量成倍超计划，大多价高质次，酒类产、购、销又出现混乱。1964年8月，县人委发出通知，对酒类生产进行调整、整顿。全县酒的生产单位从原来的121个调整为16个，其余全部封闭。1971年以后有了更大的发展，1975年，全县饮料酒产量达1602吨，收购量也相应增加。除县内销售以外，大量调出县外，年调出量增至数百吨，最高年份达660多吨。"文革"开始后，专卖管理逐渐有所放松，酒类生产又出现盲目发展的情况，公社、大队、农场以至其他一些单位自办小酒厂又有所增加，产品大多自销，走漏税收、专利、与国营酒厂争原料、争市场。县酒厂的产品，从品种到质量均未能随形势发展而不断改进和提高，尤其是盲目发展加工复制酒，如五加皮、荔枝酒等，价高质次，在市场供应偏紧的情况下，还有一定销路，1976年以后，县外各地酒类生产不断发展，县酒厂产品不但外销越来越困难，在县内市场也渐滞销，加上县内各小厂及私酿酒的冲击，县酒厂产品逐渐出现了积压，生产渐趋下降。为维持生存，酒厂不断扩大自销，以增加经营收入。1980年以后，酒类产、运、销管理更加放松，私酿酒和外来酒充斥市场，县酒厂产品受到更大冲击，国营商业部门逐渐改变过去"以产定销"的收购方式，根据市场需要进行收购，酒厂进一步扩大自销。

全县饮料酒在20世纪50年代产销平衡，60年代末到70年代，产大于销，商业部门大力向县外推销。县酒厂生产的酒，销路一直受限制，生产受冲击。1980年，二轻工业有隆江酒厂1家，乡镇办酒厂3家，共产白酒52吨，村及村以下酒厂产白酒273吨，全县共产饮料酒1500吨。

5. 调味品。中华人民共和国成立初期，县生产的调味品有酱油、酱料、醋与蔬菜腌制品，全县共有6家经营这类行业，职工总数341人，年产值82.87万元。

生产酱油酱料的主要是县酱油厂。其前身是分散在5个大圩镇私营酱油作坊，1956年全行业公私合营，组成惠来县酱油厂。并在葵潭、靖海两镇设立分厂，产品有晒油、双料油、超油、红油、豆酱等。年产酱油约200吨。1963年建新厂房，生产腐乳，产品除销县内之外，还远销河北、福建等省，并有部分甜酱油出口。当年产酱油约220吨。1972年将葵潭、靖海两个分厂，分别划归县果子厂和靖海镇副食品厂。1974年产酱油1392吨，产值91万元，税利10.99万元，创历史最高水平。新研制的产品老抽王、生抽王酱油，年出口量80吨。80年代开始，农村个体酱油生产出现，县酱油厂生产逐步下降，年产量仅500吨左右。

6. 罐头。县办国营罐头厂主要生产设备有空罐和实罐两条生产线，当年产量1347吨，以后逐年发展。产品以出口为主，占总产量65%—70%。在20世纪70

年代末80年代初,县罐头厂各项经济技术指标少数已接近省内最高水平,多数指标比省内最高水平还存在一定差距。

7. 凉果。县凉果生产,主要在县果子厂。该厂创建于1958年,厂址在葵潭镇。1961年因原料不足而关闭,1970年复建。凉果品种繁多,该厂生产的主要品种有:冬瓜条、冬瓜砖、莲藕片、甘草榄、五香榄、榄球、化皮榄、话梅、咸渍梅、巧酸梅、蜜李、蜜梅、蜜油甘、甜杧果、五香桃条、五味姜、开胃果、八珍杨梅、酸甜乌梨等。至1980年仍保持传统风味的产品有:1.冬瓜片和冬瓜砖,选用优质冬瓜,去皮去络,瓤肉切片装入竹筐,放在龙江水中浸数天,然后放入锅内加白糖煎制而成。2.化皮榄,采用上好青榄,去皮,煎白糖浓缩而成产品。榄肉清甜,不沾核,且能保持榄的原味。3.咸渍梅,选青黄一色青梅,放入池内加盐,至梅质软而不脱皮时,捞出去水,装入缸内便成产品。

8. 糖饼、糖果。传统的糖饼、糖果品种繁多,除平时食用外,是人们喜庆节日的赠品,消费数量很大。传统的风俗,青年结婚时,男家要定做200—300公斤各种糖饼送女方。中华人民共和国成立后,主要圩镇仍有许多个体经营糖饼店。1956年合作化时成立了生产合作社。到1980年,全县存有二轻集体厂3家,职工约200人,年产糖饼200多吨。生产的主要品种有:绿豆饼、三参饼、盐消饼、白糖饼、肚脐饼、大肉饼、斋饼、豆糋、豆橇束沙、酥方、米润、糖仔、猪糖仔、饼干、糕点等。其中保持传统风味、产量较多的品种有:1.隆江绿豆饼,具有皮酥脆、馅香甜、清柔润口的特点。2.靖海豆糋,始创于100多年前靖海镇内金水小食摊。选用上等花生仁,反复槌打制成。后经较利糖铺改进,每块豆糋中,加上香甜明糖,使产品香甜、柔软、凉喉、滑口、不油腻、不粘牙、营养丰富,用竹叶包装成为惠来的特产。中华人民共和国成立后依古方生产,仍闻名县内外。

(四)塑料制品工业。县塑料制品工业,有挤出产品、注射产品、合成产品、塑料复制品四大类。1980年,有塑料制品厂20多家,其中塑料复制品类中的塑料渔网和塑料绳缆,产品数量大、出口多。

1. 塑料渔网。县沿海渔民,历来以苎麻织网。中华人民共和国成立初期,渔业生产合作社组织女社员加工麻线网自产自用。1956年改用纱线织网。1961年潮阳县渔网投放站,在县靖海、神泉、隆江3个镇建立投放点,组织妇女手工织网。以纱线为原料，代汕头土产进出口公司加工。以后3个投放点都先后建为渔网厂，直接与汕头进出口公司挂钩加工。1966年，神泉渔网厂发展尼龙胶丝渔网生产。1968年县手工业联社在惠城镇兴建惠来县渔网厂，生产聚乙烯渔网。1979年神泉渔网厂和联社渔网厂，同时试产尼龙复丝渔网获得成功。从此，全县有聚乙烯、尼龙胶丝、尼龙复丝三大类型的塑料渔网生产。

1979年，县手工业联社渔网厂和隆江、神泉、靖海、仙庵4个渔网厂，共生产塑料渔网427吨，产值811万元，成为县大宗出口产品。当时全县5个渔网厂，厂内生产工人627人，厂外有网场7个，投放点137个，手工织网女工约3.5万人，遍布全县12个公社。

2. 塑料绳缆。县神泉、靖海镇，由于渔业需要，历来有生产绳缆。中华人民共和国成立初期，仍有采用麻、竹、棕为原料，手工生产各种绳缆。这些原料生产的绳缆，拉力差，易腐烂。1966年，神泉索业社试制聚乙烯绳缆成功，少量投入生产。1967年，汕头出口公司将该社定点为出口绳缆生产厂，当年产量98吨。同年靖海索业社、惠城索业社相继改产塑料绳缆。全县年产333吨，扩大了出口量，以后产量逐年增加。从1973年起，年产量在500吨左右，1979年达1012吨，为县绳缆生产最好年份。1980年后，出口量减少，产量下降，工厂生产困难。靖海、神泉两镇的绳缆厂，先后购进5台拉丝机，生产聚乙烯单丝，作为本厂生产绳缆原料，实现了从拉丝到纺绳一条龙生产，降低成本，提高了产品的竞争力。

塑料绳缆，是由聚乙烯单丝捻线纺制而成。光滑柔软，拉力强，抗湿蚀，坚韧耐用，有各种不同的颜色。以断面直径划分：直径1—3.5毫米的称光股绳；4—15.5毫米的称花胶绳；16—80毫米的称线型。每条长200—400米之间，产品多用于渔业。

3. 聚乙烯单丝与聚丙烯扁丝。县聚乙烯单丝生产，始于1977年，由二轻隆江塑料厂试产成功。成立了拉丝车间，1978年投入批量生产，当年产单丝240吨。此后逐步增添设备，至1980年已有拉丝设备5台（套），年生产能力300吨。县聚丙烯扁丝生产，始于1977年二轻工业惠城胶丝厂，有塑料挤出机2台，以聚丙烯颗粒为原料，经加热挤出扁丝，主要供该厂生产编织袋之用。

（五）建筑材料工业。县建材工业产品有砖瓦、贝灰、石料、水泥预制品等。县内建材工业产品,只限于县内销售。1956年惠城、隆江、葵潭、神泉、靖海5个圩镇,各由个体手工业户组成5个贝灰社、1个砖瓦社,建社后,发展缓慢。80年代开始,城乡建设增加,公私建房规模较大,建材工业迅速发展。主要产品有:1.砖瓦。砖瓦生产用土量大,一般是选择取料方便之处建厂。传统的砖瓦生产,以手工为主,山草煅烧,效率低,产量少。1980年开始,城乡建设多数墙体改为砖条,对砖条的需要量不断增加。于是个体与集体兴建了许多砖厂。它们以半机械生产砖坯,以煤炭燃烧,效率高产量多。2.贝灰。贝灰,是沿海地区主要建筑材料,性能与石灰相同,使用时比石灰简单。中华人民共和国成立初期,水泥供应欠缺时,县内各项建设都要依靠贝灰。它不仅可以配成各种砂浆,而且在建筑装饰上,起着重要作用。贝灰以贝壳为原料(潮汕方言称虫习),与煤炭按比例混合后煅烧而成。由于生产操作简单,农村集体和个体都有生产。1980年全县有贝灰窑100多条,年产贝灰1万吨左右。3.石料。中华人民共和国成立初期,全县采石和加工的人数不多,隶属于建筑部门。生产多数按建筑工程的需要,开采方石、条石和乱石,加工成石柱、门框、窗框等建筑构件。1980年后的建筑物,多数以钢筋混凝土为主,石子需要量大,有效地促进全县采石工业的迅速发展。石料开采,就地以机械粉碎,直接运到建筑工地。乡、镇、村、联户、个体都办有石料场。

(六)**陶瓷工业**。1.日用瓷器。县境蕴藏丰富的高岭土,是制造日用瓷器的主要原料,多数高岭土矿露出地面,可以露天开采。已知的矿区,东部有靖海镇的坂美村,西部有葵潭镇的圆墩村,中部有虎头山。储量多少,历史上从未进行正规勘探。1958年县人民政府以圆墩碗窑为基础,建立了地方国营惠来瓷厂。1960年瓷厂迁移到葵潭镇区东侧。因生产亏损,1963年关闭。1967年又在惠城镇东郊2公里处的白糖山,重建惠来瓷厂,工厂建于高岭土矿区内,估计储量150万吨。工厂在土建的同时,已派工人到潮安、饶平两县瓷厂跟班学习,接受培训。1969年瓷厂投产。分为原料、制坯、匣钵、窑场四个车间,制作正常,但烧成的成品合格率只有50%,造成成本高,生产亏本。后来虽多次外出学习和请来技术指导员,但烧成率低的问题,仍未能解决,以致连年亏损。一直到1980年,无法解决"烧成率低"的问题。中华人民共和国成立初期的圆墩碗窑,在1960年国营瓷厂搬迁葵潭后,碗窑由该村3个生产队联合经营。1976年生产大队收回自办,生产略有亏损,1980年仍有生产。2.日用陶器。日用陶器生产点，主要在溪西镇新圩村。1950年有个体经营者13户，从业人员22人，后来另合伙经营的有18户，从业人员123人，采取产品分成各自销售，由于相互竞争而价格不一。1954年组成陶器生产合作社，社员126人，建社后，生产有了发展，经营盈利。1958年转为地方国营厂，行政脱产人员增加，费用开支大，成本提高，连年亏损。1961年恢复为集体厂，属县二轻局管辖。1965年增设瓷器车间，生产葵斗碗，并利用龙窑尾气余热烧砖23万条，后又增置陶瓷生产专用设备，发展半机械化生产。1975年产值49万元，产陶器130万件，瓷器56万件，红砖42万块，利润2万元，为历史最好年份。80年代开始，日用陶器多为塑料和铝制品代替，陶器产品滞销，生产下降。另一陶器生产点，在惠城镇文昌阁旁的炉业街，专做烧柴草的炉灶。产品不仅销县内，还销往潮阳的两英、陆丰的甲子。1956年曾组成灶业生产小组，组员多兼营农业。产品销售有限，生产很难发展，逐渐又回到个体经营。其中生产的最小火炭炉，专供泡潮汕工夫茶时烧开水之用，小巧玲珑，既实用又可观赏。

（七）手工艺业。1. 石雕。石雕艺术工匠都属建筑行业。惠来县在明清时期，竞相建造祠堂、庙宇，人们可以从存留的祠堂庙宇的石门楼、石柱、石鼓、石狮、碑刻等看出惠来石雕艺术的精细。如石门，包括门框、门槛、门匾、门旁的石肚、石联，全部是用石雕组合；石柱，有方的、圆的、六角的，其直线利如刀口，弧形凹沟也同样平滑，文字雕刻能刻平底深沟。2. 木雕工艺。木雕工艺据传起源于明末清初，距今约有400年历史。1972年县二轻局创办惠来县工艺厂，聘请木雕老艺人，培养青年工人，使木雕技术得以继承和发扬。传统的木雕工艺品，有通雕、浮雕、立体雕之分。品种分贴金、金漆、仿古、木色等。品种有人物、花鸟、虫鱼、禽、兽等，多以樟木为原料。中华人民共和国成立后，县木雕艺术，有继承也有创新，产品多销东南亚等地。3. 竹制工艺。惠来产竹，古时农村，竹编工具很普遍。比较有名的是葵潭的竹箩、竹笠等，以实用为主，满足人们日常需要。20世纪50年代初期各地建立竹器手工业生产合作社。20世纪70年代，葵潭、隆江、惠城、神泉4家竹器社，都改称竹编工艺厂，产品远销10多个国家。葵潭竹器社创造竹编工艺品，曾参加广州出口商品交易会，主要有竹盒、竹扇等，既是艺术品又可实用，到20世纪末停止生产。4. 抽纱工艺。县抽纱工艺，始于清末民初。当年，靖海镇有一汕头籍教师，其妻颇精通抽纱打边技术。来靖海后，最初授徒5人。1973年，县建立了汕头抽纱支公司驻惠来办事处，抽纱人数逐步增多。80年代全县各乡镇都兴建抽纱厂，惠来县成立抽纱公司，抽纱工艺在惠来县全面铺开。到20世纪90年代中期全部歇业。5.贝雕工艺。县贝雕工艺始于民国十五年（1926）靖海镇四礼学堂校长戎珊石，课余拾海边贝壳，创制小台景和挂屏。1958年，惠城、隆江、靖海等镇先后成立贝雕工艺厂。20世纪50年代的作品，多销往上海、杭州、东北等地，也销往东南亚和西欧等国家。后因国际市场变化，销路逐渐减少。70年代中期，多数贝雕厂转产，1980年仅存靖海镇办工艺厂1家。

（八）造船工业。中华人民共和国成立初期，县造船工业，仍是以传统的制作程序生产木壳船，没有固定的船场和船坞，采取包工定做的方式，即由船主自行采购原材料，雇用造船师傅，带领工人，在港内航道岸边生产。全县造船师傅20余人，工人100多人。1950年建立造船工会，仍以派工形式，以师傅带工人组成临时包工造船小组。工会在包工工资中提取1.5%为工会会费。

1956年，神泉、靖海两镇各自成立造船厂。1958年神泉造船厂升为县办国营厂，并把神泉铁木手工业社并入管辖。由于当时杉木紧张，生产任务不足，加上管理不善，造成工厂严重亏损。1962年关闭，改组为集体神泉造船生产社。当时处于国民经济困难时期，渔业贷款压缩，造船工业随之萧条。造船工人生活受到影响，曾先后两次有35人到汕头、深圳等地造船厂做工。

1963年靖海造船厂试制80马力的机帆渔船，经实际生产检验，符合使用标准。神泉造船厂相继投入机帆渔船生产，适应了当时渔业发展的需要。1965年全县共造机帆船和包帆船65艘。从1966年起，造船工业生产起伏很大。1968—1969年造机帆船13艘，包帆船11艘。1970—1971年造机帆船43艘，包帆船44艘。1973年仅生产包帆船9艘。以后逐年衰退，至1976年生产中断。靖海造船厂转产塑料制品，改名塑料厂。神泉造船厂，购买机床设备，转为渔船机械维修服务业。

（九）制盐工业。1949年，惠来县有盐田共1.86万公亩，年产原盐4800吨。1951年，广东省政府曾因盐产过剩，无法收购盐民生产的原盐，决定惠来盐田废场转业。1952年，结合"土改"，全县盐田先后裁废。1953年又批准县盐田恢复生产，并逐步对旧盐田进行技术改造。在此基础上，还扩建了一批新盐田。1971年开始建设高地式盐田，产量质量比低地式盐田都有明显提高。同时，由于地理环境和水利条件的变化，部分盐田受淡水包围，咸水纳不进，淡水排不出，这部分盐田被迫停产报废。1979年，全县原盐产量7072吨，上缴税金71万元。1976年靖海后表盐场建成高地式盐田1165亩，采用机械提取海水进行生产，年产原盐1224吨，平均亩产1.05吨。1950—1987年，全县新建扩建盐田1.29万亩，停产报废盐田6103亩，1987年实有盐田2.52万亩。

20世纪60年代到70年代初，是惠来县盐业发展第一次飞跃。1965年，盐业纳税136万元，占全县工商税收27.8%，是农业税1.6倍，为惠来盐业写下光辉一页。1971年开始建设高地式盐田，产量质量比低地式盐田都有明显提高。同时，由于地理环境和水利条件的变化，部分盐田受淡水包围，咸水纳不进，淡水排不出，这部分盐田被迫停产报废。全县除林美、华清、览表、岐石、西港、文昌等地筑围新建"低地式"盐田15200公亩外，还把沙晒盐田全部改造为水晒盐田，做到纳潮、制卤、结晶、集坨"四个集中"，较大幅度地提高了盐田单产和原盐质量。1971年，是惠来县盐业生产历史上最好的年份，当年盐田总面积25000公亩，原盐总产量19356吨。

第二次飞跃是在1975年，惠来县东部沿海利用荒坡地投资新建"高地式"盐田（俗称"上山盐田"）1850公亩，单产比"低地式"盐田提高60%，且全面消灭三级盐。"上山盐田"的出现，标志着惠来县盐业进入一个崭新阶段。1976年靖海后表盐场建成高地式盐田1165亩，采用机械提取海水进行生产，年产原盐1224吨，平均亩产1.05吨。1979年，全县盐田面积23294公亩，年平均单产350公斤，产品合格率100%；全年原盐产量7072吨，上缴税金71万元。

进入20世纪80年代中后期，国家对南方小盐场实施限产控产，减少对盐业的投入，惠来县部分盐田改为养虾，有的盐田处于丢荒或半丢荒状态，盐田面积逐年减少。1986—1990年，全县原盐产量年均5502吨，比1971—1975年的11668吨减少6166吨；历史上产量最低的1993年，仅有2653吨，是1971年产量的13.7%。主要原因是：一是由于盐一直作为"三统"、计划经济的产品，在管理上长期不配套，内部分配结构不合理，经不起市场经济的冲击，加上供求关系的变化，收购价格偏低，产销价差大，走私盐严重泛滥。二是对盐业投入少，盐田失修，设备不配套。三是盐业效益比较低，盐民生产积极性不高，部分盐田被改为鱼虾池，盐田总面积减少。2004年，全县盐田可晒面积仅1.05万亩。

据1986年12月《第二次全国工业普查惠来县资料汇编》汇总：1985年，靖海后表上山盐场占地面积12.57万平方米，建筑面积700平方米，动力机械总能力88千瓦；工业总产值（现行价）：1980年9.3万元，1984年8.9万元，1985年8.2万元；工业净产值：1980年8.6万元，1984年7.1万元，1985年6.8万元；产品销售收入：1980年4.1万元，1984年5.7万元，1985年5.3万元。1985年，神泉西港盐场占地面积80万平方米，建筑面积1100平方米，动力机械总能力14千瓦；工业总产值（现行价）：1980年8.2万元，1984年4.7万元，1985年3.2万元；工业净产值：1980年7.1万元，1984年4.3万元，1985年2.8万元；产品销售收入：1980年3.7万元，1984年3万元，1985年2万元。

据1992年《惠来县税务志》记载：1949年，全县盐税收入31.58万元，1950年30.7万元，1951年29.36万元，1952年22.52万元，1953年0.31万元，1954年11.3万元，1955年39.09万元，1956年28.97万元，1957年87.49万元，1958年99.52万元，1959年25.3万元。整个20世纪50年代，盐税收入起伏较大。进入20世纪60年代后，盐税收入基本趋于稳定，1960年盐税收入85.76万元，1970年92.39万元，1979年70.78万元。其中最高纪录出现在1975年，全年盐税收入达到148.2万元。

（十）其他轻工业。1.烟丝业。全县只有一家县办国营厂生产烟丝。该厂位于惠城南美中巷，其前身是分散私营的烟丝作坊。1956年全行业公私合营，合建为惠来烟丝厂。1961年转为地方国营惠来县烟丝厂，购置了压烟机、切烟机，改变了手工操作，产量逐年增加。1974年产量566吨，产值306万元，上缴税金115万元，企业利润12万元。各项经济指标在全县国营工业中名列前茅。1978年开始，随着城乡人们生活逐渐提高，抽烟丝的人在城镇已绝迹，在农村也为数不多，烟丝销售量急剧下降。1979年便着手准备转产，在该厂设立了塑料车间，进行试产聚乙烯扁丝。由于力量不集中，缺乏及时投产经营。1980年，该厂工业总产值108.8万元，产品销售收入121.7万元，上缴税金38.1万元，利润总额1.8万元。1980年后，该厂连年亏损。烟丝厂从1961年转为地方国营厂，由于产品单一，烟丝产品销量在1978年已进入衰落期，转产不能抓紧时机，经过7年才转产，导致失败，成为历史的教训。2.印刷业。1954年建立地方国营惠来县印刷厂。全县只此一家，承接全县机关、学校、工厂、商店的各种印件，生产稳定并不断有所增长。1956年汕头私营岭东玉社印刷厂并入该厂。1964年全厂增至40人，有印刷机12台，年产值14.9万元，全员劳动生产率4257元，年创税利3.12万元。1975年产值33.8万元，税利7.5万元，全员劳动生产率6501元，创历史最高水平。此后职工逐年增加，截至1980年增加到102人，而生产任务却没有增加。人多活少，设备陈旧，工艺落后，生产逐年下降，全员劳动生产率仅存2751元。据1986年12月《第二次全国工业普查惠来县资料汇编》记录，1980年，该厂总产值3.7万元，销售收入3.4万元，上缴税金1.6万元，利润1.9万元。20世纪80年代起，个体私营小型印刷厂兴起，打破国营厂独家经营的局面，使国营印刷厂经营更困难。3. 服装业。1956年手工业合作化时，有惠城、隆江、葵潭、神泉、靖海5个圩镇的个体缝衣业者，组成5个缝衣社，社员134人。20世纪60年代开始，国产缝衣机畅销城乡，简单缝补普通人都可自己操作，使圩镇缝衣社裁缝生意日渐减少。70年代开始，缝衣社解散，又恢复了个体生产。20世纪80年代初，县服装学会和个别缝衣师傅，开办裁剪、缝衣培训班，城乡个体缝衣业迅速发展。

1979年，二轻工业神泉服装厂与港商签订来料加工合同，开始对外加工。1980年，港商林廷丰在东安食堂兴办惠城镇丽华服装厂，接收来料加工，从业工人40人，进口电动缝衣机20部。据1986年12月编印《第二次全国工业普查惠来县资料汇编》记录：1980年，惠城丽华服装厂占地面积585平方米，建筑面积1100平方米，工业产值16.3万元（现行价），净产值15.3万元，产品销售收入16.3万元，销售税金0.5万元，利润总额2.5万元。同年底全县有3家服装来料加工企业，工人660人，完成工缴费38.16万元。

〔第四节〕工业经济改革后工业迅猛发展
（1980—1999）

20世纪80年代开始，在经济体制改革中，惠来县积极执行"对外开放、对内搞活"的方针。县属全民所有制企业和手工业生产合作社（以下简称二轻工业），经过全面整顿，企业增加了应变能力；乡镇集体企业引进外资，兴办外向型的来料加工工业，使工业得到迅速发展。惠来县工业总产值在1980—1999年改革开放20年中，有很大发展，至"六五"计划末的1985年，工业总产值增加到8442万元，增幅不大。这一时期，主要发展来料加工业，以乡镇工业为龙头，国有、集体和个体工业多轮驱动的工业格局不断壮大。全县各乡镇扩大外引内联项目，优化工业生产环境，促进工业产值的不断增长，5年增长80%以上。进入"八五"计划期间，5年累计引进外资1.1亿元，年平均递增66.8%，全县新办外引企业172家，外引内联工作逐步向纵深发展，技术引进、技术改造的科技含量日趋提高，工业产值逐年增加，1995年工业产值达30.56亿元，比1990年增长4倍多。1996—2000年，进入"九五"计划，惠来县工业产值平均增长11%，比"八五"计划下降，增长速度放慢。在此期间，工业调整布局夯实基础，资源加工业、外向型工业平稳发展，能源工业建设步伐加快，工业主导地位基本确立，发展后劲不断增强。

一、工业体制改革

1978年，恢复惠来县经济委员会，主管全县工业、能源、交通、通信。下设惠来县工业局、机械工业局、二轻局（手工业联社）。1984年5月，工业局、机械工业局分别更名为工业公司、机械工业公司，归属县经委管理。1997年3月，惠来县经济委员会改称惠来县工业局。同时撤销惠来县工业公司、机械工业公司。

1979年，全县全民工业企业12家，集体企业11家。在计划体制条件下，政府对企业统得过多、过死，企业缺乏经营管理的自主权，债、权、利分离，企业生产发展慢，效率低。

（一）改革序幕——打破"铁饭碗"。企业体制改革始于20世纪80年代初期，1982年下半年开始搞企业整顿试点。1983年第二季度，企业整顿全面铺开，主要整顿领导班子、职工队伍、管理制度、劳动纪律、党的作风和加强政治思想工作等。同时在一些长期背负亏损包袱的企业中开始尝试落实盈亏包干责任制，通过落实承包，自负盈亏，实行浮动工资等措施，打破职工的"铁饭碗"，调动企业职工的积极性。1984年10月，惠来县落实《中共中央关于经济体制改革的决定》，拉开工业体制改革的序幕。一是改革企业领导体制，扩大企业自主权。推行厂长（经理）负责制，企业的生产指挥和经营管理由厂长（经理）全权负责，全县12家国营工业企业,除糖厂、罐头厂外,其余10家小型企业按照"全民所有、集体经营、国家税收、自负盈亏"的方针,实行放开经营。政府领导机关及经济职能部门则简政放权,加强政策指导,为企业搞活经济"撤卡""松绑"。扩大企业经营自主权,主要体现在生产经营计划、产品销售、价格面议、物资选购、资金使用、资产处理、机构设置、劳动人事管理、工资奖金、联合经营等十个方面。二是企业内部建立各种不同形式的经济责任制,将各项任务下达到车间、班组和个人,然后按照职工劳动成果给予相应的报酬,把职工收入的高低同企业经营好坏和个人贡献大小紧密联系起来,打破分配上的平均主义。企业在向国家按章纳税后,对工资、奖金的发放有了自主权。企业根据不同情况,采取按分计奖、计件工资、浮动工资或职务工资、岗位津贴等多种形式的计酬方法。对职工的奖金,采取"上不封顶、下不保底"的方法,扭转过去企业亏损由国家补贴,职工照拿工资和奖金的状况。

（二）深化改革——探索实施所有权和经营权分离。1987年,企业改革继续深化,主要是探索实施所有权和经营权分离,寻找适合不同企业特点的经营形式,将企业分为三种类型并实施四种不同经营方式。改革的方法是先搞试点,取得经验后全面推广。第一类是国营中型企业,实行多种形式的经营责任制,全面推广厂长（经理）负责制和厂长（经理）任期目标责任制。县电器厂落实厂长任期目标责任制,在分配制度上进行试点改革,把计时工资改为计件工资;糖厂、罐头厂、农机一厂、酒厂、果子厂和印刷厂则推行厂长负责制。第二类是小型企业和微利、亏损的中型企业,有步骤地试行租赁、承包经营,给经营者以更大的自主权。如神泉木器厂,实行"租、转、改"。第三类是二轻和集体企业,推行股份制,按照集体企业的性质和特点进行经营,以县二轻网厂为试点。

1991年,县政府出台《关于鼓励国营工业企业发展多种经营,加快老企业改造的若干规定》,提出在保持国有资产和保证上缴的前提下,允许国营工业企业内部实行多种所有制和多种经营形式;鼓励国营工业企业采取多种形式加快老企业改造。同时出台《关于发展个体、联户工业的暂行规定》,积极鼓励发展个体企业和联户工业。这一时期,深化国营集体企业的改革,关键是转换企业经营机制,其着力点主要是:在稳定和完善原有承包形式的基础上,大胆引入租赁、股份制等经营形式，兼并、拍卖"死火"企业，从而在国营、二轻企业中形成"一厂多制"的经营格局。

1994年，经委系统率先对国营、二轻50户工业企业根据其生产经营状况进行分类排队，研究制订转制规划，第一批被列为改革试点单位有：罐头厂、农机一厂、铸造厂、床垫厂、神泉渔网厂等5家企业，分别制订不同形式的改革方案。县自来水公司、供电局推出全员劳动合同制改革方案。

（三）改革新举措——做到"一厂一制"。1995年，县政府提出深化企业改革的新举措：一是根据实际，因地制宜，研究制订企业转换机制的方案，做到一厂一制。对规模大、有发展潜力的企业，按《公司法》规定，改造为有限责任公司或股份合作制企业。对长期亏损而又资不抵债的企业，采取整体或部分资产转让、出售、出租，转为股份合作或私营企业。对债务包袱重，生产经营仍有一定潜力的企业，则实行剥离经营，做到放一块活一块。对"死火""半死火"、资不抵债、达到法定破产条件的企业，则坚决实施破产，搞活企业存量资产；二是建立和完善国有资产管理运营机制，全面清产核资，界定产权，重新进行国资登记；三是抓好劳动用工、企业登记制度等配套改革。根据《中华人民共和国劳动法》和省政府《关于企业全面实行劳动合同制的通知》精神，所有企业都要完成劳动合同制改革工作，定岗定编，优化组合，消化富余人员。1995年，县糖厂、铸造厂经县政府批准，分别实行资产租赁、资产转让措施。1996年，县电器厂、果子厂、二轻渔网厂等先后实行资产租赁，生产、经营初见成效。1998年，全县大部分工业企业通过资产租赁、抵押承包、资产转让、股份合作、剥离经营等形式，重建机制。县内国有工业企业在保存国有资产的前提下基本实现转制经营，民营和"三资"企业成为县内工业发展的"主角"。至2002年，全县工业总产值中非公有制工业占91.7%，非公有制工业企业成为惠来县工业经济的主力军。

二、1980—1999年工业经济总体概况

1980年，全县工业产值6189.4万元，比1979年降低1.91%，占工农业总产值18369.4万元的33.69%。国营企业46户，年产值2732万元，占比44.14%；集体企业128户，年产值3433万元，占比55.47%；个体工业201户，年产值24万元，占比0.39%。

1985年工业总产值8442万元,比1984年增长19.9%,比1950年增加22倍,比1978年增长33%。"七五"计划的头两年,全县工业持续发展。1986年全县工业总产值比1985年增长27.46%,1987年比1986年增长50.23%。1987年全县工业总产值1.62亿元,其中全民所有制企业工业产值5214万元,占工业总产值32.25%;集体所有制企业工业产值5807万元,占35.92%;村及个体工业产值4994万元,占30.9%。"三资"企业工业产值150万元,约占0.93%。全县工业总产值占工农业总产值44.08%。1990年,工业产值51388万元,其中全民所有制工业4315万元,占8.40%;集体所有制工业13084万元,占25.46%;村及村以下工业19161万元,占37.29%;"三资"工业14798万元,占28.80%。

1990年以后,全县经济以工业为主体的地位逐步确立。从1988年工业产值超过农业产值以后,工业产值逐年上升。1995年工业产值273036万元,其中全民所有制工业19255万元,占7.05%;集体所有制工业44172万元,占16.18%;村及村以下工业142337万元,占52.13%;"三资"工业65811万元,占24.1%。

1999年,工业总产值55.64亿元,比1998年增长15.36%,占工农业总产值72.64亿元的76.60%。工业主导地位已经完全确立。

(一)国营、二轻集体工业改革见成效。20世纪80年代初,县委、县政府认真贯彻工业"调整、整顿、充实、提高"的方针,狠抓企业整顿,改造老企业,内涵是发展再生产,扭亏增盈;推行厂长负责制,加强企业民主管理;改革人事管理制度、工资分配制度,调动干部职工的积极性;实施经济体制改革,树立企业的商品经济观点,实现工业生产的转轨变型,提高经济效益,增强企业的基础素质,提高企业的应变能力和竞争能力,生产规模、生产能力不断扩大。

80年代后期到90年代,工业改革不断深入,企业逐渐走向市场。一方面,全面推行厂长负责制、承包经营责任制和厂长任期目标责任制,进一步明确企业管理体制以及厂长的责、权、利;企业内部层层落实责任制,逐步优化劳动组合,完善竞争机制、利益机制、风险机制。另一方面,多方增加投入,积极开展技术改造,产品升级,增强企业发展后劲和市场竞争力。此外,对国营企业实行税收返拨,扶持企业发展。据1986年12月编印《第二次全国工业普查惠来县资料汇编》记录:1984年,全民所有制工业企业18家,工业总产值(现行价)2245.5万元,产品销售收入1963.5万元,税金201.5万元,利润总额72.5万元;1985年,全民所有制工业企业18家,工业总产值(现行价)3001.7万元,产品销售收入3006.1万元,税金262.2万元,利润总额85万元。1990年,国营、二轻集体工业产值首次突破亿元大关。1994年,全县国营、二轻集体工业企业达到195家,固定资产原值2.35亿元,分别比1980年增长12%、799%;实现产值5.35亿元,比1980年增长627.6%。

1987年,全县二轻工业企业42家,职工5520人,固定资产原值577.42万元,自有流动资金87.7万元,企业占地面积12.59万平方米,建筑面积5.04万平方米,年总产值2351万元,其中出口产值1180万元,上缴税金105万元。二轻工业大部分是由20世纪50年代建立的手工业生产合作社发展起来的,生产上基本保留传统产品,经营管理上仿照县办国营企业模式,在改革中,推行承包经营,实际上是在"吃大锅饭",经营不善,逐步跟不上时代。20世纪80年代末,二轻工业全部实行领导承包责任制。90年代初,多数厂停产或半停产。1992年隆江农机厂第一家实行全厂出卖,退出市场。该厂几十年来固定资产有积累。全厂以300万元卖出,县二轻局提取100万元发展生产,工人按入社年限,实行一次性经济补贴。但多数厂社经济上已成空壳,无法仿照隆江农机厂实行拍卖。

(二)**外引工业长足发展**。改革开放以后,各级党政充分利用对外开放的优惠政策和有利时机,发挥沿海优势,创办工业园区,引进外资和先进技术设备、管理经验,兴办"三资"和"三来一补"企业,改造国营、集体企业,促进了工业的发展。至1994年,全县兴办"三资""三来一补"工业企业161家,引进外资9752万美元。1994年外资工业企业产值5.2亿元,占全县工业产值的23.8%。全县创办具有一定规模的工业区8个,建成厂房面积15.07万平方米。8个工业区,有县办、镇办,也有村办,工业区内配套较齐全,管理方便。

1979年设立对外引进办公室,负责外引工业工作;1984年设立对外经济工作委员会,全面组织协调对外招商引进工作。1980年引进来料加工企业2家,1985年实现"三资"企业零的突破。1984年在县城创办葵阳对外加工区,同时经申报,有2家企业获准对外直接经营权,外引工业活动逐渐走上发展轨道。

县委、县政府明确把"外引内联"作为发展工业、发展经济的主要措施来抓,全县动员,上下一齐动手,多层次、多渠道、多形式,积极引进资金、技术、设备和管理经验，大力兴办"三资"和"三来一补"企业，取得了显著成效。"三资"（中外合资、中外合作、外商独资）企业，是外商的直接投资形式。惠来县的"三资"企业于1984年开始兴办，至1985年，外资投入15.28万美元，产值10.3万元（其中出口值2.77万美元），工人89人。1986年新签约1宗，投入外资32.7万美元，企业产值857.68万元（其中出口值230.56万美元），工人60人。1987年新签约7宗，9家企业投入外资81.79万美元，产值19.08万元（其中出口值5.13万美元），工人124人。1988年以后，惠来县的"三资"企业进入迅猛发展时期，当年新签约14宗，共有新老企业22家，工人1477人。其中由来料加工厂转向的4家。当年外资实际投入额643.23万美元，出口额1736.11万美元，完成产值7252.2万元，约占全县工业总产值的四分之一。由于"三资"企业的迅速发展，全县工业总产值大幅度增长，工业总产值超过农业总产值，这是全县经济发展史上一次历史性的转变。1989年全县"三资"企业产值10668.12万元，出口额2648.89万美元，工人2405人。外经系统的中外合资企业家用电器实业有限公司1989年出口额1531万美元，创产值6476万元，获广东省外商投资企业"金匙奖"二等奖，并被评为全国外商投资企业出口创汇先进单位。至1989年底，全县累计获批准"三资"企业有38家，除已终止8家外，其余30家计：中外合资6家，中外合作19家，外商独资5家。其生产出口品种有电吹筒、打蛋机、榨汁机、钮型电池、玩具汽车、高级服装、再生塑料、塑胶制品、水海产品、手袋制品、花艺制品、渔具制品、塑料丝花、印花机绣等。

至1994年，全县实际利用外资累计9752万美元，"三资"企业达到136家（独资60家、合资7家、合作69家），"三来一补"企业46家，生产出口产品200多种。1994年，"三资"企业完成产值5.2亿元，出口值5829.6万美元，"三来一补"企业完成工缴费700万港元；外资企业从业人数1.4万人。主要出口产品有机械、电器、抽纱、服装、渔网、工艺制品、果蔬及食品等。1994年，外引工业产值占工业总产值23.8%。1996年，"三资"工业产值74156万元，占工业总产值353727万元的20.96%；1998年，"三资"工业产值95264.6万元，占工业总产值482302万元的19.75%。

（三）乡镇工业异军突起。改革开放以前，惠来县乡镇企业（当时称作"社队企业")仅有一些简单生产加工企业,在农村经济中所占比重极小。1980年县设立乡镇企业管理局后,逐步对乡镇企业进行了有组织、有计划的引导。特别是1987年以来,县把发展乡镇企业作为发展农村经济的突破口,先后出台了若干优惠措施,从政策和资金、税收、土地、供电、供水等方面给予极大的扶持、鼓励,促进了乡镇企业的蓬勃发展,形成了以工业为主,建筑、交通运输、商业饮食齐头并进的发展趋势。1979年改革开放后,一方面是国有工业和二轻集体工业日益退化乃至退出市场;另一方面是乡镇办工业和港澳台商投资工业企业逐渐崛起而发展壮大。20世纪80年代起,县委、县政府坚持"四个轮子"一齐转,多成分、多形式、多层次发展乡镇工业的方针,乡镇工业蓬勃发展,成为全县工业的主力军。

1980年,县社队企业管理局独立办公,全县社队企业有了明显发展,当年全县社队企业中有工业企业61家,年总产值661万元。20世纪80年代初,惠城镇率先引进来料加工企业,并集资兴建厂房,建立来料加工区,引进技术设备,安排部分富余劳动力就业,以后这一经验得到推广,全县社队工业企业迅速发展。1984年,国家赋予社队企业优惠政策,社队企业的产品由自给性的自产自销,转变为多种产品外销出口。1987年,社队企业管理局改称乡镇企业管理局。是年,乡镇企业中,工业企业约占90%以上。全县乡办的工业企业共106家,职工总数6628人,总产值1971万元。1990年,乡镇办工业企业增加到108家,工业总产值增加到6486万元;农村工业2366户(包括村办工业、农村合作工业、农村个体工业),总产值达17.25亿元。1994年,全县乡镇工业企业3499家,从业人数4.67万人,固定资产原值2.9亿元,年产值16.32亿元;按可比口径,比1980年增167倍;上交国家税金1690万元,比1980年增长6.7倍。其中乡镇办工业企业148家,从业人数12839人,固定资产原值1.94亿元,产值4.97亿元;村办工业522家,从业人数12077人,固定资产原值5859万元,产值4.33亿元;联户、个体工业2829户,从业人数21841人,固定资产原值4719万元,产值7亿元。

据1996年12月全国第一次农业普查资料:1995年,全县乡镇企业总数1271家,按行业类别分,工业1201家,占总户数96.49%,从业人员3.14万人。

乡镇企业的迅速崛起,使其在农村经济中的地位与作用明显上升。1988年,村及村以下工业产值9440万元,占工业总产值29935万元的31.53%;1990年,村及村以下工业产值19161万元，占工业总产值51388万元的37.29%；1992年，村及村以下工业产值44221万元，占工业总产值99407万元的44.48%。1994年，乡镇企业职工人数在农村劳动力和全县社会劳动力中所占比重，分别达到23.3%和19.4%，比1980年上升了15个百分点和12个百分点。乡镇企业总产值在农村社会总产值中所占比重达到63.5%，比1980年上升52个百分点。其中，乡镇工业产值占全县工业总产值的比重达到74.2%，比1980年上升58个百分点。1996年，村及村以下工业产值199451万元，占工业总产值353727万元的56.39%；1998年，村及村以下工业产值263426万元，占工业总产值482302万元的54.62%。

经过近20年的发展，乡镇企业已成为惠来县农村经济的重要支柱，在壮大农村集体经济实力，以工补农，以工建农，改善农业生产条件，调整农村产业结构，提高农业劳动生产率等方面，发挥了关键作用，为全县农村的稳定、发展、繁荣作出了巨大的贡献。20世纪90年代，惠来县乡镇企业已经形成了服装、渔网、渔船修造、塑料、食品、建材等六大产业群。

1. 服装毛织业。全县乡镇普遍兴办了服装毛织加工企业，一些地方还形成了"毛织村"。特别是20世纪90年代前后，各地通过积极引进先进的生产设备，尤其引进机织、洗熨、包装整条生产线，促进了服装、毛织业的扩大、升级，提高了产品的质量和档次。还培养造就了一批技术水平较高的专业设计人员和生产工人，使服装毛织产品种类逐渐繁多、织工精细、款式考究、风格独特，成为海内外的畅销产品。1994年，全县乡村共有服装毛织企业103家，年创产值25706万元。随着科学技术的进步，工业技术有了提高。乡镇办的服装和毛织业，由脚踏缝纫机改为电动缝纫机。

2. 渔网加工业。1987—1994年，惠来县发挥沿海优势，先后兴办了澳角、华湖等8家乡镇渔网厂，租赁资金659.6万美元，引进日本织网机59台、热定型机1台，并配套国产织网机6台、捻线机20台、绕线机34台，形成了具有地方特色的渔网生产群体。1990年后，渔网行业充分发挥了乡镇企业政策优惠、经营机制灵活的优势，不断强化企业管理，提高生产工人和经销人员素质；多方增加投入，积极开展技术改造和产品创新、升级，企业的知名度、产品的质量和竞争力逐日提高。8家乡镇渔网厂中，有2家被农业部评为全国乡镇企业先进企业单位，4家被晋升为省级先进企业，1家被评为市先进企业；有5家获省全面质量管理证书；聚乙烯单死结网片、有结本色尼龙单丝和复丝网片等3个产品创省优，技术质量国内领先，达到国际先进水平。1994年，全县渔网加工行业共拥有厂房26幢、面积15060平方米，固定资产5788.54万元，年生产能力达到8000多万元。渔网三大系列产品254个品种，不仅畅销国内9个省、10多个县市，而且远销香港，还有美国、加拿大、新加坡等10多个国家，产品供不应求。1994年，完成渔网产值6679.6万元，比1987年（下同）增长9倍。其中出口产值2146万元，比增2.5倍。创税利488.6万元，比增23倍。

1987年开始，传统的手工织网业进行技术改造。全县8家乡镇网厂，依靠国内租赁贷款，引进日本产的织网机54台，其中织聚乙烯机26台、尼龙复丝机15台、尼龙单丝机13台；各种配套设备53台，其中热定型机1台、捻线机17台、喷丝机4台、绕线机25台、其他设备6台；拥有发电机组10台1090千瓦。总投资3787.44万元。其资金来源分别由中国对外贸易租赁公司、汕头国际投资租赁部、粤东进出口公司提供，租赁期限5年。1987年有3家厂开始技改，1988年投产；1988年有2家厂落实技改，1989年投产；1989年有3家厂当年技改，当年投产。到1990年，全部技改完成或投产，年产值2665万元，比技改前的产值477万元，提高4.59倍。

3. **船舶修造业**。惠来县海岸线长，海上捕捞和海上运输、贸易很活跃，为船舶修造业提供了广阔的发展天地。1990—1994年，全县共兴办了这类企业13家，其中造船4家，船排9家。1994年完成产值1331万元。

4. **塑料制品业**。全县生产塑料制品的厂家20多户，拥有生产设备40多台（套），企业有属进出口公司定点生产厂，设备机械化生产程度较高，主要产品有聚乙烯丝、背心袋等5类10多个品种，1994年创产值3000万元。

5. **食品加工业**。惠来县水产、果蔬资源丰富，各乡镇场充分发挥这一资源优势，大力发展食品加工业。靠近沿海的神泉、靖海、前詹等乡镇，主要发展水产品、制冰加工业，加工点达500户以上，年创产值5000多万元。其中神泉水产贸易总公司集制冰、急冻、加工一条龙生产于一体，主要产品梭子蟹肉全部出口，年产值近1000万元。仙庵、周田、鳌江、溪西等镇及东埔农场，分别兴办咸菜、萝卜干、荔枝干、花生制品等一批农产品加工企业，产品畅销国内市场，还打入了香港、台湾等地区。1994年，全县拥有以农产品为主的食品加工企业1000多家，年完成产值

32000万元。

6. 建材业。1994年，全县有石板材、机砖、陶瓷等建材加工企业528家，完成年产值39451万元，比1984年增长77倍。1990年以来，惠来县通过外引内联，大力引进资金、技术设备等，促进了建材行业生产技术水平的不断提高，拥有一批技术力量雄厚、设备先进、生产能力强、内外信誉好的骨干企业。产品逐步朝系列化、多样化的方向发展，机械化程度不断增强。

（四）惠来工业发生深刻变化。到20世纪90年代，惠来工业经济发生了深刻的变化：1. 工业生产规模扩大。改革开放后，全县工业投入大，新办工业多。1994年，工业企业达到3700家（全民所有制工业企业46家，集体所有制149家，村及村以下办3451家，"三资"企业54家），比1980年（下同）增长8.8倍；从业人数7万多人，比增近6倍；全县建成8个工业区；工业厂房总面积达15.07万平方米。2. 工业发展速度加快。1994年全县工业总产值比1949年增长521倍，年均增长14.9%；比1980年增长28倍，年均增长27.5%。3. 工业所有制结构得到调整。党的十一届三中全会后，惠来县在坚持和发展公有制工业的同时，加快了"三资""三来一补"、合营、私营、个体等经济类型工业的发展，工业经济类型结构逐步向多种经济成分并存的方向转变。1980年，全民、集体、村及村以下、"三资"企业的工业产值在全县工业总产值中的比重分别为44.15%、55.47%、0.38%和0；到1994年，改变为11.4%、12.9%、52.3%和23.4%。4. 工业产品质量提高，品种增多。全县已逐步形成了机械、渔网、服装、电子、食品、建材、电力、塑料等支柱行业；主要产品技术、工艺不断更新、升级，罐头、高压电力计量箱、功率因数补偿装置、渔网、凉果等15项产品先后被评为省优产品。有43家企业通过与大专院校、科研科技单位建立技术协作关系，先后创新、研制成功了摆缸式液压马达、微电脑控制器、稳频稳压装置、EB-170型增氧泵、QHG-330全气控气雾剂自动封口灌装机、汽车真空泵、电吹风筒、高效节能灯、甲壳素、脱乙酰甲壳素、原子灰、植物营养液等100多种新产品。这些产品都具有较强的市场竞争力，其中被专家认定达到省级以上先进水平的有18项，填补国内空白2项。全县工业已开始逐步从劳动密集型向技术密集型的方向转变。5. 外向型工业迅速发展，工业产品出口大幅度增加。1994年，全县工业完成出口产品产值8.96

亿元，占工业总产值的40.8%。

三、第二次全国工业普查惠来县工业经济

1983年11月，国务院决定在1985年底进行第二次全国工业普查，并发出《通知》。惠来县根据《通知》精神进行部署，普查工作历时一年，1986年12月，惠来县工业普查办公室印制《惠来县第二次全国工业普查资料汇编》，全面、翔实反映惠来县1980年、1984年、1985年工业情况。分述如下：

（一）**总体情况**。普查全县工业企业116个，工业总产值（不变价，下同）：1980年3879.9万元，1984年4303.2万元，1985年5336.9万元。产品销售收入：1980年3295.7万元，1984年3769.8万元，1985年5183.1万元。产品销售税金：1980年306.4万元，1984年275.7万元，1985年354.7万元。利润总额：1980年70.7万元，1984年93.2万元，1985年112.7万元。1980年，116家工业企业职工人数11662人，全年工资总额556.7万元，人年均工资477.36元；1984年，116家工业企业职工人数12577人，全年工资总额638.2万元，人年均工资507.43元；1985年，116家工业企业职工人数14788人（其中女性8529人），全年工资总额788.1万元，人年均工资532.93元。

（二）**按轻重工业划分**。1.轻工业88个，以农产品为原料的53个，以非农产品为原料的35个。工业总产值：1980年3335万元，1984年3618.2万元，1985年4444.1万元。2.重工业28个，其中原材料工业8个，加工工业20个。工业总产值：1980年544.7万元，1984年685万元，1985年892.8万元。

（三）**按经济类型划分**。1.全民所有制工业企业18个，工业总产值：1980年1827.7万元，1984年2111万元，1985年2805.3万元。其中糖厂工业产值：1980年416.8万元，1984年520.7万元，1985年794.5万元；罐头厂工业产值：1980年470.4万元，1984年602.1万元，1985年866.8万元。2.集体所有制工业企业98个，工业总产值：1980年2052万元，1984年2192.2万元，1985年2531.6万元。其中惠城渔网厂工业产值：1980年91.1万元，1984年170.3万元，1985年212万元；神泉渔网厂工业产值：1980年116.2万元，1984年222.8万元，1985年134.5万元；靖海专用机械厂工业产值：1980年78.8万元，1984年75.9万元，1985年94.7万元；隆江糖果食品厂工业产值：1980年50.3万元，1984年30万元，1985年60.5万元；葵潭竹艺编织厂工业产值：1980

年52.1万元，1984年129.9万元，1985年105万元。3.乡镇企业局属下工业企业36个，工业总产值：1980年498.9万元，1984年419.8万元，1985年552.2万元。其中华湖渔网厂工业产值：1980年尚未投产，1984年5.9万元，1985年91.4万元；靖海塑料绳缆织品厂工业产值：1980年68.5万元，1984年123.3万元，1985年76.1万元；葵潭联合加工厂工业产值：1980年60.2万元，1984年4.4万元，1985年19.7万元。4.对外加工区工业企业4个，工业总产值：1984年1.3万元，1985年34.5万元。其中葵铿皮草制品厂1985年投产，当年产值8.3万元；家用电器厂1984年投产，当年产值1.3万元，1985年产值10.4万元。

四、国营工业发展情况

1980年后，农村经济体制改革，促使农业大丰收。以农副产品为原料的5家国营食品厂，产值产量逐年增长。1985年糖厂产蔗糖7645吨，罐头厂生产各种罐头3000多吨。当年全县国营工业企业12家，年产值4460万元，全员劳动生产率7651元。全县国营工业企业盈亏相抵，利润1.42万元。这一时期，各厂加强了经营管理，把好产品质量关，层层落实经济责任制，并且搞好横向联合，有效地促进经济效益的提高，推动企业的发展。但在改革开放中，市场竞争激烈，商品供求关系发生了变化，一向畅销的惠来烟丝，变为滞销，使生产逐年下降。农村出现了个体修理汽车、拖拉机专业户，日用陶瓷因产品质量无改进，影响出口。这些因素使国营工业的烟丝厂、农机二厂、瓷厂，在新形势下，陷于困境。1979年，惠来县办国营工厂12家，职工总数2564人，年产值1801万元。工厂的生产经营、增加工人、培养学徒，由国家统一下达招工指标；工人的工资由国家统一下达的工资调整指标，按百分比调整；企业生产指标由国家统一下达，执行计划经济，企业出现"吃大锅饭"现象。1981—1990年是国营工业发展全盛时期，10年间，全县12家国营工业企业累计完成工业总产值2.52亿元，上缴税金2498万元。此后，国有工业企业在实施产权制度改革、结构调整中走下坡路，逐渐被市场淘汰。2004年末，全县国有企业、国有联营企业和国有独资公司29家，就业人员2267人。

惠来县工业普查办公室印制《惠来县第二次全国工业普查资料汇编》（1986年12月）统计资料：全县18家全民所有制工业企业，1980年产品销售收入1571.2

万元、销售税金220.5万元、利润总额40.1万元；1984年产品销售收入1963.5万元、销售税金201.5万元、利润总额72.5万元；1985年产品销售收入3006.1万元、销售税金262.2万元、利润总额85万元。

1987年下半年开始，县办国营厂贯彻落实厂长经营承包制。确定六项经济指标（产值、销售、利润、税金、固定资产增值比例、产品质量要求），确定具体奖罚，确定任期3年，即从1988年起到1990年止。1987年底，县办国营厂共14家，包括1985年由烟丝厂塑料车间改建的塑料厂和计划外的家用电器厂。

（一）**县糖厂**。1971年建成，生产规模日榨甘蔗800吨，按榨季90天计算，每年需进厂甘蔗7.2万吨。从1972年投产至1994年，在22个榨季中，只有1986年榨季进厂甘蔗是7.15万吨，实榨97天，企业盈利36万元，其余各年均达不到工厂生产能力的要求，以致工厂设备未能满负荷运转，企业亏损。1988年实行厂长承包经营责任制，到1990年为第一轮承包期，以每年实榨6.8万吨甘蔗为各项指标基数。3年进厂甘蔗都达不到基数，共亏损309.36万元。1991年转入第二轮承包，进厂甘蔗更少，亏损更大。1995年，实行个人风险抵押承包经营（不动产抵押），1997年榨季进厂甘蔗仅80吨，无法开榨，承包合同终止，企业停产关闭。糖厂经营亏损原因是原料供应不足。农民种甘蔗经济收入少，积极性不高。根据1992年4镇2场统计，共种甘蔗1.25万亩，平均亩产4.9吨，总产6.01万吨，不能满足糖厂生产需要。1998年，经县政府同意，设备全部拍卖，拍卖实收120万元。2001年广东省制糖行业全部实行行业结构调整，省财政厅两次补贴糖厂资金262.25万元，分别作为职工投保、生活补助费、一次性安置费发给职工。2003年，糖厂290名下岗职工按工龄年270元标准，领取一次性经济补偿金，并与企业签订解除劳动关系协议书。2004年底，在册人数164人，其中离退休158人，下岗6人，企业名称保留。

（二）**县罐头厂**。1971年成立罐头厂，主要生产荔枝、菠萝、柑橘3种水果罐头，年产约2000吨，解决县内农副产品的加工问题。20世纪80年代，增加青刀豆、蘑菇两种蔬菜罐头的生产，产品以出口为主。1987年出产各种罐头3700吨，为县内工业经济支柱工厂之一。1988年开始实行厂长承包经营责任制，年产量4060吨。1989年，出口美国的蘑菇罐头被美国采用澳大利亚酶联免疫试剂盒检验方法检验出"葡萄球菌肠毒素"，1991年8月被国家轻工部取消"R12"代号，同年10月被国家商检局取消"出口食品厂、库注册证书",工厂无法生产,蘑菇罐头产品报废,削价处理,损失1160万元。同年12月,惠来县政府对罐头厂作出停产关闭复函。2003年9月23日,县人民政府常务会议研究报县委常委会讨论同意,罐头厂308名下岗职工全部纳入县第二批解除劳动关系范围,按县规定标准发给一次性经济补偿金;同意对罐头厂存量资产按规定程序进行处置,处置资金先补缴企业1992年以后结欠社会保险养老费。2003年12月10日,县物价局价格认证中心对罐头厂资产进行评估,价格为人民币1088万元。由于职工代表会未能按法律程序通过资产处理,企业资产拍卖工作在继续探索之中。2004年底,78名职工与企业解除劳动合同关系,领取一次性经济补偿金。企业在册人数292人,其中离休3人,退休82人,下岗职工207人。

（三）**县酒厂**。1956年,建立公私合营惠来县酒厂,以生产白酒为主,最高年产超1000吨,从1961—1987年共缴纳税金716.73万元,企业利润92.18万元。1988年开始承包经营,第一年各项指标完成,后两年亏损80.88万元。1991年原厂领导班子又转入第二轮承包。放弃白酒生产,试产饮料,结果失去了白酒的销售市场,饮料生产又搞不成,承包经营的各项指标不能完成,二轮承包3年（1991—1993年）共亏损170.79万元。1993年2月,县政府同意县酒厂易地改造,原厂址由县房地产开发总公司开发,县酒厂从惠城南美村搬迁到飞鹅工业区内,总建筑面积1420平方米,其中二层办公楼1幢720平方米,生产车间、仓库5座700平方米,总造价约120万元。新厂房建成后,未能投产。2000年10月新厂房出租。2004年底,57名职工领取一次性经济补偿金,与企业解除劳动合同关系。企业在册人数187人,其中退休职工69人,下岗职工118人。

（四）**县酱油厂**。1956年,建立公私合营惠来县酱油厂,至1987年盈亏相抵,净亏12.33万元。1988年开始承包经营,3年各项指标（产值、利润）不能完成;1991年原领导班子转入第二轮承包,3年期满各项指标完成得更差,共亏损52.67万元。二轮承包未结算,1994年,原领导班子继续承包经营,承包企业把车间下放给个人承包,车间承包费与国家税收都不能上缴。1995年,因揭神公路建设需要,无偿占用厂区面积3175平方米（约占企业总面积50%）,企业全面停产。2003年底有54名下岗职工领取一次性经济补偿金,与企业解除劳动合同关系。2004年底，企业在册人数175人，其中退休55人，下岗职工120人。

（五）县烟丝厂。建于1956年，称公私合营惠来县烟丝厂。1979年，烟丝厂的销量下降，生产、销售处于困难。1985年，原烟丝厂塑料车间与烟丝厂分离，组建惠来县塑料厂，烟丝厂仅存60多人。1988年实行生产经营承包后，仅有小量烟丝生产，企业处于半停产状态，1994年后企业全面停产关闭。

（六）县塑料厂。创建于1985年，由于经营困难，连年亏损。1988年搬到飞鹅工业区。工业区占地60亩，塑料厂与寄陇村签订征地合同，成为飞鹅工业区的业主。1990年研制洗衣粉，到1992年共生产洗衣粉337吨，经营仍然亏损，1993年停产。2004年底，烟丝厂解除劳动关系6名，在册人数58人，离退休31名，下岗职工27人；塑料厂解除劳动关系8名，在册人数92人，其中退休45名，下岗职工47人。

（七）县印刷厂。1954年，建立地方国营惠来县印刷厂，属小型厂，职工总数16人。1979年职工总数增加到66人，工业总产值年稳定在20万元上下，税金约1万元。20世纪80年代开始，职工人数增多，但增人不增产。1988年实行厂长生产经营承包责任制，1990年落实侨务政策，企业厂房退还侨户，从惠城镇惠西路73号搬至惠城镇南美中巷，办公楼172.5平方米，租用烟丝厂车间800平方米从事生产。1999年因技改资金紧缺，企业设备无法更新改造，全面停产关闭。2003年，职工与企业解除劳动关系29人。2004年底，企业在册人数161人，其中离退休42人，下岗职工119人。

（八）县农机一厂。创建于1957年。研制磨薯机、打谷机、碾米机等农副产品加工机械。1979年研制农用水泵，获出口权，1981年研制手摇油泵，也获出口权，取得广东省化工机械进出口公司信任，投资80万元，联合创办"广东惠来水泵厂"，重建铸造车间和增加9台机床，厂内生产、购销基本饱和。20世纪80年代初期，农机一厂健全完善厂内各项管理制度，生产迅速发展。1987年研制成功摆缸式径向大扭矩液压马达，填补了国内液压元件空白，获省政府授予"优秀新产品奖"。1988年实行厂长承包经营，各项指标完成较好。3年间，省公司安排大量出口任务，其中手摇油泵9.41万台，小型潜水泵9190台。3年上缴税金33.39万元，企业利润83.85万元。由于生产迅速发展而职工的大量退休，厂内出现技术工人不足。1991年开始第二轮承包经营，出口任务仍是饱和，3年盈亏相抵后净亏23万元。1994—1996年第三轮承包，经营开始走下坡路，3年亏损89万元。1997年，企业实行个人目标管理责任制，但技术人员严重流失，出口任务锐减，生产不景气，连年亏损。1999年，工厂陷于停产状态，仅靠少量闲置厂房、仓库出租以维持留守人员、退休人员部分工资。2003年，86名下岗职工领取一次性经济补偿金，与企业解除劳动关系。2004年底，企业在册总人数324人，其中离休1人，退休103人，下岗职工220人。

（九）县电器厂。从原县电力厂外线组分离后组建为电机厂，1972年正式成立惠来县地方国营电器厂。1980年后，企业致力抓好产品创新。GZB-96/0.38功率因数自动补偿装置、UPS-200/1000型电流稳频稳压装置、DW10-10型柱上油断路器、BJW0.5-1.2.3型低压电力计量箱、PJZ配电屏等产品，"飞星牌"DJW10-1型高压电力计量箱获"广东省优质产品奖"。1983年起扭亏为盈，1985年、1986年企业分别被汕头市人民政府、广东省人民政府授予"先进企业"光荣称号，到1987年工厂盈利76.48万元。1988年实行厂长承包经营，产品生产正常，但经营管理不够完善，税利提不上去。该厂生产一直延续到2000年，是县办国营厂能正常生产的唯一单位。2000年后，企业逐年走下坡路。2003年，企业陷入停产状态，靠出租闲置厂房，解决退休人员工资。2004年底，企业在册总人数194人，其中退休31人，下岗职工163人。

（十）县果子厂。20世纪50年代建立，1978年后连年亏损。1988—1992年并入县罐头厂，作为一个生产车间，经济上独立核算。1993年恢复惠来县果子厂，20世纪90年代初期，创制"谭会牌"凉果，远销外地。1990年，国家农业部部长何康题词赞誉："谭会蜜饯甜遍全国。"产品台姜片、葡萄李、王子话梅等，荣获中国美食优化科学金奖。"阿里山"雪果荣获1994年中国食品博览会银奖。1996—2004年，实行个人风险抵押承包，企业全员投保，退休职工纳入社会养老保险。至2004年底，21名职工领取一次性经济补偿金，与企业脱离劳动关系。企业在册总人数54人，其中退休25人，在职人员29人。

（十一）县家用电器总厂。创办于1987年，为计划外一家国有工业企业，主要生产"富丽牌"电吹风筒系列产品。1997年5月被揭阳市人民政府授予"建市五年突出贡献企业"称号。1998年，增挂"惠来县家用电器工业公司"牌子，实行工贸相结合。1999年1月22日，国家外经贸部批准，授予"经营进出口权"。

2002年、2003年先后有58名下岗职工与企业解除劳动关系,领取一次性经济补偿金。至2004年底,亏损严重,企业停产关闭。企业在册员工131人,其中退休31人,下岗职工100人。

(十二)县瓷厂。1969年建厂,至1987年,年年亏损。主要原因是烧成率低,历年平均烧成率仅有50%左右(全国瓷器生产一般在80%,最好达90%)。1988年停产,研制生产蚊香,在全县承包经营中,列入指标计划内,同年8月瓷厂全部资产划归中国高岭土公司广东惠来公司,瓷厂除名。

(十三)县农机二厂。1970年创办,专业修理汽车、拖拉机。1980年后,农村有机械修理技术人员,人们一般选择就近修理,农机厂无客上门,生产经营一落千丈,企业亏损。1984年县建立来料加工区,决定以农机二厂为基础,建为葵阳对外工业区,原农机二厂的职工,分流安排到加工区各厂。当年农机二厂职工总数121人,其中科技人员6人。占地面积1.13万平方米,建筑面积4721平方米,固定资产原值53万元。

此外,还有县铸造厂,1994年整体拍卖。还有县粮食局的面粉厂、农机局的农机修配厂、水产局的水产冷冻厂、畜牧局的草粉饲料厂等,2000年之前都已退出市场。

五、集体工业企业发展情况

集体工业企业分为两个部分:二轻系统集体工业企业和乡镇办工业企业。

20世纪80年代初,惠城镇率先引进来料加工工业,并集资兴建厂房,建立来料加工区,引进技术设备,安排部分富余劳力。这一经验推动了全县社队工业企业的发展。

1984年,惠来县对社队企业赋予优惠政策,社队工业迎来转机,有了较大的变化,由过去的手工生产转为机械化生产,产品由过去自给性的地产地销,转变为多种产品出口。

1987年撤区建乡镇,社队企业管理局改称乡镇企业管理局。乡镇企业中,工业企业约占80%。1987年全县乡镇办的工业企业共有106家,职工总数8773人,总产值2439万元,固定资产3245万元,流动资金264万元,税金103万元,企业利润90万元。乡镇工业迎来曙光,成为惠来工业体系的"希望之星"。

惠来县工业普查办公室印制《惠来县第二次全国工业普查资料汇编》（1986年12月）统计资料：全县集体所有制工业企业98家，1980年产品销售收入1724.5万元、销售税金85.9万元、利润总额30.6万元；1984年产品销售收入1806.3万元、销售税金74.2万元、利润总额20.7万元；1985年产品销售收入2177万元、销售税金92.5万元、利润总额27.7万元。

（一）二轻集体工业从遍地开花到日渐零落。二轻工业，自1956年由个体手工业者组成51个生产社，26个生产小组以来，经过30多年的发展变化，到1987年尚存生产企业43个，职工总数5520人，自有固定资产577.1万元，自有流动资金87.7万元。企业占地面积12.59万平方米，建筑面积5.04万平方米。

二轻工业大部分是由20世纪50年代建立的手工业生产合作社发展起来的，生产上基本保留传统产品，经营管理上仿照县办国营企业模式，在改革中，推行承包经营，实际上是在"吃大锅饭"，经营不善，逐步跟不上时代。

20世纪80年代末，二轻工业全部实行领导承包责任制。90年代初，多数厂停产或半停产。1992年隆江农机厂第一家实行全厂出卖，退出市场。该厂几十年来固定资产有积累。全厂以300万元卖出，县二轻局提取100万元发展生产，工人按入社年限，实行一次性经济补贴。但多数厂社经济上已成空壳，无法仿照隆江农机厂实行拍卖。

（二）乡镇办工业企业全面崛起。1979年改革开放后，一方面是国有工业和二轻集体工业日益退化乃至退出市场；另一方面是乡镇办工业和港澳台商投资工业企业逐渐崛起而发展壮大。1980年县社队企业管理局独立办公，全县社队企业有了明显发展，当年工业企业总收入1564万元。

惠来县工业普查办公室印制《惠来县第二次全国工业普查资料汇编》（1986年12月）统计资料：全县乡镇办工业企业36家，1980年产品销售收入398.9万元、销售税金11.1万元、利润总额7.6万元；1984年产品销售收入330.3万元、销售税金7.5万元、利润总额9.6万元；1985年产品销售收入467万元、销售税金13.5万元、利润总额10万元。

1990年，乡镇办工业企业增加到108家，工业总产值增加到6486万元；农村工业2366户（包括村办工业、农村合作工业、农村个体工业），总产值达17.25

亿元。

1995年，乡镇企业总数1271家，按行业类别分，工业1201家，占总户数96.49%，从业人员3.14万人（1996年12月全国第一次农业普查数字）。

随着科学技术的进步，工业技术有了提高。乡镇办的服装和毛织业，由脚踏缝纫机改为电动缝纫机。1987年开始，传统的手工织网业进行技术改造。全县8家乡镇网厂，依靠国内租赁贷款，引进日本产的织网机54台，其中织聚乙烯机26台、尼龙复丝机15台、尼龙单丝机13台；各种配套设备53台，其中热定型机1台、捻线机17台、喷丝机4台、绕线机25台、其他设备6台；拥有发电机组10台1090千瓦。总投资3787.44万元。其资金来源分别由中国对外贸易租赁公司、汕头国际投资租赁部、粤东进出口公司提供，租赁期限5年。1987年有3家厂开始技改，1988年投产；1988年有2家厂落实技改，1989年投产；1989年有3家厂当年技改，当年投产。到1990年，全部技改完成或投产，年产值2665万元，比技改前的产值477万元，提高4.59倍。20世纪90年代中期，乡镇工业都落实承包，至2000年有部分停产。

六、个体工业历尽坎坷走上坦途

20世纪80年代开始，政策允许多种经济成分并存，个体工业又得到恢复和发展。1980年个体工业201户，产值23.69万元。到1987年已发展到1423户，产值5177万元。

惠来县的私营工业企业是在改革开放中发展起来的，并逐步做强做大。1980年，全县共有363个工业单位，其中个体户201户，产值23.69万元。1981年只存81户，产值13万元。1983年实行农村经济体制改革后，经过20多年的改革开放，私营工业有很大发展，2000年，全县共有200多家私营工业企业（包括其他有限责任公司和股份有限公司4家），约占全县工业企业总数的七成，主营业务收入占全县工业业务收入总额二成。

私营工业企业发展的主要特点：一是依托原材料优势，建立农副产品加工业。在农村"三高"农业的带动下，农副产品加工业随之发展，从改革开放初期加工低附加值的初级产品，进而制订生产规程，改变纯手工生产为半机械或机械化生产，提高产品质量，创立品牌，占领市场。如蔬菜的萝卜加工，水果的荔枝烘干，海产品加工（鱼丸）等农副食品加工业。二是发挥县内技术人才的作用，建立完整的交通运输设备制造业。全县共有26户工业法人单位，从业人员占全县制造业的5.43%，业务收入占制造业收入总额的9.65%。2000年，规模上私营工业企业共有12户，包括8个行业，有毛织厂、服装机绣厂、纸品厂、渔网厂、酒厂、灯饰厂、拉链厂等。

七、筑巢引凤的"三资"工业

港、澳、台商及华侨到惠来县投资，其形式开始是"三来一补"（即来料加工、来件装配、来样生产、补偿贸易）。20世纪80年代，是投资鼎盛时期。1984年，全县兴办来料加工企业108家，当年完成工缴费2822.9万港元，从业工人1.04万人。1988年，进一步落实鼓励外商投资政策，大部分来料加工企业改型换制为"三资"企业（中外合资企业、中外合作企业、外商独资企业），以享受国家给予的相关优惠政策。投资者从港、澳、台商人扩展到韩国、新加坡、澳大利亚、英、美等国家华侨商人，投资产业从第一产业扩展到第二产业和第三产业。1995年以后，国家贯彻"国民待遇"政策，逐步取消"三资"企业的各项优惠待遇。1997—2000年，企业生产成本提高，"三资"企业的"三乱"（乱收费、乱摊派、乱罚款）问题凸现。1997年，县政府出台《关于对我县外资企业实行一个窗口收费制度的通告》，"三乱"现象大为减少。1995—2000年，由于国际市场不景气，特别是1997年亚洲金融风暴影响，出口型企业受到很大打击，企业亏损比较普遍。1979—2004年，全县港澳台商及华侨到惠来创办的企业共316家。2004年仅存32家，其中29家正常生产，工业总产值23.14亿元，出口交货值16.51亿元。港、澳、台商及华侨投资企业占全县工业企业总户数8.27%，但其产值占全县工业总产值65.3%。

（一）背景。近代历史上，惠来城乡贫民多数割草外卖维持生计，故被称为"草县"；也使出国出境谋生者众，现有侨胞、港澳台同胞20余万人（不少人经过多年打拼，业有所成，成为知名实业家，名闻遐迩），占全县总人口七分之一，成为广东省著名侨乡。惠来工业基础历来薄弱，技术落后，"轻工业是剃头，重工业打锄头"，既是惠来人无奈的自嘲又是现实的写照。1978年至1983

年，全县年工业总产值一直徘徊在6000万元左右，对外加工贸易几乎为零。1983年全县工农业总产值2.08亿元，其中工业产值仅有5893万元。农村落实生产责任制后，全县富余劳动力约有15万，迫切寻找出路。

形势十分严峻。早在1980年，县委、县政府就意识到，惠来要崛起，必须首先振兴工业，并将这一构想落实到行动上，积极寻找突破口。通过对政策的研究与县情的分析，一致认为改革开放没有先例可循，要敢于冲破思想的条条框框，大胆探索，在探索中不断积累经验，不断前进。决心抓住这一千载难逢的机遇，勇敢接受前所未有的挑战，确立了以外向型经济为导向，努力改善"硬"环境和"软"条件，大搞外引内联，以兴办对外工业区为主要形式，发展"三来一补"和"三资"企业。

1982年1月31日，县委、县政府派遣考察组赴港考察，为期10天，作破冰之旅。借助旅外乡亲众多的优势，进行联络乡谊，激发他们爱国爱家、心系桑梓的情怀，收集信息，引进资金，招来项目。考察组由县长方锦明领队，副县长陈祝欣、县委常委兼惠城镇党委书记林佛成、县对外经济工作委员会（简称外经委）主任陈俊佳共4人一行。抵港当晚，拜会香港益丰集团董事长林世铿、宝景实业有限公司董事长林宝喜、大成制衣有限公司董事长林廷丰、龙艺制衣厂有限公司董事长黄振城等乡贤，共叙乡情，共商家乡发展大计。他们十分热心，盛情款待，出谋献策，知无不言。通过这次考察，县委、县政府了解了情况，开阔了视野，坚定了信心：兴办对外工厂区，筑巢引凤，快马加鞭发展惠来经济。

然而，虽然改革取得了一定的成效，城乡经济生活出现前所未有的活跃局面，但在着重强调放开搞活和增强社会活力的时候，加强与改善国家宏观管理的措施没有及时跟上，以致产生了一些混乱现象。由于全国一盘棋，惠来同样需要时间来解决这样那样的弊端，比如整顿社会治安，打击黑恶势力，创造和谐稳定的环境；进一步解放思想，提高认识，才能把改革全面引向深入等等。于是，将近两年时间，惠来放缓了经济建设的步伐。

（二）合资工业起步阶段。1980年，惠来县开始引进外资创办"三来一补"（即来料加工、来件装配、来样生产、补偿贸易）企业，简称"三资"企业。1980年8月16日，惠来籍旅港客商林廷丰先生率先来惠城镇投资办厂，进口电动缝衣机20

部，在城郊东安食堂办起丽华服装厂，从业工人40人，当年工缴费28.3万港元。相继有几个客户于当年到惠来各地办起来料加工厂9家，当年投产的还有益民针织厂、青春针织厂、益丰针织厂等。至1985年，全县已办有来料加工厂40家，累计签订来料加工合同153宗，工缴费2471万港元。

1984年起，全县大力进行基础设施建设，投资环境日益改善。1984年开通县城自动电话，兴建葵阳对外工业区，1985年3月开始整治神泉港，6月建商业大厦，10月建日产万吨自来水厂，改建中心市场；1986年3月开通对港2对电话线路，8月建文昌大厦；1987年初兴建葵潭、隆江对外工业区，6月改建葵和公路（后改称"广葵公路"），7月惠城11万伏变电站、葵潭3.5万伏输电站等4宗水电工程验收完工，8月兴建经委飞鹅对外工业区，10月建葵阳公园。

1988年2月和3月，省政府批准大南山华侨农场场部中心区（今侨园镇）和隆江、葵潭、神泉、靖海、东陇、华湖、周田、前詹、仙庵、溪西、岐石等11个镇为沿海经济开放区重点工业卫星镇（区），按中央和广东省人民政府有关文件的规定，享受有关优惠政策待遇。同年7月，开通县城3千门史端乔自动电话和256门程控电话，开通隆江、葵潭各800门自动电话。同年，建溪西、仙庵2个11万伏输变电站和县火力发电厂。

在此期间，县人民政府根据本县实际，制订了鼓励外商投资、发展外引内联的优惠措施。1984年6月发布《关于奖励引进和优待港澳同胞回乡投资办企业的暂行规定》，1987年11月发布《关于进一步发展我县"三来一补"和"三资"企业若干问题的规定》，1988年7月先后发布《关于鼓励发展我县"三来一补"和"三资"企业的补充规定》《关于实施重点工业卫星镇政策的具体办法》《关于鼓励外地科研单位、大专院校、科技人员来惠开展科研、生产技术合作的若干暂行规定》，1989年发布《关于鼓励外引内联补充规定》。

惠来从1986年起外资投入增多，外资企业发展开始进入鼎盛时期。自实行改革开放10年来，全县"三来一补"企业共签订来料加工合同422宗，引进设备值10007.37万港元，创工缴费12135.88万港元，银行结汇8282.61万港元。

1989年全县108家来料加工厂，遍布于12个乡镇场及8个系统。其中：惠城镇26家，葵潭镇21家，二轻系统16家，外经8家，靖海、神泉、隆江镇各5家，华侨农场和周田镇各3家，东陇、华湖、仙庵镇和县经委、供销系统各2家，东港、溪西镇和外贸局、科委、水电局、教育局各1家。其类别计：服装行业49家，针织羊毛行业17家，宝石行业20家，还有皮革制品、硝皮、录像磁带、玩具、节日灯饰、手袋制品、纸品、假发、五金塑料、机械配件、丝花、渔网、电子、塑料编织等22家企业。"三来一补"企业的发展，振兴了乡镇工业，活跃了农村经济。

（三）合资工业的发展阶段。合资企业是外商的直接投资形式。惠来县的合资企业于1984年开始兴办，至1985年，外资投入15.28万美元，产值10.3万元（其中出口值2.77万美元），工人89人。1986年新签约1宗，投入外资32.7万美元，企业产值857.68万元（其中出口值230.56万美元），工人60人。1987年新签约7宗，9家企业投入外资81.79万美元，产值19.08万元（其中出口值5.13万美元），工人124人。

1984—1988年。1984年7月，县委、县政府出于"节省投资、尽快投产"的考量，确定利用原县农机二厂（位于惠城镇西南郊区）进行改造、扩建，兴办第一家对外工业区，命名"葵阳对外工业区"，由县外经委负责实施。该区占地面积50238平方米，建筑面积61400平方米，其中：新建4至5层厂房及专用车间23幢47292平方米，改造旧厂房15幢17920平方米，建设仓库、宿舍、食堂、保健室等12316平方米。配套装机容量4000千伏安的配电所1座，架设高压供电专线1500米，铺设地下电缆1000米，以及供水、排污、绿化、通信等设施，总投资2000万元。

1984年12月20日，应香港益丰制衣厂有限公司、宝景实业有限公司的邀请，县委、县政府派出赴港经济洽谈考察组，由县长陈钦声带队，副县长林正波、县委统战部部长詹益光、县财贸工作办公室主任方增良、县外经委副主任方毓秋、惠城镇委书记黄焕坤、葵潭镇委书记刘元顺一行7人，在林世铿、林宝喜先生的陪同下，到香港进行为期10天的考察活动，洽谈合作经营家用电器、皮革皮草制品等"三来一补"业务，商谈进一步发展经济合作关系等事项。

县委、县政府在酝酿引进"三来一补""三资"企业的时候，香港益丰制衣厂有限公司董事长林世铿先生，当即表示要来家乡办厂，带动乡亲们一同勤劳致富奔小康。葵阳对外工业区一期工程尚未全部完成，林世铿先生名下的"惠来县葵铿皮革皮草制品厂"已经投产。该厂主要加工生产皮革皮草服装、手提包、小背包等制品，出口欧洲、美国等地，品种多样，款式新颖，广受欢迎。1985年，林世铿先生乘胜前进，又创办了"惠来县葵铿硝皮厂"，主要用于皮草生皮加工，形成皮草制品一条龙生产线，降低生产成本，提高企业效益，增强产品竞争力。1990年，林世铿先生再接再厉，创办"惠来县铿丰洗水厂有限公司""惠来县葵铿皮草三厂"，用以生产牛仔服装类布料。几年间，林世铿先生投资总额逾5293万港元，解决就业近千人。同时，在林世铿先生带动下，来自美国、澳大利亚等国的4位外商也到葵阳对外工业区投资办厂，共用工1500多人，使葵阳对外工业区的规模不断扩大，为惠来的经济建设作出积极贡献。

1985年新年伊始，香港宝景实业有限公司董事长林宝喜先生的"惠来县家用电器厂"，在葵阳对外工业区正式投产。该厂先是生产电吹风筒芯件，继而生产电吹风筒整机。电吹风筒物美价廉，优先出口之后，产品畅销全国各地，一度是广交会上的抢手货。1987年，惠来县家用电器厂完成工缴费288万港元，居全县来料加工企业之首。1988年，林宝喜先生与惠来县对外经济发展公司合资开办"惠来县家用电器实业有限公司（简称县家电公司）"，投资2000多万港元，拥有生产设备250台及8条（套）装配生产线，年产电吹风筒250万只。至1990年底，县家电公司共生产电吹风筒、打蛋机等家用电器产品700万余件，完成工业产值2亿余元，取得了很好的经济效益和社会效益，好评如潮。1988年，被评为汕头市外引内联先进单位；1989年，荣获广东省外商投资企业"金匙奖"二等奖；1990年，被评为全国外资企业出口创汇先进单位。

1988年以后，惠来县的合资企业进入迅猛发展时期，当年新签约14宗，共有新老企业22家，工人1477人。其中由来料加工厂转向的4家。当年外资实际投入额643.23万美元，出口额1736.11万美元，完成产值7252.20万元，约占全县工业总产值的四分之一。由于"三资"企业的迅速发展，全县工业总产值大幅度增长，工业总产值超过农业总产值。

1989年全县"三资"企业产值10668.12万元，出口额2648.89万美元，工人2405人。外经系统的合资企业家用电器实业有限公司1989年出口额1531万美元，创产值6476万元，获广东省外商投资企业金匙奖二等奖，被评为全国外商投资企业出口创汇先进单位。至1989年底，全县累计获批准"三资"企业有38家，除已终止8家外，其余30家计：合资6家，合作19家，外商独资5家。其生产出口品种有电吹筒、打蛋机、榨汁机、钮型电池、玩具汽车、高级服装、再生塑料、塑胶制品、水海产品、手袋制品、花艺制品、渔具制品、塑料丝花、印花机绣等，此外还有深海捕捞、建租厂房、直通港澳车运等项目。

1988年，台胞刘忠义、澳籍（澳大利亚）华人方发槐先生合资创办的"惠来县瑞德渔具制品有限公司"，落户葵阳对外工业区。这是一家外资企业，生产各种渔需品及塑料五金制品，产品远销东南亚各国。

葵阳对外工业区自1984年7月创办以来，至1990年底，共引进企业12家，其中"来料加工"8家，"三资"4家，引进生产设备2264台（套），设备价值1.3亿港元，就业工人3400人。1987年度收入工缴费700多万港元。主要生产皮草大衣、电吹风筒、皮鞋、手袋、录像磁带、渔具制品、节日灯饰和各式服装等。产品大部分出口，远销欧美、东南亚等国和地区，是一个资本、技术密集型的对外出口生产基地。从1986年至1990年，惠来县引进的外资逐年递增，"三来一补"和"三资"企业发展进入历史鼎盛时期。

葵阳对外工业区是潮汕地区第一家引进"三来一补""三资"企业的县级园区，利用外来资金、资源、技术、管理经验来发展本地工业、出口创汇，振兴经济，取得较好的成效。该区的创办，得到国家、省、市有关领导的高度重视与海外友人、外商、各级媒体的大力支持。1984年12月5日，美国"四大皮革皮草大王"之一亨利·伯格莅临参观；1987年3月，国务委员、国务院港澳办公室主任姬鹏飞为"葵阳对外工业区"题字；广东省人大常委会主任罗天为"惠来飞鹅工业区"题写区名；1987年9月9日，广东省政协主席吴南生和中共汕头市委书记林兴胜一行7人，莅临视察、指导工作；1988年3月4日，潮籍中顾委委员、驻英国大使、驻泰国大使、海军政治部后勤部长、文化部副部长、物质总局副局长等21人莅临视察；1988年3月5日，国家计委一行4人莅临视察、指导工作；1988年9月5日，广东电视台《今日潮汕》摄制组莅临录制节目；1989年6月15日，国务院政策研究室领导莅临视察、指导工作；1989年9月，《人民日报》海外版记者3人莅临采访，进行宣传报道。

（四）"筑巢引凤"建设工业园区。自1984年7月至1990年底，全县已建成具有一定规模的对外工业区7个：葵阳、葵发、飞鹅、葵利、葵兴、隆江、葵潭。靖海、神泉、周田、华湖等镇也兴建起规模不一、形式不同的对外工业区。全县累计引进

"三来一补""三资"企业130家，生产设备7535台（套），设备价值近2亿港元。合计利用外资3000万美元，对外贸易从1984年的1160万元增至1987年的3681万元，平均每年递增47%。全县初步形成以对外工业区为龙头，以食品、电器、塑料、服装为支柱的对外经济发展格局。1988年，全县工农业总产值5.27亿元，比1983年翻一番多，全县工业总产值首次超过农业总产值。至1989年底，全县已建成葵阳、飞鹅、葵发、葵利、葵兴、隆江、葵潭等7个对外工业区，靖海、神泉、周田、华湖和商业系统也已确定建设对外工业区。总共有厂房84幢、面积13.6万平方米，引进外资企业55家，成为惠来县重要的出口生产基地，形成了全县外引企业发展的龙头及吸收外资与先进技术的窗口，带动了全县乡镇工业的全面发展。

1. 葵阳对外工业区。1984年10月，中共惠来县委、县政府根据本县实际，决定在县城西南郊投资兴建葵阳对外工业区，并作为具有一定规模的示范性对外工业区。该工业区的第一期工程于1986年底完成，第二期续建工程，至1987年7月底竣工，以后又继续扩建，至1989年底，整个工业区占地面积50238平方米，配套有专用车间、仓库、宿舍、食堂、保健室等，厂房15幢40500平方米，改造旧厂房1792平方米，配套装机容量4000千伏安的配电所一座，架设高压供电专线1500米，铺设地下电缆1000米，以及配套用水、排污、绿化、通信等设施，总投资2000万元。工业区内有外资企业10家，其中"来料加工"企业8家，"三资"企业2家，引进设备2264台（套），设备值1.3亿港元，工人3400人。拥有皮革、电吹风筒、录像磁带、皮鞋等4条设备比较先进的生产线，是一个资本、技术密集型的对外出口生产基地。

2. 惠城镇葵发工业区。始建于1980年5月，总占地面积16500平方米，投资1000万元，建成通用厂房12幢，面积20000平方米，引进生产设备2640台（套），价值747万港元。兴办"来料加工"企业11家，中外合作企业1家，工人共3500人，主要生产服装、塑料玩具、手袋、宝石等产品，是一个劳力密集型的对外出口生产基地，是全县服装来料加工的集中地，1980年至1989年累计创工缴费4400万港元。1994年，固定资产1200万元，该区是一个生产与服务配套成一条龙，生活环境舒适优美的对外工业区。区内办有"三资"企业6家，"三来一补"企业7家,引进先进生产设备3200台(套),折值1120万港元,从业人员3500人,1994年完成工业产值10614万元。

3. 惠城镇美利工业区。占地面积25亩,已建成企业楼4幢,建筑面积16500平方米,固定资产总值1880万元。1992年以该区为基础组建"广利工贸总公司",确立"一业为主,多业并举"的经营方针,在强化该区企业生产管理的同时,积极开拓外引内联门路,工贸结合,闯市场,求效益,以属下7家服装生产企业为主体,联结区外20多家服装厂,组织服装出口贸易,出口额超亿元。

位于该工业区的"惠来县广利工贸总公司"是一家集生产、开发、贸易、服务、管理于一体的集团性企业,是惠城镇"工贸结合,综合经营"型企业的典范。该公司以属下7家服装生产企业为主体,联结惠城镇20多家服装厂,通过紧密型和松散型结合,开展生产协作和技术攻关,并与广州广信公司、香港新鸿公司以及深圳、汕头经济特区外贸专业公司构筑联销网络,形成了服装厂家依托公司搞生产,公司背靠基地闯市场的工贸结合型新模式,获取了最佳的规模效益。仅成立后第一年,该公司就完成产值6600万元,其中服装出口值4632.8万元,创税利300多万元;全镇服装工业产值1.53亿元,比上年增长46%。该公司积极寻找合作伙伴,利用境外资金、技术、设备、信息带动公司的综合发展。他们先后与汕头南方集团公司、康辉旅行社青年企业家俱乐部、公用物业总公司等合作,创办了南方期货惠来经营部、惠香火锅城、莉园娱乐中心和建材贸易公司等7家企业,引进镇外资金近1500万元,当年营业额500多万元,创税利近100万元。该公司坚持以服装生产为主业,信息、商饮、娱乐、建筑各业综合发展的经营方针,面向市场,广集外力,使各种生产要素大量、迅速地聚合而优化。1993年,该公司创利润137.8万元,上缴税收152万元,上交镇政府管理费等92万元,被县人民政府授予"重合同,守信用"企业。公司总经理林建民被吸收为揭阳市青年联合会会员、揭阳市企业家协会会员、政协惠来县第五届委员会委员。1994年,该公司拥有属下企业14家,固定资产总值1880万元。

4. 惠城镇美兴工业区。该工业区是1986年开始兴办的,占地面积17亩,该区是惠城镇与汕头特区南方(集团)公司合作经营的。建成一幢楼高15层、建筑面积9988平方米的"中阳"综合大楼。此外还建有一幢3200平方米的四层厂房以及两幢办公楼,供国内外客户投资办实业。

5. 飞鹅工业区。飞鹅工业区位于县城西郊飞鹅地，由县经委工业经济发展总公司经营，1987年8月创建，占地面积4.5万平方米，总投资1500万元，1990年已建成通用厂房7幢，建筑面积10285平方米。区内有供电、供水、排污、电信等完整配套设施，兴办家用电器（电吹筒）、钮型电池、玩具汽车、塑料丝花、化工等7家外资企业。

6. 隆江镇工业园区。1987年2月，隆江镇在镇区广葵公路边建设对外工业园区，用地1.65万平方米，拨资380万元，引进外商办厂6家，从业人员1700多人。此后逐渐发展，到20世纪90年代，隆江镇工业区有厂房20多幢，厂家20多家，主要生产机绣、手袋、服装、珠绣、渔网、凉果等，高峰时期工人约10000人。1995年以后，国家贯彻"国民待遇"政策，逐步取消"三资"企业的各项优惠待遇。1997—2000年，企业生产成本日渐提高，特别是1997年亚洲金融风暴影响，出口型企业受到很大打击，企业亏损比较普遍。隆江镇以工业为主导，重扶持、善鼓励，全面落实扶持鼓励民营企业发展优惠措施，不断开展招商引资工作，整合提升传统产业，工业规模得到不断壮大。2007年全镇工业企业数达865家，其中纺织、服装、造纸、手袋加工、农副产品加工业达500多家，从业人数达15800人。贝利雅手袋厂、金贤制衣厂、新文造纸厂、联鸿发手袋厂和西塘造纸厂等在产企业规模不断壮大，已成为隆江镇工业经济的支柱。2010年后，隆江镇"三来一补"（即来料加工、来件装配、来样生产、补偿贸易）企业全部外迁。

7. 葵潭工业区。20世纪80年代中期，全县各地纷纷兴建工业园区。葵潭工业区位于长春村，用地面积5万平方米，投资400万元，于1987年2月建成。1989年，建成厂房14幢建筑面积25500平方米，并配套好水、电、通信等设施。园区内有炜成高级服装厂、万成针织厂、镇办渔网厂等5家企业开始投产，生产工人1400人，机械设备819台（套），价值1000多万元。1990—2010年，是葵潭工业区的兴旺时期。2004年，全镇制造业有469户，从业人员3260人。有两个工业园区：一是葵潭工业区，建筑面积3.5万平方米；二是江湖洋工业区，建筑面积3.2万平方米。产品以毛织、服装为主。年营业收入总额500万元以上的有5户。从业人数1450人，总产值4.5亿元，占全镇工业总产值25.5%。葵潭工业区的兴建，在引进外资和人才，引入先进技术和管理经验，增加就业机会和家庭收入方面，发挥重要作用。2010年后，随着劳动力逐渐减少和用工成本升高，外来企业逐渐外迁，葵潭工业区日渐冷落，2020年后，葵潭工业区失去主体功能，转作他用。

（五）合资工业的式微。港、澳、台商及华侨到惠来县投资，其形式开始是"三来一补"（即来料加工、来件装配、来样生产、补偿贸易）。20世纪80年代，是投资鼎盛时期。1984年，全县兴办来料加工企业108家，当年完成工缴费2822.9万港元，从业工人1.04万人。1988年，进一步落实鼓励外商投资政策，大部分来料加工企业改型换制为"三资"企业，以享受国家给予的相关优惠政策。投资者从港、澳、台商人扩展到韩国、新加坡、澳大利亚、英、美等国家华侨商人，投资产业从第一产业扩展到第二产业和第三产业。1995年以后，国家贯彻"国民待遇"政策，逐步取消"三资"企业的各项优惠待遇。1997—2000年，企业生产成本提高，"三资"企业的"三乱"（乱收费、乱摊派、乱罚款）问题凸现。1997年，县政府出台《关于对我县外资企业实行一个窗口收费制度的通告》，"三乱"现象大为减少。1995—2000年，由于国际市场不景气，特别是1997年亚洲金融风暴影响，出口型企业受到很大打击，企业亏损比较普遍。1979—2004年，全县港澳台商及华侨到惠来创办的企业共316家。2004年仅存32家，其中29家正常生产，工业总产值23.14亿元，出口交货值16.51亿元。港澳台商及华侨投资企业占全县工业企业总户数8.27%，但其产值占全县工业总产值65.3%。

〔第五节〕21世纪以来惠来工业经济概况
（2000—2023）

2000年，全县工业产值57.25亿元，比1999年增长13.54%，工业产值是农业产值的3.22倍；三次产业增加值分别为21.03亿元、17.55亿元、8.18亿元，三产比例44.98∶37.53∶17.49。从总体上看，第一产业比重逐渐下降，第二产业比重快速上升，第三产业比重有所提高，总的产业结构逐步趋向合理，向优化和升级的方向发展。

全县工业营业收入58.78亿元，其中工业企业（法人单位）营业收入35.42亿元，个体工业营业收入23.35亿元。2004年，惠来县工业行业结构，主要特点有二：一是传统产业仍起支柱作用。针织品、服装行业是惠来县近十几年来的传统产业。2004年末，全县拥有针织品制造业57家，占工业企业单位14.43%，营业收入5.06亿元，占工业企业（法人单位）总营业收入8.61%；服装制造业36家，占总数9.11%，营业收入10.94亿元，占总数31.06%，该行业从业人数5160人，平均每家企业143人，人平均创工业产值21.2万元。二是新兴产业有新的发展，主要是电子器材制造业。2004年有9家，年营业收入2.44亿元，从业人员1164人，人均年创营业收入20.96万元。该行业的产品适销对路，任务饱满，产品档次高，生产设备先进。

2011年完成工业总产值366.33亿元，比2010年增长30.8%，其中规模上工业总产值321.62亿元，比增35.3%，规模下工业总产值44.71亿元，比增6.3%。

2022年，全县工业总产值263.98亿元，比上年下降4.7%。其中，规模以上工业总产值206.26亿元，下降16.2%；规模以下工业总产值57.72亿元，增长9.2%。规上工业中，分轻重工业看，轻工业产值下降44.8%，重工业产值增长1.7%。全年规模以上工业增加值32.28亿元，下降15.0%。其中，国有控股企业增长16.4%，外商及港澳台投资企业下降47.9%，股份制企业下降4.4%。分轻重工业看，轻工业下降46.3%，重工业增长1.7%。分企业规模看，大中型企业增长6.6%，小型企业下降31.3%，微型企业增长35.2%。规上工业主要产业产值：化工和矿物加工产业25.31亿元，非金属矿物制品业25.31亿元；纺织服装产业11.62亿元；金属产业0.06亿元；食品产业18.86亿元；电气机械和设备（配件）制造业11.88亿元。

一、2000—2004年各类型工业概况

2004年末，全县共有工业企业法人单位395家，就业人员2.08万人。工业个体经营3846户，就业人员2.29万人。在工业企业法人单位中，国有企业、国有联营企业和国有独资企业29家，占企业法人单位总数7.34%；集体企业、集体联营企业和股份制合作企业53家，占13.42%；私营企业281家（包括其他有限责任公司和股份有限公司），占71.14%；港、澳、台同胞及华侨投资企业32家，占8.1%。

（一）国有企业、国有联营企业和国有独资公司。2000年后，国有工业企业在实施产权制度改革、结构调整中走下坡路，逐渐被市场淘汰。2004年末，全县国有企业、国有联营企业和国有独资公司29家，就业人员2267人，其中地方国营

厂12家：糖厂、罐头厂、酒厂、烟丝厂、酱油厂、果子厂、印刷厂、塑料厂、农机一厂、电器厂、家电总厂，总人数2541人，固定资产原值4007万元。

（二）集体工业企业。2004年末，全县共有集体工业企业53家。其中一部分原为全县手工业者建立的社组，后并入县二轻局，统称二轻工业；一部分是20世纪70年代各乡镇、村建立的工业企业。以手工生产为主，产品服务当地的农业、渔业。改革开放后，集体企业逐渐走上半机械化的道路，产品创新换代。但大部分企业未能适应新时代的需求，处于半停产或停产状态，最后退出市场。

2004年底，全县登记注册的二轻工业仍有11家。

（三）"三资"企业。1979—2004年，全县港澳台商及华侨到惠来创办的企业共316家。2004年仅存32家，其中29家正常生产，工业总产值23.14亿元，出口交货值16.51亿元。港澳台商及华侨投资企业占全县工业企业总户数8.27%，但其产值占全县工业总产值65.3%。

（四）私营工业企业。惠来县的私营工业企业是在改革开放中发展起来的，并逐步做强做大。1980年，全县共有363个工业单位，其中个体户201户，产值24万元。1981年只存81户，产值13万元。1983年实行农村经济体制改革后，经过20多年的改革开放，私营工业有很大发展，2004年末，全县共有281家私营工业企业（包括其他有限责任公司和股份有限公司4家），占全县工业企业总数的71.14%，主营业务收入8.8亿元，占全县工业业务收入总额24.99%。

私营工业企业发展的主要特点：一是依托原材料优势，建立农副产品加工业。在农村"三高"农业的带动下，农副产品加工业随之发展，从改革开放初期加工低附加值的初级产品，进而制订生产规程，改变纯手工生产为半机械或机械化生产，提高产品质量，创立品牌，占领市场。如蔬菜的萝卜加工，水果的荔枝烘干，海产品加工（鱼丸）等农副食品加工业，2004年共64户，从业人员1118人，占制造业从业人数6.13%，利润总额占制造业26.97%。二是发挥县内技术人才的作用，建立完整的交通运输设备制造业。全县共有26户工业法人单位，从业人员占全县制造业的5.43%，业务收入占制造业收入总额的9.65%。

2004年，规模上私营工业企业共有12户，包括8个行业，有毛织厂、服装机绣厂、纸品厂、渔网厂、酒厂、灯饰厂、拉链厂等。

二、2004年制造业工业门类

2004年,在全县工业企业法人单位中,采矿业15个,占全县总户数3.8%,就业人员占1.5%;制造业357个,占90.38%,就业人员占87.76%;电力、燃气及水的生产和供水业23个,占5.82%,就业人数占10.74%。在工业大类行业中,纺织业、服装制造业和电力生产就业人数居前三位。

全县工业企业(法人单位)主营业务收入35.42亿元,其中采矿业占1%,制造业占94.17%,电力工业占4.83%;主营业务收入超过亿元的行业共9个:农副食品制造业、纺织业、服装制造业、皮革毛皮制品业、交通运输设备制造业、电气机械及器材制造业、通信及其他电子设备制造业、工艺制品及其他制造业、电力工业。全县工业企业法人单位利润总额5802万元,其中采矿业占4.26%,制造业占90.93%,电力、燃气及水的生产和供水业占4.81%;利润百万元以上的行业共13个。

全县工业企业(法人单位)资产合计21.59亿元,负债合计9.71亿元。所有者权益合计11.76亿元。

2004年末,在全县规模上工业企业中,开展科技活动有3家,占4.3%;在大中型企业中,开展科技活动的企业所占比重为12.5%;在小型企业中开展科技活动的占3.2%。在科技活动经费投入中,代表企业自主创新能力的研究与试验发明经费共179万元,主要是制造业中的电器、电子制造和电力工业。

2004年惠来县工业行业(法人单位)情况表

单位:万元

行业名称	企业(户)	人员数(人)	资产合计	所有者权益合计	主营业务收入	利润总额
总计	395	20794	215903	117562	354161	5802
一、采矿业	15	313	1980	1421	3531	247
非金属矿采选业	15	313	1980	1421	3531	247
二、制造业	357	18248	183759	104518	333525	5276
农副食品制造业	64	1118	11684	4838	18862	1423

（续表）

行业名称	企业（户）	人员数（人）	资产合计	所有者权益合计	主营业务收入	利润总额
食品制造业	29	446	4357	1257	4897	466
饮料制造业	6	191	17870	12317	1511	55
烟草制品业	1	2	192	−159	0	0
纺织业	57	3828	30694	21800	50598	732
服装制造业	36	5160	26326	13069	109357	545
皮革、毛皮制品业	7	1072	11445	8901	28540	218
木材加工、竹藤棕草制品业	7	132	630	474	1579	123
家具制造业	10	151	1352	1125	1705	70
造纸及纸制品业	15	361	8538	5338	5565	164
印刷业	15	197	1178	695	1520	24
文教体育用品制造业	2	81	492	452	997	12
橡胶制品业	1	1	8	8	0	0
塑料制品业	7	226	2603	445	6565	74
建筑材料制品业	33	831	3561	2436	9671	409
金属制品业	8	359	1524	1096	3186	77
通用设备制造业	1	10	383	222	0	0
专用设备制造业	5	105	774	237	861	2
交通运输设备制造业	26	990	21464	6046	32173	590
电气机械及器材制造业	6	1164	15380	6147	24363	34
通信及其他电子设备制造业	3	489	14573	12591	10605	6
工艺制品及其他制造业	18	1334	8731	5183	20970	252
三、电力、燃气及水的生产和供水业	23	2233	30164	11623	17105	279
电力工业	9	1696	25344	8813	13687	138
燃气生产和供应业	8	74	1283	1055	2071	133
水的生产和供水业	6	463	3537	1755	1347	8

（一）**农副食品加工业**。惠来农副产品加工，主要为蔬菜、水果、水产品的加工，已形成农副产品加工基地。蔬菜以溪西镇为主，全镇有萝卜脯加工厂法人单位

11家，年生产萝卜脯8000吨，创产值6400万元。水果主要是荔枝烤干，以鳌江镇、隆江镇为主。水产加工以沿海镇为主，神泉镇的澳角村、靖海镇的资深村，主要生产鱼糜制品与干制品。2004年，鱼丸、鱼肉块、鱼饺等加工量4383吨，鱿鱼干、章鱼干4417吨。

1．**蔬菜加工**。（1）萝卜脯，萝卜惠来方言叫"菜头"，切条腌制晒干称"菜脯"，即萝卜脯。历史上是惠来县大宗出口产品，远销东南亚地区。2004年全县萝卜种植面积5万亩，总产26万吨。全县以溪西镇种植较多，溪西镇的溪南村、军林村、镇前村、新圩村、溪二村等是萝卜主产区，全镇有萝卜加工企业11家。（2）大蒜，惠来适宜种大蒜的地区有靖海镇、仙庵镇和周田镇。大蒜晒干后，切掉茎叶，称"蒜头"，最高产量是1979年，达到3074.6吨，销往中国香港及东南亚地区。2004年没有出口。

2．**水果加工**。惠来县是粤东地区最大的荔枝生产县，2004年全县种植面积21万亩，有荔枝专业村120个，100亩以上的荔枝基地1500个。经专家评审，2004年12月国家林业局授予惠来县"中国荔枝之乡"称号。20世纪80—90年代，荔枝加工有荔枝罐头。21世纪初开始出现荔枝烤干行业，2004年，正常生产的荔枝烤干厂有3家：（1）鳌江镇祖赐荔枝烤干厂。位于鳌江镇区新内街，注册资金88万元，从业人员10人。（2）揭阳市润亚庄园荔枝烤干厂。位于隆江镇大坪山，为庄园属下一个加工基地，有烤干生产线4条，焙架100架，2003年烤荔枝300吨、龙眼100吨。（3）葵金荔枝烤干厂。属葵潭农场，注册资金10万元，从业人员5人。

3．**水产品加工**。1984年前，全县仅有水产品加工厂4家，主要生产腌制品、干制品、熟制品和少量手工鱼肉制品。其中粤葵水产联营加工厂，产品有珍味鱼脯、纯正蟹肉。其中纯正蟹肉产品荣获1984年广东省水产品优秀产品奖。1985年纯正蟹肉、珍味鱼脯、鱼糜制品三项获全国首届水产品加工展销产品优良奖。20世纪90年代后，水产品加工业逐步从外地引进机械，主要是鱼糜制品加工机械，生产能力得到迅速提高。水产品加工业主要分布在神泉、靖海两镇的重点渔村，多数属家庭式作坊，少数为股份合作。产品销往国内（包括香港）。1995年全县个体加工厂124家，年加工量1.85万吨。其中神泉镇煜荣实业总公司，1996年经国家对外经济合作部批准享有出口经营权,加工的真空杀菌蟹肉、速冻蟹肉、冻毛蟹肉、冻章鱼、鱿鱼、竹叶巴浪鱼等,销往美国、泰国和西欧各国。1997年被揭阳市政府评为"先进民营企业"。2002年,被评为市级龙头企业。2004年,县制订《惠来县鱼肉丸技术规范》,为规范鱼糜制品提供技术保障。当年,全县个体水产品加工厂298家(包括家庭作坊)、水产品加工企业41家,按上述规范要求加工的鱼制品年总产量2.01万吨,加工值7308万元。惠来县水产品加工品种有鱼糜制品、干制品及其他制品。(1)鱼糜制品,如鱼丸、鱼肉块、鱼饺等。(2)干制品,如鱿鱼干、章鱼干等。(3)其他制品,熟食品如熟竹叶巴浪;调味食品,如鱼露、纯正蟹肉丝、珍味鱼脯、珍味鱿鱼片、鱼肉松。

(二)食品制造业。惠来县的食品制造业,历史悠久,主要是饼食糕点。1979年前饼食糕点的主要产地在隆江镇。1980年后,国营、集体厂逐渐衰退,私营企业逐步发展。2004年全县有食品加工业29家,其中国营6家全部停产,存二轻工业4家,余者19家为私营企业。2004年底,全县食品制造业就业人员446人,资产合计4357万元,负债合计3100万元,所有者权益合计1257万元,主营业务收入4897万元,利润466万元。主要产品有绿豆饼、豆糭、调味品。1.绿豆饼。是惠来较有名的饼食,原产于隆江镇,故称隆江绿豆饼,后来各镇乡都有生产。1979年前,由个体生产转为糖饼合作社,1979年后,合作社分解为个体生产者,仅惠城就有20多户,自产自销。2.豆糭。历来是靖海著名产品,故称靖海豆糭(原创是京陇乡胡氏)。销往县内外客户,至20世纪80年代时,产品质量下降,销路不大。2010年后,靖海豆糭的制作技艺得到提高,包装装潢有所改进,销路大增。3.调味品。包括酱油、醋、沙茶等,酱油是惠来县的传统产品。改革开放初期,全县虽然只有一家酱油厂,但能满足全县的需要,并有出口香港。20世纪90年代开始,县酱油厂退出了市场,个体私营酱油生产兴起。至2004年,生产调味品厂注册登记的企业有8家,分布于葵潭、溪西、隆江、华湖、靖海等5镇,其中隆江镇龙安食品厂生产的"金鸣"牌沙茶,为揭阳市知名商标。

(三)饮料制造业。中华人民共和国成立后,惠来县只有一家县办国营酒厂,自1993年,迁址飞鹅工业区,至2023年一直停产。2001年,惠来县金荔红果酒厂有限公司创立,开始以荔枝为原料,生产荔枝酒。后更名为惠来帝浓酒业有限公司,并改变传统的荔枝浸酒的方法，以机械去壳，生产出"果真"牌荔枝酒，创果酒新工艺、新品种，为惠来县水果生产增加效益，打开销路。2004年底，全县饮料制品业共有6家，就业人数191人，主营业务收入1511万元，利润总额55万元。

（四）**纺织业**。纺织业，始于1980年，原是港商投资企业，以惠城、东陇、周田、东港、葵潭等镇为主，产品以织羊毛服装为主，多为"三来一补"企业，设备由港商提供。到1985年全县有该类企业9家，从业人员1166人，1990年后，逐渐发展为港商独资经营。同时，县内出现一批私营企业，2004年工商登记的私营企业27家。

（五）**服装制造业**。20世纪80年代初期，惠来服装厂以来料加工为主，统称"三来一补"工业。由港商提供原料、加工设备和技术，乡镇收取工缴费，工人按工价和完成数量领取工资，属于劳动密集型企业，解决农村部分富余劳力的出路。1985年，全县有服装厂10家，除隆江、仙庵镇各1家外，余者都在惠城镇。工人总数1170人，设备总值91万元，工人全年工资总额69.4万元。1990年后，一些港商开始停止来料加工，改为自己建厂，独立经营，工厂户数不断增加，规模不断扩大，形成一定规模的服装制造业。在全县工业中，成为从业人数最多、产值最大的行业。2004年底，全县服装加工企业共36家，就业人员5160人，其中港、澳、台同胞及华侨投资兴办的有21家，国营和集体工业各1家，私营企业13家；主营业务收入10.94亿元，利润总额545万元。

惠来服装制造业产品的市场化程度低，"两头在外"（原材料市场和产品销售市场在外）的市场格局依然存在，导致大部分民营企业也纳入"来料加工出口"的行列，难以在市场交易环节上取得应有的税收收入。造成工业企业"只见产值、不见税收"的现象。

（六）**皮革、毛皮制品业**。1985年，港商在葵阳工业区建立了第一家皮革毛皮制品企业——惠来县葵铿皮革厂有限公司，生产皮、毛皮服装，产品以出口为主，销往欧美等国。其生产所需原材料（皮革、毛皮），一部分需在本地加工，因此在县内设立3个皮革、皮毛厂，属集体企业，加工皮革、毛皮，供应总厂生产。2004年底，全县共有皮革、毛皮制品企业7家，其中港商投资1家，余为集体厂，全部从业人员1072人，主营业务收入2.85亿元，利润总额218万元。

（七）木材加工、竹藤棕草制品业。2004年底，全县共有木材加工及竹、藤、棕、草制品企业7家，就业人数132人；主营业务收入1579万元，利润总额123万元；资产合计630万元，负债总计156万元，所有者权益合计474万元。

（八）家具制造业。惠来县的家具产品，县内批量生产很少。少数的制造企业，主要生产学校课桌椅、医院病床。20世纪90年代后期有些家具的原料改为塑料或钢材，以木材做原料的家具逐渐减少。2004年底，全县家具制造业共10家，其中集体2家，私营8家，就业人员151人；主营业务收入1705万元，利润总额70万元；资产合计1352万元，负债合计227万元，所有者权益合计1125万元。

（九）造纸及纸制品业。惠来县造纸业，始于20世纪80年代初，隆江镇井美造纸厂以废纸为原料，手工抄纸，产品是日常用的包装纸。80年代末以稻草为原料，有打浆机、烘干机，但无法正常生产，仍以手工抄纸为主。90年代各镇开始兴办造纸厂，兼营纸制品加工，有隆江镇、溪西镇、华湖镇、葵潭镇、惠城镇等，2004年销售总额500万元以上。2004年底，全县共有造纸企业15家，其中3家为集体厂，12家为私营企业，全部就业人数361人；主营业务收入5565万元，利润总额164万元。资产合计8538万元，负债合计3200万元，所有者权益合计5338万元。

（十）印刷业。1954年建立惠来县地方国营印刷厂，一直到1980年全县只此1家。改革开放后，出现私营印刷厂。2004年末，全县有15家印刷厂，其中国营1家，集体8家，私营6家，就业人员197人；主营业务收入1520万元，利润总额24万元；资产合计1178万元，负债合计483万元，所有者权益合计695万元。

（十一）塑料制品业。惠来县的塑料制品业，始于1977年，属二轻工业。1987年全县渔网厂进行技术改造，改变手工生产为机械化生产。20世纪末，全县渔网厂组成集团公司，加大了产品出口。2004年底，全县塑料制品企业7家，从业人员共226人；主营业务收入6565万元，利润总额74万元。主要产品有以下几个品种。

1. 单丝和扁丝。聚乙烯单丝生产始于1977年，由二轻隆江塑料厂试产成功，1978年批量生产。1980年，已有拉丝设备5台（套），年生产300吨。此后，神泉、靖海的绳缆厂都先后购置拉丝生产设备，自产自用。到1985年全县已有聚乙烯拉丝设备18台（套）。聚乙烯单丝，是以高密度低压聚乙烯颗粒作原料，经加热挤出延伸而成。单条直径0.19毫米—0.23毫米。拉力强，光滑柔软，抗湿坚韧。单丝经初捻、复捻加工可纺成绳缆和织渔网、蚊帐等商品。聚丙烯扁丝生产始于1977年二轻工业惠城胶丝厂，以聚丙烯颗粒为原料，经加热挤出扁丝，主要作为本厂生产编织袋的原料。1985年全县生产单丝、扁丝工厂共5家，职工总数356人，工业产值343万元。20世纪90年代开始，由于扁丝袋减少生产，扁丝生产也随之减少而停止。

2．**渔网**。1980年开始，手工织网在国际市场上逐渐被机械织网代替，全县出口减少，产量下降。1983年7月，县手工业联社渔网厂引进日本织网机4台，开始机械织网。每台织网机的产量相当400名工人的生产量。1985年县手工联社渔网厂又购进织网机4台，定型机1台，以及捻线机等配套设备。1986年8台织网机全部投产，1987年产量增至240吨，产值501.5万元，税利40.8万元，生产大幅度增长。从1987年开始，全县乡镇办的渔网厂，都先后进行技术改造，购进织网机54台，总投资3787.04万元。从此渔网生产从传统的手工织网转为机械生产，由个体生产的家庭副业，转变为机械生产的渔网工业。1988年全县渔网厂技术改造全面完成，1989年全县有织网机73台，产值产量比1987年增长3倍。产品质量有了很大提高。是年，惠来县生产的"海风"牌有结本色尼龙复丝网和"华湖"牌聚乙烯单死结网片，经省质量审定委员会批准，为省优质产品。1990年底，全县塑料渔网厂11家、职工总数2654人，渔网产量2063吨，工业总产值3046万元。1991年后，产品积极争取出口，并开辟国内市场。20世纪90年代开始，渔网生产成为惠来县支柱企业。21世纪初，渔网出口锐减，各厂重视内销产品，并扩大产品用途，增加生产建筑用的太平网，其中华湖渔网厂、银湖渔网厂为上规模的企业。

3．**塑料绳缆**。惠来县神泉、靖海镇，由于渔业需要，历来有绳缆生产。1979年，全县塑料绳缆总产达1012吨。1980年后，出口量减少，产量下降，工厂生产困难。神泉、靖海两镇索业社购进5台拉丝机，生产聚乙烯单丝，作为本厂生产绳缆原料，实现从拉丝到纺绳一条龙生产，降低成本，提高产品的竞争力。1985年，塑料绳缆生产工厂，全县共5家，其中乡镇办1家、二轻4家，职工总数1155人，产值557万元。到2004年，绳缆生产虽有减少，但老厂仍然存在，并有建新厂。

4．**日用塑料制品**。1982年，二轻工业塑料制品厂经过一年反复试验，获得成功，当年产泡沫塑料2吨。进而试制弹簧床垫，厂名改为二轻家私厂。

5. 薄膜包装印刷。该产品为县塑料厂生产。该厂建于1985年，1986年投产，由于生产量不足，半停半产，全年产量仅有11.45吨，产值8.34万元，当年亏损16万元。1987年职工增加到102人，固定资产原值增加到77.4万元，全年产值4.27万元，20世纪90年代厂址由汽车站附近搬迁至飞鹅工业区，机器设备未安装，陷于停产。

（十二）**建筑材料制品业**。建筑材料制品业包括砖瓦生产、水泥预制品生产。砖瓦生产多以砖条生产为主，分布于惠城、东陇、华湖、仙庵、前詹、隆江、溪西、靖海、周田等9个镇。水泥预制品原为建筑用的门框窗框，20世纪末，窗框门框逐步改用钢材，水泥预制品逐步减少。2004年末，全县有建筑材料制品企业33家，就业人数831人，其中国营2家，集体2家，私营企业29家；主营业务收入9671万元，利润总额409万元；资产合计3561万元，负债合计1125万元，所有者权益合计2436万元。

（十三）**金属制品业**。金属制品业，多数是1980年后发展起来的，产品以房屋门窗为主。从中华人民共和国成立后到2004年，房屋的门窗（包括门框、窗框）材料经过四次改进：木材—石料—水泥预制品—钢材。20世纪90年代中期多用铝合金。全县金属制品企业共有8家，就业人员359人，其中集体3家，余为私营企业。2004年主营业务收入3186万元，利润总额77万元；资产合计1524万元，负债合计428万元，所有者权益合计1096万元。

（十四）**交通运输设备制造业**。惠来是沿海县，经营造船业，造新船，修旧船，以及船的各种机械装备，成为惠来县的传统工业。2004年底，全县共有交通运输设备制造企业26家，其中集体企业6家，余者为私营企业，从业人员共990人；主营业务收入3.22亿元，利润590万元；资产合计2.15亿元，负债合计1.54亿元，所有者权益合计6046万元。

（十五）**电气机械及器材制造业**。电气机械及器材制造业，是惠来县的新兴产业，已成为全县的支柱产业。2004年底，全县共有电子器材制造企业6家，其中港资企业4家，私营企业2家。全部就业人员1164人，主营业务收入2.44亿元，利润总额34万元，资产合计1.54亿元，负债合计9233万元，所有者权益合计6147万元。1. 锋恒发灯饰电器有限公司。厂址在东陇镇东陇新村，2004年注册资金518万元，主要生产电子产品配件，私营企业。2. 揭阳市华松电器实业有限公司。组建于1995年9月，厂址于惠城镇惠政桥西，注册资金88万元，以研制保健炊具为重点，1999年获全国"名优产品"称号和金奖，2004年停产。3. 惠来县春南电器制造厂有限公司。位于惠城西北郊，深汕高速公路惠城出入口东侧，由出生于惠来县秀水里村的澳籍旅港实业家方发槐于2002年独资创办。该厂占地面积6.6万平方米，建筑面积3万平方米，形成初具规模的新型工业园区。产品主要销往欧美等国家和地区。2016年后停产。

（十六）工艺制品及其他制造业。2004年末，惠来县有工艺制品企业18家，就业人员1334人，主营业务收入2.10亿元，利润总额252万元；资产合计8731万元，负债合计3549万元，所有者权益合计5183万元。主要工艺品包括抽纱、木雕、石雕、竹工艺品。惠来木雕，历史悠久。主要服务建筑需要。中华人民共和国成立后，县手工业联社建立工艺美术厂，聘请一些老木雕艺人，带青年学徒，并学习别地先进经验，创造不少木雕艺术品，曾送北京展览。其作品有在一个通透的篓里装着几只螃蟹木质艺术品。其次是专业木雕。到20世纪末个别古神庙、祠堂、大厝的门、窗、隔屏、梁头仍有一些精美木雕。20世纪90年代后处于歇业状态。21世纪后，陈德丰的木雕工艺厂一枝独秀，成为"潮州木雕"工艺的传承人。

三、2011年惠来工业经济情况

2011年，全县共有工业企业872家，就业人员4.45万人，其中国家高新技术企业1家，省民营科技企业3家，港澳台同胞及华侨投资企业37家。工业个体经营6007户，就业人员6万多人。新增规模上工业企业40家，累计210家。全年完成工业总产值366.33亿元，比2010年（下同）增长30.8%，其中规模上工业总产值321.62亿元，比增35.3%，规模下工业总产值44.71亿元、比增6.3%。在规模上工业生产中，国有企业增长5.1%，集体企业增长13.8%，股份制企业增长11.8%，"三资"企业增长23.3%，其他经济类型企业增长62.9%。全县规模上工业实现增加值66.46亿元，比增33%。工业企业效益综合指数353.99%，比2010年提高54个百分点；产品销售率达99.8%；实现利税总额87500万元，增长4.2%。500万元以上工业投资项目98宗，投资总额58.14亿元。进料加工出口3821万美元，增长

25.0%，来料加工出口4669万美元，增长16.0%。"三资"企业出口3821万美元，增长25.0%。

惠来电厂3、4号机组投入6亿多元，已竣工。中委广东石化炼油项目，已报国家发改委核准。中海油LNG项目，已完成平整和进场路建设。中电投物流中心项目已奠基。华润三清山风电项目已获得省发改委同意开展前期工作"路条"。全县共引进项目68宗，实际利用外资2642万美元，比增14%；合同利用外资4120万美元，比减15%。其中一品油脂、民生石板材、奥光电子有限公司、雅安丽娜内衣厂等项目已投产。镍铁合金生产项目、旭辉手袋厂等项目已动工。惠城瑞宝校服工艺厂、墨文家具厂等一批项目正在进行前期工作。全县新增规模上工业企业56家，新增投资500万元以上工业项目共投入26926万元。此外，惠来电厂、石碑山风电场华润仙安风电场、华润关山风电场等大型企业继续保持良好生产经营态势。2011年，全县用电量5.34亿千瓦时，增长13.75%，其中工业用电1.45亿千瓦时，增长5.48%。2011年，全县三次产业比例24.7∶52.2∶23.1。其中第二产业比上年提高3.3个百分点。

全县工业集中发展区13个（老园区9个、新建和正在规划建设4个）。其中，葵阳对外工业区、葵潭工业区和惠城葵发工业区3个园区运转正常，3个工业园区占地面积8.41万平方米，建筑面积9.15万平方米，企业20家。

惠来县工业经济经过多年发展，逐步形成以纺织服装业、食品饮料产业和石化能源产业为主的三大支柱产业。（一）**纺织服装业**。全县231家规模上工业企业中，纺织服装企业56家，主要有源瀚制衣、美林制衣、万成针织等较大龙头企业。产品主要有运动服装、牛仔系列、毛织服装等。（二）**食品饮料产业**。全县规模上工业企业中，食品饮料企业共有40多家，主要有帝浓酒业、龙泉食品、长荣食品等，其中帝浓"果真"牌荔枝酒获"中国国际葡萄烈酒挑战赛"和"广东国际酒博会"金奖，"圣龙泉"山泉水评为省著名商标。（三）**石化能源产业**。惠来县能源工业企业主要有惠来电厂、海湾石风电场、石碑山风电场等。惠来电厂一期工程1、2号机组（2×60万千瓦）已运行发电，3、4号机组（2×100万千瓦）建成待产。海湾石风电场是国家"乘风计划"示范项目，总装机容量2.4万千瓦；石碑山风电场总装机容量10万千瓦，是国家首批特许权示范项目之一。中石油炼油、LNG等一批大型石化项目在动工建设中。

四、2013年惠来工业经济情况

2013年，全县完成工业总产值554.63亿元，比增19.2%，其中规模上工业产值503.75亿元，比增23.1%，规模上工业增加值112.01亿元，比增26.4%。完成合同利用外资5726万美元，比增9.9%；实际利用外资3443万美元，比增12.1%。新增规模以上工业企业18家。完成购电量6.39亿千瓦时，比增7.05%；售电量5.85亿千瓦时，比增7.64%，其中工业用电量1.13亿千瓦时，比增10%。惠来电厂实现发电量159.41亿千瓦时，上网电量150.25亿千瓦时，上缴税费6.44亿元。

2013年底，全年有出口业务的企业43家，拥有自主品牌的企业3家，其中私营企业出口1055万美元，比增121%，占出口总额7.56%；外商投资企业出口7872万美元，比增43.7%，占出口总额56.44%；国有、集体企业出口5021万美元，比减5%，占出口总额36%。加工贸易出口9438万美元，比减15.02%，占比重67.67%。纺织制品、服装出口占主导地位，2013年出口12833万美元，占全县出口总值的92%，比增14.64%；食品（鱼糜制品）出口827万美元，比增140%；电子配件、机电产品出口161万美元，比增18.38%；塑料制品（玩具、渔网）、工艺礼品出口127万美元，比减10%。

中海油粤东液化天然气有限责任公司（简称"粤东LNG公司"）是中海石油气电集团有限责任公司的全资子公司，于2010年9月在广东省揭阳市成立，注册资本金5.2394亿元人民币。公司主要负责：粤东LNG项目的建设、管理；项目投产后液化天然气的接收、储存和气化输出等业务。粤东LNG项目由接收站工程和港口工程两部分组成，接收站站址（含港址）位于惠来县神泉镇以东8公里、前詹镇以西约5公里的沿海区域；一期建设规模200万吨/年，建设3座16万立方米储罐；港口工程建设1个靠泊8万—26.7万立方米液化天然气船舶的泊位（长397米）、1座1000吨级重件泊位（兼工作船泊位），以及防波堤、栈桥、取排水口等配套设施。粤东LNG项目于2013年2月18日获得国家发改委核准，5月正式进入项目建设阶段。项目总投资767162万元（其中：项目核准总投资704026万元，流动资金贷款63136万元）。至2013年底，累计完成投资171172万元。

五、2015年惠来工业经济情况

2015年，全年完成工业总产值674.33亿元，增长11.2%。其中：规模以上工业总产值618.54亿元，增长12.9%；规模以下工业总产值55.79亿元，增长3.7%。在规模以上工业生产中，国有企业增长5.2%，集体企业增长20.5%，股份制企业增长9.1%，"三资"企业增长9.6%，其他经济类型企业增长19.5%。全县规模以上工业企业实现增加值1247048万元，增长8.1%；产品销售率达100%，实现利税总额449800万元，增长9.7%；单位工业增加值能耗0.3319吨标准煤/万元，下降18.47%。完成合同利用外资6106万美元，比减3%，实际利用外资1701万美元，比减57%。新增规模以上工业企业9家。完成购电量7.3亿千瓦时，比增3.2%；售电量6.73亿千瓦时，比增3.6%；其中工业用电1.1245亿千瓦时，比增8.58%。规划面积147公顷临港工业产业集聚地获省政府批准。新增规模以上工业（储备）企业9家。

2015年，全县生产总值（GDP）完成240.45亿元，比上年（下同）增长7.1%。其中，第一产业增加值50.51亿元，增长2.7%；第二产业增加值135.1亿元，增长7.5%；第三产业增加值54.83亿元，增长10.0%。产业结构继续优化，三次产业的结构比例由2014年的21.1：57.5：21.4转变为21.0：56.2：22.8；全县人均GDP21548元，增长6.6%。

加工贸易出口9372万美元，同比增加53.14%，占出口总额比重85.2%。出口主体结构方面：全年有出口业务企业42家，拥有自主品牌企业3家，其中私营企业出口1366万美元，同比减少4%，占出口总额14.8%；外商投资企业出口7942万美元，同比增长54%，占出口总额72%；国有、集体企业出口1430万美元，同比增长54.07%，占出口总额13%。出口商品方面：纺织制品、服装出口占主导地位，出口8699万美元，占全县出口总值79%，比增53.14%；食品（鱼糜制品）出口1366万美元，同比减少4%；电子配件、机电产品出口525万美元，同比增长45.8%；塑料制品（玩具、渔网）、工艺礼品出口148万美元，同比增长12%。

国家电投集团前詹港电有限公司（原名"中电投前詹港电公司"）是国家电投集团南方电力有限公司全资子公司，2013年10月21日注册成立，注册资本金4.1亿元人民币。公司以"港电一体化"为发展战略，主要负责揭阳前詹火电厂、揭阳港前詹作业区通用码头建设和管理。

揭阳前詹火电项目。项目规划容量4×100万千瓦燃煤发电机组，一期工程拟建设2×100万千瓦国产超临界燃煤发电机组，同步建设烟气脱硫、脱硝装置，留有扩建条件。该项目静态投资84.72亿元人民币，已投入资金4.25亿元人民币。2012年12月20日，广东省发改委以《广东省发改委关于请求批准中电投揭阳前詹电厂2×100万千瓦燃煤发电工程项目开展前期工作的请示》向国家能源局申请"路条"，中电投集团公司以《关于广东前詹"上大压小"火电项目开展前期工作的请示》向国家能源局申请"路条"。2013年9月6日，广东省发改委向国家能源局出具《关于请求批准中电投揭阳前詹电厂2×100万千瓦"上大压小"燃煤发电项目开展前期工作的补充请示》。项目列入广东省"十二五"能源发展规划、广东省2014年重点项目、广东省"十二五"后三年重点基础设施建设项目。项目落实"上大压小"替代容量指标60.6万千瓦。2013年9月进行场平招标工作，12月场平开工。2013年12月进行电厂配套码头初设内审。2014年1月完成三大主机招标工作，进行技术协议谈判。确定电厂勘察设计、配套码头勘察设计单位，完成初步设计准备工作，初设原则通过集团审查。该项目进入广东省"十三五"能源发展规划。

揭阳港前詹作业区通用码头项目。揭阳港前詹作业区通用码头工程规划建设15万吨泊位3个，3000吨级泊位3个，年吞吐量3000万吨，岸线长度1千米，投资总额30亿元人民币。一期拟建设7万吨级通用泊位（结构预留15万吨级）、3000吨级通用泊位（结构预留7万吨级）和工作船泊位各1个，年设计通过能力380万吨。项目占用海岸线长度560米，陆域纵深近1200米。项目使用海域面积138.67公顷，其中填海面积34.34公顷。一期工程项目投资概算16.99亿元人民币，已投入资金约3.56亿元。码头一期工程项目2012年1月18日取得广东省发改委核准批复。项目用地、用海分别取得广东省国土厅和广东省海洋局批复，取得相应海域使用权证和土地使用证。项目初步设计通过省交通厅审查并取得批复意见，完成施工图设计及审查工作，取得市交通局批复。码头东南防波堤标段、疏浚及陆域形成标段和监理标段招标完毕。施工组织总设计编制完毕。现场施工准备阶段场地平整施工标段、施工电源标段、永临结合围墙标段等完成招标工作，签订合同。监理单位和部分施工单位入场，现场正进行征地拆迁、围墙施工、场地平整等施工准备工作。

粤东LNG公司是中海石油气电集团有限责任公司全资子公司。公司于2010年9月在广东省揭阳市成立，注册资本金13亿元人民币。公司主要负责粤东LNG项目建设、管理，项目投产后液化天然气接收、储存、外输、销售等业务。粤东LNG项目由接收站、港口工程和外输管线三大功能区块组成，接收站站址（含港址）位于广东省揭阳市惠来县前詹镇沟疏村沿海区域；一期工程生产规模为接卸液化天然气200万吨/年，建设3座16万立方米储罐；港口工程建设1座LNG接卸码头，可靠泊8万—26.7万立方米LNG船舶（船长397米）、1座1000吨级重件码头（兼工作船码头），以及防波堤、栈桥等港口设施。粤东LNG公司工程建设项目于2013年2月获得国家发改委核准，同年5月正式进入项目建设阶段，2016年机械完工并进入试生产，清洁能源输送到汕头、揭阳、潮州等粤东地区，为优化区域能源结构、改善区域环境、建设美丽粤东发挥作用。

六、2017年惠来工业经济情况

2017年，全县完成地区生产总值247.63亿元，比增5.5%。完成第一产业增加值59.10亿元，第二产业增加值129.82亿元，第三产业增加值58.71亿元，第一产业、第二产业、第三产业分别比增5.0%、5.5%和10.5%。三次产业比重由2016年的22.2∶54.7∶23.1演变为23.9∶52.4∶23.7。全县完成工业产值757.52亿元，比增7.1%，其中规模以上工业产值693.30亿元，比增7.1%；规模以上工业增加值108.36亿元，比增2.7%。完成实际利用外资95万美元，合同利用外资136万美元。新增规模以上工业企业5家。完成购电量8.89亿千瓦时，比增9.64%；售电量8.22亿千瓦时，比增9.69%，其中工业用电量1.48亿千瓦时，比增7.11%。推进临港工业产业集聚区建设，纳入规划面积为13.17平方千米，一期规划面积约174.04公顷，其中：已供土地面积80公顷，尚可供应土地面积约94公顷。惠来县引导工业企业向临港工业产业集聚区集聚，进驻有粤东LNG公司和国家电投有限公司。

七、2018年惠来工业经济情况

2018年，全县完成工业总产值311.67亿元，其中：规模以上工业产值266.87亿元,规模以上工业增加值49.82亿元,新增规模以上工业企业5家。供电量9.81亿千瓦时,比增10.35%;售电量9.12亿千瓦时,比增10.86%,其中工业用电量1.67亿千瓦时,比增12.93%。全县工业投资完成19.46亿元,工业技术改造投入资金14.21亿元。

国家电投项目。国家电力投资集团有限公司落户项目有:国电投前詹通用码头项目、近海浅水区90万千瓦海上风电项目和近海深水区170万千瓦(含产业园区50万千瓦)海上风电项目。9月4日揭阳市人民政府与国电投在国电投集团公司总部正式签署战略合作协议;12月17日,国家电投揭阳海上风电、前詹码头项目正式开(复)工。中海油粤东LNG项目。该项目由接收站、码头、配套管线三部分工程组成。7月18日粤东LNG公司与县政府签订用地补偿协议;2018年11月,配套管线工程总体交地完成,惠来清管分输站用地选址经村、镇同意,完成土规调整、地质勘探。明阳海上风电项目。该项目包括总装运维基地项目、100万千瓦海上科研示范风电场项目和7.25兆瓦试验风机项目三个子项目。总装运维基地公司6月21日在惠来县注册;6月23日,县政府与明阳能源智慧股份公司签订《揭阳惠来明阳海上风电项目投资协议书》。三个子项目进展顺利,总装运维基地项目完成可研报告初稿,100万千瓦海上科研示范风电场项目核准前期工作基本完成,完成7.25兆瓦试验风机项目打桩工作。

粤东LNG公司为中海油气电集团全资子公司,位于广东省揭阳市惠来县沟疏村,占地45.3公顷,于2010年9月在广东省揭阳市成立,实收资本16.96亿元。公司主要负责粤东LNG接收站和管道项目建设、运营与管理,以及CNG(压缩天然气)市场开拓、加工及销售等相关业务。粤东LNG是中国海油与广东省合作重点能源项目,2013年2月,该项目获得国家发改委正式批复项目核准文件,同年5月接收站和码头工程正式开工建设。2017年3月29日,粤东LNG接收站与港口工程项目通过总公司机械完工验收。4月25日,来自卡塔尔拉斯拉凡的Q-Flex型首船LNG"AL KHARAITIYAT(阿尔卡拉缇娅)"号抵达粤东LNG码头,粤东LNG一期接收站和码头项目正式投入试生产。粤东LNG一期工程由接收站、港口和LNG配套管线工程三部分组成,建设规模200万吨/年,建设一座可停靠8万—26.7万立方米LNG运输船舶单泊位接卸码头(15万吨级)、3座16万立方米地面全容式混凝土LNG储罐及配套工艺处理设施。LNG配套管线由140公里干线及37公里支线组成，计划于2019年底建成，配套管线建成投用后，将向汕头、揭阳和潮州3个城市供气，主要提供城市居民、商业、工业和电厂用气，成为广东省东部地区主要气源。在接收站和码头建设过程中，粤东LNG诸多创新成果获得肯定，如2013年采用三个储罐同时开工方式，实现仅用187天就完成全部桩基浇筑，开创中海油LNG项目先例；2014年5月31日至6月26日不到一个月内，三个16万立方储罐顺利气升顶，创造国内同行业一个月内完成三个储罐顺利升顶新纪录；从2013年5月开工到成功接气，持续保持"无污染、无事故、无伤害"QHSE目标，安全施工累计1500天；2014年5月22日，在一号储罐即将升顶关键阶段，揭阳遭遇广东省200年一遇特大雷暴雨。粤东LNG业务骨干们优化关键路径工序，加大交叉施工，不仅保质完成建设任务，还提前完成衬壁板和罐底环形区区域保冷施工，创造国内同类项目从获得核准到完成升顶用时最短纪录。粤东LNG接收站自2017年5月启动漕运分销以来，销量一路上扬，槽车外输范围覆盖潮州、揭阳等粤东五市及江西、湖北、浙江南、华北地区，为地区保供、低碳经济发展提供保障。

国家电投集团先后在揭阳市惠来县注册成立中电投前詹港电有限公司、揭阳前詹风电有限公司等两个项目公司分别开展揭阳港前詹作业区通用码头、揭阳海上风电等项目开发建设工作。中电投前詹港电有限公司（以下简称"前詹港电公司"）成立于2013年10月21日，注册资本金4.1亿元人民币，是国家电投集团广东公司全资子公司，主要负责揭阳港前詹作业区通用码头项目和广东前詹4×100万千瓦火电开发建设和运营管理。揭阳前詹风电有限公司（以下简称"前詹风电公司"）于2019年3月21日由国家电投集团广东公司（控股55%）、深圳市南电能源投资有限公司（占股30%）、中国电能成套设备有限公司（占股5%）、中电投东北新能源发展有限公司（占股5%）、明阳智慧能源集团股份公司（占股5%）等五家公司合资组建，注册资本金72亿元人民币，负责揭阳90万千瓦海上风电项目开发建设和运营管理。按照国家电投集团在粤发展战略，公司积极融入当地经济建设，着力在揭阳市惠来县开展揭阳海上风电项目、揭阳港前詹作业区通用码头项目、广东前詹4×100万千瓦火电前期开发和建设工作。揭阳港前詹作业区通用码头一期工程取得核准，揭阳海上风电项目核准260万千瓦（近海浅水区90万、近海深水区170万）；广东前詹火电项目受政策影响，前期工作暂停。（一）海上风电项目。近海浅水区90万千瓦项目。项目包括靖海15万千瓦、神泉一40万千瓦、神泉二35万千瓦三个项目。项目动态总投资188亿元。拟布置165台5.5兆瓦风电机组，配套建设3座220千伏海上升压站和1座陆上升压站。离陆岸20千米—30千米，水深31—39米。2018年8月22日完成靖海15万千瓦、神泉一40万千瓦核准，11月22日完成神泉二35万千瓦核准。2018年12月项目举行开工仪式。项目完成社会稳定风险评估、土地预审、项目用海预审批复；项目可研报告通过水利电力规划总院外审并完成收口；接入系统专题报告获得广东省电网公司批复；项目环评报告等其他专题报告编制完成，正在履行报批手续。靖海、神泉海上风电场测风塔项目建造完成，正在开展风资源数据测量工作。靖海25#、神泉38#试验基础桩设计、制作完成（由Ramboll公司设计项目单桩直径8.4米，桩重1600吨，桩长102米，为世界直径最大、长度最长、重量最重单桩基础），神泉一风电场水上水下勘察施工许可证办理完毕。项目主机、海缆、勘察、监理招标完成，施工EPC招标文件报广东公司审批。项目累计完成投资14.8亿元人民币。（二）近海深水区项目。核准容量170万千瓦，包括前詹一海上风电场（120万千瓦）、惠来一海山风电场（50万千瓦）两个项目，总投资375亿元。2018年12月11日完成两个项目核准。项目取得社会稳定风险评估报告及用地预审批复，完成社会稳定风险评估报告编制及审查，正在编制海域使用报告、海底电缆路由相关报告。（三）揭阳港前詹作业区通用码头项目。该码头位于惠来县前詹镇以西，自2009年开始开展工作，项目规划建设15万吨泊位3个，3000吨级泊位3个，年吞吐量3000万吨，岸线长度1公里，投资总额30亿元人民币。一期拟建设7万吨级通用泊位（结构预留15万吨级）、3000吨级通用泊位（结构预留7万吨级）和工作船泊位各1个，年设计通过能力380万吨。项目占用海岸线长度560米，陆域纵深近1200米。项目使用海域面积138.67公顷，其中填海面积34.3396公顷。一期工程总投资概算16.99亿元人民币。一期工程于2012年1月获得广东省发改委核准，取得交通部560米岸线批复，取得138.67公顷海域使用权证和一期531亩国有土地使用证。项目完成初步设计审查、施工图审查，完成监理及主要施工标段招标工作，现场完成围墙、临建工作，进行部分场平工作，东南防波堤推进260米。一期项目主要作为海上风电重件码头、专业制造和海上施工码头,为临港产业园区、海上风电产业链各单位提供、经营码头泊位租用业务。2018年12月启动复工工作,力争与海上风电项目建设进度协调推进。码头项目累计完成投资5.97亿元人民币。

八、2020年惠来工业经济情况

2020年,全县完成规模以上工业产值221.78亿元,比降14.9%;规模以上工业增加值33.64亿元,比降9.9%。培育"小升规"企业10家,同比增加6家。全年实现工业投资45.25亿元,同比下降23.2%;工业技改投资6.748亿元,同比下降21.6%。完成供电量12.3亿千瓦时,比增15.22%;售电量11.66亿千瓦时,比增17.29%;工业用电量2.4亿千瓦时,比增5.92%。

加工贸易出口3.37亿元。出口业务企业10家,拥有自主品牌企业3家,其中私营企业出口2.1亿元,外商投资企业出口2.72亿元。国有、集体企业出口0.65亿元。出口商品结构。纺织制品、服装出口占主导地位,出口3.37亿元,占全县出口总值61.6%;食品(鱼糜制品)出口1.78亿元;其他项出口0.32亿元。鼓励服装龙头外资企业与国内安踏公司合作,开拓国内市场,全力稳住生产,实现国内国际双循环。全县招商项目27个,同比增加5个,投资额204.1968亿元,同比增长27.3%。其中100亿元以上项目1个,10亿元以上项目2个。全县合同利用外资271万美元,实际利用外资286万美元。11月17日,举行惠来县重点项目集中签约活动,签约重点项目21个、投资规模114.8亿元,涉及科技、能源、制造业、生态农业、文化、现代服务等新兴产业,为推动县域经济高质量发展注入新动能,招商工作逐步形成"人回归,企回迁,钱回流"良好局面。

九、2022年惠来工业经济情况

2022年,全县完成地区生产总值286.28亿元、比2021年降低(下同)1.7%,第一产业增加值62.94亿元、比增4.8%,第二产业增加值80.74亿元、比降13.2%,第三产业增加值142.60亿元、比增3.5%。三次产业结构为22∶28.2∶49.8。2022年,规上工业产值累计完成206.26亿元,规上工业增加值累计完成32.28亿元。工业投资累计完成70.88亿元,工业技改投资累计完成3784万元。成功培育"新升规"工业企业6家,分别为惠来粤海清源环保有限公司、惠来粤海绿源环保有限公司、广东葵潭新能源有限公司、通用电气海上风电设备制造有限公司、惠来县港海食品有限公司、揭阳市润吉建材有限公司。

支柱产业做大做强,支撑"一城两园"加快建设。牢固树立"乙方思维",主动对接、靠前服务,为项目落地、建设、发展提供一流营商环境,推动形成"引进一批、开工一批、建设一批、投产一批、储备一批"良好发展氛围。国家电投神泉一海上风电场全年完成产值8.5亿元,神泉一(二期)完成全部单桩沉桩,神泉二项目实现全容量并网,创造500兆瓦以上风电场最短工期世界纪录。广东蓝水海洋工程装备基地、天惠冷链物流中心、远景南方智慧风电装备产业园、明阳海上风电装备制造基地等重大项目陆续投产。亨通海缆厂基地、中储粮揭阳直属库等重要产业项目加快建设,海上风电、装备制造、冷链物流等全产业链条逐步形成。配套建设更趋完善,有效增强园区承载能力。整合资源、优化配置,提升整体保障服务能力。投入2.5亿元完善园区基础配套建设,临港产业园污水处理厂进入收尾阶段。国家电投揭阳港前詹作业区通用码头一期工程项目总体进度完成50%。兴港大道一期、工业大道一期竣工验收,兴港大道(二期)、金砂工业园区道路、桃东路及其支路开工建设。招商选资持续发力,不断注入发展新动能。落实制造业当家重要部署要求,依托临港产业园千亿级产业平台,按照龙头企业带动配套项目发展思路,实施"补链、延链、强链"行动,吸引一批科技型、创新型、出口型项目入园,主动融入粤港澳大湾区建设,全年共洽谈招商项目、线索73宗,计划总投资698.8亿元,其中21宗总投资331.9亿元项目相继签约,广东蓝水海洋工程基地项目、中储粮揭阳直属库仓储项目、驰阳年产90万立方米ALC新型墙材生产线项目等3宗总投资24.57亿元项目成功落地。

有效投资精准发力,着力巩固经济基本盘。惠来全域实现固定资产投资总额393.78亿元、比降19.9%,其中,惠来县实现固定资产投资总额162.54亿元、比增2.7%。在惠来本县投资中,在库的5000万元及以上项目75宗,实现投资项目总额132.6亿元、占固投总额比重81.6%。其中全县完成工业投资70.88亿元,占固投比重为43.6%。实施技术、模式、管理创新,落实"企业服务官"挂钩制度,每月精准调度工业企业产值、用电、税收等核心数据,全年完成规上工业总产值

206.26亿元，规上工业增加值32.28亿元，工业投资70.88亿元。新增规上工业企业7家、限上商业企业11家、办理技改备案项目3个，支持14家企业成功申报2022年省级促进小微工业企业上规模发展专项资金。新增高新技术企业2家、市级工程技术研究中心1个，企业R&D（科学研究与试验发展）投入2.6亿元。

〔第六节〕风力发电

惠来海岸，最突出的特点就是风大，多沙滩、小丘陵地势，自然地面标高5米—25米，属南亚热带气候。据测风仪器多年测计和对当地风速及有关气象资料的收集整理，年平均风速为6.5米/秒，3米/秒—20米/秒的有效风速时间全年达7495小时，年有效风速频率90%，有效风能密度375瓦/平方米，风力资源十分丰富。1995年下半年，惠来县政府邀请一批专家到沿海踏勘，经过一年的测验表明，县内的靖海、前詹、南海等乡镇可建风电场，面积约30平方公里。可开发的装机容量约60万千瓦。专家还发现靖海海湾石一带的海岬地带，历史上没有发生过破坏性地震，区域稳定性较好，均为非耕地及低矮防风灌木林，场地开阔，施工条件好。便把海湾石作为首选的风能发电场址确定下来。

■ 风电场

一、发展风力发电

1996年，惠来利用丰富的风力资源，开始策划发展沿海风力发电。靖海镇海湾石风电场于1998年8月动工，1999年12月竣工，2000年开始并网发电。2004年9月28日，靖海镇石碑山风电场正式开工建设。广东粤电靖海发电有限公司成立于2005年3月25日。2015年，完成购电量7.3亿千瓦时，比上年增长3.2%；售电量6.73亿千瓦时，比上年增长3.6%；其中工业用电1.1245亿千瓦时，比上年增长8.58%。2020年，完成供电量12.3亿千瓦时，比上年增长15.22%；售电量11.66亿千瓦时，比上年增长

17.29%；工业用电量2.4亿千瓦时，比上年增长5.92%。

2021年，GE海上风电机组总装基地9月正式投产；国家电投近海浅水区90万千瓦海上风电项目"神泉一40万千瓦风电场"项目53台风机于11月30日成功全容量并网发电。

2022年，全县电力用户约35万户，年供电量24.25亿千瓦时。

二、海湾石风电场

1996年，惠来利用丰富的风力资源，开始策划发展沿海风力发电。靖海镇海湾石风电场于1997年8月获国家计委批准立项，由省、市、县合资开发。1998年8月动工，1999年12月竣工，2000年开始并网发电。海湾石风电场工程设计总装机40台，单机容量600千瓦，共2.4万千瓦，总投资约2.8亿元。工程分二期，首期于1998年8月动工建设，投入资金1.13亿元（其中利用德国政府混合贷款1600万马克），装机22台，总容量1.32万千瓦，于1999年底装机完毕试运行。此后，22台机组全部发电并网，年发电量约为2000万千瓦时。

三、石碑山风电场

位于靖海镇石碑山，于2004年9月28日正式开工建设。项目建设计划安装167台国产风机，总装机容量10万千瓦，单机容量600千瓦，总投资7.4亿元。

〔第七节〕惠来电厂

广东粤电靖海发电有限公司（简称惠来电厂）位于广东省揭阳市惠来县东端靖海湾畔，总占地面积2.124平方公里，规划建设2×60＋6×100万千瓦共8台燃煤发电机组，总装机容量720万千瓦，总投资约300亿元。惠来电厂是广东省粤电集团有限公司旗下特大型骨干企业之一。

广东粤电靖海发电有限公司成立于2005年3月25日。公司股东为广东电力发展股份有限公司、广东启创投资发展有限公司和惠来县沿海电力投资有限公司。惠来电厂项目分两期建设，一期工程建设2×60＋2×100万千瓦机组。

■ 惠来电厂

一、2011年概况

广东粤电靖海发电有限公司成立于2005年3月25日。公司股东为广东电力发展股份有限公司、广东启创投资发展有限公司和惠来县沿海电力投资有限公司。惠来电厂项目分两期建设，一期工程建设2×60+2×100万千瓦机组。1、2号2×60万千瓦超临界燃煤发电机组于2007年建成投产，到2011年底，两台机组投产4年多来，已累计实现上网电量300多亿千瓦时，创产值100多亿元，上缴各种税费逾11亿元，为当地国民经济和社会发展作出巨大贡献。一期工程3、4号机组扩建2台100万千瓦超临界燃煤发电机组，项目动态总投资约68亿元，已具备商业运行条件。

广东粤电靖海发电有限公司是一家技术先进、优质高效、安全经济、节能环保的新型火力发电企业，采用中国东方电气集团生产的三大主机（锅炉、汽轮机、发电机）设备，配套静电除尘、烟气脱硫、脱硝、废水回收和全封闭式输煤系统（含圆煤仓）、海水淡化等环保设施，环保设施投入占总投资11%。与省、市环保监测部门实现在线监测，除尘效率达99.8%以上，脱硫效率达94%以上，废水实现零排放。项目配套1个10万吨级和1个7万吨级煤炭码头专用泊位，设计年卸煤量900万吨。

2011年，公司员工400人，平均年龄32岁，大专及以上学历占90%，中高级职称100人，生产和经营实现自动化、数字化、精细化管理。全年实现上网电量70.68亿千瓦时，创产值30.29亿元，上缴各种税费3.59亿元。

2007年顺利通过ISO9001：2000、ISO14001：2004、GB/T 28001：2001"三标"整合管理体系认证，同年获揭阳市"先进集体"；2008年获"广东省五一劳动奖状"、广东省档案管理"金册奖"；2009年获广东省"文明单位"；2011年通过NOSA四星评级、获"全国文明单位""全国安康杯竞赛优胜企业""广东省环保诚信企业"

等荣誉。

二、2013年概况

广东粤电靖海发电有限公司注册资本29.19272亿元，由广东电力发展股份有限公司、广东启创投资发展有限公司和惠来县沿海电力投资有限公司等三方股东分别以65%、25%、10%的比例出资。1、2号2×60万千瓦超临界燃煤发电机组分别于2007年2月18日、6月28日投入商业运行，3、4号2×100万千瓦超超临界燃煤发电机组分别于2013年1月10日、1月9日投入商业运行，至2013年12月底，四台机组已累计实现发电量543亿多千瓦时，上网电量511亿多千瓦时，创产值219亿多元，上缴各种税费近24亿元。

三、2014年概况

2014年底累计实现发电量670亿千瓦时，创产值280亿元，上缴各种税费31亿多元。

广东粤电靖海发电有限公司是一家技术先进、优质高效、安全经济、节能环保新型火力发电企业，采用中国东方电气集团生产的三大主机（锅炉、汽轮机、发电机）设备，配套静电除尘、烟气脱硫、脱硝、废水回收和全封闭式输煤系统（含圆煤仓）、海水淡化等环保设施，环保设施投入占总投资13%。与省、市环保监测部门实现在线监测，除尘效率99.8%，脱硫效率95%，脱硝效率85%，废水实现零排放。项目配套2个10万吨级煤炭码头专用泊位，卸煤能力1000万吨/年。

四、2016年概况

2016年，广东粤电靖海发电有限公司实现发电量112.39亿千瓦时，上网电量105.89亿千瓦时，营业总收入404594.31万元，利润总额57751.27万元，净利润41751.19万元，上交税费65298.21万元。

五、2018年概况

2018年，广东粤电靖海发电有限公司实现发电量142.56亿千瓦时，上网电量134.64亿千瓦时，营业总收入487172.99万元，利润总额15616.57万元，上交税费30004.55万元。

1月29日，4号机组顺利完成超低排放改造并投入运行，至此，公司全面完成4台机组超低排放改造，各项排放指标均达到"50、35、10"超洁净目标，均取得超低排放电价补贴。

六、2019年概况

2019年，广东粤电靖海发电有限公司实现发电量131.99亿千瓦时，上网电量124.85亿千瓦时，营业收入479667.95万元，利润总额55579.36万元，上交税费28848.15万元。公司水域开放工作取得突破，4月27日，国务院以《关于同意广东揭阳港口岸扩大开放的批复》同意惠来靖海作业区扩大开放。

七、2022年概况

2022年，广东粤电靖海发电有限公司实现发电量159.45亿千瓦时，上网电量150.54亿千瓦时，营业总收入699634.43万元，上交税费40452.07万元。2022年，该公司荣获"2022年广东省工业系统疫情防控工作先进集体"；获"全国文明单位"、广东省"环保诚信企业（绿牌）"、广东省"A级纳税人"称号。公司项目扩建发展取得突破，惠来电厂5、6号机组（2×1000MW）扩建工程项目于2022年10月11日获广东省发改委正式批复核准。项目建成后，将提升全省电力供应保障能力，有力促进地方经济社会繁荣发展。

〔第八节〕崛起中的惠来临港产业园

2018年3月，惠来县成立惠来临港产业园。该园区旨在鼓励和吸引国内外装备制造产业，促进装备制造产业高科技发展化，重点加强水资源、工业废弃物、废气、生活垃圾的循环利用系统构建，引入先进的生产模式，根据产业特点，制定装备制造发展政策，促进产业发展升级，服务经济，为区域内装备制造产业的长远发展提供充分的技术支撑和项目支撑、人才支撑。建立港口机械、石油钻探机械、冶金设备、工程机械和汽车、船只修造产业基地。该园区重点发展电子信息、生物医药、智能装备、汽车零部件、新材料等主导产业，在招商引资、经济运行、基础开发、园区合作、基层管理等方面。园区土地平整，交通便利，享有土地指标，可分割，已通过安全评价，均为成熟工业用地。园区厂房多种结构分布，单层、多层、独栋；整租整售、分租分售，为企业提供合适的面积段。2019年起，惠来临港产业园全力推进外资、外贸、外包齐头并进，突出先进产业、先进技术、先进管理。园区始终坚持建设开放的平台，为企业更好更快发展提供更有力的支撑。园区载体资源丰富，现成带指标工业用地，高标厂房租售，类型多样可分割；创新招商引资模式，企业入园注册公司经营业务，可根据企业经营情况，获取产业扶持奖励、经营补贴等多重招商引资优惠政策。

2018年3月惠来临港产业园成立时，同时成立惠来临港产业园建设领导小组和惠来临港产业园筹建领导小组，临港产业园领导小组组长由时任县委书记蔡淡群担任；筹建小组组长由县人大常委会主任黄镇城担任，负责征地、规划、招商引资等工作。产业园位于广东省揭阳市东南部，处于惠来县前詹镇、神泉镇沿海一带，总规划面积25.35平方公里，其中陆域面积18.46平方公里、海域面积6.89平方公里，是揭阳滨海新区"一城两园"重要组成部分。2019年12月13日，惠来临港产业园管理委员会成立，由时任县人大常委会主任、县委副书记黄镇城兼任管委会主任。管委会下设三个机构：综合办公室、规划建设办公室、产业发展管理办公室。惠来临港产业园管理委员会机关行政编制10名，其中设管理委员会主任1名、副主任2名，正股级领导职数3名、副股级领导职数3名。2023年底，陈朝泽任管委会主任。

一、惠来临港产业园的成立和发展

2019年，惠来县委、县政府按照揭阳滨海新区"一城两园"总体规划，紧抓滨海新区建设政策红利期与发展机遇期，以"一核两区""一轴双廊"规划布局，重点打造风电装备产业区和环保、新能源产业区。2019年12月31日，入驻园区企业13家，其中世界500强企业3家（美国通用电气GE、国家电投、中海油），总投资1400亿元。

2021年，惠来临港产业园重点打造风电装备产业区、LNG及冷链物流加工、现代工业制造、滨海休闲观光四大板块。入驻园区企业24家，其中世界500强企业3家（美国通用电气GE、国家电投、国家管网），中国民营500强企业3家（亨通、远景、明阳），总投资1450亿元。园区在揭阳市10个重点园区绩效评比中荣获第一名。

二、产业园基础设施建设

（一）2019年的基础设施建设

1. **海陆空铁立体式大交通体系**。产业园附近海域可建5万—30万吨级深水码头，距离国际航线仅12海里，15万吨级前詹深水码头正在建设中。揭惠高速公路直达园区，与甬莞、汕湛、沈海等多条东西向高速公路连接；省道S235线由东往西贯穿全园，兴港大道、工业大道及其他园区道路纵横交错，四通八达。沿揭惠高速公路，从园区到揭阳潮汕国际机场仅1小时车程。建设中的汕汕高铁惠来站距离园区15公里，从惠来站到广州仅需1小时15分钟。

2. **专业风电母港**。国家电投7万吨级前詹深水码头定位为海上风电母港兼一般通用功能，是全国第一个在规划设计阶段，就融入海上风电大部件产品运输要素专业性深水码头，为风机、叶片、塔筒、钢管桩、海缆等巨无霸提供码头转运服务保障，提高海上风电开发建设效率，降低投资成本。前詹深水码头通用功能，结合立体式交通体系，以一站式报关服务，满足粤东四市、梅州等地区对外散货海运的需求。

3. **招商引资载体基本形成**。惠来临港产业园首期计划收储地块四块，陆域面积3641.85亩，计划填海面积515亩。已批土地1482.03亩，其中已供826.49亩。园区污水处理、电力升级、用水供应等基础设施建设全面推进，构成区内框架布局。

（二）2020年建设海陆空铁立体式大交通体系

1. **深水码头**。惠来临港产业园附近海域可建5万—30万吨级深水码头，距离国际航线仅12海里（约22公里），7万吨级前詹深水码头全速建设中。前詹深水码头结合立体式交通体系，以一站式报关服务，满足粤东四市、梅州等地区对外散货海运需求。

2. **高速公路网**。揭惠高速与甬莞、汕湛、沈海等多条东西向高速公路连接，直达园区，省道S235线由东往西贯穿全园，兴港大道、工业大道及其他园区道路纵横交错，四通八达。

3. **揭阳潮汕国际机场。**沿着揭惠高速，从园区到揭阳潮汕国际机场仅1小时车程。

4. **汕汕高铁惠来站。**汕汕高铁惠来站距离园区15千米，理论计算从惠来站到广州1个小时15分钟。2023年12月26日已通车。

5. **专业风电母港。**国家电投7万吨级前詹深水码头定位为海上风电母港兼一般通用功能，是全国第一个在规划设计阶段，融入海上风电大部件产品运输要素专业性深水码头，保障风机、叶片、塔筒、钢管桩、海缆等巨无霸码头转运服务，提高海上风电开发建设效率，降低投资成本。

2020年，惠来临港产业园招商引资载体形成。惠来临港产业园首期计划收储地块四块，面积3730.7亩，计划填海面积515亩，将以"三通一平"熟地出让。已批未供用地1428.87亩，其中：地块（一）1137.27亩，地块（二）49.98亩，地块（三）139.28亩，地块（四）102.34亩。出让土地495.93亩，其中：美国通用电气GE106.34亩、国家电投集控中心88.22亩、明阳新能源综合基地100.14亩、天惠冷链物流中心63.68亩、国家电投前詹码头堆场137.55亩；组卷报批土地包括地块（二）612.49亩，组卷材料上报市，待市批复；计划出让土地906.07亩，其中：地块（一）远景能源71.94亩、亨通海缆80.25亩、宁水钢结构167.97亩；地块（三）华海冷能空分99.9亩，地块（四）6家食品加工厂102.34亩。推进园区污水处理、电力升级等基础设施建设，园区内框架布局已经构成。

（三）2021年的基础设施建设

1. **产业园拥有海陆空铁立体式大交通体系。**惠来临港产业园附近海域可建5万—30万吨级深水码头，距离国际航线仅12海里（约22千米），7万吨级前詹深水码头正在全速建设中。与甬莞、汕湛、沈海等多条东西向高速公路连接揭惠高速直达园区，省道S235由东往西贯穿全园，兴港大道、工业大道及其他园区道路纵横交错，四通八达。沿揭惠高速，从园区到揭阳潮汕国际机场仅1小时车程。建设中汕汕高铁惠来站距离园区15公里，理论上从惠来站到广州仅需1小时15分钟。

2. **园区道路、污水处理等基础设施完善。**园区道路、污水处理、电力升级等基础设施建设全面推进建设，构成区内框架布局。园区兴港大道（一期）、工业大道（一期）建成。临港产业园污水处理厂及配套管网（一期）工程项目建设5000吨/日规模污水处理厂（一期）及9.8公里配套管网，已开工建设，计划2022年底竣工投产。园区地块（一）1万伏公共开关站，建成投产。园区地块（二）规划建设一座110千伏临港变电站，项目正在开展设计工作。临港产业园首期计划收储地块四块，面积3730.7亩，已批未供用地1449.92亩，其中：地块（一）698.18亩，地块（二）612.49亩，地块（三）139.28亩。已出让土地1024.65亩，其中：美国通用电气GE106.34亩、国家电投集控中心88.22亩、远景南方智慧风电装备产业园71.94亩、明阳海上风电装备制造基地100.14亩、蓝水海洋工程装备基地291.97亩、亨通海缆厂基地75.18亩、国家电投前詹码头堆场137.55亩、天惠冷链物流中心67.87亩、6家海产品加工厂85.44亩；正在组卷报批土地有地块（三）695.02亩；计划出让土地240.33亩。

三、产业发展

（一）2019年产业发展情况

1. 风电装备产业区——海上风电产业链。（1）优质风能资源丰富。惠来拥有1380万千瓦海上风电开发容量，占全省海上风电开发容量20.64%，以1万千瓦2亿元投资成本，释放出2760亿元庞大投资市场。近海浅水区（离陆岸24公里）年平均风速8.7米/秒，平均风功率密度680瓦/平方米，超过全国平均值。核准640万千瓦（国家电投260万千瓦、中广核280万千瓦、明阳智能100万千瓦），其中国家电投近海浅水区90万千瓦海上风电项目开工建设。（2）风电产业链完整。依托专业海上风电母港和优质风能资源，引进国家电投、美国通用电气GE、明阳智能、亨通集团、广东蓝水等企业，园区海上风电开发、科研、智能数据处理中心、风电主机、叶片、塔筒、钢管桩、海缆等风机制造项目相继开工建设。GE全球单机容量最大12兆瓦风机、明阳全亚洲抗台风型单机容量最大7.25兆瓦风机、蓝水深远海导管架、亨通集团全球最长单根无接头光缆在产业园生产"智"造，形成海上风电集科研、制造、总装、运维为一体全产业链发展，筑成全球海上风电发展集聚地。

2. 环保、新能源产业区——LNG及冷链产业。（1）清洁能源基地初具规模。中海油粤东LNG项目2018年1月正式生产，接卸规模LNG 200万吨/年，进口LNG总量187.5万吨，直接服务、辐射整个粤东地区。粤东LNG作为进口LNG窗口一站通首期试点，2018年10月完成LNG窗口一站通首次进口LNG船货成功交接，标志着我国LNG

接收站首次实现以公开竞价市场化运作方式实现向第三方公平开放。（2）产业发展前景广阔。零下161℃液态LNG气化将产生巨大冷能，具有显著经济效益。其中，可充分利用不间断产生冷能，发展冷能空气分离项目，生产液氮、液氩、液氧；结合神泉国家级示范性渔港、深水码头及现代农业产业园荔枝、菠萝、蒜头等产品，发展冷冻冷藏、冷链物流、冷冻加工项目，形成以LNG前端接收利用与冷能延伸利用相结合LNG产业链。

（二）2020年产业发展情况

1. **风电装备产业区——海上风电产业链。**（1）丰富优质风能资源。惠来县拥有1380万千瓦海上风电开发容量，占全省海上风电开发容量20.64%，以1万千瓦2亿元投资成本，释放出2760亿元投资市场。近海浅水区（离陆岸约24公里）年平均风速8.7米/秒，平均风功率密度680瓦/平方米，超过全国平均值。核准640万千瓦，其中国家电投近海浅水区90万千瓦海上风电项目开工建设。（2）完整风电产业链。依托专业海上风电母港和优质风能资源，引进国家电投、美国通用电气GE、明阳智能、亨通集团、远景科技、广东蓝水等企业，园区海上风电开发、科研、智能数据处理中心、风电主机、叶片、塔筒、钢管桩、海缆等风机制造项目相继开工建设。GE全球单机容量最大12兆瓦风机、明阳全亚洲抗台风型单机容量最大7.25兆瓦风机、蓝水深远海导管架、亨通集团全球最长单根无接头光缆在产业园生产"智"造，形成海上风电集科研、制造、总装、运维为一体全产业链发展，筑成全球海上风电发展集聚地。

2. **LNG及冷链物流加工板块。**（1）清洁能源基地初具规模。国家管网粤东LNG项目2018年1月正式生产，接卸规模LNG 200万吨/年，直接服务、辐射整个粤东地区。粤东LNG作为国家进口LNG窗口一站通首期试点，2018年10月完成LNG窗口一站通首次进口LNG船货成功交接，标志LNG接收站首次实现以公开竞价市场化运作方式实现向第三方公平开放，项目配套外输管线工程惠来段建成，于2021年3月1日正式投产运行。（2）产业发展前景广阔。-161℃液态LNG气化将产生巨大冷能，具有显著经济效益。其中，可充分利用不间断产生冷能，发展冷能空气分离项目，生产液氮、液氩、液氧；结合神泉国家级示范性渔港、农业十个万亩工程，与先进物流企业合作，利用LNG冷能，降低成本，引导小规模农渔产品加工坊转型升级，建立成熟冷链运输网络，打造集仓储、加工、冷链、物流于一体农渔产品冷链物流加工基地。入驻天惠冷链物流中心以及6家海产品加工场，华海冷能空分项目于2021年第一季度顺利签约。

（三）2021年产业发展情况

1. 风电母港。国家电投7万吨级前詹深水码头定位为海上风电母港兼一般通用功能，是全国第一个在规划设计阶段，就融入海上风电大部件产品运输要素专业性深水码头，为风机、叶片、塔筒、钢管桩、海缆等巨无霸提供码头转运服务保障，提高海上风电开发建设效率，降低投资成本。前詹深水码头结合立体式交通体系，以一站式报关服务，满足粤东四市、梅州等地区对外散货海运需求。

2. 风电装备产业区——海上风电产业链。惠来县拥有1380万千瓦海上风电开发容量，占全省海上风电开发容量20.64%，以1万千瓦2亿元投资成本，释放出2760亿元投资市场。近海浅水区（离陆岸24公里）年平均风速8.7米/秒，平均风功率密度680瓦/平方米，超过全国平均值。国家电投近海浅水区90万千瓦海上风电项目开工建设，其中神泉一31.5万千瓦海上风电场建成投产。完整风电产业链。依托专业海上风电母港和优质风能资源，引进国家电投、美国通用电气GE、明阳智能、亨通集团、远景科技、广东蓝水等企业，园区海上风电开发、科研、智能数据处理中心、风电主机、塔筒、钢管桩、海缆等风电装备制造项目相继开工建设。GE全球单机容量最大12兆瓦风机、明阳柔直送出系统、远景智能风机、广东蓝水"擎天巨柱"——钢管桩及导管架、亨通集团柔性海洋软管将在产业园生产"智"造，形成海上风电集科研、制造、总装、运维为一体全产业链发展，筑成全球海上风电发展集聚地。

3. LNG及冷链物流食品加工板块。依托神泉国家级示范性渔港、农业十个万亩工程，与先进物流企业合作，利用国家管网粤东LNG冷能，引导小规模农渔产品加工坊转型升级，建立成熟冷链运输网络，打造集仓储、加工、冷链、物流于一体农渔产品冷链物流加工基地。国家管网粤东LNG项目建成投产，天惠冷链物流项目、六家食品加工厂正在建设中，华海冷能空分项目于2021年第一季度顺利签约，中储粮揭阳直属库新建粮仓计划2022年9月开工建设。

（四）2022年产业发展情况

惠来临港产业园位于广东省揭阳市东南部，处于惠来县前詹镇、神泉镇沿海一带，总规划面积25.35平方公里，其中陆域面积18.46平方公里、海域面积6.89平方公里，是揭阳滨海新区"一城两园"重要组成部分。按照揭阳滨海新区"一城两园"总体规划，落实以大项目带动大发展工作思路，树立"抓项目就是抓发展、抓优质项目就是推动高质量"发展理念，深入实施"补链""强链""延链"行动，推动园区全产业链高质量发展。重点打造风电装备产业区、LNG及冷链物流加工、现代工业制造三大板块。2022年，入驻园区企业24家，其中世界500强企业3家（美国通用电气GE、国家电投、国家管网），中国民营500强企业3家（亨通、远景、明阳），总投资达1450亿元。

1. **基础设施建设**。完善园区道路、污水处理等基础设施。园区道路、污水处理、电力升级等基础设施建设正全面推进建设，区内框架布局已经构成。园区兴港大道（一期）、工业大道（一期）建成。临港产业园污水处理厂及配套管网（一期）工程项目将建设5000吨/日规模污水处理厂（一期）及约9公里配套管网，现开工建设。园区地块（一）1万伏公共开关站，已建成投产。同时，园区地块（二）规划建设一座110千伏临港变电站，项目开展设计工作。

2. **海上风电及装备制造产业链**。国家电投15万吨级前詹深水码头定位为海上风电母港兼一般通用功能，是全国第一个在规划设计阶段，就融入海上风电大部件产品运输要素专业性深水码头，为风机、叶片、塔筒、钢管桩、海缆等巨无霸提供码头转运服务保障，提高海上风电开发建设效率，降低投资成本。前詹深水码头结合立体式交通体系，以一站式报关服务，满足粤东四市、梅州等地区对外散货海运需求。风电装备产业区——海上风电产业链。惠来县拥有1380万千瓦海上风电开发容量，占全省海上风电开发容量20.64%，并以1万千瓦2亿元投资成本，释放出2760亿元庞大投资市场。近海浅水区（离陆岸约24公里）年平均风速约为8.7米/秒，平均风功率密度约为680瓦/平方米，超过全国平均值。国家电投近海浅水区90万千瓦海上风电项目开工建设，其中神泉一31.5万千瓦海上风电场、神泉二50.2万千瓦海上风电场已建成投产。引进国家电投、美国通用电气GE、明阳智能、亨通集团、远景科技、蓝水等企业，园区海上风电开发、科研、智能数据处理中心、风电主机、塔筒、钢管桩、海缆等风电装备制造项目已相继开工建设。GE全球单机容量最大12兆瓦风机、明阳柔直送出系统、远景智能风机、长风宁水1800吨级"擎天巨柱"——钢管桩、亨通集团全球最长单根无接头光缆将在产业园生产"智"造，形成海上风电集科研、制造、总装、运维为一体全产业链发展，筑成全球海上风电发展集聚地。

3. **其他产业**。依托神泉国家级示范性渔港、农业十个万亩工程，与先进物流企业合作，利用LNG冷能引进工艺达到国内先进水平、产量国内最大冷能空分项目，积极引导小规模农渔产品加工坊转型升级，建立冷链运输网络，打造集仓储、加工、冷链、物流于一体农渔产品冷链物流加工基地。国家管网粤东LNG项目建成投产，天惠冷链物流项目、六家食品加工厂正在积极建设中，中储粮揭阳直属库新建粮仓于2022年6月开工建设。探索承接海洋工程装备、海洋平台等先进制造业、海洋战略新兴产业和海上风电上下游产业，规划打造现代工业制造板块。

〔第九节〕大南海国际石化综合工业园

大南海国际石化综合工业园（简称工业园）于2007年7月19日由省政府正式批准设立，是广东省四大石化产业基地之一，已列入广东省"十一五"重点发展的石化基地。工业园位于惠来县西南端近海区域，规划总面积73平方公里，海岸线长9.7公里，陆地地势平坦，园区内有天然港口——神泉港，龙江河从西北向东南穿过园区入海；隆甲公路、广葵公路、深汕高速公路在园区周边构成陆地交通网络。园区具备港口条件优越、水陆交通便利、水资源丰富、电力供应充足、土地利用和发展空间大等优势。工业园初步规划为六个功能区域：一是临港石化工业区，包括石油化工产业及专用仓储区、石油化工中下游产业区，重点发展集约式的石油化工产业；二是化学工业区，重点发展与石油化工产业相辅相成的工业及其延伸产业；三是重装备产业区，重点发展船舶修造产业；四是港口物流区，包括企业物流区和公共物流区，重点发展港口、码头和现代综合物流业；五是科教研发区，重点发展石化工业、重装备产业等领域的高科技研发，建设国家级重点实验室；六是行政服务配套区，重点是提供生产、生活等综合性服务。

工业园规划面积45.6平方公里，其中产业片区42.4平方公里，海岸线长6.58公里。

一、石化炼油项目实质性启动阶段（2011—2012）

（一）合作性质和建设规模。中委广东石化炼油项目，是由中国石油天然气集团公司与委内瑞拉国家石油公司合资建设项目，中方占60%股份，委方占40%股份。项目选址在揭阳（惠来）大南海国际石化综合工业园区内。该项目总规划建设炼油4000万吨/年，配套百万吨级乙烯世界级超大型石化基地。首期投资573亿元人民币，年炼油能力2000万吨，在揭阳（惠来）大南海国际石化综合工业园区建设炼油厂及5万吨级成品油码头，在惠来县靖海石碑山区域建设30万吨级原油码头及120万吨原油中转库，原油通过专用管道输送到炼油厂。

（二）项目的战略意义。该项目符合广东省石化产业规划，是省四大石化产业基地之一，是国家、省重点建设项目。国家生态环境部组织的国家层面战略环评认为：该基地具有土地资源丰富、周边环境敏感点少、水体交换快、风向好、离主城区远等优点，应集中力量做大规模。该项目是国家能源安全战略重要组成部分。项目建设不仅对揭阳乃至整个粤东经济和社会的跨越发展具有重大推动作用，对调整和优化广东产业结构、推动产业升级，促进全省科学发展有着重大意义，更对深化国家国际能源合作，增加国内成品油供应，优化和完善炼油产业布局，确保国家能源安全具有重大战略意义。

（三）2012年正式获得国家发改委批复核准。中国石油广东石化公司全称"中国石油天然气股份有限公司广东石化分公司"，是由中国石油天然气股份有限公司和委内瑞拉国家石油公司（PDVSA）共同出资建设，按照股份制企业模式进行管理和生产企业，股份比例中国石油占60%，PDVSA占40%。2011年1月11日，广东石化公司在揭阳市工商行政管理局注册，具体负责广东石化项目建设前期准备以及合资公司筹建等工作。

中委合资广东石化2000万吨/年重质原油加工项目选址于广东省揭阳市（惠来）大南海国际石化综合工业园区、龙江河出海口，厂区占地面积5平方公里，配套建设工艺装置29套，30万吨原油码头和3万—5万吨产品码头，总体设计批复投资499亿元人民币（不含税），是国内一次性设计加工能力最大炼油项目。加工原料为委内瑞拉Merey-16原油，即具有高密度、高含硫、高氮、高残炭、高金属、高酸值"六高"特性环烷基超重劣质原油；产品以汽油、柴油、航空煤油等燃料为主，主要产品全部达到欧V标准；产品目标市场主要是广东省及福建、湖南、江西等周边省份。

2012年4月20日，项目获得国家发改委批复核准，4月27日正式开工。根据项目总体工作计划，2013年是"土建工程年"，2014年是"安装工程年"，2015年是"项目开工年"，建成投产。

2012年4月27日，项目正式开工，现场施工全面展开。根据集团公司党组的要求，广东石化项目采取"业主+PMC+EPC"建设模式，这是国际上较为先进的建设管理模式。

广东省、揭阳市及惠来县、工业园区各级领导表示：广东石化项目对于地方经济社会发展具有举足轻重作用，要全力为广东石化项目服务，做好保障工作，保证工程建设顺利进行。

二、功能区和行政管理区混合时期（2013—2018）

（一）2013年大南海石化工业区建设进展情况。截至2013年底，广东石化项目地基处理实验、强夯施工全部完成；临设办公区、承包商生活营地按期建成投用；主干道路基本贯通；一级地下管道完成90%，铸铁管防水、雨排系统、原油码头、产品码头、全厂性仓库正在施工，桩基施工全面展开。

中委广东石化炼油项目，2013年项目完成投资39.25亿元。其中，项目设计方面，基础设计工作基本完成，完成5批基础设计审查工作。设备采购方面，完成项目237台/套长周期设备的询价文件、技术协议签订工作，162台/套设备采购签订合同。现场施工方面，完成现场施工厂区场地平整和现场强夯并交接；厂区主干道路垫层施工基本完成；厂区133公里一级地管基本完成；码头库区强夯施工正在进行；原油码头、产品码头施工正在进行堤头、防波堤推填施工；六联合、二联合烟囱桩、柴油成品罐组桩基施工全面启动。

2013年，全区完成固定资产投资62.59亿元，生产总值16.69亿元，完成税收2709.9万元。

（二）2014年进展情况。至2014年12月，揭阳产业转移工业园投入资金近11.923亿元，用于工业区规划编制、征地拆迁和道路、供水、电力建设等。工业区各项基础配套设施正处于提速完善阶段。

2014年，中委合资广东石化2000万吨/年重质原油加工工程在设计管理方面，跟踪协调基础设计（第一至五批）批复；收集设计统一规定（升版）审查意见；跟踪调整版可研报批进展情况；参加燃气分输站结合方案协调会。采购管理方面，长周期设备合同签订226台/套；开展沈鼓成套压缩机合同谈判与签订工作；根据进度安排，协调长周期设备交货期调整工作。施工管理方面，组织地管工程施工，铸铁管安装累计完成97.91%；完成具备条件的排水沟、主体道路施工；完成全厂性仓库一般性库区建筑物主体施工，正在进行场地硬化、装饰装修等附属工程施工；完成厂前区行政办公楼主体框架结构；组织产品码头防波堤抛石、钢管桩沉桩施工，完成总体进度33%；原油码头完成总体进度21.87%。

（三）2015年进展情况。2015年，全区一般公共财政预算收入3681万元，一般公共预算支出47235万元。区保信投资开发公司被中国开发性金融促进会吸收为理事单位。积极争取金融机构支持，龙江河项目获农发行贷款1.18亿元。

1. **中委广东石化炼油项目进展情况**。2015年，中委广东石化炼油项目完成投资19.53亿元，累计完成投资64.55亿元，原油码头和成品油码头及厂前区抓紧推进建设。组织召开工业区产业规划评审会和专家论证座谈会，完成工业区石化产业链规划编制。推进民营化工园建设，总投资超过50亿元的60万吨/年丙烷脱氢、20万吨/年二甲醚、40万吨/年聚丙烯、真空镀膜涂料产业化基地4个项目落户。推进工业区产业"登高"工作深入开展，搭建产业集聚平台，推进申报省产业转移园工作，争取纳入省产业转移政策盘子，推动园区基础设施建设，目前完成可研报告、社会稳定分析报告。制定出台《揭阳大南海石化工业区招商选资工作方案》《揭阳大南海石化工业区招商选资项目引荐奖励工作方案》等制度办法。组织参加第十二届中国国际中小企业博览会和广东省第六届粤东侨博会，在"侨博会"高新科技投资项目签约仪式上，现场签约计划总投资12.22亿元年产60万吨丙烷脱氢项目。

2. **基础设施建设方面**。2015年，大南海石化工业区按照"规划引领、产城融合"的要求，邀请广东省城乡规划院、新加坡裕廊国际顾问集团、中石油规划总院、中交四航院等国内知名专业设计团队对工业区进行综合性规划。完成133

平方公里总体规划、41平方公里控制性详细规划、防洪排涝规划等规划；石化新城控制性详细规划和南海作业区控制性详细规划提交成果；石化产业、油气管网、污水处理等专项规划抓紧编制。主次干道建设全面推进，完成省道S337、省道S338大南海段，县道X104的改扩建工程；石化大道列入省公路补助计划，省计划补助6944万元；石化中下游片区交通路网完成设计工作。投资约30亿元的工业区公共码头前期工作取得重大突破，省发改委同意开展前期工作，省交通运输厅将项目列入沿海港口公共基础设施建设项目计划，项目核准相关支持性文件基本完成。工业区雨水明渠及炼油厂周边道路、污水处理厂、排污管网、供水工程、公共管廊等公共工程建设完成项目设计等前期工作。投资1.4亿元的龙江河堤加固工程建设全面推进，项目于2015年6月动工建设，累计完成工程量的80%。

（四）2016年进展情况。2016年，大南海石化工业区财政总收入合计4922万元，其中一般预算收入2466万元、基金预算收入2456万元。一般公共预算支出合计43722万元，其中上级补助支出27827万元，区本级支出15895万元。2016年，大南海石化工业区列入省市重点建设项目9个，完成投资18.98亿元。完成固定资产投资18.24亿元。

1. 产业项目建设。大南海石化工业区推进重大产业项目建设。中委广东石化炼油项目2016年累计投资11.65亿元，自开工后累计完成投资76.37亿元，完成行政办公楼主体结构，项目原油码头、成品油码头、厂前区建设、地管阴极保护等工作正全面推进。京信热电联供项目取得项目地震安全性评价、地质灾害危险评估、安全预评价等专题的批复，解决项目供煤、供水、燃料运输等问题，签订三大主机及辅机订货合同。引进的60万吨/年丙烷脱氢、20万吨/年二甲醚、40万吨/年聚丙烯、真空镀膜涂料产业化基地、氯化石蜡等5个不依赖中石油提供原料的下游项目推进前期工作，真空镀膜和氯化石蜡2个项目完成开工前所需的临时供水、供电。

2. 基础设施建设。大南海石化工业区抓好码头、道路、水利等重要基础设施建设的前期工作。东岸公共码头项目前期工作推进顺利，码头一期工程工可报告通过专家评审，防波堤立项所需的11个支撑性文件全部完成，进行项目审批前公示，公共进港航道工程获得省发改委审批，初步设计通过专家评审会审查。炼油厂周边道路工程项目和雨水明渠工程完成科学性研究报告、环评初稿、节能评估初稿及初步设计方案审查等工作,加快施工图设计及图审阶段进度。埔洋村棚户区改造项目纳入全省政策盘子,完成项目征地及地上附着物补偿工作,项目可研、环评、水土保持、社会稳定风险评估等报告完成编制报批,项目融资、勘探、设计、施工完成招投标工作。神隆公路(石化大道)新建工程修通深汕高速公路隆江出口至炼油厂区14公里沙土路面。龙江河加固达标工程完成总工程量的90%,全面进入扫尾阶段。工业区供水工程(一期)、污水工程(一期)、海洋放流管、综合管廊工程、石化中下游片区路网(一期)等重要公共基础配套项目完成可研初稿编制。

3．产业平台构建。大南海石化工业区与国内外先进石化园区、业界高校、行业协会、科研机构等建立长期战略合作关系。2016年7月,揭阳市委书记严植婵带队前往上海化学工业区考察,见证大南海石化工业区与上海化学工业区签署战略友好合作协议。举办展会推介暨高端产业项目对接活动,邀请巴斯夫、杜邦、英国BP、国际化学品制造商协会(AICM)等近40家世界500强、全球化工50强和业界权威协会负责人,成功举办系列园区会展推介和高端产业项目对接活动。牵头筹办揭阳石化产业专家座谈暨大南海石化工业区招商推介会。成功邀请中国石油和化学工业联合会、中国化工学会、江苏省化学工业协会、上海化学工业区、浙江省石油和化学工业行业协会、惠州大亚湾经济技术开发区、中山大学、欧德油储中国区的权威专家参会。

(五)2017年进展情况。2017年,大南海石化工业区实施大项目带动战略,推进中国石油广东石化项目建设和交通基础设施建设,以投资拉动发展。全年实现地区生产总值28.5亿元,增长3.1%;完成投资18.91亿元;地方公共财政预算收入1382万元;税收收入753万元;非税收入629万元。

2017年,大南海石化工业区石化产业重点项目加快推进,道路交通以及其他基础设施配套项目全面铺开,全区列入省市重点项目11个。2017年,中委广东石化炼化一体化项目全面复工建设,6月,中委双方签订项目合资合同、章程及原油供应协议,项目年度投入15.03亿元,累计总投入94亿元,基本完成全厂性主干道路、主干地管工程,完成原油和产品码头近半。8月28日埔洋新村移民安置区正式开工建设,新村建设项目占地259.36亩,规划建设安置房612套、回迁房2栋,并配套社区服务中心、小学、幼儿园、小公园。

（六）2018年进展情况。2018年，大南海石化工业区全区规模以上工业总产值9.60亿元，增长0.1%；固定资产投资20.25亿元，增长53.09%；地方一般公共预算收入0.26亿元，增长85.71%。

2018年，大南海石化工业区石化产业重点项目加快推进，道路交通以及其他基础设施配套项目全面铺开，中委广东石化炼化一体化项目启动建设。12月5日，中委广东石化2000万吨炼化一体化项目建设启动仪式在大南海石化工业区举行，中国石油天然气集团有限公司董事长、党组书记，省委常委、常务副省长林少春出席活动。该项目是中石油国际油气合作和国内炼化业务转型升级的重要组成部分，是广东省列入粤港澳大湾区建设的重大项目，总投资654.3亿元，建设规模为2000万吨/年炼油+260万吨/年芳烃+120万吨/年乙烯。

三、全面建设时期（2019—2022）

（一）2019年建设进展情况。2019年，大南海石化工业区项目投资以中石油广东石化炼化一体化项目为主，完成工业投资36.53亿元，完成固定资产投资39.95亿元。其中，工业投资占固定资产投资比重91.44%。全区一般公共预算收入3172万元（其中税收2567万元、非税605万元），完成占市下达任务数的112.76%，全年安排民生支出3334万元，占一般公共预算支出的3.77%。

2019年，大南海石化工业区11个项目列入省市重点建设项目，总投资724.07亿元，分别为：中石油广东石化炼化一体化项目、揭阳港大南海东岸公共码头防波堤工程、揭阳港大南海东岸公共码头进港航道工程、揭阳港大南海东岸公共码头一期工程、炼油厂周边道路工程、雨水明渠工程、供水工程（一期）、污水处理厂主体工程（首期一阶段）和海洋放流管工程、一般工业固废处理一期项目、危险废物综合处理项目和大南海真空镀膜涂料产业化基地建设（一期）项目。

中石油广东石化炼化一体化项目2019年度完成投资36.53亿元。截至2019年底，项目累计完成投资127.24亿元。项目炼油部分和化工部分分别于2019年6月和12月陆续开工建设。

（二）2020年建设进展情况。2020年全年，工业区完成一般公共预算收入3664万元，比增15.51%，完成全年任务（4692万元）的78.09%。其中，税收收入2557万元（因政策性原因，将区级税收收入1671万元调至省级库），同比下降0.39%，完成全年任务（4087万元）的62.56%；非税收入1107万元，比增82.98%，完成全年任务（605万元）的182.98%。完成固定资产投资141.2亿元，同比增长253.9%，完成全年任务（93.87亿元）的150.4%（其中，中石油广东石化炼化一体化项目1—12月完成投资123.24亿元，占年度计划投资73亿元的168.8%）。2020年，全区列入省市重点项目共10项，总投资约815.89亿元，2020年计划投资89.97亿元，1—12月份完成投资140.82亿元，占年度计划投资的156.52%，超序时计划56.52个百分点。

2020年，工业区重点建设项目共10个，预计总投资815.59亿元。其中，列入省市重点建设项目共3个，预计总投资659.5亿元，分别为：中委广东石化炼化一体化项目、揭阳港大南海东岸公共码头防波堤工程、揭阳港大南海东岸公共码头进港航道工程；区其他重点建设项目共7个，预计总投资156.09亿元，分别为：吉林石化60万吨/年ABS（ABS塑料，A-丙烯腈、B-丁二烯、S-苯乙烯的三元共聚物）及其配套工程、中石油广东揭阳LNG项目、大南海石化工业区一般工业固废处理一期项目、大南海石化工业区危险废物焚烧及物化综合处理项目、大南海石化工业区海洋放流管工程、大南海石化工业区雨水明渠工程、大南海石化工业区炼油厂周边道路工程。

（三）2021年建设进展情况。2021年，全区全年完成一般公共预算收入8987万元，完成全年任务（3408万元）的263.7%，同比增长145.28%。其中，税收收入8235万，完成全年目标任务（2703万元）的304.66%，同比增长222.06%；非税收入752万，完成全年目标任务（705万元）的106.67%，同比下降32.07%，非税比重为8.37%。一般公共预算支出15581万元，其中，"保工资、保运转"支出6101万元［保工资4434万元，保运转（含其他运转类）1667万元］。全区全年完成固定资产投资333.27亿元，完成年度投资任务的174.8%，同比增加135.98%。工业区列入2021年省市重点项目共10项，1至12月份完成投资311.62亿元，完成年度投资任务（177.89亿元）的175.17%。

2021年，工业区列入市重点建设项目共10个，分别为中委广东石化炼化一体化项目、吉林石化60万吨/年ABS及其配套工程、揭阳港大南海东岸公共码头防波堤工程、揭阳港大南海东岸公共码头进港航道工程、大南海石化工业区环保资源综合利用一期项目（原名称：大南海石化工业区一般工业固废处理一期项目）、大南海石化工业区危险废物焚烧及物化综合处理项目、大南海石化工业区海洋放流管工程、大南海石化工业区雨水明渠一期工程、大南海石化工业区炼油厂周边道路工程、大南海石化工业区供水工程（一期），预计总投资760.82亿元。其中，中委广东石化炼化一体化项目、吉林石化60万吨/年ABS及其配套工程、揭阳港大南海东岸公共码头防波堤工程、揭阳港大南海东岸公共码头进港航道工程等4个项目列入省重点建设项目，预计总投资733.41亿元。

（四）2022年建设进展情况

1. **招商引资**。工业区紧紧围绕"三贡献一高一强"要求，实施精准招商，充分依托领导班子挂钩服务企业制度，务实开展炼化一体化项目联合招商和服务保障工作，深入梳理石化下游产业链图谱，开展精准招商，通过不断挖掘项目线索，2022年共成功签约伊斯科、武汉嘉翎等4个产业项目，签约总计划投资达124.1亿元，项目涵盖碳三、碳四、碳五等园区重点产业链，对工业区构建链条强韧、价值高端、具有国际竞争力的石化产业链发挥显著作用。同时工业区积极推动巨正源、伊斯科、纳塔等已签约项目建设进度，强化跟踪服务，攻坚卡点堵点，全力以赴推动项目建设取得实质性进展，争取尽快投产达效。

2. **重点项目建设**。2022年，工业区列入省、市重点建设项目共14个，分别为中石油广东石化炼化一体化项目、吉林石化60万吨/年ABS及其配套工程、广东能源揭阳大南海天然气热电联产项目工程、揭阳港大南海东岸公共码头防波堤工程、揭阳港大南海东岸公共码头进港航道工程、大南海石化工业区危险废物焚烧及物化综合处理项目、大南海石化工业区绿色循环中心项目、大南海石化工业区供水工程（一期）、大南海石化工业区海洋放流管工程、大南海石化工业区炼油厂周边道路工程、大南海石化工业区雨水明渠一期工程、大南海石化工业区消防警务应急中心、大南海石化工业区公共应急水池工程和大南海石化工业区石化大道扩建工程，预计总投资803.51亿元，2022年完成投资229.95亿元，完成年度投资计划（160.77亿元）的143.0%。其中，中石油广东石化炼化一体化项目、吉林石化60万吨/年ABS及其配套工程、广东能源揭阳大南海天然气热电联产项目工程、揭阳港大南海东岸公共码头防波堤工程和揭阳港大南海东岸公共码头进港航道工程5个项目列入省重点建设项目，预计总投资762.26亿元，2022年完成投资223.26亿元，完成年度投资计划（152.58亿元）的146.3%。

四、2023年进入正式生产

2023年，已实现投产项目3个，在建产业项目8个，总投资316.56亿元；全区工业产值956.92亿元，税收贡献125.35亿元，其中市县区库税收分成10.14亿元（税收口径）。产业布局规划建设石油加工、化学原料和化学制品、化学纤维、橡胶和塑料四个主导产业，建设副产品、卤素两个辅助产业。2023年总产值365.74亿元。2024年拟建产业项目11个，总投资67.28亿元、总产值116.71亿元。

主导产业中，石油加工类项目2个，为广东石化有限责任公司的低硫船用燃料油、液硫装车及废气项目；化学原料和化学制品类项目2个，为合成氨、广州天华高端硫黄利用项目；橡胶和塑料类项目1个，为伊斯科公司高端改性新材料。辅助产业中，副产品类项目6个，为凯美特二氧化碳及双氧水、广州诚泰改性沥青、广州市政沥青、华达通石化行业尾气综合利用项目、空分厂及中试基地。下一步，工业区将重点针对中石油项目256万吨/年对二甲苯（PX）的就地消纳延伸进行招商引资，加快园区产业链条建设。

谋划推进园区道路交通、仓储物流、供水排水、环保处置、通信电力、供热供气、管廊管道等34个基础配套项目建设，计划总投资210亿元。近年来，经多方筹集资金投入，已累计完成投资近70亿元。其中，建成炼油厂周边道路、石化大道及扩建工程、市民大道、环保中心市政道路、海洋放流管、公共应急水池、220千伏滨海变电站、危废焚烧处理、政务服务中心、龙江河防波堤加固工程等11个项目。在建的有公共码头一期、码头防波堤、进港航道、南海大道、普工LPG储配库、热电联产、化工污水处理厂、绿色循环中心、供水工程一期、雨水明渠一期、消防警务应急中心一期、封闭管控一期等12个项目，总投资约110亿元。拟建的有跨龙江河大桥、环海南路、疏港大道、220千伏园区变电站、110千伏迎荷变电站、公共管廊、危化品停车场、雨水明渠二期、液体散货码头陆域罐区、特检基地、空分厂等11个项目，总投资估算25亿元。

第十四章

商业贸易

惠来县地处广东省东南沿海，毗邻港澳，与海外经济往来历史悠久。明嘉靖三十三年（1554）建立神泉港口岸，航运可通闽、沪以及苏、杭、穗、香港等地，商人往来频繁，神泉港遂成为潮汕对外贸易的重要港口之一。鸦片战争后，神泉、靖海、甲子等港口俱为对外贸易的通商口岸，主要出口少量零星的土特产品。1937年至1945年全民族抗日战争时期，由于广州、汕头沦陷，大港口封锁，故神泉、靖海、甲子等港口成为主要的转运进出口的口岸，其主要产品有禽、畜、蛋品、油、糖、茶类及水产品。抗日战争后，西岭矿的锡饼及林樟的钨矿，也通过这些港口，以私营船运销香港、澳门以及新加坡、马来西亚等东南亚国家和地区，并进口"美孚牌"和"亚细亚牌"煤油、布匹、大米、面粉、化肥、药品、染料、羊毛纱、水泥、香烟等物品。

中华人民共和国成立初期，1951年成立惠来县贸易公司，1953年设立广东省土特产公司惠来贸易公司，主要经营食品、农副土特产，将商品收购后调汕尾进出口支公司出口。1954年初在神泉成立汕尾食品公司惠来收购站，负责本县及普宁、潮阳部分地区的食品类收购，并向汕尾供货出口。1955年县食品公司成立，商品调汕头、汕尾港专业外贸公司出口，农副土特产由县供销部门收购调汕头口岸，还有部分水海产品由县水产公司经营。60年代期间，本县没设专门外贸机构，商品由商业、供销、水产等部门，以及部分企业直调汕头对口专业公司。1972年11月设立汕头地区对外贸易局惠来办事处，1973年9月改为惠来县对外贸易局，负责外贸出口商品的生产收购管理工作。当年全县出口收购供货值464.26万元，以后出口收购值逐年增加，至1978年全县供货值1128.08万元。中共十一届三中全会以后，随着改革开放政策的实施，全县各类商品供货量增长比较快，出口品种增至80多个。1979年供货值1236.82万元，1981年达2227.97万元，1986年达到2950万元。1987年是全县供汕头专业公司商品货量最多的一年，供货值达3680.73万元。1989年全县出口供货值（包括省外贸公司、特区等渠道的出口供货量在内）达5300万元。供货出口单位有汕头食品、果菜、土产、抽纱、纺织品、轻工、渔业用品、五金矿产、工艺品、机械、畜产等十一家专业贸易公司。以罐头、大蒜、渔网、抽纱、陶艺为大宗品种。1989年食品收购值959.74万元，渔网加工值969.45万元，抽纱调拨值444万元，陶艺收购值448.76万元。1987年4月经省经贸委批准成立广东省食品进出口公司惠来支公司，于1988年1月批准自营出口后，惠来县开始了直接对外出口贸易业务，"食出"公司于1988年和1989年两年出口创汇175万美元。1988年2月县外经委直属公司"惠来县对外经济发展公司"，享有直接进出口权，1988年和1989年经营以进料加工复出口为主的出口贸易，两年共创汇45.2万美元，并经营为外资企业服务的进口业务。2022年，全县限上批发业销售额累计26.85亿元，限上零售业销售额累计23.63亿元，限上住宿业销售额累计1.62亿元，限上餐饮业销售额累计1.37亿元；外贸进出口总额17.55亿元，其中进口总额12.77亿元。

〔第一节〕古代惠来海上贸易史料记载

2017年1月7日，"惠来沿海海丝遗迹"在全省参加角逐"广东十大海上丝绸之路文化地理坐标"的30个遗迹中脱颖而出，意外获选。消息传来，全县振奋。其实，说意外也不意外，毕竟，在诸多志书的记载中，关于古代惠来海上贸易、海上往来的资料很多，是广东海上丝绸之路一个重要节点。2020年，惠来"海丝遗迹"入选"惠来新八景"，具体景点包括：石碑山航标灯塔、澳角炮台、海角甘泉、靖海古城墙、客鸟尾石笋区、惠来海滨度假村。

惠来古代海上贸易情况，可以在2002年出版新编《惠来县志》的简单记载中略见一斑，神泉港和靖海港自古以来就属于商贸往来密集的商业重地，2002年《惠来县志·商业》："清康熙八年（1669）展复疆界，生产逐渐恢复。康熙二十三年（1684）重开海禁，沿海贸易重新兴起。神泉、靖海港口与闽、浙等省沿海城市均有商船往来。清咸丰十年（1860）汕头开为通商口岸，成为粤东商品集散地，带动县内商业的发展。惠来商业的输入输出以汕头为枢纽，这时商业渐进入新的发展时期。"

一、港门、海澳为惠来古代海上贸易提供便利条件

康熙《惠来县志·山川》记载:"海澳:石井澳,在县东南二十里;沿锡澳,在县东南三十里;赤山澳,在县东南四十里,岸有沙堤,可障海涛,然海艚时泊,民有戒心;石碑澳,在县东南五十里,海寇屡泊,登岸劫掠,最为要害;大泥澳,在县东南六十里。港门:神泉港,在县南十五里;蠔口港,在县东四十里;华清港,在县南六十五里;甲子港,在县西八十里,有甲子所城,为海丰、惠来之界。以上数港俱海舟湾泊之所。"

关,古代贸易收税之所,康熙《惠来县志·关》记载沿海关所:(一)靖海关,"在县东南六十里,有守御千户所,西关为产盐之地";(二)龙江关,"在县西三十里,有东西二关,西至龙江溪,东通林招渡,市镇埠场,奸宄易集,商旅杂处,稽诘犹难,亦要害地";(三)神泉关,"在县东南十五里,有巡司驻城内,东西南北四关,逼近大海,而南关犹险,港口海舟湾泊之所"。新编《惠来县志·大事记》记载:清乾隆四年(1739),布政使司萨哈谅请准在惠来神泉设巡逻船2艘,每艘配兵丁12名。清乾隆十五年(1750),粤海关监督派员驻潮海关总口,潮州府各地陆续设立关口,惠来县设立神泉正税口,辖靖海挂号口。光绪二十七年(1901),撤销神泉海关口,改设靖海分口,属潮州总口管辖。靖海是海上交通要道,南来北往的船只大多经过此地。明、清时期浙江、福建、香港等地有商船往来于此。靖海海关分口主要是管理惠来港口的有关事务。海关的设立,为港口贸易发挥了很大的作用,包括中外海船、商船的安全问题,卫检、安检等各方面都要在这里进行。在靖海城南门外至今仍存留着海关旧址,靖海海关分口是海上贸易的见证。

雍正《惠来县志》记载,惠来知县张珆美呈请上级潮州府《详免米菜鱼行税饷及扣抵河泊所渔油课米文》一文,记载雍正年间神泉、靖海两港大小出海船只:"查惠治神泉、靖海两港,渔船上年蒙前抚宪题明:大船每只纳税二两,小船每只纳税五钱,总计大小船共四百五十四只,共输饷银五百五十七两……此外尚有梁头五尺以外渔船九十九只。"

二、遗存见证惠来古代海上贸易一斑

（一）广利王庙和大銩钟。"广利王"是海上商人最尊崇的神明，新编《惠来县志》记载："据传，唐时已有闽浙沿海商船往来广州时在神泉港停泊。古时村后有一圣王庙，因村在庙前，故当时称神前村。圣王庙有銩钟一口，上铸有'唐玄宗元和庚子中秋福建胡其成等敬送'的题款，1958年被毁。圣王庙内祀南海神，唐玄宗时封为广利王，为县内最早的神庙。"康熙《惠来县志·庙宇寺观》："广利王庙，在神泉城外之西。国朝（清代）邑人明经孙克家《谒庙诗》：'庙貌巍峨映碧濆，李唐锡号旧彰闻；座寒山色参横黛，壁冷松声缀紫纹。蜃气涌澜蒸乱石，鸥群狎渚卧晴云；凭风迎溯苏孺子，光焰前年万丈分。'"可见惠来广利王庙是唐朝时皇帝敕建，邑人孙克家的诗足见清代惠来广利王庙的盛况。

（二）白虎头埔出土宋碑。位于澳角村东白虎头埔处，1983年8月26日，澳角村渔民平整房基时，于2米深处，发现小庙1座，柱基俱全，庙旁有一直立石碑，阴刻"大宋咸淳寅季"六字，碑高1.8米，宽0.32米，厚0.72米。咸淳系南宋度宗赵禥年号（1265—1274）。

（三）西汉五铢钱。1978年11月建筑部门在惠城北面水尾潭山挖到小型墓葬群，发现五铢钱20枚。"铢"字金字头模糊，呈现箭镞形。据考证，五铢钱是西汉武帝至宣帝时所铸。

（四）东汉铜鼓。1982年10月在前詹港海滩下发现1只铜鼓残体。鼓存有鼓面和部分胴体。鼓面直径71厘米，有唇边，有双线分晕，一晕太阳纹，有尖细的十二芒，芒间夹心形纹。其他的晕有折线纹、同心圆纹、栉纹、交叉平行纹、图案化羽人、鹭鸟和眼纹等。鼓面有蹲蛙4只，均逆时针排列，1只已残，蛙之间有1牛撬。胴体部分有晕有纹，有两道合范线，合活靶子线花纹对合准确。铜鼓面的正面和牛撬腹下均粘上壳贝。按上述特征，省地县文物普查组认为属东汉遗物。发现地点周围还发现过沉船残片和瓷器。

（五）明代关防。关防是明、清使用的一种印信。1986年10月溪西镇西湖村民平整屋地挖出关防1枚。铜质直钮，长9.4厘米，宽7厘米，厚1厘米。直钮长5.6厘米，柱状，上细下粗。上径1.6厘米，下径1.8厘米。印面有阳文"扬威右镇随征行营关防"十个九叠篆体字,竖排。左边阴文:"天字三千九十九号大使许寿造"。右边阴文:"万历三十二年闰二月"。阴文字小。

三、明隆庆《潮阳县志》记载有关惠来海上贸易情况

惠来于明嘉靖三年置县,此前属于潮阳县。明隆庆《潮阳县志·县事纪》记载隋炀帝大业四年,遣虎贲郎陈稜等自义安(当时惠来地域属义安郡)浮海出琉求(今台湾),其中已记载海上贸易情况,饶宗颐《潮州志》亦有记述。"大夫张镇周率舟师自义安浮海击之,月余而至,流求人初见船舰,以为商旅,往往诣军贸易"。可见,在隋朝时,已有从惠来沿海出发的商船前往台湾岛进行商贸活动。该志编者发表议论:"然而从兹道绝,构怨诸夷,以卒底于灭亡者,未必不自斯役启之,且令后之奸商富室因而逡巡。故道与夷房交通,而夷人亦得扬帆万里,徜徉中国与华人为关市矣。"该志正面记载的是当时统治者禁止海上商贸活动,派兵驱逐的情况,但从中可以看出民间海上商贸活动之活跃。

明朝海禁时紧时松,从隆庆《潮阳县志》记载中可以看出当时惠来沿海海上贸易情况,完全受制于朝廷政策。"大明太祖高皇帝洪武二十六年,始命安陆侯吴杰等督率武职于沿海卫所训练官军,以备倭寇"。"今海门、靖海二所备倭名存实废,而漳泉温台与土著亡命之徒往往逃遁海岛勾引倭奴深入为患。论者谓,其祸始于巨室之通番,继于小民主之接济"。"巨室通番""小民接济"皆属于商贸行为之曲笔。隆庆《潮阳县志》记载明嘉靖三十四年许朝光抽取商船税收的行为,许朝光抽取商船税在康熙《惠来县志》亦有记载,"凡商船往来,无大小皆给票抽分,名曰买水"。可见当时商船往来贸易之盛况。编者论曰"逃名海上,以致千金之资""商旅京洛,以侔倚顷之富"。可见当时海上贸易利润之丰厚,足令强悍者铤而走险。

〔第二节〕明清时期商业概况

明嘉靖三年(1524)惠来建县之后,圩镇形成,县内商业渐兴。但地僻人稀,经济落后,商业未能有较大发展。清初斥海疆申海禁农耕地减少,渔盐之利尽失,商业更趋衰落。清康熙八年(1669)展复疆界,生产逐渐恢复。康熙二十三年

（1684）重开海禁，沿海贸易重新兴起。神泉、靖海港口与闽、浙等省沿海城市均有商船往来。清咸丰十年（1860）汕头开为通商口岸，成为粤东商品集散地，带动县内商业的发展。惠来商业的输出输入以汕头为枢纽，这时商业渐进入新的发展时期。于是潮阳、普宁等县商人，纷纷到惠来经商，县内主要圩镇，潮（阳）普（宁）人开创的商店甚多，且多资本较足。如惠城典当业的黄厚兴，药材业的柯中华堂等，都是各行业举足轻重的商号。本地人经营的商业也有所发展。如陈周盛（酱园）、陈桂源（梅饼）均为惠城商业大户。

清末，朝廷腐败，内外交困，国弱民穷。

〔第三节〕民国时期商业概况

民国初期，军阀混战，兵祸频繁，灾荒相继，社会经济凋敝，惠来县商业转入低落时期。

民国二十年（1931）以后，社会相对稳定，连年农业有较好收成，农村经济有所恢复发展。同时兴建惠（来）潮（阳）公路，神泉、靖海港口与汕头之间有电船通行，水陆交通渐畅，商业又逐渐振兴。县城着手拓宽街道，从城内连城街到西门大街，直至新关帝庙前，拆旧建新，扩展路面，新建商店多数2—3层楼房。此外，打铁街、水栅街、横街仔、鱼街、后店街、米街及铺仔头、东门街等小街道，买卖也逐渐热闹。同时还开辟有柴草、青果、鸡鸭、番薯、薯头、猪苗等各类农贸集市。商店有所增加，市场渐趋繁荣。县城以外的小圩市，也同时有所发展。民国二十八年（1939）6月，汕头、潮安等地沦陷，城市商业转向内地发展。神泉逐步开放对香港通商，惠来商业一度繁荣。民国三十年（1941）太平洋战争爆发，香港为日军所占，海运被封锁，交通阻塞，货运不通，社会经济凋敝。民国三十二年（1943）惠来发生大饥荒。民国三十四年（1945）日军窜据惠来，接连天灾人祸使惠来县经济更趋衰落，市场萧条，不少商户倒闭。民国三十四年，抗战胜利，经济逐渐恢复，神泉重新恢复对香港直接贸易，惠来商业再度繁荣，是中华人民共和国成立前的极盛时期。民国三十六年（1947）汕头对外贸易恢复正常，神泉对香港贸易遂告终止。此后，市场出现通货膨胀，商家交易以货易货,港币、黄金、白银混合使用,金融混乱。奸商市侩囤积居奇,炒买炒卖,多数正常经营的小本生意,资金日紧,债负沉重,有的衰落,有的停业。惠来商业至此一蹶不振。

一、南港生意

全民族抗日战争期间至中华人民共和国成立前,神泉曾有3个时期成为对外贸易口岸,与香港直接通商。当时称通行香港的商船为"南港船",对香港的贸易称为"南港生意"。在这3个时期中县内外商贾趋集神泉,经营进出口生意,神泉商业极一时之盛,曾有"小香港"之称。全县商业也随之活跃。

1939年6月,潮汕各地先后沦陷。惠来凭大南山之隔,免遭沦陷之难。神泉、靖海为潮汕非敌占区仅有的港口、对外贸易门户。先有一些走私船,为逃避关税,停泊于澳角、芦园、沟疏等地海面,其货物出入由驳艇分散运载,就近上岸,或运神泉,转运内地。运入货物主要有煤油、汽油、肥料、布匹、面粉、西药及火柴、电池等日用品。输出商品主要有生猪、仁油、蛋品、咸鱼等,还有矿产品锡。民国二十九年(1940),于神泉设"曲江海关神泉分卡",神泉遂成为正式口岸。此时,收载行(或称报关行)、转运行纷纷成立。收载行由方田盛、林集发、胡东记几家大户组成。陆地集散货物多数靠人力肩挑,少量自行车运载。货物除部分销县内外,大量销出县外。一是经雷岭至两英销往潮阳各地;二是越盐岭达普宁的流沙至棉湖;三是由龙江船运至葵潭,转里湖、河婆等地。至1941年1月,香港为日军所占,神泉与香港贸易停止。

1945年8月日本投降后,汕头光复之初,各项工作一时未能正常运转,加上日军在港口所布水雷有待清除,故未能与香港通航,而神泉与香港之贸易再度应运而兴。神泉重新成立海关征税机构,当时来往于香港之间的机帆船、电船等,由过去的几十艘猛增至200艘,每艘载货30—40吨,每天都有几艘船进港,多时有10多艘。货物的品种、数量比前增多。其时收载行也增至五六十家,较大的有海振宏、容茂源、方田盛、兴记行等。经营进出口生意较大的有周南通、陈明记、蔡顺和、王百福等。潮、普、惠商人临时托货、寄货的也不少。其时神泉镇有大小商号300余户,生意兴隆,盛极一时。民国三十五年(1946)底汕头海运恢复正常。民国三十六年

（1947）初，神泉海关机构撤销，对香港贸易停止。

1949年5月惠来县全境解放。当时潮汕地区其他县尚未解放，甲子、神泉是解放区的对外贸易港口，与香港直接通航。是年6月成立国营潮汕裕民贸易公司甲子分公司，10月又成立潮汕贸易公司神泉分公司。两家公司均内外贸易兼营，并充分利用和发挥私营企业的作用，鼓励其积极经营，在神泉有私营的收载行、运输行、转运行及土产出口公司等数十家，规模较大的有西南行、周南通、成太行、建隆行、兴记行以及利民土产公司、利农土产公司等。这些行业公司经营极为活跃。1950年4月甲子划归陆丰县管辖。神泉港"封口"，对香港的直接贸易终止。

二、圩镇集市

惠来县建县之初，全县有圩市7处，即南门市、西门市、东门市（均在县城）、武宁市（即周田镇武宁村）、复古市（即仙庵镇东舖村）、黄岗市（即周田镇黄岗村）、龙江市（即隆江镇）。清乾隆年间，新增神泉市、葵潭圩合共9处。随着社会经济的发展和人口的增长，至民国二十四年（1935）全县已形成以惠城、隆江、葵潭、神泉、靖海5个主要圩镇为中心的经济流转区域。5个主要圩镇以下，还有若干农村小圩市作为补充，大小圩市之间存在着密切的经济联系，形成了全县的商业网络。

（一）惠城。是惠来县中片商业中心，天天有市。上市的农产品有：稻谷、番薯、豆类、仁油、红糖、萝卜干、猪、家禽、蛋、水果、木柴、山草、木炭等。全镇有商店约300家，分别经营大米、凉果、酱料、烟酒、糖饼、布匹、百货、药材、陶瓷、鱼、肉、饮食等。距东5公里有华湖小市，是周围农村和雷岭一带山区水果、木柴、木炭等农产品集散地，也是沿海渔盐和海运工业品运过雷岭的驻足地。当时有5吨小船，可在华湖市内龙潭溪上船，顺华湖溪入雷岭河直运神泉港。惠城西南8公里，有后堀村小市（即东陇镇四凤村），是附近农村交换的小圩市。

（二）隆江圩。为惠来县中南片经济中心，地处龙江河下游，水运可上溯葵潭，下达神泉。逢农历二、五、八日为圩期。陆路东通惠城，西连甲子，交通方便，山货、海货从各处汇集于此，市场物资丰富。周围361个自然村来此集市。每日上市人数之多，买卖之盛，居全县各圩镇之首。上市农产品除粮、油、糖、萝卜干、薯粉外，还有黄麻、水草、草席、木材等。镇内手工业发达，尤其是铁木小农具，品种齐全，闻名全县。镇内有商号137户，经营各种日常生活必需品。其西南15公里处，有览表渡口，处惠来、陆丰两县交界，是惠来通甲子门户，形成农村小市，有少数农、渔产品上市汇集，市内还有经营日常生活用品和饮食的小店。

（三）葵潭圩。在惠来县城西北，为惠来、陆丰、普宁三县毗连地区，周围乡村集市于此，古称"旧铺"（即吉成村）。清雍正年间设葵潭巡检司，"旧铺"逐渐发展成小圩市，为当时惠来县的葵潭、梅林两区经济中心。陆路有省道通过，东通潮、普、揭，西连海丰、陆丰；水路沿龙江河上溯梅林，下达隆江、神泉。是水果、竹、木集散地，也是沿海与山区产品交换市场。上市的大宗产品为水果、木柴、木炭、竹木及其制品。水果品种多，数量大，居全县之首。所产的竹笋、竹筐供应全县。陆丰县的甲子、碣石来此赶圩者甚多。清代中后期，葵潭声名较大的经商骨干已经形成群体力量，具备集团式的影响力和辐射力。不少商号不仅在葵潭当地卓有名声，外地商人也如雷贯耳，口口相传。影响较大的有号称"四合"的商行：张世泰和庄如第的"和合号"（经营鱼干生意），吴姓的"致合号"（经营布匹生意），庄姓的"江合号"，另一"合"众说纷纭，年代久远已难确认，有说是溪口村戴姓的"永合元号"。清光绪年间，葵潭镇已有蜜饯生产，称为蜜料铺。民国末，葵潭有元兴、元丰、裕元、广香等4户较大的蜜料铺加工作坊。产品销往陆丰、惠阳一带，一些脯制品（如梅脯）通过水路，直销广州、香港以及东南亚各国。葵潭的"蜜梅""老香橼"是闻名国内外的传统产品。圩内有商号159户，经营20个行业的商品，其中较大的粮油糖经营12户，生果经营20户。此外有佣行、经纪行30多户。还有行商小贩二三百人，行商穿走潮、普、海、陆等县城，小贩则于附近圩市走圩摆摊，或深入山区走乡串村。圩期是农历一、四、七日，圩日市街拥挤，摊档密集，买卖旺盛，非圩日，市场生意平淡。其西南10公里，有东港圩，处惠来、陆丰边界，陆丰南塘、甲西一带农村多来此赶集上市。有烟酒、凉果、日用品、饮食店数十家，三日一圩，圩日颇为旺盛，平日一如农村。

（四）神泉市。地处海滨，龙江河、雷岭河于此汇流入海，形成港口。明、清时为海防要地，也是惠来海运主要港口。海运可通江、浙、闽、粤等省沿海城市，内河可通隆江、葵潭、惠城，为县物资中转枢纽。镇内商号72户，经营水产品的较多，有鱼行18家，大多自置渔船，产销合一。其次为竹木渔需品行业，布业、药材、烟酒、茶叶、粮食等也为较大行业。造船、打铁、打索、烧灰等手工业颇盛。经济上是鱼、盐产区，上市以鱼为主，周围农村有少量杂粮、豆类、蔬菜、土糖等上市。惠城、隆江两地多运大米、番薯、蔬菜来此销售。市场旺淡直接受渔业生产影响。在几次"南港生意"中，曾出现特殊的繁荣。镇东2.5公里有澳角小圩市，鱼行10多家，脯棚数家。余为布匹、药材、糖饼、烟酒、饮食等小店摊档。澳角为惠来县主要渔村，鱼汛季节，县内商贩群集，水产品市场甚旺。

（五）**靖海市**。位于惠来县东南沿海，为县东片经济中心。靖海港为惠来县主要港口之一。市内有商号60多户，经营各种商品。上市以水产品、蒜头、花生、仁油、红糖为大宗。鲍鱼、紫菜、龙虾、鱿鱼为本地区的特产。镇南5公里有资深港，以渔业为主，有水产品集市，有鱼行及一些副食、杂货、饮食等小店。镇西约10公里有周田圩。明末清初，其附近有黄岗圩，后转移到考山村，相沿而为周田圩。是县东部较大的农村圩市，原为午后市。有商号15户，上市产品有红糖、花生、仁油、蒜头、薯粉、薯头等。该地区还有武宁市（属周田镇）、复古市（即仙庵镇东铺村），均属农村小市集，都为独日圩。

三、商品输出与输入

（一）**输出商品**。1.土糖。惠来县为潮汕地区蔗糖主要产区之一。清时已有生产土糖，分红糖和白糖。并有冰糖，土法加工制成。民国时期，土糖品种有红糖（也称青糖或黄糖）、土白糖、赤砂糖等。全县各区均产糖，以红糖为主，一、四区为多（即惠城、隆江），其红糖质优价高，称为"南青"和"隆青"，多销往华中、华北。五区（即葵潭）糖质差，销毗邻县缺糖区。土白、赤砂等输出量也不少，但自进口白砂糖和揭阳糖厂建成投产后，土白糖产量逐渐缩减，终至停产。民国二十四年（1935）全县种植甘蔗3.25万亩，产蔗糖约3000吨。2.薯粉。惠来县番薯常年产量2.5万—3万吨，除当副粮食及饲料外，余者磨成薯粉，年可输出约5000吨，由汕头运上海销往华中、华北等地。薯粉优质的称"雪粉",提供出口。3. 萝卜干。主产区为华湖、惠城、隆江,均盛产。年输出量约1000吨,多运香港销往东南亚各国。4. 猪、禽、蛋。为惠来县常年输出的大宗产品,常年输出量生猪约3万头,鸡鸭约10万只,鲜蛋约100吨,运销汕头、广州及香港。5. 水果干果。年输出汕头、香港等地水果总量3000吨—4000吨,荔枝、菠萝、柿饼、梅脯为大宗,畅销国内外。惠来的梅饼、五味姜、蜜梅等水果加工制品,在汕头、香港以及东南亚各国颇为闻名。6. 水产品。抗日战争前,正常年景输出鲜鱼、咸鱼3000吨—4000吨,主要销往汕头和内地各县。还有鱿鱼脯、墨鱼脯、鱼翅、鱼鳔、鲍鱼、龙虾等珍贵海产品,年输出数千担,销往汕头、广州、香港等地。

(二)输入商品。县外输入商品,主要有化肥、豆饼、煤油、大米、面粉、京果、药材、香烟、茶叶、日用工业品和渔需用品等。

惠来县商品输入输出,在汕头开埠以前,大宗产品输出以海运为主,从神泉港起运,直运销区城市。汕头开埠以后,商品货物出入以汕头为枢纽,与汕头的货运往来有电船,也有帆船。多数货物是从汕头由内河船运潮阳后溪转龙井至田心的新塭,再转至县内各地。公路通车后,大部分商品转为汽车运输。但经潮阳转新塭这一运输路线,直至中华人民共和国成立初期,仍是惠来县与汕头货运往来的主要渠道。

民国时期惠来县运销县外主要商品表

产品名称	计量单位	价格(大洋元)		生产季节	全年调出量	调往地点
		最高	最低			
红糖	担	12	8	冬	500000	汕头转上海
生果	担	14	5	夏、秋	25000	汕头转上海、南洋
薯粉	担	7	4	全年	150000	汕头转上海
生猪	头	18		全年	30000	香港
家禽	只	0.35		全年	200000	香港
蛋品	担	6.5	4	全年	8000	香港
鱼翅	担	200	160	全年	100	汕头
鱿鱼	担	170	80	春、秋	3000	香港

（续表）

产品名称	计量单位	价格（大洋元）		生产季节	全年调出量	调往地点
		最高	最低			
鱼鳔	担	150	70	春、秋	200	汕头
鲜鱼	担	价格不一		全年	80000	汕头
食盐	担	0.8	0.5	全年	30000	省内
梅脯	担	12	2.5	夏	13000	香港
萝卜干	担	0.50	0.2	冬	60000	香港
柿饼	担	15	8	秋	35000	汕头转香港

注：表内数字系民国二十四年（1935）调查资料，摘录民国《潮州志》。

四、经营方式

（一）批发商（或兼零售）。惠来县商户经营大宗商品，资本较大，以批发为主，兼营零售。民国时期习惯称商行。民国二十四年前后，惠来县有商行5户，其中经营农产品3户，经营工业品2户。

（二）零售商店。县内多是资本少，营业小的小商店。少数资本较足的大户，兼营小批发，也有收购农产品运销外地。零售货源，除农副产品外，多数来自汕头、潮安或邻县的批发商或厂商。较小商户在县内以采购为主。

（三）行商。惠来县行商各圩镇都有，以葵潭、隆江为多。行商中有专门从事代其他商号办货、带货者，俗称"路马"或"走水"。县内各圩镇均有"路马"，来往汕头、广州或邻县。在商品流通中，"路马"发挥着一定的作用。

（四）小贩。全县有小贩1000多人，分固定和流动两种。小贩在人民生活中有着重要作用，是商品流通中不可缺少的组成部分。

此外，还有经纪和中、佣，即是自身不做生意，专门从事介绍、牵引或必要的仲裁，促进买卖双方达成交易的人。经纪以葵潭较多，有专业经纪或佣行30多人。中人则各个农贸市场都有，或专业，或兼业，人数颇多。

〔第四节〕私营商业的社会主义改造

中华人民共和国成立初期,惠来县国营商业和供销社处于初建阶段,全县市场私营商业占优势。1951年以后,由于开展土地改革,"三反""五反"运动,私营商业逐渐变化。主要表现为化店为摊,减少经营,分散资财,经营下降,甚至关闭停业。1952年12月,根据上级指示精神,供销社适当收缩个别零售门市,让给私商经营。同时适当调高部分商品批零差价、地区差价和季节差价,使私营商业在零售、贩运等方面都有利可图。1953年全县土地改革完成,农村经济逐步恢复,过去停业的私营商业,多数申请复业,私营商业很快恢复起来。

1953年春,对全县私营商业进行一次全面审查登记。经审查批准经营的主要行业有布业、百货、文具、酱油、凉果、药材等12个行业,共1080户,核定流动资金2.17万元,发给营业执照,并规定经营范围,指定进货场所。对一些不利于国计民生,无发展前途的行业,分别着令停业和转业。经过清理后,经营积极性提高。当时外地私营工厂和批发商,到县内对私营商业推销产品,采取送货上门、折扣、赊销等办法。因此,县内私营商业在国营商业进货,仅占其进货总量的四分之一。私营商业发挥了经营上的灵活性,从价格上、品种上争夺零售市场。当时国营商业和供销社的销售额仅占整个市场的39%。

1953年秋,开始对私营商业进行系统的社会主义改造教育。11月,国家实行粮油统购统销,禁止私营商业经营粮食,限制批发商的经营范围。国营商业掌握了主要商品货源,市场开始出现"公进私退"局面。1954年国、合销售比重上升到70%。为了维持私营商业正当经营,并逐步进行改造,由国营商业和供销社对全县私营商业按地区、分行业归口负责安排,使其经营稳定。同年年底全县纳入国家资本主义的私营商业有56户。1955年,由于春荒严重,私营商业生意冷淡,为帮助其克服困难,使经营困难或濒于倒闭的私商小贩都能维持下来。至6月初,全县纳入国家资本主义的私营商业增至174户。同年7月对全县市场进行全面调查测算,根据能维持下来的要求,国、合商业撤销一些零售点,增加批发机构,银行给予困难户贷款,税务部门方便纳税手续。至年底,纳入各种形式的国家资本主义有254户,从业人员694人。

1956年1月,惠来县工商联合会(简称工商联)召开第三届第三次代表大会,传达了全国工商联第一届第二次执委会的决议,和全国人大一届二次会议精神,学习中共中央提出对资本主义工商业"和平改造"方针和"赎买"政策。会上有棉布业艳新号、烟丝业丰兴号、百货业南侨号3户,申请公私合营。会后,在全县掀起社会主义改造高潮。同年年底,全县私营商业和小商小贩,组成公私合营商业15个,纳入214户,共313人;组成合作商店137个,纳入1678户,1859人;组成合作小组116个,纳入713户,728人;经销代销户259户,282人。未纳入的肩挑小贩243人,占私营商业和个体小商贩从业人数7%。至此,对私营商业的社会主义改造,宣告完成。

1956年惠来县公私合营商店情况表

单位:元

公私合营商店名称	私营人员 合计	私营人员 资本家	私营人员 其他	资本额	每月工资总额	合营前工人数	合营后工人数	公方经理	私方经理
惠城棉布				3365.91	335.00				
惠城烟酒	32	2	30	1981.93	567.90	10	6	李孟贞	方木成
惠城京果	32	3	29	3991.63	740.52	10	3	许金盛	方 琴
惠城饮食	51	5	46	1687.46	1235.09	6	11	方仰云	陈 坤
惠城国药	13	3	10	4057.36	472.10	11	14	林桂林	柯德英
惠城百货	23	1	22	7367.13	568.28	2	2	吴世龙	蔡道民
隆江国药	9	2	7	2245.04	257.50	7	5	林智河	柯福生
葵潭国药	18	5	13	4549.00	515.00	15	8	葛风海	马洽森
葵潭饮食	1	/	1	806.00	29.00	2	/	黄明德	唐长水
葵潭百货	2	2	/	2825.02	66.00	2	6	林少英	魏瑞南
神泉国药	12	2	10	7883.92	361.50	2	3	林秀钦	王锡水
神泉杉木	10	1	9	2882.95	214.00	3	3	/	陈运高
神泉陶瓷	10	1	9	2612.00	251.00	1	/	/	庄木元
靖海国药	16	1	15	1921.99	402.90	/	/	陈香花	苏智利

〔第五节〕中华人民共和国成立后的商业经营体制

中华人民共和国成立后,惠来开始建有国营商业和供销合作社,经历了多次管理体制的演变和流通体制的变革。

一、经济恢复和"一五"计划时期(1949—1957)

惠来县开始建立有计划、按比例发展国营商业和供销合作社。对平抑物价,稳定市场,扶植私营商业的合法经营起一定作用,并逐步对私营商业进行社会主义改造。至1956年,全县已建立国营商业8个专业公司。供销社以行政区划分,普遍建立了基层供销社,扩大农村零售阵地。私营商业和个体小商贩,在合法经营中组成公私合营商店和合作商店。这一时期,国营商业掌握货源,经营批发,是整个商业经营中的领导力量。供销社负责农村大部分的零售,公私合营商店和合作商店参与城乡商品流通,在农村贸易市场中起补充作用,形成社会主义的统一市场,商品流通活跃。1957年全县商品零售总额比1953年增长70.8%。

二、"大跃进"和全面调整时期(1958—1965)

1958年"大跃进"和人民公社化时,商业管理体制大变动。公私合营商店和合作商店的人员,全部纳入国营商业,关闭农贸市场,出现黑市交易。由于自然灾害以及浮夸风的影响,农业生产受破坏,农产品减产,工商业品减少,随之加上整个市场是国营商业独家经营,形成单一经济和单一流通渠道体制,商品流通阻塞,引起物资奇缺,造成商品供应全面紧张。

1962年开始,商业全面进行调整,又恢复合作商店和农贸市场。到1965年工农业生产有了回升,各种产品上市量增加,原供应紧张的商品,大部分敞开供应,过去一些市价高的商品,价格下降到与牌价持平。

三、"文化大革命"时期(1966—1976)

1966年底,惠来县开始进入"文化大革命"时期,商业体制重蹈"大跃进"时的老路。单一经济,单一流通渠道又出现,商品流通不畅,市场经济不景气。

四、经济体制改革时期

1979年国家实行计划经济与市场调节相结合的经济体制。在商品流通中,逐步推行"多种经济形式、多种经营方式、多种流通渠道、减少流通环节"(简称"三多一少")的流通体制。惠来县依据这一政策,开始有计划地开展商业经济体制的改革:(1)非计划分配的商品,只要符合经济核算的原则,各级批发零售单位,可以向省内外选购和推销,取消国合分工的规定;(2)工业部门开展自销,除国家特殊规定不准自销外,余者均可自销;(3)开放城乡集市贸易,县内除粮、油、糖继续实行计划收购外,其他产品取消派购,允许自由上市,自由交易;(4)发展个体商业;(5)试办农工商联合企业。自此以后各行各业都经营商业,各种类型的公司如雨后春笋,出现了全民经商的局面。出现部分企业违法经营,扰乱市场秩序。1985年县人民政府对各类公司进行清理整顿。至1986年先后撤销不合格公司77个。在实行"三多一少"流通体制改革初期,国营商业零售部门,未能及时扭转传统的经营方式,导致营业额逐年下降。通过扩大企业经营自主权,全县国营商业在坚持以计划经济为主的基础上,积极参与市场调节,在商品流通中发挥主渠道作用。1987年底,全县有商业企业1312户,职工总数1.09万人,国内纯购进总额1.4亿元,比1978年增长3.16倍,国内纯销售总额2.46亿元,比1978年增长3.22倍。社会商品零售总额2.24亿元,比1978年增长2.51倍。有个体商业6799户,城乡集市贸易成交额1.06亿元。1991年,商业门店和批发部转入第二轮承包,全县承包单位由原143个增至167个,承包定额(年)上缴从原314.88万元,增至539.19万元。1994年以后,门店承包或租赁,只给经营场地、人员,不给经营资金,不给担保贷款,由承包方自负盈亏,包干上缴,承包期限和承包款额(租金)及其他条款,由发包方(公司)与承包方(多数是个人,且不论内部职工与否)双方协商同意,订立承包(租赁)合同书,按合同执行。

(一)国营商业体制改革

1. **商业部门**。1981年起,惠来县国营商业企业逐步在各门店试行经营承包责任制。主要推行定额承包,评分计奖。定额内容是:定销售额、定人员、定资金、定费用、定利润等，任务落实到柜台、班组，集体承包。1983年3月，国营商业企业零售门店全面实行经营承包责任制。形式有：利润承包，超利分成，奖金与利润挂钩，工资浮动；定额考核，超额奖励（奖金不封顶或封顶），缺额扣工资（保底70%—90%）；批发部以定额管理，落实经营责任制，不搞承包。全系统230个零售门店，落实承包责任制的有195个，占84.78%。1984年，县商业系统实行第一步"利改税"。经营责任采取二级负责（即商业局对县财政负责，各公司对商业局负责）、三级管理（即公司、基层单位、门市班组）、见利分成的办法。商业局向县财政包全年全系统总入库任务，分解下达各公司实现利润和入库任务，公司逐级下达到各经营单位，逐级承包。公司在完成入库任务的基础上，见利留成。承包责任制形式有：（1）批发单位实行定额承包，超利分成；（2）零售门店实行定额承包，自主经营，工资浮动，亏损保底；（3）饮食业实行"三定二包"，即定门店、人员、经营资金，由门店包一切费用（包括工资、福利、水电、燃料等），包上缴定额（税收、折旧租金、退休人员工资）；（4）食品行业对售肉人员实行定销售任务，联销计酬，联利计奖。推行门店独立核算的办法，在一定范围内下放人员调配管理、资金使用、商品采购、商品定价和费用开支等方面的权限。1985年，实行第二步"利改税"，按55%税率征收所得税和22%税率征收调节税。县商业局对财政继续实行利润包干、超额分成的办法，原由商业局统一结算入库改为由各公司直接入库。1986年，商业局制订承包经营责任制奖惩办法（试行草案）。1987年实行经理任期目标考核制。同年第三季度，在葵潭、隆江国营商业企业，进行承包经营或租赁经营试点。同年12月，县城各公司所属门店及批发部，除个别特殊单位经商业局同意可以议标承包外，余者进行公开投标承包或租赁经营。承包或租赁期限原则上定为3年（商业系统通称为第一轮承包）。门店承包经营实行"四定"：定员、定购销额、定经营资金（原则上以商品转化）、定上缴额。超收分成，歉收自补。租赁经营同样采取"四定"，但超收全留，歉收自补。无论承包或租赁，都单独向工商部门办理营业执照，单独在银行开户，直接向税务部门按章纳税。批发部承包经营，采取定员、定购销额、定费用、定死利润上缴，超收分成，歉收自补。1988年，县财政局向商业局下达上缴任务，超利与县七、三分成，歉收自补。1989年商业局制订经理任期目标考核办法。1990年，县政府定商业局入库基数130万元。12

月,县决定增加商业局上缴任务240万元。1991年,门店和批发部转入第二轮承包,承包单位由原143个增至167个,承包定额(年)上缴从原314.88万元,增至539.19万元。1994年以后,门店承包或租赁,只给经营场地、人员,不给经营资金,不给担保贷款,由承包方自负盈亏,包干上缴,承包期限和承包款额(租金)及其他条款,由发包方(公司)与承包方(多数是个人,且不论内部职工与否)双方协商同意,订立承包(租赁)合同书,按合同执行。这种承包形式延续到2023年底。

2.**粮食部门**。国营粮食商业,贯彻"以社会效益为主、企业经济效益为辅"的原则,从1961年开始,实行购销倒挂价(即收购价高于销售价)。粮油长期是由国家补贴的政策性亏损经营。1984年,实行粮油提价补贴与地方财政挂钩。1992年,按照"计划指导,放开价格,加强调控,搞活经营"的原则,把粮食购销经营和价格放开。1998年6月,国务院发布《关于进一步深化粮食流通体制改革的决定》和《粮食收购条例》,粮食企业按"四分开,一完善"(即政企分开、中央与地方分开、储备与经营分开、新老财务挂账分开和完善粮食价格机制)的原则,进行改革,使其成为独立核算、自主经营、自负盈亏的经济实体。2001年,全省放开粮食市场,放开粮食价格,结束粮食征购历史。

3.**物资部门**。1984年,县物资局改为物资总公司,按物资分类,下设金属材料、化工建材、机电、燃料等公司。1990年后,计划供应的物资先后放开经营,取消经营双轨制,各公司经营陷入困境,逐步退出市场。

(二)**供销体制改革**。1980年初,县供销合作联社以溪西基层社为试点,落实"四定一奖"(定人员、定购销、定费用、定利润,超额奖励),扩大企业自主权,试行"利润包干到组店,超额提成奖励,不完成减发工资"的经营承包责任制。扩大组店经营权,使企业经营积极性得到发挥。此后相继扩展到隆江、东陇、周田、青山等12个基层社和日杂、生产资料两个公司,共有62个业务组、97个购销站(占全系统91%和89%),推广经营承包责任制。1982年县联社派出工作组,以葵潭供销社为试点,总结经营承包责任制的经验。1983年惠来县政府在葵潭召开现场会,介绍试点经验。同年在全县供销系统6个公司16个基层社共422个核算单位落实经营承包责任制。其主要形式有:1.对经营比较稳定、起伏性小的零售门店，实行利润包干、盈亏全奖全罚的办法。2.对经营起伏性大的业务组、批发部采取利润包干，盈亏按比例奖罚的办法。3.对个别长期亏损、规模较小或偏远的零售门店，实行包干上缴，自负盈亏办法。4.经职工本人申请，可以保职停薪离店自营和领生活费。

实行经营承包责任制后，对调动企业职工积极性、改善企业经营管理，有明显作用。到1987年，全县供销社共收购菠萝848吨、干蒜头1077吨，供应化肥5.80万吨、农药682吨。

1993年，全县供销社购销网点全部落实经营承包责任制，实行利润包干、自负盈亏。至2004年承包形式不变。

2011年，经营网络流失状况得到控制，服务网点逐步优化和加强，全系统各类经营服务网点189个，连锁网点59个，配送中心2个，基本恢复县、镇、村三级经营网络覆盖。供销社参股、控股领办各类农民专业合作社16个，参股农民成员423户，创建"平价商店"3个。

2021年，根据广东省供销合作联社将惠来县列为全省公共型农业社会化服务试点县和惠来县人民政府《关于惠来县推进公共型农业社会化服务改革试点实施方案》部署要求，围绕为农服务宗旨，确立"联农扩面夯实基础，以点带面构建体系"工作总体思路，推进惠来县公共型农业社会化服务试点工作，取得新发展新成效，综合业绩考核获得广东省供销合作联社改革发展奖。2021年12月底，惠来县供销社系统新建镇级社6家，村级社8家，新增农民社员456人，新增农民专业合作社10家，开展农业社会化服务4.3万亩（2868.1公顷），实施土地托管4800亩（320.16公顷）。商品销售总额5853万元，利润7.2万元。

〔第六节〕国营商业概况

一、国民经济恢复时期（1949—1952）

1949年春，惠来县辖属的甲子镇先解放。6月，成立国营潮汕裕民贸易公司甲子分公司，是当时解放区地方公营贸易机构，内外贸易兼营。一方面进口粮食、布匹等重要物资和军需品，供应解放区军民，支援解放战争；一方面在当地开展和供应人民生活必需品，平抑市场物价，发挥对市场的领导作用。同年10月，又成立潮汕贸易公司神泉分公司，同样实行内外贸易兼营。

1950年，成立惠来县贸易公司，同时撤销甲子、神泉两处贸易分公司。县贸易公司在惠城设有零售商店，并在神泉、隆江、靖海设立贸易商店，批零兼营。县贸易公司发挥国营商业的优势，掌握商品货源，沟通购销渠道，进一步加强对市场的领导。1951年底，成立惠来县公私合营土产股份公司，是惠来县第一家国家资本主义商业，后转为国营。

1949年8月，惠来县人民政府成立时设财粮科，1951年析设县人民政府粮食局，同时将县粮食支公司并入。1955年改称惠来县粮食局，下设惠城、隆江、靖海、葵潭、神泉、百埚、田心7个粮食仓库。同年9月，粮食仓库改建为粮食管理所（简称粮管所）。1958年撤销县油脂公司，其经营业务并入县粮食局。县粮食局实行"政企合一"的经营管理体制，负责全县粮油购、销、调、存计划经营管理工作，从县局到乡镇粮管所，既是粮政管理机构，又是企业经营机构。实行由当地党政与上级粮政机构双重领导。粮食的购、销、调、存的价格变动，均受国家政策和上级领导机构的严格管理。

1952年8月，国家撤销贸易部，分别成立商业、粮食、外贸3个部。商业部主管国内贸易。9月，惠来县撤销一揽子经营的县贸易公司，成立惠来县百货公司，隶属潮汕百货公司，是惠来县第一家国营商业专业公司。由于当时县其他专业公司尚未设立，凡是商业系统经营的商品，除肉食、烟酒、禽蛋外，余者都为百货公司经营。随着形势发展的需要，至1956年，相继成立了专卖、土产贸易、花纱布、糖业、食品、药材、油脂7家国营商业专业公司，掌握了重要的商品货源，建立了社会主义商业的领导力量。

在建立和发展国营商业的同时，农村供销合作社也迅速发展。至1956年底，已实现区建基层供销社，村建分销店。供销社的机构遍布农村，成为农村商业的主体。1957年全县商业零售总额中，国营商业和供销社占52.35%。

二、第一个五年计划时期（1953—1958）

为使国营商业和供销社协调发展，第一个五年计划期间，曾进行三次调整分工。

（一）明确商品经营范围。1953年根据政务院批转商业部和全国供销合作总社《关于划分国营商业与合作社对工业品、手工业品经营范围的共同规定》，惠来县于同年12月，对县内主要工业品、烟丝、饮料酒的加工订货、收购、批发业务，由国营专卖公司及其下伸机构负责；手工业产品由供销社经营。供销社不设工业品批发机构，其零售货源，由当地国营商业负责，优先供应，价格给予优惠。根据这一分工，百货、纱布两公司在县城以下4个圩镇（隆江、神泉、葵潭、靖海）下伸批发机构。

（二）划地区经营界限。1955年9月，为适应当时"统筹安排"和加强对私改造的需要，根据"商品分工与地区分工相结合"原则，再次调整经营分工。确定县城为城镇市场，由国营商业负责；县城以下为农村市场，由供销社负责。商品分为三类：1.国营商业城乡一条鞭经营商品；2.供销社城乡一条鞭经营商品；3.按地区分工分别经营商品。根据这一分工原则，国营食品、水产、油脂3家公司在县城以下设基层单位，一竿子到底；糖业公司负责全县食糖收购、供应，但县城以下不设机构，由基层供销社代理；百货、纱布两公司县城以下批发机构移交供销社（葵潭纱布批发站保留）。供销社在县城的工业品零售门市，移交国营商业。

（三）形成归口经营的市场体系。1956年下半年，对私改造取得基本胜利，社会主义统一市场形成。根据国务院《关于国营商业经营工业品机构下伸的决定》，县百货、纱布公司在4个主要圩镇重新下伸批发机构。1957年根据上级有关规定，供销社将4个主要圩镇的百货、纱布零售门市移交国营商业。经过三次分工，国、合商业协调一致，密切配合，以国营商业为领导，供销社为助手的社会主义商业不断巩固和发展。

1957年3月，实行商业、服务、供销"三部分工"，成立了县服务局。县商业局辖县百货、纱布公司和医药批发部。县服务局辖县食品、水产、专卖、糖业、京青果、蔬菜、饮食7家公司，以及惠城、隆江、神泉、葵潭、靖海5个商店和东港、田心、周田3个购销站。

三、国民经济调整时期（1958—1965）

1958年2月，县供销社归属县服务局，5月，县服务局又并入县商业局（保留供销社牌子）即所谓"三线合一""政企合一"的"块块"管理体制。下属公司合并改组为生产资料、农副产品、食品水产、百货纱布4个经理部，基层设隆江、葵潭、神泉、靖海、田心、周田、华湖、东港8个商店。原县商业局、县服务局、县供销社所属基层单位全部并入商店。机构合并后，人员精简，从合并前1168人减少为588人。同年9月，人民公社化后，各基层商店又按当时5个公社并为5个大商店。商店既是国营商业基层单位，又是人民公社组成部分，受人民公社领导和管理。各公社范围内的公私合营商店、合作商店、合作小组，一律并入当地国营商店，整个市场成为国营商店独家经营。同年底，撤销惠来县建制，并入普宁县。此后，大刮"共产风"，取消社员自留地，限制家庭副业，关闭农贸市场。集体生产的产品归大队，分配社员后，多余部分上调国营商店；主要生产、生活资料，由商店分配下拨到各大队的分站或代销点供应。市场流通阻塞，物资供应紧张，物价猛涨，人民经济生活困难。

1961年3月，恢复惠来县建制，7月恢复县供销社，国、合商业再度分工。县商业局辖百货、糖专果菜、食品水产、贸易、服务5个公司；供销社辖土产日杂、生产资料两个经理部。县以下除鳌江商店以外，其他公社国营商店一律改为基层供销社（4个圩镇国营商店暂不撤销）。供销社主要负责农副产品（除食糖、猪、禽、蛋、干蔬菜外）的收购和农业生产资料的供应。并在国营商业领导下，大力组织工业品下乡，搞活农村商品流通。同年下半年开始，对公社化时并入国营商店的小商小贩，有计划、有步骤地划出去，让他们重走合作化道路。至1962年底，从国营商业和供销社机构中划出小商小贩1468人，组成合作商店、合作小组共84个。在国营商业和供销社的领导下，各级开展购销活动，提高了经营积极性，补充国、合商业的不足。

1962年，国营商业撤销贸易公司，增设医药公司。1963年，又从百货公司划出五金业务，成立五金机械公司，恢复以计划外经营的贸易公司。到1965年，县商业局辖有百货、糖业、烟酒、食品、贸易、医药、药材、五金、服务9个专业公司，当年社会商品零售总额1865万元，占全县52%。

四、"文化大革命"时期（1966—1976）

1966年开始"文化大革命"。商业机构又一次大变动，采取"块块管理"体制，机构大合并后，大批商业职工、干部下放农村劳动。在"清理阶级队伍"和"一打三反"运动中，商业队伍大大削弱，购销工作未能很好开展，曾一度出现工业品下不了农村，农副产品上不来的情况。1973年恢复县商业局，基层商店一律恢复为供销社。1975年恢复县供销社，过去国、合分工经营的决定，也同时恢复。1976年国营商业增设石油公司、纺织品公司和华侨商品供应公司。

五、改革开放时期（1978—1987）

1978年后，在改革、开放、搞活的新形势下，国营商业深入开展经济体制改革，推动"三多一少"的商品流通体制，扩大企业经营自主权，实行多种形式的经营承包责任制。

1987年全县国营商业企业共23个，经营机构140个，职工总数5113人，社会商品零售总额8877万元，占全县社会商品零售总额的39.66%。其中县商业局所属有百货、纺织品、糖烟酒、食品、石油、五金交电、华侨商品供应、饮食服务和商业信托公司等共9个专业公司下伸28个经营机构，设批发部24个，零售门市47个，职工总数2280人。县粮食局机关干部职工61人，下设16个乡镇粮食管理所，职工总数1186人，购销点7个。还有粮油贸易公司、粮食饲料工业公司及面粉厂、修配厂、汽车队，职工人数129人，全县粮食系统有零售门市25个，干部职工总数1376人。县外贸局辖抽纱公司、食品进出口公司，职工总数87人。县物资局辖金属、化工建材、机电、燃料、生产资料服务等5个公司，有门市8个，职工总数347人。以及医药联合公司（属县经委）、水产公司（属县农委）、木材公司（属县计委）和农机公司（属县农机局），共有下伸机构7个，门市29个，职工839人。

六、社会主义市场经济时期

1987年12月，县百货公司、县糖烟酒公司设在4个圩镇的8个经营部与县公司脱钩，合并成立葵潭、隆江、神泉、靖海4个国营商业公司。从1988年后，县商业局系统成立的公司有如下所述。1988年，成立国营商业联营公司，1990年改称国营商业联营总公司。同年11月，成立国营商业贸工实业公司和国营商业海口贸易实业公司。1989年11月，成立国营商业畜牧发展公司，1991年改称国营商业发展总公司。1990年7月，成立国营商业旅游公司，与葵峰宾馆一套人马两块牌子。1992年12月，成立广东省惠来商业集团公司，成员企业有国营商业联营公司、国营商业总公司、百货公司、糖烟酒公司、五金交电化工公司、纺织品公司、华侨商品供应公司、商业信托贸易公司、石油惠来县公司、饮食服务公司、食品公司、国营商业海口实业贸易公司、国营商业发展总公司、国营商业贸工实业公司、国营商业旅游公司、商业综合贸易公司、靖海国营商业公司、神泉国营商业公司、隆江国营商业公司、葵潭国营商业公司。1993年1月，糖烟酒新兴贸易公司从县糖烟酒公司分出，改名为国营商业新兴贸易公司；同年4月，县食品公司改名为食品总公司。1996年11月，商业旅游公司、商业发展总公司、商业贸工实业公司并入商业联营总公司；商业海口实业贸易公司、商业贸工公司并入商业总公司。1998年，县石油公司从县商业局系统划出，归属省石油公司；食品总公司归属县经济贸易局。

七、2011—2022年

2011年，主要抓好煤炭、烟草、生猪等大宗商品贸易，加快商品流通，活跃贸易市场。2011年实现全社会消费品零售总额557014万元，增长32.2%。其中，限额以上企业（单位）完成502438万元，比增63.6%。分城乡看，城镇消费品零售额466830万元，比增36.8%；乡村消费品零售额90148万元，比增6.8%。分行业看，批发零售贸易业零售额526787万元，比增32.8%；住房和餐饮零售额30227万元，比增25.9%。全年批发零售贸易商品销售总额1385393万元，比增18.8%。其中批发业商品销售额961562万元，比增19.9%；零售业商品销售额423831万元，比增16.2%。一是实施好"家电下乡"政策，大力举办"家电下乡"促销活动，拉动农村消费市场，全年共销售"家电下乡"产品16362件（台），发放补贴资金483万元。二是积极培育和扶持商贸企业发展，2011年培育限上商贸企业27家、限额以上个体经营户59户。三是帮助企业拓展国内国际市场，组织潮宜轩食品、帝浓酒业等企业产品参加"广东大型系列招商活动""揭阳产品（重庆）展销会""第三届广东外资企业产品内销博览会"和第八届"中博会",使企业产品走出惠来、走向国外。

2012年,商品销售总额159.83亿元,比增14.2%;社会消费品零售总额61.91亿元,比增10.9%。组织参加"广东揭阳产品全国行(长沙)""中博会""山洽会""第八届泛珠三角区域经贸洽谈会""2012年粤港经济技术洽谈会"首届中国加工贸易产品(出口)展销会等各种经贸展销博览会;发动企业参加2012广货网上行活动,宣传推介惠来特色产品,帮助企业开拓国内外市场。开展"家电下乡",全县销售家电下乡产品26934台(件),补贴金额869.71万元。扶持培育商贸大户,培育新增限额以上商贸企业24家。

2022年,全县完成社会消费品零售总额103亿元,比2021年增长9.3%;完成外贸进出口总额14.45亿元,比增111.9%;新备案外贸企业2家,累计设立电商服务中心1个,电商服务站14个,电子商务服务点73个。

〔第七节〕集体商业概况

一、供销合作社

1951年3月,惠来县农村自愿集资兴办供销社的有八区(靖海)狮石村,二区(隆江)见龙头村,五区(溪西)华清村,三区(葵潭)东港村,一区(惠城)华湖村。同年11月成立惠来县合作总社,负责组织管理全县供销社和手工业生产合作社。1952年贯彻中共中央中南局"以区办社,放手发展农村供销合作社"的方针,在整顿、巩固1951年底已建立的一区社(惠城)、二区社(隆江)、三区社(葵潭)的基础上,相继建立了六区社(神泉)、八区社(靖海)、九区社(田心)3个区社。原农村自办的村供销社,并入所在地的区社,村社改称分销店。同年11月,由八区社分出成立七区社(周田),1954年由三区社分出成立四区社(东港),由一区社分出成立十区社(华湖)。至此,全县以商品集散中心的圩镇建立9个区社。同年8月,成立县手工业管理科,有关手工业的合作组织及发展管理,划归县手工业管理科负责。同时县合作总社,改称惠来县供销合作社。

1958年2月,县供销社并入县服务局。同年5月,县服务局又并入县商业局,两次合并均保留县供销社的名称。基层供销社（即原称区社）改称基层商店。1961年3月，以人民公社为行政区域建立基层供销社，全县共建17个基层社，县供销社设生产资料、土产日杂两个经理部，并代管地方国营惠来县信托货栈。

1963年，按照历史经济流向和有利经济核算，以圩镇建社的原则，对基层供销社进行调整，撤销10个基层社，保留惠城、隆江、葵潭、神泉、靖海、田心、周田、鳌江8个基层社。1966年"文化大革命"开始，商业又重走"大跃进"时的老路。至1973年5月，基层商店改称基层供销社，同时增设东港、青山供销社，全县共有18个基层供销社。1975年恢复县供销社。1983年召开了惠来县首届供销社社员代表大会，县供销社改称"惠来县供销合作社联合社"（简称县联社），基层供销社为县社的社员社。大会选举产生县联社理事会和监事会。

1987年县联社辖有16个基层供销社，购销网点517个，职工总数2018人。直属县联社的专业公司有6个，设有网点52个，职工总数1090人。全县供销社系统共设有购销网点600个，职工总数3769人，拥有流动资金408万元，固定资产1032万元，商品零售总额4691万元，占全县社会商品零售总额20.95%。

二、合作商业

1956年全县个体商业走上合作化道路，组成合作商店137个，纳入个体商贩1678户，从业人员1859人；组成合作小组116个，纳入个体商贩713户，从业人员728人；经销、代销259户，从业人员282人。参加合作组织的人数，占个体小商小贩总人数93%。个体商贩参加合作组织时，以商品和商业设施折价入股，自愿结合组成合作商店（组），统一核算，共负盈亏，实行股金分红，领取股息。按当时城乡分工原则，县城为商业局管理，农村归供销社管理。合作化初期，发挥了组织起来的优势，扩大网点，增加品种，为国营商业和供销社代购代销，经营小商品和土特产。国家对有困难的店组，给予减税或免税。1957年合作商店（组）全年营业额137万元，利润2.15万元。70个核算单位仅有3个亏损。

1958年合作商店（组）大规模过渡升级，全部并入国营商店，失去了生产资料集体所有制和经营自主权。财产被平调，资金被挪用，年轻力壮、业务熟悉的人员被调走，一部分店（组）被拆散，约300人下放农村劳动。把国营商业、供销社、合作商店（组）全部改为全民所有制，所有人员一律实行固定工资制。从1961年下半年开始，全县从国营商业和供销社中，先后划出小商小贩1468人，组成64个合作商店，20个合作小组。合作商店（组）恢复后，发挥了经营的积极性和灵活性，增设网点，延长营业时间，组织货郎担下乡，补充市场的不足。1962年2月，成立惠来县合作商店（组）管理委员会（简称合管会）。1965年全县合作商店（组）共73个，1422人，资金10.4万元，设有262个门市，123个固定摊点和69个流动摊点，年营业额476.4万元，大部分商店盈利。

1966年"文化大革命"开始时，合作商店（组）经营管理混乱。1970年在"清理阶级队伍"中，对合作商店（组）人员进行清理整顿。全县合作商店（组）人员原有1392人，劝退的217人，清理的64人，遣送的12人，赡养的16人，过渡的104人，继续保留的979人。1972年全县合作商店（组）减为43个，门市225个，农村下伸点125个，摊点21个。

1976年明确合作商店是社会主义集体商业组织的性质。1978年国务院重申合作商店是社会主义商业的一部分。对合作商业放宽政策。当时全县收回复职的146人。在财务上通过清理，归还公积金，年老职工享受退休与子女顶替。1979年全县合作商店（组）52个，从业人员1400人，门市摊点333个，营业额641万元，全年利润2.7万元。1980年12月合作商店改称集体商业，撤销"合管会"机构，5个圩镇成立集体商业经理部，其他小圩镇改称集体商业经销总店。经理部和总店既是管理机构，也是经营机构。县联社成立供销综合公司，县商业局成立集体商业公司，分工加强领导。1982年经理部改称经营部，全县集体商业以门店为单位，推行经营承包责任制。

1987年全县集体商业职工总数1175人，其中县商业局归口的386人，设有惠来县综合贸易公司，下属5个经营部，共有63个商业网点，分为25个核算单位。县联社归口的789人，设有惠来县供销综合公司，下设5个经营部，共221个商业网点，分为49个核算单位。

集体商业建立30多年，但处境仍是困难。突出表现是：资金短缺，年老体弱退休人员多，多数企业经营亏损。发不出退休人员工资，1987年有106人领不到退休工资，能领到退休工资的每月最高25元，最低只有10元。

1956年惠来县个体商业参加合作组织概况表

单位：万元

所在地址	合作商店			合作小组			代销人数	经销人数
	商店	纳入户数	人员	小组数	纳入户数	从业人员		
合计	121	1591	1771	112	673	710	233	22
惠城镇	21	296	332	18	131	135	34	5
靖海镇	10	212	217	1	6	6	47	/
葵潭镇	17	249	288	11	105	108	18	/
隆江镇	16	269	312	56	257	274	27	9
神泉镇	10	132	156	3	24	25	/	/
周田镇	6	49	52	5	35	37	/	/
田心镇	16	127	142	8	46	46	/	2
东港镇	6	54	58	3	12	12	/	/
览表村	4	52	54	2	18	19	/	6
资深村	4	37	40	1	6	6	/	/
前詹镇	2	20	20	1	6	14	12	/
澳角村	6	58	66	1	11	12	38	/
华湖镇	3	36	34	2	16	16		

〔第八节〕私营和个体商业概况

1956年个体商业走合作化道路，普遍入合作商店（组），但全县未纳入合作组织的肩挑小贩仍有243人，保持个体经营。长期被视为搞资本主义，严加限制，抑制其发展扩大。"文化大革命"期间，进一步对个体商业开展大批判，限制取缔"弃农就商"和"弃工就商"，个体商业逐渐减少。

20世纪80年代开始，允许个体商业经营，全县个体商业迅速发展。至1987年个体商业已登记注册的共6731户，从业人员8901人，其中从事商业6257户，从业人员8222人；饮食业315户472人；服务业159户207人。经营范围和品种，有生产资料和生活资料渗透到商品各个流通领域，成为惠来县商业的重要组成部分。经过20多年的改革开放，全县商业发生巨大变化，到2004年底，惠来县第一次全国经济普查统计,全县私营批发零售商业18个,职工总数162人,年销售额2.64亿元;营业收入6639万元;零售个体经营户7281户,就业人员1.15万人,营业收入5753万元。

一、私营商业

中共十一届三中全会后,允许多种经济成分并存,全县私营商业得到恢复和发展,以私人合股和联营的方式,组成新的经济联合体。2004年,据惠来县第一次全国经济普查统计,全县批发零售私营商业18个,年销售额2.64亿元,占批发零售业销售总额16.34亿元的16.14%,全部批发零售业企业法人单位主营业务收入15.53亿元,其中批发业15.32亿元,占98.67%;零售业2068万元,占1.33%。利润总额5888.3万元,其中批发业5761.8万元,占97.85%;零售业126.5万元,占2.15%。经营批发和零售的商品有:农畜产品类,食品、饮料及烟草制品类,纺织、服装及日用品类,文化、体育用品及器材类,医药及医疗器材类,矿产品、建材及化工产品类,机械设备、五金交电及电子产品类,汽车、摩托车及零配件类,家用电器、农具及室内装修产品类等。还有燃气经营。

二、个体商业

个体商业经营户,始于改革开放初期,20世纪90年代大发展,遍及全县城乡。根据2004年惠来县第一次全国经济普查,全县个体经营户1.51万户,个体经营户列前三名的镇是惠城、隆江、靖海,以上3镇个体经营户总数占全县的51.1%。个体经营户,属批发和零售业的有7410户,占个体经营户总数的49%。个体商业经营的商品,以群众日常生活用品为主。服装行业是个体商业经营的主要行业,各乡镇的农贸市场,都设有服装专门市场。服装市场的兴起,改变惠来县城乡历史上买布做衣的旧习惯,全县个体商业经营的服装户,占个体经营户总数的30%以上,服装经营的特点是利润较高,按惠来的经营户批发来的服装,在惠来零售,其毛利有50%。由于行业发展迅速,以户计算,销售量相对减少,但经营者仍有盈利。

〔第九节〕集市贸易概况

一、市场分布

1979年后，全县市场通过新建、改建、扩建，到2004年共有集贸市场43个。其中有交易活动的集贸市场32个，占地面积27.72万平方米，建筑面积10.54万平方米；闲置和荒废市场11个。

（一）**县城综合集贸市场**。2004年，惠城镇综合集贸市场9个，其中公有制市场6个，即中心市场、葵东市场、惠西市场、蓬莱市场、铺仔头市场、东鹏市场；祚通市场和东安市场属非公有制市场，桶盘池市场已荒废。

（二）**乡镇综合集贸市场**。乡镇综合集贸市场共26个，2004年，有交易活动的集贸市场19个，占地面积21.04万平方米，建筑面积6.6万平方米。其中，隆江镇4个，葵潭镇6个，神泉镇4个，其他镇一般只有一个，较大的行政村如岐石镇览表村也有市场。闲置和荒废的市场7个（隆江环城市场、葵潭镇南市场、神泉深田市场、岐石市场、华清市场、周田市场、溪西市场）。

（三）**专业市场**。改革开放后，全县专业市场有惠城洋美蔬菜市场和葵梅水果市场，隆江竹木市场、葵潭水果市场、靖海水产市场，另外，惠城猪仔市场、隆江耕牛市场、隆江猪仔市场已荒废。

二、贸易情况

1979年，全县有15个综合贸易市场，城乡集市贸易成交额7.47亿元。20世纪80年代后，集贸市场交易的商品从低中档逐渐向中高档发展，集市贸易成交额逐年增长。2004年，全县有交易活动的集贸市场32个，城乡集贸成交额13.81亿元，比1979年增长84.9%。县城市场每日都有交易活动。惠城镇中心市场和葵东市场贸易成交额较多。较具规模的专业市场有惠城镇的洋美蔬菜市场和葵梅水果市场，每年集贸交易额3000万—8000万元。洋美蔬菜市场，2000年建成，专营蔬菜、农副产品；葵梅水果市场，专营水果。其他的属综合市场，主要经营工业品、成衣、生活用品等。各乡镇集贸市场交易，大体分两类：一类是每日都有交易的市场，如隆江镇的新兴市场、竹木市场，葵潭镇的新兴市场、吉成市场，以及华湖、东陇、澳角、览表等市场。另一类是三日一圩的集贸市场，如东港镇、周田镇的市场。这两类市场交易的品种有农副产品类、副食品类、服装类、日用杂品类、百货类等，都是生产和生活的必需品。其中，隆江镇新兴市场贸易成交额较多；华湖镇的水果蔬菜市场，每年集贸交易额3000万—8000万元。

〔第十节〕商品购销

自20世纪50年代中期起，商业商品购销，长期执行"三固定"（固定供应对象、供应地点、作价方式）和商品流通的"四级大流转"（一级站—二级站—三级站—零售商店）。1979年后，允许所有国营、集体、个体、零售商业企业直接向国内各地厂商订货进货、代销和联营，并允许他们下乡进城、跨市、跨区推销，打破国、合分工经营的传统界限，实行以行业为主的综合经营。由于有一系列开放搞活政策，城乡市场日益繁荣。经营上突破了行业批零地域界限和专业格局，打破原有商品的流转模式，商品购销显著上升。1987年全县商品纯购进1.4亿元，纯销售2.46亿元，比1978年分别提高2.16倍和2.21倍。

一、粮油供应

惠来县山地多，沿海渔、盐半农业地区多，耕地少，粮食单产低，全县粮食生产不能自给，历史上是缺粮县。农民多以番薯为主食，遇上灾年更难度日。民国十九年（1930）惠城镇市场每百市斤大米为大洋4.65—5.7元。民国二十二年（1933）上升为8元。民国三十三年（1944）上升到1560元（法币）。在粮食价格比较稳定的民国十九至二十五年（1930—1936），市场粮食季节差为32.1%。劳动人民常年处于半饥饿之中。1949年5月20日，惠来县全境解放后，即建立国营贸易公司，收购县内土特产品运往香港，换回大米、面粉，投放市场，平抑物价。1950年5个主要圩镇有私营米商59户，经营粮食零售，国营贸易公司掌握批发，市场粮价稳定。惠城市场中等大米每担12.04元。1951年潮汕粮食分公司在惠来设支公司，从县外调进粮食投放市场，连续上涨10多年的粮价出现了稳定，同时，历史上遗留下来的粮食季节差价也逐步缩小。1951年惠城中等大米成交价，2月最低每担10.67元，5月最高每担14.87元，全年平均价为12.96元，季节差价缩小在16%—20%。1952年上半年，粮食市价比牌价低13.6%，中华人民共和国成立后粮食的格局在二三年内得到了稳定。中华人民共和国成立后的国营粮食商业，主要是对粮食的分配管理，贯彻"以社会效益为主，企业经济效益为辅"的原则，实行粮管所报账制度，全县统一核算，统负盈亏。1960—1983年实行粮管所独立核算制度，但盈亏仍由县统一负责。1984年起实行粮油提价补贴与地方财政挂钩。由于粮油从1961年开始实行购销倒挂价（即收购价高于销售价），粮油长期是政策性亏损经营，均由国家补贴，一直到1987年止。

（一）**粮食统购**。1953年11月，国家实行粮食统购统销。在农村向余粮户实行计划收购，在城镇居民和农村缺粮户实行粮食计划供应。国家严禁私商经营粮食，对粮食零售价、粮食加工厂等私营工商业，进行社会主义改造。同年12月，惠来县贯彻粮食统购统销政策，大力宣传农村余粮户卖余粮。1953年全县统购余粮618.72万公斤，1954年统购余粮1570万公斤。1955年全县以户为单位，实行定产、定购、定销（简称"三定"）5年不变，作为定购、定销的基础。全县评定余粮户4.83万户，人口20.53万人；自足户3626户，人口1.29万人；缺粮户3.12万户，人口14.32万人。全县评定总产量6075.67万公斤，定购任务1280.7万公斤，占当年总产的21.1%。自1955年实行粮食"三定"起，粮食购销连续7年呈现逆差，依靠县外调入粮食保证供应。

1958年全县粮食总产1.05亿公斤，比1957年增产1350.93万公斤，比1956年减产270.27万公斤。1958年全县征购粮食1505.07万公斤，比1957年增加47.05万公斤，比1956年减少56.2万公斤。同年冬人民公社化后，实行粮食由公社管，社员吃饭由社包，推行办公共食堂，吃饭不要钱，并提出放开肚皮吃干饭。加上大炼钢铁，吃商品粮人口激增，粮食吃空，同时也大量浪费粮食，造成国库粮食减少。在以后3年经济困难时期，又出现高征购高返销。1959—1961年全县共征购粮食5181万公斤，平均每年征购粮食1727万公斤，农村人均口粮为中华人民共和国成立后最低水平。1960年农村返销粮582万公斤，占购粮总数38.22%。

1962年粮食统购统销实行"四统一"（即统一征购、销售、调拨、库存）和一定3年不变的政策。1962—1964年全县征购粮食5859万公斤，平均每年征购1953万公斤。1965年实行新的一定3年和超产超购超奖政策。国家对超产超购的粮食，加价30%作为奖励。执行到1972年，8年共征购粮食1.43亿公斤，年均征购1792万公斤。1973—1980年，全县共征购粮食1.51亿公斤，年均征购粮食1884万公斤。

1979年开始，调减粮食征购基数和提高粮食统购价各20%，增加农民收入。随着国家对粮食需要的增加，为促进粮食生产，调动农民交售粮食的积极性，在不同年份征购中，采取奖售办法，奖售物品主要是化肥。1981年起，粮食统购实行统购、销售、调拨、包干，一定3年不变。到1984年共征购粮食6748.5万公斤，年均1685.9万公斤。4年共销售粮食9752万公斤，年均2438万公斤，年均购销逆差3008.5万公斤。

1985年1月，粮食统购改为合同订购，惠来县对稻谷、小麦实行指导性定购。1985—1987年合同定购量5238万公斤，实际完成3544.5万公斤。1985年，贯彻中共中央、国务院《进一步活跃农村经济的十项政策》，决定取消粮食统购，改为合同定购。为保证统销的需要，定购必须完成计划。因此，县由各区区公所，以"1985年国家粮食定购计划书"的形式落实到户。

1986年，国务院强调要从多方面来完善合同定购制，提出粮食合同定购，既是经济合同，也是国家任务，农民要保证完成国家任务。省下达定购粮每市担奖售氮肥10市斤。1987年省专项安排一些化肥、柴油与粮食定购合同挂钩，每百斤合格贸易粮，拨给标准化肥6市斤、柴油3市斤，收购价（中等稻谷计算）每百市斤由16.13元，提高到19.16元。1991年将合同定购改为国家定购。1992年4月1日，全省按照"计划指导，放开价格，加强调控，搞活经营"的原则，把粮食购销经营和价格放开。

2001年，全省放开粮食市场，放开粮食价格，至此，惠来县结束粮食征购历史。

（二）**粮食统销**。粮食统销包括对城镇非农业人口定销和对农业缺粮队定销、返销。非农业人口主要是城镇居民、工人、国家机关工作人员。粮食供应是国家粮食部门有计划安排城镇居民生活和农村各项用粮的供应。1953年开始统销时，采取居民小组、机关企业自报公议，区政府审查，经县批准后，定点定量供应。1955年5月，对城镇非农业人口实行按人定等，按等定量供应。每月定给机关干部为12.5公斤，工人按工种从13—19公斤分9个等级，居民16岁以上成年人为10公斤，未成年人分为5.5、7、8、9公斤。当年非农业人口6.85万人，定销量5249.75万公斤，农村定销总量6713.1万公斤。同年10月1日起，全国流动人口统一使用粮票，作供应凭证。城镇原有的大米零售商，改为代销户，由国家粮食部门归口管理。

由于全县粮食购销连年逆差，从1955年粮食实行"三定"后，每年都要从县外调进粮食，以保定量供应。1957年全县粮食统购后，农业人口平均每月主杂粮11.45公斤，折贸易粮8.2公斤。由于地区之间差异大，当年农村返销粮678万公斤，占购粮总数46.1%。为保证城镇供应，从县外调入粮食394万公斤。1959年开始，农业生产下降，尤其是粮食生产。1960年征购后，农业人口平均水平每月贸易粮7.6公斤。当年农村返销粮582万公斤，占征购粮总数38.22%。在粮食极度困难下，为了全国一盘棋，仍调出一批大米，支援河南重灾区。惠来县为了度灾，机关干部每月定量贸易粮减为9公斤，居民平均口粮8公斤。为减少粮食供应，全县缩减非农业人口1243人。1961年本县粮食继续紧张，农村生活安排每人月主杂粮8.95公斤，非农业人口月主杂粮10.8公斤。全县继续压缩职工2413人。经过贯彻"调整、巩固、充实、提高"八字方针后，全县农业生产得到恢复和发展，粮食形势逐步好转。1964年全县农村生活安排每人月原粮16公斤，1965年16.5公斤，1966年17公斤。非农业人口用粮定量，1962年人均每月贸易粮10.8公斤，此后几年保持在10.3—11公斤的水平。

正当粮食形势日益好转时，进入了"文化大革命"时期，1967年取消了粮食议价经营，在"不吃进口粮"和"实现粮食自给"的口号下，粮食供应常年紧张，每年继续从县外调入大批粮食。1975年调入粮食达466.5万公斤，1977年全县调入粮食首次突破1亿公斤，总量达到1.6亿公斤。当时全县农业人口实际生活水平人均月原粮12.25公斤，杂粮3.47公斤，合计15.72公斤。县内仍有561个生产队9.04万人，人均每月原粮仅有9.75公斤。非农业人口用粮人均每月11.38公斤。当时县内所谓粮食过关，实际上是没有过关。1978年起又从县外调入粮食，1979年调入贸易粮581.5万公斤。

20世纪80年代开始，恢复集市贸易和议购议销业务。调整非农业人口的粮食定量，总平均水平定量12.4公斤，比1974年增加1.1公斤。农业人口生活水平人均每月原粮16.15公斤。同时通过提高统购价格,增加了县外购进,允许多渠道粮食流通。20世纪80年代前,城镇居民以人定量,以户购买,每户有一本购粮簿。惠来县城镇居民粮食定量,共分9个等级,按月供应:未成年人分为13市斤、16市斤、19市斤、21市斤,成年居民23市斤,职工、干部27市斤,工人30市斤、35市斤、40市斤。此外有特需供应。具体项目:1.出差补助,干部职工因公出差,每人每天定量不足1市斤,补足1市斤;2.会议补助,地、县召开大型会议,每人每天补足1.2市斤,其他会议按出差补助标准;3.夜班补助,国营厂矿、企事业单位夜班,及临时任务超过夜间12点,每人补助2两;4.干部参加体力劳动,如支农、防洪等,每人每天补助2两—3两。还有临时工补助、产假补助、非农中学生补助、残废军人补助、华侨港澳同胞归来等补助;5.粮票供应,20世纪50年代,国家除实行居民粮食定量凭证供应之外,还实行流动粮票供应。粮票分全国粮票和地方粮票,地方粮票又分省和专区两种。国内出差在餐厅、饭店吃饭时,全国粮票在国内各地通用;省及专区粮票仅限省内、专区内通用。粮票面值分半两、一两、二两、半斤、1斤、3斤、5斤、10斤。50—80年代,出差要带粮票,没有粮票,吃饭时,便按粮票折值计价。粮票供应,直到1992年才废除。

粮食供应俗称粮食统销,按定量凭证购买,从1954年起,延续到1992年4月,粮食统购取消后,粮食统销也随之取消。军供继续执行。2001年5月取消"粮食转移关系"。

(三)**粮食议购议销**。1953年12月,全县实行粮食统购统销后,关闭了粮食自由市场,停止议购议销业务。1963年县粮食局和县供销社曾开展计划外粮食议购议销,"文化大革命"运动开始后停止。1974年重新恢复粮食议购议销业务,但数量很少。1978年后,农村实行家庭联产承包责任制,粮食市场开始松动。国营粮食

■ 全国粮票、省通用粮票、汕头市专用粮票

部门，可以参与市场竞争，粮油实行平价、议价"双轨制"经营。议购议销逐步发展扩大。1979年全县议购粮食32万公斤，议销粮食11万公斤。

1980年惠来县粮食局成立粮油贸易公司，积极开展粮食议购议销业务，在粮食市场中发挥主渠道作用。同年，议购粮食259.5万公斤，议销粮食204万公斤，占全县粮食总销量10%。惠来县历史上粮食生产不能自给，沿海半渔盐地区的人口占全县总人口的34%，基本口粮有一半靠市场调节，粮食供需矛盾突出。因此，县粮油贸易公司采取走出去的办法，到产地进行采购。从1984年起与粮产区和运输部门挂钩，积极组织粮源，当年全县议购粮食558万公斤，缓和了需求关系。1985年4月起，改粮食统购统销为合同订购，定购粮实行钱粮兼收。议购议销兼负计划外市场调节和计划内弥补计划供应的双重功能。议购议销成为解决缺粮问题的重要渠道。1986年议销粮食668.5万公斤，活跃了市场，平抑了市价，满足了群众的生活需要。

（四）花生油购销。中华人民共和国成立前，收购花生榨油，为城乡油坊经营。中华人民共和国成立初期，惠来县油脂油料市场，仍是自由购销。1951年开始，花生大部分由供销社收购加工，市场上仍有私营油商经营。1953年11月，全国实行计划收购油料后，全县的花生收购，仍为供销社负责，加工后的花生油纳入地区油脂公司计划内。1954年12月，汕头地区油脂公司在惠来县设立办事处，实行油脂计划管理，统一经营全县花生油的批发和外调。至于收购和加工仍委托供销社负责。当年全县收购花生（折油）116万公斤。1955年5月，油脂办事处改建为惠来县油脂公司，并有下设机构，直接经营油脂油料的统购统销业务。当年统购花生243.38万公斤，占总产72.4%。1956年底，撤销县油脂公司，其业务和人员并入县粮食局。以后每年收购花生油60万—80万公斤，1979年开始，收购量超过100万公斤。县内销售每年30万—40万公斤，调出县外50万公斤左右。

非农业人口食油实行定量供应，每人每月4市两。1981年，按省粮食厅的通知，春节对非农业人口、部队、港澳回乡探亲人员供应半市斤，国庆节对非农业人口、部队人员供应半市斤。会议补助，每人每天补食油2钱（0.2市两）。1988年3月取消居民食油定量供应。

二、生产资料经营

（一）**工业生产资料**。工业生产资料的购销，50年代由县百货公司兼营。1961年成立县物资局，金属材料、建筑材料、机电产品、化工产品，统一归县物资局购销。石油、煤炭仍由县五金公司经营。并建立县木材站（80年代称木材公司）、农业机械供应站（80年代称农机供应公司），分别负责木材与农业机械的购销。1976年成立石油、煤炭公司。1984年6月，县物资局改建为县物资总公司，按物资分类，下设专业公司，有金属公司、化工建材公司、机电公司、生产资料服务公司、燃料公司。计划物资的购销，全部按计划购进，按计划分配。80年代初计划物资开始作为商品进入市场，物资部门逐步按照商品的流通规律，组织计划物资开展购销，其主要品种有钢材、水泥、木材、机电产品。

（二）**农业生产资料**。农业生产资料的经营由供销社负责。供销社自建社以来，始终坚持把支援农业生产放在首位。根据需要做好肥料、农药、农具、耕牛等农业生产资料的供应。全县农业生产资料供应总值，从1952年的101万元，至1987年增加到2118万元。36年间，共供应化肥52.57万吨，化学农药1.5万吨，中小农具1597万件，耕牛7491头。

1. **肥料、农药**。中华人民共和国成立后，化肥、农药的分配与日益发展的农业生产需要缺口很大。供销社在做好计划分配的购销外，采取多种形式和措施，组织货源，解决肥、药的不足。50年代农村习惯使用有机肥，供销社派人到东北、海南、青海等地，采购大豆饼、鸟粪、骨粉等有机肥料。1964年开始，从广州购进氨水，年约200吨，到70年代平均每年购进3500吨。80年代开始采购计划外化肥，平均每年3万吨，占国家计划分配的一半以上。化肥供应量从1952年119吨，到1987年增至5.8万吨，农药从年供应6吨，增至682吨。供销社除向农民宣传种植紫云英、山毛豆、红萍等绿肥品种外。并从种子、资金、技术等方面支援绿肥生产。从20世纪60年代开始，全县种植绿肥持续了10多年。70年代，县农资公司在新圩村建立腐蚀酸肥加工厂，1976年全县共挖泥炭土28万吨，腐制各种土肥8900吨。沿海盐区建立钾镁厂，年产约万吨。60年代，县农资公司经常举办化肥、农药使用技术培训班，传授科学用肥用药技术，以提高肥、药的效果。70年代各基层供销社设有化肥农药询问处。化肥农药的销售，不同时期采取不同的供应办法。20世纪60—70年代，化肥农药供不应求，实行四统一（即统一政策、统一计划、统一分配、统一价格）的供应办法。此外还有奖售肥、换购肥。1961—1965年奖售肥、换购肥占的比重很大。1962年惠来县全年提供上调出口计划外生猪、花生油、薯粉、大蒜等1867吨，总值167万元，争取换购计划外化肥6042吨，占全县化肥供应量的64%。80年代开始，全县化肥农药进入购销平衡阶段，停止了"四统一"的化肥供应办法。并开始经营议购议销业务。化肥实行多渠道经营，计划外化肥供应量迅速增加，购销价格灵活，化肥品种齐全，氮、磷、钾肥销售结构合理。1987年全县销售化肥5.99万吨，其中氮肥3.78万吨，磷肥1.28万吨，钾肥5030吨，复合肥2316吨。

2．农具。中华人民共和国成立后，农具的购销是供销社主要任务之一。供应量逐年增加。50年代每年供应量约20万件，60—70年代平均每年供应量约45万件，80年代市场开放，中小农具多家经营。中华人民共和国成立初期，为扶持农民发展农业生产，20多种主要中小农具，长期实行保价供应。60—70年代多数品种是倒价供应（即销售价低于购进价）。1975年农具销售属政策性亏损25.5万元。1980年经济体制改革，扩大企业经营自主权，各基层供销社自主经营，自负盈亏，中小农具政策性亏损补贴取消。

3．耕牛。中华人民共和国成立初期，全县耕作仍以牛力为主。1949—1953年全县每头耕牛平均负担21—24亩耕地，1954年减至16—20亩。1956年全县耕牛存栏量2.9万头，平均每头耕牛负担耕地16亩。耕牛逐年有所增加，但分布不平均，山区富余，而沿海与平原地区短缺。因此在惠城、隆江、葵潭3个区设立耕牛交易市场，全年成交耕牛2290头。1957年又在东港、周田两地增加耕牛交易市场2个，同年第一季度，各区先后召开耕牛交流会6次，共调剂耕牛1273头，促进县内外耕牛调剂。1958年耕牛市场曾一度关闭。1962年在葵潭、隆江恢复耕牛交易市场。供销社参与吞吐经营，调剂耕牛余缺。1963年上市耕牛近万头，县农业生产资料经理部建立耕牛畜牧场1个，开展耕牛自营育壮，建场10个月，共为农村提供能役耕牛282头。

三、土特产品

惠来县土特产品购销，由供销社经营。自20世纪50年代开始就积极扶植农村发展土特产品生产，供销社投入大量人力、物力、财力，促进农村商品经营发展，使土特产收购额逐年增加。50年代平均年收购额为269万元，60年代年均收购额591万元，增长1倍多。70年代年均收购额1284万元，又比60年代增长1倍，80年代经济政策调整，收购额下降。1962年开始，土特产品实行奖售和换购政策，同时有计划地调高收购价，开放农贸市场，对恢复和发展农业生产起到促进作用，增加土特产品的收购量。1966年进入"文化大革命"时期，土特产品采购工作，一度受到严重冲击，收购额逐步下降。由于供销社积极支援农村建立商品基地，为土特产品采购培植了货源。70年代收购额逐渐增加，1972年收购额1733万元，成为历史最高年份。80年代开始，土特产品派购范围缩小。1981—1985年收购额连续下降。1985年仅有351.8万元，1986年采取措施，收购额提高到1117.6万元，1987年又下降到618万元。

中华人民共和国成立后，土特产品的收购，主要是完成上调出口任务，同时安排县内工业生产原料和市场供应。上调量占全部收购量80%以上。中华人民共和国成立后至1987年底，合计上调出口的主要土特产品有：红麻、黄麻1.85万吨，柑桔1752吨，菠萝1.72万吨。70年代发展的新品种有：红麻仔1412吨，薏米581吨，洋葱1696吨，加工后芥菜1676吨。

（一）黄麻、红麻。1952年全县种植黄麻2107亩，总产只有216吨，仅收购85吨。1967年引进良种，改进耕作技术，推广红麻上山，黄麻、红麻并重。种植面积和产量都有增加，当年收购红麻、黄麻1433担。此后种植面积逐步扩大，收购量随之增加，1977年收购量达4156吨。1981年召开全县麻类生产、收购表彰大会，表彰发展麻类生产和采集种子，积极向国家交售数量大的乡村。奖给隆江等35个先进单位双梁凤凰牌自行车80辆，现金1925元，化肥指标1640吨。县土产公司和隆江、溪西、东港3个基层供销社以年收购万担黄麻，华湖供销社以年收购千担麻籽的成绩，出席地区表彰大会。

（二）蒜头。大蒜是惠来县沿海地区冬种主要作物，主产区为周田、靖海、仙庵3个镇。干蒜头是县内较大宗的传统出口产品。中华人民共和国成立后，全年种植面积保持在8000亩左右，总产量约3000吨，每年收购量千吨以上。1972年收购5141吨，上调出口3500吨，是历史最高年份。80年代开始，收购量逐步减少。1987年收购1077吨。

（三）萝卜干。萝卜干是惠来县农村自种萝卜，自己加工的常年食用咸菜，多余者上市出售。惠来萝卜干，以新鲜、盐度适中、酥甜可口著称。中华人民共和国成立前，萝卜干与大蒜是县两大出口土特产，由神泉港直运香港。萝卜干的主要产区是华湖镇，20世纪50年代每年收购千吨以上。

（四）薯粉。薯粉即番薯加工的淀粉，是惠来县历史上大宗出口土特产品。农户在番薯旺产期留足食用后，均加工成薯粉自用或出售。民国三十四年（1945），惠来县调给汕头薯粉7500吨，由汕头转销上海。中华人民共和国成立后供销社每年收购约千吨。60年代曾生产"白鹅牌"雪粉出口，以换取奖售化肥。

（五）胡椒。主产区是惠来县华侨农场。1960年由印尼归国定居的难侨引进椒苗试种，扩种，到1965年扩种至108亩，收获胡椒180公斤。1968年供销社收购1吨，以后逐年增加，到1985年收购55吨，后由于多渠道经营，供销社收购量很少。

（六）薏米。历史上惠来县有少量种植，20世纪70年代发展为大宗产品，华湖镇为主产区，每年种植面积3000—4000亩，1984年收购282吨，创历史最高水平。

（七）荔枝。荔枝是惠来县传统水果，1967年全县荔枝种植面积1.73万亩，总产2842吨，收购量2763吨，创历史最高水平。20世纪80年代开始，流通渠道改变，商品收购量相对减少。

（八）菠萝。菠萝是惠来县大宗水果。主产区葵潭、青山、河林3个乡镇。中华人民共和国成立后生产稳步发展。1952年全县种植面积2272亩，总产250吨，收购50吨，到1987年种植面积扩大到3.1万亩，总产6359吨，收购848吨，1987年县罐头厂生产菠萝罐头1085吨。

除以上品种外，还有麻籽、木薯片、水草、柑桔橙、茶叶等。

四、食品副食品

中华人民共和国成立初，由县贸易公司经营，1955年后，逐步由国营商业各专业公司分工经营。这些商品的购销量逐年增加，1980年开始，商品多渠道流通，国营商业购销逐渐减少。

（一）生猪。1949年县贸易公司开始收购生猪，组织出口。1955年成立惠来县食品公司，并下伸惠城、隆江、葵潭、神泉、靖海5个购销站（后改称经营处）。1956年增设周田、东港经营处。负责生猪收购，并按当地集市贸易习惯，分设猪肉供应点，方便群众购买。1955年12月，生猪实行派购，各乡设1名生猪收购员，负责对生猪的收购工作，并规定生猪的购销业务，由县食品公司实行"一竿子到底"，统一经营。

1958年下半年开始，生猪的饲养量和收购量大幅度下降，肉食供应紧张。1959年收购2.49万头，1960年收购量下降到1.54万头，1961年4月，生猪生产执行"公私并举，私养为主"方针。分配上实行"多养多吃，少养少吃"的原则。凡是有能力养猪的单位或个人，均应接受派购任务。实行猪肉"购六留四"的分配制度。但自留肉不准上市，可领回猪肉票，或按当天收购价加30%—50%卖给食品公司。生猪生产有了较快的发展，收购量逐步增加。1963年生猪收购上升到5.67万头，猪肉供应逐步好转，同时国营食品公司积极改善经营管理，实行预约"三就地"。1966年县内县外市场饱和，各食品仓库爆满，个别地区采取生猪限购，一时出现卖猪难的现象。下半年食品公司大建简易仓棚，采取"以销促购"和"收购寄养"等办法，对生猪积极收购。1966年全年收购生猪11.53万头，为历史最高年份。1967年后，生猪生产逐步下降，生产长期停滞不前，一直到1978年，生猪收购量每年4万—5万头，才有了回升。

1979年开展生猪议购议销业务，同时自留肉可以进入农贸市场。1980年规定生猪收购实行奖售，1984年全年生猪收购达9.35万头。1985年取消生猪派购，允许自由上市，价格按质论价，县食品公司全部实行议购议销。生猪市场曾一度放任自流，出现偷宰漏税，肉检不严，生猪保险和防疫放松，县食品公司购销大幅度下降。同年9月，县食品公司扩大购销网点，售肉到村，收购到户。同时发展横向联系，开展县外生猪调出和调入业务，掌握商品货源，适时调剂，在市场调节中发挥主渠道作用，收购量大幅度增加，1987年收购生猪10.22万头。

猪肉销售，自1956年第二季起，对城镇居民实行定量凭证供应。每人每月0.8元（可买猪肉1斤）。农村食肉在完成派购任务后自行安排。1959年停发定量肉证，通过批条子做特殊供应，全年供应猪肉730吨，全县人均1.86公斤。1963年分等定量供应，干部职工每人每月0.4元（相当于猪肉半市斤），集体单位职工每人每月0.2元，学校内宿生每人每月0.1元，城镇居民每人每月0.05元。全年供应猪肉1736吨，全县人均供应猪肉3.85公斤。20世纪70年代提高定量，干部职工每人每月0.8—1元，居民0.4元，国庆、春节另有补助，一直到1985年生猪取消派购后，停止了牌价定量供应。

1985年2月开始，全县取消生猪派购，允许自由上市，随行就市，按质论价，县食品公司对生猪经营全部实行议购议销。干部职工每人每月补贴肉价差6元，由县政府统筹用于建设神泉港。取消派购以后，生猪上市一度失管，购销大幅度下降。同年8月，经汕头市人民政府同意，实行集中屠宰，加强上市肉品管理，健全税收和检疫制度。食品部门改进经营方式，取得竞争中的优势，在市场调节中，发挥主渠道作用。1988年后，食品部门主要经营生猪的调入、调出和内销业务。县政府成立"生猪购销管理工作领导小组"，认真贯彻落实国务院、省政府先后出台的《生猪屠宰管理条例》和《广东省生猪屠宰管理规定》，加强生猪管理，大力打击取缔私屠滥宰和"白板肉"。1999年以后，县政府及时调整、充实生猪管理领导机构，进一步加强对生猪屠宰、购销管理工作的领导，全面落实定点屠宰，集中检疫和统一纳税。全县生猪屠宰场（点）从原来143个减为43个，为国营食品部门奠定良好的经营环境。2003年下半年，国务院取消生猪屠宰税。县食品部门实行"四定一奖"（定点、定人员、定任务、定费用、超奖欠罚）的经营管理责任制，主动与兽医部门紧密合作，切实加强进仓生猪的检疫和宰后肉品的检疫检验，保证上市肉品的卫生健康。同时针对货源不足的实际，与省外客户建立良好信誉合作关系，及时采购生猪货源投放市场，有效解决供求的矛盾。2000—2004年，食品系统共投入300万元，改造和新建办公场所、屠宰设施设备，并于2004年实现隆江、神泉、葵潭3个中心屠宰场的半机械化屠宰，生产办公环境不断改善。至2004年底，全县食品干部职工实现全员参加养老保险。

2011年猪肉总销售28万担，销售总额2.74亿元，上缴生猪税费450万元，其中税收270万元。2014年，全县猪肉总销售27.7万担，销售总额2.3亿元。2018年全系统生猪总购进13.5万头，其中县外调入3.4万头；总销售30.6万担，销售总额2.7亿元。2021年生猪购进14万头，销售30.7万担，销售额4.87亿元。

（二）**家禽、蛋品**。家禽、蛋品为惠来县大宗农副产品。家禽以鸭为大宗，上市量常年在10万只以上，最多达20万只以上。早、晚两季上市量集中，县内市场容纳不下，须向县外推销。蛋品上市量常年数百吨，以鸭蛋较多，鸡蛋较少，历史上年年有调出。1958年以前，家禽、蛋品自由购销，1959年开始，禽蛋生产大幅度下降，同年8月，对禽蛋实行派购。1961年5月，确定3个公社7个大队（神泉、东陇、朱埔、见龙头、青洲、后堀、田心）的养殖场为家禽种苗基地，采取以苗换粮的办法，大力发展家禽种苗。当年生产基地上调县食品公司的鸡苗10.79万只，鸭苗30.18万只，鹅苗6000只，促进了家禽生产。1962年家禽退出派购范围，1966年家禽生产量和上市量达到历史最高水平。集中上市季节，市场货源充斥，价格大幅度下降。为维护生产者利益，县食品公司实行保护价，积极开展收购。一方面向县外推销，另一方面以保本价扩大县内销售。当年县食品公司在县内销售鸭6万只，鹅6万只，创历史最高纪录。

1967年以后，农村开展"斗私批修"，不准农民饲养群鸭、群鸡，每户只准饲养3—4只，加上很多大队的孵房为追求高利，禽苗大批量远销县外，严重影响县内家禽生产。1968年后，禽蛋收购大幅度下降，1969年收购鸭仅有9484只。1970年决定集市和社员生产的鸭蛋，均由食品站收购，统一安排孵化。规定交售1斤鸭蛋，补稻谷1斤。同时，县食品公司积极引进投放良种禽苗，改良家禽饲养品种，促进了禽蛋生产。1977年省指定惠来县为鸭蛋收购基地，下达收购计划，拨给饲料粮，先后建立14个基地，年收购鸭蛋5万—10万公斤。1978年开展禽蛋议购议销业务。1979年，惠来县作为省指定的鸭蛋收购基地，国家下达收购计划，拨给饲料粮，与生产单位签订合同，按合同收购蛋品。全县先后建立14个基地，年收购鸭蛋5万—10万公斤。1980年9月，禽蛋一律退出二类商品的管理范围，实行自由购销。鸭蛋基地也于1984年取消，1984—1985年起，鸭、鹅无购销，1988年，县食品公司对禽、蛋停止经营。

（三）**食糖**。中华人民共和国成立初期，惠来县人民政府规定，蔗糖除指定经营单位外，其他单位或个人不得直接到糖寮收购。小商小贩可经营零售，但必须提出申请，经县工商科批准，发给牌照，按核定计划进行采购销售，执行国家规定的零售价。1952年8月，食糖经营由县贸易公司移交县百货公司，县内土糖收购由各基层供销社代购、代管，市场零售由基层供销社负责。1955年成立惠来县糖业公司，全县食糖开始归口经营。由于甘蔗种植面积与单位面积产量不稳定，使食糖收购量波动很大。1963年甘蔗生产开始好转，1965年食糖收购量达8376吨，是历史最好的年份，并持续了3年。1968年后甘蔗产量逐年下降，1970年食糖仅收购1030吨。整个70年代正常年景，年收购食糖在4000—5000吨。1985年收购食糖达6996吨，到1987年收购量保持6000吨左右。

食糖供应。农村自实行计划收购后，规定留糖办法。1956年实行蔗农每人留糖3.75公斤。1964年留糖标准改为计划收购100公斤，留糖5公斤，并实行奖售。1972年凡属甘蔗派购单位，交售1吨甘蔗，留免税糖7.5公斤。非农业人口食糖供应，自1955年4月起实行凭证定量供应。每人每年2.75公斤，年头发糖证，按月定量购买。民用糖供应定量，每年都有增减，除民用糖外，还有工业用糖，特殊用糖，驻军用糖等，都有专项计划供应指标。至1987年底，民用糖仍实行凭证定量供应。

（四）饮料酒。饮料酒是惠来县工业生产的大宗产品，多数销售县内。1953年成立惠来县专卖公司，开始酒类收购、批发业务，并对零售商进行管理。全县设8个下伸机构，对全县酒类生产，实行拨给原料，收购产品，进行批发。1958年底，县以下酒类生产归人民公社管理，致使生产失控，多数产品自销，税收走漏。1962年经过整顿，全年收购602吨，全县酒类生产，处于产销平衡。1964年农村酒厂又开始自产自销，产品质量虽差，但价格便宜，适合农村经济生活水平，占领了农村酒类供应市场。城镇市场又逐渐打进瓶装酒，县专卖公司收购国营酒厂的产品，销售受到打击。1970年收购地产酒912吨，县专卖公司仓库爆满，严重积压，酒类生产、收购、销售出现混乱状况。经过整顿，全县保留16个酒类生产厂。县酒厂对生产的薯类酒进行串香、脱臭、复蒸等工艺处理，酒质有了提高，全县酒类产销渐趋稳定，产量逐年增加。1975年全县饮料酒增至1602吨，县内销售有存，县专卖公司收购后，调出县外，年调出量由400吨增加到1000吨。1976年后，农村已封闭的酒厂，又恢复自产自销，农村市场饮料酒充斥，县专卖公司对滞销的品种，控制收购量，造成收购与生产脱节。到1984年县酒厂全部转为自销，县专卖公司停止经营地产酒。

（五）食盐。民国时期，广东食盐销区，分中、西、北、东、平、南六柜及潮桥、琼崖二区。潮桥区以潮州广济桥得名，收购从惠来到饶平沿海原盐。销区分桥上、桥下及惠来特别区。桥上区配销大埔等6县、福建长汀等8县、江西石城等7县；桥下区配销汕头市及潮安等8县、惠来特别区。运销体制是在民国四年（1915）取消过去沿海包商，全面实行自由贸易。民国十二年（1923）潮桥区招商承包，复行包商制。至民国二十三年（1934）包期届满，4月1日恢复自由贩运。全民族抗日战争时期（1937—1945）实行官运官销专卖制度，食盐配销实行管理，计日授盐，所有专卖业务均由盐务部门办理。抗日战争胜利后复行自由运销。

中华人民共和国成立后，食盐列为国家一类商品，实行统购统销，由国家拨款，按指定价格，盐务部门统一收购，上坨归仓，计划调配，进行运销。惠来县自1953年复晒至1987年共收购原盐2751万吨，年均收购7860吨，其中以70年代收购量最多，年均收购1.07万吨。

全县民用食盐，归供销社经营。工业、渔业、农牧业用盐由盐务部门直接供应，食盐执行低价微利政策。1954年零售价每市斤0.125元，1966年限定不超过0.17元，1980年调整为每市斤0.18元，其中河林、青山、葵潭3个乡镇每市斤0.2元。

惠来县所产原盐，除在县内销外，并调配普宁、揭西两县。20世纪50年代县内销1.65万吨，调出县外2576吨。60年代县内销3.77万吨，调出县外2.96万吨。70年代县内销6.27万吨，调出县外3.36万吨。1981—1987年县内销2.27万吨，年平均3241吨；调出县外1.18万吨，年均1687吨。

国家对食盐实行专营管理，统购统销，指定价格，划区供应。1990年3月和1996年5月，国务院分别颁布《盐业管理条例》和《食盐专营办法》，广东省也分别于1990年11月和1997年6月颁布实施《广东省盐业管理条例》和《广东省食盐专营管理实施细则》，加强对盐业的管理。

为防治碘缺乏病，1994年10月，国务院实施《食盐加碘消除碘缺乏危害管理条例》，强调全民必须食用加碘盐，直接入口、食品加工等食盐全面加碘。由于惠来县地处沿海，群众有食用粗盐的习惯，加上私盐（粗生海盐，价格比较便宜）冲销严重，居民碘盐食用率还比较低。1995—2004年，全县供应碘盐3598吨，居民碘盐食用率仅10%。

（六）水产品。水产品包括海水与淡水捕捞、养殖产品，产量以海洋捕捞为主，约占水产品总产量90%。澳角、资深是惠来县两大渔村，历来海水捕捞产品丰富。清末民初，全县年最高产量约8000吨。以后逐渐衰退，至民国三十六年（1947）年产量减至1500吨。正常年景水产品购销，除小商小贩运销县内主要圩镇外，销往邻县各地和汕头市约3500吨。还有鱿鱼脯、墨斗脯、鲍鱼、龙虾等珍贵海味品年输出数千担。民国末年，神泉镇有鱼行18家，澳角有渔行10家，多数自置渔船，产销合一。中华人民共和国成立初期，县内水产品市场为自由购销，多渠道经营。1953年成立县水产公司，下设神泉、靖海两个水产站，水产品开始实行派购和分配供应，一直到1982年。县水产公司1953年收购5158吨，占当年总产92.1%；1963年收购3651吨，占总产90.36%；1970年收购8987吨，占总产88.66%。从1971—1980年共收购8.53万吨，年均收购8533吨，占同期总产的86%。

1980年后，改革水产品的生产体制和流通体制。以扩大渔民产销自主权为中心，实行渔民个体或集体联船承包。国家缩小水产品的派购范围和派购数量。调整过低的收购价格，实行计划管理与市场调节相结合。水产品的总产量迅速增长，而县水产公司收购量却逐年减少。1982年水产品总量1.08万吨，县水产公司收购1253吨，占总产11.85%。1985年开放水产品市场，购销实行市场调节，县水产公司经营体制不能适应新形势的要求，购销锐减，经济效益下降。1987年海水捕捞总产2.54万吨，县水产公司收购200.8吨，占总产0.7%。

（七）日用工业品。日用工业品包括的品种众多。中华人民共和国成立后分别为百货、纱布、五金交电等。专业公司经营批发（称三级批发站），向汕头地区公司（称二级批发站）进货，并按计划和货源情况，以及城乡分配比例，向县内零售部门批发。日用工业品的购销，是依靠逐级下达计划，按行政区域分配货源，实行垂直调拨。这种经营方式和流通渠道，对国营商业掌握货源，统筹兼顾，安排市场供应，保证人民生活需要，稳定市场物价发挥了积极作用。但由于经营不灵活，商品周转期长，对市场变化反应迟滞，脱销和积压现象时有发生。80年代开始，逐步改变这种大调拨体制，放宽对县级公司外出采购的限制。计划商品通过平衡，可向地级以外的二级批发站直接购进，非计划商品可在省内外自行采购。1981年允许基层零售单位，直接向二级站进货。逐步改变依靠上级公司调拨，实行多渠道进货。1986年进一步发展横向联系，对内组织各专业公司协作联营，对外通过协作、串换、联营等多种形式，积极向省外开拓购销渠道。日用工业品经营主要品种有：棉布、棉毛织品（包括床单、毛巾、汗衫、背心、卫生衫裤、线袜）、胶鞋、火柴、肥皂、铝锅、铁钉、铁线、草席、暖水瓶、口杯、面盆、文化用品、自行车、缝衣机、收音机以及家用电器等。这些商品的供应，自20世纪50—80年代，是按统筹兼顾合理安排货源的原则，供应方式上，根据具体商品，在不同时期采取不同供应方式。大多数商品实行敞开供应，小部分对人民生活关系较大的品种，采取凭证供应，计划供应和特殊供应。

1. **棉布**。1954年9月，全国实行对棉花、棉布计划收购和计划供应，对城乡居民采取分区定量凭证供应。供应范围包括民用布、生产用布、机关团体用布、劳动保护用布、侨汇和收购农副产品奖售用布以及各种临时用布。供应办法是：民用布一年定量发给布证。惠来县第一年定量一类32市尺、二类20市尺、三类17市尺。此后每年逐渐减少。1959年供应开始紧张，1961年每人定量1.5市尺，此后又逐年增加，1967年增加到7.8市尺，1970年增加到13.6市尺。在定量之外，还有专用补助，有农民用的水腰布，上山下乡的冬寒布等。1984年取消棉布凭证供应，可以自由购买。

2. **棉织品**。1961年9月，对以棉布为原料的各种商品，采取凭布证供应。实行几年后，毛巾、袜子逐渐减证供应，其他品种也先后降低收证标准。至1984年，随同棉布取消凭证供应，棉织品也停止凭证供应。

此外，对某些供应紧张的品种，都采用过凭证供应，或按已有货源进行计划分配供应。如铁钉、铁线曾长年供应紧张，为了支援农业生产，每年都划出一定数量，分配指标到农村社队，按计划供应。自行车、缝纫机按每批进货数量，分配购买证，凭证供应。肥皂货源不足，优先安排工业的需要，民用肥皂按货源每月发证，凭证供应。

（八）**医药品**。1954年4月，成立惠来县医药批发部。同年6月，成立中国药材公司广东省惠来县公司（简称县药材公司），中药、西药统一经营。1962年成立中国医药公司广东省惠来县公司（简称县医药公司），独立经营西药。1969年两公司合并，称惠来县药品公司。1984年又改称医药联合公司，经营中药、西药和医疗器械。供应全县医疗卫生单位35个，农村医疗站363个，集体、个体开业药店129个。

1. **中药**。中药购进以"计划为主，调剂为辅"方针，每年根据销售和库存情况，向地区医药公司提出要货计划，经过地区综合平衡后，按计划调拨，紧缺中药品种按比例分配。县药材公司每年还组织业务人员，参加全国性的药材交流会，进行采购和协商调剂。中药销售，分为调拨、批发和零售。批发对象是县医院、乡镇卫生院、村合作医疗站、厂矿以及全县兽医部门。1982年允许个体药店经营，也属批发对象。县药材公司和5个主要圩镇医药经营部，设有零售门市。中药商品经营，分中药材和中成药两类。

中药材至1987年经营的品种共811种，其中根茎类185种，果实类200种，全草类104种，花叶类77种，树皮类30种，藤木类50种，菌藻类15种，动物类85种，矿石类40种，其他25种。

中华人民共和国成立前惠来县中药材收购，主要是葵潭镇私营中药店兼营，地产中药材市场，处于自流状态。1956年县药材公司在惠城设立中药材收购门市，并委托隆江、东港、神泉、周田、靖海等供销社代收购。1965年全县有14个基层供销社代收购中药材。1977年地产中药材收购品种128个，其中野生药材108个，家种药材品种20个，合共收购460吨，金额58万元。80年代开始，收购的品种、数量逐渐减少。1985年中药材收购，出现多种形式并存的局面，医药联合公司采取"以销定购"的办法，全年收购56个品种，合共45.9吨，总值10.7万元。地产中药材收购后，除按计划上调外，剩余的在县内销售，或调拨其他县市。

1961年7月，县药材公司投资1.2万元，建立白沙湖中药材生产试验场，有水旱地26.7亩，职工10人，进行中药材种植试验和推广工作。先后引进种植成功的地道药材和外地药材30多个品种。1976年是惠来县中药材生产最好年份。全县种植面积4144亩，收购中药材460吨。全县有17个公社82个大队种植中药材，其中重点基地有：（1）兴岗大队果林场（周田公社）种植中药材20个品种，1971年以种植川芎为主，1975年川芎产量26.8吨，1983年该场解体，药材生产转向个体专业户，存有40多株安木息香和2株使君子，长势很好，但无专人管理。（2）塗墙墩大队（葵潭公社）1976年引进金银花1万株，种植面积30亩，1985年药材生产承包到户。（3）石陂仔大队（葵潭公社）开荒种植中药材有15个品种，1977年交售药材11个品种，5.8吨。（4）塘华村（仙庵公社）1961年种植蜈蚣草，最高年份实收10.5吨。

中华人民共和国成立后全县年销售5吨以上的药材品种有：甘草、党参、当归、生地、白芍、元参。年销售1吨以上5吨以下的有：茯苓、黄芪、泽泻、金银花、山药、菊花、陈皮、川芎、白术、牛膝等。

2．**中成药类**。中成药类至1987年经营有丸类126种，片类85种，散类53种，膏类38种，液体类59种，其他12种。

3．**西药和医疗器械**。惠来县西医药店，始于清光绪末年，普宁人余子成在葵潭创办信安药房，并开设内科、妇科、小儿科诊疗业务，为西医西药传入惠来县第一家。民国时期，相继有隆江道正药房，神泉仁民药房经营西药。中华人民共和国成立初期，全县共有西医药房40户，多数以诊病为主，兼营西药。1956年成立惠来县医药批发部，专营西药与医疗器械，经营500多个品种。1962年升建为医药公司，县城设批发部和零售门市各1个。经营西药品种有990种，其中片丸剂380种，油膏糖剂170种，注射剂290种。医疗器械60多种。

惠来县属传染病不稳定地区，中华人民共和国成立后，消灭和控制了一些危害人民健康的常见流行病，但仍有发生几次疫情，对中药材的羚羊角、全虫、黄连、犀牛角和西药的抗生素类、磺胺类、激素类，平时积有一定库存量，以备发病期急需。

〔第十一节〕对外贸易

1949年6月，惠来县国营贸易公司成立后，即发展对外贸易，收购农副产品出口香港，换回大米、肥料、煤油、药品等。20世纪50—60年代对外出口商品由国营专业公司和供销社分别按计划收购后，直接调运汕头地区各专业进出口公司。1972年汕头专区对外贸易局，下伸设立惠来县办事处，惠来县开始有对外贸易专业管理机构。1973年办事处改建为惠来县对外贸易局，又称外贸公司，"政企合一"，双重领导。当时外贸局主要任务是根据省、地区下达的出口商品计划，与县内各专业公司和生产部门沟通信息，衔接计划，落实生产，组织货源。此后，对外商品出口收购额逐年增加。至80年代开始，惠来县对外贸易有了进一步发展，1980年外贸商品收购额达1630.95万元，比1978年增加14.45%。同年底，成立了县对外经济工作委员会，简称外经委，内设引进组、业务组、人秘组，撤销计委的引进办公室。开始进行多种形式的对外贸易。1984年撤销县外贸局，县外贸公司兼有行政管理的职能。同时，县成立代理出口领导小组，县外贸公司负责办理代理出口工作，并办理县内"三来一补"企业的对外商务手续，1985年对外商务手续移交县外经委的对外加工装配服务公司。1986年是惠来县对外贸易最活跃的一年，出口商品收购额比1981年增长40%。1987年2月，恢复县对外贸易局，与外贸公司合署办公，辖人秘股、业务一股、业务二股，干部职工13人。同年出口商品收购额达3530万元。1997年3月，改称对外经济贸易局。2002年3月，对外经济工作委员会改称惠来县对外贸易经济合作局。同年，将县人民政府口岸办并入县对外贸易经济合作局。2004年底，全局在职干部职工38人。主要负责对外贸易业务的审批管理。2016年，惠来县经济和信息化局负责对外贸易业务，内设贸易市场股、外资促进管理股、对外贸易发展管理股等。惠来县经信局机关事业编制62人。2016年12月，全局干部职工60人，局长1人，副局长4人。办公住址设在惠城镇新兴街13号，办公面积622平方米。2022年，县工业和信息化局（简称县工信局），加挂惠来县商务局牌子，为正科级县政府组成部门。县工信局内设综合股、人事股、经济运行股、投资与技术股、信息化和无线电管理股、中小企业股、对外贸易发展管理股、外资促进管理股、贸易市场股、口岸管理股。下属事业单位3个：县中小企业服务中心、县对外加工装配服务公司、县乡镇企业管理办公室。2021年，办公住址设在惠城镇新兴街13号。

一、进出口商品

民国时期，出口商品有生猪、羊、家禽、鲜蛋、花生油、红糖、薯粉、萝卜干、菜籽、咸梅、梅脯、柿饼等农副产品和部分水产品，以及矿产品（锡、钨）。抗日战争期间，由神泉港船运至香港。进口商品以煤油为主，常年进口量约2400吨,还有布、大米、面粉、化肥、豆饼、羊毛线、水泥、西药等工业品,在神泉港上岸后,转运到县内各地和边邻各县。

中华人民共和国成立初期的出口商品,保持了民国时期的品种,并增加了黄麻、中药材、羽毛、兽皮等,但仍是以农副产品为主的出口商品结构。进口商品以肥料为主,工业品的进口品种和数量逐年减少,至60年代后期中止进口。70年代初期,惠来县地方工业逐步兴建,工业品开始出口,有食品罐头、日用瓷、渔网、绳缆,出口量逐年增加,到1980年工业产品出口收购额占全县出口收购总额50%,出口商品的结构开始转变。此后工业产品出口品种不断扩大,增加有塑料制品、竹草工艺品、五金机械产品。历史上以农副产品为主的品种,大部分中止出口,先后有生猪、家禽、鲜蛋、生柑、土豆、洋葱、木薯片、红麻、黄麻、中药材、猪肠衣、狗皮、水草等30个品种。到1985年继续出口的农副产品有:荔枝、蒜头及部分水产品。80年代后期,工业产品出口收购额占收购总额90%以上,出口商品结构起了根本变化。到1987年出口商品以工业品为主,占全县出口商品收购总额92.5%,其中国营工业占26.94%,乡镇工业占36.28%。全县有30个工业企业,对省、市10个专业进出口公司提供出口商品。1985年继续出口的农副产品有:荔枝、蒜头及部分水产品。2004年,全县外贸出口总额3297万美元。

二、农副产品出口

(一)生猪。中华人民共和国成立后,每年出口约千头,最多年份是1982年,出口3850头,1986年终止出口。

(二)家禽。包括鸡、鸭、鹅。中华人民共和国成立后,出口年份最多是1979年,鸡4.47万只,鸭9.27万只,鹅2.86万只。最少年份仅有五六千只。1981年鹅终止出口,1983年鸡、鸭终止出口。

(三)鲜蛋。每年出口在5吨以上,最多年份是1979年,出口60吨。1984年终止出口。

(四)鲜果。主要是柑桔、荔枝,每年出口数量悬殊,最少只有几吨,一般年景几十吨。最多年份是1978年,荔枝出口330吨,1985年柑桔终止出口。

(五)蔬菜。每年出口都在千吨以上,以大蒜为主,最多年份是1979年,出口

3074.6吨。最少在千吨以下，1987年出口707.5吨。土豆每年出口10吨左右，1975年是最多的一年，出口72吨，1979年终止出口。洋葱每年出口在200吨以上，1979年终止出口。

（六）萝卜干。常年出口几十吨，最多年份是1975年，出口254吨，1979年终止出口。

（七）咸菜。每年出口约20吨，最高年份是1984年，出口117.5吨，1985年终止出口。

（八）薯粉。最高年份为1975年，出口337.35吨。以后减少到每年出口10多吨，1981年终止出口。

（九）木薯片。1979—1981年3月出口3425吨，1982年终止出口。

（十）茶叶。20世纪70年代初开始出口，每年约20吨，1976年最多达76.7吨，1984年出口锐减，1985年终止出口。

三、工业产品出口

20世纪80—90年代，全县各乡镇有53家出口商品生产企业，生产罐头、渔网、抽纱、竹艺等60多种出口产品，供货汕头食品、果菜、土产、抽纱、纺织品、轻工、渔业用品、五金矿产、工艺品、机械、畜产等11家进出口公司出口。其中渔业用品生产15家，最高年份1987年加工值1061.34万元，工艺品14家，最高年份创值1184万元。

惠来罐头厂于1969年8月建于葵潭镇，占地4万平方米，厂房2万平方米，工人900人，生产菠萝、荔枝、蘑菇、猪肉罐头等30多个品种，引进西德全自动高频电阻焊生产线和玻璃瓶装生产线，1986年列为省罐头产品出口生产基地。

惠来网厂是县渔网生产骨干企业，1983年利用外资首批引进四部日产全自动织网机，使渔网生产打破了仅靠传统落后的手工操作生产局面，1986年县渔网厂被市列为渔需品生产基地。尔后，澳角、华湖、仙庵、前詹、靖海、隆江、葵潭等地渔网厂相继以租赁和补偿贸易等形式引进织网机，至1989年底，全县共引进79台织网机，利用外资额782.8万美元。1989年以后，全县渔网生产进入了以机械生产为主的新时期。

（一）渔网。1969年开始出口，渔网是工业产品最早出口的大宗商品，由二轻工业县渔网厂出口58吨。此后逐年增加，1980年后有7个乡镇兴建渔网厂，产品大部分出口，全县共出口330吨。1985年出口252吨。1987年全县出口渔网589吨，价值994万元，为惠来县大宗出口产品。此后全县网厂经过技术改革，变手工织网为机械织网，1990年全县共完成3157吨，全部出口。1995年全县生产渔网5207吨，因受国际市场竞争的影响，出口没有增加。2004年全县生产1703吨，没有出口。

（二）罐头。县罐头厂产品，1971年开始出口柑桔罐头1.2吨，到1977年出口382吨。1978年开始出口蘑菇罐头，此后出口量迅速增加。1982年出口蘑菇罐头592吨，柑桔罐头152吨。至1987年出口各种罐头1842吨。由于产品质量问题，1988年终止出口。

（三）日用瓷器。1973年县瓷厂生产的日用瓷，年出口量38万件。最多年份为1980年，出口115万件。由于生产的成品率低，成本提高，产品出口严重亏损，1985年终止出口。

（四）农用水泵。1980年首次出口8寸农用水泵250台，此后1986年出口1790台，1990年3480台，1995年5699台，1996年终止出口。

（五）手摇油泵。1983年首次出口2万台，此后1986年出口2.72万台，1990年3.6万台，1995年6400台，1997年终止出口。

（六）酱油。1977年开始生产"珠江桥牌"酱油，年出口28吨，1980年出口60吨，1985年56吨，以后每年出口任务约80吨，1990年终止出口。

（七）服装。1985年出口70万件，1986年36万件，1987年206万件，包括服装加工产品、针织服装产品、属外商独自经营的三资企业产品，一直延续到2004年。

20世纪70年代开始出口的工业产品，还有凉果（县果子厂）、抽纱（县抽纱公司）、金木雕刻（二轻工艺厂）、竹编工艺品（葵潭二轻竹编工艺厂）、石制日用品（仙庵镇点埔大队）、草制品（溪西镇草制品厂）。80年代增加出口的工业产品有服装、针织品、玩具，以及机械产品的水泵、油泵等，水泵、油泵为县农机一厂产品。1980年首次出口8寸水泵250台，到1987年出口水泵3336台。油泵1983年首次出口2万台，以后逐年增加，1987年出口4.2万台，成为惠来县大宗出口产品。除以上主要商品外，还有竹艺品，主要由葵潭竹艺厂生产，1981年出口总值75万元，1986

年134万元，1990年继续增加；草制品，主要为溪西镇草制品厂生产，1981年出口80万元，1986年增加到226万元，1990年后，由于国际市场的变化，竹草制品终止出口。

四、进出口企业

1986年8月成立广东省惠来县食品进出口公司，系广东省食品进出口公司属下的外贸企业，1993年下放地方管理，实行独立核算，自负盈亏。至2004年底，全县有进出口企业9家，分别是惠来县煜荣实业总公司、惠来县食品进出口公司、广东华湖渔业用品（集团）有限公司、惠来县对外贸易公司、惠来县食品集团公司、惠来县葵泰发展总公司、惠来县润强实业有限公司、揭阳市润亚庄园有限公司、惠来县越凯实业（进出口）有限公司。

〔第十二节〕饮食服务业

一、饮食业

民国时期，惠来县饮食分3种类型。一是菜馆，也称酒楼，群众习惯称为桌铺。经营高档酒菜，承办筵席，兼饭菜和包点。惠城先后有陶然楼、醉月楼、乾兴楼等，其中陶然楼经营时间较长，颇能盈利。40年代初期，由于神泉港对香港直接贸易，惠城市场一度繁荣。曾有涎香茶楼，设有女招待，经营3年，于民国三十四年（1945）停业。二是饮食店，以经营大众菜饭为主，包括饭、粥、粿、面和普通酒菜，并有熟食和面包点心等，惠城有10多户。三是饮食摊贩，经营各种熟食、甜食、面包、点心等，多是单一经营，分固定和流动两种。此外，还有一些厨师，不设店面，专为大族祭祀、富户婚丧承办桌席，带有营业性质。惠来解放前夕，饮食业多数关闭。

中华人民共和国成立初期，饮食业逐渐恢复。1953年全县有饮食业371家，451人。惠城的饮食业经过整顿和统筹安排后，1955年有饮食店19家，63人，饮食摊贩76人，营业额从1953年13万元，增加到19万元。1956年惠城镇19家饮食店组成公私合营饮食商店。45户饮食摊贩组成1个甜食合作商店和1个饮食小组。其余农村市场的饮食业,组成公私合营饮食店1个,合作饮食店11个,合作饮食小组5个,参加合作组织的,占饮食业总户数85%。

1958年冬,公私合营和合作商店(组)的饮食业,全部转入国营商店。1959年惠城镇国营商店开设惠城茶楼,兼营旅社,在供应大众饭菜的同时,经营有红炆鱼翅、油煲龙虾、银花膘、荷包蛋、玉角肉等高档菜肴,每个菜1—2元,当时市场物资供应紧张,这些菜式均属难得,价格相宜,因而一时经营兴旺。

1961年成立惠来县饮食服务公司,并从国营饮食业拆出原饮食摊贩,恢复饮食合作店。县饮食服务公司,在惠城设立两个门市和一个饭食供应组,以供应大众饭菜为主,白粥、素面、杂咸、青菜、馒头、菜包,全部是低标准,几分钱可以吃饱。又推广"节米双蒸饭",同时开展以米换粿、换饭和来料加工业务。1962年县饮食服务公司开设冷饮门市,供应雪条、雪水以及各种冷冻饮料,为惠来县冷饮业务开始。

1962年根据汕头地区提出的"品种要多,价格要低"的经营方针,采取几项措施:(1)改进烹饪技术,增加小灶泡、炒,即煮即供,恢复名菜名点,满足不同生活阶层的消费需要;(2)实行明堂亮灶,方便顾客选择购买;(3)扩展门市,增加摊点,新建西门餐厅,分楼上楼下,可小酌亦可宴会;(4)举办饮食展销会,1963年举行了3次,共有253个品种,其中有58个品种属多年停做的传统名菜,主要有鸡茸、鱼翅、炆鸭、春卷、甜芝麻面、小鼎炒面等。营业额达5100元。

20世纪70年代国营饮食业先后增加甜食门市、饮食门市3个,营业额虽有增加,但发展不大。80年代开始个体饮食业发展迅速。

1979年惠城饮食业(包括固定摊贩)共53户、155人,流动饮食小贩400多人,多数是经营能手,品种多样,待客热情,生意兴旺。1980年后,个体饮食业继续增加,开摊设档,日夜供应,夜市尤盛。1982年发展到100余户,营业额约为国营饮食业的4倍。国营饮食业在经营思想、方法、作风上都跟不上形势的发展,营业额逐年下降,并出现经营亏损。1983年实行承包经营,保证上缴,盈亏自负,下放经营自主权。多数门店增强了经营活力,业务得到巩固和发展。

1984年创办国营怡香酒家,由原惠城第一旅社改建,经营饮食与旅社。饮食部有餐厅、雅室、冷饮、茶点厅、甜食门市。装修门面,美化环境,不算豪华,但颇雅致。为当时惠城一流酒店，生意旺盛。

1986年10月惠来商业大厦落成，创建宾阳酒店，二楼为饮食部，有大餐厅1个，可容纳30张餐桌。并有雅室，另设有咖啡厅、茶座，早上的茶点经常满座。1987年国营饮食业，县城有大型酒店2个，饮食门市4个，年营业额达123万元。农村饮食业，有24个网点，由于市场竞争激烈，经营日趋萎缩，营业额由1980年55.6万元，降至1987年13.1万元。

二、旅馆服务业

民国时期，惠来县经济落后，交通不便，来往商旅很少，旅馆业仅有几家夜店，场地狭小，设施简陋，卫生较差，投宿者多是一些小商贩，生意萧条。中华人民共和国成立初期，惠城有夜店7户，从业人员17人。1956年7户夜店组成合作旅店，增加投资，添置和更新了一些设施，订立服务公约，服务条件有所改善，经营虽然有些好转，但旧夜店面貌仍未根本改变。

1959年国营惠城商店，创办惠城茶楼，兼营旅社。由原食品公司办公楼改装，分隔为大小房间10多间30个床位，购置设备用具，初步改变了日夜店面貌，营业渐旺。60年代初，国营服务公司惠城旅社建成2层楼房，共有40个床位。与此同时，县人民政府招待所改建为3层楼房，装饰设施较为讲究，主要是接待华侨，但也有对外营业，县城旅业落后面貌至此改观。1971年惠来旅社并入县饮食服务公司，并进行扩建，称为惠城第一旅社，共有客房59间，129个床位。并设有旅客餐厅和大小会议厅，场地宽敞，设施配套。继之又新建第二旅社，于1972年开业，3层楼房有客房40间，106个床位，设有餐厅。

20世纪80年代初，县人民政府接待所改建为5层楼房，改称葵园。对外营业，场地宽敞，设备较齐全。惠来县的上宾贵客、阔绰人士，多在此住宿，为县较高级宾馆。隆江、葵潭、神泉、靖海等主要乡镇也相继创建旅社。1986年10月，惠来县商业大厦落成，创建宾阳酒店，有饮食餐厅、雅室、咖啡厅和茶座。有普通客房22间，66个床位，高级客房8间，内有卧室、会议室和卫生间，配有电话、电视、空调，为县较高级的旅社。1990年后，惠来县通过各种渠道，鼓励个人投资，建成和改造一批宾馆、酒店，使全县旅游食宿条件得到明显改善。至

2004年，初步完成一定的服务接待体系，基本上能够承担旅游客源市场的要求。

2004年末，全县住宿和餐饮业企业法人单位9个，就业人员491人，全年营业额1423万元。其中私营的5个，从业人数260人，年营业额1191万元；国有3个，就业人数137人，年营业额52万元；集体1个，就业94人，年营业额180万元。有住宿业个体经营户20户，就业人员36人；餐饮业个体经营户370户，就业人数942人。2015年后，县城和各镇出现多家酒店和宾馆。

三、惠来宾馆和民营企业家方秀明

2005年，方秀明投资1亿多元兴建惠来宾馆，成为惠来县首家达到四星级标准的宾馆。惠来宾馆坐落于南门大街和南环一路交界处，位置优越，设施齐全，从建成至今，一直是惠来县最豪华的宾馆。

惠来宾馆法人代表方秀明，是一位优秀民营企业家，先后被揭阳市委、市政府授予"慈善莲花奖""优秀民营企业家"等称号，被省委、省政府授予"广东省第二届优秀中国特色社会主义事业建设者"荣誉称号。是揭阳市第三、四届人大代表；历任揭阳市工商联副主席，县工商联主席、永远荣誉主席；惠来金马（集团）有限公司董事长。方秀明热心公益事业。2007年，捐款10万元慰问贫困儿童和单亲家庭妇女。2011年，方秀明捐资300多万元建设寄陇村文化广场，发动会员企业捐资3000多万元支援城乡建设。方秀明还捐资300多万元帮助病困家庭。2013年至2015年，方秀明和惠来商会副主席黄少贤，连续三年每年捐款60万元共180万元给县残联，作为白内障患者手术费，开展爱心复明助残活动。2013年，惠来县遭受"8·17"特大暴雨和"9·22""天兔"强台风袭击，造成很大经济损失，方秀明带头捐款60万元，发动县工商联会员企业捐资捐物共800多万元；2015年，方秀明带头捐款50万元，带动商会其他会员共捐款270万元为县消防大队购买消防车。自2011年以来，方秀明个人捐款帮助寄陇村文化广场、开展爱心复明助残活动、修桥铺路等基础设施建设和捐资县关爱孤残儿童福利基金会、县教育基金会、扶贫济困等福利事业累计1100多万元。在方秀明同志的发动下，全县非公有制经济人士捐资公益事业2亿多元，建设项目30多宗，推动了惠来县地方经济社会发展。

第十五章

财政收入和财政支出

明、清时期的财政管理,实行中央集权,一切财权均由户部掌握。县的赋税收入,除按上面官府规定的提留外,其余款额上交户部,解入省库。经费支出,采取"坐支""给领""协解""估拨"等办法,故县无独立的财政。民国时期的财政管理,初期是各自为政,无章可循,管理混乱,没有正常的财政管理体制。民国十六年(1927)南京国民政府颁布《国家地方财政收入暂行标准》,广东省于民国十九年(1930)才施行。民国二十一年(1932)惠来县虽设有财政科,但县内并无统一收入。民国二十五年(1936)惠来县按规定将田赋、契税、屠宰税、盐税、房捐均列省收入,县收入除田赋与省分成外,余由县政府自立名目筹措。民国二十六年(1937)广东省政府颁布《广东省财政厅监督地方财政暂行办法》,规定各县地方税捐24项,实际无施行。民国二十八年(1939)县财政开始统一收支,将所属各种收入经费,纳入县财政统筹支配,分别列入地方款,并按预算程序处理。民国三十一年(1942)第三次全国财政会议规定各种税收,县参与留成比例。即印花税30%、遗产税25%、营业税30%—50%、土地税(即田赋)50%、屠宰税全额归县。并要求县应分县、乡镇两级整理自治财政。民国三十五年(1946)恢复中央、省、县三级财政体制,中央和省的各税收入,县可按比例分成。归县收入的有房捐、屠宰税、营业牌照税、使用牌照费、筵席与娱乐税。这一财政体制,一直到民国三十八年(1949)。中华人民共和国成立后,财政管理体制根据各个时期政治经济形势以及党和国家的方针政策,进行多次改革。但始终是沿着"统一领导,分级管理"的原则进行。

〔第一节〕财政收入

一、明清时期的财政收入

明朝,惠来县财政收入,主要有地赋、户役、盐税以及各种杂税。嘉靖四年(1525)全县应税面积,田20.67万亩,地3122亩,以及少量山、塘。地赋、户役税额,根据田地肥瘠分别按亩课税。惠来、酉头、大坭、隆井四都上田每亩米8升,中田为6升6合,下田为6合3勺1抄;龙溪都上田每亩1升,中田8合2勺,以征粮(米)麦为主。年征税米1.14万石。盐税银678.69两。嘉靖二十一年(1542)地赋纳税粮米2.16万石。万历九年(1581),推行"一条鞭法",赋税一律改收银两,并按丁亩分摊。万历二十八年(1600),全县田地、山塘增至21.76万亩,应征税额2.3万石。此后应税面积无大变化。

清朝,财政收入以地丁赋税、盐税以及各种杂税为主。各税征收以银、米为主,俗称"钱粮"。顺治十四年(1657),惠来应税面积仍依明万历年间准数课征。财政总收入共银3477.67两,其中地丁银1400.57两,占总收入40.27%;盐税银1581.26两,占45.47%;其他各项杂税银495.82两,占14.26%。康熙五十一年(1712)实行"滋丁永不加税"制度,雍正元年(1723),推行"摊丁入亩"制度,合并入田赋银征收。雍正八年(1730),地、丁实征钱粮银1.02万两,盐税银350两。乾隆二十七年(1762),惠来上田每亩征银0.3—0.6两,米0.6—3.5升,中田征银0.24—0.53两,米0.4—2.8升。清代除地、丁、盐税外,还有附加"米耗""银耗"和沙捐、丁米粮等,随同正赋带征。清代中期规定的附加率为16%,光绪末年增至19.6%。

二、民国时期的财政收入

苛捐杂税繁多,税额递增,财政收入迅速上升。民国二十五年(1936)惠来县财政总收入为17.59万元(人民币,下同),其中国税收入为5.46万元,占财政总收入31%;行政收入7.98万元,占财政总收入45.37%;补助收入3.32万元,占财政总收入18.87%;其他收入0.22万元,占财政总收入1.25%。民国三十三年(1944)全县财政收入425.34万元，比民国二十五年增长23.18倍。民国三十五年（1946）由于通货膨胀，物价上涨，财政收入急剧上升，财政收入2953.84万元，其中课税占总收入79.7%。民国三十六年（1947）财政总收入增至4.86亿元，其中课税收入占总收入77.92%。民国三十七年（1948）财政总收入增至250.4亿元。当时货币几乎成为废纸，数字无法对比。

民国时期，征收田赋，初沿清制，统称正税。因经费所需，再附加征赋。田赋税率按田地山塘分为三等九则课征。上田每亩地丁银5.13两，色米4.91升；中田地丁银2.51两，色米4.9升；下田地丁银2.51两，色米1.23升。民国十九年（1930）实行统征，把各种附加杂费，一律并入正税，制订统征新税率。所收钱粮总额二成归地方，八成解省。县为筹办县警需要，可开征田亩捐。是年惠来县地丁应征面积25.23万亩，共计实征田赋银毫洋2.91万元。民国二十三年（1934），田赋征收改为"临时地税"，采用评定地价，税率为地价1%，按田亩计征办法，其收入税额省、县各半。民国二十九年（1940），惠来县对沙田进行清丈，评定地价，与民田统一征收地税，废除钱粮沙捐及其他一切附加。民国三十一年（1942），临时地税增加带征省、县公粮，收取税谷和带购军粮（后改借征）等，是年，五区专员公署核定惠来县田赋1.71万石，实征1.02万石。民国三十五年田赋征收实物改用市秤计收，废石、升量器。

盐税征收，也是惠来县财政收入的主要来源，民国五年（1916）始订盐税坐配（地产地销）税率，每担（50公斤）征税1元；附场（产区附近）50里内肩挑陆运每担征收0.5元。当时惠来县作为特别区，每担只征收0.2元。民国十一年（1922）改为每担征收0.55元。民国二十三年（1934），每担提高到2.2元。民国三十年（1941），盐税实行场税、销税两种。场税以量计税，销税以价计税。同年10月，实行产销划一征税，以量计收，以担为单位。

三、中华人民共和国成立后的财政收入

中华人民共和国成立后，惠来县财政收入主要分四大类，一是各项税收，包括工商各项税收、农业税、盐税；二是企事业收入，包括国营企业上缴利润，基本折旧基金和事业收入；三是其他收入，包括规费收入、罚没收入、公产收入和

其他收入等；四是公债收入。此外还有部分预算外资金收入（即工商税附加、农业税附加、城市公用事业附加）。

（一）国民经济恢复时期（1950—1952）。全县财政收入为277.31万元，地方财政状况趋于好转。进入第一个五年计划（1953—1957年），随着工农业生产不断发展，财政收入稳定上升。年平均收入353.09万元，比1952年增长约27.33%。其中各项税收占同期总收入95.81%，企业收入占1.18%，其他收入占3.01%。

（二）第二个五年计划时期（1958—1962）。开始之年1958年财政总收入752.1万元，比"一五"计划期间有大幅度增加。但由于财政工作在"大跃进"的形势下，提出"大收大支"和组织"收入放卫星"的做法，使财政收入一度出现虚假现象。1959—1960年撤销惠来县制，并入普宁县。1961年3月恢复惠来县制，是年全县财政收入413.64万元。1962年财政收入536.15万元，比"一五"计划期间虽有所增长，但增长幅度不大。

（三）1963—1965年。国民经济进行调整，贯彻中央的八字方针，同时又实行了新的财政管理体制，加强了财政管理，使财政收入从1963年的476.57万元，到1965年上升为729.46万元。

（四）1966—1976年。全县财政收入为8562.01万元，年均收入778.36万元，比上一时期年均收入有显著增加，其原因是经过国民经济的调整，全县生产布局比较合理，兴建了罐头厂、糖厂、电机厂等几家骨干工厂，增加了生产设备，工业生产得到迅速发展。虽然受到"文化大革命"的干扰，但调整后经济发展的"惯性"仍在起作用。使这一时期财政收入仍然得到发展。

（五）1977—1978年。第二次国民经济调整时期，惠来县的工农业生产和财政收入有了较大的发展，年均收入1118.29万元，比前一时期增长43.67%。

（六）1979—1987年。是经济建设的新时期，改革开放促进了工农业的发展，增加了财政收入。年均收入852.27万元，但比上一时期下降23.79%，下降的主要原因：一是粮食企业下放县管理后，大幅度增加亏损补拨；二是在利改税中，对企业让步太大；三是企业亏损面扩大，亏损额增加。1983—1984年全县企业全面亏损。1985年企业亏损额达629万元。企业收入在"一五"计划期间，占财政总收入20.79%，从1979—1987年，财政不仅没有收入，还要补拨亏损。

（七）20世纪90年代后。20世纪80年代后，县财政收入主要分四大类：1.各项税收，包括工商税、工商所得税、其他工商税、农业税和盐税；2.企事业收入，包括国营企业上缴利润、基本折旧基金和事业收入；3.其他收入，包括规费收入、罚没收入、公产收入和其他收入等；4.上级补助收入。此外还有部分预算外资金收入（即工商税附加、农业税附加、城市公用事业附加）。中共十一届三中全会后，惠来县贯彻执行"改革、开放、搞活"政策，经济建设迅速发展，财政收入不断增加。这一时期，全县财政总收入由1979年1422.9万元，至2004年增加到3.58亿元，增长24.13倍，年平均增长92.81%。1979—2004年，财政总收入28.8亿元，年平均收入1.11亿元。其中各项税收7.44亿元，占总收入25.83%；上级补助20.51亿元，占71.22%；其他收入1.99亿元，占6.92%；企业历年亏损，累计达1.14亿元。2011年，全县财政总收入210041万元，比2010年增长31.5%。其中一般预算收入34801万元，比2010年增长18.4%；税收县库收入25590万元，比2010年增长12.9%。2021年，全县地方一般公共预算收入8.96亿元，比上年增长44.9%；其中，税收收入4.19亿元，下降3.64%。2022年，全县一般公共预算财政总收入77.84亿元，比2021年决算数增收6.84亿元，同比增长9.63%。剔除增值税留抵退税影响，2022年一般公共预算收入12.42亿元，完成县年度预期目标8.96亿元的138.62%。其中税收收入50530万元，完成县年度预期目标48171万元的104.9%；非税收入73636万元，完成县年度预期目标41401万元的177.86%。非税收入占一般公共预算收入的59.3%。

1979—2004年惠来县财政收入分类情况表

单位：万元

年度	总收入	各类税收			企业收入	其他收入	上级补助
		工商各税	农业税	盐税			
1979	1422.90	813.40	43.68	60.87	-22.57	0.40	527.12
1980	1519.61	666.76	47.17	36.39	55.03	173.79	540.47
1981	1277.74	701.02	43.61	70.49	-51.03	45.17	468.48
1982	1356.44	694.67	46.81	90.18	-136.53	46.42	614.89
1983	1460.44	715.85	79.32	111.15	-224.43	50.05	680.12

（续表）

年度	总收入	各类税收			企业收入	其他收入	上级补助
		工商各税	农业税	盐税			
1984	1626.67	654.13	95.21	111.43	−203.38	41.64	834.74
1985	2031.34	765.24	110.57	75.78	−629	46.56	1558.27
1986	3064.49	1067.10	86	41.60	−306.90	143.50	2033.19
1987	3296.90	1411.20	127.30	39.20	−311.90	148.90	1882.20
1988	3777.40	1667.90	130.90	38.80	−197.40	209.80	1927.40
1989	4466.90	2009.50	161.10	40.10	−323.90	383.20	2196.90
1990	5046.50	2310.60	150.40	54.40	−426.20	572.20	2385.10
1991	6037	2912	196	84	−314	591	2568
1992	11569	6988	368	56	−1016	322	4851
1993	9691	8383	274	38	−2043	953	2086
1994	11209	2936	938		−1876	951	8260
1995	10565	2256	940		−394	987	6776
1996	13643	2264	872		−846	783	10570
1997	15617	2568	949		−937	825	12212
1998	13231	3009	777		−567	843	9169
1999	16548	3351	798		−312	864	11847
2000	15552	3283	623		−178	1036	10788
2001	19526	2381	713		−105	2113	14424
2002	39603	2675	661		−153	2337	34083
2003	39096	3115	449		−172	2850	32854
2004	35759	3648	258		258	2615	28980

说明：1983、1984、1985三年的各类税收还包括其他税收入，分别为48.38万元、92.90万元、103.92万元；盐税1994年后没有征收。

四、财政主要税种收入

（一）工商各税。1950年1月，政务院颁布《全国税收实施要则》规定全国统一征收14种税。惠来县先后开征的税种有：货物税、工商业税、印花税、屠宰税、牲畜交易税、存款利息所得税、特种消费行为税，共7种。1952年全县工商各税收入

173.2万元，占当年财政总收入62.45%。1953年，政务院对工商税制作了修改，试行商品流通税，取消特别消费行为税，改征文化娱乐税，增加了商品流通税，惠来县实际开征8种税。当年工商各税收入186.60万元，比上年增收7.7%。1956年增加开征车船使用牌照税。1958年国家把印花税归入工商统一税。1961年恢复惠来县制时，县开征工商各税有：工商统一税、工商所得税、屠宰税、车船使用牌照税、文化娱乐税，共5种。当年工商各税收入267.27万元，比1957年增收23.93%，占当年财政收入40.75%。

1966年"文化大革命"初期，税收任务得不到落实，1970年仅收入481.6万元，比1965年减收138.5万元。1971年后，工农业生产逐步恢复，社会商品流转额增大，工商各税收入随之回升。到1976年工商各税收入753.05万元，比1965年增收53.96%。这一时期，惠来县开征的工商税有：工商税、工商所得税、屠宰税、车船使用牌照税，共4种。20世纪80年代初实行经济体制改革，1983年对国营工商企业进行利改税第一步：对有盈利的国营企业普遍征收所得税。1984年进行利改税第二步，其主要内容：一是把原工商税，按不同的征收对象，分解为产品税、增值税、营业税；二是对自然资源优越而盈利较高的采掘企业，开征资源税；三是开征城市维护建设费；四是恢复开征土地使用税、房产税和车船使用牌照税。1985年工商各税收入765.24万元，比上年同期增加16.99%。到1987年惠来县开征14种税收：有工商统一税、产品税、营业税、增值税、建筑税、城市维护建设税、集体企业所得税、城乡个体工商户所得税、房产税、外国企业所得税、屠宰税、牲畜交易税、车船使用牌照税、能源基金。

1979年，全县工商各税收入813.40万元，占地方财政收入57.16%；1988年工商各税收入1667.9万元，占地方财政收入44.15%；2004年，工商各税收入3648万元，占地方财政收入10.20%。1979—2004年，工商各税收入累计6.32亿元，年平均2432.55万元，占同期财政收入21.96%。工商各税收入最多的年份是1993年，为8383万元，占财政总收入86.50%。

（二）农业税。1949年5月，惠来县全境解放后，县人民政府，根据上级指示，决定开征1949年早造公粮，本着"田多多出，田少少出，无田不出"的原则，制订《征收公粮条例》开展征收工作。1950年起，实行差额较大的按人折算的累进税率。按依率折算的税额和农业人口计算，人均年负担农业税稻谷23.9公斤。1953年在查田定产的基础上，实行"按田定产，依率计征，依法减免，增产不增税、有灾有减免"的政策，是年计税面积47.01万亩、常年产量5564.6万公斤。计征税额565.99万公斤，平均税率10.16%，各项减免29.82万公斤，实征正税与附加共583.93万公斤，折金额88.17万元。按农业人口计，人均负担农业税稻谷21.3公斤。1957年降低到人均18.8公斤。1958年全国实行农业税制改革，统一采用地区差别比例税制，即同一经济类型地区的农业社，订定一个税率，同时调整计税产量，按规定最高税率不超过计税产量25%，最低不低于6%。从此以后，农业税的税率未变，平均税率10%，但各种减免逐年增加。

1961年农业税的负担作了大幅度调整，当年调整后的农业税收入为75.4万元。此后逐年减少。1966年后农业税收入虽有增减变动，但幅度不大，保持在1965年的水平上。1979年起，为扶持农业发展生产减轻负担，农业税实行起征点办法，采取对起征点以下的生产队免征农业税，使农业税减征。1979年农业税收入43.68万元，比上年降低47.3%，减征41.18万元。1983年停止执行起征点政策，农业税收入开始回升。1985年农业税收入116.1万元，比上年增加16.07%。

"农业四税"包括农业税、农业特产税、耕地占用税和契税。1979年全县农业税收入43.68万元，占地方财政收入3.07%。2003年取消农业特产税，2004年取消耕地占用税。2004年农业税收入258万元，占地方财政收入0.72%。1979—2004年，"农业四税"收入9938.07万元，年平均382.23万元，占同期地方财政收入3.45%。2005年12月29日，十届全国人大常委会第十九次会议高票通过决定，自2006年1月1日起废止《农业税条例》，取消除烟叶以外的农业特产税、全部免征牧业税，中国延续了2600多年的"皇粮国税"走进了历史博物馆。

（三）**盐税**。中华人民共和国成立后，政务院在1950年1月发布《关于全国盐务工作决定》，确定盐税"以量核定，就场征收，税不重征"的原则。从同年6月起，每担盐征税6元，1957年每担7.5元。1958年起，盐税由盐务部门交由税务部门征收。1973年试行工商税，曾把盐税列为工商税中的一个税目，但在执行中仍保持它的独立性。1980年每担盐征税降低为6.5元，1981年降为5元。1984年10月进行利改税第二步改革，把盐税从工商税中划分出来，依据《中华人民共和国盐税条例》制订征收细则，并予以实施。

（四）企业利润收入。中华人民共和国成立后，惠来县始有地方国营企业，1952年财政始有企业收入。到1987年独立核算的企业有：国营工业企业13家、商业企业39家（包括基层）、农业企业7家。从1952年到1987年，工业企业的利润与亏损相抵，净亏1098.86万元.农业企业净亏154.15万元，粮食企业净亏873.58万元，其他企业净亏570.72万元。商业企业盈亏相抵，净盈764.99万元。全县企业收入盈亏相抵，净亏1932.32万元。

企业收入主要指企业所得税、上缴利润与亏损补贴以及国有资产经营收益。1979—2004年，仅1980年收入55.03万元，2004年收入258万元，其他年份全县企业亏损，亏损累计1.14亿元，年平均亏损439.74万元。

（五）其他收入。其他收入包括罚没、行政事业性收费、国有土地有偿使用、教育附加、排污费等。1979—2004年，全县其他收入累计1.99亿元，年平均766.62万元，占同期地方财政收入6.92%。

（六）上级补助。1979—2004年，上级财政补助收入20.51亿元，年平均7889.11万元，占同期财政总收入71.22%。2022年，取得上级转移支付55.74亿元，省、市调度资金6.16亿元。

〔第二节〕财政支出

财政支出是国家参与社会产品的一种资金分配形式。明清时期惠来县的财政支出，主要是政府机构工作人员的工资支出，民国时期的财政支出主要用于军警和政府机构的经费。20世纪80年代后，惠来县财政支出主要有六方面：一是经济建设费；二是文教科学卫生事业费；三是抚恤和社会福利救济费；四是行政管理费；五是上解支出；六是其他支出。

一、明清时期财政支出

雍正《惠来县志》记载，雍正八年（1730），全县财政支出具体如下，属于刚性支出，类似于今工资支出和常规办公经费。

（一）县衙工作人员工资。1. 知县俸银45两内（除额荒外），尚实支银42两6钱6分5厘整，逢闰加俸银2两3钱2分4厘整。2. 门子（2名）工食银12两（除额荒外），尚实支银11两3钱7分7厘整，逢闰加银6钱4分8厘整。3. 皂隶（13名）工食银78两（除额荒外），尚实支银73两9钱5分4厘整，逢闰加银4两2钱1分6厘整。4. 马快（8名）工食银48两（除额荒外），尚实支银45两5钱1分整，逢闰加银2两5钱9分4厘整。5. 民壮（50名）工食银300两，逢闰加银16两2钱1分5厘整。雍正九年（1731）奉文，拨给潮州府7名。6. 轿伞扇夫（7名）工食银42两（除额荒外），尚实支银39两8钱1分1厘整，逢闰加银2两2钱7分整。7. 库子（4名）工食银24两（除额荒外），尚实支银23两7钱5分5厘整，逢闰加银1两2钱9分7厘整。8. 斗级（4名）工食银24两（除额荒外），尚实支银22两7钱5分5厘整，逢闰加银1两2钱9分7厘整。9. 禁卒（8名）工食银48两（除额荒外），尚实支银45两5钱1分整，逢闰加银2两5钱9分4厘整。

（二）典史衙工作人员工资。1. 典史俸银31两5钱2分（除额荒外），尚实支银29两8钱8分5厘整，逢闰加俸银1两7钱3厘整。2. 门子（1名）、皂隶（4名）、马夫（1名）与县衙的一样，都是每人6两。

（三）县学工作人员工资及廪生饩粮。1. 教谕、训导工资收入一样，俸银31两5钱2分，除额荒外，尚实支银29两8钱8分5厘，逢闰加银1两7钱3厘。2. 门子2名，工食银共14两4钱，除额荒外，尚实支银13两6钱5分3厘，逢闰加银7钱7分8厘。3. 斋夫3名，工食银共36两，除额荒外，尚实支银34两1钱3分2厘，逢闰加银1两9钱4分5厘。4. 膳夫2名，工食银共13两3钱3分3厘，除额荒外，尚实支银12两6钱4分1厘，逢闰加银7钱2分。5. 廪生饩粮48两，除额荒外，尚实支银45两5钱1分。

（四）神泉巡检司工作人员工资。1. 巡检年俸银31两5钱2分，除额荒外，尚实支银29两8钱8分5厘，逢闰加银1两7钱3厘。2. 皂隶2名，年工食银6两，除额荒外，尚实支银5两6钱8分8厘，逢闰加银3钱2分4厘。

（五）隆井场工作人员工资。1. 大使俸银31两5钱2分，除额荒外，尚实支银29两8钱8分5厘，逢闰加银2两6钱2分6厘。雍正九年（1731）奉文，照正八品俸。2. 皂隶2名，年工食银12两，除额荒外，尚实支银11两3钱7分7厘，逢闰加银1两。

（六）北山驿工作人员工资。1. 驿丞俸银31两5钱2分，除额荒外，尚实支银29两8钱8分5厘，逢闰加银2两6钱2分6厘。雍正七年（1729）十二月奉文裁汰，知县张诏美详请改为葵潭巡检司俸。2. 皂隶2名，年工食银12两，除额荒外，尚实支银11两3钱7分7厘，逢闰加银1两。

（七）葵潭巡检司工作人员工资。1. 巡检年俸银31两5钱2分，除额荒外，尚实支银29两8钱8分5厘，逢闰加银2两6钱2分6厘6毫。2. 皂隶2名，工食银共12两，除额荒外，尚实支银11两三钱7分7厘，逢闰加银1两。3. 铺司兵35名，工食银共210两，除额荒外，尚实支银199两1钱7厘，逢闰加银12两3钱5分。4. 仵作4名，工食银共18两，除额荒外，尚实支银17两6分6厘，逢闰加银9钱7分3厘。

（八）均平银。184两8钱9分1厘7毫，除额荒、裁扣外，尚实支银149两4钱6分4厘。

（九）秩祀事典岁办银两。1. 先师庙，春秋二祭，支均平银50两。2. 崇圣祠，春秋二祭，支均平银8两8分2钱。3. 社稷坛，春秋二祭，支均平银13两4钱8分。4. 山川坛，春秋二祭，支均平银18两7钱2分。5. 邑厉坛，清明、中元、十月祭祀，三次共支均平银19两1钱4分。6. 乡饮酒，每年正月望日、十月朔日，两次共支均平银20两。7. 迎春鞭春，立春前一日，银3两3钱4分。8. 先农坛，每年祭祀支地丁银6两1钱6分4厘。9. 关帝庙，春秋二祭，支地丁银10两；五月十三日圣诞，支地丁银5两。

布政司解户水脚、本县灯夫、大陂驿、靖海仓、甲子仓、海门所、靖海所各官俸役食银两，到雍正八年已全部奉裁扣解。

二、民国时期财政支出情况

民国时期，战争频繁，社会动荡，财政支出主要用于军警和政府机构的经费。对县内经济建设、文化教育、社会救济及福利事业所占比重很少。民国三十三年（1944）惠来县财政支出423.34万元（人民币，下同），其中行政经费和保安军警经费198.84万元，占同期总支出46.97%；教育、文化支出60.7万元，占总支出14.34%，抚恤和社会福利救济费支出3.51万元，占总支出0.82%；卫生医疗费支出21.3万元，占总支出5%。

三、中华人民共和国成立后惠来县财政支出情况

（一）1950—1979年。中华人民共和国成立后，财政支出主要分六个方面：经济建设费、文教科学卫生事业费、抚恤和社会福利救济费、行政管理费、上解支出、其他支出。1952年，财政支出总计363.43万元，其中行政管理费支出48.03万元，占比13%；上解支出237.03万元，占比65%。1958年，财政支出总计803.6万元，其中经济建设支出280.8万元，占比35%；上解支出338万元，占比42%。1964年，财政支出总计900.77万元，其中文教卫生支出338.6万元，占比38%；上解支出293.77万元，占比33%。1978年，全县财政支出总计1739.4万元，其中经济建设支出465.22万元，占比27%；上解支出696.07万元，占比40%。

（二）1980—2004年。1979年后，县贯彻"改革、开放、搞活"的政策，相应调整财政支出结构，着重增加企业投资、城市建设和基础设施建设等投资，为经济发展创造条件。全县财政总支出从1980年1589.28万元，至2004年增加到4.71亿元，增长30.13倍，年平均增长115.9%。

1. **经济建设费**。经济建设费包括基本建设投资、企业挖潜改造资金、简易建筑费、科技4项费用（农、林、水、气象事业费），支援农村生产支出，工交商事业费、城市维修和人民防空费、城市青年上山下乡和就业经费。1950—1952年共支出8.02万元，全部为工交商事业费。"一五"计划期间（1953—1957年）共支出157.72万元，其中工业投资3.2万元，余者均为农、林、水、工交商事业费，合共占财政支出17.32%。"二五"计划期间（1958—1962年），由于"大跃进"追求建设速度，经济建设支出急剧上升，占财政总支出44.85%，其中对工业企业投资439.45万元，占同期财政总支出13.36%。在3年国民经济调整时期（1963—1965年），经济建设投资大力压缩为345.1万元，占同期财政总支出的26.36%。"文化大革命"时期（1966—1976年）经济建设支出为2355.97万元，占同期财政总支出38.02%，其中对工业企业投资480.72万元。从1977—1987年，经济建设支出为4114.78万元，占同期财政总支出23.17%，支出占比比前10年有所下降，主要是停止对工业的投资。但对企业挖潜改造资金和城镇维护费的支出，有明显增加。

20世纪80年代，经济建设费支出主要包括八方面：一是基本建设投资；二是企业挖潜改造资金，重点用于企业固定资产更新和生产设备技术改造；三是简易建筑

费，主要用于商业、粮食和县以上供销社、农机公司、医药公司、国营农场等单位的简易建筑开支；四是科学技术三项费用，包括新产品试制费、中间试验费和重要科研项目补助费；五是农林水气象事业费；六是支援农村生产支出；七是城市维护和人民防空费，主要用于市政工程拨款（包括城市道路、桥梁、防洪堤坝、排水管渠、生活污水处理、路灯照明、园林绿化等）、公用企业拨款（包括城市自来水、公用企业的维护和建设等）、公用事业拨款（包括城市公共交通设施建设和维护、城市规划勘测设计业务费等）、城市住宅拨款（包括房管部门直接管理的公共房产维护、翻建、新建等）、城市中小学校舍修缮补贴等；八是城镇青年上山下乡和就业经费等。

1979—2004年，经济建设费支出6.75亿元，年平均支出2597.77万元，占同期财政总支出19.95%。

2. **文教科学卫生费。**文教科学卫生事业费主要包括四方面：一是教育事业费，指国家规定的各项教育经费，包括中小学教育经费、幼儿教育经费、高等业余教育经费、普通业余教育经费、教师进修及干部培训费、民办教师补助费及其他教育事业费等；二是卫生、公费医疗、计划生育事业费；三是文化事业费，包括艺术表演经费、图书馆经费、科学研究费、中等专业学校经费、干部培训费和其他文化事业费等；四是其他部门事业费，主要包括广播电视、科技、地震、文物等部门事业费。从1950—1987年总支出1.16亿元，其中文化事业费243.14万元，占总支出2.09%，教育事业费8373.75万元，占72.08%，卫生事业费1338.92万元，占11.53%，以及其他开支占14.3%。此项支出，以教育事业费为主。1979—2004年，文教科学卫生事业费支出15.05亿元，年平均5787.37万元，占同期财政总支出44.45%。（1）教育事业费。中华人民共和国成立后，教育事业费包括中小学、幼儿教育经费，高等业余教育经费，普通业余教育经费，教师进修培训费，民办教师补助费，以及其他教育事业费。根据各个时期教育事业的发展，教育经费的支出，逐步增加。每年平均支出，占同期财政总支出的27%—30%。（2）卫生事业费。中华人民共和国成立后，卫生事业费包括医院经费、防治防疫费、妇幼保健费，以及其他卫生事业费。从"一五"计划期间年均5万元，到"六五"计划期间年均73.88万元，占财政总支出的2%，80年代逐渐增加到4%。

（3）抚恤和社会福利救济经费。清代，潮汕地区有孤贫口粮、癞民寮、育婴堂等项支出。孤贫口粮属社会救济性质，由上面核定指标后，在财政支出项下坐支。癞民寮经费则在耗米项目中开支。清代惠来县建有5个癞民寮，1个育婴堂。清乾隆二十七年（1762）支付孤贫口粮7.43两。光绪三十四年（1908）支付125.07两。宣统三年（1911）支付78.24两。民国时期该项支出，初期列在行政费项下，民国十八年（1929）始单独设立科目。民国三十三年（1944）支出为3.51万元，占财政总支出0.82%。民国三十五年（1946）支出为82.77万元，占财政总支出2.8%。中华人民共和国成立后，抚恤和社会福利救济费，主要有4个方面：一是抚恤事业费（包括革命军人、国家工作人员牺牲病故抚恤费、残疾人抚恤费、烈军属和复员退伍军人补助费、退伍军人安家费、优抚事业单位经费及其他抚恤事业费）。二是离休退休退职费（不包括由原单位开支的离休人员），以及离休人员其他费用。三是社会福利救济事业费。四是自然灾害救济事业费。在"一五"计划期间开始支出，共104.16万元，占同期财政总支出11.44%。"文化大革命"期间（1966—1976年）占财政总支出的4.67%，1977—1987年此项支出，占财政总支出6.65%。1979—2004年，抚恤和社会救济支出共1.22亿元，年平均支出470.34万元，占同期财政总支出3.61%。

3．行政管理费。行政管理费主要用于国家权力机关和司法行政部门等各项经费支出。主要有三方面：一是行政支出，包括行政机关经费，各级人民代表大会常务委员会和各级党政机关经费，民主党派和青年团、妇联等人民团体经费，以及由国家预算开支的行政干部经费；二是公安支出，包括公安机关经费、公安业务费、其他公安经费及武装警察经费等；三是司法检察支出，包括司法、检察机关经费、业务费、干部培训费及其他经费等。1979—2004年，行政管理费支出共5.78亿元，年平均支出2224.78万元，占同期财政总支出17.09%。

4．其他支出。其他支出包括：其他部门事业费、"五七"干校经费、干部下放劳动锻炼经费、民兵建设费及其他支出等。1979—2004年，其他支出共4.31亿元，年平均支出1657.77万元，占同期财政总支出12.73%。

5．上解支出。1979—2004年，上解支出共7062.91万元，年平均支出272.8万元，占同期财政总支出2.09%。

（三）2011—2022年全县财政支出情况。2011年，财政总支出188175万元，其中一般预算支出187028万元，比2010年增长32.1%。2013年，财政总支出272214万元，比2012年增长15.23%。其中公共财政预算支出270634万元，完成年度预算86%，同比增长19.5%；上解支出1580万元。2016年，财政总支出473953.3万元，其中公共财政预算支出390558.4万元，同比减少2.3%；债务还本支出12673万元；上解支出17573.1万元。2019年，财政总支出646787万元，同比增长10.72%。其中：一般公共预算支出592369万元，完成年度预算99.89%，同比增长13.50%；债务还本支出3626万元；上解支出50327万元；调出资金465万元。2021年，地方一般公共财政预算支出60.99亿元，比2020年下降1.47%。"八项"支出46.7亿元，比2020年下降1.47%。其中：民生类支出为38.45亿元，占一般公共预算支出比重为63.05%；教育支出13.39亿元；社会保障和就业支出12.69亿元；卫生健康支出11.60亿元。2022年，全县一般公共预算财政总支出778424万元，同比增长9.63%。一般公共预算财政支出702791万元，比2021年决算数增支92935万元，同比增长15.24%，其中省定三保支出391582万元、上解支出47520万元、债务还本支出15611万元、安排预算稳定调节基金2153万元。

惠 来 史 略 · 上 卷

第五编

教 育

惠来于明清两代设有儒学，系为科举而设，进学名额有限制，人数极少，普通民众很难有接受教育的机会。清末光绪三十一年（1905）废科举兴学堂，取消了名额限制，两广学务处订行各州《学务公所章程》，通饬实施。惠来县照章实施，设立学务公所，翌年10月改为劝学所。公举"总董"，总董一般由县视学兼任，下分区设劝学员。当时科举虽废，儒学仍在。县儒学属礼部管理系统，县设教谕、训导负责管理和教学。宣统期间兴办学堂称新学，取消名额限制，全县有官立小学堂1所，公立小学堂4所，私立小学堂9所。

　　民国开始，改学堂为学校，撤销县劝学所，设学务专员，后又改为学务委员。民国六年（1917）恢复县劝学所。民国八年（1919）始创建县立中学1所，学制4年。至民国十六年（1927）全县有县立小学5所，区立小学6所，乡、村立小学4所，私立小学27所，合共42所，入学学生4370人。至民国三十五年（1946）全县有小学431所，共有686班，学生2.26万人，教职员758人。

■ 惠来一中老校区

　　1949年5月，惠来县解放后，学校列为国家事业单位，教师为国家干部，教育得到迅速发展。1958年底，撤销惠来县制，分别并入普宁、潮阳两县。这一时期，由于"左"倾思想和浮夸风的影响，两县都忽视小学教育。1961年3月恢复惠来县制，县设教育局，配局长、副局长，下设人秘、财务、教育、工农教育等股。"文化大革命"期间，全县教育遭到严重破坏，县教育局被冲击瘫痪，1970年2月撤销县教育局，至1973年3月重新恢复。1977年后，经过拨乱反正，社会秩序走上正轨，教育逐渐恢复正常。1980—1985年，各级党委成立教育领导小组。1986年，贯彻《中共中央关于教育体制改革的决定》意见：初级中学和小学改由区（镇）乡负责管理，1987年底，全县有全日制中学26所，学生2.68万人；全日制小学242所，学生7.43万人；幼儿园74所，入园幼儿1.16万人。1987年各乡镇场设立教育办公室，负责规划、统筹和管理辖区内的小学。

2002年，落实基础教育"由地方负责、分级管理、以县为主"管理体制。2004年，撤销镇场教育办公室，设立教育组，负责管理辖区内小学各项业务工作。同时，教育局直接管理全县中学和直属学校，全县中小学校长和教师的管理也统一由教育局负责。2021—2022学年，招收高一新生7437人，高中阶段毛入学率95%。普通高中在校生19630人，每万人口普通高中在校生185人。

第十六章

科举时代的惠来教育

史料记载，汉、唐兴太学，置博士弟子员，而郡县之学未详。州、县设置儒学宫，始于唐武德年间（618—626）。宋庆历（1041—1048）间，下诏诸州立学，学者200人以上，置县学，自是郡县皆有学。惠来县自明嘉靖三年（1524）置县，过两年建立学宫，学宫几经台风摧毁，搬迁重建，到清雍正三年（1725），升"小学"为"中学"，岁取12人，4年两贡明经之士，亦云盛矣。

〔第一节〕县学

惠来向有"海滨邹鲁"之称,明万历十六年(1588)乡试,置县仅60多年、人口2万多人的惠来县同科有4人中举(谢正蒙、林世赏、方一位、汪巨瀚),"一科四举"使当时的惠来县学名噪一时,知县林正康在县城牧爱坊连城街兴建"四举亭"以示庆贺,清乾隆时"四举亭"改建为"四举坊",成为历代美谈。明清时期惠来县学的情况,今人多数无从得知,从康熙《惠来县志》和雍正《惠来县志》的介绍,可以一窥当时县学的概貌。

一、学宫

康熙《惠来县志·学校》:"虞有米廪,周有辟雍,由来旧矣。惠学肇自明代,始相阴阳。初基于北,改卜于东,继均广狭。先建于右,复移于左。前令之于学宫,可谓作室而底法,垣墉而墍茨矣。"这是对明清时期惠来学宫变迁过程的简单概括。

明嘉靖五年(1526),第二任惠来知县蒋恩兴建县衙时,同时兴建县学,学宫定址于县治北边,把惠来县5个都(惠来、大坭、酉头、隆井、龙溪)的秀才集中在这里读书。嘉靖十八年(1539),学宫被台风摧毁。嘉靖十九年(1540),潮州府通判魏一恭、诸燮改建学宫,定址于县治东边,即今惠来一中老校区校址。学宫"坐癸向丁兼子午,高二丈五尺五寸,深三十九丈九尺,阔十九丈六尺"。后经不断改建、扩建、修葺,到清雍正九年(1731),学宫稍具规模。

进入"入圣通衢坊"后,原先道路坎坷不平,春夏之际,泥泞不

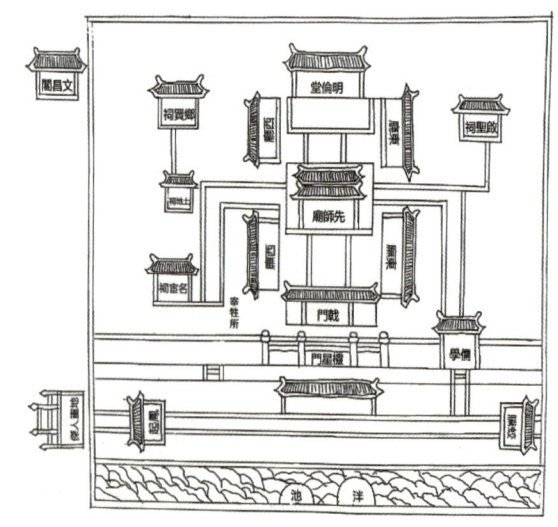

■ 学宫手绘图

堪。明万历四十一年（1613），教谕黄卷、训导张乃心会同乡绅，捐资修路，学宫门前道路全部铺为石路，"累巨石坂，纵横平直，广数尺，衺二十余丈"。路的两端有两座牌坊遥遥相对，西边是起凤坊，东边是腾蛟坊，这两座牌坊是清康熙十九年（1680）四月，知县张秉政主持修建的。到康熙四十九年（1710），知县王侁重建起凤坊、腾蛟坊。2010年，惠来一中挖出"腾蛟"碑匾，今立于校内"腾蛟"池边。

起凤坊和腾蛟坊的中间有一面照壁，挡住学宫的棂星石门，避免路过的人对学宫内面一览无遗。

照壁的南边是学宫的泮池。泮池，因古时学宫称"泮宫"，因此学宫前面的池塘称"泮池"。泮池原先在棂星石门前，即照壁的北边，后填平。照壁南边有一大池塘，原为秀才方大谦、翁端阳，员外方宜教所有。嘉靖三十三年（1554），知县林春秀用东门外的空地及延福园、新市园等埔地作为交换，"周围筑堤丈许，凿为大池，共计十有三亩"，作为学宫新泮池，取其开阔清澈。由东斋（县学教谕）、西斋（县学训导）轮流养鱼收获。万历三十六年（1608），知县游之光曾倡议在池中建"澄心亭"，但计划落空，县志记载：以俟后之君子。泮池今仍在，照壁却没有了。

■ 惠来一中老校区保留《学宫图》和碑刻

照壁北边是学宫的棂星门。棂星门石坊建在2尺（1尺≈0.33米）高台上，有4柱3顶，坊东西两侧为礼门、义路，今仍在惠来一中，成为历史的见证。棂星门的东边是"儒学门"，选择这个方位很有讲究，其前面正对惠来的"文峰"。

进了"儒学门",就是学宫的"戟门"。戟门有中左右3个,"庙以殿称,从王制也,门在交戟之间,乃曰'戟门'"。康熙四十九年(1710),知县王侹重建戟门。

进入戟门,迎面是圣殿(先师庙),于明嘉靖九年(1530)"釐正祀典"。圣殿"左右各垂四翼,后庑高阜,前朝文峰"。康熙七年(1668)三月,先师庙照墙、栏杆为台风所损,知县孙汝谋、训导陈应凤率众乡绅捐资修葺。庙里悬挂部颁御书"万世师表"匾额。孔子神位南向,东配立复圣颜回、述圣子思子伋,西配立宗圣曾参、亚圣孟轲,东哲祀先贤闵损、冉雍、端木赐、仲由、卜商,西哲祀冉耕、宰予、冉求、宫偃、颛孙师。

圣殿左右两边是东庑、西庑,各有5间厢房。康熙二十五年(1686),教谕李龙骧捐俸修造东西两庑,祀先贤、先儒神牌共106座。康熙三十八年(1699),知县查曾荣捐资重建西庑5间厢房。康熙四十九年(1710),知县王侹重建东庑。

东庑祀先贤澹台灭明、原宪、南宫适、商瞿、漆雕开、司马耕、有若、巫马施、颜辛、曹卹、公孙宠、秦商、颜高、壤驷赤、石作蜀、公夏首、后处、奚容蒧、颜祖、句井疆、秦祖、县成、公孙句兹、燕伋、乐歆、狄黑、孔忠、公西蒧、颜之仆、施之常、秦非、申枨、颜哙;祀先儒谷梁赤、高堂生、毛苌、后苍、杜子春、韩愈、程颢、邵雍、司马光、胡安国、张栻、杨时、陆九渊、许衡。

西庑祀先贤宓不齐、公冶长、公皙哀、高柴、樊须、公西赤、梁鳣、冉孺、伯虔、冉季、漆雕徒父、漆雕哆、商泽、任不齐、公良孺、公肩定、鄡单、罕父黑(一作罕父黑宰)、荣旂、左人郢、郑国(一作郑薛邦)、原亢、廉洁、叔仲哙、公西舆如、邽巽、陈亢、琴张、步叔乘;祀先儒左丘明、公羊高、伏胜、孔安国、董仲舒、王通、周敦颐、欧阳修、张载、程颐、胡瑗、朱熹、吕祖谦、蔡沈、真德秀、薛瑄、王守仁、陈献章、胡居仁。

圣殿进去是"明伦堂",乃讲学之所,最初是知县林春秀兴建的。明伦堂"朱子书额,左有神厨,房有卧碑,右有祭器库"(康熙版《惠来县志·学校》)。康熙五十八年(1719),教谕霍隆开与众乡绅捐资重建明伦堂。

明伦堂前面左右两边是东斋、西斋。东斋即博文斋,是县学教谕办公的地方,有3间前堂和3间后堂,左边的厨房有园地。西斋即约礼斋,是县学训导办公的地方，同样是前堂3间、后堂3间，大门向南，要上明伦堂须走西角门。

明伦堂后面是"敬一亭"，其台基有4尺高，专放御制敬一箴和注释五箴。敬一亭东边是尊经阁，乃藏书之所，是游之光选址确定的。

博文斋的东边是"启圣祠"，明嘉靖九年（1530）建成。初建在学宫的射圃后面，明嘉靖三十年（1551），知县林春秀移建在明伦堂后边。万历三十六年（1608），知县游之光移建在博文斋的东边。康熙二十五年（1686），教谕李龙骧捐俸修造神牌。康熙五十八年（1719），教谕霍隆开与众乡绅捐资重建启圣祠。雍正年间改名为"崇圣祠"。启圣祠供奉历代先贤，"四配"供奉先贤颜无繇、曾点、孔鲤、孟孙缴公宜；"四从"供奉先儒周辅成、程珦、朱松、蔡元定。

学宫西边设"射圃"，专供生员习射，位于西斋和西庑的西面。后建有"名宦祠"和"乡贤祠"，两祠中间还有一座土地祠。名宦祠原在戟门的左边，乡贤祠则在戟门的右边，游之光嫌其规格过于逼隘，于万历三十六年（1608），把两祠移建在射圃旧地。名宦祠曾被台风吹倒，训导甘延元向众乡绅募捐，于康熙十三年（1674）七月重修名宦祠。康熙二十年（1681）重修乡贤祠。名宦祠供奉牌位：惠来县知县蒋恩、兵部主事谪判潮州府署县事诸燮、惠来县知县林春秀、惠来县教谕胡钦、惠来县知县郑可大、工科给事中降惠来县典史刘弘宝、惠来县知县升吏部员外赠太常寺卿许直、分巡惠潮道鲁海青元宠、诰赠光禄大夫总督两广等处兼都察院右副都御史佟养甲、广东巡抚升任闽浙总督朱弘祚、广东巡抚升任湖广总督晋少保杨宗仁、广东巡抚杨文乾。乡贤祠供奉牌位：宋潮阳丞方骥之、进士福清县知县林逊、贡士上犹县儒学训导方一凤、贡士巨津州知州方廷兰、举人福建盐运同知翁延寿、举人监察御史河南参议谢正蒙、举人方鏑、神童苏福、处士张旭、吏部观政进士张经、南川县知县方应祷、举人高廷焕、新田县知县谢廷诏、考授州同方广益、封川学教谕唐世炫、两当县知县唐培、庠生方豹。

名宦祠的前面是宰牲所（即省牲所），在戟门西边，原是射圃旧地。学宫每年两次祭祀时，执事者在这里赞牲、省牲、宰牲。

位于学宫西北原有一座"观海亭"，该处原是秀才孙献谟的私地。嘉靖二十八年（1549），秀才周继绶等人担心该地滋生纷扰，于县学不利，遂向巡按御史上书请求，立石为界，年久石倒。后知县林春秀用埔地作为交换，建亭于其上。该地为城中制高点，向南可以望见大海，故称"观海亭"。明天启四年（1624），知县杨秀芳、教谕邓日崇捐俸，于"观海亭"旧址修建"内文昌祠"（区别于城南的"文昌阁"）。后因南郊文昌阁火灾，改在内文昌祠祭祀文昌、魁星二神。康熙五十年（1711），知县王俣重修内文昌祠。乾隆元年（1736）秋七月，署理知县裘曰菊重建内文昌祠，并写下《重建文昌宫碑记》，该碑记原文现保存于惠城西二社区"韩文庙"。2009年，陈永全等人将已经荒废的"文昌宫"和"韩文公祠"合建为"韩文庙"，占地面积300多平方米，祀韩愈和文昌、魁星二神。

■ 韩文庙

■ 保存在韩文庙内的裘曰菊《重建文昌宫碑记》

学宫"敬字塔"，其用途是焚烧县学生员写字废纸，以示对于文字的敬畏。雍正《惠来县志·建置沿革》记载："雍正六年，知县张珆美奉文，捐俸建置文明塔一座，与士庶共收拾遗字。仍赠匾一面'广收博采'，联一对：珍惜图书府，蝉联甲第辉。""敬字塔"即文明塔，原为雍正六年惠来知县张珆美所建，现存位于惠城西二社区的"敬字塔"为代理知县裘曰菊于雍正十三年（1735）乙卯年夏移建，塔上总共十副联刻及五块匾刻，综合多方面知识，包括历史、方位、期待与祈望等，内容丰富，堪称妙对。横批画龙点睛，上下联中7字、6字、5字、4字都有，起仄平落，充分体现出深厚传统对联文化，具有形式相通、内容相连、声调协调、对仗严谨特点，且各具特色。从书法艺术角度来看，联刻字有行、隶、篆三体，风雨洗礼过后得以保留，字迹依然清晰，实在难得。

以下为联刻内容。

一层北向。横匾：文光烛汉。联：既幸斯文未坠地，须知一书可开天。（落款为雍正乙卯年夏移建，署县事裘日菊题）

一层南向。横匾：玉笏钟秀。联：千秋宝塔藏虫鸟，万丈金光射斗牛。

二层东向。横匾：紫气连云。联：塔矗天根悬子柄，光腾月亮采丹枝。（落款：乙卯年，宋□光题／叶照文题／叶熙文题）

二层西向。横匾：太乙星辉。联：收藏古今图史，陶铸天地文章。

三层北向。横匾：吐虹喷电。联：六书片片飞蝴蝶，七级层层透火龙。

三层南向。横匾：凝紫流苍。联：共仰文坛紫府，永坐卉代容芦。

四层东向。横匾：凌王井。联：因得地龙势，随营天马峰。

四层西向。横匾：度金波。联：化银钩铁画，成虎踞龙翔。

五层南向。横匾：看海流。联：七级酉阳，八面酉昆。

五层北向，敬字塔竖匾（落款：雍正戊申年孟夏吉旦立。雍正戊申年是雍正六年，该匾为张珣美所题；孟夏指农历四月）

竖匾：广收博采。联：珍惜图书秘，蝉联甲第辉。（雍正六年知县张珣美赐作，县志记载为"珍惜图书府，蝉联甲第辉"）

六层东向。横匾：弥高。六层西向。横匾：仰止。

七层南向。竖匾：冲霄。七层北向。竖匾：擎天一柱。

县学还设有2个社学和1个义学。社学一个在起凤坊西边，后改建为双忠祠；另一个在东郊的杨公祠。义学位于察院东西两隅，雍正八年（1730），知县张珣美所建，并捐俸买入《十三经》（全部）《康熙字典》等，以供生员们使用。

正如雍正版《惠来县志·本县学宫图说》的评价："惠地学宫，山则蜿蜒磅礴，泮水溁涵，秋冬不涸。右双峰，左云塔，颇清淑矣。"可见，明清惠来学宫还是相当不错的。

附：明朝进士、布政使黄琮撰写《重修儒学碑记》，详细记载了惠来县学兴建以及各时期重修、翻修的过程。

《重修儒学碑记》

今天下士之来游南粤者，望飞云，度羊岭，而东入潮也，惠其第一邑云。邑有学宫，则亦入潮第一校矣。

宫同邑建基命，嘉靖四年，蒋大夫任创，逾一纪，自邑北徙兹地。何大夫任移，既四载，毕其役者官大夫，而一再修之为林大夫也。事在万历戊子间，岁甲辰大成。殿复尔圮剥。而邑大夫东璧游公至，标鉴陶俗，雅以文德为政。首庇其许许者，此其鳞鳞者，絜其殖殖而崇其仡仡者。又以祠启圣者曷为于伦堂之阴，为改建殿东，就其处筑"敬一亭"，植贞珉其上，洋洋天语，用培地脉。又以祠名贤者，曷为畏垒而居交戟之左右，为改建殿西。棂星以外，修二树楔拱列苍岫，俯临碧沼，用发人文。盖三、四载中，辟斗山之门，构弘文之阁，与凡丽谯预备之新，礼宾司署之饬，择劳成务，润泽芳猷，种种可述。而拮据在泮，告厥成功，则兹其第一义云。

于是，诸生方应福、孙烈祖等，属余题简。余闻王文成之言："立学为国家之事，修学为良有司事。"惠建校曾未百年，或创之，或改之，先后修之而不能使其勿坏。游侯改而且建，创而且修，兼诸大夫之勤，阅岁月之久，乃今规制备、俎豆焕，称大成焉，岂不洵良有司也哉！师师无斁，誉髦代兴，况其济楚于宫墙，目击道存，有不勃然振起乎哉。

闻侯日社蔡阳，讨诸士而进之，听者无不解颐。余故乐以庸言质君侯，若夫版筑之役，作者劳而居者佚，绘素之用，有其举而思其终，则后之来游者，宁无感于斯文。

二、教官与生员

县学设教谕一人，训导一人，由举人、贡生、监生出身者充任，负责学宫的教学管理。生员在校研习经史，尊孔崇儒，知孝悌、忠信、礼义、廉耻，以走科举仕途之路。

教谕、训导有品级，有固定俸禄。明制设教谕、训导各一员。清初期沿设，顺治十四年（1657）裁撤教谕，康熙十九年（1680）复设。县学教谕、训导"俸银三十一两五钱二分（除额荒外），尚实支银二十九两八钱八分五厘零，逢闰加银一两七钱零三厘"。和县典史、葵潭巡检司、北山驿驿丞的薪俸一样。县学教谕另有一笔丰厚"养廉银"，而训导没有。学宫有门子2名，"工食银一十四两四钱（除额荒外），尚实支银一十三两六钱五分三厘零，逢闰加银七钱七分八厘零"。斋夫3名，"工食银三十六两（除额荒外），尚实支银三十四两一钱三分二厘零，逢闰加银一两九钱四分五厘"。膳夫2名，"工食银一十三两三钱三分三厘零（除额荒外），尚实支银一十二两六钱四分一厘零，逢闰加银七钱二分零"。

（一）从惠来置县到县学解体历任教谕。刘绍，邵武人，岁贡；蔡廷春，莆田人，举人；林峦，安溪人，岁贡；吕育，马平人，举人；颜铡，泉州人，岁贡；胡钦，桂林人，举人；黄廷仪，宁化人，选贡；秦绍益，马平人，举人；谢魁，连城人，岁贡；莫崇泰，灵川人，举人；张羽翔，灌阳人，岁贡；王命，开建人，岁贡；蔡公怿，莆田人，岁贡；张希颖，长汀人，岁贡；王和，吉水人，岁贡；王惠，正和人，恩贡；朱贤光，南昌人，选贡；王一鹗，合浦人，选贡；杨祈，建宁人，岁贡；林继旌，莆田人，岁贡；林年春，安溪人，岁贡；俞继阳，永丰人，岁贡；李思沆，河源人，岁贡；黄卷，陆川人，岁贡；麦大积，番禺人，举人；洗浚，临高人，岁贡；邓日崇，湖北蒲圻人，岁贡；林日馥，晋江人，选贡；程教立，上元人，岁贡；梁酬知，番禺人，举人；孙德筠，南海人，举人；郑九经，大田人，岁贡；王民顺，归善人，岁贡；杨世芳，高要人，岁贡；周幽绪，辽阳人，岁贡；梁廷佐，封川人，岁贡；袁衍琮，连平州人，岁贡；李龙骧，东莞人，岁贡；邱忠绪，南雄人，岁贡；萧英汉，广州人，岁贡；霍隆开，顺德人，岁贡；黄捷攀，新会人，拔贡；屈洪明，番禺人；侯淑旂，肇庆高要人，恩贡；区干元，广州番禺人，举人；谢锡冕，海丰人，副贡；张均中，琼山人，拔贡；彭名史，海丰人，举人；区充，番禺人，举人；欧阳显，顺德人，副贡；凌元驹，始兴人，廪贡；谭澄，高明人；邝师益，河源人；程天受，广宁人；区汝绥，高明人，岁贡；刘源溁，香山人；郑奇璟，文昌人；李相帮，吴川人；杨衡，顺德人；彭瑞龙，石城人，岁贡；刘铭钟；冯良琮，新兴人，岁贡；吴魁士，琼山人，恩贡；许均中，琼山人，拔贡；萧汉英，顺德人，岁贡；郑达，香山人，廪贡；阮毓秀，石城人，恩贡。

（二）从惠来置县到县学解体历任训导。祝弥，龙游人，岁贡；章惹，山阴人，岁贡；张耀，横州人，监生；陈旭，漳浦人，岁贡；林嵩，闽县人，岁贡；蔡渭，将乐人，岁贡；陈远扬，莆田人，岁贡；翁克成，龙岩人，岁贡；张以礼，儋州人，岁贡；陆大成，德庆州人，岁贡；黄荣，连州人，岁贡；章星，钦州人，岁贡；吕仁寿，郁林州人，岁贡；黄文浩，河源人，岁贡；邓懋昭，曲江人，岁贡；蔡克敬，儋州人，岁贡；张乃心，新会人，岁贡；吴堦，宾州人，岁贡；徐曾，广西人，岁贡；黄绍，迁江人，岁贡；黄乔铿，晋江人，岁贡；赵云龙，顺德人，岁贡；周文郁，青田人，岁贡；黎新之，新会人，岁贡；莫若球，恩平人，岁贡；陈应凤，连平州人，岁贡；严士标，高要人，岁贡；甘延元，保昌人，岁贡；洪尧天，南海人，岁贡；谭永泰，惠州人，岁贡；王吉士，南海人，岁贡；梁嵩，开建人，例贡；梁焕纶，顺德人，岁贡；左廷相，南海人，岁贡；洪喜松，定安人，岁贡；陈历魁，始兴人，岁贡；吴志贶，会同人，岁贡；伍协，新宁人，岁贡；周元捷，番禺人，岁贡；何爵，龙门人；徐之岐，和平人；王宾，花县人；陈捷举，南海人；王如义，保昌人；黄之檬，阳山人；杨士霖，万州人；李锡瑶，四会人，岁贡；陈桂荣；杨蔚浚；刘鼎镇，高明人，岁贡；梁日鎜，阳春人，岁贡；容骏，香山人，举人；陈烺，新宁人，廪贡。

（三）生员。录入县学的生员，明初有定额，规定一律供给廪食，给米6斗。后来录取名额增多，对岁、科两试成绩在一等前列的给以廪米，称廪膳生（简称廪生）。对增加定额录入的称增广生（简称增生），无廪米。以后又额外招生的称附学生（简称附生）。清沿明制，廪生给讫银4两，岁、科两试成绩优秀的增生可依次升为廪生。对初入学的，一律为附学生。县学录取的名额，明代规定为廪膳生20名，增广生20名，附学生无定额。清沿明例。县学的生员中，廪生是资深生员，他们有对应试的童生"保结"（具结保证其无冒籍、顶替、匿丧等情）的义务，还有获得县学每两年向国子监选送一名贡生的机会。

据雍正版《惠来县志》记载，雍正年间，额定惠来县学每2年岁贡1人，每6年拔贡1人。额定县学廪生20名，增生20名，附生无定额。额定岁考取进文童生8名，附学肄业；额定岁考取进武童生8名。额定科考取进文童生8名，附学肄业。雍正三年（1725），巡抚年希尧奉上谕前来惠来督学，惠来县学生员得到加额，文童生增加4名，岁、科考各取进文童生12名，惠来县学升为"中学"。武童生仍旧。县学廪生有一定的待遇，每年"廪生饩粮四十八两（除额荒外），尚实支银四十五两五钱一分零"（据雍正版《惠来县志》记载）。

康熙五十五年（1716），总督杨琳题请，另外给予靖海守御千户所军屯额定岁考取进文童生1名，附府学肄业；额定岁考取进武童生1名，拨入府学；额定科考取进文童生1名，附府学肄业。到雍正五年（1727），靖海守御千户所军屯奉裁，改肄潮阳县学。

雍正版《惠来县志》记载了当时县学优待孔子后代的情况。《惠来县志·圣裔履历》："……至五十九代孙彦，徙居惠来县大坭都仙塘里及县城关厢、武宁地方，给袭衣顶，祀生四名：孔传隆、孔之时、孔继周、孔广爱。在本学，文庙骏奔，援例呈请宪批，允孔姓优免差役，勒石学宫。"

附：封建时代朝廷对于生员品行的要求是非常严格的。顺治九年（1652）礼部题奉，钦依刊立卧碑，置于学宫，以示生员。其文为：

朝廷建立学校，选取生员，免其丁粮，厚以廪膳，设学院学道教官以教之，各衙门官以礼相待，全要养成贤才，以供朝廷之用，诸生皆当上报国恩，下立人品，所有条教，开列于后。

1. 生员之家，父母贤智者，子当受教；父母愚鲁，或有非为者，子既读书明理，当再三恳告，使之不陷于危亡。

2. 生员立志，当学为忠臣清官。书史所载忠清事迹，务须互相讲究，凡利国爱民之事，更宜留心。

3. 生员居心，忠厚正直，读书方有实用，出仕必作良吏。若心术邪刻，读书必无成就，为官必取祸患。行害人之事者，往往自杀其身，常宜思省。

4. 生员不可干求官长，交接势要，希图进身。若果心善德全，上天知之，必加以福。

5. 生员当爱身忍性，凡有司官衙门，不可轻入。即有切己之事，止许家人代告，不许干与他人词讼，他人亦不许牵连生员作证。

6. 为学当尊敬先生，若讲说须诚心听受。如有未明，从容再问，毋妄行辨难。为师亦当尽心教训，勿致怠惰。

7. 军民一切利病，不许生员上书陈言。如有一言建白，以违制黜革治罪。

8. 生员不许纠党多人，立盟结社，把持官府，武断乡曲。所作文字，不许妄行刊刻，违者听提调官治罪。

三、考试

县学的办学宗旨、教学内容以及各种规制完全服务于科举考试,办学的主要目的是培养生员参加"乡试"。

县学的教材为"钦定",学规为官定。生员入学后,日常研习的科目,明代规定除专治一经外,礼、乐、射、御、书、数设科分教。其中习礼,须熟读精通经、史、律、诏、礼仪各书;习射,学宫设"射圃"场地供练习;习书,依名入法帖,每日习500字;习数,须精通《九算》等法。到清代,课程教材主要为经、史、性理书及"时文"等。其中经籍方面有《五经》《性理大全》《四书》《大学衍义》《朱子全书》《钦定孝经衍义》《御制性理精义》等,此外,《古文正宗》《古文渊鉴》《资治通鉴纲目》《历代名臣奏议》《钦定四书义》等都是应行修习之书。

县学的招生录取。清沿明制,县学的生源是本县的童生(凡未考中"生员"的士子,不论年龄大小,统称童生)。童生要取得出身,须向本县礼房报名,填写姓名、籍贯、年岁、三代履历,并取得保结后,先参加每年二月由知县主考的县试。共考5场,第一场"正场",试《四书》文二、五言六韵试帖诗一。第二场"初复",试《四书》一、《孝经》论一,默写《圣谕广训》百余字。第三场"再复",试《四书》文或经文一、律赋一、五言八韵试帖诗一,默写《圣谕广训》。第四、五场"连复",试"时文"(即八股文)、诗赋、经论、骈文。县试通过后,再经过四月由管辖府知府主考的府试。共考4场,第一场必考,后3场可选考,试文、诗、赋、策、论等内容。录取后,还要参加由学政主考的院试。共考5场,第一场"经古场",试经解、史论、诗赋。第二场"复试"。第三场试《四书》文二、五言六韵试帖诗一。第四场"提复",面试或作八股文一二股。第五场"大复",试《四书》文一、五言六韵诗一,并默写《圣谕广训》部分内容。院试录取者,即为县学生员(俗称秀才),入县学宫就学。

生员在学期间,除了坐斋受业,主要任务是参加由学校和地方官主持的各类考试,取得参加乡试的资格。考试分"月考""岁考"和"科考"等几种。月考由学校或知县组织,考核学生的学业成绩。岁考由学政主持,规定成绩按"六等黜陟法"执行,四等以下有罚或黜革。岁考分初试和复试,初试试《四书》文一、《五经》文一、五言六韵诗一;复试试《四书》文一、五言八韵诗一。科考每3年一次,逢乡试前一年由学政主持，共进行7天考试。第一天试"经古"（正复两试），第二天试生员《四书》文一、策一、五言八韵诗一，第三天试童生，第四天复试"经古"，第五天复试取得一等的廪生、增生、附生，第六天复试取进的童生，第七天试欲应乡试的贡生。凡科考成绩取得一、二等和三等前三名的生员准予参加次年在省城举行的乡试。未取得资格的生员，可再经乡试前由学政组织的"录科"和"录遗"两次补考机会，如被录取，也可参加乡试。经乡试考试录取者即为"举人"。

四、经费

县学由朝廷明令县署按"额定"拨给学田，由县署代佃，代收租作为办学经费。

（一）学田。位于龙溪都，土名"林师洋"，多次被土豪恶霸侵占。嘉靖三十二年（1553），知县林春秀向上级申请，得到海道副使何元述支持，批拨学田81亩6分2厘。义人陈元庄送学田，在岩后沙堀，田租44石，作为科举路费。义人郑一元送学田，田租20石，带上都米33亩，作为圣殿（先师庙）的油灯费用及门斗伙食工资等费用。秀才胡光岐送学田，租84石，带上都米78亩3分1厘1毫，作为圣殿的油灯费用。

（二）学山。在靖头都界，未设惠来县时属于潮阳县学。明嘉靖年间，提学佥事田汝成拨归惠来县学。

（三）学地。在县城惠政桥北官山，即光华寨故址，官埔园5处。嘉靖三十三年（1554）县令林春秀拨入县学。

（四）学店。占地5亩，在县城西门外，曾被县民方希周等人占管，嘉靖三十三年（1554）林春秀查出，将店房拨入县学，计有：西门外前街闸门内5间，后街闸门内34间，闸门外石牌后草屋32间，闸门外石牌南草房38间。

（五）千秋镇外围园。租银2两8钱，带下都米17亩4分，作为秀才会课的费用。

（六）俸宾兴田。雍正版《惠来县志》："俸宾兴田在周田，土名大山、牛路岭等处，一十七石；神泉山等处三石八斗，佃赖衍兴、赖上兴按此田。海丰知县白章署县事,捐俸买酉头都田二十三亩三分,立户'俸宾兴'。在龙溪都,唐尧恭排内田送儒学,为士子宾兴之资。厥后归县,岁饬仓房,征收宾兴之礼,或行或废,及本府同知张瑗摄县事,择诸生岁董其事,所收租谷,逢大比,在明伦堂举行宾兴,为盛事云。"收入增加了,每逢大举之年,即举行盛典,是当时的一件大事。

五、武学

明正统六年（1441）,设两京武学。万历十年（1582）令天下府州县皆设武学,生员、提学官一体考取。清顺治初,武生生童依文童例,定子、午、卯、酉年为乡试,辰、戌、丑、未年会试,如文童科制,乡试定于十月,由各省布政司主持,中试者称为武举人;次年九月于京师会试,中试者称为武进士。康熙十年（1671）题定武童进学,"大学"15名,"中学"12名,"小学"7、8名。惠来属"小学",额定岁考取进武童生8名。至光绪三十二年（1906）停止。

〔第二节〕书院

据记载,书院于唐玄宗时开始出现,潮汕地区的第一家书院创立于宋淳祐三年（1243）,乃潮州知州郑良臣创建的"城南书庄"。到明清两代,各县相继设立,文风丕振,潮属9县有上百家书院。府学县学,师儒之官,虽于诸生有师弟子之谊,然疏阔而不亲。书院则不同,日集诸生于其地,先生面授,弟子听讲,犹如私塾。其经费多为公共产款拨给,也有私家出资捐助而设立的。至清末废除科举,书院或停办,或改办学堂。见诸史书记载的惠来县书院有5家,分别位于今惠城、隆江、葵潭、神泉、靖海5镇。

一、文明书院

位于县城南关外文昌阁旧址。文昌阁乃明万历三十三年（1605）夏六月兴建,因本县形势"后枕五朝,前面大海,虎山环其东,葵岭障其西,中有大墩,两旁有小墩",所谓"文星不耸"。于是有人建议兴建文昌阁,以应神童苏福"文昌山上玉华笏,五百年后圣人出"之谶。阁高三层,前有弘文堂。清顺治元年（1644）毁于火，康熙二十六年（1687），知县张秉政重修。张秉政以旧时坐向未吉，改为坐癸向丁，丙子丙午分金，后依五朝，前面瀛海，双峰在右，云塔在左。有门屋一座，中堂一座，后堂一座，左右二廊为义学讲习之处。竣工时，张秉政欣然写下《文昌祠落成诗》：

当年祠宇向青峦，选胜于今改旧观。门对南离生笔彩，地通溟渤起文澜。

云霄路近鹏联翮，桃李风清客倚栏。自是千秋虔俎豆，应知多士庆弹冠。

乾隆二年（1737），知县杨宗秉应邑绅之请，扩建文昌阁，计划建阁三层、堂二进，但因工费浩繁，中途停止。乾隆二十六年（1761），知县贺朝冕召集县绅集资重修，于阁后增建大堂5间，左右建小堂各一间，3间作为堂教宿舍。东西两旁各建学舍18间，门楼东西3间，作为学生宿舍。于乾隆辛巳八月动工，乾隆壬午六月竣工，规模宏敞。移城内义学于此，为诸生肄业之地。潮州知府周硕勋颜其额"文明书院"。道光年间嘉应县萧康田、咸丰年间大埔县萧际荣曾在此讲学，因该书院较为宽敞，设备较好，方便外乡生员往来住宿。

二、靖海书院

位于靖海镇内，原为顾、戎、高、马、周5姓族合建的私塾。乾隆元年（1736），知县杨宗秉倡建为靖海书院。道光年间（1821—1850），靖海书院建设日臻完善。书院正门向南，大门三门四柱，悬挂"靖海书院"牌匾，门顶有骑楼，楼上二房一厅，厅南北敞开，屏以木枘。楼前悬挂"观海学圣"木牌，故有"学海楼"之称。书院前庭有台榭，榭的正厅祀奉韩文公，保留原"文祠"之称。书院落成后，靖海热心教育人士发动殷商富户捐款，设立基金，聘请三四位名儒担任塾师。入院就读的学生须交纳昂贵学费，贫穷人家负担不起。

光绪三十二年（1906），改为靖海两等小学堂。

三、神泉书院

位于神泉镇内，清乾隆时知县杨宗秉倡建。废科举后改为神泉小学堂。

四、龙溪书院

位于隆江镇内。清乾隆时知县杨宗秉倡建。初为义学，光绪十年（1884）潮州总兵方耀改为书塾，留有"龙溪书塾"石刻。清末改为龙溪小学堂。

五、葵潭书院（葵峰书院）

位于葵潭镇内。清乾隆六年（1741）十月，惠来知县杨宗秉倡建，称"葵潭书院"，设膏火延师课士。有教室38间，费用700多两银子，村民黄宗保捐园一坛作为书院用地。清光绪十三年（1887），潮州总兵方耀受葵潭乡绅张世泰邀请，驻跸葵潭书院。其时，葵潭书院历经100多年的风风雨雨，已经颇为残旧。方耀看到该书院胜景优美，"据岗原，俯流水，奇峰攒簇，曲涧潆洄，幽雅清静，豁人襟怀"（清大埔县杨缵烈《葵潭书院记》），萌动热衷教育情怀，于是捐款改建，并题"葵峰书院"匾额。清末改为公立葵潭两等小学堂。

清大埔县杨缵烈代撰的《葵潭书院记》详细记录了葵潭书院建设的过程：

自韩吏部刺潮，而山水花木无不戴吏部之姓以增荣宠；自苏学士守循，而西湖六如白鹤，一卷一勺咸动人凭吊景仰之思。宁非以名儒文人兴教过化，其利泽入人肌髓，而残膏剩馥尚足以光被草木，辉映山水也哉？

明初潮州属邑，尚未有惠来也。迨至中叶，始分潮邑之四都为邑治东南之境，分惠州海丰之一都为邑治西北之境，葵潭特西北龙都之一乡耳。然而地当潮惠两郡孔道，川原奥衍，人烟屯集，舟车犇会，络绎不绝。前被学士兴教之泽，后归吏部过化之乡，宜其民尚朴茂而士乐诗书者矣。顾博习者必亲师，论学者必取友，区区家塾，犹益几何？余阅档案，此处例设义学，惜乎仅有其名也。嗣以公事诣其地，乃导诸绅士合力创建，监生黄君宗保捐置园地一区，据岗原，俯流水，奇峰攒簇，曲涧潆洄，幽雅清静，豁人襟怀。余乃出俸钱若干，众各输助若干，采木斲石，陶瓦甓，运蛤灰，布置结构，计为屋三十八间，计费金七百有奇。兴役于乾隆六年十月，九阅月而竣事。因思此地，昔为草莱之所弥蔓，牛羊之所践踏，蛩螀之所吟唧，今乃肄宫，歌商朗朗，若夏金石，声纶天地焉。诸生试于课读之暇，登楼凭眺，东则笔山嶙峋，韩祠俎豆之所，可凤昔而通也。西则西湖白鹤，学士游览之处，可信宿而至也。北则天石梅林，诸峰插汉摩空，云雾隐见。而其南则又海门甲子，宋文丞相、陆大参扈驾避兵之所经历也。幸叨国家重熙累洽之麻，文治光昭之会，所为摛文掞藻者宜若何，澡身浴德者又宜若何！文章忠义，景前徽而勃兴焉。与以鼓吹休明，黼黻鸿猷不难矣。……

〔第三节〕社学

明洪武八年（1375），诏有司立社学，延师儒以教民间子弟。其教读有经明行修者，许推择署儒学教事。洪武十三年（1380），又诏民间立社学，有司不得干预。以生员为社师，免其差役。正统元年（1436），令各处提学官及司府州县官严督劝课，其有俊秀向学者，得补生员。嘉靖初，魏庄渠督学广东，欧阳石江继之令各乡立社学，延师儒，定每月初一、十五日考课，第二天习礼习射。凡近乡子弟，年12岁以上20岁以下，令入学肄业，故当时文教翕然兴起。魏庄渠《橄郡县立社学文》阐明了设立社学的原因和目的。《橄郡县立社学文》："广东淫祠，所在布列，煽惑民俗，耗蠹民财，莫斯为甚。社学教化，首务也。久废不修，无以培养人才，正风俗，怵然于衷。合行委官亲诣各坊巷，凡神祠佛宇，不载于祀典，不关于风教，及原无敕额者，尽数拆除，择其宽敞者，改建社学。仍量留数处，以备兴废举坠，其余地基，堪以变卖木植。可以修造者，收贮价银工料，在官以充修理之费，实为崇正黜邪，一举而两便者也。"

另外，魏庄渠的《择立社师文》分析了当时学风不正的原因和修缮社学、聘请名师的意义：

古人八岁皆入小学，其教先行后文，礼陶乐化以笃信力行，由此而入大学，故进善者多。今之教，舍行趋文，使蒙者益以荒惑。童习而长安之，故进善者少。间有美质好学者，亦不免蔽于末艺。若名世者，其无文王犹兴者欤？故有由俊秀入府州县学者，多懵然不知小学之事，岂复知有大学工夫？手执诗书，口谈仁义，考其行，曾无异于常人，不免任气滋欲，逐世奔利。甚则下视宗族，凌夺乡里，以道为迂阔，以礼为执一，以廉耻为沽激。虽与之言，不徒不信，反聚而笑之。此无他，心已久放，欲反作主，如醉未醒，如梦未觉。悻悻然自以为是，不复自知其非。虽圣人与居，恐亦不能化而入矣！岂不深可惜哉？

乡无善俗，世乏良才，有由然矣。原其所自，非民之失，教之失。且观诸曲礼少仪，《内则》《弟子职》诸篇，固小学之支流，余裔亦未尝不后文先行。孔子曰："弟子入，则孝出，则弟谨而信，汎爱众而亲仁行，有余力则以学文。"此皆圣人至教，万世人人所当学者也。然则社学之教，其可苟乎？

今之各里，社学馆舍浅狭，诵读虽存，礼乐尽废。故特建各隅社学大馆，以为诸生学习礼乐之所，以礼乐、诵读互相启迪，务求作新，以期化民善俗，育才成治。为师者冀共勉之，慎毋曰：三代阔，远难行。其丁宁告诫，诚意恳至，规划详密，经久可行。故著其说，后之学者，得以览焉。

清初延续明例，但至康熙二十五年（1686），社学多为滥竽充数，遂废去。雍正元年（1723），经礼部议准，照顺治九年（1652）例，州、县于大乡巨堡各置社学，凡弟子年12岁以上20岁以下，令入学肄业，至是复经申定，将学生姓名造册申报学政。

惠来县设立的社学有二：一在县学宫起凤坊西边，顺治十一年（1654）改建为双忠祠；一在东郊外杨公祠。相比饶平县有社学6所、潮阳县有5所，惠来的社学是比较少的。

〔第四节〕官学

自社学废革后，开始设立官学。雍正十三年（1735），潮州府各属县奉文设立官学，或设专馆，或假祠宇斋舍。令地方子弟读书其中，择其文行优长之贡生生员，通晓正音者为师，训以官音，每年各给膏火，于地丁项下拨支。乾隆间奉裁，其后不再设官学。官学存在的时间较短，未见详细资料记载。

惠来设官学5处，馆师脩脯60两。

〔第五节〕义学

义学也称义塾，乡置一区，择文行优者为师，免其差徭，量给廪饩，凡近乡子弟12岁以上令入学。潮州府自明成化年间有义学出现，到清康熙四十二年

（1703），定义学"小学"之制度，每年廪饩三百两，于府县按月支给。此后，各县相继创立义学，多以公款，也有私资设立，以教贫寒生童。到光绪年间，义学改为学堂。

一、惠来县义学

位于察院东西两隅，有房屋十六间，雍正八年（1730）知县张珆美建，并捐资买《十三经》（全部）及《康熙字典》，以资诵讲。后毁坏，嘉庆二十四年（1819）知县凌企曾重建。

义学竣工后，作为组织者、投资者，知县张珆美欣然写下《义学记》，记录建设义学的初衷和经过：

潮州自韩昌黎倡化，人因知学，迨后人文渐起，几几有丰芑朴棫之盛。惠为潮属弹丸之区，士从事于诗书者亦骎骎乎其日上矣。顾人以任道，文以载道，从事章句词华之末而无与乎身心意知之学，其于蹈道则未也。

余承乏兹土三历年，所每虑士狃习俗，守故常，爰于察院两隅建立义学，延此邦耆硕为士子师，俾学道者进而训迪之。其大指要以濂洛关闽为宗，而奔竞曲异者不与焉。从事既久，有正襟危膝卓然，示我以不愧屋漏者乎；有荡胸拓怀旷然，予我以光风霁月者乎；有鸟鸣花放恍然，坐我以与物皆春者乎。夫居肆成事，专一不纷，讲学明道，深造有得，海滨邹鲁之称，将于是乎在，毋徒视为虚设已也。

其学舍在察院大门之东，八间大堂，西隅八间，详明拨入义学膏火之资及地租、田租，佃户姓氏备勒诸石，以垂不朽云。是为记。

邑人孝廉张蝌，有感于父母官张珆美对于家乡教育的一片拳拳之心，遂写下《张邑侯义学记》，表达邑人对张珆美的感激之心。

二、葵潭义学

位于旧北山驿，葵潭古寨外。但正如大埔县杨缵烈《葵潭书院记》所记："此处例设义学，惜乎仅有其名也。"有名无实而已。

〔第六节〕私塾

明清时期，惠来县私塾为私人开办的学校。有塾师自设的学馆，有地主、商人设立的家塾，也有属于以祠堂庙宇的地租收入或私人捐款举办的义塾（免缴学费）。每个私塾一般只有1个教师，采取个别教学，不定学习年限。清末全县农村普遍设立私塾，有一村1所，也有一村数所。

靖海在明清时期已有私塾。明洪武十五年（1382），葛山村创"后书房"，以祖尝租田为办学经费，聘请塾师授课。明嘉靖年间，靖海在城中心建"韩文公祠"，在"韩文公祠"之东侧，绕古榕树盖课室，供氏族有条件的子弟习文练武。有清一代，靖海城内书房书轩不少，有陈氏的"宁静轩"，曾氏的"怀扑轩"，元氏的"敦復轩""在乐轩""爱吟别墅"。葛山村、前吴村、资深村、义湖村、南山村均建有书房、塾学。

葵潭镇的青坑村，在清道光至咸丰年间建有植桂、二成、养正、凌云、红杏、育秀等多间私塾。私塾授课内容，以儒家经籍为主，属启蒙教育。2002年出版《惠来县志》记载："清同治年间，东港镇长青村兵部车驾司主事林乔梧创建'培隽书室'，聘大埔、嘉应等地有名贡生任塾师。该乡贡生、举人中有8人是该室培养的。至民国十一年（1922）该室停办。"而据2021年中国艺术家出版社出版《长青拾遗》记述：培隽书室创建于清嘉庆十九年（1814），由林乔梧的大哥林乔槐创建，乡人俗称"大书房"，门匾"外翰第"。林乔梧其时在北京任职，派人由海运送来2船书籍、文房用具、字帖等，至甲子港卸货，雇人挑回乡中，这批藏书使培隽书室的学生使用的教材与京城学子基本一致，培隽书室由此培养出"二举六贡"，二举：林望欧、林廷珪；六贡：拔贡林中蓝、优贡林家汪、优贡林家江、副贡林家濬、例贡林廷瑯、贡生林廷琪。林乔梧从京城送回来的珍贵书籍，"文革"期间被烧毁。长青村还有一家私塾"东皋书屋"，创建于清道光二年（1822），至今保存完整，格局二天井四厅八房，也培养出不少人才。

〔第七节〕科举世家

一、惠来都洋美村方鲁家族

方鲁出生于惠来都洋美里一户诗书传家的书香世家，经由科举入仕，在乡里德高望重，福泽绵延，五代之后仍不断有后裔经由科举走上仕途，成为惠来都洋美里流芳明清两代的书宦世家。第三代孙子方应祷撰写的"家训"《明镜歌》，流传了四百年，成为如今惠来方氏的"族训"："春光不虚度，经书须览读；博学而笃志，处世知荣辱。勤俭养德泽，和顺全家乐；廉洁育仁义，忠烈为国家。善辨邪与正，莫受谗言惑；纳污招猥猻，藏垢染荼毒。嗜欲害家室，刚正享荣禄；财贿不足贵，赌博毁家族。恃强悖伦理，谦恭可信服；敦亲睦邻里，助人心安乐。生为方家人，崇礼循民俗；慈善施仁德，人钦天地服。"

惠来都洋美里即今惠城镇洋美村，盐岭河一路逶迤，沿惠城西侧徜徉出海，在惠城南边冲积了一片开阔饶泽的平洋，洋美村便坐落在盐岭河下游东侧的平洋上，是衔着金钥匙出生的上帝宠儿。南宋嘉定年间（1208—1224），王氏在此定居，因地处南门田洋末端，故称"洋尾"，雅称"洋美村"。南宋嘉定十三年（1220），惠来方氏始祖方骥之，其次子方孟伸偕其子方仕兰到该村创居，子孙繁衍，成为该村一大姓氏，后代子孙向外发展顺利，最后全部迁入惠城居住。

（一）**方永昌和方左峰**。族谱记载：方永昌（1497—1548），字元顒，号碧潭，是方鲁父亲。方永昌务农为生，性格醇谨，治家严谨，非常重视子女教育，设私塾延请名师指导，指点儿子读书上进，在他的努力下督促下，子孙多有长进。康熙《惠来县志·硕隐》记载方鲁父亲方永昌的事迹："方永昌，字碧潭，惠来都洋美里人，愿恳醇谨，不嗜音乐，以孝弟力田著声。时邑治初建，文事未兴，昌设塾延师，以诗书课子。后子鲁以贡授江西浮梁丞，升王府审理；孙一凤，上犹县训导，崇祀名宦、乡贤；曾孙应福、应禄，皆明经选；应祷，丁酉举人，任四川南川县知县。"

方鲁，出生于明正德丙子年（1516）九月初二日，卒于明万历丙戌年（1586）五月廿二日，任江西浮梁县县丞，康熙《惠来县志·人物》记载："方鲁，字左峰，惠来都洋美里人，传家诗书，躬敦古谊。捐资以建祠，捐田以赡祭，族戚藉举火焉。由岁贡，初授广西灵川县丞，丁继母忧，归，服除，补江西浮梁县丞，奉委督赋，代令述职，以贤能著。继视邑篆，清积弊，绝羡金，清勤多惠政，民甚德之。升靖江王府审理，休致不赴。时比'二疏'，绅庶赠序为别。子一凤，以明经任上犹司训。"

2002年出版的《惠来县志》记载：方鲁（1516—1586），字启之，号左峰，明惠来都洋美里（今惠城镇洋美村）人。方鲁为嘉靖四十四年（1565）乙丑科岁贡，授广西灵川县丞。因继母逝世回家治丧。服除后，补江西浮梁县丞。继任知县，有政绩。升靖江王府审理，辞不就职回家。他为官清正贤明，处处为人民利益着想。任浮梁知县时，即着手清理积案，革除弊端，停止征收附加赋税，处理借进贡之名中饱私囊的违法官吏，减轻人民负担，解除群众疾苦。政绩卓著，人民感戴。当他辞去王府审理告老回家时，全县父老以汉代荣归故里的疏广、疏受二太傅相比称颂他，并赠序而别。他处世重行仁义，赋性宽厚仁慈，和亲睦邻，以诗书传家，谆谆教导子孙，勤奋学习。

（二）方一凤和方一鸣。族谱记载，方鲁有四个儿子，方一凤是长子，方一鸣是四子，另外两位是方一鲲、方一鹤，见诸县志记载有方一凤和方一鸣。

长子方一凤是四兄弟最杰出的人物。族谱记载：方一凤，字嘉梧，号肖左，明嘉靖己亥年（1539）出生，卒于明万历乙巳年（1605）。康熙《惠来县志·人物》记载："方一凤，字肖左，惠来都洋美里人，浮梁丞鲁长子。十岁能文，稍长，驰声艺林，数奇不售。应万历十九年（1591）贡，廷试后当谒选，念母蔡氏年老，乃归。逾五年，母速之行，始授上犹训导。抵任三月，仍乞养致仕。抚庶弟一鸣、孤侄应福、应祉，友爱备至。侍母暇日，讲求正学，无间朝夕。至于建祠祀先、捐田赡士、造梁施槥，历行古谊尤未易几。本学已列胶庠，上犹均祀俎豆。子应祝，字三我，序贡不仕，孝友慷慨，有父风，通庠屡举优行，学宪陈一教奖语云：'继父志，抚庶弟，输粟以济年饥，给棺以赒贫乏，盖富而好行其德者。'"

方一凤发起兴建惠城西郊永兴寺，他写的《永兴寺记》记述他发起兴建永兴寺的初衷和经过："余往岁一赴仪部试，再赴铨部选，自我粤发足抵燕都，凡八千里而遥。所过都会郡邑水陆，不啻百数，瞻仰四顾，有不耸然亭、卓然塔、雄然宝刹、敞然道观者乎。亭塔点缀风景，而寺观徒祀浮屠，老子抑亦宏开道场，祝万岁寿焉耳。我惠建自嘉靖初年，旋经寇茹，百废未兴。至万历来，海恬烽息，生产繁殖，礼文聿起，皆我皇上久道安养所贻。夫人情佚，则思思，则慕慕，则祝顾，祝厘无所甚，非所以导众而劝，忠凤赖先人担石之储，又忝一命之荣，孰非朝廷浩荡恩波之所及，以故窃有负暄以报之志。幸邑之西郭有金星峙立者，为本家粮山，堪舆家咸言宜寺。余遂矢念捐己资百两，鸠工庀材，相方面北建殿一区，计若干楹，两廊庑夹焉。外设僧房三间，殿屏以三天门，殿塑三宝大士，观音一，罗汉二九，特置万岁金牌一，门塑金刚二，其三宝、罗汉。僧明玺劝化其成，从俗众结良缘之说也。自二十八年十月兴工，至二十九年五月落成，今殿宇森耸，屹然为邑西一大观，名其寺为'永兴'，诸大夫所定也。晨钟昏鼓，众衲子持诵于斯，即代致祝于斯，庶几克酬初志，吾邑有兴起者，后累累续建。则宫观星列，众祝无边，虽人各有心，余实嚆矢之哉。若夫供游玩壮风景，直余事耳。至云邀福果，则念不及此。殿后一宇，蹑登而上，爽垲赏心。同年俞掌教为扁曰'方肖左读书处'。因稍置几榻，每风日清美，携一卷，偕朋游，吟啸其中，盖萧然动江湖之怀焉。原本是役僧明玺最有协赞劳，留为本寺住持，仍施田租四十石，田在寺门首，店租四两，即在寺前，以供香灯、僧粮之费。余之创建若是，为吾子孙绳绳步武，益有克拓广施，以光尔祖父，则后人责。云修屋隙隅，古人用意盖如此，记之诏来许。"

清代惠来知县张秉政《重建永兴寺记》（康熙《惠来县志·艺文中》）记录了重建永兴寺的缘由："盖自白马驮经，获芦渡海，蕊珠兜率，几遍阎浮。然达者转法华，不为法华转，时创时修，皆各有主持以行于其间。邑之永兴寺，先上犹训方先生投闲绿野，而为山林园绮者也。艾荆筑刹，塑佛募僧，晨昏礼诵，虔修祝厘，鱼鸟驯狎其岸，菁葱绕卫其垣。厥嗣于前山营菟裘而资墓庐焉。迄遭寇乱，折毁丘墟。予尝劝农西郊，税驾阡陌，眺前人之遗迹，时蓬勃以萦怀。念苾刍桑门，儒者弗纳，然而祝圣可以教忠，绳武可以教孝，藉梵呗之铃铎，佐黉序之鼓钟，宁非治化攸关耶。谨捐俸镪，访依旧址，鸠工重建。先生之后裔，亦兴感共成。缁流荐馨，永祝圣寿，草野不忘宸历，游客同赏风光，且旌节过临。兹刹为入邑初地闾阎，烟景爽然，眉宇抚诸，穰穰熙熙，亦为轩辕采问者之一助云,是为记。"

方一凤的侄子方应祷写的《重建永兴寺募缘疏》,记述他发起重修惠城西郊永兴寺的想法和经过:"本邑西郊之外,延袤数里,其南隈屹立一丘,以障北溪合流之水,青乌家目为水口,罗星盘折迂回,地脉之所由钟也。先伯肖左先生解组归里后,怡情山水,建寺其上,名曰'永兴'。募僧住持为祝釐。道场凡輶轩采问,极目览眺,或修禊采兰,游屐时印苍苔。嗣后寇变,凭凌折毁。曩日绀宫碧宇,尽在寒烟夕照中,余思绍前徽,有志未逮。兹有僧淡然,留心风景,发愿重兴,但场名选佛原须布地之金,国号众香必集旃檀之木。用申短疏,敢劝弘施?半粒恒满河沙,一枝无非春色。倘鞭石抢材,顿焕乌翚壮采,则金轮玉盖,弥增龙象庄严,庶不负创造者之盛心。而似续先绪,藉以会诸天之临护,而永赖神禧。异日高人赠答,门留玉带之辉,翰墨淋漓,壁有笼纱之瑞矣。谨疏。"

族谱记载:方鲁四子方一鸣(原名方一鹭),字嘉振,号仪冲,生于明万历辛巳年(1581),卒于明天启丁卯年(1627)。方一鸣是县学诸生,为人朴茂宽和,早逝,本人成就不高,其儿子方应祷则是这个庞大家族最出色的代表人物。雍正《惠来县志·硕隐》记载方一鸣事迹:"方一鸣,字仪冲,浮梁丞鲁四子也。少负至性,六岁失怙,哭泣如成人礼。稍长,承伯兄一凤训知读父书,为诸生,砥砺名节,留心文艺,时从乡先达游,为人朴茂宽和,能忍横逆,有犯而不较之度。年未五十,赍志以逝,朋类惜之。子应祷,举丁酉乡荐。"方一鸣前妻去世后,遗下三个孩子,继娶惠来都现龙头(今隆江镇见龙村)人林氏为妻,林氏时年仅十六岁,"事姑庄氏孝谨,抚前室之子三,自孩至长,衣食、婚嫁、疾病、祸患,皆氏维持调护"。林氏三十岁时丈夫方一鸣去世,亲生儿子方应祷年仅十岁,林氏安分守己,操劳家室,教育子女学业上进,"每责令克恭厥兄,言语不较是非,财产不争多寡,门内雍雍,士论难之,前署县刘文英具扁嘉奖曰'保艾垂芳'"。林氏七十四岁时去世,据说,"临葬前后,时大雨淋漓,惟执绋下窆日,天开晴霁,邑中称善报云"。康熙《惠来县志·节烈》记载林氏事迹。

(三)方应祷、方应福、方应祉、方应祝、方应禄。方鲁家族第三代人丁兴旺,人才济济。

方应祷(1617—1702)是方鲁家族第三代中最出色的一位,是方一鸣的儿子。

雍正《惠来县志·乡贤》记载：方应祷，字维城，惠来都洋美里人。浮梁大尹鲁之孙也。十龄，父邑文学一鸣见背，依母读父书。恤幼弟，庭帏无间。弱冠食饩，黉序试辄前茅，宗师钱朝鼎拔置冠军。顺治丁酉，通庠佥举德行，遂隽秋闱。庚申，授四川南川县知县。至时，军储鼎沸，荒城残黎，目睹心伤。祷甫下车，为之谆请列宪，得以宽赋省徭，民庶无供亿之苦。未几，民惨瘴毒，邪僧煽惑乡庄。乃重惩殛逐外，亲祷城隍保障，而百姓感之。及解组还，行囊一空，川民攀辕卧辙，有"琴鹤赋归，清风两袖"之颂，监司史起贤赠谓"德化川流"。家居二十载，建祖祠，创祭业，正谱丰祀，各尽孝思。丁卯，知县张秉政聘同庚戌进士张经，参订邑乘，阐幽表微，舆情悉协。且月旦，素孚光跻宾延，三承大典至。奸商李云龙，藉弁复寻茅坪开采，祷切县治攸关，前秉其责，今难辞劳，再恩申详督抚，勒石永禁，究棍远逃。生平处己端方，接物和易，以"吃亏学讷"四字为训。子五：醇，邑廪生；嵘，增广生；嵋，应康熙四十一年岁荐；峡，增广生；峒，附学生。孙，锡道，登康熙甲午科贤书；孙、曾济济入太学，藉芹宫。皆硕德之贻也。享寿八十有六，绅衿士庶咸有典型凋谢之感。佥呈学宪，举祀乡贤。

方应福和方应祉是方一鲲的儿子。族谱记载：方应福，字彦吉，号辉斗，生于明嘉靖癸亥年（1563），卒于明崇祯辛未年（1631），邑廪生，由岁贡授州判。方应福在雍正《惠来县志·人物》有传："方应福，字辉斗，浮梁丞鲁孙。十龄失怙痛，父一鲲，名诸生，未售蚤逝。乃潜心董帏，图继父志。万历乙卯省试，误中副车，丙寅以贡考授州判，辞不就。母八旬没，悲慕不已，至刻像以祀。从侄可健，幼孤，抚之如己子。弟应祉，同时蜚声艺苑。怡怡友恭，辅兄营先室，扩祭田，葬外祖，雪中表陈宗玑之冤，称'二惠'云。"康熙《惠来县志·学校》记载方应福捐田事迹："文昌阁田，一土名'大墩地'，四亩五分，带官民米三斗一升七合七勺九撮，排年方加兆、户丁生员方应福输。"方应福深明大义，慷慨捐献出来，而且还捐钱建设。所以在《建文昌阁记》中，游之光写道："业者曰：'苟有造于一邑，何敢爱其膌疒甾？愿以输，且助之金。'"此处之"业者"当指方应福。方应祉本身未见其他史料记载，倒是他的儿子、女儿在雍正《惠来县志》均有记载。

方应祝（1560—1615）是方一凤的儿子，族谱记载：方应祝，字彦修，号三我，廪生，通庠佥举德行。方应祝序贡不仕，个性孝友慷慨，有父风，通庠屡举优行，学宪陈一教奖语云："继父志，抚庶弟，输粟以济年饥，给棺以赒贫乏，盖富而好行其德者。"

第三代中见诸记载的还有：方应禄（1579—1634），字彦膺，号衷玉，为明崇祯十七年贡生，由岁贡候选儒学训导。方应祖、方应祐、方应（䄉皆为例监。族谱记载：方应䄉（1600—1668），字彦绣，号楚先，附学生，援例国学生。方应祐较早去世，未见其他史料记载，其妻陈氏，大坭都心江里（今潮南区田心镇）人，乃孝廉陈琳之妹，举人陈尚志之姑母，康熙《惠来县志·节烈》有载："陈氏，孝廉陈琳之妹，庠生方应祐妻，年二十一，生一子，方六月，夫故，松节盟心，白首如一，事舅姑以孝，尽丧祭以礼，卒年七十有二。县赠其扁'学旌其门'。"

（四）方崃、方可倎、方可兴、方可奋、方日明。方鲁家族第四代比较出色的是方应祷的儿子们。方应祷生有五个儿子，个个知书达理，颇有文才。长子方醇，县学庠生；次子方嶫，县学增广生；三子方嵋，县学庠生；四子方崃，县学增广生，文名尤著，县志有传；五子方峒，县学附学生。

雍正《惠来县志·人物》记载方应祷第四子方崃："方崃，字白溪，惠来都人，南川知县应祷四子也。善体亲志，笃友恭。同怀兄弟五人，俱列青衿，而崃文名尤著，屡试前茅。生平豁达多才，为祖拓祭租、建宗祠，慷慨好施，义方垂训。卒年七十二。子锡道，甲午科举人，次中通饶平学生。"

方应祉在第三代中不是特别耀眼，其子女倒是颇为光耀门楣。方可倎是方应祉的第四子，雍正《惠来县志·硕隐》记载："方可倎，字敷五，惠来都洋美里人，浮梁丞鲁曾孙，文学应祉第四子。幼孤，事母以孝闻，性好学率真，不工弥缝术，见义必为。尝割田为外父立嗣，捐金助族戚，有古人风。甲辰遭变，邑多难民，解囊以赎，完聚者数家，终身不责报焉。知县曾旌其闾曰：'好行其德。'子廷荣，登丙子科副荐。"方应祉女儿是位女强人，丈夫林士抱早亡，她独立支撑门庭，其事迹见诸雍正《惠来县志·节烈》："方氏，惠来都洋美里人，生员方应祉女，适酉头都狮石里生员林士抱。抱下帏攻苦，屡拔前茅，少年而亡，氏年方二十，仅遗一女，痛夫力学蚤逝，立子继嗣，抚育遗女，长适儒门，舅姑窀穸，独手拮据，卒年七十余。"

方可兴是方一鲲的孙子、方应祉的儿子，雍正《惠来县志·硕隐》有记载："方可兴，字拔庶，浮梁丞鲁曾孙，州左广益之父，惠来都洋美里人也，祖一鲲、父应祉，皆名诸生。兴少承家学，孝友廉谨，率由若性，执亲丧哀，慕如孺子，备物惟力是视，虽兄弟六人，出资无汝我较。季弟秋闱客逝，每诵风雨对床之句，辄为潸然。检身克己，短长未尝与人竞。好读白沙先生《忍字诗》，一以读书，立品重训，固所称贤豪，而足以砺世磨钝者。"

方可奋，方应福的儿子，明代例监。

方日明是方应祷"族子"，生有九个儿子，雍正《惠来县志·硕隐》记载："方日明，字元子，惠来都洋美里人，南川令应祷族子，生平淳谨，笃大义。世乱弃去学计，然筴得资共赢余，以奉甘脆。且念伯氏早丧，寻昭穆以续兄嗣，割己腴以抚犹子，至族党之贫乏不能婚娶者，助成之，不能丧葬者，赠给之。士类嘉其行，谊请光宾筵。子九人，伯舒崇，仲际发，季际可，并列明经；叔际达，晋成均。余皆恂恂雅饬，一门之内，称辑睦焉。"

（五）方锡道、方廷荣、方舒崇、方际发、方际可、方际达、方光履、方广益。方鲁家族第五代玄孙，已经形成集团优势，人文鼎盛。方锡道，是方应祷第四子方崃的儿子，登康熙甲午科陈瀚榜（1714）举人，序选知县。

方可倓的儿子方廷荣，登康熙丙子（1696）科副榜。雍正《惠来县志》收录方廷荣两首诗。《望双荐山》："北郭双峰峙，崚嶒孰与同？弟兄开蕊榜，珠璧缀花宫。有石皆栖鹤，无云不隐鸿。由来夸孕秀，信是有天工。"《游榕石庵》："方丈凭云结，佛龛傍薜萝；榕髯老岁月，石发长岩阿。深院回风细，落花曲径多；暮钟催客思，归路听樵歌。"

方日明的大儿子方舒崇，二儿子方际发，三儿子方际可，并列明经；四子方际达，太学生，清代例监。

方光履，方应禄之孙，清代例监。

方广益是方可兴儿子，由附生援例国学，考授州同。方广益，字谦之，乐善好施，捐资筑路，捐粟赈灾，潮州府太守旌其门"孝友垂芳"。雍正《惠来县志·乡贤》记载："方广益，字谦之，惠来都洋美人。由庠生入太学，事亲甚谨，不赴铨选。置产分给弟侄，祖祠为营弁占住，自买屋十二间，易归享祀。赋性好善乐施，尝解橐金赎贫女数口于婢中，归其父母以嫁。东西两门外通衢，春夏人苦泥泞，捐资砌石，迄今往来便焉。康熙丁丑、戊寅叠饥，捐粟于文昌阁助赈。以礼持躬，诱掖后进，郡守旌其门曰'孝友垂芳'。卒年七十，举祀乡贤。"

二、前詹村詹一惠家族

南宋绍定二年（1229），潮汕詹姓始祖詹东路裔孙詹氏十五翁率子从饶平三饶来到惠来，在此地创居。詹姓从外地迁徙到此地创乡定居，此处周围没有其他姓氏居住，詹姓先到，并且村落最靠近南海，均在其他姓氏住址前面，故名"前詹"（前为方位，即前头、前面，詹为姓氏）。明天启年间，翰林詹肯构游访前詹，认为村地缺"金"，而村中有巨石如山，便冠以别名"锡峰"，又称"铅锡"（康熙《惠来县志》记载"铅锡"）。曾用名"荣锡里"。詹一惠家族是前詹村的名门望族。

（一）詹明瑞和詹光鼎。《惠来县志·硕隐》记载詹明瑞生平："詹明瑞，石台从叔，尊祖敬宗，遇先人忌讳，辄哀戚不辍，有风木之感。居尝正襟危坐，子孙至前，无敢以燕亵见者。尝预卜寿茔，会有从兄弟之丧，不能举，捐以与之。一切玩好器具，不欲私诸己，有车裘其敝之风云。"詹明瑞是詹一惠父亲詹光鼎的堂叔，是詹一惠的叔公。詹明瑞非常敬重先祖，每逢先人忌日，拜祭时总是表情哀戚，啜泣不停，如同失去父母之悲。日常居家，他总是正襟危坐，表情严肃，子孙有事见他，来到他面前时总是表情庄重，不敢随便开玩笑。他晚年时预先给自己准备了寿木和生基，适巧有一位堂兄去世，因家贫无法办理丧事，詹明瑞将自己准备好的寿木和墓地都捐让给他。对于所有家藏的古玩器具，他都乐于与人分享，乡人称其"车裘其敝之风"。

《惠来县志·硕隐》记载詹光鼎生平："詹光鼎，字石台，北流令父也。蚤隶黉序，笃学潜修，耻言人过，而恬淡冲夷，飘然有物外之想。壬午，子一惠举于乡，遂谢诸生籍，适意园林。及子令北流，每以赵清宪为勖，克称其职，皆鼎之贻也。屡光宾筵，称谦德云。"詹光鼎，字石台，是北流县令詹一惠的父亲。詹光鼎早年是县学生员，努力用功，勤于修养学问，从不随便言人之过，性格温和恬淡，淡泊名利，飘然物外。万历十年（1582）壬午，他的儿子詹一惠考中举人，于是，他辞去县学生员的资格，悠游山水，适意园林。詹一惠出任北流县令时，詹光鼎每每用赵清宪的事迹来勉励他，引导他，使得詹一惠在任期间克尽厥职，这和其父詹光鼎的帮助有莫大关系。詹光鼎多次受到惠来县令邀请，参加县学举办的宾筵。乡人称其谦逊厚德。

（二）詹一惠。《惠来县志·宦迹》记载詹一惠生平："詹一惠，字养吉，酉头都荣锡里人，宋闽莆进士詹重宝十三世孙，明经詹九成（嘉靖年间贡生）从子，万历己卯选贡，举壬午乡试，授上犹知县，改北流。北流古勾漏地，号难治。一惠至，因革有叙，修学宫，濬城河，士庶向化。然性坦率，未及三年，告归家居。同修邑乘，著三礼约言，以挽颓风。今刻以传，并诗文二卷。"

詹一惠生卒年不详，字养吉，号正迪，明时酉头都荣锡里（或作铅锡里，今前詹镇前詹村）人，后移居惠城（今惠城镇西二社区）。詹一惠生卒年不详，主要生活于明代万历年间（1573—1620）。明万历七年（1579）选为贡生；万历十年（1582）考中举人。初授江西上犹县知县，后改任广西北流县知县。北流县位于勾漏山南麓，明代属郁林郡，是较难治理的地区。他一到任，就有次序地进行各项改革，修建学宫，疏濬城河，受到官民敬仰。上官荐其廉能，可是他秉性高洁，坦诚率直，得罪一些权贵人士，深感仕途不易，不想继续当官，在职不够3年就告请回家。万历三十六年（1608），惠来知县游之光发起撰修《惠来县志》，邀请他参与同修，并为县志撰写序言。主要著作有《三礼约言》，刻印流传，用以匡正败坏的风俗。另有诗文2卷，收录于雍正《惠来县志·艺文上》有：《陈雪坡先生诗文遗稿序》《增建城隍庙记》。雍正《惠来县志·山川》记载詹一惠游普陀岩诗："寻真郭外陟层巅，古洞仙岩别有天。风度松音随去鸟，涧通人迹溅鸣泉。登临聊发开尊兴，习静偏宜枕石眠。更喜山灵飞雨泽，黍苗应候绿芊芊。"

万历二十年（1592）至万历二十一年（1593），郑可大任惠来知县，因见城隍庙颓坏，于1593年发起重修增建，詹一惠撰文为之记，此文刻成碑，今存惠城城隍庙内，由惠来三位名人共同完成，詹一惠撰文、谢正蒙篆额、林世赏书丹，足称三美。《增建城隍庙记》："令甲置守，令治民，又设城隍神司之。凡府州县，城隍庙座如守令。春秋类祀于山川，复主祀于厉坛，诚重之矣。邑有城隍，轫自石城蒋公，草昧之初，规制苟简，岁冬颓坏。郑公来令于兹，下车谒祠，慨然思改其观。顾筮仕之初，人与吏未相识，未可遽以劳也。越期年，政洽人孚，乃率其乡耆而谕，以修废举坠，开拓更新之意。捐俸鸠工，属邑尉陈君武奎，董其役，百姓趋事。不数月而工告成。盖前此，虽崇奉有殿，而无庑则未之建也；虽拜谒有亭，而堂局则未之开也。其巍巍翼翼，照临一新，自郑公始。继以祭田不敷，修葺无具，则其祠易圮。乃拨公田一顷六十五亩入祠，以供祀事，贮其羡金以备修葺之费，则不惟新庙貌于一时，而且千秋永赖矣。是役也，公一念斋祓之诚，而使神依物阜乎。乃谋树贞珉，属余记。余惟郑公为政，专务休息营缮，不兴重用民力也。兹独城隍加意，岂为私祝哉？盖闻曩时倭奴为患，城隍夜以神威登陴，火柜仪从，光烛城境，贼望惊骇，不战宵遁。今传其事，以为神功保障云。其在岁时，旱干水溢，有祷辄应；民有灾疹疾苦，往庙祈禳，号呼宛若家人。顾兹祠宇，荒芜不加修饬，其何以报神休以答明贶乎？夫神无常享，享于克诚，公为民祀神，神亦为民锡福。聪明端一，视听不惑，行见风雨以时，阴阳无愆，国赖休徵而人获和平矣。用是而为之记。郑公，讳可大，号台云，闽邵武人。"

明万历三十六年（1608），知县游之光主理纂修《惠来县志》，邀请詹一惠参与编修，参加修志的还有：四川大竹县知县、邑人林世赏，福建盐运使司同知、邑人翁延寿，召集邑之耆民搜集逸事，有林正干、方子说、吴汝云、吴大器等。游之光嘱咐詹一惠为该志写序，此是惠来县历史上第二次修志，该志已轶，现存康熙、雍正、同治《惠来县志》皆收录詹一惠为该志所撰之序。该序言略述惠来修志肇始，阐明作者对于"史""志"的看法："志者史之流，而史以天下，志以郡邑，小大辩焉。"同时对游之光修志作出恰当评价："兹志纪载甚详，可以备缺略而为一方之信史，百世之典型。"康熙《惠来县志·旧志序》收录詹一惠所作序言——《广西北流县知县邑人詹一惠撰》："邑之有志，自嘉靖甲寅秋，林侯麓平君始。时草创未几，百凡阙略，而君纂辑成书，为可继耳。迄于今六十余年。所矣道有升降，政由俗革，善治者必达其邑之故典，民之习尚。然后政可施而化可行也。迄今不修，久将湮没，其何以有籍而征哉。岁在甲辰，为万历之三十二年，游侯东璧以郢陵名家出宰是邦，诸所关于民生国计者，一一举行之，卓有成绩。越四年，考最，已应荐剡而虑及于志载之阙。慨然叹曰：'事孰有重于此乎？'乃上其状于当道诸公,俱报可而慎择校雠之役。侯以见属,不佞迂陋无似,其不堪笔札明甚,而侯犹强委者再。乃质所闻于父老而参之舆论,其事则礼乐、政教、宦迹、人文,上及沿革、休咎之征,下至户口、阨塞之处,炳炳具载。其体裁略效古编年之法,损之益之,阐幽光而悉微隐,务求合乎至当之论。笔削皆握于游侯,不佞诸人备参考焉。书成锓梓,谓予宜有言。予惟志者,史之流,而史以天下,志以郡邑,小大辨焉。兹志纪载甚详,可以备阙略而为一方之信史,百世之典型。将使观者仰吏治于前修,而兴思齐之念;洞民瘼于幽隐,而豫桑土之谋。观习俗之隆污,人材之兴替,相与起弊维风,以振海滨于邹鲁,则斯志殆有资焉。昔林侯之首志也,适值乎升秩将去之秋。而今游侯之修志也,亦在乎最绩应荐之时。皆急当务而无怠于宦成,为百世之虑者远也。杞宋无征,则典礼不存,得斯志而考之,而免于文献不征之惧,其所系讵浅浅哉。"

万历三十三年夏六月,知县游之光主持兴建的文昌阁落成,詹一惠欣然赋诗《登文昌阁诗》:"楼台百尺俯崚嶒,极目清风快一登。海外清波擎石柱,天边瑞彩起飞鹏。凭高自喜尘情减,敲句何妨酒兴增。不是贤侯轮奂美,斗魁何日照疏棂。"

詹一惠与岐石乡陈光世交好,陈光世去世后,其后人找到詹一惠,希望詹一惠能够帮忙校正陈光世的遗稿并刊刻发行。詹一惠慨然应承下来,并写了一篇《陈雪坡先生诗文遗稿序》:"吾乡陈雪坡先生,长齿发桑梓六十余年,其所阅历,彝险之遇,人皆知之。而气节、猷为、文章,人莫有知者。非人之莫知先生,而先生之学不求人知也。先生自少壮宦游,以及归来掩扉读书,凡有述作,不事炫衒,故终其身,莫露卮辞片札于人间。卒后又二十余年,其子迟、孙子璟始出其诗文于橐蠹,以示余曰:'先大夫平生嗜学,某冲岁莫知,今探书箧,得诗文遗稿若干,蠹残已半,悉补缀而描写之,以不忘先人,口泽愿有言,以华其端。'余受而览阅之,见所为文,辞调高古,意义精深,直镕子史百家,鼓江汉之长澜,而莫知其所至也。诗赋洋洋洒洒,如掇春葩之余英。即以杂于唐咏,奚辨焉?有是哉,其岭表之词宗乎。而余且因言察行,以窥猷为于一斑。盖先生少经乱离,目击山海之变,而孤城累卵,岌岌殆也。乃为料理制敌,而上其策于令尹矣,又上其策于兵宪矣。当事用其机谋歼灭群丑,而救一方涂炭。今读所为发策,出入阵伍,设奇制胜,若探贼情登贼穴,而坐得胜算于指掌中。虽古老将善阵,无以过书生善谈兵务固宜。兵宪张公之嘉与也,已而贵金币谢先生,概不受,曰:'余为桑梓计治安,幸而言听计从,免及于难,受赐多矣,何以谢为?'先生慷慨有大节,深沉浑厚,义信服人。故出而宰钜野,能以一言而散白莲数千之叛,以一策而濬艚河百里之运。惠泽垂麻,东土喷颂。余读司空朱衡公、巡抚潘季驯公所为奖励优辞,而知先生之厝注卓越寻常万万也。盖涵养设施颇露一斑。如此,先生归卧林泉而是春秋,绝口不谈往事,时寄情于吟弄间,优游自适,莫喻其意。知者以先生为古之谨言人也,不知者以先生为世之无能子也。非由蠹余以稽往迹,则不惟文章无传,而气节猷为且与草木同枯朽矣。没世而名不称是,谁之过与?记曰:为人子者,有善而不知,不明也;知而不传,不仁也。不明不仁,君子耻之。固宜其子若孙梓其遗文以藏于家,而余不佞谬以数言,为之序。"

(三)詹一纲及其父亲。《惠来县志·宦迹》记载詹一纲生平:"詹一纲,字肃宇,一惠从弟,幼孤,生母林氏,茹蘖孀守,嫡母方氏,性峻严。纲恪谨承顺。与嫡兄分庐产,受其敝且瘠者。弱冠补博士弟子,受知于郭青螺先生,以万历癸巳遴贡胄学,己酉谒选,得保定通判,督宣府粮饷,驻赤城肃边,防布子,惠西人警感。报最,赠父如其官,晋迁广西河池州知州,驯格猺獐,广兴文学。解组归里,州民建祠尸祝之。林下三十余载,光跻宾筵一十八次。尝刻《太上感应篇》,劝诲乡人,至今思之。"

詹一纲(生卒年不详,大致生活于明代隆庆、崇祯年间),字肃宇,号正朝,是詹一惠的堂弟。其父詹光著,早丧。詹一纲年幼丧父,生母林氏含辛茹苦,抚养成人。嫡母方氏,管教严厉,詹一纲听话顺从。与嫡长兄分家产时,只分得一点破旧的房屋和贫瘠的土地。詹一纲20岁时,考中秀才,受到潮州知府郭子章的赏识。万历二十一年(1593)参加遴贡考试,进入国子监学习。万历三十七年(1609)参加谒选,授任直隶保定府通判。在任期间,督理宣府粮饷,驻赤城(为长城要隘)整肃边防,能够恪尽职守。他对人民广施恩惠,群众对他无不敬畏。任满考核,政绩最优。朝廷赠其父詹光著如其官(府通判)。他升任广西河池州知州。任职期间,他教化瑶族、壮族人民,使其顺服。兴办学校,发展教育,州民感戴。詹一纲辞官归家时,河池州民众夹道欢送,为纪念他的功绩,河池老百姓建立生祠塑像奉祀。他辞官后回到家乡,居家30多年,受邀参加县学宾筵18次。他曾经出资刊刻《太上感应篇》,送给乡民阅读,教导乡民一心向善。

雍正《惠来县志·艺文》收录詹一纲诗歌一首。《登观海亭》:"巑岏一古丘,翚革旧重楼。佳气来朝爽,涛声入暮幽。云端玉笏见,天外锦帆浮。快睹鲲鹏翅,扶摇万里游。"

康熙《惠来县志·选举》记载:詹一纲,酉头都人,历仕广西河池州知州,初授保定府通判,赠父光著如其官,有传。雍正《惠来县志·恩命》记载詹一纲父亲詹光著:"詹光著,酉头都人,以子一纲贵,赠直隶保安(拟为保定之误)府通判,再赠河池州知州。"

(四)詹梦魁及其母亲。《惠来县志·孝义》记载詹梦魁生平:"詹梦魁,字云岛,酉头都人,幼失怙,笃孝孀母林氏。母疾,药汤不效。籲天,割股作羹进,立愈。迨母逝,哀毁骨立,卜宅兆于东山庐墓侧一十二载。知县许直奖匾,曰:慈云锡类。山林暇日,以诗文自娱,著有《东山遗稿》,男起元刊行。"

詹梦魁,字云岛,酉头都人,父亲詹一泰是詹一惠亲哥,詹梦魁是詹一惠侄子。詹梦魁少年失去父亲,对待母亲非常孝顺。他母亲生病,药石已经无法奏效。詹梦魁向天祷告,割股肉煮粥喂母亲吃,立马痊愈。母亲去世时,詹梦魁伤心欲绝,形销骨立,他在母亲的墓地旁边搭了一座草庐,守墓12年。惠来知县许直颁匾"慈云锡类",勉励他的孝行孝心。闲暇时,詹梦魁悠游山水,诗文自娱,著有《东山遗稿》,儿子詹起元刊刻发行。詹一惠在广西北流县当官时,詹梦魁曾经到该地游玩,并写下《游广西北流白沙洞》:"勾漏自幽绝,白沙还太奇。梯危惊诡幻,洞邃更迷离。九转空丹灶,千年剩墨题。尘缘渐未了,敢借石床栖。"

康熙《惠来县志·节烈》记载了詹一泰妻子、詹梦魁母亲的事迹:"林氏,生员詹一泰之妻,北流令一惠嫂也,泰勤学,蚤逝,氏年二十,仅有一子,家贫,纺织自给,上事严姑,下抚弱子。及夫弟登仕籍,家业颇丰,氏痛夫不及见,终身不忍茹荤,蔬食者,六十年卒。子梦魁,以孝闻。"

詹一泰去世的时候,妻子林氏年仅二十,仅有詹梦魁一个儿子,家里非常贫困,林氏自力更生,日夜纺织维持生活,对上侍奉翁姑,对下抚养弱子。终于熬到丈夫弟弟詹一惠考中举人,当上县官,一家人过上了好日子。林氏痛惜丈夫早逝,见不到当下的幸福生活,她终生食素,年六十而卒。

三、东福阜方正家族

华湖镇东福行政村由坑东、后陈、东格铺(东福)、白石角、华家、新寨、前何七个小村组成,村北是一片宽阔低平的山丘,古光华河(今称雷岭河)环土山东南入海,不受洪潮灾害,故得名"东福阜",宋代桥公圩(后称葵阳圩)集市位于此地。南宋庆元四年(1198),东莞县尉方骥之长子方思(字孟全)的裔孙方圭锡创居东福阜坑东村,该处有七处宜居地片由方、郑、何、张、叶、陈等姓氏创乡定居,这七乡的地理方位近似"北斗七星"的布局,地理龙脉相通,合成一体,有别于毗邻之乡,故称为"七乡"。至明中叶,原东福阜郑、张、陈、何等分居的六个小村,全为方姓一族所居,仍称东福阜,简称东福,俗称"七乡"(方氏)。东福七乡毗邻县城,地势平坦,地理条件得天独厚,著名的省级文物保护单位"赤山院"坐落于该村,从明代到清代,该村出现了一个世代崇尚读书、耕作勤恳的大家族"方正家族"。而赤山院,正是这个家族的先祖、元代的方元壮所兴建。后来,方正本人于明嘉靖壬寅年受惠来知县蒋恩所命担任重修赤山院监工,方正家族的第二代方逢皋于明代万历年间也曾发起重修。赤山院由赤山古院、方氏家庙和真人祠三部分构成,门前有2000多平方米的宽阔阳埕,迄今已有600多年的历史。赤山院自古到今都是惠来一处风景名胜,见诸记载的诗文不胜枚举,比较有名的是:潮州府同知衡岳《赤山院施田记》,举人、山东巨野知县陈光世《重建赤山院记》,历代惠来父母官以及文人墨客,也多有关于赤山院的吟咏,主要有:惠来知县林春秀《春日留题赤山院》(二首)、惠来知县游之光《赤山院诗》、巨野令陈光世诗、惠来县学教谕黄廷仪《春日题赤山院诗》等。

(一)**方正**。康熙《惠来县志·宦迹》记载:"明,方正,字木轩,惠来都东福阜乡人,性颖敏温厚,遇横逆皆不与校。由嘉靖癸巳选贡,授福建汀州连城丞,视邑篆,代完赎,以释狱囚。捐囊金而修黉序,诸生有'德配于公,功符文翁'之颂。致政旋里,朝夕垂训,曰:'孟子谓"充不忍人之心"六字,吾子孙无论显晦,当服膺此言。'追崇先祀,扩创祭租。又念叔刚夫、兄艺轩皆无后,为之立祧席配祭。享年七十有五,卒之日,乡间感慕,称'笃行君子'云。"

方正(1493—1572),字木轩,天资聪颖,性格忠厚,明嘉靖四十五年丙寅年(1566)贡生,授任福建汀州连城县教谕,在任期间兴修学宫,有政绩,有政声,升任该县县丞。在任期间,曾代理知县行使职权,释放含冤入狱的囚犯,捐出俸金修理县学学宫,县学生员感恩戴德,纷纷称颂方正"德配于公,功符文翁"。卸任后回到家乡故里,日夜以儒家思想教导子孙,以孟子"充不忍人之心"(意即每个人都要有怜悯体恤别人的心情)六字作为家训,严格要求子孙,不论身居高位还是耕田劳作,都要坚守这条为人处世的根本。他发动族人,扩充祭田,作为祭祀祖先的经费。族叔方刚夫、家兄方艺轩去世时没有儿子料理后事,他一手料理丧事,为之配祭祖祠。陈光世《重建赤山院记》记录了方正重修赤山院功败垂成的经过:"壬寅,前邑侯石城蒋公,有志兴废,捐资委工于方氏裔、连城少尹正,董其事,垂成,复值飓风,圮其四壁。"方正享年七十五岁,邻里乡人一致推崇他的德行,皆称为"笃行君子"。

(二)**方逢皋和方伯子**。方逢皋,字明允,是方正最出色的儿子。他秉承了父亲温厚正直的个性,为人端肃,淡泊明志,不阿谀上司。万历十二年(1584)参加选贡,被任命为福建省莆田县县学训导。他教导生员,为人首要宗旨是孝顺。上司欣赏方逢皋的能力和品行,认为协助藩王有利于仕途发展,于是推荐方逢皋担任江西淮府教授,后又到永丰王府担任职务。方逢皋任满归家,行囊空空,两袖清风,二藩王临别赠诗:"贾董移来气正昂,相传忽献考槃章。赣江一别无他祝,好灌奇花播远香。"赠门匾"清修贤辅"。比较凑巧的是,方逢皋和父亲方正都是享年七十五岁。康熙《惠来县志·宦迹》记载了方逢皋的事迹:"方逢皋,字明允,正之子,由万历十二年选贡,仕福建莆田司训,教弟子员务躬行孝弟,不以文艺帖括。而皋性端悫温厚,澹泊自守,侃侃不阿。当道者以为翊助宗藩必有裨益,迁江西淮府教授,署永丰王府事。秩满归,囊橐萧然,二藩赋诗赠别,诗云:'贾董移来气正昂,相传忽献考槃章。赣江一别无他祝,好灌奇花播远香。'赠其庐曰'清修贤辅'。卒年七十有五,子尚友,能世其业,嗜古笃学,久饩于庠,将贡而卒,士林惜焉。"

雍正《惠来县志·庙宇寺观》记载了方逢皋募修赤山院的事情:"赤山院,

在县东三里,为春日迎禧之所,乡人方元壮建,拨田一顷五十亩,山一十二亩,为三清天君香灯。万历间,邑人、教授方逢皋募修,因迁移,后未盖(逢皋,元壮后裔)。"

东福村赤山院是方正家族一面金字招牌。明洪武己卯年冬十月初一日(1399),潮州府同知衡岳从省城回潮州府,应东福村举人方于保之请,写下《赤山院施田记》:

潮阳惠来都距县百余里,风俗淳朴,人民啬俭,自宋元以来,其习旧矣。赤山为惠来之界,其地坦而峥,其景森而丽,迁客骚人多会于此。有宋嘉熙二年,知州事郑良臣道经其地,书于石曰:"惠来真致。"实有望后之人焉。百四十年间,不闻有毅然继志者,郑公之意不亦孤乎?元至正元年,有方子元壮,号善堂,触赤山形胜,感郑公遗踪于是,因云游羽人毛冲子之指画,遂备工木筑庙宇三座。拨田一顷五十亩、山一十二亩,守奉香灯。今规模宏丽,其制优矣;门墙整饬,其度弘矣;位次有伦,其义周矣。灿然尽美,焕然足观,殆易昔日之旧。由是威灵赫喧,遐迩瞻仰,疆里奠安,民物康阜,是可谓善继郑公之志矣。余因省回,来谒。有善堂曾孙曰于保请记,诘其所自,曰:"祖峤,宋金紫光禄大夫之后也。"噫!有是哉,先正有言:"德厚者流光。"有此人为之前,必有人为之后也。峤公能懋德弥亮,善堂能积善佑启,不二三世而有吾子为之兆端焉,意者金紫其复兴乎?况所遗像,又皆忠义士之表表者,岂徼福云乎哉!虽然,召顺降祥固天之常理,而计功谋利亦非所以。知善堂子也,种德以遗后,至公以存心,自尽其所当尽而已。

方伯子是方正的另一位儿子,是贡生方一命的父亲。方伯子,"襟怀磊落,意态萧闲"是他的人格标签;"俛仰竿笠,自适平居"是他的日常写照。方伯子属于典型的"官二代",生活优裕,无须为一日三餐操心,悠闲自适。他襟怀磊落,与人为善,游山玩水,钓鱼采果,是一位世外高人。他谦恭笃厚,认为自己出生书香之家,家有藏书,督促子孙读书上进,不毁家声,这就足够了。果然他的儿子方一命后来成为光耀门楣的第三代。而他自己,只适合做一位乡绅,独善其身,并不想用功读书求上进,人称为"遗世独立"。康熙《惠来县志·硕隐》记载了方伯子的事迹:"方伯子,惠来都人,明经方一命父,襟怀磊落,意态萧闲,不喜随世,俛仰竿笠,自适平居。尝曰:'家有遗书,使子孙读之,不坠家声,足矣,何仆仆于名利场为？'盖有遗世独立之高致者也。"

（三）方一命、方国斌和方尚友。方正家族第三代比较出色的有：方一命、方国斌、方尚友等人。方一命，字耿葵，弱冠之年已经成为县学庠生，在县学诸生中名声很大，成绩优等，无奈运气不佳，参加乡试连续三次都考中副榜，直到万历四十八年（1620），由县里推荐为岁贡。方一命的哥哥方肖玉，写文章得罪了潮阳知县，被抓到潮阳县，知县命令衙役杖打方肖玉，要他们下死力打，以泄心头之恨。方一命闻讯赶到衙门，他急忙脱下儒冠，愿意代替兄长接受惩处。潮阳知县素知方一命的才学，对他说："你才学超群，本来早就该高中举人，何以迟迟不中者，皆因汝哥不肖，连累你的前程。现在我为你除去累赘，消除障碍，今科你就可以高中了。"方一命苦苦哀求，请求知县宽贷，知县爱惜方一命的才华，也被他的亲情所打动，终于答应放过方肖玉。万历四十八年，方一命成为贡生后，到京城参加谒选，候选期间尚未授官，不幸得病去世。康熙《惠来县志·贤迹》记载了方一命的事迹："方一命，字耿葵，福建连城二尹正之孙，弱冠补弟子员，蜚声庠序，中乡榜副车者三，后应万历间岁荐。为诸生时，其兄肖玉以吏橼获罪于潮阳令，欲毙诸杖，命弃儒冠，愿以身代。令曰：'子才高，宜早售，今迟者，以尔兄不肖累汝耳。为汝除之，今科捷矣。'命哀乞宽贷，令爱其才而嘉其谊，遂释以归。其友恭如此。到京谒选，未及授符而卒。"

方国斌，字千人，是方正又一位颇有名声的孙子。方国斌是县学廪生，对先辈非常孝顺，与人交往忠直正义。其兄早逝，方国斌对待侄子视如己出，关爱有加。"岁己丑，罗英围城，斌慷慨仗义，捐家产千金，以急桑梓之难。"顺治六年（己丑年，1649），普宁县十三寨老鸦地山寇罗英进犯惠来，扎营惠城西边苗海村北，葵岭南面的蚶蚌寨，犯下累累罪恶。罗英的虐行激起了惠来百姓的愤怒，县城周围的百姓纷纷组织乡勇自卫、伏击罗英。方国斌捐出家产千金，招募乡勇800多人，分别由高亮福、高亮祯和陈廷斌带领。顺治六年（1649）七月廿六日，800勇士埋伏在北山、禄昌（今梅北村）附近等处，伏击罗英。交战中，罗英中伏被杀，余众溃散。县城百姓在此处立碑，以纪念勇士的功劳。这块石碑原立于今惠西路水流巷口对面，上刻"明高陈三将军剿罗英于此"，左侧刻"通县士民立"。高、陈三将军即指高亮福、高亮祯、陈廷斌。据说当时此巷血流成河，故称血流巷，后因名字不吉利，改称水流巷。中华人民共和国成立后此碑仍在，20世纪80年代街道改建时石碑被挖掉。潮州刺史吴公有感于方国斌的行为，将他的事迹编入《潮州府志》。

康熙《惠来县志·兵事》记载《山寇罗英初围县城之变》："罗英，普宁十三寨老鸦地贼也，自明季屡寇普揭地方。顺治四年丁亥七月二十六日，率党数千，围逼县城三日，焚刼西南二关，意为久困之计。忽一日，见山中旌旗蔽空，误为救师骤至，惊骇拔营奔窜，人称为神兵。由是直趋上都，焚刼铅锡、杭美、周田等乡。"《罗英再围县城之变》："（顺治六年）六月十六日，罗英迫围县城，四面俱布椿栅，围如铁桶。贼以神庙为窠，掳掠妇女，秽亵神宇，从未有酷烈如此者。举人高廷焕、生员谢廷诏密请义民高亮福、亮祯、陈廷斌，七月二十六日，设伏于北山、禄昌等处交战，英败被杀。以八百之众，破数万之贼，歼戮殆尽，堆积山原，邑人拾贼骸埋之，筑京观碑于道，以志功。"

康熙《惠来县志·贤迹》记载了方国斌的生平："方国斌，字千人，惠来都东福里人，连城县尹正之孙也。为邑诸生，生平孝友忠义，每遇先人忌讳，泣木悲风。抚其兄之遗孤，解衣推食。岁己丑，罗英围城，斌慷慨仗义，捐家产千金，以急桑梓之难。敦请执友高亮福、亮祯，会陈廷斌，自炉岗埠，亲带壮士设伏禄昌、北山等处，奋臂一呼，灭贼朝食，阖邑赖以生全。前刺史吴公嘉其保障，将国斌修入郡志。"

方尚友是方逢皋的儿子，他继承父亲的志向，勤奋好学，力求在功名上扬名立万。他颇有韧性，成为县学庠生多年，一直无法考中举人，即将选贡时去世，非常可惜。雍正《惠来县志·山川》记载方尚友和族人方应训等资兴建鳌头塔的事情："鳌头塔，在鳌头峰之脊山麓，即鳌头王家乡。明崇祯庚午年，东福阜生员方尚友、方应训之族，筹金数百，建为方家香火祠，文峰在县左砂，以障海风，邑亦利焉。"方尚友和族人方应训兴建钓鳌峰上鳌头塔，其目的是庇辅彰显方氏宗祠——赤山古院，益得一村的兴旺繁荣，站立于赤山古院门口远眺，可以看到钓鳌峰上的鳌头塔，俨然处于古院庭落中轴线上，而在赤山院内的某个圆形窗口，恰好对准鳌头塔的塔顶。

鳌头塔是县内一处颇负盛名的名胜古迹，2020年被评为"惠来新八景"，建于明崇祯元年（1628），为八角九层楼阁式实心砖塔，高约21米，塔砖规格为0.29×0.125×0.045米。塔基为花岗石条（砖）筑，高约1.2米，周长27.8米。鳌头塔本身具备的神秘色彩吸引了不少文人墨客前来览胜，并留下脍炙人口的篇章。具有代表性的是清雍正年间惠来县知县张玿美《葵阳八咏》第一首"鳌塔晴霞"。

此外，见诸记载的还有方正的孙子方一经，是明代例监。

四、龙溪都船场乡张秉文家族

龙溪都船场乡（今隆江镇区）张秉文家族，从明至清，历经100多年，代代皆有贤才出现，是惠来县历史上声名显赫的名门望族。据历代《惠来县志》记载，从张秉文开始，到儿子张旭，孙子张经，曾孙张灏、张淇、张汉，玄孙张钟、张蝌、张绍祖等，来孙张德等，历经六代，初为耕读世家，从张经开始，成为书宦世家。张秉文家族家教谨严，品德高尚，代有科考名士，能诗善文，邑人皆称："龙溪张家，才德兼优；衣钵相传，出类拔萃。"

（一）张秉文夫妻和儿子张旭。张秉文，龙溪都船场乡人（今隆江镇区），早年为县学庠生，在潮阳县棉城开馆授徒，维持生计，常年在外奔波。张秉文书生本质，生性倜傥，于家庭生计、家族事务不甚了了，一切家务和培养子女皆由妻子詹氏操持。张秉文英年早逝，其时儿子张旭年龄尚幼，张秉文留下的财产只有一箱箱书籍。张秉文的妻子詹氏是位有文化的女性，精明干练，能里能外，丈夫常年在外，她独力操持家务，奉养公婆，教育子女，日夜纺织补贴家用，含辛茹苦20多年，直至儿子张旭长大成人，继承家业。孙子张经七岁时，詹氏亲自教导张经读书，督促张经鸡鸣即起床诵读，张经能够一举考中进士，是他祖母打下的良好基础。雍正《惠来县志·节烈》记载詹氏的事迹："詹氏，龙溪都岗前里人，本都船场乡生员张秉文妻，乡贤处士张旭之母也。文理儒生业，结社棉阳，岁罕家居，氏甘旨芳洁，晨昏温清，未妇兼代为子。文性旷达，不事生殖，氏椎髻布衣，日勤纺织，以相摩切。文逝时，子旭幼，氏茹荼者二十余年。其孙经七岁，氏授《圣谕》《六箴》，鸡鸣晨课，时时诵说：衣食艰难，不可忘诗书稼穑。氏虽闺阁，盖二世为子若孙师保云。"

张旭，字日初，生子四人，张经是长子。张旭为人厚重简朴，谦谨守礼，居家常年专心攻读先父遗下的书籍和手稿,传授儿子理学、诗书及为人处世,督促其晨夕读书不辍。张旭饱学多才,识别时势,虽然终生没有出仕,为家乡做了不少好事善事。崇祯三年(1630),山寇海盗侵扰惠来,壬午年(1642),惠来城乡饥荒,张旭发起赈饥;崇祯庚辰年(1640),张旭发动大家整修城垣;乙酉年(1645),捐资抵御林学贤攻城。惠来县令赞扬他的贤德,向上级申请颁匾。清顺治三年(1646),张旭建"三官堂"(位于南门外城边),澄邑文学叶拂云《腊月偶游》:"先生怜倦客,兰若肯招游。地洁偏宜水,波清可似秋。迷津思宝筏,入社待沙鸥。盆菊临风瘦,亭亭岁暮留。"张经和诗:"佳侣寻芳胜,招提薄暮游。人喧思结夏,僧淡胜于秋。阶下鸣驯雀,水边狎卧鸥。禅机迎客韵,诗句白云留。"后人"溯其隐德",于康熙二十年(1681)举祀乡贤。康熙《惠来县志·乡贤》记载张旭生平:"张旭,字日初,龙溪都船场乡人也,厚重简朴,谦谨自持。父秉文,英年飞庠,蚤逝。家务纷集,不得日读父书,心甚歉焉。中岁生子四人,督长子经就外传授书,篝灯课读,周间晨夕。尝题其书屋之楹曰:教子读诗书,纵横三千免阁笔。居家勤省俭爱,留丝粒胜求人,其志操如此。先邑中有觊旭脾产而眈视于旭,詈侮百端。旭匿影晦迹,避弗与较。及崇祯季年,山海交讧,庚辰董缮城垣,壬午倡义赈饥,乙酉捐资御敌。邑令贤旭练达,详宪旌庐。没三十年,都人士溯其隐德,至国朝康熙二十年,举祀乡贤。子经,庚戌进士,孙灏,壬子亚元。"

(二)张经。雍正《惠来县志·乡贤》记载:"张经,字虚舟,龙溪都人,旭之子也。事父母笃孝,爱庶弟如同怀。教授生徒,脩脯与诸弟共,宗党无间言。好学不倦,淹贯群书,由廪生中康熙癸卯举人、庚戌进士。虽登第释褐,而守朴任真一如寒素。为人从容恬雅,有师德高风。至事关桑梓,绸缪不遗余力。当顺治乙酉,闽寇迫惠来城凡四阅月,城中乏食几危。罄其家赀,倡邑人共煮粥食,军士固守,城得不破。珍珠廉、茅坪诸山,通县龙脉攸关,为奸商觊觎。力陈当道,勒禁以寝其谋。隆江埠学地为势豪侵占,请复归学,岁得租银,以润多士。癸卯往省乡试,途获遗金二十五饼,坐俟其人而还之。修邑志,辑宗谱,表微阐幽,人服'良史之才'。赴部掣选,至皖城感疾南归。足迹不履公庭。讲学'还读斋',从游皆成名士。著《书经·禹贡注》《稼村篁吟诗集》《秋声文集》行世。卒年六十六,葬新市华盖山，户部尚书赵申乔铭其墓'绅士'，举祀乡贤。长子灏，壬子亚元；次子淇，丙子经魁；季子汉，学生。淇子蜥，甲辰科经魁。"

张经（1628—1693），字虚舟，出生于龙溪都船场乡（今隆江镇），后移居惠城。张经7岁时，得其祖母詹氏讲授圣谕六箴，自幼好学不倦，及长淹贯群书。为人从容恬雅，有师德高风；关心桑梓，不遗余力。顺治二年（1645）南明隆武元年，林学贤率众围惠来城四个多月，城中粮断势危，张经尽倾家资，开仓献谷，发动邑人煮粥，使守城军士饱食，城得保住。他于清康熙二年（1663）由廪生考中举人，清康熙九年（1670）考中进士，朝廷授任吏部观政，回籍候选。县学在龙江埠（今隆江镇）地方有学地，为势豪侵占。张经力请归还县学，岁得租银，用以培育人才。康熙二十六年（1687），惠来知县张秉政奉部文纂修县志，张经被聘同修，积极参与，殚精竭虑，表微阐幽，人服其良史之才。康熙二十七年（1688）年61岁，赴部掣选。至皖城感疾南归。从此，足迹不履公庭，讲学于"还读斋"，教授生徒，课其子孙。生徒叶湑得其指点考中举人，长子张灏，次子张淇均中举人。张经著作有《书经禹贡注》《稼村簦吟诗集》《秋声文集》行世。张经品德高尚，早年赴省试途中，曾于路上拾获遗金25饼，坐候遗者寻而还之。居家虽为进士，仍守朴任真，一如寒素。他与高僧宋超月友善，曾发起于城郊东栅建永福寺，供宋超月住持清修。每宿寺中，并有题咏。康熙三十二年（1693），张经年66岁卒，户部尚书赵申乔为他撰墓志铭"绅士"，举祀乡贤。

（三）张灏、张淇、张汉。张经生有三个儿子：张灏、张淇、张汉，皆是才华熠耀、人品端方之士，惠来坊间有"眉山父子"（苏洵、苏轼、苏辙）之誉。

张灏（1647—1692），字晴川，是张经长子。雍正《惠来县志·宦迹》记载："张灏，字晴川，龙溪都人，进士经之冢子也。智慧聪敏，目数行下，弱龄为督学所器，每试辄冠军，文章多在庐陵、眉山两先生间。年二十六登壬子亚元。天性孝友，操履端方，铨期将及，以高堂白发，不忍远睽膝下。赴部改选司铎，授化州学正。抵任，捐俸修学宫，劳心课士，文风丕振，暇即摊书万卷，偕二三知交，载酒赋诗。尝自题其署曰：'不嫌地僻无佳酿，只恐官闲懒读书。'上宪廉其才能，委护州篆，洁己爱民，州人戴之，壬申卒于官。著有《濯春堂集》二卷。子钟，戊子恩贡，博学能诗文，邑令查聘修邑志。次琛，增广生。次钺，学生。"

张灏小时候智慧聪敏，看书目观数行，小小年纪便为督学赏识，每次考试成绩都名列前茅，所写文章，多为庐陵（欧阳修）、眉山（苏东坡）两先生风格。清康熙十一年（1672）中举人，时年26岁。张灏天性孝友，品质高尚，授官之期将届，因他双亲年迈，不忍远离。特向吏部请求，改选司铎（教职），以便派在本省（官员则不能派本省）。康熙二十七年（1688）授化州（今广东省化州市）学正。他一到任，便捐资修学宫，劳心教育事业，文风大振。暇则阅读经史诗书，与知交朋友，饮酒赋诗。曾自题其署曰："不嫌地僻无佳酿，只恐官闲懒读书。"上司以其有才能，委派他署理知州。他洁己恤民，深受州人爱戴。康熙三十一年（1692），卒于官，年46岁，著有《濯春堂集》2卷。他是第一个写"惠来八景"的惠来人，其《葵阳八景》诗，至今传诵。他的诗作还有《春江咏寄大埔令刘夫子》《依韵答仲弟右川寄怀之作》，赋作有《神泉海赋》。

张淇是张经次子，号右川，著有《嘘云集》一卷。张淇记性奇佳，读书过目不忘，父子四人，自相师友。张淇于康熙丙子年（1696）考中举人，康熙丁丑年（1697），惠来发生饥荒，张淇发起赈灾，全活甚众。张淇未仕而卒，颇有文名，县志记载诗作有《柬伯兄任化州司铎》《庾岭梅》。雍正《惠来县志·宦迹》记载张淇事迹："张淇，号右川，龙溪都人，进士经次子。秉姿醇笃，有记性，与兄灏弟汉并有文名。庭帏聚顺，自相师友，时论有'眉山父子'之目。乙卯，族伯张廉应岁荐赴省，道过博罗，中暑卒。淇适至，躬为殡殓。由廪生登丙子经魁。丁丑岁饥，首倡捐赈，全活甚众，教育诸侄同于己子。未仕卒，遗有《嘘云集》一卷。子三，虬、蟠皆茂才，蝌甲辰经魁，人咸谓'衣钵相传'云。"

张汉是张经第三子，字东川，聪明伶俐，博通经史百家，为人良善，抚孤恤贫，十三岁出外游学，不久成为廪生，每次考试都是上等，有"陆澄书厨"之誉，乡人尊为楷模。雍正《惠来县志·贤迹》记载："张汉，字东川，龙溪都人，进士经季子。敦行孝弟，赋性刚直，绰有父风，生平劝善规过，抚孤恤贫，邻里尤交资焉。少英敏，博通经史百家，乡评有'陆澄书厨'之誉。年十三泮游，旋食饩，上舍屡试高等。非公事不见长吏，乡人奉为楷模。临贡卒。长子绍祖，廪生；次樟，太学生。"

（四）张钟、张琛、张钺、张蜊、张虬、张绍祖、张樟。张秉文家族的第五代，人才更为鼎盛丰隆，张灏的儿子张钟、张琛、张钺，张淇的儿子张蜊、张虬，张汉的儿子张绍祖、张樟，皆有文名，不输上辈。

张钟是张灏之长子，字大石，博学能诗文，康熙四十三年（1704），为惠来知县查曾荣聘修《县志》，康熙四十七年（1708）戊子科恩贡。张灏46岁在化州学正任上去世，张钟跋涉2000多里，赤足扶柩归家乡安葬。雍正《惠来县志·贤迹》记载："张钟，字大石，龙溪都人。父灏，任化州学正，卒于官，钟二千余里往迁，跣足扶归榇，哀毁尽礼。时祖父母垂白在堂，钟孝事纯笃。年十二游潮阳泮，善楷草，试辄冠军。淹贯典籍，有英涵峻发之才，诗赋立就。日问字乞文户外屦满，应康熙戊子恩贡，邑侯查聘修县志，著《留砚堂集》。胞弟琛，字玉树，增广生，敦行谊，聪慧绝伦，尤淹书沃史。钺，字黄石，廪生，有德器，兄弟友爱，自相师友，人谓家学渊源云。"张琛是张灏次子，字玉树，聪明绝伦，增广生。张钺是张灏小儿子，字黄石，县学秀才。

张蜊是张淇之子，雍正甲辰年（1724），补行癸卯正科陈世莲榜第四名举人。诗有《吴山怀古》《留题孤山放鹤亭》《鹅埠晓渡》。文有《张邑侯义学记》：

尝观天下有人心而后有风俗，有教化而后有人心。《周礼》：大司徒以乡三物教万民而宾兴之。自州长党正而外，下及族师闾胥，比长牖民之法甚详。然则义学之设，亦犹行古之道焉。

潮属邑各有义学，而惠邑独缺，甚哉！创始之难也。我国家休养百年，久道化成，教思翔洽，还隅日出，罔不训行。今上崇儒重道，登明选公，举贤良方正之士，以风励天下。侯以西凉名家，恭膺简命，出宰惠来。下车之始，即以兴教化、厚风俗为己任。甫一载，民和年丰，刑清政简。日与都人士讲学论文，亲加评骘。爰谋之绅士，捐清俸百金，购地于县治之东，葺为义学，共一十六楹。复请之当道，立官地租一十七两，田谷九石，自捐俸一十两，以为脩脯之资。规制既定，聘荐绅谢石首先生，隆以西席，涓吉于二月朔日，举祭菜礼。一时观者如堵，称盛典焉。昔昌黎韩公刺潮，潮人未知学，公命赵德为之师，文风翕然丕振，有海滨邹鲁之称。惠邑亦昌黎过化之地方，今人敦诗，书户知礼、乐，科名之盛，溢美于前，童子之科，广增其额。而侯复加意作人，因其势而利导之，是韩公作之于前而侯述之于后，可谓相得益彰矣！况规模宏远，可久可传，俾后之涖斯土者，皆得以相承于勿替。行看多士振兴，人文蔚起，为圣天子鼓吹文明，黼黻盛治，岂不休哉！

夫十年之计树木，百年之计树人。今日义学之设，侯之为人心风俗计者，诚思深而虑远也。是不可以不书。

张虬也是张淇的儿子，邑文学，雍正《惠来县志·艺文下》收录他的诗作《登陆安慕义楼吊黄纯义》："独上南楼望，临风一浩然。成仁真学问，取义见家传。正气山河壮，芳名日月悬。古今同一死，青史几人编。"

张绍祖，字善材，是张汉之子，县学廪膳生员，文学，雍正年间惠来知县张玿美编修《惠来县志》，邀请张绍祖参与编修，县志记载文有《文庙崇祀考》，诗有《谒韩文公祠》："巍巍庙宇倚云中，仰止高山意气同。万里投荒冲瘴疠，千秋化雨发屯蒙。鳄鱼徙后潮光白，橡木开时春色红，几度登临神欲往，步趋谁是继韩公。"张樟是张汉之次子，太学生。

张秉文的来孙张德，是张蜥的儿子，乾隆九年甲子科（1744）举人。

五、河田村林奇祚家族

明嘉靖三十一年（1552），河田村林氏祖母（其夫林崇隆下南洋一直未回）带领族人从福建平和来到惠来县龙溪都大河田定居，当时该处已有黄、赖等姓居住，尔后，林姓迅速繁衍，渐成大族，他姓迁徙。明末清初，该村已发展成为一个较大村落，林氏一族人丁兴旺，人才辈出，独秀群伦。特别是林奇祚家族，成为当地名门望族。

（一）林奇祚。《惠来县志·硕隐》记载林奇祚生平："林奇祚，字锡衷，龙溪都大河田村人，敏达宽厚，乐善好施，少孤，抱蓼莪之痛，事叔父执犹子礼，甚谨。党中周人之急。性好学，过目成诵，尊师课子，敬恭尽礼。子绍麒、绍麟、绍虬、绍鹏、绍鹗、机祥，皆为名诸生。绍鹗以岁荐司开平训导，绍麟长孙昂，登甲子贤书；机祥长子涛，登丙子贤书。"

林奇祚，字锡衷，龙溪都大河田（或作大禾田）村人（今惠城镇河田村）。河田村围龙屋里面有林氏族人修建的锡衷公祠,始建于清代,2007年重建,表达林氏族人对林奇祚的怀思。

林奇祚出生于大河田村,在该村长大,对家乡亲人有深厚感情。很小的时候,父亲去世,他独立自强,从小聪敏宽厚,长大乐善好施。每逢乡党有急难之事,他尽力相助,甚得族人拥戴。纵然身背失怙之痛,对待叔父辈犹执儿子之礼,十分恭谨。林奇祚秉性好学不倦,过目成诵,敬奉老师尽礼尽节,培养孩子读书成才。他育有六个儿子:绍麒、绍麟、绍虬、绍鹏、绍鹗、机祥,都是县里名声超拔的秀才,其后代更是人才辈出,成为当地书香门第。其中最突出的儿子是五子林绍鹗,于康熙九年(1670)从县学脱颖而出,成为岁贡,授任肇庆府开平县训导。二儿子林绍麟的长孙林昂,字东渠,于清康熙二十三年甲子科(1684)中举,授江西弋阳县知县,受惠来知县查曾荣邀请,参与续修《惠来县志》并作序;六子林机祥的长子林涛,康熙三十五年丙子年(1696)中举,授江苏无锡县知县,后晋升户部主事。二十多年间,林奇祚家族出了两个举人,两个知县,一时风光无两。

(二)林绍鹗和林机祥。《惠来县志》记载林绍鹗生平:"林绍鹗,字云立,惠之龙溪大禾田里人,髫龄食饩邑庠,应康熙九年岁荐,授肇庆府开平训。开平邑陋而朴,鹗至,殚心教育,士风以振。其诸生少土著,半隶外府,每逢试期,道远难赴。癸亥岁试,不及期者十人,例概革除。内有伦之纲者,夙擅才名,见之色阻。鹗详其状于学宪,补试收复。及次年甲子秋,之纲遂举于乡。纲感培植之恩,而开士亦戴德焉。未几,遘疾,卒于官舍,囊橐萧然。同志共伤,鸠金赠赙,归其旅榇。鹗夙喜歌吟,著有《时弋草》二卷,藏于家。从子昂,登甲子贤书,渊源盖有自云。"

林绍鹗(?—1685),字云立,号可楷,龙溪都大禾田里人。清康熙九年(1670)由惠来县学选拔成为岁贡,尔后出任肇庆府开平县训导。当时,开平县学宫建筑简陋,书风不振。林绍鹗到任后,殚心教育,读书风气渐盛。但开平县儒学生员家住本县的土著较少,来自外府者约占一半。因此,每逢试期,外府生员多因路途遥远,不能如期到达。康熙二十二年(1683)岁试,不及期者10人,按规定概应革除。内有名叫伦之纲的生员,才学优秀,素有文名,也在误期之列，得知必须除名，十分难过。林绍鹗闻知，急将其情况详细上报学宪，争取给予补试，得以通过。伦之纲深深感恩，更加发奋努力，第二年秋闱，伦之纲参加省试，一举考中举人。不仅得到帮助的伦之纲们深感林绍鹗培植之恩，开平县老百姓也深受感动，纷纷赞誉林绍鹗。在培养人才方面，林绍鹗尽心尽力，恪尽职守，呕心沥血。康熙二十四年（1685），林绍鹗不幸患病，卒于官舍。林绍鹗为官清廉，宦资微薄，到了此时，面对囊橐萧然，家无余钱，家人束手无策。开平人士闻信，慷慨解囊，筹金赠助，使其灵柩得归家乡。林绍鹗一生喜欢歌吟，著有《时弋草》二卷藏于家。

林绍鹗的侄孙林昂参与续修康熙四十三年甲申《惠来县志》（该志无存）的时候，挑选了林绍鹗的两首诗，载入《惠来县志·艺文》。但其中一首的署名却是"林绍鹦"。

同治《惠来县志·艺文（下）》记载了两首内容相近、诗风相同的律诗，第一首《寄怀英德外翰阮作诗》署名"邑人林绍鹦，明经、训导"，第二首《北上过清远界舟中遇雨》署名"林绍鹗"。查找现存最早《惠来县志》康熙志，其选举篇"岁贡"（即明经）：林绍鹗，酉头都人，康熙九年岁贡，仕肇庆府开平县训导，有传。此后的雍正《惠来县志》、同治《惠来县志》皆如此延载，均未见有"林绍鹦"者。林昂参与续修的康熙四十三年甲申《惠来县志》现今无存，其后张珆美雍正《惠来县志》因为该页残缺，根据民国十九年检印本补充了这两首诗，而民国十九年检印本的依据，应当是同治版《惠来县志》。故此，现存最早记载"林绍鹦"《寄怀英德外翰阮作诗》的县志，就是周葆熙同治版《惠来县志》。鉴于"林绍鹦"与林绍鹗身份重叠且字形高度近似，据此判断，"林绍鹦"拟为林绍鹗之误。再者，这两首诗排在一起，内容相关，风格一致，属于同一个人所作无疑，诗人的身份和林绍鹗开平训导的职位、路径相吻合。林绍鹗究竟属于酉头都还是龙溪都？康熙《惠来县志·都鄙》载，龙溪都有村曰"大禾田"，而酉头都既无"大禾田"也没有"大河田"，可以确定属于龙溪都人。

林机祥，据林四良编写《林氏族谱——河田衍派》记载：林机祥，名可盘，号尔渐，庠生。其生平事迹未见县志记载，雍正《惠来县志·艺文》收录他的两首诗，是他的侄孙林昂参与续修《惠来县志》时收录的。

《登双荐第一峰》："初陟层霄一望奢，红尘隔断几人家。烟光上下虽堪玩，雨后青山色倍嘉。"

《登第二峰》："再上层峦看物华，漫将风景向人夸。斜阳影落遥添翠，一抹山容缀紫霞。"

（三）林昂。林昂是林绍麟的长孙，字东渠，他于清康熙二十三年甲子科（1684）中第三十一名举人，授任江西弋阳县知县。康熙四十三年（1704）甲子年，他受惠来知县查曾荣邀请，参与续修《惠来县志》并作序。在雍正版《惠来县志》和同治版《惠来县志》中，查曾荣《保护县龙》一文中，写到林昂为纪念查县令"保护县龙"成功，写古风一首志喜，但两个版本皆无林昂古风一诗，估计只是收录于查曾荣版的《惠来县志》。同治《惠来县志·庙宇寺观》记载林昂游永兴寺诗："不须携蜡屐，访胜有香林。故址慈云拓，群峰法雨深。座前花幻影，树里馨传音。莫说曹溪远，慧灯此际寻。"

雍正《惠来县志·旧序》"江西弋阳县知县邑人林昂撰"：

古者列国有史，自罢侯置守，裂地为郡县，于是史变为志。是志犹史也。修之者不一代，续之者不一人。范蔚宗《东汉书》百二十卷，而刘昭补之；陈承祚撰《魏四纪》，而裴松之补之；江淹为《齐志》，萧子显更有《齐书》；刘知几有《史通》，而吴竞更多《实录》。大都因年世之近远，酌舆图之广狭，以昭往迹而示将来也。惠之有志，肇自麓平林公，修之东璧游公。国朝张持公明府恭承部檄，集诸绅士纂辑修明。而以张虚舟先生为首唱，自丁卯距今一十八年，虽山川疆域物产风俗依然如昔，而其间户口之增减，赋役之繁简，忠孝节义之幽光，人材宦迹之霞举，不无待贤有司之厘定而阐扬也。邑侯查春谷先生，以文章政事之才，莅宰是邦，鸣琴七载，俗熙人和。聘三四同事续前邑志而增修之，编摩较订，于一方之险易，一事之沿革，一钱谷之增减，一人之始终，必求其精且确。阅月余而书成，揖余言曰："司马迁叙二千四百一十二年事，止五十余万言。班固叙二百二十余年事，遂至八十余万言。论者以此定其优劣。今余上下此十八年中，为传不过数十，为记不过七八，为诗赋艺林不过二三十。时会使然乎？抑秉笔者宁简无繁、宁真无浮乎？"余曰："因云洒润则芬泽易流，乘风载响则音徽自远。故德教侔物而济，荣名缘时而显。使荀仲豫让美于扶风，则汉纪三十篇应不依左氏传体矣。使朱晦庵谢能于温公，则通鉴纲目应不增损隐括，以就此篇矣。"今侯搜辑轶事，用订成书。续志天文，祥瑞灾祲之必书也；续志地理，疆壤赋税之必详也；续志人事，大而祭祀兵农，细而禽鱼草木，外而贤豪树立，内而闺壶幽（原文缺一字，避讳），无弗约而该、明而备也。诚可继十八年以前之事迹，而使十八年以后之有志修举者，有所凭依，瞭如指掌。则侯承前启后之勋，不亦伟欤？！虽然，郡县外史也，郡县中有惠志，犹外史之一也。得侯抚柔兹土，（缺字，避讳）化成，异日侯迹茂著，珥笔于天禄石，渠为侍从股肱大臣。虽蕞尔舆图，庶几与十五国之风谣并献当宁。虽一邑之史乎哉，有裨于天下之文献，可矣！

（四）林涛。林涛，字子建，康熙三十五年（1696），考中丙子科陈国球榜第二十一名举人，与张经的儿子张淇同榜中举。后授任江苏无锡县知县，晋升户部主事。林涛是林机祥长子，从辈分上说是林昂的堂叔，但从年龄上来说，比林昂还小。雍正《惠来县志·艺文》收录林涛《葵阳八景》诗。

六、惠来都陇头里方廷兰家族

（一）方廷兰。雍正《惠来县志·乡贤》记载：方廷兰，字华畹，惠之陇头堡人，少孤贫，负米供母，奋志下帷，以贡入成均，就试京闱获售，为有力者所挤而失之。叹曰："吾数奇，艰于一举，命也。"遂赴选，得通判处州，署龙泉、缙云、青田三邑篆。所至，申文教，抑倖竞，悬鱼驯雉，孔迩兴歌。晋迁云南巨津州知州，以循陔不逮为痛，随解绶归。捐资建祖祠，筑先茔，恤姻族，乐善息争，为邑仰止。没后人思其德，举祀乡贤。

方廷兰（1571—1629），字华畹，明代惠来都陇头里（今东陇镇寄陇村）人，后列入县学乡贤祠崇祀。民国时期方氏族人编修《广东惠来方氏族谱》记载："方廷兰，字敦实，任云南巨津州知州，朝廷褒加'贺郡大夫华畹'（正三品秩），钦赐'旌节，世荣其门'，据传，巨津州城仍有华畹大夫庙，供奉方廷兰神像。"

方廷兰命运坎坷，幼年失怙。 "数奇艰于一举"是方廷兰对自己科考路途坎坷的感叹。方廷兰的父亲方贞一，字见池，生值倭寇猖獗，父亲、叔父俱亡，从小孤苦伶仃，却自强不息。方贞一为人忠厚老实，正派淳朴，族亲乡邻有口皆碑。方贞一从小雅好诗书，攻读不辍，方廷兰刚刚识字，方贞一就开始给儿子讲授《尚书》，督促儿子读书上进。雍正《惠来县志·硕隐》记载方贞一生平："方贞一，字见池，陇头乡人。生有淑质，幼事诗书，值倭寇之变，父叔沦亡，零丁孤苦，犹手携一卷，呀唔不辍。及子知书，以《尚书》授之，课督略无倦容。生平为人醇谨，忠恕接物，族党称述无间。子廷兰，以选贡通守，括苍晋迁州守；孙鎺、曾孙之孝，俱登贤书。"方贞一早逝，因家贫，方廷兰小小年纪就需要养家糊口，他以稚嫩的肩膀"负米供母"，养活他的母亲。方廷兰十五岁成为县学诸生，从小立下宏大志愿，奋志攻读，万历二十七年（1599），他28岁时，应岁贡考试进入南京国子监读书。在国子监曾参加京闱考试，成绩优等，本来可以成为举人，不料名额为有势力者挤占，失去举人身份，他不由慨叹："吾数奇，艰于一举，命也。"这使他对参加科举之路失去信心。几年后，他赴京城参加谒选。万历三十一年（1603），他受任为浙江处州府通判，开始踏上仕途。

方廷兰的妻子是惠来都钓鳌石（今东陇镇钓石村）林氏，上任时，妻舅林月阳跟随到处州，不幸于处州去世。林月阳的儿子林有纪（字典三）当时只有十几岁，跋涉数千里扶柩而归。雍正《惠来县志·孝义》记载此事。

方廷兰能力超群，此后一路顺利，官运亨通，多次接受上级委派，代理县令职务，计代理过龙泉县一任，松阳县一任，缙云县二任，青田县一任。万历四十六年（1618），因政绩出色，朝廷晋升他为云南省巨津州知州。

方廷兰为官清廉磊落，所到之处孔迩兴歌。"申文教，抑佥竞，悬鱼驯雉，孔迩兴歌。"方氏族人于民国时期编修《广东惠来方氏族谱》时，方廷兰的后裔仍保留一些记载方廷兰事迹的明代原稿，以及他与同僚隶属往来的诗词文章，经整理，形成《丽江府巨津知州郡华畹大夫传》，主要事迹有：

万历三十一年（1603），方廷兰前往浙江处州府就任通判一职。下车伊始，他首先清理军饷，使卒伍解困，供应得到有效保障；其后，于灾年平粜赈饥，救助百姓度过饥荒之年；采取措施，抑制豪民巧取豪夺，使饥民得到拯救。当道考察到方廷兰品行端正，才能过人，为此曾多次委派他去代理一些比较棘手的县份，担任代理知县职务。计代理过龙泉县一任，松阳县一任，缙云县二任，青田县一任。这些县份各种势力盘根错节，都是难治县份。《丽江府巨津知州郡华畹大夫传》记叙："龙多逃赋，松多诡道，缙喜私斗，青则赈贷饥棘"，高度概括这些县份存在的严重问题。但他所到之处，始终把清廉放在第一位。下属有以火耗例金去进贡他，他都拒绝接受。这就使他在处理复杂的政务中掌握了主动权，免受掣肘，游刃有余。比较高光的事迹有：龙泉县逃纳赋税情况特别严重，蔚然成风，历任县令焦头烂额束手无策，方廷兰不动声色暗中调查清楚，重拳出击，不用刑罚，仅用24天时间，就征输税银四千六百两有奇。松阳县民聪明多诡诈，方廷兰代任时恰遇凶年，灾情严重，需要赈济。为此，他单骑遍历穷乡，一丝不苟督促核实，严防作弊，有托幼、托病以冒领重领的，一见面就把他斥去。所有困顿过不下去的乡民都及时得到救济，在他治理下，人民安居复业，丰衣足食，甚至不知当岁是个凶年。缙云县民风彪悍，乡民私斗之风颇盛，他到任之后，经常深入乡间，以和蔼态度，循循善诱，春风化雨，教民礼让息争，而至搜奸弭盗，则又凛栗不可犯，使人无不惕然屏息而奉公守法。他宽严适度，故当他再次代理缙云县知县一职时，当地百姓无不欢欣鼓舞，热烈欢迎。最后代理青田县，同样得到青田县民的歌颂。人们有称赞他为"祁公"的，有称赞他为"德让君子"的，也有颂为"青天"的，不一而足。万历四十六年（1618），根据他的考绩，朝廷晋升他为云南省巨津州知州。到任以后，他发现"巨郡主藏，吏虎冒为奸"，巨津郡负责储运贮藏皇粮，官员虚报冒领，官商勾结，狼狈为奸，他经常到粮仓收粮处稽核存粮情况，粮食、豆类一一分开存放，如数登记。负责这项工作的下属知道新任长官不能糊弄，再也不敢弄虚作假。

方廷兰早年在外为官，母亲独留家乡寡居，日益苍老，方廷兰感到愧对母亲，遂辞职回到家乡，奉养老母。

方廷兰仁心质行，造福乡梓。"归，捐资建祖祠，筑先茔，恤姻族，乐善息争，为邑仰止。"方廷兰的为人，御史李銮称赞他"仁心质行，坦度夷衷，为下吏不随上颦笑，为上吏不持下长短，而一意拊循为急。种种皆孝思锡类，故贤声籍甚"。雍正《惠来县志》称他"乐善息争，为邑仰止"。他出身农村，在外为官时时惦记着家乡父老乡亲。辞官回到家乡后，他多次捐资兴建庵寺祠宇，崇祯年间，他发动族人兴建"寄梅庵"，化用三国时期陆凯《赠范晔》"折梅逢驿使，寄与陇头人。江南无所有，聊赠一枝春"诗意，向陇头乡的父老乡亲报春，表达他祈求"风调雨顺，国泰民安"的祝愿（见庵中对联，今仍在）。寄梅庵历经沧桑，于清嘉庆三年（1798）重建，坐东向西，三间两进，面阔10米，进深16米，建筑面积162

平方米，干栏式结构前廊卷棚顶，前后及两廊硬山顶，整座建筑全部为石檩，建筑轩昂形制独特，保存有清嘉庆年间落款的碑记、同治年间落款的大理石香炉、楹联等文物，400多年来，"寄梅庵"成为寄陇村民安放心灵、寄托愿望的一处精神家园。现有三山国王庙、寄梅庵、观音堂三联座，寄梅庵至今供奉方廷兰神主位，仍然香火旺盛，凭吊络绎。辞官回到家乡的方廷兰，充分发挥个人声望和优势，慷慨捐资，发动族人建造祠堂，修筑先人坟墓，团结姻族亲戚，乐善好施，和睦邻里，解决止息乡邻各种纠纷矛盾，受到乡人的尊敬和爱戴。

方廷兰于崇祯二年（1629）去世，卒年58岁，族人乡党，无不悲悼，"人思其德，举祀乡贤"。

（二）方镛和方鏴。方廷兰有三个儿子：方镛、方钟、方鏴，其中最为出色的是第三子方鏴，登天启丁卯科（1627）詹炎榜举人。方鏴字巽中，勤奋好学，喜欢古书，弱冠之年成为县学廪生，曾经到罗浮山游学，寄宿于禅寺，潜心经史，于天启七年（1627）考中举人，是明代名士冯元飙的得意门生，得到冯元飙的赏识。冯元飙，字尔弢，浙江慈溪人，中明天启元年（1621）举人，天启二年（1622）中进士。天启六年（1626）任揭阳县令，后升授户部给事中、礼部右给事中、太常少卿、南京太仆卿、通政使、兵部右侍郎、兵部尚书。南明福王时（1644）在家乡去世。他在揭阳任职时，颇有政声，曾主持建造涵元塔、韩祠、五贤祠、进贤门等名胜古迹，而流传最广、妇孺皆知的是他和爱妾黄月容的事迹。方鏴作为一代名士冯元飙的得意高足，才华学识熠耀，一时风光无限，是方廷兰最疼爱、最看重的儿子。有一年惠来遭遇荒年，城乡灾民遍野，方鏴主动动用积粮，赈济灾民。有流棍到乡里骚扰村民，方鏴招呼众人，集力围攻，流棍害怕逃走。崇祯七年甲戌科（1634），方鏴作为举人上京考进士，有邑人张上治，授任淳安县主簿，已领符尚未赴任，染病而卒。方鏴得知消息，放下手头的重要事项，出钱出力代为料理丧事，影响了考试，落第而归，他的事迹得到家乡人交口称赞。方鏴回到家乡后，才知道家里发生重大变故，二哥方钟被族仇杀害致死。方鏴作为举人，前途无量，承担着方廷兰的全部希望，但他为给二哥申冤，四处奔走告冤，操劳悲愤过度，郁郁而终，年仅33岁，十分可惜，"人惜其年不酬德，呈祀乡贤"。雍正《惠来县志·乡贤》记载方鏴的事迹："方鏴，字巽中,巨津州知州廷兰三子也。笃学嗜古,弱冠籍诸生。游罗浮,寄榻禅寺,潜心经史。天启丁卯举于乡,为冯元飚首拔士。值岁饥,倾庾发赈。有棍蠹投匿,罗织乡民,鏞呼众击之,蠹惧敛迹。甲戌公车至京,有邑人张上治,授淳安县主簿,领符未任而卒。鏞捐赀纪其丧事,邑人义焉。及归,仲兄钟遭族仇杀。鏞痛愤激烈,遍告当道,以劳致病,卒仅三十三。人惜其年不酬德,呈祀乡贤。"

方廷兰的大儿子方鏞,英年早逝,事迹未见记载,他的妻子詹氏,在康熙《惠来县志·节烈》有记载。方鏞娶妻龙溪都西湖里詹氏,才一年,方鏞生病去世,詹氏请求公婆,过继本族子侄方嘉客为继子,"痛夫伦序居长,不忍乏嗣,泣请舅姑,立叔氏之子嘉客为继"。詹氏辛勤操劳家事,培育继子方嘉客成为县学诸生,后来在为二叔父方钟惨死申冤奔走告状中,和堂弟方之孝并肩作战,成为方廷兰第三代一位出色人物。其母詹氏活到七十多岁,其时已有孙子。方嘉客的女儿在雍正《惠来县志·节烈》中也有记载。

(三)**方之孝**。方廷兰的孙子方之孝,是方鏞的儿子,是方廷兰最为看重的第三代,称之为"吾家千里驹"。方之孝,字孺子,天资聪颖,年仅十四岁伯父方钟为族仇所杀,父亲为给伯父申冤,忧心过度去世,小小年纪遭受双重打击。方之孝和堂兄方嘉客一起,继续踏上申冤路途,终于使凶犯伏法。后来到潮州府拜陈园公(海阳县人)为师,受到潮州府学学宪何三省的器重栽培,每次考试皆名列前茅。明末闽寇林学贤围攻惠来城,方之孝向潮阳县请求派兵救援,被监纪中书丘大复所阻挠,险遭不测。方之孝潜心读书,其书屋名曰"静虚室",他天天泡在书屋里,埋头经史,精通经传及诸史百家。清顺治辛卯年(1651)考中举人,顺治甲午年(1654)上京赶考,乘船到达金陵(今南京),居住于"程墨盛行"书坊,因为生病,错过参加考试的时间,抱憾而归。三年后的丁酉年(1657),方之孝再次上京赶考,这次选择陆路,走到江西地方,感染疾病,不幸因病而亡,年仅三十七岁,人皆痛惜。雍正《惠来县志·贤迹》记载:"方之孝,字孺子,鏞之子也,天资颖敏,读书目数行下,祖廷兰器之,曰:'吾家千里驹也。'年十四,伯钟为族仇杀死,父丧继之,间关险阻,无不备尝,卒能与从兄嘉客历告当道,手刃诸凶。后入郡师事陈园公,为学宪何三省所首拔,试屡冠军。及明季闽寇围邑,孝于潮阳泣请救师,为监纪中书丘大复所挠,义愤几陷不测,潮人伟之。家居事母善承颜色,克当欢心,笃志潜修,颜其居曰'静虚室'。读书其中,淹通经传及诸史百家,尤邃于古文词、各体诗歌。顺治辛卯魁省闱,甲午公车,舟至金陵,选次程墨盛行书坊,以病旋舟。丁酉再赴公车,至章赣卒,年仅三十有七,弗竟厥志,人皆惜之。著有《心远堂集》,传于邑。"

方之孝小小年纪,祖父方廷兰、伯父方钟、父亲方鏛相继去世,方之孝迅速承担起家族的希望,于清顺治辛卯年(1651)考中举人。他对母亲非常孝顺,"家居事母善承颜色,克当欢心"。可惜在上京赴考时,到达章赣地区(江西地界)染病而卒,年仅三十七岁。

方之孝和县内文人庄曾、陈修等人交往密切,精通经传及诸子百家。他加入邑人陈修组织的"青莲诗社",富有文名,作品有《心远堂集》,"尤邃于古文词、各体诗歌",雍正《惠来县志》收录的文有《募建双忠庙疏》,诗有《宿武宁驿》《醉霞楼十韵》《归途口占》《答彦飞士紫二叔》等。方之孝生活在明末清初战乱时期,多次遭遇兵灾,"及明季闽寇围邑,孝于潮阳泣请救师,为监纪中书丘大复所挠,义愤几陷不测,潮人伟之"。他经历战火,深有感触,因此最出色的诗歌是《北山平寇歌》。

方之孝热心地方事务,为兴建双忠庙奔走呼吁,写了《募建双忠庙疏》,得到重视,顺治十三年(1656)五月,于学宫西边兴建双忠庙,双忠庙祀:敕封善利威济卫圣孚应王许远、敕封忠靖福济昭圣灵佑王张巡,左右雷南二将军,列入官府祭祀,春秋二仲一年两次。

七、龙溪都青坑乡黄远登家族

葵潭镇青坑村位于大南山南麓,与普宁市毗邻,邻近乡村有汉塘村、新圩村、螃蟹村、圆墩村、青坑林场。青坑村群山拥抱,绿水环绕,环境优美,历史悠久,人文蔚盛。该村建于明朝中期,村子里最初居住有黄、陈、林、李、官等姓氏居民,住房零落分散,并不集中,后来陈、林、李、官等姓氏逐渐迁徙,只有黄氏子孙在这里辛勤耕耘,繁衍生息。青坑属客家方言区,据说,青坑原称"清溪",因村前有两条清澈的小溪环绕而得名,后来因客家方言语音的原因演变成了"青坑"。青坑村地灵人杰,历来民风淳朴,修文习武,勤劳致富,过着安逸宁静的生活,素有文化之乡、富裕之村的美誉。青坑村先贤的美谈一代传一代,传奇故事数不胜数,有地理宗师黄佰元、举人爷黄宗股、讼师黄梦梅、武师(村人尊称为"黄排师",是否叫黄排,无法确认)等。其中,"万户公"黄远登家族是村中久负盛名的一家,这家人的突出人物有黄远登,黄远登的儿子黄应联,孙子黄美才、黄云峰(黄衢)。

(一)黄远登(?—1822),讳道岸,名锡荣,字远登,诰封资政大夫,生年不详(从其长子出生于乾隆五十年即1785年来推测,黄远登大约出生于1765年左右),卒于道光二年(1822)夏。黄远登是黄衢的祖父,清嘉庆年间岁贡,为一方巨富,家资巨万,田地连片,为人善良、忠直,乐于助人,人们对他从不称姓道名,而尊他为"万户公"。黄远登生育四子:长男应联,字建香;次男应捷,字建敏;三男应元,字建魁;四男应廷,字建用。他很注重培育人才,投入巨资在青坑村创办山房,聘请外地名师教学。一家四子皆成才,或进邑庠,或捐州同,成为书香门第。其中最出色的是长子黄应联。

黄远登不仅重视子孙教育,对素不相识的读书人也乐于扶掖。

该村黄氏族人世代流传黄远登资助彭衍墀的故事:海丰县东溪乡人氏彭衍墀,上京赴考时,因家境贫寒,投亲不遇,流落外乡,偶然听说黄远登的大名,抱着试一试的心态来到青坑求助。黄远登见彭衍墀虽穷困落魄,但形容轩昂,举止稳重,出口成章,黄远登询问他为何流落至此?彭衍墀尴尬地以实相告,黄远登听后深表同情,吩咐家人取出数十两银子,奉送给彭衍墀,叫他立即上京赶考,不要错过考期。彭衍墀接过银子,千恩万谢,拜别上路,赴京赶考。彭衍墀果然一举成名,后来一路升迁,任省一级高官,他不忘黄远登资助之恩,特登门拜谢!彭衍墀拜黄远登为义父,与黄远登长子黄应联结拜兄弟,并邀请黄远登随同赴任奉养晚年。黄远登其时已上年纪,况家道殷裕,不愁吃穿,便谢绝了彭衍墀盛意,黄远登见彭衍墀一片真情,便荐其早日旧交岑毓英之子岑春煊给他,岑春煊是云贵总督岑毓英之子。岑春煊是一位饱学多才之人,后来官至两广总督,地位比彭衍墀更高,岑春煊走上仕途之后,也念念不忘黄远登荐引之恩。

青坑村有了岑春煊、彭衍墀两位高官作为后台,一下子声名鹊起。值得一提的是,有一年,广东省报考贡生时,因在京任职的岑春煊与彭衍墀把报考贡生的文凭

（相当于报名表）交给黄远登的后人带回广东，被其带回到惠来青坑乡，广东省各地要考贡生的人，都要到青坑去领取文凭填写报名。一时间，这个深藏于群山之中的小山村学子云集，商贾士绅往返，好不热闹。于是，"青坑省"的名称就这样传开了。

（二）**黄应联**（1785—1859），字建香，讳宽亮，号星垣，族人咸称为"星垣公"。黄应联是黄远登长子，当地黄氏后代族人对其推崇备至。黄应联是潮州府郡学庠生，例授进士翰林院待诏，实际上只是一个闲职文官。

黄应联出生于清乾隆五十年（1785）乙巳年七月廿九日，卒于咸丰九年（1859）己未年六月廿八日，享寿75岁（虚岁）。族谱记载，黄应联生有八个儿子：长男式金，字奕叶；次男式珪，字甜雅；三男式珠，字奕辉；四男式凤，字云阶；五男式琅，号晋阶；幼男式珆，字奕珍。青坑村今存有黄应联的祠堂，祠堂堂号"崇德堂"，始建于清代末期，21世纪初重修，占地面积约150平方米。拜亭悬挂学政吴葆泰书写的牌匾"庆集德门"。

（三）**黄式金、黄式凤**。黄远登的第三代，人丁兴旺，发展势头强劲，呈现集团式趋势。黄应联长子黄式金（1802—1872），字奕叶，号美才，出生于清嘉庆壬戌年（1802）九月十二日，卒于同治壬申年（1872）三月二十日，享年71岁。黄式金例授儒林郎，官至布政司左堂，生有12个儿子。《黄氏族谱——江夏盐坑派系青坑美才祖》记述黄式金生平事迹："自少聪明特达，勤读诗书，才略过人，贻谋基业。一乡子孙，振振家声报葵阳矣。传下十二儿子，千余裔孙，名列或均，至众联作行谊。一生立志，为人正直，光明和气，孝顺英风，何以能此也！财发万石，人称'万户公'。儿子裔孙，持续考进，登庠生、进士、国学生、秀才，官至府知事、按察司等，十二儿子十个都有官职，皆吾祖生前之事也。以后传述云尔，发扬家声。"2011年，美才公祠重修，裔孙黄文忠书《美才祖记》悬挂于该祠堂门楼。

黄应联第四子黄衢（黄式凤），2002年出版《惠来县志·人物》有记载。黄衢（1819—1883），字云阶，谥号云峰，族人称为"四公太"或"云峰公"。黄衢幼年在文化氛围浓厚的家庭环境熏陶下，聪明好学，喜作诗，有文名。后进邑庠，曾几次参加乡试，未能如愿。同治年间，始获举荐为岁进士（即岁贡）。

光绪初年，黄衢赴京参加谒选，派赴广西象郡（广西西部地区）为州府佐吏。该郡为少数民族地区，设土知府（明代称为"军民府"），主官为当地"土人"，外来的普通官吏受其管辖，难以施政。黄衢有鉴于此，下决心加捐同知衔，任思恩督粮府那马分府职务。后署西林县知县（西林县在广西西部，邻近云、贵，明为上林长官司，清康熙年间改土归流析置），颇有政绩。后调柳州雒容县（今柳州市雒容镇）正堂。由于彭衍墀、岑毓英两人推荐，封典军民府，授资政大夫。黄衢因弹劾前任贪赃枉法，反遭所害，于光绪八年（1882）辞官归田。黄衢归家时，带回"执事""肃静""回避""西林县正堂""那马分府""司恩督捕府""钦加二品行"等木质金字执事牌三十块和整套官案设备及出巡仪仗队用"伏地虎——喇叭"两支、官锣两面等器物，全部架陈于云峰公祠厅堂。光绪九年（1883），黄衢在家乡病逝，享年65岁。

　　黄衢为官清廉。在西林县期间，深得西林县人士岑毓英（云贵总督）赏识。闻其归田，乃亲书"两袖清风"牌匾颂其德。黄衢好写诗，遗存有《榕垣自励》长排百韵残篇（存六十韵）传于世。黄衢玄孙黄舜悟，现居香港，保存《榕垣自励》部分遗稿。青坑村黄衢后裔2001年重修云峰公祠，修旧如旧，古朴端严，云峰公祠二厅一天井，占地面积约160平方米，抬梁式结构，硬山顶，梁木古旧，保留清代精美木雕，大门后匾为云贵总督岑毓英题"两袖清风"牌匾，眉额"恭颂云翁父台德政"，落款"云贵总督岑毓英拜书"，阳刻镶金，金光灿灿，可见黄衢后代对牌匾的珍视。由裔孙撰写的《云峰祖记》，装帧镜框悬挂于正堂墙壁，《云峰祖记》："盐坑十五世祖黄公名衢，字云阶，谥号云峰，生于嘉庆己卯年十二月廿五日酉时，于光绪癸未年六月初六日申时寿终正寝，享年六十五岁。祖自幼好读诗书，习无不精，乃奇才也，一举成名，官至资授思恩督粮府、西林县正堂等职衔，谋基业造福一方，振家声以报桑梓矣。祖为官一世，刚正不阿，两袖清风。解甲之时，幸得上司两广总督（为'云贵总督'之误）岑毓英为其亲书'两袖清风'以颂其德。祖传八房子孙，皆以祖德为范，励志共勉，而今各房裔孙昌盛，英豪辈出。水有源，树有根，发扬吾祖遗风，训子诰孙，是也。"

八、许腾鹤

"白云闲不锁,留与鹤归来",这是惠来狮石里人林逊小时候隐居前詹铭湖岩读书时,所写《题铭湖岩》诗的后两句。林逊写诗时是一位十来岁的少年英才,元末为躲避战乱而隐居铭湖岩读书,进入明朝时朱元璋首次开科取士,林逊即考中进士。后世惠来人认为,林逊诗中的"鹤"是指清代考中进士的许腾鹤。许腾鹤是清代第二位考中进士的惠来人。

(一)县志和族谱记载许腾鹤的原生家庭。同治《惠来县志·人物》记载:"黄氏,生员许逢祥妻,年二十四祥逝,赀产萧然。氏矢志孀守,保持幼孤,卒年八十六。孙文澜,持躬孝谨,接物谦和,督男腾鹤力学,登雍正庚戌科进士。"

许腾鹤的曾祖父许逢祥是县学生员,早逝。曾祖母黄氏年仅24岁时守寡,而家徒四壁,生活艰难。她含辛茹苦一手带大许腾鹤的祖父,许腾鹤的祖父在许腾鹤出生后,一迁再迁,都是为了许腾鹤更好地成长。许腾鹤的父亲许文澜,是一位谦谦君子,品行端方,正是在父亲许文澜的精心培养下,许腾鹤终于学有所成,于雍正年间考中进士。

2002年新华出版社出版的《惠来县志·人物》记载许腾鹤的家庭情况:"许腾鹤(?—1771),字集之,原龙溪都南湖村人,定居于惠来都东郊(今惠城镇东郊村)。生于清康熙年间。家世贫寒,曾祖父生员许逢祥早逝,家贫如洗。曾祖母黄氏抚养幼孤,其孙许文澜督促腾鹤力学,始有所立。"

1990年许世延编修全省《许氏宗谱》记载:"许腾鹤(?—1771),字集之。惠来龙溪都人,定居惠来都东郊(今揭阳惠来)。家世贫寒,曾祖生员逢祥早逝,曾祖母黄氏抚养幼孤;父文澜督其力学,始有所立。康熙五十二年(1713)举人,雍正八年(1730)进士,特简福建试用。雍正十二年(1734)任福建归化知县,有政绩。乾隆八年(1743)秋,补授湖北蕲水知县。敦崇理学,始创蕲阳书院,每岁捐俸六十金,延师课士,试前列者给纸笔以奖励之。次年学宫倾圮,劝谕阖邑输金重建,经营伊始,忧讣适至,未竟其事而去。后复任陕西洛川知县。(同治《汀州府志》,乾隆《潮州府志》,乾隆《县志》,光绪《黄州府志》。——周修东)"。周修东是潮阳人,字既白,号懿斋,现任汕头海关驻港口办事处副调研员兼关史陈列馆馆长,主要研究方向为潮汕历史文献及潮海关历史,主要著作有《宋潮州七贤年谱丛刊》《潮海关史事丛考》诸作。1985年,广东省许氏族人广泛发动征集族谱资料,周修东充分发挥工作便利条件,查阅同治《汀州府志》、乾隆《潮州府志》、乾隆《蕲水县志》、光绪《黄州府志》等历史资料,整理了关于许腾鹤的珍贵史料。

(二)勤敏好学,师生情谊传佳话。2002年新华出版社出版《惠来县志·人物》记载:"许腾鹤家世贫寒,曾祖父生员许逢祥早逝,家贫如洗。曾祖母黄氏抚养幼孤,其孙许文澜督促腾鹤力学,始有所立。腾鹤幼年勤敏好学。青年时期,曾师事隆井都东陇村廪生方留耕。康熙四十七年(1708)方留耕由廪生考中举人。第二年赴礼部会试,途中得病,抵家数月而卒。腾鹤等门人与其家属共襄葬地,克尽师生之谊。"许腾鹤曾祖父许逢祥是县学生员,未见记载,督促许腾鹤力学的许文澜也未见记载。隆井都东陇村廪生方留耕是许腾鹤的老师,后考中康熙戊子科举人。同治《惠来县志·人物》记载了许腾鹤和他的老师方留耕的事情:"方留耕,字安斋,隆井都人,父煜,应岁荐,廷试归,卒于途。耕千里扶榇,往还跣足哀号,见者感泣。事耄年祖父尤谨,友爱诸弟,得母欢心。教授生徒,多游黉序。由廪生中康熙戊子科举人。赴礼围,中途病,抵家数月而卒。门人进士许腾鹤诸人,与其子嗣崑嗣,拔襄葬于柳树溪上龙虾地。"这里记载了许腾鹤出于师生情谊,在老师去世后,尽全力协助老师的家人,安葬老师的感人事迹。

同治《惠来县志·选举》"举人"记载:"康熙戊子科李恆煐榜,方留耕,隆井都人,有传。康熙癸巳科庄论榜,许腾鹤,详进士。"康熙四十七年(1708)方留耕考中举人,康熙五十二年(1713),许腾鹤参加乡试得中举人。从记载来判断,1708年方留耕考中举人后,许腾鹤开始师事方留耕,在方留耕的指点下,1713年许腾鹤中举,并于17年后考中进士。

同治《惠来县志·选举》"进士"记载:雍正庚戌科,许腾鹤,龙溪都人,特简福建试用。雍正八年(1730),许腾鹤考中进士,名列三甲。"特简"是指皇帝对官员的破格重用,三甲进士直接授予实职知县的较少,"特简"符合许腾鹤的身份。笔者查阅"国学典籍网"《福建通志》卷二十七记载:"汀州府归化县知县,许腾鹤,广东惠来进士,雍正十一年署。""署"是代理知县。

(三)三任知县,政绩斐然。2002年新华出版社出版的《惠来县志·人物》记载："乾隆年间，腾鹤受任为福建汀州府归化县知县，有政绩。后调任湖北蕲水县，又调任陕西洛川知县。是惠来县继明代林逊之后的第三位进士，而且是为官时间较长者之一。"福建汀州府归化县现为福建三明市明溪县，湖北蕲水县现为湖北黄冈市浠水县。

清乾隆《潮州府志》卷二十七《选举表下》记载："许腾鹤，惠来人，历仕归化、蕲水、洛川知县。"

福建汀州府归化县于民国时期改称明溪县，现为福建省三明市明溪县，笔者在网上购买了民国时期《明溪县志》电子版，《明溪县志》卷八"职官志"清代知县一栏记载了许腾鹤在归化县任职的时间："许腾鹤，广东惠来进士，雍正十一年履任。"

在清光绪《蕲水县志·职官》"知县"一栏中，记载了许腾鹤担任蕲水知县的时间。

清光绪《蕲水县志》卷之六"名宦"记载："许腾鹤，字集之，惠来进士，乾隆八年秋补授。沉静寡言，朴实正直，一子随侍，亦不敢干公事。初下车，吏请于元坛庙拈香，弗许。敦崇理学，倡捐劝修，与邑绅士即枕浠之旧阁，更创蕲阳书院，构楼祀宋五子於上。有以文昌、奎星请祀者，谓不可。每岁捐俸六十金，延师课士，试前列者给纸笔以奖励之。蕲之有书院，日兹始也，将欲置学田为久远计，因次年学宫倾圮，梁栋蚁蚀，劝谕阖邑输金重建，经营伊始，忧诣适至，未竟其事而去。"

许腾鹤在湖北蕲水县任上，为该县人民做了不少功在千秋的好事。"乾隆八年秋补授"是许腾鹤到蕲水县上任的时间，他带了一个儿子随行上任，方便照顾儿子的学业，"一子随侍，亦不敢干公事"。许腾鹤的性格"沉静寡言，朴实正直"，上任后，一是敦崇理学，倡导兴修"蕲阳书院"；二是在县学设立奖学金，给考试名列前茅的县学生员予以奖励；三是筹谋设立学田，重修学宫。

网上有一篇湖北文化人闫生权的文章《寻味浠水：这座文庙，就是一本湖北县城的文化史》，介绍了许腾鹤修建蕲阳书院和县学的事情，可与上面县志的记载相互印证。

《寻味浠水：这座文庙，就是一本湖北县城的文化史》："浠水县学从宋朝开始兴办，至民国初期停办，跨越千年。可以说，文庙就是一本浠水文化简史。其间，书院名字就更换了三次：玉台书院、蕲阳书院和南门书院。由于朝代更迭和战乱频繁，浠水县学也曾几度兴废，上述建筑物都不是一蹴而就、一劳永逸的；有的建了三四次，有的存世只有几年。但是，历代浠水知县都算是有些家国情怀的封建士大夫，他们对于县学态度是屡毁屡建，很有向死而生的气概；代际有为，颇具'后浪推前'的精神。下面是我们以县志为史实，整理的县学'简历'：乾隆十一年（1746），知县许腾鹤（惠来进士、今广东揭阳人）倡五乡乡绅集资准备重建大成殿，资金到位后，以艰离任，未能实施。"

"忧讣适至""以艰离任"都是说明，许腾鹤是因为"丁忧"而回归家乡，后来"丁忧"期满，朝廷重新起用，授予许腾鹤陕西洛川知县之职。

（四）**兴师办学，培养后代**。许腾鹤回到家乡惠来都东郊村守孝，和哥哥许腾鹗，弟弟许腾凤，将父母的坟墓葬于惠来都新乡仔村许溪陂葫芦地。许腾鹤的父亲许文澜，母亲周妙修，三个儿子分别是：许腾鹗、许腾鹤、许腾凤。许腾鹤育有四子：必达、家琳、恩荣、家琮，都是太学生。

"丁忧"期间，许腾鹤热心家乡和宗族的公益事业，他在蕲水当官几年，深感教育的重要性，于是发动族人，倾资兴建"许氏书房"。许氏书房占地面积约5000平方米。位于今惠城镇东郊社区校场前巷一号，路边有一棵枝繁叶茂的古榕树，见证着历史的沧桑。这里曾经是书声琅琅的清净书房，如今已是县城闹市区，民居密集。不知是否因为这里躺着一位清代进士的缘故，这里依然保留一片萋萋荒草的山野风光。许氏书房坐落于城区护城河东边，北面是明清时期惠来营驻兵的校场，南面是热闹的东门街圩市，一时成为周边学子求学的最佳选择。许腾鹤亲力亲为，倾囊助学，他为书馆购置学田，收入一方面用于延师膏火，一方面用于资助贫寒学子，奖励优秀学子。同时，他利用个人威望，经常邀请县学的教谕、训导前来讲学，一时之间，许氏书房名声大噪，时至今日，东郊社区周边村民，仍传颂许氏书房当年的盛况，念念不忘许腾鹤的功绩。

许腾鹤临终叮嘱后人，将他葬于许氏书房的后园。如今，这里围墙芳草，碧树繁花，仿佛述说着一段久远兴学育人的历史。

第十七章

民国时期的教育

民国开始，改学堂为学校，撤销县劝学所，设学务专员，后又改为学务委员。民国六年（1917）恢复县劝学所。劝学所的职责是"辅佐县知事办理县教育行政事宜，并综核各自治区教育事务"。设所长1人，由县知事报请道尹委任，劝学员2—4人，由县知事委任。民国八年（1919）始创建县立中学1所，学制4年。民国十二年（1923）县劝学所撤销，改设县教育局，设局长1人，任用资格以大学、高级师范或高等专门学校毕业生为限。下设督学1人，书记1人。是年，县立中学改为"三三制"，只办初中。照教育部新学制，小学改定为初小4年、高小2年。定学生入学年龄为：6岁以下入幼稚班，7—10岁入初小，10—12岁入高小（以后一直沿用此制）。全县小学有了较大发展。至民国十六年（1927）全县有县立小学5所，区立小学6所，乡、村立小学4所，私立小学27所，合共42所，入学学生4370人。以后，因连年战争，通货膨胀，经济困难，加之当时国民政府对民办中小学有所顾忌，施加抑制手段，导致许多民办中小学创立不久即停办，发展极不顺利。这一时期，私立小学停办11所，县立小学停办4所。至民国二十二年（1933）全县小学有77所，教师466人。民国二十九年（1940）实施新县制，县设教育科，设科长1人，科员1人，督学3人，事务员1人。每乡设一中心学校，保设国民学校，全县有小学106所，其中中心小学31所，国民学校45所，有高小86班，初小424班，共510班，教职员294人，入学学生1.59万人。同时期仍存有私塾59所，学生2888人，塾师67人。此后国民学校发展迅速，至民国三十五年（1946）全县有小学431所，共有686班，学生2.26万人，教职员758人。中学又增办私立龙溪中学，私立群力中学，私立诚信中学。

〔第一节〕幼儿教育

民国三十年（1941）始创办惠城幼儿园，园址在西门外荔果园庵。有主任1人，教养员3人，入园幼儿40人。民国三十四年（1945）春，日军侵占惠城时停办。民国三十五年（1946）惠城创办中正幼儿园，园址在丁厝处开祥祖祠，分大小两班，幼儿约80人，有主任1人，教养员5人，至1949年停办。

〔第二节〕小学教育

一、民国前期

1912年，南京国民党临时政府成立后，教育进行改革。全县小学堂一律改称小学校。至1927年全县增办县立小学4所，区立小学4所，私立小学20所，共28所，合清末所办的14所共42所。其中女子学校2所，工读学校1所。

（一）县立女子小学。创办于民国十年（1921），校址在惠城禄初祖祠。始办初小，后办高小。学生几十人。民国十六年（1927）停办。

（二）私立真原女学。由天主教教友陈良才（女，潮安人）于民国九年（1920）创办，校址在葵潭教友公所。该校为未立案初级小学，兼收幼年男生。学生约100人。课程与一般小学相同，但体育课改为圣经课，民国二十三年（1934）停办。

（三）私立工读学校。民国十二年（1923）由革命青年方汝楫等人组织的青年社创办。校址在惠城学宫西巷先贤祠。校长林梅，校务主任方大焕，教师有刘树棠、方凤巢、方锡禧、方汝贵、黄应灵等，均为义务教学。兼办夜班。学生100多人，有泥木匠、挑工、抬轿工等参加学习。在宣传农工革命和动员群众方面起到一定的作用。民国十三年（1924）停办。

（四）隆江公立高等小学校。民国元年（1912）由龙溪书院改办，学生近百人，教师5人。经费靠各乡祖户捐献学租、地方捐税和学生学费。民国十七年（1928）增设高小部而成为完全小学。民国十九年（1930）改称第四区区立小学。抗日战争期间改名为八乡镇联立中心小学。民国三十四年（1945）秋，开办初中，设一年级1个班，改称龙溪中学，小学成为附设的小学部。一年后经费筹措困难，初中班停办，复称八联小学，后改称七联小学。

此时期学制，按民国元年（1912）所规定，初小4年，高小3年。民国十一年（1922）颁布新学制，改定高小2年，初小4年，此制一直沿用至民国末年。学习科目高小为修身、国文、算术、中华历史、中华地理、博物、理化、图画、手工、体操10科。女子加缝纫，视地方情况加唱歌、外国语、农业、工业、商业等1科或数科。初小为修身、国文、算术、游戏、体操5科。视地方情况加图画、手工、唱歌1科或数科，女子加缝纫。

二、民国后期

这一时期是国民党政府实行"党化教育"时期，与前期不同：一是课程，改修身为公民，博物、理化简化为自然，增加童子军训练课。高小曾一度加授三民主义、孝经、经训。民国二十四年（1935）惠来县立第一小学课程的设置，高小为公民、国语、算术、自然、历史、地理、图画、手工、音乐、体操、童子军训练、孝经、经训等13科；初小为公民、国语、算术、常识、图画、手工、音乐、体操8科。二是体制，校设校长、教务和训育。学生学籍及毕业证书由县教育科管理。学生学业，3科不及格留级，2科不及格准补考，补考不及格留级。第二年再留级，则责令退学。

民国十七年（1928），县立高等小学改为完全小学，称县立第一小学，校址迁到学宫西侧。同年创设县立第二小学（初小）1所，校址在惠城西外育婴堂。民国二十二年（1933）惠来县政府饬令私塾改为小学。小学校数始有增加。至民国二十六年（1937）共创办19所小学。由于抗日战争全面爆发，民国前期办的小学停办了16所。学校设置变动很大，出现一批又一批的学校创办了又停办的现象。此后在全民族抗日战争中，由于惠来发生大饥荒，日军入侵惠来，又有一批小学停办，但又增办了14所，全县小学校数共70所。其中完全小学12所。新增办的学校，有两所在当时被认为是进步的学校。一是民国二十八年（1939）兴办的县立第三小学，教师主要是青抗会成员，其中有的是共产党人；二是由惠来银河剧团创办的私立大众小学（其前身是大众学园）。

民国元年（1912），葵峰书院改为葵潭高等小学校。民国八年（1919），改称第五区区立第一小学校。民国十八年（1929）校址迁至寨内东门郑氏家祠。民国二十七年（1938）又迁回书院。民国三十五年（1946），改称葵潭中心国民学校。民国三十七年（1948），扩纳养正小学为第一分校、培英小学为第二分校、崇善小学为第三分校，合计16个班，学生700人，教师20人。

靖海在民国时期出现好几所私立小学：

（一）大茂朴梅私立初级小学。民国元年（1912），林美延、林美村创办"大茂朴梅私立初级小学"，位于"司衙"（原靖海镇政府驻地）。由林鸣九担任校长，聘请戎家泉、曾美衍等4位老师，开设一至四年级3个复式班，学生人数90多人。课程主要有国文（国语）、算术、常识、图画、体育等科，1936年后设童子军操。"大茂朴梅私立初级小学"的前身是设于靖海所城北门"庆衍祖祠"的"朴梅小学堂"。

（二）私立四礼初级小学校。1913年，戎三石创办"私立四礼初级小学校"，位于镇区"戎氏祖祠"。聘请教师1名，招收学生30人，学生绝大多数是戎氏家族子弟，也有个别是西社邻近的他姓子弟。经费主要靠"戎氏祖祠"尝的铺租、田地租、学生学费。1928年以后，小学实行"四二"制，1945年学生有80—90人，其中女生10人，教师2人。1951年，该校并入靖海中心小学。

（三）私立群英小学。1913年，奚光址创办"私立群英小学"，校址择于"奚氏炳文祖祠"，1928年2月，迁移到"奚氏凤姿祖祠"。20世纪30—40年代，招收学生120多人，其中女生10多人。开设小学一至四年级4个班，教师4、5人。学生多为城内、南外奚氏子孙，也有东社附近他姓子弟。经费靠南外村奚姓渔船的渔产抽1%为常年费用。奚氏家族的渔工子女免交学费，其他学生要缴学费。该校经费充裕，学生桌椅、黑板、体育用具等设备齐全。1933年初至1934年底，聘请靖海知名人士元登期担任校长。这阶段，学校增设一个国文专修班，讲授《古文评读》《东莱博议》以及20世纪30年代初期盛行的文学作品，招收区立高小毕业的学生10多人。

（四）私立知源初级小学。20世纪20年代，元二超创办"私立知源初级小学"，位于"元氏臣祖祠"，每年招收学生90多人。1928年实行新学制后，开设一至四年级两个复式班，教师2人。

（五）私立睦友初级小学。20世纪30年代，林凛创办"私立睦友初级小学"，校址位于"林氏俊祖祠"，每年招收学生70多人，教师1、2人。经费来自林氏各祖房的祖尝及学生学费。

（六）私立谷懿初级小学。20世纪30年代，高合发创办"私立谷懿初级小学"，位于"高氏祖祠"，到20世纪40年代，每学年学生50多人。经费由高氏各商户捐助。该校于1949年转为靖海中心人民小学的分校，1951年并入靖海中心小学。

（七）私立养正初级小学。清乾隆年间，靖海所城朱氏开基祖朱振耀以儒家诗书礼乐创办"养正书房"，20世纪20年代，朱承忠在养正书房基础上创办"私立养正初级小学"，常年招收学生50多人。实行新学制后，该校分设一至四年级两个复式班，教师2人。经费靠朱氏的"书丁田"租益，不足部分由朱承忠负担。

（八）西外村旧式小学。民国初期，西外村创办一所旧式小学，学生30人左右，教师1人，不分年级，授旧式启蒙文字课。1941年办成一所初级小学，开设初小一至四年级一个复式班，学生50多人，教师1人。经费从晒盐的盐税收入抽取，经费较充裕。解放初期该校并入靖海中心小学分校。

民国三十五年（1946）惠来县政府继续贯彻前一阶段未完成的新县制，推行"政教合一"的国民教育制度。规定：一乡（镇）建1所中心国民学校，一村或几村建1所国民学校，中心学校管理所属保国民学校；乡长兼中心国民学校校长，乡（镇）文化干事兼教员，使政教合一起来。当时县政府按乡保的建制，编定中心国民学校46所，保国民学校382所，加上私立完小3所，合计431所，上报省教育厅。

〔第三节〕中学教育

民国八年（1919），惠来县创办第一所中学——惠来县立中学。初为四年制（通称旧制中学）。民国十二年（1923）改为"三三制"，只办初中。民国二十八年（1939）办为完全中学。全民族抗日战争时期，全县增办私立中学4所，其概况如下：

（一）私立梅林中学。民国二十六年（1937）创办，校址于当时的梅林区。

民国三十五年（1946）有初中3个班，学生92人，教职员10人。1949年梅林区划归普宁县，由该县接办。

（二）私立惠来大众学园。民国二十七年（1938）由惠来银河剧团创办，校址在惠城衙后祠。学园领导人吴健民（共产党员），主任方若棋，义务教员张学武等10多人。招收家贫学生50人。教授初中基础学科，以及《论持久战》《大众哲学》《戏剧艺术》等著作。办学经费主要靠银河剧团演出募捐。师生边学习，边参加抗日宣传活动。曾出版《大众看》和木刻集等刊物。民国二十八年（1939）7月，惠来县政府着令停办。

（三）东江三民中学。民国二十八年（1939）2月由东江华侨回乡服务团创办，在葵潭镇葵峰书院借用两间课室为校址。校长吴棣正，教师6人，招收初中一年级1个班，学生60多人，并开设高中文科专修班，学生30多人。初中班除按照中学规定课程授课外，还加授一些革命理论。高中文科主要讲授《大众哲学》《论持久战》以及苏联革命史等课程，每天1小时军训。并在陆丰县双坑乡办农民夜校，进行抗日宣传。开办3个月后遭惠来县政府查封而停办。

（四）私立葵峰中学。校址在葵潭镇葵峰书院，由地方自筹经费于民国三十一年（1942）秋创办。首届招收初中一年级两个班，学生80多人，教职员9人。翌年秋，经费困难，停办半年。民国三十三年（1944）春改办补习班。设国文、数学、英文3科。民国三十四年（1945）日军入侵惠来，停办。民国三十五年（1946）复办初中两个班，学生40人，教师8人。曾有两届毕业生共32人。民国三十八年（1949）2月，因经费困难停办。

抗日战争胜利后，又增办私立中学3所。概况如下：

（一）私立龙溪中学。民国三十五年（1946）2月创办，校址在隆江八联小学内，将八联小学改为附小。春秋两季各招初中一年级1个班。学生45人，教师6人。经费靠地方税捐和学费。民国三十六年（1947）2月经费困难停办。

（二）私立群力中学。民国三十六年（1947）秋由方应昌等倡办，校址在文昌阁。经费靠学费及社会人士资助。民国三十七年（1948）2月，因县政府不给备案，停办。

（三）私立诚信中学。由惠来银河剧团于民国三十七年（1948）2月立案创办，校址在惠城东栅永福寺，与诚信小学在一起。招收初中一年级1个班。剧团团员为义务教师，经费由剧团自筹。1949年9月并入惠来县立中学。

民国时期所创立的中学，至1949年5月全县解放时，仅存县立中学、私立诚信中学、私立梅林中学3所。学校体制，一般设校长、教务主任、训育主任和总务主任。县立校长由县政府聘任，报省教育厅批准备案。教务、训育主任和教师由校长聘任。课程设置，初中为国文、英文、数学（算术、代数、几何）、动物、植物、物理、化学、卫生、公民、历史、地理、图画、音乐、劳作、体育和童子军训练16科。高中为国文、数学（几何、代数、三角）、英文、公民、历史、地理、生物、化学、物理、图画、体育和军事训练12科。学生成绩考核，规定国文、英文、数学为主要科，其中两科不及格者留级。曾一度规定：体育1科不及格者留级，其他各科为3科不及格者留级。连续留级2年者则着令退学。考勤也有规定，达若干次旷课者则着令退学。学生学籍每学期报县教育科审查，并送省教育厅备案。毕业证书由省教育厅发给。

〔第四节〕中等专业教育和社会教育

一、简易师范班

民国十年（1921）县立中学附设简易师范班，只办一届，学生近40人，1年制毕业。民国二十九年（1940）复办，每年招1个班，学生人数25—40人，免费入学，学制1年，学习课程为公民、三民主义、地方自治、农业经济、历史、应用文、注音符号、小学行政、教学原理、教学法、卫生、音乐、工艺、体育、童子军行政、军训等科。至民国三十四年（1945）停办。

二、社会教育

成人教育在民国时期称社会教育。民国十二年（1923）由惠来青年社创办的私立工读学校，曾兼办夜校，有各种工匠参加学习，为惠来县第一个民众夜校。民国二十九年（1940）实施国民教育，各公、私立学校，均附设民众夜校。全县共有71个班，学员2569人，其中妇女373人。民国三十五年（1946）全县共有430个班，参加学习人数9315人。

第十八章

中华人民共和国成立后的教育事业

1949年5月，惠来县解放后，学校列为国家事业单位，教师为国家干部，教育得到迅速发展。中华人民共和国成立初期，由于贯彻执行中央、省的一系列方针政策，全县教育出现生机勃勃的局面。县人民政府设文教科，负责全县的文化教育工作。1953年，随着土地改革和农业合作化运动的开展，农民子弟入学人数猛增，各区乡相继兴办一批中小学。由于知识分子政策贯彻得好，教师待遇较高，工作热情积极，教学认真负责。这一时期，学校有良好的校风和学风，学生素质明显提高。以后，由于各个历史时期政治运动的影响，教育经历了几起几落的过程。

1958年底，撤销惠来县制，分别并入普宁、潮阳两县。这一时期，由于"左"倾思想和浮夸风的影响，两县都忽视小学教育。在原惠来县地域内超前建起一批中学，把一大批小学教师骨干调任中学教师。由于师资不足，加上其他原因，致使小学学生数连年减少。1961年3月恢复惠来县制，县设教育局，配局长、副局长，下设人秘、财务、教育、工农教育等股。在管理体制上，除公办中、小学经费和人员统一由县管理外，公办全日制中学和县重点小学由县教育局直接管理。面上公办、民办小学和社办的农业中学则下放由公社和大队管理。经过调整，对1958年后只追求中学数量，忽视教学质量的现象得到纠正，逐步使教育事业与当时的经济基础相适应，至1963年全县教育才重新走上正轨。

"文化大革命"期间，全县教育遭到严重破坏，县教育局被冲击瘫痪，1970年2月撤销县教育局，至1973年3月重新恢复。当时，县立中学由工人宣传队管理，面上中小学则由贫下中农管理。这一时期，全县教师约四分之一遭受批斗，其中15人致死。教师被嘲笑为"臭老九"，社会地位受贬。小学由6年制改为5年制，中学由三三分段制，改为二二分段制。学校的规章制度被废除，正常的教学秩序被打乱。各类学校教学质量低下，学生读完学制年限就算毕业。

1977年后，经过拨乱反正，社会秩序走上正轨，教育逐渐恢复正常，县教育局除健全各专业管理股（室）外，新设招生办公室、电教仪器管理站。1977年全国恢复高考招生制度，激发学生学习积极性。1978年县政府为被错划右派的教师平反，1979年为"文化大革命"期间受迫害的教师昭雪，使教师受到应有的尊重。1982年对1966年后的初中毕业生，按行政系统进行补课，并统一考试、补发毕业证书。

1980—1985年，各级党委成立教育领导小组。全县普通教育开始实行"分级办学、分级管理"的体制，完善三级办学体制。1985年通过多方集资2095万元，新建和改建教室，至1986年，全县基本实现"一无二有（学校无危房，班班有课室，人人有课桌）"，大大改善了学校的教学条件。

根据国家提出"有步骤地实行九年制义务教育"要求，广东省于1986年10月提出贯彻《中共中央关于教育体制改革的决定》意见：初级中学和小学改由区（镇）乡负责管理，1987年底，全县有全日制中学26所，学生2.68万人；全日制小学242所，学生7.43万人；幼儿园74所，入园幼儿1.16万人。

1987年，各乡镇场设立教育办公室，负责规划、统筹和管理辖区内的小学。初级中学和九年一贯制学校，由乡镇和教育局双重管理。县教师进修学校、县一中、二中、华侨中学、英内小学、县幼儿园和各完全中学由教育局直接管理。农场、矿山、糖厂办的中小学，由办学主管单位管理。1993年，进一步深化教育管理体制改革，把人、财两权和部分行政管理权下放乡镇，但教师调动、工资、职称、档案、培训、教学改革、基础建设投资和落实知识分子政策，仍以教育局管理为主。同时在教师队伍中实行"两聘两制"（两聘：政府和教育行政领导聘任校长，校长根据有关条件和办学目标聘任教师；两制：校长负责制、老师岗位责任制）、"一包一奖"（一包：教育经费总额包干；一奖：学校实行根据工作量、职级和教学质量、业绩、工作效果分配奖金）的管理体制。各中学（含九年制）校长、中心小学校长和直属学校校长，由教育局批准聘任，各小学校长由乡镇聘任。

2002年，落实基础教育"由地方负责、分级管理、以县为主"管理体制。2004年，撤销镇场教育办公室，设立教育组，负责管理辖区内小学各项业务工作。同时，教育局直接管理全县中学和直属学校，全县中小学校长和教师的管理也统一由教育局负责。校长的任用分为两种制度：高、完中校长和各镇场教育组长由教育局提名考察，按干部管理权限与程序任用聘用；其他中小学校长由教育局选拔任用并归口管理。突出"以县为主"的管理体制。2012年教育事业不断发展，全县适龄儿童入学率100%，小学毕业生升学率99.5%，高中阶段毛入学率85.6%；高考上本科人数1590人，比2010年增长32.6%，增幅居全市首位。投入资金8978万元，新（改、扩）建校舍56所，完成建筑面积51451平方米，其中新建、改建中小学校舍51所，新建镇级规范化中心幼儿园5所。2016年办学质量稳步提升，4月惠来县被省人民政府授予"广东省教育强县"称号。全县高考再创历史新高，参加高考4850人，上本科线2372人，比2015年增加184人；上重点线428人，比2015年增加47人；本科上线率48.99%，居全市建制县（市、区）第一位；连续两年上重点线和本科线的增长率均居全市建制县（市、区）第一位。投入资金1.19亿元，新（改、扩）建和维修校舍123所，推进广东省教育现代化先进县创建工作。2021年，全县各类学校（幼儿园）560所，包括中小学校323所（其中民办25所）、幼儿园232所、教师发展中心1所、开放大学1所、职业技术学校1所、特殊教育学校1所、县级青少年宫1所。其中国家示范性普通高中1所，省一级学校2所，市一级学校4所。全县教育系统在编公办教职员工10358人。全县普通高中8所。2021—2022学年，招收高一新生7437人，高中阶段毛入学率95%。普通高中在校生19630人，每万人口普通高中在校生185人。实施《广东省普通高中课程实施方案（2020年修订）》，加强教学管理，提高课程实施水平，提高普通高中办学质量。创造条件，开展普通高中学生综合素质评价工作，逐步实现普通高中特色化办学目标。全县参加高考6017人，上本科线2453人，本科上线率40.95%，位列全市各县（市、区）第一名。

〔第一节〕幼儿教育

中华人民共和国成立后，全县幼儿教育逐步发展起来。1956年在县城创办县幼儿园1所。1958年全县农村曾有村办幼儿园、托儿所，不久即停办。隆江镇机关幼儿园于1959年创办，至1962年停办。20世纪60年代办得比较成功的有大南山华侨农场（今侨园镇）、葵潭农场及南海林场（位于大南海石化工业区）3所。1966年"文化大革命"初期，幼儿园几乎停办。至后期才陆续恢复，又增办华侨农场二管区和四管区、惠来糖厂、东陇村等幼儿园，全县共8所。

一、1977年后幼儿教育得到较快发展

1977年后，幼儿教育得到发展，全县增至56所，其中乡镇村办的较多，还有私人创办，如：侨场二管区、县糖厂、东陇村、侨场四管区、县罐头厂、侨场三管区、县农机一厂，所创办的幼儿园较好。1981年，县人民政府成立县少年儿童工作领导小组，县妇联把办好幼儿园、托儿所作为一项重要工作来抓。1984年，贯彻国家教委、省教育厅关于动员一切力量办幼儿园，大力发展幼儿教育的方针，已有私人创办幼儿园。1986年，县城和一些乡镇私办幼儿园发展很快，机关、企事业单位、农场和农村集体开办的幼儿园逐步转制为私办。至1987年，全县计有幼儿园74所（含学前班），其中县、镇（乡）村办的30所，农场办的6所，机关工矿办的4所，小学办学前班25所，私人办的9所。入园幼儿1.16万人，教职员工242人。其中私办32所，入园幼儿3760人，保教人员93人。

1989年，县人民政府根据国家和省有关文件精神，决定幼儿教育由县妇联移交给教育局管理，实行"地方负责，分级管理"。教育局增设幼教股，配备专职人员，惠城、靖海、隆江、神泉、葵潭均配备幼教专干，其他乡镇由教育专干兼任。1990年，国家教委颁布《幼儿园工作规程（试行）》和《幼儿园管理条例》，教育局要求全县有条件的小学附设学前班，基本普及学前一年教育。1994年，全县各类幼儿园、学前班实行登记注册制度。至1998年经注册的幼儿园95所，小学附设学前班140所（班），入学人数2.4万人。1999年，惠来县英内小学、惠城镇墩南小学及各乡镇中心小学都取消学前班，靖海、隆江、葵潭、东港、仙庵、华湖等乡镇中心小学兴办中心幼儿园。2000年，社会力量开办的幼儿园实行办学许可证制度，至2004年底，共有88所民办幼儿园获得办学许可证。乡镇中心幼儿园6所，农村小学附设的学前班136所（班），教育局直属的县幼儿园1所。全县幼儿园共231所，入园幼儿（含学前班）共2.97万人，入园率51%，保教人员753人。

二、2011年后幼儿教育发展情况

2011年的幼儿教育：一是科学制定《惠来县学前教育三年行动计划》，并在全县组织实施；二是加快镇（场）中心幼儿园规范化建设，其中靖海、仙庵、华湖、神泉、葵潭5个镇的中心幼儿园列入省民生工程规范化建设项目；三是加大对民办幼儿园监管，规范民办幼儿园办学行为。2011年，全县在园幼儿37234人，学前三年入园率81%。

2012年，落实《惠来县学前教育三年行动计划》，新（改、扩）建镇中心幼儿园、村级幼儿园20所，增设学前教育学位，满足学前教育发展需求。全县在园（班）幼儿33643人，学前三年入园（班）率85%。

2013年是实施学前教育三年行动计划的最后一年，惠来县抓住省、市大力发展学前教育的政策契机，加快幼儿园建设步伐，新（改、扩）建乡镇中心幼儿园9所、村级幼儿园53所。全县在园（班）幼儿36909人，幼儿入园率87%。首次落实学前教育资助制度，按全县在园（班）幼儿10%进行资助，发放资助金累计143.325万元。下达中央、省综合奖补类资金项目402万元，用于公、民办幼儿园园舍维修及购置玩、教具设备，改善学前教育办学环境，提高保教质量。

2014年，全县幼儿园329所（含小学附设），在园幼儿37724人，幼儿入园率90%。根据省市工作部署，规划第二轮学前教育三年行动计划，加快幼儿园建设步伐，新建、改建镇中心幼儿园、村级幼儿园15所。提高保教质量，防止和纠正"小学化"倾向。贯彻落实《3—6岁儿童学习与发展指南》，在县青少年宫举办新课程培训班和观摩课，每次参加人数400多人。县幼儿园两名幼师参加揭阳市幼师技能大赛获得三等奖。

2015年，全县独立幼儿园168所（其中公办园43所），在园幼儿37069人（含小学附设），幼儿入园率92%。实施学前教育第二轮三年行动计划，加快幼儿园建设步伐，新（改、扩）建镇中心幼儿园、村级幼儿园23所。提高保教质量，防止和纠正"小学化"倾向，深入贯彻落实《3—6岁儿童学习与发展指南》，规范幼儿园办学行为，制定《惠来县局加快学前教育规范管理的实施意见》，在具青少年宫举办学前教育教学研讨会，促进学前教育健康发展。2016年，全县独立幼儿园191所（其中公办园43所），在园幼儿40554人，幼儿入园率93%。

2016年是实施第二轮学前教育行动计划的最后一年，惠来县投入资金1000万元，完成新建县幼儿园教学大楼；动员全县公办和民办幼儿园教师462人参加国家开放大学学前教育大专班学历进修，提高幼师学历达标率，县教育局给予每人一次性4000元的学费补助；认定全县40所幼儿园为规范化幼儿园；与县发展和改革局、县财政局、县人力资源和社会保障局联合出台《惠来县普惠性民办幼儿园认定、扶持和管理暂行办法》。

2017年，惠来县独立幼儿园增至204所（其中公办园43所），在园幼儿42184人，幼儿入园率93%。学前教育第二期三年行动计划落实情况通过省、市专项督查和验收。根据《关于印发〈惠来县普惠性民办幼儿园认定、扶持和管理暂行办法〉的通知》要求，认定46所民办幼儿园为普惠性民办幼儿园。动员全县124位公办和民办幼儿园专任教师参加由县电视大学、县教师进修学校承办幼儿教师大专学历进修，提高幼儿专任教师学历达标率。与广东省教育书店联合在惠来县广播电视大学举办《幼儿课程建设培训会》，拓宽幼儿教师视野，提高幼儿园教学质量，纠正幼儿园"小学化"倾向。

2018年，惠来县独立幼儿园增至214所（其中公办园43所），在园幼儿42627人，幼儿入园率94%。认定81所民办幼儿园为普惠性幼儿园。选派50名幼儿园园长赴深圳参加挂职研修培训，提高管理水平。组织全县幼儿园教师和幼儿家长参加揭阳市"我是幼儿园教师""最美幼儿园教师"优秀教育故事征文活动和"不忘初心 圆梦幼教"专题演讲比赛，征文比赛获一等奖1名、二等奖2名、三等奖7名；演讲比赛获三等奖4名。制定惠来县幼儿园办园行为督导评估方案，开展办园行为督导评估工作。组织开展校车安全、食品卫生安全、非法办园清理整治、保教管理四个方面专项整治工作。印发《惠来县教育局幼儿园"小学化"专项治理工作方案》，分阶段开展整治。贯彻落实《3—6岁幼儿学习与发展指南》《广东省幼儿园一日活动指引（试行）》，在惠来县实验幼儿园开展"广东省乡村教师培训项目送培送教"活动。注重规范管理，防止幼儿园办学出现小学化倾向。

2019年，惠来县独立幼儿园增至238所（其中公办46所，民办192所），在园幼儿46113人，幼儿入园率95%。根据上级关于规范幼儿园管理、防止出现幼儿教育"小学化"倾向文件要求，加大对幼儿园"小学化"治理力度，贯彻执行"以游戏为基本活动,寓教育于各项活动中"规定,保证在园幼儿每天户外活动不少于2小时。县教育局与广东省教育书店有限公司联合在县广播电视大学举办"幼儿园课程建设培训会",组织全县幼儿园园长和部分幼儿骨干教师参加培训学习,促进教师保教保育理念更新和幼儿园保教保育水平提升。县教育局组织相关职能股室对全县公办和民办幼儿园开展办园行为督导评估工作。围绕"科学做好入学准备"活动主题,推荐选手、选派作品参加揭阳市组织竞赛活动,获得市一等奖1项、二等奖4项、三等奖10项、优秀奖12项。在参加揭阳市组织"本土文化融入幼儿园课程"活动中,县教育局获得优秀组织奖。做好幼儿园教师学历水平提升工作,完成揭阳市下达幼儿园教师学历提升扩招任务。

2020年,全县独立幼儿园232所(其中公办园47所,村级集体园54所,民办园131所),在园幼儿46367人,幼儿入园率95%。主要做好以下工作:落实2020年省民生实事工作部署,制定《惠来县实施学前教育"5080"攻坚行动工作方案》,投入4713万元,新增公办幼儿园学位12271个,完成学前教育"5080"攻坚工作任务。围绕2020年幼儿园教育活动月"特殊的时光,不一样的陪伴"主题,选派作品、选手参与市有关竞赛活动。在县教师发展中心举办保育员免费培训班,提升幼儿教师保教保育业务水平。对全县公办、民办幼儿园开展一年一次督评工作。

2021年,全县独立幼儿园232所(公办幼儿园47所、村集体园54所、民办幼儿园131所),在园幼儿47175人,幼儿入园率96%。落实上级防控新冠疫情工作部署,做好幼儿园疫情防控与3—6周岁幼儿疫苗接种工作。巩固提升学前教育"5080"攻坚工作成果。完成县赤山幼儿园新建工程基建工作,正在进行内部装修;学校附属幼儿班设备设施配套工作稳步推进;普惠性民办幼儿园打造工作有序开展,全县156所普惠性民办幼儿园。2021年秋季,公办幼儿园(班)幼儿24626人,占全县在园幼儿52.20%;公办幼儿园(班)和民办普惠性幼儿园幼儿41741人,占全县在园幼儿88.48%。开展示范性幼儿园评选工作。县培贤豪庭幼儿园和县实验幼儿园获市级示范性幼儿园称号,县幼儿园、惠城镇中心幼儿园、华湖镇育华幼儿园和神泉镇滨海幼儿园获县级示范性幼儿园称号。对全县公民办幼儿园开展一年一次督评工作。

2022年,全县有独立幼儿园253所(公办幼儿园48所、村集体园60所、民办幼儿园145所），其中规范化幼儿园234所，占全县幼儿园所数的92.49%。全县在园幼儿47758人，学前三年毛入园率98%，其中公办幼儿园（班）幼儿25072人，占全县幼儿的52.50%；公办和民办普惠性幼儿园在园幼儿41929人，占全县在园幼儿的87.79%，学前教育"5080"攻坚工程成果得到巩固提升。2022年秋季，新建惠来县赤山幼儿园竣工并投入使用，新增525个优质公办幼儿学位。惠来县碧桂园小区配套幼儿园顺利移交县教育局，幼儿学位建设进一步优化。持续开展规范化幼儿园、普惠性民办幼儿园评选工作。开展幼儿园办园行为督导评估，规范幼儿园办学行为，强化督导评估与办学管理，提升幼儿园科学保教水平。

三、幼儿园保教工作

1990年以前，全县各类社会力量创办的幼儿园，教师文化程度参差不齐，一般只有初中文化程度，还有的只有小学文化程度。保教工作以教师讲述为主，教学方法采用分科和单一的授课形式，教材不统一，设备简陋，保教质量低。1990年，贯彻国家教委颁布的幼儿园工作规程和管理条例，幼儿园依据幼儿身心发展的特点和教育规律，坚持保教保育相结合和以游戏为基本活动的原则，各类幼儿园采用统一教材，开设语言、常识、计算、美术、拼音和游戏等课程。1995—2000年，教育局幼教股在全县各幼儿园中经常开展教学活动竞赛；县幼儿园为全县幼儿教育发挥模范作用，每年举办两次教学改革公开观摩课。2001年，清理、整顿各类非法幼儿园和撤并一些安全设施差、教学质量低的幼儿园。至2004年，全县幼儿园在参加全国、省幼儿书画作品比赛中，获得一等奖8人，二等奖8人，三等奖3人。

1993年，教育局成立幼儿教师培训中心。1996年开始分期分批组织各类园长和教师参加揭阳市保教人员持证上岗培训。至2004年底，经过培训持证上岗的园长121人，教师481人，参加县业务培训教师累计823人次。1993—2003年，有11名幼儿园教师被评为南粤优秀教师和广东省优秀教师。

四、幼儿园选介

（一）惠来县幼儿园。1956年5月创建，地址在惠城环西路原职工学校一侧。设3个班,入园幼儿105人。主任1人,教职员工4人。1958年撤销惠来县制时,改称普宁县第二幼儿园。1960年底移至东仓一侧(原惠来法院地址),1961年迁至联群路旧"皇宫"。设5个班,幼儿170人,主任1人,教职员工8人。"文化大革命"期间,遭到冲击,1969年秋只存1个班,幼儿50多人,教师3人。1977年幼儿增至190人。1984年迁至东河路新地址,占地面积2400平方米,建教学楼一幢,建筑面积2494平方米。有教室16间和食堂、礼堂、会议厅、办公室以及幼儿游乐园等设施。1979年以后,明确"示范办园、保教优先"的宗旨,以科研促进教学改革,实施素质教育。1989—2004年,在参加市、县文艺活动中,有16个节目获奖,书画作品多次得到一等奖或金奖、银奖。2003年被北京未来婴幼儿语言研究中心授予"婴幼儿汉字教育实验园"。至2004年,全园办10个班,在园幼儿485人,保教人员71人(其中幼教师范毕业以上69人,具有高级职称43人)。该园是惠来县示范园。

(二)鸣梅幼托乐园。1995年,由私资创办。园址在惠城北园一巷,占地面积1000平方米。有教学楼2幢,建筑面积1100平方米,教室10间,有办公室、会议厅、幼儿卧室、娱乐园等配套设施。该园创办以来,坚持学习外地先进经验,开展教育教学改革。1996年编入《全国社会力量办学大辞典》。1999年,被揭阳市侨联系统评为先进单位。2003年,被揭阳市妇联确定为"小公民道德建设实践基地"。2001年在省举办的"世纪新星"少儿书法大赛中,该园有23幅作品获奖。至2004年,全园设10个班,在园幼儿450人,教职工16人。

(三)惠城葵鹏幼儿园。1999年,由私资创办。位于惠城东郊(东峰)居民区。占地面积1800平方米,建筑面积2300平方米。有教室16间,配套有幼儿活动室、音乐室、幼儿卧室、跳舞厅以及各种大、中型玩具。2002年,有15个幼儿的美术作品参加全国"九龙杯"竞赛,5人获奖。至2004年底,开设大、中、小班和学前班共12班,在园幼儿500人,教师30人。创办以来,不断改善办园条件和教学环境,教学质量逐步提高。

〔第二节〕小学教育

一、"文化大革命"前的小学教育（1949—1966）

1949年下半年，全县公立、私立小学共有168所，学生1.04万人（包括私塾），教师483人（包括私塾）。1951年，随着土地改革运动的开展，农民子弟入学增多，校数猛增至336所，学生2.11万人，但教师只有567人，单人小学占252所，教学力量薄弱。根据这种情况，实行对小学整编，裁并110所，实存226所。有县立小学3所，区立小学4所，乡立小学114所，村立小学105所。复将村办小学改为分校，不做独立单位，全县校数为121所，单人小学大量减少。偏僻地区都有完小，城乡形成有系统的教育网。学校经费开始由地方财政拨给。至1957年全县计有小学130所（含民办小学6所）。其中完小82所，学生共2.93万人，为1949年下半年的2.8倍。教职员工1062人（内工友44人）为1949年下半年的2.2倍。

1958年底，撤销惠来县建制，一分为二并入普宁、潮阳，新办起一批中学，抽调一批小学教师骨干任中学教师，小学教师力量大大削弱，影响学生入学。到1961年末，入学人数减为2.43万人，1962年减为2.29万人，比1957年减少约20%。此时，民办耕读小学有所发展，1962年统计，全县耕读小学已有177所，入学人数7110人，教师289人，但学习人数极不稳定。1963年对教师进行调整，把过去上调中学的教师调回小学，同时安排一些大专毕业生到小学任教，充实教学力量。至1965年，小学人数增至3.95万人，比1957年增加35%。

这一时期，学制是"四二制"，分初级小学和完全小学。学校设校长、教导及总务。课程按教育部统一规定：初小为语义、算术、体育、唱歌、图画、手工劳动6科；高小为语文、算术、历史、地理、自然、体育、唱歌、图画、手工劳动9科；并加"周会"1课时。4年级以上学生，每年劳动半个月，作"农忙假"处理。学生升留级制度严格，初小2科、高小3科不及格者留级。学生学籍每学期送教育科（局）审核，学生的考勤、奖惩等规章制度认真执行，学习生活正常化。

二、"文化大革命"期间的小学教育（1966—1976）

"文化大革命"期间，小学虽然没有"停课闹革命"的任务，但也上不成课。小学生组织"红小兵"，同样也参加斗"走资派"。1968年暑假后，在"清理阶级队伍""回原籍教学""退职运动"中，小学教师流失700多人，多属公办小学教师。教师缺额由大队安排民师补充。有的中心小学校长也由民师充任。学制一律改为"五年一贯制"。教材在1968年复课时，只学《毛主席语录》。1970年教材由广东省自编，课程为政治、语文、数学3科。四、五年级有时加生产知识1科。对学生的文化要求不高，读满年限即可毕业。小学还普遍设初中班，小学毕业升入初中可免考试，主要是推荐和看阶级出身。比如葵潭中心小学，改为"葵潭镇校"，设初一、初二年级。实行"小学不出村，初中不出队（大队），高中不出社（公社）"的做法。至1976年，小学附设初中班学生有8416人，占全县初中生63%以上。同年，全县小学生达6.55万人，教师476人，民办教师1279人，学生数量虽有增多，但文化程度很低。

三、现代化建设时期（1977—1987）

1978年12月中共十一届三中全会召开以后，教育拨乱反正，政府与人民群众普遍重视学校教育。全县小学教育得到稳步发展。1979年全县调整中学布局，使小学卸掉附设初中班的包袱，腾出教室、桌椅来满足小学生入学的需要。1979年，惠来县确定英内小学为县重点小学，各公社一所小学为中心小学，为各公社示范性小学。1980年起，又多方集资，新建、扩建了一批校舍，添置一批桌椅，使教育条件得到很大改善。1980年12月，中共中央发布《关于普及教育若干问题的决定》，要求于1985年普及小学教育。1981年提高民办教师的工资待遇，对小学民办教师进行大力培训，使小学师资队伍相对充实、稳定。在学制上，巩固5年制，试办6年制。学习课程，首先按1981年部颁的《全日制5年制小学教学计划（修正草案）》，恢复"文化大革命"前设置的课程，改周会为品德教育课，生产常识与手工2科合为劳动科。1983年10月，中共汕头市委规划惠来县于1984年普及小学教育，实现"一无两有"（无危房、有教室、有课桌椅）。为此，全县有附设初中班的小学，都停办初中班。1984年起，在英内小学试办6年制。全县有小学238所，比1979年增加9所，全县学龄儿童入学率97.04%。是年，经验收，基本实现普及初等教育目标。

经过10年努力，小学教室与设施有了很大的改善，但仍落后于学龄儿童的迅速增加。特别是县城人口集中，每班学生多达八九十人，教学十分不便。1986年惠城镇英内小学、墩南小学、西联小学的初小，开办"二部制"，虽然解决部分学龄儿童上学困难，但教学效果不佳。1987年底，全县小学校数增至242所，在校学生7.43万人，教职员工3134人，其中民师（含代课）1197人。

四、1994—2004年的小学教育

1994年，国家教委对1984年全日制六年制教学计划进行调整，重新颁布《九年义务教育"六三"学制全日制小学、初级中学课程（教学）计划》，全县小学开始实施调整后的教学计划。1994年下半年，逐步降低教学难度，删减教学内容，减少课程时数，小学每周从34节减为30节。

1996年开始施行《小学管理规程》。全县适龄儿童的入学率、巩固率和毕业率等都基本达到国家规定标准，"普九"工作通过省检查验收，全县有小学256所，在校生12.13万人。1997年惠来县通过省政府复查，获得国家教委颁发的"两基"（基本扫除青壮年文盲、基本普及九年义务教育）工作合格证牌。

1998年，根据国家教委"中小学实施素质教育"的精神，县确定惠城镇和仙庵镇全部小学作为县素质教育实验点。同年，依照省部署，全县经检查确定78所薄弱小学，规划于2002年基本完成"改薄"任务。

2001年，各乡镇中心小学和九年制小学部的五年级开设英语课。2002年，乡镇中心小学和九年制小学部，以及有条件的村完全小学三年级开设英语课。2003年起，开始实施中小学布局调整工作。至2004年，除六年级外，全县镇区小学、九年制小学基本上都从三年级起开设英语课。2002—2004年，100所老区小学在省老促会支持下得到改造。2004年秋季，普通高中一年级、初中起始年级与起始科目、小学起始年级与科目全部进入新课程改革实验工作。

2004年底，全县公办小学258所，在校生14.28万人，适龄儿童入学率99.3%。

五、2011年后小学教育情况

2011年,全县有小学293所,在校生150799人,适龄儿童入学率为100%,小学五年保留率99.84%,小学毕业生升学率100%。初中31所,在校生69457人,初中三年保留率97.1%,初中毕业生升上普通高中比率38.34%。三残儿童少年入学率97.6%,流动人口义务教育阶段受教育率99.5%。

2012年,全县有小学289所,在校生119017人,适龄儿童入学率100%,小学六年保留率100%,小学毕业生升学率100%。初中学校32所,在校生57407人,初中三年保留率97%,初中毕业生升学率94%。"三残"儿童少年入学率98.5%,流动人口义务教育阶段受教育率98.7%。全县"普九"各率达到或基本达到国家要求。2所义务教育学校被评为市"规范管理示范学校",15所小学被评为县"规范管理示范学校"。

2013年,各中小学根据县教育局制定的《关于进一步加强我县义务教育学校防流控辍管理工作的意见》要求,落实工作责任,加大防流控辍工作力度,巩固提高义务教育普及水平,力促区域内义务教育均衡发展。2013年,全县小学288所,在校生110102人,适龄儿童入学率为100%,小学五年保留率为100%,小学毕业生升学率为100%。初中学校32所,在校生53124人,初中三年保留率为96.6%,初中毕业生升学率为94.5%。三残儿童少年入学率为98.5%,流动人口义务教育阶段受教育率为98.8%。全县"普九"各项指标达到或基本达到国家的要求。有四所义务教育学校被评为市"规范管理示范学校"。

2014年,各中小学贯彻落实省市关于进一步做好义务教育阶段学生防流控辍工作的意见文件精神,健全完善防流控辍责任机制,巩固提高义务教育普及水平,力促区域内义务教育均衡发展。根据全县基础教育发展需要,对全县中小学校布局进行调整,停办神泉镇金东小学,撤销葵潭农场山栗小学,将葵梅中学并入惠城中学。2014年5月,因行政区域重新调整,隶属揭阳大南海石化工业区的学校已归属揭阳大南海石化工业区管辖。调整后,全县小学250所,在校生96612人,适龄儿童入学率100%,小学五年保留率100%;小学毕业生升学率100%。初中学校29所,在校生45473人,初中三年保留率96.8%,初中毕业生升学率95%。三残儿童少年入学率98.5%,流动人口义务教育阶段受教育率98.7%。全县"普九"各率达到或基本达到国家要求。东陇中学、岐石中学两所学校被评为市"规范管理示范学校"。

2015年，根据全县基础教育发展和创建教育强镇需要，调整全县中小学校布局，小学撤高留低59所，撤销河田石古小学，将惠城镇华群小学并入墩南小学，有效缓解墩南小学大班额状况，实现教育资源共享。扩大优质学位，增设一中初中部。调整后，全县小学244所，教学点8个，在校生94789人，适龄儿童入学率100%，小学五年保留率100%，小学毕业生升学率100%。初中学校29所（其中九年一贯制学校13所），在校生41276人，初中三年保留率97%，初中毕业生升学率95%。"三残"儿童少年入学率98.3%，流动人口义务教育阶段受教育率98.7%。全县"普九"各率达到或基本达到国家要求。县域内义务教育阶段学校得到均衡协调发展，义务教育基本均衡县顺利通过省和国家评估验收。根据国家校舍建设、设施设备购置标准、《教育部办公厅、国家发展改革委办公厅、财政部办公厅关于印发全面改善贫困地区义务教育薄弱学校基本办学条件底线要求的通知》规定，20项底线要求及《广东省义务教育标准化学校标准》规定基本办学标准，2014年编制《惠来县全面改善贫困地区义务教育薄弱学校基本办学条件项目规划（2014—2017年）》。2014—2015年，全县列入义务教育"改薄"学校129所，校园校舍建设项目212个，设施设备购置项目118个，累计投入中央"改薄"专项资金6392万元，完成2014—2015年"改薄"任务。

2016年，全县小学244所，教学点8个，在校生94537人，适龄儿童入学率为100%，小学五年保留率为100%，小学毕业生升学率100%。初中学校29所（其中九年一贯制学校13所），在校生40030人，初中三年保留率为97.5%，初中毕业生升学率为95%。"三残"儿童少年入学率为98.3%，流动人口义务教育阶段受教育率为98.8%。全县"普九"各项指标达到或基本达到国家要求。县域内义务教育阶段学校均衡协调发展。根据国家校舍建设、设施设备购置标准、《教育部办公厅、国家发展改革委办公厅、财政部办公厅关于印发全面改善贫困地区义务教育薄弱学校基本办学条件底线要求的通知》规定的20项底线要求及《广东省义务教育标准化学校标准》规定的基本办学标准；2014年编制《惠来县全面改善贫困地区义务教育薄弱学校基本办学条件项目规划（2014—2017年）》。2014—2016年，惠来县列入义务教育薄弱学校改造的学校183所，校园校舍建设项目245

个，设施设备购置项目255个，累计投入中央改薄专项资金13159万元，完成2014—2016年所有改薄任务。

2017年，全县小学243所，教学点8个，在校生93775人（含九年一贯制学校小学部），适龄儿童入学率100%，小学五年保留率100%，小学毕业生升学率100%。初中学校29所（其中九年一贯制学校13所），在校生40932人（含完全中学初中部），初中三年保留率97.5%，初中毕业生升学率95.6%。全县"普九"各率达到或基本达到国家要求。县域内义务教育阶段学校均衡协调发展。2017年9月，根据省改薄办工作要求，惠来县对2014—2017年原规划中不具备实施条件项目调整，重新编制2014—2017年改薄规划和2018年中期项目规划。调整后，2014—2018年，惠来县列入义务教育薄弱学校改造学校205所。2014—2017年172所学校改薄任务均全部完成，投入资金29722万元（其中中央改薄专款18487万元，省级配套资金8311万元，县级及其他配套资金2924万元）。按照标准化特殊教育学校建设标准、投资3900万元创办惠来县特殊教育学校于2017年9月正式开学，招收残疾儿童少年62人，设启聪班1个、启智班5个，为残疾儿童少年入学创造优越环境，促进义务教育均衡发展。

2018年，全县小学242所，教学点8个，在校生92945人（含九年一贯制学校小学部），适龄儿童入学率100%，小学五年保留率100%，小学毕业生升学率100%。初中学校30所（其中九年一贯制学校15所），在校生42033人（含完全中学初中部），初中三年保留率97.6%，初中毕业生升学率95.7%。全县"普九"各项指标达到或基本达到国家要求。县域内义务教育阶段学校得到均衡协调发展。2014—2018年，惠来县列入义务教育薄弱学校改造学校205所。2014—2017年，172所学校改薄任务均全部完成，投入资金29722万元（其中中央改薄专款18487万元，省级配套资金8311万元，县级及其他配套资金2924万元）。其中，2018年惠来县项目学校46所，投入中央"改薄"专项资金8048万元。

2019年，全县（含原大南海经济开发区、原大南山侨区）有小学（含教学点）289所，在校生103825人（含九年一贯制学校小学部），适龄儿童入学率100%，小学五年保留率100%，小学毕业生升学率100%。初中学校35所（含九年一贯制学校17所），在校生46884人（含完全中学初中部），初中三年保留率97.7%，初中毕业生升学率95.8%。在发展义务教育方面，着力改善薄弱学校基本办学条件，2014—2019

年，投入资金39185.27万元，涉及项目学校205所，其中校园校舍建设项目320个，设施设备配套项目152个。推进世界银行贷款项目建设，其中农村艰苦边远地区教师周转宿舍和标准化课室建设项目完成立项、地质勘测、施工图初步设计和施工图纸审查工作，优质资源"班班通"教学平台由省教育厅采购招标，2019年完成农村小学全科教师（专科5年）招收任务163名。编制《惠来县义务教育薄弱环节改善与能力提升专项规划》，规划投入5204万元建设6所寄宿制学校，2019年投入1852万元，相关建设项目有序推进。

2020年，全县小学（含教学点）286所，在校生105277人（含九年一贯制学校小学部），适龄儿童入学率100%，小学生五年保留率100%，小学毕业生升学率100%。有初中学校35所（含九年一贯制学校17所），在校生47219人（含完全中学初中部），初中生三年保留率97.8%，初中毕业生升学率95.9%，全县"普九"各项指标达到或基本达到国家要求。义务教育优质均衡协调进一步发展。实施世行贷款项目，至2020年底，农村艰苦边远地区教师周转宿舍和标准化课室建设项目完成立项、设计和勘察招标、地质勘测、施工图初步设计和施工图纸审查、工程预算、招标最高限价核定、工程招标、监理招标等工作；优质资源"班班通"教学平台安装验收完毕；完成2020年农村小学全科教师（专科5年）182人招生工作；派出8人参加校长、骨干教师能力提升项目，87人参加村小、教学点教师全科教学能力提升项目培训；2020年秋季学期开始，实施世行贷款项目学校对口帮扶工作，项目周期3年。全县接受对口帮扶学校20所（其中8所由佛山市顺德区学校帮扶，2所由揭阳市榕城区学校帮扶，10所由县内学校帮扶），在学校管理、队伍建设、教育教学、文化建设、学生互动等方面加强帮扶，缩小区域间义务教育发展差距。推进改薄提升项目建设，义务教育薄弱环节改善与能力提升项目规划建设6所。至2020年底，惠来慈云实验中学学生宿舍楼建设项目竣工，侨园镇华侨中学生活设备采购工作完成，其余项目扎实推进。调整学校布局，推进"麻雀学校"撤并工作。2020年，完成神泉镇华家小学、隆江镇第二小学和仙庵镇仙内小学等3所学校撤并工作。

2021年，全县小学（含教学点）280所，在校生105233人，适龄儿童入学率100%，小学巩固率100%。初中学校（含九年一贯制学校）35所，在校生46596

人，初中巩固率99.1%，初中毕业生升学率95.9%。义务教育优质均衡协调进一步发展。1.实施基础教育"01041530"示范学校优化提升工程。"01"即惠来县第一中学，"04"即4所普通高中，"15"即15所初中学校，"30"即30所小学，简称"01041530"。加大投入办好50所中小学校，着力从育人、管理、教学、教研、校园文化、信息化等多方面打造校园示范品牌。2.实施集团化办学工作。8月，县第一中学教育集团、惠来慈云实验中学教育集团、县第二中学教育集团完成办学签约和授牌，正式启动集团化办学工作，优质教育资源覆盖面不断扩大。3.推进世行贷款项目学校对口帮扶工作。接受对口帮扶学校20所（其中8所由佛山市顺德区学校帮扶，2所由揭阳市榕城区学校帮扶，10所由县内学校帮扶），开展线上线下研讨交流，互派教师跟岗学习，利用帮扶资源提升综合水平，缩小区域间义务教育发展差距。4.改善县城区学校办学条件。列入市民生实事县华侨中学、惠城中学、实验小学、华谢小学校舍扩建项目竣工投入使用，增扩学位2135个。5.优化学校办学布局，将前詹镇铭湖小学铭西教学点设置为前詹镇铭西小学。6.实施义务教育阶段"双减"工作，开展义务教育学校校内课后服务活动，实现校内课后服务在义务教育学校有需求学生两个"全覆盖"。

2022年，全县小学（含教学点）279所，在校生104946人，适龄儿童入学率100%，小学毕业生升学率100%。优化县城区办学布局，撤并华湖镇东福小学，新建惠来县赤山小学于2022年秋季学期正式开学招生。加强边远薄弱学校建设，实施世行贷款对口帮扶项目，开展结对帮扶交流活动，提高薄弱学校教学管理与教书育人质量。

六、小学简介

（一）英内小学。县重点小学。校址在惠城环城东路42号（即东栅永福寺旁）。1951年3月由县接管私立诚信、东湖、陆山3所小学，合并为惠来第三小学，1954年改称东山小学，1969年定名为英内小学。1979年被惠城镇确定为中心小学，1989年为县重点小学，教育局直属学校。2000年被评为县一级学校。2001年被评为揭阳市一级学校。自创办以来，全面实施素质教育。1984年，少先队英内小学大队被团中央、教育部、文化部联合授予全国红领巾读书读报"先进集体"。1988年，被全国少工委授予全国"红旗大队"。2003年,英内小学被确定为"揭阳市'小公民'道德建设实践基地"。2004年,学校占地面积1.71万平方米,建筑面积为1.24万平方米。有教学班56个,学生总数5014人,教职工210人。

(二)**梅北小学**。清光绪三十一年(1905)创办。校址在县城游府署附近,称惠来官立高等小学堂。民国元年(1912)改称惠来县立高等小学。1928年复课后改办为完全小学,称惠来县第一小学。校址移至学宫西巷先贤祠和明任堂。1945年,改称惠城镇第一中心国民学校。1949年复名为惠来县立第一小学。校址迁至梅北村溪墘庵。1953年改为惠城镇中心小学,1956年改称梅北小学,1989年9月定为惠城镇中心小学。2004年学校占地面积1.38万平方米,建筑面积8492平方米。有教学班31个,学生2819人,教职工210人。该校历年来贯彻全面发展教育方针,教育、教学质量稳步提高。

(三)**仙庵镇中心小学**。创于民国二十七年(1938),为仙庵中心国民学校。中华人民共和国成立初,更名为仙庵小学。2004年学校占地面积8150平方米,建筑面积7880平方米。有教学班20个,学生1208人,教职工51名。

该校在全县率先实现"二机一幕"(手写投影机、录音机、投影幕)进课堂和建立小学名师课例资源库。曾多次承担举办教研室组织的语文、数学、英语等学科的教学研讨会、观摩课和示范课任务。2001年和2004年,教育局组织全县中、小学校长在该校分别召开全县中小学教育教学管理工作和师德建设现场会。

1996—1999年,该校连续四年被评为揭阳市"文明学校"。1999年以后,先后被评为揭阳市"文明单位""十佳校园""绿色学校""优秀安全文明小区""群众体育先进集体""依法治校示范学校"和广东省"群众体育先进集体"。2001年通过市一级学校的评估验收。

(四)**靖海镇中心小学**。清光绪三十二年(1906)由靖海书院改办,称靖海两等小学堂,属公立小学。民国元年(1912)改为靖海两等小学校。民国十一年(1922)改称第二区立第一高等小学校。民国二十二年(1933)改为完全小学。民国二十七年(1938)改为惠来县第二区十乡镇联立中心小学。中华人民共和国成立后,曾称五区一小、八区一小。1956年改称靖海小学,为区中心小学。后几经易名,于1976年命名为靖海镇中心小学。2004年,学校占地面积8535平方米,建筑面积5600平方米，有教学班32个，学生1768人，教职员工115名。该校曾多次被评为县先进单位、市文明先进单位。

（五）神泉镇中心小学。 清光绪三十二年（1906）由神泉书院改办，称公立神泉小学堂。校址在神泉镇金星山脚下。民国三十五年（1946），私立胡氏初级小学、私立林氏初级小学、公立神泉镇民众学校并入该校，称神泉镇中心国民学校。1949年惠来解放后，改称神泉小学，为区中心小学。1980年复称神泉小学。1983年定为神泉镇中心小学。2004年，学校占地面积3.69万平方米，建筑面积4606平方米。有教学班26个，学生1261人，教职工88名。同年被评为县一级学校。

（六）隆江镇中心小学。 清光绪三十二年（1906）由龙溪书院改办，称公立龙溪小学堂。校址位于隆江容美社龙溪边。民国元年（1912）改为隆江镇公立高等小学校。民国十九年（1930）改称第四区区立小学。抗日期间改名为八乡镇联立中心小学，后改称七联小学。中华人民共和国成立后称隆江小学，为隆江中心小学。2004年，学校占地面积1.25万平方米，建筑面积5468平方米。有教学班30个，学生2672人，教职工107人。学校连续多年被市、县评为"文明单位"和"普法先进单位"。2001年少先队大队被评为"全国红旗大队"，2004年评为县一级学校。

（七）葵潭镇中心小学。 清光绪三十二年（1906）由葵峰书院改办，称公立葵潭两等小学堂。民国八年（1919）改称第五区区立第一小学校。民国三十五年（1946）改称葵潭中心国民学校。民国三十七年（1948）扩纳养正小学为第一分校、培英小学为第二分校、崇善小学为第三分校。中华人民共和国成立后，改称葵潭区中心小学，1961年各分校相继析出另建校。1968年贫下中农管理学校，由长春、吉成两村管理，1979年由政府管理。同年由香港同胞捐资27万元建教学楼一幢，建筑面积2800平方米。1990年社会人士捐资改建葵峰书院，1995年建幼教楼。该小学有教室32间，有教师宿舍、级组办公室、教师厨房、信息室、电教室、队部室、仪器室、阅览室等。2004年，有教学班29个，学生2251人；3个幼教学前班，学生283人；全校教职员工74人。葵潭中心小学是县人大审定的一所优秀学校，1979年获"惠来县教育先进单位"，1985年获县"文明建设先进单位"，1986—2003年连获市、县评定的"文明单位""交通安全创建单位""绿色学校创建单位"等称号。

（八）周田镇中心小学。创办于民国三十四年（1945）3月，校址在考山乡"古田祖祠"。1978年选址考山南麓坡上。1984年9月搬迁至考山村邮电路（今校址）。2004年，学校占地面积9900平方米，建筑面积4566平方米。有教学班26个，学生1513人，教职工60名。该校自创办以来，坚持从严从实治校，在全镇各小学中发挥模范带头作用。1995—1998年连续四年被市教育局评为"文明学校"。

（九）东陇镇中心小学。东陇镇中心小学位于东陇镇东陇村，1935创办，校名为中心保校。1949年8月后，校址由老爷宫迁建于东陇村二分会"五丛榕"旁。学校占地面积7276平方米，建筑面积6300平方米。教学班35个，学生2731人，教师121人。学校管理规范，从高从优抓"三风"建设，教育教学质量有所提高，参加市、县学科竞赛取得成绩。2001年教研组被评为市"先进教研组"。2004年有6个年级35班，学生2731人，所属面上小学11所，学生7324人。2022年，学生2083人，教职员工113人。

（十）溪西镇中心小学。溪西镇中心小学位于龙江河西岸的新圩村，1957年创立，1962年9月正式定为中心小学，1968年9月迁移到溪西公社所在地——溪西村，1975年9月重新迁回新圩村。2000年，该校占地面积935平方米，建筑面积2988平方米，教学楼和教师宿舍楼3幢，办公楼1幢，配套图书室、阅览室、仪器室等，学校下辖19所完全小学，学生6358人。专任教师256人，其中大专学历19人，中等师范学历256人；小学高级教师49人。2000年和2001年，学校党支部连续两年被溪西镇党委评为"先进基层党组织"。2004年，设立溪西镇教育组，镇教育组为县教育局的派出机构，代表县教育行政主管部门对全镇小学、学前教育实施管理。镇中心小学不再担负对面上小学的管理责任。2022年，该校学生328人，教职员工26人。

（十一）岐石镇中心小学。1921年创办，位于岐石村地龙顶。1979年成为中心小学。2003年，设教学班25个，在校学生1600人，教职员工45人。2023年，设教学班36个，在校学生1511人，教职员工67人。

（十二）华清小学。华清小学是中华人民共和国成立后才创建的一所小学，位于岐石镇华清村西侧。1951年初，原私立利德小学和建华小学合并，改校名为建德小学，校址设在华清村大祖祠，一切办学经费由村解决。1952年政府接管该校,改校名为惠来二区五小。当时学校有老师10人,学生192人,是一所有6个班的完小。1953年春改称华清小学,校址设在七厝祠。1957年增至10个班,学生395人,老师15人。1976年增加到14个班,学生861人,校舍十分紧张,村里自行筹款,在"地龙埔"建新校舍。至1984年,村已筹款32万元,加上政府拨款和侨胞捐赠,合计41万元,于1985年建成1幢3层楼的新校舍,建筑面积2050平方米,办学条件得到很大改善。到1987年,有17个班,学生715人,其中女生106人。教师21人,其中民师12人。1991年经上级同意开设初中部,1993年后初中部停办,2004年学生1076人,教师32人。2023年,华清小学设6个年级24个教学班,在校学生900人,教职员工46人。

〔第三节〕中学教育

一、跟随新中国的步伐发展

1949年5月20日,惠来县全境解放后,接办中学3所:县立中学(完全中学)、甲子区立中学和私立诚信中学,共有18个班(其中两个高中班),学生467人,教职员48人。1950年甲子区划属陆丰县,私立诚信中学并入县立中学,全县只存县立中学1所。县人民政府决定在靖海区设立县立中学惠东分教处,招生2个班。1951年省教育厅批准县立中学改称"惠来县第一中学",惠东分教处改称"惠来县第二中学"。1952年第一中学高中部停办,至1956年复办。同年,省委书记陶铸到惠来县视察,提议在隆江创办中学。从这年起,先后创办了4所中学:隆江中学、葵潭中学、田心中学、华侨中学,至1957年全县共有中学6所,学生2334人,其中高中生196人,教职员130人。这时期中学体制为:校设校长、教导主任、总务主任,废除训育制度。学制为"三三制"(初中三年、高中三年),学生学籍须报县教育局并送省教育厅备案,学生毕业证书由省厅发给。课程为:高中有政治、语文(1956年分为文学和汉语)、数学(代数、几何、三角)、英语、物理、化学、生物、历史(中外历史)、地理(中外地理)、体育等;初中与高中相同,其中生物分为动物、植物,数学分为算术、代数、几何3个分科。学生成绩考核,1955—1961年曾采用5级记分制,严格执行升、留级制度。不分主副科,有3科不及格者留级。2科不及格者准予补考，补考仍不及格者留级。健全考勤与奖惩制度，具体有严格的规定。

教师任课时数，严格按教育部及省厅统一规定。校长、教导主任都任课；语文、数学教师每周应有两班的课程，并兼任1个班的班主任；其他各科的科任教师必须每周有18课时以上。这一时期的学校，出现勤教勤学的好风尚。

二、1958年全国"大跃进"，全县全日制中学出现了盲目发展的倾向

到1961年全县中学增至13所。1963年根据上级指示进行调整，保留11所，其中城镇中学6所：惠城（2所）、靖海、神泉、隆江、葵潭，农村中学5所：出心、仙庵、周田、东陇、鳌江。1965年底全县有初级中学9所，完全中学2所。初中有71个班，学生3474人。高中13个班，学生601人，教职员255人。这一时期，除全日制中学外，按照中央"两条腿走路"的方针，还由公社、大队创办了一批农业中学。惠城镇于1958年首先创办初级农业中学1所。各公社从1959—1965年，在"农业学大寨"中先后创办初级农业中学18所，全县共19所，最盛时期学生达2677人，教职员163人。

三、"文化大革命"十年动乱，中学教育受到严重破坏

从1966年底开始，中学"停课闹革命"。至1968年下半年各校陆续复课，但仍要"复课闹革命"。1968年华侨中学停办。农业中学被认为是修正主义的产物，在批判"两种劳动制度，两种教育制度"时，决定停办农业中学。结果全县有5所农业中学改为全日制小学，13所停办。只存新联农业中学1所。根据"小学不出村，初中不出队，高中不出社"的要求，大队办的小学开始附设初中班，公社的中学都办为完全中学，农场、矿山的子弟学校也办起高中班。学制改为"二二制"（初中二年、高中二年）。1969年由省自编教材。物理、化学、生物合编为《工农兵基础知识》，物理只讲"三机一泵"。外语、历史、地理停设。学生毕业证书改由各校自行管理。反对"师道尊严"和文化考试。考试一律改为开卷，升级、毕业以劳动表现为准，学校大办农场，劳动时间过多，知识水平严重下降。1976年底全县共有完全中学19所，高中113个班，学生6275人；初中85

个班,学生4920人;教职员520人。小学附设初中班,学生8416人,占全县初中学生数63%以上。

四、迎来曙光

1976年结束了"文化大革命"后,进入社会主义现代化建设时期,全县中学教育的恢复和发展较快。1978年恢复华侨中学,增办高中班,办成完全中学。1979年夏对全县中学布局作初步调整,把部分小学高中班并入城镇中学,小学停设初中班。1979年后,贯彻"调整、改革、提高、发展"八字方针,全县调整中学办学布局,部分农村中学停办高中班。确定县第一中学为县重点中学。1980年以后,全县初级中学学制改为三年制,教材采用人民教育出版社的统编教材;恢复中学课程设置,基本与"文化大革命"前相同。使用全国统一教材,各科均有教学大纲,使教学逐步正规化。学生学籍及毕业证书仍由各校自行管理。1982年底,全县共有完全中学8所:县第一中学、县第二中学、华侨中学、隆江中学、神泉中学、葵潭中学、鳌江中学和华侨农场中学。1982年起,先后新办6所初中:惠城镇中学、靖海镇中学、隆江镇中学、神泉镇中学、青山乡中学、葵潭农场中学。调整了各校高中部。1983年起恢复高中三年制。同时,葵潭中学、神泉中学、鳌江中学和华侨农场中学转办农职高中班。1981年惠来一中经省教育厅确认为县重点中学,1984年增加华侨中学为县副点中学。1985年起实行分级管理,惠来一中、华侨中学为教育局直接管理,其余各中学接受所在地镇政府和教育局双重管理,全县有初级中学15所,在校生1.59万人。1986年周田中学也办职业高中1个班。连原有的新联农中,全县农职中学达6所。但此类中学实质上与普通中学相同,农职班师资、教材、学生就业等问题还有待解决。1987年底,全县中学的设置(包括农职中学及初中教学班),共有完全中学9所,初级中学17所,合计26所,在校学生2.68万人,其中高中3277人,初中1.82万人。教职员1505人。

1993年,语文、数学、政治、英语、物理、化学科采用人民教育出版社的统编教材,其他学科采用广东省编写的沿海版教材。1986年《义务教育法》颁布,惠来县于1993年起分4批4年实现义务教育。从1995—1996年,全县先后新建粤东中学、狮石中学、锡溪中学、世铿学校、周田考山分校区。1996年9月,通过省、市验收,达到国家教委和省厅规定的指标，基本符合"普九"要求。全县共有初级中学19所，九年一贯制学校5所，初中在校生3.32万人。1997年又新建隆江二中、明德学校、周田径口校区。同年11月省政府进行"两基"（基本扫除青壮年文盲，基本普及九年义务教育）工作复查，并颁发"'两基'工作合格县"证牌。至2001年顺利通过"两基"督查。2002年全县完成经省教育厅界定的18所薄弱初中的"改薄"任务。

1994年下半年，减少课程时数，初级中学每周从36节减为34节。2003年，全县初中一年级开设信息技术课程；2004年秋季，全县初中一年级及起始科目全部进入新课程实验，实行新课程，使用新教材。初中设置分科与综合相结合，主要包括思想品德、语文、数学、外语、科学（或物理、化学、生物）、历史与社会（或历史、地理）、体育与健康、艺术（或美术、音乐）以及综合实践活动，在义务教育阶段的语文、艺术、美术课中加强写字教学。

2004年，全县初级中学20所，九年一贯制学校8所：京陇、锡溪、狮石、澳角、沟疏、明德、世铿、南海等学校。

五、2011年后的中学教育情况

2011年，全县有普通高中学校8所，招生8180人；在校生24901人，比上年增加6.9%，每万人口普通高中在校生195人。全县有中职学校2所，招生人数达23595人（含全日制和半工半读）。全县高中阶段毛入学率达85.6%。通过省普及高中阶段教育检查验收。全县普通高考上省线3492人；上本科线1590人。上本科人数比上年增长32.06%，高出全市平均增幅20个百分点，居全市首位；上线率和上本科率分别为77.4%和35.2%，均列全市第二位。

2012年，普通高中招生8720人，完成招生计划100%；在校生24687人，每万人口普通高中在校生193人。中职学校2所，招生人数14600人（含全日制和非全日制）。高中阶段毛入学率85%。全县参加高考考生4683人，上省线4080人，上线率87.1%，居全市首位。其中上本科线1748人，比增9.9%；上第一批线203人，比增16.7%，增幅分别居全市各建制县（市、区）第二位和第一位。本科上线率37.4%，列全市各建制县（市、区）第二位。3所高中学校被评为市"规范管理示范学校"。县职业技术学校着力培养学生实训技能和提高学生实践操作能力，增强职业教育发展后劲。

2013年，全县普通高中招生8100人，完成招生计划100%；在校生24391人，每万人口普通高中在校生192人。全县有中职学校2所，招生人数17737人（含全日制和非全日制）。高中阶段毛入学率85.1%。参加高考人数4635人，上本科线1852人，比2012年增加104人，本科上线率39.96%，连续三年居全市各建制县（市、区）第二位；其中上第一批本科线298人，比2012年增加95人，增幅为46.8%。本科上线率和第一批本科上线率增幅分别居全市各建制县（市、区）第一位和第二位。同时，尖子生培养也取得历史性突破，惠来一中考生方捷睿以理科总分681分（排位分701分）的成绩列全市第四位、全省第十五位，被清华大学录取。

2014年，全县各高中学校挖掘资源，加大扩招力度，在完成招生任务基础上，采取得力措施，留住优质生源，促进办学规模和质量协调发展。全县普通高中8所，招生7790人，完成招生计划100%；在校生24316人，每万人口普通高中在校生191人。全县中职学校2所，在校生3240人（含非全日制）。2014年拟订《我县2015—2020年加快发展现代化职业教育发展规划》并报市审定。高中阶段毛入学率85.5%。2014年惠来县高考成绩再创历史新高，参加高考4951人，上本科线2073人，首次突破2000人，比2013年增加221人。本科上线率41.9%，连续四年居全市各建制县（市、区）第二位。其中上重点线341人，比2013年增加43人。

2015年，全县普通高中8所，招生8400人，完成招生计划100%；在校生23956人，每万人口普通高中在校生183人。中职学校2所，在校生3180人。高中阶段毛入学率86.5%。根据《广东省教育厅关于印发改造提升薄弱普通高中办学水平的实施意见的通知》精神，隆江中学、葵潭中学、华侨中学、慈云世铿中学、神泉中学等5所普通高中列入2014、2015年改造计划，规划投入改造资金7934万元。2015年12月，累计投入资金7615万元，完成率96%。隆江中学、华侨中学、慈云世铿中学完成全部改造，向揭阳市教育局申报市一级学校评估认定。惠来县职业技术学校向上级申报学前教育专业为国控专业。2015年，惠来县高考成绩再创历史新高，参加高考5169人，上本科线2188人，比2014年增加115人，本科上线率42.33%。其中，上重点线381人，比2014年增加40人；上二批线1807人，比2014年增加75人。上重点线和本科线增长率均居全市各建制县（市、区）第一位，本科上线率居第二位。

2016年，全县普通高中8所，招生6700人，完成招生计划100%；在校生22772人，每万人口普通高中在校生173人。高中阶段毛入学率87%。2016年底，葵潭中学、神泉中学改造提升任务完成，接受市一级学校评估验收。全县中职学校2所，在校生2656人（含非全日制）。2016年启动广东省中等职业学校教学工作诊断与改进工作。2016年惠来县高考再创佳绩，参加高考4850人，上本科线2372人，比增184人，本科上线率48.99%。其中，上重点线428人，比增47人。本科上线率居全市各县（市、区）第一位。连续两年本科增长率列全市各县（市、区）第一名。

2017年，全县普通高中8所，中职学校2所。2017年招收高一新生5600人，完成招生计划100%；高中阶段在校生20865人，每万人口普通高中在校生172人。高中阶段毛入学率87.5%。提升普通高中办学质量，推进职校产教融合、工学结合教学模式，加快人才优先发展。2017年，惠来县高考成绩再创历史新高，参加普通高考5190人，上本科线2573人，比2016年增加201人，本科上线率49.58%，本科上线率居全市各县（市、区）第一位。其中，上一本线467人，比2016年增加39人，一本上线率9%，一本上线率列全市各县（市、区）第二名。

2018年，2018年招收高一新生5800人，完成招生计划100%；普通高中在校生18885人，每万人口普通高中在校生174人。高中阶段毛入学率88%。提升普通高中办学质量，推进职校产教融合、工学结合教学模式，加快人才优先发展。2018年，全县参加高考5554人，上本科线2860人，比2017年增加287人，本科上线率51.49%。其中上高分优先投档线518人，比2017年上一本线增加51人。本科上线率居全市各县（市、区）第一位。其中，惠来一中上本科率达89.6%，在全市中仅次于揭阳一中，上高分优先投档线比率23.7%，仅次于揭阳一中和普宁华美学校。

2019年，2019年招收高一新生6148人，普通高中在校生17133人，每万人口普通高中在校生178人，高中阶段毛入学率88%。把握高中教育发展新形势，推进普通高中教育教学管理工作，有序推进普通高中育人方式改革，初步构建选课走班、学生生涯发展、综合素质评价工作实施新机制，逐步实现普通高中特色化办学目标。2019年，参加高考5933人，上本科线2793人，本科上线率47.08%，本科上线率居揭阳市各县（市、区）第二位。其中上优先投档线541人，优先投档上线率9.12%，居揭阳市各县（市、区）第二位。

2020年，全县普通高中8所，2020年招收高一新生6317人，高中阶段毛入学率92%。普通高中在校生17979人，每万人口普通高中在校生179人。落实《广东省普通高中课程实施方案（2020年修订）》要求，创造条件，做好学生生涯发展、综合素质评价工作，逐步实现普通高中特色化办学目标。2020年全县参加高考6414人，上高分优先投档线480人，高分优先投档上线率7.48%，上本科线2741人，本科上线率42.73%。根据《广东省教育厅关于进一步优化中等职业学校布局结构的意见》文件要求，5月，经县人民政府和市教育局批复，同意惠来县葵潭职业技术学校终止办学。中职学校1所，即惠来县职业技术学校。

2021年，全县普通高中8所。2021—2022学年，招收高一新生7437人，高中阶段毛入学率95%。普通高中在校生19630人，每万人口普通高中在校生185人。实施《广东省普通高中课程实施方案（2020年修订）》，加强教学管理，提高课程实施水平，提高普通高中办学质量。创造条件，开展普通高中学生综合素质评价工作，逐步实现普通高中特色化办学目标。全县参加高考6017人，上本科线2453人，本科上线率40.95%，位列全市各县（市、区）第一名。

2022年，全县普通高中8所，招收高一新生8263人，高中阶段毛入学率96.5%，普通高中在校生21652人，神泉中学2022年秋季学期复办高中部。夏季高考，县按标准要求新增慈云世铿中学高考考点。2022年9月，前詹中学挂牌成为惠来慈云实验中学教育集团成员学校。以惠来县第一中学、惠来慈云实验中学、惠来县第二中学为"龙头学校"的三个教育集团持续开展同课异构、教研观摩、跟岗学习等交流活动，扩大优质教育资源受益面和覆盖面。县内263间高考考场为7034名考生顺利应考提供坚强保障，上本科人数2509人，本科总量和高分层人数较往年均有较大进步，上本科率35.7%，位列全市各县（市、区）第二名。

六、学校简介

（一）县一中。惠来县第一中学始创于民国八年（1919）4月21日，命名惠来县立中学，为旧制中学（4年制）。校址在县城游府署。民国十八年（1929）迁至县学宫（今址）。1961年改称惠来县第一中学，是县唯一重点中学，1983年学制恢复为"三三"制，1992年秋季停止招收初中一年级新生，经3年过渡为高级中学。2001年被评为揭阳市一级学校。1979—2004年，有200多名学生在全国、省、市各学科竞赛中获奖，20多名学生获"潮汕星河奖"，100多名教师获全国、省、市各级奖励，考入全国高等院校学生共4516人。连续几年被揭阳市评为"高考成绩优异"奖、"先进集体""依法治校示范性学校""先进基层党组织"。2004年，学校占地面积3.41万平方米，建筑面积2603平方米，运动场地6150平方米。内设教室、办公楼、教工宿舍楼、学生宿舍楼和物理、化学、生物实验室、电脑室、多功能电教室、图书馆等，图书馆藏书3.4万册。全校有高中教学班38个，学生2310人，教职工210人，专任教师146人。2012年5月，县第一中学通过国家级示范性高中初评。学生5264人，专任教师248人，其中特级教师1人，高级教师70人，中级教师123人，市劳动模范2人。2012年上本科1088人，比增167人，增幅18.1%；上一批重点146人，比增24人，增幅19.7%。2010—2012年，承担国家级课题1个、省级课题4个；教师发表教育教学论文国家级9篇、省级18篇；教师论文、课例、课件、录像获奖国家级4人次、省级32人次、市级45人次；学生学科竞赛获奖国家级61人次、省级123人次、市级23人次。2015年3月8日，惠来一中新校区高中部正式启用，原校区改为一中初中部。

（二）慈云实验中学。惠来慈云实验中学创办于2003年9月，是旅港同胞林世铿先生、林宝喜先生捐资，以及县政府投资兴建的一所全日制完全中学。学校占地面积84600平方米，建筑面积36000平方米，运动场地26000平方米；教学楼2幢、科学楼、办公楼各1幢，各种功能室57间。学校教学设备设施齐全，基本上能满足教育教学需要。有72个教学班，学生总数5600人，教职工310人，其中专任教师280人，专任教师学历达标率100%。学校办学目标是"规范+特色"，建设"惠来教育科研的实验基地和对外交流的示范窗口"，打造成为地区一流示范学校。

2012年，学校承担国家级、省级、市级科研课题12项，已结题的有5项。在国家级科研课题"基础教育英语教学评价实验项目"中，学校被评为"优秀实验学校"，英语教研组被评为"揭阳市优秀教研组"；省级课题"新课程高中化学课堂有效教学研究"和"高中思想政治综合探究课与信息技术整合的研究"被评为"揭阳市优秀课题组"。2010—2012年，教师在论文、课件、教学基本功等方面有5人次获得国家级奖项，19人次获得省级奖项，34人次获得市级奖项，104人次获得县级奖项。学校拥有教工合唱团、美术兴趣班、篮球队、舞蹈队、武术队、毽球队、排球队、羽毛球队、健美操队、校园电台、"云星"文学社、读书社、志愿者服务队、英语沙龙、机器人科技小组等社团组织。表演剧目《中国妈妈》获广东省第三届中小学生艺术展演一等奖，潮汕星河奖文艺奖二等奖；男子毽球队曾在市运会上夺冠，并代表揭阳市参加第九届广东省中学生运动会进入八强；学校机器人兴趣小组凭"福娃登长城"活动项目一举夺得第三届揭阳市智能机器人竞赛第一名，代表市参加省赛并获广东省中学生智能机器人活动比赛第二名。2012年，教学班72个，学生6000人，教职工330人。学校被评为华南师范大学毕业生实习基地、广东省学校体育场馆对外开放试点学校、省体育特色学校、省中小学校本培训示范学校、广东省一级学校、省师资培训实践基地、省现代教育技术实验学校等。2010—2012年，学校教师在论文、课件、教学基本功等方面有5人次获得国家级奖项，35人次获得省级奖项，37人次获得市级奖项。学校编印《教工优秀论文集》两册。设有教工合唱团、美术兴趣班、篮球队、舞蹈队、武术队、毽球队、排球队、羽毛球队、健美操队、校园电台、"云星"文学社、读书社、志愿者服务队、英语沙龙、机器人科技小组、书法协会等社团组织。剧目《中国妈妈》获广东省第三届中小学生艺术展演一等奖，潮汕星河奖文艺奖二等奖；男女毽球队参加第九届广东省中学生运动会，其中男队进入八强；学校机器人兴趣小组凭"福娃登长城"活动项目夺得第三届揭阳市智能机器人竞赛第一名、省第二名；学校组团参加揭阳市第二届中学生运动会取得男子400米第一名，男子4×400米接力赛第一名。

（三）县第二中学。位于靖海镇，1950年9月为惠来县人民中学分教处，1950年12月改为惠东中学，1951年3月改称惠来县第二中学，时校址在靖海镇观音阁。1958年办高中，为完全中学。1958年9月学校移迁葛峰山南麓。1961年首届高中毕业生45人，考上高等院校的有32人。1972年学校新建校址，占地面积1.3万平方米，建有4层教学楼1座。1987有高中7个班，学生359人（其中女生66人），初中18个班，学生1385人（其中女生374人）。教职员109人，其中专职教师64人，学历达标率为

64%。1977—1985年，该校考入大专院校250人。1993年9月搬迁至今址（靖海西锋"田中宫"）。学校占地面积3.87万平方米，总建筑面积2.88万平方米，设备、设施比较完善。2004年底，有39个教学班，学生4252人，教职工143人。该校师生参加县级以上各项竞赛次次获奖，获奖次数在全县名列前茅。2002年评为市"高考成绩优异"先进单位，2004年高考成绩名列全县面上完中第一。2002—2004年，中考成绩连续3年获全县第一名。2004年被揭阳市委、市政府评为"先进集体"。2011年，有高中部和初中部两个校区，高中部学生3910人，初中部学生5195人，全校学生总数9105人，教职工355人。学校贯彻党的教育方针，坚持"以人为本，以德治校，精细管理，追求卓越"的办学理念，以建设"校风纯、校纪严、质量高、有特色"农村一流中学为办学目标，不断提高教育教学质量，先后被评为揭阳市文明学校、市先进集体、市先进基层党组织、市德育示范学校、市语言文字规范学校、广东省书香校园、广东省第四批现代教育技术实验学校。

2011年，学校被批准为广东省一级学校、国家教育考试定点考场，被确定为广东省首批500所普通高中提升办学水平项目学校。2023年底，二中有高中69个班，学生4340人；初中68个班，学生4446人。全校教职员工254人。

（四）华侨中学。惠来县华侨中学位于惠城环城东路59号。1957年创办，称惠来县华侨中等文化学校，原校址设于惠城西联村东仓西侧。1958年改称华侨中学，1960年建新校定于惠城东北郊。1968年停办，1978年复办，为完全中学。1983年定为县副点中学。1983—1986年，考入大专院校262人。1986年，高考录取名额列汕头市副点中学第一名，汕头市政府奖"育才之光"锦旗一面。1992年惠来县隶属揭阳市后不再设立副点中学，初中部教学质量连续6年全县第一。学生参加各种竞赛，获市级以上奖励共46项。1998年被揭阳市授予"十佳校园"称号。2004年底，有45个教学班，学生3587人，教职工255人。

2012年，学校占地面积42698平方米，建筑面积23028平方米，学生3629人，教职工270人。投入资金40万元，改建东侧围墙和后围墙。2012年，教师姚楚辉被揭阳市委、市政府评为揭阳市优秀班主任；教师周王撰写的《多媒体在思想政治课的运用中存在的问题及对策》荣获由中国教育学会《中国教育学刊》举办征文评比大奖赛一等奖；教师朱龙国撰写的《例谈数形结合在解题中的应用》荣获由中国教育学会《中国教育学刊》举办征文评比大奖赛一等奖；学生林淑银在第六届"星河杯"潮汕中小学生作文比赛揭阳市选拔赛中荣获二等奖；学生陈家蓉荣获第四届揭阳市学生规范汉字书写比赛初中组软笔楷书二等奖，学生柯洁玲、曾梓锐荣获初中组软笔楷书三等奖。

（五）**隆江中学**。1956年5月创建，位于隆江镇狗头山。1957年称惠来县第三中学，1961年改称隆江初级中学，1966年增设高中，称隆江中学，1979年调整中学布局，溪西、岐石、南海、东埔等乡镇场的中学高中部并入该校。2004年有30个教学班，学生2237人，教职工145人。学校占地面积5.25万平方米，建筑面积3.02万平方米。学校积极推进素质教育。2004年被评为县一级学校。2011年，学校占地面积66900平方米，校舍建筑面积2016平方米，校园绿化覆盖率46%。教职工165人，其中专任教师126人，大学本科毕业68人（其中招聘外省籍教师23人）；中学高级教师19人，中学一级教师73人。学生3000人，42个教学班；教学楼2幢，办公、科技楼各一幢，教师宿舍楼7幢，配备电脑室、课堂互动室、图书室、理化生实验室和仪器室等。

（六）**葵潭中学**。葵潭中学于民国三十一年（1942）创办，原址在葵潭葵峰书院。1956年，迁至葵潭吉镇村西龙溪旁大埔，称葵潭初级中学；1973年增办高中，为完全中学。1987年校舍占地面积3.5万平方米，建筑面积4200平方米。2004年有30个班，学生总数2306人，教职工130人，专任教师115人。2022年，教学班47个，其中初中班15个、高中班32个，学生3304人，教职工146人。

（七）**神泉中学**。1959年9月创办，校址在神泉镇东观路165号。学校初名神前初级中学，后改为神泉初级中学。1971年改为红旗中学，并成为完全中学。1978年复名神泉中学。学校占地面积3.86万平方米，建筑面积5482平方米。2004年底有18个教学班，学生1100人，教职工87人。

（八）**仙庵中学**。创办于1960年，位于仙庵村北山脚下（前身为东红中学）。1969—1982年为完全中学。1982年全县调整高中布局，停办高中，复为初级中学。学校占地面积2.07万平方米，建筑面积3万平方米。2004年底有20个教学班，学生1500人，专任教师62人。学校多次被评为市级"先进集体""先进单位""文明单位"和县级"教育先进单位""先进基层党组织""中考取得优异成绩单位"。2023年,学校占地面积27500平方米,校舍建筑面积约13000平方米。其中,教学楼2栋,综合楼2栋,教师宿舍2栋;教学楼设教室24间,综合楼拥有计算机教室1间(学生电脑45台)、物理实验室2间、化学实验室1间、生物实验室1间、云录播教室1间、阶梯式多媒体会议室1间(可容纳近200人)。

(九)周田中学。位于周田镇东前湖行政村林内村内,创办于1959年。1976年在东前湖村"林内埔"建新校舍。1978年增设高中,1985年改设职业高中,1988年职业高中停办,复为初级中学。学校占地面积57000平方米,建筑面积13508平方米。1987年,周田中学有18个教学班,其中高中1个班,初中17个班,高中学生17人(女生4人),初中学生1339人(女生235人),教职员工60人。1995年9月创考山分校,位于考山村。1997年9月创径口分校,位于径口村。2004年,径口分校并入总校,设有25个教学班,学生1680人,教职工90人,专任教师80人。2011年,教学班25个,学生1756人,教职工77人,校园环境优美,绿化覆盖率80%。

周田中学中考成绩于1989—1997年连续名列全县前茅。获"广东省中学实践教育活动合格达标单位"。多次被评为市、县普法教育先进单位。县考风考纪先进单位。曾承办县教学在该校开设教材改革实验班,数学教学的"启发式"论文在县交流会上获一等奖,数学科组于2001年再次被评为市先进教研组。该校实验设施配套齐全,已建成物理、化学、生物标准实验室3间,投入资金98万,2023年学校定为揭阳市初中学业水平考试考点(中考考点),建成标准考场16间。学校按照省颁课程标准,开足开齐课程,并配备相应学科实验设施设备。2023年,该校设17个教学班,在校学生833人,教职员工56人,其中,中学高级教师6人,中小学一级教师40人,教师学历达标率100%。

(十)溪西中学。1970年春创办,是一所农村初级中学,位于溪二村西侧"雨山"。20世纪70年代曾设高中部,后因布局调整取消高中部。1987年,设初中3个年级共12个班,学生825人,其中女生103人;教职员工45人,其中民办教师4人。学校占地面积1167平方米,建筑面积4390平方米。有教学楼3幢及科技楼和教师宿舍楼,有电脑室、理化实验室、仪器室、图书室等。1998年和1999年,学校党支部被溪西镇党委评为"先进基层党组织",2001年,《揭阳日报》刊登《溪西中学吹拂文明风》专题报道。2004年底,有教学班17个,学生1562人,教职工75人。该校先后被评为"揭阳市安全文明校区""揭阳市文明学校""惠来县文明单位""溪西镇安全文明校园"等。

2009年,校园占地面积19868平方米,学校校舍基本楼房化,教学楼3栋,科技楼一栋,教师宿舍楼2栋,建筑面积5204平方米;配套电脑室、理化生仪器室,体育场地与器材基本适应体育教学。教学班22个,学生2486人,教职工97人。2023年,学校占地面积27亩,约17982平方米,总建筑面积18256平方米(其中连体教学楼1栋9436平方米,科技实验楼1栋3900平方米,创强楼1栋2730平方米),将创强楼2—4层改建为学生宿舍,首层为师生食堂及可以容纳200人的多功能厅;宿舍楼2栋2190平方米,是一所布局合理,功能齐全,环境优美的农村初级中学。有教职工187人,其中中学高级教师23名(高级职称比例12.3%),一级教师50名(中级职称比例26.8%),初级64人(初级职称比例34.3%);研究生2人,具有学士学位72人(比例占38.6%),大学本科164名(本科学历比例87.8%),专科21人。有学生总数3494人,设有72个教学班(七年级27个教学班,八年级24个教学班,九年级21个教学班),其中内宿生有330人。2022年被评为第三批广东省中小学中华优秀传统文化传承学校(英歌舞传承项目)。

(十一)慈云世铿学校。1993年筹建,1994年广东省省长叶选平亲笔题写"慈云世铿学校",校址在葵潭镇玄武村北面。1996年9月交付县教育局,开始招生办学,原为九年一贯制学校,命名为揭阳惠来慈云世铿学校,占地面积6.67万平方米,建筑面积3.85万平方米,有教学楼4幢,教室48间,教师宿舍70套,图书馆1000平方米,藏书4万多册。学校分中学部和小学部,2004年共60个班,小学部36班,学生2183人;初中部24班,学生1616人。教职工158人。该校于1998年被授予揭阳市"十佳校园",1999年被授予揭阳市"文明学校",2001年获广东省"侨资办学成果吴汉良奖"二等奖,2004年获"广东省希望工程学校办学成果奖",同年评为县一级学校。

2006年,慈云世铿学校将小学部剥离出去,和原玄武小学合并称为玄武名林小学。2007年慈云世铿学校成立高中部,2011年改称惠来县慈云世铿中学,设教学区、运动区、生活区。有教学楼、综合楼、图书馆、教师宿舍和学生宿舍等。有足球场、篮球场、风雨操场等，科学实验室和各类功能室齐全。主要为周边中学生提供初中和高中教学。2011年，教学班36个，其中初中30个，高中6个，学生2577人，教职员工138人。校园环境优美，2022年开始设高考考场。2022年，慈云世铿中学设六个年级58班，学生3899人，其中初中生1554人，高中生2345人，学校教职员工163人。

（十二）东陇中学。东陇中学创办于1960年，坐落于东陇镇东山埔，1982年高中停办。2004年，全校20班学生1450人。2011年9月教学班26个，学生2458人，教职工126人。校园占地面积22500平方米，建筑面积6834平方米，有教学楼、办公楼、教师宿舍楼、体育馆等建筑。2022年，学生2557人，教职员工170人。

（十三）前詹中学。1965年建校，1976年迁入新校址（前詹镇庵泉路北13号）。为惠来县东部沿海一所镇级初级中学。校园占地85亩，校舍建筑面积7783平方米，教学楼2栋、综合楼1栋、教师宿舍楼2栋。运动场2.2万平方米。学校各部门以及各功能室配备较齐全，设计符合标准，有理、化、生实验室各2间，多媒体电教室、电脑室、语音室、图书室（藏书19万册）各1间，以及理化生仪器室若干间，教学设备基本满足常规教学需要。2022年在校学生1205人，教职工104人。

（十四）华湖中学。华湖中学于1965年创办，称惠来县华湖农业中学，1970年改名为惠来县华湖中学，开办普通初中教育。位于华湖镇池畔村，距镇政府北面约2公里处。校园面积16575平方米，建筑面积8030平方米。有教学楼2幢，宿舍楼2幢。1987年，华湖中学有10个班（初中），学生595人，其中女生75人，教师55人。2004年，设16个班，在校学生1266人。2011年设教学班23个，学生2125人，教职工121人。2023年，在校学生1608人，教职员工88人。

（十五）岐石中学。1965年创办，原为岐石农业中学，是社办农业学校，1959年农业学校建于岐石村"排坑场"，即今校址。岐石中学坐落于岐石村东面。1987年有6个班学生401人，其中女生31人，教师22人。2010年，校园占地20460平方米，建筑面积5144平方米。设教学区、运动区、生活区。建有教学楼、宿舍楼等建筑。有运动场、篮球场，理化生实验室、图书室。主要从事义务教育阶段教育。2011年，教学班24个，学生1916人，教职工64人。校园环境优美，绿化覆盖率10%。2023年，校园占地面积20460平方米，教学班32个，学生2124人，教职员工115人。

〔第四节〕中等教育

一、惠来县工农师范学校

1970年创办，校址在当时停办的华侨中学。以不定期的形式举办师资培训班，培训小学教师。曾办小学行政学习班、小学语音教师学习班、中小学体育教师训练班、民师转正学习班、图音教师培训班。1974年招收普通师范班，学制2年。第一届招生3个班，其中2个农业专业班。学员由公社推荐入学，共有150名。农业班来自惠来、潮阳、海丰、陆丰和汕头市。1977年实行统考，该校始在统考中录取合格新生。1978年加招英语专业1个班。1980年7月停办。

二、潮汕农林干部学校

1950年6月由汕头地区创办，校址设于葵峰农场。1952年9月改为广东潮汕农业学校，迁往潮安县。

三、惠来县劳动大学

1964年10月由县创办，校址在四香果林场。办学宗旨为"贯彻两条腿走路的方针，实行半工半读，培养共产主义红色接班人"。学制3年，主要课程为语文、政治、农业（栽培、果树、六畜）。招生2届，实际毕业99人。毕业生国家承认为中等农业专科学校学历。1968年停办。

四、惠来县农业技术学校

1976年夏，省农委下达给惠来县办1个农业技术中专班的指标，县决定由农业局主办，校址设于县农科所。招收1个班55人。学员由各公社推荐。学制3年，课程有政治经济学、遗传育种学等10多科。经费由省拨给，不足部分由县支付。学员入学免费，每月发给助学金28元。1977年招收农业专业生55名。1979年8月首届毕业。此后举办不定期的农村干部专业技术培训班，进行短期培训。1984年5月配合中央农业广播学校，开展农业教育，招收第一期学员64名，经3年自学，1987年5月52名学员结业。以后保有校名，没有招生。

五、汕头地区供销学校

1976年由汕头地区商业供销系统创办，校址在溪西公社塘田村（其时塘田购销站为全省先进单位）。学制2年。有会计、统计、物价3个班。开办时学生由公社推荐，招收81人。1977—1980年每年从统考中录取1个班。1981年停止招生。1982年秋迁往汕头市北墩。

六、惠来县卫生学校

1975年6月创办，校址在惠来县人民医院，于农村课点上课。主要任务是培训赤脚医生。办学点有东陇公社华房大队、寄陇大队，隆江公社凤红大队。1979年校址移至惠西路225号4楼。先后举办半医半农培训班共20期，1200人次，80年代初期转为不定期培训在职人员，分中医、中药、护理等专业班，以初级医疗卫生技术人员为主。1981年4月改为惠来县卫生进修学校。

七、汕头医专隆江分校

1975年汕头医专学习"朝阳农学院"把大学办到农村去的经验，创办该校，即所谓"六·二六医科大学"。校址在隆江公社工人诊所，学制2年，开设2个医疗班，以培养在职赤脚医生为主。共招收学员100人，学员享受人民助学金待遇。课程按医专教学计划设置，由汕头医专各系讲师轮流到校上课。1977年8月，2个班学员毕业，学校停办。按"社来社去"原则，毕业生仍回各公社当赤脚医生。1983年国家承认其大专学历，转为国家干部，分配在公社卫生院工作。

八、惠来县教师进修学校

1980年9月创办,校址在寄陇村北观音埔,1987年迁榕石。有师专函授班(属汕头教育学院)4个班,学员193人。中师函授班(含幼儿师范班)6个班,学员329人。中师脱产进修班2个班,学员87人。民师中师班2个班,学员66人,合计学员675人。中师函授班为4年制,已毕业学员1053人。脱产进修为2年制,已毕业学员157人。师专函授为3年制,已毕业学员334人。1982年被评为汕头地区79级师专函授教学表扬单位。

九、惠来县农机学校

由县农机局于1970年12月创办。主要对各种拖拉机驾驶员进行培训。并开办各种短期培训班39期,参加学习的有3147人次。后保留校名,没有招生。

〔第五节〕业余教育

一、1950—1966年兴办业余学校和农民夜校

1950年开始,在各中、小学兼办工农业余教育。当年办夜校40所,有工会、农会、妇女会的会员参加学习。夜校分初中、高小、初小等班级。计进初中班的有60人,高小班的720人,初小三、四年级的1572人,初小一、二年级的2215人,合计4567人。1951年下半年,参加学习人数增至7714人,1953年增至9397人。夜校课本由地区统一编定,课本费和灯油费,原则上由各村自筹,政府给予补助。1956年县成立"扫盲协会",副县长兼任会长,下设办公室,文教科长兼任主任。有扫盲专职干部分驻各区开展扫盲工作。这一时期,扫盲工作虽仍由各小学负责,但已有农村自行兴办的梅北农民夜校。1958年普(宁)惠(来)并县后,惠城的机关干部业余文化学校和职工业余文化学校,仍继续开办。还曾以隆江镇的后山、岗前村为试点,掀起拼音识字运动。以后随着国民经济困难时期的到来,扫盲工作也就中断。这一时期,办得较正规的夜校有:

(一)惠来第一中学工农业余初中班。1950年3月开办。招初中一年级1个班60人。课程设置有语文、算术、政治、历史、地理5科。1951年2月,续招新生62人。

重新编班有初一、初二学生各50名。1952年停办。

（二）梅北农民夜校。1952年由惠城梅北乡筹办。1955年3月增办初中班。1957年有初中2个班，学生110人，小学12个班，学生约600人，教职员15人。1958年"大炼钢铁"运动，夜校停办。1959年梅北大队在草庵创办民办小学，夜校也于草庵复办，后迁林厝祠、翁姑祠。1964年有6个班，学生300多人，教师14人（由民办小学教师兼任）。1966年梅北民办小学并入梅北小学，夜校改由梅北小学兼办。

（三）惠来县机关干部业余文化学校。1954年由县创办。校址在惠城东仓景峰祖祠。开设初小1个班，高小2个班，初中一二年各1个班，学员250人，专职教师3人，兼职教师10人。1957年校址迁双宫直巷六桂祠。1960年7月停办。

二、1966—1975年举办"政治夜校"

"文化大革命"初期（1966年底）业余教育停办。1969年后，中小学复课，农村夜校随之复办，称"政治夜校"。主要是学习《毛主席语录》。1975年省召开农村扫盲业余教育会议，要求各地认真解决无机构、无人员、无活动的"三无"状况。全县农村又兴办起夜校。东陇大队的夜校有13个班，学员600多人，县农机厂、罐头厂、新圩陶瓷厂、二轻局、东埔农场也相继兴办"七·二一"工人大学（称业余学校），参加学习的职工940人。

三、1977—2004年大办"扫盲、脱盲"班

1979年后进入社会主义现代化建设时期，全县成人教育成效显著，主要是扫盲。1979年县成立了工农教育委员会，在全县开展扫盲工作。扫盲的对象是12—40周岁的文盲和半文盲。按1982年人口普查统计，上述这类人全县有6.53万人，占总人口10%。脱盲的标准为：干部和工人能识2000个常用字，能阅读普通书报，能写二三百字的应用文；农民能认1500个常用字，能阅读通俗书报，能写农村中常用的便条、收据。1979—1983年，县教育局按照国务院关于扫盲工作的指示精神，努力做到"一堵、二扫、三提高"的方针，举办业余夜校和扫盲识字班，并对已脱盲人员组织继续学习。除组织编写各类扫盲乡土教材外，每半年拨

付一次扫盲补助经费。至1983年底，全县共办扫盲班1441班，参加学习5.37万人，经考核脱盲4.09万人。当年10月，经省检查验收，全县302个大队有293个大队达标，占大队总数97.3%；12—40周岁少、青壮年非文盲率达91.5%，符合上级"两个90%"以上的要求。县教育局被省教育厅评为完成扫盲任务先进单位。根据国家规定，基本完成扫盲任务。1979年、1983年各公社文盲、半文盲与扫盲情况：

（一）干部职工文化补课。1982年开始，按省统一规定：1. 凡1968—1980年初、高中毕业，而实际文化水平达不到初中毕业的职工均应补课；2. 凡年龄在40岁以下的干部，文化程度不够高中或中专水平并在1968—1980年高中毕业的，均应参加高中文化补课，由省于每年春秋两季组织毕业统考；3. 由教育厅统编各科教材，统印合格证书，由主管部门颁发；4. 补课形式：进业余学校学习，或自习后参加省市组织的文化考试。全县从1982—1985年，职工补课参加人数5874人，有3784人考试合格，占63.4%。干部高中文化补课共有766人，经省统考毕业的有72人。参加高中班学习两年考试毕业的有115人。

（二）兴办业余学校。从1982年起到1987年，全县兴办了各类业余学校。在农村的业余高小班共有175个，至1985年已有1395人高小毕业。在城镇的有惠来县职工业余中学、惠来县业余中学等6个业余教学班，成人教育出现新局面。

1983—1995年期间，先后开展三次较大规模的扫除文盲教育，全县青壮年文盲率1980年22.4%，1995年国家教委验收时降低至0.72%，县教育局被国家教委、全国妇联和省教厅评为扫盲先进单位。1988年，国务院颁布《扫除文盲工作条例》，规定凡15—40周岁的文盲、半文盲公民均应接受扫盲教育。1989年进行调查登记，全县15—40周岁青壮年文盲、半文盲人数共1.52万人。文盲人员占同龄人5.9%。各地根据县布置任务，举办各类业余夜校和识字班，再次组织扫盲活动，1990年，经汕头市政府验收，非文盲率达到97.6%，100%行政村达到单位脱盲标准，县教育局、溪西镇政府、靖海镇政府的教育办公室被汕头市评为扫盲先进单位。

1991年，根据省教厅"高标准扫除青壮年文盲达标规划"和汕头市下发的有关文件，要求在2—3年内实现高标准扫除有学习能力的青壮年文盲、半文盲，其中15—44周岁青壮年非文盲率达到99%以上，脱盲人员巩固率也要达到99%以上的目标。全县采用各种形式，深入农村或偏远地区，运用农村学校办夜校扫盲班或送教上门、设点办扫盲班等方式，按时完成高标准扫盲任务。至1994年5月经省教厅验收，全县3年共办扫盲班473班，脱盲共7588人，加上普查时被登记为文盲、半文盲人员进行核实或重新考核属已脱盲8700人，共脱盲1.63万人。全县15—44周岁青壮年非文盲率已达99.28%，脱盲人员巩固率达99.1%。省政府发给惠来县扫除文盲达标证书。县教育局被全国妇联、国家教委联合评为"全国第三届巾帼扫盲奖"先进集体。1996年岐石镇小学获国家教委颁发的"中华扫盲奖"。

至2004年底，全县脱盲人员参加各类巩固提高班或高小班学习累计1.49万人，其中业余高小毕业累计8660人，业余初中毕业783人。

随后，教育规模不断扩大，办学类型有农民实用技术培训或技术讲座、职工文化补课和岗位培训、各类专业技术教育和学历教育。办学形式有短期班、长期证书班、业余学习和半脱产、脱产进修班等。办学机构有农村业余学校、乡镇成人文化技术学校、县农业农机学校、成人中学、教师进修学校和县电视大学以及单位和部门内部的培训机构或函授点等。至2004年，全县农村参加各类成人教育培训累计13.58万人次；职工培训累计3.38万人次；专业技术人员参加继续教育学习累计1.16万人次；各层次成人学历教育毕业1.44万人。

四、农民技术教育

（一）技术培训。1990年国家教委颁布《关于实施"燎原计划"的指示》，广东省教育厅和汕头市人民政府先后制订"燎原计划"的实施方案，惠来县改革和发展农村教育，统筹规划农村的基础教育、职业技术教育和成人教育，发挥各类学校智力、技术优势，分批建立教育与经济协调发展的示范乡镇。1991年成立实施"燎原计划"指导小组，并确定隆江镇为实验示范镇。1992 1994年，隆江镇先后举办甘蔗、杂优水稻等农业技术培训班或技术讲座，参加培训共1365人次，技术项目辐射到1243户。1995年，示范镇增加惠城、周田、神泉、靖海、葵潭5个镇。至2000年底，全县6个示范镇累计办培训班393班（期），受训人数13.58万人次，占农村劳动力27.3%。

（二）乡镇成人文化技术学校。1986年，全县各区都创办"农民教育中心"。1992—1993年，根据国家教委和省有关文件精神，隆江镇和大南山华侨农场创办农民文化技术学校。1994年，惠城、神泉、东陇、华湖、靖海、周田、溪西、岐石、鳌江、葵潭和青山等11个乡镇也先后创办农民文化技术学校。至此，全县65%的乡镇场创办农民文化技术学校，70%的行政村办文化技术学校或教学点。隆江镇农民文化技术学校于1994年被省教育厅列为全省第二批农村成人教育联系学校。至1995年底，各乡镇（场）农民文化技术学校除开办各类业余高小班，初、高中文化学习班外，还举办农、林、果、渔各类技术培训班或讲座共282期，参加培训3.64万人次，其中参加农业技术员证书学习班结业的有1440人。1995年6月，县委组织部与教育局联合举办两期"农村管区干部中等专业证书班"，培训时间为1年半，全县共有225人参加培训，结业213人。

1996年起，农民文化技术学校改名为成人文化技术学校，先后投入资金87万元，改善办学条件和增添教学设备等，1997年隆江镇成人文化技术学校经市验收，成为市级骨干成人文化技术学校，1999年成为省级示范性乡镇成人文化技术学校。至2004年底，该校与省、市有关院校和县教师进修学校、县电视大学合作办学，先后举办计算机技术、法律、汉语言文学、小学教育和幼儿师范教育等成人学历教学班，共有327人参加进修，其中有大专毕业生103人，中专毕业生38人。

五、职工教育

（一）文化补课。1981年，中共中央、国务院《关于加强职工教育工作的决定》颁布后，教育局与县经委、财贸、劳动、物资、供销、粮食、银行等系统和部门联合，从1982年起，对在1968—1980年初、高中毕业的职工开展文化补课和技术补课。至1985年底，全县参加初中文化补课共5874人，经考核合格3784人，合格率63.4%；参加技术补课共3741人，考试合格2254人，合格率61%。

1984年，县委组织部印发《关于组织干部参加高中文化学习的通知》，要求"年龄在50周岁以下，文化程度达不到高中或中专水平的；在1968—1980年高中毕业的干部，均应参加高中文化学习"。1985年，县教育局创办"惠来县业余中学"，并成立惠来县干部高中文化学习班及统考办公室。根据不同学习对象和文化基础，分为高中1年制（快班）和高中2年制或3年制（慢班）两类，组织到县业余中学和县总工会创办的职工业余中学学习。同时在靖海、神泉、鳌江、葵潭、华侨农场开设教学班。至1991年底，全县参加学习的干部共1516人，经省统考毕业894人。1994年惠来县业余中学停办。县总工会职工业余中学举办的职工高中文化学习班，至1994年底共有146人毕业，1995年停办。

（二）岗位培训。1985年起，县经委组织各类系统性的岗位和技术培训，至2000年，共有4780人参加系统性培训，还有1.24万人参加短期适应性培训。

1988年，县成人教育办公室联合县银行、保险、物资等部门，先后在县业余中学和职工业余中学举办"商业会计""企业管理""电工""文秘"等专业培训班，至1995年两所业余中学停办止，参加培训并结业共623人。

1990年，县财政局创办会计培训中心，至1997年会计培训中心停办，共培训会计人员1120人。

1997年县劳动局成立就业培训中心，至2004年底培训各类业务人员1.49万人，其中取得合格证1.19万人，取得等级证书2973人。

六、各类成人业余学校简介

（一）神泉镇澳角村农民业余学校。1982年创办，初办8个扫盲识字班，有450人参加学习。1983年起开办2个业余高小班，学员105人，2个扫盲识字班，学员115人。1985年评为工农教育先进单位，受到汕头市工农教育委员会的表彰。

（二）惠来县职工业余学校。1982年由县总工会创办，校址在总工会内，承担职工补习任务。职工通过学习，达到初、高中毕业水平。1985年前主要办文化补习班，1985年后办电工技术培训班。有教职工9人。

（三）惠来县业余中学。1984年由县教育局创办，校址在惠城墩南小学。办校宗旨为：提高干部、职工、待业青年的文化素质和工作能力。学员通过2年的学习，分别达到初、高中毕业水平。创办时为高中补习班，1985年为学制班，有初中、高中学员164人，教职员10人。1985年评为汕头市工农教育先进单位。

（四）中央农业广播学校惠来教学班。1984年由县农业局创办，校址在县农科所。第一期为农业专业，学制3年半，考试合格，可获得中专学历，但国家不包分配。办学形式：学员按时收听中央广播，定期集中辅导。学科设置有植物保护学等8科。该班有学员64人。

（五）广东广播电视大学惠来分校。1985年由县创办，学籍归省电大管理，校址设于惠城榕石县党校内。办学宗旨：为惠来县培养"四化"人才。学员通过3年的半脱产学习，达到大学专科毕业水平。1985年招收"汉语文学专业"和"党政干部专修科"各1班，学员62人。1986年招师范类英语专业1个班，学员49人。教职员6人，兼职教师视学科需要聘请。

（六）全国法院干部业余法律大学教学班。1985年2月由县人民法院举办。学制3年，课程有宪法、刑法、刑事诉讼法等21科，参加学习的有法院干部20人。

（七）广东省党校惠来函授大专班。1985年由省党校系统举办。学制3年。在学有85级政治专业学员76人，86级政治专业学员59人，共135人。

（八）成人高等教育自学考试。从1984年开始至1987年止，举办成人高等教育自学考试。已有41人通过考试全部及格，获得大专毕业证书。

〔第六节〕职业中学教育

1982年省政府批示各地大力发展职业高中。惠来县于1983年确定葵潭中学、神泉中学为职业高中，1985年，鳌江中学、侨场中学兼办职业高中班，周田中学附设职业高中班，加上原有的葵潭新联农业中学，至1985年全县农职中学有6所。1986年后，又先后在隆江中学、县二中、华侨中学办职高班，并创办神泉澳角渔业中学。1990年确立葵潭职高为县骨干职业技术学校。

职业高中学制多为三年，开设专业主要是农学、果树栽培、服装、美术、文秘、机电、家用电器等。课程设计是学生在学习普通高中课程基础上，结合学校和学生实际，开设各专业知识课时，进行教学和实践。学生毕业既有普通高中毕业证，也得到职业高中毕业证，称"双证"教育。

2001年，职业高中布局调整，撤销侨中、二中、隆江中学、神泉中学职高班办学点，全部生源纳入葵潭职校招生。2002年，葵潭职业学校改为"惠来县葵潭职业技术学校"。2003年经揭阳市教育局验收，该校被评为广东省中职类合格学校。至2004年底，全县职业高中经调整后，剩"惠来县葵潭职业技术学校"1所，在校生220人。

〔第七节〕民办教育

1990年，惠来县开始出现由私人独资或合资创办的全日制学校。学校建设由创办者负责，自主招生，自主收费，自主聘用教师，自主管理办学。服务当地普及义务教育，收费与公办学校基本相等。

一、1993—2004年的民办教育情况

1993年，县人民政府制定《惠来县社会力量小学暂行办法》，至1995年全县审批隆江镇尚迎小学、岐石镇兴华小学和培新小学、溪西镇精英学校（九年制）4所民办学校。1997年，惠来县贯彻"积极鼓励，大力支持，正确引导，加强管理"方针，明确民办学校的申办条件和程序，实行许可证制度。至此全县共有7所民办学校领取办学许可证。1998年增至10所。1999年，教育局转发《广东省基础教育民办学校管理规定》，并按规定对各民办学校的招生、办学、收费和财务管理等实行年检制度。依法清理违法办学，整顿办学秩序。至2004年底，经审批的民办学校（包括精英学校和洪星学校2所九年制学校）共31所，在校生2.65万人，教职工732人，校园占地面积19.97万平方米，建筑面积7.83万平方米。其中完全小学29所，九年一贯制学校2所，总投入资金7450万元。创办者多数是经商或办实业的，也有退休教师和老教育工作者联合办学。民办小学29所占全县公办小学的11.2%，在校小学生占全县小学生总数18.6%。民办学校教学计划和课程设置以及学制按国家和省规定执行，教学进度与公办学校同步。

二、2011年后的民办教育情况

2011年，全县民办学校35所（其中九年制学校3所），在校生20225人，教职工577人。2012年，全县民办中小学校32所（其中九年一贯制学校3所），在校生19785人；民办幼儿园100所，在园幼儿18973人。2013年，全县共有民办小学31所（其中九年一贯制学校3所），在校生18502人；民办幼儿园116所，在园幼儿24383人。2014年，鼓励和引导民间资金投入教育领域，扶持民办幼儿园特别

是面向大众、收费较低的普惠性幼儿园。新审批设立民办园15所，严格民办小学幼儿年检制度，对连年来年检合格的民办小学、幼儿园进行全面换证。2014年民办小学29所，民办园120所。2015年，加强对民办小学、幼儿园规范管理，促进民办教育健康发展。全县具备办学资质的民办小学27所、民办幼儿园125所。2018年，鼓励和引导民间资金进入教育领域，新审批设立民办学校1所，民办幼儿园15所。全县具备办学资质的民办幼儿园171所，民办义务教育学校28所。2019年，新审批设立民办学校1所、民办幼儿园16所、培训机构8家。2019年底，全县具备办学资质民办幼儿园192所、民办义务教育学校31所。2020年11月17日，广东同仁北大新世纪教育集团投资兴办的同仁北大新世纪外国语学校举行开工仪式，该项目对促进惠来基础教育均衡发展和区域城市功能配套具有重要意义。2020年，新审批设立培训机构7所。终止办学民办幼儿园7所，终止办学民办学校2所，终止办学民办培训机构1家。全县具备办学资质民办园185所，民办义务教育学校29所，校外培训机构17家。2022年，明确通过政府购买民办义务教育学校学位服务方式，推动实现2022年控制民办学校在校生（不含政府购买学位服务生）占比5%以内目标。2022年秋季，全县23所民办义务教育学校在校生22890人，其中政府购买学位服务学生16994人、民办学位学生5896人，占全县义务教育学生的3.79%，完成年度规范民办义务教育发展工作任务并通过上级专项评估。

〔第八节〕特殊教育

21世纪前，惠来县没有开设特殊教育学校。1992年，在开展普及九年义务教育过程中，各地根据实际，对一些残疾儿童采取随班就读方式。人数较多的则开设"特殊班"，把残疾儿童集中起来，结合实际进行教育和教学。1996年后没有开设。至2004年，全县有11名轻微残疾儿童随班就读。

2019年，设立特殊教育学校1所（惠来县特殊教育学校）。2019—2020学年度，全县特殊教育学生654人，其中惠来县特殊教育学校在校生132人，各中小学校随班就读学生（含送教上门）522人。派出普通学校教师、特教学校专业教师30人参加揭阳市特殊教育教师培训交流活动，成效明显。2020年，贯彻落实第二期特殊教育提升计划，创造条件，加大入学安置力度，适龄残疾儿童少年入学人数大幅度增加，成效明显。全县特殊教育学校1所。2020—2021学年度，特殊教育学生940人，其中惠来县特殊教育学校在校生160人，各中小学校随班就读学生（含送教上门）780人。2021—2022学年，全县特殊教育学生990人，其中县特殊教育学校在校生172人，各中小学校特殊教育随班就读学生（含送教上门）818人。组织103名特殊教育工作者参加特殊教育学校教材国家级示范培训和全市特殊教育教师交流活动，提升教师专业水平。加大入学安置力度，保障适龄残疾儿童少年接受义务教育基本权利。2022—2023学年，全县特殊教育学生1161人，其中县特殊教育学校在校生188人。

〔第九节〕成人学历教育

一、成人中专

1979年，县教师进修学校开设中师函授班，主要招收在职小学教师，学制4年，至1985年，共招收学员1349人，毕业1302人。1984年增设在职中师脱产班，学制2年，至1985年共招收脱产学员160人，毕业149人。从1986—2000年，中师函授和脱产班面向社会招生，共招收中师函授生4639人，中师脱产生809人，所有学员全部毕业。2001年后停止招生。1997年，隆江镇成人文化技术学校与揭阳市成人中专联合开设幼儿师范教育脱产班，学制3年，至1998年底共招收学员43人，毕业38人。1999年停止招生。

二、成人大专

1985年，创办惠来县广播电视大学。学员通过参加全国统考录取，学制3年，学习形式主要以收看中央电大的教学录像和利用星期六、日集中辅导为主，业余自学相结合。各科考试合格，获得国家承认大专毕业学历。开设汉语言文学专业和干部专修科。1986年增设英语专业，1988年起，增设会计学、劳动经济管理、工业企业管理、中文秘书、金融、工业与民用建筑、税务、行政管理、法律和小学教育等10个专业。至2004年底，各专业毕业生共3076人。

1985年，县党校开设干部大专函授教育，至2004年共1630人毕业。

三、省、市院校函授教育

1978年，韩山师范学院和汕头教育学院在惠来县教师进修学校开设师范函授站，至1985年共招收中文、政治、数学、物理、化学等专业函授生602人，毕业528人。1986年后没有招生。1996年，省教育厅在全省开办"小教大专学历班"函授教育，县教师进修学校在1996—2000年共招收学员1909人，至2001年毕业1578人，2001年后没有招生。2000年与广州师范学院和长春师范学院联合，在县教师进修学校开设函授点，至2004年，已有434人毕业。

四、各镇场成人文化技术学校教育

2011年，办好各镇场成人文化技术学校，注重办好省级示范性成人文化技术学校，实施"三教"统筹，即农、科、教结合。至2011年底，全县创办省级示范性成人文化技术学校1所（隆江镇），镇场级成人文化技术学校17所，村级成人文化技术学校151所，接受培训32435人。2013年底，省级示范性成人文化技术学校1所（隆江镇），镇场级成人文化技术学校15所，村级成人文化技术学校125所，接受培训37736人。2015年，各镇场抓住教育创强和《广东省教育厅关于开展省级农村职业教育和成人教育示范县创建工作的通知》，加大成人文技学校建设力度，全县成人文技学校14所，其中省级示范性成人文技学校1所（隆江镇）、镇场成人文技学校13所，设教学点120个，接受培训37824人，为农村培养一批人才。2017年12月，全县有成人文技学校14所，其中省级示范性成人文技学校一所（隆江镇），设教学点101个，接受培训35183人，通过成人文技学校为农村提供就业机会。2019年底，全县有成人文技学校14所，设教学点101个，接受培训35802人。2021年，经惠来开放大学申请，广东开放大学于2021年6月1日正式批复，同意惠来开放大学加挂"广东老年大学惠来学院"，作为广东老年大学分校，根据上级有关安排开展相关老年活动。加大镇成人文化技术学校建设力度。2021年，全县成人文化技术学校14所，设教学点101个，接受培训36458人。2022年，惠来开放大学开展社区教育、老年教育、终身教育有关工作，全县老年人参与相关项目活动1.7万人。

五、成人学校选介

（一）县广播电视大学（开放大学）。1985年2月创办，原校名为广东省广播电视大学惠来分校。1991年6月，经省电大验收评估，升格为惠来县广播电视大学。学校原租借县党校教室，1999年2月迁至惠来县教师进修学校，2004年1月又迁至惠城东山开发区。学校占地面积6018平方米，建有教学楼1幢1470平方米，综合大楼1幢2548平方米。学校配套有电脑室、多媒体教室和阶梯式电教大厅、图书馆、阅览室、会议室和教工之家等，配套卫星地面接收站，通过宽带网（ADSL）接入互联网，实现教学和办公自动化。

学校有专职教师9人，其中具有高级职称6人，兼职教师25人。1985—2004年，共开设大专层次的专业14个，培养3076名毕业生。2002年秋季起，参加中央电大人才培养模式改革和开放教育试点项目的实验和研究，把原开设的14个专业调整为小学教育、英语、现代文员、法学、公共事业管理、行政管理、金融等7个专业。2004年全校在校学生870人。2005年3月，设立惠来县广播电视大学奥鹏学习中心，先后与浙江大学、东北财经大学、福建师范大学，中国医科大学等多所著名高校联合办学。2019年12月，学校升格为正科级单位，并改名为"惠来开放大学"。2021年加挂"广东老年大学惠来学院"牌子，是惠来县唯一一所成人高等教育学校，也是全国高校网络教育部分公共基础课的全国统一考试考点。至2022年，已培养各类毕业生2万余人，现有学生1185人。

（二）县教师进修学校。教师进修学校创办于1980年9月。前身为惠来县工农师范学校，校址原在寄陇村观音山（飞鹅工业区）。1989年8月迁至惠城北门榕石西侧。学校占地面积1.04万平方米，建筑面积5020平方米。有教学楼1幢2050平方米，教师宿舍楼5幢。学校配套有电脑室、教学器材室、师生食堂等。2004年有教职工60人，其中高级讲师7人，讲师16人。

1985年经省政府办公厅审批为小学教师培训基地，后经省教厅、市批定为教师继续教育基地。1979—2004年，除举办各类中师学历脱产班和函授班，共培养中师毕业生6899人外，还与韩山师范学院和长春师范学院合作举办大专学历函授教育，共培育大专毕业生2540人。培训小学教师和行政干部共8256人。2004年开展新一轮新课程改革教学业务培训，全县共有6340人参加。

〔第十节〕基金会

一、惠来县教育基金会

1988年1月5日，惠来县海内外28位知名人士发起成立了惠来教育基金会筹备组。1988年10月11日，惠来县教育基金会在县商业大厦举行成立大会，到会有海内外各界人士共200多人。大会聘请吴华胥、王显荣、翁惠东（香港）为顾问，方卓然、林川、方东平、吴志华及在港知名人士吴康民、方乃斌、方鸣山、林世铿、林宝喜、陈权为名誉会长，吴健民为会长，方八鹏、方匡三、方向坚、吴才义、林佛成、庄声源、方发槐、林庭丰为副会长，并推举44位有关人士组成惠来教育基金委员会，推举方八鹏为理事长，陈平、方增城（汕头）、朱世铃、方增良、张松、方伯元为副理事长，并由21位有关人士组成理事会。大会通过了《惠来教育基金会章程》，规定每届任期三年；拟定《奖教奖学暂行办法》。会址设在惠城南门大街文昌大厦南楼五楼。

惠来县教育基金会在筹备阶段就发出倡议书，在海内外广泛开展捐资办学的活动，得到了海内外乡亲的积极响应和热情支持。县供销、商业、建委、水电等机关和企事业单位率先向基金会捐资70多万元，接着，旅港乡亲林世铿、林宝喜、方发槐等17位先生共捐赠港币61万元，旅港知名人士吴康民先生在旅港乡亲中募集24万港元，其中旅港知名人士李兆基先生捐赠港币20万元，陈有庆、翁锦通二位先生慷慨解囊赞助。1988年教育基金会举行成立大会期间，汕头市人大捐赠人民币1万元。在广州、汕头、北京、上海等地工作的同志和在县内工作的干部、职工热烈响应，共有331人捐赠人民币7万余元。1991年4月在县召开海内外联谊会期间，旅港同胞向基金会捐赠港币69万元。第一次组团莅县参加联谊会的泰国侨胞方伟等6位先生各捐赠港币1万元。随后，泰国惠来同乡会副理事长胡荣升先生闻讯托亲朋带港币1万元捐赠基金会。截至1991年12月止，募集基金计人民币138万多元、港币136万多元，共折合人民币230万元。

奖教奖学是教育基金会的一项重要工作。教育基金会在筹备阶段就已开始实施奖教奖学，1988—1991年四年，基金增值51万元，用于奖教奖学、增添教学设备、充实学校图书等项支出共48万元，受奖师生共3482人次，奖金339540元，其中受奖教师2273人次，奖金182340元；受奖学生1209人次，奖金157200元。基金会理事会每年根据形势发展的需要提出具体实施方案，邀请有经验的离休老教师、学校领导、现职教师代表以及教育部门有关同志，召开座谈会征求意见，务求实施办法切实可行，方案制订后经教育基金会委员会审议通过，然后向全县公布。

1991年12月24—26日，惠来教育基金会在汕头市召开第二届大会预备会议，到会顾问、委员、理事及来宾近30人。预备会研讨商定召开第二届大会的有关事宜。会议由会长吴健民主持，副会长方八鹏对基金会四年来基本情况做了通报，并公布四年来捐赠基金芳名录及财务收支情况，定于1992年4月2日至3日在惠来县城举行第二届大会。2022年，县教育基金会奖励被"985"和"211"工程大学录取的大学生每人1000元。

二、揭阳市葵潭慈善基金会

揭阳市葵潭慈善基金会，简称"葵潭慈善基金会"，由黄纯祥先生、黄育彬先生于2013年发起，注册原始基金200万元，经揭阳市民政局批准成立的非公募基金会。

该基金会的宗旨是救助贫困人口，帮扶弱势群体，促进教育医疗，倡导和谐社会。自基金会成立以来，致力于开展爱心公园建设、奖教奖学及支教助学、扶贫济困等慈善项目。在理事会不懈努力及各位爱心人士鼎力支持下，各项工作均取得显著成绩。2016年被惠来县委、县政府评为尊师重教先进单位。到2023年8月31日，基金会共接受捐赠74285616元，投资收益9405300元，部分爱心人士还为基金会免费提供各种活动设施和服务。

该基金会在教育方面的主要捐助项目和资金：至2023年，奖教奖学及支教助学支出9974670元。在葵潭爱心公园爱心楼二层还配套了图书馆、美术馆。

〔第十一节〕校舍建设和教学设备

一、校舍建设

1979—1985年,全县共集资3500万元,新建、扩建、拆建校舍12.48万平方米,维修校舍3.68万平方米。全县中小学总校数269所,其中,新建147所(有楼房81幢);扩建、改建的91所,合计238所,占总校数的91%。全县于1985年11月基本实现"一无两有"(无危房、有教室、有桌椅)校舍。1986年《义务教育法》实施后至1990年,全县新建、扩建、改建校舍14.99万平方米,总投资4478万元,年平均投资1120万元,建筑面积3.75万平方米,且大多数为楼房。1991年,县政府成立"惠来县清除危房校舍隐患领导小组",全县共投入资金2237万元,拆除危房2.95万平方米,维修危房2.48万平方米,新建、扩建校舍6.2万平方米,使125所有危房学校都完成改造任务。1992—1996年,为实现"普九"义务教育,全县共筹集资金15652万元,其中,省拨1545万元,教育附加1520万元,县、乡、镇、村自筹6420万元,华侨、社会各界人士及单位捐资6167万元,新建、扩建校舍面积28.48万平方米,维修面积4.19万平方米。1998年开始改造薄弱学校,至2002年,共完成96所(18所中学、78所小学)薄弱学校的改造。投入资金6204万元,新建、扩建、改建校舍面积9.23万平方米。2002—2004年,全县投入资金6221万元(其中省拨3000万元),完成100所老区、山区小学的改造(2002年21所,2003年39所,2004年40所)。2003—2004年,两年调整中小学布局,共投入资金2484万元(其中省拨1280万元),新建、扩建、改建校舍面积3.09万平方米。

2011年,全县投入校舍建设8978万元,铺开教育建设项目95宗,建筑面积51451平方米。2012年,投入教育基础设施建设8826万元,新(改、扩)建校舍72所,建筑面积58720平方米,购置教学设备设施一大批。完成县一中校园文化设施建设工程,推进慈云实验中学、隆江中学扩建工程,完成隆江蛟边小学、神泉文昌小学、东陇华房小学、鳌江中沃小学等45所义务教育规范化学校建设。2013年,全县投入教育基础设施建设9608万元,新(改、扩)建校舍31所,建筑面积20066平方米,维修校舍75495平方米,购置教学设备设施一大批,促进教育协调发展、均衡发展。学前教育方面,投入2472万元,建设镇(场)中心幼儿园9所、村级幼儿园53所。义务教育方面,投入4500多万元,建设义务教育阶段规范化学校69所,全县义务教育规范化学校共171所,规范化覆盖率达57.78%。高中教育方面,县第二中学扩建工程投入近2000万元,实验楼和教师工作用房完成封顶,运动场及设备设施配套建设即将完成。2015年,抓住创建广东省教育强县契机,全县投入5.2321亿元,新(改、扩)建校舍189547.28平方米、维修校舍194993.62平方米,改造学校213所,购置设施设备一大批。加快高中阶段教育发展步伐,县委、县政府高度重视,投入2.6845亿元回购原惠来县东山高级中学,将其作为惠来县第一中学新校区于2015年9月正式启用;惠来慈云实验中学新建教学楼一栋,全面竣工投入使用。葵潭中学投入1200万元,新建教学楼1幢。社会贤达黄嘉鸿先生捐资1200万元新建惠来县神泉中学连体综合楼一幢,即将竣工。2016年,惠来县教育系统在巩固发展教育创强工作成果的基础上,启动创建广东省推进教育现代化先进县工作,全县投入1.7亿元,新(改、扩建校舍46234.21平方米、维修校舍39256.5平方米,改造学校186所,购置设施设备一大批。其中,惠城镇墩南小学(华群校区)新建教学楼一幢,总投入资金436万元,总建筑面积3295平方米,工程竣工并投入使用;鳌江中学投入529万元,新建综合楼一幢,总建筑面积2866平方米,工程竣工并投入使用;隆江镇东文小学新建教学楼及运动场,建设教学楼一幢1200平方米及运动场,总投入资金220万元,工程竣工并投入使用。2018年,投入硬件建设6686万元,新(改、扩)建和维修校舍26408平方米,完善设备设施配套一大批。至2018年12月,全县14个镇场均顺利通过教育强镇复评督导验收。2019年,投入教育硬件建设3137.76万元(其中校舍建设2635.64万元、教学设备建设406.12万元、教育信息化建设96万元),新(改、扩)建校舍12623.11平方米,配套教学设备一大批,农村寄宿制学校建设取得阶段性成果,启动惠来县教育系统"互联网+教育"信息平台项目建设。2020年,全年投入教育硬件建设17612.23万元(其中校舍维修9125.22万元,新建、改建、扩建6610.27万元,教学设备配套1876.74万元),维修改造加固校舍12.4万平方米,新建校舍33051平方米,配套教学设备一大批。其中,县赤山小学首期建设项目基本完成,县赤山幼儿园工程、惠来二中综合楼和学生宿舍楼工程动工,世行贷款项目标准化课室和教师周转宿舍基建工程项目完成网上招投标。教育系统"互联网+教育"信息平台项目建设启动，预计2021年9月底前建成投入使用。全县教育系统设置人脸识别机361台，引入人脸识别考勤系统，对全系统人员落实严格考勤管理。2021年，全年投入教育硬件建设17799.1万元（其中校舍维修6346.56万元，新建、改建、扩建6853.56万元、教学设备配套4598.98万元），维修改造加固校舍12.69万平方米，新建校舍3.4万平方米，配套教学设备一大批。其中，县赤山小学首期工程竣工；县赤山幼儿园新建项目和县第二中学综合楼、学生宿舍楼建设项目主体建设完成；世行贷款项目1046套"班班通"教学平台投入使用，54间标准化课室、300套教师周转宿舍基建工程项目至2021年底完成近45%工程量。

二、场室建设

（一）体育运动场地。1980年前，全县中学运动场地总面积共有12万平方米，小学运动场地总面积37.51万平方米。1986年，中学运动场地总面积14.26万平方米，生均8.97平方米；小学38.28万平方米，生均4.28平方米。1986—1990年，全县中学运动场地总面积18.25万平方米，生均13.15平方米；小学为40.02万平方米，生均3.57平方米。1992—1996年，全县中学运动场地总面积22.28万平方米，生均9平方米；小学为48.51万平方米，生均4平方米。全县中小学有篮球场137个，羽毛球场11个，乒乓球场20个，排球场3个。1997—2004年，全县中学运动场地总面积25.19万平方米，生均6.4平方米；小学为48.51万平方米，生均2.96平方米。全县有足球场2个，篮球场173个，羽毛球场13个，乒乓球场31个，排球场4个，400米田径场6个，200米田径场66个。

（二）实验室、仪器室、图书馆。1980年，全县只有少数中学设置仪器室，县一中只有二间简陋实验室，大多数学校空白。1988—1990年，全县中小学已设置仪器室63间，实验室28间，图书馆1间。1990—1994年，采取"四个一点"（上级补助一点、县财政下拨一点、教育局帮一点、各学校筹一点）的办法，解决"四室一场"（教室、实验室、图书室、阅览室、操场）、"七室一场"（理科实验室、文艺室、劳技室、卫生室、计算机室、语音室、多功能电教室、体育场）建设所需的资金，至1994年，全县中小学仪器室增至324间，实验室186间，图书馆2间。1992—2004年，场室建设进程较快。至2004年，仪器室达350间，实验室249间，图书馆16

间，全县各中小学基本建有一间藏书室和阅览室，图书量小学人均8册，初中人均13册，高中人均19册。2019年，投入教学设备建设406.12万元、教育信息化建设96万元，配套教学设备一大批，农村寄宿制学校建设取得阶段性成果，启动惠来县教育系统"互联网+教育"信息平台项目建设。

（三）仪器设备。1980年教育局开始安排专人负责管理教学仪器工作，1984年正式组建电教仪器站，为股级单位，设站长1名，干事1名；1984年后又增加干事2名。1980年，全县中小学专职仪器管理员只有3人（县一中2人，侨中1人）和少数兼职人员。至1986年，全县专职仪器管理员23人，兼职3人；1990年增至63人，兼职88人；2004年专职88人，兼职252人。

1980年后，省拨给惠来县购置仪器设备每年只有3万至5万元。全县仪器种类约440种，共6700件（套），总价值10.9万元，多数教学演示实验和学生分组实验无法开展。1985年，省教厅规定每年核拨的经费指标中，县必须自筹一定比例经费购置仪器设备。至1990年仪器品种1125种，共3.58万件（套），总价值110.2万元。1990年后，通过多渠道筹集资金，3年共筹集资金969.67万元，投入实验和仪器设备建设。至1994年，2所中学按一类标准配齐教学仪器设备，27所中学按二类标准配齐或基本配齐；33所小学按一类标准配齐，196所小学按二类标准配齐或基本配齐。全县中小学仪器配备总值257万元。1994年底，经省实验室建设、教学仪器配备达标工作检查验收组验收合格达标。至2004年底，全县小学仪器设备达到一类标准共有50所，达到二类标准共有200所；中学达到一类标准共有10所，达到二类标准23所；仪器设备总值500万元。2014年，投入1000多万元，购置设备设施一大批。2020年，教育系统"互联网+教育"信息平台项目建设启动，2021年9月底建成投入使用。全县教育系统设置人脸识别机361台，引入人脸识别考勤系统，对全系统人员落实严格考勤管理。

（四）电化、信息化设备。1980年开始，县电教站购置录像带363小时，录音带630小时。1987年，全县有录音机132台、投影仪109台、电视机19台、录像机4台。1989年，县一中装配第一间录音室和1间录像放映室。1994年县制订《惠来县普教、电化教育发展规划》。1996年，全县各校有录音机472台、投影仪243台、电视机36台、录像机31台、语音室2间、微机室5间、电脑115台、摄影设备

1套。1997年县制订《惠来县中小学普及电化教育规划》。1998年，有11所中小学实现"二机一幕"进课室，新建卫星地面接收站5套。

2000年，全县学校有计算机室10间、计算机338台、语音室5间、卫星接收站5套、校园广播系统5套、电视机52台、录像机49台、VCD机21台、投影仪443台、录音机662台，拥有"二机一幕"教室的学校14所。2000年，省分配给全县60台计算机，组成一中计算机室；2001年省分配给全县250台计算机和县自筹110万元组建5间完中计算机室；2002年秋季全县高中按规划开设信息技术课。2002年开始，惠来县列入省22个经济欠发达县计算机室补助建设范围，省规定补助与自筹比例1∶1。2000—2003年，全县重点配备初中计算机室，与TCL集团签订"买方信贷"合同，由TCL集团公司工程队施工、安装、调试，全县共投入资金722.21万元，配备"60+2"标准计算机室26间，配备"50+2"标准计算机室2间，至2003年全县初中计算机室各项指标达省要求，并于秋季开设初中信息技术课。2004年，重点配备乡镇中心小学计算机室，投入资金616.7万元，配备各中小学计算机室23间，并于秋季开设信息技术课。至2004年底，全县共有多媒体计算机室64间，配备电脑3648台，其中高、完中（含进修学校）908台、初中1660台、中心小学1080台，生机比高、完中20∶1（进修学校无计入）、初中27∶1、小学151∶1。累计投入计算机室建设资金1926.42万元，其中省补助741.56万元，自筹1184.86万元。全县共15所乡镇中心小学建成英语教育辅助设备语音室，投入资金125.7万元，其中省补助62.94万元，自筹62.94万元。2021年，全县"互联网+教育"信息平台建设项目完成，建成教育云录播室55间、教育专线328条、视频监控中心及教育云平台，正在试运行阶段；实施校园安防建设三年行动计划，全县校园专职保安配置、封闭式管理、"护学岗"设置、一键报警及视频监控与公安互联等四方面工作实现全覆盖。

〔第十二节〕教师的社会地位、工资待遇

明清时期，县学教谕和训导属于政府官员，地位尊贵；官学、义学、私塾的授课先生薪水优裕，衣食无忧。民国时期，校长和教师的工资待遇，没有统一规定。一般是中学比小学高二三倍，县区比乡村教师高得多。民国二十六年（1937）一般

乡村小学教师年薪是大洋券120元；县区小学校长月薪40元左右，教师20—28元。县立中学校长月薪约100元，任课另计；主任月薪约40元，任课另计；教师以每周课时计算，初中每节4元，高中每节6元。这样的工资水平，远高于一般体力劳动者。

中华人民共和国成立后，初期小学教师工资由当地确定，以米斤计，一般每月为75—100公斤；中学教师为170—250公斤。1952年教育经费由地方财政统筹，实行工薪分制，小学教师平均为120工薪分，中学教师为210工薪分（每个工薪分按当月物价计算，约折合人民币0.27元）。1956年按国家工资标准，评定中小学教师工资等级。县区小学校长最高为小学行政4级72元，教师分为11级，最高48元，最低27元。中学校长为中学行政4级113.5元，中学教师分10级，最高为5级81.5元，最低43.5元。1978年后，教师工资经过几次调整升级之后，中小学教师的工资差距逐渐缩短。1985年全国进行工资制度改革，按工资的构成，分为基础工资、职务工资、工龄津贴、奖励工资4个部分组成。小学教师基础工资和职务工资分12个级，最高1级131元，最低12级52元。中学教师分14级，1级170元，14级64元。

民师的工资待遇，在原所在大队记工分，县每月补贴5元，后增至12元。1980年照省规定每月为26元，物价差2.5元。1985年加教龄平均数14元，合共42.5元，全部由县财政局拨给。

一、住房

1978—1994年，教师住房建设以统建统分、公建私助、私建公助、私房补助等办法，全县共投入住房建设资金3300万元，建成住房971套（间），占总户数16.2%。建筑面积9.55万平方米，教职工家庭人均住房面积4.04平方米。缺房户5041户，占总户数83.8%。

1995年，省教师住房会议召开后，县政府制定出"教师住房建设减免税费项目"，同时提出建设资金筹集采取国家、集体、个人共同负责的办法。至1998年，全县共投入资金16175万元，先后解决住房3006户，总建筑面积22.65万平方米；其中由各地政府统一购建2344套，17.59万平方米；教师私建公助662套5.06

万平方米;人均居住面积由1994年教职工带眷入户4.6平方米增至11平方米。与此同时,全县先后投入542万元,建成413套校内教师工作用房。

1998—2004年,全县投入建设资金9723万元,建成教师住房681套(间),建筑总面积5.92万平方米。

二、工资

1978年以后,教师工资经过几次调整升级。

1985年,全国进行工资调整改革,按工资的构成,分为基础工资、职务工资、工龄津贴、奖励工资4个部分。小学教师基础工资和职务工资分12个级,1级131元,12级52元。中学教师分14级,1级170元,14级64元。民师工资,1980年照省规定每月为26元,物价差2.5元,1985年加教龄平均数14元,合共42.5元。

1988年,落实兑现教师每人各项生活补贴59.44元,实现教师的各项生活补贴与党政机关一视同仁。兑现教师的职务工资和增加10%的工资,每月给每个民师增加10元。新标准于当年10月起执行。

贯彻省委、省政府关于教龄满30年的教师领取退休金的意见,于1988年8月27日起执行。

1990年以后,《中华人民共和国教师法》确定教师工资待遇不低于或高于国家公务员的工资待遇,教师工资待遇有了法律保障。

1993年,又进行工资改革,以后每两年晋升一档工资。其中1997年7月、2001年1月、2001年10月、2003年10月还按政策相应提高工资标准,但这些调整几乎都未能及时或全部实现。至1999年改由工资银行卡发放,保证教师工资准时足额发放。

奖励工资:从1993年开始,凡年度考核连续两年优秀者每月可提高20—55元的奖励工资。

1988年实施职称评定制度以后,教师按职称领取工资。

1994—1997年,全县教师参加高、中、初级职称评定,工资套改共2318人,月增工资2.34万元。但至1999年1月起才执行。

1998—2003年,全县教师参加高、中、初级职称评定,工资套改共4251人,月增加工资4.75万元。

三、政治待遇和社会地位

中共十一届三中全会后,县落实知识分子政策,教师的地位逐步提高。县教育局成立落实政策领导小组,遵照"实事求是、有错必改"的方针,对在"文化大革命"中遭受迫害的376名干部、教师全部给予平反昭雪,对受害致残的423名干部、教师给予适当的医药补助,对受迫害致死的15名干部、教师家属做好善后工作。对78个案件反复核查,实事求是地作出结论,予以落实。对在反右斗争中被划为右派的207名干部、教师,划为中右分子的36名干部、教师,全部给予纠正。对历次运动积留下来的240多宗案件,做了大量调查工作,至1984年,共复查落实166宗,有63人归队安排工作,并继续对尚未复查的积案进行调查落实。1988年,进一步落实知识分子政策,彻底做好历史遗留案件的扫尾工作,对重新申诉的案件做好调查、核实的复议工作,落实解决了17宗。对于划为右派分子经改正后,恢复政治待遇,恢复工作和党团组织,适当安排工作。

至1990年,教育系统的冤假错案平反工作基本落实,"文化大革命"中受到迫害和划为"右派"的教师全部得到平反和改正,教师的政治待遇和社会待遇明显提高。首先,在参政议政方面或参加各级人民代表大会,都有一定代表名额。1984—2004年,当选为县人大代表6人,政协委员6人,政协副主席2人;进入中小学领导班子担任中学正副教导主任的大专生8人,担任小学正副校长的中专生76人。其次,各级党委重视在教师中发展党员,对过去长期迫切要求入党,但因出身、社关、政历等问题而未能达愿的教师,做到成熟一个吸收一个,历次各级党代会都有教师党员出席。

教师社会地位提高,尊师重教成为良好社会风尚。历年庆祝"教师节",各级党政和有关部门领导都要到学校关心慰问教师,帮教师解决一些困难和问题。至2004年,教师工资经几次调整提高,平均水平不低于当地公务员的标准。

2016年,提高教师待遇,落实山区边远地区教师补助政策,享受边远补助的教师平均每人每月803元。2021年,落实教师待遇保障,建立健全中小学教师工资福利待遇保障长效机制,确保全县中小学教师平均工资收入水平实现"两个不低于或高于"要求。表彰先进、树立榜样,全县238名教育工作者获得县级以上优秀教师、优秀班主任和先进教育工作者称号。

惠来史略 下卷

本书编委会 编

羊城晚报出版社
·广州·

图书在版编目（CIP）数据

惠来史略：上、下卷 / 本书编委会编. -- 广州：羊城晚报出版社，2024. 9. -- ISBN 978-7-5543-1345-9

Ⅰ．K296.54

中国国家版本馆CIP数据核字第2024EY7702号

惠来史略：下卷
Huilai Shilüe: Xiajuan

责任编辑	王晓娜　杨映瑜
责任技编	张广生
装帧设计	友间文化
出版发行	羊城晚报出版社
	（广州市天河区黄埔大道中309号羊城创意产业园3-13B　邮编：510665）
	发行部电话：（020）87133053
出 版 人	陶　勇
经　　销	广东新华发行集团股份有限公司
印　　刷	广州市岭美文化科技有限公司
规　　格	787毫米×1092毫米　1/16　印张87　字数160万
版　　次	2024年9月第1版　2024年9月第1次印刷
书　　号	ISBN 978-7-5543-1345-9
定　　价	760.00元（上、下卷）

版权所有　违者必究（如发现因印装质量问题而影响阅读，请与印刷厂联系调换）

目录

第六编 文 化

第十九章 机构设置和协会组织 / 705

　第一节　文化管理机构 / 705

　第二节　文化协会 / 706

　　一　惠来县灯谜协会 / 706

　　二　惠来县书法家协会 / 706

　　三　惠来诗社 / 707

　　四　惠来县摄影家协会 / 708

　　五　惠来县美术家协会 / 708

　　六　惠来县工艺美术协会 / 709

　　七　惠来县音乐舞蹈协会 / 709

　　八　惠来县民间文艺家协会 / 710

　　九　惠来县作家协会 / 710

第二十章 音乐和舞蹈 / 711

　第一节　潮乐"八音" / 711

　　一　演变分三个时期 / 711

　　二　演奏方式 / 712

　第二节　古代学宫祭祀仪式上的舞蹈和音乐 / 714

　　一　祭祀乐器（按乾隆六年颁） / 714

　　二　明洪武二十六年钦定《大成乐谱》（小字为乐谱） / 715

　　三　乾隆八年新颁乐章 / 716

　　四　舞器和舞谱 / 716

第二十一章 文学创作 / 718

第一节 文学创作概述 / 718

一 古代至民国时期 / 718

二 中华人民共和国成立后至20世纪70年代中期 / 718

三 1978—2004年 / 718

四 2011年后 / 719

第二节 著述书目 / 721

一 史志类 / 721

二 文学类 / 723

第二十二章 戏剧曲艺 / 729

第一节 中华人民共和国成立后戏剧戏曲在惠来的发展概况 / 730

第二节 潮剧 / 731

一 剧团 / 733

二 剧目 / 733

第三节 皮影戏（皮猴戏） / 735

一 惠来皮猴戏的历史 / 736

二 皮影 / 737

三 纸影 / 737

四 竹窗皮猴 / 738

五 阳窗皮猴 / 738

六 皮猴戏艺人 / 738

第四节 话剧 / 739

第五节 标旗锣鼓队 / 739

第二十三章 书画摄影工艺美术 / 741

第一节 书画摄影发展概况 / 741

第二节 书画摄影展和作品 / 742

一 入选省、市书法展或获奖的书法作品 / 742

二 绘画摄影 / 743

	三 书画摄影主要作品目录 / 745
	第三节 工艺美术 / 747
	一 工艺行业 / 748
	二 获奖的工艺美术作品 / 751
	三 民间工艺美术师 / 753

第二十四章　报刊 / 756

　　第一节　民国时期报刊 / 756

　　　一　《群报》（《惠来民报》）/ 756

　　　二　《新惠日报》/ 757

　　　三　《新葵日报》/ 757

　　　四　《群力日报》/ 757

　　第二节　中华人民共和国成立后报刊 / 758

　　　一　《惠来农民报》/ 758

　　　二　《惠来文艺》/ 758

第二十五章　广播电视 / 759

　　第一节　广播 / 759

　　　一　有线广播 / 759

　　　二　调频广播 / 759

　　第二节　电视 / 760

　　　一　无线电视 / 760

　　　二　有线电视 / 761

第二十六章　文化遗址和文物保护 / 762

　　第一节　文化遗址 / 762

　　　一　饭钵山遗址 / 762

　　　二　虎沟遗址 / 763

　　　三　新厝遗址 / 763

　　　四　白虎头埔出土宋碑 / 763

　　　五　葵潭千秋镇宋代土城遗址 / 764

六　青坑、圆墩的东溪窑、北溪窑古窑址 / 764

第二节　文物 / 764

一　出土文物 / 764

二　革命文物 / 765

第三节　非物质文化遗产 / 765

一　省级非遗项目 / 765

二　市级非遗项目 / 771

三　县级非遗项目 / 780

第四节　惠来县第三次全国文物普查 / 785

一　古遗址 / 785

二　古墓葬 / 789

三　古建筑 / 793

四　石窟寺及石刻 / 825

五　近现代重要史迹及代表性建筑 / 828

第五节　赤山古院 / 836

一　赤山古院兴建渊源 / 837

二　东福赤山古院的缔造者——毛冲和方元壮 / 837

三　赤山古院的建筑格局 / 838

第二十七章　惠来编修县志简史 / 839

第一节　林春秀《惠来志》 / 839

一　《惠来志》收录林春秀的文章 / 839

二　作序者刘子兴 / 840

三　关于该志的评论 / 840

第二节　游之光《惠来县志》 / 841

一　修志过程和参与者 / 842

二　关于该志的内容和评价 / 842

第三节　张秉政《惠来县志》 / 843

该志的特点 / 843

第四节 查曾荣《惠来县志》/ 844
 一 查曾荣作序 / 845
 二 林昂作序 / 846

第五节 张珝美《惠来县志》/ 846
 一 葵阳信史 / 846
 二 该志的特点 / 847

第六节 周葆熙《惠来县志》/ 850
 一 发现同治《惠来县志》原版 / 850
 二 同治《惠来县志》二百六十四块刻板失而复得的经过 / 850
 三 整理补充印刷同治《惠来县志》/ 851
 四 浙江周葆熙重梓《惠来县志》/ 852

第七节 方乃斌翻印民国《惠来县志》/ 855

第八节 中华人民共和国成立后三次修志 / 856
 一 "文化大革命"编修《惠来新志》雏形 / 856
 二 2002年新华出版社《惠来县志》/ 856
 三 2012年方志出版社《惠来县志》/ 857

第二十八章 文化名人 / 858

第一节 古代文化名人 / 858
 一 苏福 / 858
 二 酉头都狮石里林逊 / 863
 三 龙溪都麒石村陈梅峰家族 / 869
 四 华清村卢功名 / 880
 五 大坭都红桥村吴鲁庵 / 880
 六 惠来都华翁里翁延寿 / 884
 七 酉头都杭美里陈国英 / 890
 八 大坭都心江里陈尚志 / 893
 九 溪西镇山陇村陈修 / 895
 十 周田杭美村陈钟和陈琳兄弟 / 897

十一　龙溪都澳头里郑国光 / 902

十二　岐石华清村卢育华 / 905

十三　惠来都城内翁厝城脚翁有仪 / 906

第二节　现代文化名人 / 909

一　方土 / 909

二　林若熹 / 909

三　陈水冬 / 910

四　黄国武 / 911

五　陈进 / 911

六　高坤水 / 912

七　杨协亮 / 912

八　胡汉添（胡创铿） / 912

九　方奕 / 913

十　吴惠敏 / 913

十一　方创熙 / 913

十二　方创然 / 914

十三　林锡彬 / 914

十四　杨文才 / 915

十五　李文填 / 915

十六　许永城 / 916

十七　方晓龙 / 916

十八　林于思 / 916

十九　柯粉玲 / 917

二十　黄瑞燕 / 917

二十一　吴德灏 / 917

二十二　卓国森 / 918

二十三　林坚明 / 918

第七编 军 事

第二十九章 军事概述 / 920

第一节 军事概况 / 920
- 一 自然条件和经济条件 / 921
- 二 革命传统 / 922
- 三 解放战争时期的军事概况 / 923
- 四 中华人民共和国成立后的军事概况 / 925

第二节 军事环境 / 926
- 一 地质 / 926
- 二 地形 / 927
- 三 植被 / 928
- 四 交通 / 928
- 五 水库水闸 / 937

第三节 军事要地 / 941
- 一 山系和重要山岭 / 941
- 二 巨岩石洞 / 943
- 三 关隘渡口 / 944
- 四 堡寨 / 946
- 五 民国《广东通志》记载的惠来堡寨 / 947

第三十章 军事组织 / 948

第一节 历代军事机构 / 949
- 一 明代 / 949
- 二 清代 / 949
- 三 民国时期 / 949
- 四 中华人民共和国 / 949

第二节 党管武装 / 950

第三十一章　驻军　/ 951

第一节　明清时期驻军　/ 951

一　靖海守御千户所　/ 951

二　惠来营　/ 951

三　南澳镇水师营　/ 953

第二节　民国时期驻军　/ 953

一　国民党军　/ 953

二　中国工农红军　/ 954

三　中国人民解放军闽粤赣边纵队第二支队建制序列　/ 956

第三节　中华人民共和国成立后驻军　/ 958

第三十二章　地方武装　/ 959

第一节　民国时期县属武装　/ 959

一　国民党政府部队　/ 959

二　群众武装　/ 960

第二节　惠来县工农武装建制系列　/ 960

第三节　潮汕人民抗征队建制序列　/ 961

一　潮汕人民抗征大队　/ 961

二　潮汕人民抗征队（1947年10月至1948年4月）　/ 961

三　潮汕人民抗征队潮汕支队建制序列（1948年5月至1948年12月）　/ 961

四　惠来县武工队建制序列（1947年9月至1949年3月）　/ 962

五　惠来县抗征中队　大队建制序列（1948年6—8月）　/ 963

第四节　中华人民共和国成立后县属武装　/ 963

第三十三章　民兵　/ 964

第一节　民兵组织　/ 964

一　中华人民共和国成立前的农民自卫队（赤卫队）　工人纠察队　/ 964

二　中华人民共和国成立后的机关民兵组织和工人纠察队　/ 965

三　民兵组织的健全和壮大　/ 965

　　第二节　民兵整顿　/ 968
　　　一　中华人民共和国成立初期清理混进民兵队伍的土匪、流氓　/ 968
　　　二　预备役与民兵"合一"编队　/ 968
　　　三　整顿和重建民兵师团领导　/ 969
　　　四　民兵组织调整改革　/ 970
　　　五　减少数量，提高质量　/ 970
　　　六　优化布局，调整编组　/ 971
　　第三节　民兵训练　/ 972
　　　一　1950—1958年的训练内容　/ 973
　　　二　1961—1965年的训练内容　/ 973
　　　三　1966—1976年的训练内容　/ 974
　　　四　1977—1984年的训练内容　/ 975
　　　五　1985年后的训练内容　/ 976
　　第四节　民兵队伍的主要任务　/ 977
　　　一　保卫土改运动顺利完成　/ 977
　　　二　建立沿海哨所，保卫海防　/ 977
　　　三　建立以民兵为主的群众情报网　/ 978
　　　四　抢险救灾　/ 978

第三十四章　海防　/ 979
　　第一节　海防管理机构　/ 979
　　　一　明朝　/ 979
　　　二　清朝　/ 980
　　　三　民国时期　/ 980
　　　四　中华人民共和国成立后　/ 981
　　第二节　海防设施　/ 982
　　　一　炮台　/ 982
　　　二　烟墩（烽火台）　/ 983
　　　三　哨所　/ 984

四　石碑山灯塔 / 986

第三十五章　重大战事 / 987

第一节　古代重大战事 / 987
　　一　清初林学贤之变 / 987
　　二　罗英作乱 / 992
　　三　陈阿围攻占惠来城 / 994

第二节　土地革命战争时期 / 994
　　一　惠来第一次农民暴动与红军两次攻克惠来城 / 994
　　二　兵营村突围 / 996
　　三　盐岭突围 / 996
　　四　赤放伏击战 / 996
　　五　外围进攻 / 996
　　六　二打隆江 / 997
　　七　大败戴戟团 / 997
　　八　夜袭县警队 / 997
　　九　破皮虎战役 / 997
　　十　袭击联团队 / 998
　　十一　牛牯尖阻击战 / 998
　　十二　盐岭伏击战 / 998

第三节　全民族抗日战争时期 / 999
　　一　文昌山抗击日军 / 999
　　二　盐岭抗日阻击战 / 999
　　三　翁照垣葵潭抗日 / 1000

第四节　解放战争时期 / 1000
　　一　突袭林樟、梅林 / 1000
　　二　袭击靖海、隆江 / 1000
　　三　反"围剿"斗争 / 1001
　　四　黎明前的战斗 / 1001

第五节　历代保卫海防的战事　/ 1002
- 一　明代　/ 1002
- 二　清代　/ 1003
- 三　民国时期　/ 1004
- 四　中华人民共和国成立后保卫海防措施　/ 1004

第三十六章　惠来大南山革命根据地　/ 1005

第一节　大南山区的地理地势　/ 1006

第二节　建立大南山革命根据地的历史背景　/ 1007
- 一　进步青年宣传讲步思想　/ 1007
- 二　成立农民协会和工会组织　/ 1007
- 三　成立武装团队　/ 1008

第三节　土地革命战争时期的大南山革命根据地　/ 1009
- 一　彭湃、徐向前在大南山根据地的革命活动　/ 1009
- 二　在大南山成立潮普惠苏维埃政府　/ 1010
- 三　从隐蔽斗争到基本停顿　/ 1011

第四节　全民族抗日战争时期　/ 1012
- 一　日本飞机轰炸惠来的罪恶行径　/ 1012
- 二　抗战胜利　/ 1013

第五节　解放战争时期的大南山革命根据地　/ 1014
- 一　建立游击据点　/ 1014
- 二　保卫和扩大根据地的斗争　/ 1015
- 三　根据地的巩固和发展　/ 1016

第六节　革命伟人在惠来的活动　/ 1018
- 一　周恩来、贺龙、刘伯承、林伯渠、郭沫若　/ 1018
- 二　彭湃、徐向前　/ 1019
- 三　南昌起义军在揭阳和惠来　/ 1020

第七节　大南山革命根据地惠来县部分革命遗址　/ 1023
- 一　大革命时期的革命遗址　/ 1023

二　土地革命战争时期的革命遗址 / 1024

三　全民族抗日战争时期的革命遗址 / 1031

四　解放战争时期的革命遗址 / 1033

第八节　潮普惠县苏维埃政府颁发红军及工农武装抚恤条例 / 1035

第三十七章　惠来县全境解放过程 / 1036

第一节　隐蔽斗争时期 / 1036

一　恢复惠来党组织 / 1037

二　成立中共惠来特别支部 / 1037

第二节　创建武装队伍 / 1038

一　清水岩血案 / 1039

二　方文灿组织"围剿"大南山革命根据地 / 1039

三　避实就虚，开展斗争 / 1040

第三节　建立地下情报网 / 1040

一　在国民党党、政、军各方面建立情报网 / 1040

二　地下情报网提供精准情报 / 1041

三　建立交通点和联络点 / 1042

第四节　建设革命根据地 / 1042

一　开辟三清山区根据地 / 1042

二　成立山美武工队 / 1043

三　成立西联武工队和惠南连队 / 1043

第五节　分化国民党军政人员 / 1044

一　策反国民党刑警队人员 / 1044

二　宣传并发放证明书和通行证 / 1045

三　从国民党兵手中购买子弹 / 1045

四　策反国民党政警三中队 / 1046

第六节　解放各圩镇 / 1046

一　解放靖海 / 1047

二 解放甲子 / 1048

三 解放隆江 / 1048

四 解放神泉 / 1050

五 和平解放葵潭 / 1050

六 解放惠来县城 / 1052

第三十八章 军事人物 / 1054

第一节 古代军事人物 / 1054

一 方骥之 / 1054

二 陈梦龙 / 1058

三 胡禄 / 1063

四 朱嘉璟 / 1064

五 谢廷诏 / 1068

六 吴恭 / 1069

七 林武略 / 1069

八 方桂东 / 1074

第二节 革命战争时期牺牲的军事人物 / 1075

一 方凤巢 / 1075

二 林德崇（德从） / 1076

三 陈马江 / 1076

四 王昭海 / 1077

五 方贞民 / 1078

六 吴应丁 / 1078

七 吴乃梁 / 1079

八 方汝楫 / 1079

九 吴乃桐 / 1080

十 方其颐 / 1081

十一 杨兆龙 / 1081

十二 吴荣 / 1082

十三　谢义兰 / 1083

　　十四　陈龙 / 1083

　　十五　林娥 / 1084

　　十六　方文科 / 1085

第三节　中华人民共和国成立后的杰出军事人物 / 1086

　　一　方农 / 1086

　　二　陈绍贡 / 1086

　　三　林祖武 / 1088

　　四　方文瑞 / 1089

第四节　国民党将领 / 1090

　　一　吴明光 / 1090

　　二　黄铮 / 1094

　　三　方万方 / 1094

　　四　吴宝瑜 / 1095

　　五　翁照垣 / 1096

　　六　方书彪 / 1098

　　七　吴辉生 / 1098

第五节　中华人民共和国成立后军事人物简介 / 1099

　　一　黄石登 / 1099

　　二　王海庭 / 1099

　　三　林永青 / 1099

　　四　周海侦 / 1100

　　五　黄松宜 / 1100

　　六　林坚明 / 1100

　　七　吴伟生 / 1101

　　八　庄良杰 / 1101

　　九　翁承文 / 1101

第八编　民情风俗

第三十九章　历代县志关于惠来民性习俗的记载 / 1104

第一节　古代县志关于惠来风俗的记载 / 1104

一　时节之俗 / 1105

二　礼仪之俗 / 1106

三　士民之俗 / 1106

四　妇女之俗 / 1107

第二节　古代县志关于各都鄙民性特征的记载 / 1107

一　士知书尚礼，民颇负气 / 1107

二　惠来都"敦诗秉礼" / 1107

三　隆井都"礼义诗书" / 1107

四　酉头都"士笃诗书" / 1108

五　大坭都"人勇义尚气，士称倜傥" / 1108

六　龙溪都"人质而愿，士秀而文" / 1108

七　人多尚气，矜而不勉 / 1108

第三节　丁日昌十首《葵阳竹枝词》所反映的民情风俗 / 1109

一　反映惠城妇女于上巳日往榕石庵踏青的情形 / 1109

二　城中多种植龙眼树 / 1109

三　惠来人云：南风起则蜃楼海市见 / 1109

四　反映惠城西门夜间鱼市的情形 / 1109

五　疍民习俗，疍妇新见客必迎黄烟 / 1109

六　城东有睢阳庙，香火最盛 / 1109

七　境内盐岭奇峰插天 / 1110

八　城东永福寺，保存肉身日公和尚（高僧宋超月），士女多往祈祷 / 1110

九　反映惠来人驾海船往苏杭一带贸易的盛况 / 1110

十　民间风俗，于上元夜（元宵节）看新妇　/ 1110

第四十章　民间婚嫁习俗　/ 1110

第一节　婚前礼仪　/ 1111

一　提亲　/ 1112

二　合婚　/ 1112

三　定亲　/ 1114

四　行聘　/ 1115

五　请期　/ 1116

第二节　聘礼与嫁妆　/ 1117

一　聘礼　/ 1117

二　客家人聘礼　/ 1117

三　嫁妆　/ 1118

四　"嫁田面"与"嫁田根"　/ 1119

第三节　迎娶仪式　/ 1120

一　娘家传授德行　/ 1120

二　出嫁　/ 1120

三　迎娶　/ 1121

四　做"四句"　/ 1121

五　闹新房　/ 1121

六　青娘母做"四句"　/ 1122

七　吃"结房圆"　/ 1124

八　回娘家　/ 1125

第四节　特殊的婚姻形式　/ 1125

一　入赘　/ 1125

二　娶接枝　/ 1126

三　粜米换豆　/ 1126

四　赶凶　/ 1127

五　百日百到直　/ 1127

	六　转房婚 / 1128
	七　童养媳 / 1128
	八　招继夫 / 1129
第四十一章	生育、成长习俗 / 1130

第一节　求子 / 1130

　　一　以"灯"谐"丁"求子 / 1130

　　二　向神灵祈祷 / 1131

　　三　贴"麒麟到此" / 1132

　　四　看花园 / 1132

　　五　抱瓶卜男女 / 1132

　　六　掷喜童 / 1133

　　七　抢鸡肉 / 1133

　　八　民俗方式 / 1133

第二节　怀孕 / 1134

第三节　分娩和坐月子 / 1135

　　一　分娩习俗 / 1135

　　二　坐月子习俗 / 1136

第四节　报喜 / 1137

第五节　贺诞 / 1138

　　一　人生第一次洗礼——三朝礼 / 1138

　　二　第一回出门见世面——满月礼 / 1138

　　三　长命百岁的祝福——百日礼 / 1140

　　四　人生第一次庆生日——周岁礼 / 1140

第六节　入学礼仪 / 1142

　　一　进学礼 / 1142

　　二　古时学生祭孔礼俗 / 1143

第七节　出花园 / 1144

| 第四十二章 | 丧葬习俗 / 1146 |

第一节　丧葬一般程序 / 1146

一　净身、更寿衣 / 1146

二　挂孝帘、发讣音 / 1147

三　设灵堂、饲生、赐种 / 1147

四　入殓、食炊饭 / 1147

五　赐杖、成服 / 1148

六　报地头、买水 / 1148

七　吊唁、食"走马席" / 1149

八　守灵、超度 / 1149

九　出柩或停棺 / 1149

十　做功德 / 1150

十一　做七 / 1150

十二　脱孝、换好头彩、分手尾 / 1151

第二节　丧事习俗 / 1151

一　做功德 / 1151

二　哭丧须用书面语 / 1152

三　用死人的裤子围米缸 / 1152

四　筑生基 / 1153

五　叫油火 / 1153

| 第四十三章 | 衣食住行医习俗 / 1154 |

第一节　穿衣打扮 / 1154

一　着装 / 1154

二　穿鞋 / 1155

三　戴帽 / 1155

四　挽面与洗花水 / 1156

五　留胡子与打"龟鬃" / 1157

第二节　饮食 / 1157

目录 Contents

　　二　做桌与食桌　/ 1157

　　三　做粿　/ 1158

　　三　饮茶　/ 1159

　第三节　工夫茶　/ 1161

　　一　茶史　/ 1161

　　二　工夫茶道　/ 1168

　　三　擂茶　/ 1171

　第四节　建筑习俗　/ 1172

　　一　建筑规制　/ 1172

　　二　厝角头的叫法　/ 1174

　　三　建房规矩和习俗　/ 1176

　　四　风水树　/ 1178

　第五节　医疗习俗　/ 1179

　　一　草药治病　/ 1179

　　二　生好娘　/ 1180

　　三　刮痧　/ 1180

第四十四章　**行业职业习俗**　/ 1181

　第一节　农业传统习俗　/ 1181

　　一　耕作时序　/ 1181

　　二　养鸡俗　/ 1182

　　三　粮食作物（稻、麦）一年三熟　/ 1182

　　四　水稻浸种仪式　/ 1183

　　五　农事规俗　/ 1183

　　六　租佃例俗　/ 1184

　　七　帮工吃饭不进屋　/ 1185

　　八　盐业生产习俗　/ 1185

　第二节　商业习俗　/ 1186

　　一　猪仔码　/ 1187

二　隐语 / 1187

　　三　票证 / 1188

　　四　度量衡 / 1188

　　五　零售店 / 1189

　　六　圩市 / 1189

　　七　佣行 / 1191

第三节　渔业习俗 / 1192

　　一　鱼行 / 1192

　　二　渔家风俗 / 1194

第四节　小行当 / 1200

　　一　与农业生产相关的小行当 / 1200

　　二　与工业生产相关的小行当 / 1204

　　三　与商业和交通相关的小行当 / 1212

　　四　手工艺行当 / 1217

　　五　其他小行当 / 1220

第四十五章　传统节日习俗 / 1223

第一节　春节 / 1224

　　一　拜年 / 1224

　　二　回娘家 / 1225

　　三　"参狮"驱邪 / 1225

　　四　禁忌 / 1226

　　五　其他习俗 / 1227

第二节　元宵节 / 1228

　　一　花灯节 / 1228

　　二　情人节 / 1228

　　三　闹元宵的内容 / 1229

第三节　清明节 / 1231

　　一　寒食节的由来 / 1231

二　清明祭祖的由来　/ 1232

　三　清明节习俗　/ 1233

第四节　端午节　/ 1234

　一　端午节来源　/ 1234

　二　端午节习俗　/ 1234

　三　龙舟竞渡　/ 1235

第五节　中元节　/ 1236

　一　中元节起源　/ 1236

　二　盂兰盆会　/ 1237

　三　施孤与抢孤　/ 1238

　四　布田　/ 1239

第六节　中秋节　/ 1239

　一　送糕饼　/ 1239

　二　跪月华　/ 1240

　三　卜针影　/ 1240

　四　拜月娘　/ 1240

　五　集体赏月　/ 1240

　六　小孩子烧砖塔　/ 1241

第七节　冬节　/ 1241

　一　吃冬节圆和冬节茧　/ 1242

　二　挂冬纸　/ 1242

第八节　除夕　/ 1243

　一　采囤（扫舍）　/ 1243

　二　送神上天　/ 1243

　三　办年货　/ 1243

　四　做粿　/ 1244

　五　贴门神、春联　/ 1244

　六　祭祖　/ 1245

　　　　　　　　七　吃团年饭 / 1245

　　　　　　　　八　给压岁钱 / 1246

　　　　　　　　九　守岁 / 1246

第四十六章　民间体育活动 / 1246

　　第一节　棋类 / 1246

　　　　一　象棋 / 1247

　　　　二　杂棋 / 1247

　　第二节　技巧类 / 1247

　　　　一　武术 / 1247

　　　　二　荡秋千 / 1248

　　　　三　游泳和潜水 / 1248

　　第三节　孩子杂耍 / 1249

　　　　一　打陀螺 / 1249

　　　　二　撬寸 / 1249

　　　　三　打河 / 1249

　　　　四　劫旗 / 1250

　　　　五　揭蟋蟀尾 / 1250

　　第四节　赛龙舟 / 1250

　　　　一　起源 / 1251

　　　　二　形式 / 1252

　　　　三　赛龙舟的习俗 / 1253

　　　　四　造龙舟的习俗 / 1254

第四十七章　古代官方祭祀 / 1256

　　第一节　学宫祭祀仪式 / 1256

　　　　一　祭祀器品 / 1256

　　　　二　祭品陈设 / 1258

　　　　三　祭祀祝文 / 1258

　　　　四　祭祀过程 / 1259

五　崇祀、从祀人物的变化过程 / 1261
　　六　人物排列 / 1265
　　七　张绍祖《文庙崇祀考》 / 1267
　第二节　清代列入官方祭祀的祠庙 / 1270
　　一　名宦祠 / 1270
　　二　乡贤祠 / 1271
　　三　先农坛 / 1271
　　四　社稷坛 / 1272
　　五　城隍庙、山川坛 / 1273
　　六　关帝庙 / 1274
　　七　其他列入官方祭祀的坛庙 / 1274

第四十八章　民间信仰 / 1276
　第一节　民间信仰场所 / 1276
　　一　南海庙（广利圣王庙） / 1277
　　二　真武庙 / 1277
　　三　玉峰古寺 / 1277
　　四　天帝庙 / 1278
　　五　三山国王庙 / 1278
　　六　火帝庙 / 1279
　　七　龙王庙 / 1279
　　八　土地庙 / 1279
　　九　禹王庙 / 1279
　　十　真君庙 / 1279
　　十一　妈祖宫（天后宫） / 1280
　　十二　大峰庙 / 1280
　　十三　宋禅祖师庙 / 1281
　　十四　吕洞宾庙（仙师公庙） / 1281
　　十五　七圣娘庙 / 1281

十六　天竺庵（注生娘）／ 1281

十七　黄大仙庙／ 1281

十八　太白金星庙／ 1281

十九　龙岩古庙／ 1282

第二节　神诞和其他节日　／ 1282

一　七样菜节／ 1282

二　天公生／ 1283

三　立春／ 1284

四　迎春习俗／ 1284

五　二月二／ 1285

六　上巳节／ 1287

七　太阳公生／ 1287

八　妈生／ 1288

九　浴佛节／ 1288

十　六月六／ 1290

十一　土地爷生／ 1290

十二　乞巧节／ 1291

十三　孔子爷生／ 1292

十四　九皇斋／ 1292

十五　重阳节／ 1292

十六　五显爷生／ 1293

十七　五谷爷生／ 1293

十八　完年／ 1294

十九　老爷上天和老爷落天／ 1294

第三节　民间巫术禳解　／ 1296

一　送册子鬼／ 1297

二　送鬼／ 1297

三　搬重物、泼泔水／ 1297

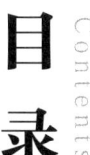

　　四　包着胎 / 1297

　　五　换肚肠 / 1298

　　六　井底泥 / 1298

　　七　烧"钱"治病 / 1298

　　八　大风痨 / 1298

　　九　痔无三拍 / 1298

　　十　脚生蠍，杀头斩 / 1299

　　十一　写"马"字止血 / 1299

　　十二　鱼瓯上头，鱼骨胶落 / 1299

　　十三　蜈蚣咬，鸡母孵 / 1299

　　十四　麻雀嗞 / 1299

　　十五　给狗戴孝 / 1299

　　十六　止痛诀 / 1300

　　十七　挖"火炭" / 1300

　　十八　谷刺眼疗（俗称"目针"） / 1300

　　十九　鸡翁鸡母诀 / 1300

　　二十　绞鱼鳞缀 / 1300

　　二十一　脚痹痹，挽草来贴鼻 / 1300

　　二十二　端午圣日 / 1301

　　二十三　收魂 / 1301

　　二十四　压惊 / 1301

　　二十五　标送 / 1302

第四十九章　宗教信仰 / 1302

　第一节　佛教在惠来的传播和发展 / 1302

　　一　古代的发展概况 / 1303

　　二　中华人民共和国成立后的发展概况 / 1304

　　三　成立惠来县佛教协会 / 1305

第二节　历代高僧和名寺 / 1305

- 一　大颠和尚对惠来佛教的传播和影响 / 1305
- 二　宋超月和东栅永福寺 / 1307
- 三　释宽鑑和百花岩庄严禅寺 / 1308
- 四　释传正和黄光山佛光寺 / 1309
- 五　释仁法与十力禅院 / 1310

第三节　永福禅寺 / 1311

- 一　永福禅寺的前世今生 / 1311
- 二　"榕石"和大颠的传说 / 1312
- 三　九子母祠 / 1314
- 四　榕石庵 / 1315
- 五　查曾荣和张图麟重建榕石庵 / 1317
- 六　张经、宋超月兴建东栅永福寺 / 1319
- 七　周葆熙修缮永福寺 / 1320
- 八　永福禅寺的新生 / 1322
- 九　释明生大和尚和永福禅寺 / 1323

第四节　仙井古岩 / 1324

- 一　禅声悠扬仙井岩 / 1324
- 二　鼓角铮鸣蚶蚌寨 / 1326
- 三　"四君子"和"四举亭" / 1327
- 四　林学贤、罗英筑寨 / 1329
- 五　彭湃扎营仙井岩 / 1331

第五节　道教、天主教和基督教 / 1332

- 一　道教 / 1332
- 二　天主教 / 1332
- 三　基督教 / 1334

后记 / 1337

惠来史略·下卷

第六编

文 化

惠来古有"海滨邹鲁"之称，古代《惠来县志》归纳惠来人"士知书尚礼""敦诗秉礼""礼义诗书"。自古以来，惠来文化氛围浓厚。县内保存的古代文学著作，以诗词为主，有元代的陈牧隐，明代的苏福、陈光世，清代的张经、方之孝、张灏、卓宴春等人的作品。明代，惠来人民群众已用箫笛为乐器，自谱乐曲吹奏。明嘉靖三年设置惠来县制，颁布祀典，随之仪仗乐舞应运而生。清代开始，每年春节、元宵各地有舞狮、舞龙、舞鳌鱼、舞鳄鱼、舞英歌（表演水浒一百零八将英姿），大锣鼓乐声喧闹，人民弥日漫游，沉浸在欢乐的气氛中。因此，圩镇和人口众多的农村，都有业余乐馆（间），组织学习潮乐、潮州锣鼓。惠来滨海，渔民在劳动生产过程中产生独特的"鱼歌"。民国期间，文化艺术成为反帝反封建的武器。民国十三年（1924），惠来进步青年组织"惠来青年社"，出版《小铁锤》刊物，传播新思想新文化。民国二十年（1931），大南山建立苏区，八乡林、盐岭两个村俱乐部合并，组成赤花剧社，以潮剧的形式演出现代剧，深受群众欢迎。民国二十六年（1937）全面抗日战争开始，惠来县立中学师生组织"银河剧团"，进行抗日宣传。抗战期间，编演剧目近百个，在惠来各地演出，也曾到普宁、揭阳、陆丰等县部分城乡演出。中华人民共和国成立后，百花齐放，文化繁荣。1952年惠来县"八音"班和"高跷舞狮"，参加粤东地区第一届民间艺术会演，极受称赞并获奖励。1951年惠来县潮剧团建立，是县历史上第一个专业剧团。农村业余剧团最多发展到50多个。电影事业也随之兴起，全县城乡放映单位近20个。各种文学创作，全面发展，以潮剧为主，创作和演出一批优秀小潮剧。"文革"期间，样板戏盛行，民间文艺凋零。改革开放后，随着经济发展，县文联组织文艺进社区、农村、学校、企业，举办文化讲座，或文化分享活动，活跃基层文艺气氛。2012年，县委宣传部专门设立"葵花文艺精品奖"，表彰县内获市级以上权威文艺奖项的作品。至2024年已举办5届，有力提高县内广大文艺工作者进行文艺创作的积极性和主动性，推动文艺精品佳作不断涌现。节日里，传统的文艺表演如潮剧、歌舞、皮猴戏、景屏、文明实践活动等千姿百态，遍及城乡。尤其21世纪后，文化呈现多元化发展。

第十九章

机构设置和协会组织

〔第一节〕文化管理机构

明清时期，由县衙设置"礼房"管理地方文化活动。中华人民共和国成立后，惠来县人民政府设立文教科，1950年设置文教馆（今称文化馆），领导全县广大文艺工作者，积极开展活动。1962年将县文教局中的文化与教育职能分开，成立县文化局，加强对县文化馆的领导；同年，成立惠来县文学艺术界联合会，作为县委联系县内外文学艺术工作者的桥梁和纽带，团结和带领广大文艺工作者开展文艺创作和展演活动，使全县文化艺术工作沿着正确的道路迅速发展。1966年"文化大革命"开始，文化事业全面受到挫折，至1976年后逐渐复苏。1978年全县公社普遍建立文化站，开展群众性的文化艺术活动。1984年，重新恢复成立惠来县文学艺术界联合会。20世纪80年代开始，文化艺术事业得到全面发展。

1981年从文化馆中分出"惠来县图书馆"和"惠来县博物馆"，加强对文化事业的管理，并促进发展。县文联扩大了文艺创作队伍，涌现出一批文学、美术、书法、戏剧、摄影等青年作者。同时举办了文学创作征文，书画、摄影书画、摄影、工艺展览，开展音乐、舞蹈、灯谜等演出展示活动，充实县内群众精神文化需求。电影已全县普及，20世纪80年代是电影的全盛时期，1981年11月动工兴建葵阳影剧院，投资208万元，1984年竣工，是当时汕头地区设施先进的电影院。1982年兴建县广播电视大楼，用50瓦电视差转机正式转播广东省电视台第一套节目。20世纪90年代，随着电视机在普通家庭的普及，电视成为大多数家庭的娱乐项目，电影逐渐走向式微。21世纪后，人民文化生活进入一个新的发展时期，城乡到处呈现文化繁荣的新气象。2010年后，电脑和互联网兴起，新媒体、自媒体迅速占领主流媒体地位，电视、报纸等传统媒体的主体地位受到冲击，年轻人更容易接受简易的"快餐文化"。2019年，文化、旅游、体育合并，组建文化旅游体育局，职能扩大。

〔第二节〕文化协会

一、惠来县灯谜协会

1957年，县工人文化宫成立职工灯谜组，方如今任组长，主要成员有连大海、周炎城等，这是惠来第一个由官方成立的灯谜组织。1990年，惠来县灯谜协会成立，简称"谜协"，选出连大海为会长，林振中、方如今为副会长，翁泽文为秘书长，方木德为理事。会员30多人，分布全县各地。惠来县灯谜协会成立后，担负起惠来灯谜活动的开展和惠来灯谜的传承发展的责任，1991年春节，灯谜协会首次在葵阳公园悬谜展猜3场次。1992年10月，由连大海主编的第一本灯谜刊物《惠来谜苑》（第一期）成册出版。该谜刊印数500册，作内部交流用。1994年，方木德接任灯谜协会会长，吴文坤接任秘书长，方晓源任理事。1994年后，在会员较多、群众基础好、灯谜活动活跃的村镇设立基层谜社，分别有：隆江镇龙江谜社、神泉镇澳角村凤山谜社、仙庵镇京陇村荆山谜社。2020年1月，惠来谜协进行换届，方木德当选为会长，方汉宏当选为副会长，吴坤松当选为副会长兼秘书长。

2006年8月，方木德主编"大潮汕〔惠来〕迎春谜会"专辑（《惠来谜苑》第二期）成册出版，印数为2000册。2010年1月，《惠来谜苑》第三期编印出版，印数2000册。2020年10月，《惠来谜苑》第四期编印出版，印数2000册。

2022年7月，"惠来灯谜"列入惠来县第三批非物质文化遗产项目。2023年3月，"惠来灯谜"列入揭阳市第七批非物质文化遗产项目。2024年1月，方木德被确定为"惠来灯谜"代表性传承人。

二、惠来县书法家协会

惠来县书法家协会是20世纪80年代初大潮汕最早成立的社团之一，原为"惠来县美术书法作者协会"，1992年，分拆为"书法""美术"两个协会。1983年曾组织作品赴京参加"全国农民书画展"，1986年首次至汕头地区文联展厅展出"惠来书画展",还选送精品参加省市各种大型展出,获得赞誉,好评如潮。书法家协会有省级会员12人,市级会员68人,县级会员110人,会长、法人高汉钦。

惠来县书法家协会每年举办各种大型书法展览和元旦春节期间下基层"写春联送万福"活动,形成品牌效应。2014年7月,征集出版第一本《惠来书法作品集》,100多幅作品入编。2020年9月,组织会员创作精品15幅赴省参加"脱贫看广东——书法美术摄影主题展"活动,获得全省唯一一个县级单位优秀"组织奖",侯文雄和吴才元分别获得二等奖和优秀奖的成绩。2019年12月在县城文化广场举办"墨色添香年味浓"——2020年送春联进万家活动,100人参加挥毫,用春联形式向本县道德模范以及人民送上新春祝福。侯文雄、唐芝华、王晓荣、谢少波、吴才元等人获得惠来县"葵花文艺精品"扶持奖荣誉。会长高汉钦毕业于中国书法家协会培训中心首届高研班(三年),作品被收录在《新中国书画60年》《世博中国艺术名家题贺大典》《中国书法名家墨迹》《解放军报》《中国书画报》《汕头日报》;个人出版《高汉钦书画作品选》《高汉钦每日一书选》《高汉钦龙年书百龙书法》。

三、惠来诗社

1988年3月28日,惠来诗社在惠来县文联办公楼(石楼)成立,方文瀚为首任社长,张志杰为副社长,林锡彬为秘书长,社员有连大海、方菲、林亦霖、邱明亮、张坚洵、陈钦文、方晓源、吴大汉、方超英、黄艾睿、陈荣辉、唐更生,共15人。2014年4月,陈荣辉开始接任社长。2024年,社长陈荣辉,副社长陈晓冬、方钦荣、蔡明海、黄光朝、陈宏章、卢天显、林楚荣、詹俊韩、庄丽娇,秘书长陈晓冬(兼)。诗社荣誉社长为黄友汤、赵锡浩、方文瀚、林锡彬,顾问为刘麒子、罗锡文、杨文才、陈钦文、吴大汉、林坚明。

1988—2024年,诗社共出版《惠来诗词》报刊96期,《惠来诗词选》6集,《惠来诗词三百首》3集(本),《清代惠来先贤词存》《丹青墨韵寄诗情》各1集。诗社于2017年创建"惠来诗词"微信公众号,发表诗词微刊169期,诗词近7000首,微刊阅读量大、影响力强。社员出版个人著作的有:方文瀚《葵峰草》3集;林锡彬《槎牙集》《不解集》《三秀集》《双庚集》《惜墨斋书怀》《惠来百景诗》《惜墨斋草书百联》；杨文才出版4本个人专著，《湖海萍踪——杨文才诗词选集》《杨文才诗词评析》《杨文才书法集》《杨文才对联书法集锦》；蔡明海《抱璞集》；林炯亮《融雪集》；苏文炳《神泉古迹吟》《文馥楼吟草》；方钦荣《芥苎小集》《芥苎续集》；陈钦文《清茶闲话》；吴大汉《野马尘录》；陈宏锵《敖水谣》；王巨山《百花集》《王巨山诗词曲赋精选一千首》《王巨山中华文学精粹集》《王巨山诗词曲赋精粹续集》4本；吴飞龙《寸土说》3集；高德源《浪花集》；黄建明《鼎鸣诗絮》；林锡通《儒墨抒怀》；詹俊韩《韩墨斋诗词选》；林晓兰散文集《每个人的灯塔》；许得旺诗集《静约相守》等。

四、惠来县摄影家协会

1991年，成立了惠来县摄影协会，2016年更名为惠来县摄影家协会，2024年有会员72人，其中加入国家级协会2人、高级摄影家协会24人。

惠来县摄影家协会主要成员：曾茂刚，惠来县本区域第一个加入广东省摄影协会会员，以拍摄惠来工农业建设为主题，在国家、省、市级报刊发表作品多篇；林锡彬，1991年当选为第一届惠来摄影家协会主席、揭阳市摄影家协会副主席。以拍摄惠来风光为主题，在国家、省、市级报刊发表作品多篇；元健雄，2000年5月，当选为惠来县摄影家协会主席、中国民俗摄影家协会会员、揭阳市摄影家协会副主席，编辑出版《元健雄摄影作品集》等7部；方义生，2016年1月当选为惠来县摄影家协会主席、中国民俗摄影家协会会员、中国摄影版权协会会员、广东省人摄影家协会会员、揭阳市摄影家协会副主席，在中国摄影报发表作品四幅，在《中国摄影》杂志发表一组作品并入展"聚焦新塘"摄影大展2018年参加第一届全国风光旅游摄影十杰十佳年度比赛，获十佳摄影师称号，被广东外语职业学院、广东省商务学院聘为客座教授、广东财经学校、惠来开放大学聘为讲师。

五、惠来县美术家协会

1992年10月成立惠来县美术作者协会，会长杨辉慈。2004年8月选举产生第二届协会机构，会长张子仪。2020年1月更名为惠来县美术家协会，简称县美协，会长张子仪。2024年会员100多人。

出版画集有：2017年《暖冬、助残，普惠慈善公益书画展作品集》，2019年《惠来县美术作者协会会员作品集》，2020年《惠来县迎春美术作品集》，2021年《丹青溢彩绘盛世——惠来县普宁市美术作品集》，2021年《携手艺途——名家推荐系列展第七回作品集》，2022年《惠来县迎春美术作品会员集》，2023年《"文化之旅"惠来县美术家协会大亚湾采风作品集》，2023年《甘泉禅寺禅文化书画名家作品集》，2024年《携手艺途——名家推荐系列展第31回作品集》。

个人画集出版：2002年揭阳画院《张子仪画集》，2005年《张静长画集》，2006年江西美术出版社《张子仪工笔画选集》，2009年中信出版社《张子仪画集》，2018年《吴书智画集》。

六、惠来县工艺美术协会

2007年，方贤光、吴书智、陈德丰、林乾坤、史宏忠、方喜清、吴荣春等人，开始多方筹备，于2008年组织成立惠来县工艺美术协会，这是一个由全县从事工艺美术生产销售、科研教学、培训展示等技艺人员自愿组成的非营利社会团体。2024年，会长陈德丰带动、组织人员深入挖掘民间工艺，凝聚民间艺术人才。如林乾坤的嵌瓷技艺匠心独运，色彩缤纷；方晓青的泥塑艺术惟妙惟肖；许洽豪的树脂立体漆画在传统漆画衍生出来，其功底扎实、神采活现。

七、惠来县音乐舞蹈协会

2012年1月，成立首届惠来县音乐舞蹈协会，会长方赛君。2019年10月换届，会长吴明文，名誉会长：方赛君、吴惠敏、吴斯梦、方奕、林立健。2019年会员97人，2024年会员113人，青年为主。协会分声乐、舞蹈、器乐、语言、培训、创作、舞台、后勤8个部。2021年抗疫中，吴明文原创歌曲《并肩战疫情》于惠来电视台、"学习强国"、《惠来文艺》展播和刊出，获市三等奖，并获惠来县"葵花文艺精品"扶持奖。2023年在新农村建设中，原创歌曲《雷岭河水绿悠悠》于2023年第一期《惠来文艺》发表，并于2024年春节送音乐下基层中演唱。2021年会员程子轩参加市"中国梦，劳动美——我心向党""十大歌手"比赛中荣获"十大歌手奖"。2021年，会员张和丽钢琴演奏获第14届上海国际青少年钢琴大赛一等奖。

八、惠来县民间文艺家协会

惠来县民间文艺家协会于2019年8月11日成立,简称"民协",首届会长方俊雄。民协自成立以来,每年平均至少举办200场次以上的传统文化(英歌、舞鱼、戏曲、书画等)进乡村全覆盖活动、非遗进校园等系列活动以及多项非遗专题讲座。

惠来民协优秀人物:方俊雄,现为惠来县政协委员、中国民间文艺家协会会员、中国民俗文化研究院理事、广东省民间文艺家协会理事、揭阳市民间文艺家协会副主席、惠来县非物质文化遗产评审专家。自创"三角插塑纸艺",多次受到国家、省、市等奖项和媒体采访报道。高武平,中国非物质文化遗产项目潮州木雕市级传承人、中国民间文艺家协会会员、广东省民协会员、广东省工美理事、广东省优秀民间文艺家、揭阳市民协理事、惠来县民协副会长、惠来县工艺美术协会理事。作品《龙虾蟹篓》获得2015年"中国工艺美术文化创意奖"银奖;2021年4月,获得"全国第五届中华杯诗书画印艺术作品展"金奖;2021年12月,获得"第三届当代翰墨名家作品展"特别金奖;2022年7月,获得"第六届中华杯诗书画印艺术作品大展"金奖等。

九、惠来县作家协会

县作家协会简称"作协",成立于2021年2月,主席黄惠长,现有会员186人。已发表及出版长篇小说、散文集、诗集共计57部。其中一部名为《斗玉》的小说,被翻拍成电影,更名为《玉魂师》,在优酷播映。有三位作者在《中国作家网》发表作品21篇,分别为黄惠长小说、散文9篇,柯勤忠散文7篇,柯粉玲散文5篇;另有林楚荣在《中国劳动保障报》发表游记1篇,翁水丰文章在《党建》杂志征文中获三等奖。会员在省级报刊发表作品共计200余篇(首),在省级征文获奖的作品共计50余篇(首)。此两项作者为:方辉、林星、杨协亮、黄惠长、柯粉玲、黄文敏、吴武贤、林晓兰、陈鸿博、黄晓璇、林楚荣、曾红萍、冯钰芳等人。在市级征文获奖的作者有:黄惠长、柯粉玲、林燕花、黄耿亮、陈少全、史志贤、吴培豪、唐汉才、陈晓燕等人。

历届会长：詹荣城、蔡桂君、黄艾睿、杨协亮、黄惠长。

第二十章

音乐和舞蹈

〔第一节〕潮乐"八音"

潮乐古朴、典雅，起源可以追溯至唐、宋时代，至明代中叶成为一种曲目丰富、形式多样、自成体系的民间音乐艺术。清光绪年初至民国时期，惠来县潮乐称为"八音"，包括锣鼓乐、弦诗乐、笛套乐、细乐等，是一种既有独特艺术风格和浓郁地方色彩，又有深厚群众基础和高度艺术价值的古老乐种。

一、演变分三个时期

（一）光绪年初，每班八人，演奏时各穿长衫，头戴红缨帽，环坐一圈起乐。乐器有筝、椰胡、"胜投狗"弦、四线弦、月琴、"三目猫"及粉锣等打击乐。

（二）光绪末至辛亥革命，随着城里"老四音班"的没落、"新盛四音班"兴起，这时全县上下已发展至60多班，音乐师傅是城内石丁头人陈佛。每班演奏时已增至11人，长衫依旧，改戴了乌帽子，乐器增添了秦琴等。

（三）辛亥革命后，城内石池门潘松伯，传授6个八音班，演奏者每班增至13人，长衫毡帽，乐器增添了三弦、六角弦、大冇、唢呐等，演奏乐曲数百首。

光绪年间，惠来的"八音班"已有盛名。他们经常应邀到各地演出，活跃于"百花岩""仙井古岩""宝峰岩"和城镇乡村。陆丰县碣石的"玄武山"一年一度的花会,"盛四音"班岁岁登临。高超的技巧、精彩的演出,扬名海、陆丰。

二、演奏方式

八音这种形式,灵活轻便,流行于民间,既可自我娱乐,又可供赏。在家庭、闲间、乐馆以及灰埕头,人们陶醉于优美的丝竹声中,消除劳动的疲劳。随着社会的发展和时代的需要,在各个节日的重大活动中,八音班伴随着锣鼓游行,穿街过市,以它浓厚的潮汕乡土气息和独有的艺术魅力,唤起人们对于美好生活的向往,确是一支有声有色有作为的队伍。群众热爱它,自愿凑钱购买乐器,请师父传艺,使这种民间艺术得以发展。东至靖海,中有惠城、神泉、华湖、东陇,西至葵潭、隆江等乡镇,八音班竞相兴起。

中华人民共和国成立以后,惠来"八音"曾出席粤东区群众文艺会演,上台演奏,博得人们赞誉。经过一百多年的不断改革,从几个人的坐奏到配合大锣鼓游行至搬上银幕,"八音"的规模已发展到八笛二吹(唢呐)及六钹十二锣或八钹十六锣。演奏时,琴弦箫笛,巧妙配合,高低抑扬。独具岭南风雅格调的唢呐和豪放昂扬的横笛,在锣鼓的配合下,显出动人心魄的非凡气派。

潮乐是中国闽南音乐支脉,蕴藏着隋唐以来的一部分极其丰富的民族音乐遗产。惠来流行的笛套曲、弦诗、唢呐曲,如《将军令》《福德祠》《柳青娘》《寒鸦戏水》《南正宫》《北正宫》《踏雪寻梅》《骑驴探亲》以及器乐入门的"工尺工六"等不下数百首。由于年代久远,乐曲的牌名、曲词、板拍、旋律、结构等,均有讹传、错漏。同一曲牌演奏起来,有些很不统一,甚至费解。1964年,汕头音乐研究者为了这个问题,搜集和整理了这些宝贵遗产。以潮剧音乐组之名,油印了一套《音乐资料累编》,可惜刚出世,即焚于"文革"之一炬。20世纪70年代,惠来五大城镇民间都有成立潮乐社,一部分农村也成立潮乐班、小潮剧班、大锣鼓班,重大节日组织游演活动。

党的十一届三中全会以后,"八音"不断出现在节日的游行队伍及广大农村中。音乐爱好者除了继承传统曲目之外,还改编演奏了不少流行歌曲,使"八音"在内容上出现了新的课程,这是两个文明建设的可喜成果。20世纪90年代,成立惠来县潮乐学会,会址在惠城大池东边水上,建2层楼房。荟萃擅长潮乐人才,研究发展潮乐。参加市级会演得过奖。

演奏方式和乐器组合种类多样，是一种雅俗共赏的群众性民间艺术，主要有：

（一）**锣鼓乐**。锣鼓乐是潮汕地区打击乐和潮州音乐（大板弦诗）的合成。锣鼓乐分为大锣鼓班和小锣鼓班，历史悠久。中华人民共和国成立前后，有的乡镇还有锣鼓班。20世纪80年代末90年代初，最为活跃，每逢春节，各乡镇被选派汇聚县城"南会堂"，开展三天游演活动。2000年后，此项活动由惠城镇负责组织本城的社区、学校、机关节目进行游演。每逢春节，鼓乐喧天、鞭炮震耳、热闹壮观。成为惠来传统音乐文化的亮点，也成为惠来人民传统节日生活的重要内容。锣鼓乐游演的队列和配套：1.大旗。最前是社头旗（绣上乡村名和锣鼓班名及"合境平安"之字样），接着几十面大旗，大旗都绣上图案和四字格言，扛旗的一般由穿着戏妆的青年女子负责，行"八音"步，并有男护旗手。2.炮匙（童男2人或以上），炮囊（少女，2人或以上），全部古戏妆。3.海螺号（古戏妆4人至8人），深波、钦仔、铜锣各8人，大钹2人，大鼓（配有鼓亭）1人。4.唢呐2人，横笛8人，小钹、手锣、二弦、椰胡、二胡、大冇、梅花秦、扬琴各1人。

（二）**弦诗乐**。弦诗乐是民间最古老又最普及的音乐品种，东陇还出名"八音班"，由八种乐器演奏。有特传的"二四谱"及其主要乐器三弦，与唐宋筝谱有承传变革的关系。

（三）**细乐**。细乐是以三弦、琵琶、古筝为主体的小组合乐队。有时也伴以椰胡、横笛、洞箫等。承袭儒家乐派的演奏方法，具有室内乐的演奏特点，形成了潮乐的主要特色。

（四）**曲班**。曲班，即潮曲清唱队。乐器一如白字锣鼓，但规模较小。由生、旦、丑、净、末清唱潮剧曲文。一行20人左右。每当正月头，常常到各祖门、富贵人家、单位献艺。20世纪70年代至80年代最为盛行潮曲清唱队，不少乡村组织唱曲班，每逢春节、正月半都到邻乡"走唱"。

（五）**学校文娱队**。"文化大革命"期间，绝大部分中小学都建立"文宣队"，结合节日组织节目表演，上演的内容主要是背诵"老三篇"（毛主席文选）、唱《毛主席诗词》歌曲。舞蹈主要是移植陕北风格的秧歌舞。中学的还组织到乡村、平整工地演出。20世纪80年代，学校音乐舞蹈较活跃，以惠来一中、县华侨中学、英内小学为代表，开展"三歌唱"合唱比赛活动较为突出，学校少先队活动伴随音乐舞蹈活动长足发展。全县大型少先队检阅仪式十分热烈。县派英内小学总辅导员吴明文往汕头学习鼓号演奏法，开启惠来接轨全国鼓号演奏法的历史，并推广到各乡镇小学。

（六）轻音乐团。党的十一届三中全会之后，人们生活、精神面貌悄然发生变化，音乐生活有所变化。1985年，成立"惠来轻音乐团"。活动地点：葵阳影剧院。组织和编导：方尔洵老师。成员有吴明文、方奕、朱再耀、方赛妹等30多人。利用星期六、日，以及节假日到各乡镇演出。

〔第二节〕古代学宫祭祀仪式上的舞蹈和音乐

历代学宫祭祀仪式隆重、讲究，其所需费用，列入"财政预算"，祭祀过程有音乐，还有童生伴舞。

一、祭祀乐器（按乾隆六年颁）

大麾一面、琴六面、瑟四面、应鼓二面、鼍鼓一面、门鼓一面、鼗鼓一面、金名鼓一面、铜编钟十六口、石编磬十六面、铜金名钟一口、特磬一面、搏拊鼓二面、笙六攒、洞箫六枝、龙笛六枝、凤箫二面、埙二个、篪二枝、柷一座、敔一座、歌诗板八块。

每项用乐舞生一名，每人着红色补服，系绿绸带，戴铜顶裹金凉帽或暖帽。

注：

应鼓：以木为身，高三尺五寸，面阔二尺二寸，两旁四铜环，中以柱穿顶，方盖缘以黄罗销金云花，四角为龙首衔九流苏，每奏乐一句，以槌击者三，但节奏有缓急。

搏拊鼓：面阔四寸四分，高一尺三寸，面绘云彩身绘花，上有二环，系以红绒绦，以朱漆架，架之，司此者挂于顶上，两手拊之，以节登鼓之声。

柷：方如漆桶，中有槌柄连底，撞之击以起乐。

敔：如伏虎，背刻二十七鉏铻，竹戛成声。虎，西方阴兽，伏形，所以止乐。

埙：埙之为音，以土为质，中虚上锐，火之形也；平底，水之形也；圆体，土之形也。《大成乐书》云："埙、篴皆六孔，以五取声，其声相应。"

篴：以竹为之，以合众乐。长一尺四寸，圆三寸，一孔上出，五孔向外，一孔向内，一孔在末节，其八孔，横而左吹。

二、明洪武二十六年钦定《大成乐谱》（小字为乐谱）

（一）迎神乐——《咸和之曲》：大太四哉南工至黄合圣仲上，道太四德仲上尊林尺崇仲上。维南工持林尺王仲上化太四，斯林尺民仲上是黄合宗太四。典黄合祀太四有仲上常林尺，精南工纯林尺并太四隆仲上。神黄六其南工来林尺格仲上，于林尺昭仲上圣黄合容太四。

（二）初献乐——《宁和之曲》（乐舞俱全）：自太四生仲上民林尺来仲上，谁太四底黄合其仲上盛太四。惟南工师林尺神仲上明太四，度黄合越太四前仲上圣太四。粢仲上帛太四俱仲上成林尺，礼黄合容太四斯林尺称仲上。粟太四稷南工非黄六馨林尺，惟南工神林尺之仲上听太四。

（三）亚献乐——《安和之曲》（乐舞俱全）：大太四哉仲上圣黄合师太四，实南工天林尺生仲上德太四。作仲上乐太四以仲上崇林尺，时仲上祀太四无林尺斁仲上。清黄六酤南工惟黄合馨仲上，嘉林尺牲仲上孔黄合硕太四。荐太四羞南工神黄六明林尺，庶南工几林尺昭仲上格太四。

（四）三献乐——《景和之曲》（乐舞俱全）：百仲上王南工宗林尺师仲上，生林尺民仲上物太四轨黄合。瞻黄合之南工洋林尺洋仲上，神林尺其仲上宁太四止黄合。酌太四彼黄合金林尺罍仲上，惟南工清林尺且太四旨仲上。登仲上献太四惟林尺三仲上，于黄六嘻南工成林尺礼仲上。

（五）彻馔乐——《宣和之曲》：牺仲上象太四在仲上前林尺，豆太四笾仲上在黄合列太四。以太四享南工以林尺荐仲上，既仲上氛林尺既太四洁仲上。礼黄合成太四乐仲上备太四，人南工和林尺神仲上悦太四。祭黄合则太四受仲上福林尺，率黄合遵南工无林尺越仲上。

（六）送神乐——《祥和之曲》（望燎乐同）　有太四严南工学林尺宫仲上，四黄(合方太四)来(仲上崇太四)。恪(黄六恭南工)祀(林尺事仲上)，威(南工仪林尺)雝(仲上雝太四)。歆(仲上兹林尺)惟(南工馨林尺)，神(仲上驭太四)还(林尺复仲上)。明(黄合禋南工斯林尺)毕(仲上)，咸(南工膺林尺)百(仲上福太四)。

三、乾隆八年新颁乐章

（一）迎神——《昭平之章》：大哉孔子，先觉先知。与天地参，万世之师。祥征麟绂，韵答金丝。日月既揭，乾坤清夷。

（二）初献——《宣平之章》：予怀明德，玉振金声。生民未有，展也大成。俎豆千古，春秋上丁。清酒既载，其香始升。

（三）亚献——《秩平之章》：式礼莫愆，升堂再献。响协鼗镛，诚孚罍甒。肃肃雍雍，誉髦斯彦。礼陶乐淑，相观而善。

（四）终献——《叙平之章》：自古在昔，先民有作。皮弁祭菜，于论思乐。惟天牖民，惟圣时若。彝伦攸叙，至今木铎。

（五）谢神——《懿平之章》：先师有言，祭则受福。四海黉宫，畴敢不肃。礼成告彻，毋疏毋渎。乐所自生，中原有菽。

（六）送神——《德平之章》：凫绎峩峩，洙泗洋洋。景行行止，流泽无疆。聿昭祀事，祀事孔明。化我蒸民，育我胶庠。

四、舞器和舞谱

（一）舞器：旌节一对、三眼龠三十六枝、龙头笛三十六枝、孔雀尾六十枝、绫雉尾一百零八枝、干二面、戚二面

（二）舞谱（乐舞生定额四十名，用生员襕衫帽顶）

1. 奠帛舞（曲同初献） 自(稍前向外开龠舞)生(蹈向里开龠舞)民(合手蹲朝上)来(起辞身向外高举龠而朝)，谁(两两相对蹲，东西相向)底(正揖稍舞)其(正揖盛)起(平身出左手立)。惟(两两相对，自下而上，东西相向)师(稍前舞)，举龠垂翟(神中班转身，东西相向立，惟两中班十二人转身，俱东西相向)明(举翟三合龠)，度(稍前向外垂手舞)越(蹈向里垂手舞)前(向前合手兼进步，双手合龠)圣(回身再兼退步，侧身向外高手，回面向上)。梁(正蹲朝上)帛(稍舞躬身)

挽手，侧身向外，呈龠耳边，面朝上俱正揖成起辞身挽手，复举龠正立，礼两两相对交龠，两班俱东西平执龠容正揖斯向外退挽手，举龠向外面朝上称回身正立。粟稍前舞稷正蹲朝上非左右垂手，两班上下俱双垂手东西相向馨起合手相向立，惟左右侧身垂手，向外开龠，垂手舞神右侧身垂手，向里垂手舞之正揖朝上听躬而受之，躬身朝上，拱龠而受之，三鼓毕起。

2. **初献舞（曲同亚献）** 大左右进步，向外垂手舞哉右向里垂手舞圣向外落龠面朝上师退回正身立，实正蹲天起身向前，转身外舞生向里舞德合手兼进步，向前双手合龠存兼。作两两相对，自下而上，两班相对，举龠东西乐上下俱垂手，惟两中班上下十二人俱垂手转身，东西相向以转身东西相向立崇相向立，两班上下以翟相龠，时稍前舞蹈，两班上下俱垂手向外祀向里垂手舞无合手兼进步，向前垂手合龠斁回身再兼两班上下东西相向合龠亓。清稍前舞，向外开龠舞酤向里舞惟双手干执龠翟，开龠翟馨合龠翟，朝上正立，嘉侧生垂左手，两班俱垂手向外舞牲躬身，正揖孔双手舞龠翟，躬身硕躬而受之，躬身朝上，拱龠受之，一鼓而起。荐一叩头，举右手叩头羞举左手叩头神复举右手叩头明拜，一鼓毕即起，躬身，三鼓平身，庶三舞蹈，举龠向左躬身舞几举龠向右躬身舞昭举龠复向左躬身舞格拱龠躬身而受之。

3. **亚献舞（曲同三献）** 百向外开龠舞王向里开龠舞宗侧身向外面朝上师朝上正立，生两班上下，两班相对交龠民合手朝上正蹲物侧身向里落龠轨合龠朝上正立。瞻向外开龠舞之向里开龠舞洋开龠朝上正立洋合龠，神向外开龠舞其向里开龠舞宁进步向前，双手合龠止回身东西相向手兼。酌向外开龠舞彼向里开龠舞金开龠朝上正立罍合龠朝上正立，惟向外垂手舞清向里垂手舞且朝上正揖旨躬身而受之。登躬身向左合龠舞献躬身向右合龠舞惟躬身复向左右龠舞三合龠朝上拜，一鼓便起身，于侧身向外垂手舞嘻侧身向里垂手舞成朝上正揖礼躬身朝南受之，三鼓毕起身。

第二十一章

文学创作

〔第一节〕文学创作概述

一、古代至民国时期

古代至民国时期，惠来的诗文著作，根据志书族谱记载，能搜集到书名或残篇的，是元代以后的作品。较有名的是明代苏福的诗作和谢正蒙的疏草。清代则以卓宴春和林家濬的诗词较能反映现实，有一定的社会意义。民国时期社会不安定，能流传下来的诗文著作很少。

二、中华人民共和国成立后至20世纪70年代中期

中华人民共和国成立后，文学创作多是业余的。以民歌、说唱、快板等形式，紧密配合各个时期的中心工作，宣传党的方针政策。1952年创作了《女区长谢秀莲》一书，还有在地区报刊发表的《吴娘来》歌册，《扔界石》小潮剧等一些具有浓厚生活气息的作品。文学创作处在发展阶段。

1966年开始"文化大革命"，10年中正常文学创作受到了冲击，但有的业余文学作者，仍坚持不懈地继续进行创作活动，有的创作出一些较好的作品。

三、1978—2004年

1978年以后，贯彻"文艺为人民服务、为社会主义服务"的方针，重申"双百"方针，为文学的繁荣和发展开辟了广阔的道路。全县文学创作出现了新局面。这一时期创作的文学作品数量之多，题材之广，主题思想之深刻，是中华人民共和国成立以来所没有的。从1978—1984年，投寄县文化馆的各类作品有949篇，《惠来文艺》共出版28期，刊登文学作品217篇，有一批能突出地方特色，反映时代精神的

好作品，分别在省内和外省报刊发表。1985—1987年由县文联发起，共举办了两届"百花峰"征文，一次《爱我惠来》歌曲征文和一次全县中学生"爱我惠来"征文评奖活动。获奖作品有73篇，整理出版了征文获奖作品专集。作品形式有小说、诗歌、散文、报告文学、戏剧、曲艺、歌曲、电视剧本等。

20世纪80年代后，惠来县的文学创作渐入佳境，文学成为青年人一种高雅的文化追求，文学创作队伍主要是业余文学作者，他们是在职的干部、医生和离退休的老干部、老教师，以及一些青年作者。作品多以经济建设、社会各项事业发展、英模人物、现实生活以及人生百态等内容为题材。有感而发，具有浓厚的时代气息和地方特色。

1988年，惠来县宣传部、文化局、文联等单位联合举办"新中国建立40周年征文"活动。全县广大业余作者踊跃参加，收到应征稿件50多份。从中挑选了37篇，由张志杰主编，出版《国庆征文选》，其中有诗歌16篇、散文5篇、报告文学3篇、短篇小说7篇、戏剧曲艺6篇。

县文联主编《惠来文艺》创刊于1979年，是全县业余文学创作的园地，作者既有老一辈的干部、教师，也有青年学生。它对培养惠来青年作者，起到激励作用。2004年《惠来文艺》改版，由原8开单张双面版，改为16开版，每期在50页以上。改版后第一期，保留原有的栏目：小说、散文、诗歌、报告文学等，还增加《文学苗圃》一栏，专门登载小学高年级的学生作文，对培养青少年的文学创作，起到促进作用。

四、2011年后

2011年，曲艺创作方面，潮剧《铁骨清风》选段获得市级比赛铜奖；美术、书法、摄影创作方面，获得市级以上奖项3个，有15件作品在省、市报刊发表获奖。

2012年，小品《夕阳无限好》被揭阳市文广新局评为剧本创作金奖；小品《父亲要出国》被评为剧本创作铜奖。2013年，出版《惠来文艺》2期（总第74—75期），每期2000册，内容有小说、散文、报告文学等。出版《惠来诗词》8期，每期诗词作品100多首，每期印数1000多份。出版《惠来妈祖文化》2期，每期作品70多篇，从不同角度弘扬妈祖文化和妈祖精神。出版《淇园》2期，每期作品80多篇，内容有人物、姓氏文化、人文诗词、读者心声、游记等。创作谜语作品9000多条，举办30场次灯谜交流活动。还创作谜语与汕头、潮阳、棉湖等地开展灯谜交流活动。2014年，定期出版《惠来文艺》；出版《惠来文艺》特刊，刊登总书记习近平在文艺座谈会上的重要讲话和媒体报道一系列相关内容。《惠来诗词》刊物由原报纸式改为杂志式，全年出版2期，每期诗词作品300首。出版《惠来妈祖文化》刊物2期，每期作品90篇；《淇园》刊物2期，每期作品80篇。个人专著有：苏文炳《神泉古迹吟》、史宏忠《珩荄集（二）》、廖增煜《流光采笔》、吴飞龙《寸土说诗词第二集》。2016年，出版《惠来文艺》2期，《惠来诗词》4期，《妈祖》和《淇园》文艺刊物各2期，支持和鼓励作者向各级报纸杂志发表文学作品50篇，协助出版《惠来书法》3期。2017年，征集创文方面作品，出版《惠来文艺》创文特刊2000份，分别赠送给县内外领导和单位及读者。出版《惠来诗词》2期，每期1500本。分别协助出版《惠来妈祖文化》2期2000本和《淇园》2期1500本。鼓励支持广大文学作者积极写稿并向省内外各种报纸杂志投稿80篇。组织县谜协会员创作谜语6000条，内容有创文、人居环境、毒品知识、电力、地震常识等。

2018年，县文联与县公安局等部门联合举办毒品征文活动，将获奖诗歌、童谣、三句半等作品结集并出版在《惠来文艺》专刊，印数2000本，赠送给各单位和个人，营造禁毒社会氛围。出版《惠来诗词三百首》《丹青墨韵寄诗情》和《惠来妈祖文化》刊物2期2000本。组织县谜协会员创作谜语9000条，内容有创文、创卫、人居环境、毒品、电力、环保、就业等知识。

2019年，县文联组织"我和我的祖国"——庆祝中华人民共和国成立70周年文艺作品征集活动，得到县内外众多文学爱好者的热情支持和响应，投稿1000多篇，经组织评选，入选133篇作品，并结集出版在《惠来文艺》专刊上，发到全县各地各单位。作品体裁多样，有散文、小说、诗歌、童谣、小品、文学评论、灯谜等，热情洋溢歌颂和庆祝中华人民共和国70周年华诞，赞美祖国和家乡发展变化，鼓舞惠来人民为建设美丽家乡、为实现中华民族伟大复兴的中国梦而努力奋斗。县文联与县文明委、县公安局等部门联合举办惠来县第二届禁毒文艺作品创作大赛活动，将荣获一、二、三等奖和优秀奖诗歌、童谣、三句半、灯谜文艺作品，在《惠来文艺》结集出版，印500册，赠送有关部门和个人，营造良好禁毒社会氛围，为助力禁毒工作贡献力量。结集出版《惠来文艺》国庆征文专刊，印数500本；出版《惠来诗词》2期2400本；出版《惠来妈祖文化》2期800本；出版《周易文化》第8期1500本。组织创作谜语1万多条，在春节、元宵、中秋等传统节日和其他节日期间，开展25场次灯谜会猜活动。

2020年，县文联组织有关协会创作各类抗疫作品，结集出版《惠来文艺——抗疫专刊》，助力疫情防控工作。出版《惠来诗词》2期和《抗疫诗词》微刊3期。创作谜语作品5000条，用于抗疫、禁毒、就业创业、科普、庆"七一"和传统节日等灯谜线上线下会猜活动，出版《惠来谜苑》第4期。

2021年，县委宣传部、县文联举办庆祝中国共产党成立100周年征文活动，共征集到各类文学作品858篇，入选作品100篇。并结集在2021年《惠来文艺》专刊上刊登，发至全县各地各单位。入选作品热情讴歌党，赞美我县在党的正确领导下人民的幸福生活，经济社会发展变化，激励全县干部在党的领导下推动惠来经济社会各项建设。举办庆祝建党100周年诗词大奖赛，将获奖诗词结集出版在《惠来诗词》。

2022年，县文联组织县作家协会举行惠来县"美丽乡村""春节新风""喜迎二十大·强国复兴有我"三次主题征文，收到县内外稿件2000多份，优秀作品在《惠来作家》创刊号出版。选取各协会会员优秀作品结集在《惠来文艺》出版。

〔第二节〕著述书目

自明朝置县后至2022年，惠来县籍编著的作品书目，辑录如下（主要收录正式出版、内部出版和铅印成书的著作及比较重要的书稿）。

一、史志类

明嘉靖三十四年（1555）知县林春秀主修《惠来县志》，为惠来第一次修志，今佚。林春秀，字麓平，福建闽侯人，嘉靖十八年（1539）和二十九年

（1550）两任惠来县令。

明万历三十六年（1608）知县游之光主修《惠来县志》，成书12卷，今佚，存志序。参与修志有詹一惠、林世赏、翁延寿、林正干、方子说、吴汝云、吴大器等。游之光，字东璧，直隶婺源人，万历三十二年（1604）任惠来县令。

清康熙二十六年（1687）知县张秉政主修《惠来县志》，成书18卷。参与修志有张经、方应祷、郑国光、陈龙光等。存藏于天津市人民图书馆。张秉政，字持公，陕西人，康熙十七年（1678）至二十六年（1687）任惠来县知县。

清康熙四十三年（1704）知县查曾荣主持续修《惠来县志》，今存序。参与修志有陈琳、林昂、唐宽、张钟等。中山图书馆和中山大学图书馆各存1部。查曾荣，字春谷，浙江仁和人，康熙三十八年（1699）至四十六年（1707）任惠来知县。

清雍正八年（1730）知县张珣美主修《惠来县志》，成书18卷，雍正九年（1731）出版，县内有重印同治本。参与修志有谢元选、陈天生、朱翼、张绍祖、詹敬文、翁国正等。张珣美，字昆崖，陕西武威人，雍正五年（1727）任惠来知县。

《惠来概况》，朱林主编，县地方志办1989年印本。

《惠来文物志》，今月主编，县文物普查办公室1989年印本。

《惠来县大事记（1524—1989年）》，朱林、孙正辉主编，县地方志办1990年印本。

《惠来县政协志》，黄炳克主编，2000年印本。

《惠来县志》，总编黄水利（时任惠来县县长），常务副总编林振标，新华出版社2002年出版。

《中国共产党惠来县地方史（1919—1949）》，主编周惠琴，中共党史出版社2006年出版。

《惠来县军事志》，惠来县军事志编纂委员会2009年印本。

《惠来县志（1979—2004）》，主编林振标，副主编叶宏桂，方志出版社2011年出版。

《惠来县地名志》，主编陈卓豪（时任县民政局局长），副主编林柏龄（时任县民政局副局长），惠来县地名委员会办公室2014年印本。

《惠来历史（一）》，主编唐宝胜（时任县地志办主任），责任编辑叶宏桂（时任县地志办副主任），惠来县人民政府地方志办公室2015年印本。

《惠来文史》，1988—1998年版，1—9辑。政协惠来县委员会编辑印发。

《惠来文史（第十辑）》，主编詹太鹏，政协惠来县第十届委员会2018年印本。

《惠来文史（第十一辑）——古乡贤专辑》，主编吴少玲，执行编辑罗海平，主要撰稿人叶宏桂，政协惠来县委员会2019年印本。

《惠来县革命老区发展史》，主编林喜迎，编撰林楚明，广东省人民出版社2020年出版。

《惠来文史（第十二辑）——红色惠来专辑》，主编吴少玲，责任编辑罗海平、叶宏桂，政协惠来县委员会2021年印本。

《惠来历史（二）》，叶宏桂撰稿，县人民政府地方志办公室2022年印本。

《惠来文史（第十三辑）——惠来工业经济史》，政协惠来县委员会2024年3月编，叶宏桂（时任县政协文史科科长）撰稿。

二、文学类

《尚书经义》，作者林逊（1364—1404），字文敏，又字志宏，惠来县周田镇狮石村人，洪武十八年（1385）进士。

《苏神童诗集》一卷，作者苏福（1371—1384），惠来县神泉镇神泉村人，8岁能文，人称神童。

《雪坡集》四卷，作者陈光世（1518—1586），字复振，号雪坡，惠来县岐石镇岐石村人，嘉靖二十七年（1548）贡生，选入国学。嘉靖四十四年（1565）受山东巨野县令，隆庆二年（1568）回乡隐居。

《一惠诗文稿》二卷，作者詹一惠（1548—？），字养吉，号正迪，惠来县前詹镇前詹村人。万历十年（1582）举人，官广西北流县令。作品还有《三礼约言》。

《桑梓会约》，作者陈尚志，字士道，惠来县田心村（今属潮阳）人，万历五年（1577）举人，杜门读书，不涉外事。

《柏台疏草》四卷，作者谢正蒙（1563—1631），字子圣，号中吉，惠来县华湖镇华谢村人，万历十六年（1588）举人。历官湖广安乡县令、监察御史巡按云南。万历四十二年（1614）奉旨巡按直隶，督理两淮盐政兼管南京、江北总运漕粮。万历四十六年（1618）为河南布政司左参议兼按察佥事。

《解鸣和居书说》，未刻。作者唐睿，字伯玉，惠来县隆江镇孔美村人。

《青松草》，作者陈国英（1596—1652），字六辅，惠来县周田镇杭美村人。崇祯十七年（1644）贡生，避乱隐居。其作品还有《问禅篇》《秋声》。

《四书会解》一卷，作者陈修（1600—1676），字拓潜，惠来县溪西镇沙陇村人。诸生。家贫好学，屡困棘围。

《东里文集》，作者方三朋，字敬先，惠来县惠城镇人。崇祯十七年（1644）贡生，入清不仕。

《心远堂集》，作者方之孝（1621—1657），字孺子，惠来县东陇镇寄陇村人。顺治八年（1651）举人。

《稼村篁吟诗集》，作者张经（1628—1693），字虚舟，惠来县隆江镇区人。康熙九年（1670）进士，授吏部观政，回籍候选。

《眺春草》一卷，作者陈琳（1633—1721），字季璋，号玉山，惠来县周田镇杭美村人。康熙二十九（1690）年举人，任湖南安远知县，洁己爱民。

《抽簪纪略》，作者胡瓒（1638—1708），原名胡应瓒，字日式，号刚麓，惠来县仙庵镇京陇村人。顺治十七年（1660）举人，晚年授浙江绍兴府嵊县知县。

《遗音》二卷，作者孙克家，惠来县华湖镇堡内村人，顺治八年（1651）恩贡。

《东山遗稿》，作者詹梦魁，字云岛，惠来县前詹镇前詹村人。幼失怙，笃孝孀母。母疾，药汤不效，割股作羹，进立愈。母逝，卜宅于东山庐墓侧一十二载，知县许直奖匾。

《濯春堂集》二卷，作者张灏（1647—1692），字晴川，居室为濯春堂，惠来县隆江船场乡（隆江镇区）人。张经子，康熙十一年（1672）举人，择选知县，改署高州府化州学正，兼署知州，卒于官。

《唐宽文集》四卷，分《覆希瓦》《吹万》《拟古》《吼雪》四卷，作者唐宽

（1647—1712），字敬五，惠来县隆江镇孔美村人。康熙十年（1671）副贡。

《嘘云集》二卷，作者张淇，字右川，惠来县隆江镇区人。康熙三十五年（1696）举人，张经子，未仕卒。

《留砚堂集》，作者张仲，字大石，康熙四十七年（1708）恩贡，张灏子。

《东村诗文钞》，作者陈天生，字祉典，又字予长，惠来县人。康熙六十一年（1722）恩贡，授阳江县教谕。

《慎馀草》，未刊。作者陈龙光，字远心，惠来县周田镇杭美村人。陈国英子，为父选编《青松草》。

《时弋草》二卷，作者林绍鹗（？—1685），字云立，惠来县河田村人。康熙九年（1670）岁贡，授开平县训导。

《买笑囊集》，作者方敦际，字溯崖，惠来县东陇镇寄陇村人。廪生，喜为文辞。

《陈必捷诗集》二卷，作者陈必捷，字月三，惠来县岐石镇岐石村人。幼失怙，康熙四十九年（1710）岁贡，年八十六卒。

《普陀山房文集》，作者方昌岐，字仰文，号荣西，惠来县惠城镇区人。嘉庆十一年（1806）举人，任龙门、长乐两县教谕。

《亦园诗文集》，作者林中蓝，惠来县东港镇长青村人。道光五年（1825）拨贡，由军功保举同知。

《馥斋集》，作者戎世芳（1794—1868），名漱亭，字世芳，号馥斋。惠来县靖海镇区人。咸丰六年（1856）恩贡，铨选为儒学正堂，以在家乡设帐授徒为业。

《莲村文集》，作者方挺芳（1830—1899），字荔生，号莲村，方昌岐孙，惠来县惠镇区人。道光三十年（1850）贡生。毕生致力教育。

《端庆堂诗草》，作者林家濬（1831—1917），字剑泉，惠来县东港镇长青村人。光绪二年（1876）副榜，历任连山教谕，肇庆府教授。其作品还有《宦游集》《剑泉诗集》。

《桥梓诗林》，初集八卷、续集七卷，作者林剑泉、林廷玉。

《高明岩居士集》，作者林望欧，惠来县东港镇长青村人。光绪十七年

（1891）举人，历任陆丰龙山书院讲席。

《仙溪杂俎初集》八卷，作者林廷玉（1871—？），字季泉，号醉仙，惠来县东港镇长青村人。秀才，毕业于潮州金山书院，擅诗。其作品还有《留声集》。

《红蕉吟馆诗钞》二卷，作者卓宴春（1839—1890），字子羲，惠来县惠城镇梅北村人。光绪四年（1878）援例入贡，设红蕉吟馆授徒，擅诗。

《秀水诗文集》，作者方朝安（1869—1941），字靖山，号学稼子，惠来县前詹镇秀水里村人。光绪贡生，历任广州述善学校校长，新丰、从化两县县长。

《莲村诗词集》，作者方士敦，字莲士，惠来东陇镇东陇村人。光绪十五年（1889）副榜。

《曲江游草》，民国二十四年（1935）印本。作者林鹤年（1879—1940），字寿荃，自署鹤庐主人，惠来县东港镇长青村人。民国十七年（1928）曾任惠来县县长。

《春晖楼诗钞》，未刊。作者吴树棠（1866—1950），又名芝山，字伯愚，号伯吾，惠来县华湖镇溪洋村人。宣统三年（1911）岁贡，长期在惠来各地任教。

《蠡海别墅诗钞》，未刊。作者林芛黍，惠来县东港镇长青村人。

《阳明诗文集》，作者吴宝瑜（1885—1967），字芷荪，惠城镇梅北村人。吴佐熙子。宣统元年（1909）拔贡，民国时参与军政，历任师部、军部军法处长，上校、少将参谋等职，民国二十一年（1932）任江苏阜宁县县长。1952年定居台湾。

《淞沪血战》，载香港1950年《劳工月报》。作者翁照垣（1892—1972），名锦，字辉腾，惠来县葵潭镇镇区人。抗日名将，自民国元年（1912）参加新军，即为职业军人，毕业于日本士官学校，历任国民党旅长、师长，福建城防人民革命军第六军军长，前敌总指挥。民国二十六年（1937）退出军队回潮汕，任广东省第七战区司令长官，民国二十八年（1939）定居香港。其作品还有《"一·二八"淞沪战史》。

《葵庐文钞》上集，民国十九年（1930）印本。作者方乃斌（1895—1991），字启东，惠来县惠城镇梅北村人。民国时期曾任惠来县县长。其作品还有《葵庐词钞》上、下集。

《中日问题之研究》，作者陈绍贤（1901—1985），字造新，惠来县惠城镇西联村人。民国二十年（1931）毕业于美国华盛顿大学，获政治学学士学位，第二年获哥伦比亚大学政治学硕士学位。回国后历任广州《国民新闻时报》总主编，广州大学和同济大学教授，国民党广州特别市党部特派员，国民党第六届中央候补监察委员，民国三十八年（1949）定居台湾，任东吴大学教授。其作品还有《日本在华北的铁路政策》《中国政治制度》《英美政党制度及其比较》《美国政制与外交政策》《战时民主政治》。

《百岛之滨》，作者吴健民，民国十年（1921）生于惠城镇南美村，曾任中共珠海市委书记（《人物》有介绍）。其作品还有《趣途万里》《血沃劲草》《从河内到旧金山四国之行随笔》《掇瓦集》《骄我河山》《温故集》《回眸集》。

《生活语丝：吴康民随笔选》，1992年出版，作者吴康民，民国十五年（1926）出生于惠来县惠城镇南美村。香港知名学者，全国人大代表。其作品还有1993—2002年出版的《最忆校园情》《远游何处不销魂》《丰盛之旅话神州》《七十自选》《环绕地球一匝》《寻找他乡的情趣》《彩色旅程》。

《女区长谢秀莲》，1952年出版，作者蔡绪长。

《福利经济学》，1979年出版，作者黄有光，惠来县葵潭镇兵营村人。居澳大利亚墨尔本市，澳大利亚社会科学院院士，著名经济学家。其作品还有《综观经济学》《社会福利与经济政策》。

《潮汕人学普通话手册》，1989年出版，作者林伦伦，惠来县人，汕头大学教授。其作品还有《书信礼貌文雅用语大全》《潮汕方言与文化研究》《潮汕方言熟语辞典》。

《惠来风物谈》，1986年出版，作者黄坤池，惠来华湖镇人，曾任县博物馆馆长。其作品还有《万里行》《惠来历代诗文选》《抗日名将翁照垣》《惠来百花山》《惠来古今录》《海角甘泉》（与沈丽璇合作整理）。

《中国民间故事集成广东卷·惠来资料本》，张志杰主编。

《惠来风光》，1989年版，林汉城主编。

《惠来诗词选》，1989—2000年印本，惠来诗社编辑出版。

《惠来谜苑》1—4期，惠来谜协编辑出版。

《春节文娱活动资料》1—12期，县文化馆和县灯谜协会合编。

《商魂》，1992年出版，漓江出版社，作者詹荣城。

《谢正蒙传奇》，1993年版，作者黄俊雄、张志杰。

《钟灵自选集》，1993年版，作者方钟灵。

《惠来县情与发展研究》，1995年出版，汕头大学出版社，詹兴利主编。

《可爱的惠来》，1996年版，方延福主编。

《林世铿传》，1997年版，作者詹荣城。

《委员诗词选》，1999年版，政协惠来县委员会编辑出版。

《老竹新枝集》，2002年版，作者黄友汤、黄夏璇。

《艺苑拾零》，2005年出版，广州文艺报刊社，作者张志杰。

《蓝色家园》，现代诗集，2005年出版，成都时代出版社，作者杨协亮。

《速战》，长篇小说，2009年出版，广东人民出版社，作者林健锋。

《黄锦奎选集》六卷，2009年6月出版，广东人民出版社，作者黄锦奎。

《穿越时空之后宫育儿》，长篇小说，2009年出版，花山文艺出版社，作者黄瑞燕，笔名鱼易雨。

《半夜锣声》，小说集，2010年出版，中华文苑出版社，作者黄朝进。

《不碎的意志》，散文集，2010年出版，远方出版社，作者杨协亮。

《百年沧桑凤山乡》，地方史志，2011年出版，中国科学技术出版社，作者黄惠长。

《右手绘前世　左手写今生》，现代诗集，2011年出版，团结出版社，作者杨协亮。

《小户千金》，长篇小说，2012年出版，吉林大学出版社，作者黄瑞燕，笔名贡茶。

《向媒婆学营销》，营销学教材，2012年出版，华中科技大学出版社，作者林健锋。

《剥洋葱》，2013年入选现代诗集，作者杨协亮，中国文联出版社。

《手腕》，长篇小说，2013年出版，花城出版社，作者林健锋。

《爱在开罗时光》，长篇小说，2013年出版，花城出版社，作者林健锋。

《媚香》，长篇小说，2013年出版，江苏文艺出版社，作者黄瑞燕，笔名贡茶。

《尤物当道》，长篇小说，2013年出版，漓江出版社，作者黄瑞燕，笔名贡茶。

《拈花惹草》，现代诗集，2014年出版，类型出版社，作者杨协亮。

《娘娘威武》，长篇小说，2014年出版，中国言实出版社，作者黄瑞燕，笔名贡茶。

《山是山 水是水》，散文集，2017年5月出版，花城出版社，作者柯粉玲。

《祈爱》，散文集，2019年出版，中华文苑出版社，作者黄朝进。

《若望归》，长篇小说，2020年发表在"云起书院"文学网站，作者林晓燕，笔名傅辞九。

《爱在IT时光》，长篇小说，2021年11月出版，羊城晚报出版社，作者林健锋。

《一丝情缘》，散文集，2021年出版，团结出版社，作者吴美秀。

《每个人的灯塔》，散文集，2022年出版，风采出版社，作者林晓兰。

《高台卓彦》，诗歌和诗评，2023年版，作者杨文才（深诗文艺）。

《惠来百景诗》，诗歌，2024年出版，羊城晚报出版社，作者林锡彬。

第二十二章

戏剧曲艺

戏剧和曲艺是惠来人喜闻乐见的娱乐节目，深受人民群众欢迎。惠来清代无职业戏剧班，外县来惠来县流动演出的有正字戏（一称正音班）、西秦戏（秦腔）、潮州戏（原名潮音戏、又名白字班）。而纸影戏（又称皮猴戏）却甚多，惠城、隆江、神泉、靖海等地都有。素称皮猴戏之乡的隆江镇海墘村，于民国三十年（1941）成立潮剧班（俗称海墘班），属业余季节性文艺组织，到1949年解散。中华人民共和国成立后,于1956年3月成立惠来玉正潮剧团。经过"文化大革命"的挫折,直到1979年潮剧才得以发展,计有业余潮剧团55个,新创办的纸影班12班。

[第一节] 中华人民共和国成立后戏剧戏曲在惠来的发展概况

中华人民共和国成立后,戏剧曲艺在城乡得到良好的发展。20世纪50年代创作了潮州歌册《吴娘来》,小潮剧《扔界石》,发表于《汕头农民报》。60年代创作了大型现代潮剧《南山八女》《南岭红梅》,以及小潮剧《黎明之战》《喜报》,均发表于地区文艺刊物。1966年后,"文化大革命"10年间,创作的是一些按"三突出"模式写出的公式化、概念化的作品。1978年后,按照"文艺为人民服务,为社会主义服务"方向,重申"双百"方针。广大文艺工作者积极性调动起来,使戏剧曲艺创作出现了初步的繁荣。在省市获奖的作品有:新编历史剧《华佗》《血缘恨》,现代小戏《核产之前》《春枝吐翠》,小话剧《双飞雁》《不速之客》,相声《堪称一对》,歌曲《小溪的秘密》,电视剧《归思》。

戏剧、曲艺、相声等创作主要目录:

《吴娘来》,潮州歌册,作者方钟灵,1952年,潮汕《工农兵》月刊。

《扔界石》,小潮剧,作者林德耀,1957年,潮汕《工农兵》月刊。

《南山八女》,现代大型潮剧,作者陈岩、丹木,1961年。

《南岭红梅》,现代中型潮剧,作者朱宗佳,1973年。

《华佗》,古装大型潮剧,作者朱宗佳,1981年获省剧本三等奖。

《刘章下山》,历史剧,分上、中、下集,作者陈岩、朱宗佳,其中下集《血缘恨》,发表于《南粤剧作》。经省剧协评比,获剧本二等奖。

《核产之前》,现代小戏,作者黄先杰,1978年。

《春枝吐翠》,现代小戏,作者吴树锵,1978年刊登于《汕头地区庆祝国庆30周年献礼小戏选》。

《双飞雁》,小话剧,作者张彬元,获地区一等奖。

《不速之客》,现代小戏,作者柯锡奎,获地区一等奖。

《贺新宅》，现代小潮剧，作者方流，1984年获地区二等奖。

《斩鸡记》，现代小潮剧，作者李秦，1984年获地区二等奖。

《待嫁姑娘》，现代小戏剧，作者于长东，1985年获汕头市二等奖。

《姓名的风波》，相声，作者柯锡武，1985年获汕头市二等奖。

《把戏橱的婚礼》，故事，作者詹荣城，1985年获汕头市二等奖。

《窗口》，相声，作者曲蔚空，1985年获汕头市三等奖。

《小溪的秘密》，歌曲，作者方汝洵，1985年获汕头市三等奖。

《巴图鲁传奇》，故事，作者詹荣城，1986年获汕头市二等奖。

《归思》，电视剧，作者陈荣辉，1986年获汕头市一等奖。

《无米粿上市》，戏剧，作者方流，1986年获汕头市二等奖。

《叶落花开》，戏剧，作者朱一大，1987年获汕头市三等奖。

《婆媳情》，戏剧，作者方汝洵，1987年获汕头市三等奖。

《命名典礼》，相声，作者曲蔚空。1986年获汕头市三等奖。

〔第二节〕潮剧

潮剧又名白字戏，一般统称潮州戏。说唱皆用潮州话，曲调温柔婉转、细致缠绵，末句或帮腔帮声，以潮州锣鼓、音乐伴奏，历来为惠来人民群众所喜爱。自明朝开始，民间就有皮猴班，唱的是潮剧。中华人民共和国成立后，大的农村都曾组织业余潮剧团，逢年过节就演出。潮剧有独特的艺术风格，其主要特点：（一）语言重本色，又具文采，善于运用俚语、歇后语等独特的方言，很适合惠来人的口味；（二）唱腔低回婉转，优美轻柔；（三）生、旦表演轻歌曼舞，娇态俏丽；（四）丑行分工细密，程式丰富；（五）潮剧音乐和表演形式善于兼收并蓄，博采众长而融为一体。

从清代至民国，都是由汕头等外地剧团到惠来县流动演出。民国三十年（1941），隆江海埕村成立潮剧竹囊班（一名戏生），取名"老正天香班"。同时有周田乡考山村私人出资，仿潮剧旧制，广招角色，网罗童伶，组成"中一枝香"潮剧班。于是，惠来县有了职业潮剧班，在县内外流动演出。1949年两个潮剧班都解散。中华人民共和国成立后，有些农村办起业余潮剧团。整个20世纪50年代，县内主要业余潮剧团有43个，这些农村业余潮剧团，只是过节过年业余演出，远不能满足全县群众的文化需求。1956年，县人民政府决定组建专业潮剧团。当年3月，在县内挑选46人（包括编、导、演、鼓乐），集结于海埕村训练，定名为"惠来玉正潮剧团"。1957年，经省、地批准，纳入潮剧界行列，县列为事业单位，积极编排剧目后到各地演出。同年5月，首次到汕头大同戏院演出。同年7月，回县葵潭集训。民主选举团长、副团长，配政治指导员，人员评定级别，实行工资制。到1959年，上演的剧目有经过整理的传统古装戏7部《无底洞》《审诰命》《双秀才》《白绫记》《双太子》《三奇缘》《玉琴记》，创作古装戏1部《包公探曹府》和现代大型戏2部《碧玉丹心》《丹凤朝阳》。

1960年后，县玉正潮剧团继续移植、改编、整理传统剧目，并创作新剧目。至1965年，新上演剧目共39个，其中由县潮剧团创作的大型现代剧《南山八女》，题材是根据土地革命时期大南山苏区，原红军四十七团一支女子宣传队，在反"围剿"中的英烈事迹编写的。1961年首次演出，得到观众的称赞。同年玉正潮剧团改称"惠来潮剧团"。此时全团近70人，剧目、设备较为配套，演出水平有了很大提高。

1966年开始"文化大革命"，7月剧团停止演出，坐班学习52天。批判"封、资、修"黑货，批判"资产阶级反动路线"。《南山八女》被诬为替个人主义者树碑立传的"黑典型"。接着，清查反动资产阶级文化产物，将演古装戏所有行头付之一炬。编导和主要演员靠边站，停演闹革命。1969年，全团留9人，并入县农村文宣队，余者回原籍或下乡插队劳动。专业剧团解体，农村业余剧团也不想演戏。1970年后，以"向样板戏学习，戏曲才有出路"为指导方针，改编排演了京剧《红灯记》《奇袭白虎团》《智取威虎山》，及编演一些配合当时中心工作的小型现代剧。2021年，为庆祝建党一百周年，邀请省市潮剧专家，重新改编《南山八女》，定名《南山红英》，在葵阳影剧院演出获得很大成功。

1977年复建惠来潮剧团，召回原编、导、演等人员，并给予平反、恢复名誉，拨乱反正。复排群众喜爱的古装戏《杨门女将》《螺女传》《二岁夫》等剧目。1979年后，改编整理传统剧目《刘章下山》。1980年首次演出得到好评。获省剧本创作二等奖，汕头市调演二等奖。这一时期，共创作改编大型古装戏11个，其中《刘章下山》和《梨花狱》演出后，分别由香港东南亚唱片公司和中国唱片公司录制成盒式磁带，销售海内外。在此期间，全县12个农村业余潮剧团，也把禁锢已久的传统古装剧目重新搬上舞台。东陇、京陇村的业余剧团，还排演现代小戏，参加县、地区会演，其中《投产之前》《贺新宅》《老李开店》获地区二等奖；《春枝吐翠》《大树底下》获地区三等奖。1984年，首次开办潮剧演员培训班，招收男女青年21人，专修潮剧，两年结业后，纳入县潮剧团编制，使潮剧演员后继有人。这个时期是潮剧的黄金时期，在村镇演出时万人空巷。

一、剧团

20世纪50年代中期，惠来开始组建专业潮剧团，60年代中期至70年代中期，即"文化大革命"期间，专业潮剧团解体。20世纪60—80年代，先后组建海埕、京陇、东陇、溪洋、狮石等5个业余潮剧团。2004年，只有海埕、溪洋2个业余潮剧团仍活跃在农村舞台上。

惠来潮剧团是专业潮剧团，"文化大革命"期间解体，1977年复建，召回原编、导、演等人员。2004年，惠来潮剧团在职人员64人，团长1名，编剧4名。主要职责是创作剧本、排练和演出戏剧。

二、剧目

1977年，县潮剧团恢复后，复排群众喜爱的古装戏《杨门女将》《螺女传》《二岁夫》等剧目。1979年后，改编整理传统剧目《刘章下山》，由编剧朱宗佳创作的大型古装潮剧《华佗》，获省、市剧本二等奖；新编历史剧《血缘恨》，获省剧协剧本评比二等奖，获汕头市专业会演二等奖。2004年，大型古装潮剧《仙姬送子》《狄青平南》《双皇后》《桃花公主》由中国国际电视总公司摄制成VCD。1979—2004年，惠来潮剧团剧目创作旺盛，共演出6760场，多数作品摄制成VCD，部分作品获省、市剧本奖。

1979—2004年惠来潮剧团剧目情况：

剧目名称	剧本作者	评奖及演播情况
《刘章下山》	陈明桢	录制成磁带，远销海内外
《吕后篡权》	陈明桢	
《兴刘灭吕》	集体创作	
《华佗》	朱宗佳	省、市剧本二等奖
《宋太祖下河东》	陈明桢	
《双皇后》	陈明桢	由国际电视总公司摄制成VCD
《梨花狱》	陈明桢	录制成磁带，远销海内外
《杨金花夺印》	朱宗佳	
《夫妻仇》	陈明桢	
《刁蛮公主》	陈明桢	
《九曲煌龙珠》	陈明桢	
《李后救包公》	陈明桢	
《刘骏登基》	陈明桢	
《三夫人》	方　克	
《宋宫恩怨》	陈明桢	
《红粉春秋》	陈明桢	
《幼子复国》	陈明桢	
《秦王帝业》	陈明桢	
《庞赛花进宫》	陈明桢	
《刘明珠回宫》	陈　文	
《五虎平南》	陈　文	由国际电视总公司摄制成VCD
《仙姬送子》	陈　文	由国际电视总公司摄制成VCD
《桃花公主》	陈明桢	由国际电视总公司摄制成VCD
《血缘恨》	朱宗佳	市专业会演二等奖、省剧本二等奖

〔第三节〕皮影戏（皮猴戏）

据稗史所载："汉武帝因李夫人之死，思之不置，有齐人少翁者，自称有术能致之，帝召之入宫，乃设帐张灯，帝则坐他帐望之，仿佛见李夫人之像，由是之后，即有影戏。"据此记载判断：当时虽仅有"影"，尚不足以称"戏"；但"设帐张灯"的方法，则显然已是"影戏"之滥觞。"设帐"，即差似今日影院之银幕；"张灯"实无异于今日之放映机。从"皮影戏"到"电影"，时代虽相距在千载以上，但渊源有别，在形式上可以说是一脉相承的。"皮影戏"萌芽于北宋时期。据《都城纪胜》一书指出："凡影戏乃京师人初以素纸雕簇，人物禽兽，后用彩色装皮为之，其话本与讲史书者颇同，大抵真伪参半。公忠者雕以正貌，奸邪者予以丑貌，盖亦寓褒贬于市俗之眼也。"《都城纪胜》是北宋时"耐得翁"所著，他的文中有可注意者两点：其一是"初以素纸雕簇"，大抵与走马灯的情况相似；之后才以"彩色装皮为之"，从纸影戏进展而为皮影戏，形式上就更为相像了。其二是提到"其话本与讲史书者颇同"，可知那时候的皮影戏，不仅有人物动作，并且还有说故事的旁白；也就是皮影戏与彼时开始流行的宋人话本，实际上已经互相配合，结成一体。皮影戏之萌芽于北宋京师，除了上述的记载之外，另有孟元老的《东京梦华录》，也有较具体的叙述。《东京梦华录》是宋室南渡后追忆汴京文物制度盛况的作品。此外，同时代的私人笔记，还有许多提及皮影戏的。如吴自牧的《梦粱录》卷二十，周密的《武林旧事》卷二。《武林旧事》卷六，复有如下之记载："诸色技艺人，计有影戏贾镇、贾雄、尚保义、三贾（贾伟、贾仪、贾佑）、三伏（伏大、伏二、伏三）、池显、陈松、马俊、马进、王三郎（升）、朱裕、蔡谘、张七、周端、郭真、李二娘（队戏）、王润卿（女流）、黑妈妈。"这一份名单，记述尤为详尽，其中王升、王润卿之名，亦见之于《梦粱录》。王润卿与王闰卿，想来当是同一人。弄影戏而有女流主持，岂不就是前辈女明星？根据以上的种种记述，可以窥知南宋时期的影戏班子，其阵容已相当庞大，并且在戏剧圈子里占据着正统的地位，是极受一班人重视与欢迎的。

古老的惠来影戏，全部影中人物俱用牛皮、驴皮或羊皮制成，先要将皮革在桐油中浸过，使其透明，然后剪成人形，加上彩色；每一个人分为身、首、四肢六部分，再连缀起来用铁枝、丝线操纵，便能活动自如。演出之时，台内燃灯，台面装一竹框架子，糊上半透明的素纸，一如今日之银幕，作为投影之用。所以在惠来文人的笔下，又有"竹窗纸影"的美名。弄影者藏匿于竹窗之内，往往以一身兼任编、导、配乐等工作，还要连唱带说一脚踢，每一出戏都是一手包办。惠来人形容忙得不可开交的俗谚，有"脚打锣，手打鼓，口唱曲，头撞钟"之语，即是以弄皮影戏作譬喻，当影戏开演之时，鼓乐声中，粉墨登场，角色杂出，生旦净丑次第说唱，场面正是热闹万分；此时如有观众撕破竹窗纸，往里一望，则仅是老艺人一名，在内玩其独角戏而已。

一、惠来皮猴戏的历史

惠来皮猴戏又称"纸影戏"或"皮影戏"。这两个名称都是它的前身。因惠来的皮猴戏不仅是映影，而是有一个个立体的小戏曲人物在舞台活动。舞台宽2.5米，高约2米，深约0.8米，布景道具一如潮剧，只是规模缩小了。"演员"近似小木偶，头部是泥塑的，很精致，身、脚多是稻草为芯，外穿绣花服饰，一如潮剧行头。每个角色都与潮剧角色一模一样，缩小到每个仅20厘米左右。背部与手足各系上皮猴箸，表演者操纵皮猴箸，演起来惟妙惟肖。戏文为潮剧原本，唱腔生旦丑净，各有人在后台司唱，很精彩，成为一门独特的文艺形式。

据查证，明天启元年（1621），惠来已出现皮猴戏，清道光元年（1821），鳌头村办了三个皮猴戏班。咸丰元年（1851），东陇村办起三个皮猴班，其中两个是唱西秦腔调的。清光绪十六年（1890）前，靖海所办了"鸿明春""新天彩""老正顺""老梅正""正天香"等五班潮音皮猴戏，演出数百个传统剧目。惠城、京陇、狮石、南山岭、赤澳、寄陇、海埕、杭美、港寮、坂美、溪南、横山、濂溪、前詹、麦田、后溪洋、东福等村也先后办起皮猴戏班。

民国时期皮猴戏开始盛行。皮猴戏班在民国初期已进入汕头市、潮阳县一带演出。20世纪40年代曾到上海上演。当时在沪的潮汕同乡会，对艺人热情招待，在上海还学了一些傀儡戏科学原理和艺术技巧。隆江镇海埕村有20余班。

皮猴戏戏班规模小，经费少，特别适合偏僻乡村文娱需要，因此，许多民间艺人，便组织起皮猴戏戏班到各地演出，很受群众欢迎。至1957年，惠来各地先后办起了30多班皮猴戏班。1958年后，特别是"文化大革命"期间，皮猴戏这一民间艺术销声匿迹。中共十一届三中全会以来，全国贯彻执行"百花齐放，推陈出新"的方针，使皮猴戏这一民间传统艺术重获复兴和发展。至1980年，靖海镇由戎兴利、林庭荣、曾茂章等人发起组织，并承担皮猴箱主之职，他们自愿投资，重整旗鼓，贴榜招贤，吸收社会民间艺人，培养皮猴戏新生力量，在短期内，办起三个皮猴戏班，先后排练《秦凤兰》《猫儿换太子》《屠夫状元》等10多个剧目，深入山区和沿海村庄演出。1986年，惠来县组织春节文娱活动时，靖海两班皮猴戏应邀到县城参加文娱活动，并在广场搭起两个皮猴戏台公演。2004年，在全县14个建制镇中，有8个镇20多个行政村有皮猴戏班。

二、皮影

又名阴窗皮影。台面装一竹框，糊上透明纸，台内点灯。作剧者操纵用牛皮制作的戏剧人物，于窗内表演动作，借灯取影，以歌曲鼓乐配合。每班只用二三人，藏于台内持影、作乐、口唱。潮谚有："脚打锣，手打鼓，口唱歌，头撞深钹。"形容其多才多艺而又忙得不可开交。所演剧目皆滑稽之戏。如《洪阿猫求雨》等。最怕顽童戳破台前的透明纸。俗语"捅破皮猴纸"的俗谚，由此而来。中华人民共和国成立后，皮影戏已绝迹，而纸影戏在民国初期就已流入汕头市、潮阳县一带演出。20世纪40年代曾到上海上演。那时在沪的潮汕同乡会，对艺人热情接待，在上海还学了一些傀儡戏科学原理和艺术。以后由于种种原因，这门艺术几乎销声匿迹。20世纪80年代开始，经过发动与鼓励，老艺人重新组合。至1987年，全县还有12班：周田镇4班、仙庵镇2班、靖海镇3班、前詹镇1班、惠城镇2班。其主要传统剧目有：《唐僧出世》《罗通扫北》《双玉奇缘》《八宝提兵》等。

三、纸影

又名阳窗纸影。改皮影为立体戏曲小人物，即用稻草扎成躯干，泥头，纸手，木足，至于头饰衣履，盔甲冠带，则完全与戏剧人物一样，只是缩小而已。背后与双手穿铁箸3支，作剧者持箸表演。台前布置锦幕竹帘及小桌椅，剧目、音乐、声腔，同潮剧一样。纸影班人手比皮影班多一些。过去纸影班是有戏做戏，无戏就到茶楼旅社卖唱，变为走唱班，解决生活问题。

四、竹窗皮猴

台面装一竹框，糊上白纸，台内点灯。作剧者操纵用牛皮制作的人像于窗内表演动作，借灯光投影于竹框白纸上。以歌曲鼓乐配合，每班只有3人，藏于窗内持像、作乐、口唱。潮谚云："脚打锣，手打鼓，口唱曲，头撞深钹。"形容其多才多艺而又忙得不可开交。竹窗皮猴是以影现，是真正的皮影戏、纸影戏。皮影戏最怕顽童戳破台前的白纸。俗语"捅破皮猴纸"的说法，由此而来。

五、阳窗皮猴

改平面皮影为立体形象，稻草躯干，泥头，纸手，模仿傀儡戏妆饰，外穿衣服，背后与双手穿铁箸3支，作剧者持箸表演。台前布置锦幕及小桌椅，剧目、音乐、声腔同潮剧一样，人手比竹窗皮猴班多。阳窗皮猴改影现而为形现，已经不是皮影戏、纸影戏，而是木偶戏，但民间仍称之为纸影戏。

六、皮猴戏艺人

各个皮猴戏班，通过经常活动，造就了不少艺术人才，有的成为潮剧界著名艺人。如民国时期狮石村皮猴班林锦六，观众称为"锦六旦"，他从小随父演皮猴戏，练成"铁嗓子"，唱腔委婉动听，被汕头市三正顺潮剧班以一千银圆的聘价招收入班，成为当年的著名演员，名扬海内外。林启雄在皮猴戏班实践中练出一手较好的二弦和唢呐演奏功夫，1957年，惠来县成立玉正潮剧团时，被邀请当头手师傅兼副团长。此外，中华人民共和国成立初期的一批文艺骨干，不少是来自皮猴戏班的艺人。

〔第四节〕话剧

民国二十六年（1937）7月7日，日军在卢沟桥发动全面侵华战争，全国人民义愤填膺，同仇敌忾，抗日战争全面爆发。惠来县立中学，由学生吴健民发起，教师方文通、李坚全、吴兰等支持，组织了银河剧社，开展抗日宣传。第一个上演的节目是教师吴兰编写的爱国主义题材话剧《施剑乔》。同年10月，惠来中学银河剧社改为惠来县银河剧团。原以学生为主要成员扩大到社会知识青年参加。后来与青抗会、妇救会等群众组织、救亡团体一起，团结成一支抗日爱国宣传队伍，并公开宣告，"以话剧为战斗武器，反帝反封建"。全民族抗战八年，他们从城镇到农村，还到邻县潮阳、揭阳、普宁等地演出。先后演出《冰天雪地》《放下你的鞭子》《北国狼烟》和大型话剧《凤凰城》《麒麟寨》等100多个剧目。民国三十四年（1945）8月，日本投降，抗战胜利，不久国民党发动全面内战。民国三十五年（1946）剧团上演了《升官图》《饼干战后》、《泪滴河边草》（《白毛女》上半部化名）、《血泪仇》。1949年5月，惠来县解放，军管会组织银河剧团到各区演出歌剧《白毛女》《赤叶河》。同年10月，银河剧团举行庆祝建团12周年座谈会，惠来县党政领导参加，给予高度评价。至全县开展土改时，剧团自动解散。

〔第五节〕标旗锣鼓队

县城与主要圩镇，每年春节期间，都举行一次综合民间艺术表演大游行。它是将潮剧、潮州音乐、民间舞蹈、拳术、工艺美术和新型彩车各大门类集中起来的迎春游艺队伍。主要包括大锣鼓、扛大旗、英歌舞、花篮担、景屏、中小学生的铜鼓洋号、彩旗、舞蹈等，游行队伍长约2公里，在县城主要街道游行一周，约4个小时，大街两旁，站满观看的人群。春节一连3天，呈现祥和、安宁景象，群众喜闻乐见，百看不厌，成为节日万民齐乐的主要内容。

惠来标旗锣鼓队游行，源远流长。早在清代、民国时期，以祈丰年、避邪趋吉的意识演绎而来的大锣鼓春游，十分盛行。

标旗锣鼓游行队伍以大标旗作前导，标旗一般横宽达4至5米，直高约2米，均用绸缎作底，缀以纹饰，并分别嵌上"四海升平""年丰人乐"等佳句，旗边还饰以五彩花边，缤纷耀眼。扛标旗者，均是经过挑选的妙龄少女或俏俊男士。有穿长衫的、有穿旗袍的，加上浓妆艳抹，男的潇洒俊逸，女的花枝招展，令人眼花缭乱。这种标旗称"文标"，有的多至160支。"文标"中间有的还间插了三角形的"蜈蚣旗"，这类旗的边缘由无数棱角组成，以大竹竿串之，独成一格，俗称"武标"或叫"五丰旗"，由壮汉扛着。扛"武标"者，人人脚扎绑带，穿芒鞋，身着武士装，头戴尖顶竹笠，显得威武雄壮，无论"文标""武标"，标前均系有网兜或花篮，内中放有大吉（柑橘）、香烟、名酒等。

标旗后面是"爆竹担"和"花篮担"，由32名乖巧伶俐的男女，装扮成"八仙庆寿""江万里封相""五福图"等八屏戏。戏屏之后是锣鼓队，由16名衣着统一的俏俊女郎敲锣开道，铜锣后面是指挥全套鼓乐的景钟大鼓，运载大鼓的鼓亭由两人一前一后扛着，大鼓声如雷鸣，鼓槌也扎红绸，擂起来更添雄伟气氛。大鼓两侧是大钹、小钹各两副，加上小锣、钦仔成为一队指挥中心。大鼓之后是深波和"马头锣"（俗称苏锣），总称"武畔"。"武畔"之后是"文畔"，包括二弦、椰胡、扬琴、古筝、琵琶、月琴、大椰弦、唢呐、横笛、直箫等近30件乐器。队伍最末，专设一人挑精巧玲珑的"箴担"，里面放大橘、贺年卡，以示祝愿。各乡村也须回礼于"箴担"，表示互相祝愿。

这种民间文娱活动，经世代沿袭，不断丰富完善，深受群众喜爱。近年来，沐浴着改革开放的春风，惠来城乡，每年春节都有标旗锣鼓队文艺游行。队伍的素质、编排、服饰、道具或活动项目，鼓乐演奏艺术，都有较高的欣赏价值。特别是葵潭镇的标旗锣鼓队，发扬潮汕民间艺术传统，加进了现代意识新潮流派，"古为今用，洋为中用"，更加壮观，更加朝气蓬勃。

第二十三章

书画摄影工艺美术

〔第一节〕书画摄影发展概况

书画摄影属于高雅艺术，喜好书画摄影必须具备一定的经济基础。惠来的绘画、书法作品，清末民初有隆江镇的唐经，东福村的方寿君，靖海镇的林公任。他们的作品，有海派（上海四任画派）大师的遗风，可看出江南画家对惠来有直接影响。

民国二十六年（1937）全面抗战开始，惠来县美术界爱国人士，组成抗日宣传队，绘制宣传画、木刻、版画，进行抗日宣传。民国二十七年（1938）在惠城皇宫举办第一次中西绘画展览。内容为表现抗日战争中爱国救亡的动人形象。参展作者有张学武、方若棋、方崇仁、方志星、张彬元等人的作品。其中张学武的中国画《驱车道上》，运用中国画的表现形式，描绘一队农民在崎岖道路上赶运粮食支援前线。以后又举办4次抗日画展，惠来银河剧团出版木刻集6套，每套20幅。

中华人民共和国成立后，惠来的美术发展进入新的时期。中国画的传统得到继承和发展，在表现现实生活方面跨出一大步。张学武为汕头市中山公园创作的大型雕塑作品《工农兵》及连环画《长发党罪行》，是当时美术改革的标志。十年"文化大革命"，惠来的美术界受到很大摧残，1976年后开始恢复。

1978年美术创作活动十分活跃。县主办美术书法展览共10次（包括展出外地画家作品2次），展品3000多件。1980—1984年5年中，全县先后入选参加省、市画展的美术作品共90幅。被省、市报刊选登的作品有40多幅。由县主办的老画家张学武个人画展，在县内和汕头市展出，展出作品100多件，受到美术界一致的好评。胡弓羽《五老品茗图》参加全国农民画展，获得文化部颁发的纪念奖。这段时间，出现一批无论在内容深度，还是在艺术质量上都达到新水平的优秀作品。惠来县每年定期举办"青年书画展"，并在国庆、春节期间举办展览活动。

2004年，组织美术作品8件，在《揭阳文艺》上专刊发表。1979—2004年，县主办美术展览共10次，展品3000多件。组织县内美术作者到各地景区写生，描绘惠来县的山川秀色。2020年，组织县音乐舞蹈协会创作抗疫歌曲《并肩战疫情》，获得揭阳市三等奖，在"学习强国"刊登和县电视台展播。编写编辑音乐舞蹈抗疫作品61期，参加艺术创作和展演60多人次。出版《惠来书法》《首届会员美术作品集》等文艺刊物。2021年，组织县书协、美协、摄协、诗社、音协、作协、民协等协会，到红色革命根据地和沿海开展一系列采风创作活动。

〔第二节〕书画摄影展和作品

一、入选省、市书法展或获奖的书法作品

1997年举办"惠来县首届书法展"，之后每年春节期间，都举办书法展览、书法培训班及送春联等活动。通过这些活动，促进练习书法的热忱，涌现出一批青少年书法爱好者，作品入选省、市书法展或获奖的主要有：

（一）**高汉钦书法展**。1998年在县老干部局举行，作者高汉钦，揭阳市书协副主席，展出作品60余幅，《沁园春》2001年入选揭阳市书法展，隶书《毛泽东诗词》入选2003年揭阳市书法展。

（二）**苏轼词**。行书，入选2003年揭阳市书法展，作者詹宏，揭阳市书协会员。

（三）**《赤壁怀古》**。行书，入选2003年揭阳市书法展，作者吴明文，揭阳市书协会员。

（四）**毛泽东词**。行书，入选2003年揭阳市书法展，作者吴书智，揭阳市书协会员。

（五）**林锡通书法**。行书，入选2003年揭阳市书法展，作者是揭阳市书协会员。

（六）**《兰亭序》**。楷书，获2003年广东省青少年画展书法金奖，作者林秀慧。

（七）《陋室铭》。楷书，获广东省书协选送参加第22届中日青少年友好交流展，日本"交野山书道赏奖"，作者林秀慧。

（八）《春晓》。行书，入选2004年广东省书协主办的广东美术书法作品联展，作者方明亮，揭阳市书协会员。

2013年，组织书法作品参加粤东五市书法巡展，结集出书；高汉钦作品参加第三届全国楹联书法篆刻大赛并获优秀奖。2014年，举办"庆祝中国共产党成立93周年'七一'书画艺术展览"活动，作品80幅。2015年，组织10幅书法作品参加揭阳市举办抗日胜利70周年书法展；组织15幅书法作品参加揭阳市首届展览书法作品大赛。2016年，县书法协会与县教育局举办全县师生书法作品展览活动，对150幅作品进行评奖和出版成书；高汉钦、林耿城各1幅作品参加市文联廉政展览活动。2017年，有20幅书画作品分别参加揭阳市国庆迎盛会书画作品展和潮汕书画精品展，出版《惠来书法》期刊4期1000册。2018年，举办庆祝中华人民共和国成立70周年惠来书画展，并结集出版画册500本，举办"陈水冬书法作品展"活动；有16幅临帖书法作品参加揭阳市第三届"贵雅杯"书法临帖展。2020年，有30多件书法美术摄影作品参加"脱贫看广东——书法美术摄影主题展"活动，县书协获得全省唯一一个县级单位优秀"组织奖"，侯文雄和吴才元分别获得书法三等奖和优秀奖。2021年，举办庆祝建党100周年书画展并结集出版。

二、绘画摄影

（一）张学武画展。1980年在汕头、惠来两地展出，共展出作品50多幅，受到美术界的一致好评，作者张学武（《人物》有记）。

（二）张子仪画展。1999年由揭阳画院、惠来县委宣传部联合举办"庆祝中华人民共和国建立50周年张子仪画展"，在县交通银行三楼举行，共展出作品60多幅。作者张子仪，中国国画家协会理事、广东省美术家协会会员、揭阳市美术家协会副主席、揭阳画院画师。其作品《团花似锦》入选2000年"庆祝中国共产党建党80周年中国画展"，获中国文联"优秀奖"。作品《春到南粤》入选2000年首届世界华人艺术展，获中国文联、文化部文艺中心、人民画报社"铜奖"，并授予"世界华人艺术家"称号。作品《硕果呈丰年》《雨后海棠》《绿萝翩翩金果贵》先后在2002年、2003年、2004年广东省第三、四、五届美术作品联展中，获广东省美术家协会"优秀奖"。作品《层出不穷》获2004年广东省美术家协会"铜奖"。

（三）入选美展和获奖的作品。国画《虎头山》，2002年入选揭阳市美展，作者杨辉慈，揭阳市美协会员。《海市蜃楼》，2003年入选揭阳市迎春美展，作者杨辉慈，揭阳市美协会员。国画《神童颂》，发表在《揭阳文艺》，作者吴书智，揭阳市美协会员。《山水画》，2002年入选揭阳市美展，作者黄少红，揭阳市美协会员。国画《山村》，2004年获"广东省第三届老年艺术节"三等奖。作者黄少红，揭阳市美协会员。国画《抗洪魔》，2002年获"广东省第二届老年艺术节"三等奖，作者杨石才，揭阳市美协会员。《八女投江》，入选揭阳市美展，作者杨石才，揭阳市美协会员。国画《鹰》，2001年入选揭阳市美展，作者张静长，揭阳市美协会员。

（四）2011年后入选作品展和获奖作品。2011年，惠来县美术创作活动活跃，举办春节、国庆、"七一"等节日美术展，全年展出作品3000多件。组织作品参加省、市美术展、中国文联、世界华人艺术展等，组织县内美术爱好作者到各地景区写生。2012年，张子仪书画《色彩飘过的季节》获第二届全国群众文化书画作品展"优秀奖"。2013年，举办"惠来县书画、摄影、工艺、收藏、迎春作品展"。举办"儒墨同流林锡通书法作品展及赠书活动"。组织作品参加国家、省、市、县的展览和参赛活动。其中工艺美术精品《南海渔歌》《丹凤朝阳》获国家文博会金奖；《花果篮》《五谷丰登》《南海渔歌》分获广东省工艺美术大师精品展金奖及珍品奖。张子仪创作国画作品30多幅，由中国国画家协会推荐，在《国画家》杂志专刊发表，国画《国色天香》参加中央电视台主办的"全国书画名家作品迎春邀请展"。2015年，张子仪山水画《苍峰叠翠尽朝晖》参加广东省纪委清风廉政书画展，被收藏揭阳楼；张子仪的中国画《大海》入选广东省美术作品展览，《高山流水》参加揭阳市赴深圳艺术交流，以及有花鸟画2件参加揭阳市画院艺术交流活动。2016年，有60幅美术作品参加揭阳市美术作品展；张子仪2幅山水画《白云飘过》和《春季》送国家展览，入选中国画大展。有60幅摄影作品参加广州和惠来等地的展览活动，展示惠来人情风貌。2016年9月，惠来县美术作者协会组织会员作品80幅参加"揭阳市美术作品调展",有国画、油画、水彩画等,《揭阳日报》以《画家异军突起,匠心绘就精彩》作专题介绍。2016年12月,张子仪国画作品《中国名片、著名画家张子仪》入编国家"一带一路"主题邮册,入编作品18幅。张子仪成为入选50多位画家之一。2017年,美术作品200件参加春节、国庆、九九重阳节作品展。组织摄影作品60幅在广州和惠来巡回展览活动,举行惠来县开渔节摄影活动。2018年,举办"放飞新时代——揭阳市美术作品惠来巡展""惠来诗书、摄影、妈祖文化作品展"以及吴书智美术作品和方俊雄三角纸个人展活动。2019年,举办惠来县2019年春节"最美乡村·醉美惠来"摄影展和"乡关——林于思中国小品展"。2020年,举办惠来县迎春书画作品展、"美丽惠来·影动荷花"摄影大赛和"南海渔歌"摄影展及网上影展活动。2021年,组织有关协会创作红色革命作品,分别出版《惠来工艺美术专刊》《盛世中国》画册。2022年,县书法协会会员创作书法作品参加"中国梦·劳动美五一书法作品展",侯文雄获一等奖,卢珍城、佘松辉、刘少萍获三等奖。县美术家协会15件作品参加市乡愁专题美展,其中2件获铜奖、5件获优秀奖;10多件作品参加市文明建设专项展览;入选省级专项展览11件,其中水彩作品2件获优秀奖;1件入编《中国美术》杂志。2021年7月,惠来灯谜被列入惠来县非物质文化遗产名录。县美术家协会和书法家协会会员送书画进农村、笔会4次,深入葵潭、东陇、靖海、岐石、神泉、南美社区、四香场、河田等地开展现场写春联活动,免费为群众书写6000多副春联。举办"喜迎二十大,强国复兴有我"——惠来县书画作品展、"喜迎二十大,永远跟党走"——红色专题美术展览。

三、书画摄影主要作品目录

(一)唐经,《墨水牡丹》《春、夏、秋、冬》四幅、《花鸟》中堂三幅。

(二)方寿君,《松鹤图》,中国画。

(三)林公任,《靖海八景》,国画。

(四)张学武,《驱车道上》,国画。

(五)吴佐熙,《榕石庵记》,书法。

(六)吴宝瑜,《蕴庐墨迹影本》,书法。

（七）卓幼云，《百寿图》，书法。

（八）方若琪，《当代画家作品集——方若琪》，作者方若琪，别号老榕、得古、王理，署所居为常乐斋、六桂堂。惠来县惠城镇区人。民国三十年（1941）毕业于上海美术专科学校，历任惠来一中、汕头一中、韩山师范专科学校教师，晚年定居汕头。

（九）胡公溥，《公木遗墨》，胡公溥主编，台湾1982年印本。胡公溥《胡公木遗墨序》："（胡公木）性喜书法，日必握管，即事冗繁，亦未稍废。时临摹颜、钱两家，兼及篆隶，参悟奥秘，意会神传。"

（十）李文填，《揭阳市卫生系统庆祝中华人民共和国成立五十周年书画集》，李文填主编，1999年印本；李文填，惠来人，曾任揭阳市卫生局局长，2004年为揭阳市职业技术学院党委书记。其个人作品还有《李文填医德箴言书法集》，2002年出版。

（十一）方志星，《当代画家作品集——方志星》，1996年版。作者方志星，广东画院画师。

（十二）黄国武，《黄国武——小人物画选》，1996年出版；黄国武，惠来县人，广东画院画师。其作品还有《水墨新空间：黄国武画选》，1997年出版；《庚辰黄国武：旧式人物》，2001年出版。

（十三）林若熹，《林若熹画集（一）》，1991年出版；林若熹，惠来县人，广东画院画师。其作品还有《林若熹工笔花鸟画创作》，1993年出版。

（十四）方土，《方健群画集》，1990年出版，作者方土，原名方健群，1963年生于惠城镇，广州画院画师，国家二级美术师。其作品还有《方土画集》，2000年印本；《21世纪中国新水墨艺术家丛书：方土》，2000年版；《名家逸品：逸品堂二周年纪念（1999—2001）》，2001年印本；《名家逸品：逸品堂三周年纪念（1999—2002）》2002年印本。

（十五）张子仪，《张子仪速写》，2002年印本。作者张子仪，1965年生于惠来县惠城镇。揭阳画院画师。

（十六）方晓龙，《色彩》，1998年出版，作者方晓龙，1968年生于惠来县，中国美术家协会会员。其作品还有《色彩风景写生》，2002年出版。

（十七）方铝，《方铝国画》，1990年出版，作者方铝，惠来人，汕头大学教授。其作品还有《方铝现代画》，1995年出版；《当代画家作品集：方铝》，1996年出版。

（十八）方雪琴，《方雪琴作品集》，2023年出版，作者方雪琴，1968年出生于惠来，1989年毕业于汕头大学美术系，惠城中学美术教师。

〔第三节〕工艺美术

惠来工艺美术源远流长。早在明清时期，与传统节日和各种民俗活动紧密结合的传统工艺美术有石雕、木雕、泥塑、漆画、竹编等工艺的应用。民国时期至20世纪50年代初期，全国经济处于萧条状态，各个行业都受到了很大的打击。全县各个行业未能幸免于难，大量的民间艺人流失，民间工艺美术受阻得不到发展，这段时期是民间工艺美术的低潮期。中华人民共和国成立之后，人民政府非常重视民间工艺美术的发展，组织了各类民间优秀工艺人员，成立各种工艺厂。1958年惠城、靖海、隆江等镇先后成立贝雕工艺厂；20世纪70年代初，原惠来县二轻局创办了木雕（县木雕工艺据传起源于明末清初）、贝雕（县贝雕工艺据记载始于1926年）、漆画等种类的工艺厂；在惠城、隆江、葵潭、神泉等镇创办了竹艺厂（竹编工艺）；1982年又成立了惠来县抽纱公司，随之各乡镇先后兴办抽纱厂。县二轻局创办工艺厂期间，聘请了陈登轩、黄汝建、陈政明、张维怀、吴书智、黄啤、陈甜、黄光浩、方壮兴、辜武强、翁记良等一大批民间能工巧匠作为技术员，在县内广泛招收青年学员，以师带徒的形式培养工艺人员，并大量生产工艺产品销售。与此同时，县内许多民间艺人也自办藤编、竹编、泥塑、嵌瓷等工艺小作坊并带徒授艺。形成了一条可观的工艺产业链，使工艺美术得到很大的发展，多种工艺产品畅销海内外，深受欢迎。为当时地方的社会经济建设，发挥了一定的作用。

随着时代的发展变化，20世纪80年代中后期，由于受国际市场的变化和消费观念的转变，工艺品销路变窄、销量锐减，大量工艺厂逐渐关闭停业，许多从业人员不得不转行另谋生计，但仍有一部分人坚持继续从事本行业，自办工艺小作坊承接业务，并吸收学徒、传承技艺，在坚持与创新中寻求发展。进入21世纪，工艺产品及工艺装饰行业市场逐渐回暖，从事工艺美术的人员逐渐增加。许多工艺从业人员自发性地成立民间工艺组织，旨在更好地合作交流谋发展，传承民间工艺美术。20世纪80年代以黄晔为代表的雕漆独树一帜，近几年来方俊雄的三角插纸工艺越发精湛，陈德丰的木雕作品屡屡获奖。

一、工艺行业

（一）漆艺。漆艺主要包括平面漆画艺术和立体造型漆艺，既是工艺美术，也是绘画的一个新品种，具有工艺美术和绘画双重属性，属于绘画和工艺相结合的边缘学科。立体造型漆艺在惠来流传已久，主要表现在神庙神像和祠堂木制雕刻上，又称"雕漆"。它的成型手段主要有木胎、脱胎、苯板脂及绳胎、纸胎、软金属胎、皮胎、玻璃等。用各种不同的材料，并以漆作为黏合剂和固化剂，使它成型，然后再用漆来装饰，或莳绘，或沈金，或髹饰。雕漆在漆器中工艺最复杂、造价最高昂，雕漆尤其是剔红，是明清两代宫廷漆器中最主要的品种。惠来民间雕漆，主要是神像雕刻然后上漆。工艺代表人物有惠城西联村的黄晔。

（二）刺绣。惠来的刺绣品属潮绣，历史悠久，源于何时，说法不一。较为流行的说法是始于唐宋，论据有以下三个方面：1.民间刺绣，源自民间，从萌芽、生长到发展，向来被文人、士大夫视为雕虫小技，不能登大雅之堂，潮绣不是朝廷指定贡品，难以载入史册。2.作为手工艺的刺绣，从穿针引线到缝制衣服，是人类文明的一大进步。刺绣与衣裳，是相得益彰、难以分离的工艺。古代的针法极简单，议论潮绣之始，应从简单用针运绣起始，而非当今《九龙屏》精品之要求。3.粤绣包括了广绣、潮绣二大流派，也即泛指广东区域内之刺绣。

（三）竹艺。葵潭镇是惠来、普宁、陆丰三县交界圩镇集市贸易中心，龙江河浩浩荡荡穿越镇境10多公里，在龙江河两岸几十个乡村形成两道翠竹环拥的绿色屏障，当地流传的民谣"砍不尽的溪沙竹"可以从侧面反映葵潭一带青竹资源丰富（溪沙村是邻近葵潭的一个小村）。历史上，葵潭人民习惯使用竹编制品作为日常生活生产的各种用具工具，"葵潭竹笠茶街箩"是一句流传在葵潭的顺口溜。挑土用的竹畚箕，装番薯、水果的粗篾竹筐，走亲戚挎着装食物礼物的细篾竹篮，刚出生的小孩子睡觉用的竹摇篮，小孩子的储钱罐竹筒，家庭主妇上街买菜的竹篮，遮阳用的细篾竹帽，夹层竹叶遮雨用的竹笠，还有竹凳、竹交椅、竹躺椅等，甚至筷子也用竹子来制作。民国时期，葵潭的家家户户中，竹编制品都是最普遍的生产工具，最常见的生活用品。中华人民共和国成立之前，葵潭竹编制品的生产均是单家独户手工生产，产品于三日一圩（农历逢一、四、七为圩期）的集市上摆卖，也有自制自卖的竹器小店。葵潭吉成乡的郑麟是当时竹编制品的能工巧匠，他编织的各种生产生活竹制品，结实耐用，外形美观，远近闻名，他的竹器店生意兴隆。其子郑大枝，自幼跟随父亲学习竹编技艺，后浪推前浪，青出于蓝，技艺更胜一筹。20世纪末，葵潭竹艺编织厂停止生产，如今，厂房依旧在，福建石板材垒砌的围墙经受住岁月的风吹雨打，只是厂里杂草丛生，一片荒芜，令人追思。

（四）抽纱。抽纱传入惠来县是在民国末年，由汕头、潮阳人在靖海设点加工。中华人民共和国成立后，汕头抽纱公司在惠来设办事处，抽纱人数逐步增多。到80年代全县各乡镇都兴建抽纱厂，同时惠来县成立抽纱公司，抽纱工艺在惠来县全面铺开。但到20世纪末全部歇业了。

（五）木雕。惠来木雕，历史悠久。旧时木雕业属于建筑行业，主要服务建筑需要。到20世纪末个别古神庙、祠堂、大厝的门、窗、隔屏、梁头仍有一些精美木雕。其次是专业木雕。到中华人民共和国成立后，木雕艺人在世的很少，几乎失传。20世纪50年代，县手工业联社建立工艺美术厂，聘请一些老木雕艺人，带青年学徒，并学习别地先进经验，创造不少木雕艺术品，曾送北京展览。但80年代后又处于歇业状态。木雕艺人的一项主要业务是雕刻糕饼印，糕饼印随着木刻的发展面世。糕饼印又称糕饼桢，是制作糕饼的工具。糕饼印综合吸取了民间雕刻、剪纸、刺绣、泥塑等艺术和技艺，形成独具一格的艺术品，是工艺美术的一朵瑰丽花朵。糕饼印雕刻刀法明朗简练，线条粗犷、刀路顺滑，刚劲有力，牙边均匀。糕饼脱印爽快。用料多选用坚实耐用、木纹细幼的木片。糕饼印构图饱满，富于装饰色彩，风格独特。糕饼印业的发展，与饮食风俗和喜庆送礼有密切关系，如举办婚庆时要分送糕饼，元宵节要送"灯头"饼。惠来人喜欢饮"工夫茶"，同时习惯了"一盅两件"，饮佳茗，品尝糕饼，促进了饮茶小点心制作。

为适应这种需要，糕饼印业也相应发展起来。木雕的糕饼印模，是真正的民间艺术品，是宝贵的艺术遗产。21世纪后，特别是近几年，陈德丰的木雕作品多次得奖。

（六）石雕。石雕是惠来三大传统建筑装饰艺术之一，但石雕不仅仅是装饰，而且是建筑物的构件。石雕艺术工匠都是属建筑行业。惠来县在明清时，兴建祠堂、庙宇，人们可以从存留的祠堂庙宇的石门楼、石柱、石鼓、石狮、碑刻等看出惠来石雕艺术的精细。如石门，包括门框、门槛、门匾、门旁的石肚、石联，全部是石雕；石柱，有方的、圆的、六角的，其直线利如刀口，弧形凹沟也同样平滑，文字雕刻能刻平底深沟。石狮口里还衔着一颗滑动的石珠，牧童牵牛的绳子是镂空的，还有水里鹭鸶的脚也是通透的。中华人民共和国成立后，这些石雕艺人逐渐减少，好多已经失传。20世纪80年代后兴建葵阳公园石牌楼，公司单位门前的石狮子，都是从外地买来的。21世纪后，石雕行业出现复兴势头，"石雕"于2007年被揭阳市人民政府公布为第一批市级非物质文化遗产名录。

（七）贝雕。惠来贝雕是著名的潮汕工艺，被列入省级非物质文化遗产名录。它是以贝壳为原料，根据人物、动物、花鸟等图案对贝壳进行雕刻、磨成各种形状和光泽，再将贝壳分图分部位进行粘贴的工艺美术品。贝雕画是海的绮丽与传统文化智慧的结晶，具有贝壳的自然美、雕塑的技法美和国画的格调美，色彩绚丽，风格独特。

（八）三角插塑纸艺。三角插塑是一门民俗工艺，是以各种纸张为材料，裁切折叠成三角形状，制作而成的作品。它如雕如塑，故名"三角插塑"。"三角插塑纸艺"则是由传统的三角插纸工艺衍化升级而成，发源于广东惠来，创始人方俊雄。它要求更高，艺人必须具备有把控作品整体造型、精湛的动手操作能力，将大小三角完美结合，创造出形象逼人的人物、动物、植物、器具等。三角插塑纸艺源于纸扎活计。纸扎，民间有许多种称谓，如扎作、糊纸、扎纸、彩糊、扎纸库、扎罩子等。广义的纸扎包括彩门、戏台、匾额、皮影、舞剧、风筝、灯彩、店铺门面装潢等，狭义的纸扎主要指民俗祭祀及丧俗活动中用的纸人纸马、金山银山、摇钱树、灵棚、牌坊、门楼、家具等纸制品。纸扎是一门特殊的民俗生意，专业经营者稀少。

二、获奖的工艺美术作品

1958年,贝雕作品《祖国万岁》在北京参加庆祝新中国成立10周年展览会;1977年,木雕作品《龙虾蟹篓》参加全国工艺美术代表大会,后被北京美术馆收藏;1979年,贝雕作品《十二生肖》在汕头地区工艺美术观摩会上荣获二等奖;1983年,受广东省教育厅委托制作巨幅贝雕作品送教育部收藏。

2009年后,在县文化部门的组织和指导下,县内工艺美术人员创作工艺作品到外参展参评及开展艺术展示展演活动活跃,屡获奖项。

2009年,有5件木雕作品参加第五届中国(深圳)国际文博会,获得1项金奖、1项铜奖;有4件作品参加广东传统工艺美术精品大展,获得1项金奖、1项银奖;获奖者陈德丰、方喜清。

2010年,有3件木雕作品参加第六届中国(深圳)国际文博会,其中陈德丰《二十四孝》获得金奖,方喜清《龙虾蟹篓》获得银奖;有4件木雕作品参加"中国工艺美术百花奖",其中陈德丰《荣华富贵》获得金奖、方喜清《龙虾蟹篓》获得银奖。

2011年,有8件木雕作品参加第七届中国(深圳)国际文博会,获得1项金奖、1项银奖、3项铜奖,获奖者有陈德丰、黄世长、方喜清等。

2012年,有7件木雕作品参加第八届中国(深圳)国际文博会,获得1项特别金奖、1项金奖、1项银奖,获奖者有陈德丰、方喜清、黄泽清、吴江林;有5件木雕作品参加"广东传统工艺美术精品大展",获得1项金奖、1项银奖,获奖者陈德丰、方喜清;2012年10月,在惠来县非遗展示馆举办"惠来县2012年庆国庆迎中秋民间工艺精品展"。

2013年,有5件木雕作品参加第九届中国(深圳)国际文博会,获得2项金奖,获奖者陈德丰、方喜清;有6件作品参加"广东传统工艺美术精品大展",获得3项金奖。

2014年,有8件工艺美术精品参加第十届中国(深圳)国际文博会,其中陈德丰作品《罗汉朝世尊》获得金奖,方喜清《高瞻远瞩》获得银奖。

2015年,有16件工艺美术作品参加第十一届中国(深圳)国际文博会,获得1项金奖、2项银奖、1项铜奖,获奖者有陈德丰、方喜清等;有8件工艺美术作品参加"广东传统工艺美术精品大展",其中吴江林《满载而归》获得银奖。

2016年,有5件工艺美术作品参加第十二届中国(深圳)国际文博会,其中陈德丰的《百鸟和鸣》获金奖,吴江林《蟹篓》获银奖。有4件工艺美术作品参加"广东传统工艺美术精品大展",其中陈德丰和方喜清合作作品《松茂竹盛》获金奖;黄泽清《秋蝉》获银奖。

2017年,有12件工艺美术作品参加第十三届中国(深圳)国际文博会,获得1项金奖、1项银奖、2项铜奖,获奖者有陈德丰、方喜清、方汉彬等;有15件工艺作品参加"广东省木雕艺术作品展",获得5项金奖、2项银奖,获奖者陈德丰、方喜清、黄泽清、吴江林、陈焕辉等;2017年6月,在惠来县非遗展示馆举办"国家级非物质文化遗产《潮州木雕》(揭阳·惠来)艺术作品展",展出作品60多幅。

2018年,有10件工艺美术作品参加第十四届中国(深圳)国际文博会,其中陈德丰、方喜清联合创作木雕作品《海韵》获得金奖。

2019年,有13件工艺作品参加第十五届中国(深圳)文博会,获得2项金奖、1项银奖,获奖者陈德丰、方喜清、卢亚毕、王庭祥;有20件工艺作品参加"2019年粤港澳大湾区工艺美术作品博览会",其中获得"岭南工匠杯"金奖1项,"国奖杯"银奖2项、铜奖2项,获奖者有陈德丰、方喜清、卢亚毕、王庭祥、许洽豪、陈焕辉等;2019年1月,在惠来德丰工艺展示厅举办惠来县第二届迎春工艺美术作品展;2019年9月,在惠来德丰工艺展示厅举办庆祝中华人民共和国成立70周年工艺美术作品展等。

2020年1月,在惠来德丰工艺展示厅举办惠来县迎春工艺美术作品展;有15件木雕工艺作品参加"2020年揭阳工艺美术莲花奖",荣获特别金奖1项和金奖7项,获奖者有陈德丰、方喜清、卢亚毕、王庭祥、黄泽清、许洽豪、陈焕辉、方晓岚等;有10件工艺作品参加2020年粤港澳大湾区工艺美术博览会,获得金奖1项、银奖1项和铜奖2项,获奖者陈德丰、方喜清、卢亚毕、许洽豪、陈焕辉等;有多件工艺作品参加"2020年中国(深圳)国际文博会线上展览"活动。

2021年,有8件工艺作品参加"庆祝中国共产党成立100周年暨广东工艺美术精品展"活动,荣获1项金奖4项铜奖,获奖者有陈德丰、辛武杰、卢亚毕、方喜清、许洽豪;有20件工艺美术作品参加2021年粤港澳工艺美术博览会,获得"国匠杯"3

项银奖、"岭南工匠杯"1项金奖、2项银奖、2项铜奖，获奖者有陈德丰、方喜清、卢亚毕、王庭祥、黄泽清、许洽豪、陈焕辉等；有8件工艺美术作品参加第十七届中国（深圳）国际文博会，其中，方喜清木雕作品《和》、辜武杰根艺作品《汗王剿敌》同获银奖；县工艺美术协会编辑出版了《庆祝中国共产党成立100周年惠来工艺美术专刊》。

2023年9月，在潮州木雕惠来展览馆举办惠来县非遗潮州木雕作品展及迎中秋庆国庆工艺美术作品展；有10件工艺作品参加"2022—2023揭阳工艺美术莲花奖"展览，获得3项金奖、2项铜奖，获奖者有方喜清、方晔、卢亚毕、黄泽清、许洽豪、陈焕辉；有5件工艺作品参加第十九届中国（深圳）国际文博会，其中方晔手工壶《飞龙在天》获得金奖。

2024年2月，在潮州木雕惠来展览馆举办2024年惠来县迎新春工艺美术作品展；有10件工艺作品参加第二十届中国（深圳）国际文博会，获得3项银奖、1项铜奖，获奖者有陈德丰、卢亚毕、黄泽清、许洽豪、陈焕辉。

三、民间工艺美术师

（一）黄晔（1919—2002）。1919年，黄晔出生于惠来县惠城连城街黄盾巷仔一户农耕之家，十余岁入惠城东门街油漆工坊"锦丰堂"，师从惠来著名的工艺美术大师陈绣锦，学习漆艺及人物妆彩工艺。学成后创办"美成"工坊。黄晔心灵手巧，禀赋颇高。他对传统妆彩神像雕像造型进行修正提高，有的干脆重新设计创作，形象更契合佛像个性禅韵。在修正前人作品过程中，发展形成了自己独特的艺术风格。他掌握创新优化木刻、泥塑、妆彩等工艺技术，艺术造诣突出，在潮汕地区独树一帜。中华人民共和国成立前，黄晔曾代表惠邑参加潮州开元寺举办的佛身妆彩漆艺比赛，拔得头筹。1978年改革开放后，国家调整宗教政策，各地重新恢复旧址建造寺庙，无不登门向黄晔请教，故常有异乡乡绅来邀主持各项雕塑、妆彩等事宜。在惠来县境内，几乎稍有名气的寺庙佛像都出自黄晔之手，不胜枚举，主要有：惠城成德善堂宋禅祖师木雕，惠来城隍庙，潮南区山陇镇五阪庵十八罗汉、四大金刚，潮阳区绵城茶亭庵三宝佛、弥勒佛、十八罗汉，潮南区两英镇高堂庵，潮南区和平镇的前灵庵全部佛像，惠城镇先觉宫草庵娘庙的观音像、三宝佛、伽蓝菩萨、弥勒、注生娘雕像，惠城镇祚通社区帝王爷庙三尊佛像，惠城西天佛雕塑，隆江镇镇江寺三宝佛，隆江镇桥埔庵泥塑，溪西镇西来古寺佛祖雕像，神泉镇石壁寮庵雕像，仙庵镇田墘村三宝佛。黄哖的雕塑艺术来自生活高于生活，作品禅韵悠扬，造型别出心裁，神态或端庄或威严，细节纤细入微。20世纪80年代初，复制的宋禅祖师座像（软身结构），逼真若真，庄严祥和，观之无不肃然起敬，宗教界人士予以高度肯定；惠城城隍庙的城隍夫人雕像，神韵端庄贤淑，细节精致，堪称经典。黄哖一生收徒颇多。大儿子黄镇林自幼跟随学艺，得其传承，且发扬光大。1986年，关门弟子林汉龙，在其悉心培养下，成为神像妆彩工艺传承人。

（二）吴书智。1940年出生于神泉镇，中学美术教师，获惠来县第二届"最美文化人"称号。惠来县第八届政协委员，惠来县文联委员。揭阳市非物质文化遗产贝雕代表性传承人，曾担任惠来县贝雕工艺厂美术总设计一职，涉及艺术领域较广。主持创作《采花扑蝶》《红叶凌霄》《梅花山茶》《笙奏新曲》《琴弹心声》等一大批贝雕作品，曾代表地方到外参加展览，获得多项奖项，以及受到海内外人士的喜爱和收藏。为惠来贝雕艺术的发展作出了一定的贡献。

（三）林乾坤。1954年出生于隆江镇，工艺美术师，从事嵌瓷工艺美术已有40多年。擅长人物、飞禽走兽、花卉果蔬、水族鳞贝等类型的题材制作。多年以来，带领团队承接完成了海内外多宗嵌瓷制作工程，受到广泛好评，并培养出多位技艺人员。其多次创作嵌瓷工艺作品参加艺术展览活动，获得了多项奖项。

（四）陈德丰。1969年出生于惠城镇，1988年从事木雕工艺美术。正高级工艺美术师，广东省乡村工匠正高级工程师，国家级非物质文化遗产项目潮州木雕的代表性传承人，国家乡村工匠名师、中国工美行业艺术大师、广东省工艺美术大师，广东省传统建筑名匠，南粤工匠，揭阳市优秀专家和拔尖人才，获广东省五一劳动奖章、惠来县第四届"最美文化人"称号。30多年的创作实践，积累了丰富的创作经验，形成了自己独特的艺术风格。培养了木雕工艺美术人才30位。创作《国色天香》《南海渔歌》《海韵》《百鸟和鸣》《辉煌启航》等一批作品，获得国家级、省部级专业艺术奖项金奖和特别金奖23项，组织举办或参加艺术交流展示活动30多场次，多次组织有关人员进校园、进机关开展文化传承活动，受到广泛好评。

（五）方喜清。1976年出生于华湖镇，1993年从事木雕工艺美术。高级工艺美术师，广东省乡村工匠高级工程师，广东省五一劳动奖章获得者，惠来县非物质文化遗产项目潮州木雕的代表性传承人，揭阳市工艺美术大师，揭阳市最美工匠，揭阳市高层次人才。其创作的作品至今获得国家级、省部级专业艺术奖项金奖11项。参加艺术展演展示活动近20场次，作品多次入选有关专业艺术展。

（六）方俊雄。1972年出生于惠城镇。2018年7月21日，中华民俗文化研究院授予方俊雄三角插塑工艺为"国内首创三角插塑纸艺"，确定命名，并设立该奖项。2020年，三角插塑纸艺被评为揭阳市第六批市级非物质文化遗产代表性项目。方俊雄现为高级工程师、工艺美术师、中国"文艺两新"高级人才、广东省"文艺两新"骨干人才、广东省优秀民间文艺家、三角插塑纸艺传承人、中国民间文艺家协会会员、中国民俗文化研究院理事、北京当代翰墨文化艺术院副院长、广东省民间文艺家协会理事、揭阳市民间文艺家协会副主席、惠来县民间文艺家协会主席。方俊雄出生于纸扎活计家庭，但他不甘于只做糊纸村匠，立志要做民艺大师。他将父亲纸扎技艺进行大胆创新，制作出更加生动形象、新颖美观的祭祀用品。通过认真钻研，多次设计模型，制造出小巧精致的烫金机、压塑机，大大提高了纸扎能力。经过不懈努力，方俊雄攻克了历代纸扎艺人无法突破的难关，首用三角插塑技艺，创作出有鼻有脸表情清晰的人物造型。与此同时，方俊雄利用掌握的相关机电知识，在原来发明的烫金机、压塑机的基础上，创新出"切形压痕小三角纸片机"，利用机械生产出基础组件，再组合造型，既保留传统手工折纸的性质，又提高了三角插塑制作的效率。方俊雄通过网络平台，不断学习、借鉴，开阔视野，丰富知识，提高素养，多次受到国家、省、市等奖项和媒体采访报道。2022年10月，三角插塑纸艺作品《龙凤呈祥》被中国民间文艺家协会会员数字博物馆收藏。

第二十四章

报刊

〔第一节〕民国时期报刊

一、《群报》（《惠来民报》）

（一）创办《群报》。民国二十七年（1938），抗日战火燃及华南，潮汕地处沿海，形势紧张。惠来交通不便，数天才能看到汕头报纸。因此，国民党县党部书记长陈俊永决定刊行一份小报，以传播抗战讯息，定名为《群报》。社址设在惠城玉皇宫（1987年为退休教师之家），陈俊永兼任社长，聘请县青抗会常务干事方应昌、方祖谦为编辑，银河剧团的方衍余为电讯收录员，方捷三为地方新闻采访员，组成简单的编辑机构。每日刊行一份8开铅印小报。内分2版，一版为国内外新闻，二版为地方新闻、副刊综合版。由惠来葵锋印刷社承印。内容虽简单，印刷也粗糙，但它能使群众知道一些抗战讯息，起到了激发民心、救亡图存的作用，故很受惠来各界人士欢迎。它是惠来第一次出版的报纸。

（二）改为《惠来民报》。1939年6月，汕头沦陷，日机轰炸惠城，人心惶惶。惠来青抗会联合妇抗会、银河剧团、先路剧社等救亡团体，向县党部书记长陈俊永提出建议：改组民众抗敌后援会，增加5个救亡团体负责人分任该会常务委员会职务；将《群报》改由抗敌后援会发行，并改名为《惠来民报》。经批准并于1939年7月创刊，内容除国内外电讯新闻外，着重报道战时救亡动态。

民国二十九年（1940），由于国内政治形势起变化，惠来青抗会被勒令停止活动。随着各救亡团体退出抗敌后援会。《惠来民报》随之停刊。民国三十二年（1943）在国民党惠来县书记长陈俊永主持下，《惠来民报》复刊，社址设在惠来中山纪念堂，县长方德明为报刊题签，陈俊永为发行人，再聘方应昌担任编辑，该报每份一元，每月报刊费25元。因经费困难，纸张奇缺，数月后改版为4开4版，3日

1张。此刊维持到民国三十四年（1945）2月，日军占领惠来时停止。同年8月抗战胜利，《惠来民报》又复刊，至民国三十五年（1946）4月，随着陈俊永去职而停刊。

（三）《惠来民报》内容摘载。1944年9月7日，四区（包括葵潭镇、月南乡、南溪乡、新东乡、东墩乡、葵陇乡、梅峰镇、南阳乡、松阳乡、云落乡、高埔乡，共2镇9乡）通讯《豺狼出没，伤害人畜》："月来区属各处豺狼出没伤害人畜，近晚有新东乡范厝寮村廖某之子，年八岁，偕其父及乡民多人，在乡内晒埕睡觉，童睡于人群中心。九时许，睡梦正浓，忽砰一声，众皆惊觉，议误为该童坠于附近井中，后闻田野哭声，始知被狼衔去，众即追赶，旋查无消息，及至翌晨始觉残腿一条在五里外山野间。该狼犹卧在侧，闻人声始扬长而去，现该乡一带，一届黄昏咸闭门不敢出。"

同日，又讯《葵峰林场猎获巨狼一头》："昨葵峰林场职工带犬一群，往山野打猎，即猎获巨狼一头，剖腹后，发现腹内有孩臂一枚，尚未消化，狼肉由职工分食，鲜美可口，该场董事会闻讯，特奖美酒猪肉，以资鼓励。"

二、《新惠日报》

民国二十九年（1940）春，惠来县县长郑峻岳，出版8开铅印《新惠日报》。经费由县政府行政费开支。社址设于南门外原汽车站楼上（今水利局），总编辑方祖谦。内容分2版，一版刊抗战讯息及国内外新闻，二版地方新闻。至民国三十一年（1942）底，郑峻岳去职，随之停刊。

三、《新葵日报》

民国三十五年（1946）秋，《新葵日报》创刊，为惠来县政府机关报。8开铅印3日1期。多以宣扬施政措施、表彰政绩为主，设有国内外新闻、地方新闻、副刊栏目。民国三十六年（1947）停刊。

四、《群力日报》

民国三十六年（1947），方应昌等3人集资创办《群力日报》，于民国三十七年（1948）元旦创刊。方应昌自任社长兼总编辑。每日发行量约500份，订户遍及各乡镇，受到社会人士欢迎，对促进地方文化起一定作用，是当时惠来稍具规模的私营报社。由于该报先后在国际新闻及言论上，揭露美国总统的战争叫嚣，称颂苏联的和平倡议，指责美国支持中国内战；在地方新闻上揭露过一些弊政，故被国民党当局指责为"反美论调就是共产党论调"，加以压制。但碍于该报董事中有的是地方上声誉高、有地位的人士，国民党当局不便以行政命令扼杀，于是通令机关团体及乡镇单位不准订阅该报，于是该报发行份数锐减，经费难以维持，3个月后停刊。

〔第二节〕中华人民共和国成立后报刊

一、《惠来农民报》

1956年，中共惠来县委会决定创办《惠来农民报》，社址设于县城东门内"先得月楼"，社长叶章强，主编林影。该报于当年4月1日创刊，3日1期，4开4版。一版为政治版，刊登党的方针政策；二版为生产版，报道本县农业生产情况及生产经验；三版为文化生活版，介绍科学知识，文艺作品；四版为时事版，刊登国内外重要新闻。至1956年12月底，共出版89期。1957年1月1日改称《惠来报》，全面报道惠来的工作。至1958年12月17日停刊，共出版239期。后随着惠来县制撤销，并入普宁县《大南山报》。

二、《惠来文艺》

属文学刊物，创刊于1956年，以报纸形式发行。为惠来县文化馆主办，原称《葵阳文艺》。1986年改为《惠来文艺》，由县文联、文化馆联合主编，不定期出版，8开2版铅印，到1987年共出版28期。

第二十五章

广播电视

〔第一节〕广播

一、有线广播

1956年,惠来县有线广播站建立,主要是收转中央人民广播电台的要闻和天气预报。1979年,全县有线广播的建设进入发展时期,1980年,全县实现有线广播专线化,形成了完整的广播传输网络。县内各公社(场)设立广播站共18个,各站配套250W扩音机4部,其中惠城、隆江、葵潭、神泉、靖海五大城镇各增加1部备用机。全县舌簧喇叭共2.5万只,其中惠城6100只、隆江6000只、神泉5300只、靖海3000只、葵潭200只。县、各公社(场)广播站,多方筹资,加强对广播线路的维修,整治喇叭音量,提高收听效果。

20世纪80年代末,由于电视覆盖面不断扩大,各镇陆续建立有线电视网络,有线电视入户率增高,而有线广播覆盖面逐渐缩小。进入90年代初,全县除惠来人民广播电台正常播出外,各乡镇广播站相继停止运作,有线传输广播信号结束,但机构编制至2004年仍存在。

二、调频广播

1973年6月,鉴于国际、国内形势的需要,广东省广播事业管理局(今广东省广播电影电视局)在惠城赤山院后山建立73622电台,即惠来县广播转播台,转播台每天24小时对境外广播。

1985年7月,惠来县广播站在赤山院后山县广播转播台试办调频广播,采用功率50W的调频发射机,频率为103.9MHz发射信号。从县广播站(位于惠城惠东路33号)架设一对专线,传送县广播站节目信号到调频发射机发射,每天早、午、晚向全县播放3次。

1986年7月，省广播电视厅批准惠来县建立调频广播电台，配给1部调频发射机，功率为100W，频率为106.9MHz，呼号为"惠来人民广播电台"。同年7月15日正式广播，并进入正常运作。

2003年3月，撤销"惠来县广播转播台"，人员归入县广播电视局。

〔第二节〕电视

一、无线电视

1980年县内开始有电视机。1981年10月，县广播站将省局拨给的1部10瓦电视差转机，安装于县政府6号宿舍楼403号房，接收广东电视台丰顺转播台六频道节目。由于惠来县背靠大南山，地形复杂，丰顺鸿图嶂转来的电视信号较弱，收看电视效果较差。1982年初，在县广播站大楼第五层楼顶，重建电视转播台。铁塔（地面至塔顶）高37米，采用双层蝙蝠式天线，天线及馈线间阻抗匹配，经汕头市广播电视局与惠来站的技术人员共同测试，各项技术指标符合要求。同年7月，改用50W电视差转机，接收六频道转发九频道，转播广东电视台第一、二套节目。

1986年，增加转播节目套数，在新建大楼的收讯台楼顶，安装卫星电视地面接收天线。同年12月，正式转播来自印度洋上空5号国际卫星转发的电视信号，即中央电视台第一、二套节目。同年6月，经省广播电影电视厅技术收测，同意在葵阳对外加工区建立新的转播台。转播台铁塔高54.5米，安装双层蝙蝠式天线共16块翼片、8个四偶极子发射板，发射机功率50W，分别使用9、12、18三个发射频道，转播中央电视台一、二套和广东珠江台节目。1987年12月转播台建成。1988年元旦试播成功。1988年5月，国家广电部批准成立惠来电视台，使用DS-12频道。

1999年11月，县党政联席会议决定，同意以自筹资金外加地方财政补拨形式建立县广播电视中心。2000年1月，县政府向汕头鳗联股份有限公司购买位于惠城东山开发区的综合大楼（在建），作为广电中心，占地面积8004平方米，总建筑面积7500平方米，主体大楼8层。1月中旬改建配套工程动工，总投资310万元。同年9月竣工，并投入运作。

广电中心新建自立式广播电视铁塔高70米，发射机功率300W，信号覆盖范围半径35公里，比原来扩大1倍，收视效果明显增强。因县内地形关系，县东西部分镇及村接收的信号仍较弱。2001年5月，分别在靖海、葵潭、鳌江镇建立电视差转站，收视效果提高。

二、有线电视

惠来县城有线电视网络建立于1989年10月，是粤东地区最早建立有线电视网络的县。采用隔频传输电视节目，有中央一、二套，广东岭南台、珠江台、惠来台等7套节目。

1990—2004年，全县有14个镇51个行政村陆续建立有线电视站，共用天线系统65个。全县有线电视用户总数达3.5万户。

1999年4月，根据国家广电总局关于"在本世纪末广东率先实现村村通广播电视"的要求，惠来县广播电视局着力实施这项"民心工程"，利用省厅拨给的接收天线，无偿支援贫困山区建立卫星地面接收天线共用系统。同年7月底，全县20个电视"盲点村"顺利"扫盲"，实现了村村通广播电视。

2002年2月（春节前夕），惠来—揭阳广播电视光缆线路顺利开通。从揭阳传输到惠来的光纤信号节目有：广东卫视、揭阳电视第一套、本港台、翡翠台、凤凰卫视中文台。同年4月，《惠来新闻》节目信号开始采用光纤线路向市台传输，改变原用人工接送节目录像带的落后方式，提高新闻节目播出的时效性。同年7月，贯彻落实国家、省、市广电局关于县级电视播出机构转变职能的具体要求，县广播电视局将电视台播出机房与有线电视网络前端合并为一体，实现省、市公共频道（即广东公共台、揭阳公共台）在惠来台播出。

2004年5月，县广电局筹集资金300万元，开始对县城有线电视网络和机房进行改造升级。同年12月，第一期工程完成，向用户传输高质量的电视节目，节目由原18套增至32套。改造后，县城有线电视网络升级为550MHzO宽带的HFC网络，共设置44个光节点，光缆总长30皮长公里。2004年，县城城区有线电视用户1.55万户。

第二十六章

文化遗址和文物保护

〔第一节〕文化遗址

已发现的古代文化遗址有三处：饭钵山、虎沟、新厝，这三处遗址均在惠城东部，由北到南基本成一直线，这一现象能得出什么结论？有待实物佐证、专家研究，才能得出结论。

一、饭钵山遗址

位于惠城北面5公里处，即四香果林场场部的西北，柳树溪东北，蔡店坑村东牵牛山麓。1980年林场工人平整土地时发现墓葬重叠。1982年8月和12月，省、地、县文物普查组先后前往勘测，确认为远古先民住址及墓葬群，即行保护，并进行发掘采集，获得一批有研究价值的文物。计：梯形石磷1件，长4.5厘米，宽3.8厘米。陶釜1件，高12.5厘米，口径19.3厘米，腹径20厘米。还有网纹、方格纹、夔纹、凸方格纹、篦纹、曲折纹夹砂陶等10多种陶纹片多件。

在饭钵山之西、蔡店坑村的圆山仔旁，发现1只陶瓮。瓮属灰色泥质硬陶，敞口，卷唇，弧腹，形似蛋状，高40多厘米。器表刻印着排列有序的精致夔纹、凸方格纹、弦纹、方格纹等多种纹饰。内贮人体骨殖。据传说在此之前也曾发现同样的两只，因不懂价值而弃毁。这是瓮棺。瓮棺邻近还发现铜剑1把，剑身起脊，刃锋利，为扁圆长条状，长43厘米。已断为三截，柄有饰纹。另有浇铸造而成的铜矛1件，长21厘米，中空，锋端已残。还有陶纹片一批。经省、地考古学家鉴定：饭钵山是居民点，圆山仔是墓葬群。时间约在春秋时期。石磷属新石器晚期遗物。瓮棺葬在潮汕地区以前尚无发现，考古价值较高。

二、虎沟遗址

位于惠城东4公里处的博地虎山山麓，距四香场场部2.5公里，南为石交椅坑，属于华湖镇池畔行政村顶寨自然村地域。该遗址于1982年9月26日被发现，处于三面环水之高阶上，宽约60米，长30米。遗址东部发现1砖室墓（已受破坏），有大莲花、鱼纹的红墓砖及方格纹墓砖2种。在平展的耕作层上发现加工过的石䃂1件，斜梯形，高6厘米，下宽5厘米。未加工的石䃂1件，高6厘米，下宽3.6厘米，厚0.6厘米。未加工的石凿1件，长5.5厘米，宽2厘米，厚1.2厘米。陶纹片一批，有夔纹、方格纹、网纹、折纹10多种。1958年也曾发现陶片。这里发现的陶纹片与饭钵山陶纹片相同。两地陶片也相同。地县考古普查组人员认为：砖室墓应为南北朝时期的墓葬；石䃂为新石器时代晚期遗物，几何纹印纹陶属中国南方的一种文化特征。此种文化分布于广东、浙江、安徽等地，年代约在商周时期。

——该遗址因历史原因今已不复存在。

三、新厝遗址

位于惠城东面4公里处，即华湖池畔新厝村之东，距上述虎沟遗址1.5公里。1979年在该村东南200米处，园地下0.5米处，挖出甬钟1个。出土时钟体装满乌涂泥、外有铜锈，基本完整。钟由青铜铸成，柄长10厘米，旁有一耳环。肩阔17.5厘米，底两角阔20厘米，身长25厘米，厚5厘米。表面有铜钮18粒，分左右3排，刻画有回形雷纹符号，经省、地专家鉴定，甬钟系西周时乐器。

——该遗址因历史原因今已不复存在。

四、白虎头埔出土宋碑

位于澳角村东白虎头埔处。1983年8月26日，澳角村渔民平整房基时，于2米深处，发现小庙1座，柱基俱全，庙旁有一直立石碑，阴刻"大宋咸淳寅季"六字，碑高1.8米，宽0.32米，厚0.72米。咸淳系南宋度宗赵禥年号（1265—1274）。

五、葵潭千秋镇宋代土城遗址

位于惠来县葵潭镇千秋镇村,有土城残迹,有街道、学园、太监坟、古墓群等。据《潮州府志》载:宋末文天祥部将曾驻兵在此。土城为驻军所建。该遗址今已无法辨认。

六、青坑、圆墩的东溪窑、北溪窑古窑址

位于葵潭镇青坑、圆墩的山区溪涧旁。附近有优质瓷土、有丰富的燃料能源,有水力可供利用。这里遗存大量瓷片。据《潮州府志》记载,是明代窑址。

〔第二节〕文物

一、出土文物

(一)西汉五铢钱。1978年,建筑部门在惠城镇北郊水尾潭山挖到小型墓葬群,发现五铢钱20枚。"铢"字金字头模糊,呈箭镞形。据考证,五铢钱是西汉武帝(前140—前87)至宣帝(前73—前49)时所铸。

(二)东汉铜鼓。1982年10月,在前詹镇海滩下发现一只铜鼓残体,存有鼓面和部分鼓体。鼓面直径71厘米,有唇边,有双线分晕。鼓面有蹲蛙4只,逆时针排列,其中1只已残。据省地县文物普查组认为,属东汉遗物,发现地点周围还发现过沉船残片和瓷器。

■ 珍藏于县博物馆的古代文物

(三)明代关防。关防是明清时使用的一种印信。1986年10月,溪西镇西湖村农民平整屋地挖出关防1枚,铜质直钮,长9.4厘米,宽6厘米,厚1厘米。直钮长5.6厘米,柱状。印面有阳文"扬威右镇随征行营关防"10个篆体字,竖排。左边阴文"天字

■ 珍藏于县博物馆的明代关防铜印

三千九十九号大使许寿造",右边阴文"永历三十二年闰二月"。

（四）古代火炮。1979年，于县政府内（即明清的县衙旧址）梧桐树旁地下，发现火炮4尊。炮身长短不一，长的193厘米，口径10厘米；短的72厘米，口径7厘米。

（五）古鲸头骨。1977年7月，龙江入海口改造工程挖土时，于4米深处发现一古鲸头骨，邻近20米处，发现一条鲸肋骨。古鲸下颌骨无存，上颌骨前端已残，长90厘米，眼颊面宽120厘米，重170多公斤。省考古队鉴定为古鲸头骨，石化程度浅，属亚化石，距今数千年。

二、革命文物

（一）石砚台。宽13厘米，长13厘米，厚3.5厘米。民国十七年（1928）夏，彭湃同志住在美园村王昭海家时，用此砚台起草文件。1976年，烈士王昭海之子王明光献给县文物陈列室。

（二）竹囊。高31厘米，直径43厘米，圆周143厘米。民国十七年（1928）夏，彭湃同志住在王昭海家时，用此竹囊盛衣服、放文件。1976年，王明光献。

（三）冲壶碗。口径6.5厘米，底8厘米，口距柄14.5厘米。彭湃同志日常用的遗物。1976年，王明光献。

（四）盖碗。方凤巢烈士生前用过的遗物。1963年，方流同志从赤洲港头一户农民征集而来。

（五）手杖。长72厘米，中嵌计量尺。方汝楫烈士生前利用手杖扮看风水，掩护其革命活动。1981年，其妻献。

〔第三节〕非物质文化遗产

一、省级非遗项目

（一）惠来九鳄舞。2007年被列入广东省第二批省级非物质文化遗产名录。九鳄舞是风格独特的民间舞蹈，流传于惠来县。惠来昔年春秋二祭必舞九鳄，清道光以后，除夕、大年初一至元宵期间舞鳄驱邪祈福，此民俗活动延续至今。

相传唐朝韩愈到潮州做刺史，兴学育人，发展生产，敢于抑制豪强、驱除恶鳄，功绩卓著，后人非常敬仰。清雍正己卯年，惠来县移建韩祠、韩塔于英内学宫两侧。年节拜祭韩文公焚化纸钱和篾扎纸糊的"鳄鱼"等冥品时，有孩童拿起未焚化的鳄鱼挥舞玩耍，技艺人得以启发，逐渐形成"舞鳄""游鳄灯"等活动，进而发展成九鳄舞。九鳄舞的道具为鳄灯，用竹篾扎成鳄头、鱼身、龙尾形，其身长达三尺，腹部木柄长约六十厘米，外蒙丝纸或绸布，灯内有烛火（现今以干电池灯泡代替，挥舞不熄）。九盏鳄灯由九名壮汉操纵表演，舞者头扎英雄巾，身着绿色武士服，脚踩稻草鞋，十分威武整齐。全舞在鼓、钹、锣的伴奏下，由游行亮相、打四角、对破、拍手圈、穿花、四翻、跳径、跳龙门、结尾收行列等九套舞蹈动作组成，风格刚健，场面壮观。操纵尾鳄演员指挥动作和队形变换，表演众鳄嬉戏、骄恣、作恶、被驱、忏悔、从善成正果等情节，表达人民劝恶从善、祈求美好生活的愿望。

（二）鹤舞。2007年被列入广东省第二批省级非物质文化遗产名录。葵潭"鹤舞"是当地流传久远的民间舞蹈。鹤乃民间喜庆献礼之物，有鹤立鸡群、鹤发童颜、松鹤延寿及瑞鹤兆丰年之说。每逢春节、元宵等喜庆之日，"鹤舞"常在社区广场、街头等场地演出，其风格挺秀、色彩绚丽、刚健活泼，夜间演出尤为壮观，为群众所喜爱。该舞的形成来源于当地一则民间传说。相传古代惠来有一乡村屡受附近一邪法了得的魔王凌虐，村民苦不堪言。一仙人为解救黎庶，与邪魔展开七天七夜的激烈搏斗，最后战而胜之。上帝为表彰仙人壮举、祝贺村民从此平安祥和，遂派七只白鹤口衔吉祥花朵，到仙人居住的山峦翩翩飞舞以示庆贺。尔后苏氏家族以传说作为创作主题，形成"瑞鹤献宝"群舞。在演出结束时，舞宫灯的演员站成圆圈队形，七只白鹤高居其中，称"七鹤归巢"。

（三）狮舞（高跷虎狮）。2009年被列入广东省第三批省级非物质文化遗产名录。高跷虎狮舞至今已流传300多年，它将高跷和虎狮两种独具魅力的民间艺术形式融为一体，以猫科动物狮虎兽原型而得名，由于当地习惯把狮虎兽读虎狮，因而称为"高跷虎狮"。传说狮虎兽能驱魔降邪。因此每当新春佳节等重要节庆，当地民众便跳起狮舞，祈望新的一年吉祥平安。为营造浓烈氛围，该舞融合了武术表演，既有威猛、滑稽、憨态可掬的狮虎舞，又有刚劲有力的武术搏击。逗狮童头戴人脸面具，手执破葵扇，配合着鼓点节奏，逗引高跷"狮子"做出"摇头""扑跳""撕咬"等动作，地面上的武术队员围成圆圈表演拳术对打，整套节目刚柔兼具、风趣活泼、引人入胜。

（四）飘色（靖海景屏）。2009年被列入广东省第三批省级非物质文化遗产名录。靖海景屏始于清嘉庆年间的甲子年，以天罡为首的甲年游美景，每小年举办一届，借以纪念惠来甲申年置县之甲为仁之说，传承至今已有200余年历史。道光甲申年惠来置县300年大庆，当地艺人向外籍师傅学习景屏制作技艺，自此每逢游神赛会、节庆、庙会等活动，民间艺人均制作景屏参加巡游。景屏以戏出场面为内容，人物由小童扮演，配以一定景物。真人（故叫活景）假景定格造型，构成一定主题的景观。一个景观叫一屏，游展时一屏或几屏，由人力扛抬，中华人民共和国成立后改为板车或汽车运载。定格造型用钢筋作支架，支架都通过景物隐藏起来，人物的手脚也多隐藏起来，以假造的展露在外，因而屏中人物似是站在或安坐在支撑力极小的器物（如横箫之尾、树枝之梢，或扁担之端一类）之上。

（五）抛锣。2012年被列入广东省第四批省级非物质文化遗产名录。"抛锣"是华湖镇堡内村"小梨园"独创的一项民间艺术，它源于清光绪初年，距今已有140多年历史。光绪初年，堡内村民因崇尚关羽仁义忠勇的精神而在该村设"关帝君庙"。经签示，把每年正月十五定为敬奉关圣帝君日，相应组建永久性"小梨园"大锣鼓队，以营造民间民俗活动节日氛围，而后大胆构思创作"抛锣"。它突破了潮州大锣鼓常规的表演形式，起到鹤立鸡群、画龙点睛的效果，彰显堡内村先人们敢于创新的艺术精神。一般来说，抛锣不单独表演，大多与潮州大锣鼓、八音演奏、扛大旗、担炮囊等民间艺术相互映衬，极具欣赏价值。"抛锣"不需要特定的演出环境，大至广场、小至街头均可表演。它运用二板鼓乐《将军令》《万年欢》《画眉跳架》《粉红莲》等鼓点伴奏，指挥抛锣手将铜锣垂直、整齐地抛上各自所站位置上空，再将落下的铜锣稳稳接住，锣的上升态势垂直不摆，上升高度约12米。没有界定上抛次数，鼓点不停则动作周而复始。

（六）英歌（神泉英歌）。2012年被列入广东省第四批省级非物质文化遗产名录。英歌舞是融合戏剧与武术盛行于潮汕地区一项独特的民间舞蹈，被称为"中华战舞"。英歌传递着正义战胜邪恶的伟大正能量，距今已有400多年历史。神泉英歌队系潮汕英歌在惠来传承中的一支演艺队伍，有传承谱系可查，距今已有120多年。"神泉英歌"根据小说以水浒梁山泊英雄三十六天罡、七十二地煞星共一百零八好汉为原型，以脸谱化和夸张的动作创编，身着特制古装，腰挂好汉姓名腰牌，由战鼓双剑作总指挥，狮娘为导引，以手执双鞭、斧头、银蛇几位好汉为开路先锋，队伍鼎盛、整齐归一、双槌飞舞，恰似蛟龙出海，展现水浒英雄的战斗豪情和气概。神泉英歌表演技巧以敲活槌五指旋转为绝技，技艺独特。在艺员们整齐有序的穿梭中，手举双槌，空中旋舞，表演起"活槌走指""指上飞槌"技艺。这种表演方式技巧性强，表演难度大，是神泉英歌有别于其他英歌队的一项独特表演绝技。神泉英歌表演内容具有海洋文化特色，在粗犷雄浑、豪侠奔放表演后，还组织"后棚"演出，表演《挑盐做买卖》《撒手网捕鱼》《周不错算八字》等具有沿海地域特色的小潮剧节目。

（七）竹溪楼日历。2013年被列入广东省第五批省级非物质文化遗产名录。竹溪楼日历馆1911年创办于惠来县隆江镇新街，历经四代传承，距今已有百年历史。其编撰日历、农历通书顺应当地民风民俗，不仅方便群众生产生活，还为研究考证当地民俗、民事活动提供重要资料。在潮汕地区，竹溪楼日历可谓家喻户晓，它集自然科学与易学于一体，结合二十四节气、十二生肖和潮汕民俗风情，除具有一般日历功能之外，还附有历代传承的择日秘诀、知识、经验，推算编印的吉凶择日注释，且具有简明扼要、通俗易懂的特点。农历通书系潮汕等地择日避凶择吉的工具书。当地民俗活动形式多样，凡事祈求吉祥顺利，逢民间婚丧嫁娶、乔迁入宅等民事活动均使用竹溪楼日历来选择吉日吉时，还成为研究考证当地民俗、民事活动的重要参考。竹溪楼日馆秉承先师传授，精心编印日历、农历通书，实用性强，在实际应用中被民间广泛认可。

（八）中医正骨疗法（康宁堂骨伤疗法）。2013年被列入广东省第五批省级非物质文化遗产名录。康宁堂骨伤疗法系家族传承，至今百年有余。其凭借师传医术、民间验方和临床经验，无须现代手术就能将患者骨折部位驳接，让错位部位矫正，再敷上自制中草药、药膏或涂抹加醋药末，最后用夹板固定。在康复期还需用中草药煎成汤药和药酒送服，以加速消炎、加快受伤部位愈合，直至完全康复。本疗法特点是无创口、治疗周期短、患者医疗负担轻，治愈病例高达97%。

（九）中医正骨疗法（蔡氏中医正骨）。2015年被列入广东省第六批省级非物质文化遗产名录。蔡氏中医正骨是岐石镇坑仔村蔡炎灯家族祖传的一项纯中医治疗骨伤的民间技法和秘方，历经五代传承，距今已有100年历史。在治疗中医生根据患者骨骼脱位、骨折的部位，不采用外科手术，凭技法将其复位、驳接，再敷上自制纯中草药研磨调制而成的药膏或涂上药醋，并用独自研创的竹片夹板固定好受伤部位，在疗程内服用中草药煎成的汤药或自制的药酒以加快受伤部位的愈合和复原，从而达到理想治疗效果。本疗法具有治疗手段便捷、微创伤、少痛苦、低费用、恢复快的特点。其治疗效果经实践检验被当地及周边群众认可，医风医德也广受好评。

（十）糕点制作技艺（隆江绿豆饼制作技艺）。2015年被列入广东省第六批省级非物质文化遗产名录。隆江绿豆饼制作技艺始创于清康熙末年，距今已有280多年历史，是一项闻名海内外的潮汕传统饼食生产技艺。其生产的绿豆饼精巧美观、通体金黄、油光闪亮，口感皮酥馅润、清香爽滑。绿豆饼的原材料为：绿豆、面粉、白糖、油，其中绿豆的含量占总量的80%。绿豆性凉、味甘，具有消暑、止渴、健胃等功效，能预防中暑、清热解毒，将绿豆加工为饼食既迎合了潮汕人的饮食口味，也适合南方湿热的气候特点。

（十一）惠来"打火醮"。2018年被列入广东省第七批省级非物质文化遗产名录。"打火醮"始于清乾隆元年（1736），每十年举办一次，传承延续于惠来境内，距今已有二百八十多年。雍正十一年，江西举人裘曰菊到惠来任知县，他看到惠来县城居民大都住茅房草屋，常闹火灾，认为惠来背山面海，暴雨过后滴水无存，是为"水清龙骨现"，属火地。故此在雍正十三年（1735）于县治东北角建文昌祠塔，祀"火德星君"，崇拜"火神爷"，又认为"丙属火"，故倡议丙年建醮，以禳除灾祟。但不久他离任惠来，此事搁置。翌年，乾隆登基，即乾隆元年丙辰年（1736），新任知县杨宗秉继裘曰菊的倡议，便在当年十一月主持"建醮"，自此以后，每逢丙年十一月便择日举行盛大的"打火醮"活动，而"打火醮"也就成为当地民间庙会最隆重的活动。自清乾隆元年开始每十年举行一次，延续至民国三十五年（1946），中断了六十年之后，于2006年当地城隍庙理事会及民俗专家进行调查搜集再度恢复。并于2006年、2016年各举办一届。

"打火醮"之时城隍庙搭建醮棚，作为主会场。"醮棚"是一座三门四柱共三层的木楼，中门顶匾写"城隍公醮棚"，装饰灯通宵达旦亮起，隍庙内上演潮剧《十仙庆寿》。庙会持续十天，期间除主会场举办一系列的活动外，各社头还自行祭拜。

（十二）揭阳市国家级非物质文化遗产项目——木雕（惠来木雕）。"木雕"于2008年被国务院公布为第二批国家级非物质文化遗产名录。"惠来木雕"于2012年被列入广东省第四批省级非物质文化遗产名录。惠来木雕作为揭阳市国家级非遗项目"木雕"的扩展项，始于唐宋，盛于明清，通常作为建筑物、家具及神器的装饰或构件。分为浮雕（在平地上浮起者）、通雕（又称透雕，即无底子，遍体通透，多层镂空）、圆雕（即立体雕）三种。表现的题材，大都来自民间神话、传说、戏剧和历史故事，或是珍禽瑞兽、草木花卉、人物景观等。艺人根据不同的题材、不同的装饰，将浮雕、通雕、线刻或单独，或相间，或综合，灵活运用，表现了不同的形式美。最具代表性的是穿透、镂空、多层的通雕，它吸收了圆雕、浮雕、阳刻及绘画的一些长处，将曲折复杂的故事情节集中在一个画面上，有条不紊地联系起来，做到叙事明了完整，造型单纯概括，经得起玩味观赏。惠来木雕是揭阳木雕的重要组成部分，以雕工精细、多层镂空、富立体感、风格独特、富丽典雅负有盛名。

（十三）中医诊疗法（恒芝堂胎病中医疗法）。2022年被列入第广东省八批省级非物质文化遗产保护名录。"中医诊疗法（恒芝堂胎病中医疗法）"系家族传承，胎病即医学界所指的"自闭症"。其缘于人体内气血难以互通、经络堵塞，各脏腑功能难以协调发挥作用，致使外在体现出"神、魂、魄、志、意"的行为失常。本疗法主要是针对胎病的共性病症而进行，具体针对五大问题：即生物学问题、神经发育问题、语言障碍问题、精神行为问题、社交障碍问题。由此而幻化出五大治疗步骤，称为"五行相生"。第一步：治疗脾胃，"修复肠道、健胃强脾"；第二步：治疗肝脏，"驱寒熄风"；第三步：治疗肺部，"清肺散寒"；第四步：治疗心脏，"安神定魄、神清目明"；第五步：治疗肾脏系统，"滋阴益气"。各步骤的治疗皆有与之相对应的中医中药配方，内服外用、里应外合，疗效显著。

迄今，在保留传统的基础上同时突破传统的治疗瓶颈，基本解决了自闭症谱系患者身体的生物学问题及神经发育问题，改善自闭症谱系患者的精神行为、语言障碍及社交障碍问题。

二、市级非遗项目

（一）潮剧。2007年被列入揭阳市第一批市级非物质文化遗产名录。潮剧又名潮州戏、潮音戏、潮调、白字戏，主要流行于潮州方言区，是用潮州话演唱的一个古老的地方戏曲剧种。潮剧从明代中期前兴起，清代达到繁盛，至20世纪30年代，潮剧戏班已遍地开花。惠来县潮剧团是惠来唯一一支专业潮剧演出团队，现为该非遗项目的保护单位。1994年，惠来县潮剧团赴香港演出，受到业界人士广泛认可和观众一致好评。剧目《桃花公主》（节选）曾获揭阳市潮剧会演金奖。2021年组织创排大型现代革命潮剧《南山红英》荣获揭阳市"感党恩 跟党走"——庆祝中国共产党成立100周年文艺作品金奖、第五届广东省戏剧文学奖剧本三等奖和2022年度广东省基层舞台艺术精品。惠来潮剧是揭阳潮剧的重要组成部分，音乐唱腔是曲牌连缀为主的联曲体和板腔体综合体制，至今保留一唱众和，二、三人以上同唱一曲和合唱曲尾的帮腔形式。唱腔以轻婉抒情见长，多曼声折转，清丽悠扬。行当由南戏的生、旦、丑、净、外、贴、末发展到现在为十类丑、七类旦、五类生、三类净。

（二）惠来的潮州音乐。2007年被列入揭阳市第一批市级非物质文化遗产名录（潮汕地区"潮州音乐"于2009年10月被列入广东省第三批非物质文化遗产名录）。潮州音乐是华夏正声，千百年来扎根于潮汕地区，并随潮人足迹遍及全国，传播至东南亚、美洲、欧洲等地区。潮州音乐孕育于唐、宋、明代，清代臻于成熟繁华。它凝聚了中华民族优秀文化的精华，是中华优秀传统文化中一支别具特色的地方音乐，有的壮怀激烈、有的悠扬儒雅、有的华贵雍容、有的柔婉轻曼，深受民众喜爱。

（三）惠来渔歌。2007年被列入揭阳市第一批市级非物质文化遗产名录。"惠来渔歌"是惠来县沿海地区渔民自编自唱的一项传统曲艺。诞生至今近480年，属自发性的民间歌谣，以劳动、生活为素材创作，以地道的惠来语言、潮州音乐的古韵律吟唱，表达渔民的心声。歌谣内容体现旧社会渔民受欺压、渔品被渔霸垄断和劳动的艰辛,以及天有不测风云所形成的灾难;也有歌颂新社会科技发展带来的丰收景象、讴歌改革开放丰硕成果等。其节拍据情感而抒发,不受时间界定。吟唱时男声音阶高,女声婉转、悠扬、音域宽,受到当地渔民的普遍传唱。

(四)**贝雕工艺**。2007年被列入揭阳市第一批市级非物质文化遗产名录。处于南海之滨的惠来县,海滩上贝壳众多,早有利用各式各样的贝壳雕刻或拼贴成内容不同、形式各异的艺术品的独特文化。20世纪50年代中期,惠来县成立贝雕厂,构建地方特色工艺基地,吴书智为工艺厂总设计。至20世纪60年代后期更加兴起贝雕创作热情。贝雕可分为挂屏、立件(立体)、屏风、平板贝雕(浮雕)、平板镶嵌挂屏(磨平)。贝雕作品主要图案有"仙女下凡""八仙贺寿""松鹤延年"及花卉、动物等。其形象栩栩如生,工艺独特,颇有艺术价值和鉴赏价值,在潮汕地区享有一定声誉,曾参加中国出口商品交易会,常年参加"广交会",远销国内外各地,并在地区级参展中获奖,还曾被中央教育部收藏。

(五)**石雕**。2007年被列入揭阳市第一批市级非物质文化遗产名录。惠来石雕历史悠久,1830年前后,石雕业已甚兴旺。石雕一般以人物、飞禽走兽、博古、花果等为题材,造型优美、雕工精致、品种多样。其时艺人以黄执、谢喜最负盛名,所雕人物、山水、飞禽走兽、花卉等雕工精细、造型优美,线条圆浑古朴,拙中寓巧,誉满潮汕。石狮雕刻最负盛名,品种繁多,诸如坐狮、卧守门狮、母子狮、戏球狮、流涎狮、匾额狮、墓前狮、楼梯狮等,有的高达2米多,有的仅数寸,惟妙惟肖、栩栩如生。其艺术价值与实用价值兼备,备受海内外欢迎,远销美、法、日、泰、科威特等30多个国家与地区,成为海内外公园、别墅等大型建筑物之装饰。

(六)**纸影戏**。2009年被列入揭阳市第二批市级非物质文化遗产名录。"纸影戏"俗称"皮影戏""铁枝木偶戏",是我国传统戏曲中具有代表性的古老剧种之一,距今已有七百年左右历史,是潮汕地区戏剧艺术的奇葩。铁枝木偶戏戏台小巧,台前宽4米左右,深度前后4米左右,台面约1.1米左右。圆身木偶画上人物脸谱,披戴牛皮、各种服饰等制成了演出时所需戏剧人物即木偶人。用铁枝将人物的头部、躯干、脚、手分别撑连,一点一枝铁枝。表演者在大约一平方米大的小戏台后掌握铁枝的变动,使木偶人做出各种精彩的戏剧动作,配以曲弦乐和唱词,以演绎剧情。木偶戏不单继承了南戏的传统艺术,同时兼容潮剧等精华,得到"皮猴大戏做"的美誉。惠来皮影戏已有400多年的历史，是中国民间最古老的戏曲形式之一，以自搭的简易舞台为演出平台，以兽皮、牛皮或当今的丝绸布类制作成服装，穿戴在36个不同的人物模具上，并用优质木料和铁皮、铜片制作成兵器、器具、扇类、鞋制品，借灯光显影于屏幕表演故事，也可不用灯光直接献演舞台。技艺的表演靠幕后人物用"皮猴筷"操纵台面动作，根据剧情演唱和做念台词，是集绘画、雕刻、制作、表演、音乐、舞台技艺于一体的综合技艺。主要剧目有《一门三进士》《金花女》《陈北科认姐》《潇湘秋雨》《孟丽君》、《五福连》（亦称《十仙庆寿》）等，每个剧目自演自练需15天。

（七）**菜脯制作技艺**。2009年被列入揭阳市第二批市级非物质文化遗产名录。菜脯，即萝卜干，与咸菜、鱼露并称"潮汕三宝"，远近闻名。因萝卜在潮汕俗称"菜头"，故称"菜脯"。"菜脯"制作一般在冬至前后进行，要经过"晒、腌、藏"三道工序。将萝卜拔出洗净，在太阳下暴晒后围实，一层萝卜一层盐，装满后上盖，再压上大石块，晚间收回；一周后取出晾晒，搓去水分，再暴晒，直至挤不出水为止，再将竹苫里的盐水过滤煮开，倒入萝卜干浸泡，趁热再揉搓、挤出盐水后晒干，直到变为金黄色，将萝卜干装入干净的瓮内压实，用黄泥封口，半年之后取出，即可食用。

（八）**舞鱼**。2011年被列入揭阳市第三批市级非物质文化遗产名录。惠来澳角舞鱼属潮汕大锣鼓队的子项目。它源于辛亥革命结束后的1926年，当时的人们已摆脱清朝帝制的束缚，为庆贺民主自由、风调雨顺的渔业生产态势，神泉镇澳角村的渔民们在潮州大锣鼓队游行队伍中增添了"舞鱼"项目。"舞鱼"演出时由32位男青年各擎道具鱼，排成长龙阵行进，擎鱼人员随鼓点左右舞动道具鱼，有时利用宽阔场地，众鱼围成圆圈。主要有"擎鱼进场、群鱼欢跃、双鱼对舞、穿梭换位、众鱼朝瑞、各鱼还位"等六个环节，表演嬉戏、亲热、欢快、穿花等场景，演绎出活灵活现的鱼游动态，具有豪迈粗犷的渔人性格和喜庆丰收场景等特点，体现出渔区人民对未来生活的美好愿景。"舞鱼"是一项具有沿海特色的民间民俗表演活动。

（九）**彬彬保健药酒秘制配方**。2011年被列入揭阳市第三批市级非物质文化遗产名录。"彬彬保健药酒秘制配方"是根据中医药的医学原理研制而成，结合多年的实践经验传承至今,形成的独特保健药酒秘方。药酒制作需选用土产上等大米、泉水独家酿造的米酒为原酒,与经由配制的中草药历经20多年的泡制和地窖贮藏,制成不烈不燥、口感柔顺的保健药酒。其药酒温醇润喉、不伤胃、卫生、无毒副作用,而且食用、储藏方便,大部分肌体劳损、功能退化患者通过服食药酒都能得以康复,在传承和弘扬中华传统医疗保健文化发挥较大作用。

(十)靖海豆楫制作技艺。2011年被列入揭阳市第三批市级非物质文化遗产名录。靖海豆楫是惠来县靖海镇的一种传统糕点,配料和制作十分讲究,以花生仁、白糖、猪油为主要原料,采用传统的技法加工生产,其生产加工技艺独特。该工艺源于清光绪中期,历经五代传承,距今已有100多年历史。产品驰名南粤大地,享誉港、澳及东南亚。靖海豆楫制作特点:一是原材料选用严格,精选本地优质花生除壳、分拣、炒熟、脱膜、去胚、晾凉,配以糖甘槌制,再裹以糙糖加工而成;二是制作工艺独特,从原材料挑选,花生混合糖甘的槌打,糙糖的包裹,整个加工流程纯由手工制作,每道加工程序需要掌握一个"度",这也是技艺的奥妙之所在;三是生产要求严谨,秉承绿色理念,生产过程不添加任何化学添加剂;四是潮味特色浓厚,糕点具有食用时胶软而不黏牙,清甜而不浓腻,香味久留,配上潮汕"工夫茶",更是余味无穷。

(十一)三角插塑纸艺。2020年被列入揭阳市第六批市级非物质文化遗产保护名录。"三角插塑纸艺"由三角插纸演化升华而来。清朝末期,简易的插纸工艺在惠来已有流传,它由民间祭祀活动演变而来,距今已有一百多年的历史。潮汕地区每逢传统节日,民众虔诚供奉,祭拜诸神、先祖,清末时期惠来当地较有影响力的纸品店面,经营有各类纸制用品,祭拜纸成品,为迎合民意、赚取工钱,利用闲暇时间及娴熟的手艺将整叠的纸品平摊成各种形状摆放,并逐步演化至将单个"纸钱"折叠成三角形状,再依照一定的步骤、组合造型,拼凑成宝塔、莲花宝座等立体形状。插纸工艺经历一个由简到繁,由粗到细的进化,它以纸为原材料,经过裁切所需尺寸,折叠成型为构件,再依照原有的立体造型构思,最后插接制作成立体艺术品。"三角插塑纸艺"手工工艺是传统三角插纸工艺的演化与升华,一个"塑"字诠释了演化后的三角插塑纸与雕塑作品的结缘,使插纸作品的立体艺术造型能随作者的构思,而使其细部形象变化多端,更有利于"雕"与"塑"。

（十二）塘田卷煎制作技艺。2020年被列入揭阳市第六批市级非物质文化遗产保护名录。"塘田卷煎制作技艺"是一种传统食品制作技艺。卷煎（又称卷章、肉卷）是潮汕地区著名传统美食，塘田卷章的传统制作，取用新鲜的猪后腿肉为原料，根据当地气候变化、肉质品性和猪的品种等选择制作手法，采用专用木槌钝器打成肉酱，根据配方按一定比例加入配料，不断摔打至黏稠状，再用新鲜豆腐皮包装后油炸至熟透。塘田卷章制作流程精细，味道鲜美浓香，口感爽口弹牙，风味非常独特，深受当地消费者的喜爱，在当地已经是家喻户晓，与"隆江猪脚""隆江绿豆饼"等成为地区名片，现已畅销至全国各地。

（十三）铁草堂大膏药制作技艺。2020年被列入揭阳市第六批市级非物质文化遗产保护名录。"铁草堂大膏药制作技艺"是流传于粤东地区惠来县的一项民间传统膏药加工工艺，距今已有130多年。铁草堂大膏药是由中草药配制、经传统独特手法加工熬制的一种外用敷贴。中医药秘方和传统独特加工熬制手法是膏药制作的核心部分，不同的配方、剂量、加工手法是构成治疗不同疾病及疗效的关键。铁草堂大膏药由18味精选的中草药经过清洗、浸泡、煎煮、浓缩、收膏、存放等一系列加工程序成为独特的成品膏药。对常年性劳累、积伤引起的疼痛、落枕、扭挫伤、软组织挫伤、颈椎痛和肩椎炎、关节痛、肌肉劳损、腰椎间盘突出等有显著的止痛效果及疗效。铁草堂大膏药由最初的草药捣烂捆绑敷贴，逐步发展成用独特手法熬制的膏药敷贴，经历了漫长的实践应用过程，成就了"祖传之宝"。

（十四）菜脯制作技艺（惠来熟菜头脯制作技艺）。2023年被列入揭阳市第七批市级非物质文化遗产名录。溪西镇溪南村地处龙江河出海口，其沙壤土质适合白萝卜生长，是萝卜的主产区，所产萝卜个大、体匀、外皮光滑。为解决萝卜的深加工问题，当地农户在长期的生活生产实践中，均掌握腌制、晒萝卜干（菜脯）及熬制"熟菜头脯"的传统加工技艺。"熟菜头脯"的制作需经选料、清洗、重复四次的焖、煲、晒等多道工艺流程，在生产过程无添加色素及防腐剂，其制作而成的"熟菜头脯"外观干瘪，色泽乌黑发亮，形似老香黄，其味醇香可口、风味独特，具有开胃、增进食欲的功效。该食品是当地传统美食之一，常与粥搭配，是潮汕传统饮食文化的组成部分，深受当地群众喜爱。

（十五）干鲍鱼制作技艺。2023年被列入揭阳市第七批市级非物质文化遗产名录。"干鲍鱼制作技艺"系惠来县前詹村渔民詹镶于1921年研创，当时鲍鱼产量丰盈，因保鲜条件有限，为避免海产品过剩，便将"鲜鲍鱼"晒成"干鲍鱼"。食用时与"鲜鲍鱼"区别不大，故深受群众欢迎，此后便成为一项家族传统技艺，代代相传。这是劳动人民智慧的结晶，也是中国饮食文化的一大创举。"干鲍鱼"分为"淡干鲍"和"咸干鲍"两种。品尝"干鲍鱼"以"淡干鲍"为好，其品质优良、个头厚大、肉质丰腴、汁液甘美清香。"干鲍鱼"烹制时间一般较长，用精制的顶汤反复烹制，让"干鲍鱼"充分吸收其他物料的味道，使其香味更为浓郁，营养价值更高。

（十六）糕点制作技艺（詹双喜肚脐饼制作技艺）。2023年被列入揭阳市第七批市级非物质文化遗产名录。"红糖肚脐饼"研创于20世纪20年代末期至30年代初期。当时，第一代传承人詹王强将当时销路较广的"红糖肚脐饼"的选料和操作程序进行改良，历经多次尝试，形成自己的配方，最后成功制作出独特的"红糖肚脐饼"。直至第三代传人詹双喜将饼食商铺定名为"詹双喜饼家"。"詹双喜肚脐饼"皮薄、酥脆，具有不易软化、保存周期较长等特点。从局部上看，带孔的地方与人体肚脐相似，顾名思义为"肚脐饼"。从整体上看，外观与铜钱有些许相似，为图吉利，该饼成为清明时节祭祖饼食首选。

（十七）隆江打铁街闹财神习俗。2023年被列入揭阳市第七批市级非物质文化遗产名录。隆江打铁街闹财神活动富有独特的地域特色，是群众性大型民间民俗庙会，是民间信仰与各年代社会文化、商贸融合的游园活动。隆江打铁街闹财神活动地点位于隆江财神庙，该庙位置系隆江镇妈宫社蒜仔街。尊神坐镇庙宇，经年香火旺盛。财神专管金银库，每年正月初五财神节和正月十六招财爷是开库放款日，善男信女为生意兴隆、祈福纳财，保佑新的一年合家吉祥而设香炉、长明灯、贡品等供奉。

（十八）隆江猪脚制作技艺。2023年被列入揭阳市第七批市级非物质文化遗产名录。隆江猪脚的扬名，与历史上的文人韩愈有关。相传，韩愈被贬至潮州，在潮州兴办教育，重修水利，为民除患。为表谢意，当地富商请来几位广东大厨宴请韩愈，其中一位来自隆江镇的大厨做了一道弹嫩糯香、肥而不腻的猪脚，韩愈品尝后赞不绝口，并以地名"隆江"亲自为其命名——隆江猪脚。从此，隆江猪脚名扬四海，备受广大消费者喜爱。隆江猪脚烹调过程工序复杂，选材严苛，配料选用讲究上乘，将香叶、八角、桂皮、陈皮等18种有益于健康养生的上等中药材做成香料包，放入卤锅中，再放入南姜、蒜头、精盐、料酒、白糖、酱油等配料，熬制数小时。2024年入选全国二十四节气（夏季）旅游美食，隆江猪脚提升了潮汕饮食的名望，带旺了隆江镇的餐饮行业，因此，有"食在隆江"之说。

（十九）谜语（惠来灯谜）。2023年被列入揭阳市第七批市级非物质文化遗产名录。惠来灯谜至今有五百多年的历史，1524年惠来置县，惠来灯谜受到重视，并首次在《惠来县志》上记载，据雍正《惠来县志·风俗篇》记载："元夜十一起……或作灯谜，招游者猜焉。"惠来灯谜有如下几种形式：1.现场灯谜会，通过搭建灯谜台，悬挂灯谜作品，以传统的击鼓报猜形式举办活动；2.灯谜书刊，收集作品汇编成册，同时传播灯谜知识，主要有《惠来谜苑》《春节文娱活动资料》；3.线上灯谜，通过QQ、微信群、微信公众号等举办线上灯谜活动；4.地方传统灯谜还可以用民俗土音等形式创作。

（二十）木偶戏（惠来铁枝木偶戏）。2023年被列入揭阳市第七批市级非物质文化遗产名录。惠来铁枝木偶戏是由陕西"皮影戏"演变而来，在惠来县流传至今已有120多年历史。年间游神庙会、宗祠开光晋主都有它的身影，更有善男信女为答谢神恩诚邀该戏演出而以飨还愿，故此，其有广泛的群众基础。在惠来，"铁枝木偶"又称"纸影戏"或"皮猴戏"，其影偶由轻质木头雕刻而成，四肢活动自如，穿戴有刺绣的头冠及袍服。演出时需搭建小舞台，舞台前端挂起宽4.03米、高3.25米的透光白幕布，舞台两侧有6人负责演奏伴乐，幕布后面有操作人员各系上两个影偶留置的三根铁线，跟随剧情边操作边演唱曲目和对白，用推、拉、提、拽的手法演绎出飞天、入地、点火、射箭、骑马、张扇、划船以及武打等动作，借助幕后灯光的投射在幕布映现出栩栩如生、惟妙惟肖的效果。

（二十一）肉籽制作技艺（双发肉籽制作技艺）。2023年被列入揭阳市第七批市级非物质文化遗产名录。惠来县肉制品技艺形式多样，"肉籽"制作技艺便是代表性项目之一，研创至今已有一百余年历史。目前，"双发"肉籽年产量突破两千吨，是惠来乃至潮汕地区的知名美食。传承人秉承祖先的技艺，选取新鲜的猪后腿肉，将其剔除筋骨后，手执专用木槌钝器反复捶打，这是肉糜绵软细腻的关键；将捶打好的肉泥放进钵中，再按比例加入精盐、香葱、白糖等调味料摔搅均匀，同时反复捶打成富有弹性的黏稠肉酱，取适量放于用黄豆制成的腐膜上，包裹卷成长条状，再切成菱形块状，将油锅烧至中温，放入生肉籽慢炸至八成熟时，腐膜皮会迅速收缩，将馅料紧紧裹住，这时改用小火，适时用漏勺翻转，使其受热均匀，待肉籽炸至颜色金黄熟透时便可食用。

（二十二）鱼丸制作技艺（昇华荣手工鱼丸制作技艺）。2023年被列入揭阳市第七批市级非物质文化遗产名录。惠来鱼类加工产业自古已有，其中鱼丸便是鱼类加工产品的经典代表之一。惠来昇华荣手工鱼丸制作技艺传承至今已有110多年历史，在时代的更迭中，传承人将其手艺不断打磨，依靠得天独厚的条件，将在惠来前詹赤沃湾海域捕获的那哥鱼、马鲛鱼、金龙鱼等鲜活的鱼肉加工制作成鱼丸，其口感弹嫩爽滑，肉质不松散，饱含丰富的营养价值。惠来鱼丸以香脆可口、肉质滑嫩、口感鲜香而闻名海内外，是潮汕美食文化的体现，具有浓厚的潮汕渔区特色。

（二十三）糕点制作技艺（史记喜糖制作技艺）。2023年被列入揭阳市第七批市级非物质文化遗产名录。史记喜糖传承至今已有120多年，喜糖在潮汕的婚俗中，有着十分重要的地位与意义，潮汕人讲究"好彩头"，糖寓意甜甜蜜蜜，提亲、定亲、行聘和举办结婚仪式都要用喜糖来表达"明媒正聘"的亲情厚谊。除了是置办婚嫁喜事之佳品，还是人们茶余饭后的美味点心。惠来"史记喜糖"是以花生、红黄赤绿豆、红（白）糖"等为原料制作而成的优质特色产品。原料中芝麻花生、黄豆、绿豆都产于葛山村，口味香醇，是惠来县的著名特产。

（二十四）中医传统制剂（龙德堂拔毒膏制作技艺）。2023年被列入揭阳市第七批市级非物质文化遗产名录。龙德堂拔毒膏（中草药）制作技艺是传承人林俊杰及其先祖几代人，秉承以人为本，以"预防、保健、治疗、康复"相结合的医学理念，历经120多年的不断摸索、实践创新，而形成的一项制药技艺。龙德堂拔毒膏采用38种中草药制作而成。该药品主要用于治疗皮肤病、风湿病、关节痛、痛风、腰椎病等疾病，其具有祛风散寒、活血化瘀、疏通经络、吸毒除浊等功效。在制作时用蜂蜜入药，不仅增加了药品的黏附性，还能发挥护肤美容、抗菌消炎、促进组织再生的作用。

（二十五）中医传统制剂（铜人巷正骨水制作技艺）。2023年被列入揭阳市第七批市级非物质文化遗产名录。"铜人巷正骨水（外用）"为纯中药制剂，属液体状，经几代传承人探究各类中草药的功效，历经不计其数的实验，最终形成铜人巷正骨水（外用）制作技艺，主要用于皮肤挫伤、筋骨扭伤和骨骼折损辅助等治疗，有消炎、消肿、活血、化瘀、止痛等功效。它精选蜈蚣、三七、西红花、水蛭、牛膝等72味中草药材，将所有药材均浸泡于白酒中，浸泡时间至少三年以上，开坛时药味扑鼻且带酸质，民间俗称"药醋"。该药水只能外用，不得服食，它不含任何激素成分，是减轻病痛的良药。

（二十六）中医理疗法（福祥堂腰椎中药热敷理疗法）。2023年被列入揭阳市第七批市级非物质文化遗产名录。"福祥堂腰椎中药热敷理疗法"是清光绪年间由惠来县城民间中医黄德先研发，传承至今已有五代。它对治疗腰椎间盘突出有独特疗效，对颈椎病、肩周炎、关节炎、腰肌劳损、骨质增生和手足扭伤等症状也效果显著。"福祥堂腰椎中药热敷理疗法"充分依据中医理论，结合各味中药的药性、药效，选用18味中药碾粉泡酒。在治疗时将药料装入纱布袋，上表层叠加热水袋敷贴在"阿是穴"，无须内服其他药物，也无须涂抹其他药液，只需热敷让药效借助热气慢慢渗入体内，便能让症状在药效的作用下得到有效治疗。

（二十七）中医正骨疗法（康泰堂骨伤疗法）。2023年被列入揭阳市第七批市级非物质文化遗产名录。"康泰堂骨伤疗法"传承至今已有100多年历史。在惠来县及周边地区有较好的口碑，其主要治疗筋骨损伤等病症。该疗法历经四代人的临床实践，积累了丰富的治疗经验。在治疗过程中，能精确应用各类中草药，充分发挥药物的消炎、止痛、化瘀、活血等作用，并通过对人体骨骼结构、经络走向的充分掌握，只凭精准的驳接手法让受伤骨折部位复原，再加以涂抹中草药粉或药醋，内服汤药，在不借助现代医疗器械的情况下让患者得以康复，至今治愈近万人。

（二十八）英歌（靖海英歌）。2023年被列入揭阳市第七批市级非物质文化遗产名录。靖海英歌是融合戏剧与武术的一项独特民间舞蹈，其所表演的角色均为《水浒传》中的梁山泊英雄：三十六天罡、七十二地煞星，共一百零八位好汉，表演队伍共108人。其表演风格融"武"与"舞"于一炉、"歌"与"舞"

于一体，是一项具有悠久传统历史、又充满活力的民俗活动。靖海英歌舞秉承潮汕英歌舞的传统，不断创新完善，自成体系。

三、县级非遗项目

（一）老黄凉水制作技艺。2022年被列入惠来县第三批县级非物质文化遗产名录。老黄凉水制作技艺来源于20世纪初，由黄辉创研创，已有100多年历史。黄辉创深谙各类中草药的药性，加上自学中草药的"药性赋"，用中草药熬制成凉水，在其后人的传承下，对老黄凉水进行研究、传播，并开店经营"老黄凉水"。老黄凉水的制作方法，选用大约30多种药材，晒干备用，在制作中洗药，配方使用药量与水量，结合实践经验，斟酌合理分量，掌握熬制火候，最后用温水加上配方，添加白糖、红糖，使凉水有着酸、甘、香等口感。老黄凉水可以起到清热解毒、祛湿降火、化痰止咳等功效，治疗各种疾病和改善各种症状，也可以起到保健作用。

（二）天南堂参茸乌猴胶制作技艺。2022年被列入惠来县第三批县级非物质文化遗产名录。天南堂参茸乌猴胶炼制工艺讲究，遵循传统中医药古法，炼制过程繁杂严谨。从药材选用、洗药、晒药、泡制、手工研粉、熬制、浓缩提炼药液、配药成固体药胶等过程，均需严格控制、一丝不苟。天南堂参茸乌猴胶循古法炼制，服用方便、功效卓著。参茸乌猴胶为黑色片状，每片大约50克重，使用印有说明书的草纸折叠包装，说明书由百年前制作的铅字嵌木板印制而成。参茸乌猴胶的炼制流程极其繁杂和讲究，药材选取、药材加工、熬制药液、配药成胶。每次炼制天南堂参茸乌猴胶，从备药到成品制成，都需要近3个月时间。经100多年的时间积淀，天南堂仍然坚持传统的制药方式。

（三）廖氏风湿药丸秘制配方制作技艺。2022年被列入惠来县第三批县级非物质文化遗产名录。本项目传承历史已有130年五代人。廖氏家族世代行医，传承运用风湿药丸配制秘方，以中草药配制丸品，这种风湿药丸秘制配方在惠来和潮汕各地使用，有颇高的医疗价值。廖氏风湿药丸秘制配方制作技艺是民间中医生廖德贞研制，将药材捣烂或磨成粉状，然后掺入蜂蜜揉搓成粒，分成等份每日三服，是治疗风湿病的中药制剂。

（四）肚脐饼制作技艺。2022年被列入惠来县第三批县级非物质文化遗产名录。肚脐饼，又称双炉饼。在制作过程中先将红薯去皮后蒸熟捣成泥，掺入面粉后揉面团做成饼皮，切成大小均匀一样的块状，将饼皮擀平，再将块状的红糖馅料包在饼皮里面，接下来将饼再次擀平，用筷子在饼面中划开一个透气小孔，带孔的地方与人体肚脐相似，故称肚脐饼。惠来肚脐饼制作技艺是以"红糖、面粉、红薯、花生油"为原料，采用烘焙等制作方法，工序十分精细。其主要特色是制作程序和配料十分考究，精益求精，特别是采用烘焙方法，不过火，不烤焦，是制饼的要领。

（五）方继草药堂肝病中医草药疗法。2022年被列入惠来县第三批县级非物质文化遗产名录。方继草药堂肝病中医草药疗法为方氏家族三代人传承，运用草药医治肝胆疾病，遵循辨证施治的中医理论和疏肝理气、祛邪保肝、救护肝胆、活血化瘀、防损脾胃、滋阴降火的治疗原则，诊治了数以万计的病人。总结了医治民间肝胆疾病以来的成功经验，并形成一套完整中医（中草药）的理论体系和诊治方法。

（六）树脂立体漆画制作技艺。2022年被列入惠来县第三批县级非物质文化遗产名录。树脂立体漆画从最早的漆器艺术演化为漆画艺术，再从漆画艺术升级发展为立体漆画。其创意起源于中国传统漆画，灵感来自昆虫琥珀。它是由树脂胶的透明特定性和可流动性逐层绘制、叠加而成，立体漆画材料一般为透明硬树脂胶和丙烯颜料。树脂立体漆画是一种具有传统内涵又赋予新的艺术造型的艺术品制作技艺，其作品工艺造型更加美观耐用，工艺价值高。作品漆体通透，画面栩栩如生。由于漆画常用天然大漆，有一种幽深、含蓄、透明而又典雅的艺术效果。漆画使用金属、螺钿、玉石等镶嵌，用银朱等彩绘，故其色彩常有一种天然的鲜亮与纯度，为其他画种所难及。

（七）苏福三十夜月诗。2022年被列入惠来县第三批县级非物质文化遗产名录。苏福生于明洪武五年（1372）农历二月初一，出生于潮州府潮阳县酉头都神泉村。他活在人世间只有短短14个年头，留下不少脍炙人口的诗词作品，现存有《秋风辞》《纨扇行》《三十夜月诗》为代表作。苏福《三十夜月诗》是他跟随祖父出海经商写下的三十首月夜诗，以神童的视角观察月亮从初一到三十夜的细微变化和超越时空的思考。后人总结其生平事迹：1.五岁不言疑为哑，一朝开言惊乡人；2. 神童独标不合流，独联遗存难觅对；3. 海上漂泊三月余，天下遍传卅夜月；4. 金殿比试亏一筹，神童美名后世扬；5. 文昌山上玉华笏，五百年后圣人出。他的故事在潮汕地区广泛流传，他的诗词得到历代文人推崇，与他有关的遗物遗迹数百年来备受世人凭吊。

（八）炭精画像。2022年被列入惠来县第三批县级非物质文化遗产名录。"炭精画像"是中国独具特色的民间美术，具有悠久的历史。惠来县惠城镇张子仪有深厚的艺术底蕴，他秉承先贤的艺术特色，结合民众的特殊需求，以"炭精"为画颜料，通过精心渲染，彩绘出一幅幅惟妙惟肖的人物肖像，深得社会公众欢迎与赞赏。20世纪80年代，"炭精画像"日渐式微且呈现消亡的疲态。陆丰县（今为县级市）民间肖像画师叶水生是炭精画像的佼佼者，叶水生为保护传承传统美术而收张子仪为徒，并倾其所能言传身教，使张子仪成为潮汕地区屈指可数的"炭精画像"传承者。炭精画像不借助任何仪器，不使用现代颜料，凭个人技法和炭精粉末，参照原作精心绘制人物肖像，达到黑白画面效果。为更好传承炭精画像的技法，张子仪将技法传授张涌铮，延续优秀的传统文化。

（九）顺杏堂抑菌粉制作技艺。2023年被列入惠来县第四批县级非物质文化遗产名录。顺杏堂抑菌粉别称"吴氏百肤粉"，为治疗人体皮肤感染的一种本草外用粉剂，原料主要为金银花、红花、墨旱莲、苦参、百部、黄檗、蛇床子、刺草藓、漆大茹、锯齿草等天然本草的提取物。本项目源于广东省揭阳市惠来县东陇镇华房村，其组方及制作技艺，为惠来县顺杏堂吴氏家族所传承。顺杏堂抑菌粉主要适用于由菌类感染引起的肤炎治疗，成药使用方便，以粉剂包煎煮药汤的方式，具有见效快、不含激素、无刺激性气味等主要特点。其制作技艺是以纯本草植物为配伍原料、以顺杏堂祖传组方为配伍依据、以传统中药粉剂制作技法为手段的中药精细加工技艺。其中，最为关键的核心要素在于药材精取、药材配伍、药材杀菌、药汤鉴定四道制作工序。

（十）惠来县益慈小儿五迟五软康复。2023年被列入惠来县第四批县级非物质文化遗产名录。五迟五软是小儿生长发育障碍的一些病症，五迟是指立迟、行迟、齿迟、发迟、语迟；五软是指头项软、口软、手软、足软、肌肉软。该病的病因主要是由于先天禀赋不足，后天失于调养所致，相当于现代医学的脑瘫、自闭症、发育迟缓、智障、语障和唐氏综合征等病症。惠来县益慈小儿五迟五软康复项目所运用的皮部经筋骨推拿术就是通过观察皮部软硬、浮沉、色泽等表皮现象，以皮部揉法、搓法等手法刺激皮部和经筋，由表及内、达邪通里、调理五脏、扶正去邪，达到舒缓放松、镇静安神、醒神兴奋、温通气血等功效，可以有效地改善脑瘫儿患者肌张力，舒缓筋骨挛缩的症状，可以让烦躁的孤独症患儿平静下来，帮助发音障碍的孩子矫正两大发音系统（口腔系统和心肺系统）。

（十一）怡正堂中草药酒（外用）。2023年被列入惠来县第四批县级非物质文化遗产名录。"怡正堂中草药酒（外用）"精选28味中草药，浸泡一年以上的周期，形成具有消肿、活血、化瘀、止痛功效的"药酒"，主要适用于经络不通、跌打损伤、劳作腰痛、肢体麻木、头痛腹痛等症状，涂抹此药酒后有独特的功效。同时，也是人体骨骼断折，经驳接后复位期间涂抹的良药。本技艺的成品为纯中药草药制作，属液体状，精选28味中草药材，主要成分有：竹格叉、四叶对、金牛尾、半夏、桃仁、威灵仙、牛膝、回草、三七等和高度陈酿白酒。所有药材均浸泡于白酒中，浸泡时间至少一年以上，需密封低温，浸泡环境需保持阴凉、通风、避免阳光直射。怡正堂中草药酒只能外用，不得服食，不含任何激素成分，具有中医中草药酒的特征，是减轻病痛良药。

（十二）怡正堂黑膏贴（外用）。2023年被列入惠来县第四批县级非物质文化遗产名录。"怡正堂黑膏贴（外用）"为纯中草药制作，属固体状，它精选17味中草药材，主要成分有：珍珠末、琥珀、冰片、牛膝等。将药材研粉加工，部分药材需要水飞成极细粉后进行勾兑、过筛、混匀，再制作成肚脐贴。"怡正堂急惊风肚脐贴（外用）"主要功能是治疗患者惊风痰热、感冒发热，使用透皮给药疗法，比其他用药方式更易于药物吸收，中药利用度高。且脐部凹陷形成隐窝，药物贴敷形成自然的闭合状态，得以最大程度吸收进入血液循环及淋巴系统，发挥药物全身治疗作用。

（十三）惠来虾枣。2023年被列入惠来县第四批县级非物质文化遗产名录。惠来依山傍海，海产丰富，除了原生原味的海鲜，海鲜小吃也深受人们喜爱。"虾枣"便是其中之一。"惠来虾枣"已有100多年的历史，虾枣有煎、煮、蒸、炸等多种吃法，是惠来饮食文化的彰显。惠来虾枣选用新鲜的海虾，需人工细心进行挑拣，把一些残缺死虾挑出，掐头去尾剥壳，将虾肉里的细长虾线剔除干净，并进行3—4次的冰水清洗，防止虾肉变质，最大程度保持细嫩鲜甜的口感。制作时，将一半虾肉剁成细腻的虾泥，再将另一半虾肉切成较大颗粒。经过反复多次摔打后，用汤勺的柄部来刮浆，刮出来的虾枣呈现两头尖的梭形，炸好的虾枣散发着诱人的香气。

（十四）双喜三参饼制作技艺。2023年被列入惠来县第四批县级非物质文化遗产名录。溪西詹双喜三参饼制作技艺生产的"三参饼"，表皮酥脆、饼馅软糯，口感独特。该饼食较其他门店的产品有保存周期更长，不易软湿，备受消费者青睐。该技艺传承至今已是四代，生产态势长盛不衰，营销地域覆盖整个潮汕地区。詹双喜三参饼皮薄、酥脆、味道清甜，从整体上看，外观与月亮有点相似。饼皮制作过程与猪油白糖水融合，是一种独特的制作技艺。饼馅与普通的斋饼有质的区别，饼馅需选择本地产出的冬瓜、精选绿豆精粉、本地产出的白糖、精选的黑芝麻，饼馅黏稠、通彻透明、胶黏软糯、入口香甜。

（十五）丸和友猪肉丸制作技艺。2023年被列入惠来县第四批县级非物质文化遗产名录。惠来县猪肉制品技艺形式多样，"肉丸"便是其中之一，该"肉丸"已有100多年的历史，历经五代传承，技法不改质量不变。"丸和友猪肉丸制作技艺"保留传统正宗的做法，选取新鲜的猪后腿肉制作，肉质鲜美爽口，入口有嚼劲，超弹性，浓郁鲜香。丸和友猪肉丸制作选材于新鲜的猪肉，去除筋膜，经切碎成细块，用木槌捶成肉浆，加入自配的调味料，放入钵中反复摔搅，直至肉浆成为具有弹性黏稠的浆体，将其利用传统的技艺挤压揉捏成圆状，放进温水中慢煮成型，即是"肉丸"。该项目制作技艺流程讲究，手法细腻，成品味道鲜美、香浓。

（十六）老茶墩制茶技艺。2023年被列入惠来县第四批县级非物质文化遗产名录。"老茶墩制茶技艺"至今已有100多年历史，种植茶叶品种有"梅占茶""水仙茶""单丛茶"等多达10余种。2000年，引进新茶种"金萱翠玉"，同年从英德引进了"英红九号""鸿雁十二号"两个红茶品种。"老茶墩制茶技艺"全部采用新鲜茶叶加工，每一片茶叶都是纯手工采摘，经过萎凋、揉捻、发酵、干燥等加工工序，制成条索肥壮紧结、色泽乌润显毫、汤色红浓明亮、滋味鲜爽醇厚、叶底红软均匀明亮的优质茶叶。

（十七）惠城西一英歌。2023年被列入惠来县第四批县级非物质文化遗产名录。"惠城西一英歌"与潮汕其他地区的英歌舞相比，有其独特技巧和表演形式。它在扣槌基本槌法上有花样活指槌法、翻转槌法，威武的武术阵容和阳刚豪放的声音汇集于舞蹈，队员们需具有高大的身材和强壮的身体、粗犷的嗓音，传承学习时需从扣槌、练拳站马步开始练习。"西一英歌"始于清末民国初期，组建于广东省揭阳市惠来县惠城镇西一村。起源于梁山好汉的故事，英雄们化装成艺人前往攻打"大名府"救卢俊义。下上打探、化妆卖艺、乘机闯府、救卢出府、英雄会师、凯旋归山、欢庆团圆等情节形成舞蹈。

〔第四节〕惠来县第三次全国文物普查

2012年10月，惠来县完成第三次全国文物普查工作，把经过国家文物局核准的全县259处不可移动文物，按照分布、类别、内容，编纂成《惠来县第三次全国文物普查成果集》，下面按照五个类别进行介绍。

一、古遗址

（一）靖海所城遗址。靖海所城遗址位于靖海镇镇区，建于明嘉靖二十八年（1549），周长153丈，高4米，城墙以石垒筑，中填夯土。康熙三十八年（1699）重修。城内设巡检司，城西、城北二门属惠来营陆路，城东、城南二门属海门营水路。墙上布满垛口，城墙顶为跑马道，宽约4米。古城设东、西、南、北4个城门，城门上均勒石刻牌匾。东曰"表海胜概"，西曰"靖海安澜"，南曰"化洽趋虞"，北曰"莱钥永固"。4个城门楼均配套建设瓮城及城楼。该处对研究海防设施及镇民聚居有较高的价值。该遗址于2010年5月被广东省人民政府公布列为省级重点文物保护单位。

（二）靖海风吹门关驿站遗址。靖海风吹门关驿站遗址位于靖海镇北星村辖区，驿后村旁，始建于明朝，驿站为南北走向，详细年份不详，为驿站古道遗址，"驿前宫"南北两面开门相通，东西两面为墙壁，中间保持古贝灰"官路"驿道，是古代官民南北相通必经之路。该处对研究明代交通有较高价值。

（三）华清军营遗址。华清军营遗址位于仙庵镇华清村西的山冈上，建于清康熙（1662—1668），为石头、青砖和三合土混合砌筑，现已损毁，仅存遗迹及一些零碎的青砖块和石头，古营盘所在地林木茂盛，杂草丛生。古营盘是古代边民戍兵抗击倭寇的营地。该处对研究清代军事遗址有较高的价值。

（四）古井头烽火台遗址。古井头烽火台遗址位于周田镇杭美村东南面三公里的古井头山峰，据资料记载，建于明末。第二次全国文物普查时还存有墩基长25米，宽20米，高2米，用天然石块垒筑的烽火台。现烽火台已全部损毁，只剩下几块天然巨石。该遗址见证了明代完整的烽火台设防建制，烽火台对研究古代海疆烽火报警具有较高的价值。

2002年新华出版社《惠来县志》记载20世纪90年代"古井头烽火台"情形："古井头烽火台在周田镇杭美村东北五里山顶上。东南面海，墩基长25米，宽20米，高2米，用巨石垒筑。台分上下2层，台面8米见方，底层10米见方，高2.5米。"

（五）葵阳关遗址。葵阳关遗址位于周田镇径口村北面的烟墩山，又名径口关。明天启七年（1627），由惠来知县陈宗汤筑，历四个月建成，原上面建有跑马道和关堞枪眼。葵阳关建关后，这里发生了多次战争。1645年，清兵南下，明举人林学贤与弟林赞南、林有声，聚众起义抗清，派将领杨鸣谷、陈和南据此，阻击闽师都督郭奇等入关。该处对研究明代关隘具有较高的价值。该遗址于1983年10月被惠来县人民政府公布列为县级文物保护单位。

（六）厝坑烽火台遗址。厝坑烽火台遗址位于周田镇厝坑村旁，建于清代，原为三合土构筑，现已损毁，只存高土堆，土呈灰黑色。土堆及周围长满林木和杂草。烽火台系古代边疆戍兵用烽燧报警而建筑的高土台，在军事上担负边防报警的任务。隔一定的距离即筑一台，发现敌人入侵，一台即燃起烽烟，邻台见后也立即举火，很快使全线戍兵做好战斗准备。烽火台对研究古代边疆烽火报警具有较高的价值。

（七）前詹烽火台遗址。前詹烽火台遗址位于前詹镇塔兜村南面的烟墩山上，于明末开始使用。烽火台处于烟墩山最高点，由几块天然巨石垒叠而成，最上面的巨石平坦，面积约20平方米，巨石堆下是营房，营房为山洞，至今洞口还在。烽火台系古代边疆戍兵用烽报警而建筑的高土台，在军事上担负边防报警的任务。隔一定的距离即筑一台，发现敌人入侵，一台即燃起烽烟，邻台见后也立即举火，很快使全线成兵，做好战斗准备。烽火台对研究古代边疆烽火报警具有较高价值。

（八）港仔铜鼓出土点。港仔铜鼓出土点位于神泉镇澳角村南面的港仔海滩。1982年6月在港仔入水口的水下1米海滩上发现东汉铜鼓，出土时仅存鼓面和11厘米高的部分胴部，鼓面完整，有鹭鸟、羽人纹，鼓面直径71厘米，边缘有蹲蛙四只，一只残，现仅存三只。铜鼓发现的地方，为古代港口，古称"港仔"，明代以前是一天然避风港，来往于闽、浙、粤的商船，在这里交换货物。后由于港口淤塞，村舍也往北移，港仔入口处如今成为一片平原沃土。铜鼓出土点对研究惠来历史及粤东地区与海内外交通史提供了实物资料。

（九）圣王宫遗址。圣王宫遗址位于神泉镇南华居委内，据资料记载始建于唐天宝十年（751），坐东向西，布局为三间三进，面阔17.85米，进深35.08米，建筑面积626平方米，贝灰、瓦木构筑，硬山顶。宫内奉祀广利王（即越南王），当时由来往闽、粤、浙商人从广州光孝寺移香火在此立庙，唐宪宗元和庚子年（820）中秋，福建商人胡其成等6人，从佛山铸胜钟一口，重300公斤，送给圣王庙。明初该庙曾移至北门，清初又移回原址。现古庙内收藏有明代香炉、唐代石鼓、记事碑刻等文物。该遗址于2003年11月被列为县级文物保护点。圣王宫历史悠久，对见证神泉港的变迁和发展有较高价值。

（十）神泉古庙烟墩遗址。神泉古庙烟墩遗址位于神泉镇南华居委内烟墩高山处，该址于唐代时期倡建，是一高土石墩，唐代以来，是闽、粤、浙商船过往的纪念性航标标志，也是商人、民众朝拜、登高望远的场所。该址历史悠久，对见证神泉港的变迁和发展有较高研究价值。

（十一）溪东烽火台遗址。溪东烽火台遗址位于神泉镇溪东村西北面的烟墩山上，估计建于清代，台筑于烟墩山的最高点，石块砌筑，略呈椭圆形，长6.3米，中轴宽4米。该烽火台对研究古代海疆烽火报警具有较高的价值。

（十二）新厝村遗址。新厝村遗址位于华湖镇池畔行政村新厝自然村内，属东周时期，面积约1200平方米。采集有铜剑2件。1979年7月在0.5米深处又发现铜甬钟1件，重5公斤，甬钟挖出时外有铜锈，基本完整。1983年9月采集有石锛、石斧及夔纹陶片等。甬钟是西周乐器，武王灭商之后，距今有近3000年历史。甬钟的发现，省内罕见，为研究惠来历史提供了宝贵的实物资料。——该遗址因历史原因今已不复存在。

（十三）郭岗古寨遗址。郭岗古寨遗址位于华湖镇池畔行政村顶寨自然村东，建于明万历年间，为防倭寇而建。寨墙皆用天然石块垒砌，故名石寨。墙中填黄土，高3.5米，宽1.7米，寨墙设跑马道、马面、瞭望台，寨门向南。寨内有一小直街和三横巷，小庙建于直街尾端。寨门前道路全用天然石块铺筑，东西走向，现古寨内仅存一小庙及寨门，残存南寨墙长31米。古寨对见证明清时期村民聚居御敌有较高的价值。

（十四）虎沟山遗址。虎沟山遗址位于华湖镇池畔行政村顶寨自然村的虎头山麓西面，东周时期遗址，面积约6000平方米，采集有梯形石锛及夔纹、方格纹、网纹、曲折纹、米字纹等十多种印纹陶片。为研究惠来历史沿革提供了宝贵的实物资料。——该遗址因历史原因今已不复存在。

（十五）茶铺烽火台遗址。茶铺烽火台遗址位于华湖镇茶铺村东一里的烟墩山上，建于清康熙三年（1664）。台为三合土夯筑，中间夹有砖条，长方形，长4米，宽3米，高4米，墙厚0.8米。台旁建有营房二间。第二次全国文物普查时建筑尚存，现损毁，仅存的东南墙已倒塌，剩墙长约3米，高约2.5米。烽火台对研究古代边疆烽火报警具有较高的价值。——2013年，因修揭惠高速公路，该遗址被铲平，不复存在。

（十六）蚶蚌寨遗址。蚶蚌寨遗址位于东陇镇苗海村北三里处。这里两峰高峻夹峙，一涧中流。明末举人林学贤、罗英攻打县城时驻兵于此。清顺治三年四月筑寨，周长约一公里，寨内建有营房，瞭望哨，寨只有一小径出入，同年十一月二十九日，林学贤与清军于城西关战斗身亡，罗英也牺牲于此，这支农民起义军先后被清廷派兵镇压。当年的石寨及寨内营房、寨外瞭望哨已损毁。蚶蚌寨是明清时期义军捍卫国家领土的佐证。

（十七）长青烽火台遗址。长青烽火台遗址位于东港镇长青村旁，建于清代，台筑于长青村地龙顶，面积约20平方米，现仅存黄土堆及倒于地面的石块和三合土构筑的1墙块，该台是县西烽火台的起点，与陆丰县接壤。烽火台对研究古代边疆烽火报警具有较高的价值。

（十八）千秋镇城遗址。千秋镇城遗址位于葵潭镇千秋镇村南面，据资料记载建于南宋，据《潮阳县志》载，千秋镇在惠来都，其地背山面峪，水绕山盘，文天祥部将邹沨屯兵抗元时在此垒筑土城，城周长2公里，高1.6米，宽1.2米，开南北二门。现仅存城墙一堵，东西长11.8米，墙高4米，墙厚0.44米。千秋镇城遗址对研究古代围城御敌有较高的价值。

（十九）虎头寨遗址。虎头寨（又名禁城寨），位于葵潭镇兵营村往东约三公里的龙溪畔。据资料记载建于清顺治二年（1645），是明末举人林学贤率众起义抗清遗址。现仅存西北面寨墙一截，高约4米，长约8米。清代惠来进士、吏部观政张经在舟过虎头寨时曾赋诗："舟过冈头指绿林，江干暂泊陟层岑；飞来江燕呢喃语，化去河虫断续音。偿汝青灯宁未了，误入黄石到如今；风烟满眼归何处？故垒萧萧荻苇侵。"

（二十）豪猪窝窑址。豪猪窝窑址位于葵潭镇青坑村西南面的半山腰上，盛产于明朝至民国期间。属龙窑，长60米，遗存有堆积物达3米多厚，面积约2500平方米，烧制的瓷器有碗、盘、杯、碟，也有陶器。现窑址已被铲除，遗存有碗、盘、杯、陶罐等碎片。分布范围约1000平方米。窑址对研究明清以来民间陶瓷烧制及彩绘艺术具有较高的价值。

（二十一）新寮烽火台遗址。新寮烽火台遗址位于鳌江镇新寮村西南面100米处。据资料记载建于清康熙三年（1664），烽火台呈正方形，三合土构筑，墙高约3米，面积约20平方米，现仅存一堆高土堆，土呈红色。新寮烽火台遗址对研究古代边疆烽火报警具有较高的价值。

（二十二）东溪窑址。东溪窑址位于惠城镇泗竹埔村西三公里处的山坡。据资料记载建于明代，明至清代，这里原有18条窑，属馒头窑，面积约5万平方米，主要烧制的有瓷碗、盘、杯、碟及陶罐等，碗、盘、碟上釉明亮如琉璃。现窑址已毁，周围只剩下碗、盘、碟等碎片的堆积物，厚达3米多。窑址对研究明清以来民间陶瓷烧制及彩绘艺术具有较高的价值。

二、古墓葬

（一）虎沟山墓群。虎沟山墓群位于华湖镇池畔行政村顶寨自然村的虎头山麓，第二次全国文物普查时发现有14座长方形券顶砖室墓，坐东朝西，墓葬自南向北横挂。采集有鱼纹、叶脉纹墓砖和陶罐、碗、碟等随葬品。现墓葬群全受破坏。虎沟山墓群为研究惠来历史沿革及人文气息留下了宝贵的实物材料。——该遗址因历史原因今已不复存在。

（二）**林宣义墓**。林宣义墓位于靖海镇后池村东墓庵山。墓始造于南宋宝祐年间（1253—1258），坐东南向西北。墓葬为石亭式，墓碑阴刻"宋三世祖考宣义林公墓""嘉靖三十四年季冬吉旦"等字，明嘉靖三十四年（1555）、清康熙二十六年（1687）及1992年重修。墓历经三次维修，保存了原始的建筑风格，为研究惠来宋代古墓葬形制及移民历史留下了宝贵的实物资料。

（三）**胡建潮墓**。胡建潮墓位于靖海镇靖海港旁，据资料记载，墓始造于南宋庆元年间（1195—1200），坐东朝西，明万历二年（1574）重修，民国七年（1918）及2006年再修，墓呈交椅状，墓碑阴刻"一世祖，考玑阁使建潮胡公之墓"，边刻"明万历二年、民国七年重修"等字。胡建潮为宋绍兴十九年（1149）特科进士，授员外郎，袭授玑阁使。因参与胡铨奏劾秦桧，遭受迫害，于绍兴二十三年（1153）弃官避祸，定居于今惠来县仙庵镇京陇村，是京陇村胡姓始祖。古墓对研究胡姓移民历史具有较高的价值。

（四）**可臣元公墓**。可臣元公墓位于靖海镇葛山村后山旁，据墓碑记载造于清乾隆五十九年（1794），坐南向北，光绪五年（1879）重修。墓呈交椅状，为五块大石板拼筑而成，碑宽1.7米，高0.94米。碑文阴刻"十一世祖，考儒标郎可臣元公墓；乾隆甲寅年暑月吉旦安葬；光绪己卯年六月吉旦重修"。可臣元公墓对研究清代古墓葬有一定的价值。

（五）**万山祖墓**。万山祖墓位于仙庵镇田墘村西面的雷打山岭。墓造于明初，坐西北向东南，呈半月状，墓面阔1.76米，高1.1米，三合土构筑，无立碑，墓壁上写"万山墓"。胡万山，生于元末，曾任潮州总管之职，后因朝廷腐败而辞职，时惠来未建立县治，盗寇四起，焚烧劫杀，故众乡民推举万山为光华寨长，当时潮阳有张、刘二姓几百户人家被盗寇围困，万山亲率众乡亲奋力杀敌，解救出被困乡民。万山墓对研究明代民间古墓葬有一定的价值。

（六）**林华岚墓**。林华岚墓位于前詹镇桥头村余厝崎鲤鱼地山，墓始造于南宋景炎元年（1276），坐南向北，石亭式构筑，墓碑阴刻"宋四世显祖考华岚林公"等字，明嘉靖三十五年（1556）、清康熙二十六年（1687）及1991年重修，古墓保存了原始的建筑风格，对研究宋代古墓葬形制有较高的价值。

（七）詹致政墓。詹致政墓位于前詹镇桥头村余厝崎鲤鱼地山，墓始造于南宋宝祐五年（1257），坐南向北，石亭式构筑，墓碑阴刻"宋第三世祖考两浙制置使致政詹公，妣皇诰封宜人玉质胡氏之墓"，边刻"宋朝宝祐丁巳年花月庚申立"等字，明嘉靖三十五年（1556）及2007年重修。古墓保存原始的风格，对研究宋代古墓葬形制有较高的价值。

（八）苏福墓。苏福墓位于神泉镇赤山村马东山麓，造于明洪武二十八年（1395），坐西朝东，有碑座及碑，碑座刻"国献家祯"；碑刻"皇明崇祀乡贤神童叔祖墓"，边刻"永历己丑岁孟春之吉，总兵官任孙苏文修"。墓系永历己丑岁（1649）总兵苏文修筑。还有墓道碑1方。苏福，神泉镇人，年十四征举赴京，明洪武帝嫌其幼稚，遣归，途至濮州染病身亡，洪武帝颁旨赐葬，知县择地葬于此山。该墓于1991年12月被惠来县人民政府公布列为县级文物保护单位。古墓对研究神童文化具有较高的价值。

（九）谢正蒙墓。谢正蒙墓位于华湖镇华谢村双髻谢山，20世纪60年代在华谢村遗冢迁徙至此重葬，坐北向南，墓呈交椅状，碑宽1.75米，高1.14米，碑刻"明，晋阶大中大夫河南参议巡按直隶云南道监察御史谢公中吉之墓"，墓前石狮一对。古墓对研究谢正蒙一生及明代雕刻艺术具有较高的价值。

（十）谢正蒙遗冢。谢正蒙遗冢位于华湖镇华谢村。墓碑是谢正蒙三子于清顺治十一年（1654）重修谢正蒙墓时所立，坐东向西。20世纪60年代，华谢村村民分地建房屋，将谢正蒙墓迁至双髻谢山重葬，原始墓碑仍立于原处。石碑及伸手均为青油麻石，碑阴刻"明，晋阶大中大夫河南参议巡按直隶云南道监察御史"，边刻"顺治十一年，子立"。石碑高0.7米，宽2米，厚0.1米。遗冢对研究谢正蒙一生有较高的价值。

（十一）吴善士墓。吴善士墓位于东陇镇四凤行政村后堀自然村旁，据《吴氏族谱》记载墓始造于南宋庆元二年（1196），于明万历八年（1580）重修，坐西南向东北，灰沙构筑，碑宽1.96米，高1.13米，墓床高0.7米，宽0.68米。碑刻

"始祖考善士吴公墓",边刻"万历甲辰年"。吴善士为东陇镇吴氏始祖,古墓对研究明代古墓葬形制及移民历史具有一定的价值。

(十二)林五娘墓。林五娘墓(又叫林姑娘墓)位于东港镇百塍村以北的完斗水库南面,造于清代,坐北向南,碑阔1.23米,高0.89米,碑上阴刻"天地父母,林姑娘义塚之墓"等字,墓床为石,墓前壁及伸手为贝灰构筑。林姑娘是林学贤第三女儿,镇守虎头寨,学贤兵败,她与官兵厮杀,败至百塍,战死阵中,乡人收尸葬于此。古墓对研究林学贤及其女儿的一生有一定的价值。

(十三)林家濬墓。林家濬墓位于东港镇长青村北,造于清光绪三十三年(1907),坐西北向东南,墓呈交椅状,碑高0.96米,宽0.65米。碑文阴刻"清,诰封中宪大夫赏戴蓝翎钦加博士衔肇庆教授,十一世祖考(讳)家濬林公墓",边刻"光绪丁未年春立"。墓伸手立有一对石狮子,贝灰构筑。林家濬(1831—1907),字剑泉,惠来县东港镇长青村人,光绪二年副榜,历任过连山厅教谕,肇庆府教授。林家濬墓对研究清末名人墓具有较高的价值。

(十四)陈梅峰墓。陈梅峰墓位于葵潭镇吉镇村西龟地山。造于明永乐三年(1405),坐西朝东,墓呈交椅状,全为花岗岩石砖砌筑,中立碑1通,高1.63米,宽0.9米,碑裙镌刻云彩图案,碑刻:"陈梅峰国谕墓,吉岁甲申丁卯月己未日,男僧童。"元朝初,陈梅峰随父文英由陈陇乡到龙溪都麒石村(岐石镇岐石村)开基创业,成为岐石村第二代祖先。陈梅峰墓构造独特,对研究明代古墓葬形制及移民历史具有较高的价值。

(十五)林通玄墓。林通玄墓位于隆江镇见龙村厚培林山坡,始造于宋代,坐北向南,灰石构筑,碑宽0.8米,高1.3米,碑阴刻:"宋始祖考通玄林公墓。"明万历三年(1575)、清光绪三十四年(1908)修葺。林通玄,宋嘉祐进士。现墓地保存有宋代石狮、碑碣、旗杆夹等建筑实物,对研究宋代古墓葬形制及雕刻艺术有较高的价值。

(十六)吴念一墓。吴念一墓位于惠城镇东郊社区朱雀山南面,造于明洪武年间,坐西向东。墓呈交椅状,碑宽0.62米,高0.93米,碑刻有"明,三世祖承直郎念一吴公墓",边刻"万历己未年葬公元乙丑年重修"贝灰构筑。明万历四十七年(1619)、1985年重修。吴念一,明洪武年间进士,任陕西巩昌府通判,官至六品，寿终洪武帝恩赐葬于此山，并亲笔题字"朱雀名山"，后刻石立于墓道。古墓对研究吴念一及明代墓葬形制有较高的价值。

（十七）吴云成墓。吴云成墓位于惠城镇西二社区洋饭湖山，造于清康熙五十一年（1712），坐北朝南，为灰沙土构筑，碑宽0.58米，高0.9米。碑阴刻"清，怀远将军云成吴公墓"，边刻"康熙五十一年季冬吉旦"。吴怀远将军，清朝正五品武官。古墓对研究清代古墓葬及吴怀远将军一生有较高的价值。

（十八）方安夫墓。方安夫墓位于华湖镇官路村石柱埔，据族谱记载造于明嘉靖二十一年（1542），坐北朝南。碑阴刻"明，考寿官安夫方公，妣孺人静室林氏之墓"，碑高2.13米，宽0.85米，厚0.22米。墓碑上构筑石亭顶，碑裙高0.93米，宽1.88米，上雕羊、鹿、凤等石浮雕，建筑占地面积约30平方米。现保存着原始的石碑、围裙、石浮雕等，对研究明代古墓葬有一定的价值。

三、古建筑

（一）靖海炮台。靖海炮台位于靖海镇粤电厂内，建于清代，为石砖砌筑，东西长29.3米，南北长21.8米，建筑面积638平方米。炮台距资深炮台5公里，原有炮8尊，营房18间。该炮台与资深炮台相呼应，称为南北炮台，扼控靖海港，炮台为防倭寇而筑，现建筑较残破。该炮台于1983年10月30日被惠来县人民政府公布列为县级文物保护单位。炮台对研究清代时期沿海军事设施具有较高的价值。

（二）靖海烽火台。靖海烽火台位于靖海镇北面的近海山岗，估计建于清代，与接近的靖海炮台、靖海古城墙构成一个较完整的古代沿海军事防御系统。或因倭寇入侵，烧杀掠夺，村民为通知邻村救援而构筑。现存呈方锥体独立高台，底正方，边长6米，为石块掺灰沙垒筑，形制虽较规整，但陈旧剥蚀严重。烽火台是古代军情报警的基本设施。

（三）资深炮台。资深炮台原称石碑澳炮台，位于靖海镇资深村东1公里处，始建于清代，距靖海炮台5公里，该炮台与靖海炮台相呼应，称为南北炮台，扼控靖海港，该炮台为防倭寇而筑。清康熙五十六年（1717）后构筑重点防御工事，置设大炮6尊，营房18间，驻专防外委1员，台兵18名。现存炮台台基为灰沙夯筑,上面为砖、石、灰沙混合建成,呈长方形,东西长约22米,南北约15米。该处对研究清代军事设施有较高的价值,该炮台于1983年10月30日被惠来县人民政府公布列为县级文物保护单位。

(四)仙庵村寨门。仙庵村寨门位于仙庵镇仙庵村,据村民讲述建于明代,仅存西寨门及两边寨墙。寨门向西,为石砖砌筑,门框石柱构筑,宽1.3米,凿有门轴洞,门上嵌匾额,上刻"秀挹长庚",寨门前铺筑五级石台阶。存寨墙长27.5米,高2.5米,寨墙为石块、青砖及红砖砌筑。仙庵村寨门是明代仙庵村村民聚居的历史见证,具有较高的价值。

(五)关门山烽火台。关门山烽火台位于周田镇径口村北面四公里的关门山顶,建于明天启七年(1627)。原台西南排列着5座炮座,每座相距两米,遥控关南。台北面有营房遗址,贝灰三合土夯筑。该烽火台及炮座为扼守葵阳关而建,属与关防配合的制式完整的军事报警设施。第二次全国文物普查时还残存有台面2.5米见方,高2米,台上遗存有大量的红灰色空心砖。现烽火台已全部损毁。该处对研究明代军事遗址有较高的价值。

(六)狮石村寨门。狮石村寨门位于周田镇狮石村,村寨始建于明代,为防倭寇而建,现仅存东、南二寨门和寨门两边的寨墙二堵。东、南寨门均为石砖砌筑的拱形寨门,门内有石门崖及将军柱,东门残存寨墙长约5米,高5米,墙厚0.36米。其墙为不规则石块砌筑,上夯三合土及瓦片。南门残存寨墙长约9米,墙高2.5米,寨墙为石块、瓦片混合砌筑。狮石村寨是明代村民聚居的佐证,对研究明代村民建寨聚居及防范倭寇留下了宝贵的资料。

(七)澳角炮台。澳角炮台位于神泉镇澳角村西北面,建于清康熙五十六年(1717),原设炮6尊,营房7间,专防外委1员,台兵18名。炮台贝灰夯墙,呈长方形,东西长22.5米,南北宽15.2米,墙高5.8米,厚2米(西墙厚4.5米),上有城堞、炮眼及人行道(宽1.3米),设有楼梯;台东南角开一拱门,朝南。炮台四周完整,形制独特。南面墙一炮洞,为抗日战争时期侵华日军舰炮所击穿。该处对研究清代军事遗址有较高的价值。该炮台于1983年被惠来县人民政府公布列为县级文物保护单位。

(八)溪东炮台。溪东炮台位于神泉镇溪东港口大崎山上,建于清康熙五十六年（1717），四周贝灰夯筑，台后椭圆形，用花岗岩石垒砌。南北长24.3米，东西宽15米，墙高5.6米，厚0.5米，人行道宽1.5米；有炮堞、枪眼各10个，台东北角开一门朝东。原设炮8门，营房12间。台耸立峰顶，雄踞海岸，为进入港仔及神泉港之要防。该炮台于1983年10月被惠来县人民政府公布列为县级文物保护单位。炮台构造独特，对研究清代时期沿海军事装备具有较高的价值。据方氏族老讲述，清乾隆十七年（1752）中秋佳节之夜，抗贼平倭英雄方万邦率兵勇及乡民在炮台奋力抗击倭贼来犯，因寡不敌众，英勇殉国，奉朝廷得允，收方万邦之忠骨长埋炮台右侧。

（九）**海角甘泉**。海角甘泉位于神泉镇南华居委内，始建于宋代，清乾隆十七年（1752）重建，泉堀秋冬不竭，水甘洌，从上至下有22级台阶（清时18级台阶），在旁建有一面阔三间，进深一间，单檐歇山顶亭，清乾隆十七年惠来知县王玮为整甃建亭撰文。该泉于1979年4月被惠来县人民政府公布列为县级文物保护单位。井泉对考证宋代以来环海沙滩泉眼以及人民生活饮用水具有较高的价值。

（十）**堡内古寨**。堡内古寨位于华湖镇寨内村老乡。建于清顺治二年（1645），当时为防倭寇侵扰而建。古寨略呈圆形，东西走向130米，南北走向128米，总面积13200平方米，设东、北二门，寨门为石砖砌筑，呈拱形，外门石门框中间筑凹槽，内门门框为石筑，上设瞭望台，寨墙周围下边约1米多为石块砌筑，上面为青砖砌筑，寨共设有瞭望台6个，旁筑石级。古寨中央地势略高，中央有一石略呈圆形，直径0.3米，俗称脐石，当地村民称古寨为鼎寨。寨内村民多姓同居，房屋为贝灰、瓦木构筑的平房。古寨对研究清代村民聚居有较高价值。

（十一）**东陇寨门**。东陇寨门位于东陇镇东陇村，创建于明代，当时为防倭寇而建。现仅存东寨门及寨门两边残墙8米多，墙高4米，寨门向东，上筑炮楼，屋顶为琉璃瓦硬山顶，寨门两边化成弧形，远看像一顶状元帽，当地村民称其为状元门。寨墙贝灰、黄泥构筑，中间填田土，村民称为"金包银"。寨门建筑轩昂，形制独特。古寨对研究明代村民建寨聚居及防范倭寇有较高的价值。

（十二）**葵亭灰寨**。葵亭灰寨位于葵潭镇葵亭村。据村民介绍建于清代，坐西南向东北，寨呈正方形，边长106.4米，寨墙四角有突出寨外的方形转角台，墙体为灰沙夯筑,墙高5米,厚0.55米,建筑占地面积11330平方米,寨设一门,大门向东北,门阔5米,据村民相传距今300多年,寨内房屋呈规则状。葵亭灰寨保存完整,对研究清代村民建寨聚居及防范倭寇有较高的价值。

（十三）顶寨。顶寨位于葵潭镇顶寨村,创建于明万历年间（1573—1620）,由俗名叫"虱母仙"的和尚倡建,顶寨由于建在高地的小土冈而得名,原寨呈多边形状,设东、北两寨门,东寨门筑两门,外门向南,内门向东;北寨门筑两门,外门向北,内门向西。寨墙均为灰沙夯筑,高6米,厚0.5米。两寨门内面积均为18.8平方米。寨东存寨墙长20多米。寨内地势高低不平,房屋呈不规则状,有的陈旧已废弃,现居住的有10多户,70多人。顶寨对研究明代村民聚居状况有一定的价值。

（十四）鼎寨。鼎寨位于惠城镇山美村老乡。据村民介绍创建于明嘉靖四十二年（1563）,寨建于高土冈上,设东、西、南三寨门,上设瞭望台,中央地势最高,四周地势低,故村民称其为鼎寨,寨略呈椭圆形,东西长135米,南北长110米。寨墙为石块和砖块砌筑,墙高5米,厚0.5米。寨内房屋分布呈规则状。鼎寨对研究明、清时期村民建寨聚居及防范倭寇有较高的价值。

（十五）元氏祖祠。元氏祖祠位于靖海镇北星村内,始建于清代,坐南向北,北星村元姓族人为奉祀先祖而建,布局为五间三进,面阔20.1米,进深18.1米,建筑面积364平方米,后厅明、次间抬梁式结构,灰砂夯筑,硬山顶。祖祠内现保存有原始牌匾、石雕、木雕及清乾隆年间碑记1通,对研究清代潮汕祠堂文化及雕刻艺术具有较高的价值。

（十六）大坭庵。大坭庵位于靖海镇驿后村,建于清光绪十年（1884）,坐北向南,广三路,中路三间三进,面阔14米,总面阔26.2米,进深18.7米,明、次间抬梁式结构,两侧留青云巷,贝灰、瓦木构筑,硬山顶,大门上嵌牌匾"大坭庵",背刻"正隋堂",落款为光绪十年。大门前为旷埕及建围墙,1982年维修。现庵内保存有清光绪年间牌匾,对研究清代潮汕宗教建筑具有一定的价值。

（十七）靖海林氏祖祠。靖海林氏祖祠位于靖海镇南山村内,建于清同治年间（1862—1874）,坐南向北,布局为三间三进,面阔12.8米,进深19.8米,灰沙夯筑,硬山顶。林氏祖祠是南山村林姓族人为奉祀先祖而建,现保存有清代石刻门匾,对研究清代潮汕祠堂建筑有一定的参考价值。

（十八）靖海曾氏祖祠。靖海曾氏祖祠位于靖海镇西锋村内，据曾氏族人讲述，建于清光绪二十年（1894），坐东北向西南，为三间三进，面阔14.9米，进深24.7米，建筑面积368平方米，明、次间抬梁式梁架结构，灰砂夯筑，硬山顶。祠堂是西锋村曾姓族人为奉祀先祖而建。现保存有清代石刻门匾、木雕，对研究清代潮汕祠堂文化及雕刻艺术具有一定的参考价值。

（十九）靖海城隍庙。靖海城隍庙位于靖海镇中心小学旁边，据村民讲述，该庙创建于明洪武三年（1370），坐北向南，布局为三间三进，面阔12.5米，进深19.4米，建筑面积243平方米。明、次间抬梁与穿斗式结构，贝灰、瓦木构筑，硬山顶，庙内现保存有明代的石刻、清乾隆年间重修牌匾，对研究明代潮汕宗教建筑及雕刻艺术具有较高的价值。

（二十）普慧岩寺。普慧岩寺位于靖海镇葛山村葛峰山麓，据碑记记载创建于明代，清代维修，坐东北向西南，岩依山构筑，分前后座，前座属广三路，中路三间两进，面阔10.25米，总面阔24.35米，进深15.35米，明、次间抬梁式结构，两侧留青云巷，后座面阔六间过，深一进，总面阔22.2米，后堂后面为石洞，洞宽3.8米，深4.3米，建筑面积686平方米。前后座均为灰沙夯筑，硬山顶。石洞为自然岩洞，以人工开凿修整作庙。岩为纪念传说圣母至此定居而建，该寺于1995年8月被惠来县人民政府公布列为县级文物保护单位。内保存有明代牌匾、清代铜磬，对研究明代潮汕宗教建筑具有较高的价值。

（二十一）靖海戎氏祖祠。靖海戎氏祖祠位于靖海镇西锋村。据戎姓族人讲述，始建于清同治八年（1869），坐东向西，靖海镇城内戎姓族人为奉祀先祖而建。为三间三进，面阔16.2米，进深28.4米，建筑面积460平方米，头门石板构筑，有石浮雕、书法、壁画，明间三山门，中立青石鼓，后厅明、次间抬梁式梁架结构，用材硕大，硬山顶。祠堂布局完整，内保存有清同治年间的牌匾，是研究清代潮汕祠堂文化及雕刻艺术的宝贵资料。

（二十二）靖海在乐元公祠。靖海在乐元公祠位于靖海镇东光村，据元姓族人讲述，始建于清康熙年间（1662—1722），坐南向北，为三间三进，面阔14米，进深24.5米，建筑面积343平方米，后厅明、次间抬梁式梁架结构，灰沙夯筑，硬山顶。清乾隆四年（1739），由惠来县令杨宗秉倡建的"在乐轩"书院位于在乐元公祠后面，为三间过进深二间，面阔14米，进深8米，建筑面积112平方米，灰沙夯筑，硬山顶。祠后为两层楼建筑的望海楼，贝灰、瓦木结构，面阔15米，深13米，建筑面积195平方米。整座建筑气派恢宏，形制独特，具有鲜明的岭南建筑风格，是研究清代潮汕祠堂文化及惠来教育历史沿革的实物资料。2023年11月，在乐元公祠被惠来县人民政府批准列为县级文物保护单位。

（二十三）靖海东川元公祠。靖海东川元公祠位于靖海镇北星村，据元氏族人讲述，始建于清代，坐南向北，北星村元姓族人为奉祀先祖而建。为三间三进，面阔14.35米，进深17.8米，建筑面积255平方米，后厅明、次间抬换式梁架结构，灰沙夯筑，硬山顶。内保存有清代的牌匾、青油麻石质的花、鸟、狮子石浮雕，对研究清代潮汕祠堂文化及雕刻艺术具有较高的价值。

（二十四）君子泉。君子泉位于靖海镇旧厝村的港南山麓，为天然泉眼，泉水从石缝溢出，秋冬不竭，不能用桶汲，只能用勺舀。明、清以来，村民挑此水烹茶，君子泉的特点，水清甘冽，入口润滑，而茶锅久煲无沉积物，茶杯不沾迹。有林公任咏诗一首："风高帘让瞰南边，因爱倾题君子泉；旱久未闻为涸豁，春来依然总潺潺。取携不竭煎香茗，曲引长流灌美田；水莫在深灵则异，清甘凝冽即神仙。"该泉对研究明清以来村民饮用水源有一定的价值。

（二十五）东铺桥。东铺桥位于仙庵镇东铺村旁，又名石鸟桥。建于明洪武年间，为柱墩式石筑平桥，桥面三板石合成，南北走向，总长40米，宽1米，桥身有点弧形，桥因其北有东铺村，村东有石鸟山而得名。桥原有十七孔，因河流淤塞，今剩下十孔，是潮阳通靖海古道。古桥对研究明代交通沿革有一定的价值。

（二十六）荆陇寨。荆陇寨位于仙庵镇京陇村，建于明末，为防倭寇而建，贡生胡再升（古代县志记载为胡丹陞）集众于四周筑墙为寨，平面呈圆形，周长3200米，墙为砖石泥垒筑，高4.2米，厚1米。寨墙跑道宽10米，四门各筑门楼。寨门上嵌牌匾，曰：东门、西门、安澜门、莱公锁钥。现寨墙已毁，只存四寨门。古寨对研究明代村民建寨聚居及防范倭寇有较高的价值。

（二十七）万山祖庙。万山祖庙位于仙庵镇京陇村内。据村民讲述建于清乾隆年间，坐北向南，为三间三进，面阔13.2米，进深16.4米，建筑面积327平方米，明、次间抬梁式结构，贝灰、瓦木结构，硬山顶。后于东面扩建厝包及青云巷，总面阔19.95米，万山祖庙是京陇村胡姓族人为奉祀先人胡万山而建的。现庙内保存有万山像、坐骑及光绪年间碑记、楹联等。对研究清代潮汕宗教建筑及民族英雄有较高的价值。

（二十八）玄天上帝庙。玄天上帝庙位于东陇镇石洲村内，始建于清道光六年（1826），坐西向东，由主座及北侧厝包组成，主座三间两进，天井建为拜亭，两侧留小天井，门厅干栏式结构，后厅明、次间抬梁式结构，贝灰构筑，硬山顶。主座面阔8.4米，厝包阔4.9米，进深10米，建筑面积133平方米。内保存有清道光年间碑记3通及光绪年间字幅，对研究潮汕宗教建筑及宗教文化有一定的价值。

（二十九）桥观寺。桥观寺位于仙庵镇桥观行政村红桥自然村旁，始建于清光绪二十五年（1899），坐东向西，广三路，中路三间三进，面阔14.8米，总面阔25.6米，进深18.3米，建筑面积468平方米。拜亭两侧留小天井，后厅明、次间及拜亭抬梁式梁架结构，硬山顶，门前有石刻对联："桥月初明开野案，观鱼妙境写潮文。"内保存有清光绪年间的牌匾、对联、木刻，对研究清代潮汕宗教建筑有一定的价值。

（三十）乐善桥。乐善桥位于仙庵镇桥观村旁，建于明代，东西走向，桥十孔，为柱墩式三板平石桥，长46米，宽1.8米。明末这里舟楫往来，潮、惠两地民众于此集市，桥东两旁原铺户林立，桥西为红桥村，古桥是潮阳至靖海古道，红桥溪发源于金刚髻，经东铺向四石港出海，昔日河床宽阔，舟楫直达桥头。古桥对研究明代交通沿革有一定的价值。

（三十一）仙庵林氏祖祠。仙庵林氏祖祠位于仙庵镇仙庵村内，据牌匾背面记载，建于清道光元年（1821），坐北向南，仙庵林姓族人为奉祀先祖而建，格局为三间四进，面阔14.74米，进深33.06米，建筑面积487平方米，明、次间抬梁式梁架结构，灰砂夯筑，硬山顶，内保存有清代牌匾、石雕、木雕，还有碑刻1通，对研究清代潮汕祠堂文化及雕刻艺术具有较高的价值。

（三十二）赖氏祖祠。赖氏祖祠位于仙庵镇仙庵村内。据牌匾背面记载创建于清光绪二年（1876），坐北向南，为三间三进，面阔10.4米，进深16.5米，建筑面积171平方米，明、次间抬梁式梁架结构，贝灰、瓦木构筑，硬山顶。仙庵村赖姓族人为奉祀先祖而建，内保存有清光绪二年木刻两屏及清代的牌匾、石雕、木雕，对研究清代潮汕祠堂建筑具有一定的价值。

（三十三）望德庵。望德庵位于仙庵镇田墘村南。据牌匾记载创建于清光绪十一年（1885），坐北向南，广三路，中路三间两进（拜亭与后厅连一起），面阔15.4米，总面阔30.5米，进深25.1米，建筑面积765平方米。明、次间干栏式结构，拜亭抬梁式结构，硬山顶，两侧留青云巷。庵前有旷埕，两旁建平房，庵为住持僧家源募化护建。现庵内保存有清光绪年间落款的牌匾、香炉等文物，对研究清代潮汕宗教建筑有一定的价值。

（三十四）锡溪洪氏家祠。锡溪洪氏家祠位于仙庵镇锡溪村内。建于清咸丰八年（1858），坐东向西，为三间三进，面阔16.5米，进深25.07米，建筑面积413平方米，明、次间抬梁式结构，灰砂夯筑，硬山顶。据洪氏族谱记载祠堂创于明成化七年（1471），修建于清咸丰八年。内保存有清代牌匾、石刻，对研究清代潮汕祠堂建筑有一定的价值。该处作为革命旧址于2012年7月被惠来县人民政府公布列为县级文物保护单位。

（三十五）锡溪天后圣庙。锡溪天后圣庙位于仙庵镇锡溪村内。始建于明正德十四年（1519），坐东向西，为三间三进，面阔6.06米，进深11.55米，建筑面积70平方米。明次间抬梁式结构，贝灰、瓦木构筑，硬山顶。天后圣庙是沿海乡民为祀奉"妈祖娘娘"而建的。庙经几度维修，内保存有明代的牌匾、天后圣母牌匾，对研究岭南沿海地区妈祖文化具有一定的价值。该处作为革命旧址于2012年7月被惠来县人民政府公布列为县级文物保护单位。

（三十六）京陇五世祖祠。京陇五世祖祠位于仙庵镇京陇村内，建于明代，坐北向南，为三间三进，面阔16.3米，进深28米，建筑面积457平方米，前后厅明、次间抬梁式梁架结构，用材硕大，明间三山门，中门立青石鼓，头门石板砌筑，灰砂夯筑，硬山顶。据胡氏族人讲述，祠堂建于明代。祠堂内保存有明代的牌匾、花鸟等石浮雕和木雕，对研究潮汕祠堂文化和雕刻艺术具有较高的价值。

（三十七）京陇后五世祖祠。京陇后五世祖祠位于仙庵镇京陇村内，据胡氏族人讲述，建于明代。祠堂呈曲尺形，东西向北曲折，大门向东，由三厅三天井及仪门、两边厢房组成，中厅转曲尺，仪门三间过，抬梁式结构，前厅、中厅、后厅为五间过，明、次、梢间均为抬梁式梁架结构，单檐硬山顶，灰沙夯筑。建筑面积1007平方米，仪门为石板砌筑，三山门，中门立石狮子。祠堂形制独特，建筑轩昂，有鲜明的岭南建筑特色，对研究潮汕祠堂文化具有较高的价值。

（三十八）直叟祖祠。直叟祖祠位于仙庵镇京陇村内，据胡姓村民讲述，族谱记载创建于明弘治十五年（1502），坐北向南，京陇村胡姓族人为奉祀先祖而建。为三间三进，面阔13.32米，进深18米，建筑面积240平方米，明、次间抬梁式梁架结构，灰沙夯筑，硬山顶。直叟祖祠是京陇村内最小的祠堂。现祠堂内保存有明弘治年间的匾额、石浮雕，对研究潮汕祠堂文化及雕刻艺术有较高的价值。

（三十九）京陇二肯斋。京陇二肯斋位于仙庵镇京陇村京南书房巷，创建于明代，京陇村胡员外所建，坐北向南。二肯斋分前、后座，前座为二层楼房，面阔四间，进深二间，贝灰、瓦木结构，二进明间为天井，南墙上部垒砌红砂菱形花窗，硬山顶。后座比前座台基高1.2米，四间过，进深二间，明、次间抬梁式结构，前廊设为戏台，西侧梢间构筑楼梯，可步上前座二楼，悬山顶。整座建筑东西长15.84米，南北长19.2米，建筑面积304平方米。二肯斋建筑材料由江苏省苏州市购进。内保存有狮子、花鸟等木雕，是研究古民居及明代雕刻艺术的宝贵资料。

（四十）京南大古井。京南大古井位于仙庵镇京陇村京南大巷，于清康熙年间（1662—1723）挖筑，井内由不规则的石块垒砌，井台用两块大石雕琢成半圆形石块合成圆形井框，井台上镌刻圆形云线。内直径50厘米，外直径78厘米，井台高65厘米，井水清澈甘甜，古井一直作为村民的饮用之水，至今仍可饮用。古井对研究清代以来村民饮用水源有一定的价值。

（四十一）京师桥。京师桥位于仙庵镇京陇村，创建于明代，东西走向，为柱墩式三板石平桥，共11舟，宽1米，长39.8米，横跨于京陇村大溪上，桥下水质为半咸淡水，由北向南流向汇入资深港。20世纪60年代初，京师桥被改建成渡槽。京师桥是研究明代桥梁建筑及解放初期农业水利设施的宝贵资料。

（四十二）李氏家祠。李氏家祠位于仙庵镇宁寨村老乡内，建于清同治年间，坐西向东，为三间三进，面阔13.86米，进深11.55米，建筑面积160平方米，明、次间抬梁式结构，灰砂夯筑，硬山顶。据李氏裔孙讲述，祠堂建于清同治年间，族人为奉祀先祖而建。祠堂构造独特，大门上嵌菱形瓷瓦片，现保存有原始石刻门匾，对研究清代潮汕祠堂建筑有一定的价值。

（四十三）**四石古井**。四石古井位于仙庵镇四石村内，于创乡时所有的小泉眼，清代时期村民用石块及青砖在井边沿砌筑成井并构筑井框。井深2米多，井框用0.22米宽、1.3米长的石条构筑成内框边长为0.86米的正方形，井台边沿用混凝土构筑。古井历来是四石村民的饮用之水，现仍可饮用。古井对研究清代以来村民饮用水源有一定的价值。

（四十四）**庄严禅寺**。庄严禅寺位于周田镇仙家村旁的百花山腰上，始建于唐元和五年（810），清乾隆年间重建。坐北向南，寺为三进院落四合院式布局，面阔13米，进深18.65米。20世纪90年代增建大雄宝殿1座，为面阔31.7米，进深21.3米，占地面积1690平方米。寺内保存有历代重修碑记及名人诗赋石刻，对研究清代潮汕宗教建筑及禅寺历史沿革具有较高价值。该寺于1983年10月被惠来县人民政府公布列为县级文物保护单位。

（四十五）**清水岩寺**。清水岩寺位于周田镇崎岽村山麓，始建于明代，清代重修，坐北向南。为面阔七间深三进，总面阔22.9米，进深18.55米，占地面积520平方米。其后有巨石覆盖的天然石洞。寺旁有洞，可秉烛游，岩壁留有多处名人摩崖石刻，对研究清代宗教建筑及古寺沿革具有较高的价值。该寺于2003年4月被列为县级文物保护单位。

（四十六）**君尚周公祠**。君尚周公祠位于周田镇青洲村老乡内，据周姓族人讲述，创建于清顺治元年（1644），青洲村周姓族人为祀奉先祖而建。坐北向南，为三间三进，面阔12.6米，进深20.74米，建筑面积261平方米，后厅明、次间抬梁式梁架结构，用材硕大，灰沙夯筑，硬山顶。内保存有清代牌匾、石雕、木雕等文物，对研究潮汕祠堂文化及雕刻艺术有较高的价值。

（四十七）**甘泉岩**。甘泉岩位于周田镇考山村北伯公岭山麓，创建于清嘉庆七年（1802），分前、后座，坐西向东，前座面阔三间，深二进，明、次间抬梁式梁架结构，硬山顶。后座为两层楼建筑，面阔三间过，进深两间，钢筋、泥砖、瓦木结构，北侧建两层楼厢房，坐北向南，钢筋、泥砖结构。总面阔30米，总进深39

米。内保存有清嘉庆年间落款的牌匾及清代塑像、银手环等文物，对研究潮汕宗教建筑及宗教文化具有一定的价值。

（四十八）考山古田黄公祠。考山古田黄公祠位于周田镇考山村内，据碑记记载，创建于清嘉庆二十三年（1818），坐东北向西南，为面阔三间深四进，面阔16.5米，进深39.96米，建筑面积643平方米，明、次间抬梁式梁架结构，用材硕大，灰砂夯筑，均为硬山顶。祠堂布局完整，有独特的潮汕建筑风格。内保存有原始的木雕、灰塑、匾额等，还有碑刻1通。对研究清代潮汕祠堂文化及雕刻艺术具有较高的价值。

（四十九）华厝志述黄公祠。华厝志述黄公祠位于周田镇华厝村内，始建于清乾隆十四年（1749），华厝村黄姓族人为祀奉先祖而建。坐东向西，为三间三进，面阔15.95米，进深23.3米，建筑面积372平方米。明、次间抬梁式梁架结构，灰砂夯筑，单檐硬山顶。内保存有乾隆年间落款的牌匾、石雕、木雕，对研究清代潮汕祠堂文化及雕刻艺术具有一定的价值。

（五十）东前湖和斋黄公祠。东前湖和斋黄公祠位于周田镇东前湖村老乡内，据碑记记载，创建于清乾隆三十年（1765），东前湖村黄姓族人为祀奉先祖而建，坐东北向西南，为三间三进，面阔16.2米，进深37.5米，建筑面积605平方米，明、次间抬梁式梁架结构，灰砂夯筑，单檐硬山顶。内保存有乾隆年间落款的碑记及原始牌匾，对研究清代潮汕祠堂文化具有一定的价值。

（五十一）来友黄公祠。来友黄公祠位于周田镇东前湖村内，据碑记记载，创建于清咸丰元年（1851），坐西向东，东前湖村黄姓族人为祀奉先祖而建，为三间三进，面阔15.3米，进深20.28米，建筑面积310平方米，后厅明、次间抬梁式梁架结构，前厅干栏式结构，贝灰、瓦木构筑，硬山顶。内保存有清咸丰元年落款的碑记，是研究清代潮汕祠堂文化的宝贵资料。

（五十二）武宁真武寺。武宁真武寺位于周田镇武宁村内，创建于明代，清康熙二十七年（1688）重修，坐北向南，为单间建筑，面阔4.92米，进深14.65米，建筑面积186平方米。贝灰构筑，单檐硬山顶。后在寺两旁扩建从厝，总面阔12.7米，寺前增建拜亭。内保存有清康熙年间落款的碑记1通，门口石鼓1对，石鼓垫形制独特，对研究清代宗教建筑和雕刻艺术具有较高的价值。

（五十三）杭美陈氏家庙。杭美陈氏家庙位于周田镇杭美村内。据族谱记载，始建于明宣德年间（1426—1435），坐东向西，杭美村陈氏族人为祀奉先祖而建。为三间三进，面阔17.85米，进深35.08米，建筑面积625平方米，明、次间抬梁式梁架结构，前、后厅硬山顶，拜亭歇山顶。祠堂建筑轩昂，布局完整。内保存有明代的石刻牌匾，对研究明代潮汕祠堂文化具有一定的价值。

（五十四）薇山公祠。薇山公祠位于周田镇狮石村内，始建于清嘉庆年间（1796—1821），坐北向南，林姓族人为祀奉先祖而建，为三间三进，面阔13.55米，进深16.8米，建筑面积228平方米，明次间抬梁式梁架结构，灰沙夯筑，硬山顶。内保存有清代的牌匾、石雕，对研究清代潮汕祠堂建筑有一定参考价值。

（五十五）狮石天福寺。狮石天福寺位于周田镇狮石村内，据碑记记载，始建于清乾隆年间（1736—1795），坐北向南，布局为五间三进，前厅干栏式结构，后厅三间过，明次间及拜亭抬梁式梁架结构。总面阔18米，进深22.4米，建筑面积405平方米，贝灰构筑，硬山顶。内保存有清乾隆、同治年间碑记2通，对研究清代潮汕宗教建筑有一定的价值。

（五十六）铭湖岩。铭湖岩位于前詹镇铭湖村的山腰间，建于明崇祯年间（1628—1644），坐北向南，古庙依山而筑，建筑平面呈不规则状，东西阔15.2米，南北深8米，建筑面积170平方米。贝灰、瓦木构筑，硬山顶。西侧后殿巨石盖顶，后于前座西侧扩建房屋2间，此处以岩洞奇特而得名，在大革命时期此地曾是我党组织活动场所之一。该处于1989年1月被惠来县人民政府公布列为县级文物保护单位。古岩对研究明代宗教文化及爱国主义教育有较高的价值。

（五十七）港寮吴公庙。港寮吴公庙位于前詹镇港寮村内。始建于明崇祯四年（1631），坐北向南，单间建筑，面阔3.96米，深5.35米，建筑面积17平方米，贝灰构筑，硬山顶。庙为奉祀吴爷而建。内保存有明崇祯年间牌匾、石刻对联，对研究明代潮汕民间信仰文化有一定的价值。

（五十八）少阳方公祠。少阳方公祠位于前詹镇仕兜村内，始建于清乾隆五年（1740），仕兜村方姓族人为祀奉先祖而建，坐东南向西北。广三路，中路三间三进，两侧存青云巷，总面阔20.75米，中路12.68米，进深19.5米，建筑面积405平方米，后厅明、次间抬梁式梁架结构，贝灰构筑，前后及两廊均为硬山顶。建筑轩昂，布局完整，内保存有清乾隆年间匾额、石雕、石刻等文物，对研究清代潮汕祠堂文化及雕刻艺术具有一定的价值。

（五十九）**前詹林氏祖祠**。前詹林氏祖祠位于前詹镇西埔村内，建于清咸丰五年（1855），坐西向东，布局为三间三进，明、次间抬梁式梁架结构，灰沙夯筑，硬山顶，头门石板砌筑，面阔16.6米，进深32.25米，建筑面积535平方米。据林氏第二十四世裔孙讲述，族谱记载祠堂创建于明朝中期，于清咸丰五年重建。现保存有原始的石刻门匾、石雕、石鼓、木雕等文物，对研究清代潮汕祠堂文化及雕刻艺术具有较高的参考价值。

（六十）**仕兜古井**。仕兜古井位于前詹镇仕兜村内，为清代中叶所挖，井内用石块和青砖砌筑，井框由四块长1.05米，宽0.52米的"凸"字形花岗岩石块拼成正方形，内框边长0.78米，井深3米多，井台构造形制独特。村民都饮用此井水。现已接通上自来水，井水仍可饮用。

（六十一）**安吉方公祠**。安吉方公祠位于前詹镇秀水里村内，建于清嘉庆年间（1796—1821），坐东向西，布局为三间三进，面阔13米，进深17.3米，建筑面积225平方米，明次间抬梁式梁架结构，灰沙夯筑，硬山顶。据方氏第二十五世裔孙讲述，祠堂为第十七世祖倡建，距今已二百多年，内保存有原始的石刻门匾、木雕及民国时期的石刻"秀水里八景诗"，对研究清代潮汕祠堂文化和雕刻艺术以及秀水里村八景具有较高的参考价值。

（六十二）**鳌头塔**。鳌头塔位于神泉镇鳌头村文昌山顶，建于明崇祯元年（1628），东福村方姓族人兴建，为六角实心葫芦顶，塔高七层，青砖砌筑，高约21米，塔基1.2米为花岗岩石砖砌筑，周长27.1米。塔南面二层嵌"玉华钟秀"石刻匾额，塔身收分较大，独具一格。该塔对研究明代建筑及乡土风情具有较高的价值。该塔于2003年4月被列为县级文物保护点。

（六十三）**石壁寮庵**。石壁寮庵位于神泉镇羊角林村东面一公里处。始建于明代，坐东向西。为三间两进坐落，总面阔27.45米，进深26.3米，建筑面积742平方米，后厅明、次间抬梁式结构，两侧存天井，两边建两层楼厢房，重檐黄琉璃瓦顶。相传，庵为报答祖孙俩为民治病而建，内保存有清光绪年间落款的碑记、铜塔、观音石像等文物，对研究清代潮汕宗教建筑有一定的价值。该处于

2007年12月被惠来县人民政府公布列为县级文物保护单位。

（六十四）玉华塔。玉华塔位于神泉镇北门居委塔盘六巷。于清乾隆十八年（1753）由知县王玮倡建。为八角七层贝灰夯筑实心塔，葫芦顶，通高26.4米，门高1.98米，宽0.9米，塔门向西北，塔基周长25米，是神泉八景之一，素有"玉笔高标"之称。玉华塔建于神泉港口，为往来神泉港船只的航标。该塔于2003年4月被列为县级文物保护点。古塔对研究清代建筑及乡土风情具有较高的价值。

（六十五）神泉水仙宫。神泉水仙宫位于神泉镇渔业村港口旁边。据资料记载，始建于明代，清代重建，清嘉庆八年（1803）、光绪二十年（1894）分别重修。坐东向西，水仙宫为奉祀夏禹王而建。为三间三进坐落，面阔11米，进深19.75米，建筑面积218平方米，明、次间抬梁式梁架结构，贝灰构筑，硬山顶，拜亭卷棚顶，牌匾"水仙宫"三字为宋湘所书。1927年9月，近代大文学家郭沫若至神泉，在此乘船渡海往香港。现保存有清代碑记、牌匾及石香炉，对研究清代宗教建筑及革命事迹有较高的价值。

（六十六）神童苏家祠。神童苏家祠位于神泉镇农业村西关直巷流石旁。创建于清古建筑乾隆三年（1738），坐东向西，为纪念神童苏福而建，为三间三进院落，面阔9.98米，进深15.42米，建筑面积154平方米，后厅明、次间抬梁式结构，贝灰构筑，硬山顶。现保存有清代牌匾、石雕及苏神童的《三十夜月诗》，对研究清代潮汕祠堂建筑及神童文化具有较高的价值。

（六十七）神泉天后宫。神泉天后宫位于神泉镇南华居委内，建于清乾隆四年（1739），坐东向西，为三间三进，面阔16.2米，进深55.5米，建筑面积900平方米，明、次间抬梁式梁架结构，灰、沙、土构筑，硬山顶，天后宫由知县杨宗秉倡建，并书立"天后宫"三字镌刻于牌匾上。现庙内保存有清代碑记、牌匾、石雕等，对研究清代潮汕宗教建筑及妈祖文化具有较高的价值。该处于2003年4月被列为县级文物保护点。

（六十八）严正许公祠。严正许公祠位于神泉镇农业村内，建于清顺治年间（1644—1661）坐东南向西北，许姓族人为奉祀先祖而建，祠原为三间三进坐落，灰沙夯筑，硬山顶，面阔15.27米，进深34.1米，建筑面积521平方米。现仅存门楼及后厅墙壁，门楼为花岗岩石和青油麻石构筑，大门上嵌牌匾，祠堂造型独特，雕刻精湛。现保存有牌匾、石浮雕、石狮子及石刻圣旨牌1方,对研究清代潮汕祠堂建筑及雕刻艺术具有较高的价值。

(六十九)**永德堂**。永德堂位于神泉镇澳角村南面,据牌匾背面记载建于清光绪十三年(1887),坐东向西,为三间三进坐落,面阔12.9米,进深18.6米,总建筑面积415平方米。明、次间抬梁式梁架结构,20世纪70年代后期修建时扩建南侧厝包,厝包面阔9.4米,均为贝灰构筑,硬山顶。现保存有清光绪年间落款的牌匾、石雕,是研究清代潮汕地区宗教建筑及雕刻艺术的宝贵资料。

(七十)**兜率天宫**。兜率天宫位于神泉镇澳角村南,临海边。创建于清光绪年间,民国二十七年(1938)重建,坐东向西,面阔三间,深二进,天井建为拜亭,两侧留小天井,明、次间抬梁式梁架结构,面阔10.2米,南侧建厝包,总面阔16.04米,总建筑面积220平方米。贝灰构筑,硬山顶,现保存有清代牌匾、石雕、木雕,对研究清代宗教建筑有一定的价值。

(七十一)**溪东陈氏家祠**。溪东陈氏家祠位于神泉镇溪东村内,据陈氏族人讲述建于清光绪二十年(1894),坐东北向西南,为三间三进,面阔11.8米,进深13.45米,建筑面积153平方米,后厅明、次间抬梁式梁架结构,灰砂夯筑,硬山顶,陈氏族人为奉祀先祖而建,现保存有清代牌匾、石狮、石雕等文物,对研究清代潮汕古建筑及雕刻艺术有一定的价值。

(七十二)**宋氏家祠**。宋氏家祠位于神泉镇溪东村内,据族谱记载建于清同治九年(1870),坐东北向西南,为三间三进,面阔12.2米,进深16.44米,面积201平方米,明、次间抬梁式梁架结构,灰沙夯筑,单檐硬山顶。现保存有清同治年间落款的牌匾、木雕,对研究清代潮汕祠堂建筑具有一定的价值。

(七十三)**善宏胡公祠**。善宏胡公祠位于神泉镇南华居委。据碑记记载建于清乾隆三十五年(1770),主座坐北向南,大门向东。祠由二厅二天井及大门组成,前后厅三间过,面阔13.6米,进深24.3米,建筑面积332平方米,明、次间抬梁式梁架结构,灰沙夯筑,硬山顶。内保存有清乾隆年间落款的碑记和民国七年碑记2通,对研究清代潮汕地区祠堂建筑具有一定的价值。

(七十四)**通天古井**。通天古井位于神泉镇南华居委内,是一天然泉眼,古井西南面通海,东北面通山,泉水甘洌,取之不尽。明代,神泉古井三面环海,雷岭河、盐岭河二水合一从井旁绕过。清代，村民用四条长短不一的石板构筑成长方形井台，井口长1.6米，宽0.46米。潮州府志载："此泉发源于文昌山下，隆冬不竭而味甘，堡内咸资汲焉。"古井为城内居民饮用之泉水。该泉对研究明代以来民间饮用水源有一定的价值。

（七十五）**图田古井**。图田古井位于神泉镇图田村老乡，是一自然井泉。图田村置乡于元末明初，置乡时已有井泉，原为小水堀，后有村民在水堀四周用石块垒砌。上面用宽18厘米、长75厘米的石条构筑成正方形的井框，井深约3米，井台边混凝土构筑。井水甘洌，取之不尽，历来为图田村民的饮用之水。井水至今仍可饮用。该井泉对研究明代以来村民饮用水源有一定的价值。

（七十六）**华湖赤山寺**。华湖赤山寺位于华湖镇东福村内，始建于元至正二年（1342），明嘉靖三十二年（1553）重建，建筑由赤山古院、真武庙、祠堂及厝包组成，坐北向南，赤山古院为三间三进，面阔13.5米，真武庙为三间两进，面阔7.9米，一进为魁星亭，祠堂为三间四进，面阔16.4米，均为灰沙夯筑，两侧有厝包及青云巷，贝灰构筑，总面阔52.32米，进深42.9米，硬山顶。总建筑面积2245平方米。整座建筑形制独特，轩昂恢宏。解放战争时期，赤山寺是东江特委、华南游击队的地下联络点及秘密集会地点。现寺内保存有元、明、清时期的牌匾、碑记、香炉及原始古建筑的石栏杆等文物，对研究潮汕古建筑及雕刻艺术具有较高的价值。该寺于2012年7月被惠来县人民政府公布列为县级文物保护单位。

（七十七）**桥公圩桥**。桥公圩桥位于华湖镇东福村南，始建于明成化十三年（1477）。南北走向，为石筑柱墩梁式桥，长82米，宽1.6米，横跨于雷岭河下游，为神泉至惠城的必经古道。桥因桥头有一圩市而得名。现桥梁已断，南面引桥至桥中剩12舟，残长54米。桥公圩桥是惠来县最长的古石桥，对研究明代交通沿革有一定的价值。

（七十八）**宝峰岩**。宝峰岩位于华湖镇华谢村双髻谢山腰。创建于明代，坐北向南。寺依山势构筑，分前、后座，前座为三间两进，面阔12米，1985年扩建两边厝包，总面阔29米，进深12.54米，总建筑面积580平方米。贝灰构筑，硬山搁檩结构琉璃瓦顶，后座置于崖壁旁，为面阔七间进深一间，硬山顶。内保存有明代牌匾，对研究明代潮汕宗教建筑有一定价值。

（七十九）**虎头山桥**。虎头山桥位于华湖镇坪田村东面，建于明成化十三年（1477），知县吴殼倡建，东西走向，横跨于东田棚溪。为柱墩式石筑平桥，长17.3米，宽1.5米，厚0.4米，墩作分水尖状，桥为三石板合成，三墩二孔。石桥为明、清官员从潮州府至广州的必经之道。该石桥对研究明、清时期交通沿革具有较高的价值。

（八十）**华临古观**。华临古观位于华湖镇先春村东南面约一公里的半山腰上，建于明隆庆二年（1568），坐东向西，为罗浮山道长王合德云游至此创建。古观为前后两座相连，前座广三路，中路三间三进，两侧存青云巷，总面阔29.3米，进深22.1米，干栏式结构。后座广三路，中路三间两进，两侧存青云巷，总面阔29.3米，进深18.1米，总建筑面积1200平方米。干栏式结构，均为硬山顶。此处在大革命时期曾是红军革命活动据点。现保存有明代的牌匾、铜香炉，对研究明代潮汕宗教建筑及爱国主义教育有一定的价值。该处于2003年4月被列为县级文物保护点。

（八十一）**永安古庙**。永安古庙位于华湖镇华谢村，始建于明代，坐东向西，广三路，中路单间两进，面阔5.6米，总面阔13.16米，进深10.25米，建筑面积135平方米。贝灰构筑，硬山顶，庙内石柱上刻谢正蒙手迹对联："阳世行为欺天罔人由自己，阴司报应往古来今放过谁。"古庙对研究谢正蒙及明代宗教文化有一定的价值。

（八十二）**新地堂**。新地堂位于华湖镇新地村老乡巷28号。建于明朝中叶，住持僧人林鉴募化创建，坐北向南，为三间三进坐落，面阔12.25米，进深20.32米，建筑面积249平方米，天井建为拜亭，两侧留小天井，后厅明、次间抬梁式梁架结构，贝灰构筑，硬山顶。内保存有原始牌匾，对研究明代潮汕宗教建筑有一定的价值。

（八十三）**华湖上、下桥**。华湖上、下桥位于华湖镇堡内村，建于明崇祯年间（1628—1644），两桥为东西走向，横跨于石马溪上，上桥为柱梁式五板三孔平石桥，桥长12.85米，宽1.8米；下桥位于上桥南面50米处，柱梁式三板三孔平石桥，长14.53米，宽1.38米。古桥对研究明代交通沿革有较高的价值。

（八十四）**华湖关夫子庙**。华湖关夫子庙位于华湖镇堡内村古寨内，建于清顺治年间（1644—1661），坐北向南，为三间两进，明、次间抬梁式梁架结构，厅前存天井，面阔10.63米，进深10米，建筑面积106平方米。砖、石构筑，单檐硬山顶。现庙内保存有清康熙、乾隆、嘉庆年间的木刻及石刻等文物，还有碑记6通。对研究堡内村的历史沿革具有较高的参考价值。

（八十五）**欧氏家祠**。欧氏家祠位于华湖镇丁田村内，据欧氏族谱记载祠堂建于清康熙四十八年（1709），坐东北向西南，布局为三间四进，面阔14.75米，进深31.13米，建筑面积460平方米，明、次间抬梁式梁架结构，灰砂夯筑，硬山顶。现保存有清康熙年间的牌匾、石狮、石鼓、木雕等文物，对研究清代潮汕祠堂文化及雕刻艺术有一定的参考价值。

（八十六）**大平古庵**。大平古庵位于华湖镇池畔村的望登山麓。创建于明崇祯年间（1628—1644），清嘉庆二年（1797）、光绪三十一年（1905）重修。坐东向西，布局为广三路，两侧存青云巷，中路三间两进，面阔11.2米，总面阔21米，进深15.15米，建筑面积318平方米，前厅干栏式结构，后厅明、次间抬梁式结构，前廊卷棚顶，前、后厅及两廊硬山顶。古庵建筑轩昂，有鲜明的潮汕宗教建筑特色。现保存有清嘉庆、光绪年间落款的匾额、香炉等文物，对研究明、清时期潮汕宗教建筑有一定的价值。

（八十七）**顶寨余庆堂**。顶寨余庆堂位于华湖镇池畔行政村顶寨自然村老乡内，据碑记记载始建于清嘉庆二十年（1815），顶寨村黄姓族人为祀奉先祖而建，坐北向南，为三间三进坐落，面阔10.85米，进深16.5米，建筑面积180平方米，后厅明、次间抬梁式梁架结构，灰砂夯筑，单檐硬山顶。现保存有清嘉庆年间牌匾、碑记，对研究清代潮汕祠堂文化及民间乡规族例具有一定的意义。——该遗址因历史原因今已不复存在。

（八十八）**寨内古井**。寨内古井位于华湖镇堡内村寨内，于清初所挖，井框用两石块打拼成八角形状，厚15厘米，内直径38厘米，井台高48厘米，井深约7米，井内为青砖砌筑，周修筑井沿。古井于置乡时所挖，清代以来村民一直饮用此井水，井水清甜甘洌，清澈见底，现古井仍在使用。古井对研究清代村民饮用水源有一定的价值。

（八十九）**乌石庵**。乌石庵位于东陇镇四凤行政村乌石自然村西面，又叫八仙院,创建于清光绪元年(1875),坐东北向西南,为三间两进,面阔12.38米,进深16.91米,建筑面积210平方米,干栏式结构,贝灰构筑,硬山顶。此处在大革命时期,曾是周恩来疗伤及彭湃等革命家居住和策划斗争方案的地方。现保存有清代牌匾,对研究清代宗教建筑及惠来革命斗争史有较高的价值。

(九十)仙井古岩。仙井古岩位于东陇镇苗海村北三里的蚶蚌山东侧。始建于明代,清代重建,坐北向南,分前后座,均为广三路,前座中路五间两进,面阔15.52米,总面阔36.2米,进深14.4米;后座中路五间一进,总面阔36.2米,进深8.95米,总建筑面积843平方米。寺内明、次间抬梁式结构,贝灰构筑,硬山顶。寺因清泉从其岩后流经前座殿内,称为仙井而得名。明万历年间,谢正蒙、方一位、林世赏、汪巨瀚未中举时在此读书。1928年春,彭湃攻打惠来城,红四军部分官兵曾驻扎于此。该处于1983年10月被惠来县人民政府公布列为县级文物保护单位。现保存有明代石刻、楹联,对研究明代宗教建筑及科举历史有一定的价值。

(九十一)寄梅庵。寄梅庵位于东陇镇寄陇村内,创建于清嘉庆三年(1798),坐东向西,为三间两进,面阔10.15米,进深16.01米,建筑面积162平方米,干栏式结构,前廊卷棚顶,前、后及两廊硬山顶,整座建筑全部为石檩,建筑轩昂,形制独特,具有鲜明的潮汕古建筑特色。内保存有清嘉庆年间落款的碑记、同治年间落款的大理石香炉、楹联等文物,对研究清代潮汕古建筑及宗教文化具有较高的价值。

(九十二)东陇方氏家祠。东陇方氏家祠位于东陇镇东陇村内,据方氏族人讲述,创建于明末,东陇村方氏族人为祀奉先祖而建。坐东北向西南,为三间三进,面阔12.6米,进深19米,建筑面积240平方米,明、次间抬梁式梁架结构,贝灰构筑,硬山顶,头门山嵌石狮子。内保存有原始建筑时的牌匾、石浮雕、木雕等。对研究明代祠堂文化及雕刻艺术具有较高的价值。

(九十三)钓石天后宫。钓石天后宫位于东陇镇钓石村,据碑记记载,始建于清嘉庆七年(1802)年,坐东向西,广三路,每路单间三进,面阔13.6米,进深13.55米,建筑面积184平方米,干栏式结构,贝灰构筑,硬山顶。内保存有清嘉庆年间碑记一通,对研究清代宗教建筑及沿海妈祖文化具有较高的价值。

（九十四）**华古寺**。华古寺位于东陇镇华房村，据碑记记载，创建于宋靖康二年（1127），坐东向西，广三路，中路由前、后座佛堂组成，中间置天井，后座比前座高，两边建厝包及青云巷，总面阔25.4米，中路面阔8.5米，总进深19.56米，总建筑面积497平方米，均为硬山顶。内保存有宋靖康年间的牌匾、莲花座、经书、石香炉等，对研究宋代潮汕宗教文化具有较高的价值。寺前有一株30多米高的"埔姜寄生古榕"，其树叶心呈紫红色，名曰"红心古榕"，已有400多年的树龄，据说嫩叶晒干后制作饮用，味甘，可消渴解暑。

（九十五）**西来寺**。西来寺位于溪西镇溪二村长后北四巷，始建于唐代，清代重建，坐东向西，为纪念名僧大颠和尚而建。布局为广三路，中路三间三进，明、次间抬梁式梁架结构，面阔9米，两侧存青云巷，总面阔24.6米，进深19米，贝灰、瓦木结构，硬山顶。20世纪90年代在寺前增建宝通亭，南北宽20.2米，东西深16.25米，总建筑面积1090平方米，为歇山顶。现保存有清代牌匾、木刻、木雕等文物，还有碑记2通，对研究清代潮汕宗教建筑及雕刻艺术具有较高的价值。该寺于1991年12月被惠来县人民政府公布列为县级文物保护单位。

（九十六）**玄德古寺**。玄德古寺位于溪西镇曲溪村北的黄光山上。始建于宋，清代重建，坐西向东，寺依山而建，分前后座，前座广三路，中路三间三进，面阔12.8米，总面阔32.9米，进深18.2米，总建筑面积910平方米。明、次间抬梁式结构，两侧存青云巷，贝灰构筑，硬山顶；后座面阔七间进深二间，干栏式结构，后座比前座高两米多。内保存有清代牌匾、石雕、木雕等文物，对研究清代潮汕宗教文化及雕刻艺术有较高的价值。该寺于1985年2月被惠来县人民政府公布列为县级文物保护单位。

（九十七）**姚氏祖祠**。姚氏祖祠位于岐石镇和双村内，据碑记记载，建于清光绪十九年（1893），坐东北向西南，布局为三间三进，面阔12.55米，进深18.8米，建筑面积236平方米，明、次间抬梁式梁架结构，灰沙夯筑，硬山顶。现保存有清光绪年间的碑记、牌匾、石狮、木雕等文物，对研究清代潮汕祠堂文化及雕刻艺术有一定的参考价值。

（九十八）**明祖家祠**。明祖家祠位于岐石镇双湖村内，建于清光绪年间，主座坐西向东，大门向北，为三间三进，面阔12.7米，深15.7米，建筑面积200平方米，明、次间抬梁式结构，灰砂夯筑，硬山顶，据郑氏第十八代裔孙讲述，祠堂为一世明祖创建，清光绪年间重建。内保存有原始牌匾，是研究清代潮汕祠堂建筑的实物资料。

（九十九）**华清天后宫**。华清天后宫位于岐石镇华清村内，始建于明朝中期，坐北向南，为面阔一间深三进，天井建拜亭，两侧留小天井，面阔5.7米，进深10.81米，总建筑面积67平方米。拜亭梁架结构，卷棚顶，门厅及正殿硬山顶，贝灰筑。天后宫历经几度维修，仍保存原始古建筑风格，对研究明代潮汕宗教建筑及沿海妈祖文化有较高的价值。

（一〇〇）**蓬德寺**。蓬德寺位于岐石镇华清村内，创建于明末清初（1643—1645），坐东向西，广三路，中路前座三间三进，干栏式结构，后座三间两进，明、次间抬梁式结构，两边有厝包及青云巷，中路面阔10.6米，总面阔26.16米，总进深29.6米，建筑面积774平方米。前座二进檩挂八仙贝雕一屏，屏幅呈圆形，贝灰瓦木构筑，硬山顶。正厅供奉三尊佛像，其中一尊为20世纪70年代末由乡人从泰国带来。该寺对研究清代潮汕宗教文化有一定的价值。

（一〇一）**德馨庙**。德馨庙位于岐石镇华清村安宫东四巷4号前。创建于明中期，坐北向南，为奉祀海龙王而建，布局为三间两进，面阔8.7米，进深15.3米，建筑面积133平方米，明、次间抬梁式梁架结构，贝灰构筑，硬山顶。现保存有明代牌匾、木雕龙头、泥塑、瓷雕等文物，对研究明代潮汕宗教文化及雕刻艺术有一定的价值。

（一〇二）**华清大宗祠**。华清大宗祠位于岐石镇华清村内，据碑记记载，创建于清嘉庆年间（1796—1820），坐北向南，为三间三进，面阔17.56米，进深24.7米，建筑面积434平方米，明、次间抬梁式梁架结构，贝灰构筑，黄琉璃瓦重檐做法。东墙嵌碑记1通，内容为记载祠宇复修的因由及子孙捐资重修之事，落款为民国己巳年（1929）。内保存有清代石雕、民国年间碑记，对研究清代潮汕祠堂建筑及雕刻艺术有一定的价值。

（一〇三）**华清大祖祠**。华清大祖祠位于岐石镇华清村内，据碑记记载创建于清同治五年（1866），坐北向南，大门向东、西（龙虎门），为三间三进，面阔17.5米，深19.45米，建筑面积341平方米，正厅明、次间抬梁式梁架结构。贝灰、瓦木构筑，硬山顶。祠内东墙嵌清同治年间碑记1通，内容记载着自宋朝以来各朝进士及第的人名及任职事宜。内保存有清代碑记、木雕，对研究清代潮汕祠堂建筑及祠堂历代先祖仕途具有一定的价值。

（一〇四）**岐石大宗祠**。岐石大宗祠位于岐石镇岐石村内。创建于清康熙四十六年（1707），坐东向西。为三间两进，面阔15.1米，进深26.1米，建筑面积394平方米，明、次间抬梁式梁架结构，贝灰构筑，硬山顶，大门立青石鼓。内保存有清康熙丁亥年左庶子陈迁鹤至此的留诗，诗刻于大门匾额背面，头门保留有原始建筑的石浮雕。大宗祠对研究清代潮汕祠堂文化及名人诗赋有一定的参考价值。

（一〇五）**小神泉**。小神泉位于岐石镇岐石村南二公里的屿仔山，屿仔山周一里，山上巨石嶙峋，周围皆咸水，唯东南之巨石旁一水堀，水淡且甘。堀深1米多，宽0.8米，与咸水只有一米多的小堡之隔。每当涨潮时，咸水溢过泉堀，水变咸，退潮时，泉水又恢复了原来的甘洌。旁有一榕树，二条榕根伸进水堀，日军侵华时，发现泉堀，见巨石榕根，以此为宝而被盗走。后有村民在泉堀上构筑井台，现井框呈六角形状，明清以来村民都饮用此泉水。该井泉对研究明清以来村民饮用水源有一定的价值。

（一〇六）**高明岩**。高明岩（俗称九门坑庵）位于东港镇内厝村庵仔山麓，据牌匾记载建于清光绪二十四年（1898），坐西向东，林望欧倡建，广三路，中路三间三进，面阔12.5米，总面阔28.5米，进深21.3米，建筑面积610平方米，后厅明、次间抬梁式结构，两侧存青云巷，贝灰构筑，硬山顶。岩内现保存有清光绪年间牌匾、石雕、木雕，对研究清代潮汕宗教建筑有一定的价值。

（一〇七）**克昌林公祠**。克昌林公祠位于东港镇长青村老乡一巷20号旁。建于清光绪二十四年（1898），坐西向东，大门向北，林家潘建，为三间阿公林昌克两进，面阔12.2米，进深11.43米，建筑面积140平方米，明、次间抬梁式结构，灰 特海得外门沙夯筑，硬山顶，前廊卷棚顶。现保存有清代牌匾、石刻、木雕、书法及画幅等文物，对研究清代潮汕祠堂文化及雕刻艺术具有较高的价值。厅构筑木门，字画为端庆堂主人林家潘的作品。林家潘（1831—1917），字剑泉，惠来县东港镇长青村人，光绪二年副榜，历任连山厅教谕，肇庆府教授。克昌林公祠对研究清代书法具有一定的价值。

（一〇八）林氏玉公祠。林氏玉公祠位于东港镇长青村老乡一巷，据林氏族人讲述建于清光绪年间（1875—1908），坐西向东。为三间三进，面阔10.57米，进深16.36米，建筑面积173平方米，明、次间抬梁式梁架结构，灰沙夯筑，硬山顶。林姓族人为祀奉先祖而建。现保存有清代牌匾、石狮、石浮雕、石刻、木雕等文物，对研究清代潮汕祠堂文化及雕刻艺术具有一定的价值。

（一〇九）碧水岩。碧水岩位于葵潭镇吉成村桥边，建于清雍正年间，由进士黄乃元倡建，坐东南向西北，广三路，中路三间三进，面阔13.5米，总面阔29.4米，进深20.3米，总建筑面积952平方米。后厅明、次间抬梁式结构，后于岩寺后面扩建后殿及东北侧扩建偏殿。现保存有清代牌匾、楹联、石刻等。对研究清代潮汕宗教建筑有一定价值。该处于2003年5月被设为县级文物管理点。

（一一〇）陈氏大宗祠。陈氏大宗祠位于葵潭镇吉成村内，据族谱记载建于明末，陈氏族人为奉祀先祖而建，坐南向北，为三间三进坐落，面阔13.5米，进深22.2米，建筑面积300平方米，后厅明、次间抬梁式结构，贝灰构筑，硬山顶。大革命时期及解放战争时期，以陈绍贡、陈克特等老一辈，利用大宗祠为地下据点开展革命活动。现祠内保存有明代木刻楷书、牌匾、香炉等文物。对研究明代潮汕祠堂建筑及开展爱国主义教育具有较高价值。该祠于2003年4月被列为县级文物保护点。

（一一一）黄氏惠祖祠。黄氏惠祖祠位于葵潭镇长春社区东门大巷五门楼内，据族谱记载建于明弘治十六年（1503），清光绪二十九年（1903）重修，坐东北向西南，为三间三进，面阔14.4米，进深23.21米，建筑面积335平方米，后厅明、次间抬梁式梁架结构，贝灰构筑，硬山顶。现保存有明代牌匾、石雕、木雕、清代木刻牌匾等文物，对研究明代潮汕祠堂建筑及雕刻艺术具有较高价值。

（一一二）桐公祖祠。桐公祖祠位于鳌江镇新李村内，建于清光绪年间（1875—1908），坐北向南，布局为三间三进，面阔14.58米，进深22.25米，建筑面积325平方米，明次间抬梁式梁架结构，灰沙夯筑，硬山顶。据李氏裔孙讲述祠堂建于清光绪，详细年份不详。内保存有清代牌匾、石狮、石刻、木雕等文物，对研究清代潮汕祠堂文化及雕刻艺术有一定的参考价值。

（一一三）新李古寨。新李古寨位于鳌江镇新李村。据村民讲述建于明朝，当时为防倭寇和海盗而建。寨呈不规则多边形，面积约17900平方米，墙灰沙夯筑，最高约6米，最低约4米，设两个寨门，都向南，寨门用瓷片雕塑"鼎岱一乡"，寨门上设瞭望孔，寨内房屋均为平房。古寨是明、清时期村民御敌和聚居的佐证。

（一一四）镇江寺。镇江寺位于隆江镇新容社区，创建于明嘉靖元年（1522），坐东向西，主体建筑有门楼、厅堂、大雄宝殿及两旁厢房，1985年重修，总面阔47.3米，进深46.6米，总建筑面积3152平方米。钢筋、泥砖结构，琉璃瓦顶。整座建筑气派恢宏，内保存有原始石牌匾，对研究明代潮汕宗教建筑有一定的价值。该寺于1989年1月被惠来县人民政府公布列为县级文物保护单位。

（一一五）隆江关帝庙。隆江关帝庙位于隆江镇关镇居委关帝社巷，据资料记载始建于明万历年间，清同治十年（1871），由贡生肖济川组织重修，坐北向南，为三间四进坐落，面阔10米，总进深25.4米，建筑面积254平方米。正殿明、次间抬梁式结构，背面扩建厢房，天井建为拜亭，两侧留小天井，贝灰、瓦木结构，硬山顶。屋脊上镶嵌"忠义亭"三个瓷雕大字。现庙内保存有明代"关帝君、关平、周仓"的塑像及神像、鲨鱼骨香炉、清代瓷花瓶等文物。对研究明代潮汕宗教建筑及龙江流域的沿革具有一定的价值。该处于2012年7月被惠来县人民政府公布列为县级文物保护单位。

（一一六）狮山古寺。狮山古寺位于隆江镇后吉村内，据资料记载始建于宋代，清道光十九年（1839）重建，坐南向北，广三路，中路三间三进，两侧留青云巷，中路面阔11.25米，总面阔27.31米，进深19.68米，建筑面积537平方米，正殿明、次间抬梁式梁架结构，贝灰构筑，硬山顶。1927年，南昌起义军南下时驻扎于古寺。现寺内保存有明、清时期的香炉、铜磬等文物，对研究清代潮汕宗教建筑及古寺沿革具有较高的价值。

（一一七）北洋养中公祠。北洋养中公祠位于隆江镇北洋村内。据牌匾背面记载始建于清道光三年（1823），陈氏族人为奉祀先祖而建，坐北向南，为三间三进坐落，面阔16.5米，进深36.63米，建筑面积604平方米，明、次间抬梁式梁架结构，灰沙夯筑，硬山顶。祠堂建筑轩昂，风格独特，内保存有清代牌匾、石狮、龙凤、花鸟等石雕及木雕，对研究清代潮汕祠堂文化及雕刻艺术具有较高的价值。

（一一八）北洋古井。北洋古井位于隆江镇北洋村内。据村民讲述建于清代，井框用石条构筑成正方形，边长67厘米，井内为不规则石砖砌筑，井边用石块铺筑拼成八角形，井深约10米。古井为置乡时所挖，距今已有300多年历史，井水甘冽，汲之不尽，是北洋村民的饮用之水。该井对研究清代以来村民饮用水源具有一定的价值。

（一一九）**桥埔惠镇古寺**。桥埔惠镇古寺位于隆江镇桥埔村内。据碑记记载创建于清道光十六年（1836），坐东向西，广三路，中路三间三进，两边留青云巷，中路面阔12.3米，总面阔26.5米，进深17.3米，建筑面积458平方米，干栏式结构，贝灰构筑，硬山顶。此处在大革命时期是红军四十八团部分官兵驻扎的地方。现寺内保存有清道光年间牌匾、碑记及宋湘所书的木刻等文物。对研究清代潮汕宗教建筑及诗人手迹有一定的价值。

（一二〇）**凤红朱古庙**。凤红朱古庙位于隆江镇凤红村内。据牌匾背面记载建于清乾隆四十一年（1776），坐东向西，为面阔三间进深三间，面阔8.4米，总面阔13.8米，进深17.5米，建筑面积241平方米，两侧留小天井，明、次间抬梁式结构，贝灰构筑，硬山顶。古庙历经几度维修，仍保存原始的建筑风貌。现保存有清代的花、鸟、狮子木雕及乾隆年间落款的石香炉两个，是研究清代宗教文化及雕刻艺术的宝贵资料。

（一二一）**井美真君古庙**。井美真君古庙位于隆江镇井美村。据牌匾背面记载始建于清乾隆三十五年（1770）。坐东向西。布局为两路，正座面阔三间进深三间，面阔8.5米，进深11.35米，两侧留小天井，明、次间抬梁式结构，南侧建厝包及青云巷，总面阔13.97米，建筑面积158平方米。贝灰构筑，单檐硬山顶。内保存有清乾隆年间香炉、牌匾，是研究清代宗教建筑及宗教文化的宝贵资料。

（一二二）**澳上大宗祠**。澳上大宗祠位于鳌江镇澳上村内，据资料记载始建于明代，坐西北向东南，澳上村郑姓族人为祀奉先祖而建，布局为三间四进，面阔16.9米，进深42.66米，建筑面积721平方米，明、次间抬梁式梁架结构，灰砂夯筑，硬山顶。祠堂构造独特，建筑轩昂，内保存有明代牌匾、石雕、清代木刻等文物，对研究明代潮汕祠堂文化及雕刻艺术具有较高的价值。现祠堂作为"荥阳惠潮宗亲联谊会鳌江分会"会址。

（一二三）**亮祖公祠**。亮祖公祠位于鳌江镇龙舟村内，据郑氏族人讲述建于清光绪年间（1875—1908），主座坐东北向西南，大门向西北，为三间两进，面阔10.7米，进深10.8米，建筑面积116平方米，明、次间抬梁式结构，贝灰、瓦木结构，正厅及门楼硬山顶，前廊卷棚顶，龙舟村郑姓族人为奉祀先祖而建。内保存有清光绪年间牌匾，是研究清代潮汕祠堂建筑的实物资料。

（一二四）帝王古庙。帝王古庙位于惠城镇祚通社区葵东市场西路8号前面。始建于明万历二十三年（1595），坐东向西。单间建筑，面阔5.2米，进深6.7米，建筑面积35平方米，硬山顶。内保存有石刻、木雕、八仙屏幅等文物。庙前有古石桥，为二孔三板石墩式石桥，长9.8米，宽1米。清乾隆二十五年（1760），由儒家郑宗利等100多名人士捐资建成，当年县太爷称赞此桥为"罗庚针"神桥。现古桥为环城河仅存的古石桥，还有碑记1通。古庙和古桥对研究岭南宗教建筑及惠来历史沿革具有较高的价值。该庙于2003年4月被列为县级文物保护点。

（一二五）文昌阁。文昌阁位于惠城镇墩高社区葵阳公园内，始建于明万历三十二年（1604），清康熙二十六年（1687）维修，乾隆二年（1737）重修，平面八角，仿楼阁式三层砖石塔，高25米，周长29.76米，塔基周长41.84米，塔腔为穿壁绕平座结构。文昌阁塔构筑风格独特，具有传统的艺术特色。古塔对研究明代建筑艺术有一定的价值。该阁于1979年4月被惠来县人民政府公布列为县级文物保护单位。

（一二六）得山方公祠。得山方公祠位于惠城镇梅一村北栅巷，据方氏族人讲述，祠堂建于清代晚期，坐东南向西北，布局为三间三进，面阔12.46米，进深28.43米，建筑面积354平方米，后厅明、次间抬梁式梁架结构，贝灰、瓦木结构，硬山顶。祠堂是梅一村方氏族人为祀奉先祖而建，内保存有清代牌匾、木雕及青石鼓，对研究潮汕祠堂文化有一定的参考价值。

（一二七）惠来城隍庙。惠来城隍庙位于惠城镇西一社区，据资料记载，始建于明嘉靖五年（1526），知县蒋恩倡建，坐北向南，为五间三进，面阔24.7米，进深44.4米，建筑面积1097平方米，明、次间抬梁式结构，灰、石、木构筑，硬山顶，庙前建古戏台，面阔11.2米，深2.3米，建筑面积26平方米，明万历、清康熙及后有维修。现保存有明、清时期碑记、楹联、石浮雕和木雕等文物，为研究明代潮汕宗教建筑及惠来历史沿革留下了宝贵的实物资料。该庙于1995年8月被惠来县人民政府公布列为县级文物保护单位。

（一二八）曲尺祠。曲尺祠位于惠城镇西三社区曲尺祠巷。始建于明嘉靖七年（1528），林南浦建，祠堂原建筑平面呈"曲尺形"，为五间五进坐落，门楼石牌坊。现存后两进及天井（拜厅和后厅），面阔18.4米，进深19.2米，建筑面积354平方米，明、次、梢间抬梁式梁架结构，用材硕大，灰沙夯筑，硬山顶。内存有明代牌匾、石雕、石狮及光绪年间碑记等文物。对研究明代潮汕祠堂建筑及雕刻艺术有一定的价值。已重建。

（一二九）榕石庵。榕石庵位于惠城镇英内社区北郊，据资料记载，建于明崇祯十六年（1643），因庵前有榕树五株，一株长于石丛中，故名。庵坐北向南，建筑由门楼、厅堂、正殿和禅房组成。正座三间三进，抬梁式梁架结构，均为硬山顶。其旁有清光绪年间石刻。该处对研究明代宗教建筑有一定的价值。榕石庵于1983年10月被惠来县人民政府公布列为县级文物保护单位。

（一三〇）文昌祠塔。文昌祠塔位于惠城镇英内社区学井直巷，建于清雍正十年（1732），为平面八角，楼阁式七层砖塔，通高16.5米，周长8米，各层塔刻有对联，台基为灰土构筑。每层开二面石拱门，门相对面开，交替而设至七层。古塔对研究清代建筑有一定的价值。该塔于2003年4月被列为县级文物护点。

（一三一）五乡祠旧址。五乡祠旧址位于惠城镇英内社区教育路44号。创建于宋，清代重建。祠堂原为广三路，深三进院落，灰沙夯筑，现仅存四周墙藏体、大门门压、石台阶十二级及牌匾。大革命时期，五乡祠曾为县总工会、县盐业总工会会址。抗日与解放战争时期为革命团体银河剧团及地下党组织活动据点，现为司法局的办公地址，其布局为钢筋混凝土结构的三层楼房。该处对开展爱国主义教育有一定的意义。

（一三二）宋祖师庙。宋祖师庙位于惠城镇英内社区，据资料记载，始建于清康熙十一年（1672），张经捐资倡建，同治六年（1867）、光绪二十五年（1899）重修。坐北向南，为三间四进，面阔9.7米，进深34.58米，建筑面积335平方米，明次间抬梁式结构，贝灰构筑，硬山顶。内保存有清康熙、同治、光绪年间落款碑记，对研究清代宗教建筑有一定的价值。

（一三三）普陀岩寺。普陀岩寺位于惠城镇龙泉山庄。始建于唐代，为纪念名僧大颠和尚而建。清代重修,坐北向南,布局由殿堂、禅房组成,总面阔44.05米,进深20.9米,建筑面积897平方米。贝灰构筑,硬山顶。寺旁岩洞独特,寺内保存有明清碑记3通。在解放战争时期曾是红军驻扎的地方,该处对研究唐代宗教建筑及开展爱国主义教育有一定的价值。

(一三四)东山禅院。东山禅院位于惠城镇四香村的东田棚山。据资料记载,创建于明万历二十二年(1594),清光绪八年(1882)重修。坐东向西。院分前、后座,前座广三路,中路三间两进,两侧存青云巷,总面阔25.5米,中路阔12.3米,进深13.8米;后座为一进,总面阔32米,深10.8米,总建筑面积787平方米。贝灰构筑,均为硬山顶。南侧扩建厢房,现保存有清代牌匾、石香炉、石浴盆等文物,对研究明代宗教建筑有一定的价值。

(一三五)吴氏家祠。吴氏家祠位于惠城镇洋美村内,据牌匾背面的内容记载,建于清同治九年(1870),坐西北向东南,大门向东北,为三间两进,面阔12.25米,进深14.81米,建筑面积182平方米,明、次间抬梁式结构,贝灰、瓦木构筑,洋美村吴姓族人为祀奉先祖而建。内保存有清同治年间的牌匾,对研究清代潮汕祠堂文化有一定的参考价值。

(一三六)白云岩。白云岩位于惠城镇山美村西北面。据牌匾记载,创建于清嘉庆二十五年(1820),岩寺依山而建,坐北向南。为三间两进,面阔13.35米,进深16.6米,建筑面积222平方米,贝灰构筑,干栏式结构,硬山顶。现保存有清嘉庆年间牌匾,对研究清代宗教建筑有一定的价值。

(一三七)蜈蚣岭庵。蜈蚣岭庵位于惠城镇白沙湖村蜈蚣岭水库旁,始建于清光绪二十一年(1895),坐东北向西南。广三路,中路三间四进,两侧存青云巷,总面阔19.2米,中路面阔10.85米,进深26.1米,建筑面积502平方米,门厅干栏式结构,中厅、后厅明次间抬梁与穿斗混合式结构,贝灰构筑,重檐黄琉璃瓦顶。内保存有清光绪年间落款的牌匾,对研究清代宗教建筑有一定的价值。1927年,郭沫若从普宁步行到神泉出海,曾在此庵歇息。

(一三八)声野陈公祠。声野陈公祠位于惠城镇西三社区牵车直巷42号斜对面。据碑记记载,始建于清乾隆年间,嘉庆二十二年(1817)重建,陈姓族人为祀奉先祖而建。坐北向南,大门向东,为三间三进,面阔15.7米,进深18.1米,仪门面阔4.1米,深9.34米,建筑面积328平方米,明次间抬梁式结构,贝灰构筑,硬山顶。祠堂构造独特,现保存有清嘉庆年间碑记、牌匾,是研究清代潮汕祠堂文化的宝贵资料。

(一三九)**唐氏宗祠**。唐氏宗祠位于惠城镇西一社区田中直巷27号。据碑记记载,建于清乾隆十年(1745),唐姓族人为奉祀先祖而建,坐北向南,大门向东南。为三间三进,面阔12米,进深26.45米,建筑面积315平方米。明、次间抬梁式结构,土、石、木构筑,硬山顶。内保存有清乾隆年间重修祠堂碑记,对研究清代潮汕祠堂建筑有一定的价值。

(一四〇)**火帝庙**。火帝庙位于惠城镇英内社区内。据资料记载,建于清雍正十二年(1734),知县裘曰菊倡建。坐北向南,为三间三进,面阔8.66米,进深15.17米,建筑面积131平方米,明、次间抬梁式结构,贝灰、瓦木构筑,硬山顶。内保存有清光绪年间龙头石香炉及牌匾,为研究清代宗教建筑留下了宝贵实物资料。

(一四一)**方合祖家祠**。方合祖家祠位于惠城镇西二社区联群路二横巷4号前。始建于清光绪九年(1883),方合祖建。坐北向南,为三间三进,面阔12.15米,进深19.53米,建筑面积237平方米,明、次间抬梁式结构,门楼石牌坊,灰沙夯筑,硬山顶。内保存有清光绪年间落款牌匾、石雕、木雕等文物,对研究清代潮汕祠堂建筑及雕刻艺术有一定的价值。

(一四二)**致政詹公祠**。致政詹公祠位于惠城镇西二社区双宫直巷31号前。建于明嘉靖三年(1524),清乾隆二十二年(1757)重修,公祠为祭祀詹致政而建,坐北向南,为三间四进,面阔15.3米,进深37.3米,建筑面积574平方米,明、次间抬梁式结构,砖、石、木构筑,重檐黄琉璃瓦顶。祠堂布局完整,构造独特,建筑轩昂,内保存有明嘉靖年间牌匾及乾隆年间重修匾额、碑记等文物,对研究明代潮汕祠堂建筑具有一定的价值。

(一四三)**朱氏家庙**。朱氏家庙位于惠城镇西三社区人民广场南侧。据朱氏族人讲述,始建于明嘉靖二十三年(1544),清同治年间重修,朱雪梅倡建,坐东南向西北,为三间两进,面阔17.8米,进深26.2米,建筑面积466平方米,明、次间抬梁式梁架结构,灰砂夯筑,硬山顶。祠堂建筑轩昂,用材硕大,内保存有明代牌匾、木刻、木雕，对研究明代潮汕祠堂建筑有一定的价值。朱氏家庙现已重建。

（一四四）朱氏家祠。朱氏家祠位于惠城镇梅三村华埕一直巷，建于清光绪十年（据朱氏族人讲述族谱记载），坐西北向东南，大门向东，面阔11平方米，深9.65米，建筑面积106平方米，明、次间抬梁式结构，贝灰、瓦木结构，硬山顶。现祠堂内保存有清光绪年间的门匾及石刻，对研究潮汕祠堂文化具有一定的参考价值。

（一四五）百鸟朝王大宅。百鸟朝王大宅位于惠城镇西三社区文化路40号。建于明代，坐东向西，原建筑为百鸟朝王格局。现存中路，总面阔39米，进深61米，建筑面积2379平方米。两边改建为排列式民居，现存原始建筑的石牌坊门楼、石柱、天井、临石、门前旷埕石砖等。该处对研究明代潮汕古民居有一定的价值。

（一四六）惠城林氏祖祠。惠城林氏祖祠位于惠城镇西三社区文化路一横巷7号，据林氏族人讲述，建于清代，坐北向南，林氏族人为祀奉先祖而建，广三路，中路三间两进，两侧存青云巷，东侧厝包损毁，总面阔28.98米，中路面阔18.2米，进深28.2米，建筑面积811平方米。灰沙夯筑，硬山顶。现保存有清代牌匾、石雕，是研究清代潮汕祠堂建筑的实物资料。

（一四七）达丰朱公祠。达丰朱公祠位于惠城镇西三社区文化路一横巷4号，据碑记记载，建于清乾隆元年（1736），朱氏族人为奉祀先祖而建，坐北向南。祠堂平面呈梯形，广三路，中路三间三进，总面阔24.85米，中路面阔13米，进深21.6米，建筑面积484平方米，后厅明、次间抬梁式结构，灰砂夯筑，硬山顶。祠堂布局完整，形制独特，内有清乾隆年间落款的碑记、石雕、木雕，对研究清代潮汕祠堂建筑及雕刻艺术具有较高的价值。

（一四八）郑氏宗祠。郑氏宗祠位于隆江镇月潭村内，据碑记记载建于清乾隆六十年（1795），坐北向南，大门向西。为三间两进，面阔12.4米，进深15.36米，建筑面积187平方米，明、次间抬梁式梁架结构，灰砂夯筑，硬山顶。内保存有清乾隆年间落款的碑记1通，对研究清代潮汕祠堂建筑有一定的价值。

（一四九）紫云岩寺。紫云岩寺位于惠城镇石古村旁，始建于清嘉庆十八年（1813），坐南向北，岩分前、后座，前座广三路，中路三间三进，两侧存青云巷，总面阔28米，中路面阔12.5米，进深14.9米，总建筑面积932平方米。干栏式结构，硬山顶；后座为五开间深两进，面阔28米，进深17.5米，明、次间抬梁式结构，硬山顶。内保存有清嘉庆年间落款的碑记2通，对研究清代宗教建筑有一定的价值。

（一五〇）崇隆林公祠。崇隆林公祠位于惠城镇河林村，据林氏族人讲述族谱记载建于明代，坐北向南，为三间两进坐落，面阔14.3米，进深20.08米，建筑面积345平方米，明、次间抬梁式梁架结构，灰砂夯筑，硬山顶。林氏族人为祀奉先祖而建。祠堂依山势而筑，风格独特，内保存有明代的牌匾、石雕，对研究明代潮汕祠堂建筑有一定的价值。

（一五一）方氏荔祖祠。方氏荔祖祠位于惠城镇梅二村后街直巷，据牌匾记载建于清嘉庆五年（1800），坐西北向东南，为三间三进坐落，面阔10.9米，进深17.78米，建筑面积194平方米，明、次间抬梁式梁架结构，贝灰构筑，硬山顶。祠堂是方氏族人为祀奉先祖而建。内保存有清嘉庆年间钦赐的牌匾、加封碑记及木刻横匾，对研究清代潮汕祠堂文化具有较高的价值。

（一五二）河田围屋。河田围屋位于惠城镇河林村内，据横匾记载建于明嘉靖三十二年（1553），围屋筑于高土丘上，背倚山峰，以锡衷公祠为主体建筑向两边扩建两排房屋围合成垅，呈圆形，直径48米，后排房屋紧靠围墙，围屋门向东南，门楼为石砖砌筑，深3.7米，外门宽1.2米，内门宽1.24米，总建筑面积1808平方米。围屋中心构筑略呈半圆形的平台。围屋内房屋有的为石砖构筑，有的为三合土构筑，均为平房。河田围屋对研究明代山村古民居具有较高的价值。

（一五三）清溪祖祠。清溪祖祠位于隆江镇孔美村内，据碑记记载建于清乾隆二十八年（1763），坐东向西，为三间三进，面阔16.66米，进深28.2米，建筑面积470平方米，明、次间抬梁式梁架结构，灰沙夯筑，硬山顶。内保存有清乾隆年间落款的牌匾、碑记及石雕，对研究清代潮汕祠堂建筑及雕刻艺术有一定的价值。

（一五四）端毅林公祠。端毅林公祠（又名林武略祠）位于隆江镇江城社区内，据牌匾记载始建于清乾隆十六年（1751），坐北向南，布局为三间三进，面阔14.7米，进深23.3米，建筑面积342平方米，明、次间抬梁式梁架结构，贝灰构筑，硬山顶。厅内悬挂7幅木刻匾额。现保存有清代牌匾、木刻、圣旨牌、书法等文物，对研究林武略及清代潮汕祠堂建筑有较高的价值。

（一五五）新林古寨。新林古寨位于鳌江镇新林村，据村民讲述建于明代，为防倭寇和海盗而建，东西走向约800米，南北走向约1000米，占地面积约72万平方米。寨设东、南、西三寨门，上设瞭望孔，北面和东北转角处各设一瞭望台，瞭望台上下构筑枪眼，墙灰沙夯筑，高约5米，墙上筑大小不一的枪眼，东、南、西寨门均有石刻、瓷塑牌匾，寨内房屋均为平房。古寨对研究明、清时期村民聚居和御敌有较高的价值。

（一五六）忠勇方公祠。忠勇方公祠位于惠城镇新乡仔村内，据方氏族人讲述建于清代，坐东向西，新乡仔村方姓族人筹资兴建。为三间三进，面阔13.9米，进深22米，建筑面积306平方米，明次间抬梁式梁架结构，灰沙夯筑，硬山顶，大门石牌坊。现保存有清代的牌匾、石雕、木雕等文物，对研究清代潮汕祠堂建筑及雕刻艺术有一定的价值。

（一五七）同庆善堂。同庆善堂位于岐石镇览表村内，建于清光绪十八年（1892），坐东北向西南，布局为三间两进，面阔11.5米，进深13.7米，建筑面积158平方米，天井两侧为偏厅，干栏式结构，贝灰、瓦木结构，硬山顶。内保存有清光绪年间牌匾、碑记，对研究清代宗教建筑具有一定参考价值。

（一五八）延陵公祠。延陵公祠位于岐石镇览表村内，据吴氏族人讲述建于清光绪年间（1875—1908），坐东南向西北，布局为三间两进，面阔11.15米，进深12.03米，建筑面积134平方米，明、次间抬梁式梁架结构，灰沙夯筑，大门上嵌"延陵公祠"牌匾，门厅及后厅硬山顶，前廊卷棚顶。后厅上挂"见义勇为"木刻横匾，落款为"光绪三十二年九月四日吉旦"。内保存有清光绪年间牌匾、石狮、石刻、木雕等文物，对研究清代潮汕祠堂文化及雕刻艺术具有较高的价值。

（一五九）光国祖祠。光国祖祠位于岐石镇朱埔村内，建于清道光十七年（1837），主座坐北向南，大门向东，为三间两进，明、次间抬梁式结构，灰沙夯筑，单檐硬山顶，面阔12米，深11.8米，建筑面积142平方米。据碑记记载为清道光十七年建。内保存有清道光年间碑记，是研究清代潮汕祠堂建筑的实物资料。

（一六〇）王氏祖祠。王氏祖祠位于仙庵镇浮埔村内，据王姓族人讲述建于清光绪年间（1875—1908），坐东向西，布局为三间三进，明、次间抬梁式梁架结构，面阔14米，进深20.1米，建筑面积282平方米，贝灰、瓦木构筑，硬山顶。浮埔村王姓族人为奉祀先祖而建。内保存有清代石刻牌匾、木雕等，对研究清代潮汕祠堂建筑有一定的参考价值。

（一六一）**神泉亭**。神泉亭位于神泉镇南华居委海角甘泉公园内。始建于明代，清乾隆十七年（1752）维修，为面阔三间进深一间，歇山顶，南北宽8.2米，东西深4.5米，建筑面积37平方米，亭内石柱四柱为方柱，四柱为圆柱，亭子东边中轴线有建神泉亭时立碑记1通，独脚联是亭柱上的楹联，刻于碑记南侧方柱上，刻"快取携而不竭任卤浸鹹蒸独标平淡"，独脚联为明洪武神童苏福所作。亭南侧3米处是海角甘泉，宋代以来，甘泉一直为镇民的饮用之水，清乾隆十七年知县王玮为纪念甘泉有功于民而建亭立碑，碑内容主要阐述建亭整甃经过以及泉之有功于民的记载。亭内保存有清代木雕，对研究清代潮汕沿海建筑有较高的价值。

（一六二）**端荣林氏祖祠**。端荣林氏祖祠位于靖海镇大潭村内，建于清同治年间（1862—1874），坐北向南，为三间三进，明次间抬梁式结构，面阔13米，进深18.3米，建筑面积238平方米。灰砂夯筑，硬山顶。据林氏第二十三世裔孙讲述，祠堂为十四世祖公所建，始建于清嘉庆年间，清同治年间重建。现祠堂内保存有原始梁柱、木雕等，对研究清代潮汕祠堂建筑有一定的价值。

（一六三）**先觉古庙**。先觉古庙位于惠城镇梅三村，据村民讲述建于清代中期，坐西北向东南，格局为面阔二间进深二间，总面阔7.3米，深7.15米，建筑面积52平方米。贝灰、瓦木结构，硬山顶。古庙内祀奉着"三山国王"神像。内保存有清咸丰年间的木刻及清代石刻门匾等文物，对研究清代石刻及雕刻艺术具有一定的参考价值。

四、石窟寺及石刻

（一）**葛峰岩石刻**。葛峰岩石刻位于靖海镇葛山村葛峰岩寺的石径旁。石刻有三处，刻于巨石上，一处刻"僧禅山门，智慧清辉"，石刻向西；一处刻"忍性炼陡途"，石刻向东北；一处刻"经业陶慧心，树德题"，石刻向南；均为行书。石刻对研究葛峰岩寺历史沿革有一定的价值。

（二）驿后县主示禁碑刻。驿后县主示禁碑刻位于靖海镇驿后村，碑记立于伯公宫前东北侧。额刻"县主示禁"，边刻"嘉庆二十五年正月二十三日示"，碑记向北，红砂岩石，宽0.68米，高1.53米，内容记载禁止荆陇胡氏村民滥用土地等事。碑记是考证清代村民使用土地的实物资料。

（三）龙首桥石刻。龙首桥石刻位于仙庵镇京陇村南门环城路，明天启元年（1621）立，石刻立于路旁，向南，花岗岩石，高1.4米，宽0.52米，厚0.18米。上刻"龙首桥"三大字，行书；边刻"天启元年春，阅一载而落成，于例宜书"。"龙首桥"三字为明靖海举人曾希潜所书，笔迹苍劲有力，一气呵成。对研究明代京陇村沿革及名人手迹有一定的价值。

（四）武宁路道碑刻。武宁路道碑刻位于周田镇武宁村内，碑刻为清代所立，花岗岩石，宽50厘米，高122厘米，厚15厘米，上刻"惠来县武宁铺"。明清时期，武宁村铺户林立，是四方商贾云集的地方，周围有十八乡，人口稠密。村西武宁桥头，货运的小船抵此上岸。碑刻对研究明清时期乡村圩市有一定的参考价值。

（五）铭湖石洞摩崖石刻。铭湖石洞摩崖石刻位于前詹镇铭湖村旁的铭湖岩。铭湖石洞系天然巨石垒叠为寺，寺外有石刻3题，寺门前石门楼有明洪武年间进士林逊题刻的"岩洞神仙宅，山门向顶开；白云闲不锁，留与鹤归来"诗句；另一处刻在石门楼的叠石上，系清代本邑书法家吴佐熙、方朝泰镌刻"香风洞"三字；还有一处在铭湖岩外，凿于石上的"开山因由"碑刻："庚子秋九月，郡人谢锡勋，邑人吴佐熙、方朝泰同游于此，藉草枕石，经宿而归。"石刻对研究明、清时期铭湖岩洞名胜景点有一定的价值。

（六）詹林墓道碑及县禁。詹林墓道碑及县禁位于前詹镇桥头村东面，为二方，一方刻"锡峰致政詹公墓道"，为花岗岩石，宽73厘米，高204厘米，厚20厘米，向南；另一方刻"曾呈县禁，詹林二族祖山不许牵车损坏"，宽47厘米，高107厘米，厚20厘米。相传宋朝时候，詹、林两家因为风水宝地而打官司，后由县令判决此地为詹林二族拥有，并批立墓道碑和禁示碑。

（七）正堂申严禁石刻。正堂申严禁石刻位于神泉镇图田村盛祖周公祠旁。为花岗岩石，高1.05米，宽0.6米，额刻"惠来县正堂申严禁"，边刻"光绪二十年十二月十五日告示"。内容为告示乡民各安生产，不得偷盗、赌博、挑衅闹事。

（八）廉宪示碑。廉宪示碑位于靖海镇驿后村，碑记嵌于伯公宫前墙壁上。额刻"廉宪示碑"，边刻"乾隆二十一年"，向西，花岗岩石，宽75厘米，高166厘米。内容记载潮阳县和惠来县两县渔民在海上作业要以所立界碑为界，要遵守碑记上所定界限，不得逾越。碑记是考证清代渔民海上作业范围的实物资料。

（九）溪东县主碑刻。溪东县主碑刻位于神泉镇溪东村三山国王庙内。为花岗岩石，宽1.02米，高1.6米，厚0.15米。额刻"廉明县主张太老爷示"，左边刻"咸丰二年二月十二日示"。由于字迹模糊，碑记内容难以看清。

（十）洪武圣谕碑。洪武圣谕碑位于华湖镇华谢村内，碑刻为花岗岩石，宽1.66米，高0.9米。中刻"孝顺父母、尊敬长上、和睦乡里、教训子孙、各安生理、毋作非为"二十四个字，每字有十厘米大。碑刻是明天启二年正月，监察御史谢正蒙归隐时书录洪武三十年九月颁布的圣谕，内容是告诫天下臣民应赡养父母和尊敬长辈，不要干坏事。碑刻对研究古代帝王圣谕及名臣手迹具有较高的历史价值。

（十一）邑侯王公扁序。邑侯王公扁序位于东福村赤山古寺内。碑记立于东侧墙壁前，为花岗岩石，碑宽0.62米，高1.22米，厚0.18米。碑额刻"邑侯王公扁序"六个字，为篆体字，边刻"邑长吏蠡吾王俟题，康熙五十六丁酉年五月吉旦立"。内容记载赤山院乃惠来名胜景地。碑记是考证赤山古寺历史沿革及名胜景地的实物资料。

（十二）凤山摩崖石刻。凤山摩崖石刻位于岐石镇前汛村南一里的凤山之东，有一嶙峋巨石，石下有孔叫风喉洞，乃凤山十八景之一，清康熙丁亥年（1707），左庶子陈迁鹤题诗刻于巨石北面上，诗："峭石凌江起，烟波一望开，云拖山色去，风送海潮来。"行书，诗句每字长15厘米，宽9厘米，左边还刻有"晋江陈迁鹤并书"，每字长12厘米，宽7厘米。右边刻有"左庶子陈迁鹤到此，康熙丁亥年孟夏"。每字长19厘米，宽13厘米。碑刻对研究凤山风景及名人手迹有一定的价值。

（十三）端庆堂壁碑刻。端庆堂壁碑刻位于东港镇长青村老乡一巷20号旁。字刻于克昌林公祠门口石壁，是端庆堂主人林家潘的好友唐景崇为端庆堂的落成亲撰。字为隶书，分刻于门两侧，字幅高1米，宽0.4米。内容为叙述林氏祖系由福建移居东港长青村及长青村的地理环境。端庆堂壁碑刻对研究清代书法及移民历史有一定的价值。

（十四）**狮山石刻**。狮山石刻位于隆江镇后吉村内狮山古寺外左侧。1927年，南昌起义军南下，驻扎于古寺，寺内众师尼为红军战士烧水、做饭，并采草药为伤员护理。临走时苏队长感动地挥毫赋诗："狮山毓秀出真佛，古井甘泉应士求，二七结缘西山寺，来日共享太平年。"后该寺住持将诗刻于花岗岩石上，字为行书，碑宽0.7米，高1.3米。

（十五）**虎头岩摩崖石刻**。虎头岩摩崖石刻位于惠城镇龙泉山庄。刻于清代，有三题：一是岩前路口"茂明升平氏方丸至此"的留诗，五言十二句，字长1.33米，宽0.86米，字大0.08米，楷书，阴刻。一嵌在岩东花岗岩巨石上，记载出米洞的缘由，康熙壬辰年（1712）正月刻。一在丝线吊金钟处叙述"丝线吊金钟"的起源。

（十六）**吴念一墓道碑刻**。吴念一墓道碑刻位于华湖镇溪洋村，碑刻原立于朱雀山北侧，现存放于吴氏家祠内，高0.98米，宽0.47米，厚0.18米。碑额刻"大明"二字，中刻"朱雀名山"四字为篆书，边刻"皇恩圣谕，太祖二十八乙亥颁"。碑刻是明太祖洪武皇帝为惠来溪洋村吴念一赐葬时的手谕，对研究古代帝王书法有一定的历史意义。

五、近现代重要史迹及代表性建筑

（一）**惠来犁会旧址**。惠来犁会旧址位于岐石镇坑仔村凤中老村六巷1号前。建于清末，坐南向北，原为单间建筑，三面墙，面阔11.8米，进深5.07米，建筑面积60平方米。惠来犁会旧址是惠来第一支赤卫队成立的旧址。1925年，彭湃同志派林子云、黄排在这里成立犁会，选出蔡宗江等为犁会负责人。1926年3月9日，犁会在此击退了马队长带至此围捕农会的30多名国民党兵，缴获其长枪4条。惠来犁会旧址是大革命时期革命前辈在这里开展革命斗争的佐证，也是爱国主义教育的宝贵资料。

（二）**惠来苏区革命烈士纪念碑**。惠来苏区革命烈士碑位于葵潭镇圆墩村雷打山麓，据简介碑记记载，建于1960年，坐西向东，碑通高3.5米，宽0.84米，占地面积400平方米。为纪念第一、二次国内革命战争时期牺牲的黄陈娘等95位烈士而建。

该烈士碑于1979年4月被惠来县人民政府公布列为县级文物保护单位。该处对开展爱国主义教育具有较高的价值。

（三）黄岱墓。黄岱墓位于葵潭镇门口葛村灯火山腰。造于1949年，坐北朝南，墓呈交椅状，贝灰构筑，墓碑上方浮刻五角星，中刻"黄岱同志之墓"，边刻"中国共产党员，惠来县甲子区农工队长，公元一九四九年十二月立"。碑宽0.46米，高0.78米。黄岱，惠来葵潭人，1927年出生于一贫苦家庭，1947年参加红军，1949年5月参加中国共产党，任农工队长，同年11月9日，至甲子区东山搜捕土匪陈佛光，在与佛光搏斗中中弹牺牲，年仅22岁。该处对开展爱国主义教育具有较高的宣传价值。

（四）方凤巢烈士墓。方凤巢烈士墓位于惠城镇英内社区烈士陵园内，造于1980年，坐北向南。墓呈交椅状，灰沙夯筑，碑高0.94米，宽0.6米，厚0.12米，碑床高0.1米。碑刻"方凤巢烈士之墓"；边刻"中国共产党党员，公元一九八〇年"。方凤巢（1893—1928），惠来县人，1925年参加革命，1927年任中共惠来县委委员，1928年秋，国民党"进剿"大南山时，为掩护彭湃撤退而牺牲。墓原在关门山顶，1980年由县人民政府迁徙至此。该处对开展爱国主义教育有较高的宣传价值。

（五）武宁桥。武宁桥位于周田镇武宁村往西一里处。始建于元代至元五年（1339），清代改建，东西走向，为柱墩式石筑平桥，长18米，宽4米，墩作分水尖状，桥头立有重修碑记1通，记载乡民捐款修桥的姓名。古桥对研究元代交通沿革有一定的价值。

（六）赤洲运河船闸。赤洲运河船闸位于东陇镇东面的盐岭河上，建于1974年，闸南北走向，横跨于盐岭河出海口上游，闸东建一运河船闸道，长度77米，由花岗岩石构筑，上设拉槽，西筑12道水闸，闸墩花岗岩构筑，中间桥墩置分水尖，采用"工"字铁、电动卷扬机等安全系数大。闸全长60米，桥墩宽6米，占地面积约800平方米。旁有办公室和值班房，运河船闸现状较完整。该处对研究20世纪70年代海上运输改革有一定的价值。

（七）林连登祠。林连登祠位于溪西镇鲁阳村，又名"荣才林公祠"，建于民国二十六年（1937），坐北向南，为三间三进，面阔15.4米，进深27.8米，建筑面积428平方米，明、次间抬梁式梁架结构。灰砂夯筑，硬山顶。祠壁雕刻有鸟投林、骏马奔腾、双狮双象、龙凤等图像，雕刻精湛，门两侧有清末榜眼朱汝珍所书的石刻诗词。祠堂对研究林连登一生及民国时期祠堂建筑和雕刻艺术具有较高的价值。

（八）东安中共革命活动旧址。东安中共革命活动旧址位于惠城镇东安社区东门街100号斜对面。始建于明万历五年（1577），知县蒋一清倡建，坐北向南，由前后座组成，前座三间两进，面阔8.1米，进深22.3米，东侧建从厝；后座五间两进，总面阔16.7米，深12.6米，总建筑面积583平方米，灰、石、木构筑，前后均为硬山顶。惠来解放前夕，我地下党利用真君庙开展革命活动，以"真君"二字为冠首，上联"真字舍脚便为直，勇往直前共求解放"；下联"君下联羊即为群，广大群众咸喜维新"，宣传革命和解放的真理。内保存有明清时期的壁画、古铜印及大革命时期的战刀等文物，还有碑记1通，对开展爱国主义教育具有一定的价值。该旧址于2003年11月被列为县级文物保护点。

（九）惠来一中连登楼。惠来一中连登楼位于惠城镇英内社区惠来一中内，建于民国二十六年（1937），林连登赠建。为两层楼房，东西走向33.86米，南北走向11.4米，占地面积386平方米，钢筋混凝土结构，底层大门内外为石砖铺筑。连登楼南面10米处为一中的三山门，门上有花草、马、鹿及孔子像石浮雕。原保存的清代碑刻3通立于楼前西侧，楼前建有莲池。该处是爱国主义教育的宝贵资料。

（十）翁照垣将军第。翁照垣将军第位于葵潭镇玄武社区内，建于民国，坐南向北，建筑由两层楼房及门楼组成，楼房面阔12.4米，进深13.3米，总进深24.75米，占地面积307平方米。钢筋、泥砖结构，门楼土木结构，硬山顶。翁照垣将军是"一·二八"淞沪会战的抗日名将。还有石刻一方，该处对研究翁照垣一生及开展爱国主义教育具有较高价值。

（十一）惠来罐头厂旧厂房。惠来罐头厂旧厂房位于葵潭镇长春社区内。建于1968年，20世纪70年代至90年代都有扩建，建筑占地面积约28000平方米。现存旧落的厂房、办公楼27栋，存锅炉、高温消毒炉及部分残破的设备。罐头厂旧厂房对研究惠来工业发展史具有一定价值。

（十二）惠来大南山石刻革命标语。惠来大南山石刻革命标语位于惠城镇盐岭村西北面，沿潮、普、惠之间的古道盐岭小径两侧山崖峭壁绵延分布。在盐岭村境内的有10条，镌刻于最显眼的天然摩崖巨石上，是在中共东江特委和潮普惠县委组织下，由翁千1930年至1932年凿刻的，内容有"准备夺取全广东政权""实行全国总暴动，建立全国苏维埃政权""男女平权，婚姻自由"等。它是大革命时期彭湃同志率领农民尖串队在这里掀起了一场轰轰烈烈、气势磅礴的农民暴动留下的产物，是大南山根据地革命斗争历史的实物见证，具有很高的革命历史价值。石刻革命标语于1985年8月被广东省人民政府公布列为广东省重点文物保护单位。1996年，中共揭阳市委、揭阳市人民政府将其公布为揭阳市爱国主义教育基地。

（十三）**惠来革命烈士纪念碑**。惠来革命烈士纪念碑位于惠城镇英内社区烈士陵园内，建于1961年，坐西北向东南，碑用花岗岩石砌筑，为正方形，碑座边长4米，碑身边长3.2米，通高16.5米，占地面积500多平方米，为纪念各个革命战争时期牺牲的500多名烈士，中共惠来县委、县人民政府于1961年在棋盘石山麓建此纪念碑。该纪念碑于1979年4月被惠来县人民政府公布列为县级文物保护单位。该处对开展爱国主义教育具有较高的价值。

（十四）**五福田彭湃活动旧址**。五福田彭湃活动旧址位于惠来县境内的大南山五福田村东南山窝，又名黄竹尖洞。洞口向南，洞西深涧，东、南、北三面削壁悬崖，一块20米长的巨石覆盖其上，洞口仅容一人出入，洞内面积约100平方米，可容百多人。1928年，救护队长林德从为彭湃同志所备之处。该旧址于1979年4月被惠来县人民政府公布列为县级文物保护单位。该处对开展爱国主义教育有一定的价值。

（十五）**小憩亭遗址**。小憩亭遗址位于惠城镇盐岭村西北面。建于民国丙辰年（1916），为四柱石亭，坐北向南，亭横匾刻"小憩亭"三字，左边刻"民国丙辰年吉"，右边刻"大长龙乡陈光利俊合"。南面石柱刻有对联"勿娱小屋难容胺，正是中途可息肩"，石刻向南；侧面刻"最宜南去北来自由讬之，休论西宾东主平等护心"，石刻向东。小憩亭与大南山石刻革命标语同在盐岭小径古道旁，石刻对联见证了小憩亭作为民国时期来往于潮、普、惠三县之间过客休息地的重要性。

（十六）林德从（德崇）故居。林德从故居位于惠城镇五福田村老村，建于民国，坐北向南，为面阔两间进深一间，石砖、瓦木构筑，建筑面积47平方米。林德从，惠来县五福田村人，1927年参加革命，1928年任县救护大队大队长，1939年9月9日，在蜈蚣桥战斗中，因掩护伤员而牺牲。林德从故居，曾是各个革命时期红军活动场所。该处对开展爱国主义教育具有较高的价值。

（十七）许玉磬故居。许玉磬故居位于惠城镇林樟村内，据林氏裔孙讲述建于民国初期，依山构筑，为瓦木结构的二层楼房，坐北向南，二楼门向北，占地面积21平方米。1928年4月，许玉磬同志于此居住、办公、抄写革命活动有关资料。该故居于1984年11月被惠来县人民政府公布列为县级文物保护单位。该处对开展爱国主义教育有一定的价值。

（十八）中共东江特委印刷厂。中共东江特委印刷厂旧址位于惠城镇上林村旁，洞为天然石洞。1928年，中共东江特委印刷厂设在过坑石洞内，排字、印刷工人在手工操作的条件下，积极印刷报刊和文件。石洞宽100多平方米。该处对开展爱国主义教育有一定的价值。

（十九）潮普惠南行委旧址。潮普惠南行委旧址位于惠城镇林樟村内，又名朝达林公祠，据资料记载建于民国初期，坐北向南，为三间两进四合院式格局，建筑面积144平方米。1948年6月，潮（阳）普（宁）惠（来）南（山）行委于此成立和办公，领导各县解放区的政权建设工作。该旧址于1984年11月被惠来县人民政府公布列为县级文物保护单位。该处对开展爱国主义教育具有较高价值。

（二十）中共潮普惠县委旧址。中共潮普惠县委旧址位于惠城镇上林村内，又名"朝聚祠"，据资料记载建于民国初期，坐北向南，为三间三进，建筑面积约130平方米。1928年4月至5月，彭湃及许玉磬于此办公召开各种会议。当时的医疗站、财政部、印刷厂等机构均设于村后石洞内。该旧址于1985年2月被惠来县人民政府公布列为县级文物保护单位。该处对开展爱国主义教育有一定的价值。

（二十一）潮普惠暴动会议旧址。潮普惠暴动会议旧址位于惠城镇林樟村内，又名"三山祠"，建于清代，坐北向南，为三间两进的四合院式格局，建筑面积约250平方米。1928年5月5日，彭湃在这里召开潮（阳）普（宁）惠（来）暴动会议，出席会议的有各县县委书记和委员18人，制定武装暴动计划。现祠堂内保存有河林区革命烈士英名录共计89人。该旧址于1983年10月被惠来县人民政府公布列为县级文物保护单位。该处对开展爱国主义教育具有较高的价值。

（二十二）石碑山灯塔。石碑山灯塔位于靖海镇坂美村石碑山上，据碑记记载始建于清光绪五年（1879）。宣统二年（1910）及民国十七年（1928）改建。第二次世界大战时炸毁，民国三十七年重建，1949年临解放时被国民党军队炸毁。1950年政府重新复建钢架结构灯塔，塔高33米，灯高44米，装有直径375毫米的灯器一座，射程18海里；1989年在原灯塔东南侧40米处新建钢筋混凝土结构灯塔，建筑高度59米，灯高68米，主灯采用PRB1-21灯器，射程24海里，顶部装有翼板六块，以增大日视有效视程和雷达波反射效应，设雷达应答器，有效作用半径20海里以上，设指向标，有效工作距离可达50海里，全天候使用。石碑山灯塔属国际航海灯标，用于国内外海上渔船、客货轮、军舰等一切船只的地理航标，以防船只碰礁。

（二十三）中共惠南县委遗址。中共惠南县委遗址位于惠城镇牛角兰村。旧址是林氏祖祠，原为四合院式布局，建筑面积约200平方米。为重建武装的需要，1947年5月，中共潮汕地委成立惠（来）南（山）县委，以加强对各个武工队的领导。现旧址已全部损毁，只剩下几根石柱及隐约难辨的后墙残痕。该处对开展爱国主义教育有一定的价值。

（二十四）惠来县苏维埃政府拘留所遗址。惠来县苏维埃政府拘留所遗址位于惠城镇盐岭村，是一天然石洞，洞口向西南。1929年至1935年，苏维埃政府拘留所设于交仔石洞。此洞分三层，每层约40平方米，上层守哨，中层为禁闭室，下层为厨房，洞底有水。石洞尚存，是大南山革命根据地的历史见证。该处对开展爱国主义教育有一定的价值。

（二十五）京陇村戏台。京陇村戏台位于仙庵镇京陇村内，据村民介绍，创建于1958年，坐东向西，面阔16米，进深10.3米，建筑面积165平方米，檩、橡、梁为木，柱为钢筋水泥构筑，贝灰、瓦木结构，硬山顶。戏台为丰富农村人民文化生活而建，是座具有农村文化特色的戏台。今已改建。

（二十六）惠来县苏维埃政府旧址。惠来县苏维埃政府旧址位于惠城镇盐岭村南面，又名老仓洞，是一天然石洞。洞口向南，石洞深100多米。1929年至1935年，惠来县苏维埃政府转移至此地，各办公人员都集中于此办公，指导开展革命斗争。但由于敌人的第二次围剿，山洞受破坏，各级人员转移别处。该旧址于1979年4月被惠来县人民政府公布列为县级文物保护单位。该处对开展爱国主义教育有一定的价值。

（二十七）**潮普惠南行委干部训练班旧址**。潮普惠南行委干部训练班旧址位于惠城镇南美社区南美中巷13号，又名"卓氏家祠"。建于民国，坐北向南，三间两进，砖木结构，硬山顶，占地面积197平方米。1948年，潮（阳）普（宁）惠（来）南（山）行委为迎接解放于1948年在该处举办干部训练班，培训了一批干部，在接管城乡政权中起到了骨干作用。该处对开展爱国主义教育具有一定的价值。

（二十八）**惠来县青抗会旧址**。惠来县青抗会旧址位于神泉镇图田村内。旧址设于"柱南周公祠"内，建于清光绪十二年（1886），坐南向北，面阔三间深三进，正厅明、次间抬梁式梁架结构，硬山顶，建筑面积216平方米。惠来县青抗会于1937年在"柱南周公祠"办公，大力发动全县青年开展抗日救亡运动。该处对开展爱国主义宣传教育有一定的意义。

（二十九）**东江特委三八党支部旧址**。东江特委三八党支部旧址位于神泉镇图上村，又名"盛祖周公祠"。布局为面阔三间深三进坐落，建筑面积206平方米，正厅明次间抬梁式梁架结构，硬山顶。1925年，中央派王西林同志到惠来县联系罗天、方丙鹏（方八鹏之弟）等同志开展革命斗争，东江特委在此成立三八党支部，党支部书记方丙鹏同志在此居住，并以教书作为掩护干地下党工作。该处对开展爱国主义宣传教育有一定的意义。

（三十）**华厝大队部旧址**。华厝大队部旧址位于周田镇华厝村内，据村民介绍，建于1960年，为两层楼房，坐东向西，南北长11.85米，东西长6.5米，占地面积77平方米。钢筋混凝土结构，二层屋顶为瓦木结构，硬山顶。壁上塑五角星，旁边写"毛主席万岁"标语。1958年，周田镇称公社，华厝村称大队。1986年改公社为镇，大队又称为村。

（三十一）**连登桥**。连登桥位于隆江镇前埔村西面。建于民国三十五年（1946），爱国华侨林连登赠建。东西走向，桥为钢筋水泥结构，共3孔，桥长30米，宽5.6米，横跨于黄洋溪上。原为惠来至隆江的重要交通桥梁。修筑葵和路时在其旁南侧重建新桥,连登桥已不能通行。该桥对研究惠来交通沿革及开展爱国主义教育有较高的价值。

（三十二）葵潭大桥。葵潭大桥位于葵潭镇吉成村。建于1970年,南北走向,在国道324线,横跨龙江,老桥为4孔、跨径25米的石拱桥,1991年广汕线改建时,在老桥上游加宽,前后孔为13米跨径普通T型梁,中间4孔为跨径27.3强应力T型梁桥。桥面中间分隔栏1.9米。葵潭大桥是324国道横跨于龙江的主要交通桥梁。该桥对研究近现代交通沿革有一定的价值。

（三十三）美园村彭湃旧居。美园村彭湃旧居位于华湖镇美园村内。建于民国初期,布局为"下山虎"格式,土木结构。1928年夏,彭湃率领红二、四师转战大南山,彭湃及夫人许玉磬于此居住,至同年8月才撤离,该旧居于1979年4月被惠来县人民政府公布列为县级文物保护单位。该处对开展爱国主义教育具有较高的价值。

（三十四）中国工农红军第四师攻城指挥部旧址。中国工农红军第四师攻城指挥部旧址位于东陇镇苗海村,旧址设于沈氏顺公祠内,建于清末,坐北向南,为三间三进,面阔14.6米,进深20.37米,建筑面积297平方米,贝灰瓦木结构,硬山顶。1928年3月,红四师攻打惠来县城前,驻在该村,指挥部设于六房六祠,彭湃及夫人许玉磬和师长叶镛、参谋长徐向前等,均在此办公,粮食部、医疗队、弹药仓库和营房则分别驻沈氏祖祠等11座祠堂。徐向前元帅手书碑刻"中国工农红军第四师攻城指挥部旧址",保存于苗海小学内。该旧址于1985年2月被惠来县人民政府公布列为县级文物保护单位。该处对开展爱国主义教育具有较高的价值。

（三十五）惠来县抗征队第十团团部遗址。惠来县抗征队第十团团部遗址位于溪西镇鲁阳村内,1948年12月,惠来县抗征队第十团在此成立。抗征队十团,包括团部、后方机关、武工队、政工队,总人数410人。1949年2月,惠来抗征队十团奉命改编为"中国人民解放军闽粤赣边纵队第二支队第十团",在此举行命名成立大会。此处对开展爱国主义教育有一定的价值。

（三十六）惠来糖厂旧厂房。惠来糖厂旧厂房位于溪西镇西湖村。创建于1970年,1971年建成开始投产。现尚存6座厂房：制糖车间、压榨车间、煮糖车间和成品糖仓库3座,以及水池1个、甘蔗输送带1架、办公楼1幢。惠来糖厂旧厂房是研究惠来工业发展史的实物资料。

(三十七)邦山水闸。邦山水闸位于隆江镇邦山村龙江河道上。建于1970年,东西走向,横跨龙江河上,闸墩用花岗岩构筑,中间置分水尖,闸身长12米,宽175米,设计最大过水流量每秒3100立方米,灌溉面积1533公顷,装机容量1000千瓦。旁配有发电房、防汛室及值班室,水闸施工采用了水泥、工字铁及卷扬机等,安全系数较大。建筑占地面积约2600平方米。邦山水闸是龙江河规模最大、保存比较完整的水闸。该处是研究近现代水利设施的实物资料。

(三十八)惠来县第一次农民代表大会旧址。惠来县第一次农民代表大会旧址位于葵潭镇兵营村内,又名"高岗公祠",据资料记载建于清光绪二年(1876),坐北向南,为三间三进坐落,面阔11.95米,进深18.35米,建筑面积220平方米,明、次间抬梁式结构,硬山顶。1928年3月上旬,彭湃率领红四师攻打惠来城前,在这里召开惠来县农民代表大会,通过攻打惠来县城实行武装暴动的决议。该旧址对开展爱国主义教育具有较高的价值。

(三十九)贺龙纪念亭。贺龙纪念亭位于溪西镇西湖村旁,据资料记载建于1986年8月,坐北向南,面阔3.5米,深3.3米,占地面积11.55平方米。为四柱重檐黄琉璃瓦顶。1928年5月,贺龙因找彭湃到仙石寺,离开时留诗云:"二八戊辰到岩山,攀登仙石放眼量。只为立种芙蓉志,定无辜负栽花郎。"后人将此诗刻于石,并在该山建"贺龙亭"一座。碑刻立于贺龙亭内,碑宽0.5米,高1米。亭前石柱刻有广东省政协原主席吴健民写的对联:"去时旷怀担道义,喜得烽火照葵阳。"该处对开展爱国主义教育具有较高的价值。

〔第五节〕赤山古院

赤山古院坐落在华湖镇东福村内的赤山埔上,位于惠来县城东南方,紧靠县城,离城仅三里之遥;是东福方氏祖上所建的祠宇,是一处建筑形制独特、轩昂恢宏、至今保护完好的古建筑群落。2012年7月,赤山古院被批准为"惠来县文物保护单位";2015年12月,被批准为"广东省文物保护单位"。

一、赤山古院兴建渊源

赤山古院历史悠久,源远流长。它建于元至正二年(1342),比惠来置县早182年,故有"先有赤山院,后有惠来城"之说。赤山古院创建年代之久远,建构形制之特别,占地面积广,建筑面积大,环境优美,保护完好。

同治《惠来县志·庙宇寺观》记载了方逢皋募修赤山院的事情:"赤山院,在县东三里,为春日迎禧之所,乡人方元壮建,拨田一顷五十亩,山一十二亩,为三清天君香灯。万历间,邑人、教授方逢皋募修,因迁移,后未盖(逢皋,元壮后裔)。"

二、东福赤山古院的缔造者——毛冲和方元壮

(一)**毛冲**。道人毛冲,元至正二年,游东福阜,与乡民方元壮友善,同游赤山,因建道院于山阳。乡民翁至善争院地,集众围之。元壮乃白,冲哄呪三通,雷雨暴至,围解。居逾年,一日,正襟危坐,须臾羽化,石上有足痕,相传其迹也。后元壮之裔建祠院左,并祀之,遗像犹存。

据饶宗颐《潮州志·丛谈志·异部》记载:"毛冲玄,元至正二年,道人毛冲玄与惠来都方元壮友善,周游赤山,壮为建道院于山阳,其乡翁至善争院地,窘之。冲玄为讽咒,风雨骤至,始解。踰年,冲玄整襟羽化,石上留有足迹。后该乡人威胁,元壮闻冲玄空中呼曰:'汝可逃矣,不逃将及于难。'元壮涕泣云:'姑待王师。'并其三子皆为沈于西桥下。后壮之裔建寺祀焉。(吴府志、惠来张志)

"按惠来张志《方元壮传》云:元壮,字善堂,元至正元年,遇云游仙毛冲子,遂师焉。睹赤山形胜,捐赀筑庙宇三楹,拨田一顷五十亩,山一十二亩,以居毛冲子。及冲子去,壮朝夕焚修不辍。后不幸遇变,人咸惜之。事与吴府志互详略。"

(二)**方元壮**。元,方元壮,字善堂,惠来都东福阜人,祖峤,宋金紫光禄大夫裔也。少仗气节,每谈文忠公("文忠公"即文天祥)遗事,辄为歔欷。元至正元年,遇云游仙毛冲子,遂师焉。观赤山形胜,捐赀筑庙宇三座,拨田一顷五十亩,山一十二亩,以居毛冲子。及冲子去,壮朝夕焚修不辍,后不幸遇变。

人咸惜之，称义士焉。

三、赤山古院的建筑格局

赤山古院建筑群坐北向南，由三大部分组成：东边为奉祀东福祖先之"方氏家庙"，中间为奉祀毛仙师公的"真人祠"，西边为奉祀"守道神"的"赤山古院"。东西两边还有青云巷和厝包，总建筑面积2245平方米。赤山古院除主体建筑外，还包括院后的赤山埔风水林、院前广场和风水塘，总占地面积100余亩。

（一）**赤山古院**。赤山古院（初建时名曰"雷院"）为三间三进二天井，由前厅、两厢房、中厅、内厅组成。前厅有文武金刚、魁星等，两厢房为白马军、赤马军雕像；中厅供奉文帝、武帝、福德老爷、钦命两广都察院张毅庵、周彝基、陀爷之神位；内厅则供奉妙藏王、南海慈云、天君大帝、岩爷、李老君、天官、地官、水官、达摩、鉴斋、孤圣公等之神位。"赤山古院"是东福民众及各地善男信女拜神礼佛祈福之所在。

（二）**方氏家庙**。方氏家庙为东福后人奉祀先祖之殿堂，三间四进二天井，门前设置三台阶，开三山门，由前厅（进贤亭）、二耳房、中厅（五福堂）、东西走廊、拜亭、内大厅（孝思堂）组成。孝思堂挂方氏祖先画像；安放神龛三座，供奉东福祖先灵位。"方氏家庙"是东福世家大族安顿先人灵魂的殿堂，是方氏后人祭祀祖宗的处所。

（三）**真人祠**。真人祠又称"真武庙"，为三间三进，一进为四柱魁星亭，亭后有一牌坊，后亭筑高台，门开左右。真人祠供奉东福祖先恩师、协助兴建赤山古院的道人毛冲（毛仙），毛仙牌位左右为创建赤山古院的东福六世祖方元壮及其父方镜塘之神位。毛仙殿前有一副对联：

愿尔辈同心同德重建祖宗亿万代无穷基业

到于今乐山乐水来续宾主五百年未了姻缘

相传该联是毛仙扶乩所书，十分神奇。每年九月初九日为毛仙生日。每逢这个日子，古院理事会在这里举行隆重祭拜仪式，东福祖系众多裔孙备粿品、斋菜等前来祭拜、求签问卜。族中凡有悬而未决的重要事项，也常常在毛仙金炉案前扶乩祈求指示。

第二十七章

惠来编修县志简史

惠来县自嘉靖三年（1524）置县以来，先后有十次编修、刊刻县志。有的已经佚失，有的保存完好并重新刊印，有的残缺严重，经补充整理后印刷得以重新面世。透视、探讨这十次修志的过程以及成书的结果，从中可以看到前人一些先进的做法和宝贵的经验。

〔第一节〕林春秀《惠来志》

明嘉靖三十三年（1554），惠来知县林春秀主持编修《惠来志》，由刘子兴作序。这是惠来县见诸记载首次修志，方志界一致认为，此书已佚。

林春秀，字麓平，又字彦甫，号实甫，福建闽县人，是惠来历史上一位入祀"名宦祠"的有为知县。他于嘉靖十八年（1539）至二十年（1541）、嘉靖二十九年（1550）至三十三年（1554），两次就任惠来知县。在任期间，他为惠来人民作了大量好事，惠来人民为之立"遗爱碑"。

一、《惠来志》收录林春秀的文章

林春秀文才颇佳，《惠来志》收录他的文章有《观海亭记》《官埔记》《义阡记》《乡约文》，诗歌有《苦旱词》《海滨即事》。林春秀是有真才实学之人，他纂修《惠来志》是"奉文"还是个人行为？不得而知。其时惠来置县只有20多年，修志属于首创，"草创未几，百凡阙略"。难度可想而知，而且，该志成书之时，已是林春秀去任之后，接任者是否同样重视此事，不得而知。该志同修者也未见记载。

二、作序者刘子兴

该志作序者刘子兴是潮州府海阳县人。刘子兴，字宾之，号见湖，明海阳县隆津都塘湖（今龙湖镇龙湖乡）人。嘉靖十九年（1540）庚子科举人，嘉靖二十年（1541）辛丑科进士，曾任浙江临海县知县，后历任兵部主事、车驾郎中兼职方事、福建参议、四川建川兵备道、广西参政、福建按察使、广西左布政使等职。后托病退居乡里。万历十年（1582），吏部奏请重新起用，任命文书未到达，刘子兴已经去世。嘉靖三十六年（1557），盗贼肆虐潮州，攻陷揭阳，很多村落都遭到了劫掠。当时，正在家乡服丧的刘子兴，组织乡民兴建瞭望哨台、栅栏等军事防御设施；招募乡勇，进行严格训练，防御盗贼侵犯。嘉靖三十七年（1558），倭寇在大井、蓬州、庵头等地大肆劫掠，塘湖危在旦夕。为加强防备，刘子兴在乡人中募集资金作为防御费用，乡中各要害之处重新设栅栏，增筑哨台，派乡勇在各处日夜轮流把守。当时附近的许多村落都遭到倭寇的抢掠，而塘湖由于防御严密而使倭寇不能侵犯。当时过境的官兵很多，时时骚扰乡民，刘子兴多次出面干预、制止。刘子兴深受乡民景仰，今龙湖寨北门西侧尚存《塘湖刘公御倭保障碑记》，记其功绩。刘子兴为人正直耿介，为官清廉，政绩卓著。后来居家十年，其美德为当时士大夫所推崇，被奉祀为乡贤。遗著《刘见湖文集》（一作《见湖遗稿》），今佚，可考者，存《生修韩文公庙碑记》等若干篇文章。

■ 万历《广东通志》记载林春秀《惠来志》

三、关于该志的评论

关于此书的纂修过程以及志书的内容、体例、水平，见诸记载有：

（一）明代万历年间惠来知县游之光《惠来县志》序："建邑后二十有余年，而有林实甫之笔，顾其书成于去任之时，因陋就简，体裁失次，仅同野稗。于以征往俟来，不已戈戈乎？"

（二）赐同进士出身、吏部观政、邑人张经《惠来县志》序："惠建自前明嘉靖间，兵灾之余，邑乘未遑，麓平林公仅具其概。"

（三）广西北流县知县邑人詹一惠《惠来县志》序："邑之有志，自嘉靖甲寅秋林侯麓平君始，草创未几，百凡阙略，而君纂辑成书，为可继耳。"

（四）福建盐运使司同知、邑人翁延寿《惠来县志》序："邑自开建之初，志载阙焉。后廿余年，而晋安林公始事纂修，于是百凡草昧，开载未悉，而文义亦少逊焉。"

由于林春秀所编纂的《惠来县志》未见存世，关于此志的规模及水平，只能从后代相关史书记载中一窥管豹。游之光、林世赏、詹一惠、翁延寿是编修万历《惠来县志》的官员，他们对于该志的评论（这四位肯定是阅读过林春秀编纂的《惠来县志》），我们可以得出这样的结论：1. 该志内容粗略，"仅具其概""开载未悉""仅同野稗"；2. 体例不够严谨，纲目不全；3. 该志文体不准确，"体裁失次"；4. 该志文字水平一般，"文义亦少逊"。

但是，这部县志具有独特意义，成为惠来县修志的源头，诚如詹一惠所说："君纂辑成书，为可继耳。"

〔第二节〕游之光《惠来县志》

明万历三十六年（1608），知县游之光主理纂修《惠来县志》，参加修志有：广西北流县知县、邑人詹一惠，四川大竹县知县、邑人林世赏，福建盐运使司同知、邑人翁延寿。同时，召集邑之耆民搜集逸事，有林正干、方子说、吴汝云、吴大器等。此志未见于世。

游之光，字东璧，直隶婺源人，举人，万历三十二年（1604）至三十七年（1609）任惠来县令，后升平度州知州。在任期间，政事俨然，有口皆碑。其人才气过人，留下的文章有《建文昌阁疏》《建文昌阁记》《檄惠父老文》等，赋《神龙赋》，诗《谯楼新成》《题翁太学寅旸堂》《奠丽亭》《劝农亭》等。

一、修志过程和参与者

关于该志纂修，游之光在"序"中有详细说明："岁戊申，邑之缙绅、先生、学士、大夫以请余，唯唯否否，以告当道。当道报曰：'可于是揖缙绅、先生、学士、大夫而与之畴咨。'谕耆民林正干、方子说、吴汝云、吴大器等，蒐求逸事，属诸北流君讨论既确，余始序次删辑，列为十二卷，图有说、事有纪，自舆地、官署、赋役、食货以至名贤、孝节、迁客、辞人之类，靡不各有评骘。凡四阅月而后成帙。"毫无疑问，游之光是位有心人，他于繁忙政事之余，"留心文献，博稽广询"，完成此部县志，诚如翁延寿所说："嗣万历东璧游公莅惠，以文章政事著声，钱谷之暇，留心文献，博稽广询，哀辑成书。"

二、关于该志的内容和评价

关于此志，见诸记载有：

（一）詹一惠"序"："乃质所闻于父老而参之舆论，其事则礼乐、政教、宦迹、人文，上及沿革、休咎之征，下至户口、阨塞之处，炳炳具载。其体裁略效古编年之法，损之益之，阐幽光而悉微隐，务求合乎至当之论。"

（二）林世赏"序"："邑之称志者未远，草昧其体近于稗，官侯一易以《春秋》编年例，复用紫阳氏提纲分注之法，以寓其叙述。"

（三）篇目设置。从上面的记述可以看出，该志设有12卷，主要内容包括：舆地、官署、赋役、食货、名贤、孝节、迁客、辞人、沿革、休咎、户口、阨塞、礼乐、政教、宦迹、人文等。

（四）该志的优点。此次修志，有几点值得借鉴：一是分工明确。"林正干、方子说、吴汝云、吴大器等，蒐求逸事"；游之光"序次删辑"。二是编排采用编年体，用朱熹（紫阳氏）"提纲分注"法注释，"其体裁略效古编年之法，损之益之"。"以《春秋》编年例，复用紫阳氏提纲分注之法，以寓其叙述"。三是内容丰富，体例较为完备。12卷内容有自然环境、政治、经济、文化、人物等方面内容，应该是一部不错的志书。四是广泛求证材料真实性，多方求证，不厌其烦（"乃质所闻于父老而参之舆论"）。

此志未见于世，在2007年重新印刷出版的康熙二十六年《惠来县志》里，仍可以看到不少属于万历《惠来县志》的内容。游之光、詹一惠、林世赏、翁延寿、陈尚志为该志所作之序，确凿无疑是该志的；《旧志山川图说》《旧志县郭图说》《旧志县志图说》《旧志学宫图说》《旧志文昌图说》等内容，有可能是林春秀县志内容，也有可能是该志首纂；至于游之光、詹一惠、林世赏、翁延寿、陈尚志等人的诗文，应该可以确定是属于该志收录的。

〔第三节〕张秉政《惠来县志》

清康熙二十六年（1687），惠来知县张秉政奉令主理重修《惠来县志》，参加修志有：赐同进士出身、吏部观政、邑人张经，四川重庆府南川县知县、邑人方应祷，明经、邑人郑国光和陈龙光。该志原版唯一孤本现存于天津市人民图书馆，2007年惠来县地方志办公室前往扫描，重新编排目录，印刷出版，该志得以重见天日，成为惠来县最重要的一部历史文献。

张秉政，字持公，陕西人，康熙十七年（1678）至康熙二十六年（1687）任惠来县令。他在惠来当了10年主官，对惠来的军事政治、社会治安、经济文化作出了卓越贡献。他富有才情，留下了不少关于惠来人情风俗、旅游胜地的诗歌和文章，是一个较有作为的县令。

该志的特点

惠来县知县张秉政于清康熙二十六年（1687）主持纂修的《惠来县志》，是入清编修的第一部《惠来县志》，也是现时流传最早的惠来县志。全书共六册十八卷，基本涵盖了惠来境内的人文地理、社会经济等方方面面的历史和当时现状。内容全面，文字简洁，资料翔实，思想开明，特色突出，是一部古代志书善本。

该志有几个突出特点：

（一）**篇目设置合理，分类详细**。该志设置为篇目体，为建置沿革、星野疆域、山川、贡赋物产、职官、选举、公署、学校、秩祀、兵防、灾祥、风俗、人物、节烈、寓贤仙释、艺文（上、中、下）。每卷或以朝代为顺序，如建置沿革卷，职官、兵防、灾祥、人物、寓贤仙释、节烈、艺文（文部、赋部）；或以方向排序，如山川，以方向统分全县之山、之河。基本都是卷之下设目，简单明了。独卷之四贡赋物产中"物产"一目，下设有谷之属，蔬之属，果之属，木之属，花之属，草之属，竹之属，药之属，羽之属，毛之属，鳞之属，介之属，布帛之属，货之属等小目。体例完备，自然、地理、政治、经济、人文、大方面都具备，按现代志书编撰要求来说，能够做到"横不断项，纵不断线"。

（二）设置图说，凸显特色。该志卷一前设有凡例、目录，分别介绍该书之体例发端及目录索引，还增设"图说"这一特色篇目，有如现代之特辑。共设有山川图说、学宫图说、文昌祠图说、靖海守御所图说，结合图片对全县之山川、县郭、县治、学宫、文昌祠、靖海守御所进行概述，图片按方位结合具体之地名，辅以旧志之论说，新、旧结合，使人对全县之概貌有一个总的、全面的、清晰的认识。

（三）该志艺文篇匠心独运，把惠来的人情风俗、山川风景、重要建筑等，囊括在艺文篇中，从另一个角度，以另一种笔调，反映惠来的山川秀丽，人文荟萃，物事演变。如《卷之十七·艺文上·文部》，共录入36篇序、记，其中，反映惠来建筑的有《重建赤山院记》等21篇，反映惠来民情风俗的有《乡约文》《檄惠父老文》等8篇，其他少数几篇策、书、疏，也与民生有关。

关于该志编修，参与修志的邑人张经在康熙《惠来县志》序写道："兹逢圣天子大修一统之典，邑侯持公张先生敬承德音，蒐辑志事，犹以簿书期会，思虑未专，用询野老之言，以广轩轓之献。余与二、三同人，罔忖荒陋，谋野编辑，而进退笔削，裁自侯衷。"这是一次全国性的修志，正是所谓"盛世修志"，人员配置和经费保障都比较丰饶，收获的成果当然较为丰硕。诚如四川、重庆府南川县知县、邑人方应祷在康熙《惠来县志》序所写："诚钜典也！"当不属谀美之词。

〔第四节〕查曾荣《惠来县志》

清康熙四十三年（1704），惠来知县查曾荣主持续修《惠来县志》，参加修志有陈琳、林昂、唐宽、张钟等人。中山图书馆和中山大学图书馆各存1部，惠来县内尚未发现此志。

此时距清代康熙二十六年首次修志仅过了17年。参与续修该志的还有：远安县知县、举人陈琳，弋阳县知县、举人林昂，副榜贡生唐宽，恩贡生张钟。查曾荣只是在张秉政县志的基础上增加这10多年的内容，正如他给老乡、提督广东学政翁嵩年所说：仅是在张秉政县志基础上"校正附益"。提督广东学政翁嵩年之序："潮州惠来令查君之官七年，乃得增修县志，告成问序于余，且曰：'是书成于前令张君，曷敢有加？惟据目前可书者，校正附益之，为后之君子倡。'"查曾荣写给上司的信比较谦虚，倒也是实情。

但是，此次增修，还是有一定难度，毕竟也经过一个多月才完成。诚如江西弋阳县知县、邑人林昂序："自丁卯距今一十八年，虽山川疆域物产风俗依然如昔，而期间户口之增减，赋役之繁简，忠孝节义之幽光，人才宦迹之霞举，不无待贤有司之厘定也。"

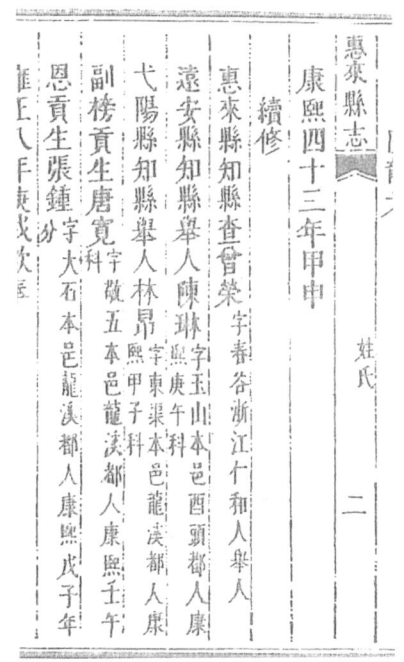

■ 雍正《惠来县志》收录参与续修该志的人物资料

一、查曾荣作序

其实，此次增修不是这么简单，查曾荣序："康熙甲申，案牍稍暇，细检旧本，谋所以修辑之，而犹虞谋野虽获无当大雅。因偕博士萧君英汉、谭君永泰，暨二三同人，若林君昂、陈君琳、唐君宽、张君钟辈，蒐求逸事，相与校雠。益以新条，援以旧例，乱者序之，缺者补之，讹者正之。若予之建常平、均丁口、修学宫、葺城垣、免兵船、设营堡种种，稍有补于民社者。邑之绅士亦强集于十有八条之简端，以付梨枣。"从这段话可以看出，此次增修的主要工作：一是增加新的内容；二是混乱之处予以重新排列；三是缺漏部分予以补充；四是错误之处予以更正。

二、林昂作序

林昂在序言中讲得更加具体："编摩较订于一方之险易，一事之沿革，一钱谷之增减，一人之始终，必求其精且确。阅月余而书成。"

这次修志是查曾荣个人行为，他在繁忙的工作之余，发现张秉政县志之错漏，萌生"乱者序之，缺者补之，讹者正之"念头，是个有心人，更是一雅人。只是该志增加的内容不多，史料价值不大，未予翻印出版。

〔第五节〕张珺美《惠来县志》

清雍正八年（1730），惠来知县张珺美奉令纂修《惠来县志》，参加修志的有惠来县举人谢元选、贡生陈天生和朱翼、廪膳生詹敬文、增广生翁国正等，成书18卷。

雍正《惠来县志》主编张珺美，字昆崖，陕西武威人，雍正元年廪生，雍正五年（1727）至雍正十一年（1733）任惠来知县。他在惠来任职期间，为惠来人民做了不少好事，是一位有为的父母官，编修《惠来县志》只是其中的一件。此志是迄今为止发现的古代惠来县志最完整、内容最丰富的县志。该志具有一个突出特点，那就是具有较高的史料价值和学术价值。该志全面反映惠来从明嘉靖三年（1524）置县到清雍正八年（1730），全县经济、政治、文化、社会生活等方面的具体情况，史料价值很高，对研究明清时期的历史具有一定的学术价值。一般地方志书的史料价值，大多体现在该志书对地方典型材料即地方特色的记述上，而该志的史料价值，则不仅表现在地方性上，更重要的是呈现出当时某个方面、某个领域的总体情况，以及当时的一些普遍的做法和规则。

一、葵阳信史

"葵阳信史"是雍正年间广东分巡惠潮兵备道按察使司副使胡恂为雍正《惠来县志》所作的序中，对该志的准确定位。原文是："此志芟芜补缺，不佚旧，不侈新，不繁词，不溢美，庶几乎犹存其实者，谓为'葵阳信史'。"葵阳是惠来的别称。

二、该志的特点

（一）"无有反侧无有偏党愿嘉与百姓平平共登斯路"。这是雍正《惠来县志》记载的明清时期惠来县衙谯楼大门对联的上联，表达执政者"执政为民"的进步思想。用这联来概括该志在全书编排上所显示出来的重视普通民众的进步理念，是非常恰当的。

一般的志书，都会把建置沿革、星野疆域、山川等方面的内容放在前面，雍正《惠来县志》同样如此。该志接下来把与老百姓生活最密切相关的《贡赋物产》放在第四卷，这显示出编者对于民生的高度关注。

作为官方的志书，一般情况都要突出"官本位"的思想。但雍正《惠来县志》在不少地方的安排上可以看出对"官本位"思想的弱化，反而较为突出平民阶层。如在第六卷"选举"中，编者先罗列进士、举人、贡生，把这些从平民阶层走出来的"新贵"放在前面，而把仕宦、吏员放在后面。在第十四卷"人物"中，把乡贤放在第一位，予以突出介绍，反而把宦迹放在乡贤之后。这种做法有明显的"民本思想"，值得借鉴。

断案是明清时期知县的一项重要工作，不少旧县志为了突出"父母官"的业绩，极尽浓墨重彩予以重点推介。雍正《惠来县志》也记载了不少"父母官"公正断案的实例，其中不乏能凸显官员聪明才智的例子，如明知县蒋一清、游之光断巨镇村"莲台寺塘"案，明知县方之矩断"茆溪"案，清知县查曾荣"保护县龙"案等，过程和结局都非常精彩。但该志并没有把这些内容放在突出和集中的位置，而是散放在第三卷"山川"和第四卷"贡赋物产"中，真正做到"以事系人"，一笔带过。反而对于一些"小人物"，该志给予适当的倾斜和渲染，这突出地表现在第十一卷"兵事"中。如《林道乾之变》中生员李棠的妻子卓氏胆识过人，《罗英再围县城之变》中义民高亮福、高亮祯、陈廷斌的英勇事迹刻入石碑，《林学贤之变》中趁夜爬出城外向潮州府求援的义民卢和（有《义民卢和传》）等，皆是下层的人民群众。

历史是人民群众创造的，这是颠扑不破的真理。不管是过去、现在，还是将来，志书的编纂思想都应植根于人民群众这块广袤的土地。

（二）"可对天知可对人言敢谓开重门洞洞正如我心"。这是雍正《惠来县志》记载的明清时期惠来县衙谯楼大门对联的下联，表明执政者的行政行为是君子坦荡荡的"阳光行政"。用这句联来概括该志内容"政务公开"式的透明风格，一点也不为过。

志书要反映史实，这是由志书的性质所决定的，但未必所有的志书都能做到彻底、完全地披露官方财政收入和支出的详细情况。雍正《惠来县志》在这方面有独到之处。

在第四卷"贡赋物产"中，该志首先把从明嘉靖四年（1525）到清雍正八年（1730）全县的人口细列出来，然后把雍正年间田亩、徭役、盐课、埠额引饷、驿传、税契、南工部匠等各方面的收入，逐项一一细列出来，最后累总："总计雍正八年丁口田地实征钱粮，银一万零二百三十四两一钱一分二厘六毫四丝零九沙四尘九埃九渺九漠九末。又加本县外赋不入田亩，税契匠价杂税各项，共银四百九十五两八钱二分二厘四毫，通共银一万零七百二十九两六钱七分四厘二毫七丝八忽九微二纤九沙四尘九埃九渺九漠九末。内除改征本色米价银四百六十六两六钱零六厘七毫六丝四忽四微，折米八百三十一石零四升八合四勺，又除驿传银三十七两四钱八分零九毫四丝一忽一微，实存地丁正杂钱粮解司解府，存留共银一万零二百二十五两八钱四分七厘三毫四丝五忽五微九沙四尘九埃九渺九漠九末，遇闰加银一百八十九两一钱三分四厘六毫零九忽三微一纤零一尘九埃二渺七漠。"非常具体、详细地把全县的财政收入公开出来，真可谓"可对天知可对人言"！

然后，编者又把全县各个官方机构的财政支出一一罗列出来。县衙、典史衙、儒学、神泉巡检司、隆井场、北山驿、葵潭巡检司、布政司等单位工作人员的收入，公布得一清二楚。以县衙为例，从知县，到门子、皂隶、马快、轿伞扇夫、库子、禁卒等各色人等，其人员编制、工资收入全部公开出来，便于接受上级和民众的监督。真可谓"洞洞正如我心"！

完全公开是需要勇气的，也是必须承担一定责任的。从这里，我们广大修志工作者可以得到什么启发呢？

（三）"核其实则纪事逼真，会其精则选言居要"。这是该志主编张珽美在"自序"中对于该志的评价，虽有"王婆卖瓜"之嫌，但还是恰如其分的。

雍正《惠来县志》具有较高的史料价值和学术价值。该志全面反映惠来从明嘉靖三年（1524）置县到清雍正八年（1730），全县经济、政治、文化、社会生活等方面的具体情况，史料价值很高，对研究明清时期的历史，具有一定的学术价值。一般地方志书的史料价值，大多体现在该志书对地方典型材料即地方特色的记述上，而该志的史料价值，则不仅表现在地方性上，更重要的是呈现出当时某个方面、某个领域的总体情况，以及当时的一些普遍的做法和规则。

在第四卷"贡赋物产"中，该志把明清时期对于田亩的征税划分为上、中、下则田介绍得很清楚。上都《官民米则》："上则田每亩派官民米八升，中则田每亩派官民米六升六合，下则田每亩派官民米六升零三勺一抄。"还有下都《官民米则》，这里不予罗列。该志还记载有每年只收一次税的"夏税地"，以及明万历九年（1581）丈量土地使用"六六摊法"等较鲜为人知的资料，具有一定的研究价值和学术价值。如"六六摊法"："归除讫，以六六乘之，丈米每顷折实六十六亩。"如果不是专业的研究，今人很难弄清楚这种算法。

在第八卷"学校"中，该志记载了明清时期惠来学宫的布局，还配上简图，对各个建筑物的用途逐一介绍。从入圣通衢坊、起凤坊、腾蛟坊、照壁等学宫外的建筑物，到棂星石门、圣殿（先师庙）、东庑、西庑、明伦堂、东斋（博文斋）、西斋（约礼斋）、敬一亭、启圣祠、射圃、名宦祠、乡贤祠、宰牲所（省牲所）等学宫内的建筑物，以及社学和义学，都记载得清清楚楚，使今人对于明清时期学宫的情况有所认识。此外，还记载了县学生员"额定"、廪生伙食补助、考试补助、优待孔圣后裔以及县学经费来源等方面的情况。这些资料都具有较高的历史价值和参考意义。

另外，该志记载了清雍正时期县衙、典史衙、儒学、巡检司、布政司等官方机构工作人员的工资收入，使后人明白知县与其他人的收入差距。知县每年"俸银四十五两内（除额荒外），尚实支银四十二两六钱六分五厘零，逢闰加俸银二两三钱二分四厘零"。典史每年"俸银三十一两五钱二分（除额荒外），尚实支银二十九两八钱八分五厘零，逢闰加俸银一两七钱三厘零"，与儒学教谕、训导待遇一样。县衙门子"（2名）工食银十二两（除额荒外），尚实支银十一两三钱七分七厘零，逢闰加银六钱四分八厘零"，即每人6两，皂隶、马快、轿伞扇夫、库子、禁卒各色人等与门子的待遇相同。耐人寻味的是，儒学的门子"（2

名）工食银一十四两四钱（除额荒外），尚实支银一十三两六钱五分三厘零，逢闰加银七钱七分八厘零", 即每人7两,居然比县衙门子的工资高1两。知县的工资比典史、教谕、训导多42.77%,是门子等人的7.5倍。今天的县长和门卫的工资收入不可能相差这么多,这是历史的进步吧!

诚然,该志是有许多弱点的,如避讳太多给后人阅读带来不便,每卷的"综述""论曰"对于朝廷的歌功颂德过于露骨,把"未笄奔丧而终身不字"妇女的节烈作为"以彰妇德"的榜样加以倡扬,有其时代局限性,等等。但瑕不掩瑜,雍正《惠来县志》的闪光点有目共睹,足以引起方家的注意。

〔第六节〕周葆熙《惠来县志》

一、发现同治《惠来县志》原版

2020年2月,县政协常委、文史学习委员会主任罗海平在编辑《惠来文史(十一辑)——古乡贤专辑》一书时,经常需要从网上搜索收集有关惠来古代的历史资料,无意中看到珍藏于美国纽约哈佛大学汉和图书馆的清代同治《惠来县志》原版(PDF版)。罗海平同志从事政协文史工作多年,对于史料的珍贵性有着敏锐的判断能力,他知道清同治五年(1866)周葆熙重梓《惠来县志》在县内甚至在国内皆已无存,遂从网友处购买下该版本的PDF版,无偿提供给县地志办。县地志办对该版本进行整理补充,印发全县。

二、同治《惠来县志》三百六十四块刻板失而复得的经过

该版本是木板印刷,所用木板有康熙张秉政版、康熙查曾荣版、雍正张玿美版的木板雕刻,木板长短大小不一规格多种,刻板字体源出多头各有不同,成为该版本的奇葩"特色"。同治《惠来县志》,独创性于篇首注明该版本"缺页表"以及"前言",其"前言"由湖南平江县长寿司巡检、邑人方汝进所撰,详细陈述该版本346块木板保存、被盗、失而复得的详细过程,惊心动魄,成为该版本独特价值。

邑人方汝进在"前言"开宗明义点明进献346块原板的原因:"其呈:湖南候补从九品、邑人方汝进,为承遗嘱,遵宪谕,呈缴访获县志原板,以存旧典事。"然

后说明原版遗失的经过："咸丰四年五月，逆匪陷城，旋经官军攻克，而县署毁焚，志板遗失。"方汝进的父亲是监生，平生好为义举，当时为匪所掳，匪首陈娘康念其乃是乡之善士，并未为难而释放之。2002年《惠来县志》（新华出版社出版）"大事记"记载此次事件："咸丰四年（1854）三月，潮阳县大长陇乡天地会陈娘康，在陈店圩起义反清，派郑游春、陈阿围、林通柿率众二千，从潮阳石港山入惠来，于五月十二晚攻陷惠来县城。抓获知县汤廷英。汤与游击辛鼎甲、教谕彭瑞龙同被斩首示众。潮州知府吴均令县丞何泉裕筹组五十三乡团练图复惠来。八月十五日，陈阿围率众撤离惠城。"方汝进之父正是在这次事件中遇险，志板也是在这次事件中遗失。"复城后，年迈家居。每以志乘为风土人情所系，且其中纪载仕宦科名、忠孝节义，足以感发后人，而深钦慕者，使其姓氏淹没不彰，殊堪珍惜。"方汝进的父亲是文人雅士，眼看志板被盗，心心念念找回，弥留之际，特意留下遗嘱，嘱咐妻子高氏，务必叮嘱后人寻找。"乙丑冬，职从湖南卸平江县长寿司巡检任，回籍守制，母氏述及遗言。"方汝进从湖南"丁忧"回家守制，母亲高氏对他说到遗言。"嗣谒宪台垂询邑乘，职以先人未竟之志，重以谕饬。"方汝进谒见县令周葆熙的时候，周葆熙提到了修撰县志之事。于是，方汝进开始寻找遗失之志板。"先是板为县吏朱某所收掌，当城陷时，朱携所有避于乡，旋即物故。以是无知之者。职因母言，接踵遍访，始悉此板现存于凤镇乡农夫家。缘系官物，不敢毁，惧获谴，亦不敢报历，藏至今十有三年，固依然无恙也。"既已得知志板下落，方汝进急急奔赴凤镇乡（今隆江镇凤红村），找到藏志板的农夫家，"剀切传谕，共检存三百四十六块，运回呈缴。"好在346块志板保存完好，藏板农家深明大义，自愿献出，方汝进呈缴县令周葆熙时，周县令亲笔批文："同治五年三月十五日批：据呈缴到访获县志原板三百四十六块具征，该绅克全先志，好义急公，洵不诬也。候叠订成帙，立案存储，以复旧章而昭典守。"县太爷高度肯定了方汝进急公好义的行为。

三、整理补充印刷同治《惠来县志》

2020年6月，县地志办开始安排人力对残缺版的同治《惠来县志》进行勘核、补充、整理。该版本书页残缺较多，个别页面文字模糊不清，自同治之前

■ 同治《惠来县志》收录方汝进"前言"

历代清代皇帝顺治、康熙、雍正、乾隆、嘉庆、道光、咸丰以及圣人孔子的名字，皆在避讳之列，空缺之字达数百个。县地志办组织人力，参照康熙《惠来县志》、雍正《惠来县志》、民国时期方乃斌检印版本《惠来县志》，补缺补漏，能补则补，能换则换。保存在美国汉和图书馆的原版本底色为黑色，若是照样印刷，文字很难看清。于是，县地志办将该志PDF版送到汕头，交给专业公司进行处理，将黑底色处理成白色。经过处理的版本就像铅笔字被橡皮擦轻微擦过一样，多数笔画不够清晰，专业公司又将模糊的笔画加深加粗，达到印刷物所需要的效果。补充整理的过程一言难尽。2020年12月31日，县地志办主要领导到县委常委会汇报单位工作情况，带去补充完成的同治《惠来县志》，得到县委主要领导高度重视，安排专款印刷该志，使得同治《惠来县志》重新出现在惠来。县地志办对该版本重新排版，编排详细目录，撰写印刷前言，于2021年5月印刷出来，填补古代惠来县志又一版本空白。

四、浙江周葆熙重梓《惠来县志》

周葆熙，字雨棠，浙江嘉兴秀水人，附贡生。钦赏五品衔广东候补布政司经历。同治四年（1865）冬初至六年（1867）代理惠来县令，属于高配版的惠来县令。周葆熙在惠来的时间不长，又是代理县令，所存史料不多。同治六年（1867）秋七月十五日，周葆熙为县城东栅永福古寺高僧宋超月撰写碑文，碑记仍存于东栅永福寺。

同治五年（1866），周葆熙接到上宪谕呈缴访各地县志的通知。而雍正八年（1730）张玿美所纂修《惠来县志》，因咸丰四年（1854）兵乱，原板已失去。同治五年春三月十五日，邑绅方汝进呈送周葆熙雍正《惠来县志》原板三百四十六块。周葆熙得到旧志原板之后，为保存地方文献，立即着手刊印。遗憾的是，周葆熙考虑到刚上任不久，没有时间精力增补漏略之处，只是依照原貌刊印。按照原貌刊印的同治《惠来县志》，在县内国内皆无存的情况下，原版却躺在美国哈佛大学汉和图书馆，不知究竟是何原因。

周葆熙刊印同治《惠来县志》时，写了一篇《重梓县志弁言》，该弁言在汉和图书馆收藏的版本中已经缺失，倒是在民国方乃斌的检印本中收录了这篇弁言，可见在民国时期，该志在县内仍有流传。

周葆熙《重梓县志弁言》首先叙述咸丰四年五月土匪陈娘康（亦作匡）攻陷惠来县城，致使志板遗失，方汝进秉承先人遗嘱，从隆江凤镇乡农家寻回志板的经过："咸丰四年甲寅五月，逆匪陈娘匡等陷城，县志原板散失无存。本年，邑绅三尹方汝进归自楚南，比来见时，商梓邑志。据云原板传闻尚存，允为访觅。今春三月，竟于凤镇乡农家得之，计存板三百四十六块，呈请缴储立案，以垂久远。检阅之下，慨夫乐石吉金，汩没荒烟蔓草，偻指十有三年，幸而珠还，不为灰烬。此造物显晦存亡，自有定数于其间欤。邑中诸绅闻者，莫不欢欣鼓舞，怂恿增修。"

邑中乡绅素知周葆熙颇有文才，纷纷建言增修县志，毕竟，从雍正八年（1730）张玿美主持编修《惠来县志》到同治五年（1866），已经过去136年，期间并无修志。周葆熙考虑再三，认为"土地、人民、政事"这些纳入官员考核政绩的任务更为重要："窃维志之所誌，类皆土地、人民、政事，为司牧所当考覈也。"接着，他又罗列种种原因，认为在"催科犹未起色，学校犹未丕兴，讼狱犹未胥平，缉捕犹未遽靖"的情况下，花费人力物力增修县志是"滋取之罪"："际此烽烟遍熄，寰宇升平，正宜彰往迹而诏后来，偃武事而修文教。第熙莅兹半载，求治虽殷，然于催科犹未起色，学校犹未丕兴，讼狱犹未胥平，缉捕犹未遽靖，汲深绠短，夙夜悚惶。矧复拿鄙寡文，敢操笔削之，权致滋取之罪？因就原板校证旧编，凡朽腐阙失应剞劂补换者四十余页，半由原本散失无可摹刊，姑留阙文刷订成帙，篇次序图仍悉其旧。"甚至于40多页"朽腐阙失"的志文，他也没有补充，任由缺失，而在篇首注明"缺页表"。然后就"邮呈大宪，以备采风"，将印刷出来的同治《惠来县志》上交潮州知府，以备编修府志所用。如此草草，以此估计，所印刷的数量不会很多。

但此次重梓《惠来县志》也有可取之处，周葆熙接着陈述："溯自雍正庚戌一百三十余年来，其间典制之沿革，田赋之升滩，仕宦之递迁，人之材之继起，以及民情风俗点化潜移，礼乐文章雍和彬雅，况夫兵燹时矢忠完节、千古卓然，其名湮没不彰，而为褒扬所未逮者，何可胜数？是赖邑中诸名宿，征文访献，文询博稽，综核旧章，增华逸事，裨残补阙，绩缉重梓。庶谫陋如余，获藉手以观厥成，此尤熙所有志而有待焉。爰赘述其颠末，弁诸简端，并附方三尹原词于左。"而周

■ 方乃斌检印《惠来县志》收录周葆熙《重梓县志弁言》

葆熙所说"赖邑中诸名宿,征文访献,文询博稽,综核旧章,增华逸事,裨残补阙,绩缉重梓"的内容,在汉和图书馆的版本中却并未见到,不知是何原因。

落款是:"旹在大清同治五年岁次丙寅春三月既望,军功钦赏五品衔、广东候补布政司经历、权知惠来县事、秀水附贡生周葆熙雨棠氏譔。"

〔第七节〕方乃斌翻印民国《惠来县志》

民国时期,战乱频仍,社会动荡,民不聊生。1929年,广东电白县人李本清任惠来县县长,聘邑人方乃斌任惠来县立中学校长,并由方乃斌主持整理、影印《惠来县志》。方乃斌文学素养较高,著作颇多。据说,当时他组织几位文字功底较好的人开展资料编写工作,惜乎没有存留下来,他只是按照周葆熙的版本,检付汕头印刷局翻印三百本,成为1985年全省第一轮修志时,惠来县弥足珍贵的参考资料。方乃斌有《清平乐》词纪其事(见方乃斌《葵庐词钞下集》):"惠来县志,散亡有谁记?遍觅残篇重印制,尚期父老留意。神泉玉井澄清,葵峰人石光莹。记取苏童咏月,正蒙奏疏忠诚。"

方乃斌为该志撰写《民国拾玖年翻印惠来县志》序,末尾叙述该志印刷过程:

爰将此部残缺旧志,检付汕头印刷局,翻印三百部。如遇残篇破字,均暂空白,以待老成硕德之士,安为填补,未敢有所增删修改也。愿我海内外诸同乡,人手一编,庶几明瞭全县地理,发生爱护乡邦之观念;洞悉四百余年县事,可以抒兴革之决心。至于先贤之善行芳烈,尤足令人兴景仰之思。历次破城之症结,当谋所以救济之道,藉使全县父老昆仲,人人激发其救乡之心,振起其奋斗之志,共策长治久安,力谋宏伟建设。进而发展山海之富源,救此颠连困苦之残局。不其幸欤,不其幸欤!乃斌自惭鄙陋,未能求遗事,考往哲,追随硕彦,修明邑志,咎也何如。尚希邦人君子,奋然崛起,完斯文献,光大乡邦。则斯志之翻印。或不无小补云尔。

国立广东高等师范本科毕业、历任中国国民党广东省党部第二届执行委员、广东省立第二师范学校校长、汕头市政厅市长、丰顺县县长、汕头市立第一中学

民国十九年翻印《惠来县志》　　方乃斌《县志序言》末尾

校长、岭东民国日报管理委员兼编辑主任、丰顺球山中学校长、现任惠来县立中学校长、邑人启东方乃斌序，时在中华民国十九年十二月。

〔第八节〕中华人民共和国成立后三次修志

一、"文化大革命"编修《惠来新志》雏形

20世纪60年代，编写《惠来新志》初稿，油印上、下两册，县档案馆存1部。这是一次失败的修志，政治因素浓郁，带有"文化大革命"的政治色彩，内容乏善可陈，成为惠来修志的一部反面教材。但也有一些内容不无裨益，尤其是惠来于1958年12月至1961年3月撤销建制期间的资料，弥足珍贵。

二、2002年新华出版社《惠来县志》

改革开放后，中国的政治、经济发生巨大变化。中华人民共和国成立后首轮全国性修志工作在全国各地如雨后春笋，遍地开花。1985年3月5日，成立惠来县地方志编纂委员会办公室，为科级机构，编制6人。全县应编

《惠来新志》封面

写专志的单位共83个：其中区镇17个，农林场5个，县直属机关56个，基层单位5个。1985年8月，县地方志办公室制订了《惠来县志》篇目讨论稿，并印发各有关单位，进行征求意见。同年11月，方志办公室开始翻印清雍正《惠来县志》，分发各有关单位参阅。1987年初步编订了《惠来县志》篇目，采用立五部类附插图表的体例。全书立概述、大事记、各类专志、人物传、附录等五大部类，以各类专志为主体。专志立24篇，108章357节，整部志书95万字。2002年12月，历时18年，经过县地志办5任领导先后接力续力终告完成，该志得以出版。

三、2012年方志出版社《惠来县志》

这是全省第二轮修志，按照省地志办的要求，惠来县的修志年限1978—2004年。由于惠来第一轮修志完成时间较迟，县志出版时全省已经基本完成，几乎落在全省最后。

2003年11月，惠来县开始启动第二轮修志，进度上已经远远落后其他地区后头。2004年8月印发编目设置和编写分工。全县承担修志任务的单位有121个，其中镇场17个，县直及省、市驻惠单位104个，初拟编目34编，后调整为28编。从启动到2009年10月，志稿总纂全面完成，11月进入初审，2010年5月送揭阳市复审，12月完成终审，进入最后修改补充阶段。2012年12月，惠来县第二轮县志由方志出版社出版，是全省较早出版的县志之一，迎头赶上，不拖后腿。而且，全书质量上乘，印刷较佳。全书除概述、大事记、人物、附录外，专志共设28编159章637节，约140万字。

第二十八章

文化名人

雍正《惠来县志·艺文》张珝美小序："古人以立言为三不朽之一。于是有因其地以为言者，有因其人以为言者，有因其时与事以为言者，而艺文见焉。然必其言真堪不朽，乃可以信今而传后。易曰：其旨远，其辞文；言之无文，行之不远。所固然也。近世志艺文，自疏奏条议而下，兼收诗赋杂体。然遇物兴怀，扬风抉雅，间有关于风俗、人心之故，非徒摭拾风云月露已也。惠志艺文甚伙，然如谢侍郎之慷慨而疏论时事者，不一再见。余读其谏稿，心窃向往焉。至于记序诗赋之类，悉依前人所订，间或采择而增益之，亦以见斯地之多作者云。志艺文。"惠来自古文风昌盛，文人骚客留下大量脍炙人口的佳作，诚如雍正年间惠来知县张珝美所言"斯地多作"。下面择要介绍古代比较有名的文人。

〔第一节〕古代文化名人

一、苏福

苏福，称征士，酉头都神泉人。生有异质，再岁而孤，五岁不言。一日，忽见蛙毙道旁，始作声，讶曰："此非'出'字乎？（谓蛙死仰腹形如'出'字）"闻者惊异，自是矢口成章，下笔俱有神助，众皆以神童呼之。有北山驿丞遇福，从其母于陇上，戏以"拾穗与神童"之句，福即应声对以"折梅逢驿使"。其颖彻天成多类此。洪武间，征举赴京陛见，以其年稚，遣行人林鼎元护归，令有司给月米，待壮赴用。未几病卒，是年十四。其临终有问之曰："尔何年再生？"应曰："待五百年后耳。"谶所谓"文昌山上玉华笏，五百年后圣人出"，意或在此。所著有《咏月诗三十首》并各诗辞。至国朝顺治十四年，庠士呈学宪崇祀乡贤。

上面是康熙版、雍正版《惠来县志·乡贤》对惠来县神泉镇神童苏福的记载。

苏福是六百多年前闻名全国的神童，他活在人世间只有短短14个年头，却留下不少脍炙人口的诗词作品，现存有《秋风辞》《纨扇行》《三十夜月诗》《遣睡魔诗》《送林鼎元诗》，以《三十夜月诗》为代表作，写得十分形象清新。明代大文学家王世贞称赞他的《初一夜月诗》"却于无处分明有，浑是先天太极图"句，说是"令陈白沙、庄定山白首操觚，未必能胜"。清代著名诗人、诗评家袁枚《随园诗话》收录《三十夜月诗》其中七首，给予很高评价。清顺治十四年（1657），举祀乡贤。他的故事在潮汕地区广泛流传，他的诗词得到历代文人推崇，与他有关的遗物遗迹数百年来备受世人的凭吊。

（一）**五岁不言疑为哑，一朝开言惊乡人**。明洪武五年（1372）农历二月初一日巳时，苏福出生于潮州府潮阳县西头都神泉村（为苏福后人提供，《惠来县志》记载为明洪武四年）。这是苏家时隔10余年后出生的第二个孩子，其父苏昭明、母亲方氏甚是欢喜。苏福先祖务商，于南宋末年由福建迁移到神泉定居，家道殷裕，其祖父苏太乙毕生来往于粤、闽、浙一带做生意，常年漂洋过海经商。苏福两岁的时候，其父亲不幸去世，家庭坎坷，祖父忙于生计，母亲忙于料理家务，年幼的苏福缺乏关爱和照料，没有玩伴，他常常孤独地望着浩渺的海水出神，神游在自己的世界里，长到五岁，仍然不会开口说话，母亲非常着急。乡人都以为苏福是哑巴。

有一天，祖父苏太乙带他外出，忽见道旁有一仰腹死蛙（形如"出"字），苏福始作声讶曰："此非'出'字乎？"苏太乙大惊之余顿时如释重负，感叹说："你是在你母亲肚里读了书再出来的！"乡人闻之，皆感惊异。于是，苏太乙当即延请名师到家里教导苏福读书识字，每逢外出到闽、浙经商，常常携带苏福随身同往，告悉各地景象与风俗，带他浏览各地名胜古迹及名人诗词丹青，他所见过目不忘，所闻过耳入脑。苏太乙见苏福年幼聪慧，头脑敏锐，更加疼爱有加。

"自是矢口成章，下笔俱有神助，众皆以神童呼之。"苏福自从开口说话，特别是接受启蒙教育后，出口成章，善能吟诵诗文，下笔如有神助，神泉邻里皆以"神童"称之。有一天，苏福跟着母亲走在田垄上，偶遇潮阳县北山驿（北山驿设于今东陇镇北山村，毗邻神泉）驿丞。驿丞早就听闻苏福"神童"的大名，有意试探他，随口云："拾穗与神童。"苏福即应声答："折梅逢驿使。"其对答颖敏天成，驿丞赞佩。一天，苏福祖父带他到一寺庙住宿，住持对苏福名声早有耳闻，有心面试他的才学，沉着脸说："小施主，早晨听钟声起床，打扫后厅，然后把鸡放出，话勿多说，听清楚吗？"苏福听罢，随口而出："早起听钟执扫箕，打扫后厅放笼鸡；我人哩是在咀话，勿咀又是在做诗。"惊得住持一愣一愣的。类此传闻不胜枚举。

苏福在家天天跟随母亲白天劳作，晚上纳凉，母亲手摇纨扇替他驱蚊的形象深深烙印在他心中，母亲寡居孤独的身影，促使他写下《纨扇行》。

（二）神泉独标不合流，独联遗世难觅对。雍正《惠来县志》记载："神泉，在县南十五里，神泉三面距海，诸水皆咸，此泉发源文昌山下，隆冬不竭，味独甘凉，堡内咸资汲焉。"神泉港是国家一级渔港，"海角甘泉"是神泉港一处闻名遐迩的地标性建筑。据传，唐时已有闽浙沿海商船往来广州时在神泉港停泊，唐宋时村后有一"圣王庙"，因村在庙前，故当时称为"神前村"。圣王庙有铣钟一口，上铸有"唐玄宗元和庚子中秋福建胡其成等敬送"题款，1958年被毁。圣王庙祀南海神，唐玄宗时封为广利王，为县内见诸记载最早的神庙。宋末于圣王庙东约500米处，发现一泉堀，水质甘醇，取之不竭，村民共饮此水，故村名由"神前"改为"神泉"。苏福生于斯长于斯，从小喝着"神泉"的水长大，小小年纪就对甘泉有着深厚的感情，在他七岁那年，挥笔写下几百年来难觅佳对的独联"快取携而不竭任卤浸咸蒸独标平淡"。此联对甘泉的描述能充分抓住特征，形象生动而完整，从静态写，从动态写，从现实写，从联想写，更可贵的是通过这短短15个字，体现了一种只讲奉献不求索取、出淤泥而不染的高尚品质。此联一出，顿时引来各地文人骚客纷纷蝉联，神泉由此名重一时。究竟是"泉以人显"，还是"城以泉称"，应该两者相辅相成吧。

要蝉联，就必须具备上述两个层次的内容。再加上此联平仄镶嵌独特，又与神泉奇景巧妙结合，所抒发的情怀境界相当高远，因此几百年来难觅可对之句，成为不折不扣的独联。当年郭沫若先生南昌起义失败后来到神泉等待乘船去香港，听当地人说起该联以及该联作者的故事，顿感兴趣。但是，不知是由于对当地的人文历史缺乏必要的了解，还是由于颠沛流离的生活环境影响，以至于素有捷才曾在蝉联上留下许多精妙绝对的一代文豪，对此独联思索良久，却没有留下下联。当地还有另一传说，当时郭沫若对出来了，写在纸上，沉吟一会，随手揉成一团，扔掉了。不论是哪一种情况，郭沫若的这一经历都使这个独联之难对得到了一个相当权威的佐证。这句独联刻在"海角甘泉"亭的石柱上，该亭由八根石柱支撑，由于濒临海边，从亭子落成的那一天起就常受台风摧毁，每逢大台风，石柱断折不知有多少次，唯独刻有独联的那一根石柱，从未断过，不能不说是一个奇迹！

清乾隆十七年（1752），惠来知县王纬在泉堀东侧建亭，当时亭处于村外，周围沙丘绵延，形势孤独，故又于亭南建塔1座，塔高7层，26.4米，八角实心，贝灰夯筑，底层有装饰门，向西北，门额刻有"玉华塔"三字。亭内立有"神泉亭塔碑记"，详细记述建亭缘由和过程。

（三）**海上漂泊三月余，卅夜月诗传天下。**洪武十二年（1379），苏福8岁时，跟随祖父乘船到福建泉州与浙江宁波等地经商。他白天攻读诗书，夜晚，当大人们入睡以后，他一个人静静地坐在船舱，时而远望波涛汹涌的海面，时而仰望寥廓神秘的苍穹，观赏月光，仔细观察探究每夜月亮的细微变化。神童的内心世界无人知晓，祖父见他天天如此，暗暗纳罕，但也不去打扰他。这次旅程历时三月有余，回到神泉后，苏福向祖父呈上他在这三个月时间里写下的《三十夜月诗》。祖父细细披阅以后，顿感字字精妙，句句珠玑，欣喜异常，立马传递邻里轮阅。此诗不翼而飞，迅速传到时任潮阳知县杨智案前，杨县令阅后感慨万分，难以相信这三十首咏月诗是一位八岁孩童所写，赞称："此乃当代神童也！"立即禀报上司，呈报朝廷。

（四）**金殿比试亏一筹，神童美名后世扬。**洪武十七年（1384），朝廷征聘神童，宣召苏福上京（南京）应征神童科恩科考试（当年因朝廷征聘苏福上京应试，故后人称苏福为"苏征士"）。潮州知府与潮阳县令分别派衙吏与差役护送苏福到南京应征神童科考试。

洪武十七年（1384）苏福年仅十三四岁，民间相传：当年神童科试，为发挥参加考试神童的才智与特长，没有命题，颁诏应试自选题目，苏福挥笔而就。洪武皇帝朱元璋事前曾御览潮州府呈上苏福《三十夜月诗》，赞不绝口，叹道："此乃当今神童矣！"（明代"三大神童，有说是"苏福、解缙、张居正"；

有说是"苏福、解缙、杨慎",除了苏福早夭,解缙、张居正、杨慎后来皆位极人臣;苏福后裔、神泉镇苏文炳先生祖上传下资料则是"朱元璋、解缙、苏福")。相传殿试时,朱元璋亲自面试,和苏福同场PK的是"三大神童"之一、明朝大名鼎鼎的大才子解缙。解缙(1369—1415),洪武年间进士,授中书庶吉士,后罢官,建文帝时再出仕,永乐初,任翰林学士,主持纂修《永乐大典》,后谪官下狱被杀,著有《解文毅公集》《春雨杂述》等。

朱元璋出对:"螃蟹横行,通身甲胄。"

解缙对:"蜘蛛结网,满腹经纶。"

苏福对:"鸾凤高飞,遍体文章。"

对子讲究的是下联盖上联。无疑,苏福的下联是盖过了朱元璋的上联,"鸾凤"比"螃蟹"高档;甲胄是武官,文章是文官,文官大过武官。但年幼的苏福忽视了他面对的是高高在上的皇帝,朱元璋见苏福的对子锋芒毕露,心生不悦。而老油条解缙(其实也才16岁)经验老到,用"蜘蛛"对"螃蟹",蜘蛛当然比不过螃蟹。

朱元璋不甘心被苏福盖过,又出一个上联:"灯明月明大明一统。"

苏福对:"君武臣武洪武万年。"

这本是非常好的一个对子,朱元璋是开国皇帝,手下臣子随他出生入死打下天下,自然是"君武臣武"。谁知这又捅到朱元璋的痛处,他对手下立下汗马功劳的兄弟颇为忌惮,后来一一除掉可以看出朱元璋对这班兄弟的用心,而苏福居然傻到将"君臣"并列。于是,朱元璋以苏福"年稚"为借口,命其"暂归故里,候壮待用"。

苏福闷闷不乐回到南京驿馆,当夜写下《秋风辞》,抒发他的雄心壮志。

(五)**文昌山上玉华笋,五百年后圣人出**。朱元璋特地派遣吏部主事林鼎元(福建莆田人)护送苏福回归家乡,颁令有司月给廪米,待体壮成年后任用。苏福满怀希望而来,失望而归,想到家乡亲人的殷殷期盼,苏福忧闷郁结于心。他毕竟只是一个十三四岁的少年,长途跋涉再加上心情郁闷,行至浙江濮州驿馆时,恰遇当地瘟疫流行,苏福不幸身染疫病。虽然林鼎元精心陪护,奈何身处旅途中,缺医少药,于洪武十九年(1386)正月十二日不幸病亡,年仅14岁。

苏福病重垂危之际，面对精心照料的林鼎元，他强撑病体，写下《送林鼎元诗》："开帘看春客窗暖，古壁尘埋碧瑶筒。娇莺夜挟东风来，桃株满林红玉烂。巷南巷北花参差，飘垂络拥悬红丝。蓺金挥掷压豪杰，使酒怒碎珊瑚枝。檐前压雾连钱动，驮玉归来宝山重。锦纹屏风龟甲香，梅帐思为楚山梦。我生十四犹坎坷，对酒观天不能饮。诸公尽上黄金台，空山零落眠云枕。抚剑长歌天为愁，明珠白璧将安投？汉家公侯哪有种？卫青牧豕皆封侯。"诗中回想他春天离开家乡到京城（南京）应征时春风得意的美好愿景，他以"娇莺"自居，"蓺金挥掷压豪杰"，梦想一举成功，现实残酷，眼看同来的"诸公尽上黄金台"，而他自己却落得"空山零落眠云枕"，感叹自己"明珠白璧将安投"？发出强烈的质疑"汉家公侯哪有种？卫青牧豕皆封侯"。

相传苏福临终时，有人问他："尔何年再生？" 苏福应曰："五百年后耳！" 雍正《惠来县志·山川》记载这个传闻："文昌山，在县南十五里，孤峰秀拔，有'文昌山上玉华笏，五百年后圣人出'之谶明初神童苏福生，人以为验。"苏福的诗歌，流传下来的还有《遣睡魔诗》（收录于清康熙林杭学《潮州府志》和光绪《潮阳县志》）。

苏福死后，林鼎元遂以"神童苏福于洪武十九年正月十二日在濮州驿羽化升天"复旨，洪武皇帝闻报，颁旨赐葬，谥号"文昭"，御赐"国献家祯"碑匾。时任潮阳知县杨智奉旨建造苏福墓，葬于神泉赤山村马东山。南明永历三年（1649年，清顺治六年）岁次己丑，苏福后裔、广东碣石水师总兵苏文重新修筑。碑文"永历己丑岁孟春之吉。皇明：崇祀乡贤，神童叔祖墓。总兵官侄孙苏文修"， 碑座是洪武皇帝御赐"国献家祯"碑匾（明洪武十九年，岁次丙寅，即1386年原物）；路旁有神道碑，碑文"明神童苏先生墓道，万历戊戌岁（1598）后学方应祝立"。清顺治十四年（1657），庠士呈学宪崇祀乡贤。1991年，苏福墓列为县级文物保护单位。

二、酉头都狮石里林逊

明，林逊，字文敏，酉头都狮石里人。宋潮阳尉盛之裔，小坭之派也，生于元季。与同郡杨璧师事蔡希仁，先生传《古文尚书》，而犹究心于当世之务，希仁以康济才称之。洪武甲子，举于乡。明年，捷进士（明朝进士自公始），授福州闽县丞。值岁饥，请赈，得全活者甚众。为尚书夏原吉所知。其后从郡吏入觐，赐敕以归。因上书，乞厉沿海捕鱼之禁，上特优诏褒答焉。在官四年，卒年四十。后升福清知县，符至已不及拜。著有《尚书经义》，藏于家。子三，长扶榇以归，余侍母居福州之外家。嘉靖初年建县，割属惠来。万历三十六年，知县游之光详祀乡贤。

上面是清康熙二十六年《惠来县志·乡贤卷》关于林逊的记载，寥寥二百多字，给予这位惠来文庙崇祀乡贤、入明潮州府进士第一人非常高的评价。在林逊的家乡——惠来县周田镇狮石村，建有林逊的祠堂，当地族人习惯称为"进士祠"（文敏公祠），寄托林氏族人对他的景仰，该祠屋顶在20世纪60年代被台风摧毁，仅存残垣。2015年，林逊后裔竭力筹划，众人拾柴，筹集巨资投入重建，祠堂焕然一新，占地面积600多平方米，于2017年12月"进士祠"重光入祠，分散各地的林逊后裔纷纷赶回参与盛会，盛况空前。

惠来林氏先祖林盛，福建莆田人，在南宋嘉熙（1237—1240）年间，担任潮阳县尉，卸任后举家迁居潮阳县酉头都。林盛后裔人丁兴旺，逐渐成为潮州府大族。明嘉靖三年（1524）设置惠来县，酉头都从潮阳县地域划出，归惠来县管辖，林盛后裔遂为惠来县人。嘉靖七年（1528），林盛的后裔在酉头都狮石里兴建惠来林氏祠堂（薇山公祠，现为县级文物保护单位），并编修林氏族谱，订立字辈谱。所定32字辈序如下：崇政明衍，文敬廷宗；仲永孔伯，朝邦国家；嘉熙登荐，官上左丞；绵延祐启，福寿康宁。林逊乃林盛的第九代裔孙。

林逊（1364—1404），字文敏，号志宏，据林逊族谱记载：林逊出生于元顺帝至正二十六年五月十五日（1366）（2002年出版《惠来县志》记载出生于元顺帝至正二十四年），其父林效，生子三人，林逊排行第三。林逊大哥林廉波，开创靖海镇前吴村，为前吴村林氏一世祖；二哥林渭叟，林逊曾送他一幅书法"友爱令闻"，今藏于林逊祠堂。林逊出生时已是元朝末年，社会动荡不安，各地农民起义风起云涌，到处兵荒马乱，林逊小小年纪，即四处躲避兵灾。少年时期，林逊展现出聪明颖悟的禀赋。狮石里西南面约十里处，有一风景幽雅的小山，叫铭湖岩，岩中有石洞，适合藏人，他曾躲在铭湖岩石室，潜心攻读，并在石室中刻下他的诗句,今铭湖岩已成为惠来县一处风景名胜,当年林逊避乱潜心攻读的石洞仍然保留。康熙《惠来县志》记载:"铭湖岩,位于县城东南15公里,前詹镇铭湖村北3里的山窝。岩前有3块巨石天然垒迭的石门,石门楼上有明洪武年间进士林逊题刻的'岩穴神仙宅,山门向顶开。白云闲不锁,留与鹤归来'的石刻诗。门前有状如狮、象、龟、蛇的巨石。进石门西边有摩崖石刻'香风洞'3个大字。香风洞北有殿堂,供祀菩萨。后殿巨石覆盖,长15米,宽10米,并配有厢房。"

林逊年纪稍大,明王朝政权已经稳固下来,天下升平,他负笈远游,外出求学,开阔眼界。他来到潮州府,潮州府乃当时岭东首邑,人文荟萃,人才辈出,文人士子多集中于此攻读。他拜当时潮州府名人蔡希仁先生为师,蔡希仁乃潮州府海阳县人,明洪武四年(1371)参加辛亥科省试,高中解元(举人第一名),是当时潮州府名重一时的名士,后授任陕西省府谷县知县。出仕前,他在潮州府开馆授徒,各县生员慕其名气,纷纷拜在他门下,一时名士云集。

来自海阳县的才子杨璧是林逊在蔡希仁先生处求学时最要好的同学之一。杨璧,字允玖,少时家贫,生活清苦,无钱买书,向别人借书抄录,日夜诵读不辍。后亦考中进士,授任刑部郎中,《海阳县志》有传。两人志趣相投,惺惺相惜,成为志同道合的同窗好友。

林逊和杨璧向蔡希仁先生学习古奥难懂的《古文尚书》经义。林逊一边学习,一边还潜心研究当时的社会政治,希望有朝一日能学以致用。蔡希仁先生称赞他乃"康济之才",康济之才指的是安民济世的才干,出自《北齐书·武帝纪》:"君有康济才,终不徒然。"可见林逊并非一个只会读书的书呆子。新落成的"进士祠"悬挂"康济之才"书法,额题"恩师蔡希仁锡赏进士公匾额",落款"永丰堂裔孙拜撰"。

洪武十七年(1384),年仅加冠(20岁)的林逊,与同窗好友杨璧一起参加省城举行的乡试,两人同时中举(林逊名列第七)。第二年,即洪武十八年(1385),蔡希仁、林逊、杨璧师徒三人同科参加会试,从师生好友一变而为竞争对手,蔡希仁、杨璧稍逊一等,名落孙山,而才华横溢的林逊则脱颖而出,后来居上,洪武皇帝钦点殿试金榜第三甲第176名进士。林逊可谓青出于蓝而胜于蓝。此科乃洪武乙丑科、丁显榜,此前,明代潮州府未有人中进士,饶宗颐《潮州志》"明代潮籍进士自逊始"由此而来。这年，林逊年仅21岁，可谓少年得志。春风得意的林逊没有忘记他的老师和同学，杨璧在林逊的鼓励和精心辅导下，更加发奋攻读，于洪武二十四年（1391），考中辛未科许观榜二甲进士，两个同窗好友不负夙愿，如愿以偿。

林逊家境富裕，热心为人，成年后为乡人做了不少好事。狮石村临近狮石湖，乡人出门交通不便，林逊自掏腰包购买一艘渡船，免费供乡人使用，时间长达10多年，一直到他外出当官，渡船线路南至靖海前吴，北至仙庵荆陇（今京陇），东至靖海镇区。林逊广有田园山地，酉头都不少田地皆是他的产业，相传当年酉头都"三岩四潭"（铭湖岩、圣母岩、清水岩，大架潭、岭后潭、葫芦潭、南坡潭）的出家人，经常到林逊的山林园地耕种、砍柴，林逊从来没有制止，任由他们无偿使用。

封建时代，举人入仕的大有人在，甚至贡生晋身官场的也不是个别，其中的杰出者也有后来身居高位的。和林逊同榜登科的另一位潮州府进士海阳县人蔡福南，官运亨通，授任翰林院检讨；少年得志的林逊在他二十一岁的"稚龄"之年高中进士，却长达十五年处于"超长待机模式"，在洪武十八年接到朱元璋任命圣旨后却迟迟没有赴任，实在令人费解，这成为他的后代裔孙一直追寻的谜题，考究多年一直得不到权威解释。

林逊是潮州府潮阳县酉头都狮石里人，明嘉靖三年（1524）设置惠来县，酉头都划入惠来县；他为官始于福州闽清县县丞，终于福州福清县知县。笔者查遍《潮州府志》《潮阳县志》《惠来县志》以及闽清县、福清县、福州等所有记载林逊事迹的历史典籍，均找不到关于林逊迟迟没有入仕原因的记载。在封建社会，一个读书人经过多年寒窗苦读，从童生、举人一路艰辛到最后考中进士，随之而来的就是朝廷任命为官员，这是每一个读书人梦寐以求、光宗耀祖的事情，如果没有特别的原因，是不可能不出仕的。但林逊偏偏没有，一直到他考中进士十五年后，即明惠帝建文二年（1400），年已36岁的林逊才赴任早已由朱元璋任命的福建省闽清县县丞。这"候任"时间未免太长，按照正常的推测，应该是家里有人去世，按惯例"丁忧"，但"丁忧"不需十五年之久。或者父母生病需要照顾，本人向朝廷申请暂缓任命，这也是一种可能的解释。

据采访林逊村人林水金先生，林逊考中进士后，父母身体不好，在家侍疾，随后"丁忧"。

据清光绪《潮阳县志》记载：林逊列为潮阳县"忠义孝弟祠"崇祀人物。从这一点来看，林逊在孝道方面应该有突出的事迹，方能成为供人膜拜的一方神祇。这庶几可以解释林逊考中进士后十五年没有入仕的原因。

林逊后裔曾收藏朱元璋颁发给林逊的任命圣旨，1985年原件捐赠给惠来县博物馆，今收藏于汕头市博物馆。其后裔保留圣旨内容："奉天承运，皇帝制曰：朕闻，昔君天下者，设官分职，以成治功。虽秩有大小，自下而上，自上而下，无乃赏罚焉。专符为信，情意交乎，所以诚之至也。朕效古制，授尔以官，给尔以符，维尽尔心，恪勤乃事，由来觐朕将合焉，以考尔绩，其敬之哉。林逊授迪功郎福建福州府闽清县丞。乙丑科会试中式贰拾壹名，洪武十八年十月初七日。"

林逊为官，始于闽清县，终于福清县，皆属福州府。闽清县、福州府的志书对他评价颇高，所载事迹与康熙《惠来县志》一致。

《闽县乡土志》在"政绩录（二）——去害"中记载："林逊，潮阳人，师事蔡希仁。洪武乙丑进士，即授闽县丞。岁饥，请赈，多所全活。又疏请豫防海寇，厉禁沿海捕鱼，优诏答之。夫丞，微官耳，顾敢言事，抑亦难矣。然不如连络渔团，振兴渔业，则海利开、海权振，而海盗自销尔。"

乾隆《福州府志》"名宦（三）"记载："林逊，潮阳人。师事蔡希仁，受古文《尚书》，洪武乙丑进士。授闽县丞，岁饥，赈，多所全活。入觐赐敕还，疏请厉禁沿海捕鱼，优诏答焉。"

林逊在担任闽清县县丞期间，有一年，闽清县遇到灾害，民众因饥馑致死者很多，林逊作为县丞，相当于现在的副县长，从七品的微末小官，但他勇于担当，及时上报朝廷，请求开仓赈济，灾民因之得全活者甚众。由此口碑载道，其时恰遇户部右侍郎夏元吉担任采访使，巡视福建，林逊救灾政绩遂为夏元吉所赏识。明成祖永乐元年（1403），夏元吉升任户部尚书。这一年，林逊跟郡吏们一同入朝觐见皇帝，得到皇帝敕命封奖，林逊仕途一片光明。归来之后，根据当地时有海盗、倭寇出没的实际情况，林逊上书请求加强沿海捕鱼之禁，以隔绝奸民与海盗、倭寇互相勾结，朝廷优诏褒答他。明代，朝廷实行"海禁"政策，以隔绝沿海渔民与海盗、倭寇勾结，祸害百姓，对这一政策的看法现代学者见仁见智，多数还是持否定观点，如《闽县乡土志》的观点"海利开、海权振，而海盗自销尔"一样，但林逊作为一个封建时代的官员，他的立足点必须和朝廷利益保持一致。

天妒英才，林逊为官仅有短短4年，就病死于任上。朝廷晋升他为福清知县的任命到达之时，已来不及拜受。明永乐三年（1405）十一月二十四日，卒时年仅40岁（虚岁）。长子扶柩归家乡狮石里安葬，并留在家乡成家立业；另两个儿子则留在福州外祖父家跟随母亲一起生活，现在留在福州的林逊后代已经枝繁叶茂。明宣德五年（1430）十一月初七日，林逊和其夫人胡氏合葬于酉头都杭美村马鞍山，今墓茔尚在。

林逊少年时期即有诗名。他于铭湖岩读书期间，曾有留诗传世。康熙《惠来县志》记载："铭湖岩，在县东南三十里，岩前有石门，中石室，宽平十余丈，南北相通，可容百人。上有神仙迹，石罅有泉，秋冬不竭，其山产柴胡。"铭湖岩乃当地一名胜，林逊《题铭湖岩石室》刻于一块巨石之上，其诗："岩穴神仙宅，山门向顶开。白云闲不锁，留与鹤归来。"

他著有一部《尚书经义（一卷）》传世，未刊，藏于家。该书列入有名的《千顷堂书目》，《千顷堂书目》是明代黄虞稷所编，所录皆明一代较有名之书。其中"经部"分十一门，既以"四书"为一类，又以《论语》《孟子》各为一类；又以说《大学》《中庸》者入于《三礼类》中，盖欲略存古例，用意颇深。潮安县闻名遐迩的私人书屋"翁氏梓园"亦曾收藏该书，后遗失。饶宗颐总纂民国《潮州志·艺文志一·经部》记载："《尚书经义》，明，潮阳林逊撰，存潮安翁氏梓园藏，后遗失。《经义考》《千顷堂书目》《阮通志》《艺文著》录。《周府志》本传：逊与同郡杨璧师事蔡希仁，传《古文尚书》。"

潮阳县桂山都大族吴氏兴建祠堂编修族谱时，千方百计托人请林逊为之撰序，可见林逊在当时潮阳县的名气不小。其序曰："今观吴氏，在宋最盛，礼义相承，诗书不替。居官者，则以尽忠所事为念；家食者，则以睦族民泽物为心，或执谊捐躯者有之，或同居累世者有之，内而有妇人女子亦各秉贞淑不二之德……吴氏世德厚矣。"该序至今仍然传世。

明万历三十六年（1608），惠来知县游之光向上级申请，把林逊列入县儒学乡贤祠崇祀，同时列于乡贤祠崇祀的有宋代潮阳县丞方骥之（东陇镇人）、神童苏福（神泉镇人），后来还有监察御史、河南参议谢正蒙（华湖镇人）等人，皆是名声显赫、地位尊隆的人物。

三、龙溪都麒石村陈梅峰家族

葵潭镇吉镇村西面有一座山脚伸进龙江河的"龟地山"，"龟地山"濒临河边的山脚有一座形制独特的明代墓葬——陈梅峰墓，墓造于明永乐三年（1405），坐西朝东，墓型呈交椅状，全为花岗岩石砖砌筑，中立碑一通，高1.63米，宽0.9米，碑裙镌刻云彩图案，碑刻："陈梅峰国谕墓，吉岁甲申丁卯月己未日，男僧童。"该墓是陈僧童为父亲陈梅峰所造，2014年《惠来县第三次全国文物普查成果集》"古墓葬"将该墓列为"惠来县不可移动文物登记单位"。陈梅峰育有三子，陈僧童是陈梅峰的第二子。元朝时，陈梅峰随父陈文英由陈陇乡到龙溪都麒石村（今岐石镇岐石村）开基创业，锱铢累积，晚年家业庞大，是岐石村陈氏第二代先祖（详见下图族谱记载）。岐石村陈氏家族自陈梅峰以下，历代皆有贤人杰士，绵延数百年。

（一）古代龙溪都的开拓者——陈梅峰。《梅峰九一府君传》：

梅峰公者，吾宗百世不迁之宗也。以祖为公者，系出莆之陈宅巷，沿莆之俗称也。公讳正功，谱不载其字，不敢妄加也。行九一者，宋元时父子相继以数纪行，父辈尽而子亦相继纪，故公之考曰"六六公"，而公曰"九一"，以次而百而万，子子孙孙如绳之义也。

公之曾大父曰原父公者，莆谱载为海丰令，因家于龙溪者赘，祖佐以善行称。父文英，遂以麒石为开基，始祖善相地理，择龙溪之麒石。山蜿蜒起伏，若卧麒状，当中突起一峰，上有独石，宛如麒角，剪荆刊莽，辟其麒腹，得地四廛，可到百区，遂称大庆而居。今垂世为陈，云奇（麒音同）面笔架山，三峰端秀，远视若揖，左汇大江，凤山捍于水口，潮汐旋于山前，真名胜也。先是有元进士周天麒者，据卧麒之左，是亦以科第起家。我六六公既展其正脉，周遂以衰。公生元季，极好施与周洽，乡间无问疏戚恩仇。元俗尚礼佛，公葺小庵于麒石山之左，厚设茶果，以佐四方礼佛之嫔妇宾；又建"种德堂"于西北隅，延师儒人以开家塾，周进士为之记，支子长遂，以人材辟为邑丞，皆公玉成之也。

晚年无子，作屋二区，制极壮丽，赘郑氏姑之夫将终老焉。姑幼子请公膳，公曰："来。"姑子曰："请我公，非若也。"公遂愧阻。携其赀厝，泣谋诸老佃户，告以故。父曰："无以自愧，我惟有三女。"公其命之长次，皆不诺。而三女忻执巾栉，遂生三子。父亦同姓，乃讳张令张氏妣是也。郑氏姑亦愧恨而还。三子皆成人，公乃殂。公之孝发，慈惠闻于同里，山塘田地悉据龙溪之一都，轻租薄税，人皆德而附之。

元末大乱，虽以方林胡僭称寨官，横行兼并，皆不敢犯。明初，泯一区宇，我族无兵革之祸者，皆公积德之庆。公生卒见世系，茔溪沙之大屿，面乙坐辛，诸山所聚，湖水若带，雄壮甲于一邑。妣林氏茔于东边林，张氏茔于后堀，皆石坟。云：公自号为梅峰居士，以所居之前有梅花山。散落平洋，圆墩累累，径不满丈者数百，若横枝疏蕊。世传有仙迹，故谓之"梅花洋"，亦天巧也。

龙溪都在明嘉靖三年之前属于惠州府海丰县管辖地域，东起总铺洋，西至后溪山岭，北自梅林，南达甲子港，横直各百多公里。位处闽粤咽喉，惠潮门户，地理位置十分重要。但山多林密，地旷人稀，为猿猴麋鹿栖息，虎豹蛇虫出没，烟瘴瘴疠之地。

龙溪（今称龙江河）为潮汕四大河之一，古代是一条桀骜不驯的"野龙"，许多地方积水成湖，雨季河水泛滥。明嘉靖三年（1524），龙溪都割隶惠来县治，除甲子港外，纳税人口仅有711户1728人（据《惠来县志》记载）。宋元时人口可能更少，而且大部分聚居于沿海和大陂溪（今鳌江河）一带。这些地方因水利不修，农业生产落后，地广田瘠，水旱无时，十年三收。据《惠来县志》载：每亩田赋不及其他四都（惠来、隆井、酉头、大坭）四分之一。又据巡按广东监察御史熊兰《明增县治疏略》记述："盖其地东南临海，西北阻山，离潮阳县一百十余里，离海丰县二百余里。道途僻远，顽民负固，壤地空旷，盗贼潜匿。"由此可见，建县前龙溪都为海丰县鞭长莫及的化外之地。但是应该看到：龙溪都有宽广的谷地，山间盆地，沿海台地、低丘、滩涂等是一片待开垦的宝地。陈梅峰父子既有高瞻远瞩、精心擘画的主观条件，同时也有祖宗遗下的图纸与海丰县许多官亲戚友等特殊关系的优势。

陈梅峰，名正功，字国谕，自号梅峰居士，生于宋咸淳元年乙丑（1265），卒于元至正十六年丙申（1356），享年92岁。元代初年，陈梅峰随父陈文英自耆陇乡（今隆江镇陈陇村）到龙溪都的麒石村创业，他的高祖父陈原父于宋高宗末年为海丰县令。陈原父生前足迹踏遍龙溪都，认为这里是一块待开发的宝地，令僚属绘下地图秘藏家中，死后其子孙扶榇回归老家福建莆田安葬，不料走到耆陇乡时，暴雨骤降，一连月余，总铺洋变为水乡泽国，大水两月不退。灵柩停放在前山，日久土陷，棺被埋入土中，成为天然土葬，这就是后人称为"搵鼎金"（锅釜倒覆犹如馒头的形状）的名地。陈原父子孙有的回海丰，有的到潮阳、桥柱等处创业，有的留下在耆陇村定居，其玄孙陈义英，保有传家宝藏，龙溪都的地图也在他的手里。元初，兵戎寝息，社会比较安定，陈文英带着老婆孩子离开耆陇乡到麒石村开基创业。他善相地理，见麒麟山蜿蜒起伏，中间突起一峰，上有独石，宛如麒角，号此地为"独角麒麟"（即今之石人山，形状犹如石人）。遍山林木茂盛，山前面对笔架山，三峰端秀，远视似三老拱揖，左汇大江连大海，凤山挺拔捍卫水口，海潮旋涌于山前，海湾东是华清港，西为览表渡，江口就是甲子港——麒石分明是一个海湾的渔村。甲子是惠潮门户，麒石便是门前的卫士，好一幅天然画景，使陈文英魂牵梦萦。于此，夫妻父子在麒腹处"剪荆刊莽"，开辟地基"四廛"，可列"百区"（可建百间小屋），建起大厦在此定居。这就是今之岐石村（麒、奇同音，后世又写作岐石村）。村的下方原有林、张、周等户居住，其中有科甲起家的周天麒，是宋末进士。宋亡元兴，周进士不愿做异族统治者的官奴，在此隐居讲学。那时全村人口不过十几户，几十丁口，在低洼处耕作，周围无主荒地很多，陈文英选择地势较高、灌溉方便的地方垦殖，谷物收成有保证。而且东海、碣石、甲子等处有他的宗亲戚友，那里耕作技术比较先进，自有亲人送来耕牛、种子和劳力，所以不上几年，田地扩展至葵潭等地。陈文英胼手胝足，艰苦创业，弃世之后，他的儿子陈梅峰创业精神比乃父有过之而无不及。陈梅峰娶本村林氏为妻，夫妻继承父业，勤奋开拓。适逢元初，蒙古贵族为巩固统治，颁文奖励垦荒耕作，修治河渠，恢复农业生产。在陈梅峰的拼搏之下，田地延伸到三四十公里外的后溪山，山体田地均在海丰县立下税契，成为他家的粮田粮山。他引来了北方逃难的饥民，给予种子农具到各地建立寮地耕作，成为陈家佃民，每年收取少量租谷，租少地多，总的收入颇丰。陈梅峰身强体壮，豁达大度，极好施与，"周洽乡间，无间恩仇"。元代民俗时尚礼佛，陈梅峰于麒石山之左筑一小庵，设置茶果，供应礼佛的善男信女。他想乡里经济发达了，人们应该学文化，才能移风易俗。平生最羡慕唐代韩愈治潮时请秀才赵德为师，教育子弟，使潮州成为"海滨邹鲁"，功业永葆千秋。他虽无功名无官贵，有钱有心就能办到。于是在麒石山西北隅建"种德堂"书屋（现遗址仍在），请周天麒进士为师，并于海丰延聘名师宿儒助教。周进士当时撰碑记述（碑刻无存，《陈梅峰传》述及此事），自此，文明之风蔚然兴起。陈梅峰的堂侄陈长遂在此读书，成为该书屋的第一个岁贡，官至广西临桂县县丞。岐石村陈氏后来之所以成为"书香世家，科甲门风"，皆陈梅峰和周进士率先倡导之力。岐石村重视教育，培养人才的风气也渐渐影响到龙溪都各乡村。《梅峰九一府君传》记载，陈梅峰生前"山塘田地悉据龙溪一都，轻租薄税，人皆德而附之"。元亡明兴，洪武元年（1368），朱元璋下令农民归来，承认农民耕垦或即将开垦的土地归农民所有，并分别免除三年徭役或赋税。洪武二年又下令把荒闲的土地分给农民，每人十五亩，菜地五亩。又实行民屯，民屯与一般垦荒不同，屯民所种是官田，陈僧复兄弟田地太广，大部分是招引北方的难民来垦殖的，属于民屯田地的多。按规制，自备耕牛者，十税三。明初"兵饷烦重，法令严苛"，长子僧复将所收租赋大部分输运上缴。一次，因输赋稽延误期，致被谪戍到辽左，后来奉例改在附近的碣石卫当差。洪武十四年（1381），朝廷下诏丈量民田，海丰县由陈举人主持丈田之事，特派陈僧达丈量龙溪一都的山塘田地，陈僧达年富力强，随父兄开拓有年，又有图纸在身，任命后"沿土丘履亩，遍历川原"，查勘丈量。他熟知田地肥瘠、赋役多少等情况，凡是祖业未尽开拓的都增补清丈，并登记入簿。如"梅林双派二陂、三陂等处诸田，阡陌相连，都百有余顷，后溪李婆陂等处诸山，连络数百里"，并"修治龙溪各支流，引水归源，如溪沙等处，有的筑坝成塘，建堤修渠，可灌田千顷者，计三十六处"。还在沿海斥卤为田，都一一列入簿籍。于龙溪沿线，南自三溪口（即钓鳌石合流之处），北至后溪水尾，两岸田地，派陈通立户；石壁头港（海丰属）处的渔盐，派陈钦立户。均课以少量的租赋，以上都是丈量较为大宗的项目。明洪武十八年（1385），陈僧达以驿传官解民屯租赋到南京，因工作踏实，卓有成效，户部留任为海运督粮官，他派人回乡搬取家眷居住南京，后卒于南京。陈僧达长子陈真身体瘦弱，无法经受长途跋涉千里扶榇还葬家乡的颠簸，陈僧达妻及幼子返家，南京留下后裔，蕃衍发达，名人辈出。陈梅峰是开辟龙溪都、发展农业的先驱者，是岐石文化教育的振兴者和推动者，起到里程碑的作用。他在溪山员潭仔处建了一庵，延僧人住持庵事，又建"种德堂"学舍，请名师宿儒教育子弟，使岐石成为"邹鲁之乡"，使后代人才踵接。自元到清康熙500年间，岐石举人、进士不乏其人，贡生、秀才更多，出仕为知州、知县、县丞、教谕以至翰林院侍读等举不胜举。清康熙年间，陈梅峰裔孙陈迁鹤进士出身，官至奉政大夫左春坊左庶子兼坊事翰林院侍读（皇子的教授），康熙四十六年丁亥孟夏（1707）回乡祭祖，留墨在祖祠、凤山、圆通庵，至今犹存。陈迁鹤《咏凤山诗》："峋石凌江起，烟波一望开。云拖山色去，风送海潮来。"在陈梅峰倡导和影响下，龙溪都各乡文教聿典蔚然成风。

岐石村于宋朝景佑元年（1034）创村，大宗祠位于岐石镇岐石村内，元朝泰定三年丙寅（1326），陈梅峰大兴土木兴建大宗祠（敦睦堂）于石人山下，坐乙向辛兼辰戌分金。为三间两进，面阔15.1米，进深26.1米，建筑面积394平方米，占地面积3744平方米，明、次间抬梁式梁架结构，贝灰构筑，硬山顶。开三山门、中门为八卦门，建筑风格奇特，结构布局典雅，规模气势恢宏，装潢工艺，金碧辉煌，斗拱迭锦，琉瓦溢彩，头门石刻浮雕活灵活现，生动活泼有趣。明世宗嘉靖五年（1526），陈梅峰七世裔孙陈仁凯主持修造，改掉八卦门，开中门，大门立有青石鼓，自清代以来进行多次修缮。

（二）元代硕隐陈牧隐、陈野仙、陈与言。陈文英和陈梅峰父子为后代和族人积累了巨额财富，因此，元代岐石村陈氏后裔出现不少"富贵闲人"，吟风啸月，悠游山水，古代县志记载的有陈牧隐、陈野仙、陈与言。同治《惠来县志·硕隐》记载：

元，陈牧隐，龙溪都岐石里人，宋海丰令陈原父之裔。少博极群书，有时名。元季不造，遂隐不仕。《题凤山古寨》诗云："保障当年建义旗，凤山磐石绕汤溪。英雄壮士今何在？万古空营对落晖。"

陈野仙，牧隐从子，值元季，中原板荡，与牧隐共逍遥泉石，以诗文自娱，自号为"野仙"云。所著有《登乌石》《宿乌石》《登高》《独坐》《石上梅花》等诗。详艺文。

陈与言，野仙弟，并以诗名。卜居凤山，有《溪头渔唱》《凤山钓矶》二诗。详艺文。

（三）萍乡知县陈元谦和胞弟陈元谅。陈元谦和陈元谅是陈梅峰的玄孙（第五代），父亲陈三庚，号毅成。陈三庚立志教子成才，农事之余，自学书史兼教子侄，以身教为主，循循善诱，名传遐迩，甲子百户所的百户争先聘请他为塾馆教师。陈元谦五岁时随父亲到甲子启蒙攻读，七岁能诵五经，十四岁时海丰县学派员督导，令陈元谦应试，陈元谦名列优等。陈元谅比陈元谦小六岁，从小聪明伶俐，九岁能文。陈三庚见兄弟俩聪敏好学，孺子可教，遂请名师周邑博加以培养。

陈元谦，号中阳，出生于明正德五年（1510）。陈元谦自幼聪慧好学，嘉靖四年（1525）惠来建县时，陈元谦年十五岁，学籍由海丰改隶惠来，但仍在海丰县碣石卫宝刹书院读书，与陈石溪（后登进士，官拜礼部主事）是同窗好友。嘉靖七年（1528），陈元谦补县学正员；嘉靖十七年（1538）选贡荐游太学。嘉靖二十五年（1546），陈元谦与弟陈元谅赴省城参加乡试，陈元谅高中举人，陈元谦名落孙山。

嘉靖三十年（1551），陈元谦赴京候选。这一时期阁臣为迎合皇帝心意，竞写"青词"献媚，拉朋结党，相互倾轧，大奸臣严嵩便是写"青词"称颂嘉靖帝而登上高位的。陈元谦认为朝政混乱，不愿卷入党争的漩涡，徘徊两京至嘉靖三十五年（1556）母卒，回家奔丧守孝。嘉靖三十七年（1558），倭寇破龙溪都岐石村，全村被劫。陈元谦在福建，闻家族凋散，忧心如焚，后闻盗贼四起，当政者假招抚为名造祸人民，痛心疾首。嘉靖三十九年（1560），陈元谦得知清官海瑞为户部主事，便决定上京谒选。可是，当陈元谦到达京城时，海瑞因带棺上谏嘉靖皇帝长年不理朝政迷恋炼丹一事，已被贬谪南京。当时严嵩为首辅兼吏部尚书，陈元谦想到，如果自己入选，奸臣便成了自己的"恩师"，良禽择木而栖，岂可自毁清名？但他反想自己年已半百，至今仍一事无成，手中无权，怎么能够实现自己为国为民的抱负？他左右权衡，最终还是选择了进吏部参加铨选。吏部吴尚书阅卷及审查档案，见陈元谦身、言、书、判四事冠群，于是将他的档案送给严嵩核阅。严嵩特别欣赏他的文采，特委派他为江西袁州萍乡县令。陈元谦当然知道袁州是严嵩的家乡，那里的田地大约有百分之七十被严嵩家族所侵占，收取赋税时又不断增收加派，弄得民不聊生，陈元谦如果去那里施行仁政，肯定会与严府利益发生重大冲突，因此他不愿意去萍乡任职。次日严嵩接见，元谦恳请严嵩另派他到袁州以外的县去任职。严嵩劝勉陈元谦安心治政，整顿民风，并即席亲书七律一首以赠，诗云：

袁山城郭翠微连，楚水云烟净渺然。仙鸟暂逢双阙下，征航遥向五湖边。

青萍出匣硎初试，黄鹄凌霄势自骞。惟听弦歌遍闾里，循良汉吏为君编。

严嵩此诗明显鼓励他做个循良忠臣。严嵩是明朝的大奸臣，在他手下不知多少忠良受害，怎么这一回他能写出如此刚正无私的诗来呢？原来，严嵩这年已经82岁，自知作恶多端，年寿不长了，而且近来风声不好，皇帝对他的宠信也大不如前，朝中重臣徐阶又咄咄逼人。所有这些，都逼得他不得不笼络人心，装出一副正人君子的样子。陈元谦见诗，觉得自己有了这张"护身符"便能为百姓做事，于是他谢过"恩师"，接受了萍乡县令一职。陈元谦走马上任，便开始挥动"青萍"之剑，惩处了几个公愤最大的恶霸，晓谕倚仗严府庇护的胥吏，整顿租赋，对严府及其爪牙侵占的田地判归农民，做了不少利民的好事，政清民和，萍乡的士民都非常敬佩他。不久，在徐阶的支持下，监察御史邹应龙秘密调查严嵩父子劣迹，化装到袁州各地明察暗访，审查与严嵩关系密切的官员。邹御史一行到萍乡调查时，萍乡县丞舒阳和、教谕周吕等率生员和群众联名上书邹御史，赞扬陈县令公正廉明，爱民如子，出淤泥而不染。嘉靖皇帝得知陈知县是位清官，于嘉靖四十一年（1562）钦赐御书："敬天勤，民之宝"。嘉靖四十三年（1564），陈元谦再三向朝廷请求退休回乡，获得批准。他在回乡之后，设学堂，聘名师教育乡里子弟，重整乡风，使岐石陈氏成为书香世家，科甲门风。陈元谦享年82岁，于明万历二十年（1592）去世。

普宁后溪圆通庵前身是员潭仔庵，位于后溪山岭的员潭山上。后溪山岭自北而南，重峦叠嶂，绵亘数十里。沿山河谷的后溪水道，是龙溪河的支流。古代山间原始森林密布，是猕猴野鹿栖息之地。据《建庵碑记》说："员潭山高云霄，登是山者，不啻往西域天竺。"嘉靖四十三年（1564），萍乡知县陈元谦任满回乡，在员潭仔庵落脚歇宿。因见该庵"规模卑狭"，且已呈破败之象，遂与僧人商议改建。僧告以昨晚梦见山顶小湖有群鹿卧眠，陈元谦认为这是好兆，便在鹿眠湖附近（即员潭故庵之上）"择吉兴工"，于嘉靖四十三年（1564）八月望日（八月十五）动工，"梁栋美材，本山所产，经营缔造，阅月而成。取清净无滞之义，名庵曰'圆通庵'。"建成后，"斯时外观，高山耸翠，上出重霄，远水细流，下舒碧涧；内祀显佛，应求神灵保佑，人咸道为'小西天'云。"不久，致仕回乡的山东巨野知县陈雪坡（陈元谦从侄）邀游庵中，僧人将建庵经过相告，次日，同登山远望，果有群鹿卧眠湖边。于是建议将山脚员潭上下田地一顷零八亩划入并加以扩建，"奉尊佛，祀祖先，敲金戛玉，煌煌乎可观也。"《碑记》圆通庵湖光山色，规模壮丽由此可知。圆通庵为岐石陈姓祖先创建并屡废屡修，七百年的风风雨雨过去了，中华人民共和国成立后后溪山区属于普宁县辖地，圆通庵旧址仍在。21世纪初年，陈梅峰裔孙、港商慈善家陈权记先生巨资委托陈友合、陈希石等人，主持复建圆通庵，焕然一新。

陈元谅（1517—1547），字宗诚，号静春，陈元谦胞弟。陈元谅少即聪明，九岁能文，十三岁补惠来庠生。受识督学林退庵，以其学行拔第一。嘉靖二十五年（1546），举广东乡荐（考中举人）。是年，其父病卒，陈元谅哀毁过度，竟于同年而卒。才未获用，时论惜之。陈元谦为胞弟作《乡进士静春墓碣》，有"吾哭之不能咽，盖痛澈于肝也。泰和之世，兄不哭弟。然乎哉？呜呼，其终已也。弟性质朴，声色不能迩，货利不能殖，年仅三十。平生不詈人语，而卧无愧衾，行无愧影，人多爱之。"

（四）"陈善人"陈元庄。陈元庄，岐石镇桥头村人，出生于明嘉靖年间，生卒年月不详，与巨野知县陈雪坡同为未出五服的本家兄弟。陈雪坡是儒官，陈元庄是殷商，两人出身不同，而志趣相近。

陈元庄为人坦诚，练达有德量，效法陶朱之术。海丰碣石卫有他的堂兄弟，他在那里开鱼脯作坊，经常到惠州与潮州做货运生意，积资颇丰。那时沿海一带倭寇猖獗，他只好将余资置买田地，轻租薄赋。素善周济乡邻，热爱公益事业，时人啧啧乐道，都称他为"陈善人"。

有一次，陈元庄运货到潮州贩卖，住在旅店里，刚有一客商押货离开，陈元庄当晚整理铺盖见床褥下有一包金银，料定是住客遗下的。过了两天，有商人来寻找，陈元庄问明情况后原物奉还，商人为之感激涕零，捧金酬谢，元庄不肯接受，两人遂为好友。

明隆庆二年（1568），陈元庄又一次到潮州，生意做完后，刚登船准备回乡，那商人得到消息，立马赶到河边，泣请陈元庄到他家中稍住，元庄辞谢，商人固请，情意真切，竟跪在岸上说："恩公不留，某绝不起身。"陈元庄不得已，遂相携到他家里。是晚狂风骤起，大雨倾盆，陈元庄准备乘坐之舟全舟漂没，知情者都为他庆幸，说这是积善的回报。

这一年，陈雪坡从巨野县辞官回家。陈雪坡多年在外奔波，与娇妻别多会少，直到四十七岁还没有儿子，如今无官一身轻，才能与原配欢聚，年末始生一子名迟，又呼今昌。陈雪坡晚年得子，陈元庄不免到岐石村庆贺，久别重逢，说不尽心里话。这一回陈雪坡又提起老话，敦促陈元庄娶妾生个儿子继承家产，陈元庄应道："我比你年长几岁，家有糟糠之妻，相安过日，有子无子不紧要，多做点好事，不信死后无人奉祀。"接着把这次在潮州的遭遇情事告知，并说途中到县城城隍庙捐赠螺溪等处廿五亩田，田租五十石作为庙祀香灯之用。陈雪坡听后备受感动，因想他也要做些谢神恩报祖德的善事，于是两人邀请族老参酌，决定由陈雪坡先到后溪山扩建圆通庵。先祖海丰县令陈原父墓"搨鼎金"日久荒废，祭祀无祠，两人带头出资一半，余一半由分居县城、乡村的宗系诸伯叔兄弟负担，不久，大宗祠在岐石村建成。陈元庄又捐龙溪都沙堀岩后等处田租四十四石，作为助学、奖学、供应科举路费之资，其余资产数百金献给族中学校作书田和奉祀先祖之用。《惠来县志》中对他有这样的评价："君子富而好行其德，好礼不变，修身以俟，陈元庄之谓欤。"

（五）陈仁凯和陈光世父子。《惠来县志·硕隐》记载："陈仁凯，光世之父，岐石里人，慷慨笃大义。尝途拾遗金，曰：'嗟乎！谁疏虞至此。'度其当复来，坐而待之，无何，其人果仓皇至，诘问相同，取以还之。会从兄有外衅，自鬻产以赴其急，虽家食不给，晏如也。后其子光世以贡令钜野，有廉能声，足徵式榖云。"邑人孝廉陈尚志《陈雪坡先生传》记叙陈光世父亲的事迹大体相同："数传至仁凯，是为先生父，慷慨笃大义，尝途拾遗金若锱，以徯亡者还之。又自鬻产，以赴从兄之难，而家日乏不自给，晏如也。里中咸谓公长者。"

《惠来县志·贤迹》记载：陈光世，字复振，龙溪都岐石里人，少有睿质，博洽群书，善吟咏，工音律，蚤驰声艺林，贡入成均。会寇贼为难，公在掳中，卒以诗琴感动酋首得还。嘉靖间，书策平寇，皆公之力也。隆庆改元谒选，除钜野令，以信义服人。有白莲教聚党数千，谋为不轨。公移檄论以利害，不动声色而服庭输罪。至其还夫役于邻邑，省繁费于上供，奉委督河，广铁锄之教，凿石通道，事逸功倍，皆豪杰之作用也。大司空朱衡、巡抚潘季驯各见器重，欲大用公，以不善事上官，为忌者所中。公浩然动归志，当道莫之能挽。或讽以改南，公怡然曰："余少梦题诗有'西狩获麟'之句，今履其地，见获麟所于西郊，仕应止此耳。"遂归卧林泉，逾二十载以卒。著有《雪坡集（四卷）》，传于邑。

陈光世（1518—1586），字复振，号雪坡，明龙溪都岐石里（今岐石镇岐石村）人。祖陈原父原籍福建莆田人，南宋时任海丰县令，至梅峰居士，卜居岐石。数传至仁凯，生四子，光世排行第四。陈光世早慧，10岁能文，他博览群书，善吟咏，工音律，驰声艺林。32岁时，应嘉靖二十八年（1549）岁贡入国子监。卒业后，以教学为生，有过不同常人的经历。

嘉靖三十七年（1558）十月，漳人导倭为乱，夜袭岐石，光世为一漳酋所执。漳酋日鼓琴自娱。光世工音律，每从容听之，被发现，漳酋叱问，知为儒者，嘱鼓琴，称善；试之文，立就。旬日释归。经此一番接触，光世对倭中情况有较深了解，对地方防倭御盗诸事特别关切。嘉靖三十八年（1559），他为道台林心泉拟订驱倭计策，取得胜利。后又上书兵宪张道台，陈述剿抚山寇海盗计策。上书胡知县，反对假招抚之名剥削人民。为地方治安尽心尽力。嘉靖四十四年（1565）赴部谒选，授山东钜野知县（时年48岁）。巨野县过去是个政务纷繁的县份，频年河漕为患，又多豪民。光世到任后，首先是为巨野县做了几件好事。一是治理豪强，执其元凶数人，教育处理。从此豪强不敢乱为；二是取消例金，保持清廉；三是申减劳役。巨野前与比邻金乡、定陶、鱼台三县，溜浅、搭草诸役代负劳役各百名，人民疲于应付。光世特为上书减免。这使巨野人民十分信服。突出事件是有人举报县内白莲教徒图谋不轨。光世经过调查，知道他们是迫于邻县金乡拘捕其人的缘故，所以发出公文，与他们计较利害，释去疑惧。不久，他们数十人到县听候处理，把一场关系两县械斗事件制止了。这样处理得到观察胡公的赞扬。

这年秋天，黄河决口，漕道复壅成陆。工部尚书朱衡决定另开新河，诣郡县大兴濬河之役，需民夫50余万。材料、工具、伙食诸费，需由钜野县负担以万（两）计。这是一桩重要公务，处理不好，就有人民穷匮逃亡之忧。光世亲自督民工濬河。他认真规划，凡可减轻人民负担的，即1分钱也要减省。濬河中遇到粗石岩，一连数十区，督濬官无法应付。光世乃召集铁匠，教铸雷公嘴（尖嘴锄），削榆木为柄。用力一举，石立开。河乃得濬。光世为濬河日夜用心尽力，终于使漕运开通，工部尚书朱衡奖曰："通漕贤尹"。总理河道右副都御史潘季驯也很器重。但事出意外，有御史王某推荐他的朋友来见光世，并嘱咐光世送给他丰厚礼物，答应特别给予推荐。光世历来正直，不愿阿事权贵，拒绝送礼，遂为所"劾"，谪林安。幸胡给事闻知，代为伸救，"劾"没有成立。这件事使光世觉折腰为难，遂动归志。三上书请代，有人劝他请调别地，他以"少时梦中题诗有'西狩获麟'之句，今已见获麟所于西郊，仕应止此"推托，任官不满岁，拂袖归。居家20年，万历十四年（1586）卒，年69岁。著作《雪坡集》4卷传于邑。

（六）陈必捷。陈必捷，字月三，龙溪都岐石里人，山东巨野知县陈光世之曾孙也。父文振，邑诸生，笃学乐施，以淳厚称，年未四十而逝，遗下三子，捷其季也。幼失所怙，事寡母至孝，性聪慧，过目成诵，十岁即通文艺。当兵灾之日，四壁萧条，独忍饥耐寒，逊志力学。餍饫经史，为学使迟公首拔，既而食饩上庠，屡战棘闱弗售。仅以序应康熙庚寅岁荐。生平恂谨自守，敛迹公门，温厚接人。友教生徒，大半皆葵邑名士。至于择房亲，继伯嗣，举二子为兄后，亲友族戚有难，无不竭力为人排解。前署任潮阳令彭公讳象升，羡其学，重其行，委以戊子秋丁主祭文庙。雍正丙午秋，铨部推选，辞老不就职。年八十六而卒。著有诗集二卷，藏于家。今长子名世，为督学惠公赏拔前茅；次子鹏搏，太学生；孙文奎，岁贡。人莫不以为淳厚笃学之报云。

四、华清村卢功名

《陆丰县志》卷之八"人物"记载:"卢功名,石帆人,明建文己卯科举人,授江西南城县令。为政首在表扬前列,如乡先生李觏、王无咎、曾巩辈,皆立庙于乡祀之。又劝民平治田亩,多种秔稻,民食以瞻。甫再期,以亲老解组归。所著有《经史汇纂》《郁林石诗文集》。"卢功名,惠来县龙溪都华清村人(华清村在明嘉靖三年惠来置县之前属于海丰县石帆都),生于明洪武元年(1368),约明宣德十年(1435)后卒于江西。

卢功名于明建文元年(1399),高中己卯科广东乡试举人,授江西省建昌府南城县令。为政时,卢功名首重表彰地方前烈,为赞扬其美誉,例如,江西省建昌府南城县的李觏、王无咎、曾巩等前贤,为政、为民有功绩的官员,皆立庙于乡祀之。又劝民依山植种树木,开荒平治田亩,多养耕畜,多种粳稻,使民得以温饱。还倡导教育,学识文化,教民侍亲孝老。所治区域安然无患,百姓夜不闭户。由于政绩斐然,任满再留其位,后以服侍父母辞官解归乡梓。著有《经史汇纂》《郁林石诗文集》等。《陆丰县志·艺文》收录卢功名的《劝学家训》:"猛虎畏蜂虿,神龙避蝼蚁,非实畏避之也,弃置之也。马之遇渥洼而奔腾,遇蹇驴而踯躅,良骥马也。鹰之见鹓鶵而搏击,见腐鼠而远去者,良鹰隼也。丈夫处世,无论搆难抒怨,不可与鼠辈争气。即学问文章,不可与庸流竞长。譬之操锥则当逐李杜,持兵则当战韩白;儿携贲育,汗流庆忌,折石穷之弓,扛洛邑之鼎,方为不磨文章、不俗男子。若索肠而思驰俗士,是何异于与黔娄鬪宝,与无唇辩言,与王兀争走,与蒙瞍竞明,与焦侥、侏儒比长量力也。"

五、大坭都红桥村吴鲁庵

曾从青史咏潇疏,每向山巅寻旧居。异代风骚齐伯仲,一溪云水足耕锄。

昔时雁落花间字,此日人收焚后书。为问当年放鹤处,东风无语久停车。

这首《过黄岗诗》,乃是康熙庚戌年进士、官授吏部观政的惠来县龙溪都船场乡(今隆江镇)人张经,年轻时往黄岗山寻访吴鲁庵书屋而写下的,此诗为康熙版《惠来县志》收录。"异代风骚齐伯仲"一句,足见张经对吴鲁庵的学问评价之高,字里行间可以看出他对吴鲁庵的敬仰之情。

数年后，明经进士、惠来人陈天生，也到黄岗山寻找吴鲁庵书屋，写下《过黄岗寻吴鲁庵先生书屋——步张稼邨先生原韵》（张稼邨即是张经，因其著作《稼邨篁吟诗集》而得名）："山中古木自扶疏，旧迹荒凉处士居。拍掌峰头思月抱，趁春园里带云锄。人从岭海称高隐，学接江门得秘书。隔代流风尤可溯，黄岗一度一停车。""拍掌峰头思月抱"这句化自吴鲁庵咏怀诗"笑拍峰头抱月还"之句，"学接江门得秘书"点明吴鲁庵为江门陈白沙（陈献章）高弟，陈天生对吴鲁庵的评价颇高——"岭海高隐""陈江门高弟"。陈江门即广东唯一列入学宫先师庙从祀的明代著名学者陈献章。

惠来都陇头乡人方敦际（雍正《惠来县志》有传），因才学高超人称"诸生祭酒"，慕名寻访吴鲁庵书屋，见景怅然若失，写下《寻明吴鲁庵先生书屋》："黄岗故址已萧然，隐士读书别有天。半壁梅花啼宿鸟，千峰月色锁残烟。山中历日疑秦世，洞外渔翁属汉年。遥忆题诗曾寄语，几回搔首白云边。"表达他对吴鲁庵高风亮节的无限景仰。

吴鲁庵究竟是何方神圣？他在惠来历史上究竟留下什么光耀史册的贡献？何以众多在惠来名声远扬的文人墨客对他心心念念，顶礼膜拜？何以他隐居读书的书屋，在他去世多年后仍然吸引众多名人前往寻踪？

翻阅历代《惠来县志》，关于吴鲁庵的记载散见各处。

康熙版和雍正版《惠来县志·硕隐》记载："明吴向，字鲁庵，大坭都人也。隐黄岗山种梅栽莲，读书山中，有《黄岗杂咏诗》。游陈白沙之门，曾寄题《黄岗书屋》，有'至虚元受道，真德或逃名'之句。后聘修《潮阳县志》，时称高隐云。"

雍正版《惠来县志·山川》："黄岗山，在县东六十里，属茜洋楼，雄峙海隅，一名望海刚峰。明成弘间，高隐吴向，字鲁庵，为新会陈白沙高弟，结庐峰巅，读书十年。陈白沙、湛甘泉、张东所诸公有寄题黄岗书屋诗。"黄岗山位于潮阳县大坭都茜洋楼，明嘉靖三年（1524）设置惠来县，大坭都属惠来县管辖。黄岗山是一处风景优美的胜地，宋代著名诗人杨万里曾来此地游览，留下《登黄岗山望海诗》："刮地罡风起海陬，为予吹散两眉愁。身行岛北新春后，眼到天南最尽头。众水奔来波尽纳，千峰赴此气全收。客中供给能消日，万顷烟波一白鸥。"

　　康熙版《惠来县志》编者按："吴鲁庵先生书屋遍寻莫知，近说在黄岗山巅有一石门，从门而入内，石庵数间，门外有水湖，吴鲁庵读书种莲处也。明末东铺乡民避寇潜隐于此，为余言之。高人芳踪，信足千古矣。"吴鲁庵年轻时率族人在东铺乡经商、讲学，东铺乡即今惠来县仙庵镇东铺行政村，东铺行政村辖下红桥自然村就是吴鲁庵讲学的地方，今仍有当年讲学遗址"红桥学校"。红桥村在明代形成"复古市"，水路可通，商贾云集，兴盛一时，吴鲁庵墓葬位于红桥村西山，他的后裔成为该村大族，清明时节，散居各地的后人纷纷回到该村为吴鲁庵扫墓。该村吴氏族人于民国时期编修的《吴氏族谱》记录吴鲁庵的事迹。

　　从历代《惠来县志》的简单记载来看，吴鲁庵是明代成化（1465—1487）、弘治年间（1488—1505），隐居在黄岗山的一位学者，充其量也就一个不食人间烟火的隐士而已，一生的高光事迹是参与编修《潮阳县志》。他早期是积极入世的有为士子，又讲学又经商，选择的地点是闹市"复古市"。究竟是什么原因使得他走上隐居之路？未有相关记载，采访他在红桥村的后代裔孙也语焉不详。他的学生周光镐在《吴鲁庵先生逸稿序》中述及吴鲁庵的一些生平事迹，概括起来主要有三点：一是吴鲁庵、周孚先两家乃三代世交，"时与东溪二郑孝廉，从先生鼓枻垂纶于溪云山月间，超然悟而悠然适也。已而先生创祖祠，先大夫为之记；久之，先大夫捐馆舍，则先生为之状。此其渊源缔好之自有自来也矣"。"二郑"孝廉即郑经哲、郑经正兄弟，先大夫是周光镐的父亲周孚先。"余蚤与先生季子同游于泮"，周光镐和吴鲁庵的第三子是同窗好友。周家是名门望族，在讲究地位的封建年代，世交之家大体上门当户对，可见吴鲁庵家境不俗。二是吴鲁庵曾谢绝督学魏公的征聘，"维时督学东吴，魏公下檄郡邑，征聘先生主会，而先生力辞。然则绝畔援之累，全自得之天，岂彼空谭澶漫、剿袭依附者比"。吴鲁庵"不为五斗米折腰"，他本身应该具备清高的本钱，衣食无忧，只做自己喜欢的事情。三是惠来县孝廉陈尚志（雍正《惠来县志·贤迹》有传，作品有《陈雪坡先生传》《茒洋楼地方事宜议》《乡约所议》）为吴鲁庵的作品写序，"乃证是篇者，为惠邑陈孝廉尚志"。

　　从一个积极有为的士子走上隐居之路，中间究竟经历了什么坎坷波折？他究竟有什么过人的个人魅力和突出才华？才使得两三百年后，众多家乡名人仍纷纷前往他隐居读书的黄岗山，寻找他隐居读书时的书屋？

事实上，吴鲁庵乃是明代大名鼎鼎的思想家、诗人，之所以湮没无闻，皆因其隐居不仕，不为世人所知。他的老师、同学乃至亲自授业的学生，不少是明代名人，特别是他的授业恩师，人称"白沙先生"的陈献章。

老师陈献章（1428—1500），明代思想家、教育家、书法家、诗人，广东唯一一位从祀学宫先师庙的明代硕儒。他主张学贵知疑、独立思考，提倡较为自由开放的学风，逐渐形成一个有自己特点的学派，史称"江门学派"。陈献章，字公甫，号石斋，别号碧玉老人、玉台居士、江门渔父、南海樵夫、黄云老人等，因曾在白沙村居住，人称白沙先生。明成化元年（1465）春天，陈献章决定在春阳台设馆教学。这消息一传开，近者乡村，远者邻邑，学生慕名而来，其门如市。陈献章的教学方法与众不同：1. 先静坐，后读书；2. 多自学，少灌输；3. 勤思考，取精义；4. 重疑问，求真知；5. 诗引教，哲入诗。

陈献章门下高徒云集，名人辈出，但他对远道而来的吴鲁庵青眼有加，非常器重。曾有诗文往还，其中《寄题处士吴鲁庵黄岗书屋诗》："四野云飞尽，黄岗一室清。至虚元受道，真德或逃名。有疏微言绝，无为大业成。一声闻绝响，五岳看全轻。"从中可以看出，这位一代宗师对于弟子吴鲁庵的评价颇高。

湛甘泉、张东所、梁储，皆是吴鲁庵的同窗同学。湛若水（号甘泉），增城人，身兼礼、吏、兵三部尚书职务的重臣。梁储，官拜文华阁大学士，卒赠太师。张诩，字廷实，号东所，南海人。登成化甲辰进士第。养病归，六年不出，部檄起之，授户部主事。寻丁忧，累荐不起。正德甲戌，拜南京通政司左参议，又辞，一谒孝陵而归。卒年六十。

明代成化至弘治年间，白沙之学风靡东粤，引起潮州学风的新变。据方志文集所载，潮州士大夫从学江门者，有吴向、赵相、杨潜斋、陈应麟、杨琠兄弟、林岩、余善等10余人。潮汕学者、潮学研究所所长黄挺在《明代潮州儒学概说》中这样介绍、评价吴鲁庵："白沙潮籍弟子中最值得注意者为吴向。向字宗卿，号鲁庵，潮阳人。不事制举业，受业白沙之门，隐居潮阳黄岗山。与陈白沙、张东所、湛甘泉'往来辨复，阐明性道，纚纚皆体认至到悟'（周光镐《吴鲁庵先生逸稿序》）。"

史料记载:"时县人周孚先、陈大器、郑经哲、郑经正等,皆从吴向游学。"吴鲁庵的学生中比较有名的是周孚先、周光镐父子。

周孚先,字克道,号西山,潮阳县桃溪人。为宋理学大家周敦颐裔孙、潮州刺史周梅叟之后代。《潮阳县志》记载:"周孚先,正德十四年举省试第四名,心慕理学,无意功名,从白沙弟子吴向游学,同学者有峡山东溪人同榜举人郑经正、郑经哲兄弟。"周孚先和吴鲁庵志趣相投,考中举人后"无意功名"。

周光镐,字国雍,号耿西,乃周孚先的第三子,明嘉靖、万历间潮阳名士,进士,累官右佥都御史、宁夏巡抚、晋大理寺卿。在官20余年,所至有声。善诗文,今存《明农山堂集》,诗15卷,文34卷,近60万言。曾历军旅,知韬略,可称才兼文武。万历二十六年(1598)作《吴鲁庵先生逸稿序》。

无论是老师、同学还是学生,皆是学富五车、钟鸣鼎食之辈,可谓"往来无白丁"。物以类聚,人以群分,从吴鲁庵的交际圈子,约略可以看出他是怎样的一个人。

六、惠来都华翁里翁延寿

翁延寿,字仁寰,隆井都(拟为"惠来都"之误,康熙和雍正《惠来县志·疆域》记载,华翁里皆属于惠来都)华翁里人,生颖敏,幼岁籍诸生,屡试辄高等。万历甲午魁省闱,授上饶令,饶为广信首邑,当吴楚闽越孔道,地属要冲,民悍难治。寿志切拊循,次第施设,兴利除害,以贤能闻。院司荐循良行,取留部,升维扬同知,至核军裕粮。两宦饶地,以清谨自持,五年报最,转福建盐运丞。遂理归装,箧中惟图书卷轴。筑精舍东山之麓,以文史自娱,竿牍不入公门,年八十而卒,举祀乡贤。

上面是康熙《惠来县志·乡贤》对翁延寿的记载。根据《翁氏族谱》记载,翁延寿(1563—1641),字康静,号仁寰,明嘉靖四十二年(1563)出生于惠来县惠来都华翁里(今华湖镇华翁村),后移居惠城翁厝城脚(今惠城镇英内社区)。翁延寿是历史上惠来乡贤中,少有的福禄寿俱全的一位,他出生于富豪之家,属于"富三代",聪明伶俐,学业优秀,科举顺利,官运亨通,家庭幸福,健康长寿,子孙丰隆,堪称完美人生。

翁延寿老家在隆井都，其祖父翁中器（字南泉，号继美），生于明孝宗弘治十七年（1504），卒于明神宗万历二十年（1592）。翁中器是惠来富甲一方的乡绅，生意做得很大。他富而仁慈，品行淳朴，慷慨好施，族人穷困者经常找他求助，他每每有求必应。遇到饥荒年份，米价腾贵，他不但不加价，反而降价出售，救济受灾乡亲，村民有口皆碑。至于他自己，节衣缩食，克勤克俭，绝不铺张浪费。他培养子孙读书求上进，认为这比留下大笔财产给他们更有好处。惠来知县嘉奖他的高尚品行，将他列为县学宾筵的不二人选，多次受到邀请。康熙《惠来县志·硕隐》记载翁中器的事迹："翁中器，字南泉，隆井都人，少驯谨，操行朴茂，居乡好行其德。族之贫者待以举火，每有求，悉以应之。过岁不登，斗米钱金，减价平粜，全活甚众。至其自奉，唯淡薄节约，曰'吾庶几留此不尽以遗后人？'府县高其谊，奖励有加，屡光宾筵。子端阳、端锡，并弱冠为名诸生；孙延寿，万历甲午魁省闱，历仕福建盐运丞。"

翁延寿的父亲翁端阳是翁中器的长子，康熙《惠来县志·硕隐》记载："翁端阳，中器长子，弱冠蜚声黉序，性简嘿，孝友无间，饮人以和，如坐春风中，不觉鄙吝潜消。及伯子延龄、仲子延寿并列胶庠，遂谢帖括，自甘林泉。县令陈载熙重其谊，屡藉宾筵。甲午仲子以《尚书》魁省闱，历仕福建盐运丞。"翁端阳少年成才，在县学诸生中颇有名气，为人直率和气、慷慨友善，情商很高，与人交谈，如坐春风，人缘很好，交友广泛。他也是一位重视教育的父亲，其长子翁延龄和二子翁延寿都是县学生员，他因为二儿子翁延寿的出色政绩而受到皇帝的封荫，雍正《惠来县志·恩命》记载："翁端阳，隆井都人，以子延寿贵，初赠江西上饶县知县，再赠直隶扬州府同知。"康熙《惠来县志·学校》述及县学泮池的情况（即原惠来一中、现一中初中部校区操场和校门前道路），泮池有一部分原为翁端阳之田地，在知县林春秀主持下，他甘愿以好地换差地，《惠来县志·学校》记载："新泮池，旧为生员方大谦、翁端阳、耆民方宜教田，嘉靖三十三年，知县林春秀以东门外空地及延福园、新市园等埔地易之。"翁端阳和父亲翁中器一样，也是县学宾筵的常客，多次出席，是惠来知县陈载熙（福建南安人，明万历三年即1575年任惠来县令，游之光《惠来县志》评价他"峻洁端庄，不猛不阿，一唯节爱"）的非常器重的一位客人。

翁端锡是翁延寿的叔父，是翁中器的第二子。翁端锡少年成为县学生员，翁端阳翁端锡兄弟俩自相师友，谦谨待人，交游广阔。他为人正直仗义，经常周济有困难的乡亲，对于邻里矛盾纠纷，总是站在公正公平的立场给予调解平息，被称为"德让君子"。他比较热衷功名，多次考举不中后，他援例捐了一个"光禄寺署丞"的闲职（从七品）。《惠来翁氏族谱》收录翁端锡《惠来翁氏重修族谱序》："吾祖三十七公来自揭阳尖山，既爱宅于兹，嗣业未熙也。再四十公创基业，肇生三子，长希天、次希圣、三希贤，翼为三房。自此分支派别，代历十八世，泽亦云远矣。溯其所自，乃吾创业始祖二十七公，犹吾祖所自出也。及始者当知所重焉。然本支不明，则涣散无统，虽欲究其所自，不可也。吾祖自宋孝宗乾道二年丙戌分派，适于离乱之秋，谱系失传，幸祖宗积余荫，五代孙梦庚登乡荐，始录谱牒而详叙其原，自楚国左臣食采于翁山，弘公为翁氏之始祖。以下历考其累世食邑封王，因东晋石勒之乱，乃渡江而居浙西，继而复自浙因官入闽，由闽而莆而潮，自潮而入惠迄今二千六百有年之派，缕缕可指。是上有功于祖，下垂泽于后矣。尝见世之谱者多攀附欧苏二公，亦启识者之讥，旧谱攀附浩繁，事涉无证，于我何益？嗣是元运衰微，邑贼胡禄倡乱，吾族多不保，其首领而修之无余也。至十四、十五代，鼎继美等斟酌衍成谱帙续前修，庶于后有所据，亦尊祖垂裔之盛心也。然世系缺录，记载未备，况远去五十余载，重遭兵火离乱之后，子孙存没散处不一，苟不重修而详订之，支流益远，本脉难寻，间有不相识者，良为可痛。锡久兴此念，未暇理焉。适我皇上登极，元年冬忧制，少暇出旧谱，筹之伯兄端阳，质之宗子朝乾、族长晁晨等，阅其攀附，浩繁者删去之，缺录未备者增益之。世系则有图，其图以世代为序；字号则有录，其录以房次为序。生卒书年月日，庶知所以报葬，所以书山坐向，庶知所以瞻扫。书男婚女嫁，以知其亲属；书别居异处，以知其宗派；无子立后者，其书立某人以继承、无继。攀附者某公配享，出承某人之后，序昭穆也。妾子书系某氏所生，正嫡庶也。祭田详其田段税亩，祭仪具其品式牺牲，行实多名状则必录，遗书文词则必载。由莆入潮之始祖，别系其派于谱首，欲知渊源所自也。由潮来惠三十七公，遂系为一代之祖，其次绳绳贯串，至今十有八世，至百千万世，愈隆愈昌者，准是。上世玄度公溯而至始祖弘公，俱依旧谱誊装别藏，不与今谱混录焉，抑岂忘远哉！盖水木本源之念，人皆有之，远祖图系录，各派子孙，谅必有能识者，无庸于赘也。嗟乎，天之所生木，本一而分殊，谱之所系，派殊而源一。子孙阅是谱而详推之愈远，不忘仁义之心油然而生矣。谨属以俟后之续谱者考焉。是为序。明万历元年冬十月朔日，十六代孙端锡谨书。"康熙《惠来县志·硕隐》记载："翁端锡，中器次子，端阳之弟也。少籍诸生，兄弟自相师友，以孝友谦谨闻。周人之急，息里之争，已推为'德让君子'，屡困棘闱，喟然叹曰：'余安能郁郁老此青衿乎？'遂援例，遥授光禄寺署丞。孙正家，由国学授按察司经历。俱乐善好修，勇毅练达，能世其德云。"翁端锡的孙子翁正家，是太学生，考选按察司经历（正七品），惠来知县游之光《题翁太学寅旸堂》所写的翁太学正是翁正家。《题翁太学寅旸堂》："东郭堂开花竹深，一廉春晓海山岑。竹光奕奕凌霄气，花色辉辉捧日心。静向池头看浴景，闲来亭下听鸣禽。文园自足千秋事，有赋还堪献上林。"（雍正《惠来县志》）

翁延寿的姑母翁氏堪称一位奇女子，家风熏陶，刻苦勤劳，高德节孝。翁氏十七八岁时嫁给惠来都陇头乡（今东陇镇寄陇村）方石秀为妻，生下三个女儿后，丈夫不幸去世。在家翁早亡、丈夫早逝、一门孤寡老幼的情况下，年仅二十三岁的翁氏竭力支撑家门，日夜纺织维持生活。后遇倭寇侵扰焚毁房舍，翁氏带着家婆林氏和三个幼女，投奔娘家借寓，翁氏依然纺织为生，艰难度日。家婆去世操办丧事，三个女儿陆续出嫁操办嫁妆，皆为翁氏一人独力操持。正常推理，翁氏娘家有钱有势，她应该得到娘家不小的帮助，否则，单靠她一个女人的力量，无法想象。然而，也已经非常难得了。所有任务完成后，她请方氏族人立嗣为后。翁氏遭乱世而家不散，堪称古代女强人，知县林春秀赞叹她的志气，嘉奖她的品行，为其题匾嘉节。雍正《惠来县志·节烈》记载其感人事迹："翁氏，隆井都华翁里翁中器女，惠来都陇头方石秀妻，姑林氏早孀，氏敬事靡懈。举三女而石秀亡，氏年二十三，哀毁欲绝，以有姑在，不忍遽决。会倭寇为难，房舍俱烬，奉姑借寓城中，日勤纺织，以供甘旨。及姑卒，合葬于舅之墓，并葬其夫。三女及字，乃请于族立嗣焉。后二年而卒，年七十余，知县林春秀扁其门，以旌苦节。"

翁延寿天资聪明，才思敏捷，少年读书，在学生中总是名列前茅，万历二十二年（1594）考中第十名举人，成为县内有名的文人。万历三十六年

（1608），惠来县知县游之光主持编修《惠来县志》，翁延寿受邀参与编修，并为县志撰写序言。

明万历三十六年（1608），知县游之光主理纂修《惠来县志》，参加修志有：广西北流县知县、邑人詹一惠，四川大竹县知县、邑人林世赏，福建盐运使司同知、邑人翁延寿。同时，召集邑之耆民搜集逸事，有林正干、方子说、吴汝云、吴大器等。此志未见于世，该志规模如何，只能从有关记载搜索。游之光，字东璧，直隶婺源人，举人，万历三十二年（1604）至三十七年（1609）任惠来县令，后升平度州知州。在任期间，政事俨然，有口皆碑。其人才气过人，留下的文章有《建文昌阁疏》《建文昌阁记》《檄惠父老文》等；赋有《神龙赋》；诗有《谯楼新成》《题翁太学寅旸堂》《奠丽亭》《劝农亭》等。关于该志纂修，游之光在"序"中有详细说明："岁戊申，邑之缙绅、先生、学士、大夫以请余，唯唯否否，以告当道。当道报曰：'可于是揖缙绅、先生、学士、大夫而与之畴咨。'谕耆民林正干、方子说、吴汝云、吴大器等，蒐求逸事，属诸北流君讨论既确，余始序次删辑，列为十二卷，图有说、事有纪，自舆地、官署、赋役、食货以至名贤、孝节、迁客、辞人之类，靡不各有评骘。凡四阅月而后成帙。"毫无疑问，游之光是位有心人，他于繁忙政事之余，"留心文献，博稽广询"，完成此部县志，诚如翁延寿所说："嗣万历东璧游公莅惠，以文章政事著声，钱谷之暇，留心文献，博稽广询，衷辑成书。"关于此志，见诸记载有：（一）詹一惠"序"："乃质所闻于父老而参之舆论，其事则礼乐、政教、宦迹、人文，上及沿革、休咎之征，下至户口、阨塞之处，炳炳具载。其体裁略效古编年之法，损之益之，阐幽光而悉微隐，务求合乎至当之论。"（二）林世赏"序"："邑之称志者未远，草昧其体近于稗，官侯一易以《春秋》编年例，复用紫阳氏提纲分注之法，以寓其叙述。"从上面的记述可以看出，该志设有12卷，主要内容包括：舆地、官署、赋役、食货、名贤、孝节、迁客、辞人、沿革、休咎、户口、阨塞、礼乐、政教、宦迹、人文等。鉴于该志目前无存，翁延寿为该志所撰之序便成为保存惠来历史的珍贵史料，值得一记。

万历四十年（1612）年，翁延寿时年49岁，正值壮年。翁延寿得到朝廷任命，授任为上饶县知县。"饶为广信首邑，当吴楚闽越孔道，地属要冲，民悍难治。寿志切拊循，次第施设，兴利除害，以贤能闻。"上饶是江西省广信府首邑，当吴、楚、闽、越四省交通要道，地属要冲，民性强悍，民情复杂，难以治理。翁延寿到任后，多方摸清情况，励精图治，抚慰人民，先后进行各项建设，兴利除弊，有序开展各项工作，故以贤能闻名于当地。上级院司考核优秀，报请吏部准备重用。天启四年（1624），翁延寿年61岁，升任江苏省扬州府同知（注：同知为知府的副职，正五品，因事而设，每府设一二人，无定员。同知负责分掌地方盐、粮、捕盗、江防、海疆、河工、水利以及清理军籍、抚绥民夷等事务，同知办事衙署称"厅"）。他一到任，就积极作为，雷厉风行查核军队员额，筹备足够的粮食供应兵卒。在扬州府任职5年，勤政廉政，为民办实事好事，政绩卓著，口碑良好。他两处为官，都在富饶之地，而他却能谨慎从事，清廉自持，始终保持洁身自好，不贪不占。崇祯元年（1628），朝廷升任他为福建盐运使司同知（盐运使全称为都转盐运使司盐运使，元朝始置，专设于两淮、两浙、福建等产盐各省。明清两代沿用，明代在两淮、两浙、长芦、河东、山东、福建等处设都转盐运使司，品等为从三品）。这是一个重要职位，其时翁延寿年事已高，他辞谢不仕，但这是多少人求之不得的"肥缺""旺铺"，翁延寿为何弃之不顾，内中有何具体原因，不得而知，县志记载只有"遂理归装"四字。回到家乡，行装箱子里，唯有图书画卷而已。

崇祯十四年（1641）三月三十日，翁延寿逝世，享年79岁，举祀乡贤。县志所载"年八十而卒"，应该是凑成整数。翁延寿一生，出身富贵之家，参加科举晋身仕途，官运亨通，一生平安，可谓大富大贵，福寿禄三全。

翁延寿的儿子翁万鍉（《翁氏族谱》作"翁万琮"），明代例监。《翁氏族谱》记载翁万琮事迹：明末山寇攻城，知县令翁万琮督修城垣，刻其工竣；崇祯壬午岁饥，捐粟助赈；顺治闽寇林学贤攻城，内外援绝，琮为立栅坚守，募士卒登高下击，贼解散；己丑，罗英围县城，义士高亮福等击贼，琮捐千金劳军。琮为人刚正不可犯，里有败行，辄畏琮知。翁延寿孙子翁溓，清代例监。直到雍正举人翁宗藩、嘉庆进士翁有仪，皆一脉相传。

七、酉头都杭美里陈国英

雍正《惠来县志·贤迹》记载陈国英的事迹：陈国英，字六辅，酉头都杭美里人。父其谕，邑诸生，笃孝乐施，以淳厚称。英少饩黉宫攻苦，为文力摩先辈，数奇，九次棘闱弗售，仅以序应崇祯间岁荐，生平多大节。适塾师吴达彝被仇诬盗，当事者索百金始得雪，英代白其冤状，竟省费获释以归。族有从兄监生，继祖遗万金产，乏子择嗣，众争利之，独不与焉。其廉介如此！至于亲友生死，不渝其素。明崇祯时，同试生方可。适族叔三祝客逝会城，或纪其丧，或赗其椟，士林重之。遭乱不仕，吟咏自适，著有《青松草》《问禅篇》《秋声》三集，邑人方之孝序刻以传。子龙光，亦能诗，克世其业。

陈国英（1596—1652），原名文昭，字六辅，另一字懋仁，原籍酉头都杭美里（今周田镇杭美村）人，后移居惠来都惠城衙前巷，是周田杭美村陈氏十六世。周田镇杭美村风景优美，山川毓秀，代有人才出现，人文蔚盛。据该村《陈氏族谱》记载，元初大德四年（1300），陈氏从揭阳西淇乡分居靖海镇小坭澳仔，因常遭海寇侵扰，于元至正十年（1350），陈崇绍迁居于此，开办竹器铺，村后全是森林，因地处牛角石、大径山延伸末端，村背有树林和一坑（大径坑）故称"林美村"，俗称篮尾。村昔属潮阳县酉头都木坑楼，故取木之木，坑之亢，改称"杭美村"。而据该村陈氏家庙门前石刻《德行列传序》所记，陈氏开创杭美村始于明代初年，相差十多年。

陈国英出生于一个书香门第，其父亲陈其谕，是县学诸生，颇有才情，对待长辈孝顺恭谨，性格淳朴温蔼，待人忠厚正直，对于邻里乡亲遇到困难，总是挺身而出，乐善好施，深受乡邻好评和敬仰。陈国英秉承父亲的性格，乐于助人，忠直正义，同样深受乡人敬重。陈国英自小聪慧过人，在他父亲的带动和督促下刻苦学习，进步很快，小小年纪便成为县学廪生。他写文章"力摩先辈"，颇有功底，但运气不好，九次赴省参加乡试，都落第而归，郁郁不得志。最后于崇祯十七年（1644）被选为岁贡，时逢动乱年代，他选择隐居乡野，没有出仕。陈国英于清顺治九年（1652）去世，享年57岁。

陈国英是杭美村陈氏第十六世，杭美村有一座陈氏家庙，始建于明代，1994年重建，规模庞大，大门两侧黑芝麻石镌刻金字，是一篇陈国英辑、陈龙光校的《德行列传序》。

陈国英性格耿介，生平守大节。在县学期间，县知事陈宗汤（福建龙岩人，明天启五年至七年任惠来县令）得知陈国英才学精湛，又有同宗之谊，多次托人约见他，他竟推辞不往，曰："某守条规，于谒非所事也。"陈国英认为私下与父母官结交，不合条规，可见性格之耿直。

但他与清代惠来代理知县吕建周（浙江青田人，顺治五年至六年代理惠来知县）却交谊颇厚。吕建周在代理惠来县令期间，遇到土匪罗英两次围城，吕建周周密部署，沉着指挥，一次次击退罗英的进攻，最终在全县民众的协助下，剿灭土匪罗英，使得惠来百姓免遭土匪危害。当他离开惠来时，惠来百姓深感不舍，陈国英为此写下《赠别署县吕明府（二首）》，给予吕建周很高的评价。

有一位私塾老师吴达彝，与陈国英私交颇厚，过从甚密，无辜被无良仇家诬陷偷盗，含冤下狱。县衙当事者狮子大开口，索要百两银子方许辩白。吴达彝只是一介书生，家境清贫。他的家人找到陈国英请求援助，陈国英义不容辞，挺身而出。他了解清楚事情的前后经过，做好充分准备，赶赴衙门代述吴达彝蒙冤实情，据理力争，结果得以昭雪，获释归家，分文不费，吴达彝家属感恩戴德。

陈国英的家乡是饶泽之乡，家族中有一位堂兄，是一位富裕的监生，祖上继承了万贯家财，年到五十依然无子，考虑到继承家产的问题，陈监生决定从本家择嗣继承家业。陈监生庞大的家业使得众人趋之若鹜，争相托人引荐，唯独陈国英置若罔闻，置身事外。

陈国英秉持廉洁操行，绝不贪图他人财产，而对于亲友的不幸意外事情，他每每慷慨资助，鼎力相助。明代崇祯年间，陈国英在省城参加乡试，前后有过同试牛方可适、族叔陈三祝，异地他乡得病去世。遇到这种事情，陈国英总是不遗余力，不顾自身的前程是否会受到影响，放下手头的事情，亲力亲为，为方可适、陈三祝综理丧事，出资为买棺材，受到丧主家人的感恩、士人的敬重。

陈国英的祠堂六辅陈公祠，位于今县政府大门口东侧教育路（古代称为衙前巷），六辅陈公祠始建于乾隆五十八年（1793），21世纪初年重修，规模三厅二天井，占地面积约300平方米，内保存有清代碑刻和古井。祠堂墙壁镌刻乾隆五十八年癸丑冬月制定的《祠堂规矩》：祭祀颁有定式，祭旗先斋床椅，屋上不许晒物，厅庭猪鸡勿到，厅堂不许闲集，天井不许晒衣，亭庭莫贮柴草，床椅不许私借，油灯不可失误，洒扫不可怠惰。

陈国英晚年避乱隐居，吟咏自适。著有《青松草》《问禅篇》《秋声》三集。邑举人方之孝为书作序。

陈国英一生喜欢游山玩水，特别是那些宗教圣地，不少留下他的足迹和诗篇。陈国英曾经前往韶关南华寺参拜六祖慧能，写下《曹溪参六祖赋得三十四韵》。他还游览过惠州府的罗浮山，写下《罗浮歌（二首）》。他的《山中慢兴》抒发他笑傲山林的志趣。惠来西部有龟湖溪，相传有灵龟浮于湖上，因名"龟湖"。陈国英经过龟湖溪时，写下《过归湖诗》。陈国英虽然才学造诣颇高，受到学子们推崇，然而他一生不得志，他的《感遇》抒发了他的郁闷。陈国英的斐然文采，在他的《石行赋》《箭鸟赋》两篇赋作中得到淋漓尽致的展现。

陈国英的长子陈龙光，在雍正《惠来县志·硕隐》中有记载：陈龙光，字远心，酉头杭美人，明经国英冢子，性至孝，事亲恪恭定省。母病笃，日夜祷祝，愿以身代，因割臂调羹疗之。父存日，所著有《青松集》《问禅篇》，悉为裒集付梓。自少聪敏，目数行下，年十二，见父拈题吟诗，口占以进，父私心窃喜之。为文灏瀚，千言立就，不屑趋时艳，卒艰一售。晚年绝意举业，吟咏自适，为骚坛主盟。康熙丁卯奉部纂修邑志，大夫谆请，同为校辑。张虚舟先生称为"诗律长城"。所著有《慎余草》，藏于家。

陈龙光自少聪明伶俐，看书一目数行，十二岁时，看见父亲正在拈题吟诗，他偷偷看到父亲的题目，立马脱口而出，吟成一诗，父亲内心窃喜，教育他要努力上进。陈龙光思维敏捷，写文章洋洋洒洒，千言立就，然而他不屑趋附八股文的陈板章法，始终无法考中举人。晚年不再参加科举考试，悠游山野，吟诗作赋，成为县内文坛主盟，进士张经（吏部观政）称他为"诗律长城"。康熙二十六年（1687），惠来知县张秉政主持编修《惠来县志》，邀请陈龙光参与修纂，该志是目前惠来县现存最早的一部志书，惠来县人民政府地方志办公室于2007年扫描印刷出版，成为保留惠来历史资料的珍贵志书。可以说，陈龙光为惠来县方志事业作出很大贡献。陈龙光著有《慎余草》一部，藏于家。

八、大坯都心江里陈尚志

雍正《惠来县志·贤迹》记载：明陈尚志，字士道，琳子。崇尚理学，宅躬方严，万历丁丑（拟为"丁酉"之误）举于乡。杜门读书，不涉外事。家居滨海，适有番舶被飓风漂没舟子，商人负千金投宿志家，欲志为居停，主愿以金赠志。峻拒之曰："管宁挥金不顾，彼何人哉！"其踽踽独行之操，有能人所难者。时称为"练石山人"，著《桑梓会约》，朔望率里人而讲习，人拟之"王彦方"。邑令方之矩嘉其节概，为莫逆交，如安邑长之于闵仲叔焉。嗣子昌年，力学好修，清淑自持，教授生徒，多成利器，暇则吟咏寄趣，大有父风。康熙九年，应潮阳县岁荐，年八十卒。又有陈一鹏者，其还金事绝相类，商临别举以赠曰："出君门，非我有矣。"鹏曰："吾惟不妄取，故一寒至此，今何用区区为也，然予有以处此矣。"乃率子弟间道还之。商白县，县为匾其门曰"非义不取"。

陈尚志（1577—1658），字士道，明代出生于大坯都心江里（今潮南区田心村），崇尚理学，品行端方正派，居乡期间，曾救助遭遇海风的商人，谢绝商人重金酬谢，引为美谈。陈尚志年纪轻轻，即考中万历丁酉科（1597）王佩榜，成为举人。陈尚志的高尚品行，得到县里父母官和缙绅的器重。

雍正《惠来县志·硕隐》记载陈尚志父亲陈琳的生平："陈琳，大坯都心江里人，醇谨修洁，不染世味。闭户读书，孝事其父。庐于墓侧，释服始还里门。虽年逾七十，而好修不辍。子尚志，以青年举丁酉省闱，有澹台之行，邑父母与缙绅重之。"

陈尚志的父亲陈琳，是一位操行谨严的读书人，志趣高雅，为人正派，清新脱俗。平时闭门读书，教育子女。陈尚志的祖父去世后，陈琳在父亲的墓侧搭了一间草屋，守墓三年，"释服"后方回到家里，孝行堪赞。陈琳年逾七十时，仍然勤修不辍，言传身教，给子女树立良好榜样。陈尚志耳濡目染，深受父亲影响，他热心家乡地方事务，著有《桑梓会约》，每逢初一、十五日，召集乡亲讲习。惠来知县方之矩赞叹他的节概，引为莫逆之交。方之矩是惠来历史上一位有为的父母官，深受惠来百姓爱戴，当他离任时，陈尚志写了一首《长相思》词赠之，对方之矩的政绩赞赏有加。雍正《惠来县志·名宦·方之矩》记载了方之矩在惠来为官的政绩，并收录了《长相思》："我公清，我公明，寸腔热血洒南溟。九年一片冰。饥我生，忿我平，恬波息尽东海鲸。村落鸡犬宁。"这首词刻石于茆洋楼。

"嗣子昌年，力学好修，清淑自持，教授生徒，多成利器，暇则吟咏寄趣，大有父风。康熙九年，应潮阳县岁荐，年八十卒。"陈尚志的长子陈昌年，勤奋好学，洁身自好。康熙九年（1670）成为潮阳县贡生，开学馆教徒，学生多有长进。陈昌年空闲时喜欢吟诗作赋，大有乃父之风范。

明万历三十六年（1608），知县游之光主理纂修《惠来县志》，参加修志有：广西北流县知县、邑人詹一惠，四川大竹县知县、邑人林世赏，福建盐运使司同知、邑人翁延寿。同时，召集邑之耆民搜集逸事，有林正干、方子说、吴汝云、吴大器等。此志今已无存。关于该志纂修，游之光在"序"中有详细说明："岁戊申，邑之缙绅、先生、学士、大夫以请余，唯唯否否，以告当道。当道报曰：'可于是揖缙绅、先生、学士、大夫而与之畴咨。'谕耆民林正干、方子说、吴汝云、吴大器等，蒐求逸事，属诸北流君讨论既确，余始序次删辑，列为十二卷，图有说、事有纪，自舆地、官署、赋役、食货以至名贤、孝节、迁客、辞人之类，靡不各有评骘。凡四阅月而后成帙。"游之光于繁忙政事之余，"留心文献，博稽广询"，完成此部县志，诚如翁延寿所说："嗣万历东璧游公莅惠，以文章政事著声，钱谷之暇，留心文献，博稽广询，裒辑成书。"陈尚志是游之光器重的文人，游之光邀请他为该志作序，虽然该志无存，但陈尚志所写之序保留在康熙《惠来县志》中，内容涉及该志体例、篇幅、主体内容等，颇有史料价值。

陈尚志与龙溪都岐石里（今岐石镇岐石村）的陈光世（号雪坡）是铁杆好友，陈尚志所居住的大坭都心江村和陈光世所居住的龙溪都岐石里，一东一西，相隔百里，但两人志趣相投，惺惺相惜，成为知交，陈尚志写有《陈雪坡先生传》。

"时称为'练石山人'，著《桑梓会约》，朔望率里人而讲习，人拟之'王彦方'。"陈尚志非常热心地方安全事务，对于公益性乡村公约投入不少精力，著有《桑梓会约》，为村民草拟很多有操作性的乡规民约，主要有《茆洋楼地方事宜议》《乡约所议》等。

九、溪西镇山陇村陈修

陈修（1600—1676），字拓潜，明末清初人，明神宗万历二十八年（1600）出生于惠来县龙溪都沙陇乡（今溪西镇山陇村），入选揭阳市博雅名人网"惠来古代名人大全"名录。溪西镇山陇村坐落在龙江河西岸，靠近南海，距离海边约10公里，南宋绍兴二十八年（1158），龙溪都陈陇村（今隆江镇陈陇村）陈氏分支到该处创村；南宋乾道四年（1168），福建莆田人、海丰县县令陈原父之次子陈蒙，迁移到此定居，逐渐形成村落。因村处海边沙滩最高处，取名"沙岭村"；明弘治年间（1488—1505），改称"沙陇头"，简称"沙陇"；清末至民国期间，因"沙""山"潮音接近，二字常常混写；1953年，定名为"山陇村"。创村近1000年来，该村始终保持单一姓氏陈姓。

清雍正《惠来县志·人物》"贤迹"记载："陈修，字拓潜，龙溪都沙陇乡人也，邑诸生，家贫嗜学，栖舍于普陀岩，守岁不到家。喜读《史记》《庄子》书，为文理程朱，规模王守溪、唐荆川先辈，不肯俯逐时喧。孝廉方之孝、庄曾辈皆推宗盟，一时文人执贽者争先。后有弁者闻其名，愿以百金延入幕，修却弗受也。晚岁，文益古而道益穷，嶔奇历落，丰于学而啬于遇，士林惜之。"

陈修是县学秀才，家庭贫困，好学不倦，青年时曾经在惠城北面的普陀岩潜居读书，守得住寂寞，一心向学，整年不回家。普陀岩是惠来县城北面一处风景优美的名胜，雍正《惠来县志·山川》"县北之山"记载："普陀岩山，在县西北十里，五朝山之西，两石夹峙，岩祀普陀佛，有飞来钟与石香炉，岩口有泽，岁旱祷雨即应，前后荔奴百株，实颇佳种，传唐僧大颠所植，山高可以望海。"

"孝廉方之孝、庄曾辈皆推宗盟，一时文人执贽者争先。"陈修是位饱学之士，推崇"程朱理学"，对程颢、程颐、朱熹的学问文章引为圭臬，文章法度追随先辈王守溪、唐荆川，不肯追逐时尚，随波逐流，因此不受当时的主考官青睐，一直郁郁不得志。陈修的诗文没有流传下来，风格无从评说，他尊崇的王守溪、唐荆川是明代著名的文人官员，文章有很高成就。王守溪即王鏊（1449—1524），字济之，号守溪，人称震泽先生，苏州吴县人。乡试、会试皆第一，殿试一甲第三名（探花），明正德间官至少傅、户部尚书、武英殿大学士，后归居苏州，致力于地方文献著述，纂有《姑苏志》《震泽编》等。唐荆川即唐顺之（1507—1560），字应德，号荆川，江苏武进（今属江苏常州）人，明代儒学大师、军事家、散文家、数学家，抗倭英雄，嘉靖八年（1529）会试第一，官翰林编修，后调兵部主事，学者称其为"荆川先生"。

陈修情趣高雅，文学修为得到县内文人的肯定。清顺治八年（1651），陈修51岁，他邀请县内文人组结诗社"青莲社"，受到县内举人方之孝、庄曾等人的推崇，一时名闻遐迩，许多文人都上门去拜谒他，这些人凡经过他指点的，都成为县学秀才。方之孝、庄曾都是康熙《惠来县志·人物》记载的有名文人，文学方面具有较高修养，能得到他们的推崇，文学造诣肯定不低。方之孝"顺治辛卯魁省闱"，著有《心远堂集》传于邑，文有《募建双忠庙疏》，诗有《宿武宁驿》《醉霞楼十韵》《归途口占》《答彦飞士紫二叔》。庄曾"九岁能文""登顺治甲午亚魁"，诗有《歌赠方彦飞》《次雪坡韵二首》《辛丑南还杂詠步谢子茅韵二首》。

"后有弁者闻其名，愿以百金延入幕，修却弗受也。"陈修谢绝有钱有势的武将高薪聘请当幕僚，而张经邀请他担任薪酬很低的塾师，他却欣然接受。时张经已考中进士，而陈修以70高龄，仍为张经讲述《庄子·内篇》，给张经留下深刻印象。张经是清代第一位考中进士的惠来人，家学渊源，博览群书，是"良史之才"，人称"绅士"，官至吏部观政。陈修去世后，张经写了《陈拓潜传》，给予陈修很高的评价。《陈拓潜传》：

"先生名修，字拓潜，龙江沙陇乡人也。先生壮岁时尝筑舍普陀岩，喜茅鹿门、陈明卿评点《史记》，时时向人指说，须眉辄张，人称为陈太史公云。至顺治辛卯间，集友青莲社，招余为文，时先生五十余矣。先生制义根极程朱，规抚王守溪、唐荆川法度，不肯逐喧闹以从时好，往往为主司所弃，而先生不以此争得失也，自负益豪。久饩于文学。方光临塾中，凡亲承指画者，皆为名诸生，一时执贽者争先。后有弁者闻其名，愿以百金延入幕，先生却弗受也。语诸同人曰：'阿龄虽饥，不食陶粟，吾岂与鹰鹫争哉。'晚岁，文益古而道益穷，欹奇坎壈，竟不遇以卒。昔人有云：'文章愈有品则愈无权，仕宦愈有权则愈无品，信哉！'

赞曰：往先生在余塾中，年七十矣，日夜读庄书，尝为余说《内篇》，洋洋乎超向郭而上也，屡欲竟《外篇》而不就，甚矣！余不能读书，亲友益也。先生没后，抚卷茫然，白云在天，引领何及，尝辑《四书会解》一书，欲余弁其简，至今篇帙飘零，其负徐君深矣。嗟嗟，先生嗜古笃学，贫无四壁，又有羊舌之悲，卒时七十有七，岁在丙辰。适值潮变，歛形以葬。悲哉，太史公《伯彝传》所谓：'天道是耶？非耶？'余于先生亦云。"

张经高度评价陈修，对他的坎坷遭遇非常同情，同时对他安贫乐道的清高情怀深深佩服。

陈修喜欢向人讲述茅鹿门、陈明卿评点的《史记》，讲述时全情投入，动作表情非常到位，声情并茂，深受欢迎，人们因而称他为"陈太史公"。茅鹿门即茅坤（1512—1601），明代散文家、藏书家，字顺甫，号鹿门，归安（今浙江吴兴）人，嘉靖十七年（1538）进士，官广西兵备佥事时，茅坤文武兼长，雅好书法，提倡学习唐宋古文，反对"文必秦汉"的观点，作品内容主张必须阐发"六经"之旨。编选《唐宋八大家文钞》，对韩愈、欧阳修和苏轼尤为推崇。茅坤与王慎中、唐顺之、归有光等，同被称为"唐宋派"。

十、周田杭美村陈钟和陈琳兄弟

惠来县周田镇杭美村位于惠来县东部，历史悠久，人文蔚盛。据《惠来县杭美乡陈氏族谱》记载：陈氏六世祖陈文哲于明洪武十四年（1381）缘海船解皮料湿水，违限充军，在伍而亡，有二子：陈希男、陈希赐。陈希男就是开创杭美乡的肇基祖，字崇绍，号莲山，娶靖海葛山惠节史氏，生五子一女。陈氏七世祖陈希男，适明永乐年间，朝廷诏令海边居民移入内地，遂搬离靖海小坭，择居杭美，俗称"林尾乡"，乡后全是森林，起初十姓同居，林姓居林厝围，高姓居高畔池，唐姓居唐公望，刘姓居刘厝池，欧姓居欧壳窑，洪姓居洪花园。后他姓陆续移往外地，杭美唯剩陈氏一族。地师何野云路经杭美，看杭美东南方，土名黄头埔至抹港沟一带，有沙漠吹帚所破，周围立四条石丁，写下"来龙进宝"四字，立于各方祭沙，现仅存坑仔庵后一块。该村风光秀丽，前有螺槽溪暨五湖会局，后有五山：狮地山、虎头山、烟堆山、尖山、大径山，俗称"五山落脉"。再有五峰：牛角石峰、疑吴山峰、坑仔山头峰、山头顶埔峰、陈厝山头峰，民称"五峰秀丽"。大径潭，俗称"龙上天池"，随龙水流至中心区牛车巷水，出面前洋。杭美村是眠牛吉地，历史上人才辈出，主要有：陈国英（1596—1652），明代廪生，岁贡，著作有《青松居》《问禅篇》《秋声》。陈龙光，陈国英之子，清代贡生，参与编修康熙《惠来县志》。陈琳（1633—1721），清代举人，参与续修查曾荣《惠来县志》，任湖北远安县知县，著作《眺春草》。近现代人物有：陈绍贤（1904—1985），同济大学教授，著作《中日问题之研究》《中国政治制度》《英美政党制度及其比较》《美国政制与外交政策》等。陈绍贡（1911—1951），中国共产党党员，1937年，组织成立"惠来青年救亡同志会"（后改名"青年抗敌同志会"），中华人民共和国成立后任汕头市民政局局长。陈绍奇，广东省教育厅副厅长，广东广播电视大学校长。陈俊凤，省委党史研究室主任。陈文生，省保密局局长。陈良贤，广东省副省长。陈立君，广东潮剧院二团旦角演员。陈永乐，南方医科大学教授、博士后。

陈钟和陈琳于明代末年出生于该村。

陈钟、陈琳的父亲陈启运，字行九，是县学生员。陈启运出生于酉头都杭美里一个大家庭，他孝顺长辈，友爱兄弟姐妹，敬老爱幼，有"花萼遗风"；对待亲朋好友慷慨豪爽，见识广博，善于解决邻里纠纷，乐于扶贫济难，远近乡邻皆知道他的声誉。可惜享年不永，年仅50岁时染上重病，奄奄一息。其时长女年将及笄（15岁），长子陈钟刚刚三岁，长女日夜悲悼哀号，拜神祈祷，感天动地，陈启运奇迹般得以痊愈，过了一年多生下次子陈琳，陈琳尚在襁褓之中，陈启运便溘然长逝。雍正《惠来县志·硕隐》记载了陈启运的生平："陈启运，字行九，酉头杭美里人，孝友笃学，事亲色养兼至，友爱诸弟，有花萼遗风。为人倜傥，有才识，解人之纷，济人之难，乡邑称勇义焉。惜享年不永，士类悼之。遗两孤，长君钟，早饫上庠；次君琳，庚午亚魁。人咸以为孝义之报云。"

陈钟、陈琳的母亲林氏，是龙溪都竹湖里人（今隆江镇竹湖村），出身名门，乃是崖州学正林奕兰的次女，是林奕兰在崖州任职时所生，从小跟随父亲读书识字，知书达理。18岁时嫁给陈启运为妻，孝顺公婆，和睦妯娌，开朗爽利，操持家务，井井有条。丈夫陈启运去世时，儿子陈钟、陈琳尚幼，她独力支撑家计，克勤克俭，精打细算，花费重金延请老师，悉心栽培陈钟、陈琳学业。乡人有文化者评价，林氏身上彰显"和熊画荻之风"（注：出自女四书之《女范捷录》：和熊知苦，柳氏以兴；画荻为书，欧阳以显），是非常贴切的评价。林氏一生坎坷，经历沧桑变易，而她非常坚强乐观，一直活到91岁，在古代绝对是非常长寿的。雍正《惠来县志·节烈》记载："林氏，龙溪都竹湖里人，崖州学正奕兰公次女也，公前任增城，氏育于衙斋，通经传，知大义。年十八适生员陈启运。容止端肃，助夫子服事姑嫜，率姒娌躬操井臼。夫卒，遗两孤方在襁褓，氏茹蘖守之，虽际沧桑变易，家计萧条，而延师课督，有和熊画荻之风。长男钟，饩上舍；次琳，庚午亚魁。氏病笃，二字侍汤药，衣不解带。长妇卢氏，适钟未及三月，割股疗之，病因得瘥。享年九十有一。"

陈钟、陈琳的长姐陈氏是个非常能干又勤快的女孩，父亲重病时，陈氏年方及笄，她协助母亲日夜照料父亲，精心煎药烹食，县志记载"剜臂调羹疗之"未必可信，却可见陈氏孝心，光照日月。父亲去世后，两个弟弟陈钟、陈琳年纪尚幼，嗷嗷待哺，母亲操劳家务，分身乏术，陈氏便承担起照料两个弟弟的重担。陈氏后来嫁与惠来都华翁里翁家为媳，秉承其父遗风，几个儿子皆有出息，儿子翁方勋、翁朝聘皆为县学生员，翁方烈是监生。雍正《惠来县志·节烈》记载陈氏感人事迹："陈氏，酉头都杭美里人，生员陈启运长女，即邑廪生陈钟、庚午科举人陈琳之胞姐也。氏年方及笄，值父染病危笃，氏悲悼哀号，痛父行年五十而单生一子三龄。日夜祝天，求以身代，因剜臂调羹疗之，翌日父病遂瘥。及岁余，获产次子，即举人陈琳也。是不弟救甦父亲，抑且佑启胞弟。后氏适翁门，生员翁方勋、翁朝聘，监生翁方烈，皆氏之子，天之报施孝行良，亦不爽。"

陈启运虽然享年不永，但他非常幸运，不仅娶了一个刚强能干的好老婆，生了一个孝义感天的好女儿，上天还赐给他一个同样孝顺纯良的好儿媳，就是长子陈钟的妻子卢氏。卢氏是龙溪都华清里人，县学生员卢开标的第三女儿，她嫁给陈钟才三个月，家婆林氏病重垂危，陈钟、陈琳兄弟俩日夜忧心，卢氏曲意开解，衣不解带侍候家婆，县志记载"割股调羹以进，姑服之，越数日得瘥"，虽缺乏科学依据，但孝心可鉴，乡人称颂，成为孝妇楷模。家婆林氏最终活到91岁，尤其是在陈钟早早去世的情况下，卢氏的确起了很大的作用，是一位难得的孝妇。雍正《惠来县志·节烈》记载了陈钟妻子卢氏的感人事迹："卢氏，龙溪都华清里人，生员卢开标季女，酉头都杭美乡生员陈钟妻。钟母林氏鞠，钟暨弟生员琳未离襁褓而孤，茹蘖守之。钟长，娶卢氏女，未三月，姑病笃，钟兄弟调护忧惶，氏曲慰之。夜焚香祝天曰：'我姑早孀，劬劳育孤，甫见成立，天何可促吾慈帏之速？愿乞以身代。'于是割股调羹以进，姑服之，越数日得痊。邑人咸称其孝，以为妇表焉。"

陈钟陈琳的全名是陈君钟、陈君琳，乡人皆省略"君"字而直接以钟、琳称之，以致县志记载也是陈钟、陈琳。雍正《惠来县志·贤迹》记载："陈钟，字千石，酉头都杭美里人，孝廉陈琳之胞兄也，年当襁褓而孤，偕弟琳茕茕相依，弱冠并饩上舍。念母茹荼霜守，服事尽孝。率弟折节辖帷，笃爱弟琳，期其功名大就，凡家务无巨细，独任其劳，不以烦累弟心。以故，琳得肆力于学，庚午以尚书魁省闱，皆钟推爱以贻之也。生平敏达，虽日接烦剧，而读书多颖悟，试辄高等，屡进棘闱。惜享寿不永，年四十一未嗣，赍志而没，阖邑痛悼，弟琳以仲承其祧。"

陈钟"年当襁褓而孤"，其弟陈琳"周岁而父亡"，明显互相矛盾，陈钟陈琳并非双胞胎。雍正《惠来县志·节烈》记载的陈钟陈琳长姐事迹，可以纠正这一谬误。陈钟陈琳的父亲陈启运，在长女及笄之年（15岁）时，染病危笃，"氏悲悼哀号，痛父行年五十而单生一子三龄。"可见此时陈钟已经三岁。陈钟长姐日夜拜神祈祷，"日夜祝天，求以身代，因剺臂调羹疗之，翌日父病遂痊。及岁余，获产次子，即举人陈琳也。"以此可见，陈琳比陈钟小三四岁。陈琳生于1633年，则陈钟应该生于1629—1630年间，享年41岁，则应该卒于1670—1671年间。他们的父亲陈启运，在陈琳出生不久去世，享年51岁，那么应该是生于1581—1582年间，卒于1633—1634年间。

陈钟"生平敏达""试辄高等"，弱冠成为县学廪生，依照他的禀赋，若是能够一心读书，未必没有更大长进。但他为了胞弟陈琳能够安心读书，不受家事搅扰，于是作出牺牲，独力承担家庭重担，不辞劳苦操持家务，打理家业，服侍寡母，功业上始终无法更进一步。"凡家务无巨细，独任其劳，不以烦累弟心。以故，琳得肆力于学，庚午以尚书魁省闱，皆钟推爱以贻之也。"可以说，陈琳的成功，有陈钟很大一份功劳，由于操劳过度，陈钟年仅41岁便去世了，其时仍然未有儿子，陈琳将第二子过继给他承祧。"赍志而没，阖邑痛悼"，这是陈钟的遗憾，同时也说明，陈钟的品行得到大家高度肯定，纷纷表示哀悼。

雍正《惠来县志·宦迹》记载：陈琳，字季璋，号玉山，酉头都杭美里人，少孤，善事寡母，与兄钟诗文齐名，并饩上舍。兄亡乏嗣，命仲子承祧。登庚午科亚魁，甲申与修邑志，仕湖广远安知县，洁己爱民，致仕归，囊无余俸，士民绘"致仕图"，作诗歌赠行。优游林下十二载，啸咏自适，恢复祖祠，倡修文昌阁，著有《眺春草》一卷，卒年八十八。子洸，学生，能诗。

陈琳（1633—1721），原名文洛，字季璋，号玉山，原酉头都杭美里（今周田镇杭美村）人，后移居惠城。周岁时父亡故，与兄陈钟，皆由母亲林氏抚育，对其母甚为孝顺。与兄诗文齐名，并同享廪膳。

陈琳身上承载着太多人的厚望，一直锲而不舍闭门苦读，心无旁骛专注攻书。康熙二十九年（1690），陈琳在58岁接近花甲之年的高龄，终于得偿夙愿，考中康熙庚午科梅遇夫榜第九名举人，成为家门荣耀，报答了父兄的殷殷期望。

陈琳后来担任湖北远安县知县，在任期间，勤政廉政，洁己爱民，深受当地百姓爱戴。康熙四十八年（1709），陈琳在76岁高龄时辞去官职，回到家乡养老。陈琳在当地有很好的口碑，离开远安县时，两袖清风，囊无余俸，士民感戴，为绘《致仕图》，作诗歌赠行。回到家乡后，陈琳重视家族祠祀，利用个人声望，团结集聚宗族力量，发起重修祖祠；热心家乡公益事业，倡议士民修建文昌阁。闲暇时常常高声吟咏诗歌以自娱，悠闲自得，家居12年，享年88岁，作品有《眺春草》一卷。陈琳的儿子陈洸，县学学生，诗文不错。

康熙四十三年（1704），72岁高龄的陈琳，受惠来县知县查曾荣聘请，参加续修《惠来县志》，参加修志的还有林昂、唐宽、张钟等人，该志在中山图书馆和中山大学图书馆各存一部，惠来县内未发现有存此志。此时距清代首次修志康熙二十六年仅过了17年，查曾荣只是在张秉政县志的基础上增加这10多年的内容，但是，此次增修，还是有一定难度，该志续修经过一个多月完成。陈琳为该志写序，介绍了一些修志的情况和过程，尤其是全面介绍惠来历史上历次修志概况，具有较高史料价值。

陈钟、陈琳的外祖父林奕兰是龙溪都竹湖里人（今隆江镇竹湖村），出身名门，林奕兰的父亲林器之是明隆庆六年（1572）贡生，林奕兰是明万历四十八年（1620）贡生，官授崖州学正。陈琳与外祖父时常有诗歌唱和往来，林奕兰曾作词《四时佳景漫吟（四首）》，收录在雍正《惠来县志·艺文》。陈琳则写有

《步外祖林公四时佳景》。

十一、龙溪都澳头里郑国光

雍正《惠来县志·人物》记载:"郑国光,字闇生,龙溪都澳头里人,性勤敏,诸史百家,寓目成诵,日乞诗属文,屡至户满,应岁贡。顺治二年乙酉,闽寇围邑,孤城绝粒四阅月,邑中请援、请救、请增旅、请勒师,凡血书授卢和,从间道达者二十四次;密札密函,口授手书,搁不停毫,皆倚光一人。画守城十策,载在艺文,前令沈次第依行,城赖以保。康熙丁卯,与进士张经全修邑乘,卒年八十。"

郑国光,字闇生,明代出生于龙溪都澳头里(今属鳌江镇澳上村)。郑国光从小聪明勤奋,博览群书,诸子百家,诗文经赋,过目不忘,顺治元年(1644),选为岁贡,是县内有名文人。后造宅于惠城双宫社文祠巷(西二社区文祠巷一号)居住。清康熙二十六年(1687),惠来知县张秉政主持编修《惠来县志》,邀请郑国光参与编修。

郑国光的父亲郑重,字尔鼎,待人谦恭有礼,怜贫恤老,慷慨乐施,深得族人乡邻爱戴。康熙《惠来县志·硕隐》记载:"郑重,字尔鼎,龙溪都人,幼承父志,恪恭二兄,悯育庶妹,恋族之霜孤,缩己产以周其急,胸次爽恺,与人交,如坐春风中。虽极僄悍者,一接面而浮气顿释,乡戚之老幼靡不倾慕。适乌禽嶂剧盗煽逆掳劫,入其家,相戒曰:'此君子居也。'感而去之,阖门赖以安全。完(晚)年寄兴诗酒,子国光,贡生,潜守家训云。"郑重有《摩山》诗三首。

郑国光从小耳濡目染,深受父亲熏陶训育,养成礼义待人的禀赋。郑国光堂兄郑邦翼早逝,遗下孤儿郑伯蕃,托付给郑国光教导,郑国光不负所托,殷殷教导。康熙《惠来县志·节烈》记载此事:"林氏,惠来都现龙头人,龙溪都澳头生员郑邦翼妻,贡生郑国光从嫂也。翼早卒,遗子伯蕃,因寇乱,托国光训督。氏躬自佣织,赁舂以给薪米,庐遭寇毁,编茅以处,捋茶积癉,备历凶危。适贼焚刼其乡,逃出伏丛苇中,冒雨染疴将革,泣谕其子曰:'愿尔早得一孙,以继父祀,母负予三十年黄栢树下也。'"

"顺治二年乙酉,闽寇围邑,孤城绝粒四阅月,邑中请援、请救、请增旅、请勒师，凡血书授卢和，从间道达者二十四次；密札密函，口授手书，搦不停毫，皆倚光一人。"明末清初，战乱频仍，各种势力纷纷拉队伍、占山头。龙溪都谢塘村人林学贤（原籍福建漳州）集结了一支一万多人的队伍，以虎头寨（位于葵潭兵营村）为据点，发展军事势力。南明弘光元年（清顺治二年，1645），林学贤得悉清军南下江南，"遂萌不轨，与弟林赞南、林有声、生员林时发等，潜谋袭县。"同年七月十二日，林学贤带兵围困县城，驻扎在城外关帝庙。从七月十三日起，林学贤开始攻城。战况十分激烈，"于东北敌楼，自卯至酉，贼用门扇、槛把摆列为阵，以障炮石，直迫城濠，执斧破门。城上煮热糖水灌之，瓦砖齐击，一时飞下如雨，贼众死伤甚多"。林学贤第一次攻城被众志成城的军民击退。两天后，即七月十五日，林学贤又进攻东、西、南3门。他制造了三架"临冲车"，与城墙等高，上面放置大炮，控制城之西北方向。不料却被守城的魏安用计烧毁3架"临冲车"，第二次进攻又告失败。七月廿五日，林学贤孤注一掷，东、西、南、北四门齐攻，试图从守城薄弱之处突破，但因城内守军固守，林学贤队伍死伤百余人，仍无法破城，只得再次停止进攻。林学贤围城，情况危急。郑国光其时住在城内，鼎力相助，"邑中请援、请救、请增旅、请勒师，凡血书授卢和从间道达者，二十四次。密札、密函，口授手书，搦不停毫，皆倚光一人。"危急关头，他出谋献策，写出《上沈邑侯守城策略》一文，一一提出守城计策，"谨摅管窥，以奉父台采择焉。"一是安人心。林学贤围城之初，"邑中轻听讹传，一日数惊，老幼携揭奔逃，妇女夜缒潜伏，百端严禁，究不能止。"因此，要"立限三日内，多至五日，凡有携眷出城者，急勒相安回家。如违，以军法绳之。庶人心稍定而固守可图也"。二是招外援。"宜推诸生中凤负胆识者，给付令剖，高悬赏格，前赴各乡，树立义帜，招募壮勇，互相连络，约以首尾协应，左右遮击，夺阵入城，振奋义军之声，堵御在外，遥张犄角之势。"三是稽内应。"凡诸城内居民，概宜开诚慰谕。或被诬捏，姑勿吹毛。然舟中敌国，室里操戈，未敢谓必无者也。果有形迹可疑，则当慎加访缉实察，逆情彰著，不妨重置典刑。庶可杜从乱之萌，而坚永守之志也。"四是专将权。守城诸将"如练锋营把总翁成达，文昌营哨官蔡国辅，游兵总方和、李兴、林雄等，其胆力各有可取"，但是，诸将"平昔之威望素同侪偶，此时之号令未足倾动舆情"，因此，"宜别推一威名首出者，集众旅授之，统摄营堵之兵民，总理全城之几务，生杀予夺，尽听号令。"五是给军需。"察库中现收童饷银一千八百余两，并前饷银二千一百余两，仓中现存实粟一千六百余石。应于求救文书内附禀借支，以资城守……伏乞晓谕兴发，庶兵不至脱巾呼癸，而民不惊剜肉医疮，其利赖非浅鲜也。"六是备器械。"守城之具与野战不同。丈八长矛如屋下建旌，勿用也；尺三绣錍如剑口镶玉，勿用也。"最最需要的，是"人各长斧一支，或以大锄柄代之，柄端集铁钉如蝟，若扑刀、挞刀，可随便兼备，此用以堵口迎击者也。"七是优奖赏。"合将所有大小铁炮，分置甕城、敌楼等处，选取精敏炮手，给励花红，令其晨昏管理，伺寇应发，纪录计功，登时奖赏。如有击杀多功，重加优典。"至于那些"出城阵获者，更破格叙之"。知县沈惟煌按照郑国光的计策，一一施行，力保城池不失。

"康熙丁卯，与进士张经仝修邑乘，卒年八十。"清康熙二十六年（1687），张秉政主持编修《惠来县志》，参加修志有：赐同进士出身、吏部观政、邑人张经，四川重庆府南川县知县、邑人方应祷，明经、邑人郑国光和陈龙光。该志原版唯一孤本现存于天津市人民图书馆，2006年惠来县地方志办公室前往扫描，重新编排目录，印刷出版，成为惠来县最重要的一部历史文献。该志是入清编修的第一部《惠来县志》，也是现时流传最早的惠来县志。全书共六册十八卷，基本涵盖了惠来境内的人文地理、社会经济等方方面面的历史和当时现状。内容全面，文字简洁，资料翔实，思想开明，特色突出，是一部古代志书善本。关于该志编修，参与修志的邑人张经在《康熙惠来县志·序》写道："兹逢圣天子大修一统之典，邑侯持公张先生敬承德音，蒐辑志事，犹以簿书期会，思虑未专，用询野老之言，以广轩輶之献。余与二、三同人，罔忖荒陋，谋野编辑，而进退笔削，裁自侯衷。"这是一次全国性的修志，正所谓盛世修志，正当其时，人员配置和经费保障都游刃有余，编写出来的县志无论是史料价值还是印刷质量，都有相当高的水平，诚如四川重庆府南川县知县、邑人方应祷在《康熙惠来县志·序》所写："诚钜典也！"当不属谀美之词。郑国光当时是县内有名的文人学者，和进士张经交好，兴趣相投，一听说父母官张秉政召集人手编修《惠来县志》，踊跃参加，积极投入，是该志的主要编写人员。

郑国光生活于明末清初,他的诗歌作品关于战事的内容较多,感慨个人生活遭遇的诗篇,充满积极向上的乐观情绪,有很强烈的感染力,具有较高的艺术水准。比较出色的有《康亲王平定三省歌》《咏怀三十韵》《中秋饯友还里》《摩山悬泉》《题览表渡诗》等。

十二、岐石华清村卢育华

卢育华(亦作毓华)(1667—？),字秋航,族号宏载,乡人咸称"卢贡",华清周边各村百姓皆称卢育华为华清村的"夏雨来",其仗义执言、机智果敢的故事在民间广有传说,名声颇盛。卢育华系康熙三十七年(1698)拔贡,中年寓居惠州府,广有文名,其《惠士陈言》一文,被清代文学家钮琇收录在文集《觚賸·粤觚》(下卷)。

康熙四十一年,莆田彭公古愚巡抚粤东,时逢春旱,有惠州拔贡生卢毓华者,借蕴隆之隐忧,指谬悠而婉讽,揣斯众感,伏吁严铃。其词曰:

陈:为密云锢雨向日问天事。

窃惟,宪台遇隆圣天子之知,得君何厚,官拜大中丞之职,受任匪轻。耳目寄自九重,视听必无壅蔽。抚绥加诸百粤,恫瘝应未悬殊。夫莅兹土者,宋有包孝肃,正独胜邪;生是乡者,明有海忠介,刚能无欲。缅二贤之清范,实我公之前规。况草木知名,久企祥云过岭;而父老观化,弥殷甘雨随车。何意三春出作之时,尚违十郡来苏之愿,始觉说痴说梦,无非附影附声。空传活佛者千家,杨枝不滴水;漫道福星兮一路,蔀屋无余光。讵仁泽之已枯,乃和风之未动,惟有摇摇侫草,环生荣载之间;止余汩汩贪泉,曲注庭闱之内。于是凭社之狐,媚思竞献;吠篱之犬,谄欲争行。蜮射潜飞,中含沙而谁恤;鲸吞迭告,置漏网于弗闻。以致鱼泣釜中,未见扬汤止沸;猿啼树里,更逢纵火烧林。非止同室操戈,亦等乡邻缓视;盍思孺子入井,奚堪秦越殊观。甚则剥肤之吁靡申,惨捐生而刎颈;戴盆之冤莫雪,甘就死而投渊。负十四载之枭名,仅凝香于卧阁;委三十人之讼牒,同落絮于空庭。如谓采访宜真,何处无溃川之口;如谓谮言多妄,遍省非载鬼之车。不然干谒阻于故人,岂热语逐镕冷铁;不然投金溺于暮客,岂外铄立化坚冰。或者恐逆鳞之祸烈,而公则鱼水之契方深;或者疑晚岁之气衰,而公则姜桂之性未泯。倏矣岁将改篝,持弩犹是藏机;胡然期已及瓜,解悬不辞袖手,倘一日者,元龟协卜,召对枫宸,丹凤衔纶,敕还荔浦。何武去后之思,嗟靡及矣;寇恂请借之举,将何补耶?某也蛙沉井底,仍拟窥天;蠡测海隅,辄思就日。昔者涑水作相,直言曾怒坡公;今而阳城旷官,持论或容韩子。虽勺水无多,未可驱旱魃。而灵源犹在,何妨仰渎神龙。

敢削牍以陈辞,谨伏辕而待命。"

十三、惠来都城内翁厝城脚翁有仪

翁有仪(1764—1828),字莪庵,惠来都城内翁厝城脚(今惠城镇英内村)人。翁有仪出生于清乾隆二十九年(1764),是惠来都华翁村翁南泉(讳中器)第八代裔孙,妻子肖春惠,生子二:翁奕鼎、翁奕蒙。

翁有仪出身书香世家,翁家是明清时期城内名门望族。据《潮州府志》记载,翁有仪的祖父翁宗藩,是雍正十三年乙卯(1735)举人,官授山东济阳知县,因离家乡太远,申请改任本省番禺县县学教谕。从明代翁南泉、翁延寿到清代翁宗藩,翁家一直是惠来县大户人家、书香门第,"翁家书馆"在清代是城内一个地标性建筑,雍正《惠来县志·市镇》记载:"东门市,在翁家书馆前。"拥有私家书馆,可见翁家文化底蕴深厚。翁有仪出生于这样的家庭,秉性聪慧,勤学苦练,小小年纪蜚声庠学,以才情闻名远近。翁有仪的父亲翁砥轩也是一个读书人,见儿子可堪培养,遂于惠城东北面自家山地东田坪处建一精舍,专供翁有仪专心读书,聘请名师指点。

翁有仪在东山精舍潜心攻读,学问日精,于清乾隆五十七年(1792)考中举人,不负父亲所望。考中举人后,翁有仪继续努力,闭门谢绝各种宴请应酬,在东山精舍埋首攻书,于清嘉庆四年己未科(1799)考中进士(三甲第六十七名)。

考中进士后,朝廷授任翁有仪福建沙县知县(今三明市沙县),在任期间,颇有政绩,沙县人民至今感念。据《沙县志·职官》记载,翁有仪在沙县任职有两次:首次于清嘉庆十二年(1807)至嘉庆十五年(1810),嘉庆十五年有一段时间由浙江钱塘人程世植代理;回任时间未见记载。从他的下一任吉祥于嘉庆十六年(1811)署理知县来判断,翁有仪于嘉庆十六年辞官回家乡。在任期间,因翁有仪学问突出，两次被朝廷任命为闽闱同考官（同考官是古代官职名，指明清时期乡试、会试中协同主考或总裁阅卷之官；闽闱同考官即是福建省乡试阅卷之官），参加福建省举人选拔。

翁有仪在砂县当官的事迹，见诸史料的，有民国《砂县志》记载："祥云桥，在莘口，嘉庆十一年建，高四丈八尺，阔二丈二尺长，州十丈，计费万两。"祥云桥建成之日，恰好翁有仪到任，于是，兴冲冲为祥云桥题诗："跨水横空驾巨鳌，兴舆到处近银河。一躬吏治贤劳少，三载民勤利济多。按月方编除道政，采风翻省褰裳歌。我来重访张公绩，满眼祥云亦太和。"

后辞官归家，关于辞官时间，从史料记载推断，应该是嘉庆十八年（1811）。关于辞官的原因，嘉庆十六年"内阁档库"《吏部议奏》有保留档案，详述翁有仪辞官原因。嘉庆十六年（1811），时任闽浙总督汪志伊《吏部议奏》："兵部尚书兼都察院右都御史总督福建浙江等处地方军务兼理粮饷盐课兼摄福建巡抚印务，臣汪志伊谨题：为病躯难以供职，恳请解任回籍调理事，该臣看得定例官员，如一时患病，而平日居官尚好，于地方有益者，将该员才具尚堪办事之处，于疏内声明具题，准其解任回籍调理，病痊之日，给咨送部引见，仍以原缺补用等因。兹据布政使景敏会详，沙县知县翁有仪，素有痰疾，时发时止，入冬以来，病势增剧，难以即愈。禀请解任回籍调理，檄委不同城乡之代理顺昌县知县赵成赴验属实，并无捏饰规避情事，取具各结加考，详请具题。前来臣查翁有仪年力尚强，心地明白，既据委员验明，患病属实，并无捏饰规避情事，应请准予解任，俟饬查，该县任内有无经手未完事件，另行给咨回籍调理，病痊之日，由原籍给咨送部引见，照例起用。所遗沙县员缺，闽省现有应补人员应请留闽请补，除供结送部外，谨题请旨。"

兵部尚书兼都察院右都御史汪志伊对于翁有仪的评价是"平日居官尚好，于地方有益""年力尚强，心地明白"，翁有仪辞官原因是"素有痰疾，时发时止，入冬以来，病势增剧，难以即愈"。按照朝廷规定，本来翁有仪痰疾痊愈后，可以继续仕途，但他并未重新出仕，而是在东山禅院养老。翁有仪于清道光八年（1828）卒于家，享年65岁。《沙县志·循吏》评价翁有仪："清廉平恕，苞苴不行，刑清讼简。暇时观诣学宫，与诸生搆文艺。致仕归，行李萧然。"

翁有仪辞官后回到家乡惠来居住，有天到年轻时读书的东山精舍游玩，见精舍日趋破败，遂兴起重修之意，斥资扩建为"东山禅院"。东山精舍的历史，可追溯至明万历二十二年（1594），至今已有400多年历史了。明崇祯年间，福建盐运使司同知翁延寿辞官回到家乡养老，"筑精舍东山之麓，以文史自娱。"（康熙《惠来县志》）康熙《惠来县志·艺文》记载的翁延寿诗歌《斋头竹坞》："叠干连云翠作堆，笼烟锁雾逐三开。千竿矗立迎风舞，万叶萧疏引凤来。六逸飞觞歌渭上，七贤流韵在淇隈。高姿劲节凌霄汉，应有龙孙出草莱。"描述的正是东山精舍的景致。从翁延寿到翁有仪，相隔六代，东山精舍一直是翁氏族人读书之地，也可以说是"翁氏书斋"。

翁有仪扩建成的东山禅院，依山而筑，前后两厅，前厅两旁有左右通道，拾级而上通往后厅正座。格局虽小，但优雅别致。院周围树木蓊郁，一道清浅溪流，在山脚下绕院而过，山脚下有一段石板桥，通往山上。门额阳刻"东山禅院"四个巨字为宋湘亲笔，名匾左右分别阴刻"嘉应州宋湘书"和"邑人翁有仪题"（雕刻其额并涅以丹青叫题）。翁氏族人翁远亭有诗《重游东山禅院》："山色青苍环树绿，当年胜迹此经过。即今日暮登头望，依旧风光到眼多。待证鸥盟栖涧谷，拟寻梅梦访岩阿。芷湾墨笔依然在，大块文章本不磨。"（《惠来翁氏族谱》）描绘的正是清代中后期直至民国时期东山禅院的景致。

20世纪60年代，"文化大革命"时期，东山禅院被作为"封资修"场所而毁于一旦。20世纪80年代中期，翁氏族人重建东山禅院。

据东山禅院管理人员、翁有仪族人翁良先生介绍。东山禅院坐落于惠城镇四香村东田坪山，20世纪50年代，其时仍是孩童的翁良先生常到该院嬉玩，东山禅院仍然保留古代书院的原貌，山上修竹森森，树木葱茏，院旁巨石如磐，可坐可卧。可以想见当年在此处读书该是何等惬意。院内原有孔子塑像、石香炉、石脚桶，东山禅院原存有两副半对联，一副刻于前厅长柱上："白浪滚江天，七圣收来，都是三千法水；彩霞凝峭壁，万花吐出，无非九万慈云。"另一副刻于前后厅之间的落井窗，一副完整的是"洗钵共分焦上语，谈琴时思竹闻心"。另一边是"玉莎瑶草连溪碧"。禅院虽然重修，但这些墨宝原迹已经杳无踪迹了。

1985年，时东山禅院住持释耀元发动翁氏族人，募化重修东山禅院，东山禅院重新回到人们视野，成为惠城周边一处胜地。进入21世纪，东山禅院在翁良先生打理主持下，逐渐修葺完善，焕然一新。庙宇宽可50步，依山建筑，坐东向西，院分前后座，前座广三路，中路三间两进，两侧存青云巷，总面阔26米，中路面阔12米，进深14米；后座为一进，总面阔32米，深11米。前殿祀观音菩萨，上层大雄宝殿奉祀三圣佛等，两旁十八罗汉，镶金饰玉，神态俨然，两侧有厢房客厅。建筑面积787平方米，占地面积达900多平方米。碑记："宋湘墨宝，有仪伟绩，翁氏文化，历史遗产，东山禅院，明建万历，清扩嘉庆，光阴流逝，变故失落，修缮缺失，佛位橱破，受潮氧化，屋厅坍塌，瓦砾堆集，危若累卵，岁次戊戌，桐月在乙，善男信女，宗功众志，齐心合力，拯护庙宇，发扬光大，佑吾中华，国泰民安。"碑记内容全面记述东山禅院历史和历次修建经过。由于东山禅院历史悠久，风景秀丽，又保存有名家书刻诗赋，故慕名来此进香凭吊者日增，成为现代人栖息心灵的一处幽静场所。

〔第二节〕现代文化名人

一、方土

1963年生，1986年毕业于广州美术学院，国家一级美术师。现为中国美术家协会理事，广东省美术家协会名誉主席，广州市美术家协会名誉主席，中国国家画院院委、美术馆原馆长，广东画院名誉院长，广州国家青苗画家培育计划总召集人。

2017年荣获"广东省中青年德艺双馨艺术家"称号，2024年广东省文联授予"广东文艺名家工作室"。主要专集：1990年《方健群画集》，岭南美术出版社出版；1995年《广州画院·方土画集》，岭南美术出版社出版；2000年《方土画集》，台湾名传艺术中心出版。

二、林若熹

1963年生，1988年毕业于广州美术学院国画系获文学学士学位，并留校任教；2002年毕业于暨南大学获文学博士学位。曾任广州美术学院教授、台湾艺术大学专任客座教授、法国巴黎学院教授。原中国艺术研究院委员会委员，现中国艺术研究院花鸟画研究室主任、教授、博士生导师。

主要著作：《蜘蛛之吻》（诗集），花城出版社（1997）；《解读传统》，广东人民出版社（2004）；《行愿——林若熹艺术故事》，岭南美术出版社（2005）；《中国画·线意志》，中国人民大学出版社（2010）；《没骨风——写生创作方法》，安徽美术出版社（2022）；《水论·中国画》，生活·读书·新知三联书店（2023）；《破形·中国画》，岭南美术出版社（2023）。

主要画集：湖北美术出版社《林若熹画集——写意集》（1991）；接力出版社《当代中国画技法赏析——林若熹工笔花鸟创作》（1993）；岭南美术出版社《林若熹画集——工笔集》（1994）；新世纪出版社《林若熹画集——白描集》（1998）；

岭南美术出版社《行愿——林若熹作品集》上（工笔集）（2005）；岭南美术出版社《行愿——林若熹作品集》中（写意集）（2005）；岭南美术出版社《行愿——林若熹作品集》下（没骨集）（2005）；《林若熹工笔花鸟画精品集》，福建美术出版社（2007）；福建美术出版社《没骨风·林若熹作品集》（2009）；湖北科学技术出版社《握手中国——雷米的·艾融 林若熹巡回画展》（2011）；岭南美术出版社《林若熹2016》（2016）；河南美术出版社《为水》（2020）。

三、陈水冬

陈水冬，字加衍，号凝泉，自署半壁园主人，别署冬水不寒，1989年3月入伍，中校军衔，中央和国家机关书法家协会副秘书长，中国书法家协会会员，张家界荷堂美术馆、深圳书法院特聘书法家，诚信中国万里行活动组委会特聘艺术顾问。1999年毕业于首都师范大学书法艺术专业，师从欧阳中石先生，《解放军报》《书法报》《书法导报》《中国书画市场报》《中国书画报》等多家媒体对其作品及书法艺术成就都做过专题报道。作品被人民大会堂、中南海、钓鱼台国宾馆、中国人民外交协会、潮州市美术馆等多家藏馆收藏。入编中国当代书画艺术精英墨迹精赏，并授予中国当代书画艺术精英光荣称号。连续五年被特邀到中南海书写春联、三年被邀请到人民大会堂参加中国文学艺术界春节大联欢活动，多次参加中国文联

"送欢乐下基层"书法慰问活动，为全国多地景区、公园、名刹题字，2003年出版发行《公民道德四字歌》硬笔书法字帖，《国韵》陈水冬书法作品集等。近几年来连续举办"冬问""觅迹东江""同宗溯源""岁月增辉"陈水冬书法精品展。2022年组织策划并参与全国书法名家五体十人展，同年应邀参加中国国家画院举办的中韩交流展。多次在国内重大展览中入选获奖，是部队培养出来的优秀艺术家之一。

四、黄国武

1963年生，1988年毕业于广州美术学院中国画系；1988年至1998年任教于广州美术学院工艺系；1998年至2003年任教于广州美术学院设计分院基础部；1998年至2000年就读于中央美术学院中国画系研究生班；2009年至2010年为中国艺术研究院访问学者。现为中国美术家协会会员、广东省美术家协会理事、广东画院一级美术师、广东画院创作室主任。作品获第七届全国美展铜奖、第五届全国体育美展银奖，并多次入选全国美展。

五、陈进

原名陈进顺，1993年毕业于广州美术学院雕塑系。现为广州大学美术学院客座教授、硕士生导师，广州市美术家协会理事，广州市美术家协会雕塑艺术委员会副主任，中国硬笔书法协会会员。雕塑代表性作品《毛泽东》《周恩来总理》《邓小平》《石鲁》《李嘉诚》《一代宗师——王力教授》《铁面》等。2019年雕塑作品《铁面》荣获"我和我的祖国"——广州美术大展雕塑最高奖项；2008年雕塑作品《发展才是硬道理》入选由中国美术家协会主办的"纪念中国改革开放30周年全国美术大展"，且多次参加中国当代雕塑名家邀请展。1992年获"维美杯"全国硬笔书法大赛三等奖。2006年由国学大师饶宗颐先生题签的《心迹——陈进书法作品展》在广州艺术博物院举办，广东电视台、广州电视台、广州日报等以《雕塑家进入书法世界》作专题采访和报道。

六、高坤水

高坤水,号祖乾,男,惠来人,1960年生。中国美术家协会会员,师从著名书画家鲁慕迅、祝焘先生。现为中国人民大学中国画研修班导师、深圳市谷风画院院长、罗湖区美术家协会副主席、深圳市花鸟画会常务副会长、深圳大学艺术研究会副会长。1999年获中国美协"全国书画家诗人作品大奖赛"优秀奖;2004年获中国美协"第11届中国艺术博览会"金奖;2006年6月获中国美协"黄河壶口赞"提名展优秀奖;2006年12月获"第十三届当代中国画花鸟画邀请展"铜奖;2006年入选中国美协"第十九次新人新作展"。

七、杨协亮

杨协亮,1972年生,神泉镇人。因生于农历四月,故取笔名"孟夏"。业余创作以散文、现代诗为主,作品发表在《中国青年报》《星星诗刊》以及美国《侨报》等100多种海内外报刊,被《中国剪报》等20余种报刊转载,入选《中国百年新诗经》等40多种选本以及地方乡土教材《揭阳文化》,获得诗刊《关雎爱情诗》青年诗人奖和"首届新时代·鲁迅诗歌奖"影响力诗人奖。历任惠来县文学协会会长,揭阳市作家协会负责人、名誉主席,广东省作家协会第八届理事会理事。出席广东省作家协会第八、第九次代表大会,广东省文学艺术界联合会第八次代表大会。出版有个人现代诗集《蓝色家园》《右手绘前世 左手写今生》《拈花惹草》和散文集《不碎的意志》。

八、胡汉添(胡创铿)

从18岁开始便跟随名师学习潮州音乐,自此与"潮乐"结缘;他积极举办潮乐演出活动,推动潮乐"走出去"和"请进来",为潮乐的传承与传播作出了积极贡献。2017年9月,胡汉添被确定为《潮州音乐》"揭阳市第四批市级非遗传承人";同年11月,他被确定为"惠来县优秀专家和专业技术拔尖人才"。胡汉添组织惠来县潮乐学会会员,搜集整理学会现存的部分图片、文字资料,出版《惠来县潮乐学会》首刊。2016年,组织会员搜集整理多首传统潮乐乐曲,录制成影碟专辑《潮音传情》,收录已濒临失传乐曲《惠来古调凤求凰》。

九、方奕

1969年1月19日出生，广东省流行音乐协会副主席兼秘书长，广州市流行音乐协会主席，广州市音乐家协会副主席，广东省流行音乐协会流行与即兴钢琴委员会主任，广东省音乐家协会理事。

代表作品及获奖情况：《希望今天遇见你》《三年可以是三天》《第一次写给你的歌》《记忆》获建党80周年广东征歌比赛金奖；《忠诚》《把青春献给党》等获各种金曲奖、音乐制作奖、最佳作曲等100多个奖项；创作《我的家乡惠来》——惠来之歌，《惠来一中校歌》——惠来一中校歌，《远航》——惠来前詹中学校歌，《惠来·回来·会来》——惠来旅游形象主题曲。

十、吴惠敏

花腔女高音歌唱家。博士学位、教授职称，现为星海音乐学院声乐歌剧系党总支书记、硕士研究生导师、中国音乐剧协会理事、广东省本科高校戏剧影视专业教学指导委员会秘书长、广东省流行音乐协会音乐剧委员会主任、南粤优秀教师。排演过歌剧《茶花女》《弄臣》，音乐剧《悲惨世界》。编导音乐剧《为你绽放》，该剧荣获第五届中国校园戏剧节"观众喜爱剧目"。在原创音乐剧《殷红木棉》中担任制作人，并在剧中饰演杨殷夫人李庆梅一角。

十一、方创熙

方创熙，1968年生，大学毕业，硕士学位，中国书法家协会会员，广东省书法家协会会员，广州市书法家协会理事，正高级工程师，高级经济师。

作品入展：全国第九届书法篆刻作品展，第二届中国书法兰亭奖安美杯书法展，全国第八届中青年书法篆刻展，庆祝中国共产党八十周年诞辰——翰墨颂辉煌书法大展，西泠印社第二届国际篆刻书法作品大展等。

作品获奖：广东省中青年书法篆刻作品展中获三等奖；王铎风中日书画交流展中获二等奖；第六届国际文化交流赛克勒杯中国书法竞赛中获铜奖（中青年组）；第二届广东省书法艺术"康有为奖"中获优秀作品奖；广州市第七届群众书法展"特等奖"和广州市第二届青年书法展"特等奖"等。此外还多次在各省市地方书法展览中获奖或入展。

十二、方创然

方创然，1968出生，1990年毕业于汕头大学化学系，中国书法家协会会员，汕头市书法家协会副主席，汕头市龙湖区书法家协会主席。

作品参展：第二届中国书法"兰亭奖"；全国第七、第八届书法篆刻展；中国书法家协会会员百人精品展；第四届中国书坛新人新作展；全国首届隶书展；全国第三届楹联书法展；全国首届青年书法篆刻展；全国第二届扇面书法展；全国第三、第四届正书大展；全国第一、第二届草书艺术大展。

作品获奖：广东省首届"南雅奖"书法篆刻展（金奖）；广东省楹联书法展（一等奖）；广东省第二届"康有为杯"书法艺术作品展（创作奖）；广东省"南粤清风"纪念广东纪检工作重建三十周年书画展（金奖）；广东省第三届中青年书法篆刻展览（一等奖）；2010中国（曲阜）首届"孔子艺术奖"书画大展（获奖提名）；第二十七届兰亭书法节暨第二届兰亭四十二人雅集；广东省第四届中青年书法篆刻展览优秀作品奖（最高奖）；广东省第十五届美术书法摄影作品联展（书法类金奖）。

十三、林锡彬

林锡彬，男，笔名方来，号惜墨斋，网名金刚峰，1950年7月出生于惠来县靖海镇沫港村。先后毕业于惠来第二中学、中山大学（自学考试）中文系、广东省社会科学院经济管理专业研究生班，高级经济师。历任县潮剧团演员、县文联秘书、葵阳影剧院经理；深圳市农产品股份有限公司副总经理兼福田农产品批发市场董事长；退休后任深圳市诗词学会会长。

在县工作期间，1970—1978年主演多部大型现代潮剧；1980—1989年主编《百花峰》《惠来影剧》等期刊；1984—1987年主办"少年文艺讲习班"；1986年创建"惠来诗社"。1997年主持深圳福田农产品批发市场工作，创建了中国第一部农产品拍卖机制；硕士论文《农产品拍卖与农业现代化》被中央党校列为2002年度党政干部必读文献。2007年9月在深圳博物馆成功举办"林锡彬诗书展"。2009年以来，多次出任全国性诗词大赛评委主任。1997年以来，出版发行诗词和书法集：《槎牙集》《惜墨斋抒怀》《不解集》《三秀集》《双庚集》《惜墨斋草书百联》《惠来百景诗》等。

十四、杨文才

杨文才，字辉博，笔名曲人，1958年生于隆江镇，作家、诗书画家，全国首批经典国学传承人、大国非遗代表性传承人、中国研创非物质文化遗产保护中心副会长，中国国学研究会研究员、中国诗书画研究会顾问、美国哈佛大学艺术学院客座教授、北京东方中国诗书画院副院长、广东省政协书画院副秘书长、广东省政协理论研究会常务理事、孙中山基金会顾问、中华诗词学会常务理事、诗教委员会副主任、深圳市诗词学会会长，深圳市社科类联合党委副书记，深圳市书画家协会顾问、中央电视台名家讲坛全国示范人物、国际艺术领军人物、享受国务院政府特殊津贴专家。

出版著作：《湖海萍踪》《杨文才诗词评析》《杨文才书法集》《杨文才对联书法集锦》四本个人专著。个人诗歌11次获全国诗联大赛金奖、特等奖、一等奖。书法作品被国家商务部、外交部、中国对外友好协会定为国礼。

十五、李文填

李文填，别署三清山人、紫峰山人、觉承。医学与卫生管理研究员，中国书法家协会会员，全国卫生书画家协会常务理事，中国国画家协会常务理事，中国书法艺术研究院艺术委员会理事。

作品入选中国书法家协会主办的第五届中国书坛新人新作展等全国大展并获奖。曾在俄罗斯莫斯科中央美术馆、新加坡、日本名古屋、英国伦敦等地展览。作品被多家博物馆及社会各界收藏，"福"字刻录入2008年"福满神州"紫砂壶，被奥运博物馆收藏。出版有《李文填医德箴言书法集》《李文填书孙子兵法》《李文填书千字文》《李文填书前后赤壁赋》《李文填书道德经》等书法专集。《荣宝斋》《书法报》有专版报道。个人艺术录入《中国历代书画名家辞海》。

十六、许永城

许永城，1981年出生于广东，先后就读于中国艺术研究院、法国巴黎学院，现任南通大学艺术学院副教授，法国泰勒基金会会员，中国美术家协会会员，中国油画学会会员，中国艺术研究院油画院特邀画家，广东美术家协会理事，广东青年美协油画艺委会主任。

获奖作品：2012年，《空房》获"时代风采——2012中国百家金陵画展（油画）"金奖，中国美术家协会；2015年，《大年初一》获"第五届全国青年美术作品展"优秀作品奖（最高奖），中国美术家协会；2015年，《白墙灰瓦》获"江南如画——中国油画作品展"颜文樑艺术奖（最高奖），中国油画学会；2016年，《暖冬》获"可见之诗"第二届中国油画风景作品展佳作奖，中国油画学会；2017年，获国家艺术基金2017年度青年艺术创作人才资项目，国家艺术基金；2017年，《空房》获第十届广东省鲁迅文学艺术奖（艺术类/油画作品）。

十七、方晓龙

深圳市公共文化艺术创作中心（深圳画院）美术创作部主任、专职画家，中国美术家协会会员，广东省美协理事，广东省美协水彩艺委会副主任兼秘书长，深圳市美协副主席，深圳市罗湖区美协主席。

作品入展：第九届、第十一届、第十二届、第十三届全国美术作品展览；第五届、第六届、第九届、第十二届全国水彩粉画展；第四届全国青年美术作品展览；第一届、第二届深圳国际水彩画双年展；中国美协水彩艺委会2015年度提名展；获第十三届广东省美展银奖；获第十四届广东省美展优秀奖；广东省第七届水彩画展金奖；中宣部、中国文联在中国共产党历史展览馆举办的"不忘初心 牢记使命——庆祝中国共产党成立100周年美术作品展览"作品（合作）入选并被中国共产党历史展览馆收藏。

十八、林于思

1978年出生，2002年毕业于广州美术学院中国画系。致力于探索以水墨媒介为主的跨界创作者，曾在广东美术馆、关山月美术馆、东京画廊、巴黎loft画廊、香港世界画廊等机构举办个人展览和个人项目，曾获卢浮宫卡鲁塞勒2017美术沙龙银奖。近年来他更注重于将水墨画元素与当下艺术的结合，在立足于传统的基础上让水墨更趋多元化以及与时代产生更紧密的链接。

十九、柯粉玲

笔名柯子，女，惠来人，广东省作家协会会员，广东省散文诗学会会员，广东省书法家协会会员。高级经济师。

13岁发表第一篇文章并获广东省作家协会征文三等奖，16岁获广东省"语文未来和我"征文大赛一等奖，是《广东少年文艺报》惠来县唯一特约小记者。1993年加入揭阳市作家协会，成为全市最年轻的作协会员，1993年当选揭阳市青年文学工作者协会理事，曾为"榕树下"文学网站签约作者。先后在《名作欣赏》《诗刊》《作品》《广州文艺》《黄金时代》《羊城晚报》《深圳晚报》《广州日报》《南方日报》《潮声》等报纸杂志上发表文学作品60余万字，并多次获奖。2017年集结出版散文集《山是山，水是水》（花城出版社），被省立中山图书馆、广州图书馆和中国当代作家签名版图书珍藏馆收藏。

二十、黄瑞燕

笔名贡茶、一壶好茶等，女，神泉镇澳角村人，中国作家协会会员，晋江文学城签约作者。2008年开始网络创作，先后在起点中文网、晋江文学城等网站发布长篇言情小说共30多部，1000多万字。网络长篇代表作《穿越后被沉塘九次》《玉璧》等。

简体出版言情长篇作品：《穿越时空之后宫育儿》《小户千金》《媚香》《尤物当道》《娘娘威武》。繁体出版言情长篇作品：《小户千金》《贺府千金》《蒋门千金》《媚骨之姿》《媚香》《盛宠》《姣妇》《结香缘》《千金宠儿》《美人姻谋》《福禄郡主》。越南出版言情长篇作品：《媚香》。

二十一、吴德灏

1981年出生，美术学博士，任教于广州美术学院雕塑与公共艺术学院。先后就读于广州美术学院附中、雕塑系,2012年获硕士学位,2017年访学于法国巴黎国际艺术城,2024毕业于韩国SUNGSHIN UNIVERSITY并获博士学位。中国雕塑学会会员、中国工艺美术协会玻璃专业艺术委员会副秘书长、广东省青年美术家协会雕塑艺委会主任、广州市雕塑学会副会长。

代表作品:《生生不息》《大湾交响》《吴南生》塑像,惠来贤德人物苏福、陈雪坡、谢正蒙、宋超月、翁照垣、方汝楫等塑像。

二十二、卓国森

1968年2月20日出生,博士、教授。1987至1991年就读于广州美术学院雕塑系,1991年本科毕业并留校任教至今,2006年获俄罗斯国立师范大学雕塑硕士学位。2010年获俄罗斯国立师范大学艺术博士学位。

主要著作:2004年出版《卓国森雕塑集》,汕头大学出版社出版;2011年出版《卓国森作品集》,岭南出版社出版;2011年出版著作《Китая Скульптура》,IZVESTIA : HERZEN UNIVERSITY JOURNAL OF HUMANITIES & SCIENCES出版社出版(俄文版)。

二十三、林坚明

1960年7月出生,周田镇狮石村人,1978年3月应征入伍,大校军衔,中共党员,北京理工大学硕士研究生学历。广东岭南诗社副社长,深圳诗词学会名誉会长,深圳词韵诗社、广东惠来诗社、楚江诗社顾问,中华诗词学会会员。历任广州军区司令部直属党委常委,司令部办公室副主任;广东省军区党委委员,汕尾军分区司令员,中共汕尾市委常委。爱好文学和诗词,作品散见于各地刊物,被编发出版专辑20多集。

惠来史略·下卷

— 第七编 —

军事

第二十九章

军事概述

雍正《惠来县志·山川》分析惠来山川环境隐藏着的军事要素："惠之山，派衍阴那，蜿蜒四百里，为五朝山，县治之后屏也。左支从百花尖盘折而至鳌头山，控神泉港口；右支从达三埠延袤而至钓鳌石山，与鳌头并峙，惠所恃以为门户也；中一支入县治学宫，外有文昌山，为应其文教所由兴乎。他若双荐、双髻、摩山、珍珠帘山，皆有拔地插天之势，非培塿土壤比也。至于水，大海在南，浩乎莫测其津涯，凡水似难为水矣。然由西北溯之，一发源梅田，一发源南阳，一发源鸢子嶂，至河口合流为龙江，可容小艇商旅赖之。由东北溯之，一发源虎头岩，一发源雷公岭，回环县之左右，顺流至龙潭洋注海，众水所由归也。神泉、靖海内通潮汐，近港汲卤耙晒盐田，藉以为命。塭塘涵窦之属，居民亦以为利。所谓鱼盐蜃蛤，其在斯乎。其他皆细流曲涧，不足言矣。夫凡邑倚山以为固，阻水以为险，惠有崇山峻岭，皆与潮阳接界，而民情走险，可相倚以扼邻，亦可相乘以为衅，在乎自固藩篱而已。海水环抱，可称万里天堑，然贼艘出没，剽刦更堪，早虑海防，又何可忽诸？"

〔第一节〕军事概况

清惠来知县张玿美在雍正《惠来县志·兵防》中扼要分析惠来的军事条件："昔人谓，三秦幅员最广，扼险屯戍之所尤最多，故重兵棋布，特殊他省。余谓，惠处东南，为边海要地，其势与西北同犄角焉。顾外环大海，海舶所出没；内抱群山，山莽所潜伏。其搤吭塞险之计，视西北为要，而视西北为更难。邑广袤一百八十余里，陆有龙江、葵潭、梅林、云落、小黄岗、径口关，指臂相联，手足相卫，可云密矣。然散处于外者，既苦其调遣之不敷，而居中以驭者，又虑其孤立而无助，所患在兵甲不多也。水有靖海、石碑、赤澳、溪东、澳角、神泉六炮台，声势相援，犬牙相错，亦云密矣。然统辖海门水师防汛之兵，藉隶潮阳，更番值戍，屡与沿海居民抅衅争角，所患又在兵民不和也。权其所最要而益之兵甲，调其所不和而导之以和，辑再为之，坚甲利兵，备之以预，练之有素。庶防卫以固，而万顷可作长城，千岩可作壁垒矣。志兵防。"

一、自然条件和经济条件

惠来县位于广东省东南部。东邻汕头市潮南区，西接陆丰市，北连普宁市，南濒南海。地理坐标为东经115°54′55″—116°34′10″，北纬22°53′30″—23°11′10″。东西长67公里，南北宽33.5公里。海岸线长119.5公里。总面积1253平方公里。山地丘陵面积101.55万亩，平原、阶地面积46.05万亩，2022年，全县耕地保有量289900亩，基本农田249800亩。沿海沙滩、塭地面积21.8万亩，可利用滩涂面积2.8万亩。2022年底，全县户籍总人口1494938人，每平方公里1193人。汉族人口占99.98%。居民主要语言是潮汕话（闽南语系），少数山区居民用客家话，也会说潮汕话。全县设15个镇和3个农林场：葵潭农场、东埔农场、青坑林场。全境有535个自然村，设立286个村民委员会和39个社区（居民委员会）。

惠来县背山面海，海岸曲折多港湾。境内地势自西北向东南倾斜，北部为丘陵地带，占全县面积62%。大南山横亘县境北部，从西到东，直至海边，绵延100多公里。中南部为平原阶地。平原以总铺洋为最大，东陇洋、华陇洋、京陇洋、龙舟洋次之，均属沃土地带，为县内粮产区。境内主要河流有龙江河、盐岭河、雷岭河、鳌江河、狮石湖水系。龙江河长82公里，发源于普宁的南山凹，经陆丰境流经葵潭、隆江等地，原从神泉港出海，20世纪70年代末改从隆江赤岑村出海。发源于大南山的盐岭河、雷岭河分别流经惠城东西两侧汇入神泉港。鳌江发源于县西岭，经览表入甲子港，是惠来和陆丰的界河。狮石湖、西塘池、仕兜湖是县内天然湖泊。主要水库有石榴潭、詹官陂、蜈蚣岭、镇北、顶溪、船桥、古杭、葫芦潭等。

惠来地处沿海，海防是惠来军事斗争的重要组成部分。惠来有内抱群山，外环大海之势，因地势险要，历来视为天堑，设防能有效阻击外敌，在潮汕地区具有重要的战略地位。海岸线长119.5公里。主要港口有神泉港，可停泊500吨—5000吨级货船，航行各地。靖海港，规划建设可停靠15万吨级货轮，2022年已建成2个10万吨泊位和1个3千吨泊位。为货物进出口装卸点，直航港澳。资深港为船只避风港，还有排角、前詹、赤澳、沟疏、溪东、澳角、图田、览表等海湾停泊港。全县海域7689平方公里，沿海镇有仙庵、靖海、前詹、神泉、隆江、溪西、岐石7个。近海渔场5400平方公里，是粤东中心渔场，神泉列为一等渔港。沿海潮汐每天涨落各1次，平均潮位14.2惠水标高，最高潮位16.63惠水标高，潮汐最烈期为6—7月。海水波美度在18°—25°BE之间，常年蒸发量193毫米（每立方米海水可晒盐13.3公斤）。

惠来沿海在神泉、靖海、资深等港有外拱岛屿9个：靖海镇坂美村的石碑山附近有青屿、乌屿、海湾石、屿仔头、赤沙澳、龟岛、白仕岛、屿头和神泉的鸟屎石。坂美的粤东石碑山航海灯塔，塔高59米，灯高68米，采用世界先进的PRB-21灯器，塔顶配有雷达应答先进设备，灯光射程24.5海里，为中国之最。军舰和渔船航海时能共用。

惠来处于北回归线以南，属亚热带季风气候，高温多雨为主要气候特征。年平均温度21.3℃，最热为7月，平均气温28℃，极端高温38.4℃；最冷为1月，平均气温14.1℃，极端低温2.1℃。年降雨量在1800毫米以上，每年5—8月为雨季，占年降雨量88%。

惠来交通自古海运发达。有神泉、靖海、资深、前詹、澳角等港湾。上通津沪，下达深圳、广州、港澳。公路形成以县城为中心的交通网。深汕、普惠高速公路，国道广汕线、省道葵和线和揭神公路在境内通过。县城与各镇的公路形成网络，镇区内村村通公路。邮电通信设施齐全。国民经济持续、稳定、协调发展，对军队的集结、机动、驻守、后勤物资供给起到保障作用。

惠来民风淳朴，民俗习性与潮汕地区各县大致相同。宗教信仰有佛教、道教、天主教、基督教等，且宗族观念甚浓厚。

二、革命传统

惠来人民具有光荣的革命传统，早在民国八年（1919）五四运动后，民众逐步觉悟，学生和有识之士行动起来，创办刊物《小铁锤》，宣传新文化，组织工农群众开展反帝反封建的斗争。民国十二年（1923）受海陆丰农民运动的影响，县内有的农村农民自觉组织农民协会。民国十五年（1926）县内开始有中国共产党的组织。土地革命时期，在东江特委、惠来县委的领导下，于民国十六年（1927）初建立惠来农民自卫军模范队。各乡农会组织农民自卫军3000多人，袭击国民党的警备队、盐警队。民国十六年（1927）12月，建立广东工农革命军东路团队独立第五团。民国十八年（1929）6月建立中国工农红军第四十七团，还有常备县大队，各区、乡赤卫队。民国十七年（1928）3月，彭湃、徐向前率领红四师第十一、十二团在惠来赤卫队的配合下，进行大暴动，曾两次攻下惠来县城。随后在潮普惠3县交界处共建大南山革命根据地，建立苏维埃政权，坚持革命斗争。

三、解放战争时期的军事概况

民国三十六年（1947），惠来县高举反"三征"（征兵、征粮、征税）旗帜，武装斗争席卷全县，各地建立武工队、抗征中队，开辟大南山、三清山根据地，壮大武装力量。民国三十六年（1947）11月中旬在林樟村建立八乡林惠南武工队。民国三十七年（1948）1月在锡坑成立东区武工队。4月在圆墩村成立东营武工队。5月在东港成立三清山武工队。6月在山尾成立山尾武工队。6月下旬在鲁阳成立西联武工队。8月在东陇成立葵阳武工队。武工队主要任务是坚持在敌区宣传党的政策主张，发动群众，打击地方反动势力，组织民兵农会配合部队进行游击战争，为部队及时提供情报，补充兵员和枪支、弹药，供给粮食，解决经费。6月在下林樟成立惠南抗征第一中队；在鲁阳成立惠南抗征第二中队；惠南抗征第三中队。在长青围成立三清山抗征第一中队、三清山抗征第二中队和三清山抗征大队。民国三十七年（1948），潮汕国民党"围剿"红色根据地和反"围剿"的斗争激烈。3月15日广东省第五区行政督察专员兼清剿司令喻英奇调兵遣将加紧对大南山进行围剿，惠来县成立戡乱建国动员委员会，由县长方乃斌兼任主任委员（秘书方宗鲁）。2月，由县长方文灿任主任委员（秘书方锡衡，7月继任秘书方作霖），由县参议会盖印章，并由专署拨专项经费和收取运输、渔船等捐税,还将隆江警察所查处赌博上缴三成罚款的货币33245万元拨为戡建事业费,该会专门镇压中共领导的人民武装抗"三征"队伍。民国三十六年(1947)10月潮汕抗征第三大队奔袭林樟乡自卫队,俘敌30多人,缴长短枪30支,解散林樟、锡坑2个乡公所。11月25日袭击梅林警察所、乡公所,俘督察和警兵20多人,缴长短枪20支,解散南阳、天青湖、高埔、葵坑等乡公所。民国三十七年(1948)1月第三大队第一中队和东区武工队奔袭双溪、周田、狮石、华湖、靖海、林招等区、乡公所,歼灭靖海盐警队、周田联防队,俘敌60人,缴获冲锋枪、长短枪80多支。接着,集中兵力攻打隆江镇。在惠南武工队配合下,1月24日夜全歼隆江警察所和联防队守敌,击毙警察所长,俘敌50多人,缴获长短枪40多支。这时又组建潮南、关外、华湖3个武工队。民国三十七年(1948)8月抗征三大队一中队与第五大队在惠来葵阳关(关门)伏击惠来保警直属独立分队,迫使靖海、锡溪等据点的敌人撤回惠城。人民军队力量不断壮大,由弱变强,国民党统治区域日益缩小,反动据点越来越孤立,解放区日渐扩大和巩固,形成了农村包围敌占城镇的局面,国民党军队由战略进攻转入战略退守。

民国三十七年(1948)12月,五团短枪队在内线人员的接应下,不费一弹,全歼惠城保警直属独立分队。6日,三团(陈华)、五团(马毅友)和惠南2个中队,南雄大队一中队和当地武工队发起第四次攻打隆江镇守敌,全歼自卫中队,俘中队长陈光南以下40人,缴获长短枪30多支和弹药一批。9日,三团、五团于东陇附近伏击增援隆江后回城的惠来县政警中队,是役共毙、伤、俘敌60人,缴获轻机枪1挺、枪榴弹4枚、步枪50多支。同月,三清大队攻打甲子镇,摧毁警察所、镇公所,歼敌100多人,缴获轻机枪1挺,长短枪70多支。1949年2月在鲁阳村由惠南抗征2个中队和三清山抗征大队2个中队合编为中国人民解放军闽粤赣边纵队第二支队第十团。

甲子解放,三清大队回惠来,威胁隆江、惠城。敌怕被歼,急向喻英奇求援。喻调保安十六团三营(武平营,3个步兵连和1个机炮连)和第一清剿大队于2月21日从两镇增援惠来,当天上午三团、五团于雷岭径公路东西两侧数里路长的高地上设伏,当敌人进抵伏击圈前沿时,因民兵掷炸炮报警,敌惊觉抢登高地,双方展开激战,至下午4时,因风雨撤出战斗,敌死伤20多人。三团、五团牺牲连长1人、排长2人、战士6人、伤多人。3月2日隆江守敌在二支十团的威胁下,守敌连夜逃往惠城。

隆江解放。10日神泉守敌投诚，至此惠来之敌在海上和陆地交通完全断绝。

1949年5月20日进攻惠来县城，由于周围地域已解放，惠城已成一座孤城，当日拂晓，战斗打响，由四团担负主攻，十团助攻，一团负责外围警戒。战斗中，二支司令部政治部特工科和惠来县委组织政治攻势，利用内线人员策敌投降，派出十团政治处主任方文瑞为代表，率领武工队6人，由内线人员引导，到县政府敦促县长邹瑛投降。这时，主攻部队加紧对敌进逼，自卫大队长陈家骐已处于四面楚歌的境地，经过晓以大义，阐明政策，指明出路，以及内线人员配合争取，邹、陈等终于率领200多名官兵无条件投诚，共缴机关炮1门，重机枪1挺，轻机枪2挺，长短枪180多支，弹药物资一批。惠城解放后，由二支十团实行军事管制。这是运用政治攻势与军事进攻相结合的胜利。

四、中华人民共和国成立后的军事概况

中华人民共和国成立后，惠来县委、县政府、人武部门重视民兵建设，使民兵成为一支不可忽视的军事力量。从1950—1954年，惠来实行普遍民兵制，对民兵队伍进行整顿，把解放初期混进民兵队伍的土匪、流氓，清除出民兵队伍，提高了民兵的战斗力。并统一民兵体制，全面开展民兵建设，使民兵工作走上正常轨道。1954—1958年，实行义务兵役制，民兵与预备役合而为一。1958—1962年，贯彻"全民皆兵"，大办民兵师。推行"组织军事化、行动战斗化、生活集体化"制度。1962年全县民兵总数达到4.74万人，分设15个团、423个营。1976年，为加强沿海防卫，在沟疏、前詹、海湾石、将军帽、图田设置5个固定民兵哨所，每个哨所13人，配备轻机枪。惠来县的民兵队伍，自中华人民共和国成立以来，积极配合人民解放军，协助公安部门扫荡残敌，肃清土匪。在保卫土改、镇压反革命分子、抗美援朝、平息"长发党"反革命武装叛乱、歼灭空降和偷登、内潜的美蒋武装特务、保卫海边防、守护重点目标、打击刑事犯罪活动、维护社会治安等方面都作出巨大贡献。

20世纪80年代后，人民解放军驻惠部队和广大民兵服从经济建设的大局，在完成教育训练、战备执勤等任务的同时，发扬中国人民解放军拥政爱民的光荣传统，为惠来县的两个文明建设作出积极的贡献。一是积极参加地方各项重点工程

建设；二是多次参与抢险救灾；三是开展军地共建社会主义精神文明活动。此外，还与地方一起创建"五好家庭"，开展"五讲""四美""三热爱"活动，为地方培训电工、司机等。通过共建活动，推动了社会风气的好转，促进生产的发展和社会的安定，使军政、军民的关系更加密切。惠来党政高度重视拥军优属工作，随着经济的发展，逐步健全拥军优属制度，在生产、生活等方面对退伍军人、现役军人家庭提供各种帮助，对全县军烈属、义务兵家庭实施优待措施。这给预备役和征兵工作增添了活力。

在社会主义现代化建设新的历史时期，惠来县人武部门和驻军认真贯彻执行中共中央、中央军委的方针政策，搞好各项建设和改革，努力做到政治合格，军事过硬，作风优良，纪律严明，保障有力，为惠来的改革开放和经济建设，提供强有力的安全保障，为惠来经济的跨越式发展贡献力量。

〔第二节〕军事环境

惠来知县张珆美在雍正《惠来县志·疆域》阐述惠来军事环境："惠来逼处南隅，海滨片壤耳。东出径口，一望沙坪石碛；二十里至靖海，四十里至茆洋，重关设险，叠嶂为屏也。西绕龙江，邑之右辅；五十里至葵潭，三十里至览表，闽粤之咽喉，惠潮之门户也。南有神泉，距县方十五里。北有雷公岭、盐岭、寒婆径，或五、六十里，或六、七十里，唇齿之相依，指臂之相连也。按之全粤，则岭表微区；较之一郡，则西南半壁。凡山川、城郭、都鄙、人民、祠宇、关隘，俱在邦域之中，未可以弹丸而忽之。"

一、地质

惠来县境在元古代震旦纪（距今19亿—5.7亿年）原是一片大海。到寒武纪（距今5.7亿—5亿年）早期，北半球出露了华夏古陆，县境一部分为华夏古陆南端。至中生代侏罗纪与白垩纪之间（距今1.37亿年前后），发生了剧烈的地壳运动——燕山运动，县境形成了大小不等的背斜褶皱及向斜褶皱，伴随大规模的岩浆岩入侵，出露了以西东走向为主的山地、丘陵。沿海地带也由原来的深海升为浅海，历经数百万年的冲积而形成一块块的海滨平原。燕山运动的结果，基本上构成县境的地层基础和地形概貌。

二、地形

惠来县地处大南山南麓，枕山面海。东西直线距离67公里，以县治惠城为界，东部南北直线距离在11公里—17公里之间，西部南北直线距离在18公里—33公里之间。北部为山区，山高谷深，地势险要，易守难攻。东南部和西南部为丘陵地带，中南部多为平原台地，中部至东部沿海多为沙滩地，西南部沿海多为海、河塭地。海岸线岬角发育，曲折多湾，全长119.5公里。地势北高南低。作战时可攻，可守，可退，灵活性强。西部高于东部，北南倾斜度较大。境内最高峰犁头崬海拔822.7米，最低地带神泉镇，平均高程不足3米，高低相差819.7米。全境基本属滨海丘陵类型。战时是陆海军屯兵的理想基地，位置十分重要。

（一）山地。大南山脉绵延在普宁、惠来、潮阳三县（市）之间，从西至东横贯惠来县境整个北部。山地面积大、分布广，峰峦重叠，山体庞大，山势陡峭，既可以反空降，又适合防空袭，也能作为后方支援，保障前方的物资供给。县内主要山峰有：望天石山、犁头崬、珍珠帘山、双过年山、金刚髻山、老虎伸腰山、纱帽洞山、百花尖山、风门桠山、将军帽山、关门山、红卫山、长排山。全县高程在500米以上的山地面积约为1.04万亩，占全县面积0.55%。

（二）丘陵。除北部山区外，县境东西均为丘陵地带。东部为南山岭丘陵带，属大南山南伸余脉，绵延于华湖镇、前詹镇、周田镇，由关门山（384米）经塔兜山向南直趋海滨；西部为三清岭丘陵带，包括东港镇、鳌江镇、华侨农场、葵潭农场、东埔农场大部分区域。由凤地山、五龙顶、三清山（414米）组成一条西东走向的矮山岭，而后南折双梅山，绵延至海滨。大部分山丘与阶地相连，适宜种植粮、豆、蔗、果等作物。

（三）平原、阶地。平原、阶地主要分布于县境中南部。以总铺洋为主的龙江中下游沉积地带为县内最大的平原；其次为东陇洋和华陇洋，两洋相连，处雷岭河和盐岭河下游；西部平原地有鳌江下游的乌坑洋、龙舟洋以及葵潭盆地；东部较大成片平原地为京陇洋，处关门山以东学地溪下游。上述平原是全县粮食主产区。交通方便，无论是海战，还是陆战，都能作为物质供给的坚强后方。

（四）沙滩、塭地。沙滩地分布于仙庵、靖海、周田、前詹、神泉、溪西等镇沿海地带。海、河塭地主要分布于鳌江镇、岐石镇海边。作战时，地势优越，可海、陆同时使用。

三、植被

惠来县是广东省绿化达标县。全县林地植被树种主要有：杉林、湿地松、马尾松、桉树、木麻黄、相思树、竹林、山草林等，林木种类共分20科，40多个品种。除竹林分布在隆江镇、葵潭镇河流两岸外，大部分林木分布在山地。林木资源丰富，有利战时就地取材及部队隐藏行动和群众的疏散。

四、交通

惠来县面临南海，背靠大南山，古时陆路交通阻塞，但沿海水运方便，西通香港、广州，东通闽、浙、上海。中华人民共和国成立后，惠来县的陆路运输得到飞跃发展。惠来县从1978年开始，内河运输业基本结束，仅有沿海专业运输。1979年改革开放后，水上运输有新的发展，港口开辟新航道，码头设备现代化，船舶改装机械化，为惠来县经济建设，沟通城乡物资和外贸进出口发挥了重要作用。

（一）高铁站

1. 厦深高铁（厦门—深圳）葵潭站。厦深铁路于2008年开始建设，2013年10月28日，广东省委常委、副省长徐少华乘坐试验列车到葵潭站调研。12月1日，全线试运行。12月28日，厦深铁路建成通车。厦深铁路是国家Ⅰ级双线电气化铁路，分省际列车、城际列车和省会列车三种。从福建厦门市至广东深圳市，连接深圳、汕头、厦门三个经济特区，联结长三角、珠三角和海西经济区三大经济板块，形成东南沿海3小时经济生活圈。全线502.4公里，设厦门北、角美、漳浦、漳州、云霄、诏安、饶平、潮汕、潮阳、普宁、葵潭、陆丰、汕尾、鲘门、惠东、惠州南、深圳东、深圳北18个站。结束了漳浦、云霄、诏安、饶平、普宁、惠来、陆丰、汕尾、惠东9个县市未通铁路的历史。

2. 汕汕高铁惠来站。惠来站是汕汕铁路的中间站点，2023年完成建设。惠来站位于中国广东省惠来县东陇镇东陇村以南,是一个全配套的沿海高铁站点。站点右面连接238国道,北面连接惠来主城大路南环二路。惠来站距离惠城镇4公里,距离华湖镇7公里,神泉镇3公里,隆江镇9公里。是几大镇区中心位置。惠来站站房面积约15000平方米,是一个沿海高铁中间站。

汕汕铁路线路起自广梅汕铁路汕头站,向西南经汕头市、汕尾市,在厦深铁路汕尾站接广州至汕尾铁路,铁路等级为一级双线的客运专线。该项目是粤东地区城际轨道交通网的重要组成部分,并构成了粤东与珠三角间联系的主要通道。同时,该项目作为沿海高速铁路的组成部分,将与杭温、温福、福厦和厦深客专一起在珠三角、海西、长三角间构筑起新一条南北向大能力客运通道,是一条以中长途客流为主,兼顾部分省域城际客流的高速铁路,对均衡区域快速客运网、完善国家干线高速客运网络布局有重要的意义和作用。

作为落实省委、省政府"一核一带一区"发展战略,促进区域协调发展的关键项目之一,汕汕铁路对于推动粤东地区对接融入粤港澳大湾区,加快与珠三角地区串珠成链建设沿海经济带;牵引石油化工、海上风电、海洋装备等重大先进制造业项目布局,促进粤东实体经济高质量发展;改善区域交通出行条件,提升人民群众获得感、幸福感,都具有重要历史意义和现实意义,是一条开放之路、发展之路、民生之路。汕汕铁路在惠来县东陇镇东陇村南设惠来站。该站初步设计为高架站,以通过车为主,近期为98对,远期为121对,无始发终到作业车,另设有综合维修工区1座。

根据2018年8月中国铁路总公司和广东省人民政府联合批复的可行性研究报告,该项目由广东广汕铁路有限责任公司负责项目管理,中国铁路总公司采用EPC工程总承包模式建设,建成后委托中国铁路广州局集团有限公司运输管理。该项目也是我省首次采用EPC总承包模式建设的高速铁路工程。

经各方努力,汕汕铁路项目于2017年8月29日取得全线可研批复、10月17日取得先期开工段初步设计批复、11月14日已完成先期开工段EPC工程总承包招标。省铁投集团正在加紧推进全线初步设计批复工作,计划2019年5月全线开工建设。

2018年12月26日下午,作为汕头至汕尾铁路暨2018年全省重大项目集中开工仪式主会场的惠来县，迎来各方宾朋。备受粤东人民关注和期盼的新建"汕汕铁路"在这里率先开工。该项目正线全长162.8公里，设计行车速度350公里/小时，设汕头、潮南、惠来、陆丰东、汕尾等5座车站，总投资264.6亿元，建设工期4年。

本次先期开工段位于惠来县大南山1号隧道进口至大南山2号隧道出口，正线长度15.87公里，工程投资9.256亿元，主要工程包括隧道3座、大中桥梁4座、涵洞1座等。

2022年8月30日，随着汕汕高铁惠来站主体顶层顶板最后一方混凝土的浇筑完成，由中铁建设承建的汕汕高铁惠来站主体结构全面封顶，标志着汕汕高铁建设取得新进展。2023年5月，惠来站站房工程建设进入收尾阶段，该项目预计年内达到通车条件。2023年6月6日，连接汕头和汕尾两市的高速铁路汕汕铁路全线开始铺轨。汕汕铁路汕尾至汕头南段共需铺设长钢轨约295铺轨公里，2023年7月中旬完成铺设。

2023年12月26日，汕汕高铁惠来站正式通车。通车后，汕汕高铁将与正在建设的广汕铁路在汕尾站相接，从汕头至广州将缩短至1.5小时左右。该线路对完善粤东沿海地区经济布局、强化潮汕地区与粤港澳大湾区经济联系意义重大。

（二）高速公路

1. **深汕高速公路**。全称深圳至汕头高速公路。深汕高速公路是深圳市至汕头市的高速公路，故名。1992年兴工，1996年建成通车，沿用至今。深汕高速公路在惠来县境内长67.23公里，起于东港镇长青村委会，止于惠来县仙庵镇桥观村委会，途经仙庵镇、周田镇、华湖镇、惠城镇、东陇镇、隆江镇、溪西镇、东埔场、葵潭场、鳌江镇、东港镇等11个镇场，跨越64个自然村，全封闭式，全立交，双向四车道，设计荷载为汽20，挂100，时速100公里/小时，惠来县境内设东港、隆江、惠城、仙庵4个出入口，水泥混凝土路面。

2. **普惠高速公路**。起于普宁市池尾镇，终于惠来县东港镇。1998年兴工，2001年建成通车，一直沿用至今。普惠高速公路位于惠来县西部，贯穿葵潭、东港二镇，全长41.8公里，惠来境内14.78公里，设计荷载为汽20，挂100，时速100公里/小时，双向4车道，全封闭立交，设葵潭镇出入口。惠来境内起于葵潭镇，止于东港镇，路面为水泥混凝土结构。

3．揭惠高速公路。揭惠高速公路是纵贯揭阳和汕头两市南北向的重要通道，是粤东地区第一条以"省市共建"双业主制模式实施的政府还贷高速公路项目。全长约63.4公里，全线双向四车道，设计时速为100公里。揭惠高速公路主线北起于揭阳市榕城区仙桥街道（接省道S234），向南经过汕头市潮阳区金灶镇，揭阳市普宁南径镇、麒麟镇，汕头市潮阳区贵屿镇、铜盂镇、潮南区司马浦镇、两英镇、红场镇、雷岭镇，揭阳市惠来县华湖镇、神泉镇，南终于惠来县前詹镇，与惠来沿海一级公路相接。其中一期工程两英至惠来段长约33.5公里，开通两英、雷岭、华湖3个收费站，以往从汕头市潮南区两英镇到惠来县，需走省道S235，车程约50分钟，2017年12月28日，一期通车后，惠来至两英缩短30分钟。二期工程榕城至两英段29.9公里于2018年建成通车，全程通车后揭阳市区至惠来县车程预计缩短至40分钟。揭惠高速公路的建成成为连接揭阳市空港与惠来沿海产业带两大经济发展"引擎"的生命线，对进一步完善粤东地区高速公路网，推进粤东经济一体化，增强承接珠三角产业转移能力，大大拓展东西向交通大动脉的辐射范围有着积极的促进作用。

（三）主要公路和桥梁

1．福昆线（编号G324），从福州至昆明，也称广汕线。国道福昆线在惠来县境内路段，起于葵潭镇头屯村（K630+625），止于陆丰市双坑村（K638+845），全长8.6公里，二级水泥砼路面，路基宽18米，路面宽15米，桥梁3座，长192米，涵洞30道。沿线地处潮汕平原西部，穿越惠来县西北部葵潭镇区，地势平坦宽阔，起伏较小，属平原微丘区。1995年、2000年平均日交通量分别为1.69万辆、1.51万辆。

2．广葵线（编号S337）。从汕头市广澳经惠城镇至葵潭镇，原称葵和公路，总长64.27公里。1998年广东省进行路况普查时，改称广葵线。该路技术标准为平原微丘二级，路基宽12米，路面宽9米，水泥砼路面。是贯穿惠来县东西走向的主要公路，沿线经过8个镇，连接揭神线、司神线、溪金线、隆高线、关桥线、庵泉线等县道，纵横广布全县。1995年和2000年统计日均交通量3589和2033辆。

3．溪金线（编号S338）。从惠来县溪西镇至陆丰市金厢，即从溪西镇（K

0+000）至岐石镇览表村鳌江桥闸（K12+960），路线长12.96公里。原称内隆线，技术标准为平原微丘区二级，路基宽12米，路面宽9米，水泥砼路面。1995年和2000年，平均日交通量为2158和2009辆。

4．司神线（编号S235）。从潮南区司马浦，到惠来县神泉镇，惠来县境内从华湖镇石泉雨亭（K27+000）起，终于神泉镇区（K30+150），路线长12.15公里。2005年，全线为二级水泥砼路面，路基宽12米，路面宽9米，桥梁3座52米，涵洞43道。1995年和2000年平均日交通量分别为2216辆和1283辆。

5．揭神线（编号S236）。从揭阳市至惠来县神泉镇。该线在惠来县境内起于船桥（K39+033），终点神泉镇（K100+700），路线长31.7公里。已在1995年改造成水泥路面。2023年改称国道238线。

6．庵泉线（编号S235）。原属县道省管，编号X106，起于仙庵镇顶溪村（K0+000），终于神泉镇（K33+556），路线长33.56公里，二级水泥砼路面，路基宽12米，路面宽9米，桥梁10座，334米，涵洞99道。途经靖海、周田、前詹等地。为惠来县沿海国防主要运输线。今改为省道（S235线）。

7．葵潭大桥。位于国道福昆线K635+457处，跨越龙江。左侧为老桥石拱桥；右侧为新桥钢筋砼T型桥梁。老桥分4孔，每孔跨径25米，拱圈厚0.8米，设计负荷通过能力为汽-13，预算荷载为挂-60。桥全长139米，桥高13.8米，桥面主车道7米，为水泥砼桥面。双边各有1米人行道。路面铺筑沥青碎石。2001年桥梁普查技术状况定为二类。右侧新桥建于1992年6月，设计荷载为汽-20，预算荷载为挂-100，桥长139米，桥高13.8米，桥面铺装为水泥砼。2001年桥梁普查技术状况定为二类。

8．隆江大桥。位于广葵线K102+103米处，跨越龙江河，桥长285米，为14—20米T型桥梁，桥高10.7米，桥面主车道宽9米，两边人行道各1.5米，桥面铺筑沥青表处，1983年12月竣工，2001年桥梁普查技术状况定为二类。基础台墩结构，由14孔双柱灌注柱，每孔跨径20米，设计负荷通过能力汽-20，挂-120。

9．惠政桥。位于广葵线K85+557处，跨越雷岭河，为6孔石拱桥，孔径15米，桥长114米，桥高7米，桥面宽7米，设计荷载为汽-13，预算荷载为挂-60，水泥砖桥面。建于1966年9月，2001年桥梁普查技术状况定为三类。

10．安澜桥。位于揭神线K96+409处，跨越雷岭河，桥长120米，桥高5.7米，为

60—20米T型桥梁，桥面车道宽7米，两边人行道各1.5米，建于1998年1月，设计荷载为汽-20，预算荷载为挂-100，桥面铺装为水泥砖，2001年桥梁普查技术状况定为二类。

11. 靖海大桥。位于庵泉线K8+629处，跨越狮石湖，建于1995年6月，为8—16米T型桥梁，桥长128米，桥高5.8米，桥宽12米，其中行车道宽10米，两侧人行道各1米，桥面铺装水泥砼。2001年桥梁普查技术状况定为一类。

（四）港湾。惠来县主要渔港有神泉、靖海、资深，还有排角、港寮、赤澳、溪东、澳角、览表等可停靠船舶的港湾。主要分布在仙庵、靖海、前詹、神泉、岐石5个镇。

1. 神泉港。位于县城南7.5公里，水路东距汕头60海里，西距香港137海里。县内龙江、雷岭河、盐岭河汇集于此入海，属河口湾型海港。隋唐以来，粤、闽、浙船只进出港口频繁。民国二十七至三十八年（1938—1949），港嘴水深3—7米，港区水域20万平方米，可泊渔船2000艘，1948年港口吞吐量20万吨。1950—1977年港嘴水深2—3米，1960年港口吞吐量13万吨。1979年后，由于龙江改道入海，该港出海口处沙嘴伸出，口门变窄，航道淤浅，低潮水位仅有0.5米，70吨以下船只要乘潮进港，70吨以上船只只能在港外过驳，1979年吞吐量仅1万吨左右。

1982年，省、市海岸带和海涂资源综合调查领导小组，组织省内28个单位100多名专家、技术人员，对神泉港淤塞原因实地考察、论证并由交通部第四航务工程勘察设计院主编了《惠来县神泉港综合整治工程方案设计》，工程规划分四期实施，总投资3873.47万元。1983年4月在汕头召开的粤东海岸带专题会议，对规划进行讨论，经省、地、县有关专家、领导赞成，根据整治原则，拟定第一期主要项目的实施方案：（1）新开航道。从神泉镇区南部灯塔处往东南方向，开一长约1.2公里通道入海，水道轴线直方位角为277°，外与澳角湾东北潮流线槽相接，构成一条拐角20°的微弯航道，要求通行500吨级船只，采用双航道，排水断面2508立方米/秒。（2）口门两侧兴建一道既能防沙，又能防波浪的斜坡式拦沙防潮堤坝，全长1100米，堤轴线直方位角为430°。（3）新航道开通后，立即封堵老港口门，以防波浪袭击。

1985年3月28日工程奠基动工，1986年3月24日竣工。新航道长1220米，面宽130米，底宽60米，设计低潮水深3.22米，高潮水深4.55米，封堵老港口门340米，筑防波拦沙堤240米，航道护岸堤2412米，第一期工程总投资727.2万元。

治港二期工程，1987年2月28日动工，1988年4月9日竣工，工程造价决算413.72万元。整治神泉港二期工程完成后，港池从西向东延伸近2000米，风浪进入港池的强度大大减弱，降低因强风造成的灾害损失。可航行500吨级船，死港变活港。

神泉港综合整治，一二期工程完工后20年，有些配套工程仍未执行：一是神泉港外码头未建；二是赤岑村东老河口筑一水闸，2023年启动开工仪式。

神泉港具有非常重要的军事意义，为历代兵家必争之地。明嘉靖三十二年，知县林春秀为防倭寇，于小岛上建城，三面环海，东北接文昌山。城周围280丈，墙高1.4丈，城门2个，东为靖海门，西北为安澜门，经文昌山至县城。城南置炮台，驻军防守，为惠来海防要地。

神泉距惠城7公里，为县城之前卫，历来为要害之地。饶平柘林防区自福建元钟港起至惠来神泉港止，碣石防区自神泉港起至巽寮村海面止，常是外敌、海盗集结出没之区域，加上神泉为淡水补给地，地位更显为重要。历来兵家认为柘林、南澳失守是无潮也（潮汕地区），碣石、平海失守是无惠也（惠州、汕尾地区）。所以，神泉是外海通道，向来为兵家所重视。

神泉自康熙八年（1669）驰海禁，准商民出洋贸易，神泉港日趋兴旺，乾嘉时处于旺盛期。1939年，日军侵占汕头，潮汕各县相继沦陷。神泉港成为潮汕地区唯一对外贸易的通商口岸。广东省政府在神泉设货运稽查处，设曲江海关神泉分卡，当时进出口贸易十分发达。惠来的水产品、红糖、花生油、薯粉、萝卜干、生猪、活牛和兴梅、闽西、赣南、潮汕等地的桐油、茶叶、干鲜品、生柑等产品从神泉出口香港、南洋，北上上海、苏杭等地。从各地进口汽油、煤油、布匹、西药、大米、大豆、化肥、黄豆饼、干果等转运入内地。当时神泉商贾云集，百业俱兴，有"小香港"之称。由于神泉是潮汕、兴梅等地的经济生命线，引起日军注意。抗日战争时期，神泉、惠城屡遭日机轰炸和进犯，如爆发文昌山战役。

2. 靖海港。位于县城东南部靖海镇，东北距海门港11海里，西距神泉港12海里。原港池多乌泥，故古称乌涂港。明洪武年间置靖海守御所，改称靖海港，为潟湖型天然港。关门山一带水源汇集狮石湖，由此出海。港池水域面积46.8万平方米，水深0.5—3米，可容纳渔船300艘，日常停泊200艘。原航道长6500米，最高潮水位水深2.8米，最低潮位0.5米，平均潮差0.9米，船只可到狮石湖停泊避风。100吨级船只可通航。

1981年靖海港进行综合治理，工程分3期，历时3年，投资318万元。即新辟港门净宽66米，低潮水深4米，挖掘新航道2960米，两岸砌护堤石5公里，新筑码头宽45米，码头水深3—4米，500吨级以内船只，可进港靠泊装卸。码头安装3.5吨吊机2台，海堤公路连接庵泉公路，航道两岸林带茂密。1984年省批准为通行香港进出口物资装卸点。2005年，惠来电厂（厂址靖海）正式投资建设，靖海港配套建15万吨级深水码头1个。港池面积50万平方米。

靖海港北枕黄牛山，东插黄岗山，西对双过年山峰，南面大海，为惠来东面门户，海防要地。是沟通南北的重要口岸之一，是内陆与海外运输的天然水路。1943年曾设海关。港内可停泊300吨—500吨级货船800艘，年货物吞吐量在10万吨以上，为惠来通行港澳物资装卸点。靖海镇属的资深港为粤东二等渔港。该港沿岸盛产鲍鱼、鱿鱼、龙虾、紫菜、海胆、石斑鱼。港口附近有丰富的高岭土资源。明清至民国时期，靖海沿岸海盗船屡泊登岸，劫掠资深、石碑、赤山、铅锡（前詹）、石井（周田）等地，民受其害。历代政权均置重兵把守靖海港，有神泉巡检司、海门水师营、惠来陆营、陆兵员驻守。城西门、北门属陆路，由惠来营守备陆兵驻守。东门、南门属海门营水兵防守。

3. **资深港**。渔港，位于靖海镇西南方，距靖海港2.5海里，紧靠资深村。其西南4公里是石碑山灯塔，该港原是开阔的海湾，因位于石碑山东侧，古称石碑澳。附近海上是较大的渔场，因资深村的渔船在此出入停泊，故改称资深港，是粤东二等渔港。1956年从港东北面的海岬起，向南抛石，构成半圆形屏障。北面和西面岸边筑石砌护岸750米。港口向东，水深3—4米，50吨级船只可以进出港。港池面积2万平方米，可供200—300只渔船停泊。港北高地建有淡水井1口，深6.5米，直径11.5米，井水水源充足，有管道直达码头，淡水可直接流入船内。北岸建有制冷厂和市场。向北1公里公路，与庵泉公路相接，渔船避风和平时停泊条件良好。因此，资深港是惠来县主要的渔港之一，也是战时可供军事活动的港湾。

4. 澳角湾。位于神泉港东面，距离神泉港1.8海里，港湾面积不大，历来有外来船舶停靠。

5. 排角湾。位于仙庵镇东面的桥观村，能停靠船舶。

6. 港寮湾。位于前詹镇的东面，港湾面积不大，能停靠船舶。

7. 赤澳湾。位于前詹镇的西面，港湾面积不大，能停靠船舶。

8. 溪东港。位于神泉镇的东面，港湾面积不大，能停靠船舶。

9. 览表湾。位于岐石镇的西面，港湾面积小，可停靠船舶。

（五）码头。揭阳港南海作业区码头（惠来）工程是揭阳首个千万吨级吞吐量公共码头项目，将同步建设6个泊位，设计年通过能力共1230万吨，是揭阳有史以来建设规模最大、离国际航线最近的公共码头项目，将有力助力揭阳港融入粤港澳大湾区世界级港口群，更好发挥以港兴城、以港强产、以港促联的重要支撑作用。2023年2月28日，揭阳港南海作业区通用码头、液体散货码头、LPG码头正式开工，陆域罐区项目完成签约，项目计划投资37.6亿元，将建设6个5万吨—7万吨级大型深水泊位和56台储罐。

揭阳港南海作业区（惠来）通用码头：新建1个7万吨级通用泊位和3个5万吨级多用途泊位及相应配套设施，码头总长度为1210米，设计年通过能力为：散货260万吨、件杂货420万吨、集装箱23.5万TEU。

液体散货码头：新建1个5万吨级液体化工泊位（可兼顾靠泊2艘3000吨级船舶）及相应配套设施，码头泊位总长270米，设计年通过能力297万吨。

LPG码头：新建1个5万吨级LPG泊位（可兼顾停靠两艘3000吨级船舶）及相应配套设施，码头泊位总长290米，年设计通过能力230万吨。

蓝水深远海通用码头工程：位于惠来县沟疏村与赤澳村之间、神泉湾东侧。码头泊位均采用垂向岸线的突堤式港池布置方式，占用自然岸线334米，利用港口岸线505米。码头装卸货种主要为深远海漂浮式风电基础、导管架、深远海大型LNG液化天然气模块、大型石油和LNG海洋开采平台装备、海上换流站、海洋牧场以及原材钢材等。项目计划总投资约5亿元，包括设计建造4万吨级、2万吨级通用泊位各1个，建设两座突堤式码头平台，主要承担钢材进口及产成品出口的运输服务，设计年通过能力为133万吨，建成后年吞吐量可达118万吨。

五、水库水闸

（一）水库。2021年底，全县蓄水工程144宗，其中大型水库1座、中型水库7座、小（一）型水库35座、小（二）型水库101座、山塘87座；总集水面积424.14平方公里，总蓄水量3.998297亿立方米，正常蓄水量2.809702亿立方米。

1. 石榴潭水库。因库区内原有石榴潭村，故名。石榴潭水库1958年9月动工，1959年7月竣工，1961年、1963年和1971三次加坝扩建；1985年及2002年加固，是全县规模最大的水库。周围有林樟水、五福田水、黄竹潭水、桃树岗水。水库位于隆江镇东北面，集水面积127.685平方公里，总库容10942万立方米，主坝长500米，坝面宽7.5米，副坝4条，总长288米，坝面宽7.5米，坝体为均质土坝，设计灌溉面积10.64万亩。捍卫耕地13.5万亩，捍卫20万人口。

2. 尖官陂水库。清朝乾隆时，由头寮村詹、官二姓村民在今坝址处修筑一水陂，引水灌溉，后建水库时仍用陂名。水库1959年11月动工，1960年3月竣工。水库位于隆江镇西北部头寮村，集水面积15.59平方公里，总库容2525万立方米，主坝长130米，坝面宽5米，副坝2条，总长89米，坝面宽5米，坝体为均质土坝，设计灌溉面积2.18万亩，捍卫耕地0.75万亩，捍卫1.5万人口。

3. 镇北水库。因水库位于惠城镇北郊，故名。1958年12月动工兴建，1960年7月竣工，1963年和1972年两次加坝扩建，1986年加固，2009年加固。镇北水库位于惠城镇北郊马齿溪上游，集水面积11平方公里，总库容1230万立方米，主坝长230米，坝面宽5米，副坝2座，总长320米，坝面宽5米，坝体为均质土坝，设计灌溉面积1.5万亩，设计日供水量2万吨。捍卫耕地2.12万亩，捍卫22万人口。

4. 蜈蚣岭水库。因水库位于惠城镇西北面5公里的蜈蚣山谷口，故名。1956年12月动工兴建，1958年2月竣工，1964年加坝扩建，2003～2006年加固。蜈蚣岭水库位于惠城镇西北面盐岭河上游，集水面积30平方公里，总库容3312万立方米，主坝长142米，坝面宽6米，副坝1座，总长155米，坝面宽5米，坝体为均质土坝，设计灌溉面积2.97万亩。捍卫耕地9万亩，捍卫24万人口。

5. **船桥水库**。因水库位于惠城镇西北部21公里的河林乡林樟村境内船桥山谷口，故名。1976年9月动工兴建，1979年12月竣工，分别于1993年和2010年加固。船桥水库集水面积11.05平方公里，总库容1591万立方米，土坝长500米，坝面宽8米，坝体为均质土坝。捍卫0.6万人口。

6. **顶溪水库**。因原顶溪村位于水库内，后建水库移民，故名。1958年11月动工兴建，1960年7月竣工，1962年土坝加固，1969年加土坝加高扩建，1993年加固，2010年加固。顶溪水库位于仙庵镇东铺溪上游，集水面积18.4平方公里，总库容2725万立方米，主坝长600米，坝面宽5米，副坝长760米，坝面宽5米，坝体为均质土坝，设计灌溉面积2.15万亩。捍卫耕地3.17万亩，捍卫2.1万人口。

7. **葫芦潭水库**。因土坝筑于葫芦山口，故名。葫芦潭水库建成之前，库区上游建有2个小型水库，即鸟梨水库和关门水库，关门水库1954年11月动工，1955年3月竣工，1957年加坝扩建，1959年土坝崩毁，1960年10月复建；鸟梨水库1958年建成。1970年于上述2个水库下游建葫芦潭水库，将2个小型水库包含于葫芦潭水库库区内连接起来，1972年11月竣工。葫芦潭水库位于狮石湖水系径口支流上游，集水面积13平方公里，总库容1906万立方米，主坝长390米，坝面宽8米，副坝2座，总长523米，坝面宽8米，坝体为均质土坝，设计灌溉面积1.8万亩。捍卫耕地0.92万亩，捍卫0.79万人口。

8. **古杭水库**。因水库位于古杭村，原有3个水库，处在最下面位置称为古杭下水库，古杭下水库1963年始建，1964年竣工，1970年11月，在古杭上库和下库之间修建古杭中水库，至1973年12月竣工，并连通上、中库形成古杭中水库，古杭下水库规模减小。古杭下水库位于前詹镇西北面约5公里处古杭村，集水面积3.2平方公里，总库容412万立方米，主坝长560米，副坝5条，总长1100米，坝面宽4米，坝体为均质土坝，设计灌溉面积0.67万亩，捍卫耕地0.65万亩，捍卫人口1.27万人。古杭中水库是1970年11月，在上库和下库之间修建古杭中水库，至1973年12月竣工，并连通上、中库形成古杭中水库。古杭中水库位于前詹镇西北面约6公里处古杭村，集水面积12.2平方公里，总库容1919万立方米，土坝长710米，坝面宽7米，坝体为均质土坝，设计灌溉面积1.12万亩，捍卫耕地1万亩，捍卫2.5万人口。

（二）**堤围、水闸（陂）**。全县江海堤围14条，总长度214.71公里，捍卫耕地面积18万亩（12006公顷）、捍卫98万人口；其中集水面积100平方公里以上河系5条，分别是龙江河、雷岭河、鳌江河、西石湖、螺溪河；捍卫耕地面积万亩以上堤围9条，总长度160.65公里；沿海防潮堤围6条，分别是东陇海堤、凤山港海堤、见龙海堤、西石湖海堤、西港海堤、鳌江防潮堤。全县水闸（陂）工程160宗，其中大型水闸1宗、中型水闸9宗，其他穿堤、拦河、引水、蓄水、排水等涵闸150宗。

1. **县城城区防洪堤**。因堤围主要防护惠来县县城，故名。1985年以前称为雷岭河右岸及盐岭河左岸，1994年编《揭阳市防汛工作手册》记录为：后溪洋堤，2004年列为防灾减灾项目，更名为县城防洪堤，主要防护县城。县城防洪堤主要位于惠城镇境内，即盐岭河左岸连接雷岭河右岸，自水尾潭经安澜桥至华湖镇坪田村高速路桥下，总长15.6公里，其中干堤15.6公里。全围干堤堤顶高程4.8米，2007年加固，基本上达抗御五十年一遇洪水标准。捍卫耕地1.72万亩，捍卫28.9万人的生命财产安全。

2. **狮石湖堤围**。因是狮石湖两岸的堤围，故名。1974年狮石湖通过围垦造田，修筑南北两岸堤围16.5公里。狮石湖堤围位于靖海及周田二镇境内，总长27.77公里，其中干堤7.12公里。全围干堤堤顶高程2.8米，抗御能力十年一遇洪水标准。捍卫耕地及鱼虾池3.2万亩，捍卫超过11万人的生命财产安全。

3. **西石湖水闸**。因水闸位于狮石湖，取名"西石湖水闸"，地方方言"西"与"狮"同音，故名。1952年冬于靖海镇西门外兴建狮石湖防潮排涝水闸，至1980年先后经过6次维修和扩建，2005年重建。西石湖水闸位于狮石湖下游的渡头坝河段上，闸址上游集水面积192.6平方公里，闸址上游主河段长度15公里，设计过闸流量878.3立方米/秒，闸孔共8孔，净宽64米，最大过闸流量449.8立方米/秒。主要效益为防潮排涝。

4. **东陇防洪堤**。因堤围位于东陇镇范围内，故名。从1953年开始修筑防洪堤。东陇防洪堤位于东陇镇境内，即盐岭河右岸，自惠西桥至赤洲水闸，总长6公里，其中干堤6公里。全围干堤堤顶高程4.8米，基本上达抗御二十年一遇洪水标准。捍卫耕地3.5万亩和13万多人的生命财产安全。

5. **东陇防潮堤**。因堤围位于东陇镇范围内，故名。从1953年开始修筑防潮堤。东陇防潮堤位于东陇镇境内，自赤洲水闸经溪仔咀至钓石村，总长12公里，其中干堤9公里。全围干堤堤顶高程5.3米，基本上达抗御五十年一遇洪水标准。捍卫耕地3.5万亩，捍卫超过13万人的生命财产安全。

6. 赤洲水闸。别名盐岭河水闸。因水闸位于东陇镇赤洲村，故名。1975年动工兴建，使用至今。赤洲水闸位于东陇镇赤洲村境内，闸址上游集水面积60.1平方公里，闸址上游主河段长度12.85公里，过闸设计流量263立方米/秒，闸孔14孔，其中左侧设船闸1孔，宽6米，排水孔13孔，排水总净宽39米。主要效益为防潮排涝。

7. 凤山港海堤。鳌江水闸下游至出海段称瀛江，俗称凤山港，因堤围位于凤山港，故名。从1955年开始修筑防潮堤。凤山港堤位于岐石镇境内，自鳌江水闸下游侧岐石镇览表村至埔外池桥头，由27座防潮排涝闸及18.6公里海堤组成防潮排涝系统，其中干堤13.8公里。全围干堤堤顶高程3.5米，基本上达抗御五十年一遇洪水标准。捍卫耕地3.08万亩，捍卫超过4.2万人的生命财产安全。

8. 见龙海堤。因堤围主体段经过隆江镇见龙村，故名。从1958年开始修筑，逐年培修后，2003年达标加固。见龙海堤位于隆江镇境内，左岸自总铺洋水闸至东陇镇钓石村，右岸自总铺洋闸至邦庄，两岸总长13.9公里，其中干堤13.9公里。全围干堤堤顶高程5.1米，2003年加固后抗御能力达二十年一遇洪水标准。捍卫耕地3.5万亩，捍卫5万多人的生命财产安全。

9. 邦山排洪闸。因排洪闸位于邦山村，故名。1958年动工兴建，使用至今。邦山排洪闸位于邦山截洪渠下游出口处隆江镇邦山村境内，闸址上游集水面积25.7平方公里，闸址上游主河段长4.6公里，过闸设计流量173立方米/秒，闸孔4孔，总净宽12.4米，最大过闸流量191立方米/秒。主要效益为排涝。

10. 邦山桥闸。因桥闸紧靠邦山村，闸顶为交通桥，故名。1970年1月动工兴建，同年5月竣工，1972年加固续建，1983年抢险加固，1994年除险加固。邦山桥闸位于龙江河中游的隆江镇邦山村与溪西镇西湖村之间的河段上，闸址上游集水面积1020平方公里，闸址上游河流长度70公里，多年平均枯水流量9.26立方米/秒，设计过闸流量3100立方米/秒，闸孔34孔，其中西侧发电进水孔3孔共9米，东侧设船闸1孔，宽4米，排水孔30孔，排水总净宽120米，最大过闸流量3100立方米/秒。主要效益为灌溉兼顾发电。

11. **惠陆鳌江桥闸**，别名鳌江大堤。因桥闸位于鳌江河下游，左侧位于惠来县岐石镇，右侧位于陆丰市甲子镇，且闸顶为交通桥，故名。1955年动工兴建，1977年扩建，1995年加固。惠陆鳌江桥闸位于鳌江河下游的览表村河段上，闸址上游集水面积136.7平方公里（惠来境内），闸址上游主河段长39公里，过闸设计流量为716立方米/秒，闸孔33孔，净宽109.6米。主要效益为防潮排涝。

12. **缶窑水陂**。别名磁窑拦河滚水坝。因水陂位于葵潭镇缶窑村，故名。1966年动工兴建，1970年2月竣工使用至今。磁窑水陂位于龙江河中游葵潭镇缶窑村河段，陂址上游集水面积820平方公里，闸址上游主河段长60公里，设计流量2930立方米/秒，陂顶总宽度116米，陂身高度5.4米，陂长83.5米。主要效益为灌溉，二十年一遇洪水设计，五十年一遇洪水校核。

〔第三节〕军事要地

惠来背山面海，海岸线长。沿海有神泉港、靖海港。沿岸有金刚髻山、关门山等多处制高点，可鸟瞰海面，监视辽阔的海域。故惠来自古为海防要地。大南山主脉横亘县北，从西到东，直抵海边，是潮（阳）普（宁）惠（来）3县分界线，古时有孔径隧道相通。支脉向南延伸，形成大南山山区，是惠来人民从事革命斗争的根据地。惠来外环大海，水路进出自由；内抱群山，重峦叠嶂，可据险屯兵，属军事要地。

一、山系和重要山岭

大南山是中国东南丘陵的延续，与莲花山、大北山、南阳山相连接，峰峦险峻，从西到东，直至海边，连绵200多里。跨惠来、普宁、潮阳3县（市），是潮、普、惠的分界线。山之一半属惠来，小半属普宁，潮阳占东北之一角。边缘长度290里，东西横线最长为110余里，南北纵线长70余里，重峦叠嶂，山势倾度甚大，与大北山连接。曾是惠来人民革命斗争的根据地。

（一）山系。1.双过年山以西为望天山系。位于惠城西北面，葵潭东北面，主峰望天石（海拔969米，今属普宁），副峰犁头崒（海拔822.7米）、珍珠帘

（海拔749米）、牛枯尖、下尖峰（海拔710米）。**2. 双过年山东面与沙田岭组成双过年山系**。又叫盐岭山系，位于惠城镇西北，河田八乡林东面，主峰灯心湖，海拔648米，副峰双过年山，海拔454米。**3. 沙田岭以东为雷岭山系**。位于惠城东北面，主峰沙田岭，海拔459米，副峰老虎伸腰，海拔454米。**4. 百花尖以东至将军帽为金刚髻山系**。位于惠城东面，仙庵镇西北面，主峰金刚髻，海拔502米，副峰百花尖和狐狸洞，海拔分别为456米、416米。以上4个山系称大南山。**5. 三清山系**。位于惠城西南，主峰三清山，海拔414米。

（二）重要山岭。1. **望天石山**。饶宗颐《潮州志·山川志》记载："望天石山，在县城西北25.5公里，近望天石村东，高969公尺（米），与南山局连界。叠嶂层峰，直插霄汉，绝顶有巨石，即望天石也。有凌云摩天之势，又名摩天石山。水帘百丈悬空而下，曲湖邃岩，林廻径错。贼往来所居，人迹罕至。西北为寒婆径，最为险隘。"（《广东图志》）邑人吏部观政、进士张经写过《过摩天石赋（有序）》："巃嵷截峭，诸峰罗列，夸奇矜异，如剑如鍪，兽斗鸟厉者，不可指数。上有巨石，高不可丈，大不可围，名曰'摩天'。"2. **犁头崬**，海拔822.7米，为县内海拔最高峰，因顶峰状似犁头而得名，位于青山乡青坑村北面。3. **珍珠帘山**，海拔749米，位于河林乡五福田村西北。4. **双过年山**，北峰海拔634米，南峰海拔605米，位于惠城镇盐岭村西。古称"双荐山"，惠来古八景之一。5. **金刚髻山**，又名金公髻，海拔502米，位于仙庵镇里行村北，由于位置显露，历来是海上航行和渔民归航的重要标记。元代邑人陈文瑶曾有《登金刚髻峰诗》："振衣应玩仞，独坐觉神怡。眼阔沧溟窄，步高碧巘低。中天空楼阁，南极度虹蜺。长啸青云起，遥连五岳齐。"6. **老虎伸腰山**，海拔439米，位于四香果林场北面。7. **纱帽洞山**，别名三门岭。因主峰形似古代官帽，故名。纱帽洞山处于大南山区南麓，传说河田村"文祖祠"因正门面向纱帽洞峰，故在清朝中叶连出3名举人，分别任知县和兵部侍郎。在惠来县城西北面约12公里处，主峰三门岭，海拔358.4米，四周山势陡峭，由花岗岩石组成，表层为沙质，土壤呈赤红色。主种松柏，部分植茶叶、杂果、荔枝等，植被覆盖率80%。8. **百花尖山**，海拔388米，位于周田镇施家輋村北，上有庄严禅寺，历来为惠来旅游胜地。9. **风门桠山**，桠者即两旁高，中央低畦，该桠南北向，冬来北风大，夏来南风清爽，故名。风门桠山位于惠城镇河田村约2.5公里处，东面为大山农场，西南面为石兰口村委会水库仔，北面为揭神公路，面积约200亩，海拔高度151.8米，该桠山为大南山区分水岭，入北为高山，出南为丘陵地带，未开辟揭神公路前，是隆江镇通往大南山区必经要塞，岭上有一伯公宫，可供来往过客歇息，革命战争时期，红军在此打了不少埋伏战，留下光荣革命历史。10. **将军帽山**，因山体似将军袍裙，故名。位于惠来县城东北面24.5公里处，东坡伸至仙庵镇桥观村，西至坑内水库，南至广葵公路，北与汕头市潮南区华林村接壤。海拔125.8米，中部低丘，以黑云母花岗岩石为主体，裸露广布，土壤为有机质层赤红壤，面积500亩，植马尾松、相思等树，东南面靠近南海，为渔民近海作业的航标。广葵公路从山脚穿过。1944年日本侵略军曾于此建碉堡、挖地洞、修坑道。11. **关门山**，别名鸡过脖。因山下有一关门，古为潮州府出入惠来第一关，故名。在惠来县城东面约12.5公里处，面积0.67平方公里。南北走向，北面与葫芦潭水库相接。主峰海拔347.4米。山体由裸岩和黄土组成。以种植松柏为主，森林覆盖率70%。12. **红卫山**，1962年有海军边防部队在此驻营，20世纪60年代喜称"红"，故称红卫山。1978年撤营，但地名沿用至今。红卫山位于塔兜村东北面1.5公里处，属前詹镇辖地。东至尖石山，西为矿砂岭，南至后寮村，北靠周田镇仙埔村。东西走向，主峰海拔182.1米，面积约350亩，山体结构由碎石块、赤红沙质土壤构成，植被茂密，山上多植松柏、相思等树木，山坡处植水果。13. **长排山**，由连续几个小山峰并排成长条状而成，故名。是东陇镇与隆江镇、惠城镇三镇界山。长排山位于东陇镇区西北面约8公里处，东至隆江镇鹅豆水库，西至隆江镇金交椅村，南至东陇镇达三圩林场，北至惠城镇望岭村。山形呈长条状，山体从西北向东南走向，北高南稍低，面积500多亩，主峰海拔167.8米。山体结构为花岗岩石、红赤沙土壤，植被茂密，山上多植松柏、相思等生态林，山坡处植荔枝等果树。战争年代修有军事山洞，至今犹存。

二、巨岩石洞

（一）过坑石洞。位于上林樟村西南1.5公里过坑山腰。洞顶一块10余米宽的巨石覆盖，洞内空阔。民国十七年（1928）中共东江特委在此安置印刷机，印刷文件。

（二）**东鼻湖石洞**。位于五福田村西南1.5公里的东鼻湖山。民国十七年（1928）彭湃日间在猪仔山的黄山棚办公，夜间转移此洞住宿，相距5里。

（三）**大棚山石洞**。位于林樟村大棚山上。民国十八年（1929）潮普惠县委住此石洞。石洞上下数层，上有巨石覆盖。

（四）**饭包山**。位于林樟村北，其山巨石垒叠，洞壑深广，各个革命时期，都曾在此制土炮、地雷。

（五）**老仑洞**。位于盐岭村南，石洞深数里。民国十八年（1929）县苏维埃政府全部人员曾在此办公。

（六）**交仔石洞**。又名长宫仔石洞，位于盐岭村西南山上。山洞深邃，洞中有洞，分上中下3层，上层可守哨，中层可作宿舍，下层作厨房，洞内有水，光线明亮。

（七）**黄竹尖洞**。位于五福田村东南山窝，洞西深涧，东、南、北三面为削壁悬崖，一块20多米长的巨石覆盖，洞口仅容一人出入，内可容百人。

（八）**过拗窑洞**。位于五福田村西5里，西与普宁接壤，洞南深峪，洞西悬崖峭壁，芒草掩洞口。民国十七年（1928）5月，彭湃同志因脚受伤，在此治疗。

三、关隘渡口

惠来县古时为闽、粤陆路交通要道。县东有径口关，西南有览表渡通甲子所，为古时主要渡口。雍正《惠来县志·山川》记载关隘分布情况：

（一）**关隘**。1.**东关**，在东郭劝农亭内，原上舍翁延虞筑寅旸馆于此，议设东关以为东蔽。直自东门河沟起至劝农亭止，横自山仔头溪起至詹家园、林厝园桥下、塘边溪止。2.**西关**，在灰窑内，人烟稠密，而地气亦当旺处，西北为天地坛，西南为山川社稷坛，旧有关。直至河沟起至西关城门止，横自南关界闸门起至北闸田洋止。3.**北关**，原城门闭塞不通，知县游之光复开于城隍巷，其外为耆民吴文奎埔地，令其让出丈余为路，以便牛车出入，昔建铺十余间。直自斗山门起至西溪村止，横自山仔头溪起至洋岗湖、双溪口止。4.**南关**，在南郭外，去文昌台里许，附近城河与西关相接。直自南门河沟起上岸村南壇车路止，横自桥仔溪起至方嘉孚池堲止。5.**武宁关**，在县东四十里，旧明初时有驿，后移程乡，改为公馆。6.**靖海**

关，在县东南六十里，有守御千户所，西关为产盐之地。7. **龙江关**，在县西三十里，有东西二关，西至龙江溪，东通林招渡，市镇埠场，奸宄易集，商旅杂处，稽诘犹难，亦要害地。8. **神泉关**，在县南十五里，有巡司驻城内，东西南北四关逼近大海，而南关犹险，港口海舟湾泊之所。

《惠来县志·建置沿革》记载："（明天启）七年筑径口关（有碑记，见艺文）。离县三十里，邑之东藩要地也。知县陈宗汤砌石为关，额曰：雄关天堑。后乙酉闽寇攻县，贼哨钟鸣谷拥贼截关，为援兵三帅所杀。"径口关又称葵阳关，位于县城东15公里之葫芦山径口。两旁高山峻岭，北高南低，石骨裸露。两山对峙，形势险要，中有一径，为由东进县城的要道。关门两旁依山顶筑墙，高2米。派兵设防，以御东来之敌。民国末年，惠（来）潮（阳）公路由关门而入，仅容汽车1辆可行。中华人民共和国成立后，拆去关门，拓宽公路。

（二）渡口沟渠。雍正《惠来县志·山川》记载关于渡口、沟坎分布情况：

1. **林招渡**，原有桥，因废。水深丈余，改为渡，达省城通津，岁给渡夫工食三两二钱，今裁。2. **古钓清渡**，在县西南二十里，岁给渡夫工食三两二钱，今裁。3. **龙江渡**，原有桥，因废。春夏水长，民多病涉，乃改为渡，省城通津，岁给渡夫工食银四两，今裁。4. **神泉渡**，在县南十五里，渡夫裁革。5. **赤洲渡**，在县南十里，渡夫裁革。6. **览表渡**，在县西南六十里，风急水湍，最称险阻，达甲子所要津，岁给渡夫工食三两二钱，今裁。邑人郑国光写有《题览表渡诗》。7. **大陂渡**，在大陂东五里，达省通津，岁给渡夫工食三两二钱，今裁。8. **靖海渡**，在靖海所西门外，通铅锡、木坑楼等乡，渡夫今裁。9. **东陇沟**，在县西八里东陇村。10. **透龙湖沟**，在县边掘沟通水，以资灌溉。嘉靖三十一年，县民李彦卿剜沟砖为田，民病之，讼于官，知县林春秀令砌原砖，复为官沟。11. **洋岗湖沟**，在北门外二里，发源后潭坑，长六里，溉田三百亩。先被县民李彦卿冒首，嘉靖三十二年，知县林春秀断复为官沟。12. **雷打桥沟**，在县西六里。13. **大双沟**，在县东四十里杭美村，广一丈二尺。14. **孝清沟**，在县西五十五里，发源青山门，溉田五百亩。

（三）山径。县北有林招径、盐岭径、寒婆径等孔道，与潮阳、普宁相通，自古以来是惠来与潮阳、普宁进行物质交易的交通要道，是易守难攻的军事要地。1. **林招径**,在县城东北17.5公里的雷公岭上,层峦叠嶂,为潮阳、惠来的交通孔道。民国三十四年(1945)日军企图由此进占惠城,被保警队在此阻击,日军败退。中华人民共和国成立后,拓宽古路,北接广汕公路,南通神泉港,今称司(马浦)神(泉)公路(S235线)。2. **盐岭径**,古时为肩挑运输鱼盐通普宁县的主要孔道。3. **寒婆径**,古时通普宁县孔道,后筑成公路通行汽车。

四、堡寨

(一)**惠来石寨**。在惠来城东3.5公里处。明万历年间建,花岗岩巨石垒筑,墙围高3.5米,寨后有瞭望台,寨内一直街三横巷,有石井一口。

(二)**虎头山寨**。位于县西30公里,兵营村东3.5公里龙江河左岸。明末举人林学贤修寨于此。林学贤兵败,其寨废。

(三)**蚶蚌寨**。位于县城西6.5公里达三圩村北,明末清初普宁山寇罗英于此筑寨,今有墙基遗迹。蚶蚌寨山形酷似蚶蚌,山上林草丰茂易于隐蔽,当年罗英在此筑寨,官府多次围剿未能找到踪迹,传说乃是蚶蚌合闭蚌壳,实际山上挖有很深的山洞,洞口至今仍存,据说山洞直通普宁山界。山顶可俯瞰惠城,尽收眼底,1928年彭湃和徐向前指挥攻打惠城时在山上扎营,指挥部设在山下苗海村,山顶可供观察指挥。

■ 蚶蚌寨遗址

■ 彭湃攻打惠城扎营处

(四)**荆陇寨**。即仙庵镇京陇村。元末京陇乡民胡禄为抗元而筑,寨墙至今保留完好,2020年8月评为"惠来新八景"之一。

(五)**华湖堡**。位于城东5公里,明末举人兵部主事高廷焕聚集族人所筑。

（六）葵潭葫芦寨。在葵潭镇区东面1.5公里处。清康熙三十六年（1697）建。墙高一丈二尺，周一百二十丈。今已建为锦华公园，园内保存一段约50米长的寨墙。

（七）华英古寨。位于华湖镇华英村，建于明代，古寨墙和古寨门保存完好，呈完整五边形，2017年列入县级文物保护单位，寨墙灰砂夯筑，周长约300米，寨墙高4米，厚约0.3米，寨门4个。

五、民国《广东通志》记载的惠来堡寨

民国时期《广东通志·堡寨》（未成稿）记载了当时惠来县存在的堡寨：

■ 民国时期《广东通志》（未成稿）记载的惠来县堡寨

（一）鲁阳寨，在龙溪都，明永历间，郑君赤为寨长，时袭劫邻乡，攘夺牛

畜，人皆以土豪目之，后为知县孙汝谋、守将李仲科率兵擒杀。

（二）葵潭寨，在县西，为张、吴、黄三姓居民所筑，明末永历间，闽寇乘风雨大作，黑夜袭破之，杀掠男女无数，聚营勒赎，寨内居人庐舍一空。

（三）冰山砦，在县西三十五里，又名东山，山势险峻，中有一峰，一夫守望，匹马难逃，明嘉靖间，贼首黄启荐据之，筑土为巢。龙江附近二十一乡寨俱为所据，存者惟石岐、澳头二寨。

黄冈寨、神泉堡、木坑堡、铅锡堡、周田堡、光华寨均在酉头都；禄昌堡、赤山堡、西坑堡、西澳堡、吉清堡均在惠来都；武宁堡、后表堡、洪桥堡、茆洋堡均在大坭都；赤洲堡在隆井都。

（四）万兴寨，即隆江所城，龙江堡、渔湖堡、鸡岗堡、双梅堡、莲塘堡、甘泉堡、东溪堡、北溪堡、云落堡、梅洋堡、梅林堡、梅田堡、高埔堡、大陂堡、葵潭寨、万安寨、长青寨、田心寨、岐石寨、澳头寨均在龙溪都。

第三十章

军事组织

康熙《惠来县志·兵防》记载惠来知县张秉政关于惠来军事布局的分析："邑之经制营兵，议添议裁，绸缪详定。其环城驻卫者，楼橹固已森严矣。又有靖海、神泉以遏外窥，龙江、云落以销潜伏。远近协力，往来更戍。然狐尾虽断，鹰眼尤憎。文中有云：夏则资衣，冬则资絺。未可忽也。"清代的建制兵为八旗兵和绿营兵。绿营兵是地方的镇戍部队，其体制为镇、协、营、汛，以营为建制单位，镇的长官称总兵，协的长官称副将，营的长官称参将、游击、都司。顺治十七年（1660），设惠来营，驻县城，分防全县22处汛地、3座瞭望哨、17个塘。

[第一节] 历代军事机构

一、明代

洪武二年（1369）设靖海守御千户所，千户所和千户指挥由兵部直接管理和任免。县衙置守备1员。嘉靖三十二年（1553），靖海守御所划入惠来县，同年设神泉巡检司。

二、清代

顺治十七年（1660），县城设游府署。置游击1员、守备1员、千总2员、把总4员、外委千总和把总6员。神泉设有巡检司。雍正七年（1729）增设葵潭巡检司。道光年间，鸦片战争后，县设团练局。

三、民国时期

民国元年（1912），县署设警务课，置课长、课员各1名，掌管巡警、户籍、卫生、消防等事务。民国十六年（1927）改初级地方公署为县政府，改知事为县长，置公安局。民国二十六年（1937）7月县政府设兵役科。民国二十九至三十二年（1940—1943）改设军事科，地方警卫队编练处。民国三十四年（1945）12月设警察局（18人），辖保警大队（3个中队和1个直属分队）。12月31日成立国民兵团部（团长陈宏溁，副团长张公伟）。

四、中华人民共和国

1949年6月，中国人民解放军闽粤赣边纵队第二支队第十团改为独立营。12月独立营改编为惠来县武装大队。1950年8月成立惠来县民兵支队，与县武装大队两块牌子，一套人马。1951年12月，惠来县民兵支队改称惠来县人民武装部，内设军事、政工2股。1952年2月，县武装大队撤销，县人民武装部纳入中国人民解放军潮汕军分区建制。1954年12月，惠来县人民武装部改称惠来县兵役局，内设民兵、军事、兵役、政工、干部5科。1961年3月，恢复惠来县建制，重新成立惠来县人民武装部。1986年6月，中国人民解放军惠来县人民武装部改称广东省惠来县人民武装部，归属地方编制。1996年3月，人武部收归军队建制，内设军事、政工、后勤3科。至2024年机构编制不变，工作性质及任务不变，县政府成立惠来县人民武装委员会。

〔第二节〕党管武装

中华人民共和国成立以来，中共惠来县委坚持党管武装的方针，坚持党对一切工作的领导，使惠来县武装建设得到不断发展。建立党管武装机构，落实党管武装的领导。中共惠来县委为直接领导武装工作，成立了县人民武装委员会这一全县最高的武装指挥机构。县人民武装委员会历届的主任、副主任均由县委、县人民政府主要领导人担任。历届县武装部党委第一书记或第一政委在实施党管武装中，注意发挥各级党组织和各部门的作用，齐抓共管武装工作。由宣传部门进行广泛的人民战争思想和国防观念的宣传，配合县武装部开展民兵政治思想教育；由组织和人事部门与县武装部政工科一起加强对专职武装干部的选配、调整、管理和教育。工会、青年团、妇联等群众团体支持民兵工作。关心武装部门建设，支持武装干部开展工作。一是从政治上关心，建立了县武装部1名主要领导参加县委常委、乡镇武装部长参加同级党委的制度。各级党委召开重要会议，举行重大活动，武装部门主要领导都参加。1987年9月，惠来县武装部、县委组织部根据中央《关于基层武装部的设置和专职人民武装干部的配备原则等问题的通知》和省有关指示和规定，给各镇武装部长享受副镇长待遇的决定。二是工作上支持，县委经常听取县武装部的工作汇报，通过常委会、党委会、武委会等会议，及时讨论和审批民兵、预备役工作计划和各种方案，并督促基层党委和有关部门贯彻落实。县委、县政府领导经常出席武装系统的重要会议和重大活动。

第三十一章

驻军

雍正《惠来县志·兵防》记载："兵者，国之大事，可以百年不用，不可一日不备。备者，非具其数之谓也。易曰：'思患而预防之。'诗曰：'彻彼桑土，绸缪牖户。'皆言防也。夫防者，立其闲使不可出，固其篱使不可入。外不可入则盗贼不得乘其间，内不可出则狐鼠不得越其境。岂曰：太平之世，民不知兵，遂可忽焉不讲乎？"阐明了驻兵防守的重要性和必要性，展望"太平之世，民不知兵"的和平盛世。

〔第一节〕明清时期驻军

惠来建县之初，县内没设军事机构，也没驻军。至崇祯七年（1634）才从靖海所拨兵200名守县城。民壮原额200名，后存110名；弓兵原额50名，后存30名。教场2个，一在县城东门外（今东郊社区），一在靖海所东门外。

一、靖海守御千户所

建于明洪武二年（1369），由兵部直接管辖。原额旗军1121名，水兵甲子所门澳旗军100名。陆兵后营400名，驻靖海所，崇祯七年（1634），陆兵后营拨兵200名守县城，驻县城南郊文昌阁。

二、惠来营

顺治十七年（1660）初，设营制。

顺治十七年（1660），县城设游府署，驻兵500名。

康熙三年（1664）添设营制，增驻兵500名。

康熙八年（1669）展界，沿海防线增长，年底，在靖海所和神泉巡检司各增加兵员500名，共1500名。

康熙二十三年（1684）奉令裁员，实存官8员，马步战守兵750名，防守惠来县城及靖海所、神泉司城、龙江埠、云落楼。康熙四十一年（1702），奉文抽拨马步战守兵12名移送三江口新协，实有738名。

（一）员额。惠来县城驻兵310名，游击、把总、外委把总各1员；靖海所驻兵50名，把总1员；神泉司城驻兵20名，外委把总1员；小黄冈堡把总一员，兵39名；武宁汛外委把总一员，兵10名；径口堡管队一名，兵9名；隆江堡守备一员，外委千总一员，驻兵59名；云落汛驻兵24名，把总1员；大夹岭汛百总一名，兵19名；葵潭汛外委把总一员，兵20名；黄沙庵汛千总一员，外委千总一员，兵50名；梅林汛百总一名，兵19名；靖海所屯田千总1员，屯丁42名。

（二）汛。县内驻军设防兵汛22处：径口、西关塘、茶铺、总铺、靖海塘、黄岗堡、神泉、武宁、隆江、鸡亭、览表、长田、池边、溪沙、云落、崩坎、葵潭、头屯、田心、大夹岭、黄沙庵、梅林。清后期，惠来营分防11汛：径口、靖海、小黄岗、武宁、神泉、云落、葵潭、黄沙庵、隆江、梅林、十七娘寨。

（三）瞭望哨。瞭望哨4座：闻鸡亭（驻兵10名），西岭肚（驻兵2名），倒枫树（驻兵5名），摆京塘（兵2名）。

（四）塘。塘17个：西关、茶铺、武宁、总铺、龙江、长田、池边、溪沙、葵潭、头屯、大夹、崩坎、田心、云落、览表、中伙铺、碣石，每塘驻兵3名。

（五）惠来营武器装配：满天星棉甲90套，裰555套，青布紧身短衣90套，帽200顶，单帐房79顶，大刀19杆，副腰刀561支，长枪60杆，鸟枪339杆，牌刀61支，藤牌61面，子母碟10门（子弹50个），大小生铁炮33门，砂炮1门（子弹2个），大小铜炮2门，火药7705.143斤，铅2247.12斤，窝蜂子1.8万粒，铅子1100个，铁铲79把，铁锄79把，锅装79副，阵锣4面，阵鼓4个，铁斧79把，锣79口，营兵自备军械166付，战箭6610枝，撒袋166个。停修存贮军械铁盔青皮甲69副，铁高盔小珠钉甲492副，铁碗兔盔甲90顶，班鹅炮10门，门镰刀40把，长刀29把。

另外，贴防海丰县地方：高塘凹汛，把总一员，外委把总一员，兵39名；南塘汛，百总一名，兵20名；甲子所城兵20名，拨赴碣石，配驾三营船只，兵41名。乾隆四十七年（1782），裁兵71名。乾隆五十六年（1791）十一月二十七日裁剪千总1员、把总2员、兵50名。嘉庆二十三年（1818）裁兵3名。实存兵606名。每岁增拨饷银239.4两，兵员红白事赏银265.892两。贮谷800石。光绪十年（1884）惠来营设中军守备，战守兵存300名。

三、南澳镇水师营

分驻全县6处炮台，共289人，掌管42门大炮。每年正月、九月，会同文武演放。

（一）神泉港口，安置大炮8位。（二）澳角，安置大炮6位。（三）石碑澳，安置大炮6位。（四）溪东，安置大炮6位。（五）赤澳，安置大炮8位。（六）靖海港口，安置大炮8位。

〔第二节〕民国时期驻军

一、国民党军

民国十六年（1927）3月9日，国民党军陈运泰部驻葵潭，进攻兵营乡。

民国十七年（1928）2月，第十一军二十六师七十六团（团长向卓然）、七十七团（团长颜鼎臣）和独立营驻防惠来。

民国十七年（1928）3月28日，第四军十一师（师长余汉谋）、第七军第六师（师长黄旭初）、第十一军第二十六师（师长颜德基）驻惠联合进攻大南山。

民国十七年（1928）4月，第五军（军长徐景棠）驻惠攻大南山。

民国十九年（1930）4月28日，毛维寿旅戴戟团驻惠围攻大南山。

民国二十一年（1932）3月，广东第三军独立第二师（师长张瑞贵）驻惠围剿大南山。

民国二十四年（1935）5月，第三军第九师（师长邓龙光）驻惠围剿大南山。

民国三十年（1941），广东保安团某营驻神泉，发生文昌山战役。

民国三十八年（1949）1月，广东保安十六团第三营（营长张凤耀）配三个步兵连和一个机炮连，与广东省第五区保安司令部第一清剿大队（大队长雷英）

增援惠来县城。

二、中国工农红军

（一）东江红军建制系列，东江革命根据地的武装组织，是在农民自卫军的基础上发展起来的。

1. 惠普梅农工救党军（1927年5—8月）

总指挥：吴振民

党代表：杨石魂

下辖：

第一团（由海陆丰、惠州农军组成），团长吴振民（兼），党代表吴振民（兼），副团长于昆。

第二团（由潮梅农军组成），团长钟鼓，党代表李运昌。

2. 工农讨伐军东路（1927年8月）

总指挥：彭湃

工农革命军东路军

团名	成立时间	团长	党代表	参谋长
第二独立团	1927年10月	许筹	方思琼（方方）	
第三独立团	1927年12月	张炳奎	马伟卿	
第四独立团	1927年9月	邹克英	詹天锡	
第五独立团	1927年12月	吴峰		
第六独立团	1927年12月	何石		邓宝珍
第七独立团	1927年8月	古大存		
第八独立团	1927年9月	李啸	王之伦	
第十独立团	1927年10月	郑兴（郑天保）	蔡若遇（胡一声）	
第十二独立团	1927年9月	刘光夏	蓝胜青	
第十四独立团	1927年10月	张碧光	杜式哲	
第十五独立团	1927年11月	饶龙光	何德常、郭俊楼、丘宗海	

（二）工农革命军第二师（1927年10月至1928年10月）：

师长董朗，党代表颜昌颐，参谋长王备。下辖：

第四团：团长董朗（兼），党代表颜昌颐；

第五团：团长刘立道，党代表张寿徽。

（三）工农红军第四师（1928年1月至1929年2月）：

师长叶镛（后徐向前），副师长朱湘涛，党代表王侃如（后袁裕），参谋长徐向前。下辖：

第十团：团长白鑫（后叛变），党代表徐向前；

第十一团：团长赵世杰，党代表缪云人；

第十二团：团长饶寿柏，党代表陆更夫。

（四）中国工农红军第六军第十六、第十七师（军、师部均未成立）：

第四十六团（1929年7月成立）：团长李明光，政委丘宗海，教导队队长古宜权；

第四十七团（1929年7月成立）：团长何石，政委陈开芹；

第四十八团（1929年10月成立）：团长罗时元，政委李光宗（后李明光）；

第四十九团（1929年10月成立）：团长彭桂，政委黄强；

第五十二团（1930年2月成立）：团长刘光夏，政委陈俊。

（五）东江工农红军总指挥部（1929年秋成立）：总指挥古大存。

（六）中国工农红军第十一军（1930年5月至冬）：军长古大存，政委颜汉章（后吴炳泰），参谋长严凤仪（后梁锡祜）政治部主任罗欣然。下辖：

第四十六团（即梅埔丰第一纵队）：团长李明光（后李斌、古宜权），政委丘宗海（后吴学哲）；

第四十七团（即潮普惠第二纵队）：团长何石（后洪楚才、李斌），政委陈开芹；

第四十八团（即饶和埔永边第三纵队）：团长罗时元，政委李光宗；

第四十九团（即海陆惠紫第四纵队）：团长彭桂，政委黄强；

第五十二团（即五龙寻第五纵队）：团长罗时元，政委李光宗；

教导队团：团长古宜权，政委李明光。

（七）第六军第二师（1930年12月至1932年春，军部未成立）：师长彭桂，政委黄强。下辖：

第一团（原四十九团）：团长彭桂（兼），政委黄强（兼）、陈开芹；

第二团（原四十六、四十七团）：团长陈伯虎（后谭英），政委陈开芹（后方光庆）。

（八）东江红军独立师（1932年5月至1933年初）：师长彭桂。下辖：

第一团：团长彭桂（兼），政委陈开芹；

第二团：团长卢笃茂，政委李良清。

（九）东江红军第一、二路军（1933年初至1933年9月）：

第一路军：总指挥古大存；第二路军：总指挥卢笃茂。

（十）东江游击总队（1933年10月至1934年秋）：总队长周友初，政委古大存，参谋长卢笃茂。下辖：

第一大队：大队长古大存（兼）（后古士）；

第二大队：大队长卢秋桂；

第三大队：大队长张木葵。

（十一）东江游击队总指挥部（1934年冬至1935年夏）：总指挥张木葵。

第一中队：中队长吕金和；

第二中队：中队长卢秋桂；

第三中队：中队长翟信。

（十二）东江游击队（1935年下半年至1938年8月）：负责人古大存。

三、中国人民解放军闽粤赣边纵队第二支队建制序列

（一）中国人民解放军闽粤赣边纵队第二支队（1949年1月至1949年3月中旬）：司令员刘向东（后张希非），副司令员陈彬，参谋长陈彬（兼），政委曾广，副政委李平，政治部主任徐扬。下辖：

第一团：团长丘志坚，政委郑辉，教导员陈迅之，副教导员郑瑜、刘百川；

第二团：团长李彤，副团长李范，政治处主任蔡达才；

第三团：团长陈华，副团长黄欣进，政委许衡，政治处主任陈特础，政治处副

主任周修文；

第四团：团长马毅友，副团长周洪；

第五团：团长饶辉，政委王文波，政治处主任徐真；

第六团：团长郑剑夫，政委林史，政治处主任杨佑生；

第七团：团长杨兆民，政委杨英伟，副政委郭奕祥，政治处主任李涛；

第八团：团长陈扬，副团长伍乘山，政委王家明（后詹泽平）；

第九团：团长李风，副团长李非，政委马千，政治处主任林江（后叶广仁）；

第十团：团长李扬辛，政委郑流阳，政治处主任方文瑞；

第十一团：团长钟震，政委彭笃民，政治处主任马丁；

第十二团：团长吴扬，政委吴扬（兼），政治处主任吴表凯；

独立第三大队：大队长刘镜，副大队长贝浩，政委陈仪，教导员高原，副教导员张适群（后张波）。

（二）中国人民解放军闽粤赣边纵队第二支队（1949年3月至1949年10月）：司令员张希非，副司令员陈彬，政委曾广，副政委李平，政治部主任徐扬（后郑希）。下辖：

第一团：团长陈华，副团长杨溪（后张克），政委许衡，政治处主任陈特础；

第三团：团长李风，副团长李非，政委马千，政治处主任叶广仁；

第四团：团长黄欣进，政委黄友，政治处主任周修文；

第五团：团长饶辉，副团长胡冠英，政委王文波，参谋长杨桂生，政治处主任徐真；

第六团：团长郑剑夫，政委林史，政治处主任杨佑生；

第七团：团长杨兆民，政委杨英伟（后王勃），副政委郭奕祥，政治处主任李涛；

第八团：副团长刘镜，政委黄铁农，副政委、教导员高原，政治处主任曾郁青；

第九团：团长陈扬（兼），政委李雪光，副团长伍乘山，政治处主任方修亮；

第十团：团长李扬辛，政委郑流阳，政治处主任方文瑞；

第十一团：团长钟震，政委吴扬，政治处主任吴表凯。

（三）中国人民解放军闽粤赣边纵队第二支队第十团（1949年2月在鲁阳村由惠南抗征二个中队和三清山抗征大队二个中队合编成立）：团长李扬辛，政委郑流阳，政治处主任方文瑞，参谋处主任林向人（后江克），后勤处负责人马礼正。全团4个连，指战员320人，团部机关和武工队共410人。配轻机枪3挺，机关炮1门，长短枪380支。

〔第三节〕中华人民共和国成立后驻军

1949年5月20日惠来解放，惠来县人民政府设置公安科，后升格为公安局配备公安连一个连队。

中华人民共和国建立后，惠来驻军为中国人民解放军闽粤赣边纵队第二支队第十团，1949年6月改编为独立营。12月改编为惠来武装大队。

1970年广东军区守备第八团分驻尖山、前詹、将军帽、后表、澳角、东山6处。1976年奉命调防。

海军观察通信第十三大队驻太平山。

空军雷达站驻关门山。

观察站驻溪西山头村（1960年后撤走）。

第三十二章

地方武装

〔第一节〕民国时期县属武装

一、国民党政府部队

民国初年县衙乡勇,后改民军,受警务课管理,维持治安,缉捕盗贼。

民国五年(1916),由县政府组建和管理民团(属地方政府武装)。

民国十六年(1927),县政府组建惠来县保安队,兵员120名。

民国二十四年(1935)5月,惠来县在原保安队的基础上扩编为惠来县保安大队,兵员250多人。

民国三十四年(1945)12月,惠来县将保安大队整编为保警大队。辖3个中队。后改为政警大队。

民国三十六年(1947)5月,惠来县政警改编为保警大队(大队长罗靖中,5月任。陈家骐,12月任)。1948年保警大队改为自卫大队。

第一中队(中队长张镜),中队附1名,分队长4名,办事员2名,号兵1名,班长9名,警兵73名,杂役8名。

第二中队(中队长翁秉文),中队附1名,分队长3名,办事员2名,号兵1名,班长9名,警兵72名,杂役8名。

第三中队(中队长方振达),中队附1名,分队长2名,办事员2名,警兵70名。

直属分队(分队长方国雄),班长4名,警兵23名。

保警大队武器装配:机关炮1门、重机枪1挺、轻机枪7挺、掷弹筒1支,步枪240支,手枪12支。

特务队(前身称侦缉队、便衣队、警探队,后改刑警队),队长方武平,民国三十四年（1945）7月26日任，后调任督察。民国三十六（1947）5月后由吴开明继任队长，副队长吴文耀。组长方秉城、吴兆滨、方海、陈敬。队员28人，统称探员。县内各乡村设置密侦，单线联系。

二、群众武装

民国二十八年（1939）经广东省第八区民众抗日自卫团统率委员会批准（主任委员翁照垣），惠来县成立抗日自卫大队（大队长方锡葆，教官方祝平、朱芳庭），兵员220人。编内志愿独立小队有共产党组织。该小队驻防羊角林村，随时准备抗击日寇入侵。

民国三十四年（1945）1月，获悉日寇将进犯惠来，县政府组建惠来县杀敌大队，下分4个中队，分驻惠城东西南北4个门头，配备9支步枪，每人打造1支大砍刀。

常备自卫中队（驻华湖），中队长方仰贤，兵14名。

常备第二自卫中队（驻梅林），中队长钟木盛，兵40名。

独立后备第二中队，组长4名，兵20名（驻惠城机动）。

〔第二节〕惠来县工农武装建制系列

民国十六年（1927）1月，广东省农民协会潮梅海陆丰办事处批准惠来成立农民自卫军模范队。队长莫协民，副队长颜永堂。队员52人。

民国十六年（1927）9月，成立坑仔乡武装团队。负责人吴乃桐、吴梦龙、吴峰、蔡宗江。

民国十六年（1927）12月，惠来以原有工农武装为基础，成立东路团队，独立第五团，人数100多人，团长吴峰。

民国十八年（1929）7月，潮、普、惠组建中国工农红军四十七团。下辖3个连，200多人。团长何石（后陈开基、李斌），副团长陈海云，政委陈开芹。

惠来建立常备大队，大队长谢义兰。

民国十九年（1930）11月，潮普惠合并，各县常备武装合编为一（潮阳）、二（惠来）、三（普宁）游击大队，第二大队大队长庄合兴（后赖长枝）。

民国十九年（1930）年底，四十六、四十七团合并改编为中国工农红军第六军第二师（后称独立师）第二团。下辖3个连，1个特务连，1个补充连，共300人。团长陈伯虎（后谭英、古宜权、卢笃茂），政委卢笃茂（后陈开芹、方光庆、李良清、陈荣），参谋长周友初。

〔第三节〕潮汕人民抗征队建制序列

民国三十六年（1947）6月7日，成立潮汕人民抗征队，时常在惠来出没。

一、潮汕人民抗征大队

大队长林震，政委陈彬。

辖一个中队，一个短枪队。中队长丘志坚，指导员何绍宽（后蔡若明），副中队长李扬辛，副指导员李风。

二、潮汕人民抗征队（1947年10月至1948年4月）

第一大队：大队长林震，副大队长丘志坚，政委郑希，副政委王文波，指导员蔡若明。第一中队：中队长丘志坚，副中队长陈珠、刘怀，指导员蔡若明（后高原）；第二中队：中队长陈珠，副中队长蔡流、陈续豪、黄兰金，指导员李彤，副指导员李开、刘辉；第三中队：中队长刘怀，副中队长蔡流，指导员陈迅之，副指导员李开。

第三大队：大队长李习楷（后张希非），政委陈彬，教导员郑辉。第一中队：中队长李扬辛，副中队长陈石，指导员李风，副指导员李少雄；第二中队：中队长黄欣进，副中队长李受龙，指导员许衡，副指导员林雄、陈特础；第三中队：中队长孔佳，副中队长张克，指导员王勃，副指导员江克。

三、潮汕人民抗征队潮汕支队建制序列（1948年5月至1948年12月）

潮汕支队：司令员刘向东，副司令员张希非，政委曾广，副政委李平，政治部主任徐扬。

北山团：团长陈彬（后林史），副团长陈坚，参谋长郑剑夫，政委陈彬，政治处主任曾冰（后陈伟）。

第一大队：大队长丘志坚，副大队长刘怀，政委王文波，教导员陈迅之。

第四大队：大队长蔡达才，副大队长刘镜，教导员黄谷泉，副教导员蔡高排。

第六大队：大队长李彤，副大队长李范，教导员黄一清，副教导员李卓魁。

第八大队：大队长林江，副大队长林日生，教导员林少华，副教导员叶广仁。

独立第一大队：大队长倪宏毅（后郭奕祥），政委吴扬，教导员马千。

独立第二大队：大队长饶辉，政委王文波，教导员徐真。

独立第三大队：大队长钟良，政委陈权，教导员唐克。

南山团（1948年8月称潮普惠南指挥部）：团长张希非，政委吴坚，副政委郑希，政治处主任方东平，参谋处主任陈扬。

第三大队：大队长陈华，副大队长李扬辛，教导员王勃（后陈特础），副教导员黄欣进、周修文。

第五大队：大队长马毅友，副大队长周洪，总支书记林雄。

南雄大队：大队长李风，政委詹泽平，副政委郑辉，教导员许衡。

西山大队：领导人陈扬（兼）。

三清大队：大队长肖介山，副大队长谢德成，政委叶章礼，教导员江克。

四、惠来县武工队建制序列（1947年9月至1949年3月）

南阳山武工队（1947年9月19日组建）：队长黄友，政委詹泽平。

惠南武工队（1947年11月中旬组建）：队长方文瑞。

东区武工队（1947年12月组建）：队长马毅友，副队长周洪。

1948年3月，在锡溪组建关外武工队：队长周洪（兼）。

东营武工队：队长方明生（后吴明）。

三清武工队：队长叶章礼，副队长林莱堂。

山尾武工队：队长林向人，指导员朱田。

西联武工队：队长张水龙，指导员方章。

葵阳关内华湖武工队：队长高和，指导员廖一民。

葵阳武工队：队长方妈来，指导员朱田（8月钓石截粮后并入山尾武工队）。

葵潭武工队：队长谢礼玉，指导员，方锡佳。

南塘武工队：队长肖介山。

五、惠来县抗征中队、大队建制序列（1948年6—8月）

东南抗征第一中队（1948年6月成立）：中队长周成，副中队长林茂兴，副指导员陈绍粦。

东南抗征第二中队（1948年6月成立）：中队长张万辉，指导员方槐。

东南抗征第三中队：中队长林茂兴。

三清山抗征第一中队（1948年8月成立）：中队长谢德成，副中队长蔡德光，指导员胡命惠。

三清山抗征第二中队（1948年8月成立）：中队长郑京木，副中队长江铁，指导员江克。

三清山抗征大队：大队长肖介山，政委叶章礼，教导员江克。

〔第四节〕中华人民共和国成立后县属武装

中国人民解放军惠来县人民武装部：1951年底，在惠来县大队基础上，成立了惠来县人民武装部，设部长、政委，及军事股、政工股。县辖各区成立区人民武装部，设部长、参谋、干事各1人。1954年县人民武装部改称兵役局，设局长、政委各1人，下设民兵、军事、兵役、政工、干部5个科。1961年兵役局复称县人民武装部。后增设后勤科。1967年县公安局实行军事管制，公安连划归县人民武装部，改称中国人民解放军惠来县中队，设中队长、指导员，士兵40人。1973年恢复县公安局，改称广东省惠来县武装警察中队，隶属中国人民武装警察部队，实行义务兵役制。任务是看守、监护、维持社会治安。1986年6月，人武部改称广东省惠来县人民武装部，归属地方编制。1996年3月，人武部收归军队建制，至2024年不变。

第三十三章

民兵

民兵，是中国共产党领导下的不脱离生产的群众武装组织，是人民武装力量的组成部分，是中国人民解放军的得力助手和强大的后备力量。中华人民共和国成立后，惠来县民兵一直在中共惠来县委领导下由县武装部直接组建和管理，在进行社会主义革命和社会主义建设中作出重要的贡献。

〔第一节〕民兵组织

一、中华人民共和国成立前的农民自卫队（赤卫队）、工人纠察队

民国十三年（1924），惠来有农民协会会员8万多人，自卫军1万多人。民国十五年（1926）3月，周恩来主持东江各行政区会议，通过《组织农民自卫军方案》，随后，惠来各区、乡农民协会开始组织农民自卫军。北伐战争开始后，中共广东区委派黄埔军校学生到各县训练农军。惠来县农民自卫军的组织逐渐健全发展。同年冬，省农民协会潮梅海陆丰办事处批准惠来县农会筹备处建立县农民自卫军模范队，队长莫协民、副队长颜永堂，队员52名，队址设于惠来学宫。民国十六年（1927）"四一二"反革命政变后，自卫军模范队汇合潮阳农军到陆丰县，改编为农工救党军，北上武汉。同年9月，为策应南昌起义部队进军潮汕，南区（神泉区）赤卫队总指挥部在中共惠来部委领导下，发动南区各乡赤卫队近千人，攻占了神泉镇。南昌起义部队撤出汕头后，南区赤卫队才撤出神泉镇。同年冬，葵潭区以兵营乡及周围各乡的赤卫队为主，建立葵潭区赤卫队，驻兵营乡。11月在阻击当地反动武装的进攻中，赤卫队受到严重损失而分散活动。民国十七年（1928）3月，惠来县在第一次农民暴动中，赤卫队组织中的尖串长矛队有10多万人，配合红军攻克惠城。民国十九年（1930）11月，潮（阳）普（宁）惠（来）3县党组织合并后，

惠来各乡赤卫队情况是：惠城区有38个乡组织赤卫队，分5个大队，大队之下是中队、小队，人数共600余人，大多数受过训练。葵潭区有50多个乡组织赤卫队共300余人。当时的武器都是土枪，战斗力很强。同年，惠来总工会在盐岭村成立，会员由路过盐岭及雷岭的盐业、渔业等挑夫组成共3000人。工会建立工人纠察队，队员15人。无论是赤卫队还是工人纠察队，在历次革命战争中，都发挥重大作用。

二、中华人民共和国成立后的机关民兵组织和工人纠察队

中华人民共和国成立后，除基层民兵外，惠来县还成立机关民兵组织和工人纠察队。机关民兵组织是惠来后方机关企事业单位按系统成立政法、工交、财贸、农林水、文教卫生系统民兵连。从1949—1980年，惠来各主要城镇成立工人纠察队，由各产业工会挑选出身好、政治可靠、觉悟高的工人参加（一个镇一般在30人左右），配备武器，巡逻放哨，维护当地社会治安，这些人也属于民兵。

三、民兵组织的健全和壮大

（一）1950—1958年。惠来县1949年5月20日解放。为了巩固新政权，保卫生产，逐步建立了民兵组织。1950年6月，全县有民兵405人，8月发展到808人。当时的形式有两种：一是群众自发搞起来，内部老少残弱都有，还混进一些土匪、流氓，组织不纯；二是旧自卫队、地主武装改编的。这种组织的领导权多为恶霸所掌握。为纯洁民兵组织，1950年9月，整顿民兵组织。经整顿后，全县有民兵695人。

民兵的组织机构作统一规定：县设民兵支队，配正副支队长；区设民兵大队，配正副大队长；乡设民兵中队，配正副中队长。

1951年6月惠来县开始土地改革，全县95个行政村，都进驻土改工作队，结合土改运动，整顿和发展民兵组织，重点是纯洁民兵队伍和选配领导骨干，以保证土改工作顺利进行。土改工作队采取访贫问苦方法，在贫雇农中培养积极分子，摸清民兵队伍情况，根据不同情况，采取不同的整顿办法，纯洁和发展了民兵组织。当时的民兵组织，是以行政村为单位组成，在行政村农会领导下开展工

作。1951年全县各行政村民兵总数为7847人。年底，县人民武装部建立，各区都配备了人民武装干部，对民兵工作加强了领导。

1952年10月25日，根据中共华南分局、中南军区、广东省人民政府《关于建立民兵基干团的决定》，为适应地方治安需要，落实国家兵员动员任务，重点抓民兵基干团建设。惠来县结合土改复查、生产建设等中心工作全面开展建立民兵基干团的工作，按时完成组建任务。基干团的编组：县编团（或营），区编营（或连），乡编排（或班，归属普通民兵中队）。民兵基干团设团长、政委。营设营长、教导员，连设正副连长、指导员，排设排长，班设正副班长。1952年底，全县民兵总数为1.04万人，并建立基干民兵1202人。

1953年10月撤销民兵基干团。

1958年9月20日，毛泽东主席发出"大办民兵师"的号召。惠来县于1958年9月开始，遵照毛主席"大办民兵师"的指示，从农村到城市，从工厂、学校到机关，迅速形成一个大办民兵的热潮，民兵组织迅速发展。人民公社实行"组织军事化、行动战斗化、生活集体化"制度，搞全民皆兵，全县民兵总数达到顶峰，编制1个师、22个团、66个营、198个连，总数达20.86万人。

（二）1962—1976年。1962年6月，惠来县民兵工作，按照毛主席"民兵工作要做到组织落实、政治落实、军事落实"的指示，克服贪大求多的组织方法，撤销一些不合实际的机构，压缩人数，使民兵机构健全，人员精干。全县建立脱产基干民兵1个连80人；不脱产武装基干民兵14个排1670人；公社组成普通民兵团；大队组成民兵营，全县民兵总数2.13万人。

1966年"文化大革命"开始，惠来县民兵卷入这场运动。一部分民兵，特别是城镇民兵，先后参加不同派别的群众组织，以致部分民兵组织出现不健全、活动不正常的现象。

1967年，随着各级党组织相继瘫痪，县、公社武装部门的民兵工作受到很大影响，一些民兵组织停止活动，特别是城镇民兵组织，多处于瘫痪状态。但是多数的农村民兵基层组织始终坚持正常的活动，坚守岗位，坚持生产和工作。

1969年，民兵工作的重点逐步转向抓民兵战斗骨干队伍的建设。12月，根据毛泽东主席关于"要准备打仗"和"战争打起来组建地方部队"的指示，按上级的要求，组建县民兵独立营。县编民兵独立营1个，公社编连，大队编排班。每班8—15人。组建工作从1969年12月开始，到1970年结束。到1973年，坚持每年一次的组织整顿，开展了正常的活动，使民兵队伍进一步纯洁，"三落实"质量不断提高。1974年按照上级的要求，惠来县对民兵独立营作了调整。1975年底又根据广州军区17号文件精神，对扩建民兵独立营的规划做一次修改，并研究按规划要求加强民兵独立营建设的问题。从1976年开始，普遍按照规划，全面组织落实。

（三）1980—2020年。1980年中国人民解放军总参谋部、总政治部下发《关于研究民兵调整改革问题》文件。1981年3月，中共中央下发文件，批转总参谋部、总政治部关于民兵组织调整改革方案。这个"方案"对民兵组织调整改革进行具体明确规定。调整后，民兵总人数有所减少。

1985年11月，惠来县按照"减少数量，提高质量，突出重点，打好基础"的"十六字"方针，对今后一个时期民兵、预备役工作做了调整和改革。1987年全县设基干民兵团1个，乡、镇、场，各设基干民兵营1个，共20个营，村设基干民兵连1个，全县共128个连，民兵总数7.2万人。

1988—2022年，惠来县的民兵组建工作，都是按照这"十六字"方针进行的。2005年，惠来县有民兵8600人。2020年5—7月，多次组织海上民兵分队参加上级联演联训活动，完成上级交给的任务，得到上级肯定表扬。10月至11月，组织民兵应急连进行政治教育、共同科目、专业科目、装备操作使用等针对性集训，提升民兵应急连军事理论、军事技能和应急处置能力等综合素质。按照年度民兵训练计划，组织民兵应急连和应急排进行拉动点验，熟悉专项任务方案内容，组织开展指挥业务训练和方案计划拟制，各级指挥员和指挥机构深入学习研究国防动员组织指挥关系和组织实施流程，修订总体方案、子方案和专项方案30个，对辖区重要目标现地勘察，多次完成指挥所等级部署演练、检验性综合演练、海上军地联合演练和海空联合警巡演练，战备值班分队保持规定状态。开展民兵整组工作。重点突出海上、陆上两个部分，以迎战拒止、前运后送支援保障作用为目标，优化结构布局，规范民兵基层组织建、管、训、用、保重点环节，刚性抓好重点民兵分队"遂行"任务能力形成，提升民兵队伍建设质量。组织召开全县民兵整组工作会议,协调县政府联合发文,联动相关职能部门齐抓共管,全力发动,按照"准备筹划、组织实施、总结验收"三个阶段八个步骤,优化民兵组织架构,完成基干民兵整组任务,在上级多次组织检查验收中获得较好的成绩。

〔第二节〕民兵整顿

民兵组织是群众性的武装组织,编组之后,并不是一成不变的,对民兵组织进行调整和整顿是保证民兵组织健全、工作落实的重要途径。1951年下半年中央就提出要结合中心工作"整顿民兵组织"。从1961年起,每年一次的民兵整顿逐步走向制度化。

一、中华人民共和国成立初期清理混进民兵队伍的土匪、流氓

中华人民共和国成立初期,惠来县的民兵组织混进一些土匪、流氓,组织不纯。1950年9月,根据广东省委、省军区《关于整顿与建立民兵的联合指示》,结合清匪反霸、退租退息和土改等运动,整顿民兵组织。规定:18—35岁男子,18—25岁妇女,劳动积极,作风正派,历史清白,忠实可靠,立场坚定,经自愿申请,均可加入民兵组织。经过整顿,全县民兵从808人减少到695人。

二、预备役与民兵"合一"编队

1955—1957年,民兵整顿同兵役工作结合起来,但有些领导干部认识不足,忽视民兵工作。针对这些问题,结合撤乡并社工作,将预备役与民兵"合一"编队,对民兵组织普遍进行了整顿和改编。"合一"编队的对象主要是复退军人和基干民兵。条件是:基干民兵和30岁以下的复退军人(30岁以上的,只要各方面条件好,本人又自愿,也可保留);一般青年参加基干民兵的年龄在18—23岁;政治可靠,身体强壮。

通过"合一"编队,县各级民兵组织进一步明确任务,建立和健全各项制度。根据上级要求,民兵任务统一制定为:(一)积极带头搞好生产,成为生产突击队;(二)积极参加集训,随时准备祖国征召,参加中国人民解放军;(三)积极

参加执勤放哨，维护社会治安，保卫生产。并根据民兵的特点统一建立了每年一次或隔年一次的民兵出入队制度。

1958年，大办民兵师，民兵总数达到顶峰。1962年6月，惠来县民兵工作，又按照毛主席"民兵工作要做到组织落实、政治落实、军事落实"的指示，克服贪大求多的组织方法，撤销一些不合实际的机构，压缩人数，公社设团，大队设营。共设团15个，营423个，总数4.74万人。

三、整顿和重建民兵师团领导

1965年，根据省军区《关于整顿和重建民兵师团领导问题》的通知精神，确立整顿民兵的指导思想：以毛泽东人民战争思想为指针，坚决贯彻民兵工作"三落实"的指示和民兵工作条例的规定，在发动民兵积极参加与保卫运动的同时，抓好民兵的组织落实和政治落实，加强政治教育，使广大民兵进一步提高思想，增强国防观念；结合运动审查，考核民兵，特别是民兵干部和基干民兵，清洗不纯分子，认真落实组织，调配干部，建立和健全各种制度；结合运动彻底清理民兵武器，使武器掌握在共产党员、共青团员和可靠的积极分子手里；通过运动进一步加强基层党组织对民兵工作的领导。结合"社教"运动，整顿和重建民兵师、团领导机构，同时对民兵师、团的编组作了调整：一是以公社建师（小社建团）改为以县为单位编师，公社编团（民兵少的编营）；厂矿企业改为民兵人数5000以上的建师，1500人以下的编团；二是明确师、团的办事机构就是县、社武装部；三是明确师、团干部条件：共产党员，有一定军事素质，在群众中有威信，而且年轻，身体要好。师干部由省军区委任，团干部由军分区委任。到1966年，社教运动结束，全县都恢复、健全民兵师、团组织。

1969年，民兵工作的重点逐步转向抓民兵战斗骨干队伍的建设。12月，根据毛泽东关于"要准备打仗"和"战争打起来组建地方部队"的指示，按上级的要求，组建县民兵独立营。

1974年按照上级的要求，惠来县对民兵独立营作了调整。1975年底又根据广州军区17号文件精神，对扩建民兵独立营的规划做一次修改，并且研究按规划要求加强民兵独立营建高炮的问题。从1976年开始，普遍按照规划，全面组织落实。

四、民兵组织调整改革

1980年,中国人民解放军总参谋部、总政治部下发《关于研究民兵调整改革问题》的文件。1981年3月,中共中央下发11号文件,批转总参谋部、总政治部关于民兵组织调整改革的方案。这个"方案"对民兵组织调整改革进行具体明确的规定。民兵的组织调整工作从1981年5月开始,到翌年7月结束。这次调整着重解决如下问题:

(一)缩小民兵的组建范围。原来人民公社、厂矿、学校、街道及其他企事业单位建立的民兵组织改为人民公社、厂矿企业单位建立民兵组织。机关、学校和一些人数少、分散的小单位,平时不建立民兵组织。

(二)压缩民兵的年龄。男性公民参加民兵的年龄,由原来规定的16—45岁改为18—35岁。其中基干民兵年龄为18—28岁。

(三)简化民兵组织层次。由原来分编"普通""基干""武装"民兵三种组织,改为"普通"和"基干"民兵两种组织,凡符合民兵条件的28岁以下的复退军人和经过基本军训的人员编为基干民兵,作为参军参战、执行各项任务的骨干力量;其余的编为普通民兵。女性公民参加基干民兵,控制在单位总人数10%。

取消县编民兵师、公社编民兵团的规定。民兵组织在农村以大队为单位编营,在城市以厂矿企业为单位,根据人数多少分别编营、连、排。基干与普通民兵分别编组。

(四)严格民兵的政治条件和身体条件。凡参加民兵的都必须是拥护中国共产党,热爱社会主义祖国,热爱劳动,身体健康的适龄青壮年。具体标准按征兵的政治条件和应征青年体格评选条件执行。

(五)把民兵制度与预备役制度结合起来。民兵组织既是我国武装力量的组成部分,又是预备役的基本组织形式。凡是有民兵组织的地方,按照兵役法规定应服兵役的人员,除服现役者外,全部编入民兵组织服预备役。基干民兵为一类预备役,普通民兵为二类预备役。

五、减少数量,提高质量

1985年11月,中共中央、国务院、中央军委联合下发文件,批准中国人民解放军总参谋部、总政治部《关于当前和今后一个时期民兵、预备役工作的意见》。为了适应国家经济建设的需要和城乡经济体制及行政管理体制的变化情况，惠来县根据《关于当前和今后一个时期民兵、预备役工作的意见》精神，提出"减少数量，提高质量，突出重点，打好基础"的当前和今后一个时期民兵、预备役工作的十六字方针，对民兵组建工作作调整和改革：一是调整基干民兵的发展规划，压缩基干民兵人数。对象是超龄的和没有经过基本训练的民兵，民兵专业分队不但没有减少，而且还适当增加；二是调整布局，改进编组方法。着重调整专业分队的布局，解决专业分队过于集中或过于分散的问题，使之与组建任务、训练负担相适应；三是改进民兵整组方法。简化程序，压缩时间，突出重点，注重实效。1986—2005年，惠来县的民兵整顿工作，都是按照这十六字方针进行的。

六、优化布局，调整编组

2011年3—6月全面开展民兵组织整顿，完善民兵组织结构。2012年3—5月，按照"优化布局、调整编组、提高质量"要求，完成民兵预备役后备力量各类分队91支共7300人的重组工作。2013年3月，按照上级机关部署，开展全县民兵组织整顿工作，完成整组任务。整组后，民兵组织建设秩序更加正规，布局更加合理优化，后备力量建设质量和遂行任务能力得到全面提高。2014年，推动民兵组织建设工作方面。确保民兵整组工作顺利开展，专门召开部署会，全面核查全县退伍军人在位情况，确保预编对象数量，完成普通民兵78504人、基干民兵3类93支队伍5846人编组任务。4月3日，省军区司令员盖龙云视察时，提前两个时发出命令，突击拉动惠来县民兵应急连，县民兵应急连齐装满员，到点率、到位率100%，受到盖龙云和省、市工作组高度肯定。2015年3月，揭阳军分区任务部署会后，人武部召开党委会专题研究落实，对照评估标准细则，拉清单，逐项查找问题，逐项抓好整改，从搞清任务需求、修订完善方案计划、抓好民兵整组、落实保障作战力量、加大国防教育力度、加强军地联通联动、补充完善指挥装备器材和各分队装备器材、加大民兵分队演训力度、强化指挥技能演练、配强专武干部队伍等10个方面从严落实整改。2016年，抓民兵整组。3月初，人武部召开后备力量组织整顿任务部署会，统一整组标准，成立领导小组，明确责任分工。

跟踪指导，主官带队，到各镇（场）逐一帮带指导。细化评比评分细则，由部领导带队，通过现场查看资料、物资器材，对基干民兵进行电话核对，逐个单位现场打分，将检查中存在的问题和各单位评比成绩通报全县，促进整改提高。

2019年，开展民兵整组工作。综合考虑不同地区任务需求、兵员潜力、经济发展水平等因素，优化结构布局，提高民兵专业化程度和新质力量比例不低于20%。实现数量规模适应、结构布局合理、教育训练有素、装备器材齐全、管理使用规范、队伍可靠管用目标，与惠来经济社会发展协调一致，平时服务、急时应急、战时应战相统一新时代新型民兵力量，圆满地完成民兵整组任务。2020年，开展民兵整组工作。重点突出海上、陆上两个部分，以迎战拒止、前运后送支援保障作用为目标，优化结构布局，规范民兵基层组织建、管、训、用、保重点环节，刚性抓好重点民兵分队"遂行"任务能力形成，提升民兵队伍建设质量。组织召开全县民兵整组工作会议，协调县政府联合发文，联动相关职能部门齐抓共管，全力发动，按照"准备筹划、组织实施、总结验收"三个阶段八个步骤，优化民兵组织架构，完成基干民兵整组任务，在上级多次组织检查验收中获得较好成绩。

〔第三节〕民兵训练

惠来县民兵训练，在各级政府和军事部门的组织领导下，遵照中央军委关于"加强民兵军事训练"指示，坚持"劳武结合，以劳养武"原则，按照各个时期的需要，进行不同的军事训练。

1949—1957年，训练内容除政治纪律教育外，主要是步枪射击、投弹和单个的军事动作。每年训练90—100小时。1958—1972年，除20世纪60年代初，国家经济困难和"文化大革命"初期，训练一度中断外，其他年份训练正常，训练时间每年15天左右，并参加全国范围的民兵大比武。沿海民兵还进行反偷袭、反偷登训练。内地民兵则进行反空袭、空投，防暴动的训练。1973—1980年，民兵武器装备种类增加，民兵组织在原步兵的基础上，增加了一些兵种的专业技术训练。训练科目增加三打（打飞机、打伞兵、打坦克）三防（防原子、防化学、防细菌）等内容。1981—1987年，根据中国人民解放军总参谋部《关于调整改革民兵军事训练的试行意见》，惠来县对民兵的军事训练进行调整和改革。训练对象由原来的武装基干民兵和部分基干民兵，改为只训练未经训练的基干民兵，以区（乡、镇）为单位，逐步过渡到县集中训练，同时，县在榕石建立民兵训练基地。

一、1950—1958年的训练内容

1950年开始，惠来县即建立民兵组织。但中华人民共和国成立初期由群众自发建立起来的武装队伍比较复杂和混乱；加上人民武装机构初建，从清匪反霸、减租减息及土地改革运动，都忽视对民兵的教育训练。只是根据当时民兵看押土匪、地主和站岗放哨的任务，提出一般的要求，学习一些简易的射击原理和枪支的保管、使用方法。

1953年，按上级要求，结合土改复查，利用农闲因地制宜进行训练。主要内容是射击、投弹及拳术。训练对象是18—25岁的青年民兵。

1955年，按兵役法的要求，制订预备役训练计划。县建立训练站负责训练工作，由区分批抽送民兵受训，每批1—3个乡，时间3—5天。

1958年，民兵军事训练贯彻军武结合的方针。训练内容由单兵种发展为多兵种，训练方法由脱产或半脱产改为不脱产。

二、1961—1965年的训练内容

1961年，因国家经济困难，民兵军事训练暂时停止。

1962年，因国家经济暂时困难，民兵军事训练的规模大大缩小。

1963年，国民经济开始好转，民兵军事训练恢复正常。惠来县在服从生产建设的前提下，贯彻"少而精"的方针，重点抓干部和武装基干民兵的训练，以自然村为单位，分散训练，时间3—5天。训练内容，民兵干部以射击、利用地形地物为主；基干民兵以射击、站岗放哨为主。全年训练武装基干民兵1375人，基干民兵1573人，普通民兵835人，连、排、班民兵干部549人，民兵营长288人，公社武装干部61人。重点武装基干民兵参训率达99%。参加射击的民兵1893人，合格以上成绩1679人。

1964年进一步贯彻毛泽东关于民兵工作"三落实"（即组织落实、政治落

实、军事落实）和全党抓军事的指示，掀起群众性的练武活动。各级党委把民兵训练纳入议事日程，分工专人抓。全年共训练民兵1615人，全部是射击训练。训练时间一般达到30—40小时。上半年兴办郭兴福教学班试点，下半年组织一次民兵比武。

1965年，以训练民兵干部和武装民兵为重点，以县、社为单位，由武装部门分期分批进行训练。武装民兵干部训练15天，民兵营长7—10天。主要科目有射击、投弹、单兵战术等。农村民兵训练以生产队或自然村为单位，结合生产和兴修水利工作进行。城市民兵多以车间为单位，利用工余或节假日，结合体育活动、军事野营等进行。训练时间，武装民兵为7—10天，基干民兵3—4天，普通民兵1—2天。全年共训练民兵2005人，其中武装民兵完成上级分配训练任务1211人。射击训练1961人，超出训练任务数215人，合格以上成绩1601人。手榴弹实弹投掷，参加805人，合格以上756人，全县总评优秀。各级党委成立野营指挥部，贯彻以城镇、学校为重点，开展活动，参加总人数4.66万人。民兵们响应毛泽东主席提出"到江河湖海去"的号召，全县掀起3次游泳高潮，参加人数达5.6万人。

三、1966—1976年的训练内容

1966年的军事训练在极左路线的影响下，把以往的训练形式和方法视为条条框框，加以否定，群众练兵受到批判，使民兵训练受到严重影响。全年参加各种武器射击训练2866人，合格2105人。

1967、1968年，县武装部介入地方"文化大革命"运动，奉命参加"支左"，民兵军事训练基本停止。

1969年，开始恢复小型、就地、分散的训练。

1970年，训练独立分队民兵、基干民兵、民兵干部共3006人。其中排以上干部325人；独立分队民兵2051人；基干民兵680人。参加刺杀训练1552人；参加战术训练1615人；参加投弹训练765人；参加野营训练457人，行程400公里，时间12天。

1971年，全年训练民兵2859人，其中实弹射击1856人；"三打三防"（即打飞机、打伞兵、打坦克，防原子、防化学、防细菌）758人；短途拉练（半天或一天）767人。

1974年，全年武装民兵参训率达53.1%。16个武装连参加射击，12个连达到优秀，4个连达到良好，全县总评优秀。

1975年，县社两级举办民兵骨干学习班100多期，3564名排以上民兵干部参加学习，占全县民兵排以上干部总数的97.4%。全年共训练民兵3632人，占全县民兵总数的70.1%。平均训练时间5天。1613人进行手榴弹投掷。

1976年，举办民兵连长、营长和反坦克爆破、改装武器骨干集训班，培训民兵干部和民兵骨干271人。为了使各单位的训练能比较均衡地发展，组织现役军人、有训练经验的复退军人共15人组成的流动军训队，分3个组深入基层，帮助公社、镇、场培训民兵干部和武装基干民兵。全县共训练民兵3231人。2003人参加实弹射击，及格以上1689人，总评良好；1161人参加高射机枪实弹射击。

四、1977—1984年的训练内容

1977年，按照中国人民解放军总参谋部民兵军事训练《四年纲要》，惠来县制订出本年度的训练任务。训练中，先抓干部、骨干的培训。其次抓武装连的训练，保证时间（平均七天半）、内容（射击、刺杀、投弹、单兵战术、爆破）和人员的落实。并发动群众自力更生，修建射击场、反弹场、战术场、挖靶壕。自制靶板、训练用的手榴弹、木枪和其他训练器材，保证训练需要，促进训练工作。

1978年，全年共训练民兵3271人。平均训练时间9天。其中：民兵干部参训326人，参加实弹射击2287人，及格率77.2%；参训武装基干民兵2201人，参加实弹射击1891人，及格率74%。

1979年，在全党工作着重点转移的形势下，军事训练有新的发展。专职武装干部于4月底前由汕头军分区分3期集训。上半年主要训练武装连。重点进行不同地形的各种射击、投弹、战术和传统战法等课目的训练。全年共训练专职武装干部315人，参加实弹射击、手榴弹实弹投掷、班战术训练251人；训练民兵干部326人，参加实弹射击360人，手榴实弹投掷180人；训练武装基干民兵851人，参加实弹射击606人，手榴弹实弹投掷516人，单兵战术训练413人。

1980年，全年共训练武装民兵2618人，占全县武装民兵总人数的78.3%。射

击及格率84.2%，投弹及格率88.2%，战术及格率89.2%。

1982年12月中旬至1983年1月中旬，在靖海公社进行"一个周期训练一次完成"的试点。训练方法是先集中去年入队而未经过训练的基干民兵（即一年兵）训练，时间12天；然后把去年经过训练的基干民兵（即二年兵）合在一起训练，时间13天，共25天。1983年，按总参谋部《民兵军事训练大纲》的要求，在靖海试点的基础上，积极推广以公社集中，一个周期训练，任务一次完成的组训方法。1984年，根据农村经济体制改革后，民兵军事训练出现外出人员多，散布面广，发动参训难，经费开支大，组训照应脱节等情况，在训练对象上，由过去训练社会青年为主，改为训练应届中学毕业生为主，既保证训练时间、人员和效果的落实，又节约经费，减轻群众负担。这项改革受到汕头军分区的肯定，并作为经验在全市各县推广。

五、1985年后的训练内容

1985年11月，根据中央《关于当前和今后一个时期民兵、预备役工作的意见》提出"减少数量，提高质量，突出重点，打好基础"的十六字方针，以及上级的有关指示精神，压缩民兵军事训练的规模。基干民兵训练人数比过去减少70%左右，训练任务比过去减少约50%。重点放在训练民兵干部和专业技术兵上，由过去以训练步兵为主改为主要训练专业技术兵。民兵专业技术兵训练占整个训练的40%。训练时间减少后，相应地调整和压缩训练内容，着重抓单兵技术及战术的基础训练。训练形式多数以县集中训练。此后，集中民兵训练次数大为减少。2017年4月下旬，人武部在龙江河溪西镇溪二村附近水域，组织全县民兵轻舟分队骨干集训，通过10天训练、管理、考核，50名参训骨干达到预期效果，做好应对雨灾、洪灾抢险救援准备，确保随时拉得出、用得上、完得成任务。

〔第四节〕民兵队伍的主要任务

一、保卫土改运动顺利完成

惠来县在土地改革运动中,整顿民兵组织,扩大民兵队伍,保卫了土改运动胜利完成。1951年镇压反革命时,除杀、关罪大恶极者外,交农村民兵管制的有407人;整个土改运动中,全县恶霸、地主、反革命等阶级敌对分子3140人,绝大部分是交民兵管制,监督劳动、教育改造。民兵在维护社会秩序,保卫社会治安中作出了贡献。

二、建立沿海哨所,保卫海防

惠来县沿海乡村,在港口、澳湾设有民兵海防哨所19个,专职民兵314人,配合部队,保卫海防,担负着沿海巡逻、警戒等任务。据公安局统计,1958—1980年从海上截回香港引渡分子载渡的外逃人员86宗,3530人,及时歼灭小股偷渡登陆的敌特。同时,台湾载敌偷登的"祥顺一号"机船被我海军击沉,在海军配合下,沿海民兵俘虏敌人6人,缴获武器及物资一批。1962年10月8日清晨,台湾敌特机关派遣"广东省反共救国军独立第一纵队司令部"小股特务14人,在惠来前詹公社沟疏大队龙望岗沿海偷登,一群小女孩发现一橡皮艇,立即回村向大队民兵报告。民兵经现场察看核实,确定敌特已潜入附近丘陵地带,立即向上级报告。惠来、潮阳两县即出动6万民兵,合围搜捕,将敌特一网打尽,缴获卡宾枪、手枪、手榴弹、电台等武器密码,印章及物资一批。1962年12月6日深夜,一股号称"广东省反共救国军独立二十三纵队"武装特务10人,伪装为中国人民解放军,在惠来前詹公社大堆尾海滩偷登上岸,被前詹公社赤澳大队民兵哨所发现。当时哨所有民兵14人,仅有两支步枪,不宜正面动武。于是,他们见机行事,一面派人向上级报告,一面以关心"解放军"为名,与敌周旋,将敌人引进村里。当敌特进村时,埋伏在村口的赤澳大队民兵一齐拥上,把敌特团团围住,敌特动弹不得,垂手被擒,仅30分钟,将敌人全部俘虏。

三、建立以民兵为主的群众情报网

20世纪50—60年代初,惠来县有深海作业机帆渔船55只、渔工1500人;中海作业的木帆船516只、渔工3500人;浅海作业的小渔船1119只、渔工4800人。县区武装部经过深入调查研究,挑选一批政治思想好、革命警惕性高、斗争勇敢的民兵干部,担任远、中、近各海域的侦查员,配给武器,并有6部电台,40部对讲机,定时与岸上和船与船之间联络,及时传递情报,成为海上民兵情报网。同时在沿海建立陆上民兵情报网:第一层是25个海岸民兵固定哨所和临时哨所,加上守澳点和护林点32个,共有民兵499人;第二层为沿海自然村的民兵自卫哨所35个,民兵750多人组成;第三层由前沿至纵深重要路口哨所35个,民兵170多人组成。同时,在沿海地区,采取区镇包片,乡村包段的战备责任制,确定支援和协调的信号,这样,形成了海陆结合,村村相连的民兵群众侦察情报网。

四、抢险救灾

2013年,受"8·16"特大强降雨影响,全县5个镇受灾严重,15.41万人受灾,县人武部组织民兵全力转移、解救受困群众5.535万人,实现全县"零死亡"。特别是8月16日晚,县委县政府县授命,人武部领导率领民兵轻舟分队连夜冒雨赶往蜈蚣岭水库,在照明条件和通信条件一分恶劣情况下,轻舟分队驾舟进入水库13公里,直到凌晨2时10分,成功将12名被洪水围困群众救出。8月17日,华湖镇溪洋村发生严重内涝,县民兵轻舟分队全力转移群众,从8时奋战至16时,为全村受困群众逐户运送发放食品物资,老、小、病号受困群众全部安全向外转移。受"天兔"强台风袭击、全具48.536万人受灾,组织出动民兵1525人参加灾后重建,疏通道路26公里,清理垃圾350车次。9—10月,担负支前保障部队跨区机动演习期间,协调县动员支前有关部门,组织出动民兵1200余人次,车辆260台次,慰问矿泉水、菊花茶、绿豆饼等物资356箱(件),完成跨区机动部队4000余台次车辆过境惠来的支前保障任务。

第三十四章

海防

〔第一节〕海防管理机构

惠来县为中国东南沿海县，自古以来常受海盗、倭寇劫掠。历代政权均派兵把守，负责沿海防务。

一、明朝

明洪武二年（1369）设靖海守御千户所，洪武二十七年（1394），百户董聚扩建所址，在大坭都，隶属潮阳县。嘉靖三十二年（1553）重建，改隶惠来县。驻靖海官军有1121名，甲子所门澳水兵100名，负责沿海一带的守卫。另外，还有陆兵后营400名驻靖海所，崇祯七年（1634）拨200名驻守县文昌阁。靖海所设屯田千总一员，岁征银十二两五钱七分零六丝一忽，闰年加银五钱五分六厘一毫一丝九忽。嘉靖三十三年（1554），时任知县的林春秀申建神泉巡检司城，城周围300丈，高一丈三尺，东西设置2门。后历经台风破坏损毁，到雍正九年（1731），知县张美详请将神泉巡检司移驻靖海，兼管神泉。神泉巡检司设置把总一名，兵100名，在神泉港东设一墩台，港口设置一处炮台，安装大炮8门。

明朝各时期靖海守御千户所任职官员：千户奚福聚，直隶凤阳人；千户萧茂；千户陈得伍，卢州府人；千户王政，直隶上元人；千户王文，湖广临湘人；千户郑兴，卢州府人；副千户毛忠；镇抚刘成，东昌府人；镇抚邓聪和杜鑑；百户赵保，高邮州人；百户王刚，滁州人；百户苏文得，袁州府人；千户周信，扬州府人；千户徐忠，滁州府人；百户高荣，扬州府人；百户陈万文，福州府人；百户陈英和高鑑。

《靖海守御所图说》："守御所古隶潮阳，今为惠邑门户。其地北枕黄牛，东插黄岗，西峙双髻，南面大海，烟波漾淌，虑有潜蛟巨鲸，鼓浪乘潮游奕其间。明代设戍楼于此，非独以防野伏，兼以御水魅也。乙酉闽寇围惠，士民携挈此地，峙糇粮，传羽檄，与有力焉。前迁地，后而亟亟修筑者，盖为惠之锁钥也。图中廨署、宫室、斥堠、较场巨细毕备，膺是寄者思为青城之储练，不为灞上之戏军，则蛮雨销烟，而鼍鼓息响矣。"

二、清朝

顺治十七年（1660）设营制，经制兵为八旗兵和绿营兵。绿营兵为地方的镇戍部队，其体制为镇、协、营、汛，以营为建制单位，镇的长官为总兵，协的长官为副将，营的长官为参将、游击、都司。

康熙八年（1669）展界，靖海所、神泉司城添设战守官兵500名，共1500名。康熙二十三年（1684）奉裁，实存官员8人，马步战守兵750名，防守惠来县及分防靖海所、神泉司城等地。康熙二十四年（1685），在南澳镇设水师，设总兵一员，全镇标营、协营和直属营总人数5327人，其中官员49名。靖海所守备一员，把总一员，兵200名。神泉司城把总一员，兵100名。隆江埠千总一员，兵80名。在靖海所东门外设一教场，供防守水兵操练演习。

光绪三十二年（1906），军队改编为巡防队，广东左路分为47营，惠来县属第十五营，有哨兵驻神泉、隆江，负责沿海防务。

靖海所屯田千总：高标，陕西肤施县人，武生，康熙九年（1670）任；张翾，浙江义乌人，武生，康熙十七年（1678）任；单濂，陕西同州人，兵部办事官，康熙二十三年（1684）任；郑鼎鼒，山西平阳人，武举，康熙三十年（1691）任；胡清瑷，河南人，兵部办事官，康熙三十四年（1695）任；张承良，山西太原府人，武举，康熙三十八年（1699）任；王仪，俸满千总，康熙四十二年（1703）任；张定远，山西太原府人，兵部候力，雍正二年（1724）任。雍正四年（1726）奉裁。

三、民国时期

民国时期，惠来县沿海，有广东省设立的海防监视哨所。

民国三十年（1941），广东保安团驻营神泉，发生文昌山战役（详见重大战事第三节）。

四、中华人民共和国成立后

1949年5月惠来县解放后，在神泉、靖海、览表分别建立公安检查站，负责港口的治安管理。1949年10月，潮汕军分区第十团改编为惠来县大队，担负清剿残匪，保卫海防等任务。1951年，中国人民解放军第十六军进驻潮汕，5月接管了潮汕军分区在惠来沿海一带的海防战备任务。1952年，该军撤离潮汕。

1956年，中共惠来县委设边防工作部，加强边防工作，将神泉、靖海两派出所改建为边防派出所。并建立健全前詹、靖海、资深、神泉、澳角5个船舶出入港口检查站。同时建立边防小组21个104人，海上保卫小组8个24人，加强海防管理。1960年，开展军、警、民联防联建，建立健全海防固定哨所11个130人；巡逻哨17个427人。1961年，中共惠来县委成立边防委员会。1964年县委边防委员会撤销，县公安局增设边防股。

1968年8月17日，广东守备一一八团接管一一七团防务，其中二营驻靖海尖山。

1970年，广东军区守备第八团分驻将军帽、前詹、澳角等处；1976年奉命调防。海军观察通信第十三大队驻周田太平山，建制1个连。空军雷达站驻周田关门山；观察站驻溪西山头。

1975年3月，广东省军区根据惠来县海岸线长、敌特斗争复杂、沿海部队撤离的情况，在惠来县仙庵镇杯珓山（1986年5月撤销）、靖海镇海湾石、前詹镇前詹村和沟疏村建立4个民兵固定哨所，每个哨所配备轻机枪，配哨长、副哨长各1名，哨员11人，并由所在地村党支部书记兼任哨所政治指导员。

1980年边防股扩建为惠来县人民边防武装警察大队。下设望前、靖海、前詹、神泉、南海、览表6个边防派出所，专门加强港口船舶管理，保卫海防安全。

1981年7月，在神泉图田村建立图田哨所（县办），配哨长、副哨长和哨员，该哨所于1986年7月撤销。沿海民兵固定哨所担负着海边巡逻、警戒、观察、反敌偷登内潜等作战任务,很好地完成了各项任务,起到应有作用。1981年,前詹哨所被省军区评为先进单位。2000年12月,南海海军92985部队81分队进驻惠来。至2005年,海防驻军还有边防大队、船艇大队。

〔第二节〕海防设施

一、炮台

明代设炮台5处:神泉港东、靖海港西、湖口港、石碑澳、田心寨各1处。至清康熙五十六年(1717),全县沿海设置炮台6处:

(一)神泉港口炮台。置大炮8门(2000斤重1门,1000斤重2门,550斤重2门,500斤重3门)。营房18间,驻专防把总1员,兵49名。

(二)澳角炮台。在澳角村西北,东至溪东炮台2.5公里,西至神泉炮台2.5公里,炮台四周夯墙,上有城堞及人行道,墙高5.8米,厚2米,总面积约313平方米。安置大炮6门(2000斤重和1000斤重各1门,565斤重1门,500斤重3门)。有营房7间,驻专防外委1员,兵45名,遗址尚存,四周围墙完整。南墙有炮击洞一个,系民国二十七年(1938)日军舰侵入南海,开炮击中的。

(三)溪东炮台。位于溪东港口大崎山上,炮台耸立峰顶,雄踞海岸,气势雄伟。安置大炮6门(2000斤、1000斤、800斤重各1门,500斤重3门)。有营房12间,驻专防外委1员,兵25名。到2005年遗址完整,墙高5.6米,厚0.5米,南北长24.3米,东西宽15米,占地面积364平方米。

(四)赤澳炮台。位于赤澳村附近,安置大炮8门(2000斤重1门,1000斤重2门,800斤重2门,500斤重2门,300斤重1门)。有营房18间,驻专防把总1员,兵80名。

(五)资深炮台。又称石碑澳炮台,安置大炮6门(2000斤重1门,1000斤重1门,800斤重1门,500斤重

■ 澳角炮台

1门，350斤重2门）。有营房18间，驻专防外委1员，兵18名。

（六）靖海港口炮台。在靖海港北，距资深炮台5公里，两炮台扼控靖海港，俗称南北炮台。安置大炮8门（2000斤重1门，1000斤重2门，800斤重2门，500斤重2门，350斤重1门）。有营房18间，驻专防千总1员，兵60名。

■ 资深炮台

■ 靖海港口炮台

（七）赤澳炮台。安置大炮8门。

沿海炮台每年农历正月、九月2次实弹射击。由县文职官员会同水师营官员进行演习，每门炮发射10次。并将演习成绩上报总督府。每年于霜降前将大炮和炮位洗刷干净整洁。

此外，还在石澳汛驻兵15名，前詹汛驻兵23名。

二、烟墩（烽火台）

烟墩，又称烽火台。惠来县沿海共有烽火台37座，多是清康熙年间修筑。至清末，海防松懈，守望无人，已同虚设。民国开始，旧日烽火台已废。全县尚存烽火台遗址22处，至2022年，较明显的烽火台遗址有：

（一）长青烽火台。在东港镇长青村地龙顶，存黄土堆及扑倒于地面的石板和贝灰夯筑的墙块。该台是县西烽火台的起点，与陆丰县烽火台相呼应。

（二）高美烽火台。位于东港镇高美村北。台筑于村北平原的高土堆上，土堆高5米，为县西部第二个烽火台。

（三）新寮烽火台。在鳌江镇以北小山岗上，至2022年存高土墩1座，西面有墙基。

（四）茶铺烽火台。在华湖镇茶铺村东山岗上，至2022年存东南墙。

（五）古井头烽火台。在周田镇杭美村东北5里山顶。东南面海，墩基长25米，宽20米，高2米，用巨石垒筑。台分上下2层，台面8米见方，底层10米见方，高2.5米。

■ 靖海烽火台

（六）靖海烽火台。清康熙年间修建，是全县唯一保存较好较完整的烽火台，位于静海镇东光村。

三、哨所

海防民兵固定哨所的职能：主要是观察和监视当面海上空中情况；反敌内潜外逃；配合公安堵截偷渡外逃；协同海关、工商部门打击防区走私活动。1972—1996年根据实际情况和任务需要，先后撤销5个哨所：1972年10月撤销靖海灯塔哨所；1986年6月，撤销杯珓山哨所、图田哨所；1993年12月，撤销前詹哨所；1996年12月，撤销海湾石哨所。撤销哨所后的有关人员，按"从哪里来回哪里去"的原则，每人发400元安家补助，营房由所在镇代管。2022年底，全县只存前詹镇沟疏海防民兵哨所，列为省编制一类海防哨所，也是揭阳军分区唯一的海防民兵固定哨所，享受义务兵同等待遇。

（一）清代沿海巡逻会哨。清代，海门营水师于每年农历三、五、八、十一月出动战船20艘，兵1000名巡视各岛屿，并与碣石镇甲子营在思子洋海面巡逻会哨，形成制度，保卫沿海海防。乾隆四年（1739），神泉增设巡逻船2艘，每艘兵丁12名，加强沿海海道的巡查。

（二）民国设立海防监视哨所。民国时期，惠来县沿海有广东省设立的海防监视哨所。县在沿海有监视海外堡垒村：靖海、南门外、资深、坂美、大潭、后湖、义湖、月山、四石、桥仔头、神泉、澳角、图田、下埔、钓石、前詹、港寮、溪东、芦园、沟疏等20个村，各村有专人监视海上敌情并向上报告。

（三）中华人民共和国成立后设立民兵海防固定哨所。1961年3月，惠来县从驻守海边部队接管靖海（石碑山）灯塔哨所。1976年2月，广东省守备八团驻惠来县，根据上级有关沿海守备部队精简整编的精神，全部撤防，把防务交给当地民兵。惠来县根据上级指示和沿海地形特点，1961—1976年，先后设立6个民兵海防固定哨所（靖海镇的灯塔、海湾石、杯珓山，前詹镇的前詹、沟疏，神泉镇的图田）。

（四）**民兵海上情报网**。中华人民共和国成立初期至20世纪60年代，沿海有深海作业机帆渔船55艘，渔工1500多人；中海作业木航船516艘，渔工3500多人；浅海作业的小渔船1119艘，渔工4800多人；都负有搜集海上情报的任务。1970年8月，根据上级指示，在神泉的芦园、靖海的资深、前詹的沟疏组建武装渔船；1971年7月又于神泉的前卫大队组建一对武装渔船，每对武装渔船配20件武器。1972年6月经过县人民武装部门的挑选，具有政治思想好、警惕性高、斗争勇敢的民兵干部担任远、中、近海域各层的侦察情报员，配备武器、配备电台（6部）、40部对讲机，定时与岸上和各船之间联络，及时掌握海上的敌情，及时传递情报，成为民兵海上情报网。

（五）**民兵陆上情报防卫网**（称陆三层防线）。第一层有25个海岸民兵固定哨所和临时哨所，还有守澳点、护林点32个，共有民兵499人执勤；第二层沿海各自然村的民兵自卫哨所35个，民兵470多人执勤；第三层纵深地带重要路口有哨所35个，配置民兵170多人。沿海地区落实各镇包片，各村包段的战备责任制，坚持做到互通情报，明确互相支援和协调的信号，形成海陆结合、村村互动的群众战备情报网。沿海乡村、港湾设有民兵哨所19个，专职民兵314人，配合部队守护海防，担负着沿海巡逻、警戒等任务。

（六）**民兵海防固定哨所**。1960年开展军、警、民联防联建，建立海防固定哨11个，配置民兵130人；1961年3月，惠来县从海边部队接管靖海灯塔哨所。1976年2月，驻惠来县的守备八团（代号7088部队）部队根据上级有关沿海守备部队精简整编的精神全部撤防，把防务交给当地民兵。惠来县根据上级指示和沿海地形特点，先后设立了6个民兵海防固定哨所。海防固定哨所按省军区要求，不同时期对哨所的编制进行了适当的调整。建哨初期，每个哨所编制为15人；1979年后编制为13人，1983年后编制为14人，1988年编制为12人，1993年编制为

13人，享受义务兵待遇，至2005年不变。主要任务是观察和监视海上、空中情况；反敌内潜外逃；与附近部队、边防（武警）、民兵联防；配合公安、边防部队堵截偷渡外逃；协同海关、工商部门打击防区内的走私活动。到2005年，先后撤销5个民兵海防固定哨所，只保留前詹沟疏哨所。撤哨后的人员按哪里来哪里去的原则，每人发400元安家补助，营房由所在镇代管。

6个民兵海防固定哨所撤留情况分别是：1.**靖海灯塔哨所**。1961年3月，从海边部队接管；1972年10月撤销。2.**前詹哨所**。1976年，根据广东省军区决定，设立前詹哨所；1993年12月，根据广东省军区决定，前詹哨所撤编撤哨。3.**杯珓山哨所**。1976年，根据广东省军区决定，设立杯珓山哨所；1986年6月，根据广东省军区决定，杯珓山哨所撤编撤哨。4.**神泉图田哨所**。1981年7月设立，1986年6月，县决定神泉图田哨所撤编撤哨。5.**靖海海湾石哨所**。1976年，根据广东省军区决定，设立靖海海湾石哨所；1996年12月，根据广东省军区决定，靖海海湾石哨所留编撤哨。6.**前詹沟疏哨所**。1976年，根据广东省军区决定，设立前詹沟疏哨所。是惠来县辖区内唯一一所省编制的一类海防哨所，也是揭阳军分区唯一的海防哨所。沟疏哨所处于前詹镇西南海滨突出部位，所辖范围是：东起雨伞石，西至神泉港，全长12.5公里。

1979年以后，县加强海防固定哨所建设，取得较好成效。海防民兵固定哨所的管理训练教育由所在镇武装部具体负责哨所的训练管理和教育。1979年，前詹哨所被汕头军分区授予"哨所建设、战略执勤先进单位"。1980年，省军区在沟疏哨所召开哨所建设现场会。1982年，汕头军分区组织综合性考核评比，沟疏哨所成绩优异被评为"全面建设先进单位"。1981年4月和1983年，省军区和汕头军分区分别在惠来县召开"民兵哨所执勤、群众侦察情报网现场会"。1989年12月，海湾石、前詹、沟疏3个民兵固定哨所进住楼房，经费由汕头军分区和县财政拨款共8万元建成。1998年8月，参加全省民兵哨所军事比武，前詹沟疏哨所荣获全省第四名，哨长林永健获机枪射击个人第二名；2005年12月，省军区司令员辛荣国到沟疏哨所检查指导工作。

四、石碑山灯塔

位于靖海镇坂美村石碑山。塔地坐标北纬22°51′24.5″，东经116°29′43″。

紧靠南海岸边，是汕头至广州海上第二转向点，属国际航海灯塔。清光绪五年（1879）由万国公司兴建，权属英国。民国二十一年（1932）由中国接管。塔高120英尺，呈圆形塔身，油以黑白二色相间横带，故有花灯柱之称。后经过几次屡拆屡建，中华人民共和国成立后，1954年重建，为斜格钢塔，塔高33米，灯高44米，白色环照闪光，用电力发光，每10分钟闪光1次，设有雾中信号，射程17海里。1970年设石碑山导航台，隶属交通部汕头海上安全监督局。1989年7月，在灯塔东南40米处，新建钢筋混凝土结构灯塔1座，塔高59米，灯高68米，塔上配有雷达应答先进设备，射程24.5海里。是全国16个导航台灯塔之最，可作海上军事航标。

第三十五章

重大战事

[第一节] 古代重大战事

一、清初林学贤之变

明末清初，战乱频仍，各种势力纷纷拉队伍、占山头。惠来人林学贤集结了一支万多人的队伍，以虎头寨（位于葵潭兵营村）为据点，发展军事势力。有人认为他是领导抗清农民起义的领袖，推动了历史和社会的进步。有人则认为他是一个匪贼，占山为王，剥削平民，抢劫官商，为害地方。究竟孰是孰非？历史已经过去，公道自在人心。把这一段历史整理出来，留待贤者评论。

（一）生平。林学贤，祖居福建漳浦，明朝天启（1621—1627）年间，随其父林肖吾流寓惠来县龙溪都鲁阳村（今溪西镇鲁阳村）。因佃耕蔡氏庄田，于是携家迁居龙溪都谢塘乡（今大南山华侨农场谢塘村），靠租种蔡家的农田为生。

林学贤小时候聪慧过人，性颇黠。康熙《惠来县志》记载："崇祯癸酉，冒籍普宁，考进邑庠，登乙卯举人。"他于崇祯六年（1633）冒充普宁籍生员考进潮州府学，崇祯十二年（1639）考中举人，因其时天下混乱，未出仕。林学贤"为人狂诞不羁，言浮于行"。

（二）举事。南明弘光元年（清顺治二年，1645），林学贤得悉清军南下江南，"遂萌不轨，与弟林赞南、林有声、生员林时发等，潜谋袭县。"时任惠来知县沈惟煌（属南明政权）得知林学贤招兵买马的消息，发下一封书信质问他有何图谋。林学贤回信："虽无彝齐之操，亦何至有盗跖之行？倘不善之将浼，虽九死其何辞！"表明他决意起事的态度。同年七月十二日，林学贤带兵围困县城，驻扎在城外关帝庙。他派人送信给知县沈惟煌，信中说："不佞起家儒术，本无耆（"耆"通"嗜"）杀之心。足下若肯降心相从，尊眷度能保全，送出境外，以报平日相与之情。如其不然，环城一攻，众皆有愤，不佞虽焦唇敝舌，终不能为之覆庇也。"极力劝说沈惟煌投降。沈惟煌接信后，十分震怒，把信掷于地下，严督官兵和民众固守城池。围城前一天，即七月十一日，后营千总魏安已带兵前来县城救援，沈惟煌和城中乡绅推举魏安为守城主帅，抵御林学贤。从七月十三日起，林学贤开始攻城。战况十分激烈，"于东北敌楼，自卯至酉，贼用门扇、槛把摆列为阵，以障炮石，直迫城濠，执斧破门。城上煮热糖水灌之，瓦砖齐击，一时飞下如雨，贼众死伤甚多。"林学贤第一次攻城被众志成城的军民击退。两天后，即七月十五日，林学贤又进攻东、西、南3门。他制造了3架"临冲车"，与城墙等高，上面放置大炮，控制城之西北方向。不料却被魏安用计烧毁3架"临冲车"，第二次进攻又告失败。七月廿五日，林学贤孤注一掷，东、西、南、北4门齐攻，试图从守城薄弱之处突破，但因城内守军固守，林学贤队伍死伤百余人，仍无法破城，只得再次停止进攻。

（三）献策。林学贤围城，情况危急。邑人明经郑国光鼎力相助，"邑中请援、请救、请增旅、请勑师，凡血书授卢和从间道达者，二十四次。密札、密函，口授手书，搦不停毫，皆倚光一人。"郑国光，字闇生，龙溪都澳头里人，应岁贡。危急关头，他出谋献策，写出《上沈邑侯守城策略》一文，提出7条守城计策，"谨撷管窥，以奉父台采择焉。"一是安人心。林学贤围城之初，"邑中轻听讹传，一日数惊，老幼携揭奔逃，妇女夜缒潜伏，百端严禁，究不能止"。因此，要"立限三日内，多至五日，凡有携眷出城者，急勒相安回家。如违，以军法绳之。庶人心稍定而固守可图也"。二是招外援。"宜推诸生中夙负胆识者，给付令剖，高悬赏格，前赴各乡，树立义帜，招募壮勇，互相联络，约以首尾协应，左右遮击，夺阵入城，振奋义军之声，堵御在外，遥张犄角之势。"三是稽内应。"凡诸城内居民，概宜开诚慰谕。或被诬捏，姑勿吹毛。然舟中敌国，室里操戈，未敢谓必无者也。果有形迹可疑，则当慎加访缉实察，逆情彰著，不妨重置典刑。庶可杜从乱之萌，而坚永守之志也。"四是专将权。守城诸将"如练锋营把总翁成达，文昌营哨官蔡国辅，游兵总方和、李兴、林雄等，其胆力各有可取"，但是，诸将"平昔之威望素同侪偶，此时之号令未足倾动舆情"，因此，"宜别推一威名首出者，集众旅授之，统摄营堵之兵民，总理全城之几务，生杀予夺，尽听号令"。五是给军需。"察库中现收童饷银一千八百余两，并前饷银二千一百余两，仓中现存实粟一千六百余石。应于求救文书内附禀借支，以资城守……伏乞晓谕兴发，庶兵不至脱巾呼癸，而民不惊剜肉医疮，其利赖非浅鲜也。"六是备器械。"守城之具与野战不同。丈八长矛如屋下建旌，勿用也；尺三绣鋣如剑口镶玉，勿用也。"最最需要的，是"人各长斧一支，或以大锄柄代之，柄端集铁钉如蝟，若扑刀、挞刀，可随便兼备，此用以堵口迎击者也"。七是优奖赏。"合将所有大小铁炮，分置甕城、敌楼等处，选取精敏炮手，给励花红，令其晨昏管理，伺寇应发，纪录计功，登时奖赏。如有击杀多功，重加优典。"至于那些"出城阵获者，更破格叙之"。知县沈惟煌按照郑国光的计策，一一施行，力保城池不失。

（四）支援。黄全斌带兵支援县城。当初林学贤起事招兵的时候，黄全斌从澄海县驾船到神泉，追随林学贤入伙。时间一久，他看到林学贤的队伍中，区别对待漳浦人和潮汕人，潮汕人不受重用。有一次，在西湖村的黄家祠前，林学贤杀害潮汕人。于是，周围各乡少壮共推黄全斌为主帅，脱离林学贤，树旗招集义勇之士，附近百姓纷纷响应。黄全斌的队伍驻在神泉，八月初一夜，黄全斌遣先锋程义单骑冲破林学贤的重围，入城禀报，在外围牵制林学贤的兵力，城内人心稍安。八月十八日，南路一线驻文昌阁把总王恩重，带兵冲围入城，加强防守。

（五）报信。从七月十二日到八月十一日，县城已被围困一个月，外界信息不通。知县沈惟煌派壮士卢和乘夜出城，从小道飞书向潮州府告急。惠来龙溪都人张经（进士、吏部观政）所写的《义民卢和传》记述了卢和报信的惊险经过，"卢和，靖海所人，居惠之东郊涂城，身长七尺，面鼇，长须，为邑壮丁。乙酉，闽寇（林学贤）攻城，围如铁桶。夜黑如漆，时沈邑侯召和入郡求援。和胸藏血书，内怀二鸽，从城南缒出，匍匐膝行十五里，至神泉，然后遵海，从守御所由棉入郡，至则放鸽为号。夜或遇贼，则蹲伏似狗，又或似弃尸。贼竟以此绐（被哄骗）去，如是者二十四次。"卢和冒险往潮州府报信，险象环生，命悬一线，难怪张经赞叹："和，独出万死一生之力，救全城旦夕之命。身无壶公之符，肉委饿狼之蹊。此真蜉蚁之诚，可撼川岳；卑田之院，足走冠裳者也！"卢和的告急信送达后，潮州府才得知消息，但迟迟没有派兵支援。

（六）攻城。九月十一日，林学贤又一次大举攻城。他改用茅、蔗等物，成捆堆积城北墙外，用土逐层压实，高积如山，俯瞰城内，一跃就可跳过城墙。城内百姓非常惊慌。沈惟煌立即晓谕监生翁万錝兄弟，把他们家藏的100多根大杉木搬出来，倚着城墙搭起高栅，挑选勇武有力者登高守卫。把总王恩重于城内督制火箭，连发数枚，引烧城外堆积之物，火势大旺，攻城者只得退避。九月廿三日夜，二鼓刚过，林学贤采用火攻，倚云梯上城墙，投掷火罐百余枚，守卫者只得退避。把总王恩重带领乡勇以弓弩固守，奋力杀退林学贤的进攻。林学贤探知城内疲困已极，而外援即将到达，于是全力加紧进攻。廿五日后连夜叠攻，但仍无法攻破城池。此时，城已被围困两个多月，城内粮食将尽，物价飞涨，民不聊生，"城中食尽，斗米一两，斤肉二钱。桌凳门屏，折毁供薪；鸡狗杂畜，宰无遗种。彻夜萧然，绝鸣吠之声。"

（七）受招。林学贤围城2个多月，知县沈惟煌发出24次告急血书，终于盼来了救兵。福建将领都督张俊、参将黄山、潮州府总兵王振远带兵前来支援，于十月初三日抵达靖海守御千户所。但林学贤派人用钱买通了张俊、黄山，两人故意迁延不进。潮州府总兵王振远多次催促张俊、黄山出兵解围，张、黄借口兵力不足，迟迟不发兵。巡抚刘柱国得到消息，再次发文给福建元帅、都督郭奇，命令他刻期进兵。十月二十日，张俊、黄山带领的援兵到达径口关，遭遇林学贤早前派出守关的将领钟鸣谷、陈和南，钟鸣谷、陈和南势单力薄，寡不敌众，两人被杀，余兵四散。援兵长驱直进，一路无阻，到达县城。对围城的林学贤部众，援军没有滥杀一人。第二天，驻守神泉的黄全斌运来鱼、米犒赏援军，却被林学贤的手下劫夺。这激起了援军的愤怒，出兵追杀，林学贤部众四散奔逃。十一月初四日，林学贤入城接受招抚。他穿着青衣，戴着小帽，诚惶诚恐地谒见各营将领、知县以及城里众乡绅，"俯首膝跪，但求赦罪，余无一言"。十一月二十九日，援军各回驻地。

（八）占山。林学贤接受招抚之后，私铸南明兵部的符印，召集四方民众，集结虎头寨，名曰"禁城寨。"龙江两岸成为其势力范围。对于民间过往龙溪的商船，抽取租饷。对于农民，"其龙溪一带地方，许佃户纳租三分，余七分抽为己，翼哨兵粮"。林学贤俨然成为山寨之主。

（九）兵败。林学贤在虎头寨占山为王，暗中扩张势力。一年后，即顺治三年（1646）十一月十五日，林学贤集合虎头寨一万多手下，再次举事，"杀牛竖旗，鸣金振鼓，酣饮达旦"。十六日一大早，兵士各执兵器，行兵至达三埠驻营，四周围砌，遍布蒺藜，围困县城。其时，沈惟煌已去任，南明政权派龚燿代理县事。对于林学贤再袭县城的图谋，龚燿曾向巡抚刘柱国申报。刘柱国批文说："林学贤以举人倡乱，罪在不赦。朝廷既贷其罪，又荣以官，何负此辈，而复狂逞也？仰县将学贤罪状逐一详确，并成（指苏成）行兵事宜，从长打算，无挟仇，无过激，无贻地方不了之局。"可见苟延残喘的南明政权已经是泥菩萨过河——自身难保，再无力理会惠来的战事。十一月二十九日，清军部院佟养甲、督师李成栋带兵由福建进入广东，途经惠来，驻扎在县城西边的磁窑山。县中百姓纷纷剃辫归顺，众乡绅到马前叩首，请求派兵剿灭林学贤。部院佟养甲详细询问林学贤的兵力和驻地，得知林学贤驻扎在达三埠，离县城仅10里。即下令调转兵马，进攻林学贤的驻地。林学贤发三炮迎战，"王师齐进，断其左臂，悬尸寨隅，并屠其寨。符学贤'九死何辞'之语。通邑庆之，共称时雨"。林学贤兵败被杀，其弟林有声得以脱逃。

（十）尾声。林有声脱逃后，和另一首领林天成各自成立队伍。林有声占据崩山头，林天成占据靖海所附近。抽取租税，占山截路，"杀剥来往官商"。驻守碣石的清军将领陈万权，带兵进攻林有声，"折毁崩山巢穴"，而林有声再次脱逃，跑到靖海的林天成处。

随着清军势力日益强盛，潮汕地区基本成为清军的势力范围。林有声眼见大势已去，无处可躲，只得带着林天成赴潮州府投降。途中被愤怒的老百姓捉住，在下水门被分尸处死。

二、罗英作乱

在惠城镇梅北村，有一条小巷，名叫水流巷。而当初却是一个血腥的名字"血流巷"，这名字的来源，和山寇罗英作乱有关。

（一）山寇罗英。罗英是普宁县十三寨老鸦地山寇。自明朝末年开始，趁着战乱，曾多次袭击普宁、揭阳等地方，犯下累累罪恶，百姓恨之入骨。雍正《惠来县志·山川》记载罗英在惠来作恶的活动据点："北山，在县西五里，己丑年，罗英率寇万余围邑，义士高亮桢、陈全斌剿罗英于此。京观，在县西六里，己丑年，罗英围邑四十日，援兵莫至。举人高廷焕密书请其侄亮桢、亮福，于七月二十七日，统乡勇尽歼群贼，邑人拾贼骼为堆，树碑曰：京观。以志功。"

（二）首犯惠来。顺治四年（1647）七月廿六日，罗英率贼众数千进犯惠来，扎营惠城西边苗海村北，葵岭南面的蚶蚌寨。城内官民紧闭城门固守，罗英围攻县城3天，久攻不下，遂分兵烧杀掳劫西南二关，意图切断外界对惠城的支援，久困惠城。一天，罗英忽然看见山中旌旗蔽日，误以为是救兵骤降，惊骇异常，慌忙拔寨逃窜。城中百姓纷纷传言是神兵天降。罗英率众直奔上都（即大坭都），沿途洗劫铅锡（今前詹镇）、周田、杭美等乡。

（三）陷靖海所。顺治五年（1648）六月初七，罗英率众千余，围攻靖海所城。惠来署理知县吕建周向潮州府告急求援，都督汤加币、监纪推官李元发率兵救援，但未能解围。吕建周派遣典史黄云龙，三次进入罗英的营寨，劝说罗英罢兵，罗英不听，反而拘留了黄云龙。至八月初一，靖海所城内粮食吃光，已饿死了不少人，人心惶惶。罗英派人入所假意议和，提出苛刻条件，要求进贡财物。靖海所守将迫不得已，只得搜罗财物，准备进贡。正在忙乱之间，罗英乘机带队闯入，靖海所城被攻破，千户陈袭战死，典史黄云龙被捆绑殴打至死。罗英占据了靖海所。

（四）**破荆陇寨**。罗英攻破靖海所城后，虎视眈眈，觊觎富有财物的荆陇寨（今京陇村）。顺治六年（1649）二月初一，罗英率众数百，进袭荆陇寨。荆陇寨为大坭都主要大村，有坚固寨墙可守。当时，周围其他各乡都残破不堪，无寨可守，只有荆陇寨颇可固守，因此附近各村的百姓纷纷涌入荆陇寨避乱。罗英把荆陇寨围得铁桶一般，寨中守御者变节，与罗英串通，故意放贼寇爬寨墙而入，荆陇寨遂破。罗英大肆劫掠，大坭都几无完乡。

（五）**再围县城**。顺治六年（1649）六月十六日，罗英集中主要力量重围县城。在县城四周布置桩栅，将县城团团围住。罗英施行种种暴行，据康熙《惠来县志》记载："贼以神庙为巢，掳掠妇女秽亵，神宇从未有酷烈如此者。"残暴行径令人发指。

（六）**血流成巷**。罗英的虐行激起了惠来百姓的愤怒，县城周围的百姓纷纷组织乡勇自卫、伏击罗英。其中较为突出的人物：1.高廷焕，字华湖，隆井都人，明朝崇祯癸未年举人，未出仕。起初，面对罗英点燃的四面烽火，他明哲保身，只是"鸠族戚，坚堡避乱"。在"罗英啸聚围邑四旬。外内信绝，救援莫至，城几不保"的危急关头，他挺身而出，召集乡中青壮诸男，说："邑残破何以家为？"遂密请侄儿高亮福、高亮祯两兄弟和陈廷斌，前来计议。2.谢廷诏，字华笏，惠来都厚谢里（今华湖镇后谢村）人。顺治四年（1647），年仅14岁的谢廷诏即考进县学为庠生。这一年，恰逢罗英第一次围攻惠来城，时廷诏之父已死，他舍弃家产，带着母亲外逃，乡里人称他为孝子。顺治六年（1649），罗英再次围城时，他年已稍长，"率子姓戚属，购潮岗山筑寨，为县犄角势。至寇攻城，身率壮丁数百，以扰其后，贼疑援兵至，不敢逼城濠"。他还与东福村的同学方国斌密约，联合起来，互相支援。3.高廷焕、谢廷诏、方国斌所招募的乡勇有800多人，分别由高亮福、高亮祯和陈廷斌带领。顺治六年（1649）七月廿六日，800勇士埋伏在北山、禄昌（今梅北村）附近等处，伏击罗英。交战中，罗英中伏被杀，余众溃散。康熙《惠来县志》记载了这场战斗的激烈场面，"以八百之众，破数万之贼，歼戮殆尽，堆积山原，邑人拾贼骸埋之"。县城百姓在此处立碑，以纪念勇士的功劳。

举人方之孝《北山平寇歌》讴歌这场战事。

这块石碑原立于今惠西路水流巷口对面，上刻"明高陈三将军剿罗英于此"，左侧刻"通县士民立"。高、陈三将军即指高亮福、高亮祯、陈廷斌。据说当时此巷血流成河，故称血流巷，后因名字不吉利，改称水流巷。中华人民共和国成立后此碑仍在，20世纪80年代街道改建时石碑被挖掉。

三、陈阿围攻占惠来城

清咸丰四年（1854）二月，潮阳县大长陇乡天地会首领陈娘康会同梅花乡人郑游春在陈店圩起义反清，三月二十二日陈率领农民起义军攻打潮阳棉城西门，没被攻占，而与潮州知府吴均等战于峡山。四月二十九日又进逼棉城南门，未能取胜。改派陈阿围、郑游春、林阿蒋、郑通柿等4人，率众二千，于五月十二日从潮阳石港山进入惠来县境，意欲夺取县城。陈阿围探知城内已有准备，城门紧闭，而守护者团练兵全是临时雇用的乡民，便与守北门乡民方娘为（东陇乡人）密谋，里应外合，打开城门。陈阿围率众悄悄入城，直扑武营。驻城内惠来营游击辛鼎甲以及全体士兵，被俘缴械。知县汤廷英躲入城内石钉头地下水道，被抓获后，与游击辛鼎甲、教谕彭瑞龙在城内十字街口被斩首示众。并贴告示："本师响应太平军号召，兴汤武之师，除暴安民，不取民间一草一木，凡我黎民，休得惊慌，有出逃者，各宜归返，商贾开业，买卖照常，若本师有兵滋扰，准予到营告发，从重究惩。"潮州知府吴均令县丞何泉裕，召集绅士筹组53乡团练，图复惠来。八月十五日夜，陈阿围率众撤离惠城。

〔第二节〕土地革命战争时期

一、惠来第一次农民暴动与红军两次攻克惠来城

民国十七年（1928）1月23日，彭湃率领红四师第十一、十二团进驻东港村，平定百塜村肖觉"白旗军"匪乱。3月初，彭湃率领红四师第十团进驻惠来兵营村。3月上旬，彭湃在兵营村主持召开惠来农民代表大会，发动进攻惠来县城，拔掉敌人在惠来的据点，成立攻城总指挥部。3月7日，消灭驻隆江之敌，攻城总指挥部移至离城10里的苗海村。彭湃在苗海村召开几千人的群众大会，号召农民"打破惠来县

城，免捐免税，土地归农民，政权归工农兵"。3月12日夜，攻城指挥部下达进攻命令。拂晓，红军和中共惠来县委书记黄符、县委委员方凤巢等率领的农民团队、赤卫队、尖串队及附近乡村农民近10万人，从四面八方向惠城汇集，并遵照指挥部的部署：第一路攻打西门；第二路分别埋伏在南门北门的城郊，放开东门，让敌人出城，便于一举歼灭。未参加武装队伍的男女农民，自觉地扛红旗、执尖串、扛长梯、带稻草登县城四围山头，呐喊助威。

守城敌军为国民党第十一军第二十六师七十七团，该团龟缩城内，紧闭城门，并用沙包层层堵住城门。3月13日下午2时，困守于城内国民党军200余人，开北门向榕石山红军出击，恰进入红军北门的伏击圈。敌被红军击毙2人，余者想缩回城内，但回路被截，结果红军活捉敌排长2人，士兵22人。3月14日国民党驻汕头二十六师急派师部独立营，由其时在汕的七十七团团长颜鼎臣亲自率领来惠增援。在离城20公里的锡溪村，受到田墘村赤卫队的阻击。抵离城5公里的华湖乡又受到潮阳第三团和华湖团队的截击。到达城郊时，与出城接应的敌军合在一起，又一次受到红军截击，直至下午3时，抬着伤兵逃窜入城。颜鼎臣进城，扬言要送伤兵上汕头就医，于3月15日凌晨1时，开东门弃城逃跑。城内地主豪绅与其他反动分子听到红军枪声也惊慌逃窜，挤出城门，互相践踏，死伤不少。红军于是日晨第一次攻占惠来县城。七十七团逃出县城，到锡溪村与来增援的七十六团（团长向卓然）相遇，两团汇合之后，乘夜伪装成红军，回窜县城。红军主动从城内撤出，加强城外包围。

3月19日，打响虎头山战役。敌团长向卓然率领一营人，企图抢占城郊惠来至汕头交通枢纽虎头山，于早晨7时向虎头山红军阵地猛冲，红军英勇抵抗，展开激烈的战斗。下午5时七十七团团长颜鼎臣率兵支援，红军仍坚守虎头山。惠来农民万余人，持尖串来助威。红军从正面向敌进攻，农民队伍分南北两路向敌靠近。当时红军、农民队伍冲杀声与枪声相应。激战至下午5时，敌团长向卓然胁下中弹，敌军指挥无主，阵势忽乱，败退入城。红军乘胜追杀，收缴敌人枪支一大批。3月21日，七十六团团长向卓然伤发毙命。同日，红军第二师从海丰到达惠来，参加合围惠城。国民党军七十七团团长颜鼎臣见七十六团团长伤毙，"解围无方，固守不易，决定离城"。3月22日拂晓，国民党军逃出县城至茶铺村,又受到红军和赤卫队截击,溃不成军。红军于3月24日第二次占领惠来县城。4月6日,红军退出惠城。

二、兵营村突围

民国十七年（1928）4月3日,国民党第十三师师长徐景唐带领4个团从海丰向惠来进攻,4月5日突袭兵营村,驻守兵营村的红二师战士100多人和邻近3个村赤卫队300多人抢登北山洋与乌石山,双方展开激战。在敌人猛烈的炮火和十倍兵力的悬殊情况下,红军和赤卫队伤亡严重,退走至邦山村。

三、盐岭突围

民国十七年（1928）4月8日,中共东江特委和红二、四师师委紧急联席会议于林樟召开,决定将二、四师和农军集结于盐岭。4月10日晚国民党黄旭初部补充团突袭盐岭。在突围激战中,600多名红军战士失散了300多人。余部向五华方向转移（在战斗中3名盐岭村赤卫队员牺牲）。

四、赤放伏击战

民国十八年（1929）4月初,国民党潮、普、惠3县警卫队和民团近1000人,分3路"围剿"大南山。潮普惠3县革命武装协同抵抗。潮阳赤卫队长刘明合,率县、区赤卫队埋伏在大南山赤放芋横坑,伏击潮阳警卫队和民团,惠来警卫队被阻于释迦山,普宁之敌被牵制于牛埔一带,这一仗称为"赤放伏击战"。歼灭敌军100多人,缴获长短枪100多支。其他二路进犯之敌各自撤退。

五、外围进攻

民国十九年（1930）2月10日,红军四十七团攻打云落镇;24日攻打青坑民团;4月7日第一次攻打隆江镇,都取得了胜利,全团发展到300多人。接着又在大南山中区,狙击毛维寿部警卫队,毙敌30余人,伤敌27人,俘敌8人,缴枪10多支。

六、二打隆江

民国十九年（1930）4月25日，红军四十七团在政委陈海云率领下，第二次攻打隆江镇，因敌人反扑，退回南山。团长李斌（湖南人，黄埔军校学生）为执行东江特委暴动计划，又率队和四十九团配合惠来革命武装，再次攻打隆江镇。因浓雾，地形不熟，四十七团团长李斌英勇牺牲。四十七团和四十九团共117名战士伤亡。

七、大败戴戟团

民国十九年（1930）4月下旬，国民党毛维寿旅戴戟团纠集潮普惠地方警卫团队共2000多人，分兵3路进攻大南山，以一个营配合民团500多人从惠来侧面围攻，以2个营和潮阳警卫队1000多人向叠石、林者世一带正面进攻。红军在其必经之路林招村进行狙击，以四十九团在林招村后的排金山正面迎击敌人。四十七团则阻击从惠来进犯之敌。由于红军左右合击，勇猛冲杀，大败戴戟团。是役毙敌100多人，俘敌23人，缴获长短枪200多支及子弹等一批军用物资。

八、夜袭县警队

民国十九年（1930）6月24日，红军四十七团和赤卫队袭击驻东福村敌县警卫队，该队70多人驻于东福村祠堂内，红军抢登屋顶，控制制高点，消灭哨兵，控住尚未起床的敌兵。这次战斗，俘虏敌兵40多人，缴获长枪40多支。

九、破皮虎战役

民国十九年（1930）10月9日，中共东江特委得知惠来驻军他调，武装力量薄弱，只有守军60人，合惠来警队共270人左右。而红军四十七团和各区联队，各村常备队及武装群众共有千余人。10月29日黎明前声东击西，进攻城东虎头山，吸引守敌注意力，继而抢登西部破皮虎山，以迅雷不及掩耳之势猛攻惠来县城。国民党惠来县县长李本清指挥警队守城，敌军从城上点射，双方互相射击，群众呐喊助威。由于红军东西进攻配合不好，汇集在东部的队伍按时进攻却得不到西部的接应而受阻撤离。当西部队伍攻城时，东部的队伍已经撤退了，因而敌人得以集中力量抵御西部攻城的红军,延误战机。围攻2天后,未能攻下,各有伤亡。至30日,红军退出战斗,撤回大南山根据地。

十、袭击联团队

民国二十一年(1932)3月12日红二团第四连袭击华湖圩。6月上旬,红二团在惠来靖海区袭击锡溪村警卫队联团,击毙敌兵数人,俘虏30多人。枪毙敌小队长和侦缉员。

十一、牛牯尖阻击战

民国二十一年(1932)4月19日,国民党独立二师师长张瑞贵派独立团陈东中(绰号陈叮咚)率1个团的兵力进攻大南山锡云路(锡坑至云落一线)。敌以1营兵力从惠来云落进攻,1营从流沙进攻,1营作预备队。红军布置云落特区联队和赤卫队堵击从云落来犯之敌,流沙联队和锡坑赤卫队在予南村埋伏设防,流沙之敌抵予南村时,向其开火,诱敌至加岭头山。敌向大南山腹地锡坑进犯,驻该村红二团第一连和游击第三大队向其开火,并主动撤退,敌人尾随追击,红军且战且退诱敌,一直退到刣人石山红军包围圈内,驻守白马仔村的红军第三、四连和彭扬军校的学生军听到枪声,立即会同当地赤卫队抢占海拔700米的牛牯尖山峰。敌团长集中迫击炮、轻重机枪向山峰轰射,以密集火力,掩护士兵冒死发起七八次冲锋,抢夺制高点,均被红军击退。红军抓住时机,发起总攻,打得敌人向锡坑、三坑逃窜。经6小时激战,歼敌团副、营长以下官兵近百人,击溃敌百多人,缴获重机枪2挺,轻机枪4挺,迫击炮2门,步枪100多支、子弹军用品一批。

十二、盐岭伏击战

民国二十三年(1934)秋,国民党广东独立第二师张瑞贵部1个连驻扎潘岱村。该连经常到邻村奸淫掳掠。盐岭村是他们首选之地,群众不堪其扰。经侦察,东江游击队总指挥部总指挥张木葵决定在潘岱至盐岭途中靠近盐岭的山地险要地段伏击敌人。一次,游击队在设伏阵地上等了近一天,未见敌人动静。接近黄昏时,敌军1个排从山上下来,并发觉游击队的动静,首先向游击队射击。游击队第三中队(队长翟信）从正面还击；第一中队（队长吕金和）迂回到敌人背后，断其归路。敌军见游击队猛冲猛打，便边打边撤。经1个多小时的战斗，毙敌10多人，俘敌4人，缴获轻机枪1挺，步枪10多支，给敌人以沉重的打击。该役是国民党"围剿"大南山以来的一次最大的失败，影响很大。

〔第三节〕全民族抗日战争时期

一、文昌山抗击日军

民国三十年（1941）6月25日，日军战舰两艘，由汕头开至惠来县海域，停泊于澳角村附近海面。次日凌晨4时，日海军陆战队300余人，在两架轰炸机的掩护下，从外沙田沿地龙埔登陆进犯神泉镇。日机轮番向神泉南华街和惠城镇惠西路、北门等处轰炸。驻神泉镇的广东省保安团一营（2个连）官兵，在文昌山英勇抗击入侵日军，双方展开激战。日军于当天下午撤离。是役击毙日军20余人，保安团排长谭成仁等官兵34人壮烈牺牲。群众被敌机扫射、炸死99人，伤124人。

二、盐岭抗日阻击战

民国三十四年（1945）1月30日，日军骑兵400多人从普宁流沙窜犯惠来县梅林区。驻梅林区自卫中队长周寄生和17名士兵被杀。日军主力越雷岭、盐岭侵入惠来。先前县保警第一中队和惠来县杀敌队（组建时间短，一半人配备79步枪，一半人配1支大砍刀）驻守盐岭一线。情报掌握日军将于2月1日晨经盐岭进攻惠城，部队登上盐岭与普宁县下溪斜交界山，白银桠半山腰。日军从白银桠山顶，居高临下，占据有利地势，机枪猛扫。保警队和杀敌队英勇抵抗，激战近1小时，保警中队长肖景云战死殉难，士兵被杀40多人。惠来县杀敌队战士被杀53人。日军行进至鸡啄岭溪墘，又枪杀盐岭村民朱再发等3人。是役击毙砍杀日军4人（停尸于杨桃树村）。

三、翁照垣葵潭抗日

民国三十四年（1945），日军入侵惠来时，县国民党当局及其军队纷纷逃亡，原十九路军爱国将领翁照垣，时为广东省第八区民众抗日自卫团统率委员会主任委员，带领武装队伍在葵潭一带坚持抗日。1月30日，日军骑兵袭击梅林区自卫中队后，翁率其联运保护等武装300多人控制梅林外围间头、下间、蕴口、古寨等山地制高点，将敌包围。双方激战几小时，毙敌数人，缴获战马4匹。日军突围，窜回流沙、越雷岭、盐岭入侵惠城。翁所统率的广东省第八区民众抗日自卫团指挥部南山第一中队多次袭击敌人，先后击毙日军5名、汉奸1名，活捉日军2名，并缴获了一批枪械、物资。

民国三十四年（1945）5月2日，日军从流沙向葵潭西撤，乘机进入葵潭劫掠。翁带领人马，从梅林出发，埋伏于青南径一带。当日军进入狭谷时，遭到翁的武装袭击，日军向山岭四处逃窜，但到处挨打，大部被歼。

5月7日，潮汕日寇内田部队4000日军，300余部车辆，沿葵潭省道公路南撤，集结广州。路经葵潭，闻翁照垣在此，内田立即叱令停止前进。但翁此时已率领人马从梅林分兵埋伏于龙溪西侧山坳。当日军停止前进时，枪声四起，把日军杀得血肉横飞，纷纷狼狈逃窜。

〔第四节〕解放战争时期

一、突袭林樟、梅林

民国三十六年（1947）10月，潮汕抗征第三大队抵达大南山樟树坪隐蔽，经过侦察，连夜奔袭南山管理局林樟乡自卫队，俘敌30多人，缴长短枪30支。解放了林樟、锡坑乡公所。成立以方文瑞为队长的惠南武工队。11月25日，南阳山武工队袭击梅林警察所、乡公所，俘虏督察以下官兵20多人，缴长短枪24支，解散南阳、天青湖、高埔、葵坑等乡。

二、袭击靖海、隆江

民国三十七年（1948）1月初，抗征第三大队第一中队和东区武工队先后奔袭双溪、周田、狮石、华湖、靖海、林招等区、乡公所，歼灭靖海盐警队、周田联防队，共俘敌60人，缴冲锋枪、长短枪80支。1月24日，抗征第三大队在惠南武工队配合下，攻打隆江，全歼该区警察所和联防队守敌，击毙警察所赖所长，俘敌50多人，缴获长短枪40多支。

三、反"围剿"斗争

民国三十七年（1948）3月15日，广东省第五区行政督察专员兼保安司令喻英奇，以林贤察为总指挥，调派汕头保警和各县警队共10个中队近千人的兵力，采取"分兵合击"战术，分6路向大南山进攻。15日清晨，清剿副司令林贤察率领的汕头保警2个中队和指挥所特务队100多人，中抗征三大队第一中队伏击，双方在下浦三坑云盖月山高地展开激战，至下午天下大雨，撤出战斗，抗征队向南阳山转移，途中于罗心田截击俘获押送新兵的惠来政警分队长以下5人。17日早晨又在坪上笔岭村与前来截击的梅林武警中队遭遇，3大队一阵冲击，敌溃逃，毙伤敌人7人，缴长枪7支。大南山东区武工队挺进敌后潮阳县平原，和小北山武工队于3月21日晚烧毁了广汕公路上的太和、和平、作新、西洋、溪美、陈厝围等6座杉木结构桥梁，断其运输。抗征第五大队分兵奇袭惠城，迫使保警队200余人仓皇撤兵回守。喻军军运中断，兵力分散，"围剿"失败。

四、黎明前的战斗

民国三十七年（1948）7月22日，抗征第三大队、三清武工队、惠南连队攻打甲子，包围警察所，警长许松等4人被击毙，警兵全部俘获，处决警察所长赖坚，缴获长短枪20多支。8月4日抗征第三大队、三清武工队与南雄大队配合阻击潮阳保警3个中队向青坑村的进攻，追敌五六公里，毙敌保警中队长吴嘉隆以下13人。8月31日，国民党县长方文灿到汕头市出席"绥靖"会议回县，由县武警直属独立分队护送返回惠，于关门山遭抗征第三大队一中队和第五大队伏击。敌拼死挣扎，战斗十分激烈。是役，毙伤敌17名，俘敌4名，缴获长短枪20多支，游击队伤亡数人。随后，靖海锡溪等据点的敌人相继撤回惠城。9月23日，得悉国民党县政府从隆江水路调粮往惠城，惠南县委的葵阳、山美武工队智截敌粮船，一次就得谷2万多斤。10月喻英奇从大埔调1个营（3个步兵连、1个机炮连）400多人，行踪诡秘，从汕头到流沙，突入云落、崩坎，窜犯惠来县青坑、圆墩、北溪。12月13日，敌独立分队自关门山遭受伏击之后，士气低落，由抗征第五大队派钟延安带领17人的短枪队，夜袭驻守惠城的方国雄部。是夜12时后，地下党内线人员方奇按约在西坛路口接应。方奇带领队伍进入惠城梅北村林厝祠敌独立分队驻地，先擒队长方国雄并俘虏当夜守营官兵21名，缴获轻机枪1挺，长短枪27支，手榴弹3箱及其他物资一批。第二天召开庆功祝捷大会，方奇提拔为副班长。民国三十八年（1949）1月6日夜攻打隆江。二支三团、五团、惠南2个连队、西联、山美武工队到达狗头山，并乘市美山敌哨兵交班时，惠南短枪队20人即跟内线人员上山，直达敌营，敌中队长和士兵正在熟睡，短枪队直上二楼，活捉敌中队长陈光南以下40多人，缴获长短枪34支，手榴弹及弹药一批。9日下午4时许，二支三团于陇头村，五团在东陇村附近伏击日前增援隆江后回城的惠来县政警第二中队翁炳文部。敌人进入阵地前沿时，抗征队向敌人猛烈开火，敌人突遭袭击，顿时溃不成军，拼命四处逃窜。敌中队长带10多人和1挺轻机乘船从赤州渡口逃往神泉。是役毙敌8名，伤7名，俘敌45名，缴获轻机枪1挺，长枪58支。

〔第五节〕历代保卫海防的战事

惠来拥有119.5公里的海岸线，明清时期更长，海域广阔，海寇频犯，战事颇多。尤其是在明嘉靖、隆庆年间，海盗、倭寇、山贼互相勾结，为害百姓。惠来百姓在官府率领下，奋起反击，出现了许多抗击倭寇、海盗的动人事迹和英雄人物。

一、明代

明代，海盗频犯惠来沿海各地。永乐十九年（1421）春，倭寇进犯靖海所，巡海副总兵李玨率兵抗击，杀倭寇5名，生擒15人，并缴获一批器械，呈送京师。弘治六年（1493），流寇童阿三，勾结海盗占据惠来都，劫掠东部附近乡村。正德二年（1507）海寇朱秉瑛攻占神泉城，烧杀掳掠。正德十一年（1516）贼寇曾钯头，勾结海盗洗劫惠来，攻占云落、隆井等地乡村，抢劫财物。

嘉靖五年（1526），饶平县宣化都木石林村大盗吴大、吴三聚众驾海船十余艘，抢劫杀害惠来沿海居民，祸害极甚。嘉靖十七年（1538）秋，海盗抢劫惠城郊外。嘉靖十九年（1540），海盗抢劫县库。是年，从甲子所调百户一员，兵丁百名，守御沿海一带，从此海域平静了10多年。嘉靖三十二年（1553）正月，海盗许栋和他的养子许朝光聚集数千，在惠来沿海各村烧杀抢掠。知县林春秀整修靖海所城，派重兵把守。九月，许栋率众退回日本，为其养子许朝光所杀。嘉靖三十七年（1558），闽浙一带下海捕鱼的渔民中，少数奸徒勾结倭寇，引路为害沿海居民。十月，一股倭寇入侵龙溪都，劫掠澳头、岐石等地。孙都司、杨指挥（杨簹）率一千多士兵追击堵截，杨簹当场战死。十二月十八日，倭寇以荆陇（今京陇）为据点，在沿海一带抢劫。潮阳贼首白哨张阿公与倭寇勾结，占领龙江市（今隆江镇）一个多月，乡民流离失所。嘉靖四十年（1561），海盗侯大才（海哨）与大盗黄真（白哨）勾结，攻打华清等村。官府派兵围攻，迫使群盗投降。嘉靖四十三年（1564），大海盗吴平（福建诏安四都人）勾结已受招抚的白哨海贼黄真，密谋夜袭惠来县城，被巡检朱景晓率兵击退，吴平逃遁。隆庆二年（1568），倭寇进攻甲子所，时署印千户马焘不做准备，致甲子所被攻陷，龙溪都一带居民受害惨烈。马焘失职下狱，并死于狱中。隆庆五年（1571）九月，海盗杨老攻破甲子所，掳掠男妇上船勒赎，第二天早晨台风大作，海船尽数倾覆，海盗及被掳男女无一幸存。隆庆五年（1571）十月，海盗林凤（饶平人）攻陷神泉城，总兵张元勋、副使赵可怀率兵追剿，林凤远遁国外。隆庆五年（1571），海盗林道乾洗劫龙溪都。生员李棠上省赶考，为林道乾所虏，其妻卓氏抱子入贼船替换，是夜抱子投海自尽。李棠考中功名，上书请求派兵围剿海盗。众盗惊闻，纷纷远遁。海盗及倭寇之患终于稍息。天启六年（1626），大海盗刘香（福建人）焚劫惠来见龙头乡。崇祯七年（1634）正月二十三日夜，刘香舍舟上岸直迫惠来县城，焚劫西南二关，官兵不敢应战。崇祯八年（1635），闽帅郑芝龙剿灭刘香。

二、清代

康熙十七年（1678），大海盗丘辉拥有船只百余艘，屡次骚扰沿海居民。

知县张秉政挑选800名精壮士兵，演习操练，造三眼枪150门，加强守御力量。康熙十八年（1679）五月，丘辉在黄岗登岸。张秉政督师截杀，游击韩典奋力拒敌，擒杀贼众20余人。康熙四十一年（1702）海盗蔡俊（澄海人）勾结山贼陈异，聚众一千多人，盘踞新庵山。八月初四日，陈异率三百余人劫掠杭美村。千总徐韬率兵于象岗截击，陈异溃败。蔡俊逃匿潮阳，为千总钱寿擒获，解回惠来县城斩首。嘉庆十年（1805）海盗李崇玉（惠来人）于七月二十四日劫去乌涂港（靖海港）汛内大炮一门，率领贼船四十余艘抢劫掳掠澄海县沿海乡村。

三、民国时期

民国三十年（1941）6月25日，日军战舰两艘，由汕头开至惠来海域，停泊于澳角村附近海面，日海军陆战队300余人从外沙田登陆进攻神泉。驻神泉镇的广东省保安团一营官兵，在文昌山英勇抗击日军入侵。击毙日军20余人，保安团排长谭成仁等官兵34人牺牲，群众被扫射、炸死99人，伤124人。日军于6月25日下午撤离。

四、中华人民共和国成立后保卫海防措施

1949年10月在靖海、神泉建立公安检查站，负责船舶出入检查。1950年开始禁止一切船只与香港直接通航，出入船只必须持有关检察机关证件，经检查后方得出入。同时对神泉、靖海等港口，以及澳点的船只进行全面登记，全面进行管理。当时全县沿海共有电船、艚仔、包帆、货船、渡船、小型渔船1768只。1963年在神泉、靖海、资深、前詹、澳角，建立船舶出入港口检查站，把全县澳湾港口划为33个停泊区，并制订《港口、船舶管理规定》，统一编定船牌新号码。1978年对出海作业人员和船只，换发新的船民证和船舶户口出入备查簿。2004年共有各类渔船1960艘，其中机动渔船1011艘，功率59516千瓦。

中华人民共和国成立后，敌特在惠来县多次偷登内潜，均被破获。主要有：

（一）1950年11月15日破获受香港特务机关派遣潜入本县发展特务组织和武装阴谋暴乱的匪"广东省人民反共救国军潮汕总指挥部"第二十二总队，总队长方世章、政治部主任方芝雄、翁辉等匪特45名。缴获总队长派令1件，总队印章1枚，长短枪15支，子弹一批，人民币（旧币）360万元，帆船1只，自行车3辆，伪造证明5

份及其他物资一批。

（二）1962年10月8日在神泉东坑仔海边林带活捉偷登匪特情报局"海威"特务14名，击沉运送匪特船1艘，击毙敌军29名。缴获长短枪23支，电台1部及军用物资一批。

（三）1962年12月6日，在前詹公社大堆尾海滩偷登的反共救国军独立23纵队"长风"武装特务10名全部活捉，缴获长短枪18支及军用物资和假币一批。

（四）1971年9月13日，国民党内潜分子吴糖、林桂秋经甲子镇潜进鳌江澳上村7天，后潜入普宁县，在普宁被逮捕。

诚如惠来知县张珰美在《惠来县志·兵事》所说："兵者，不得已而用之。以之戡乱，以之御侮，非旦夕可毕之事也。稽有明以来之变，志不胜书，往往外寇内侵，内贼外应，蜂虿肆起。而潮属十余县，竟似无一兵一卒以殄灭之者。其百姓扶老携幼，踉跄奔窜之状，宛在目前。而当时捍御之策，惟闭城自守。十里之外，即为寇垒，甚且筑寨霸租，视为常事。何玩寇骄贼之甚耶夫？前事之不忘，后事之师也。前车之既覆，后车之鉴也。我朝自海烽既靖，边徼戢宁，然海禁弛而渔船之出入不可不严加防范，商艘之往来不可不细加盘诘。至于谨斥堠、严籍伍、清保甲，凡所以戒衣衽而消未形之奸盗者，不可以其无事而泄视之也。"

第三十六章

惠来大南山革命根据地

1928年初，彭湃率领海陆丰农民武装和叶镛、徐向前率领部分广州起义军，以及董朗率领部分南昌起义军，相继到达大南山，开展革命活动，创建大南山革命根据地，成立潮普惠苏维埃政府。1928年3月至1935年6月，中共东江特委机关两次进驻大南山,领导人民开展革命斗争。大南山是东江地区党、政、军领导机关所在地,既是潮阳、普宁、惠来土地革命战争的领导中心,又是东江各块革命根据地的指挥中心。

大南山地处潮阳、普宁、惠来三县交界,面积约2000平方公里,境内有雷岭(东部)、盐岭(中部)、望天石(西部)等重要山岭,西南与三清山相衔接,可通陆丰甲子港;东北连接潮阳,有公路可通往汕头市;北面是普宁界;南面临海,有神泉、靖海两个港口,可通海外;西面与陆丰相接壤;西北毗南阳山。地势险要,在潮汕地区具有重要的战略地位。早在土地革命战争时期,大南山就是中共东江特委和红军重要的根据地,并建立了潮普惠苏维埃政府。1947年10月,潮汕人民抗征队第三大队开赴大南山,开辟革命根据地,揭开惠来武装斗争的序幕。在斗争中,革命武装从小到大,从弱到强,在同国民党反动势力反复斗争中发展壮大起来,闽粤赣边纵队第二支队第十团,便是由武工队、抗征连队发展组建起来的地方团。其战斗历程,大致经过三个发展阶段:从1947年11月至1948年上半年的建军初期阶段,在敌强我弱的形势下,建立小型武装工作队,坚持山区游击战,在创立和建设革命根据地的斗争中,不断发展壮大自己的力量;到1948年下半年,在武工队发展的基础上成立抗征连队,把革命斗争推向平原地区,使形势明显向有利于革命的方向发展;1949年1月以后,潮汕地区敌我双方力量的对比已发生了变化,革命武装已完全掌握军事的主动权,在大好形势下,根据潮汕地委和二支队司令部的决定,又在连队的基础上组建中国人民解放军闽粤赣边纵队第二支队第十团。二支队十团成立后,在惠陆南边县委直接领导下,以新的战斗姿态进军平原,拔除国民党城镇据点,1949年5月20日,配合边纵第二支队主力解放惠城,取得惠来全境解放的胜利。

〔第一节〕大南山区的地理地势

广东省东部潮汕地区大南山山脉,山峰绵亘,横跨潮阳、普宁、惠来三县(市),群峰起伏;东西绵延50多公里,南北纵横30多公里。大南山系莲花山脉的延伸,西北高峻,东南丘陵起伏,连接南阳山,通达大北山;东北背靠潮阳、普宁、揭阳平原，连接汕头、澄海、潮州、饶平、大埔等地；西南方濒临海丰、陆丰、惠来，面向南海。大南山脉，群峰林立，摩天石海拔972.5米，珍珠帘山峰海拔790.6米，双髻山峰海拔605.3米，还有牛牯尖山峰、五福田山峰、猴嘴山峰、莺嘴山峰、峡岭山峰等，群山叠叠，气势磅礴。摩天石山峰，怪石嶙峋，岩洞密布。摩天石山峰巅上有一巨洞，洞与洞弯曲相通，民间称"紫云仙洞"，可容数十人藏匿。登摩天石山峰巅必经石壁夹道，民间称"风吹石门关"，地势险要，"一夫当关，万夫莫开"。大南山脉，处处有岩石、涌泉，山岭连绵，形成一道巍峨雄伟的山峰屏障。大南山脉两边有两条似蛟龙般的江河，东北有练江，源出云落山，贯穿普宁、潮阳至海门港出海；西南有龙江河，源出莺嘴山，贯穿惠来县境内至神泉港出海。大南山系山高水秀，地势险要，历来是兵家守御抗敌屏障。

〔第二节〕建立大南山革命根据地的历史背景

一、进步青年宣传进步思想

1921年中国共产党诞生后，中国共产党创始人之一的陈独秀于1922年以广东省教育委员会名义，在广州创办中共广东支部培训干部学校。1922年，惠来县进步学生方汝楫考进这所学校（又名"广东宣传教养所"），联合潮汕知识青年杨石魂、方方、伍治之、方凤巢等，宣传反帝、反封建的爱国主张，传播马列主义的《共产党宣言》。1923年8月，方汝楫回到家乡惠来，组织进步青年林雪棠、刘仕棠、方凤巢、吴华胥等，创建惠来青年社，设图书阅览室，创办平民学校与夜校，创办《小铁锤》进步刊物，宣传新民主主义革命的进步思想。

二、成立农民协会和工会组织

1923年初，彭湃在海丰县发动农民群众，组织农会，组成中国革命史上第一个全县性组织机构的总农会，彭湃任会长，人民群众称他为"农王"。1923年9月，地处大南山南麓的惠来县农民群众，在海陆丰农民运动的影响下，有许多乡村的农民主动到海陆丰要求参加农会。惠来县早期参加农会的会员有坑仔、榕树头、长青围、圆墩等村，共约有1500人。同年11月，彭湃发起组织惠州、潮州、梅州农会，惠来县与毗邻10多个县的农会会员参加了惠潮梅农会，并召开了10县农会代表会议，成立惠潮梅农会总指挥部。1925年5月，广东省第一次农民代表大会在广州召开。会后，彭湃派遣陈魁亚等分别赴潮阳、普宁、惠来三县恢复和成立农会组织。惠来县同时组建学生军，成立农会筹备机构。同年9月，国民党进驻广东的刘志陆部左路指挥官谢文炳从汕头市率兵进占惠来，向葵潭与陆海丰进军，惠来县学生军被解散，农会筹备遭破坏，青年社相继疏散。同年11月初，周恩来率领东征军胜利进入汕头市，惠来青年社发表《欢迎革命军入潮》宣言。同年12月，时任东江行政委员周恩来遣散农贼何贺在惠来县非法成立的假农会组织，委任特派员邝纪瑸、唐学溥等到惠来县重新组建农会组织，农协会筹备处主任方汝桂。

1926年2月22日，周恩来在汕头市外马路90号主持召开东江行政会议，惠来县工会代表方凤巢、农会代表方汝楫、商会代表吴光星等出席会议。当年惠来县已成立造船业、理发业、盐业、建筑业和手工业等5个工会组织，还成立商民协会。是年春季，成立广东妇女解放协会惠来分会，地址设在县城学宫旁"节孝祠"，妇协会常务委员有吴明妮、卓定华等7人。同年4月，葵潭、隆江两个区农会和44个乡村农会相继成立，正式会员有5420人，相继建立各乡村农民武装自卫队组织。是年秋，惠来县农协会在全县发动"抗租抗债、抗捐抗税"和"退租"斗争。同年12月，省农协会潮梅海陆丰办事处批准成立惠来县农民自卫军模范队，成员52人。1927年"四一二"事变后，惠来县农民自卫军模范队在华湖汇合潮阳自卫军撤离惠来，转移到陆丰新田，编入潮梅农工救国军，北上湘鄂。

三、成立武装团队

1927年3月19日，惠来县坑仔村农民自卫军击溃隆江警备中队40多人的围剿，就地击毙敌军警备中队长，其余缴械投降。4月29日，惠来县兵营、新村等10多个乡村的农民自卫军3000人，反击国民党的白色恐怖，攻克葵潭镇，镇压土豪劣绅。同日，坑仔村农民自卫军再次击退了国民党惠来县保安队和隆江镇保安队300多人的第二次围剿。同年8—9月间，在中共惠来党部方凤巢、吴乃桐、吴梦龙（即吴华胥）、吴锋、蔡宗江等人领导下，成立坑仔村武装团队，策应南昌起义部队南下，攻克隆江镇国民党军警的封锁，攻击神泉区署。同年12月，根据中共广东省委和东江特委指示，惠来县以农民自卫军为基础，建立东江工农革命军东路第5团队，负责人吴锋。

正是在这样的历史背景下，大南山革命根据地形成了。

〔第三节〕土地革命战争时期的大南山革命根据地

1927年8月初，南昌起义军挺进潮汕，中共广东省委号召潮梅各级党组织迅速发动武装暴动，策应起义军进军粤东地区。8月中旬，潮安县农会自卫军袭击大和区警察署，攻打登塘圩与白茫州。澄海县在隆都创办小兵工厂，制造炸药、炸炮，攻克九龙城。普宁县农军攻陷大坝警署。潮阳县农军袭击敌人军警，解救狱中革命志士与无辜群众。9月23日，南昌起义军占领潮州城，当天成立潮州革命政府；是日下午，起义军抵达汕头市，成立汕头市革命政府。同月25日前后，澄海县也成立革命政府；揭阳县成立工农革命委员会。朱德率领的部分起义军在大埔县南部的三河坝与敌军血战后，直奔饶平县北部山区，与饶平县农军一起攻克县城三饶镇，然后转战粤赣湘边境。此时，潮汕各地普遍建立红色政权，称为"潮汕七日红"，载入史册。

一、彭湃、徐向前在大南山根据地的革命活动

1928年1月中旬，彭湃、徐向前率领工农革命军红四师收复陆丰县城；下旬，攻克反动土豪劣绅肖觉"反共救乡"老巢东港百堰村以及反动地主武装民团的大本营葵潭镇。3月上旬，彭湃在兵营村召开惠来县农民代表会，决议攻打惠来县城，成立攻城总指挥部。同月中旬，彭湃同工农革命军第四师副师长兼参谋长徐向前等，率领红二、四师和潮阳、普宁、惠来三县农民自卫军武装，以及农民群众近10万人参加的暴动队伍，两次攻克惠来县城。攻城指挥部设在苗海村"六房公祠"。在攻城同时，苗海村成立惠来县苏维埃政府，各区乡苏维埃政府也相继成立。3月下旬，中共东江特委机关转移到惠来县境内，红二、四师部分主力仍留在惠来，帮助潮、普、惠三县扩展大南山革命根据地。

同年4月5日，国民党军分三路围剿大南山，进逼大南山腹地。当天，红军撤出惠来县城。4月8日，中共东江特委和惠来县委及惠来苏维埃政府转移到林樟村。同年9月29日，中共东江特委机关在羊公坑遭到国民党军队围攻。彭湃突围脱险，中共东江特委委员郑志云、中共惠来县委负责人方凤巢、吴应丁、吴乃良、王昭海，中共普宁县委彭奕、翁施光、陈宇任等先后在战斗中牺牲。同年11月，继任中共普宁县委书记的方家悟因病殉职。同年10月，中共东江特委转移到潮安、丰顺。潮、普、惠三县党组织与上级失去联系，各级党组织带领部分武装人员在大南山坚持隐蔽斗争。中共潮阳县委负责人陈开芹、中共惠来县委方吉士、中共普宁县委何石等带领部分同志坚守在大南山最高峰摩天石山峰巅上的"紫云洞"。这里是一座状似马牙槽石水帘式的石洞，岩石锋利，不小心便被划伤，晚上不能卧睡，只能背靠背而睡；当时食物稀少，要到附近各山村了解敌情，安抚烈属、军属与受害群众，环境十分艰难。

二、在大南山成立潮普惠苏维埃政府

1929年1月，中共汕头市委常委方汝楫到羊公坑召开惠来县党员干部会议，重新建立惠来党组织。同年7月，潮、普、惠三县的工农红军和赤卫队在大南山林招村建立中国工农红军第6军第16师第47团，团长何石，政委陈开芹。各县区分别建立常备武装。惠来县的常备武装编为游击队第2大队，大队长谢义兰。是年秋，在麻竹乡召开惠来县工农兵代表大会，恢复惠来县苏维埃政权，主席方光庆。同时，在盐岭村成立惠来县总工会。1930年4月15日，红军47团配合惠来县地方武装攻打隆江镇不克，伤亡117人，团长李彬（湖南人，黄埔军校学生）牺牲。4月28日，国民党毛维寿旅2000余人围剿大南山。红军47团、49团在赤卫队的配合下，击毙敌军官兵100多人，俘23人，缴获枪支200多支。

1930年6月，成立东江行动委员会，执行李立三"左倾"盲动路线，带领红军强攻潮安失败。是年秋，党中央派李富春、邓发等到大南山召开闽粤赣边第一次党代会，撤销东江行动委员会，成立西南、西北两分委，统归闽粤赣边特委领导，至1931年，西南、西北两分委合并为东江特委。

1930年10月29日，红军47团和惠来县各区乡常备武装，在惠城、华湖、神泉、靖海等地的1000多名赤卫队员的配合下，再次围攻惠来县城，经两次战斗而不克。11月，在大南山召开潮普惠三县第一次工农兵代表大会，三县合并，成立潮普惠苏维埃政府，主席方光庆；并将三县常备武装统一编为第1、2、3大队，惠来为第3大队。至年底，红军49团改编为中国工农红军第6军第2师第1团。原第47团与第46团合并为第2团，主要活动于潮、普、惠苏区，团长陈伯虎，政委卢笃茂。1932年5月，红军2团配合惠来西南部赤卫队三四百人，攻克国民党联防队在北溪、青坑、圆墩的据点，缴获多部枪械。

同年7月，国民党张瑞贵独立2师进攻大南山，搜索林樟村后，驻防云落、葵潭。同年9月，张瑞贵委任骆凤翔为潮普惠三县联防主任，进攻盐岭村。原驻盐岭村的红军古大存率部抗击敌军后，撤往陆丰。同月11日，潮普惠苏维埃政府主席梁耀东（辽宁人）在流沙被捕。

1932年，张瑞贵再次集中3个团的兵力及地方警卫队共4000余人，分三路围剿大南山苏区，烧杀掳掠之后，并在四周修筑炮楼。4月，张瑞贵下令封锁大南山，限令大南山北区（八乡林）居民于当月12日前迁出到各县境内另作安置，责令各县县长督饬区乡商民团体收容迁出居民。同年9月，张瑞贵率所部和第3军第2团再次进剿大南山。大南山失陷，中共东江特委转移到大北山，各地党组织转入地下。同年10月，大南山特区苏维埃政府主席林花仔到蔡店坑开展兵运工作时，被国民党军队捕杀。东江苏维埃委员方和平被捕后叛变。是年，国民党军队在大南山苏区屠杀群众2000人以上，房屋被烧毁，民众逃亡几尽。

1933年秋，中共东江特委汇集大南山各地隐蔽和打游击的红军和地方武装300多人，整编为东江工农第1路军和第2路军。第1路军由总指挥古大存率领转移赴丰顺、兴梅；第2路军总指挥卢笃茂率部在大南山坚持游击战争。

三、从隐蔽斗争到基本停顿

1935年4月，国民党第3军第9师邓龙光接替张瑞贵部，以一个师的兵力布置在葵潭、流沙、司马浦、两英圩一线，联营70里，密布岗哨，更加严密围困大南山，杜绝人员出入大南山，不断围剿进攻。

中共东江特委面临如此险恶形势，立即在大溜石洞召开军事会议，决定武装人员冲出重围，分散活动，留下少数同志隐藏于深山，进行隐蔽斗争。

东江特委委员陈振逢在战斗中腿部受伤，与因伤下肢瘫痪的妻子两人，隐藏在梅仔坜的一个山洞中，"一瘸一拐"与敌人周旋，后来不幸被捕殉难。中共党员贺志中带领10多位同志，夜间住在大南山西部岩洞，迂回于山下附近各村袭击敌人，不幸被敌人突袭包围，贺志中同志被捕后牺牲；张木葵带领队伍冲出重围，转战揭阳"五房山"，在与敌军血战中，因敌众我寡，大部分牺牲。古大存率领王顺等17名武装人员转移到丰顺、大埔一带活动。

1935年5月，担任潮普惠苏维埃主席的惠来人黄德田叛变，造成设于大南山深山岩洞隐蔽处之印刷厂的设备及秘密联络点等大部分组织和机构被敌人破坏，大南山地区各乡村的抗敌防御设施被敌人捣毁，无数革命群众遭受敌人杀害，农田和房屋被烧毁。1935年10月，大南山革命根据地落入国民党之手。至此，惠来县及大南山附近的中共党组织的地下活动基本停顿。

〔第四节〕全民族抗日战争时期

1937年9月，中共地下党员陈绍贡在惠来县城成立"惠来县青年救亡同志会"，后改称为"惠来县青年抗敌同志会"，同年成立"惠来县妇女抗敌同志会"，广泛发动"反对日本帝国主义的侵略、全民抗日斗争"的宣传。1938年春，广东省分区成立民众抗日自卫团，潮阳、普宁、惠来划分为第八区，统率委员会主任委员翁照垣（国民党十九路军旅长、上海"一·二八"淞沪抗日名将）。与此同时，中共广东人民抗日游击队的韩江纵队第二支队司令部设在大南山。从此，大南山地区开始了长达八年的全面抗日战争。韩江纵队奉命北撤后，中共潮汕地方组织留下少数党员在大南山坚持活动，发展党员，组织秘密游击小组。国民党当局则专设"南山管理局"，强化统治和管理疯狂盘剥当地人民，形势十分严峻。

一、日本飞机轰炸惠来的罪恶行径

葵潭中心小学的黄克忠同志提供资料：1937年（民国二十六年），日军飞机四架在葵潭大桥附近疯狂轰炸，投弹共14枚，其中投中龙溪及溪坝13枚，投中葵潭大桥桥尾1枚。葵潭大桥被毁，交通中断，当地群众用木板架桥通行。

1938年2月8日（民国二十七年农历正月初九日），日本军舰炮击神泉镇澳角村。第一炮击毁澳角宫仔，村民吴强妻与吴佛母之女两人中弹身亡；第二炮击穿驻军保安团（驻一个排）的营房（清时海防炮位）。全排人员于第一炮响后，已全部疏散，没有伤亡。

1938年6月6日（民国二十七年农历五月初九日），一架日军飞机在澳角村附近投弹2枚，没有伤亡。

1938年8月4日（民国二十七年农历七月初九日），日军飞机轰炸惠城铺仔头、学井巷及惠来一中孔庙后墙等地，投弹5枚，炸死居民15人。

1939年9月8日（民国二十八年农历七月二十五日），七架日军飞机轰炸神泉镇，炸死居民黄荣利、林延庆、谢振雄等24人，其中黄荣利一家七尸八命。

二、抗战胜利

1941年6月25日，驻汕头日本侵略军两艘战舰停泊于澳角村海面。6月26日晨4时，日军陆战队300多人在2架日机的掩护下进犯神泉。日军飞机轮流向神泉南华街和惠城镇惠西马路、北门等处投弹，炸死当地居民多人。日军在神泉镇外沙田沿地龙埔、塔脚登陆后，遭到刚到达神泉的广东省保安团一个营兵力的抵抗，在文昌山激战，双方俱有伤亡。是役，保安团排长谭成仁以下官兵阵亡34人，日军死亡20多人。此外，当天日军在神泉港"水仙宫"前洗澡时，有两名日军被突然游来的大鲨鱼咬死，血腥污染了海水，两具半截尸体浮上水面。午夜，日军撤回军舰。

1942年夏，日军轰炸机一架坠毁于神泉镇图田上村海边沙滩上，活捉其飞行员一人，缴获机关炮二门。

1944年农历十二月十五日，日军从流沙进驻葵潭。在葵丰中学驻军有100多人，经常到葵潭附近村庄和溪西、隆江至惠城以西一带村庄抢劫、枪杀、掳掠，残害人民群众。（黄克忠同志提供资料）

1944年，日军来到惠来县后山乡（今属溪西镇）的时候，田园抛荒，人民遭殃。后山乡各村田园抛荒1500多亩，被掠去当挑夫750多人，被刣猪120多头，刣牛5头，掠三鸟1500多只，房屋被拆、被烧13间。农民陈娘合的父亲被日军掠去当挑夫，一去无回返，父离子幼，无依无靠，受饥受寒，仇恨如山。村民蔡四在撑船时，无辜被日军枪杀，使家人成为孤儿寡妇。一笔一笔的血债，记载了村民与日寇不共戴天之仇。（这段纪要，根据村民控诉日军侵华罪行，由原后山乡党支部书记李智印口述，马光祖记录整理，于《汕头日报》1960年7月9日第四版登载。）

1945年1月29日，日军山口部队、黑木部队兵分三路进攻惠来县：一路从雷岭进攻惠城被阻，改从潮阳和平沿葵和公路进攻惠城东门，一路从盐岭沿水尾潭进入惠城北门，一路于1月30日晚袭击驻在北溪村的惠来县政府机关和政警中队（政警中队70多人在祠堂内被日军枪杀，县政府机关逃迁到梅林）后，从隆江沿惠隆公路进入惠城西门。2月1日（农历十二月十九日）上午，日军占领惠来县城（2月2日，日军尾尻大佐部队由华林进军攻陷靖海）。日本侵略军沦陷惠城后，成立了惠来县维持会、商会、防卫团、警察所、盐警队、密侦队、宪兵部驻东陇情报站，在神泉、靖海、隆江建立维持会等汉奸组织。日寇到处抢劫烧杀掳掠，疯狂残害人民群众。

1945年7月8日（民国三十四年农历五月二十九日），日军全部撤离惠来。1945年8月15日，日本宣布无条件投降。全国抗日战争宣告胜利。

〔第五节〕解放战争时期的大南山革命根据地

解放战争时期，大南山革命根据地的发展分为三个阶段：

一、建立游击据点

1947年10月，潮汕人民抗征队第三大队根据潮汕地委和抗征队的部署，从大北山开赴大南山开辟革命根据地。当时大南山敌人据点之一锡坑乡公所已被地下党组织发动群众摧毁，抗征第三大队进入大南山后即突袭敌人另一据点林樟乡公所，活捉乡长林乃江等以下全体人员，缴获长短枪20多支。接着解决叠石、潘岱及其周围反动武装，并于11月中旬在八乡林成立惠南武工队，队长方文瑞，队员陈克特等7人。12月成立东区武工队，队长马毅友。不久又在锡坑地区成立大南山武工队，由郑流阳、吴明任正副队长。从此大南山游击据点就建立起来。1948年1月初，第三大队在大南山立下脚跟之后，进一步开展革命斗争，同东区武工队向惠来东区一带进军（当时称为"东征"）。在半个月的时间内，横扫双溪、周田、狮石、秀水里、华湖等乡公所，并袭击靖海西门外的盐警队，共俘敌50多人，缴获冲锋枪、手枪、步枪80多支。民国三十七年（1948）1月上旬，在惠南武工队和地下党组织配合下，第一次进攻隆江，攻下警察所、区公所和联防队，警察所长当场被击毙，共俘敌50多人，缴获长短枪40多支。

第三大队在大南山开展活动，为时3个多月，不但建立起革命据点，成立3支武工队，为发展和建设大南山根据地打下基础，还主动出击，打击、摧毁国民党的区乡政权，收缴反动武装，惩办地主恶霸，得到人民群众的热烈拥护和广泛支持。同时也引起国民党反动派的恐惧和仇恨，敌人千方百计地妄图扼杀新生的革命武装。民国三十七年（1948）春节前夕，惠来的国民党军出动几十名武装偷袭八乡林惠南武工队驻地，接着又配合南山管理局之国民党军进犯潘岱东区武工队活动地区，这二役都由于地下党情报的配合，武工队转移，使敌人扑空，革命力量未受破坏。

二、保卫和扩大根据地的斗争

1948年3月15日，第五清剿区司令喻英奇经过几个月的策划，凑集各地反动武装近千人，以汕头保警为主力，由潮普惠南分区"清剿"指挥所主任林贤轸任总指挥，兵分数路向大南山西部地区进犯，抗征队第三大队在民兵配合下，于锡坑村阻击敌人，给敌人以重大杀伤；敌另一路经云落袭击樟树坪村。当时适逢地委书记曾广从香港分局回来，在抗征队第三大队队部所在地樟树坪村召开会议。当敌人袭击时，参加会议的同志撤出樟树坪村。当天抗征队与敌激战终日。黄昏，曾广、曾冰、陈彬、张希非、郑流阳等同志在陈厝寮开会，认为第三大队弹药不足，坚持战斗不利，决定第三大队当晚撤出战斗，向南阳山转移，参加会议的同志则由民兵护送撤出大南山。大南山武工队由民兵配合留在山地坚持斗争。后来，一切都按决定顺利执行，是役敌人死伤数十名，毫无所获。

1948年4月下旬，大队长张希非率领第三大队在锡坑地区民兵的配合下，摧毁圆墩、青坑联防队据点，清除了根据地内的隐患。之后，大南山武工队由郑觉同志负责,把根据地范围扩大至大南山西南部和葵潭地区。1948年5月,中共潮汕地委决定成立惠来南山县委(简称惠南县委),县委书记郑流阳,组织部部长郭春(原朱泽涛,无到职),宣传部部长方文瑞,委员马毅友,方凤芳负责大南山的妇女工作。县委机关原设锡坑白马仔村,后转移至八乡林牛角兰村。在惠南县委成立的同时,根据地委的指示,决定开辟惠陆边三清山革命基地。5月中旬,派叶章礼、林莱堂等到三清山开展工作,以新村、长青围为据点,组建三清山武工队,由叶章礼任队长,在惠陆边一带活动。三清山武工队的建立和三清山游击基地的开辟,同大南山革命斗争相呼应,打击惠陆敌人,加强和巩固大南山根据地。6月间,惠南武工队摧毁山尾乡公所,并成立山尾武工队,林向人任队长。山尾武工队的建立,把敌人向八乡林进攻的据点变为武工队出击平原、威胁隆江的据点,同时守住八乡林根据地的门户。山尾村位置重要,敌我双方曾反复进行争夺,但始终由革命武装所掌握。惠南武工队又继续向隆江周围发展,拔除西联乡公所,在鲁阳成立西联武工队。大南山武工队加强益母岭等大南山周围的工作。

三、根据地的巩固和发展

随着根据地和游击区的发展扩大,惠南县委很有计划地进行革命根据地建设工作。大南山地区是第二次国内革命战争时期中共东江特委、红军的根据地,苏区人民具有光荣的革命传统,积极拥护反"三征"的革命斗争。但在白色恐怖时期,苏区人民惨遭国民党反动派的血腥洗劫,同时山区人民长期遭受摧残、剥削,生活极端贫困,这就影响一部分群众对革命的信心和积极性。针对群众的思想状况和存在问题,武工队进行深入的思想发动,宣传党的政策,宣传抗"三征"的大好形势,增强人民对革命胜利的信心,启发群众的革命积极性,同时把革命斗争和群众的实际利益结合起来,在领导人民起来反"三征"的同时,还组织群众进行生产自救,解决春荒困难,接着又开展减租减息、退租退押的斗争,使群众得到实际利益。通过一系列的斗争和深入的组织工作,特别是在军事上不断取得胜利的鼓舞下,很快就把群众发动和组织起来。

在韩纵撤退时,留下党员吴明在锡坑地区隐蔽地进行发展党的工作,1947年10月抗征第三大队开进大南山时,锡坑地区党的力量已有一定的基础。大南山武工队成立后，党的力量又有新的发展，惠南县委成立后，对发展党组织进行了具体的部署，从抗征第五大队调出党员马菲到县委机关任组织员，负责八乡林地区的党建工作。县委组织部部长郭春则分工常驻东区，直接抓紧东区方面党组织的整理和发展工作。1948年下半年，大南山根据地已有党员100多人，锡坑、八乡林都成立了党总支，很多自然村已有党支部、党小组或党员，成为大南山人民建设与保卫根据地的领导核心。农会、妇女等群众组织也蓬勃发展起来，1948年冬，大南山根据地的农会会员已有5000多人。1949年春，整个大南山根据地，有组织的民兵共有3600多人，其中基干民兵都配备了枪支。这支民兵队伍，平时负责站岗放哨，传递情报，战时担负后勤任务，同时还经常配合主力、武工队作战或袭击敌人，成为一支保卫和建设大南山根据地的重要力量。

解放战争时期，惠来大南山革命根据地成立的地方武装组织主要有：1947年9月19日，组建南阳山武工队，队长黄友，政委詹泽平。1947年11月中旬，成立惠南武工队，队长方文瑞。1947年12月，组建东区武工队，队长马毅友，副队长周洪。随后组建的武工队还有周洪兼任队长的关外武工队、方明生（后吴明）任队长的东营武工队、叶章礼任队长（副队长林莱堂）的三清武工队、林向人任队长（朱田任指导员）的山尾武工队、张水龙任队长（方章任指导员）的西联武工队、高和任队长（廖一民任指导员）的葵阳关内华湖武工队、方妈来任队长（朱田任指导员）的葵阳武工队（在1948年8月钓石截粮后并入山尾武工队）、谢礼玉任队长（方锡佳任指导员）的葵潭武工队、肖介山任队长的南塘武工队。这段时间，大南山革命根据地开展了规模较大的群众工作，开辟了隆江周围大片地区。不久，西面的梅林、葵坑、天青湖三处，成立了流动乡政府。随着人民武装队伍的不断壮大，惠来县大南山革命根据地展开全县范围的武装工作和活动，成立惠来南山县委（简称惠南县委），广泛发动人民群众反"三征"，组织生产自救，解决灾荒困难，接着开展减租减息、退租退押斗争。1948年，各地成立的抗征队有：1948年6月成立东南抗征第一中队，中队长周成，副中队长林茂兴，副指导员陈绍燊；1948年6月成立东南抗征第二中队，中队长张万辉，指导员方槐；东南抗征第三中队，中队长林茂兴；1948年8月成立三清山抗征第一中队，中队长谢德成，副中队长蔡德光，指导员胡命惠；1948年8月成立三清山抗征第二中队,中队长郑京木,副中队长江铁,指导员江克;三清山抗征大队,大队长肖介山,政委叶章礼,教导员江克。

群众斗争取得节节胜利,有力支撑着武装队伍取得军事上的胜利。随之又建立了东营、西联、盐岭三个乡人民政权,各村的民兵组织非常活跃,到1949年春,大南山根据地组织起来的民兵有3600多人,各地农会会员超过6000人。

〔第六节〕革命伟人在惠来的活动

一、周恩来、贺龙、刘伯承、林伯渠、郭沫若

民国十六年(1927)10月3日,周恩来于流沙召开南昌起义部队指挥部军事决策会议之后,是夜率领起义部队的一部经惠来盐岭抵达惠城城郊,准备到惠来联系地方的党组织,但因反动派紧闭城门,没法联系。周恩来在离城10里的小村养病,后转移到海陆丰。同日,贺龙(南昌起义军总指挥)、刘伯承(革命委员会参谋团参谋长)、林伯渠(革命委员会农工委员会委员),廖乾伍(革命委员会宣传委员)、彭湃夫妇和文曼魂等带领二百多名战士从钟潭村突围,转移到神泉附近的小村。第二天,贺龙等离开部队,由彭湃带到地下关系人家,装扮成广东的老乡和中、小商人,通过地下关系渡海赴香港。南昌起义部队第二十军第二师先行部队在葵潭圩驻留两夜,才向海陆丰转移。郭沫若(南昌起义部队政治部主任)在神泉驻留10天,才乘船赴香港。在起义部队经过的地方,惠来农会会员热情接待部队,并为部队带队。下面介绍几位伟人在惠来留下的故事:

(一)周恩来乌石庵脱险。乌石庵是东陇镇乌石村一座前后厅六房一天井的庙宇,该庵与神泉镇图田村一溪之隔。民国十六年(1927)初冬,八一南昌起义军到普宁失散后,周恩来和郭亮、柳直荀、许一真、蔡鸿干等人来到乌石村,住在农民家里。江西省代主席姜襄及其子姜治方经林伯渠介绍到惠来找周恩来,姜父子到惠来后,姜治方在一户人家找到周恩来,周恩来叫郭亮转告姜治方,迅速遣散随员,离开此地。许一真、吴玉章、谭平山、蔡鸿干等步行到甲子港,乘船往香港(到港时间是1927年10月10日)。姜治方等人走后,国民党部队尾追而来,情况非常危急。周恩来在赤卫队员的掩护下,避进乌石庵内,躲过国民党部队搜索。晚上,跃

上屋顶,下土丘乘小船过图田村,前往陆丰下尾卓村。

（二）郭沫若避居神泉。民国十六年（1927）秋,郭沫若在普宁流沙镇与周恩来分手后,历经险阻,由大南山经蜈蚣岭庵到达神泉,住在神泉海墘街货栈,后搬到中兴街荣兴瓷器店小楼上。该店老板是陈少光。10天后,由当地农会主席带他到水仙宫前乘船往香港。临别写了"还我河山"和"离离原上草,一岁一枯荣。野火烧不尽,春风吹又生"几幅字赠给陈少光老板和他的友人。又在白布上写一首五言绝句:"大雨落临川,将军匹马还。一声传令笛,铁骑满江山。"

（三）仙石山上贺龙亭。民国十六年（1927）秋,南昌起义军在普宁失散后,领导人贺龙从普宁经惠来鹅豆村,转移到溪西镇西湖村（时称菜湖）,隐蔽在仙石山仙石寺内。住几天,由西湖乡民詹昭怡、詹天堂带路到连城村（时称虎咬狗）转往外地。贺龙在离开西湖仙石山时,环顾四周风光,龙溪东去,仙石峥嵘,芙蓉含葩,脱口吟下"二八戊辰到岩山,攀登仙石放眼量。只为立种芙蓉志,定无辜负栽花郎"之句,落款"加龙"。贺龙墨迹,由在村任教的詹娘睦把诗刻在碑上,埋于寺内东房地下。1984年由溪西镇西湖村农民挖出,并于仙石山上建一座"贺龙纪念亭",立诗碑于亭内。

二、彭湃、徐向前

民国十七年（1928）1月,东江特委决定红四师的第十一、十二两团由彭湃和红四师的参谋长徐向前率领,向陆丰平息"白旗"匪乱,并决定红四师向惠来、普宁发展,发动农民暴动。第十一、十二两团很快攻克陆丰县城后,向博美进军。20日,匪众和受陈济棠委任为陆丰保安团主任的陈耀寰率领海陆丰的地主武装贺作梅、戴鸿飞二部约三百余人由博美向葵潭圩逃窜。23日,陆丰的南塘、湖东、甲子、碣石、金厢等村和惠来的兵营、圆墩、吉镇、东港等村的赤卫队配合红四师的第十一、十二两团进攻"白旗军"匪首的老巢百塽村的地主武装。在战斗中,红四师师委员会委员唐维和战士20多人牺牲。29日,两县的赤卫队又配合红四师攻占惠来、陆丰地主民团大本营葵潭圩,并进军大坪山,敌人向大鹏、黄塘、上沙一带逃窜。战斗胜利后,彭湃进驻兵营村,发动各村成立兵营村苏维埃政府,并发动北区各村的赤卫队在圆墩村集合,配合红四师向普宁进军,攻打普宁果陇和尚寮等村的地主武装。2月22日，彭湃回葵潭指挥红四师第十团和陆丰、惠来的农民及赤卫队数千人，第二次攻打葵潭圩，枪杀反动派数十人，缴枪数十支，钱大钧补充营及惠来、陆丰地主民团大部分逃跑。战斗胜利后，彭湃进驻溪口村主持建立葵潭区苏维埃政府。但时隔数日，葵潭圩又被地主民团占领。20日，红四师第十团又和两县农民赤卫队第三次攻占葵潭圩。在三打葵潭圩中，吉镇村先后为红四师作战指挥部驻地。由于红四军攻克普宁的果陇村、惠来的葵潭圩，红二师攻克紫金县的南岭和海丰县的赤石，使紫金、惠阳、海丰、陆丰、惠来、普宁6县的红色区域连成一片，大大地震动了敌人。3月初，在兵营村召开惠来县农民代表大会，通过"攻打惠来县城、实行武装暴动以援助海陆丰"的重要决定。3月23日，彭湃同志、徐向前同志和红四师的指挥员，在离县城五公里的苗海村设立"中国工农红军第四师攻城指挥部"，地址在该村的"六房六祠"，彭湃同志和夫人许玉磬住在该村的"兰尔室"，指挥红四师及惠来、潮阳、普宁3县地方团队和惠来近10万人的农民武装队伍，于15日攻克惠来县城，焚烧国民党县衙，放出监狱里的农民。5月，中共东江特委书记彭湃在林樟村召开潮、普、惠3县联席会议，成立3县暴动委员会。接着彭湃又先后在林樟主持惠来工农兵代表大会、惠来全县负责人及活动分子会议，发动惠来武装暴动，第三次攻打惠来县城。但由于当时全国革命形势处于低潮时期，暴动不能按计划实现。7月，中共潮梅特委、东江特委合并，彭湃任东江特委书记，特委机关转移到雷岭一带。彭湃夫妇经常驻于惠来县美园村王昭海家中。10月，彭湃偕许玉磬离开大南山赴上海。

三、南昌起义军在揭阳和惠来

1927年8月1日，以周恩来为书记的前敌委员会及贺龙、叶挺、朱德、刘伯承等人，率领北伐军2万多人在南昌举行起义。8月3日，起义军南下广东。

揭阳党组织带领广大人民群众喜迎起义军，建立工农革命政权，举办军民联欢会，谴责国民党叛变革命为迎接起义军进军潮汕，揭阳地方党组织在渔湖白宫村设立总联络点，在附城的下围、棱松等村设立前进基点。县委组织部、宣传部到近城的玉浦村、林厝寮、棉树村等组织群众，做好迎军准备。9月26日，贺龙、叶挺、刘伯承等率6000多名起义军抵达揭阳。彭湃率领的东江工农自卫军总指挥部28人随军到达。揭阳地方党组织立即组织群众在马牙渡架设浮桥，让起义军进城；打开国民党的监狱，救出被关押的革命同志；在揭阳学宫设立办公地址，召集坚持在各地的革命骨干，商议建立政权及支援起义军事宜。

起义军进城后，贺龙、叶挺、刘伯承等部队领导入驻姚氏学苑，前敌指挥部设于揭阳县商民协会，起义政治部进驻揭阳学宫崇圣祠，东江工农自卫军驻在学宫东廊。近午，周恩来从汕头抵达揭阳，与贺龙、叶挺到学宫的起义军政治部召集各部汇报工作。在周恩来的直接指导下，揭阳县工农革命委员会成立，城中大众喜气洋洋，奔走相告，城郊民众涌入城内共同庆贺，一扫"四·一五"以来笼罩在揭阳革命者心头上的阴霾。当晚，起义军与县工农革命委员会在东校场举行有6000多人参加的军民联欢会，叶挺代表起义军在大会上讲话，谴责蒋介石、汪精卫叛变革命；号召各界人民行动起来，投入革命的洪流，推翻国民党的反动统治。揭阳县各界代表也在会上发言，表示斗争到底的决心。

9月26日下午，周恩来、彭湃、贺龙、叶挺、刘伯承、聂荣臻等在揭阳县商民协会楼上的指挥部召开军事会议，商讨起义军的前进方向；揭阳县委书记张秉刚等列席会议，接受参谋团的支前任务后，离开会场。会后，周恩来乘轮船回汕头。

汾水战役的硝烟已经退去，炮台渡口也已难觅起义军的足迹，揭阳人民永远不会忘记的是起义军战士的鲜血染红的"红路头"。

9月27日，起义军接到情报，获悉汤坑镇仅有敌军王俊部1000余人。总指挥部遂决定驻扎揭阳的贺、叶部队向汤坑进击歼敌。事实上情报有误，原来国民党第八路军东路军代总指挥陈济棠率3个师和潮（州）梅（县）警备部队共1.5万人，打算由丰顺县的丰良镇经汤坑镇进击揭阳，寻求与起义军主力决战。

9月28日凌晨，起义军兵分二路，一路出西门过东仓桥，一路由北门过浮桥，向山湖、汤坑挺进。成百上千的工农群众在揭阳地方党组织的发动领导下，协助起义军运输粮食弹药，肩挑船载，水陆并进。2000多名农会会员和赤卫队员，分路奔赴战场，协助后勤和外围警戒。华清村赤卫队员林德奎、双山村赤卫队员吴让教等为起义军当向导，在玉湖汾水村遇敌激战。

贺龙、叶挺、刘伯承等身先士卒，登上山头，指挥若定。起义军虽然兵员有限，后援缺乏，但人人奋勇厮杀，不怕战死沙场。6000多名起义军与15000名敌军苦战两昼夜，硝烟弥漫，尸横遍野，血流如水，染红地面，"红路头"的名称由此得名。双方伤亡惨重，起义军歼敌3000多人，自身牺牲2000多人，包括3名团长。强敌当前，久攻不下，弹药将罄，无力再战，起义军于30日凌晨被敌人重创后撤出战斗。先退向潮州，途中闻悉潮州失守，遂折回揭阳。汕头被迫放弃，前敌指挥部与革委会人员撤至揭阳与起义军会合，集中炮台渡过榕江，经潮阳关埠、贵屿，10月3日抵达普宁流沙。

流沙决策定方向，莲花山再战见英雄，革命人民挑重担，护送精英奔前程。10月3日下午，前敌委员会在普宁流沙教堂召开有前委、革委成员和其他军政负责人参加的军事决策会议，史称"流沙会议"。参加会议的有周恩来、彭湃、李立三、恽代英、贺龙、叶挺、刘伯承、聂荣臻、张国焘、谭平山、吴玉章、林伯渠、廖干吾、郭沫若、张曙时、贺昌、杨石魂等。会议传达中央八七会议精神，决定取消国民党旗号，打出红旗，分田地，继续战斗。武装人员撤往海陆丰与当地农军会合，领导人员分批从海上撤走。会议开至下午4时许，突然接到敌军前来截击的情报。会议立即结束，组织作战部队御敌，各领导干部分头从流沙出发，向海陆丰方向撤退。在钟潭村后的莲花山，指挥机关和第二十四师被打散，突围的起义军1000多人，在董朗、颜昌颐率领下，抵达海陆丰，后来扩编为红二师，成为创建海陆丰根据地的主力。

周恩来、叶挺、聂荣臻与起义军失散后，中共东江特委委员杨石魂想方设法找到他们。聂荣臻对杨石魂说："你对本地情况熟，可不能离开我们，我们几个连本地话都听不懂，你得想办法把我们护送到香港。"杨石魂满口答应。此时周恩来正发着高烧，情况非常危急，他先把3位领导人转移到离流沙4公里处的马栅村进步人士黄伟卿家隐蔽，第二天帮他们化装成平民百姓，并叫来身强体壮的农会员，找了一副担架，把正在生病发高烧的周恩来抬上，越过大南山，经惠来县转移到陆丰县南塘区金厢乡区委书记黄秀文家隐蔽。当时，周恩来高烧不退，黄秀文又护送周恩来到革命基础较好的溪碧村交通站，请可靠的中医生卢阔为周恩来治病。几天后周恩来病情好转，回到黄秀文家，等待时机出港。一个星期后的一个傍晚时分，杨石魂、黄秀文陪同周恩来、叶挺、聂荣臻乘坐小帆船，在茫茫的大海中渡往香港。

贺龙、刘伯承、林伯渠、廖干五、彭湃夫妇、文曼魂、徐以新等带着两三百名战士冲出重围，到惠来县神泉港附近的一个村落。贺龙同志要部队与地方党组织取得联系，坚持斗争，设法回到湖南，待他到上海后，再与他们联系。贺龙、刘伯承等与部队分手后，在彭湃的带领下到一户地下关系的人家，换装扮成广东的老乡和中小商人模样。他们到达神泉港后，又由彭湃通过地下关系，租到一条可载近百人的大渔船，乘往香港。

郭沫若和安琳等在陈开仪和方家悟的护送下经过盐岭径，穿越大南山，抵达惠来县神泉港，住在陈少光瓷器铺。后来，由方家悟陪送去香港。张国焘、李立三、贺昌跟着向导往陆丰的方向撤退，在陆丰县甲子港乘船渡往香港。恽代英也从战场上辗转到陆丰县，在湖东港乘船往香港。

南昌起义虽然在潮汕遭到重大的挫折，但是南昌起义领导人都能够成功脱险，为中国革命保存火种，这是中国共产党正确领导的结果，潮汕的地方党组织发挥重要的作用，农民协会会员、广大革命群众冒着生命的危险，掩护南昌起义领导人及其广大官兵安全转移，这在中国的革命历史上是一大壮举。

〔第七节〕大南山革命根据地惠来县部分革命遗址

一、大革命时期的革命遗址

（一）坑仔村农民协会成立遗旧址坑仔戏馆。该址位于岐石镇坑仔村，这是惠来第一个农民协会。1923年初，坑仔村青年农民庄亚宿、蔡宗江等人前往海丰县找彭湃领导的农会，并加入了海丰农会。7月底，海丰总农会在群众基础较好又靠近陆丰的坑仔村成立农民协会，会址设在坑仔村戏馆，这是惠来县第一个农会组织。1926年初，彭湃又派海丰农会特派员王育如到坑仔村，在坑仔戏馆组织召开农民自卫队成立大会，这是惠来县第一支由共产党领导的乡村农民武装队伍。戏馆占地面积约120平方米，建筑物已倒塌大部分，目前存四周残墙，经修缮，现墙面坚固，内里布有宣传栏介绍。2011年11月，坑仔戏馆（登记名为惠来犁会旧址）被公布为惠来县不可移动文物登记单位。

（二）盐岭挑运工会旧址东州何公祠。该址位于惠城镇盐岭村旧寨内。盐岭村位于潮阳、普宁、惠来三县交界的大南山麓，民国时期村旁盐岭径是人员、物资往返三县的便利通道,惠来特产鱼类、海盐大部分由人力挑运经盐岭到潮汕各地贩卖,盐岭村成了挑运工人的聚集地。1926年初,在惠来县总工会的指导下,盐岭挑运工会在盐岭村东州何公祠(又名何厝祠)成立。1927年"四一二"反革命政变后,惠来的国民党右派组织"青年同志会"分子纠集地主官僚捣毁农会、工会组织,迫害会员,盐岭工农组织受到破坏。东州何公祠为潮汕祠堂建筑,建于清代末期,占地320平方米,经多次修缮维护,现整体保存完好。

(三)中共惠来县支部成立遗址惠来学宫。该址位于惠城镇英内社区惠来第一中学老校区。1923年8月,惠来进步青年方汝楫在"广东宣讲员养成所"毕业后,回到惠来县开展群众工作。随后,方汝楫组织曾在省城读书的惠来进步青年吴梦龙、方凤巢、林雪棠、刘仕棠、方裕韬等在惠来学宫"明伦堂"成立惠来青年社,开展惠来的革命启蒙教育运动。这为中共惠来地方组织的建立奠下了思想和组织基础,青年社成员日后逐渐成为惠来党团组织的骨干力量。1926年1月,在中共潮梅特委的领导下,中共惠来县支部在惠来学宫成立,书记邝纪璜,党员有方汝楫、方凤巢等。同年秋,随着惠来县党组织的扩大,中共汕头地委批准中共惠来县支部改建为中共惠来部委会,书记黄符;在省农民协会潮梅海陆丰办事处批准下,在惠来学宫成立惠来农民自卫军模范队,队长莫协民,队员52名。中共惠来县支部成立遗址已拆除,原址被改造为惠来一中学习园地。

二、土地革命战争时期的革命遗址

(一)红四师百埗战斗旧址百埗村天主教堂。该址位于东港镇百埗村前广场。1928年1月9日,红四师第十一、十二两团由彭湃、叶镛、徐向前、袁裕率领开赴陆丰,准备捣毁"白旗军"匪乱的首要人物肖觉的老巢——惠来百埗村。为消灭"白旗军",打通陆惠要道,1928年1月16日,红四师党委常委唐维奉命率十一团一部攻击百埗村。百埗村守敌负隅顽抗,部队连攻数日不下。1月23日,红四师主力进入百埗附近的东港村。24日,红四师在东港、博美、碣石、金厢等村赤卫队的配合下,兵分两路进攻百埗村,一路从东港长青围村前出发,一路从双溪口绕道前往,实施两面夹击,敌堡垒终被攻下。红四师百埗战斗旧址为教堂建筑,始建于清代中期,占地面积3000平方米,经多次修缮,整体保存较好。

（二）中国工农红军第四师攻城总指挥部成立旧址高岗公祠。该址位于葵潭镇兵营村内片寨内三巷一号，高岗公祠也是惠来县第一个苏维埃政权——兵营乡苏维埃政府成立旧址。1928年2月3日，中共中央政治局候补委员、东江特委书记彭湃率领红四师到达惠来县兵营乡，组织发动乡农会、赤卫队，在高冈公祠成立惠来县第一个苏维埃政权——兵营乡苏维埃政府。高岗公祠建于清光绪二年（1876），坐北向南，为三间三进坐落，面阔11.95米，进深18.35米，占地面积350平方米，为土木瓦结构，墙体为贝灰夯筑，大门为大块石手工雕刻图案，屋檐、屋架为手工木雕花鸟架构，是富有潮汕传统特色的民居。2011年11月，高岗公祠被公布为惠来县不可移动文物登记单位。

（三）红四师雨亭山战斗指挥部旧址梅友祖祠。该址位于隆江镇凤红村。1928年3月7日，惠来县武装大暴动期间，凤红村、浮草洋村赤卫队配合彭湃、徐向前率领的红四师及各村赤卫队5000多人，分四路包围盘踞在隆江镇的国民党第七十六团的一个营，血战两个多小时，敌伤亡惨重，放弃隆江镇，退守离镇区7公里的总铺洋雨亭山，企图负隅顽抗。红军和赤卫队攻下隆江镇后，乘胜推进到凤红、凤光两村，以凤红村梅友祖祠为攻城总指挥部及雨亭山战斗指挥部驻地，并设红四师军医处。梅友祖祠为潮汕祠堂建筑，占地面积206平方米，经修缮维护，现外观、结构保护较好。

（四）中国工农红军第四师攻城指挥部旧址沈氏顺公祠。该址位于东陇镇苗海村老村东三巷，这里也是惠来县苏维埃政府成立旧址。1928年3月10日，彭湃、叶镛、徐向前等率领红四师及中共惠来县委进驻县城附近的苗海村，攻城指挥部设立在苗海村的沈氏顺公祠（俗称沈氏公祠）。沈氏顺公祠为祠堂建筑，占地面积350平方米。1985年1月，徐向前元帅为旧址命名并题词"中国工农红军第四师攻城指挥部旧址"。1985年2月，中国工农红军第四师攻城指挥部旧址被公布为惠来县重点文物保护单位。

（五）红军放风筝宣传战旧址榕石庵。该址位于惠城镇英内社区北郊榕石山上。1928年3月，国民党部队大举进攻海陆丰的红色政权，攻陷海丰、陆丰县城。农民运动领袖彭湃为了援助海陆丰的革命斗争，率领中国工农革命军第二、四师和潮阳、普宁、惠来三县的武装，发动惠来农民武装暴动，把国民党陈铭枢部的第二十六师第七十六团和第十三军的第七十七团及独立营共1700多人围困在惠来县城里。由于守敌负隅反抗，且惠来县城城墙高一丈七、城基宽一丈，环城是宽阔的护城壕沟，攻城受阻。当彭湃和徐向前等站立在城郊的榕石山上观察地形时，"放风筝，撒传单"这一巧妙的设计立刻在他们脑里构思成了精致的作战方案。彭湃和徐向前回到指挥部，马上发动农民制作风筝，纺绳线。风筝做好后，3月22日，彭湃和徐向前站在榕石山的棋盘石上让绑着传单的风筝飘进城里的上空。榕石为花岗岩巨石，高3.6米、宽2.5米，保护较好。榕石庵（现改名为永福禅寺）修建于明朝崇祯十六年（1643）。1983年10月，榕石庵被公布为惠来县文物保护单位。

（六）惠来武装暴动阻击战指挥部旧址赤山古院。该址位于华湖镇东福村南环一路东段。1928年3月，东江特委书记彭湃率领中国工农红军第二、四师发动惠来十万农民尖串队武装大暴动，两次攻克惠来县城，攻城战斗中，根据彭湃、徐向前和攻城指挥部的部署，中共惠来县委委员方凤巢在县城东面的东福村赤山古院设立指挥部，指挥沿海和华湖各村赤卫队阻击敌人的汕头援兵，并防止惠城敌人向汕头、沿海逃跑。赤山古院是东福村方氏祠堂书院连片建筑结构，始建于元至正二年（1342），明嘉靖三十二年（1553）重建，坐北向南，灰沙夯筑，建筑占地面积2245平方米。2015年12月，赤山古院被公布为广东省文物保护单位。

（七）周恩来革命活动旧址乌石庵。该址位于东陇镇四凤村乌石自然村镇南五横巷39号。1927年10月，南昌起义部队各领导干部迅速率部队向海陆丰方向转移，周恩来等几个人与部队失散后，在地方党组织和农会负责人的引领下来到距惠来县城十多里的东陇镇四凤村的后吴村，暂住在一户老百姓茅屋中。随后，病中的周恩来在惠来赤卫队员吴克宜等的护送下来到乌石庵（又名八仙院）歇息治病，在乌石庵期间，庵内僧人依据病情采用土方草药为周恩来治病，赤卫队员精心护理，减轻周恩来病状。此后，在惠来县赤卫队员的一路护送下，周恩来等辗转经图田、见龙头、赤岑、浮埔洋、览表等沿海村庄前往陆丰甲子、金厢等地，渡海转赴香港。乌石庵始建于清光绪元年（1875），坐西北朝东南，为三间两进，面阔12.38米，进深16.91米，建筑占地面积220平方米，干栏式结构，贝灰构筑，硬山顶，是一座有前后厅六房一天井的庙宇。2011年5月，乌石庵被公布为惠来县不可移动文物登记单位。

（八）贺龙革命活动旧址仙石寺。该址位于溪西镇西湖村仙石山。1927年10

月，贺龙与自己的前头部队（第二十军第一、二师起义军）分开，与后卫部队和前敌委员会领导机关失去联系，随后贺龙进入大南山区寻找彭湃，终在西湖村仙石寺找到联系人，并联系到彭湃。不久，贺龙等在当地党组织和农会的保护下从神泉转移到香港。贺龙离开溪西镇西湖村时留下诗句："二八戊辰到岩山，攀登仙石放眼量，只为立种芙蓉志，定无辜负栽花郎。"后人将此诗刻于石，碑刻宽0.5米、高1米。仙石寺始建于明神宗万历三年（1575），为寺庙建筑，有前殿厢房、天井、后大厅等建筑物，占地面积5500平方米，几经复修重建，寺内的"贺龙纪念亭"是1986年8月，当地群众为纪念贺龙在此地活动而修建的纪念设施，亭子坐北向南，占地面积11.55平方米，面阔3.5米，深3.3米，为四柱重檐黄琉璃瓦顶。2011年11月，贺龙纪念亭被公布为惠来县不可移动文物登记单位。

（九）郭沫若革命活动旧址陈少光瓷器店。该址位于神泉镇区中兴街37号。1927年10月3日傍晚，当南昌起义部队与敌人在普宁池尾钟潭村莲花山激战几小时后，双方自行撤出战斗，起义军后卫部队和中共前敌委员会领导机关被打散，各自分散成小队往海陆丰方向转移。南昌起义革命委员会委员、起义部队政治部主任郭沫若等与领导机关失去联系，由普宁县党组织派来接应的黄寿山找到，带到咸寮村隐蔽，后由方家悟、陈开仪、黄寿山带路经大南山赶赴惠来神泉。郭沫若等人到神泉镇后，在惠来县地方党组织和农会的安排下，隐蔽于临近神泉港的进步商人陈少光的"荣兴记"瓷器店阁楼货仓中待机而动。郭沫若在瓷器店住了10天，天气好转，风方有利于帆船向西南方向出海。于是，惠来县党组织和农会抓住时机，秘密租了一艘帆船，载扮为商人的郭沫若等前往香港。陈少光瓷器店现为居民住宅，原貌改变较大。

（十）南昌起义领导人渡海处水仙宫。该址位于神泉镇神泉渔港码头边。1927年10月3日，南昌起义部队前敌委员会、革命委员会领导人周恩来在普宁流沙主持召开起义军南下部队指挥部军事决策会议，会议决定南昌起义军各领导干部率部队迅速向海陆丰方向转移。10月5日，贺龙、彭湃、刘伯承、林伯渠、廖乾五、徐以新、许玉磬、文曼魂等带着附近二三百名战士到达惠来的神泉港。由于人数多、队伍大，容易引起敌人的追踪，部队与地方党组织取得联系后，决定部分官兵留在大南山坚持斗争，部分分头转移。在惠来农会的协助下，南昌起义部分将领撤往南海边的神泉港,在水仙宫乘坐帆船出海。水仙宫为妈祖庙建筑,坐北向南,占地面积80平方米,保存良好。2011年11月,神泉水仙宫被公布为惠来县不可移动文物登记单位。

(十一)**彭湃革命活动旧址王昭海家**。该址位于华湖镇美园村老村7号。1928年7月,彭湃率领中共东江特委机关转移到大南山雷岭周围指挥潮普惠土地革命斗争,与夫人许玉磬住在华湖美园村农会负责人王昭海家中。王昭海家宅是潮汕"下山虎"格式民居建筑,建于民国初期,土木瓦顶结构,面积130平方米。现已开辟为展览馆,收藏许多珍贵的革命资料、用品、图片,彭湃同志赠送给王昭海的裤子已被广东省博物馆收藏。1979年4月,彭湃革命活动旧址(王昭海家)被公布为惠来县文物保护单位。

(十二)**彭湃革命活动旧址黄上棚石洞**。该址位于惠城镇五福田村西面山窝。彭湃是中国共产党早期党员,被誉为"中国农民运动大王"。1922年开始从事组织农会等农民运动工作;1925年,彭湃随周恩来参与广东革命政府第二次东征指挥事务;1927年10月,彭湃带领南昌起义部分领导人经惠来转赴香港;1928年1月,彭湃与徐向前率部进军惠来,举行年关大暴动,两次攻克惠来县城,成立惠来县苏维埃政府。1928年3月底,中共东江特委机关从海陆丰地区转移到惠来,彭湃等东江特委领导人驻于林樟村、五福田村。5月,彭湃率特委机关驻在五福田村山上的山寮石洞,领导大南山根据地建设,开展土地革命斗争,彭湃和夫人许玉磬驻在五福田村山上的黄上棚石洞,东江特委机关驻在济过康石洞,东江军委机关驻在黄竹尖石洞,彭湃经常辗转几个石洞之间办公、开会。黄上棚石洞由一块20米长的巨石覆盖其上,洞口一人宽。1979年4月,彭湃革命活动旧址黄上棚石洞被公布为惠来县重点文物保护单位。

(十三)**古大存革命活动旧址新德庵**。该址位于葵潭镇圆墩村北面山。1928年,古大存与彭湃等率领红军进驻大南山,古大存在圆墩村新德庵办公,指挥红军与潮普惠人民一起进行革命斗争。新德庵原建筑已被拆除,现建筑物为1999年重建,占地面积约50亩。

(十四)**赤花剧社活动旧址**。该址位于惠城镇林樟村老寨内。1928年3月,彭湃转战于大南山期间,经常到林樟村清唱班参加活动,并指示惠来县委应发挥民间

"清唱班"这种群众喜闻乐见的娱乐形式的作用，宣传发动群众参与土地革命斗争。惠来县委派熟悉戏剧创作的刘育民（潮安县人）把林樟村的清唱班改为俱乐部，并在演唱内容上增加一些革命歌曲和革命小演唱。盐岭村的清唱班也学习林樟村的模式，改为俱乐部，并增加革命的演唱内容。两个清唱班革新后的节目，很受群众的欢迎。1930年，东江特委和潮普惠县委在红场建立红军戏台后，经常在红场举行文娱活动。因为群众不习惯观看无箫、无琴、无锣鼓的话剧，特委和县委邀请林樟、盐岭两村的俱乐部参加演出。后为扩大革命影响，县委以林樟、盐岭两村俱乐部为基础，在林樟村成立"赤花剧队"，每晚演出话剧、潮剧。赤花剧社活动旧址为石墙瓦顶结构，占地面积150平方米。2022年1月，赤花剧社活动旧址被公布为惠来县不可移动文物登记单位。

（十五）中共东江特委、潮普惠三县暴动会议旧址三山祖祠。该址位于惠城镇林樟村老村内。1928年3月底，中共东江特委机关从海丰转移到惠来。在彭湃的带领下，中共东江特委、东江军委、惠来县委、县苏维埃政府等党政军机关进驻林樟村，东江特委机关驻村内的三山祖祠，领导创建潮普惠大南山革命根据地。该村地势北高南低，呈阶梯分布；周围群山环抱，绿树成荫，空气清新，风景优美；揭神公路蜿蜒而过，交通条件不断改善；石屋民居错落有致，独具特色。三山祖祠为贝灰、瓦木构筑的祠堂建筑，占地面积320平方米。1984年11月，潮普惠三县暴动会议旧址被公布为惠来县文物保护单位。

（十六）潮普惠县苏维埃政府驻地旧址老仑洞。该址位于惠城镇盐岭村北面山坡。1931年初，潮普惠县苏维埃政府转驻盐岭村，在老仑洞办公。县苏维埃政府设立军务部、财政部、土地部、劳动部、文教部和妇女部。老仑洞洞口向南，洞深100多米。1979年4月，潮普惠县苏维埃政府驻地旧址被公布为惠来县重点文物保护单位。

（十七）潮普惠县苏维埃政府石古村交通站遗址。该址位于惠城镇石古村中。1930年11月，潮阳、普宁、惠来三县苏区合并，成立中共潮普惠县委和潮普惠县苏维埃政府。不久，县委机关转驻到上林村朝住祖祠，县苏维埃政府转驻盐岭村。石古村处于大南山与县城交界，地理位置非常有利，因而潮普惠县苏维埃政府在石古村建立交通站，村农会干部林来发负责石古村与东江特委之间的情报传送、物资输送等工作。潮普惠县苏维埃政府石古村交通站遗址房屋已被毁坏。目前，该址已重新修缮完毕，并建有指示标志。

（十八）潮普惠苏区银行旧址普陀岩寺。该址位于惠城镇虎头岩山。1930年，在大南山根据地成立潮普惠县苏维埃政府，潮普惠苏区的建设蓬勃发展。1931年后，为繁荣经济，东江特委在惠城虎头岩的普陀岩寺建立苏区银行，并创办苏区市场、合作社，开展土地分配工作。1933年3月，潮普惠县苏维埃政府在苏区银行印制发行苏区货币，货币主图为列宁头像。普陀岩寺西南临水库，前有石寨，有正厅、两厢及前后座，环山筑建。2013年4月，普陀岩寺被公布为惠来县文物保护单位。

（十九）中共东江特委南海交通站旧址盛祖周公祠。该址位于神泉镇图田村。1926年，图田村农民协会在盛祖周公祠成立。1930年，大南山苏区的斗争新发展起来后，为开通大南山东江其他地区的人员、信息、物资往来渠道，更好地开展根据地各项工作，巩固和发展革命斗争成果，中共东江特委根据图田村良好革命基础和三面临海的独特半岛地形，派马南、肥文两位同志到图田村建立南海交通站，交通站设在村中的盛祖周公祠，并发展农会会员周余胜、周犁等为交通员，建立通往香港省委的海上红色交通线。1933年冬，南海交通站转移，在图田村农会的掩护下，马南、肥文两位同志安全转移。盛祖周公祠为贝灰、瓦木构筑的传统潮汕祠堂建筑，整体为面阔三间深三进坐落，建筑面积206平方米，现保护良好。2011年11月，盛祖周公祠被公布为惠来县不可移动文物登记单位。

（二十）大南山石刻革命标语（惠来部分）。标语分布于惠城镇盐岭村盐岭径上。1930年底，中共东江特委再次进驻大南山后，为广泛进行革命宣传，发动群众，潮普惠县委、县苏维埃政府组织翁千等石匠冒着敌人的枪林弹雨，不畏敌人的血腥大屠杀，多次躲过敌人的袭击，在巍峨的盐岭径巨石上刻上各种革命标语，主要有："准备争取全广东政权""实行全国总暴动""建立全国苏维埃政权""兵士实行革命兵变""男女平权、婚姻自由""武装拥护苏联""列宁主义万岁""肃清机会主义取消派""打倒黄色工会""工农兵一家人"等革命口号。这些标语，分布在各重要隘口，主要分布在大南山中部和东部路边的35处山石上，共57条467个字（其中惠来县盐岭径4石10条74字）。大南山石刻革命标语（惠来部分）分布范围长1000米，保护较好。1979年4月，大南山石刻革命标语（惠来部分）

被公布为惠来县重点革命文物保护单位；1985年8月，被公布为广东省重点文物保护单位；1996年，被公布为揭阳市爱国主义教育基地。

（二十一）红四师部队驻地旧址仙井古岩。该址位于东陇镇苗海村梅花山上。1928年3月上旬，彭湃在兵营村主持召开惠来农民代表大会，通过"海陆丰受重大压迫，惠来的农民为要求自己的出路及援助海陆丰，应立刻暴动"决议，并成立攻城总指挥部。接着，叶镛、徐向前带领红四师从海丰连夜经陆丰县金厢，渡海到惠来，参加惠来的武装暴动。3月10日，革命队伍开至县城附近的苗海等村，红四师部队官兵驻扎在苗海梅花山的仙井古岩。仙井古岩为寺庙建筑，抬梁式结构，贝灰构筑，坐北朝南，占地面积3200平方米，经过多次修缮改造，保护情况良好。1983年10月，仙井古岩被公布为惠来县文物保护单位。

（二十二）大南山革命烈士纪念碑。该址位于葵潭镇圆墩村七圣娘岭下。惠来土地革命战争时期著名的农民运动领导者黄陈娘，在1928年6月的反"围剿"战斗中壮烈牺牲。后人为了纪念他，将他和于土地革命战争时期在大南山牺牲的98位革命烈士的名字，铭刻在村旁的烈士纪念碑上，供人们缅怀瞻仰。革命烈士纪念碑于1960年1月修建在村前路口，1989年12月移建于村后山坡上，2020年进行修缮、改造提升，现已改造完成，现碑高12.2米，长2.7米，宽2.25米，纪念碑占地面积6.075平方米，纪念碑广场总占地面积1260.92平方米。1979年4月，大南山革命烈士纪念碑被公布为惠来县文物保护单位。

三、全民族抗日战争时期的革命遗址

（一）惠来县青抗会革命活动旧址澳角炮台。该址位于神泉镇澳角村西北海边，炮台面临南海。全民族抗日战争时期，神泉湾的港口是潮梅地区唯一能够进行对外贸易的口岸，1937年9月，惠来县成立惠来青年救亡同志会；1938年2月，惠来青年救亡同志会改称惠来青年抗敌同志会。澳角炮台是神泉湾岸边制高点，惠来党组织派县青抗会武装队伍驻守在此监视日舰动向，及时向村民通报。澳角炮台是清康熙五十六年（1717）为防倭寇而建，四周贝灰夯筑，上有城堞、炮眼及人行通道，墙高5.8米、厚2米。1983年10月，澳角炮台被公布为惠来县文物保护单位。2012年10月，澳角炮台被公布为广东省文物保护单位。

（二）文昌山战斗遗址。该址位于惠来县神泉镇文昌村烟墩山顶。1941年6月25日，驻汕头日本侵略军两艘战舰停泊于澳角村海面。26日晨4时，日军陆战队300多人在2架日机的掩护下进犯神泉。日军飞机轮流向神泉南华街和惠城镇惠西路、北门等处投弹，炸死当地居民多人。日军在文昌山遭到中共惠来县总支部领导的抗日自卫大队青年志愿小队，以及刚到达神泉的广东省保安团一个营的抵抗。激战至当天下午三时多，日军撤退下海，遇到退潮和神泉港路复杂的阻碍，抗日武装及神泉渔民乘机击沉日军汽艇1艘，打捞到日军步枪10多支。文昌山激战，敌我双方俱有伤亡。是役，我方阵亡34人，日军死亡20多人，群众被日寇杀害及炸死200余人。文昌山战斗遗址为乱石浆砌军事防御设施，范围约3500平方米，现仅保存残损防空洞、防弹掩体。

（三）银河剧团成立旧址惠来一中连登楼。该址位于惠来县惠城镇英内社区。1936年，惠来县籍学生吴健民在香港读书时参加了中共外围组织，接受马列主义教育，后经组织同意回惠来第一中学读书。1937年上半年，他在学生中组织"若风壁报社"，开展抗日救亡宣传。"卢沟桥事变"后，他发动组织惠来第一中学银河剧社，以话剧为武器，开展抗日宣传。10月，剧社联合上海学生救国会回乡抗日救亡工作队队员方若琪及一中教师张学武，将剧社的组织范围扩大，在惠来第一中学连登楼成立惠来县爱国青年团体——银河剧团。惠来一中连登楼是民国时期惠来爱国侨领林连登赠建，为两层老式洋楼建筑，占地面积450平方米。2011年11月，惠来一中连登楼被公布为惠来县不可移动文物登记单位。

（四）中共惠来县委联络站旧址陈氏大宗祠。该址位于葵潭镇吉成社区老市场。葵潭镇是惠来县经济较为活跃的城镇，物产丰富、交通便利、市场发达。全民族抗日战争时期，陈绍贡、陈克特、陈焕新等惠来党组织负责人，利用宗亲关系，经多方踏探考察，把葵潭镇临近市场的陈氏大宗祠（俗称陈厝祠）发展为革命活动据点，开展抗日宣传联络活动。陈氏大宗祠建于明代，占地面积300平方米。2003年4月，陈氏大宗祠被公布为惠来县不可移动文物登记单位。

（五）惠来县青抗会旧址柱南周公祠。该址位于神泉镇图田村。1937年9月，汕头青年救亡同志会联系惠来县党组织负责人陈绍贡，准备筹建惠来县青年救亡同志会。9月下旬，惠来县青救会成立，设立干事会，陈绍贡为主任干事。青救会提出

"动员一切力量争取抗战胜利"的口号，出版《救亡导报》宣传抗日。随后惠来县青救会在神泉镇图田村柱南周公祠办公，组织渔民开展抗日救亡运动。1938年2月，惠来县青年救亡同志会改称惠来县青年抗敌同志会。4月，县青抗会以图田村工作队队员为骨干，成立图田村渔民抗日宣传工作队，队员50多人，均为青壮年。柱南周公祠为潮汕祠堂建筑，建于清光绪十二年（1886），坐南向北，面阔三间深三进，正厅明、次间抬梁式梁架结构，硬山顶，建筑占地面积216平方米。2011年11月，惠来县青抗会旧址被公布为惠来县不可移动文物登记单位。

（六）抗日名将翁照垣旧居将军第。该址位于葵潭镇玄武社区老布街。翁照垣（1892—1972）出生于葵潭镇，1912年入伍，1926年赴日本陆军士官学校骑兵科学习，1929年转赴法国慕汉尼航空学校学习。1932年1月28日，日军侵犯上海闸北，时任驻闸北的十九路军156旅旅长翁照垣不待军命，即率部抗击，打响了淞沪抗战第一枪，此役重创了日军，鼓舞了全国人民的抗日斗志。将军第建于民国时期，坐西北向东南，主体楼为水泥钢筋结构，占地面积307平方米。2013年4月，抗日名将翁照垣旧居（将军第）被公布为惠来县重点文物保护单位。

四、解放战争时期的革命遗址

（一）惠南武工队活动旧址乐隐公祠。该址位于惠来县隆江镇象湖村内。1947年，惠南武工队建立后，武工队员叶延丰等经常到象湖村串联农民郑昭超、郑田禾、郑朝三、郑大合等参加抗征队的活动，并发动郑昭超、郑清和等13人，在村乐隐公祠成立象湖武装队，郑昭超任队长，郑田禾任副队长。乐隐公祠占地面积450平方米，经修葺维护，整体结构稳固，保护状况良好。

（二）潮普惠南人民行政委员会惠来县东区办事处旧址洪氏家祠。该址位于仙庵镇锡溪村大井巷。1948年10月，潮普惠南人民行政委员会在锡溪村洪氏家祠建立惠来县东区办事处，主任陈绍宏。从此，锡溪村成为惠来县东区的政治、军事据点，东区的重要会议经常在锡溪村召开，东区征收的公粮等军需物资在锡溪村集中分配。洪氏家祠建于清咸丰八年（1858），坐东向西，为三间三进，面阔16.5米，进深25.1米，占地面积420平方米，灰沙夯筑，为潮汕风格祠堂建筑。2012年7月，洪氏家祠被公布为惠来县文物保护单位。

（三）潮普惠南人民行政委员会干部训练班旧址卓氏家祠。该址位于惠城镇南美社区南美中巷13号。1948年底，潮普惠南人民行政委员会在南美村卓氏家祠开办干部训练班，培养一批干部，为顺利接管潮普惠各地城乡奠下坚实的人才基础，他们成为后来各级机关的主要骨干。卓氏家祠建于明代末期，占地面积170平方米，为贝灰、瓦木构筑。2011年11月，潮普惠南人民行政委员会干部训练班旧址被公布为惠来县不可移动文物登记单位。

（四）仙庵村武装队成立旧址赖氏祖祠。该址位于仙庵镇仙庵村。1948年2月，惠来县东区武工队派员到仙庵村开展宣传发动工作，号召农民组织起来，反抗国民党的"三征"，村里的贫苦农民林荣坤、阮昊才、林记顺等农民，联合林石部、林阿春、黄智萍等20多人，在村中的赖氏祖祠（俗称赖厝祠）成立仙庵村武装队，林荣坤为队长，林记顺为副队长，林新为通讯员。赖氏祖祠为祠堂建筑，占地面积240平方米。2011年11月，赖氏祖祠被公布为惠来县不可移动文物登记单位。

（五）清水岩事件遗址。该址位于周田镇崎岭村的清水岩风景区。1947年11月21日夜，农民队伍在周田镇崎岭村后的清水岩岩洞集中时，被获知情报的惠来县国民党刑警短枪队包围，除林标一人逃脱外（后加入武工队），其余11人全部被捕，后在前湖村被杀害，他们牺牲时的平均年龄不超过38岁，这就是当时惠来影响突出的"清水岩事件"。为弘扬这些在革命道路上牺牲的烈士精神，潮普惠南人民抗征队为这些烈士立碑纪念。清水岩事件遗址为天然岩洞，目前遗址已被纳入清水岩寺内，范围约2000平方米。2003年4月，清水岩被公布为惠来县不可移动文物登记单位。

（六）潮普惠南人民行政委员会旧址朝达林公祠。该址位于惠城镇林樟村牛头巷。1948年6月，潮阳、普宁、惠来、南山人民行政委员会在林樟村的朝达林公祠成立，主任委员陈绍贡，统一领导潮阳、普宁、惠来和大南山解放区的政权建设工作。同月，行委会在朝达林公祠部署建政工作，以惠南武工队和南阳山武工队为依托组织政工队在下林樟和圆墩村开展建政工作试点，加强大南山根据地建设工作的领导。朝达林公祠为祠堂建筑，据资料记载建于民国初期，房屋为贝灰、瓦木构筑的平房，坐北向南，为三间两进四合院式格局，建筑面积144平方米。1984年11月，潮普惠南人民行政委员会旧址被公布为惠来县文物保护单位。

（七）陇头情报站旧址寄梅庵。该址位于东陇镇寄陇村。寄陇村位于县城西面，距离仅2公里。1947年10月，大南山根据地建立后，中共惠来县党组织在寄陇村寄梅庵设立交通站，初称惠西情报站，站长为中共党员方增城，交通员为方章、方向坚、方锦明、方绳太、方良等，负责联络人为方如杰、方天元，均为陇头村人；后改称陇头情报站，站长方如杰，由方增城联系。寄梅庵为寺庙建筑，占地面积300平方米。2011年11月，寄梅庵被公布为惠来县不可移动文物登记单位。

（八）潮汕人民抗征队革命活动旧址天后圣庙。该址位于仙庵镇锡溪村。1948年5月20日，潮汕人民抗征队第五大队成立，抗征第五大队成立后，派出武装队伍以锡溪村天后圣庙为据点，活动于惠来东区及潮阳县边界，并与各村的群众武装连成了普遍而强大的战斗力量与组织网络，天后圣庙也成为锡溪村重要的革命活动据点。天后圣庙占地面积160平方米，现保护状况良好。2012年7月，天后圣庙被公布为惠来县文物保护单位。

〔第八节〕潮普惠县苏维埃政府颁发红军及工农武装抚恤条例

（公元一九三四年四月二十二日）

（一）红军、赤卫队、游击队及一切工农武装队伍指挥员、战斗员、战时平时因公伤亡，均适用本条例抚恤。

（二）苏维埃区域各级政府与各级机关，均负执行本条例于各地伤亡战士或家属（父母妻子）之责。

（三）阵亡战士家属得向指定机关按月领取该战士原有生活费（　）年，负伤者得领其生活费到能参加工作止。

（四）阵亡或伤废战士家属有免费享受各级教育之权。

（五）苏维埃对阵亡或伤废战士家属须免其税务十年，伤后能工作，免其税务于不能工作时间内。

（六）苏维埃对该地阵亡、伤废战士家属之土地，须负责领导群众代其耕种或替找相当职业不得索取各种费用，或潦草塞责。

（七）伤亡战士的医药、丧葬费均由各级政府与各机关负责供给。残废由政府供给终身生活费。

（八）阵亡战士家属或伤废战士本人与其家属，对合作社、一切公共娱乐场所均得有优先权。

（九）各队须将阵亡伤废战士本人略历及家属近况报告县（　）颁发抚恤证给其本人或家属（　）（　）地于指定机关按期领抚恤金。抚恤证失落时得补发。

（十）各地政府须按照情形组织抚恤委员会，专门办理这一工作。当地政府忽视执行本条例时，得由伤亡战士家属或其本人向上级政府报告处理。

本条例自公布之日起施行。

括号系原文缺字。

第三十七章

惠来县全境解放过程

1949年5月20日，惠来县宣告全境解放。这是惠来人民在中国共产党领导下，继抗日战争胜利后，在解放战争中，经历了隐蔽斗争和武装斗争两个阶段的艰苦斗争，在全国和全潮汕的大好形势下所取得的伟大胜利。

〔第一节〕隐蔽斗争时期

抗日战争时期，中共惠来党组织的力量比较薄弱，尤其是1940年下半年，党的主要领导陆续撤离惠来，惠来的党组织暂时停止活动，转入埋伏，坚持隐蔽斗争，秘密联系群众，广交朋友，发展进步力量，待机发起革命斗争。

一、恢复惠来党组织

1945年初，抗战胜利前夕，日本侵略军流窜惠来，国民党军队撤走。是时，中共潮普惠县委为领导惠来的革命斗争，于1945年5月间派郑流阳到惠来恢复党的组织活动，他先后恢复方八鹏、方腾奎和图田党支部的周成等五位同志的党组织关系，恢复党的组织活动。同年8月，抗战胜利，国内形势发生了根本的变化，"抗日战争的阶段过去了，新的情况和任务是国内斗争"，"目前这个斗争表现为蒋介石要篡夺抗战胜利果实和我们反对他的篡夺的斗争"。这时全国内战爆发，为了适应形势的突变，1945年11月，中共潮阳县委分工宣传部部长陈俞负责领导惠来党组织的工作。1946年1月初，派方文瑞回惠来，联系和恢复一批党员。接着，有黄欣睦、赖欧坚、刘百川、方鸣岗、王国雄、林秀勤、叶素玉等人先后转移到惠来坚持隐蔽斗争。这些人分别在城乡学校布下据点，打下群众基础，在隐蔽斗争和以后武装斗争中发挥了积极作用。

1946年1月，中共潮汕特委任命詹泽平为惠陆边区特派员，带领一支10余人的骨干队伍，到惠来、陆丰交界开展新区工作，负责沟通东江、韩江两个地区的联系。这些同志到达新区后，通过党内外各种社会关系，很快在葵潭、东港、隆江和甲子、碣石、南塘、博美等村镇以学校为阵地，找到掩护，站稳脚跟。其中有几位同志隐蔽在抗日名将翁照垣将军直接控制的几个单位，对翁照垣将军及其部属中、上层人士进行统战工作，发挥了积极的作用。由于惠、陆边新区工作的迅速开展，出色完成了沟通东江、韩江两个地区联系工作的任务，还开辟了一条通往香港的海上路线。

二、成立中共惠来特别支部

1946年3月，惠来县建立了共产党的领导机构，成立中共惠来特别支部，书记黄欣睦、组织委员杨兆民、宣传委员方文瑞。在特支领导下，建立起三个党支部：一个是图田村党支部，党员8人，支书周成；一个是农村教师支部，党员7人，支书方八鹏；一个是惠中学生支部，党员3人，支书陈平。另外，还有两个党的同情小组：一个是东湖小学同情小组，有方鼎鹏等4人；一个是诚信小学同情小组，有张彬元等2人。

在这段时间，惠来地下党在隐蔽斗争中积极开展工作，紧密团结周围的一批进步分子，发展党的组织力量。1946年上半年，在惠来一中任教的陈君霸，培养发展了陈平、陈绍养、方小兰三名学生党员。后因陈君霸的党员身份暴露而调离惠来，新发展的惠中学生党员由方文瑞个别联系。同年7月，杨兆民调往陆丰博美中心小学工作，1946年8月，陈俞调回潮阳县委工作；8月底，特支书记黄欣睦对革命缺乏信心，私自往香港。这时，已建立的惠中学生党支部和东湖小学党的同情小组，由惠来特派员詹泽平直接领导，方文瑞继续领导农村教师党支部，图田党支部由方八鹏联系。1946年下半年至1947年上半年，惠中学生党支部，先后吸收陈翔真、方增城、胡命惠、方振坚等几名新党员，在农村教师党支部和图田党支部，分别培养吸收了几名农、渔民党员，全县新发展党员有11名。1947年下半年至1948年上半年，培养吸收10多名党员，并在寄陇、东山建立二个党的同情小组，在东陇、四凤等地分别发展了党员和党的同情分子。

1947年6月，詹泽平调往南阳山组建武装队伍，党组织派王增辉任惠来特派员。同年8月，王增辉调往潮安工作，由方八鹏同志接任惠来特派员。至1947年底，方文瑞奉调上大南山，组织武工队伍。随着革命形势的发展和武装斗争的需要，地下党先后输送10多名党员参加武工队，不断从学校、农村吸收和输送一批进步青年入伍参加革命。

〔第二节〕创建武装队伍

1947年10月下旬，潮汕人民抗征队第三大队，根据中共潮汕地委的指示，开赴大南山开辟革命根据地，重新燃起大南山武装斗争的烽火。抗征"三大"第一中队，首先摧毁大南山腹地林樟乡公所，活捉该乡乡长林乃江，缴获长短枪20多支，接着解除了叠石、潘岱及其周围的反动武装，并于11月和12月先后于八乡林和潘岱成立惠南武工队（简称"南武"）和东区武工队（简称"东武"），分别由方文瑞、马毅友任队长。不久，又于普宁县锡坑乡成立大南山武工队，由郑流阳任队长，吴明任副队长。抗征"三大"在大南山立下脚跟之后，于12月下旬会同"东武"向惠来东区一带展开活动，1948年1月，在"南武"配合下袭击隆江圩。"三大"在大南山活动于惠来境内从东至西驰骋数十公里，历时两个多月，建立起革命的据点，成立了三支武装工作队，为发展和建设大南山革命根据地打下基础，还主动向山区附近以至平原地区出击，有力打击和摧毁了国民党反动派的区、乡政权，解除其武装，惩办了恶霸地主，大造革命声势，支持了人民的革命斗争，迅速掀起了轰轰烈烈的"抗三征"（抗征税、抗征粮、抗征兵）革命浪潮，得到了人民群众的热烈拥护。

大南山武装队伍的建立和革命斗争的发展，给惠来人民带来极大的鼓舞和希望，引起国民党反动派的恐惧和仇视。

一、清水岩血案

东区周田等乡的12名农民，在大南山武装斗争的影响下，自发起来"抗三征"，同国民党反动派进行斗争，并酝酿投奔抗征队参加革命。但是，当其尚未同革命队伍联络上时，便被国民党反动势力所注意。1947年11月21日，正当他们在崎岭村后的清水岩庵集中时，不幸遭到惠来县国民党刑警短枪队乘夜包围袭击，除1人走脱外，其余11人全被枪杀。这就是当年的"清水岩血案"。

二、方文灿组织"围剿"大南山革命根据地

地方反动头目方文灿接替方乃斌任惠来县县长后，反动气焰更加嚣张，纠集地方反动势力，成立惠来"戡乱委员会"，发展谍报人员，扩大政警武装，新建政警独立分队，后扩充为政警第三中队。在隆江圩恢复自卫中队和扩充警察所的反动组织，布置进逼八乡林革命根据地的阵势。在东区强化华湖乡公所，并联结东区一带组织反动联防，配合潮汕驻林招和雷岭炮楼之国民党军，矛头对着"东武"活动地区。方文灿特别"卖力"执行国民党广东省第五行政区督察专员兼"清剿"司令喻英奇的"绥靖会议"计划，配合"潮普惠南清剿指挥所"的部署，多次组织对大南山革命根据地进行袭击和"围剿"。

从1948年2月下旬至5月，连续采取了四次较大规模的军事行动：一次是配合潮阳反动武装袭击叠石、潘岱一带的"东武"活动地区；一次是由"潮普惠南清剿指挥所"统一部署，集中兵力向大南山地区进行"围剿"；另外两次是向活动

于八乡林一带的"南武"进行袭击和破坏。他们妄图把新生的革命武装扼杀于摇篮之中。

三、避实就虚，开展斗争

在两军武装力量强弱悬殊的情况下，革命的武工队在共产党领导下，除配合主力部队打仗之外，主要担负着发展和建设根据地的任务。在发动和组织群众方面，大力宣传革命形势和党的政策，启发和鼓舞群众的革命信心，领导根据地人民实行"二五"减租和反对国民党的"三征"政策。惩办地方恶霸，支持人民的革命斗争，把政治斗争和经济斗争同群众的切身利益紧密结合起来，迅速把群众发动起来，广泛地建立民兵组织。在打击国民党反动军队的进犯，保卫根据地的斗争中，武工队紧紧依靠人民群众，避实就虚，与敌人周旋，积极开展斗争，看准战机，在主力部队的支持和地下党的紧密配合下，集中力量摧毁国民党的反动堡垒，解除和消灭国民党的反动武装，从而进一步建立革命的据点和不断扩大根据地的范围。同时，还在山区和平原地区开展借枪募粮活动，不断扩大革命的武装队伍。经过半年左右的艰苦斗争，使广阔的大南山成为革命武装赖以战胜国民党反动派的根据地。

〔第三节〕建立地下情报网

大南山建立起革命武装队伍后，为了配合武装斗争的开展，中共惠来地下党组织，继续坚持隐蔽斗争，并利用党员的各种社会关系，采取各种方法，千方百计地搜集和掌握国民党反动派的动态。

一、在国民党党、政、军各方面建立情报网

1947年下半年，陈平打入国民党县警察局当文书。地下党的同志还同国民党县政府无线电译电员方锡藩有联系。帮他查电码，抄电文，从中搜集需要的情报。陈绍舞、陈翔真利用同警察局长是亲属的关系，同住在一座院子内的方便，经常观察和了解同警察局头子来往的人员，对他们的言谈及其活动的具体情况进行登记和分析；还经常在隔墙的书房窃听绅士们集结时谈论的内容。在国民党的武装队伍方

面，方增城教育、发展了刑警短枪队组长方发；方天元发展刑警短枪队队员方发明；吴今发展政警大队部重机枪手许乌龙和政警第二中队分队长吴畔等为内线人员。1948年初，国民党新建惠来县政警独立分队后，中共惠来地下党便通过内线人员方发明在该分队先后发展方奇、林昌治等四人为内线人员。共产党的同情分子翁振腾同政警第二中队翁炳文拉上关系。共产党的同情分子方鼎鹏，在国民党县党部和社会上的一些上层人士中进行工作，了解有关情况。至1948年夏，中共惠来地下党已在国民党营垒党、政、军各方面建立起秘密的联系，广泛布下共产党的同情分子和内线人员，逐步建立起一个比较周密、隐蔽的情报网，时刻注视着国民党反动派的活动情况。

二、地下情报网提供精准情报

由于惠来地下党组织在国民党县政府的各个要害部门中有了情报线索，掌握了较及时、较准确的情报，能够正确地确定自己的斗争策略，有的放矢地打击国民党反动军警。共产党在大南山建立人民武装的初期，正是惠南武工队立足未稳之际，国民党反动派便于1948年2月中旬派出一个政警中队配合刑警短枪队向河田进行偷袭。但是，中共地下党已先获情报，故武工队得以化整为零地从容转移。接着，在3月中旬，国民党反动派又出动近二百名兵力进攻八乡林，配合"潮普惠南清剿指挥所"向大南山进行第一次"围剿"。然而地下党组织已事先把国民党反动派的行动部署和惠城兵力空虚的情况，以及调查和绘制惠来警察局平面图和国民党军警岗哨的位置等情报，及时送到惠南武工队。方文瑞根据地下党提供的情报，制定了斗争策略，除布置民兵在山区牵制国民党反动派军队外，亲自率领武工队乘夜深入惠城，直捣敌巢、袭击警察局。武工队员吴树手提炸炮，冲向敌军哨位，不慎跌下水沟，炸炮爆炸，被国民党军队发觉，未能攻入，武工队只得撤退。这场战斗，虽未能摧毁国民党军营，但对反动派的震动很大。时国民党县长方文灿惊恐万分，即下令撤兵保卫惠城。这就打乱了国民党反动派的部署，使之不得不解除对革命根据地的包围。

三、建立交通点和联络点

在配合武装斗争的行动中,中共惠来地下党根据斗争的需要,在惠城和城郊村设立两个交通据点和三条地下交通线,并在城里设立了联络点。西南地下交通线的据点设在寄陇村,先后由方增城、方如杰、方章、方天元负责联络,东面地下交通线的据点开始设在金竹寨,后来改在城郊的暗庵寨(即现在的东安社区),先后由方增城、方伯元、方授负责联络。这两条交通线分别同"南武"和"东武"联系,负责输送有关情报和护送革命青年入伍。另一条是地下党与县委、武工队直接联系的地下交通线,以惠城大街"协兴号"和东湖小学为联络点,负责传达县委给地下党的指示和工作布置,并与方八鹏联系。有关地下党向县委的请示报告和定期的社情、敌情分析,则由东陇交通员方龙、方兴彬直接传递。另外,地下党组织在连城大街方章管家里、林爷宫方如杰的住处,设有工作联络点,作为地下党碰头研究工作或内线人员汇报情况及联络的地方。

中共惠来地下党组织的这些情报网和地下交通线,准确、及时地把国民党反动派的情报,特别是军事行动的情报传递到革命队伍,有效地配合革命根据地的武装斗争。

〔第四节〕建设革命根据地

1948年4月中旬,潮汕人民抗征"三大"在武工队和民兵的配合下,接连摧毁了圆墩、青坑两个反动堡垒之后,为加强对大南山革命斗争的领导和革命根据地的建设。同年5月,经中共潮汕地委决定,成立惠来、南山县委(简称惠南县委),县委书记郑流阳,组织部部长郭春,宣传部部长方文瑞,委员马毅友,还有方风芳负责妇女工作。县委机关原设在锡坑白马仔村,后转移至八乡林牛角栏村。惠南县委统一领导大南山革命根据地和各武工队及地下党组织,使原来各自独立活动的武工队步调更加一致,配合更加密切,促进了革命形势的发展。

一、开辟三清山区根据地

1948年5月,成立三清山区武工队,为开辟三清山区根据地,扩大解放区,巩固大南山革命根据地,党组织派叶章礼、林莱堂到该地区组织领导。该武工队以新村、长青围为据点,开展武装斗争。在共产党的领导下,三清山区人民踊跃前来参队,经过艰苦的斗争,抓紧募粮借枪,并收缴东港、湖东国民党乡镇公所及地主、公户的枪支武装自己,壮大队伍。1948年6月,在长青围村建立"三清山区抗征第一中队",中队长谢德成,指导员胡命惠;8月,在长青围村建立"三清山区抗征第二中队",中队长郑木京,指导员江克。1948年10月间,在长青围村成立"三清山区抗征大队",大队长肖介山、政委叶章礼、副大队长谢德成、教导员江克、副官许逊。全大队200人左右,武装活动的范围东至甲东、隆江附近,西至西岭、头行,南至甲西、南塘、湖东一带,北至葵潭、兵营附近。武工队还经常化装潜入甲子镇活动、抗"三征",打击国民党反动派。

二、成立山美武工队

这段时间,在中共惠南县委的统一领导下,马毅友领导"东武"的活动范围,已从大南山东侧的叠石、潘岱一带山区扩展至惠来、潮阳两县交界的广阔平原和东区沿海一带。先后于雷岭和桥仔头设立税站,控制惠来至潮阳的陆上交通线,同时,新成立华湖武工队,由廖一民任队长兼指导员,在离县城五六公里的地区开展活动。在河田山区一带,方文瑞同志领导的"南武",1948年6月初旬,摧毁山美乡公所,把国民党反动派这个作为进攻大南山的门户,变成武工队出击平原的据点。在争夺山美村的战斗过程中,国民党反动派曾多次变换花招进行反扑,妄图抢夺这个据点,开始以正面"清剿",经屡遭失败之后,又派遣以短枪队为主的小型武装偷袭,却也躲不过武工队的"耳目",不是扑空,就是碰得头破血流。山尾村这个据点,始终控制在武工队手中。7月初,中共惠南县委决定成立山美武工队,林向人任队长,指导员吴今(后朱田、陈风)。原惠南武工队由方文瑞同志带领向隆江方面发展,活动于隆江镇周围的广大地区。

三、成立西联武工队和惠南连队

随着形势发展,1948年6月底,拔除了西联乡公所,在鲁阳村成立西联武工队,队长张水龙、指导员方章。在此基础上,县委根据地委的指示,着手建立惠南连队。把原惠南武工队扩建为抗征连队。不久,在八乡林宣告成立"惠南第一中队",代号称"飞龙队",开始五六十人,中队长周成,指导员陈绍粦。队伍由方文瑞同志亲自带领,配合武工队活动于惠城、隆江之间及山美、鲁阳一带乡村。八月,在鲁阳成立"惠南抗征第二中队",代号称"飞虎队",开始也是五六十人,中队长张万辉,指导员方槐。10月间,又在鲁阳村成立"惠南抗征第三中队",人数四五十人,中队长林茂兴,主要负责鲁阳后方机关的警卫、后勤工作等。在这期间,方明生同志领导的东营武工队,从圆墩、青坑发展到葵潭附近一带地区,从而巩固和加强了西部地区的武装力量。至1948年底,在惠来县区域内的大南山区,除葵潭、隆江等一些孤立点之外,都为抗征队、武工队所控制,并连成整片。革命根据地的建党、建政、减租减息的群众运动和民兵组织都有很大的发展。先后建立锡坑、八乡林、东营、西联和盐岭五个乡人民政权;大南山根据地已有中共党员一百多人,锡坑、八乡林分别成立了党总支,很多自然村也已建立党支部、党小组;各乡先后成立民兵大队,有组织的民兵队伍共3600多人,其中基干民兵都配备有枪支。

〔第五节〕分化国民党军政人员

1948年5月,中共惠南县委成立后,地下党特派员方八鹏同志到大南山向县委汇报工作。县委书记郑流阳肯定了地下党在配合武装斗争中所发挥的积极作用,并对下一步的工作做了具体研究和部署。

一、策反国民党刑警队人员

根据县委的工作部署,地下党在瓦解国民党军队的工作方面,除继续在其营垒物色对象、扩大情报线索外,还积极争取一部分人员倒转枪口,公开与反动派进行斗争。共产党的同情分子方兴彬利用同宗的关系,教育同乡方彪、方妈来等四、五人脱离县刑警队,并携械投奔革命队伍。为了瓦解和削弱国民党军队,壮大人民武装力量,经县委研究决定,把从敌营分化出来的人员就地组织起来,并以地下党在东陇乡发展的基本群众为骨干,于7月中旬在东陇宣告成立"葵阳武工队",简称

"葵武"，由方妈来任队长，县委派朱田任该队指导员，活动于惠城、神泉和隆江这个三角地带，并与山美武工队互为呼应。

二、宣传并发放证明书和通行证

为了进一步分化、瓦解国民党反动派的军队，削弱其战斗力。惠来地下党大力向敌人发动政治攻势，除经常散发革命传单和张贴《团结报》，传播抗征队的胜利消息之外，还与抗征"五大"配合印发《惠来刑警队员离职证明书》《惠来公职人员离职证明书》和解放区通行证以及优待俘虏的传单等。这些证件和宣传品的内容是由马毅友同志提供的，地下党负责图案设计，并由方伯元刻写和印制成精致的卡片，然后由内线人员秘密转赠。如《惠来县政府官兵离职证明书》卡片正面文字"手中执此证明书，回到家中可安居"，背面文字"县城已经受围攻，你快离开一、二中，勿代臭官做冤鬼，回归家中当老农。证明一张你带回，白米一斗你安家，力耕力种饲（养）父母，勿再去当白派差"。《惠来县公职人员离职证明书》："执此证明书，远近皆不拘，一律受优待，过我解放区。若再恋孤城，战犯有你名，我军入城日，清算决实行。"证明书和通行证在国民党军队营垒中发挥了巨大的政治影响作用。开始时他们半信半疑，后来有些军警人员通过抗征"五大"哨卡时出示通行证，抗征队遵守诺言，不但没有为难他们，而且给予热情接待和教育。此类事例在国民党军、政、警内部传开，震动很大，吸引不少人想方设法去找证明书和通行证作为护身符。

三、从国民党兵手中购买子弹

在积极向国民党军警人员发动政治攻势的同时，地下党还通过内线和其他各种关系，向国民党军营士兵购买子弹和枪械。有的人成为向抗征队供售子弹的伙伴。每当他们出发执行任务或向解放区进剿时，胡乱打了几枪，便向上司多报了子弹的消耗量，从中偷出子弹卖给抗征队，作为他们的额外收入。这在国民党军中已成为公开的"秘密"。抗争队向敌军多购一颗子弹，就等于削弱了敌人的一分力量，增强了抗征队的一分威力。这一增一减，正是瓦解和削弱国民党军队的有效办法，从而有力地打击了国民党反动派。

四、策反国民党政警三中队

1948年11月下旬,惠来地下党向县委汇报国民党政警三中队军心涣散、士气低落,思想紊乱的状态和打算看准时机解除该中队武装的设想。县委书记郑流阳同意并支持这场"策反"行动,强调要把握好时机下手,并通知抗征队"五大"派遣武装配合。地下党经过一番调查和准备之后,派方天元加强同有关内线人员联系外,研究行动的具体做法。这时,内线人员要求会见地下党领导人,建议事成之后给有关人员奖励。1948年12月初的一天晚上,方八鹏代表地下党在林爷宫联络点接见内线人员的代表方发明,答应了他们的要求。方如杰、方天元参加并共同讨论行动的具体计划。事后,地下党一面写报告向县委汇报,一面派方增城到潘岱找抗征队"五大"马毅友联系,研究派代表配合行动。两天后,方增城按约定时间带方发明到顶寨村会见马毅友,交付事先所答应的奖励款项,同时还讨论和确定行动的具体时间,统一抗征队武装人员进入敌营地时的口令,以及行动成功后响三声炸炮传报喜讯等事项。行动的当天下午,方天元等人检查落实内线人员控制岗哨等具体情况。1948年12月13日夜晚,抗征队"五大"由钟延安带领17人的短枪队,直奔惠城林盾祠政警三中队驻地。是时,内线人员已在路口接应,切按计划顺利进行。"五大"武装人员进入政警三中队营地后,不费一弹,便抓获中队长方国雄和当夜留营官兵共21名,并缴获全部武器、装备,计:轻机1挺、"三八式"步枪27支、左轮1支、手榴弹3箱,军用物资一批。

〔第六节〕解放各圩镇

1948年5月20日,东区武工队根据抗征队司令部指示,在潘岱正式宣告成立"潮汕人民抗征第五大队",代号"迅雷",马毅友任大队长。该大队开始只有一个中队,代号"铁骑",由副大队长周洪兼任中队长和指导员,指战员110多人;到6月初建立起第二中队,代号"闪电",中队长钟延安、政治指导员林雄,共有90人左右。"五大"建立后,根据抗征队司令员张希非的指示,马不停蹄地向潮普惠边平原挺进。八月间,抗征队第五大队经常活动于惠城近郊和关门内外一带。当时惠来县国民党反动军警多次出城活动,常遭抗征队致命打击。

一、解放靖海

1948年8月30日中午,抗征队"五大"接到惠城地下党根据内线人员及时送到情报:"敌政警三中和刑警队60多人、轻机一挺,今早护送惠来县县长沿惠潮公路,经关外到沙陇新塭乘船赴汕参加'治安会议',估计明天必返惠城。半途截击,有内应。"时适逢"五大"一、二中队和"三大"李扬辛中队在东区会合。故于当晚即将部队开往茶园村隐蔽,部署在关外伏击归途之敌。8月31日上午,抗征队的武装队伍已全部进入指定阵地:"三大"一中埋伏于鸡母岭,以截击敌军去路,"五大"一中郑强小队登上鲤鱼岭,其余兵力包括"五大"二中分布于鸡公岭入关门右侧,负责截击入关之敌。马毅友同志亲自带一个小分队配有机枪一挺埋伏于葫芦出水。果然,于当天下午2时许,国民党军警如期返惠,他们沿公路至关门山下便停止前进,派出军犬上鲤鱼岭。抗征队埋伏在鲤鱼岭上的小分队为避免军犬发现,奉命下撤。军犬在岭上绕了一圈即回。时公路上无人过往,国民党军警心有疑惑,故又派出尖兵搜索前进,当他们进入关门约200米而尚未进入伏击圈时,其尖兵便发现鸡公岭碉楼上有人影,即鸣枪报警。抗征"三大"中队见敌军接近并已鸣枪,即向入关之敌尖兵开枪射击。后面之国民党军警即抢登鲤鱼岭,占领山头。入关的尖兵企图后撤,但退路已被切断。在抗征队猛烈扫射打击之下,入关之国民党军警尖兵全部被歼。对占领鲤鱼岭之国民党军警,抗征队曾组织短枪队往上冲锋,但因敌踞壕顽抗,未能攻上。经激烈战斗,双方各有伤亡。至天黑间,国民党军警乘夜幕退至靖海。当时驻锡溪炮楼的国民党联防队20多人见状也怕得要命,慌忙随同退至靖海。时靖海区公所的国民党军政人员也怕抗征队乘胜追击。于是,这三股国民党军政人员合乘一船,连夜从靖海港逃窜至神泉,9月1日晚狼狈抵达惠城。是役,抗征队共击毙击伤敌军17名,俘虏4名,缴获长短枪20余支。于是,惠来县关外几万人口的靖海区包括靖海港(镇)便宣告解放。

这是抗征队解放潮汕沿海的第一个港口,也是惠来县第一个解放的城镇。同年12月,由大南山指挥部决定,宣布成立靖海镇军事管制委员会,主任陈绍宏。

二、解放甲子

1948年7月22日,潮汕人民抗征队第三大队、第五大队,在惠南、三清连队和武工队的配合下,集中了几百人,第一次进攻惠陆边的甲子镇,英勇作战,声威大震,取得了重大的胜利,但因地势不利,未能攻克。第二次进攻甲子镇的时间是1949年1月14日。这次战役,是以国民党独立第十一旅王国权部属起义的黄忠部为主力,三清山区抗征队配合作战,攻入了国民党甲子镇警察所、陆丰县保警第三中队和甲子镇联防中队驻地,俘虏国民党军警官兵12人,缴获轻机枪1挺、长短枪80多支,取得了胜利,宣告甲子镇解放。3月18日,甲子镇军管会宣告成立,主任委员林菜堂。1949年5月25日,中共华南分局从香港内迁,时潮汕地委、惠陆南边县委及边纵二支五团负责同志在甲子镇接待,并由甲子镇军管会派武工队配合五团护送华南分局方方等经葵潭、鲤湖到达潮汕地委所在地——揭阳县灰寨村。

三、解放隆江

随着解放区的迅速扩大,为适应新形势发展的需要,根据中共潮汕地委的指示,撤销惠南县委,分别成立"中共惠陆南边县委"(简称惠西县委)和"中共潮惠南边县委"(简称惠东县委)。惠西县委负责领导从惠城起,包括大南山八乡林和东营地区,西至陆丰县的甲子镇和甲西等地区。惠东县委负责领导惠来东区、南山东区和潮阳县的部分地区。惠陆南边县委于1949年1月底在牛角栏村成立,不久移到鲁阳村。县委书记郑流阳、组织部部长叶章礼、宣传部部长方文瑞、青委方八鹏兼任惠城地下党特派员,妇女工作由方凤芳负责。同年2月,惠陆南边行政委员也于鲁阳宣告成立,主任刘斌,秘书方凤芳、民政委员林菜堂、民运委员郑觉、财政委员马礼正、粮食委员陈克特、文教委员李达。

1949年初,全国解放战争已取得辽沈、淮海、平津三大战役的伟大胜利。在潮汕,中国人民解放军闽粤赣边纵队粉碎了喻英奇的第五次"进剿"之后,中共潮汕地委发出了"争取一年左右的时间解放全潮汕"的号召,并在全区范围内部署拔除国民党统治地区据点的进攻。在新的形势下,为了适应革命斗争的发展,扩大战果,惠陆南边县委成立后,根据中共潮汕地委大岭下会议的决定,即进行边纵二支十团的组建工作。由惠南两个中队、三清大队两个中队和李扬辛同志从三团带来的部分骨干组编为三个连，于1949年2月在鲁阳村宣告成立"中国人民解放军闽粤赣边纵队第二支队第十团"，团长李扬辛，政委郑流阳，政治处主任方文瑞，参谋处主任林向人（后江克），后勤处由马礼正负责。随后又新建一个连。全团辖四个连，指战员320人，连同团部机关和武工队共410人。在此期间，边纵二支主力三团、五团和新建的十团，广泛向普（宁）惠（来）平原地区进军。中共惠城地下党也先后配合公开武装斗争，在拔除国民党反动派的据点的同时，积极进行解放惠城的准备工作。

1948年秋，中共隆江地下党方锡佳和山美武工队在县委的领导下，对驻市美山炮楼国民党自卫中队的副中队长陈稳东、小队长方长（内线人员）等进行策反工作，并教育、串联两个班长和几名士兵准备起义。经潮普惠南分委和边纵二支十团及县委研究后，调集二支三团、五团和惠南两个分队，以及西联、山美两个武工队等兵力，于1949年1月6日夜发起第四次攻打隆江圩。是晚，按作战计划部署，待主力军第三团和第五团的兵力到达狗头山后，乘市美山哨兵在当夜12时交班时刻，抗征队惠南短枪队20人即跟内线人员上山，直达国民党自卫中队营地。这时，自卫中队长和士兵正在熟睡，抗征队的短枪队即冲上二楼，活捉中队长陈光南，生俘其全队官兵40余人，并缴获长短枪34支，手榴弹一批。是役，一弹不发便全歼了国民党反动派的一个自卫中队。

次日晨，边纵二支主力第三团和第五团，乘胜围攻驻守在隆江圩杨茂水楼之国民党政警第一中队。惠南抗征队参战的两个中队，其中第二中队（飞虎队）驻防于惠城至隆江小路的华美村。是时，驻杨茂水楼之政警一中队经武工队喊话仍拒不投降，山尾武工队便使用从甲子运来的几门土炮轰击，但楼墙虽穿洞损坏而不倒，政警中队仍继续顽抗。经过一整天的战斗，由于抗征队对敌情估计失误，因而对加强在华美村打击国民党反动派援兵的兵力不足。1949年1月8日天亮时，在惠城的国民党政警第二中队抄沿海小路经华美村来援，"飞虎队"阻击不住。于是，政警二中队便登上狗头山高地，控制了隆江市区。这时固守在杨茂水楼的政警第一中队见有来援，也用机枪亡命向抗征队扫射反击。抗征队两面受敌，处境不利，只得后撤转移。随后，张希非等领导同志在大南山处召开战地会议，分析敌我情况，研究部署伏击到隆江救援之后回城之敌。决定由郑希同志率领二支第三团、第五团两个团的部分兵力奔赴东陇伏击。不出所料，到隆江救援的国民党政警中队在返惠城途中进入了包围圈，即遭抗征队的猛击。是役，共毙、俘国民党军警36名，缴获轻机枪1挺、枪榴弹4支、长短枪58支。国民党政警中队长带领一个小分队转经赤洲向神泉方向逃窜。

1949年2月中旬，边纵二支十团控制了甲子港之后，又回师活跃于隆江和惠城周围。时惠城和隆江的国民党军警如惊弓之鸟。于是，在3月1日晚，隆江之国民党军警贪夜仓皇抄小路逃往惠城。3月2日，边纵二支十团顺利开进隆江镇，群众热烈欢呼，隆江解放。同日成立军管会，主任陈克特。

四、解放神泉

隆江解放后，边纵二支十团乘胜进逼神泉港，向驻神泉镇国民党军警发出劝降书，敦促其投降。时神泉镇国民党自卫中队长方义士接到劝降书后，即派代表方多福到隆江军管会要求解放军派代表谈判。这时，边纵二支五团也正在神泉东北面的华湖一带活动。于是，二支十团便派方锡佳同志和第四连到华湖与五团取得联系，配合解决神泉的问题，并按约定的时间，由十团方锡佳和五团高华两位同志于涂泉庵同驻神泉国民党自卫中队作为代表的副中队长陈灿华进行谈判，洽谈有关起义事项。是时，二支十团四连配合五团主力已进入神泉镇负责妈宫外围警戒，并包围了国民党军警驻地，先用武力佯攻，排除了神泉警察所督察邹志超（时国民党惠来县县长邹瑛之侄）的阻挠。在解放军的军事压力下，神泉国民党军警全体官兵终于放下武器投降。是役，计缴获长短枪32支、手榴弹30颗。3月10日，于神泉宣告解放，成立军事管制委员会，主任方腾奎。同日，在华湖解放区召开祝捷大会，扩大政治影响。

五、和平解放葵潭

随着解放战争节节胜利的形势发展，在靖海、甲子、隆江、神泉等镇解放之后，位于省交通枢纽的葵潭镇已处于孤立，时葵潭镇除驻有区署、警察所和联防大队的武装外，原十九路军旅长，粤省抗日救国军新编第一师师长翁照垣将军在附近办有西岭肚矿场、葵潭农场和兴记行，并有一支配备较为精良的联运武装队伍，当地国民党的区长、镇长和联防大队长都是依靠翁照垣将军的实力为后台的。从抗日战争至解放战争时期，中共地下党和抗征队对翁将军的武装人员、区署以及联防大队的武装人员，采取了统战政策，争取他们保持中立，对葵潭地区和翁照垣将军的武装从来不予袭击；对翁将军的私人工商业也予以保护。翁照垣将军的武装人员及其势力范围也从来不曾对中共地下党及其抗征队采取敌对的态度。中共地下党的同志经常来往葵潭二带活动、收集情报，进行隐蔽斗争，他们也从来不予干涉。1949年3月下旬，葵潭国民党区长黄仕续和联防大队长黄汉良，自知葵潭的局面已坚持不了，表示愿将葵潭镇交由共产党管理，但要求联防大队仍由黄汉良任大队长，接受共产党领导，树解放军旗号。中共惠陆南边县委将此情况及时报告并请示地委。3月29日，地委在给县委和二支四团负责同志的指示信中指出："绝不允许有独立割据之部队存在"，强调在武力威慑的同时，争取用谈判方式使其按我党的意图解决问题。县委根据地委指示，布置二支十团的队伍向葵潭镇附近靠拢，同时派出政工人员苏健等三位同志进入葵潭找地下党郭克同志联系。叶章礼、方锡佳化装进葵潭与郭克等同志联络。经过郭克同志加强对黄仕续、黄汉良的统战工作，使其同意通过谈判解决和平解放葵潭的问题。

于是，解放军二支司令部便派郑流阳、马毅友为谈判代表，郑流阳为首席代表，并函约黄仕续、黄汉良至葵潭镇溪口村进行正式谈判。参加谈判工作的还有李扬辛、叶章礼、郭克、方锡佳等同志。谈判过程由惠陆边武工队负责警卫。在谈判中，解放军代表要求对方要认清形势，走"和平解放北平"的道路，把全部武器装备缴交解放军，由解放军和平接管葵潭，对于当地的工商业包括翁照垣将军的私人企业，解放军将按共产党的政策予以保护。黄仕续、黄汉良同意解放军和平接管葵潭，但提出对翁照垣将军的私人武装将由他们赴汕头市与翁照垣将军商议后才能决定。解放军代表表示同意。是时，翁照垣将军深明大义，同意把他在西岭矿场的枪支和联运队、联防队以及区署等的武装全部缴交解放军，但为避免喻英奇的追究，要求解放军于夜间进军，双方朝天开枪后才缴械。于是，双方约定了联络时间和信号。4月25日晚，解放军二支十团团长李扬辛率领四个连队包围了葵潭镇进行佯攻；郑流阳、刘斌等同志则于夜幕降临后带短枪队进驻葵潭镇内翁照垣儿子经营的商店，并以该店为指挥部；惠陆边武工队也依时进行联络和配合。一切按计划进行,先由武工队到区署周围投掷土炸炮,然后双方朝天放一阵枪声后,解放军二支十团的部分兵力便开进葵潭镇,依照约定方法缴械。是役,计收缴重机枪1挺、轻机枪4挺、长短枪160多支。4月26日,葵潭镇宣告和平解放,并成立军管会,主任李达。

六、解放惠来县城

1949年4月21日,国民党反动派拒签和平协定,毛泽东主席和朱德总司令向中国人民解放军发布向全国进军的命令,百万大军横渡长江;4月23日,解放了国民党首府南京。同年4月底,中国人民解放军闽粤赣边纵队二支司令员张希非,到达惠来县鲁阳村十团团部,同中共惠陆南边县委和十团负责同志商议解放惠来县城的部署。经研究后,马上组织行动:一方面派方文瑞同志到东陇下村同惠城地下党特派员方八鹏一起核对惠城国民党军警各驻地兵力配置情况,绘制"惠城国民党驻军平面图",提出进军路线和如何包围、控制国民党军警各据点的意见,同时布置惠城地下党密切注意敌情动态;另一方面筹集粮食物资,以备供应解放军的主力部队;同时还动员和组织八乡林民兵负责运输队及担架队等。其军用粮食,物资和二支十团的队伍则秘密集中于隆江待命,积极做好解放惠城的战前各项准备工作。

5月中旬,边纵直属团和二支在平原扫荡、解放两英墟之后,分兵一路进攻惠来县城。张希非司令员率领二支主力第一、第四团到达大南山,隐蔽于八乡林石砻口等村,并在石砻口村召开军事会议作解放惠城的部署。参加会议的有二支政治部主任徐扬、一团团长陈华、十团政委郑流阳等。会上,郑流阳同志汇报了惠城敌情和解放惠城各项准备工作情况,经详细研究,周密部署了作战计划,确定了进攻时间。当时,把边纵主力置于惠来县城西部,准备阻击海陆丰方面可能来援之敌。按攻城军事部署,一、四团主攻县政府的政警大队据点和驻连城街酩酊楼的刑警便衣队。十团分兵二路:一路攻西门外市场驻朱南江楼之县武警队和便衣队,另一路进攻西门城脚张载禧楼之隆江区署及警察所的武装队伍。

5月19日晚,方八鹏同志到小溪村接张希非、郑流阳诸同志到离县城五公里的犁头庵,设立了指挥部。午夜,指挥部移至缶窑庵,解放军按作战计划进攻惠城,先把敌人分割包围。翌日拂晓,边纵二支一团、四团攻进惠城,分别登上石丁头意香斋和石池门的"先得月"楼两个制高点，集中火力压制县府之敌。二支十团也抢登制高点，在西门外方作斌楼和方文华楼的楼顶架上重、轻机枪，控制张载禧楼和朱南江楼之敌。整个惠城的国民党军警各驻地都在解放军的火力控制之下。这时，解放军指挥部已移至方乃斌住宅楼，随时掌握敌情，指挥作战。在解放军全面展开进攻的同时，还向敌人进行政治攻势，劝其投降。解放军指挥部派员找到国民党县政警大队长陈家祺的亲属，令他带信进入县政府，把信件交给国民党政府县长邹瑛及政警大队长陈家祺，信中讲明共产党的政策，指出其只有放下武器投降才是出路。初时，国民党方面要求解放军后撤1.5公里后进行谈判。解放军拒绝了对方的要求，并限令他们必须于当天（5月20日）中午前放下武器，向解放军投降，否则就要展开全面攻击。是时在解放军强大的军事压力下，对方被迫派警察局长张卓球手执白旗出来。解放军指挥部领导人接见并劝其放下武器投降。此时，经解放军指挥部研究后，即派二支十团政治处主任方文瑞为代表，并带领方锡佳、严才、叶扬丰、杨智如、蔡顺钦、张妈喜等六名武工队同志，由张卓球引进县政府，与邹瑛、陈家骐等人进行谈判。方文瑞同志向对方讲明形势，宣传共产党的政策，以及保证投降官兵的人身及其个人财物的安全，严正警告他们，只有停止抵抗，缴械投降，才是出路。至此，国民党官兵见四面被围，动弹不得，只得接受解放军代表的劝告，宣布无条件投降。是时，国民党县长邹瑛即派陈家骐和政警中队长翁炳文会同解放军代表，召集县政府内的官兵列队放下武器投诚；其他据点之国民党军警官兵当其接到县政府的投降令后，也先后停止抵抗，并放下武器投诚。至5月20日午后，战斗停止，国民党各据点军警全部投诚，惠来县城宣告解放。这场战役，共缴获国民党军警武器，计：机关炮1门、轻重机枪4挺、长短枪180多支、子弹万余发、无线电台1部和一大批军用物资，并保全了国民党县政府全部档案和公共财产不受损失。是役，国民党军警人员死亡2名、伤3名，对于投诚的国民党军政人员300多人，由解放军按政策分别处置。

惠来县城的解放，宣告了惠来县全境解放。这是潮汕地区第一座解放的县城，也是第一个全境解放的县份。惠来县城解放后，在边纵二支司令部直接领导下，立即成立中国人民解放军闽粤赣边纵队第二支队惠来城区军事管制委会，任命詹泽平为军管会主任、陈绍贡为副主任。同时，经中共潮汕地委决定，将惠西、惠东县委合并，以惠西县委为主，成立中共惠来县委员会，任命詹泽平为县委书记，组织部部长吴明，宣传部部长方文瑞，委员郑川、叶章礼、方八鹏、方凤芳，青委书记方八鹏（兼）、妇委书记方凤芳（兼），方文瑞兼管公安工作，郑川主管接管工作，叶章礼分管部队和边防工作，文教、民政、财政和经建科等分别由陈绍宏、郑觉、马礼正和陈克特等同志任科长。其时陆丰县的甲子区，也属于惠来军管会和中共惠来县委统辖与领导。1949年8月1日，经中共潮汕地委决定，由潮梅人民行政委员会批准成立惠来县人民政府，詹泽平任县长，副县长吴明静。至此，在惠来县人民革命斗争史上写下了光辉的一页。

第三十八章

军事人物

〔第一节〕古代军事人物

一、方骥之

雍正《惠来县志·乡贤》记载：宋，方骥之，字文郘，惠来都人，原籍八闽之莆田。淳熙十年授潮阳尉，寻迁本县丞，廉介持躬，绝苞苴，人不敢干以私。因公过惠来都，见其平畴沃壤，可教民稼穑，辟汙莱，得田数百顷。庆元三年春，调东莞，民攀辕卧辙，不恕遽舍以去，迫不果留，乃镌"去思碑"以志。不谖，抵东莞，值盗贼蜂起，蹂躏掳掠，苦不堪言。骥之统率弓兵当贼锋，或劝以"亲冒矢石恐罹害"，骥之曰："吾本布衣，食天禄，家世官，于国虽死无憾，何惧焉？"于是力战数十，殁于阵。监司以闻，荫其子份，守父爵。扶榇归潮，卜居惠来，因家焉，迄今奕叶蕃盛，号称邑巨族云。论曰：士多慷慨自期许，恨不得阶尺寸，以行其志耳。稍得志，顿易其操，一旦临变故，自保身命，奔窜恐不及者，比比然矣。骥之为潮阳丞，克殚厥职；调东莞，遭贼变乱。身为士民先卒，以战贼不克，没于阵。呜呼！骥之死，死得其所矣。司马氏曰："死或重于泰山。"骥之谓也夫。

《惠来县方氏族谱》：骥之公，字文邵，生于公元1123年，卒于公元1198年。公元1183年，南宋孝宗淳熙十年出任潮阳县县丞，县丞是县副长官，位在县尉之上，列正九品、从八品的官阶。受朝廷袭封为"迪功郎"，享九品爵位，公向为武官，公元1198年，宋宁宗庆元四年，调东莞任县尉，值盗贼蜂起，御敌阵亡，受朝廷之褒奖，为创居惠来都之东福、洋美、陇头三乡之始祖。公在东莞治乱罹难，无遗墓。

方骥之（1123—1198），一名方侨，字德振，号文邵，原籍福建省莆田县白杜里。其曾祖父方峻（1008—1092），字景通，朝廷赠封"金紫光禄大夫"；其祖父方密（1066—1130），字潜翁，淹通诸史百家，咸称"宋贤"，以子贵赠封"朝请郎"；其父方维（1083—1136），字国振，宋政和二年（1112）特奏进士，钦宗皇帝在位时（1126），任知州太守，后官至"朝大夫"。方维为两个儿子取名骥之、骏之，寄予千里马的厚望。

方骥之出身官宦世家，作为官宦之家的嫡长子，得到家族更为厚裕的培养，从小受到良好家庭教育。他勤奋攻读，深受儒学熏陶，自幼情怀高雅，品行端庄。年纪稍大，父亲为他延师习武，练就拳术、枪、刀、剑、戟等武艺，文武双全。他性情豪放耿直，立下"生以救时，死以明道"之志，为人处世，成熟稳重，深受乡人爱戴。宋孝宗淳熙十年（1183），奉表恩袭"迪功郎"，以荫生授封潮阳县尉，到任后，不久即改任县丞。

"淳熙十年授潮阳尉，寻迁本县丞，廉介持躬，绝苞苴，人不敢干以私。"方骥之在潮阳任职期间，清正廉洁，大公无私。他一心为民着想，办事严明公正，克己奉公。他对各种不良的官场习气深恶痛绝，严厉杜绝给官吏馈送礼物，使城乡商贾豪绅不敢徇私行贿，县衙官吏不敢贪婪作弊受贿。

"因公过惠来都，见其平畴沃壤，可教民稼穑，辟汙莱，得田数百顷。"方骥之上任之后，常到全县各地体察民情，惠来都是他经常光顾的地方。当时惠来尚未建县,惠来都即今惠来县城及华湖、东陇附近村庄,他见惠来背山面海,地广人稀,土壤肥沃分明是饶泽之乡;然而,所到之处,田野荒芜,民众生活艰辛,衣衫褴褛,面有菜色,疫疾肆虐,盗贼横行。方骥之慨然发誓,一定要治理好惠来都,让百姓过上滋润的日子。他首先组织民众开拓生产,解决民众生活需求。他亲自来到田野,教民稼穑,励精图治,积极倡导并带领民众广辟荒芜土地数百顷,洼地种植水稻,旱地种植薯类作物,坡地种植水果,山岭植树造林,湖泽养鱼,滩涂筑埕引海水蓄卤制盐,全面发展生产。方骥之任潮阳县丞十二年(1184—1196),他始终为民众生计,教民稼穑,使农、林、牧、副、鱼、盐各业生产连年增产增收,解除了民众饥困,疾病减少,农桑鱼盐日臻繁盛,盗贼逐渐敛迹,昔日荒芜之地,如今一片欣荣。宋嘉熙二年(1238),潮州府知事郑良臣路经惠来都,见"其地坦而峥,其景森而丽,迁客骚人,多会于此"(潮州府同知衡岳《赤山院施田记》),深为感慨,书于石曰:"惠来真致,实有望后之人焉!"此乃方骥之善于淳化民风,教民勤奋生产之功绩也。

"庆元三年春,调东莞,民攀辕卧辙,不恕遽舍以去,迨不果留,乃镌'去思碑'以志。"宋宁宗庆元三年(1197),方骥之奉调东莞县尉。其时,潮阳县和惠来都民众夹道相送,纷纷牵挽车辕,争相挽留。方骥之衷心向民众言明,上宪之命不可违,望民众恕谅,挥泪作别,民众洒泪依依不舍。当地乡绅民众特地为方骥之建立"去思碑",记载他的功绩,永志怀念之情。

"抵东莞,值盗贼蜂起,蹂躏掳掠,苦不堪言,骥之统率弓兵当贼锋。"方骥之在潮阳县本是文官,调任东莞县县尉属于武官,到东莞就任,并非升迁,而是上司深知他是武将之才,其时盗寇蜂起,为非作歹,残害民众,百姓水深火热,家无宁日。方骥之到任之后,励精图治,整顿治安,不顾自己年迈力衰,亲自统率弓兵,上阵迎击盗寇,多次击退强盗的袭掠,保障地方安全。同僚和部下多次对他说:"亲冒矢石恐罹害。"纷纷力劝:您年事已高(年届花甲),况且顽寇众多凶恶,恐难攻陷,反遭其害,不如暂避锋芒,免遭罹难。其情切切,但方骥之毫不畏惧,正义凛然地说:"吾本布衣,食天禄,世家官,于国虽死无憾,何惧焉?"多次亲自率领官兵冲锋陷阵,厮战数十阵,终因精疲力竭而牺牲。朝廷监司闻奏,赐其福荫子孙,承袭爵位"迪功郎"。为彰扬方骥之的功绩,光绪《潮阳县志》将他列入潮阳县"名宦祠"崇祀；明嘉靖三年惠来置县后，官绅祀为乡贤，方骥之位列惠来县"乡贤祠"崇祀乡贤第一位。

清雍正《惠来县志·乡贤》赞颂方骥之论曰："士多慷慨自期许，恨不得阶寸尺，以行其志耳。稍得志，顿易其操。一旦临变故，自保身命，奔窜恐不及者比比然矣。骥之为潮阳丞，克殚厥职。调东莞，遭贼变乱，身为士民先。卒以战贼不克，殁于阵。呜呼！骥之死，死得其所矣。司马氏曰：死或重于泰山，骥之谓也夫！"方骥之身任潮阳县丞，殚心竭力地履行他的职责。调到东莞后，遇到发生盗贼变乱。他挺身而出，身先士卒，抗击凶恶顽寇，并且在战斗中壮烈牺牲。民众感戴，青史留名。方骥之虽死，死得其所。西汉史学家司马迁曾说："有的人死了，比泰山还重。"说的正是方骥之这样的人。

《惠来县方氏族谱》："公在东莞治乱罹难，无遗墓。"这句话透露出方氏族人深深的遗憾，同时也是他们对于方骥之深切的缅怀。方骥之原配夫人郑氏，继娶孙氏，产有二子，俱承袭"迪功郎"爵位。长子方思，字孟全，娶妻孙氏，继娶陈氏，偕其子方仕靖，于宋宁宗庆元年间（1195—1200），举家到惠来都创居东福埠坑东村（今华湖镇坑东村）；次子方恩，字孟坤，娶妻陈氏，偕其子方仕梅与方仕兰，于宋宁宗嘉定年间（1208—1224），举家到惠来都创居陇头村（今东陇镇寄陇村）与洋美村（今惠城镇洋美村）。冥冥之中自有定数，方骥之从福建莆田到潮阳就任，无意之中在惠来这片热土沉淀了积荫。方骥之的后代留在了惠来，800多年来，他的子孙后代于惠来都繁衍蕃盛，逐渐成为惠来县一大巨族。方骥之被尊称为惠来县陇头、洋美、东福方氏始祖。

自"四之进潮"，方氏在惠来繁衍传承已30多世，据族谱统计的宗族人数，其中方麟之、方骥之二大支族众达到174000余人。惠来方氏辈序：六律轩皇创，同从雷祖来。一堂敦孝友，继述有贤才。桂萼芬馨日，兰华畅发时。玉昆齐竞秀，金紫燕谋贻。渊海占洪福，莆田德泽绵。壶山应上溯，藩衍万斯年。源盛岐周世，名扬炎宋朝。风徽垂令誉，勋业并宣昭。远大连枝灿，临潮萃国英。庭阶生意满，普惠喜盈城。其中"隆兴宪章绳，武赞定集成"为目前大部分人的辈序，"隆"为廿二世，"成"为三十一世。2014年，东陇"方氏家祠"落成，其中有两条长联："蒲邑分支，源远流长，千秋衍元戎世泽。""百代振金紫家风，莲邨聚族，叶茂根深。"高度概括了方氏一族的繁衍壮大。

二、陈梦龙

雍正《惠来县志》记载：宋，陈梦龙，字五龙，大坭都心江人。少负志节，游乡校，梦手扶黄龙，遂以字。应试，登开庆元年进士，授石首县主簿。因建言改州司法曹。时元兵渐迫，与守帅议保御不合，弃官归。洎二王浮海，檄召诸路忠义兵。五龙独散家赀，起乡豪杰数百赴援，奉命招抚潮中诸寇。乃集士民议，请文少保天祥驻兵潮阳，诛刘兴、陈懿。懿亡去，引元将张弘范入潮。少保移屯至五坡，被执。祥兴二年正月六日，元兵入海追帝，五龙知弘范置少保舟中，谋伏兵海口袭夺，不克战死。

在汕头市潮南区陇田镇田心村，有一座天台古庙，庙里供奉着宋帝昺、文天祥、陆秀夫等人的塑像。当地人一看到这天台古庙，就会想起宋潮惠诸路招抚使、抗元英雄陈梦龙的故事。文天祥《过零丁洋》诗："辛苦遭逢起一经，干戈寥落四周星。山河破碎风飘絮，身世浮沉雨打萍。惶恐滩头说惶恐，零丁洋里叹零丁。人生自古谁无死，留取丹心照汗青。""人生自古谁无死，留取丹心照汗青"这句千古绝唱是文天祥的心声写照，何尝不是为救文天祥而罹难的陈梦龙的豪言壮语？！

陈梦龙，又名陈应辰，字五龙，南宋嘉定十三年庚辰（1220）出生于福建省莆田县打铁巷，祥兴二年（1279）战死于潮阳海门，时年60岁。端平三年（1236）丙申，少年陈梦龙离开莆田县家乡，跟随上任潮阳县正堂县令的父亲陈仕颖，来到广东潮州府潮阳县，定居于潮阳县城棉城南门石狮巷进士第（遗址尚在，祖祠肇禋堂在"文革"中遭拆毁）。陈梦龙成年后举家到潮阳县大坭都心江村（今潮阳县田心村）定居，成为该村陈氏始祖。明嘉靖三年设置惠来县，大坭都属惠来县辖区，陈梦龙遂成为康熙《惠来县志·人物》"宦迹"所记载的惠来第一人。

"少负志节，游乡校，梦手扶黄龙，遂以字。应试，登开庆元年进士，授石首县主簿。"陈梦龙十六岁随父来到潮阳县，其父陈仕颖勤政爱民，严明公正，深得士民拥戴。陈梦龙深受父亲熏陶，他所处的时代，正值南宋小朝廷日暮途穷、时局动乱之际。陈梦龙从小发愤读书，决心长大后为国为民干一番事业。他文韬武略，青年时协助棉城渡头村渔民歼灭来犯倭寇，声名大振。壮年夜游乡校，梦手扶黄龙，遂以字"梦龙"赴京都临安（今杭州）应试，开庆元年（1259）得中进士，宋理宗本想重用，但由于陈梦龙敢于在金銮殿上"指弊政，责权臣"，毫无忌讳，过于激进，以致遭到以贾似道为首的主降派权臣们诋毁围攻，幸好有陆秀夫等忠臣极力保奏，才免遭主降派权臣们陷害，结果只得了个湖北石首县主簿的小职衔。上任后，陈梦龙积极施展抱负，时元兵黩武侵略南宋，陈梦龙慷慨上书谏言，陈述守边二策，得朝廷褒赏，晋升扬州司法曹。陈梦龙在扬州，理冤狱、决滞讼、疏重刑七十余宗，受到士民爱戴，遐迩景仰。

"时元兵渐迫，与守帅议保御不合，弃官归。"时忽必烈大举进攻南宋，元兵大军压境。陈梦龙数次上疏"提缨请劲旅"，但被暗中压下，音信杳然，愤激之余，遂于咸淳六年（1270）初春弃官，回到阔别多年的故乡大坭都心江村隐居。

"泊二王浮海，檄召诸路忠义兵。五垒独散家赀，起乡豪杰数百赴援，奉命招抚潮中诸寇。乃集士民议，请文少保天祥驻兵潮阳，诛刘兴、陈懿。"咸淳九年（1273），元兵攻陷江汉间的重镇襄樊二城，南宋小朝廷檄召各地义兵勤王，身在大坭都的陈梦龙壮志未酬，雄心不息，欣然应召赴京。因为陈梦龙曾经在金銮殿上"指弊政，责权臣"而一直被奸臣们怀恨在心，一直极力压制并排斥陈梦龙，朝廷本来要授陈梦龙五万兵马抗元，但是奸臣们极力反对陈梦龙领兵抗元，说城中兵马已不足，不能再动用兵马，所以朝廷只授予陈梦龙潮惠诸路招抚使的空衔。手下无兵的陈梦龙，典田宅、散家资、举义旗、勤王救国。夫人姚淑德表示愿随夫从戎，为国效忠。是年腊月，陈梦龙在梅花钟山其父陈仕颖墓前竖起一面绣有"驱逐元贼，还我河山"的义旗，设聚义厅，招兵买马，各路英雄好汉素知陈梦龙忠心耿耿，高风亮节，得到消息纷纷前来投奔，一起驱逐元贼，光复宋室江山，一时投奔者不下千人，在短短一个月时间里，聚义兄弟已上万人，成为一支抗元的重要力量。

陈梦龙胸怀大志，一心报国，没有计较个人名利得失。祥兴元年（1278），陈梦龙协助文天祥进屯潮阳县城，讨伐以陈懿为首号称"五虎"的剧盗五兄弟。一天，陈梦龙偕夫人带兵来到葵潭、隆江一带，遭遇元将李峰统率的2000余元兵，陈梦龙所带的手下全是他招来的万余兄弟兵，英勇善战，奋不顾身，元将李峰2000余贼兵被陈梦龙组织的义兵打得所剩无几,落荒而逃。陈梦龙大获全胜,来不及庆祝,戎装未解,滴水未进,忽报有人求见。来人是陈梦龙胞弟——江西招抚使陈恩贞的家将郑兴。原来,陈恩贞在江西受封后统率1万余人,一连打了几次小胜仗,终因元兵势大,最后被困孤城,坚守待援,危在旦夕,遂派心腹郑兴前来广东向陈梦龙求援。听罢郑兴的叙述,陈梦龙当下安排妻儿回到大坭都心江村,自己连夜率领部下发兵江西。他带领万余义军翻山越岭,马不停蹄,一路上多次受到元兵、降将的拦截攻击,待赶到陈恩贞被困的孤城时,但见败垣残壁,满目疮痍,惨不忍睹,陈恩贞已壮烈捐躯。此时,流散各地的陈恩贞部下及当地的一些爱国义士纷纷前来归附,队伍很快由5000多人增加到3万余人。陈梦龙率领他们在江西、福建等地与元兵周旋数月,历经几十次战斗,取得一些胜利,但由于众寡悬殊,终遭失败,义军败退南山旧营时仅剩下900余人。

"少保移屯至五坡,被执。祥兴二年正月六日,元兵入海追帝,五垒知弘范置少保舟中,谋伏兵海口袭夺,不克战死。"

将兵在南山旧营仅休整一夜,次日便有探子报道:"文丞相在海丰五坡岭被降将张弘范所执,已被解往海门。"没有了文天祥,南宋朝廷大厦将倾,陈梦龙顿足叹道:"宋室亡矣!"他不顾一切要救出文天祥,是晚,他提刀跃马率领所有义军悄悄奔向潮阳县海门劫救文天祥。约三更时分,队伍到达目的地,元军戒备森严,重兵押守。陈梦龙一马当先冲进元营,众人发一声呐喊紧跟而进。元兵完全没有料到有人如此大胆,猝不及防,匆忙应战,被杀得哭爹叫娘。双方激战了个把小时。天明时,900余人马除了梦龙及部将刘义等20余人被团团围在中间,仍在坚持战斗外,其余全部壮烈牺牲。陈梦龙使出浑身解数,率领刘义等人左砍右杀,冲出一条血路。但见刀光剑影处,元兵首级纷纷落地。他们且战且走,好不容易退到了海门湾滩头,梦龙一个箭步跃上靠近岸滩的一只敌船,其余将兵也紧跟着跳了上来,众人齐心协力,杀死了船上的元兵,砍断了系船的缆绳,扯起了风帆,此时海风正盛,船箭一般向对岸的古埕方向驶去。元兵见状,纷纷张帆穷追。到了古埕乡中,双方又展开了一场殊死搏斗,刘义等20多人先后英勇殉难,陈梦龙身负重伤,筋疲力尽,不幸被捕。元将仰其武艺,慕其忠勇,想以官禄诱降。陈梦龙破口大骂,元将羞恼之下,遂将其杀害。当文天祥得知陈梦龙魂断古埕时,泣不成声,仰天长叹，痛失忠勇爱将陈梦龙。

《文天祥入潮》以大事记的形式记载了陈梦龙营救文天祥的壮举。《文天祥入潮》记载："南宋祥兴元年（1278）八月，谢翱、陈龙复奉文天祥之命，于九月直航潮阳后溪，组建行府分司。十月，少保右丞相兼枢密使信国公文天祥带兵入潮阳伐陈懿，懿逃走；攻蚝坪，杀降元的潮州知州刘兴。兵部侍郎邹洬、宣教郎刘子俊自江西率数千兵民到潮阳与文天祥会师，再攻陈懿余党。陈懿以私家战船百艘渡引元将张弘范到潮阳追击文天祥；十二月二十日，文天祥在海丰五坡岭被执。次年正月初二，文天祥被监护海口（今潮阳海门港）舟中。为营救丞相文天祥，陈梦龙（县城人，进士）率乡兵与元兵激战献躯。初六，文天祥从潮阳被解往崖山。十三日被转解元都。元至元十九年十二月初九日（1283年1月22日）在元都柴市就义，年47岁。"

雍正《惠来县志》在"寓贤篇"记载文天祥、邹洬、刘子俊等抗元英雄在惠来留下的战斗足迹，从中可以看到陈梦龙的英勇事迹。雍正《惠来县志·寓贤》记载："宋，文天祥，字履善，一字宋瑞，江西吉州庐陵人也……是年，卫王昺立于碙洲，徒行朝于厓山。天祥乃从船澳上表自劾，乞入觐，不许，加少保信国公。寻引兵东讨陈懿于潮阳，分部屯兵于龙溪千秋镇。懿奔导北军，北军猝至。天祥闻之，罢兵南走，元人以轻骑疾驰，袭执之于五坡岭上。取怀中'脑子'服之，不死。及至南安，绝粒不食，逾八日，翼得死于其乡，又复不死。盖自潮赴燕，其在燕坐小楼者凡五年，元人百计说之，绝无北面意，竟被刑柴市。""龙溪千秋镇"即今惠来县葵潭镇千秋镇村，该村千百年来留下不少关于宋帝昺、文天祥的故事传说和活动遗迹。

《惠来县志·寓贤》记载："邹洬，字凤叔，吉水人也。为人慷慨有大节，少以豪侠称，行台郡吏惮焉。及勤王兵起，从天祥，补武资，累功至将军……会刘子俊亦至，并趋潮阳见天祥，甚欢。刘兴之诛，洬兵有力也。及海丰移屯，洬为殿后。屯千秋镇，题铭于石（见《山川》）。闻元骑突出天祥阵中，度天祥已及于难，遂拔剑自刎而死。"《惠来县志·山川》记载："千秋镇，在县西七十里，其地背山面谷，水绕山盘，宋处置使邹洬尝驻兵其上，因勒铭石上。宋邹洬千秋镇铭：崇岗壁立，曲水长流；天险莫升，人谋曷筹？山川万古，镇垒千秋。

千秋镇石,在县西北七十里,东至葵潭十里,中有大石,宋末帝昺尝屯兵于此,题其名曰:永镇千秋。遗迹犹存。国朝(清代)邑人进士张经《过千秋镇诗》:'瑟瑟寒烟照水湄,共传帝子古营基。微虫尚守旧时约,春草池塘罢鼓吹。'(帝子以蛙噪不寐,敕军止之,至今蛙不复鸣)"

《惠来县志·寓贤》记载:"刘子俊,字民章,亦庐陵人也。尝领漕贡,与天祥雅相友善。及天祥开府与国时,子俊仗剑往从之。有克敌功,累官宣教郎,带行军器监簿……道遇邹洬,与俱东,至千秋镇,甫二十二日而及于五坡之难。始五坡兵溃也,子俊被执,辄自诡为天祥,以缓元帅,元人信之,自谓得丞相矣。及俄而相传别队已得丞相,然后知向之所执者为刘监簿也,因烹监簿,而送天祥于元军。"

相关史书、志书记载的内容,都可以看出陈梦龙跟随文天祥抗金的事迹。

田心镇沙井塱岗陈氏大宗祠的大门两侧有一副楹联:

前面桥溪后面沙溪溪水长流涌出渡溪新气象

空中天马庭中禄马马群超拔迎来驸马旧家风

这副楹联把陈氏大宗祠的地理环境、位置以及对祖先的来源描述得既贴切又清晰,高度概括了陈梦龙的各种传说故事以及墓穴的状况。

陈梦龙战死后,人感其忠义,于现在雷岭镇境内的双溪鹅地为他立了墓碑(至今尚保存完好),上书"宋进士陈梦龙墓"。据说当时因找不到尸骨,墓内只葬他生前穿过的一只将军靴。陈氏后人有诗吊唁陈梦龙:"尸横五坡坑谷红,少保被执谁争锋。千年古堤英雄泪,喋血南疆陈梦龙。"

关于陈梦龙的墓葬,陈氏族人有另一种说法。陈梦龙儿子、海丰县丞陈天麟和妻子赵郡主婵玉,受命调集渔船暨征召碣石乡民豪杰志士抗元。陈天麟乘夜指挥渔船于甲子港,天将明,看见满天尘土飞扬,听见人哮马嘶,陈天麟弃船率众登岸,赶到古堤。元兵已乘船下海而去,只见百姓哭声震地,为抗元战士收集尸体。陈天麟认出父亲尸首,哭声震天动地,士民泣哀,暂寄棺柩于古堤山岗石洞。数月之后,地方平静,陈天麟夫妻携儿到古堤石洞,士民帮运棺柩到潮阳双溪。天麟派人打听潮阳棉城情况,仍处混乱局势,不得已选择雷岭双溪鹅地安葬。今墓地仍在,墓地坐北向南偏东南三度,占地200平方米,墓围直径30米,碑高1.5米、宽0.6米,墓床高0.3米、长1.35米、宽0.35米。碑文为:宋城南二世考开庆进士、扬州司法梦龙陈公，妣太孺人郑氏墓。

2002年出版《惠来县志》记载的陈梦龙生平事迹，给予高度评价：陈梦龙（？—1279），字五垒，南宋大坭都江心村（今潮阳县田心村）人。少有大志，讲求气节。开庆元年（1259）考中进士，任湖北石首县主簿。曾向朝廷陈奏改革州府司法的建议。职间，元兵逼境，在御敌问题上，与守将意见不合，弃官归家闲居。景炎元年（1276）九月，元军进攻福建，宋帝赵昰及卫王赵昺等逃上海船，传檄召集各地义兵勤王。陈梦龙献出全部家财，作为粮饷，募集数百壮士前往救援。他奉命收编潮州一带各种地方武装，但遭到剧盗刘兴及陈懿（宋都统，于景炎二年八月叛变降元）兄弟5人（称五虎）的抗拒。遂与众乡绅敦请少保文天祥率兵至潮阳制服抗拒者，再招抚余众。祥兴元年（1278）十一月，文天祥于和平斩刘兴，攻陈懿。懿逃走，充当元军都统帅张弘范的向导，引元兵抄捷径突袭已移师海丰城北五坡岭的文天祥部。文天祥不幸被俘。祥兴二年（1279）正月初六日，陈梦龙为救文天祥，伏兵于海口，伺机截劫，抢救不遂，梦龙战死于古堤上。

三、胡禄

胡禄（1335—1367），字则万，号万山，元代潮阳县大坭都荆陇村（今惠来县仙庵镇京陇村）人，为荆陇始祖胡道夫（漳州东山人）第八代孙。

胡禄少时，即熟习武事，才略过人。元至正十九年（1359），四方大乱，寇盗纷起，焚烧劫掠，荆陇周围乡村困于兵燹，共推胡禄为光华寨长，对付群寇。胡禄攻抚相兼，群盗颇多解散，一方赖其保障。曾与元军激战于靖海一带，也曾被元军围困于金刚髻山上，但始终保存实力。元军屡剿不遂，遂以广东道都副元帅的封号进行招安，禄义不就职。

胡禄为光华寨长时，潮阳港头乡张刘二姓被盗贼围困，形势危急，求救于禄，胡禄率众解救，亲冒炮石击贼，其围立解。二姓感激，尊为"胡寨官"，为其立祠塑像存祀至今。但在惠来都东福、华翁两村，却因遭光华寨众洗劫杀害，则骂胡禄为盗贼，仇恨不已。是非功过，各有评说。

明太祖统一海内，诏赏功能，宣禄诣阙拜封。禄奉召赴京，中途卒于福建延平。洪武二年（1369），朝廷追赠禄为嘉议大夫同知广东道宣慰使司副都元帅。明大将军右丞相徐达为其题赠"保障一方"匾额。

四、朱嘉璟

龙溪都巨镇里是龙江河东岸总铺洋一个饶泽美丽的村庄，早在宋代已有方、施、诸葛、董、古等姓氏在此散居。南宋嘉定十五年（1222），林氏肇基祖（名总督）从福建莆田县至此定居，村口立一神庙，门上横刻"巨龙永镇"，遂名村"巨镇里"。元惠宗至正二十四年（1364），潮州刺史朱丞信次子朱都巡路过海丰县龙溪都龙江堡巨镇里，见山川毓秀，遂在村西创居。到明代，特别是明嘉靖三年惠来置县后，该村发展为一个较大的村庄，明崇祯十四年（1641），外出当官的朱嘉璟辞官回到故里，有天巡视家乡地貌地势，见村地形若飞凤，遂改称"凤镇"，一直到中华人民共和国成立初期。该村崇文重教，人文荟萃，置村以来至清末，前后有举人、贡监100多人。朱嘉璟是其中的佼佼者。

朱嘉璟的父亲朱翔鸾，在家乡务农为生，早年生育二个儿子后，多年未添新口，在知天命之年才生下幺儿朱嘉璟。朱翔鸾年过半百又添一子，喜出望外，爱如珍宝，称其为家里的宁馨儿。朱翔鸾本人务农，家境清贫，但他淡泊明志，志向颇高，读书求出路是他的人生执念，朱嘉璟从小聪明伶俐，长相可爱，因此朱翔鸾对小儿子寄望甚殷，非常重视朱嘉璟的学业，朱嘉璟年刚六岁就送到外面求学，并且一直为小儿子提供有利条件，让他安心读书，不受俗务打扰。哪怕到朱嘉璟已长成翩翩少年、青年，朱翔鸾一直坚持自己劳作，操持家务，"不欲以衣食烦璟心"，这使得朱嘉璟得以专心攻书。后来父以子贵，朝廷敕赠朱翔鸾为贵州都匀府推官，雍正《惠来县志·恩命》记载："朱翔鸾，龙溪都人，以子嘉璟贵，赠贵州都匀府推官。"

朱翔鸾的道德品行、为人处世，在崇祯八年（1635）皇帝"诰封"他为"文林郎"的圣旨中，有非常精当的评价："品粹琳琅，名高奎璧，入孝出悌，笃行雅恰。"朱翔鸾对家庭"置祀捐租，尚谊允孚"；在乡里，"杖履籍宾筵之重，诗书垂式穀之谟。通德之旌既著，义方之训宜酬"。用今天的话来说，就是：经常出入重要官方场合，为读书人树立行为规范，德行端方，教子有方。

朱翔鸾年老时成为乡绅名人，多次受到县太爷邀请，成为县学宾筵的座上客。康熙《惠来县志·硕隐》记载："朱翔鸾，龙溪都巨镇里人，家素贫，淡薄明志，蚤举伯仲二子，年逾五旬，始举季子嘉璟，喜谓家人曰：'此吾家宁馨儿也。'甫六岁，督就外傅，长劝课益严，而自治生产，不欲以衣食烦璟心。璟得发愤下帷，丙午举于乡，始以舆论请就宾筵，后璟任南安同知，赠如其官，不虚所愿云。"

朱嘉璟的母亲许氏，具体情况不详，她是一位相夫教子、孝顺公婆的家庭妇女，崇祯八年（1635）"诰封"她为"孺人"的圣旨中，评价她"凤娴妇顺，素敷母仪，竭甘旨以奉尊，婶躬母利，布秉肃庸"。用今天的话来说，朱嘉璟的母亲是一位具有传统美德的女人，性格温顺，贤惠孝顺，对待公婆尽心尽孝，好吃的食物都敬献给公婆享用；对待子女用心照顾，恪尽母责。自己克勤克俭，辛苦劳作。

康熙《惠来县志·人物·宦迹》记载朱嘉璟生平："朱嘉璟，字瑶水，龙溪都巨镇里人。幼而笃志，年十四为诸生，试辄冠曹，后登万历丙午贤书，授贵州都匀府推官，摄府篆。适苗民背叛，黔抚朱燮元知璟才，委至苗地，谕以利害，即日解甲输诚。元为上其事，以功升江西南安府练兵同知。抵任时，有白莲妖贼密密教主横行都邑，攻城掠地，虔抚解之良召南安兵征剿，以璟督兵，杀贼擒馘，事平优奖纪录。在职七年，爱民抚兵，寻以劳瘁乞休，归田之日，郡民拈香送别。林居益敦素风，人咸矜式之，卒年八十。"

朱嘉璟（1589—1668），字瑶水，号旭提，别号朝辟，明万历十七年（1589）出生于龙溪都巨镇里（今隆江镇凤红村）。

朱嘉璟六岁开始启蒙上学，自幼笃志攻读，随着年龄增长更加勤奋。十四岁时成为县学诸生，每次考试都名列前茅，受到县令游之光的赏识，并加以指点。万历三十四年（1606）中丙午科举人，时年十八岁，名噪一时。从农耕家庭冒出来的年轻举人，给这个清贫的家庭带来无限的希望和风光，朱嘉璟的父亲朱翔鸾成为辛勤劳作、供子读书的楷模。居家候选时，朱嘉璟继续攻读经史，兼学孙子兵法，及后，又设馆教乡间子弟，乡族称颂。崇祯"诰封"圣旨的内容，可以看出朱嘉璟仪表轩昂，有儒将气概："宅心平恕，树表轩昂。"

崇祯六年（1633），朱嘉璟四十五岁时，授任为贵州都匀府推官，并代掌都匀府长官印。贵州都匀府是偏僻地区，属苗族集聚地区，朱嘉璟刚刚上任，便遇到当地苗民叛乱。贵州巡抚朱燮元素知朱嘉璟文武兼备，有带兵才能，委派他到苗地平乱。朱嘉璟至苗地，访问民情，陈说利害，殷殷相劝，使苗民口服心服，解甲投诚，乱遂平。朱燮元向朝廷上报朱嘉璟的功绩，以功升江西南安府（今江西大余）练兵同知。朱嘉璟踏上仕途即"莅荒僻之壤"，而能做到"竭循拊以忘劳，恤穷癏之民"，升迁自是理所当然。

朱嘉璟抵南安任时，当地白莲教密密教主横行都邑，攻城略地，荼毒百姓，人民生活不得安宁。江西省虔州府巡抚解之良招集南安兵征剿，派朱嘉璟督兵剿杀，朱嘉璟运筹帷幄，攻其无备，擒获凶首，斩获甚众，事平优奖。崇祯十二年（1639），李自成起义军叩关甚急，朝廷命四省官兵进剿。解之良仍委任朱嘉璟为四省调委监军（闽浙云贵四省），扼守湖口（今江西湖口市）。因粮饷不继，调回。不久，因劳累过度上文申请解官归乡，得到批准。朱嘉璟在职七年，爱民抚兵，勤施德政，离任之日，郡民拈香送别。崇祯诰封圣旨评价："尔饶有方略，勉以精勤，百废俱兴，一尘不染。莅荒僻之壤，竭循拊以忘劳，恤穷癏之民。"

回归家乡后，朱嘉璟热心家乡公益事业，待人敦厚亲切，和蔼可亲，族人乡邻都非常尊重他。在朱嘉璟家乡凤红村梅友祖祠拜亭，悬挂一块"诰封"匾额，镌刻崇祯皇帝诰封朱嘉璟及其家人的三封圣旨。经采访凤红村朱嘉璟后裔得知，圣旨原物已无迹可寻，圣旨内容是历代保存下来的，2018年兴建梅友祖祠时，镌刻成匾，由于原物年代久远，字迹模糊不清，其间历经多次誊录，个别字眼舛误难免。

第一封圣旨是崇祯八年（1635）九月初四日，颁给朱嘉璟父亲朱翔鸾、母亲许氏的诰封，赠朱翔鸾"文林郎"、许氏"孺人"（古时七品官的母亲或妻子的封号）封号，内容如下：

奉天承运，皇帝诏曰：儒有抱经济之献，砥弓旌之遇，而畅发于令子，声施民社，追念庭训，此天道也，国典宠荣，或后兴尔。朱翔鸾乃贵州推官朱嘉璟之父，品粹琳琅，名高奎璧，入孝出悌，笃行雅恰。于家庭，置祀捐租，尚谊允孚；于同里，杖履籍宾筵之重，诗书垂式谷之谟。通德之旌既著，义方之训宜酬。是用赠尔为文林郎、贵州都匀府，阐潜光于紫绶，慰永慕于玄扃。

诏曰：天子痛念父母劬劳，出入街恤计，惟徽尺纶以慰之，故砥砺官箴，不忘鞠育。尔许氏，乃贵州都匀府推官朱嘉璟之母，凤娴妇顺，素敷母仪，竭甘旨以奉尊，媁躬母则，布秉肃庸。持平之绩方奏，而室之音已，痛切袺卷，恩覃珈翟，赠尔为孺人，霖泽于露宇，永思于风木。——崇祯八年九月初四日。"

第二封圣旨是崇祯八年（1635）九月十五日，颁给朱嘉璟本人的，对朱嘉璟的为官政绩作出高度评价，内容如下：

奉天承运，皇帝诏曰：朕所赖，明慎用法，以绥民生，惟理臣是任，其有劳宣，天未能以廉平自励，礼僻之意，以安辑要，荒者宁无悛，异之为远臣来乎。尔贵州都匀府推官朱嘉璟，宅心平恕，树表轩昂，旧迹乡闻，司刑远郡。而尔饶有方略，勉以精勤，百废俱兴，一尘不染。茌荒僻之壤，竭循拊以忘劳，恤穷瘝之民，俾先后以弃咎用，能钧金粟约，束矢无冤，绩著声崇，褒允叶兹，以报政。特授尔阶文林郎，锡之勒命。夫国家风教四论，无远弗届，都匀僻处绝徼，朕心膺焉，犹堂下也。尔庸既著矣，尚益懋，乃以观厥成，朕意不忘府也，岂其忘尔。——崇祯八年九月十五日。"

第三封圣旨是崇祯十二年（1639）八月二十日，崇祯皇帝任命朱嘉璟为四省调委监军（闽浙云贵四省），敕封"朝议大夫"，同时诰封朱嘉璟的妻子吴氏（吴妙心）为"淑人"（三品官员母亲或妻子封号），所颁发的圣旨，内容如下：

奉天承运，皇帝诏曰：朕所赖，明慎用法，以绥民生，惟理臣是任，其有宣劳，天未能廉平自励，礼僻之意，以安辑要，荒者宁无悛，异之为远臣来乎。尔江西吉南赣兵备道，晋封尔为闽浙云贵四省调委监军朱嘉璟，宅心平恕，树表轩昂，旧迹乡闻，司刑远郡。而尔饶有方略，勉以精勤，百废俱兴，一尘不染。茌荒僻之壤，竭循拊以忘劳，恤穷瘝之民，俾先后以弃咎用，能钧金粟约，束矢无冤，绩著声崇，褒允叶兹，以报政。特授尔阶朝议大夫，锡之勒命。夫国家风教四论，无远弗届，赣道即僻处绝徼，朕心膺焉，犹堂下也。尔庸既著矣，尚益懋，乃以观厥成，朕记监军也，准表赐建祠堂，崇祀祖考，岂其忘尔。

诏曰：贤妇之闺室也，如玉之在也，臻光虽内蕴，动则锵然声著矣。理臣明慎闵者，朕罔惜并褒之。尔监军朱嘉璟妻吴氏，温柔自性，洁慎持躬。任色养于尸月鸡鸣问视。赞尔素循，于昧旦弋雁翱翔，挣琴之韵，梭如化琴之调，秩若兹用，封尔为淑人，鸾章式贲乎大，珈燕阁弥，虔于四德。——崇祯十二年八月二十日。"

清顺治六年（1649），朱嘉璟发起编修族谱，亲自撰写《谱系小引》（摘自朱林主编《惠来朱氏族谱》）："我祖之有谱也，自嘉隆以来，仅存什一，于千百世系未详，行辈未定，数十年置之断简残编，未有倡议此举者，竟视此举为缓图也。去腊，璟与侄邦祐、邦顺，孙端爵、端獬等偶念世系，遂有此举。第兵荒之际，诸费俱绌，商议于本年正月初二日支祖公项，暂买纸笔，订为数册，分之各房，抄录陈报，务宜将历代派系、生卒葬墓、配室承继，逐一详晰，以便采辑。庶世系详明，行辈有序，亲睦之谊，未必无小补云。——永乐岁次己丑正月吉旦。"朱嘉璟于清康熙七年（1668）去世，享年80岁。朱嘉璟的家庙"永锡堂"，有他亲笔题写的堂匾：永历己丑年正月吉旦，落款是"万历丙午科举人朱嘉璟"。明内阁学士何吾驺题写的横匾，匾末题款"年弟何吾驺"并加"翰苑学士"方篆，以及朱燮元"奎璧储辉"、叶秉华"风清庚岭"等高官显贵的赠匾。

朱嘉璟在外为官多年，非常重视家乡感情。康熙《惠来县志·艺文》收录了朱嘉璟的一篇文章《肖左方先生崇祀名宦序》，该文记述了惠来都洋美里人方一凤（字肖左）就任江西上犹县儒学训导的事迹，以及崇祀上犹县儒学名宦祠的经过，方一凤的生平在康熙《惠来县志·人物乡贤》有载。朱嘉璟和方一凤是结拜兄弟，私交甚笃。

朱嘉璟和万历年间就任惠来县令的游之光交情颇厚。康熙《惠来县志·名宦列传》记载："游之光，字东璧，婺源人，由举人除惠来令，调弦三载，纪纲毕举，簿书之暇，时揖诸弟子员与之讲学课艺，多所造就。"朱嘉璟正是游之光公务之余开学讲课中众多的县学生员之一，在游县令的精心指点下，朱嘉璟的学业突飞猛进，受益匪浅，于万历三十四年（1606）高中举人，并由此走上仕途。朱嘉璟高中举人之日，游之光兴奋地脱口而出"惠邑好嘉璟"，朱嘉璟投桃报李，回以"父母凭之光"，高度评价游县令对惠来百姓的恩情。

五、谢廷诏

谢廷诏（1634—1704），字华笏，惠来都厚谢里（今华湖镇华谢村）人。顺治四年（1647）14岁，即考进县学为庠生。

顺治四年（1647），恰遇罗英第一次围攻惠来城。时父已去世，廷诏乃弃家资，负母逃避外地免于难。都里皆称赞他为孝子。为防罗英再围惠来县城，廷诏时与东福村同学方国斌密约，于湖岗山筑寨，为县掎角之势。罗英果再围惠来城，廷诏乃身率壮丁数百，扰其后方。罗英疑援兵至，不敢逼城壕。及后罗英兵败，围遂解。

康熙二年（1663）廷诏考中举人，后任湖北新田县知县，有政绩。71岁卒，祀乡贤。

六、吴恭

吴恭（1642—1712），本姓蚁，字云成，原籍澄海县。少失怙，事母以孝闻名。膂力绝伦，遂投身行伍，被提拔为蓬州营把总。不久移驻惠来营。驻防期间，与隆井都溪洋村吴某（吴氏十世祖）友善，结为兄弟，始改姓吴，编籍于惠来隆井都，后定居于县城三第巷（今惠城镇西联村）。

吴恭驻惠来营，屡建军功，提为千总，擢为守备，为清朝正五品武官。康熙十三年至十五年（1674—1676）间，刘进忠据潮州倡乱，传檄至惠来。惠来固守，详请援兵以拒，遂为前线。群盗乘机蜂起，聚集城外，伺隙袭城。守将游击卢大时病故，城中惊惧至极。幸吴恭以守备代理防务，令千总周辅严密巡缉，竭力巩固城防，邑藉以安。

康熙十五年（1676）正月初三晚，广东提督严自明收集征刘余部回省，途经惠来。吴恭闻讯，即出城力禀驻师城外。时兵不从主将，城外被焚掠一空，城内因城门紧闭得以保全。后海寇劫掠沿海村落，吴恭同周辅率精锐，御寇洪魁老于赤沙澳，斩首无数，再败贼于排兜澳，沿海居民始得安宁。

吴恭享年71岁。临终时嘱咐其子孙在墓碑上刻原来的姓名：蚁云成。故有"生吴死蚁"之说，为惠来吴姓另一系始祖。

七、林武略

林武略是惠来历史上见诸记载官职最高的官员，其最高职务张家口协镇，在清代武官序列中属于从二品,一生多得朝廷封赏,是惠来历史上一位名望卓著的官员。比对2002年出版《惠来县志》和《惠邑林氏族谱》,所记载的事迹没有出入,在时间上有个别不同。求同存异,以待来者。

据《惠邑林氏族谱》记载,南宋度宗咸淳二年(1266),林氏先祖兄弟二人从福建莆田到潮州府上任,后其兄长调离他方上任,弟至龙溪都竹溪寨竹湖村定居。据"南港林氏的博客"文章《九牧长房林岳世系外迁后裔支系介绍》:"30世林寅父:惠来隆江、竹溪派始祖。"可以断定,始创竹溪寨者为林寅父,该村依傍龙江河干流,河岸、湖边皆竹林,元代围寨,故取名为"竹溪寨"(省级非遗"竹溪楼日历"发祥地)。中华人民共和国成立后,竹溪寨分为三个片区:原村址称竹湖老乡,简称竹老村,寨门上横刻"湖光之南",始创祖为林朝丰;东侧部分称竹湖新乡,简称竹新村,寨门上横刻"绿竹东湖",始创祖为林梅轩;居河上游部分称竹湖水头村(简称"水头村")。三村居民皆为林姓,同宗同源。

林武略正是生长在龙江河下游这片饶泽的冲积平原。2008年,隆江镇竹湖村复建端毅林公祠,成立林氏理事会,祠堂碑刻碑文介绍林武略的家庭成员及林武略生平事迹:

"传至十三世林端毅,名子刚,号荣遇。乾隆四十八年皇封为奉政大夫,少时聪敏好学,蜚声庠序。笃有友爱宗族乡党,惠期博施,小则解衣推食,大则发粟捐金。更有航海籴运,以平本邑之米价,贫民得赖以存活者不计其数,邑人传之颂之。恭人陈氏,生子三。

长子康元(字脱斋),雍正五年中武进士。因文武双全,钦赐名武略,择为御前侍卫。乾隆年间历任直隶蔚州参戎、张家口协镇将军等职。代主祭蝗、钦差督理永定河(现遗存圣旨二道)。京都任期,乾隆帝派吏部尚书刘於义、议政大臣高斌(筵讲官),为端毅公、恭人陈氏七十双寿操举贺仪,并赐'祝寿屏十二幅'、贺品一批作为贺礼。乾隆十六年,钦赐建龙头祠两座祀上祖,一座为本祠,一座于竹湖里祀其祖父美夫;又赐建圣旨亭一座,位于隆江打铁街("文革"期间遭毁没)。现遗石柱一对,刻有'皇恩浩荡山河固,帝德光辉日月长'字样,又石刻圣旨具碑一块为记。晋祠之日,左相刘墉亲书'继善堂'木匾一块,悬挂于祠堂大厅之上,以颂先祖之德。乾隆四十八年(1783)武略告老回家,乾隆帝再赐宴于乾清宫饯行。并派钦差带旨莅隆，追封上祖三代为大夫，父、祖父、曾祖父为四世将军，诰封各祖妈为夫人、淑人、恭人、宜人。

二子康职，岁进士。一生忠厚勤朴，乐善好施，爱宗睦邻、乡人敬之。

三子康姐，贡元。昔年外出。为圆族愿，历寻其裔团圆。

吾宗代有贤裔，呵护先祖，尽力尽责。21世公继雄、华隆、祖德，22世公开桂、俊明，功绩显著。开桂公心系祖宗，鼓励子孙，率捐巨资，策起族人，于二〇〇八年十二月十日祖祠复建大业功举告成。此乃吾宗世代之典范也！"

林武略（1700—1784），原名林康元，字脱斋，清康熙三十九年庚辰十二月初五日，出生于龙溪都竹湖里一个殷裕尚武家庭。其祖父林美夫、父亲林荣遇皆为乡里名望出众的乡绅。林荣遇，字端毅，早列庠序，为人好善乐施，关心桑梓，每逢乡里歉收，必到外地购粮，平价售给邻里，赈济饥困乡民，义声显著，深得邑人敬重。林康元小时候聪明伶俐，活泼好动，他七岁进私塾读书，展现出在文学方面的天赋，勤学不倦，十岁便能吟诗作对，屡受老师嘉赞。他体质超群，从小就喜欢舞拳弄剑，课余舞弄不休。竹湖里历来崇尚武术，乡人多有尚武者，林荣遇见儿子是块练武的料子，遂延师教习武艺，强身健体，使他的武功大有长进。青年时期的林康元一表人才，文武双全。

林康元十几岁时已是县学庠生，诗文佼佼，颇有文名。雍正元年（1723），林康元考中癸卯科举人。雍正二年（1724）岁次甲辰，林康元25岁时，参加武举乡试，中式补癸卯科（1723）举人，奉点入侍为蓝翎侍卫。雍正五年（1727）丁未，林康元赴京应试，与惠来籍翁姓举子一同上京，途中翁姓举子生病，林康元代为延医侍奉汤药，无奈翁姓举子病亡，他代为料理丧事，返回惠来报丧，再整装赴京，不料文科已误，遂报武科。武科会试，除身材、体力、体能等身体素质合格外，还要考射术、枪术、刀术及其策文等，林康元俱得优异成绩。在试场上，林康元以一招"魁星踢斗"刀法，震惊全场。据林武略第八代裔孙林汉伟先生讲述：林武略当时大刀舞得飞快，大刀突然脱手，他反应神速，飞起一脚，把即将落地的大刀踢起来，眼疾手快抄住刀柄，若无其事继续表演。雍正皇帝问他这一招是何招数？林武略急中生智回说是"魁星踢斗"。临场应急能力令在场考官叹服，考官以文武兼全的将才中式第41名武进士（清代惠来第一位武进士），授封出任湖广武昌守备。武昌乃是五省通衢，战略要地，林康元赴任后不负厚望，荣立军功五次，雍正十年（1732）钦封为御前侍卫，因保卫皇城有功，得到朝廷器重，皇帝赐名"武略"。从此，林康元正式成为林武略。

林武略才华出众，办事勤谨，仕途一帆风顺。乾隆二年（1737），升任直隶天津镇标旧州营都司。同年三月初六日，乾隆皇帝封其妻为恭人（恭人，用以封赠中散大夫以上至中大夫之妻，高于宜人而低于令人。明清两代，四品官之妻封之。明清如封赠四品官之母或祖母称太恭人。清代封赠宗室奉恩将军妻为恭人。《明史》卷七十二《职官一》："外命妇之号九：公曰某国夫人，侯曰某侯夫人，伯曰某伯夫人。一品曰夫人，后称一品夫人。二品曰夫人，三品曰淑人，四品曰恭人，五品曰宜人，六品曰安人，七品曰孺人。"），圣旨原物原存于端毅林公祠，现由林武略后裔保存。乾隆十一年（1746），晋升张家口协中营游击。乾隆十六年（1751）（这是族谱记载时间，2002年《惠来县志》为乾隆二十六年），武略升任蔚州参将，不久署理张家口协镇（副将，从二品）。清朝绿营军官，军阶由低至高分别为把总、千总、守备、都司、游击、参将、副将、总兵、提督，副将又称协镇，隶于总兵，统理一协军务，清代为武秩从二品。

文举人武进士，有勇有谋、见识不凡的林武略，在任何一个岗位都能游刃有余，每一件任务都完成得完美无缺。

乾隆十一年（1746），乾隆钦差林武略督理西河道（今永定河），他运筹帷幄，治平水患；后又钦命往广西平粮济民，他事事亲力亲为，秉公办事，深得灾民好评，事毕回朝复旨，乾隆龙颜大悦，钦赐御宴于乾清宫，以彰其绩。

林武略彪炳史册的事迹是治理"鲎虫"。乾隆初年，永定河（属海河水系五大河之一，在河北省西北部）两岸发生虫灾，人畜与农作物均受其害，田园百里抛荒，饿殍遍野。朝廷屡派官兵除虫，但因措施不当，致虫害日益蔓延，很多官兵被毒虫蜇伤，染上疾病，重者身亡。有人疑是天降妖魔作祟，以致人心惶惶。地方衙署官员屡屡急报朝廷求救。

其时，林武略担任张家口（今河北省西北部）游击。有一次，吏部尚书刘於义及内务府大臣高斌等奉旨巡视永定河水利来到张家口，当地州、府官员等文武僚吏皆来晋谒，林武略也在其中。林武略轻裘缓带，骑在马上宛如鹤立鸡群，分外抢目，深得刘於义好感，遂问其家世，知其父入庠后隐而不仕，修善积德，深受乡人称颂，心中悦服，林武略在刘於义心中留下良好印象。时逢官吏绩效考察，直隶河道按察司副使永宁当面向刘於义大力推荐，刘於义对林武略更加赏识。刘於义感觉林武略是可堪重用的人才，于是大力向宰相刘墉（民间俗称"刘罗锅"）推举，两人一起向朝廷荐举林武略承担永定河一带灭虫大任。乾隆皇帝阅奏章后，立即宣召林武略进京，赐其黄马褂，宣告代主祭虫，并举行隆重的授封仪式。

林武略率领官兵到达灾区后，立即详察虫害。先查问虫灾危害情况，再到田间详细地查察此处害虫的形状。林武略见这种害虫与蝗虫有异，虫体虽小，但体末有尾杆一对，螯能蜇人。武略的家乡惠来县龙溪都竹湖里处于沿海地带，曾见过相似害虫，常在五六月间出现于水潭、水泽或水田之中，其形状很像海鲎，林武略便给此害虫命其名称"鲎虫"（据林武略裔孙透露，昔年曾见林武略画像，其手里握着害虫尾杆，状似鲎尾）。林武略探明害虫特征，对症下药，确定治虫方案。他立即召集军民，讲明此非妖魔作祟，乃是鲎虫为害。此虫其伤人之器在于用尾杆蜇击伤人，不能强抓猛捉，必须避其尾杆锋芒，以免受其伤害。他引导军民利用食物引诱鲎虫集结，然后用渔网围捕，捉而烧之。林武略率领军民除虫的策略、措施得当，自始见效，仅经数月，虫害歼灭，灾患解除，乡民感戴，朝廷欣喜，林武略立功受奖。乾隆皇帝大加封赏，再次赐宴于乾清宫。林武略由此名声大噪。

林武略的功绩给家人和家乡族人带来无上荣耀。乾隆十一年（1746）岁次丙寅，时值林武略父母七秩双寿之庆，乾隆皇帝钦命筵讲官刘於义，带着十二幅"祝寿屏"来到竹湖里祝寿，刘於义撰寿序对林武略父亲林荣遇给予很高评价，文曰："弱龄积学，蜚声庠序，性恬淡而不慕荣利，闭门却轨，足不入城府，如古庞德公之流。且笃于友爱家族乡党，咸称为孝友，惠期博施，小则解衣推食，大则发粟捐金。"一时轰动全县，林家人不胜欣荣。十二幅"祝寿屏"原物现为林武略第八代裔孙林汉伟先生保存。

乾隆十六年（1751），林武略升任直隶蔚州参将，署理张家口协镇，诰授"武义大夫"。林武略在张家口任职期间，为官清正严明，深得百姓爱戴。其间,朝廷赐建圣旨亭一座("文革"期间已毁),立于隆江打铁街,官员路经此亭,文官下轿,武官下马。又赐建龙头祠两座(一座建于竹湖村,祀武略之祖父林美夫;一座建于隆江市美,祀武略之父林端毅)。晋祠之日,宰相刘墉亲书"继善堂"牌匾一块,派专使莅竹湖里庆贺,悬挂于祠堂大厅之上。

乾隆四十八年(1783),林武略已是耄耋之年,遂告老回乡(此为族谱记载时间,2002年《惠来县志》记载为乾隆二十六年)。乾隆帝再次赐宴于乾清宫饯行(此次为第三次),并派钦差带旨莅临惠来县龙溪都竹湖里,追封武略上祖三代为大夫,父、祖父、曾祖父为四世将军,诰封各祖妈为夫人、淑人、恭人、宜人。赐金字木雕长联两对:"金銮殿赏穿帝服,乾清宫克食三次""四世将军兄及弟,三代大夫祖继孙"。多数原物在"文革"时期被毁,现存于祠堂的牌匾有"乾隆四十八年皇封林宅知'怀远将军'""乾隆四十八年皇封林美夫'明威将军'""乾隆四十八年皇封林端毅'奉政大夫'"。回到家乡的林武略成为当地敦厚长者,乡人尊称为"侯爷",随着时间推移,到近代,"侯爷"的称呼演变为"虾爷"(潮音谐音),林武略父亲的端毅林公祠称为"虾爷祠"。今天在隆江一带,说起"虾爷"无人不知,说到林武略反而少有人知。

林武略共有三子,原配夫人陈氏随武略上任期间于张家口病逝,生有一子名永福;继室王氏生有二子。林武略告老回归故里,留长子林永福在张家口创业,余皆举家回到竹湖里。第二年,惠州刘知府遵其父嘱咐(刘知府之父曾与林武略同僚),专程到潮州府惠来县隆江圩拜谒林武略,尊称为先辈进士爷。乾隆四十九年(1784)三月十五日,林武略在家乡病逝,享寿85岁,可谓福寿双享。

"南港林氏的博客"署名文章介绍:"林康元,雍正癸卯(1723)文举人,雍正丁未(1727)武进士,钦点湖北巡抚都察院左营守备,继任直隶蔚州路参将,由宰相刘墉推荐,钦封御前侍卫,乾隆初期代主祭蝗,晋封九边协镇使侯,赐名武略,钦赐建双龙头祠堂两座祀祖。"原有一块牌匾"大清雍正丁未科进士 代主祭蝗 九边协镇使侯 林武略"。此说法仅供参考。

八、方桂东

方桂东(1857—1907),号纬星,酉头都秀水里(今前詹镇秀水里村)人。光绪五年（1879）考中武举人。后为广东提督方耀部属。先后驻广州、潮州、惠州等地。光绪九年（1883）随方耀调至钦州，驻石城县（今廉江）。治军严明，深得上司器重。后升至游击，补为参将。

他生平热心社会公益事业。驻石城期间，帮助民众修路造桥，兴教育，奖生产，功绩卓著。当地民众为他建生祠，以纪念其功德。曾在广州黄沙创办述善堂，在汕头办同济堂，在惠来县城办劝善堂，赠棺施药，赈恤穷人。同时在惠来周田岭径（古杭通周田）铺筑石级，建桥公圩石桥及灰路，及秀水里村附近小桥2座。

光绪三十三年（1907）调博罗，任中去世。得赏戴蓝翎，宣统三年（1911）葬衣冠冢于潮阳县雷岭南溪村。

〔第二节〕革命战争时期牺牲的军事人物

一、方凤巢

方凤巢（1893—1928），惠城镇西联村人。出身贫苦手工业家庭。民国十二年（1923）与方汝楫等组织起惠来青年社，通过办平民学校（专门接受贫穷而失学的青少年入学）和出版刊物《小铁锤》等各种形式，对青少年进行革命教育。

民国十四年（1925），东征军政治部主任周恩来派邓国保为特派员，到惠来指导农工运动，方凤巢负责县农会和县工会的筹组工作。县工会成立之后，他作为主要负责人，亲自深入盐区组建盐业工会，对盐场官吏开展合法斗争，会员很快发展到800多人。随后，协助方汝楫建立共产主义青年团惠来支部。次年加入中国共产党，是惠来最早入党的党员之一。民国十五年（1926）中共惠来部委成立，他是部委委员。

民国十六年（1927），"四一二"事件后，惠来革命武装北撤湘鄂，他转移至香港。不久受令秘密回惠来组织农民武装，开展反"围剿"斗争。9月，为迎接南昌起义军南下，在坑仔村建立由惠来、陆丰部分农民革命骨干组成的由共产党员吴乃桐、吴华胥担任领导的坑仔武装团队。这支骨干队伍成立不久，即联合各村农民自卫军，对国民党重兵驻守的隆江镇发动围攻。在此同时，方凤巢亲率南区五乡盐民武装和图田等乡农民自卫军，经过三天三夜的激战，攻克神泉镇。惠来当时迅速发展的武装斗争形势，极大地鼓舞附近各县。

民国十七年（1928）春，彭湃带领东江特委机关和中国工农红军第四师部分队伍，转移到惠来，领导农民暴动。当时任中共惠来县委委员的方凤巢，指挥赤卫队和农民配合红军作战，连克葵潭、隆江等军事重镇。3月上旬，彭湃在兵营村决定攻打惠来县城，实行总暴动的计划，县委方凤巢组织全县农民武装（合潮、普二县近10万人）配合红军作战，于该月中下旬两度攻克惠来县城。成立惠来县苏维埃政府。同年9月29日国民党重兵围剿东江特委驻地羊公坑，为掩护特委机关和彭湃转移，中共惠来县委负责人吴应丁、方凤巢及警卫人员浴血奋战。在撤退中方凤巢不幸中弹牺牲，时年36岁。

二、林德崇（德从）

林德崇（1898—1928），河田乡五福田人。

民国十七年（1928）1月，彭湃带红四师第十一团和惠来北区赤卫队到普宁发动农民暴动，驻在与普宁接壤的五福田村。林德崇积极宣传发动农民加入农民协会，被选为五福田农民协会主席。同年3月，彭湃带领红四师在惠来发动武装暴动，五福田村和河田乡各村赤卫队，配合红四师攻打惠来县城。林德崇任惠来县救护大队队长。救护队设在白沙湖附近，在红军与敌人争夺城郊的人仔山高地的战斗中，他冲上前线救护伤员，为掩护在前线战斗的赤卫队员而自己中弹牺牲。

三、陈马江

陈马江（1906—1928），出生于惠来县杭美村一个贫苦农民家庭。

民国十四年（1925）秋，陈马江与村里陈龙等十几位农民到潮阳县港头村打工，受当地农民运动影响，加入港头村农协会和农民自卫军，编入方维精带领的农民自卫军独立营，接受基础军事训练。民国十五年（1926）6月，陈马江、陈龙回杭美村，加入村自卫队，陈龙任队长，陈马江任副队长。同年10月，奉潮阳独立营命令，陈龙、陈马江带领杭美村农民自卫队，参加攻打潮阳县陈店警察所和峡山区公所，是年加入中国共产党。

民国十六年（1927）9月，为策应南昌起义，杭美村自卫队编入靖海区赤卫队第二中队，陈龙任队长、陈马江任副队长，带领赤卫队攻打靖海区盐警队，缴获长短枪20多支。民国十七年（1928）3月，攻打惠城胜利后，成立杭美村苏维埃政府，陈马江被选为执委。

大革命失败后，国民党神泉区连队和地方团队袭击杭美村，陈龙、陈马江带领赤卫队抗击敌人。民国十七年（1928）6月，陈马江跟随中共靖海区委转战施家砦，带3名赤卫队员赴后池村执行任务，途中遭靖海区警备队包围，在同敌人战斗中，陈马江身负重伤，坚持至弹尽而牺牲。时年23岁。

四、王昭海

王昭海（1889—1928），惠来县华湖镇美园村人。民国十一年（1922）参加革命，民国十二年（1923）加入中国共产党，先后担任中共潮普惠县执委，中共东南特委（靖海、华湖片）负责人，华湖赤卫队总指挥，是惠来县早期革命领导人之一。

王昭海受海丰农民运动影响，投身革命。民国十三年（1924）王昭海在村秘密组织农会，领导农民开展减租、减息运动。民国十四年（1925）初，彭湃到美园村开展农民运动，成立农会，王昭海与杨青平等7人被选为执委。同年4月王昭海被派往海丰参加彭湃领导的农民自卫队训练班学习，回村后成立农民赤卫队，领导农民开展"二五"减租运动和地下武装斗争。民国十七年（1928）3月与方凤巢领导惠来革命武装，配合东江特委书记彭湃和红二、四师发动惠来武装暴动。二次攻克惠来县城，震动了国民党反动派。急忙部署兵力，猖狂反扑。黄旭初、余汉谋等率领敌军一万多人由东、西、北三面进攻惠来。东江特委转入地下斗争。同年9月，中共东江特委机关驻羊公坑村，由于叛徒告密，致遭敌人袭击包围。王昭海为掩护彭湃及东江特委机关安全转移，而与敌人激战。方凤巢、吴应丁、吴乃梁等先后壮烈牺牲，王昭海不幸中弹负伤被捕。

王昭海被捕后，敌人妄图从他的口中得到红军的情况以及彭湃的下落，面对敌人高官厚禄的引诱和严刑拷打，毫不动摇。于民国十七年（1928）10月11日（农历八月廿八日）在惠城被杀害。临刑时，高呼："革命最后一定胜利，中国共产党万岁!"牺牲时年仅39岁。

五、方贞民

方贞民(1898—1928),惠来县东陇镇东陇村人。民国十四年(1925),方贞民在汕头中学毕业后,到惠城女子中学任教。惠来妇女解放协会成立后,他投身妇女解放运动,带领妇女开展反封建迫害,争取自由平等的斗争,使妇女解放运动得以很快发展。并领导东陇村农民开展减租运动。

民国十六年(1927)11月,中共东江特委派黄符回惠来主持工作,建立中共惠来县委会,黄符任书记,方凤巢、方贞民、吴应丁、余德明等为委员。民国十七年(1928)4月,方贞民任中共惠来县委宣传部部长。民国十七年(1928)3月上旬,彭湃率红四师十一团到惠来开展革命武装斗争,于兵营村召开惠来农民代表大会,发动武装暴动。方贞民参加会议回来后,在东陇村召开惠城区农民代表大会,组织各乡赤卫队和农民尖串队,配合红四师攻打惠来县城。

大革命失败后,方贞民随东江特委和惠来县委转战大南山,坚持艰苦地下斗争。民国十七年(1928)9月29日深夜,东江特委和惠来县委驻羊公坑机关被敌人包围,方贞民在掩护彭湃等东江特委领导突围时被捕。民国十七年(1928)10月与王昭海等在惠城被杀害。临刑时视死如归,高唱《国际歌》,从容就义。牺牲时年仅30岁。

六、吴应丁

吴应丁(1908—1928),惠来县溪洋村人。青年时期在汕头中学读书,接受进步思想,带领学生从事革命活动。民国十四年(1925)参加中国共产党。

民国十五年(1926),吴应丁回溪洋村发动农民,组织村农民协会,领导农民开展"二五"减租运动。在斗争中,吴应丁发展党组织,介绍吴明銮、吴盛达、吴盛銮等参加中国共产党,建立溪洋村党小组,任党小组长,。

民国十六年(1927)9月,"八一"南昌起义部队进军潮汕地区期间,吴应丁负责靖海、神泉两区工作,担任惠来东南特委执委。民国十六年11月至次年(1927年11月—1928年),任中共惠来县委执委,参加领导惠来武装暴动。在建立惠来县苏维埃政府、攻打惠来县城等革命斗争中做出应有的贡献。

民国十七年（1928）4月，敌人反扑惠来苏维埃政权，吴应丁跟随东江特委、惠来县委转战大南山，开辟大南山革命根据地。同年9月，敌人乘夜包围东江特委驻地羊公坑，吴应丁与方凤巢、王昭海、吴乃梁等为掩护东江特委机关及彭湃突围，顽强阻击敌人，英勇战斗，壮烈牺牲。并被凶残的敌人砍下头颅悬挂于惠来县城。当时他年仅21岁。

七、吴乃梁

吴乃梁（1908—1928），出生于惠城南美村。民国十四年（1925）参加革命，民国十五年（1926）加入中国共产党，先后担任惠来县农民协会干事、执委兼秘书等职。

吴乃梁受海丰农民运动影响，早年与兄长吴乃栋、吴乃桐投身革命。民国十四年（1925）5月，广东省第一次农民代表大会后，彭湃派陈魁亚等到潮普惠开展恢复农民协会工作。惠来在邝纪璜的主持下，农民运动很快发展，成立惠来县农民协会筹备处，邝纪璜、唐学溥为负责人，主任方汝桂，秘书吴乃梁。

吴乃梁参加发动波澜壮阔的全县"二五"减租运动，有力打击封建地主势力。民国十七年（1928）3月，中共东江特委与红二、四师发动武装暴动攻打惠来县城，吴乃梁受"攻城总指挥部"的委派，负责筹办粮食物资等支前工作。

大革命失败后，吴乃梁随中共东江特委与惠来县委转战于大南山，开辟潮普惠大南山革命根据地。民国十七年（1928）9月，敌人袭击驻羊公坑中共特委机关，吴乃梁与惠来团队为掩护彭湃及特委安全转移，顽强阻击敌人，英勇战斗，壮烈牺牲，时年21岁。

八、方汝楫

方汝楫（1899—1929），惠来县人，1922年8月，方汝楫考进"广东宣讲员养成所"学习。1923年8月，方汝楫在养成所毕业后回惠来县开展群众工作，成立惠来县青年社，创办革命小刊物《小铁锤》。1925年4月，方汝楫带领惠来县青年社参加东征军驻惠部队举行的军事训练，成立惠来中学学生军。方汝楫还在东征军政治部工作队的领导下先后在揭阳、潮阳两县建立工会组织。接着又受周恩来委托负责国民党惠来县党部的改组工作。11月24日，中国共产主义青年团汕头地委批准方汝楫等4人参加团组织。1926年1月，中共惠来县支部在惠来学宫成立，方汝楫由团员转为党员。不久，由于工作的需要，方汝楫调离惠来。1928年春，他担任中共揭阳县委宣传科负责人。1928年2月，方汝楫当选为中共汕头市委常委。5月，方汝楫先后担任中共东江特委秘书、特委巡视员。12月，当选为中共东江特委常委。1929年1月，方汝楫在大南山的羊公坑村主持召开惠来党员干部会议，部署工作。同时，他又联系潮阳、普宁两县党组织负责人，传达党的六大和东江特委的会议精神。在他的策划领导下，潮、普、惠三县党组织逐步恢复和发展，又恢复山区的革命斗争。4月，中共东江特委第二十一次会议推选方汝楫为副书记。6月1日，方汝楫与方其颐在前往省委报告途经潮阳和平时，遭受敌人突然袭击被捕，押往潮阳县城监狱。中共潮阳县委获悉后，于6日晚实施劫狱营救，但未能成功。当夜，方汝楫、方其颐惨遭国民党当局杀害。

几个月后，方汝楫的家人收到党组织送来的遗物，才惊悉他已遇害。家人挑了一件他常穿的衣服，悄悄给他做了个衣冠冢。2011年，方汝楫烈士的衣冠冢被列为惠来县革命遗址，表达惠来人民对他的无限敬仰之情。

九、吴乃桐

吴乃桐（1902—1929），曾用名吴汉，惠城镇墩南村南美人。在惠来县立中学读书时，已积极参加革命宣传活动。民国十四年（1925）转学至汕头友联中学读书，加入共产主义青年团，不久转为中共党员。同年12月，在共青团汕头地委第二次团员大会上，选为主席团成员。

民国十五年（1926）1月，团汕头地委改组，吴乃桐任团汕头地委学委书记。2月1日，周恩来正式就任广东东江各属行政委员，在汕头市召开各界代表会议，吴乃桐为学界代表，与国民党市党部廖其清负责起草了"各界联合宣言"。同年出任国民党市党部干事。

民国十六年（1927）蒋介石发动"四一二"政变之后，受上级派遣，偕同吴华胥秘密回到惠来，在五乡（后吴、后堀、后宫、乌石、下吴五村的统称）等地组织农民武装队伍,以对抗反革命大屠杀。9月,在中共惠来县委委员方凤巢的领导下,与吴华胥在坑仔村建立坑仔团队,为团队起草发表《讨蒋宣言》。担任团队领导人。这支队伍参加了攻打葵潭、隆江、惠来县城等战斗。嗣后,吴乃桐调任中共潮阳县委,经常率领武装队伍,活动在港头、和平等地。

民国十八年(1929)调任中共潮安县委负责人。2月,上级决定调他到省委工作。4月1日在潮安戏院与省委派来接任县委书记的陈家骥接头时被捕(陈脱险)。在狱中受尽酷刑,坚贞不渝,3月19日牺牲于潮安城外,时年28岁。

十、方其颐

方其颐(1904—1929),又名炽昌,惠城镇西联村人。民国十四年(1925)在惠来县立中学读书时,积极参加爱国宣传活动,以及反封建斗争,抗议地方的封建当权派通过学校压制学生爱国运动的行为。民国十五年(1926)参加中国共产主义青年团,并积极参加惠来的农民运动。

民国十六年(1927),"四一二"政变后,秘密活动于湖头栅、达三圩一带继续坚持革命斗争。

民国十七年(1928)1月,作为惠来农民代表(共16人),出席在海丰县召开的东江农民代表大会。大会的目的是团结东江农民的力量,发动年关大暴动,坚决开展土地革命。3月,参加惠来武装大暴动,两次攻克惠来县城。当年秋,调潮阳县工作。

民国十八年(1929)1月,方其颐由潮阳县调回惠来县,担任共青团惠来县委书记。后又调任共青团东江团委巡视员。4月,在中共东江特委第十一次会议上被选任特委秘书。5月,在潮阳县和平乡被捕,当月7日,在潮阳县城牺牲,时年25岁。

十一、杨兆龙

杨兆龙(1900—1929),出生于惠来县神泉区芦园村,民国十四年(1925)参加革命,民国十八年(1929)因积劳成疾病故,为革命事业献出自己的生命。

民国十四年(1925)6月,神泉区农协会负责人许炳贵到芦园村发动农民组织农协会。杨兆龙投身农民运动，建立村农民协会，会员400多人，被选为主席。同年12月又组建村农民自卫队，兼任队长。此后，杨兆龙带领村农民自卫队，以贩鱼、贩草为掩护，在秀水里、澳角等村，开展反封建、打土豪的斗争。先后袭击秀水里乡公所团队及澳角村土豪黄七的保安队。伤敌10多人，缴获了军火、医药一批。民国十六年（1927）9月，为配合南昌起义部队进军潮汕，杨兆龙带领村自卫队参加攻打神泉区署及盐警队，有力地打击反动势力。

民国十七年（1928）3月，中共东江特委惠来县委发动武装暴动攻打惠来县城时，杨兆龙带领自卫队200多人，配合攻打惠来南门。取得胜利之后，芦园村成立苏维埃政府，杨兆龙被选为主席，杨俊辉为副主席。大革命失败后，杨兆龙、杨俊辉随中共东江特委及惠来县委转入河林大南山地区，杨兆龙被任为红二师连长。民国十八年（1929）8月，地下武装斗争逐步由山区向平原发展，杨兆龙奉命到芦园村组织武装活动。不久，由于积劳成疾，不幸在家病逝。1957年被追认为革命烈士。

十二、吴荣

吴荣（1901—1929），又名吴凤、吴峰，隆江东文村人。

吴荣早年受海丰农民运动影响，民国十三年（1924）到海丰参加农民协会。民国十五年（1926）回东文村组织成立农民协会，同年秋，东文村成立农民自卫队，他任队长。民国十六年（1927）加入中国共产党，建立东文村党支部，任党支部书记。

民国十六年（1927）12月，根据东江特委的指示，建立广东省工农革命军东路军独立第五团，吴荣任团长。民国十七年（1928）1月，吴荣率领第五团参加彭湃、徐向前领导的红四军在惠来和普宁的武装暴动。3月，吴荣率领第五团参加惠来武装大暴动，攻克惠来县城，建立惠来县苏维埃政府。武装暴动失败后，吴荣率领第五团和东文村自卫队40多人，编入工农革命军，随东江特委和惠来县委转战大南山。民国十八年（1929）6月，潮、普两县建立"南山临时军事委员会"，领导两县武装斗争，吴荣任军委会委员。民国十八年（1929）7月，中国工农红军第六军第四十七团奉命向丰顺进军，吴荣时任四十七团连长，在五华坪战斗中牺牲，年仅29岁。

十三、谢义兰

谢义兰（1902—1930），又名谢烈，惠城镇白沙湖村人。

民国十五年（1926）4月，谢义兰在白沙湖村组织农民协会，同年7月到汕头"东江工农运动养成所"受训，其间参加中国共产党，回村后率领农民开展"二五"减租运动。民国十六年（1927）6月，谢义兰发动盐岭周边各村自卫队600多人，夜袭驻盐岭的盐警队第三分队和潮阳驻盐岭缉私稽查队，取得胜利。民国十七年（1928）1月，谢义兰率领赤卫队，配合红四师攻打惠来百 村肖觉地主民团。民国十七年（1928）3月，谢义兰作为村代表，参加东江特委书记彭湃在兵营召开发动武装暴动攻打惠来县城的动员大会。在攻城战斗中，他指挥赤卫队抢占城郊制高点，控制敌人。攻城胜利后，被选为白沙湖村苏维埃主席、村党支部书记。

民国十八年（1929）7月，中共惠来县委建立县常备武装，后来合编为潮普惠常备队第二大队，谢义兰任大队长。8月下旬，他率领常备队袭击澳角村地主联防，在战斗中右膝中弹受伤。民国十九年（1930）3月，他在圆墩村茅坪仔的阻击战中又一次受伤。4月，他到惠城执行任务，在白沙湖村遭敌侦缉队包围被捕。谢义兰在狱中受尽酷刑，但他宁死不屈，大义凛然，于民国十九年（1930）农历三月十六日在惠城被杀害。

十四、陈龙

陈龙（1906—1930），周田镇杭美村人。

民国十四年（1925）秋，陈龙在潮阳县港头村参加农民协会及自卫队，后编入潮阳县自卫队独立营，接受训练。民国十五年（1926）4月回杭美村组织农民协会，建立农民自卫队。任自卫队队长，领导农民开展"二五"减租的斗争。

民国十五年10月至民国十六年（1926年10月—1927年），陈龙接受潮阳县独立营的指示，先后两次率领农民自卫队20多人，参加攻打潮阳县峡山乡公所。民国十六年（1927）8月，加入中国共产党，任杭美村支部书记。同年12月，成立东区赤卫队联队和各村赤卫队，扼守关门山通往汕头各隘口。民国十七年（1928）3月14日，敌军七十七团团长颜鼎臣从汕头率独立营增援惠来，被陈龙在锡溪截击,重创敌军。15日,敌军七十七团团长率队逃离惠城,在锡溪与七十六团汇合,反扑惠来。陈龙率领赤卫队,配合红军于惠城城郊伏击敌军,俘获敌排长2人,士兵20多人。民国十八年(1929)7月,潮、普、惠三县成立红军第四十七团,陈龙任短枪连连长。民国十九年(1930)9月,陈龙在参加攻打普宁县棉湖镇的战斗中牺牲,年仅24岁。遗体葬于普宁县咸寮村。

十五、林娥

林娥(1914—1935),女,又名吴娥,惠城镇河田村人。4岁时,因家贫给惠城南门姨母做养女。1929年参加红军并成为宣传队队员;1930年,林娥所在宣传队随红军部队活动于大南山;1935年,林娥深入平原开展革命活动时牺牲。

民国十四年(1925),林娥刚15岁,姨母要他与一年纪不相称的男人订婚,她坚决反对,并借口往河田割菠萝而离开了姨母。林娥回到自己家乡河田以后,因父早丧,家境贫困,生活十分艰难,便往泗竹埔村(林娥生父原籍泗竹埔村,后到河田过继)帮堂兄干活。这时正当大南山革命运动蓬勃发展,红军四十七团活动于大南山区泗竹埔等地,她伯父当上村苏维埃执委,几个堂兄弟都加入赤卫队,林娥受到革命运动的影响和教育,于民国十八年(1929)冬,在堂兄林吉华的支持下,参加红军。

入伍后,编入红军四十七团政治部宣传队(简称政宣队),开始是队员,后来当队长。在红军队伍里,林娥不仅积极学习政治,热情参加宣传工作,还练得一手好武艺。她两手开枪,弹无虚发,不但勇敢善战,且能随机应变对付敌人。在一次与敌人相遇时,她掩护队员撤退,不幸身中两枪,被队员抢救回来。

民国二十年(1931)枪伤初愈,林娥便到盐岭参加宣传活动,被叛徒告密,敌军包围了村子。林娥急忙带队员进入岭后石洞,却被敌人发觉并被围困9天。敌人烧柴熏洞,企图迫她们出降。在林娥的带领下,被围困队员才终于在洞内十分隐蔽的角落里,找到一条通往山巅的石缝,她们从那里挤出来,得以脱险。

民国二十四年(1935),林娥随队伍离开大南山,活动于惠来西区,并化装深入平原地带开展工作。一次在坑仔村附近与敌人遭遇,林娥独自掩护队员撤退,把来追捕的敌人打得落花流水。眼看战友们已经脱险,她才拔步飞跑,在跳越田垅时不幸被薯藤绊了一跤，致被敌俘虏。

民国二十四年（1935）深秋，林娥与一批红军青年女战士被押赴惠来县城刑场。沿途她带头高唱革命歌曲，高呼"共产党万岁""红军万岁"等口号，殉难时，年仅22岁。

林娥的革命事迹，2021年改编为大型革命潮剧《南山红英》（原名《南山八女》）。

十六、方文科

方文科（1896—1933），又名方吉士，惠城镇南美村人。

民国十五年（1926）2月，方文科加入中国共产党，任中共惠来中区党委书记，潮普惠苏维埃政府委员兼交通局局长。民国十六年（1927），方文科在盐岭、将军湖、五福田、林樟等村进行革命活动，组织农民武装，为大南山地区革命活动打下基础。

民国十七年（1928）1月，方文科接受任务，组织带领坑仔、新林、东岱等村赤卫队，配合彭湃、叶镛、徐向前等红四师第十、第十一团攻打惠来百埗村"白旗军"头子肖觉的反动武装团队及葵潭圩地主团队，同年3月，率领赤卫队参加武装暴动，攻打惠来县城。

大革命失败后，方文科夫妇与交通局10多人转入大南山进行地下活动。民国二十二年（1933）3月，敌张瑞贵率部"围剿"潮普惠南革命根据地，包围盐岭山石洞。方文科隐藏在盐岭石壁山的石洞中，在战斗中被捕。被捕后受酷刑，遍体鳞伤，但他毫不动摇，坚贞不屈。最后敌人用布蒙住方文科的眼睛，于民国二十二年（1933）农历四月十五日将他杀害。

〔第三节〕中华人民共和国成立后的杰出军事人物

一、方农

■ 毛泽东亲笔签名的《光荣纪念证》

■ 方农烈士证明书

方农（1917—1950），又名方田，2002年出版第一轮《惠来县志》记载为"1918年出生"，采访其后代，方农于1917年10月5日（农历八月二十日）出生于惠城镇梅北村一户贫穷家庭，1945年参加革命，1950年响应政府号召，报名上朝鲜战场，担任志愿军一七五炮团连长，1950年牺牲。据其家人说，方农和毛泽东的儿子毛岸英同一天牺牲，即1950年11月25日上午，遭美国轰炸机轰炸而牺牲。

二、陈绍贡

陈绍贡（1912—1951），原名陈绍愼，1912年12月20日（农历十一月十二日）出生于惠来县城"世家陈"一个世代书香的家庭。父亲陈峦是清代秀才，后行医，医术精湛，县内颇有名气。陈绍贡10岁进学，勤学苦读，成绩优秀，1930年在惠来中学完成初中学业，考进潮安县"广东第四中学"（潮州金山中学前身）就读高中。

在金山中学，陈绍贡受到进步教师的影响，阅读了很多进步的社会科学以及中共党刊《红旗》《生活周刊》，他利用节假日，聚集一些同学漫谈、讨论学习心得，形成读书会，研究问题，团结同学。1931年5月，中共潮澄澳县委在潮州城恢复党的工作，号召组织进步民众开展抗日救国运动，金山中学、韩山师范学校的教师学生冲破国民党当局的禁令，成立"潮安学生抗日救国联合会"，开展抗日宣传和抵制日货。陈绍贡积极投入这场抗日反蒋的爱国学生运动，党在进步学生中发展党员，建立金山中学联络站。陈绍贡加入中国共产党后，接受党布置的任务，一面往返于潮州和汕头之间做党的秘密联络工作，一面继续参加校内的地下斗争。陈绍贡的革命活动被学校反动当局获知，于1933年被学校开除学籍。1931—1933年就读金山中学的薛汕（在北京工作的知名学者），在他的文章中回忆过这段往事："那时，学校闹学潮，既反对蒋介石对日退让、对内压迫的政策，也反对学校当局压制学生，我们这些年轻小伙子在前面冲锋陷阵，陈绍贡则是后面策划、组织和指挥的几个人之一，当时我就知道他是党组织的人。尤其1933年那次闹学潮最为轰轰烈烈，结果陈绍贡和我都被学校当局开除学籍，同时被除名的同学有30多人。"

陈绍贡离开潮州金山中学，到汕头继续求学，但因学费昂贵被迫辍学，于1933年5月由中共党组织委派，回到家乡惠来负责学运文运工作。在惠来，他以县立第一小学教员身份作掩护，开展革命工作，他自编讲义，讲述"九一八"事变日本侵略者侵占我国东北三省的滔天罪行，激发学生的抗日爱国情怀。他有计划地把进步学生组织起来，成立读书会，印发抗日爱国宣传品。他发动惠来中学教师卢晓彻和学生方东平、陈绍宏组织惠中读书会，秘密发动倒蒋抗日活动，被当地反动势力视为眼中钉肉中刺。1933年10月，由于汕头党组织遭受破坏，叛徒告密，陈绍贡共产党员身份泄露，被国民党军警抓走。他先是被关押于县城"铺仔头"的东陇方氏祖祠，几天后被押往汕头石炮台囚禁，石炮台监狱又称为"政治惩戒所"，是一座石砌的环状建筑物，陈绍贡在狱中遭受严刑拷打，坚贞不屈，始终没有泄露党的丝毫秘密。被关押7个月后，陈绍贡被转至位于广州的"省感化院"囚禁，"感化院"实际是关押政治犯的监狱，敌人软硬兼施，威逼利诱，妄图"感化"陈绍贡悔过自新。陈绍贡将敌人送来写"悔过书"的纸笔，写成痛骂敌人的文字，招来了一顿又一顿毒打，长期的牢狱生活，陈绍贡的身体深受摧残，病情严重，奄奄一息。他父亲通过关系买通看守，亲自为儿子诊脉调理汤药，终于使陈绍贡脱离危险，病情日渐好转。当时，中国共产党领导的红军经过长征已经到达陕北,全国革命运动日益高涨,要求释放"政治犯"的呼声越来越高,党组织加紧营救活动,再加上其父亲奔走相告,惠籍在广州的社会名流从中斡旋,陈绍贡终于在1936年秋获得释放。

出狱后,陈绍贡到汕头小学任教,继续从事革命活动。1937年6月底,党组织安排陈绍贡回家乡惠来开展抗日群众工作。"七七"卢沟桥事变后,陈绍贡在各学校组织惠来青年战时工作团、抗日儿童团,随后扩大为惠来青年救亡同志会。同年10月,陈绍贡动员吴健民组织惠来银河剧社,排练演出进步剧目,宣传抗日。1937年底,中共地下党组织指派陈绍贡为惠来县党的负责人,秘密重建惠来党组织,11月,建立中共惠来党支部,陈绍贡任书记。1938年4月,中共惠来总支部建立,陈绍贡任书记。1938年10月,中共惠来县工作委员会成立,陈绍贡任书记(潮普惠分委委员)。1940年4月,调到普宁三区任区委宣传科长;1940年10月,调任揭阳四区区委书记;同年12月,任揭普惠边县委宣传部部长(书记罗天);1941年7月,改任潮澄饶县委组织部部长(书记方朗,副书记吴南生)。1945年2月,陈绍贡辗转到了粤北,在英德、清远之间成立一支游击队,曾一度解放清远县城。1948年3月,中共潮汕地委潮普惠南分委成立,陈绍贡任分委委员,筹建人民政权。1949年3月,潮普惠南行委撤销,分别建立惠西、惠潮行委,陈绍贡调任惠西、惠东二县工作团团长。1949年5月20日,惠来县全境解放,5月24日,成立惠来县军管会,陈绍贡任副主任委员。

1949年6月,潮汕地委在大北山灰寨村设立潮汕干部学校,陈绍贡被调任潮汕干校党委委员兼行政系主任。同月,中共汕头市工委成立,陈绍贡任工委委员、民运部长,准备汕头市解放接管工作。汕头解放后,陈绍贡调任中共潮汕地委秘书室主任,参与组建汕头市人民政府。为了起草市政府的有关规章制度,他夜以继日参阅、抄录了大量其他城市的相关条例、布告,经常工作至深夜。刚刚解放的汕头,百废待兴,工作千头万绪,陈绍贡全身心投入工作中,终因积劳成疾,于1951年3月14日逝世,年仅40岁,被追认为革命烈士。

三、林祖武

林祖武(1958—1985),1958年11月出生,惠来县东陇镇钓石村人,中共党员，1978年3月参加中国人民解放军。1979年2月参加广西边境自卫还击战。1981年毕业于南京陆军军校，分配到南京军区35155部队任侦察排长。1984年初参加云南老山地区边境防御作战。

1985年3月，他带领15名突击队员收复被敌军侵占的某高地，并打退敌军连以下规模的7次反扑，歼敌100余人；战斗中，他指挥果断，身先士卒，毙敌7名；尔后在身负重伤的情况下，拉响手榴弹与4名敌人同归于尽，壮烈牺牲。昆明军区授予林祖武烈士"战斗英雄"的荣誉称号。

四、方文瑞

方文瑞（1923—1986），惠城镇梅北村人。民国二十六年（1937）进惠来县立中学读书，但不足一年，即改进惠来银河剧团主办的大众学园学习。在大众学园学习期间，积极参加抗日宣传工作。

民国二十七年（1938）冬，方文瑞参加中国共产党。任大众学园党支部书记。民国二十九年（1940）春，调潮普惠中心县委，负责机要通讯工作。同年冬，调任潮阳县委，负责政治交通工作。

抗日战争胜利后，民国三十五年（1946）初，方文瑞回惠来任中共惠来特别支部宣传委员，隐蔽在东陇小学任教，开展党的组织活动。民国三十六年（1947）冬，奉命参与开辟大南山革命根据地工作，进行武装活动。历任中共惠（来）南（山）县委、惠（来）陆（丰）南（山）边县委委员兼宣传部部长，中国人民解放军闽粤赣边纵队第二支队第十团政治处主任。1949年5月解放惠来县城时，方文瑞作为解放军代表与惠来国民党军政代表进行谈判，促使敌人放下武器，为潮普惠地区的解放事业作出重要贡献。

中华人民共和国建立后，方文瑞先后任中共惠来县委常委兼宣传部部长、潮阳县委常委兼宣传部部长；1954年4月，任中共潮阳县委第三书记、潮阳县县长。1960年9月任广东省汕头艺术学校校长、广东省汕头戏曲学校党支部书记。1972年10月起任汕头地区文化局副局长、党委副书记；中共汕头地委宣传部副部长；政协汕头市第六届委员会常委、秘书长、党组成员等职务。

1986年12月在汕头市病逝，终年64岁。

〔第四节〕国民党将领

一、吴明光

"1937年12月12日,守备紫金山的教导总队第五团与敌人激战了一整天,仰攻之敌,伏尸累累,攻势顿挫,未获寸展。我团亦因伤亡很重,没有援兵,只得死守,无力反攻,敌我形成对峙状态。日落之前,紫金山一二峰仍在我军固守中。苦守陵园、西山、孝陵卫、白骨坟阵地的我一二旅官兵,经过五天五夜的血战,伤亡严重,仍在顽强战斗,寸步未退。随着夕阳西斜,猛烈的炮火逐渐停止,步机枪声也渐渐稀疏下来。"这是参加过南京保卫战的石怀瑜老先生,在91岁高龄写下《南京保卫战》一书中所描绘的惨烈场面。

在这场战斗中,一位年仅29岁的年轻军官,在日本侵略者的坦克肆无忌惮扫射守军的危急关头,为了阻止侵略者坦克的进攻,全身系缚手榴弹,滚向日军坦克,随着一声惊天动地的巨响,敌军的坦克顿时成为一堆废铁。

他,就是国民党抗战爱国军官、惠来人吴明光!

吴明光(1908—1937),又名其苏,原籍华湖镇溪洋村。民国初期,其父率全家移居神泉,从事商业贸易。其时神泉港是繁荣的商业港口,他家的生意做到香港,家境丰裕。兄弟10人,吴明光排行第三,其兄为神泉学校校长。吴明光身材魁梧,英气逼人,少年时期就显示出血性男儿的秉性。他在惠来县县立中学就学时,和吴辉生(神泉镇横山村人,黄埔军校第六期学生,官至国民党赣州警备司令)同学,两人志趣相投,惺惺相惜。中学毕业后,考进国民党中央军校第七期,更名其苏。军校毕业后,以其优异成绩留校任教导总队第二团排长,后升为上尉连长。育有一子一女。

吴明光所在的教导总队成立于1931年,是蒋介石的亲信部队,由德国顾问规划编组,以德国武器作为制式装备,是当时国民党最精锐的一支部队,颇得蒋介石倚重。南京保卫战打响之前,蒋介石原本有意把这支他所钟爱的部队撤入四川,扩编成为第二期准备军,固守长江上游。时任教导总队总队长的桂永清召集官员开会,慷慨陈词:"摆在我们面前有两条路,一是到后方扩军,大家升官,我升集团军总司令,你们营长升团长,团长升旅长,旅长升师长。另一条是到前方作战牺牲。长期以来,其他部队拿国难薪,只有我们拿全薪,论装备我们是全新德式。现在全国部队纷纷请缨作战,我们却到后方扩编,虽属命令,扪心自问,能无愧疚?别人一定会说我们怕死畏战。养兵千日用在一朝,我现在请各位表决……"(引自《征程忆事——三十八年民国军事史》"国军中的耀眼流星——中央军校教导总队")

结果,全体军官一致要求上火线。桂永清马上把情况报告蒋介石和何应钦,于是,蒋介石抽调其中3个团的兵力到湖南扩编,而把总队的主力投入淞沪战场。吴明光留在了前沿战线,时任第二团步兵连连长。当时,吴明光的妻子刚好在南京探亲,他对妻子说:"抗日战事这么紧迫,我是一定要上战场的,顾不了你,你马上收拾回家乡!"

上海被日军攻陷后,蒋介石召集各路将领商讨保卫南京的问题,何应钦、李宗仁、白崇禧等多数将领都主张放弃南京,因为上海和南京之间都是平原,无险可守,蒋介石的德国军事顾问也主张放弃南京。但是,由于"九一八"事变以来,蒋介石一直被贴上不抵抗的"恐日症"标签,倘若毫不抵抗就放弃南京,在全国人民面前不好交代,又会被社会舆论和他的政敌指责为投降和卖国。所以,蒋介石希望在南京象征性地抵抗一下,以应付社会舆论。于是,唐生智被任命为南京卫戍军司令长官。

守卫南京城的主力是蒋介石最精锐的部队,三十六师、八十七师、八十八师和吴明光所在的中央军校教导总队。桂永清指挥的教导总队(1.2万余人)被称为"铁卫队",是南京守军中装备最好、实力最强、最有战斗力的部队。根据布防体系,教导总队负责守卫光华门、中山门至太平门、紫金山、麒麟门及天堡城。吴明光奉命守卫紫金山(钟山),担任抵挡正面来敌的艰巨任务。

1937年12月7日,日本侵略军逐渐突破了南京的周边防线,兵分三路向南京城进攻。

12月8日晨,日本飞机飞临南京城上空,向紫金山、西山、孝陵卫阵地轮番轰炸,炮兵发射大量炮弹,全线展开激战。攻击紫金山的日军,是中岛今朝吾带领的第十六师团,性格冷酷的中岛,率部从长江口一路烧杀过来,妄图要从紫金山杀开一条通向南京城的血路。进犯老虎洞（紫金山防守要地）的日军，随着敌机投弹助战，集中炮兵火力向教导总队一阵猛轰后，步兵发起冲锋。吴明光和他的战友们居高临下，利用良好地形，凭借坚固的工事，目标准确，射界开阔，沉着镇定，待日军接近前沿阵地前，以密集的步、机枪火力和手榴弹将大部分日兵消灭在阵地前。日军横尸遍野，伤亡惨重，当天未敢再犯。

12月9日8时左右，日军再次向老虎洞发起进攻，发射了很多燃烧弹、穿甲弹、烟幕弹，随之发起疯狂的冲锋。吴明光和他的战友们冒着硝烟火海，顽强抵抗。在这紧急关头，得到左翼守军的支援，以密集侧射击退日军的进攻。午后刮起一阵东南风，日军利用风向，又发射更多的燃烧弹、催泪弹、烟幕弹，发起又一次进攻。敌我双方伤亡惨重。由于钟山第三峰阵地过于突出，增援不易，旅长周振强当夜决定放弃阵地，退守第二峰东麓一带固守。

也就是在这一天，日军飞机向南京城撒下由华中方面军司令官松井石根签署的《劝降书》。这份《劝降书》以最后通牒的口吻，规定中国军队必须于12月10日中午，派代表到中山门外句容道的警戒线上，谈判投降，否则，"日本军对负隅顽抗的人将格杀勿论"。但中国军队没有理会日军的《劝降书》。日本华中方面军参谋长塚田攻和两位高级参谋在中山门外白白等了将近1个钟头。

12月10日午后1点，恼羞成怒的松井石根下令向南京城发起总攻。

10日，整个南京城笼罩在纷飞的战火中。日军步、炮、空部队倾巢出动，联合进攻。特别对于紫金山，集中兵力发动强大的攻势，妄图一举攻克南京。在气球观察的指挥下，日军的重炮发射近千发各种炮弹，全线展开激战。已经占领老虎洞的日军开始向教导总队把守的紫金山第二峰发起进攻。紫金山是由西向东倾斜的山脉，形成3个山峰，二峰是第二道防线，与三峰正面距离不到200米。左翼有层峦叠嶂的山峰为依托，日军无法从左翼迂回；右翼有总队二旅坚守中山陵东侧阵地，可以侧射支援。日军从山下仰攻，前进不易，每次发起进攻，均被吴明光和战友们击退，遗尸遍地，伤亡很重。而教导总队也伤亡惨重，但一直坚持到日落，二峰及山下阵地，仍然固若金汤。

鉴于守军伤亡过于惨重，12月11日，国民政府军事委员会下令南京守军撤退，但唐生智没有立即采取行动。

12月11—12日，南京城全线激战。日军仍然步、炮、空三军立体进攻。守卫紫金山的教导总队对东郊一带地形了如指掌，官兵素质好，训练时间长，爱国心强，士气旺盛。受命之时，即以必死决心，誓与阵地共存亡。此时与日兵反复冲杀，人数越来越少，但却越战越勇，无一后退。而且阵地坚固，纵深配备，虽日军一再增援，但均告失败。紫金山阵地岿然不动。12日中午，雨花台失守，紫金山受到日军更猛烈的攻击。日军11辆坦克和数倍的兵力，向吴明光驻守的山头进攻，坦克疯狂地扫射，阵地眼见不保。吴明光全身捆满手榴弹，滚到日军的坦克下面……这惊天地、泣鬼神的一瞬，正是本文开头描写的那一幕！吴明光用他年轻的生命，锻铸了中国军人不怕死的光辉形象，震惊了正在疯狂进攻的日本鬼子。

12日下午6时，紫金山第二峰终告失陷。此时，唐生智已经下达了撤退令，但是，吴明光的战友们，坚守在紫金山一号高地的教导总队官兵仍在与敌人作最后的殊死拼杀，誓与阵地共存亡……

吴明光和战友们的英勇抵抗，从侵略者战后的言论中可见一斑。主攻紫金山的一个日军联队长说："中山陵是非常坚固的，很难攻克。"松井石根也不得不承认："南京的教导总队曾发挥相当勇猛的抵抗。"（引自CCTV《探索·发现》2005－241《古都沦陷》）

随后发生的，便是惨绝人寰、震惊中外的南京大屠杀！历史怎能忘记？

一年后，僻处惠来神泉的吴明光遗孀才得到丈夫为国捐躯的消息，同时也收到国民党中央军事委员会颁发的"荣哀状"，列荣字第10522号，状文："兹有中央军校教导总队二团上尉连长吴其苏，于民国二十六年十二月十二日在南京抗战阵亡，忠贞为国，殊堪矜式，特颁此状，永誌哀荣。"国民政府通令惠来县政府在神泉举行追悼会，各界代表数千人参加，同时每年由国民党中央政府拨抚恤金给其亲属。

1997年，吴明光遗孀去世。惠来县政协、县委统战部送了花圈，表达对吴明光英勇爱国行为的尊崇以及对其家人的敬意。2002年出版的《惠来县志·人物》介绍了吴明光的英雄事迹。

二、黄铮

黄铮（1903—1965），字铁中，惠城镇南美村人。

民国十五年（1926），于惠来县立中学毕业后，考进黄埔军校，于第三期毕业。毕业后，任过多种军职。

民国二十六年（1937），世界童子军第五次大露营，时黄铮任中国童子军干训班副主任，政府派他为中国童子军代表，周游欧洲各国，考察各国青年组训事宜。

民国二十八年（1939）军政部部长陈诚派他到粤，先后担任广东军管区暨保安司令部政治部主任，广东军管区少将参谋长，广东行政干部训练团教育长等职。在此期间，他还兼任三民主义青年团广东支团部干事。

民国三十四至三十七年（1945—1948），黄铮任广东省第四区行政督察专员兼保安司令，镇守河源。民国三十四年（1945）年5月间，日军犯河源，黄铮坐镇该城，指挥保安第四、第五两大队，在埔前七星岗一带，与敌苦战两昼夜，相持14天。敌主力受挫，始退。此役意义重大，保住了广东的大后方——龙川、兴梅一带。其时因韶关沦陷，广东省党政机关及中山大学等学校都迁驻于兴梅各地，日军屡来侵犯，形势十分危急。此役胜利，使一方英才得以保全。

抗战胜利后，专员公署迁回惠阳，民国三十七年（1948）2月离任。

1949年，黄铮到香港，弃政从商。1952年赴台湾。1968年7月24日在台湾病逝，终年65岁。

三、方万方

方万方（1893—1966），字超然，惠城镇西联村人。出身于书香世家，5岁就受启蒙教育，9岁进小学，16岁清光绪三十四年（1908）在惠来县官立高等小学堂毕业。宣统元年（1909）由惠来知县考核选送广东陆军小学学习，于该校第五期肄业。民国六年（1917），陆军部续招陆军小学各期辍学学生入学。遂赴北平参加考试，被录取入清河第一预备军官学校学习。民国八年（1919）毕业，返粤任陆军工兵上尉副官兼第三连连长。民国十年（1921）冬，保定军校复课，他重新获准继续接受军官养成教育，进入保定军校第九期工科学习。民国十二年（1923）毕业后，被派赴潮汕善后督办公署任少校科长。民国十七年（1926）任黄埔陆军军官学校潮州分校工兵教官，旋调任东路军总指挥部任中校参谋，参加北伐。民国二十二年（1933）升上校。

民国二十五年（1936），任第四路军工兵指挥部指挥官，赴陆军大学特别班第三期受训，民国二十七年（1938）冬毕业。民国二十八年夏，第四路军总部改为第十二集团军总部，工兵指挥部也改属十二集团军。民国二十八、二十九年（1939、1940），日寇两次进犯粤北，所属工兵各营均能适应时机，协同各部队完成作战任务。

民国三十三年（1944）底，工兵指挥部裁撤，万方调任第七战区长官部任高参，民国三十四年（1945）任军务处处长。时日寇再犯粤北，乃随军转战至江西三南（龙南、定南、全南）和寻乌地区。

民国三十四年（1945），日寇投降后，调衢州绥靖公署任军务处长；民国三十五年（1946），调任衢州绥署工兵指挥官，后任参谋长。

民国三十七年（1948），由惠来县选为国民大会代表。1966年在台湾病逝，终年74岁。

四、吴宝瑜

吴宝瑜（1885—1967），字芷荪，惠来县惠城镇梅北村人。

宝瑜17岁考入惠来儒学，次年，光绪二十八年（1902）考进两广高等学堂，宣统元年（1909）考取己酉科拔元。其父吴佐照也是拔元，故当时称为"父子拔元"。他到吏部参加考选，获选直隶州州判，可是却分发他到江西。对此，他感清廷腐败，改赴福建永春州州立中学执教。

民国十四年（1925）国民革命军东征平定潮汕，他应十四师师长冯轶裴之邀任少校秘书。进军福州后，任第四纵队军法处长。不久部队改编为教导师，又扩充为警卫军，驻扎南京，历任师部、军部军法处长，递升为上校。民国二十一年（1932）转任江苏省阜宁县县长。尔后曾先后任驻赣绥署秘书科长、驻黔绥署秘书处长、重庆行营第一组副组长、军法处长。接着派赴洛阳第一战区司令部任查禁敌货委员会主任、南京总统府第五处高参等职。

抗战胜利后任南京总统府第三局秘书，评政铨简任三级、军叙军简二阶。民国三十七年（1948）底赴广州，越年转香港。平生擅长书法，至此以鬻字为生。

1952年春赴台北定居，1967年11月29日在台北逝世，享年83岁。

五、翁照垣

翁照垣（1892—1972），名锦，字辉腾，惠来县葵潭镇人。少时读过两年多私塾，14岁随父操石匠业。为人豪爽，喜拳术，广交游。16岁，为抱不平，痛打当地恶棍，被悬红缉掠，逃生外地。

民国元年（1912）翁到潮阳峡山参加新军。民国六年（1917）孙中山在广州成立革命政府，委任陈炯明为粤军总司令，翁参加粤军，随军东征援闽，西征援桂。民国十一年（1922）春，翁时为营长，在武鸣高峰坳一役，因击败桂军悍将韩彩凤部而出名。后陈炯明叛变，粤军瓦解，翁归入国民革命军，为陈铭枢所赏识。

民国十五年（1926）翁在陈铭枢等人资助下，赴日本陆军士官学校骑兵科学习；民国十八年（1929）又转赴法国慕汉尼航空学校学习航空专业。曾单人驾机上空训练，飞机失事，竟不死，传为奇闻。

民国二十年（1931）春，翁毕业回国。时陈铭枢为广东省主席，遂任翁为所属保安第四团团长。夏，粤省政变，陈下野。翁所部第四团也遭围攻而溃散，于是往香港找陈，遂同赴南京见蒋介石。同年秋，陈被蒋介石调赴江西参加"围剿"，适所部十九路军扩编第七十八师，翁即被调任为该师一五六旅旅长。10月，陈铭枢调任京沪卫戍司令，所部十九路军调赴沪宁线驻防，翁旅遂驻闸北。

民国二十一年（1932）1月28日，日军进犯闸北，淞沪血战爆发。史称"一·二八事件"，是日本帝国主义继民国二十年（1931）"九一八"事件侵入东北后，再度在上海发动战争的又一事件。日军此次侵华，不意遇到十九路军的坚决抵抗，翁照垣率领全旅官兵，组织大刀队、敢死队，同上海义勇军、铁血团，先后在闸北、吴淞一带，与日军血战33天，使敌人三次增兵，四易主帅，侵略野心终不得逞。此役翁照垣立下卓越功勋，成为举世闻名的抗日英雄。夏，《淞沪停战协定》签订，蒋介石下令将十九路军调赴福建，要其剿共，翁遂辞去军职，赴南洋考察。

民国二十二年（1933）初，日军侵入华北。翁即北上热河，请缨抗日，任张学良东北军第一一七师师长。在长城一带，连创敌军，扬名北国。是年5月31日，《塘沽协定》签订，6月27日擢升翁为六十七军副军长，先后辖107、108、110、115、117、129各师及骑兵第三、六、十各师。翁见抗战不成，遂辞职。11月，拟出国，到福建与十九路军将领辞行。时李济深、陈铭枢、蒋光鼐、蔡廷锴等在福建组建中华共和国人民革命政府，翁任第六军军长。辖第六师（洪文德）、第八师（余承学）、独立师（陈齐煊）。翌年春，人民革命政府失败，军队被蒋介石解散，翁遂出国考察，向海外宣传抗日救国主张。

民国二十五年（1936），两广与国民党中央对抗，李宗仁等电邀翁回国，任抗日救国军第六十师师长，驻防北海。在北海，捕获到日本间谍中野顺三，当即于9月3日就地处决。这就是震动全国的"九·三"反日事件。事后，在日本驻广州领事馆压力下，广西当局令翁师撤回广东。抗日救国又成泡影，翁愤而辞职，返香港。

民国二十六年（1937），抗日战争全面爆发。翁满怀爱国热忱，赴南京请缨杀敌，得第一战区司令长官程潜嘉许，任为前敌总指挥，进驻保定，指挥东北军作战。不料专列到河北邯郸站时，遭敌机轰炸，左脚肢受伤，不得已转送香港医治。以后因蒋介石猜忌，被批"永不录用"，遂于民国二十六年（1937）退出军界，解甲归田。

民国二十七年（1938），翁伤愈回潮汕，拟从事实业。时广东各地正成立民众抗日自卫团，翁遂为第七战区司令长官，余汉谋委任他为广东省第八区民众抗日自卫团统率委员会主任委员。从此时起至民国二十九年（1940）离任到香港定居止，两年时间，他不负众望，团结潮汕各界爱国人士，在梅岗等地创办"第八区抗日干部训练所"，培训大批抗日骨干。民国三十年（1941），日本陷香港，翁始回葵潭创办葵峰农场。民国三十三年（1944）11月，日寇从陆丰窜犯葵潭，翁又一次受命组建"潮普惠南抗日指挥所"，任指挥官，统一指挥4县（局）地方团队抗击日寇。翌年，民国三十四年（1945）春，日寇窜犯普宁、惠来各地，都受到翁率领的自卫团队的痛击。人们尊称他为"翁将军"。

解放战争期间，民国三十六年（1947）广东省主席宋子文欲委任他为广东省第五区行政督察专员兼清剿司令，他坚决不受命。相反，潮汕地下党在葵潭等地活动的人员，却因得到他的掩护而安然无恙。

民国三十八年（1949）3月，翁到香港定居。5月，闻惠来县已全境解放，即派其次子翁荣桂到惠来军管会，将所建葵峰农场财产献出，交政府接管。1950年2月，又帮助惠来县人民政府代表到港接收联合国救济总署发给惠来的一批救济物资。

1972年10月8日，翁照垣在香港逝世，享年81岁。中共广东省委特为他送了花圈。

六、方书彪

方书彪（1888—1978），字炳彰，前詹镇秀水里人，7岁入私塾，清光绪二十九年（1903）就读于广州述善小学堂。次年考进广东陆军第一小学。民国二年（1913）考进保定陆军军官学校，转北京军需学校，于民国五年（1916）毕业，时29岁。其后9年，即民国六至十四年（1917—1925）历任粤军的连长、参谋、参谋长等职。

民国十五年（1926）随国民革命军北伐。此后历任国民政府警卫军经理处处长，从民国十五年（1926）7月至民国十七年（1928）5月，先后任惠来、丹阳、澄海等县县长。全民族抗日战争期间，民国二十九年（1940）12月任军政部陆军军需监，第一战区司令长官部高级参谋，军政部驻豫军粮局局长。抗日战争胜利后民国三十五年（1946）退役返样。

民国三十六年（1947）任惠来县立中学校长1年，后创办德圃农场。

民国三十八年（1949）到台湾。1978年逝世，享年91岁。

七、吴辉生

吴辉生（1909—1985），字曙光，神泉镇横山村人。

民国十五年（1926）8月，吴辉生18岁，考入黄埔军校第六期，毕业后进陆军步兵学校校官班第四期、陆军大学将官班第五期、国防大学联合作战系第三期、国防研究院第六期受训。

黄埔军校毕业后，吴辉生任陆军教导队学兵营的班、排长。民国二十一年（1932）起，被培养为宪兵骨干，从事国家政治军事警察工作，任宪兵第二旅第二团排长，后升连长。民国二十四年（1935）任宪兵教导团第一队队长，年末任宪兵第十一团第一连连长。民国二十六年（1937）任营长，配属保定行营及第一战区长官部，担任战地勤务，立有战功。民国二十七年（1938）2月任宪兵第一团副团长。民国二十八年（1939）升任宪兵十六团团长，配属第四战区，担任战地勤务；同年11月，所部参加抗日桂南会战。民国三十二年（1943）调任宪兵司令部处长，主管教育训练作战勤务。民国三十三年（1944）任宪兵总司令部总务处处长，调任宪兵学校副教育长，负责宪兵干部培训。民国三十六年（1947）任宪兵第十五团少将团长，民国三十七年（1948）出任宪兵十七团团长，驻防江西。第二年兼任赣州警备司令，同年5月（1949）由广东赴台湾。

1985年9月，吴辉牛在台湾病逝，终年77岁。

〔第五节〕中华人民共和国成立后军事人物简介

一、黄石登

黄石登，葵潭镇人，民国三十四年（1945）2月7日出生。1964—1970年就读于中山医学院，1990—2000年任空军广州医院外科二科主任，技术五级（副军级）教授。

二、王海庭

王海庭，仙庵镇点埔村人，民国三十五年（1946）10月出生。1964年参加工作，1968年2月入伍。从1968年2月—1991年7月历任汕头军分区班长、排长、后勤部战勤参谋、后勤部副科长、后勤部长、军分区副司令、常委。1991年7月调至汕尾军分区任筹备组组长、中共汕尾市委常委。1993年7月任汕头警备区副司令员。1996年3月转业。

三、林永青

林永青，靖海镇人，1951年5月15日出生。1969年12月入伍，1976年7月任南海舰队工程指挥部参谋，1980—1985年任南海舰队后勤部副科长、科长，1986年9月任湛江基地军港营房处处长，1989年6月任湛江基地副司令员，1993年3月任汕头水警区副司令员，1995年2月任广州基地副司令员，2000年4月任榆林基地副司令员，2002年5月任南海舰队副参谋长。后任海军党委常委、海军后勤部部长，少将军衔。2011年因病去世。

四、周海侦

周海侦，神泉镇图田村人，1957年7月出生。1982年4月任海军工程兵建筑6团3营8连排长，1983年9月任海军东海舰队工程一处政治处副连职干事，1987年12月任海军舟山基地工程五处正连职干事，1989年11月任广东汕头军分区政治部组织科副营职干事，1992年6月任广东汕头军分区政治部组织科正营职干事，1994年5月任广东汕头警备区政治部组织科科长，1996年6月任广州军区海防一团政治委员，2000年12月任广东汕头警备区政治部主任（副师级）。荣立三等功3次。

五、黄松宜

黄松宜，前詹镇塔兜村人，1958年7月出生。1976年3月入伍，在北海舰队服役，1979年12月—1988年6月历任北海舰队二处正排级助理、正连级助理员，1988年7月—2000年11月，历任南海舰队广州基地装备部副营职、正营职科档室主任、计划财务处副处长、处长，2000年12月任海军广州军事代表局副局长（副师职），大校军衔。

六、林坚明

林坚明，周田镇狮石村人，1960年7月出生。1978年3月入伍，在步兵一二二师警侦连服役。1981年1月—1994年3月，历任机要科参谋、机要股长、机要处参谋、桂林陆院机要训练大队政治协理员、党支部书记，1994年3月任电子技术学院广州大队教务处处长兼讲师、大队常委，1997年3月—2004年1月历任广州军区司令部机要局译电办报处处长、办公室机要技术处处长、办公室副师职专职委员，2004年2月任步兵一二三师副师长、党委常委。1979年3月参加广西边境自卫还击战。分别于1979年3月、1981年12月，1986年10月荣立三等功各一次。

七、吴伟生

吴伟生，靖海北星村人，1961年7月出生。1979年11月入伍，1987年11月任广州军区接待办助理员，1997年6月任广州军区接待办副主任，2000年2月任广州军区装备经费支付中心主任，2001年3月任广州军区装备部综合计划部计划财务处处长，2005年4月任广州军区装备部综合计划部副部长。

八、庄良杰

庄良杰（1942—2018），教授级研究员、博士生导师、我国现代惯性导航方案技术重要奠基人之一，1966年毕业于中山大学数学系，1986年以客座研究员身份进修于日本大阪大学，归国后一直从事惯性导航技术研究工作，先后作为核心技术专家主持并参与了我国多型大国重器中的惯性导航技术方案研究与实施工作，多次荣获国家及省、部级科学技术进步奖项，并享受国务院政府特殊津贴。他用一生见证并谱写了我国导航技术发展的宏伟乐章，为我国惯性导航领域培养了大批青年专家与技术人才，为我国舰船导航事业做出巨大的贡献。2018年5月20日逝世，享年76岁。

主要荣誉：1992年获中国船舶工业总公司科技进步特等奖、1993年获国家科学技术进步一等奖、1996年被中国船舶工业总公司授予有突出贡献青年专家称号、1997年被中国船舶工业总公司聘为研究员、1998年被中国船舶工业总公司授予突出贡献专家、1999年获中国船舶工业总公司科技进步二等奖、2000年获国务院政府特殊津贴、2000年获中国舰船研究院优秀硕士生导师称号、2001年被天津大学聘为博士生导师、2008年获中国船舶重工集团公司科学技术进步一等奖、2008年获国防科学技术进步一等奖、2009年获国家科学技术进步二等奖。

九、翁承文

1937年8月22日，翁承文出生于惠城镇东安村，1957年参加高考，被华南理工学院（今华南理工大学）化工系录取，专业系糖品物工学。在华南理工学院学习期间，翁承文的化学专业课成绩名列前茅。1960年9月，翁承文被北京大学技术物理系原子能化学专业录取，于1963年8月大学毕业，投身我国原子弹的研究工作，为我国第一颗原子弹成功爆破做出杰出贡献，获得中华人民共和国核工业部颁发的荣誉证书。

1998年出版的《中国专家大辞典·自然科学研究》收录了翁承文的事迹："翁承文，研究员，男，1937年出生，广东惠来人。毕业于北京大学。任职于中国工程物理研究院核物理与化学研究所。

主要贡献：在国防重要科研工作中，取得了重大的科研成果，获国家发明奖三级1项，第五名；国家科技进步奖2项，均为第一名；部级科技进步奖二级10项，均为第一名；部级三等奖、四等奖多项；与加拿大政府在加拿大安大略省共同合作CFFTP项目；为国防科研做出重要贡献，成为国防战线上的重要技术骨干和学科带头人。

近年来，作为课题负责人，从事国家'863'计划中'聚变-裂变混合堆氚工艺课题氚回收的研究'工作，开创无载体气体'低温色谱分离氢同位素'研究工作，在国际上处于领先地位。为此，应加拿大聚变燃料中心邀请，两次赴加拿大安省水电工艺研究所进行氢、碳等同位素分离研究，将制备色谱从实验室规模向工业生产规模拓展，并已实现该分离系统全自动化操作。获得欧洲和美、加、日等7个国家专利1项。该项研究工作，可用于从含微量氚的氢（氘、氚）中回收氚，也适用于含氚的水（轻水、重水）回收氚，也能用于从碳-12中回收碳-13、碳-14及其他的气体同位素分离工作。负责中加合作的进一步开发碳等同位素的生产研究工作。"

惠来史略·下卷

第八编

民情风俗

第三十九章

历代县志关于惠来民性习俗的记载

惠来置县将近五百年，地形地理人文生活生产相沿成习，形成独特的民情风俗。惠来知县游之光《檄惠父老文》概括惠来民情："本县负山带海，其士秀而文，其民朴而野，其食货则有米盐糖靛鱼肉，其工作则有麻葛布缕。即不称富饶乎，亦殊非瘠土之民也。"万历《广东通志·潮俗》记载："惠来设县以来，上知书尚礼，民颇负气健讼。"

〔第一节〕古代县志关于惠来风俗的记载

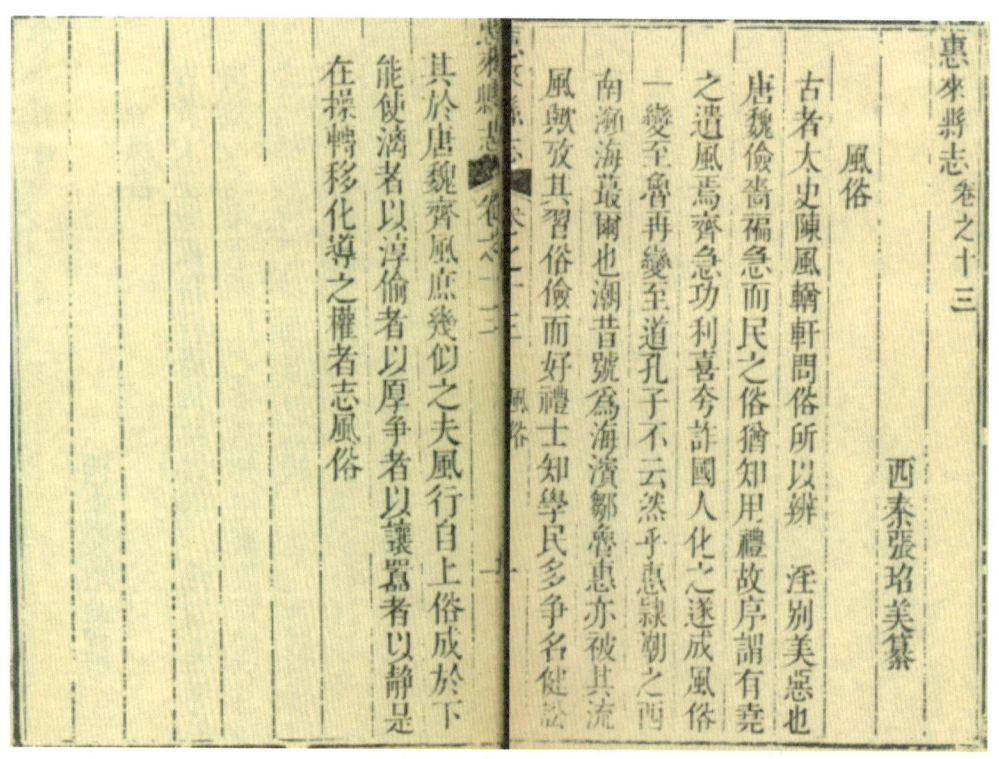

■ 同治《惠来县志》原版部分风俗篇

雍正《惠来县志》编者、西秦张珆美在《惠来县志·风俗》中评论："古者，太史陈风，輶轩问俗，所以辨祯淫，别美恶也。唐魏俭啬褊急，而民之俗犹知用礼。故序谓有尧之遗风焉。齐急功利，喜夸诈，国人化之，遂成风俗。一变至鲁，再变至道，孔子不云然乎。惠隶潮之西南，濒海蕞尔也。潮昔号为'海滨邹鲁'，惠亦被其流风欤。考其习俗，俭而好礼，士知学，民多争名健讼。其于唐魏齐风，庶几似之夫。风行自上，俗成于下，能使漓者以淳，偷者以厚，争者以让，嚣者以静，是在操转移化导之权者，志风俗。"

一、时节之俗

同治《惠来县志·时节之俗》记载惠来节日习俗：

元旦，祀先祖毕，家众以次拜庆，戚里相过，谓之贺岁。长者酒食相款，幼者传柑馈遗。

立春，先日，盛结彩棚，扮景桩狮，鼓吹出东门，宴迎土牛，老幼观者塞途。及归，竞掷土牛，互相阋谑，并视土牛与芒神色相，辨是岁风雷雨旸之候。鞭春日，或拾牛土，谓可压邪。

元夜十一起，各家祖祠暨诸神庙，张灯谯饮，逐队嬉游，花爆鞦韆。或作灯谜，招游者猜焉。十五以后，各社鼓吹迎神，不分昼夜，灯烛彩杖，招摇衢巷，仍演扮梨园，至二月乃止。

清明，挂纸、加土、扫墓。

初三上巳，出郊修禊，谓之踏青。

端午，角黍荐祖考，用艾悬插门堂。男女摘嫩叶簪发。或于溪港池塘，集舟竞赛，夺取旗标。

七夕，用酒菜并杂色花纸剪裁衣服，供养九子母，俗谓床前母。

中元，祀祖先及灶神，亦就各庵寺建幡诵经，普设盂兰。

中秋，具酒馔，邀师友赏月。少年取瓦砾筑砌高塔，炀火煨芋。

冬至，用米丸荐祖考，毕，以粘门灶器物。近亦通行拜庆，如元旦礼。

十二月二十四日，以竹梢扫屋尘，相传，是日百神朝天，具香烛酒果送之，至正月初四迎之。祀灶神尤谨，点灯灶中，谓之照虚耗。

除夕，祀先祖，爆竹以辟邪气，家中各房舍皆点灯彻晓，男妇环聚守岁。

■ 同治《惠来县志·风俗》记载惠来节日习俗

二、礼仪之俗

同治《惠来县志·礼仪之俗》记载：

冠婚丧祭，故家右族，遵用朱考亭家礼，立祠堂，重祭田，报本追远之意隆也。婚姻以槟榔蒟叶为礼，中产之家，多不亲迎，贺客仅登堂一揖，余仪概约省焉。居丧则就日成服，不设筵款客，间或斋僧、鼓乐，颇从俗尚。亲朋吊唁，裂帛分馈，苦块以百日为期。其葬，惑于青乌家言，有停柩数十年者。迩因物力纤啬，稍从简略。先辈詹北流先生，著有《三礼约言》一篇，洵有感于时流云。

詹北流先生是邑人詹一惠，因担任四川北流县令，坊间称呼为"北流先生"，其所著《三礼约言》未见流行。雍正《惠来县志·宦迹》记载："詹一惠……著《三礼约言》，以挽颓风。"从记载来看，古代惠来"中产之家"的婚嫁仪式从简，不尚奢华。但基本仪式还是很讲究的。

三、士民之俗

《惠来县志·士民之俗》记载：

士淳朴守礼，兴社敦学，稍重名节，安拙养恬。近亦有干谒公门，横暴里闬者，仅二三焉。其民守分畏法，勤输奉公，但遭寇乱穷困，不习礼义，遂尔浇薄闲游。子弟呼庐斗叶，诪幻搆讼，甚者厕身刀笔，占籍行伍，凭仗威权，竞相倾挤流毒，盖日滋矣。

四、妇女之俗

《惠来县志·妇女之俗》记载：

妆饰淡素，窄袖短裳，或结草为髻，或束发盘云，虽或家有罗锦，犹勤于女工，不弃枲麻。迎春上巳，绅士深闺，静不踰阈。其村野市廛，或相率游观焉。祀鬼奉神，疾病不迎医，惟降箕取药，或托命巫觋符咒祈禳，又佞佛因果老尼，沿门派金，买置度牒，岁时备香资礼拜，施舍不倦。

〔第二节〕古代县志关于各都鄙民性特征的记载

现存古代惠来县志，有不少关于惠来古代各地各阶层人士性格特征的记载，大同小异，颇具地方特色，见诸记载的有：

一、士知书尚礼，民颇负气

康熙《惠来县志》卷之十三"风俗"，编者惠来知县、西秦张秉政纂序曰：

山川刚柔，险易之气，感于人者为风；承流积染，沿于习者为俗。风俗者，治乱所由生，而教化所从出也。惠建治百年有余载，数历寇荒，宁不醇渐而漓，穷极则变乎。然沾被圣化，古道犹存，如省志所云"士知书尚礼，民颇负气"。或者草因风而偃，曷由表以移，还淳归朴，存乎其人。志风俗。

二、惠来都"敦诗秉礼"

《惠来县志·惠来都》记载：

环邑郊野，衣冠人物所聚会，敦诗秉礼固多，然流寓杂处，风气纷嚣尚未靖壹。

三、隆井都"礼义诗书"

《惠来县志·隆井都》记载：

礼义诗书与惠来都甲乙，奈地狭人众，有挟赀商贩以游者。其频海一区，鱼盐之课，犹为繁剧。

四、酉头都"士笃诗书"

《惠来县志·酉头都》记载：

地联海滨，田半瘠卤，其海蔬蛤蜊，半资以食。士笃诗书，其居乡者，田庐阡陌未免有土满之忧。国课尤艰焉。

五、大坭都"人勇义尚气，士称倜傥"

《惠来县志·大坭都》记载：

地多平衍，遇旱水涸，连陌皆焦，获不偿稼，惟依山一带，颇赖涧源。人勇义尚气，士称倜傥。间有豪猾少年，喜斗健讼，风亦少变云。

六、龙溪都"人质而愿，士秀而文"

《惠来县志·龙溪都》记载：

旧隶海丰，人质而愿，士秀而文，龙江一带，村落颇稠，漳潮杂处，耕读相半。濒海之乡，田多斥卤，渔农为业。其西北六楼，陵谷僻邃，恒为萑苻。所凭狡黠斗讼，然亦不可一二概也。

七、人多尚气，矜而不勉

张玿美论"风俗"曰：

南方风气柔弱，惠处南隅，而俗称强悍，何欤？毋亦面临大海，风劲土咸，故其人多尚气，矜而不勉，习俗之移人耶。顾革薄可以从忠，因心可以作则。大德六言六行，以乡三物教万民，而宾兴之周弗，蒸蒸然变矣。书曰："一道德以同。"风又曰："遵王之道，遵王之路。"今上有平章协和之化，下自有翕然丕变之象。岂曰：生于斯即囿于斯，而不能跻于化行俗美者，未之前闻。

上面是康熙《惠来县志》和雍正《惠来县志》关于惠来古代人民性格习俗的概述。几百年来，随着经济社会文化发展变迁，惠来大地早已沧海桑田，各种习俗日新月异，但万变不离其宗，总有脉络可以追寻。

〔第三节〕丁日昌十首《葵阳竹枝词》所反映的民情风俗

清末洋务运动骨干、江苏巡抚丁日昌，咸丰年间在惠来担任县学训导，他是时任惠来县令张邦泰的得意门生，政务之余，张邦泰和丁日昌常常到处游山玩水，丁日昌留下十首反映惠来民情风俗的《葵阳竹枝词》。

一、反映惠城妇女于上巳日往榕石庵踏青的情形

连朝微雨洒苍苔，石瘦榕肥寺半开，瞥见前村诸女伴，浓妆都为踏青来。

二、城中多种植龙眼树

东郊北郭半连村，蔚绿浓青望不分，种得荔奴三百树，夜凉疑雨早疑云。

三、惠来人云：南风起则蜃楼海市见

南风几度扑尘埃，海日苍茫半日开，鞭起鱼龙窥蛰穴，最空蒙处有楼台。

四、反映惠城西门夜间鱼市的情形

偶拈蜡屐步西城，海气昏昏扑鼻腥。最是二更成市后，一街灯火买鱼声。

五、疍民习俗，疍妇新见客必迎黄烟

萧疏风物暮春天，濒海人家半住船，赤脚蓬头新疍妇，殷勤双手递黄烟。

六、城东有睢阳庙，香火最盛

裙屐翩翩善冶容，女儿情绪几人同，怪来莲步高三寸，都要登山学谢公。
垂杨十里半珠帘，阵阵香风透镜奁，莫笑云鬟高叠叠，侬家新样塔同尖。
睢阳祠宇镇城东，香篆氤氲绕半空，拾得馀花供馘面，儿曹明日拜双忠。

七、境内盐岭奇峰插天

谁家煮得海波甜，堆遍郊原色味兼，颗似珍珠形似虎，行人应不笑无盐。
巍峨杰阁好藏经，半傍青山半傍城，想是文翁新化治，凉宵深院有书声。
绝顶烟云扫不开，奇峰苍翠接蓬莱，如何山亦将盐号，可是桑田海变来。

八、城东永福寺，保存肉身日公和尚（高僧宋超月），士女多往祈祷

曲曲禅房一径通，肉身菩萨久玲珑，有情弟子无情佛，各抱春心祷日公。

九、反映惠来人驾海船往苏杭一带贸易的盛况

最恼姑苏作贾人，吴姬把酒较情深，生憎海面潮无定，更比潮儿信不真。

十、民间风俗，于上元夜（元宵节）看新妇

上元佳节最风光，瘦蝶游蜂彻夜忙，一面红妆三面烛，任人仔细看新娘。

第四十章

民间婚嫁习俗

惠来婚姻基本形式是聘娶，聘娶礼仪古称"六礼"，即：问采、问名、纳吉、纳证、请期、亲迎。后改为：订盟（俗称贴定）、文定（即食定）、请期（送日）、纳彩（回婚）、催妆（探头）、完娶。

"完娶"古为"亲迎"。但惠来习俗，多不亲迎，而是备花轿交媒人带往女方，抬新娘过门。这个礼节，要备财物和礼帖到女方。一个礼帖叫"内开门"，就是请求女方家长放新娘出家门。一个礼帖叫外开门，就是请求女方村老放新娘出寨门。轿到男方门口停下，又有仪式，就是新郎"踢轿"。"踢轿"就是新郎用扇头

敲打轿顶，再用脚踢轿门三下，越狠越好，实际是个"杀威"仪式。踢了轿才由伴娘扶新娘进门。

新娘过门以后是拜天地、拜堂、坐酒。拜堂即拜祖先及父母上辈，最后是夫妻对拜；坐酒是新郎新娘合卺交杯。当晚是闹洞房。第二天新娘出厅，拜灶神、捞泔缸、舂米头、食家筵、敬香茶，一一进行。新娘敬茶，长辈就要出钱了。婚礼宣告结束。当然这些礼仪是由伴娘一手导演的，每一项，伴娘都要做喜歌"四句"。迎娶之日，除开喜宴外，县城一带还要煮红甜圆（4粒一大碗）送亲友。葵潭镇、鳌江镇一带，还要请邻里亲友到家吃"擂茶"。

中华人民共和国成立后，颁布《婚姻法》，婚姻礼仪从简。1990年以后，随着经济生活蒸蒸日上，年轻人互相攀比之风日盛，聘娶礼仪逐步恢复，虽达不到"大礼"的形式，但"贴定""吃定""送日""回婚"等仪式仍须做到，才能完娶。尤其在订婚前，男女双方的生辰要送给算命先生算卜，称为"合日"或"合八字"，双方"八字"相合，才能谈婚论嫁。

〔第一节〕婚前礼仪

昔时惠来习俗，凡儿女亲事必遵循古训礼俗，讲究礼节，要具备"三媒六证"。"三媒"：一为"媒妁之言"，儿女的亲事要通过媒人从中撮合，在男女两家中传递各自的情况；二为"父母之命"，儿女双方父母听了媒人之言，经考虑后认为可配亲，便允许他们的亲事；三是"信物为定"，男女双方的父母允许儿女们的亲事之后，男女双方互赠一物为信物，定下亲事。"六证"是新娘从家中随嫁来的6件日常必需品：升子（可量家中粮食有多少，便于精打细算，勤俭持家）、剪子（用来裁衣裳）、尺子（用来量衣制布，定长宽）、镜子（用来照看容颜，美饰自己）、秤子（用于称东西的轻重，便于买卖）、算盘（用于清仓结账，以知收支结余情况）。"三媒六证"是惠来婚姻礼俗中的必需品，是古时衡量一宗男女婚姻是否合法的标准。

一、提亲

提亲即古之纳采,俗称托媒求婚,也就是由媒人到男方提亲事,或由媒人先到男方介绍女方情况,男方认可再托媒人到女方家提亲。过去婚姻只有听从媒妁之言,父母之命而定,才视为合法。民国时期,自由婚恋之风已影响城乡,父母才逐渐参酌子女意见。但即使是两情相悦者,很多人还是托媒求亲,以避苟合之说,以合乡规族法。中华人民共和国成立初期,政府规定婚姻自主,废除封建买卖、包办婚姻,婚姻法在城乡得到很好实行,逐步废除了托媒之关。

二、合婚

合婚即古之问名,即是男女双方提亲认可后,由媒人把女方姓名、生辰八字、籍贯、祖宗三代写成庚帖送交男方。男方家把男女双方的生辰八字请星卜家占卜是相合或是相冲。经星卜家推算后认为双方八字可合,生肖不会相冲后,即把男女庚帖写在红纸上,用两碗清水压在灶神前,3天后若洁净如初则大吉,若掉入污物则不吉。同时点燃两支香,燃尽时如烧得整齐,意味着新人可以白头偕老,烧得不整齐则意味着两个人不是同命鸳鸯,不能结婚。这3天内,若男方家里没有发生意外不吉祥的事,如父母兄弟突发病、死了牲畜、打破碗碟等,这叫作"三日好"。有这个好兆头,男方才答应互换庚帖。换了庚帖女方家属请人占卜合婚,确认男女双方是相生还是相克,如果是相克,婚事只好告吹,如果相生,就进入定亲阶段。

《仪礼·士婚礼》记载古代问名的仪式是"宾执雁(雁是一种"木落南翔,冰泮北徂"的候鸟)、请问名",主人同意后,宾入,宾开始说"问名辞":"某既受命,将加诸卜,敢请女为谁氏?"以谦虚的口吻询问女子名号,这里所说的卜,是占卜男女生辰八字、命相阴阳,如结婚,吉凶如何,等等。问名礼是婚礼中迷信程度最大的部分。占卜时要考虑年龄、生肖、五行是否相克等诸多禁忌。

(一)**生辰禁忌**。惠俗一般是男比女大,但忌相差三或六岁,迷信者说是"三岁刑""六岁冲":相差三岁结婚后家族不和睦,相差六岁相冲相克,夫妻不能白头偕老;另外,也忌与出生年属相"破月"里生的女子为婚。

(二)**属相禁忌**。惠来民间认为属相与人品相通,人的禀性与属相的禀性相像。属相的禁忌主要是针对女子而言的。有一种生肖禁忌,就是生肖之间的相生相克,比如民间有谚云:"从来白马怕青牛,金鸡怕狗泪交流;龙逢兔儿云中去,蛇鼠相逢一旦休;羊遇猛虎如刀割,猪逢猿猴不到头。"即是说属马者与属牛者、属鸡者与属狗者、属龙者与属兔者、属蛇者与属鼠者、属羊者与属虎者、属猪者与属猴者生肖相冲,不能成亲,否则会带来不祥。

(三)五行禁忌。根据生辰八字看双方五行是否相生。古代术士以天干、地支配五方,以五方配五行:东方甲乙木,南方丙丁火,中央戊己土,西方庚辛金,北方壬癸水,辰、戌、丑、未为四隅土。具体到每个人的命相,推算复杂,但在老皇历上都有推算好的《五行表》。如甲子、乙丑年生人,其命相为"海中金";戊辰、己巳年生人,其命相为"大林木";丙寅、丁卯年生人,其命相为"路旁土";等等。查出命相后,再依五行相生、相克的说法进行核对,便知道男女双方是否般配了。相生者:木生火,火生土,土生金,金生水,水生木。相克者:水克火,火克金,金克木,木克土,土克水。相生者合,相克者离。到后来,社会上还出现了命馆一类的算命机构,是否相合,一查便知。若"相克",谓之"八字不合";若"相生",则赞曰:"天生一对,地设一双,白头偕老,子孙满堂。"命馆查毕,宜婚者由命馆出具证明,男女两家便可以进入下一个议事日程了。在提亲和合婚阶段,民国以后增加了一个相亲环节。相亲,也有人称"探家风"。相亲有明相暗相,双方家长互相、青年男女互相等方式。探家风,主要是探究其家庭教养,男女是否勤劳,作风是否正派等情况,增进彼此的了解。

民间选女婿忌男方"猫声""姿娘腔"。选媳妇"一怕乌,二怕粗,三怕行走似摆柳,四怕雷声,五怕爹人形"。即是说女孩子脸色乌黑,生相粗陋,将来无财气;女子行路扭来扭去,这种人性格轻浮不稳重;要是女子身段如男人般,将来不会生育,是苦命人。

旧时,男女授受不亲,见面易开口难,有许多烦琐礼节,故男方家看对象,要带上有经验的长辈,如舅舅、叔父等做"军师",指挥其行动,在僵局时打圆场,以免失礼处于窘境。怎样做法,讲些什么话,一切唯"军师"是听,比如与女方一起食卵菇甜圆时,要留个卵压在碗里不完全吃完,喝汤不能弄出很大声音等小节也包括在内。旧时看对象要看"三斗":乳斗、后斗(臀部)、嘴斗。

嘴斗难看到，前二者可以看到。乳斗大生孩子多乳，后斗大会养"大猪"。说"三斗"好是健康的表现。比如后斗大，即骨盆大，易生孩子，不会流产。这些不可明言，则以"会养大猪"作托词。

三、定亲

定亲也叫订婚，就是男方备办礼物到女方家订下儿女亲事。礼物通常是一对金耳环或一枚金戒指，也有送金项链的，还有白糖、面条、豆条、饼干、"瓜册"（冬瓜煮白糖后晾干）等，这是表示订婚的信物。女家把男家送来的糖果饼食分赠亲友、邻居，报告女儿已名花有主；男家则把女家回礼送来的礼物分赠亲友、邻居。定亲本人还要递香烟给人抽，各诉自己已定亲事。亲定下来，男女互换信物，通常为戒指，民国以后多以"手布"（手帕）为主，故俗称"换手布"。对于作为永结良缘的信物手帕，姑娘们购买时显得格外慎重而又神秘莫测。何时往何地选购何样手帕不能公开，当她走进商店货柜时，只能凭眼睛选择最心爱的一条男式手帕，购买时不能讨价还价，更不能买后更换。据说，这意味着定情顺利，亲事一举成功。同时，男方也须亲往商店选购女式手帕。有些心灵手巧的姑娘，还在作为信物的手帕上绣点字画，以表爱情永笃之美好愿望。在筹备手帕过程中，双方还备好互赠的其他信物，如姑娘备送男方"英雄"牌钢笔，以示鼓励他学习成才；男方备送姑娘手表，以示婚后幸福。旧时"换手布"作为定情的初级阶段，以后须进行订婚，中华人民共和国成立后多以定情即订婚。"换手布"由男女双方议定吉日，商定地点，一般由男方到女方家中，这是整个定情订婚活动的高潮。互换信物之习俗，在当代仍有一些人实行，不过，交换的信物随经济条件而升级。

旧时习俗，男方由伴郎带往女方家定亲，在将要入门时女方所有的家人必须回避，以防止"冲撞马头"，等伴郎带男青年进厅坐定，女方家长才引姑娘见面。另外，亲定下期间，男方不可上女方的家。这叫作"钱未过，米未量，不是你姿娘"。女方族人认为：姿娘仔未过门，男子乱来，有辱族风，族人会在暗地里派人打断乱来男子的脚骨。

四、行聘

行聘也称送聘，即古之"纳征"。过去的聘礼，富有人家是金银、彩缎、猪羊、酒果；贫者则是柑橘、鸡酒而已。惠来人把柑橘当作吉祥如意的象征，这是很有地方特色的行聘礼物。现代的聘礼包括实物和现金。实物必须有白糖、面条、大桔、金银首饰、布料、饼食等，数目务必偶数，不能为奇数。现金也称为聘金，分若干等，但也都是成倍数的。聘金是送给女方父母的，礼物如金银首饰、布料是送给儿媳的，糖果饼食给女方赠送亲邻。如女方祖父母健在者，须专门敬送猪腿（或大胜饼）；父母健在者，则敬送猪肉，表示报答父母养育之恩。

在过去买卖婚姻相当盛行时，聘金多少成了婚姻成败的关键。世俗人家，女方总要讨回些"屎尿钱"才觉得不吃亏。他们认为"可以讨来便宜的媳妇，不要嫁出便宜的女儿"。双方为了避开赤裸裸的讨价还价，便把聘金美称为"茶仪"，使它变为男方对女方父母育女的报答之意。"茶仪"以一担茶为单位，双方通过媒人两头奔走，定下了双方都满意的担数，然后按市价换成现款，之后才行聘。男方有的早在定亲阶段就预支了部分"茶仪"，这就是买卖婚姻最为商品化的典型。送聘之日，女家在收到男家的聘礼后，要具帖复聘，并回复一定的礼物，复礼要有一定的象征意义。如：香草头象征草头结发；鸳鸯蕉即两个并生的香蕉，象征百年偕老；鸳鸯肉即是一大片不即不离的猪肉，在猪肉中央划上一刀，但不使断开，以示"血肉相连"；柑桔取桔与"吉"谐音，象征大吉；桂圆喻"早生贵子"；红布袋是"富代裕后"；肚兜是"满腹经纶"；雌雄鸡各一只，象征鸳鸯比翼；还有甜茶、龙凤饼、猪肝、猪心等，都各有含义。复聘前，女方父母还要了解男家老人的情况，如果男方祖母尚在，须送老妈糕；祖父尚在，须送老公饼。特别有意思的是，送猪心前要切出一片，与出嫁的女儿同吃，其余送到男家，给新郎及其家人共餐，取义"男女同心""肝胆相照"。男女家双方送聘后还要用对方礼物中的糖果饼食郑重其事地分赠给亲邻，报告结婚喜期，谓之"食甜"。亲邻也要回赠礼物以示祝贺。送给女方的布料、花粉等礼品谓之"添箱"。如果订婚后，女子不幸死去，男家再娶时，要先娶前女的神牌回去，俗叫"娶家神"；如果是男子死去的话，女子不愿归男家，要另行择配的，要退回聘礼的金饰给男家，俗称"退头婚"。

五、请期

请期俗称"择日",即在行聘礼之后,男方要选择送给女方结婚帖式,包括通知女方何时剪裁结婚礼服、何时挽面、何时沐浴、何时迎娶等,女方同意而回帖,这就叫完聘。

完聘十二帖:"开门帖""总帖""呈新娘帖""呈亲家贴""呈族长辈帖""呈祖父帖""呈叔伯帖""呈岳亲帖""呈姻兄弟帖""女回亲家帖""伴帖"(2个)。帖式以0.8寸宽、0.6寸高方形红纸打叠四折,前为帖面,后为封底,中间为"帖肉"(帖内、帖里),帖面和帖底必须露红。写帖时,帖面都是一"正"字,封底不可出现文字。

各个帖式内容:开门帖,在第二页写上"谨具门仪笑纳,大吉如意",第三面"奉申规敬 名具正";总帖,帖面书"全福",第二面"谨具聘仪满 大吉如意",第三页书"奉申纳亲之敬 名具正";呈新娘帖,第二面"谨詹×月×日×时出闺,恭迎轻移莲步,伏冀荣藉",第三页书"上闻名具正";呈亲家帖,第二页空白,在第三面的左下方书"姻侍教弟×××鞠躬";呈族长辈帖,第二面空白,在第三面左下方书"愚孙婿×××顿首";呈女祖父帖,与呈族长辈帖同,只在第三页左下方书上"愚孙婿×××顿首";呈叔伯父帖,只在第三页左下方书上"愚侄婿×××顿首";呈岳父帖,只在第三页左下方书"愚婿×××顿首";呈姻兄弟帖,在第三页左下方书"愚姻弟×××鞠躬";伴帖只在帖面书写一"正"字,不用写其他内容。

请期所请的时辰大多在黑夜里,惠俗保持黑夜迎亲的婚俗,实是远古的遗风。惠来民间择日有很多禁忌,如:议亲忌于正月,俗谓十议九不成,且全年都将议不成婚;"无春年不婚嫁",无春即是当年无有"立春"日,因为"春有男女欢爱之意",无春年意味着男女无欢爱,民间认为婚嫁会破坏夫妻感情,甚至招致不生子,古语有"无春年婚嫁不得子""双春年婚嫁喜冲喜"之说;六月不宜婚嫁,民间认为此月婚嫁会造成夫妻双方"半路折扁担";七月初七忌婚嫁,怕与牛郎织女一样拆散,一年只相会一次。

〔第二节〕聘礼与嫁妆

一、聘礼

（一）**茶仪**。茶仪即聘金。有些人不愿讨价还价议聘，回避赤裸裸的金钱关系，便将聘金称为"茶仪"，意为男家对女方父母育女之恩的感谢。茶仪以茶担为单位，双方通过媒人两头奔走，定下担数，然后按市价换算成现款或者其他相应的硬通货。

（二）**食甜**。送聘定亲时，男家要做些甜粿送到女家去，女家只能收一半，其余的要退还男家。然后，男女双方各将这些甜粿分送各自的亲戚朋友，俗称"食甜"。亲戚朋友也要回送礼物祝贺，送给女方的布料、花粉等礼品俗称"添箱"。

（三）**报日**。男方择定迎娶日期，用红帖写明，另加金饰物一两件、糖食四色，送至女家。女家备红帖，写上女儿出生的年月日，并大桔、糖食送回男家。

（四）**送聘**。男家择吉日将已议定的聘礼送至女家，女家回送男家两个糖包并插上石榴花，谓之受聘。

（五）**开聘**。在红折帖上开列男方聘礼和女方妆奁数目。男方聘单要列明聘礼金银、茶仪、糖果的具体数量。聘单由媒人送到女家，若得认可，男方便可送聘定亲。

二、客家人聘礼

客家聘礼等级，葵潭以及明清时期属于惠来县辖区的梅林、云落、高埔、崩坎、马鞍山场等一带的客家人，流行"酒水"聘礼。"酒水"等级高低不等，有五个等级，称为食槛、食些笋、食笋、食笋格、食鸡公酒等不同礼仪。

（一）**食槛**。这是富人礼仪。聘金很高，礼品装满3担槛，也有的只有2担槛，酒水是名牌成瓮。

（二）**食些笋**。这是中上人家的礼仪。除聘金外，有全猪净肉条约120斤，鲜鲢鱼12—16条，乌鱼脯、鱿鱼脯、翅鱼脯大中下脯也各12—16个，鸭蛋120

个，甜粄94块。这些礼品装在"些笋"格里。另老酒一瓮，瓮外挂大鲨脯一对，大咸鱼2条。另一担衣笋，内放帖盒，放各式礼帖，如亲家帖、拜族帖等若干份，每份配猪肉一斤，锦糖一斤，敬献长辈亲族。

（三）食笋。中等人家礼仪。聘金礼品约比"食些笋"者减半。

（四）食笋格。这是穷家礼仪。聘金少量，另有猪肉四料（每料约重1.5斤，不可切断，肉皮涂红色），鸡4只，鱿鱼脯、墨肉脯、甜粄等各4个（块），老酒一壶10斤。另有送给女方祭祖和敬长辈的猪肉若干条。

（五）食鸡公酒。这是十分贫穷者的礼仪。聘金仅有一对银圆，猪肉2料，一鸡一酒，装在一只笋格里，一个媒婆手提便得。

三、嫁妆

在新娘未嫁之前，有的嫁妆须先行择吉日送至男家。男家要请年纪较大的人迎妆。

男家送聘后，女家回复的礼物中，主要有：厚香草头（象征草头结发）、腰袋（表示历代千秋）、香蕉（表示子成行）、雌雄鸡各一只（象征鸳鸯比翼）、五样种子（表示五子登科）。其中必不可少的是猪心、猪肝、猪肺各一副，煮熟，先切出一片给女儿吃，其余给新郎及其家人吃，取"男女同心"之意。男家收到猪心、猪肝、猪肺后，要配以糖、葱等煮好，大家同吃。同样，女家在收到男家的甜粿时，要先用米筒量出一筒给女儿吃，也是取同心之意。

（一）陪嫁针梳。女儿出嫁的时候，母亲要为女儿准备一盒针和一把梳作为嫁妆。新娘过门之后，把针亲自送给家婆、婶娘、小姑以及邻居家的一些女辈，意图用针缝住她们的嘴，万一有什么事情，能得到包涵和见谅。梳子留着自用，饱含着母亲拳拳的爱女之心，祈望女儿在夫家的生活像梳头发那样顺顺利利，做事情也像梳头发那样有条不紊。

（二）陪嫁五桶。中华人民共和国成立前，女人出嫁时，母家要送5桶。一是屎桶，木料制造，直径0.3—0.5米，高0.5米。上面有盖，油漆成红色。放在床边，专供妇女使用。二是脚桶，木材制造，直径约1米，高0.3米，主要是供妇女洗澡用。三是腰桶，木制，直径约0.3米，高约0.6米，桶底在中间，是专供妇女洗下身用的。

四是吊桶（即带梁桶），高0.4米，直径0.3米，两边桶枋高出桶面0.3米，用横木连接，可供提携。五是洗脸桶。中华人民共和国成立后，脚桶、屎桶继续使用，到20世纪80年代后，新建住房内，都设有厕所洗澡房，脚桶、屎桶、洗脸桶已少见。过去常用的桶不止这些，比如饭桶，便不要女方陪嫁，以免被人笑话靠媳妇家吃饭。说白一点，可以嫁一百亩田，却不要嫁一只饭桶，这是惠来人很看重的面子。还有眠床，这是传宗接代、瓜瓞连绵之所在，男方一定要自备，以示清净。

（三）嫁妆的演变。不同时代，人们的生活水平各不相同，出嫁的女子随着年代不同和经济条件的差异，嫁妆有明显的差别。

明清时期，讲究的嫁妆是"全厅面"。"全厅面"就是嫁妆摆满整个大厅，还有一副棺木。摆满整个大厅的是12个木料做成的箱子，这些箱子大小一致，大约1米长、0.5米宽、0.5米高，里面装满衣服、日常用品、首饰之类的东西。日常用品很多，包括出嫁以后一直要用的东西，例如：盘碗、拜神的烛台、梳妆台等等。

民国时期，比较风光的嫁妆是"半厅面"——6个木箱。

20世纪50—70年代，时尚的嫁妆是布料，陪嫁的布料越多越自豪。那时高档的布料是"的确凉"。

进入20世纪80年代，随着人们生活水平的不断提高，嫁妆又要考虑男方的需要，既光彩又体面，大多需置"四大件"，即：电视机、洗衣机、电冰箱、电风扇。左邻右舍来看嫁妆，摆在厅中央的，就要看看有没有这"四大件"。当然细小的首饰、衣服就用小皮箱装着。

21世纪后，嫁妆的价值差别越来越大。如新房子、汽车、摩托车；又如笔记本电脑、可视手机、高额利润的保险单、银行存折等。

四、"嫁田面"与"嫁田根"

中华人民共和国成立以前，惠来富户人家嫁女，那可真是煞费苦心，所有的陪嫁物品，从金银财宝到田地宅舍，从衣服鞋袜到日常用品，从柴米油盐到棺材寿板，可以说从生到死一应俱全。可以想象，迎亲队伍排成长龙，抬着这些嫁妆，对于新娘的娘家来说，显得何等的荣耀和富足，而对于夫家来说也是带妻家财，可以羡煞四乡六里了。俗话说，外行看热闹，内行看门道。在这些陪嫁品当中，有两样根本不起眼的东西，会引起夫家人或者亲朋乡亲的关切，那就是在这些林林总总的嫁妆中寻找有没有稻草头或者稻穗，如果有了这两样东西，又会关注一共有多少个稻草头或者稻穗，因为它们有着特别的意涵。原来，这就是娘家最重要、最值钱的陪嫁品的象征物。一个扎着红绳的稻草头或者一穗稻穗，就是代表娘家陪嫁一亩田地，有多少个这样的东西就表示有多少亩田地。在老百姓眼里，金银珠宝可能花光散尽，而唯有拥有田地，才有可能"千金散尽还复来"，才是最稳固的产业。富户人家生怕女儿夫家日后有什么变故，为了让自己的宝贝女儿一生衣食无忧，所以有钱人家总以田产作为最好的嫁妆。但是，同样是作为嫁妆，稻草头表示的是夫家永久拥有田产的主权，可以传子及孙，叫作"嫁田根"。而稻穗所代表的田地，夫家不能永久拥有产权，娘家嫁出的女儿百年之后田地还会由娘家收回来，这是"嫁田面"。

〔第三节〕迎娶仪式

一、娘家传授德行

旧时惠来女子出嫁前夕，父母要向她传授如何当一个好媳妇的经验方法，如穿衣要整齐、手脚要勤快、嘴巴要甜蜜、尊老爱幼、睦邻友好等，望其婚后能合夫家之意，做一个受人称赞的好媳妇。歌谣《竹筒仔》反映的就是这个意思："竹筒仔，脚短短，做人媳妇嘴学好，夜昏暗睡早走起，头毛梳光人呵倸。长荚豆，脚尖尖，做人媳妇嘴学甜。夜昏暗睡早走起，头毛梳光无人嫌。"

二、出嫁

男方择定迎娶日期，用红帖写明，送女方家，叫作"报日"。女子出嫁前要请老年妇女"挽面"。这个"挽面婆"，一般都是乡里较有威望的老年妇女，比较"好命"，子孙多，讲卫生。挽面时，挽面婆首先在女子的脸上抹粉，作润滑之用。然后，双手拉开一条结成圆圈的纱线，另一头用牙咬着，交叉在女子的脸上

"绞",清除脸上的污垢,也等于按摩、整容。出嫁前的姑娘还要邀同寅姐妹食厚合甜菜,睡于下垫稻草的灶前,寄意出嫁后合人,人缘好,生活甜甜美美。据说,此俗源于昔年一个狠毒的后母。这个后母为羞辱前人遗下的女儿,在其出嫁时,将喜事办成送死因般。不料此女出嫁后,发家致富,子孙昌盛。自此以后,人们便相效仿而相沿成俗。

三、迎娶

女子出嫁时,男方备结彩花轿一顶,鼓乐以导,亲友备盛服陪新郎至女家迎娶。男方迎娶的过程。男方结彩花轿到达后,新娘父亲或族老以碗水泼于轿顶说吉祥语:"碗水泼过轿,女儿变做夫人样。"新娘登上花轿前,要先和父母叩揖辞别,并呜呜啜泣,表示对养育自己长大成人的父母依依惜别之情,也留点眼泪给母家做"家伙"(家财),古时谓之"韵兴"。伴娘及同寅姐妹伴新娘进轿并随同前往。阿舅(新娘的弟弟)"掼油瓶",陪姐姐出嫁。客家习俗还由伴嫁娘挑红布袋在后"压轿"。花轿抬到男方家门口,由另一男孩拜轿门,然后新郎用纸扇在轿前扣3下,新娘头盖红布,由一"好命婆"牵出轿门入屋。新娘到家后,新郎、新娘先拜祖先,后拜父母及叔伯上辈,然后夫妻互拜,鞭炮鼓乐声喧,礼成后,新娘入洞房。中午,新郎家宴亲朋,新郎、新娘共进午餐,夫妻交杯换盏,谓之"合卺酒"。午宴结束后,由新娘向家族中的上辈、亲属及姻亲、来宾,由外到内,从长辈到晚辈,依次敬茶。敬茶时,对长辈要跪敬,被敬者要双手扶起新娘并饮茶双杯,赠新娘红包或金银首饰,谓之"赏面钱"。

四、做"四句"

男女嫁娶旧俗,一定要举行各种仪式,女家要专聘一位如戏剧中的傧相一样的老妇女来主持各种仪式,这位老妇女叫作"青娘母"。青娘母在主持各种仪式中要唱祝颂语,就是"做四句",也称青娘歌。

五、闹新房

婚礼当晚,亲戚、朋友看新娘,闹新房,做"四句"。最后,由"青娘母"

（媒婆）牵被角，说一番吉利的话，如有的"青娘母"唱道："头角被角绣牡丹，夫妻相敬心相和。有告有量人钦敬，孝敬禾家共禾官。再牵被角绣芝兰，夫妻相敬心相同。有钱有银耕作得，女来纺纱男种田。"

六、青娘母做"四句"

青娘母在主持各种仪式中要唱祝颂语叫做"四句"，也称青娘歌。"青娘歌"并非都由青娘母创作，大多是青娘母为了生计求乡间文人"造"出来的，她们只是强行记忆罢了。青娘歌因地因习俗而异，与时俱进。青娘母中也有具备艺术天赋者，能逢场作戏，随机应变制作一些烘托气氛，甚至化不和谐的突发现象为好征兆的"四句"（实际大多只有2句）。如婚桌上气氛较沉闷，青娘母就指着盛酱油的小碟吟道："四个碟仔圆又圆，生仔赛过郭子仪。"有谁不小心打破碗或调羹，青娘母就会立即来粉饰："千金难买缶开嘴，生子生孙大富贵。"有谁不小心踢倒了椅子，青娘母又会拍手笑呵呵唱道："千盼万盼板凳倒，丰衣足食免烦恼。"

女子在母家出阁前要沐浴更衣然后拜别双亲，膜拜家中的司命公，这时青娘母边教新嫁娘跪拜，边唱着："一拜司命公，好娘配好君，君家娘家二家好，两家富贵福禄春……"一直念至十二拜福禄寿全。

在食出嫁宴时的"四句"是："酒瓶放在桌当中，酒杯放在桌四旁，兄弟姐妹同食桌，好像好花一棚芳。"

在吃菜时，青娘母代新嫁娘夹菜，就唱着："十个碗头夹到透，留给兄弟好家当；十个碗头夹到齐，今后欢聚游御街。"

花轿出嫁吉时到，青娘母扶着新嫁娘出门，新娘哭别爹娘，青娘母牵着新娘边行边唱着："花轿停在大门庭，拜别爹娘养育恩。堂上双亲靠兄嫂，女儿四月正回程。"

抬到新郎家门口。此时青娘母和新郎站在一旁等候。当花轿停下，青娘母引新郎踢轿门，揭下轿门前贴的"红封"——麒麟到此，唱道："菱叶红，就请娘仔进君房。今朝黄道好吉日，二人相惜心相同。"

青娘母引新娘出轿，唱道："轿帘卷起喜万分，阿娘貌美又温存；新郎来牵新娘手，双双举步入府门。阿娘身披红罗纱，君今娶娘来理家，家事大大相共管，三十二岁做禾家。"青娘母牵着新娘入房内，踏火烟时，青娘母唱道："新娘举步踏火烟，早得贵子是男婴，夫唱妇随同心腹，孝敬爹妈宜殷勤。手牵新娘进新房，灯烛光辉对联红，厝边婶姆来贺喜，庆贺鸳鸯结成双。"

新郎随同新娘进新房后，马上又返回花轿旁向陪同新娘一起来的青郎把榕枝、纱灯等物接进新房。青娘母唱道："新郎接榕到轿边，夫妻齐眉到百年，麒麟投胎生贵子，他日荣耀振门闾。新娘喜接红灯笼，夫妻相惜心相同，公妈食到二百岁，子孙满堂名声香。"

新郎在接收妆奁完毕后，新婚夫妇坐在床沿，各人捧着一碗用糯米粉做成的甜汤丸。青娘唱着："夫妻双双坐床沿，共庆同房食甜丸，男才女貌堪匹配，双双偕老到百年。才子佳人坐床沿，互相敬食合房丸。夫妻生活甜如蜜，早得贵子状元儿。"

合房丸食后，夫妻双双到大厅中拜司命君，"四句"是"夫妻同拜司命君，早得贵子早抱孙。世代同堂赛乡里，合家大少笑吧畋"。接着拜天地，"四句"是"夫妻成对拜天公，勤耕力作五谷丰。上和下睦人快乐，世世代代好门风"。再祭拜祖宗，"四句"是"夫妻大厅拜祖先，两姓今日结和谐。想对做对人长寿，荣华富贵耀门楣"。并向上辈人献茶，"四句"是"手捧甜茶跪厅中，敬奉爹奶上辈人。请饮甜茶添百福，四时如春永平安"。敬槟榔"四句"是"捧起槟榔到厅来，奉敬诸位老叔台。来请槟榔增福寿，儿孙代代中秀才"，再唱"槟榔捧起到厅边，敬请诸位老姑姨。恕吾情理欠周到，做错之事请教示"。受敬者应以红包回赠，作见面礼。

厅堂的各种礼节完毕，新娘在青娘母引导下至厨房。先捣米头，青娘母唱："阿娘举步捣米头，夫妻相惜意相投。生得五男共二女，儿孙世代穿红袍。米头捣好摸碓头，摸臼底，孙儿读书都及第。"再捞泔缸，青娘母唱："米头捣好捞泔缸，儿孙世代坐铃堂。堂上公妈食百岁，夫妻偕老早抱孙。"还要唱："泔缸捞浮浮，饲猪大过牛。泔缸捞深深，大小戴银又戴金。泔缸捞边边，生意大赚钱。泔缸捞透透，做人公妈食伙头。"

新郎新娘做好以上礼节后，邻居婶姆、儿童，到新人房看嫁妆、看新娘。儿童要讨香包，新郎应从箱囊里拿出一些手工艺品送给儿童，并将衣物等让人观赏。青娘母唱:"开箱开囊新郎爹,锦绣衣裳实在佳,珍禽异兽样样有,凤冠霞帔挂满厅。"

婚礼晚上,是看新人最热闹的时刻。青娘母唱"四句",看新娘者也唱"四句",常有对唱。青娘母引新娘出房让人观看,唱:"新娘移步出房中,叔伯兄弟贺新人,阿娘向前行一礼,恭祝众位身安康。"在看新人的过程,有的人以谐谑的戏言作"四句",如:"新人新床,新被新郎,二人睡落相扒痒,相耍未够天就光。"

有些青娘母专用古人名或用诗谜做"四句",看新娘者也应以专题对下去,若接不下去,即被看成乡里无贤人,没面色。但有的青娘母,只会几句简易的套句,看新人的就要奚落她一番,如唱着:"欲做青娘不会做诗,欲做猪母不会撬篱,纺纱织布唔去学,做尼好来赚这钱?"

在闹洞房中,有时直至深夜,青娘母为劝看新娘者回归,便唱:"手捧甜茶来到边,时钟短针指上天,此时更深夜已晚,各位请茶归返圆,诸位诗才我拜服,来日赴京中高第。"看新人者如还不愿回,便唱:"闻说青娘好才华,四句一做成大箩,今晚特地来请教,请勿推辞假行外。"

最后,看新娘的人便命一个男孩将红烛送上,新娘马上上前来接,这叫"接灯"。看新人者便唱:"红灯送给新娘郎,庆祝你俩今成婚,众人贺喜便至此,愿恁双双早上床。"闹洞房至此结束。

青娘母做好最后一个环节是牵被角。她边拉着被角边唱:"头个被角绣牡丹,夫妻二人心相同,双双食到二百岁,一品夫人男状元。第三被角福如绵,如意郎君配婵娟,偕老百年同相守,桂子兰孙满堂前。绣被来盖娘共君,琴瑟和鸣得男孙,举案齐眉偕白发,寿比彭祖八百春。"新婚之夜的婚礼至此结束。

七、吃"结房圆"

新郎新娘共入洞房,共坐于床边,这时伴娘就要拿出一碗糯米汤圆或桂圆肉煮的糖水给他们吃,谓之吃"结房圆"。一边吃,伴娘一边"做四句":"夫妻双双坐床边,共庆同房食甜圆,男才女貌堪匹配,双双偕老到百年。才子佳人坐床边,互相敬食同房圆。夫妻生活甜如蜜,早得贵子状元儿。"新郎新娘各吃两粒之后互换盅盏,再各吃两粒,俗称"交杯换盏",以示亲密无间。这时伴娘再"做四句":"交杯换盏团团圆,夫妻恩爱乐相随。老君送来麒麟子,明年生得状元儿。"这些吉礼之物和喜庆之言,反映了人们对婚后美好生活的愿望。

八、回娘家

惠俗新媳妇回娘家叫"返厝",古称"归宁",连续三次,故有"头返厝"(婚后三天)、"二返厝"(婚后十二天)、"三返厝"(婚后满月)之说。头返厝有三日回的,也有十二日回或满月回的。头返厝一般不能在娘家过夜,吃过午饭后至娘家炊烟之前就得返回。二返厝可住一两天。三返厝可住十天半月,只要与夫家商量好就行。头二次返厝,一般都要事先商量好,由新娘的兄弟来带回。第三次返厝,通常由新娘自己回去或由新郎相伴回去。岳父母要让女婿"食甜卵(鸡蛋)",并设酒席款待。女婿用完餐后当日回程,留妻子住娘家,按约定日子接新娘回去或由新娘的兄弟送回。不过,现在礼俗大多简化。新郎亲迎新娘过门后,即刻偕同新娘"返厝",然后再出门兜一下后,再"二返厝",婚后回娘家就一切如常了。

〔第四节〕特殊的婚姻形式

一、入赘

惠来人称入赘为"入舍",意即新郎入住新娘的娘家屋舍,成为女家的人。入赘礼仪也很烦琐,大体与正常程序一样,只是定亲、送聘、迎娶的对象是男方,而非女方,即男女双方角色刚好调转。男到女家之后,将来孩子的姓氏可全部随女方姓,也可部分随男方姓,以婚前协商为准。男人死后,家神牌不能置于女家祠堂,而应迁回本族祠堂,而且不能在女家公厅办丧事,俗谚曰:"后生给人招,食老鬼返乡。"入赘还有其他几种叫法:一是"添偏肋"。偏肋是指胸部两侧的肋骨,被用来比喻家庭的主要力量,没有男人的家庭如同少了偏肋,女孩招夫入赘如同添了偏肋。二是"冲滚水"。民间传说某地一个屠夫死后,其妻即招一光棍为夫,接替屠夫的工作。但新夫干活不内行,只能干些冲滚水、烫屠具、打扫屠场之类的杂活，"冲滚水"的叫法由此而来。又有一说是"冲滚水"即趁热再婚之意。冲滚水用来特指那些被新寡的妇人招为夫婿的男子。三是"叠墙尾"。特指被有子女的寡妇招为夫婿的男子。叠墙尾即建房封顶之意，一般认为一个完整的家庭好比一栋房子，男人就像屋顶，有儿有女没丈夫的家庭如同房屋少了屋顶，需要叠墙尾。

二、娶接枝

惠来人称男人续弦为"娶接枝"，新娘被称为"接枝"。旧时结婚那天，新房中必须供上前妻神位，新娘进门要到丈夫亡妻灵位前喊一声"某某姐，我来了"，并叩首祭奠。新婚第一夜，床底下要多添一双绣花鞋，床上要放3个枕头，临睡前要给亡人打招呼，有的地方第一夜还不能有夫妻生活，意思是要把新娘的初夜权让与亡人。新妇回门前用餐时，桌子上必须多置一副碗筷，俗称让"草头姐"一同来进餐。每逢年节，用餐时也必多添一副碗筷以示一起用餐。新娘头返厝时，要先回亡妻娘家，认其父母为父母，然后方可回自己娘家。生下的孩子要称亡妻双亲为外公外婆。

三、粟米换豆

"粟米换豆"是对换婚的俗称。贫困地区兄妹众多的家庭，哥哥娶不起，妹妹嫁不出，只好寻找家庭情况相类似的家庭，采用互相交换的办法，两家交换女儿，双方都省去了聘金聘礼，摆几桌酒就算完事。复杂的是，有时甲乙两家联合起来与丙丁两家进行交换，往往是甲家的儿子娶了丁家的女儿，自己的女儿又嫁给了丙家的儿子。这种婚礼一定要在同一时间举行，而且迎亲的路线两两不能相同，也即时间要统一，路线要回避，以免赖婚和错婚。对换婚礼俗简单，择日于天亮前过门，一出一入，勿相互撞见。此现象，现代仍偶有所闻。

在这种婚姻形式中，做父母的一般都是为儿子着想，少为女儿操心，很容易出现夫妇之间自身条件相差悬殊的状况，导致闹离婚、寻短见、离家出走等情况，而且往往产生连锁反应，即如果一家出现了矛盾，另外几家也会相应产生矛盾，一个人的命运往往同时决定另外几个人的命运，为此而产生械斗的事件时有发生。

四、赶凶

婚姻乃人生大事,通常都要择个吉日,从从容容地举行。婚嫁不择吉,倘在古代,是要受非议的。惠来人结婚不择日,只有两种"非常"的情况。一种如《白蛇传》中的青蛇所言"择日不如撞日",萍水相逢的许仙和白素贞便在小青撮合下,一拍即合,草草成婚,什么仪式都不用。但一般人都不愿这样,讥之为"苟合"。另一种是民间所说的"赶凶"(赶是"趁"之义)。这也有两种情况:一种情况是在男女已定亲之后,男人突然病重,如潮剧《节义锁》的李为孝公子病危了,接未婚妻崔德贞过门来冲喜。另一种是,未婚夫的父母或祖父母亡故了,必须未过门的媳妇来尽孝。况且,孝子的服期是3年,孝孙的服期是对年,倘此前婚期已定,碰上丧事,大孝在身,如不趁此时迎娶,婚姻便拖延太久。民间认为,婚期一确定,不宜延后,宁可提前,"赶凶"也无妨,因而急匆匆迎娶过门,称为"借"。"借"来的新娘,只随身带几件换洗衣服,俗称命中"无行嫁日"。"借"来当孝妇的,4个月后,去世的长辈已过了百日,男方便择日补办婚礼,请亲朋,"头返厝",女家也送来妆奁,把剩下的礼节补齐全。

还有一种最受人非议的"赶凶",便是趁邻居的丧事而匆忙娶亲。住同一座房屋,出入同一个门楼,喝同一口井的水,即使不是同宗同姓,也算近亲,红白事便彼此相关,有相同的避忌。譬如说,四合院中住3户人家,姓林的半个月后要嫁女,姓余的择定一月后娶妻,偏在此时,姓周的父亲病危,那么,别无选择,只能"赶凶"。否则,一个月后,人家丧期未满,门楼还贴着白对联,吊白灯笼,什么喜事都做不成了。于是,要嫁女的,催促对方立即迎娶过去。要娶媳妇的,也匆忙娶过来,赶在人家挂白对联之前,把红对联贴上去。这样,新婚联和丧事联各不相犯,你挂你的,我挂我的,彼此相安,外人看了,也知道是怎么一回事。近年住商品楼或各自建新楼的人多了,趁邻居丧事娶妻嫁女的事少有所闻。

五、百日百到直

再婚女在丈夫死后百日内可以出嫁,俗称"百日百到直",否则,要等到3年以后方可出嫁,一般再婚之女,其父母不能再收聘金。再婚女在出嫁的前一天,须与媒人离家到男方的闲间或埕头、竹脚搭草寮住一夜,第二天才能进夫家。再婚女对前夫的财物一概不能带，传说如不遵守，其前夫的亡灵就要前来讨取，再婚女就会不安顺。再婚女娶入门后，应吃两只煮鸭蛋，俗称"鸭母搬过塍"。男方若娶再婚女，一切从简，不请客，不给人看新娘。

六、转房婚

"转房婚"是指姐姐死后由妹妹续弦"接枝"的婚姻形式。作为男方，媳妇死亡了，通报娘家后，娘家便派岳母、妻舅、妻姨前来。这时，女婿就要奉茶跪下迎接。岳母做不悦状，接过茶，将茶泼掉，茶盅狠狠摔地。女婿小心翼翼报告妻子死亡的经过及原因，岳母随即改颜表示对女婿的谅解和安慰，一面口念吉祥语"顺顺"或"兴兴"，一面搀扶女婿起身。女婿给妻舅敬茶时，妻舅不单拒饮并把茶盘打翻在地，还必须打碎家中的筷筒，随口念吉祥语"发家"。妻姨则默不作声，径自入房开橱翻箱，将事先包好的亡姐或亡妹的衣服包袱背上肩，并带走外甥。

倘若娘家来人时，还未出嫁的妻姨没有同来，这是婆家的人至为关切的事。这表明岳母、妻舅之来只是探明情况，究竟是要动武挑起一场大灾难，还是丧事办成喜事，尚举棋未定，一切取决于隔天妻姨前来的情况。所以迎接妻姨都得由父母亲自出面。先在红柳盘上放一对金耳环，一对金戒指，捧至妻姨面前双双跪下。妻姨捡起什么，这将是举足轻重而令两位长辈提心吊胆的事。妻姨捡起的若是金耳钩，便是暗示妻姨被钩住，愿给姐夫续弦作"接枝"。

七、童养媳

或叫"心哺仔"，这种婚姻大部分出现在农村，特别是在边远山区。在一些地区，女孩子以岁数论聘金，譬如：一岁一个银圆，十七八岁的姑娘，则为十七八个银圆。当然，20多岁甚至30岁的就没人要了，也不能以岁数论聘金。

有些父母怕儿子长大之后交不出聘礼、聘金，找不到老婆，便想出了穷办法，在儿子小时候就领养童养媳。甘愿将女儿给人家做童养媳的，皆因日食难度，无法养活过多的孩子。所以，童养媳的年龄愈小愈容易得到。一些父母生下男孩子，就四处找刚出世的女婴接奶，因为这时抱回来的童养媳花钱最少。也有找得晚的，儿子10多岁了才抱回女婴，于是又出现了另一种情形：丈夫背着妻子在山上放牛。在这种奇异的结合下，虽说两小无猜、亲如兄妹，长至稍懂事年龄，由于常遭嘲弄，多有双方见面不好意思说话或双方见面如仇敌者。因而从小在双方心灵上就投下了阴影，尤其是女方，心灵的创伤所产生的自卑感，使她抬不起头来。

童养媳长至十五六岁时，就要给他们成亲。时间是大年三十。到了这一天，父母从家中临时腾出一间房子，草草收拾一下，没有任何仪式，也没有看新娘、闹洞房的，父母只给双方说声"从今晚起，你们两人睡在一块"。双方不拒绝的，房门一关，从此成了夫妻，开始生儿育女。倘若男方不喜欢女方，再三劝说无效，父母只得想方设法另给他找老婆，把童养媳当作女儿，嫁到别家去。反过来，如果女方不喜欢男方，或是偷偷爱上别人，那是徒劳的，不成亲也得成亲，拒绝与男方同房和逃跑换来的只有毒打。唯一反抗的办法只有寻死，酿成一场家庭悲剧。

八、招继夫

有的年轻妇女，丈夫死了，公公婆婆怕她改嫁，便做主给她招继夫。旧俗，招继夫的床上要放3个枕头，一个是空着的，表示让亡夫的灵魂睡。继夫要行房事，还要向亡夫的灵魂说几句好话，意思是征得其同意。宗族习俗中，对招入婚婿与继夫的看待稍有不同，前者是一女配一夫，丈夫虽不是本族后代，但招夫的女子是本族儿女，而女婿招入本族之后也成为本族的继承人；而后者，招入的继夫不是本族人，而原丧夫的妇女也不是本宗族儿女，关系上比前者疏了一层，虽也与其亡夫同样有父母遗产继承权和奉养亡夫父母的责任，但还是认为他是亡夫的"代代"（代替亡夫一代的意思），闲谈中对这样的继夫常说为"某某代代"或"代代某某"（某某即亡夫原名），被招入为继夫者姓氏也必须改为亡夫的姓。招女婿的婚礼可为嫁女娶新娘同样隆重，而招继夫的婚礼则是很简单，不讲排场，认为这是不大光彩的事。

第四十一章

生育、成长习俗

诞生是人生的开始，诞生礼也是人生的开端礼。早在怀孕期间，就有许多习俗，如把怀孕称作"有喜""有身份"。孕妇有许多保胎的禁忌，如：忌浆洗蚊帐被褥时淋开水，忌裁布漂洗缝补衣服，忌拆床挪动箱柜，更忌修葺房屋，避讳丧事等。临产前，有的地方还要到庙宇拜"注生娘娘"保佑顺产。怀孕10个月，孩子未生，娘家就要派人送鸡蛋。产后要向岳家报喜，生男的用红纸写明出生时辰，并送石榴花、仙草、猪脚、糖饼给岳家，俗称添丁；生女的则简便，口头报知就可以了。婴儿出生7天内，要严格护理，产房不能通风，不能高声喧嚷，更不能搬动产房家具。出生第12天，娘家要送来米饭、猪肉煮咸菜加醋、生熟鸡蛋（熟的要染红，准备分给小孩子，称剃头蛋，表示日后友好）。一般亲友，也送猪肉、鸡蛋，生男的送4个，生女的送3个或5个，意即只生一个女孩。

〔第一节〕求子

"不孝有三，无后为大。"惠来人对生儿育女（特别是生子）极为重视，看成是传宗接代的头等大事。在传统的宗法社会里，无子成为丈夫休妻的一个重要理由。婚后不孕，给不孕妇女带来极大的心理压力。于是，没有子女的千方百计祈神保佑，生了子女的兴高采烈，举行各种庆贺礼仪，亲朋好友登门祝贺。俗语"爱穿待嫁，爱食待生"，说的正是这种意思，表明人们对产妇的重视程度。

在惠来民间，祈子有多种形式。

一、以"灯"谐"丁"求子

正月，特别是元宵夜，各地都有举行游灯活动。"灯"在潮语中与"丁"谐音,关于"灯",人们寄托了愿望,因为这是一家香火能否承继的问题。俗谚:"有游灯,家里生千丁;无游灯,家里要绝种。"说的正是这种意思。所以,每到各乡各里"闹热"时,人们会主动在夜里老爷出游时,手里提着一盏灯,跟着老爷神像一路游行至各姓的宗祠里,在老爷落座后高高举起灯笼,以求财丁兴旺。游完神后,各姓人家都用三牲或五牲果饼酬谢神明,以祈得子。凡生了男孩的人家,要在元宵夜举行热闹非凡的"上灯"活动。除红灯笼外,还要在庙前悬挂8屏大"花灯",后宫里还挂着一只大彩凤,并在供桌上摆香祭祀,演戏酬神,十分热闹。这3天,仿佛成了生男孩人家的节日,是他们的荣耀,令那些娶了媳妇而尚未产育或只生女孩未生男孩的人家羡慕不已。于是,他们竞相在庙里的神明面前掷"杯"许愿,请求赐给一屏花灯。当然,那一只象征吉祥的大彩凤,更是很难求得。无论是得花灯还是得彩凤的人,到明年"上灯"时,一定要偿还一屏新扎的花灯屏或一只彩凤。有些人家在为女儿办嫁妆的时候,不论嫁妆丰俭如何,其中必有一盏豆油灯,暗喻女儿能为夫家添丁。

二、向神灵祈祷

惠来人重男轻女思想浓厚,如果妻子先生女孩或不生男孩,有的丈夫就在乡里新宫庙建成,"老爷"入宫时,想方设法不辞劳苦地互争抱"老爷",以求得"老爷"的怜悯喜欢而早赐贵子。有的地方丈夫在村里游神赛会时,自告奋勇报名替神明抬轿子,在神明面前献殷勤,也期望得到神明的怜悯赐生男孩。

农历三月二十三日为妈祖生(妈祖诞)。不少地方,此日乡民都要到妈宫(天后宫)祭拜,然后抬妈祖出游。这时,那些结了婚而未有子嗣的人最为踊跃。他们认为能为妈祖抬轿,就能得到妈祖赠福赐子。而那些无能力为妈祖抬轿效劳的,就站在路旁,等妈祖圣驾经过时,摸一摸妈祖轿,也算是沾了光。妈祖是海神,同时又是赐子的神祇。《三教搜神大全》载:妈祖"尤善司孕嗣,一邑共奉之。邑有某妇醮于人,十年不孕,万方高祷,终无有应者。卒祷于妃(妈祖),即产男子嗣。是凡有不育者,随祷随应"。和广州人崇信"金花娘娘"、福建人崇拜"临水夫人"一样,惠来人把妈祖作为施赐子嗣的神祇来崇拜。

观音菩萨也是施赐子嗣的神祇。惠来农村流传着这样的故事:观音菩萨原来是男的。有一天，他驾着彩云经过一个将临产的妇女家上空时，听到这难产妇女的凄厉叫声，动了恻隐之心。但作为男子身份不便，于是摇身一变，变成了一个接生婆，进去帮助那位临产的妇女。那妇女顺利产出了婴儿，菩萨却受了污秽，除恢复男性的大脚外，回不了真身，永远变成了一位美丽的女神。俗谚"观音生雅一点癍"，说的就是她的大脚。

三、贴"麒麟到此"

民间新婚夫妇床头常贴有"麒麟到此"的红字条，寄寓有早生贵子之意。古代人们迷信麒麟为仁义之兽，是吉祥的象征，认为积德人家，求拜麒麟可以生育得子。相传孔子将生的那天晚上，有麒麟吐玉书于其家，上写"水精之子孙，衰周而素王"，说他有帝王之德而未居其位。汉代，未央宫中有"麒麟阁"，上画有功臣肖像，用来表示卓越的功勋和最高的荣誉。从汉代起，民间就有"麒麟儿""麟子"等美称。南北朝时，人们疼爱聪慧仁厚的孩子，常直呼为"吾家麒麟"。唐时，诗人杜甫《徐卿二子歌》有句云："君不见徐卿二子多绝奇，感应吉梦相追随。孔子释氏亲抱送，并是天上麒麟儿。"民间贴"麒麟到此"的做法，便是在中原民间传说的基础上演化而来的。

四、看花园

是妇女预测生男育女的一种方法。据说，每个妇女命中可生儿女的数量，都在天国的一个花园中由一盆花来显示，盆中所开的白花、红花就象征着生男、生女，朵数象征孩子数量。若想提前知道，可以通过观神这一方式来看。

五、抱瓶卜男女

如果要知新人婚后生男生女，民间风俗也有一法。男家送聘的礼物中，备上两个酒瓶，内装美酒，瓶口插一枝夹竹桃。女家将酒倒出收下，一瓶装回糖煮黑豆，另一瓶装糯米和两片不切断的猪肉（谓鸳鸯肉），再将它们送回男家。男家可令新郎任抱一瓶打开看看，如果是鸳鸯肉，则生男，黑豆则生女。

六、掷喜童

元宵日，乡村大都有人在祠堂大埕、街头巷尾的开阔处，搭起一个彩棚，里面用泥土塑成一尊巨型的弥勒佛，袒胸露乳，笑容可掬。弥勒佛光秃秃的头、肩、肚脐、大腿等部位都摆设有男女"泥喜童"。人们站在一丈多远的竹栏杆外，用铜钱瞄准弥勒佛身上的泥喜童。中者喜童即归其所有，而在一些较难命中的部位，如头顶、耳朵等，命中者则一赠二、三不等；不中者铜钱即归摆弥勒佛的棚主所有。这是一项老少都喜爱的活动。据说命中"男喜童"者，今后就生男孩。因此，那些结婚不久的年轻夫妻，或是刚娶儿媳妇又急于抱孙子的公公们、奶奶们也积极参与此项活动。一经命中，棚主和周围的人向他（她）喝彩、道贺。自己更是喜滋滋甜蜜蜜地把"男喜童"抱回家中，认为中了头彩，有好兆头，今年定能早得贵子。

七、抢鸡肉

当元宵夜游神结束后，有些乡村便开始进行"抢鸡肉"的活动。人们在路边田洋上搭起一个临时简易高台，由主祭人站于高台上把一只熟鸡向台前拥挤的人群抛去。台前的人们，尤其是年满18岁以上未婚或已婚未生子的青年便一齐上前哄抢，以求得妻、生子。抢到鸡肉者应立即撕下一小片肉后把余下的再向空中抛去，让别人去抢，千万不可拿着走或多占，否则人们会冲你而来，把你推在地上踩上一脚，还传说贪心者当年会大不吉利。这样便形成了抛鸡—接鸡—撕鸡—再抛鸡的热闹场面。另外，在一些偏僻的乡村，元宵夜新婚夫妻要跑到老榕树下荡秋千，并任村人往身上泼粪，说是被人泼得越多，越能生男孩子，十分不可思议。

八、民俗方式

新娘出嫁时，除了备一盏油灯外，还要备些龙眼干。龙眼干，惠来人称之为"桂圆"，除含有富贵圆满的意义外，也含着早生贵子的愿望。婚后第二天，农村人总喜欢将新娘引到井边，往井里投放一颗汤丸，然后让新娘迅速打水。如果能将汤丸打起来，就意味着新娘这一年能够得贵子。每年的冬节，家家户户都做汤丸。那些在这一年结婚的人家，搓完了汤丸后，总会将汤丸数一数，如果汤丸是单数，那么意味着生男孩；如果是双数，则意味着生女孩。

〔第二节〕怀孕

不管是不是由于求子而得孕，怀孕总是件令人高兴的事。生子添丁，人人欣喜，所以人们常把怀孕形象地称为"有喜"。但在医疗卫生不发达的年代，流产儿、死产儿、畸形儿的情形时有发生，以致使人"有喜"之下，亦自担忧。由于科学技术不发达，医疗水平落后，人们的思想意识也十分愚昧，巫术迷信尚弥漫于人世许多场合的社会历史环境中，为了保证孕妇的健康和胎儿的正常发育，人们便想出了一整套禁规，这些禁规虽然出于好心，但许多却与科学道理相去甚远，只是一种想当然的思想产物。

惠来民间对孕期妇女制定禁忌甚多：

妇女房内忌钉钉子，怕钉着腹中胎儿，出现死胎或生下来残废；

忌动砖瓦土石、修葺房屋、拆窗、砌灶等，唯恐触动了胎神；

孕妇忌动剪刀、针线，因为剪刀能剪断东西，针线、锥子等会扎穿衣物，这些利器，恐怕会伤了胎神而生下缺耳朵、瞎眼睛的孩子；

忌捆绑东西，否则会生十指不会伸直或者手脚变形的怪胎，或者肚脐带会缠绕在胎儿的脖子上；

忌搬动大型家具、器物，更忌安床，否则会导致流产、滑胎；

忌看猴子、猴戏，怕儿子生下来像猴子一样言辞表达不清楚，而且十分好动；

忌接近丧事，如见棺木、祭祀、做功德等，怕冲伤胎儿；

参加别人的婚礼，不能到新娘身边去，也不能摸新娘的轿子、嫁妆，或坐新娘床，否则，对双方都不利；

忌食生姜，因为生姜形状如指，孕妇吃了，产出的婴儿会多手指；

禁食苦瓜、吊瓜，因为吃了苦瓜，怕胎儿将来皮肤粗糙，吃了吊瓜胎儿身上泥淋淋；

禁食沙虾，怕儿子长大后经常流泪；

也禁食白虾，怕吃了儿子长大后患红眼病；

忌食蟹类，怕出生的婴儿"手脚无时歇"；

忌食贝类，怕小孩吃奶时要啃母亲的乳头；

忌亲手烧焦食物，怕将来生出的儿子身上留有疤痕，脸上生黑痣；等等。

在重男轻女的传统社会中，女子怀孕后，生男生女便成了人们最为关心的问题。人们也就此摸索出了一套诸如"酸儿辣女"（指妊娠期孕妇喜食酸物，预兆生男，喜食辣物，预兆生女）"肚尖生男，肚圆生女""左腹动为男，右腹动为女""儿勤女懒"（指所怀为男，孕妇勤快；所怀为女，孕妇懒惰）"儿带母愁"（孕妇常面带愁容，则所怀为男）"女儿打扮娘"（妇女怀孕后面部变化较大，则所怀为女）之类的似是而非的经验。不过，有些禁忌是很有科学道理的，如孕妇要安宁，不要在家里捶捶打打，有些药物禁用，以免生出畸形儿。

〔第三节〕分娩和坐月子

俗语说："十月怀胎，一朝分娩。"当一个生命在母腹孕育成熟以后，便要匆匆地来到人间，分娩便成了胎儿—婴儿的转折点。为了顺利地通过这一关口，早在临产前，就有催生礼奏响了催生的锣鼓号角。惠来民间，女人怀孕，女婿家要告知岳亲，岳亲家要送肉蛋等礼物（禁忌迷鸭、雄鸡、鲢鱼和无鳞的鱼）给女儿补身子，称为催月。而孕妇临盆分娩则有一套更为严格、细密的礼仪习俗。

一、分娩习俗

在我国许多地方，生育常被视为不洁，回避不洁的方法通常是为孕妇搭建一个临时性产房，将产妇与众人的生活空间隔离开来。这种产房常常建在主房的下风下水处，以免生育的不洁影响了正常人的生活。在惠来民间，一般不另设产房，不过孕妇一般是不能在娘家生孩子的。如果临产期住在娘家，分娩时也必须立刻到婆家。此俗有二说：出嫁女成了婆家的人，在娘家生产不合情理。如果母子在分娩时出了差错，娘家难以担当；另一说，认为分娩有秽气，孕妇在娘家分娩会冲撞神灵，导致娘家破落、子女不吉等灾异。另外，产房应避开神灵所在，以免污天秽地。大体来说，所避忌的有神、祖所在之地，家庭或家族的神气、灵根所在之地等。这些习俗是强烈的血缘观念的体现，折射了传统宗法观念的深刻影响。

孕妇分娩，不仅地点有诸多习俗，分娩行为也伴随有许多习俗。这些习俗大多是希望依靠巫术手段减少痛苦、保障安全、顺利生产。惠来地区，产妇分娩前后，旧俗除由家人求神拜佛求生男求顺产外，还常在门框结挂神符、竹青、榕树叶、仙草等物，意为辟邪，也告知外人，此是产妇人家，不能随便撞入或干扰。

临产前，惠来人习惯要到宫庙拜"注生娘娘"，保佑顺产。如果怀孕到十个月，孩子还未呱呱坠地，娘家就要"送催生"，派人送来一只熟鸡蛋，祈望像母鸡下蛋一样顺当、平安。

婴儿诞生前后，丈夫不能留在产房里服侍妻子，要和全家的男人一样离开产房。这一习俗惠来地区与中国大多数地方是相同的。这种禁忌早在先秦文献《礼记》中就已经出现了。

婴儿出生之后，首先要处理的是断脐带和胎衣。断脐带，正常是用消毒过的剪刀剪断。有些地方，旧俗生男用竹竿片，说是孩子今后能当官；生女用剪刀，谓女儿将来能裁衣剪布。胎衣（胎盘）不能随便丢，有的地方埋在自己的地里，秘不告人，称为种衣，这个地方叫胞衣迹。种衣预示落地生根，开枝发叶；有的地方把胎衣埋在江滨沙滩，据说埋得越深孩子的胃功能越好；有的地方则把胎衣撒上草木灰，密封在坛罐里，放在床底下。

二、坐月子习俗

（一）坐蜡。产妇在产后一个星期内，产房不能透风，这段日子叫作"坐蜡"。20世纪70年代前，惠来农村的产妇一般由接生婆接生，而接生婆的器械落后，使用的工具没有经过严格的消毒，如果没有严格的护理，产妇极容易感染病菌。

（二）上蜡。婴儿出生后的头三至七天称为"上蜡"，婴儿身体呈脱水状，肌肉由红嫩变得蜡黄，容易染上破伤风。这期间要严格护理，产房不能透风，不能高声喧哗，更不能搬动产房家具。

〔第四节〕报喜

生儿育女是家庭、家族的一桩大喜事，因此婴儿刚一降生，主人就要到亲戚、朋友、邻里家去报告喜讯，报喜也就成为婴儿初生时的一项礼仪活动。亲朋得到报喜后，要送上染红色的鸡蛋贺喜，称为"吊卵"。生男的人家要向亲朋送甜汤面，生女的送甜汤丸。婴儿的父亲要到岳亲家报喜。旧俗生男用红纸帖写明婴儿出生年、月、日、时辰，同时将石榴花、仙草、糖饼等送给岳亲家食甜，称为报"添丁"。生女则简便，口头报知便为礼，俗称报"添口"；有不愿报生女的，则谑称报"白出"。

岳亲家在得知女婿报喜之后，就要置办肉蛋、糯米、红糖等礼物，并贴上红色纸花，以示吉祥，前往女婿家致贺，俗称给女儿"补肚"。有的地方，生男送公鸡，生女送母鸡；生男送双数，生女送单数。此活动时间多在产后十二天俗称"过腊"后进行，也有的地方在产后第三天或第七天进行，称为"望腊"。凡是岳家有送礼来的，生育家都要回敬糖饼，并且分赠邻里。

"报喜"蕴含着更为深广的讯息。首先，生子并不仅仅是家庭的事情，也是家族、亲族乃至整个乡里社会的事情。在传统的宗法社会里，大宗之家是否出有子嗣，直接关系到它在整个家族中的地位，也关系到整个宗族的组织结构等等。对于姻亲来说，所嫁之女是否生子也是极其重要的，倘若有生子喜讯报来，姻亲之间的关系就会更加亲切、稳固。此外，生子与否也直接或间接地影响着邻里之间的关系。其次，喜讯所报生男生女蕴含的意义也是极其重要的，由于男尊女卑、重男轻女观念的深刻影响，生男孩的喜讯往往皆大欢喜，生女儿则愁眉苦脸。因此，民间对生男孩的祝词是"恭喜"，对生女儿的贺词则说"亦好，亦好"。民间有则笑话，说某人家嫁女儿，两个轿夫辛辛苦苦抬着轿，路人看了，说两个"恭喜"扛着一个"亦好"。

〔第五节〕贺诞

随着婴儿的诞生,一系列贺诞仪式陆续登场。这些礼俗大都具有为婴儿祝福的意味。最常见的仪式主要有庆"三朝""满月""百日""周岁"等,时间延续近一年。

一、人生第一次洗礼——三朝礼

原始的洗礼具有很强的宗教意味,它是基督教的入教仪式。基督教认为,洗礼是耶稣立定的圣事,可以赦免入教者的"原罪"和"本罪",并赋予"恩宠"和"印号",使其成为教徒,此后有权领受其他圣事。而中国民间人生礼仪中的"洗礼"仪式倒是确确实实的洗礼。在惠来民间,生子人家第三天要请接生婆及长辈吃喜酒,称为"三朝酒",来者要向产妇送礼道贺。有的地方这天要给婴儿沐浴,用艾叶、柚叶、老姜煮汤进行洗澡,称为"洗三朝"。婴儿出生第七天(或第九天或第十二天或满月),有些地方要举行"开荤"仪式。产妇开始由吃素转入吃荤,还要给邻里、亲朋送礼物。生男的送甜糯米干饭,生女的送甜"鱼春圆"(一种薯粉制的小圆子)。亲朋也要回赠白糖、面条表示祝贺。

二、第一回出门见世面——满月礼

当婴儿满月时,要举行庆满月活动。惠俗殷实人家要备酒宴请亲朋吃"满月酒",被邀请亲朋要备鸡酒礼物前来庆贺。外婆家也要办衫裙、肚兜、红鞋、猫帽、鸡蛋(生男取双数,生女单数)以及酒肉作礼,以示对外孙的疼爱,俗称"做出月"。客家贺女儿生男的礼品中有大方裙,生女的则送裤,忌送裙,因裙与群谐音,重男轻女者,怕女成群也。

庆满月前常同时结合给婴儿命名、报丁、理发、拜公婆神等民俗活动。命名主要有两种途径:一是按辈序命名;二是据金木水火土行命名。命名前家人常将婴儿出生年月日时报予算命先生,推算命相,是否五行欠缺。算命先生推算后告知为婴儿命名者,以便能在名字上体现缺哪补哪的愿望。如此婴缺水即以江、河、湖、泊等字合辈分取名。此外，还有一种"寄名神佛"的风俗，即抱婴儿请和尚或其他神道中人给起个神道的名，如天恩、天赐、天佑、同善等，祈神佛保佑其健康成长。人们之所以将孩子寄名神佛，不外乎是认为佛门乃超绝尘凡的所在，遁身其间，自然受菩萨、神灵的保佑，妖魔邪祟、祸患灾疾不易侵凌。另外，值得注意的是作为儿孙起名时不得取与前辈名字相同乃至谐音的字。这是中国传统的"子不言父名，徒不言师讳"的伦理思想，这种传统的命名习俗在某些地方已经淡化了，例如，父亲叫张军，他也许会将儿子叫做张小军，母亲叫陈丽，女儿或许叫陈小丽，但惠来地区一直恪守这种习俗。传统起名时，习惯上男女有别，即：男的多取体现男性阳刚之气、高大威武的字眼，如坚、强、伟、雄、健等；女的多取阴柔温顺、端庄贤能之字眼，如丽、美、珍、秀、慧等。起名也有受社会政治环境变化影响而赶时尚的，从而名字也烙上了时代印记。如中华人民共和国成立初，有人取名为爱国、国庆、拥军、援朝、抗美等。"文革"的时候又有人取名叫卫东、卫红、卫兵、小兵、文革等等。旧时讲究人家多请族长或有名望的尊长命名，称为赐名，表示对命名者的尊重。但普通人家，多是由家长随便取个贱名，如阿猪、阿狗、阿大、阿二、大戆等，没多大讲究，含取贱名易养活之意。等到上学时才依姓氏辈序取个族名、书名作为正名。如今婴儿出生前要领取出生证，出生后要办理户口登记，故婴儿出生后不久就必须命名，且为正名，一经确定，修改就较为困难了。特别是第二代身份证的使用对汉字的规范和电脑的普及，很多冷僻字的使用都成了问题。命名之后，将男孩的名字生辰写在红纸上贴到祖祠壁上，说是向祖公报丁，生女的则不必。客家人在男孩满月举行报丁时，则由族中老太婆抱着新生儿到祠堂拜公太，告诉祖先："裔孙某某，何年何月何日何时生贵子，取名某某，祈祖先保佑，日贪玩，夜贪睡，乖乖大。"

理发是象征性的，生育家请理发师傅或婆娘们操办。其仪式是用全株青葱伴剃头刀作剃头状，剃毕要把青葱再种入菜园里，以示婴儿今后长大健壮、聪明。婴儿出生以后，身体状况还未能适应新环境，产妇的身心也需细加调理，因此，在坐月期间，婴儿与产妇都有许多禁忌约束。满月时，婴儿已经适应了新环境，产妇的身体也得到了恢复，禁忌约束解除了。在这种情况下，产妇和婴儿才可以由产房出客厅。

三、长命百岁的祝福——百日礼

在中国传统的观念中,"百"是一个重要的数目,被涂上了浓重的文化色彩。在语言的实际运用中,许多时期它已经不单单是一个数目,而明显地含有"圆满""完全"的意思,"百喜""百福""百禄""百寿"中的"百"都是如此。因此,婴儿出生满一百天时,人们要举行庆贺、祝福的"百日礼",并且在"百"上大做文章。百日礼也叫百晬,宋代《东京梦华录》云:"生子百日置会,谓之百晬。"又称"百岁",明沈榜《宛署杂记》云"一百日,曰婴儿百岁"。健康长寿是中国人的"五福"之一,是人们的一大理想。为此,人们甘愿含辛茹苦,忍辱负重。这种普遍的人生理想也毫不例外地折射到新生儿的各项仪俗之中。婴儿出生,让其穿父母旧衣裤,或被抱入猪狗窝中,都在于祝愿婴儿吃苦耐劳,健康成长。百日礼祝福健康长寿的用意就更显著了。惠来地区百日礼本身没有什么繁文缛节,只是亲友携礼来贺,主人设宴款待。亲友所送礼物除食品果蔬外,便是小儿衣饰。惠来百日礼上较能体现祝福健康长寿的是百家锁。百家锁也叫"长命锁""百家索""百家链"等。它的形式是多种多样的。最简单的一种是用红线将铜钱编串起来,挂在小孩脖子上;其次是用金银打制锁形的薄片,系金银索链挂在小孩子上;现在各地都可见到的含金镀铜长命锁,是百家锁的余韵。与百家锁名称最为相符的,则是请金银匠打制银质、银质镀金、纯金的锁子,系金银锁链挂在小孩脖子上。惠来民间有些婴儿由于种种原因,体弱多病,难养,于是孩子出生一百日时其父母就到四邻一百户人家乞钱,买一把银锁,挂在孩子脖子上,象征着孩子为百家所有,不易被妖魔夺去,长命百岁。

四、人生第一次庆生日——周岁礼

惠来人生男庆周岁,要办三牲粿品敬拜神明、祖宗,同时宴请亲朋,俗称"做过周酒"。次日,作为第一客人的外婆,仍要办新衣服、新鞋等礼物赠给小外孙。惠来地区庆周岁活动除给孩子穿新衣外,还有举行抓周仪式,人们试图通过这种方式预测孩子的未来。抓周时,要在婴儿面前摆上各种各样的玩意儿——文房四宝、儿童玩具、胭粉、彩缎花朵、女红、戒指、金银财宝、点心等各种东西。据说人们可根据婴儿抓到的东西,判断出婴儿长大后的性情志向。最忌讳先取女红,认为这是混迹女流、沉迷女色之兆，日后无大出息；忌先取玩具，以为胸无大志；最喜他取文房四宝，以为日后必定学业有成、功业有成。抓周之俗古代只行于男孩，这在很大程度上表明了惠来地区旧时重男轻女、只靠儿子传承香火的世俗偏见。见于文献记载，抓周仪俗最早出现于南北朝时期，《颜氏家训·风操》记述了当时的情形："江南风俗，儿生一期，为制新衣，盥浴装饰，男则用弓矢纸笔，女则用刀尺针缕，并加饮食之物，及珍宝服玩，置之儿前，观其发意所取，以验贪廉愚智，名之为'试儿'。"从这则资料可知，当时这种仪式在南方甚为流行。直到当代，此俗余韵犹在。说是试儿，其实是父母亟盼儿女成长或发财愿望的表示，所以供"试"之物，亦多由计算器、词典、移动电话、人民币等，取代了笔砚针线之类，诚所谓移风易俗，与时俱进。

在惠来农村地区，庆周岁常不在满周岁而是在第二年的元宵节游神赛会时，结合挂灯（丁）、办丁桌时进行。凡在上年元宵后出生的男孩，在本年的元宵节，婴孩家除在自家门口"挂灯"外，还要自正月十三日至十五夜，每晚向安放在祖祠里的启家灯笼上点红蜡烛，这就叫"上灯"。另外，已生过男孩的人家，元宵夜还要在祠堂设宴请客，以庆"出丁"，俗称"办丁桌"。宴客时有两种席式：一种叫"龙船席"，即将好多张方桌连结起来，客人围在两旁吃饭，形同划船；另一种叫"走马席"，即无论亲朋疏厚，还是不认识的人都可以进来吃，吃完就走，主人再重新摆上菜色，等待另一批客人的来临，接连不断。这后一种席式一般是较有钱且较慷慨的人家才会这么做。在旧社会，惠来人攀比心强，十分爱面子，有俗语"无脸当死父"之说。因此，凡生了男孩的人家都十分注重办丁桌，并以办得体面为荣。即使是贫苦人家，为了不失面子，便四处借钱，造成负债累累，或者是忍痛卖了哥哥，将所得之钱用来应付沉重的办桌费，这就是人们常说的"生阿细卖阿大"这一俗语的来历。1949年后，由于时代在前进，思想在进步，惠来人虽仍有元宵办丁桌的习俗，但多改为在自家里进行，且单限于宴请较亲的亲戚和较好的朋友，丰俭由人，无人计较。

除了举办庆三朝、庆满月、庆周岁等祝贺婴儿诞生活动外，惠来民间，为使婴儿顺利长大，又有一系列民俗活动。有的人会购买耳环、脚镯给小孩佩戴，据说这样就可以使小孩长寿。有的将小孩的生辰八字，交给算命先生"收禁"。

"收禁"的法子,就是把小孩的生辰八字写在布上,放入坛里,算命先生念咒作法后,为求收禁的孩子请来一张神符。然后,做母亲的便将神符缝在一个红布袋里,让小孩随身带着,等到来年新正才将神符交付给算命先生开禁。客家地区还有为初生男孩买旧摇篮之俗。买者以摇篮睡过的男孩越多越好,即使破了,补了再用。当双方价钱讲妥之后,买者要另给卖主一个红包,卖主则说些诸如"千子万孙,长命富贵,财丁兴旺,万事如意"之类的祝福语。如果家里有摇篮曾睡过有出息的孙子,则被视为家宝。同族之中有新生儿的,也乐意登门求借,以希望其儿子今后也能出人头地。以后交还摇篮时,要送红包给主人。好的摇篮会世代传下去,如果碰上睡过摇篮的婴儿夭折,那么人们会毫不犹豫地把摇篮丢入河里,让秽气随水漂走。

〔第六节〕入学礼仪

孩子长大了,就要入学。惠来古时,富有之家小孩入学读书,外婆家要送桌、椅、笔、墨、纸、砚等学习用品,并要送一只公鸡、一棵长命葱、一盒葱糖,供孩子当天上学之用。公鸡拴在桌边,因为公鸡是报晓的,"孩子像晨曦一样,前途无量"。公鸡要是鸣叫,更是好兆头,意味着这孩子今后一鸣惊人,出人头地,做官长进。一株长命葱和一盒葱糖,都表示聪明,入学当天先拜老师,分一部分给学友一起吃,祈望入学后共同学习。

一、进学礼

儿童初进学校读书时,做父母的要备下甜豆干、猪肝炒葱、鲮鱼、韭菜、芹菜做给孩子吃,一边吃要一边在旁念口诀:"食豆干、食猪肝,将来做大官。食葱,入学读书会精通。食鲮鱼,将来舌头正会灵。食蒜,食了将来正会算。食韭菜,食了读书长久。食芹菜,食了读书勤。"

儿童初入学的时候,要带染红的熟鸡蛋或熟鸭蛋两对到学校里吃,因为蛋可压惊,儿童就不会被先生的打骂吓坏了。开学的时候,父母要给儿童买明糖和葱糖等糖食到学校拜祭孔子,拜后将祭品送给先生和同学们吃,将来就会得到先生和同学的爱护。

小孩要开学了,父母要把他带到放筷子的竹筒边念口诀:"箸筒嘴阔阔,阿囝读书嘴煞煞。"儿童开学时要穿红皮屐去。

20世纪30年代前,儿童初入学多择于农历二月份,入学要先拜孔圣人,拜后要在水缸上面吃饭,缸顶放四个碟子、一盘鸡肉、几碗青菜、四盘猪肉炒豆干。同时要在边上放根吹火管。吃的时候,样样都要吃过,将来读书才会通。吃完还要吹一下火管,意思是说:吹了火管,读书就会开通。

二、古时学生祭孔礼俗

祭孔礼制是从周代的祭祀之礼演化而来的,公元前478年(孔子去世后隔年),鲁哀公开始祭孔,称孔子为"尼父"。公元前195年,汉高祖刘邦过鲁,以太牢(猪、牛、羊)祀孔子,并诏诸侯、公、卿、将、相至郡,先谒庙而后从政。刘邦不但开后世帝王祭孔之先河,而且开了后世帝王令地方长官上任前先谒孔庙后从政之先河。汉明帝刘庄于永平二年(59)下令"学校皆祀圣师周公、孔子,牲以犬"。这是国学郡学祭祀孔子之始。此后,历代帝王或身临或派员到曲阜和太学祭孔。久而久之,祭孔形成一种国家礼制行为,并规定每年农历二、八月的第一个丁日(上丁)在孔庙举行祭孔大典,这就是"丁祭"。此后,祭孔典礼逐步正规化、程式化。

民间祭孔历来十分普遍,虽然民间祭孔的仪规没有像国祭、郡祭、县祭那样严格,但各地民间祭孔则各具特色。在惠来地区,小学生入学第一天,要举行"进孔门"仪式。这天一早,家长要做一大碗有猪肝、豆干、芹菜、大葱的杂烩汤给上学的孩子吃,有的地方还要蒸煮一条鲮鱼。其含义是猪肝、豆干的"肝""干"与潮语的"官","葱""芹"与"聪""勤"谐同音。不外希望孩子学而优则仕,而且聪明、勤勉;吃鲮鱼则期望孩子聪明伶俐;另"鲮"潮语与"龙"同音,也有期望孩子将来能鱼跃龙门、出人头地的意思。

吃过这道菜后,家长就带孩子到学校或私塾。古时学校和私塾都供有孔子的灵位和画像。学生到校后,先到孔子灵位前供一盘"明糖",然后焚香敬拜孔老夫子,请求至圣先师收为弟子。自此,孩子就算进了孔门。然后来到教室门外,先向老师鞠躬,进入教室,再把"明糖"均分给同学们,表示进了孔门的孩子要尊敬老师,友爱同窗。

每年农历八月二十七日"孔子爷生"的日子,学生要到学宫举行祭孔典礼。这天一早,城内各校学生身着整齐的服饰等候在学宫门外,等县官率文武官员祭拜孔子完毕后,再在老师带领下由学宫东侧的"金声门"进大成殿,在殿内孔子塑像前一字摆开,由司仪老师唱礼,然后师生一起唱《孔子歌》,唱毕行三鞠躬礼,礼毕由西侧的"玉振门"出学宫。另外,也有由父母、其他长辈带孩子来祭拜孔子的。有的在学校开学前来,有的在孔子诞辰时来,还有的每月逢初一、十五前来。拜孔的祭品一般是糖葱、花生、糖果、水果。也有带一捆生葱、芹菜、蒜(祈求孩子掌握算术),有的还备有三牲、发粿。

〔第七节〕出花园

清代以来,惠来地区有一种近似古代成年礼的特有礼俗——"出花园"。它是粤东潮语区和客家区为15岁或16岁(都计虚岁)的男女孩子举办的成人教育礼俗,表示该男(女)已成人。时间是农历七月初七的乞巧节,此俗至今还相当流行。

出花园的由来,据说,昔时富家大户住宅配套建有花园,为孩子嬉乐之所。孩子长到15虚岁,则被认为可以走出家门了,值得庆贺。从传统心理上,惠来人认为儿童在15岁前一直生活在"公婆神"保佑下的花园里,当孩子长到15岁时,在七月初七日这天必须举行"出花园"的仪式,让孩子跳出"花园"墙,到广阔的天地去,或求学,或从事商贾活动等。

出花园仪式是将三牲果品合凑成4件或8件或12件,陈置在俗称"胶掠"(晾晒用的竹箕,内盛放着粿品、糖果和花生米)上,请出"公婆神"的神炉,由出花园的孩子跪拜,这是最后一次拜公婆神。这一天孩子要穿红皮木屐,要跳过"胶掠",往返多次。中午,家中要备丰盛的午餐,有肉、三鸟蛋等共12道菜(表示一年12个月生活幸福)。青菜以厚合、青蒜、葱、芹菜等为主,寓意为孩子长大后能算会除,聪明勤快,处处合心想。要让出花园的孩子在用餐时坐正位,象征着孩子已成了家中的栋梁;要让孩子吃鸡头(男为公鸡头,女为母鸡头),其意是长大后能出人头地、兴旺发达。席间，亲人们要祝愿，赠寄美好的期望。出花园这一天，母亲还得代表孩子带上供品，到街头巷尾的庙宇祭祀与孩子"厮守"在一起的"花公花奶"，答谢其庇佑之恩。

"出花园"对于年届15岁的男女孩子来说，是他们人生的一个重要里程碑。这一天，他们将最后一次拜别从出生满月起一直保佑他们健康成长的"婆母"。如果他或她是家中最小的孩子，那么从这一天起，这个家庭也就不再供奉"婆母"的香炉了。

"出花园"的孩子，不但可以穿新衣服，不必干活，更重要的是，这一天他们还要完成一项重要的仪式，叫"咬鸡头"。这是他们出生以来第一次独自吃一只完整的公鸡，包括鸡头和鸡脚。因为鸡在独立时，不着地的脚是经常颤抖的，因此大人们说未"出花园"的孩子是不能吃鸡脚的。吃了手便会颤抖，不会写毛笔字。

被用来"咬鸡头"的公鸡是不能阉过的。通常情况下，公鸡是舅父家送来的。舅父家同时还要送来一双上了油漆的红屐。其他至亲好友也都会在节前送礼致贺，最普遍的是送来一只自家养的鸭子，也有送4个贴上红纸的鸡蛋的。还有人会送给女孩子一块花布。

礼尚往来，乃人之常情。因此，凡当年有孩子"出花园"的家庭，从年初起就要养一大群鸭，以备孩子"出花园"时宴客或回礼之用。对于前来送礼者，除了摆酒宴请外，照例还要送一只或半只熟鸭，以及部分粿品作为回礼。

过去，"出花园"后的男子就算"成丁"了，女子也可谈婚论嫁了。虽然也有个别抱仔出花园的现象，但对于乡间的绝大多数人来说，"出花园"是条必须遵守的底线。

第四十二章

丧葬习俗

惠来民间丧葬一般程序为：净身、更寿衣、发讣告、入殓、成服、出殡、安葬、做七。人亡后，家属要向亲友报丧。妇女逝世，须即向其娘家报告，诸事娘家都要管。报丧人不进屋内，而是请主人出门外，告知亡故和出殡日期。亲友送楮仪时间，必须在"做七"前，有些地方是在出殡当日之前。惠城镇有在百日内可送楮仪的。出殡时，先由家人拜祭，再由亲友送行。20世纪50年代后，盛行开追悼会。追悼会在其家人拜祭后进行。80年代后，有钱人家的送行队伍，有彩旗、锣鼓、西乐队，很讲排场。凡参加送行的，丧家要送给草帽（后改雨伞）及礼包（四式礼：毛巾一条、糖粒两颗、红布一条、红包一个）。

〔第一节〕丧葬一般程序

《惠来县志·礼仪之俗》记载："居丧则就日成服，不设筵款客。间或斋僧、鼓乐，颇从俗。亲朋吊唁，裂帛分餽，苫块以百日为期。其葬，惑于青乌家言，有停柩数十年者。迩因物力纤啬，稍从简略。"这是康熙《惠来县志》关于惠来城乡丧葬习俗的记载，古代惠来丧葬习俗相对简略，但过程和仪式复杂。

一、净身、更寿衣

老人逝世，子孙要用一束清香浸入水钵中，用新面巾为死者洗脸、剃头，并给死者换上寿衣。男穿双数长衣，女穿单数衣裙，都穿黑鞋白袜，换好寿衣。更衣毕，遵古礼"废床寝于地"，把老人从床上扶下地，有些地方在地上用稻草铺成床供死者睡，传说这样死者才不会在阴间带上眠床枷。身上要盖天地被，即红布面在上，白布面在下。临死时，儿媳应为老人奉香礼神，并在老人脚下摆一盏豆油灯，俗称"脚尾灯";也有点灯于头后,称"点头灯"。二者皆寓黄泉路暗,为死者上路照明之意。灯旁置饭一碗,俗称"冥饭"。另外要烧些冥镪,供老人阴间或上天堂时一路的费用。老人一死,儿孙要穿麻衣,若亡父则露左臂,亡母则露右臂。

二、挂孝帘、发讣音

丧家用白布围在门框门楣上,垂下门帘,称"挂孝帘"。同时挂上白灯笼和蓝纸白字的对联。同时"发讣音",简者口头通报亲友,隆重者子孙具名依讣告帖式在白纸或黄纸上写上死者名讳、逝世月日时辰、吊唁出殡时间等内容,派人发送亲友。报丧者不得进入受报人屋内,要在屋外传呼。受报人在门口看讣告后焚化,给报丧人"脚皮钱",准备纸礼,依时参加丧礼。

三、设灵堂、饲生、赐种

丧家有私厅公厅者,为举行入殓、吊唁、超度等仪式,多有灵堂之设;无公厅和私厅者,也有临时搭棚的,称为"设厂"。灵堂周围用蓝布装饰,挂挽轴挽联,陈放纸扎金童、玉女、衣物、米柜、床褥用品以及象征福禄长寿的白鹤、花鹿等物。当代还有人按现代家具陈设而用纸扎成弹力沙发、小轿车、"大哥大"以及天国冥币等物,迷信观念也与时俱进,日趋现代化。布设灵堂后,家中长子率兄弟子侄扶尸体卧于冥椅上,移置灵堂正中,头朝里,脚朝外,前设香案,陈放遗像、三牲粿品,插白烛,之后行"饲生礼"。"饲生"和恋亲视尸是在死者入殓前子孙向死者最后告别的礼仪,"饲生"象征性地表示感恩尽孝。"饲生"后,由法师或长老用纸镪遮盖死者脸孔,法师持幡在前引路,子孙按长幼次序拈香跟随其后绕尸而走,以最后环视亲人。死者是男走圆形,死者是女走方形。俗谓父是天,母是地,天圆地方。有些地方,在"饲生"后,子孙持小布袋,绕死者走一圈,拉死者衫袖,象征请死者"赐种",以示再得祖宗的福荫。

四、入殓、食炊饭

有钱人家入殓要择时日,但一般的入殓是死后第三天。入殓这天,要先在棺底铺上纸钱,上漆打桶。还要烧天符,即把用纸和竹糊成的纸人纸马烧去,请它们先去报告值日功曹。

入殓时先将棺木放正,由6人扶尸放下,孝子应扶头。死者一手执白扇,一手拿毛巾。下棺后,就把盖棺被拉齐整,盖上棺盖,用斧头钉上6颗大钉。男尸棺木油红漆,由家族长辈封棺;女尸棺木油黑漆,由外家长辈封棺。封棺时小孩要走开,传说如果谁的影子被盖进棺中,这人不久也会死。死尸入棺后,亲人便痛哭举哀。长辈钉过的大钉最后要请年轻力壮者真正钉牢,一边钉,一边"做四句"。女儿和媳妇,要用草纸揉成纸梅蘸花生油,点火绕棺烧钉头。青娘要在一边"做四句"。死尸入棺之后,设席入宴,俗称"食炊饭"。

五、赐杖、成服

死者去世第五天,便要进行"成服赐杖"。先按子孙人数备麻衣孝杖若干,孝杖每支长一尺六寸(约53厘米)。父死用竹做杖,母死用榕做杖,杖头扎以冥镪麻布,长孙则扎红纸或白布。服也有别,视辈分而定穿麻、穿白或穿青等。成服时,摆酒席于中庭,祷告天地,然后由族中长老用朱笔在麻衣孝帽孝杖上点号颁赐,长老还要一边"做四句",如:"赐你杖,子孙康健;赐你服,永食俸禄……"是晚还要设宴请亲朋入席,名叫"食成服"。邻里亲朋,除致函吊唁志哀外,还有送冥纸、挽联、挽轴的,也有送银子的,称"楮仪"或"楮银"。第六天,客人登堂吊祭,孝子要陪灵致谢。灵前要摆纸糊的"企厅图",男死用男仆,女死用女婢。传统风俗孝子在父母死后百天内,不可出门,如遇不得已的事故时,头上须戴笠子,身上须穿麻衣,因为孝子是不可见天日的。赐杖成服,民间统称"戴孝"。有子孙在外长及奔丧者,长子背包袱雨伞示戴孝。余如第三代孙穿麻衣戴白巾、第四代穿麻衣戴蓝巾等穿戴不同色泽标志,以示子孙昌盛。

六、报地头、买水

死者子孙穿孝服后,由族中长辈或法师持白灯笼带领死者男性子孙到村中地头神庙报死,俗称"报地头"。死者长子手扶木盘,盘中放着死者年庚帖、乌糖、麻丝、香火等物。长者上香后,取出年庚帖,对着神像说:"生从地头来,死从地头去,时辰念给老爷知。"接着念出死者生辰,享寿多少岁。庙祝依所报年岁敲钟,一岁一响，称为"报钟（终）"；每敲一响，长子抽出麻丝一条，凑成一束，缚于神座。事毕，长者将死者年庚帖焚化，领死者子孙绕道回门。报地头之后，长者又带男性子孙持水罐到河边"买水"。在河边跪拜河神，烧了纸锭，明示一生不欠水府钱。打水后另路回门。女眷在家门口接水后，用瑞草沾水洒在死者脸上，余者泼在四周。

七、吊唁、食"走马席"

除官贵外，一般民间不单独举行吊唁，出殡时送葬便是尽礼。官贵人家吊唁礼很隆重，灵堂庄严肃穆。按礼仪程序，有礼生接引客人上灵堂吊唁，孝子贤孙齐跪两拜致谢。吊客多时，午宴不能同时开席，轮番吃饭，称为食"走马席"。孝子一般不陪酒席，均请主事亲朋长辈代做主人。

八、守灵、超度

惠来各地多有守灵、超度之俗。有在出殡之前，也有出殡回灵后。灵堂上立着神牌，守灵者早晚上香。时间有3日、5日、7日、10日、49日、100日，个别有至3年者。总之，超度未结束，就得守灵，不能脱孝。

超度，俗又叫亡斋、做斋、做功德、做佛事、做旬、做七等。佛门超度厂场相似佛堂，后壁中间挂释迦佛及文殊、普贤菩萨或观音大士像，堂中摆香案，死者画像以及祭品，佛道两家都通过诵经宣扬孝道和轮回报应思想。佛家的节目有过桥、礼血盆（女）、撒花、走贡、走五方、沐浴、追荐等。佛堂僧尼超度，用正宗经文佛曲，民间组合的功德班除学唱一宗经文外，唱诵大量有佛教内容的民歌，如《二十四孝歌》《十月怀胎歌》《目莲救母歌》等。

九、出柩或停棺

"出柩"又称"出殡""送葬"。死者的棺柩要出发安葬时，柩前须一人持火把引路，一路上散发银纸。孝子孝孙等穿孝服，背负神主。手持写有"千子万孙"的白色小灯笼一对（长子两对）随于柩后。棺材抬到大路口或桥头，孝女、孝媳、其他亲戚等与死者叩首拜别，脱去孝服另择回路。棺材由孝子孝孙护送到墓地。扛棺柩时，若觉得棺柩十分沉重，就是死者恋家不行，扛者可用槌击棺，大喝一声："走！"死鬼即行，棺柩的重量就会减轻。安葬棺柩的时候，做子孙的万不可带雨伞或竹笠到山上去。墓穴由风水先生事先择定。常有因择不到满意的墓地或因兄弟众多意见不一而停棺数年甚至十多年者，棺柩往往暂寄在庵寺内。

十、做功德

请僧人诵经超度亡魂，俗称"做功德"。做功德时，孝子一切行为都听僧人指挥。先在灵堂上挂起大士画像、十殿阎罗图、十八层地狱图等。僧人先诵灵前经，继做"四出连"，若死者是男性，则只做"挨塔""过桥"，若死者是女性，则"挨莲池""过桥""礼血盆""散花"四个节目要做全。孝子孝女往往要大把施舍，为死者超度顶礼，散财买路。"挨塔"或"挨莲池"时，先将纸塔吊在厅中，由和尚诵经，遍请诸仙，然后执起引路幡，领着孝子绕塔或绕池而走。"过桥"则以椿椅摆开当桥，和尚在前引路，孝子奉香炉跟随过桥。"四出连"均有《请仙曲》《引魂曲》等歌谣。

做完"四出连"，便请死者沐浴更衣，以便上天。厅中置一浴盆，中放清水，用新草席把盆围住，和尚执引魂幡放于席中，边摇铃边诵经，孝子则跪拜于地。然后烧冥衣，办粿品祭拜，烧库钱用具，给死者到阴司使用，俗称"追荐"。至此，做功德就算结束。连做几十天功德的也有。因此有俗语说："多钱多功德，少钱照快节。"

传说惠来人做功德始于元代，因蒙古兵大肆屠杀汉人，汉人子孙为了纪念被杀的先人，就仿照佛教的盂兰会目连祭母的故事形式，聚众念经，祈望为死者消除孽障，使之可往西方乐土。后世演化，成为民间做功德习俗。但做功德所耗资财不菲，一般人家还是没有这一程序。

十一、做七

俗称"打锣"，死后第七日，做"头七"（古时曾有做七个七的习惯），请斋公在灵堂诵经超度亡灵，亲友吊祭，做完"七"，丧事也告一段落。旧时，家属仍要"戴孝"。从成服起至百日止，叫"苫块以百日为期"，做完"七"就不用再戴麻纱、黑纱了。以后还拜"六旬"（由女儿办）、百日、对年（第一个忌日）、节脚（即每个节日前夕），拜满3年后，香火并入列祖香炉奉祀。

十二、脱孝、换好头彩、分手尾

治丧屋内外的布设以及孝衣孝服都属戴孝的标志，完全卸弃这些标志，就是脱孝。一般在超度之后，就可完全卸弃。卸去白灯笼，换上红灯笼，称为"换好头彩"。脱孝之时，常将一些可留遗物分给子孙作纪念，称为"分手尾"。

〔第二节〕丧事习俗

一、做功德

惠来民间的丧事活动俗称"做功德"，始于元末明初。传说元兵入侵中原，大肆屠杀汉人，后来，被杀的汉人后代子孙为了纪念被惨杀的先人，就仿照佛教的盂兰盆会"目莲祭母"的故事形式，聚众念经，祈求佛祖忏悔先人灵魂，为死者消除孽障，祈望佛祖接引亡灵往西方乐土。这种形式后来逐渐演变，形成了民间做功德的风俗。"做功德"，就是亡人家属请和尚、供生念经解救先人灵魂的一种迷信活动。功德活动分为"慢斋""四出斋事""求忏解结"三种形式。

（一）慢斋。队伍约13、15人，人数需奇数；念经者，称为"供生"，供生身穿浅墨水色长衣，布鞋白色袜，全套锣鼓，上午时分来到主人家中坐定，主家的孝妇、孝子、孝孙均要在场，从中午开始，供生一边击鼓乐，一边诵念经文。慢斋的功德锣鼓有：苏鼓一个、铜锣四面、马锣一个、锣畔一个、大小钹各一副，配以瑶琴、胡琴、唢呐。供生念的经文有《三千诸佛经》《呢陀佛经》《三昧水忏经》《供说消灾经》《北斗长寿经》《普门佛法经》《普门真经》《金刚妙曲》《十五真经》等。此磬一般从中午做到第二天凌晨（过去有钱人家有做三五天至半个月的）。

（二）四出斋事。一般是供生3—5人，手扶木鱼，口念真经，经文主要有4篇《呢陀佛经》《三千诸佛经》《普门真经》《金刚妙曲》，只配苏鼓、锣钹伴奏，从上午做到下午炊烟起时（下午4时许）收场。

（三）求忏解结。一般一两人登场念些经文，只用小锣拨击弹，时间3个小时。

二、哭丧须用书面语

日常生活中，从来没有人称父母为"阿父""阿母"的，只有写信才用到"父亲""母亲""双亲大人"这类文语。至于说话，用的是口语，称呼也用俗称，大家都这样，显得习惯和自然。如果谁在日常生活中称父亲为"父"，称母亲为"母"，大家便当作笑话，说是在"哭父哭母"。

惠来人操办丧事仪式，便统一用书面语。男人去世，不管生前儿女们称他为"阿伯""阿叔""阿丈""阿舅""阿舍""阿爸""阿爹"，不一而足，一律哭"父呀"，女婿也哭"父呀"。孙子、外孙、媳妇、孙婿、外孙婿，不管平时喊什么"阿公""爷爷""外公"，一律哭"祖父呀"。女人去世，不管儿女们生前称她为"阿姨""阿姆""阿婶""阿娘""阿妮""阿二""阿三"，林林总总，一律哭"母啊"，女婿也哭"母啊"。孙子、外孙、媳妇、孙婿，不管平日喊什么"阿嬷""奶奶""嬷嬷""外嬷"，一律哭"祖母啊"。从前，四代五代同堂不稀罕，曾孙称曾祖为"老公""老嬷"，哭丧时，便必须喊"曾祖父""曾祖母"。

出殡是这样哭，停灵期间，每次举祭开吊，都要这样哭。越号啕大哭，声音越响亮越好。邻人喜欢根据人家的哭声来评头品足。惠来人嘲笑某些妇女说话"大声母喉"，常说"这人企灵后最好"。惠来人哭灵，女人企灵后，男人跪灵前，这是惯例。

三、用死人的裤子围米缸

从前惠来人的丧葬习俗，有一件今天讲起来，也许令人感到恶心。那便是，死者咽了气，家属给遗体换上寿衣，脱下一堆脏衣服，其中一条裤子，要立即拿去围米缸。而在一般情况下，病人进入弥留之际，已大小便失禁，断气时已秽物尽出，那条裤子也难免沾上屎尿，臭不堪闻。可是，这条污秽的裤子，却被视为宝物。为什么？按民间的说法，屎是"财"，裤是"库"。父母留下的屎裤便是传给子孙的"财库"，是维护后世发达的根本保证。因此，必须珍而重之。按规定，只有长房才有权得到这一"头彩物"。在农村，如果兄弟多人，又感情不洽，往往为争夺一条臭裤子而大打出手，把丧事演成闹剧。这种类似海外奇谈的事，过去却真实地存在惠来不少地方。

还有父母的遗物，特别是衣服，都要留给子孙。母亲那些"五裾齐"的大筒衫，在出殡当天，要分给子、媳、孙"缠腰"，每人一件。父亲亡故，他的长衫也是"五裾齐"，还有华装衫，都可"缠腰"。其他柜内衣物，都分给内外子孙"做手尾"，作为纪念。至于那些挽轴，也在撤灵后均分。

四、筑生基

惠来人信"风水"，死前便多选择风水宝地来筑"生基"，所谓"生基"就是为未死的人修的墓。为什么人没有死，就要修筑坟墓呢？惠来人普遍认为：一块墓地风水的好坏，会关系到一家子孙的福灾。故此，人们选择"风水"时总是十分慎重，务必请来"风水先生"。风水宝地选定后，即可开工修筑"生基"。"生基"修筑完毕，便可竖墓碑。一般人死后碑文上的字要涂红色油漆，而"生基"的碑文上要涂上绿色，以示人尚未死亡。

除了预先选择墓地外，有的还提前准备棺木、寿衣。有钱人家，棺材通常选用梓木、樟木、柏木等细密坚固的优质木材。棺材的形制多呈长方匣状，由棺盖和棺身两部分构成，尺寸大小视死者的躯体而定，以适中为度。民间丧葬用棺视其家资而定。富者置棺不惜千金，精雕细作，髹漆结彩，极尽奢华；穷者薄板白棺，简易粗糙。寿衣的制作要择日选时，制成后要单独收藏，不能被其他衣物所压。每年农历六月初六这一天，应该拿出来晒晒太阳，以除去霉气。也许有人认为，提前制作棺材、寿衣，有所不祥。其实，人之垂老，死在旦夕，谁也无法预料。如果及早将这些东西准备妥当，老人一旦撒手归西，就不会仓皇失措。

五、叫油火

1949年前，富贵人家在家人将要死亡的时候，要举行一种"叫油火"的巫术仪式，也称为"叫代"，即叫人来代死。如果有人代替，则可以挽救那个垂死的人的生命。方法是：让一个做巫术的人用彩色的桐油绘成大花脸，仿照鬼魅之状，赤膊，系五色裙。法器是一个念过魔咒的碗。这个碗中，盛满油，点燃后由巫者托之，于更深夜静之时，在街巷间呼啸穿行，阴森森尤若鬼火游动，若有人因恐惧而失声惊叫，这个巫者立即将手上的"油火"向墙摔去并叱曰："呀呸！"这样"叫代"便成功。代病人死去的就是夜间失声惊叫的人。

第四十三章

衣食住行医习俗

〔第一节〕穿衣打扮

一、着装

清代惠来妇女的打扮风俗为"妆饰淡素，窄袖短裳，或结草为髻，或束发盘云。虽或家有罗锦，犹勤于女工，不弃枲麻"（雍正《惠来县志》）。清代至民国初，有的农村妇女还会织布，纺车、布规、梭子都是木制的。织的布有麻、苎、胶播（棉类）等，织好后，有的染薯莨（褐色），有的送染坊染成蓝靛。各个圩镇都建有染坊。蓝的妇女穿，褐的男人穿。男衣样式是"对胸""大筒"两种，多为褐色。寒冬腊月，穿夹衣棉裘的很少。穿上三重单衣，世俗就叫"三个衫不会寒"，可以应付过冬。民国期间，洋货进入中国，衣料大变化，衣服样式逐渐多起来。一是印花布的大量出现，使衣服的色彩鲜艳；二是羊毛的出现，红色的羊毛衫外套进入农村，成为妇女最贵重的衣着。衣服的式样，女的有旗袍，男的有唐装、中山装、学生装，上层人物的礼服，仍是长衫、马褂。农民穿着改变不大，渔民出海捕鱼时，多穿传统的薯莨衫。中华人民共和国成立后，青壮年男子普遍穿干部服、中山装和军服，颜色是民主蓝和草绿。1980年后，衣料出现多种色彩，款式新颖，一年一个式样。1990年后，男青年开始穿西装、牛仔服，女青年也多是西式衫裙，夏天已有穿短裙（膝盖以上）无袖针织衫的。最大的变化是多数人不再自己买布料做衣服，而是到服装商场买成衣。式样时髦，品种繁多，随意挑选。

二、穿鞋

中华人民共和国成立初期，惠来穿鞋的很少，多是穿木屐，也不是整日穿，往往是白天劳动时不穿，到晚上洗脚后才穿，男女老少，春夏秋冬，普遍穿木屐。木屐的种类很多，依其制作的形状和原料而命名。其形式有：椭圆形前略宽后略窄的木屐；只适合男人穿的龙船屐；原色木的白胚屐；分左右脚，前趾略低、后跟略高的脚屐；上颜色供女人穿的油彩屐；专供晚上在屋内穿的高脚屐；白天出门或劳动穿的低脚屐；木屐前部钉的屐皮，用棕织称棕屐，用帆布织称帆布屐，用橡皮制作的称橡皮屐。比较高贵的木屐用坚韧的木材制成，并上漆，称漆屐。中华人民共和国成立后，20世纪50年代，全县城乡居民，保持穿木屐的传统习惯。木屐磨薄了，惠来人会进行铆屐，这已成为一种习俗。即用4块柴，将已薄的木屐垫起来，用竹钉固定。至于鞋，几乎清一色是浅口、薄底、黑色的鞋。20世纪60年代部分潮流青年能穿上解放鞋，70年代塑胶鞋兴起，男女老少都穿塑胶鞋。80年代后，城乡居民多穿上皮鞋。进入21世纪，木屐、浅口鞋几乎已绝迹。

三、戴帽

惠来四季如春，很多人没有戴帽的习惯。民国时期，只有少数富有者，穿长衫戴礼帽（即瓜皮帽或毡帽）。中华人民共和国成立后，部分青年干部时兴戴解放军帽，颜色除草绿外，还有蓝、黑、灰。惠来晴天阳光直射，阴天小雨不断，因此，城乡居民有戴竹笠的习惯。竹笠有晴天遮阳、雨天挡雨的功能，所以，农村家家户户都备有好多顶竹笠。竹笠分尖头、圆头两种。尖头笠有大有小。大的直径1米多，小的只有20多厘米。都是用竹篾编成六角目的圆尖形，两张竹篾中间夹上麻竹叶，编上边沿。圆的也这样编，不过顶部成半球状。竹笠时兴于土地改革时期，农会会员都戴，并写上××农协会。农会会员出门时被称为"竹笠队"。"文革"时期更有一些"红卫兵",专戴一种小型尖头笠,拆去边沿,用大草绳系住,称为"海勿"。到1990年,市场已买不到竹笠,多以麦秆编制的草帽代替。后来这种草帽被丧家用来分给送殡者,以后一般人也很少用了,而是改为夏天戴上白色小鸭舌帽。

四、挽面与洗花水

挽面,是女人面部的美容措施,就是用绞刮的办法,把面部的汗毛拔掉,使面容光彩照人,类似男人刮脸,但性质截然不同。刮脸是斩断汗毛,结果是越刺激越长得快,挽面则是斩"草"除根,连根拔起,效力久远。挽面者先将对方的面部擦洗干净,涂上松粉,使毛根显露,然后用2尺来长的麻线,一头用牙咬住,将两根线绞紧,再用手拉开,利用绞线一松一紧的力量,将对方面部汗毛拔

■ 挽面

掉。道理虽然简单,手法却有很多讲究,根据不同部位,要用翻、滚、夹、拔、拉等不同的手法,有时还要辅助以滚鸡蛋、按摩等,既要使对方不感到疼痛,又要有点微麻的感觉。20世纪50—80年代,在城乡大街上能看到专职的挽面人,两个小板凳当街一放,就有人陆续前来挽面。也有走街串巷的,用悠长的声调婉转地吆喝:"挽面啰……"听到这声音,人们便知道"年"快要到了。

除夕的下午,各家都要摆好祭祖的台子,竖立祖宗的牌位。惠来有些地方,在祭拜后,全家人要"洗花水",也叫"新年浴"。就是将12种花和树叶放在洗澡水中洗浴。洗浴用的花和树叶,在商店里可以买到。还有成包的干花叶,洗浴时用来搓身。各家纷纷传出孩子们洗浴时叽叽嘎嘎的笑声,这都是文明卫生的好习惯。

五、留胡子与打"龟鬃"

男人到了50岁,他的儿辈们就要为他选择良辰吉日庆大寿(俗称大生日)。当事人在这一天必须吃猪脚、留胡子。什么时辰吃猪脚,什么时辰留胡子,都有讲究。因此,儿辈们都要事先请一位理发师傅到家中,先把剃头工具摆开,做好准备,时辰一到,立即拿起剃刀进行操作。胡子的形状也很讲究:留在鼻孔下面,人中两旁的两"丿"叫作"八字须",象征四代同堂,子孙昌盛;留在下巴的胡子叫"一字须",象征儿孙满堂,一代比一代强。留胡子之后就不可剃掉,直至逝世。打龟鬃则是成年女子的一种标志,女子15岁"出花园",也就算成年人了,可以留长发打龟鬃。打龟鬃时,先把头发抹上白油或茶油,梳在头的后边,扎上红头绳(俗称红鬃线),把头发固定下来。龟鬃的种类很多,有圆形鬃、梭仔鬃、士赳仔等。可根据各人的头发多少和喜好而定,但龟鬃的中心点一定要与腰脊骨连成一条直线。有的人还在鬃的中间别上一支龟鬃匙,套上一个用黑色线织成的鬃网,再别上几支珠针。这样,既结实又显得美观大方,小巧玲珑。人们认为龟鬃打得整整齐齐的女子,一定品德高尚,手艺好。相反,龟鬃打得蓬蓬松松、歪歪斜斜的女子,大多没有好的技艺。"歪鬃姿娘做无雅粿",说的就是这样的道理。留胡子与打"龟鬃"会使人的相貌看上去老了很多,也很不卫生,随着社会的发展,这种古老陈旧的习俗已逐渐被淘汰。

〔第二节〕饮食

一、做桌与食桌

惠来人宴客办筵席俗称"做桌"。喜事称"红事",红事桌摆设于大厅正堂;丧事称"白事",白事桌不上厅堂,随便摆于地上。客人赴席称"食桌"。"做桌"须用专聘厨师主持烹调,上桌菜肴都为名贵食物。属喜事的厨师用食物饰以红花、寿桃之状;属丧事的乡俗则一定要煮豆干,俗谓之食"豆干桌"。桌席一般上菜12样,多者24样。上桌名贵食物有海参、鲍鱼,还有燕窝、鱼翅。炸类有虾枣、果肉、卷煎等;清汤类有鱼丸、肉丸、鱼饺等;焖炖有笋鸭、南藕鸭、生炊排骨、草鱼等;甜食类有芋泥、膏烧白果、玻璃肉芋条、莲子汤、百合薏米汤等。乡人食桌颇有讲究。主人做桌,桌席一般为双数。家人不上桌,待客宴毕后另与帮工者凑上一桌,谓之"食桌脚"。"做桌"的桌子,乡俗一般用大四方桌,俗谓之"八仙桌"。入席者要排座次,座次分上、下、左、右,东一位为大位,一般为最长辈者坐,称"坐大位"。后按东二位依次排列。每桌坐于最次位者为伴客位,负责筛酒、上菜。用筷时必由坐大位者先动筷,散筵时也需由坐大位者起身离席,余者各桌才可散席。乡俗食桌一般男女分开。随着时代的发展和社会的变化,"食桌"例俗已较随便,没有太多讲究,男女同席也常见之。

二、做粿

惠来粿品主要有:

(一)**鼠曲粿(俗称酒曲龟)**,是春节、元宵、清明等节日的主要粿品。原来的鼠曲粿,是掺有鼠曲草做成的粿。中华人民共和国成立前,农村仍有人到田地里采集鼠曲草的主茎,去皮煮烂后在油锅炒,拌上红糖、米粉制粿。中华人民共和国成立后,普遍人家是用糯米粉拌粳米粉、番薯、红糖做皮,花生米(炒熟捣碎)、芝麻拌糖做成馅。这几个节日,有的还做甜粿、酵粿、红曲桃粿等。

(二)**面桃、子母面桃**,是七月初七拜床脚婆的粿品。面桃为椭圆形酵粿,上端有一斜形尖角。子母面桃是在大面桃上缀上4个小面桃,祈求多子多福。

(三)**七样粿**,是七月盂兰节日的粿品。有心哺仔、荷叶包、三角楼、六角楼、鸡规团、石榴仔和其他普通的一种粿品。心哺仔是圆锥形、上面加一个螺旋形状的粿品,大小不等。按惠来的习俗,称呼童养媳为心哺仔,这种粿的形状像结着小发髻,穿着小袍袄,安谧垂立的小媳妇而定名的。荷叶包是半圆形再卷上2个缺口的。三角楼是三角形粿品。六角楼是空心小巧的粿品。鸡规团是空心桃形的。石榴仔是红色空心粿。

(四)**糕饼**,是八月中秋送人的礼品。旧俗新婚的男家必须给女方送特大的糕饼,有的每块需20斤。

(五)**冬节圆与冬节茧**,冬至是我国民间传统节日。冬至过后,阳气生长,太阳照耀大地的时间一天天变长,故古人认为冬至就是春至,春天即将来临,冬至称为冬节,惠来人有"冬节小过年"之说。惠来许多村庄用冬节圆来营造节日气氛。

自家的门环、灶头、米缸、犁耙、水车、谷围、猪舍、牛栏等都贴上一粒冬节圆，以表示圆圆满满、五谷丰登。冬节日的牛放牧不劳作，有的还要用冬节圆喂牛，割蔗尾供啮，在牛前额贴上一粒冬节圆，作为祝其平安过冬、预庆丰收的征兆。当冬节日来临之际，妇女们还舂米自制"冬节粿"，也称"冬节茧"。冬节茧的做法是将白米漂洗浸泡，晒干后舂成米粉；加入开水揉至柔软，拌制成圆状皮，茧子粿皮便算是完成。在茧子皮里捏出适量的粉团，推成小粒，搓成圆形，双手合作，用大拇指将圆形粉团往下，捏成杯口般大、有底的小布袋，放入馅，主要是用蒜白切碎，加鲜肉、虾仁、鸡蛋、芹菜、紫菜、水发香菇、鲽脯等主要原料，切成幼丁，调入精盐、味精等配料，搅拌制作的粿馅。妇女们心灵手巧，将粿皮包馅对折结口，形成三角状，制成后蒸熟，点上"花红"，以示喜庆吉祥，成为祭拜粿品。"冬节茧"小巧可爱，小的一口一个，非常美味，是人们喜欢的美食。"冬节圆"与"冬节茧"，成为惠来节令饮食文化，具有浓郁的民间文化特色。

三、饮茶

惠来人有饮茶的习惯，不过清代至民国不同阶层有不同的饮茶方式。绅士、富人、手工业者饮的是工夫茶。用炭火、砂锅煮水，用紫砂壶或盖碗装上茶叶，将茶水注入4个茶杯。泡制的程序是："烧杯热罐，高冲低倒，关公巡城，韩信点兵。"即茶壶茶杯都要用开水烫过，装茶后，开水从高处冲向茶壶，将浮在上面的泡沫用壶盖划掉，如果是紫砂壶再淋上一遍开水，然后均匀倒进4个杯中，到茶水将尽时，则一滴一滴滴进杯中。这样泡的茶很香。但一般人很不习惯，有人说"阿爷的茶很苦"。一般居民喝的是大壶茶，用梅林茶为原料，放进茶壶里。茶壶一般是圆柱体的瓷器，只有倒嘴，上面有两个"耳"，用铁线或铜线做成弧形的把手，有的还放进藤制的小筐里，里面装上稻草以保温。一壶茶喝一天，其味清香。在农村，则是以番石榴叶（有生用、有晒干）放进钵里，将大锅里的开水倒进去，便可以喝有番石榴味的茶了。此类茶，供田间劳作的人们饮用。

工夫茶已成为当前研究潮汕文化项目之一。饮工夫茶则是人们日常生活中的一种交际礼尚，因而产生了许多礼俗。惠来人与其他潮汕人一样，饮茶有一套约定俗成的礼俗。俗话"老人间的茶难喝"，并不是说老人们聚居的地方茶不好喝，而是指老人们喝茶的礼俗太烦琐，一般的年轻人很难"入间随俗"。饮茶规矩很多，主要有：

（一）酒满敬人，茶满欺人。因为酒是冷的，客人接手不会被烫，而茶是热的，满了接手时茶杯很热，这就会让客人之手被烫，有时还会因受烫致茶杯掉下地打破了，给客人造成难堪。

（二）先尊后卑，先老后少。到人家跟前说声"请喝茶"，对方回以"莫拘礼""莫客气""谢谢"。如果是较多人的场合，杯不便收回，放在各人面前桌上。在第一次斟茶时，要先尊老后卑幼，第二遍时就可按序斟上去。对方在接受斟茶时，要有回敬反应，喝茶是长辈的，用中指在桌上轻弹两下，表示感谢；小辈平辈的用食、中指在桌面轻弹两次表示感谢。

（三）先客后主，司炉最末。在敬茶时除了论资排辈，按步就方之外，还得先敬客人来宾，然后才是自家人。在场的人全都喝过茶之后，这个司炉的，俗称"柜长"（煮茶冲茶者）才可以饮喝，否则就对客人不敬，叫"蛮主欺客""待人不恭"。

（四）强宾压主，响杯擦盘。客人喝茶提盅时不能任意把盅脚在茶盘沿上擦刮，茶喝完放盅要轻手，不能让盅发出声响，否则是"强宾压主"或"有意挑衅"。特别是在拳馆（即武术馆）喝茶，更要注意。拳馆的工夫茶，有其传统独特的茶规。拳馆的工夫茶，一般设左、中、右三杯，以待客人。左边的称为主人茶，中间的称为老爷茶或师傅茶，右边的称为客人茶；主人敬茶，客人必须要拿右边那一杯，如果客人茶被人先拿了，须借左边主人茶移到右边客人茶位置上，然后再饮。切不可端拿中间那杯老爷茶，若是进馆就饮老爷茶，此属不尊重主人，有涉嫌闹事之意；再者端茶杯时，杯脚切不可擦茶盘，若擦茶盘，一场武斗顷刻到来。

（五）喝茶皱眉，表示嫌弃。客人喝茶时不能皱眉，这是对主人示警动作，主人发现客人皱眉，就会认为人家嫌弃自己茶不好，不合口味。

（六）头冲脚俗，二冲茶叶。主人冲茶时，头冲必须冲后倒掉不可喝。因为里面有杂质不宜喝饮，本地有"头冲脚俗，二冲茶叶"之谓（脚俗指穿袜子脚底生出的"脚臭"），要是让客人喝头冲茶就是欺侮人家。但现代，高档茶叶多数人已不舍得倒掉头冲。

（七）新客换茶。宾主喝茶时，中间有新客到来，主人要表示欢迎，立即换茶，否则被认为"慢客"，待之不恭。换茶叶之后的二冲茶要新客先饮，如新客一再推卸叫"却之不恭"。

（八）暗下逐客令。惠来人热情好客，每以浓茶待人，但有时因自己工作关系饮茶时间长会误工作或是与客人话不投机，客人夜访影响睡眠，主人故意不换茶叶，客人就要察觉到主人是"暗下逐客令"，抽身告辞，否则会惹主人没趣。

（九）茶三酒四"踢桃"二。惠来人习惯于在茶盘上放三个杯，源于俗语"茶三酒四'踢桃'二"。惠来人认为茶必三人同喝，不致冷场；酒必须四人为伍，便于猜拳行酒令；若是外出游玩就以二人为佳，便于统一意见，满足游兴。

〔第三节〕工夫茶

一、茶史

工夫茶道的形成，取决于三个基本前提：乌龙茶、工夫茶具、瀹饮法。此三者，缺一不可。

（一）从吃茶到喝茶。云南是茶的原产地，西双版纳州至今尚有高达32米的大茶树，一般的也都在10米以上。茶有许多不同的名称，如茗、葭萌、荼等。其中，称为荼的最常见，有当名词用的，如《诗经》中的"谁谓荼苦"；有当形容词用的，像"如火如荼"；也有作动词用的，如"荼毒生灵"等。因使用频率高，故唐代人将它减去一画，写成茶字，以免混淆不清。《唐韵》说："茶自中唐也作茶。"实际上，在《唐本草》中（修于650—655年），荼字已全改写为茶字。成书于战国时代的《神农本草》云："神农尝百草，日遇七十二毒，得荼而解之。"这是人们认识茶并把它作为药物使用的最早记载。从发现茶到利用它作为"比屋之饮"，又有一个漫长的过程。最初，人们把茶当成菜蔬食用，这是吃茶阶段。《晏子春秋》中记载：晏婴任齐景公的国相时，只吃"脱粟之饭"（糙米饭），"炙三戈五卵茗菜而已。"意思说，他的菜不过是三只小鸟、鸟蛋炒茶叶而已。晋代郭璞《尔雅注》描写茶："树小似栀子,冬生(即不落叶),叶可作羹饮。"这是说,茶叶可煮作菜羹。此外,还有以茶叶煮粥的。唐代的储光羲有一首诗《吃茗粥作》,其中有句曰:"淹留膳茗粥,共我饭蕨薇。"吃茶的习俗流传了2000多年,至今还有不少地方保留着。云南的基诺族,将竹筒茶拌麻油和盐,即可下饭。我国与缅甸和老挝的毗邻地区,有些居民喜制作"腌茶":在雨季到来前,采鲜嫩茶叶装入缸内,边放边压,再加重物压紧盖好,历时数月即成。吃时与调料拌和或油炒,是美味的副食品。江、浙一带至今仍盛行茶宴。用名茶碧螺春加工制作的苏州名菜"碧螺鱼片""碧螺炒蛋""碧螺虾仁"等名闻中外;而杭州的"龙井虾仁"则是当年接待美国总统尼克松的宴会上的一道佳肴;此外,安徽的"毛峰熏鲫鱼",四川的"樟茶鸭子",以至近来推出的"潮州茶香鸡",也皆脍炙人口。当然,茶的最大实用价值还是作饮料。茶圣陆羽在《茶经》中说:茶不是一般的止渴饮料,也不同于酒浆,而是一种可以"荡昏寐"即兼有生理和药理作用、可以消睡提神的饮料。还说:"茶之为饮,发乎神农氏,闻于鲁周公。"神农、周公时代的事也许不易稽考,但西汉以后饮茶已成风尚却有文献可证。杨炫之《洛阳伽蓝记》中就记有萧何回答汉高祖刘邦时的一句话:"常饭鲫鱼羹,渴饮茗汁。"汉武帝时卓文君当垆卖的是酒还是茶虽然众说不一,但司马相如的《凡将篇》中,分明记载有茶。汉末王褒所写的《僮约》中有"武阳买茶""烹茶尽具"的话,说明其时已有茶叶买卖。而长沙马王堆汉墓及湖北江陵马山的西汉墓群出土的、装在箱中的茶叶,更是雄辩地为我们提供了汉代饮茶的实物见证。不过,那时的饮茶方式还是比较粗放。据三国张楫的《广雅》所载,其方法是:欲煮茗饮,先炙令赤色,捣末置瓷器中,以汤浇,覆之,用葱、姜、桔子笔之。也就是说,当时的茗饮,还未完全告别菜羹法的传统:茶饼要先烤,直至表面呈红色,再捣成细末放瓷碗中,冲入沸水,盖一会,然后撒点葱、姜、桔子碎粒。这样冲泡出来的茶,跟菜汤并没有太大的区别,说明在唐以前,人们对饮茶的要求还不怎么讲究。

(二)从煎茶到斗茶。唐代是我国封建社会的鼎盛时期。在坚实的物质生活的基础上,人们能逐步超出日常生活需求之外去追求更高的精神享受和艺术美的生活。因此,改变饮茶方式,从"与瀹蔬(即作菜汤)而啜者无异"的粗放豪放进入细煎慢品的境界,可以说是一种时代的必然。唐代禅宗大行,禅宗讲究静修自悟,晚间坐禅要驱赶睡魔,非饮茶不可。文士、僧人都是有社会影响的人,他们争相与茶结缘,流风所及,对社会上饮茶风气的推动、普及,无疑会起一种催化剂的作用。中唐以后,朝廷多次禁酒,酒价腾贵,更助长茶风的日渐炽盛。唐人封演《封氏闻见记》中有两段话,颇能反映当时风尚:"学禅务于不寐,又不夕食,皆许饮茶。人自怀挟,到处煮饮,以此转相仿效,遂成风俗。""按古人亦饮茶耳,但不如今溺之甚,穷日尽夜,殆成风俗,始于中地,流于塞外。"正是在这样的背景下,"茶圣"陆羽经过多年的努力,终于写出了中国,也是世界上的第一部茶学专著——《茶经》。据《茶经》记载,唐代的茶分为四种:粗茶、散茶、末茶、饼茶,并有相应的加工方法,其中饮用最广最讲究的是饼茶。

制作饼茶有七道工序:采之,蒸之,捣之,拍之,焙之,穿之,封之。采摘来的茶叶要先放入甑中蒸,此即当今茶界所说的"蒸青法"。这一发明,是制茶技术史上的一大进展。蒸后的茶叶放入杵臼中捣成茶膏,再注入模具中拍打成形,脱模后的茶饼放到"芘莉"上晾干,在中间穿孔,再放入棚中焙,最后放入"育"中封藏(复焙,育的下层置热灰)。陆羽在《茶经》中所记述的煎茶法,实开我国品茶艺术之先河。煎茶是一个颇为繁复的过程,需用很多的专门工具:1.碾末,将茶饼用微炭火先炙,以烘去存放过程中自然吸收的水分并提香,冷却后敲碎,放入碾槽中碾成粉,再用细纱茶罗筛出细末。2.煎茶,用"锡"烧水,至"沸如鱼目,微有声",此为第一沸,加入适量的盐;再烧至"缘边如涌泉连珠",此为第二沸,此时要舀出一瓢水备用;用竹夹在水中转动至中心出现一个水涡,就用"则"(茶匙)量茶末,放入水涡里;再烧,汤"腾波鼓浪",为三沸。不一会儿,锡中"势如奔涛溅沫",应将二沸时舀出的那瓢水慢慢倒回"锡"内,以救沸和"育其华"(培育茶汤使表面出现更多的汤花)。3.酌茶。酌(即分茶入碗)茶的妙处在于分汤花。汤花有三种:看起来细而轻的叫"花";薄而密的叫"沫";厚而绵的叫"饽",被认为味道是最醇厚悠长者,称为"隽永"。三种汤花要分得均匀,因为饼茶时代的茶,人都认为汤花是茶叶精华之所在,"茗有饽,饮之宜人"(《桐君录》)。所以,唐代诗人赞美煎茶汤花的诗句,不胜枚举。

宋人对饮茶的要求,比唐人更加严格,并创造出"斗茶"这一独特的饮茶方式。宋代的饼茶,在制作上比唐代更精致且日趋奢华。据赵汝砺《北苑别录》,当时福建贡茶的制作程序是:1.蒸茶,采茶时只摘茶芽,茶芽须再四洗涤,然后入甑蒸之,并严格掌握好火候。2.榨茶,这是宋人新创的方法。茶蒸好后用水淋洗数次,先入小榨去其水,再包以布帛、束以竹皮,入大榨紧压出膏(把汁液榨出),至中夜取出揉匀,复如前法翻榨,彻晓奋击,至膏尽为止。其依据是建茶味远而力厚,膏不尽,则色味重浊。3.研茶。研茶的工具是以柯为杵,以瓦为盆。研磨时,须"至水干茶熟而后已",茶泥在研盆中须达到"荡之欲其匀,操之欲其腻"的程度才算合格。这是一道极吃力的工序,所以研茶工要找"强有力者"。4.造茶。即把研好的茶泥"入圈制铐"。铐(模具)有方、花、大龙、小龙等不同规格。5.过黄。脱模的茶饼先入烈火焙,干后再"过汤"即用沸水浇淋,再焙,再浇,反复三次。翌日再过烟焙,即用不烈无烟的温火烘焙。火数既足,再过汤"出色",放入密室内,赶紧用扇煽,使色泽自然光莹。

上述制作过程与唐代有几处明显差别:一是茶芽蒸前、蒸毕都要多次洗涤;二是改捣为榨,榨后还要研;三是改焙茶为过黄,即烘焙中须经沸水淋数次。改进的原因,主要是斗茶的茶汤,其色以白为上,其味要清淡甘美;其次则是使茶饼的造型、色泽更精美。经过以上程序制造出来的龙团凤饼,有"龙凤英""瑞云翔龙""龙苑报春"等诸多象征祥瑞升平的名目,其造价更是令人咋舌。贡茶中的极品"白芽""龙团胜雪",每岁所造不过二、三铐,世人根本就看不到。产量稍多一点的"小龙团""密云龙",也只是在朝廷举行祭祀大典时,少数近臣才有幸"共赐一饼"。欧阳修说他在朝二十年,只得到宋仁宗赐给的一饼"小龙团"。他珍藏数年,只有亲朋聚会时,才偶尔拿出来传视一番。

斗茶,在五代时已有所萌芽,始创于福建建安民间,北宋中期以后,风靡全国。斗茶的程序与工具和唐代的煎茶又有很多不同之处:一是碾末,斗茶用饼茶,上碾前一般不炙,而是先用纸包起来捶碎后再细碾,过筛。二是煎水,宋人煎水不再用锡,而是用细瓶,无法靠目测以判定三沸的情状,所以要靠沸声以辨汤候。三是调膏,视茶盏之大小,用茶勺舀入一定的茶末入盏,再注入少量沸水,把茶末调成浓稠的糊状茶膏(类似冲藕粉的方法),此前,茶盏须用沸水预热,称为"熔盏"。四是点与击拂,把沸水注入已调好茶膏的盏中,叫作"点"(斗茶因此也称

"点茶"），这是一个很重要的环节。"击拂"，是用特制的竹质小扫把状的工具"茶筅"，在注水过程中旋转打击、拂动茶汤，使之泛起汤花。操作时，一手执壶注水，一手运"茶筅"击拂，动作要非常协调。注水点茶时，从瓶嘴喷薄而出的水柱须收放自如，得心应手，切忌注出断断续续或淋漓不止的"断脉汤"；水量要恰到好处，"一瓯之茗，多不过二钱，茗盏量合宜，下汤不过六分。"也即注水量不能超过整盏容量的十分之六。此外，注水有缓急、多少、落水点不同等变化，每次变化叫作"一汤"，共有七汤。"茶筅"则配合各汤或旋或点，或击或拂，轻重、徐疾，皆有技巧。经过点与击拂之后，汤花如"乳雾汹涌"，高出盏面并紧贴盏沿内壁，不易消退，叫作"咬盏"。如操作不善，汤花不能持久，甚至随点随散的，叫作"云脚散"，这时，盏的内沿就出现"水痕"。判断斗茶胜负的标准是："视其面色鲜白，着盏无水痕为绝佳；建安斗试，以水痕先者为负，耐久者为胜。"也就是说，一看茶色，二看水痕。二家相斗，往往不止一次，比如斗三次有两次先见水痕者即为负，所以"较胜负之说曰：相去一水，两水"。斗茶还包括品茶汤，因此，只有色、香、味三者俱佳者，才能取得最后的胜利。宋代斗茶时以瓶煎水、纳条入盏（调膏）后再注水的做法，是我国饮茶史上一项重大改革，实为瀹饮法之滥觞。

陆羽《茶经·四之器》共开列了八类二十八种煮茶、饮茶的用具。宋代斗茶的用具已简化不少。南宋咸淳五年（1269）一位叫审安老人的曾画了十二件备茶、饮茶的器具并戏称为"十二先生"。他利用谐音、会意的手法，为每件用具各起一个官名，好像自己是一位统率众官的"茶皇帝"：韦鸿胪（茶炉）、木待制（水茶桶、水槌）、金法曹（碾槽）、石转运（石茶磨）、胡员外（贮水葫芦）、罗枢密（茶筛）、宗从事（棕帚）、漆雕秘阁（漆制茶末罐）、陶宝文（陶杯）、汤提点（煎水瓶）、竺副帅（竹制茶筅）、司职方（丝织净物巾）。

从斗茶的击拂得到启示，宋人又创造出一种叫作"分茶"的茶艺。当击拂过程中汤花泛起时，高手可令汤面幻化而生出各种各样的如花鸟虫鱼、山川草木等图像，工巧者若绘画。故分茶又称"汤戏""茶百戏""茶丹青"。据陶谷《清异录》所载，当时有个叫福全的和尚，能在一盏茶中点出一句诗，连点四盏即成一首绝句。其他的图形更不在话下，每天都有施主来请他表演。宋徽宗也擅分茶，能令汤面呈"疏星朗月，巧幻如画"。诗人陆游在《临安春雨初霁》中就有"矮纸斜行闲作草，晴窗细乳戏分茶"的名句，看来他也谙于此道。描写分茶的诗词很多，足证这一茶艺中的至巧，深为当时的文士墨客所雅好。《大金国志》卷七载：金熙宗（1119—1150）能分茶，"尽失女真故态。"可见这一技艺流传之广。总之，宋代的茶事十分兴旺，但茶艺逐渐趋向烦琐、奢侈，过细、过精。因此有人讥称宋人把喝茶变成"玩茶"。蒙古人入主中原以后，从唐、宋以来的以饼茶为主的碾煎饮法渐次式微，中国的饮茶史开始过渡到一个新的阶段。

（三）面貌一新的瀹茶。一味追求精巧的结果，使宋代团茶的价格达到吓人的程度。如"龙凤团"，八饼一斤，每饼二两（不足75克），造价为黄金二两，而公侯将相犹感叹"黄金易得，龙团难求"。北宋庆历（1041—1048）中，蔡襄创制的"小龙团"面世以后，龙凤团降为三流货色。熙宁（1068—1077）时，"密云龙"出现，小龙团又退居二档。后来，用银丝水芽制造的"龙团胜雪"，每饼重约一钱五（约5.5克），其造价，有人说是"三十千"，有人说是四万。以三十千计，可买粮一百石，相当于宰相一年的俸禄！过分的精巧，太多的人为造作，也使茶的真味、真趣大打折扣。物极必反。在经过元初的金戈铁马、腥风血雨的大动荡以后，团茶生产元气大伤，而时人的意趣也渐趋简约、自然，饮用散茶的风气于是逐渐流行。元人常把茶叶叫作"芽"，如蔡廷秀《茶灶石》诗："仙人应爱武夷茶，旋汲新泉煮嫩芽。"李谦亨《土锉茶烟》："汲水煮春芽，清烟半如灭。"杨维祯《煮茶梦记》说得更详细："命小芸童汲白莲泉，燃槁湘竹，授以凌霄芽为饮供。"这些都是元人饮用散茶的见证，而且饮用前与唐人一样要把茶碾末。元代冯道真墓壁画《童子侍茶图》中，放在方桌上的诸多茶具里面，有一个贴着"茶末"标签的陶罐，应是这种"散茶碾煎法"的最好注脚。元代名相耶律楚材有一首《西域从王君玉乞茶》七律云："积年不啜建溪茶，心窍黄尘塞五车……敢乞君侯分数饼，暂教清兴绕烟霞。"以他的文名、地位，想得到几片好团茶尚非易事，足见宋代团茶在元代的珍贵程度。明洪武二十四年（1391）九月十六日，贫寒出身的明太祖朱元璋下令停止进贡团茶，"惟令采芽茶以进"。从此自唐以来一直占据饮茶世界统治地位的团茶正式退出历史舞台。入明以后，炒青制茶法风行天下，至今仍是茶业界的主流。这是在对前人制茶方式进行长期的分析、总结的基础上所必然出现的结果。

北宋的团茶特别是贡茶往往要加入微量的龙脑，认为这样能助香。而且，龙团入龙脑，龙上加龙，好像不如此便不足以侍奉"龙飞天子"。对此，蔡襄在《茶录》中已有所批评："茶有真香，而入贡者微以龙脑和膏，欲助其香。建安民间试茶，皆不入香，恐夺其真。若烹点之际，又杂珍果香草，其夺益甚，正当不用。"实践出真知。茶农很早就知道保持茶叶真香的诀窍，而贡茶却囿于礼仪规程，我行我素，陈陈相因，直至宋徽宗时，这位精于茶道的"至尊"方有所省悟，并在《大观茶论》中写下"茶有真香，非龙麝可拟"的结论。熊克谨《宣和北苑贡茶录》谓："初，贡茶皆入龙脑，至是虑夺其味，始不用焉。"可知，圣上的指示，至宣和年间（1119—1125）终于得到落实。对于碾茶，明人也不以为意，田艺衡《煮泉小品》说："茶之团者、片者，皆出于碾硙之末，既损真味，复加油垢，即非佳品，总不若今之芽茶也。""且末茶瀹之有屑，滞而不爽，知味者当自辨之。"末茶的颗粒再细，经煎泡后总会胀大成碎叶片，混在茶汤中，塞牙碍舌，喝起来确实不爽利。另外，对茶圣陆羽提倡的煎茶加盐，苏东坡赞许的茶"用姜煎信佳"的主张，田艺衡也毫不客气地予以否定，认为盐、姜"二物皆水厄也"。顾元庆在《茶谱》中进一步提出："茶有真香、有佳味、有正色，烹点之际，不宜以珍果香草杂之。夺其香者：松子、柑橙、杏仁、莲心、木香、梅花、茉莉、蔷薇、木樨之类是也；夺其味者：牛乳、番桃、荔枝、圆眼、水梨、枇杷之类是也；夺其色者：柿饼、胶枣、火桃、杨梅、橙桔之类是也。凡饮佳茶，去果方觉清绝，杂之则无辨矣。"用沸水直接冲泡不碾成末的，以炒青法制成的散茶形茶，不加姜盐、不掺入任何珍果、香草，只品尝茶的真色、真味、真香，这就是明人首创的至今仍在普遍使用的茶叶瀹饮法。对此，明人颇为自负，文震亨《长物志》称此法"简便异常，天趣悉备，可谓尽茶之真味矣"。沈德符的《万历野获编》更赞誉瀹饮法是"开千古饮茶之宗"。瀹饮法确实是我国茶文化中重要的里程碑。工夫茶正是在它的基础上形成的独特饮茶法，因此，可以这样说：没有瀹饮法，就没有潮州工夫茶。或者说，在明代之前，不可能出现潮州工夫茶。必须说明的是，明代制茶，虽以炒法为主，但传统蒸青法依然存在，如极有名的芥茶，系"甑中蒸熟，然后烘焙"。因不用揉炒，茶形呈片状，故称"芥片"。此外还有一种叫"日晒茶"的，田艺衡甚至认为"芽茶以火作为次，生晒者为上，亦更近自然，且断烟火气也。况作人手器不洁，火候失宜，皆能损其香色也。生晒茶瀹之瓯中，则旗枪舒畅，青翠鲜明，尤为可爱。"不过，它们只是保留在个别品种中的特殊加工方法，其范围与影响都不能与炒青法相提并论。

二、工夫茶道

文人高士，多借茶道为风雅逸致，凡在应酬交际，一经见面，即行献茶。而惠来人，独擅烹制，堪称"工夫茶"三字。工夫茶之特别处，不在于茶之本质，而在于器皿之配备精良，以及闲情逸致之烹制。

（一）茶品。我国产茶名区，有祁门、六安、宁州、双井、弋阳、龙井、太湖、武夷、安溪，以及潮州之凤凰山、待诏山等。而茶之制法，则有红茶、砖茶、绿茶、焙茶、青茶等。茶之品种，则有碧螺春、白毛猴、铁观音、莲子心、老鸟咀、奇种、乌龙、龙井等。惠人所嗜，在产区则为武夷、安溪，在制法则为绿茶、焙茶，在品种则为奇种、铁观音，今尤喜云南普洱、潮州的凤凰单丛。

（二）取水。评泉品水，陆羽早著于先；惠人取水，已有所本。今之《茶经》："山水为上，江水为中，井水其下。"又云；"山顶泉轻清，山下泉重浊，石中泉清甘，沙中泉清洌，土中泉浑厚；流动者良，负阴者胜，山削泉寡，山秀泉神，其水无味。"甚至有天泉、天水、秋雨、梅雨、雪水、敲冰之别。惠来人嗜饮之家，得品泉之精髓，每有不惮数里，前往山上取泉泡茶者，东陇镇苗海村仙井古岩的泉水清洌甘纯，尤得民众喜欢。

（三）活火。煮茶要件，水当先求，火亦不后。苏东坡有诗"活水仍须活火烹"。活火者，谓炭之有焰也。惠来人煮茶，多用"响炭"，以其坚硬之木，入窑窒烧，木脂燃尽，烟嗅无存，敲之有声，碎之莹黑，以之熟茶，斯为上乘。更有用橄榄核炭者，以乌榄剥肉去仁之核，入窑窒烧，逐尽烟气，俨若煤屑。以之烧茶，焰活火匀，更为特别。其他如松炭、杂炭、柴含煤等，不足以入工夫茶之炉矣。

（四）茶具。工夫茶讲究茶具，自古已然。然此系个人行为。高人逸士，每据为诗料，难言普遍。惠人所用茶具，大体相同。不过以家资有无，精粗有别而已。今将各饮家所常备之器皿列下：

1. 茶壶。俗名冲罐，以江苏宜兴朱砂泥制者为佳，其制肇于金砂寺老僧。壶之样式，甚多新颖。即如壶腹款式，运刀刻字，亦在《乐毅》《黄庭》之间，人多宝贵之。壶之采用，宜小不宜大，宜浅不宜深；其大小之分，更以饮茶人数定之，有二人罐、三人罐、四人罐之别。其深浅则关系气味，浅能酿味，能留香，不蓄水。若去盖浮水，不颇不侧，谓之"水平"。复壶而口咀提柄皆平，谓之"三山齐"。壶之色泽，有朱砂、古铁、栗色、紫泥、石黄、天青等。间有银朱闪烁者，乃以钢朱和制之，朱粒累累，俗谓之"柚皮砂"，更为珍贵，价同拱璧。所谓朱土与黄金争价，即指此也。壶之款式，有小如桔子，大如蜜柑者。有瓜形、柿形、菱形、鼓形、梅花形，又有六角、栗子、圆珠、莲子、冠桥等。式样精美，巧妙玲珑，饶有风趣。

2. **盖瓯**。形如仰钟，而有上盖，下置于垫，俗名茶船，本为宦家各位供客自斟之器，惠人也采用之。或者客多稍忙，故以之代冲罐，为其出水快也。惟纳茶之法，必与纳罐相同。不能颠顶。其逊于冲罐者，因瓯口阔，不能留香。或因冲罐数冲之后，稍嫌味薄，即将余茶，掏于瓯中，再冲备饷多客。权宜为之，不视为常规也。

3. **茶杯**。茶杯以若深制者为佳，白底蓝花，底平口阔，杯背书"若深珍藏"四字。此外仍有精美小杯，径不及寸，建窑白瓷制者，质薄如纸，色洁如玉。盖不薄则不能起香，不洁则不能衬色。此外四季用杯，各有色别。春宜牛目杯，夏宜栗子杯，秋宜荷叶杯，冬宜仰钟杯。杯亦宜小宜浅，小则一啜而尽，浅则水不留底。有人取景德镇之喇叭杯，口阔脚尖，而深斟必仰首，数斟始罄。又有提柄之牛乳杯，均为讲究工夫茶者所摒弃。

4. **茶洗**。茶洗形如大碗，深浅式样甚多。贵重窑产，价也昂贵。烹茶之家，必备三个：一正二副，正洗用以浸茶杯，副洗一以浸冲罐，一以储茶渣暨杯盘弃水。茶盘：茶盘宜宽宜平。宽则足容四杯，有圆如满月者，有方如棋枰者。底欲其平，缘欲其浅。

5. **水瓶**。水瓶贮水以备烹茶。瓶修颈垂肩，平底，有提柄，素瓷青花者佳，有一种形似萝卜塔，束颈有咀，饰以螭龙，名"螭龙樽"，俗称"钱龙塔"。

6. **水钵**。水钵多为瓷制，款式也多，置于茶桌之上，用以贮水，舀以椰瓢。有红金采者，明代制物也，用五金釉，描金鱼二尾于钵底，水动时则金鱼游跃，稀世奇珍也。

7. 龙缸。龙缸可容多量坑河水，托以木几，置之斋侧。素瓷青花，气色盎然。有宣德年制者，然不可多得。康熙、乾隆间所产，亦足见重。

8. 红泥火炉。红泥小火炉，古用以温酒，惠人则用以煮茶。高六、七寸。有一种高脚炉，高二尺余，下半部有格，可盛榄核炭。通风束火，作业甚便。

9. 砂铫。砂铫俗名"茶锅仔"。沙泉清冽，故铫必砂制。枫溪名手所作，轻巧可喜。或用钢铫、锡铫、轻铁者，终不免生金属气味，不可用。羽扇：羽扇用以煽炉。羽扇拣净白鹅翎为之，其大如掌，竹柄丝缰，柄长二尺，形态精雅。炉旁必附铜箸一对，以为钳炭挑火之用，烹茗家所不可少。

此外，茶罐锡盒，个数视所藏茶叶种类多寡而定，有多至数十个者，大小兼备。名贵之茶罐，须罐口紧闭，不漏气。又有茶巾，用以净涤器皿。竹箸，用以箝挑茶渣。茶桌，用以摆设茶具。茶担，可以装贮茶器。春秋佳日，登山游水，临流漱石，林壑清幽。呼奚童，肩茶担，席地烹茗，啜饮云腴，有如羲皇仙境。饮茶之家，必须一一毕具，方可称为够"工夫"。

（五）冲法。茶质、水、人、茶具，既一一讲求，若是冲泡动作拙劣，也不能算是"工夫"之道。是以工夫茶之收功，全在烹法。所以世胄之家，高雅之士，偶一烹茶应客，不论洗涤之微，纳洒之细，全由主人亲自操持，未敢轻易假手他人。一易生手，动见偾事。过程如下：

1. 治器。泥炉起火，砂铫舀水，洁器，候火，淋杯。

2. 纳茶。静候砂铫中有松涛飓戏声，泥炉初沸，冒起鱼眼时（以意度之，不可掀盖看也），即把砂铫提起。淋罐淋杯令热。再将砂铫置炉上。一面打开锡罐，倾茶于素纸上，分别粗细，取其最粗者，填于罐底满口处，次用细末，填塞中层，另以稍粗之叶，撒于上面，谓之纳茶。纳不可太饱满，缘贵重茶叶，嫩芽紧卷，舒展力强，苟纳过量，难容汤水，且液汁浓厚，味带苦涩，七八成足矣。神明变化，此为初步。

3. 候汤。《茶谱》云："不藉汤热，何昭茶德。"《茶说》云："汤者，茶之司命。见其沸如鱼目，微微有声，是为一沸；铫缘涌如连珠，是为二沸；腾波鼓浪，是为三沸。一沸太稚，谓之婴儿沸；三沸太老，谓之百寿汤；若水面浮珠，声若松涛，是为第二沸，正好之候也。"苏东坡煮茶诗云："蟹眼已过鱼眼生。"惠俗深得此法。

4. 冲点。取滚汤，揭罐盖，环壶口缘壶边冲入。切忌直冲壶心，不可断续，不可急促。铫宜提高倾注，始无涩滞之病。

5. 刮沫。冲水必使满而忌溢。满时茶沫浮白，溢出壶面，提壶盖从壶口平刮之，沫即散坠，然后盖定。

6. 淋罐。壶盖盖后，复以热汤遍淋壶上，以去其沫。壶外追热，则香味盈溢于壶中。

7. 烫杯。淋罐已毕，可以淋杯。淋杯之汤，宜直注杯心。若误触边缘，恐有破裂。俗谓烧盅热罐，方能起香。

8. 洒茶。茶叶纳后，淋罐淋杯，倾水，几番经过，正洒茶适当时候。缘洒不宜速，亦不宜迟。速则浸泡未透，香色不出。迟则香味迸出，茶色太浓，致味苦涩，全功尽废。洒必各杯均匀，又必余沥全尽。两三洒后，覆转冲罐，俾滴尽之。

洒茶既毕，趁热人各一杯饮之。杯缘接唇，杯面迎鼻，香味齐到，一啜而尽，三嗅杯底。味云腴，食秀美，芳香溢齿颊，甘泽润喉吻，神明凌霄汉，思想弛古今。境界至此，已得工夫茶三昧。

三、擂茶

葵潭擂茶又谐称为"妈人茶"。葵潭妈人茶，是节日待客的食品和礼茶，一般在重要节日和尊贵的客人来时制作，流传于葵潭镇附近尤其是客家人聚居的村落，也称"妈人擂茶"或"油麻茶"。其做法：选用优质茶叶，放入带齿的缶钵，俗称茶钵，用番石榴树的粗干特制的擂茶槌，将茶擂成粉末，然后加入炒熟的芝麻、花生、黄豆、香菜、大蒜和少量的盐。并冲上开水。饮用时，再加炒米，便成了香、咸、甘、涩，诸味俱全，独具一格的擂茶。

（一）葵潭擂茶与工夫茶的区别。潮汕"工夫茶"以玲珑精致的茶具，讲究入微的烹茶工夫，醇厚浓郁的茶汤，和敬精乐的茶道而著称于世，遐迩闻名。然而，在潮汕地区还有一种鲜为人知的可与"工夫茶"相媲美的茶饮——"妈人茶"。"妈人茶"流行于惠来葵潭及普宁南阳客家地区，又称"妈人擂茶"或

"油麻茶"。

（二）"妈人茶"的传说。这种泡茶法始于何时，现已无从查考，而民间却有一个关于其起源的有趣的传说。相传昔时葵潭地区有一女子，见男人们常围坐一起，边品工夫茶边高谈阔论，甚感兴趣，便想仿效男人们的烹茶宴友的做法。有一次，她邀请了几个女友，一起来烹茶畅饮。但由于她烹制不得法，最终将香茗变成了苦茶，从而受到了男人们的讥笑。于是，她发誓要创制出一种女子专用的茶饮来。经过不懈努力，终于创出了风味独特、令人垂涎的"女子茶"来。

这种"女子茶"为女人们聚会、待客的专用饮品。男人们是无福可享受的，如果想尝一下口味，女人们就会毫不客气地对他们说："去跟阿婆借个'髻'来（本地女子有把头发盘结于脑后之俗）。"意思即是说想要饮"女子茶"，就必须扮成女人。

如今，一年中的重要节日，或是有尊贵的客人到来时，家家户户的女主人便会烹制出"女子茶"来款待，形成了节日饮茶和待客的特殊礼俗。

〔第四节〕建筑习俗

一、建筑规制

惠来在明清及民国时期的建筑，完整且有固定规制的有3种：祠堂、四点金、下山虎。后两种为居民住宅。

（一）祠堂。祠堂是拜祭祖先的厅堂，祠堂前有一阳埕，对面有一照壁，有的塑上麒麟追日的浮雕。祠堂大门前为一通廊，两对石柱。廊后是三山门，壁肚都有对联或浮雕，上为一横匾，刻祠名。进门有一通廊。两边是库房，中间是天井，两边又是通廊。天井后是拜亭，后厅是正厅及左右旁厅。上悬匾额，刻堂名。厅上有神座，叫"楼"（神龛），还有六角炉台，上放香炉。祠堂分宗祠、祖祠、家祠。

（二）四点金。"四点金"为潮俗独特的民居，旧时只有殷富显达之家能建。其建筑格局，似北京的四合院。外围一般有围墙，围墙内打阳埕、凿水井，大门左右有两幅"壁肚"；一进门便是前庭，两边各有一房叫前房；进而是空旷的天井，两边各有一房间，一为厨房称八尺房；一为柴草房，俗称厝手房；天井后为大厅，

■ 惠城镇英内社区黄氏宗祠

两边各有一大房，中间为后厅。"四点金"的建筑有多种：只有前后4个正房，无厝手与八尺房，而中房齐向天井的称"中厅会"；前后房都带八尺房与厝手房的，则变成8房、10室的称"四喷水"；如果走龙门或虎门的叫"棋盘合"；如果四点金左右各建一排房屋，则称"四点金合厝包"；如果在四点金的基础上，再建一层，称"四点金叠楼"。还有中间一座祠堂，左右有4座"四点金"，后面有一楼房的，叫"四马拖车"。以上这些构建形式，在惠来都有，但数量很少，主要原因是富翁不多。

（三）下山虎。"下山虎"建筑在惠来比较普遍，建筑格式比"四点金"略次，较"四点金"少了前厅和两间前房，其余略同。"下山虎"因其门路出入不同，故有开正门和边门之分。开两边门的称"龙虎门"。"下山虎"式的民居占地一般120平方米左右。"四点金""下山虎"这两种建筑形式，因其保留有明代京城皇宫的形式，故有"京华帝王府，潮汕百姓家"之说，这两种建筑的檩木皆上漆，或髹红色，椽子则漆成蓝色，故称"红檩蓝椽"。有的装饰石雕、木雕，有的精雕细刻，精美辉煌。这两种建筑形式，不仅外观富丽堂皇，结构也十分坚固稳重，但都没有厕所的位置。"四点金""下山虎"是殷实人家的住宅，普通人家住的是石砖屋、土角厝。石砖屋墙体全是石块垒成，糊以灰泥，房顶有的盖瓦，有的用芒秆、稻草。土角厝又分两种，一种是用三合土（灰、泥、沙）印成泥砖垒墙体，有的用田土踩成泥状，再印成长方体（约18×10×6厘米）垒砌，屋顶是用稻草盖的。古时惠来农村住屋，多是聚族而居，形成村落。为了安全，多数村围了寨墙。没有寨墙的小村落，则采用罗盘式建筑法，一间连一间，围成一圈，这是惠来较古老的村居结构形式，现在，惠城镇石古村、大山村尚留存这种建筑形式。

二、厝角头的叫法

中华民族在5000多年的历史中形成了各具特色的建筑风格，是时代的推动，智慧的结晶，一种生活和一代文化的代表，诠释着一个时代的文化意义和文化渊源，惠来有自己的方言、潮剧、音乐、工夫茶、古建筑，古建筑就是最能体现惠来文化与风貌的建筑群体。惠来古建筑源于中原古建筑风格，吸收北方建筑风格，结合当地人文环境、地理风貌，形成自身独特风格，受儒家、易经的影响，烙印尤深。惠来古建筑最讲究的是厝头（屋角），惠来古民居无论档次高低都是硬山式的（应区别于佛寺大殿，庙宇多为歇山式），在山墙上直接装饰厝头为硬山式，厝头装进山墙内为歇山式，厝头装在山墙外边悬着为悬山式。

厝头装饰遵循自然规律，以周易所属五行：金、木、水、火、土，特别注意所属五行不仅仅是正体五行，不同五行相互生克将产生不同的效应。惠来建筑很讲究选址、建筑布局，在建筑上的每个细节都有严谨的体现，从一踏上门庭就开始起算，进门与整座内外、上下尺寸都得严格推算。

金式厝角头为圆形，无棱角；木式的厝角头较为高且直，有棱角；土式厝角头为方平，矮胖；火式厝角头为尖锋或三角；水式厝角头为波浪或三个金式组合。还有金生水式、土生金式等组合型。厝角头也和主人命格有关，关键是与本厝宅分金坐向要紧密联系起来，以九星生克、天地父母卦、天、地、人盘来推算。民居厝角头多数为土、金、木式，少数为水式，极少数为火式，庙宇多用火式，庙宇以九星生克来推算与民宅则大不相同，为希望香火旺盛，要克煞才能起作用。

■ 金式厝角头是圆形，无棱角

■ 木式的厝角头较为高且直，有棱角

■ 土式厝角头是方平，矮胖

■ 火式的厝角头是尖锋或三角

■ 水式的厝角头为波浪或三个金式组合

■ 金生水式的厝角头

屋顶有一定讲究，如果屋子正对其他大型建筑物的大门，为了抵煞往往在屋顶放一个糖漏，这样住起来才会比较顺利。如果屋子为了抵挡外来的"煞"，常常在屋顶放一个钵仔，栽上仙人掌，而且还放了一个"风狮爷"，这样抵煞能力就更强了。如果本建筑被别人的屋角、漏水槽等较大的煞气所冲，往往就采用这种方式来抵煞。另外还有在屋顶山墙上建一个拉弓箭武士的，也是抵挡别处冲来的"煞气"。惠来古建筑承袭历朝建筑形式，推陈出新，古朴典雅。

三、建房规矩和习俗

千百年来，惠来人对于一辈子甚至几代人毕一力才能建造一座房子的人生大事特别重视，形成一些普遍流行的规矩和习俗：

（一）建房前要讲究地理风水

地理风水，指的是地势、山川、水陆、气流等自然现象与人的吉凶关系。在我国，早在春秋时期，官府与民间就有所讲究了，以后逐步形成一门学问。无论创建村庄、庙宇、祠堂、住宅以至坟墓，都要讲究其所处地势的来龙去脉及气流风势，选其美而避其恶，以求安宁吉利。在惠来民间，也不例外，长期继承这一传统习俗。战争年代，老百姓求生存犹不暇，哪有条件讲究风水地理？中华人民共和国成立后，特别是"文化大革命"时期，这一风俗曾一度较少人重视追求。改革开放后，随着经济的发展，越来越多的人相信地理风水，当今这一习俗普遍存在，成为一门较大众化的习俗。

农村人讲究地理风水，主要在于建住宅和坟墓上，也即是"阳宅"和"阴宅"的地势、方位的选择，都要请有这方面知识、有眼力的人出主意，或请堪舆先生来测定。尤其是有钱人家，年老未亡就请来了风水先生选择墓地，做起"生基"以备死后安葬。风水先生常是带一名随从，为他提伞提"罗庚"，在山野穿来走去寻找吉地，看其来龙去脉，龙即山势、丘陵、高地的伸延，脉即随龙之水，即"龙之血脉"。还要了解那里的气流，即穴位所处地方风的情况。因选择墓穴主要是风与水，所以谓之"风水"。风水先生选择了几处可以作穴的好地作本钱，有钱人请其选择墓地时，他就有几张牌可出。好的墓地，报价很高。一般人家，人死了已经很凄惨，穷人的丧葬费用已很难应付，就没法请风水先生了，只好由亲邻为其安排适当墓地。族里总有稍懂风水常识的人，也就草草地帮出意见安葬算了。一般都是看看穴地稍高，向前望去，面前开朗广阔，也即是有"明堂"；有水流从后面一旁弯曲流过前面稍聚，又徐徐向一旁流去。前面有横塘聚水更好。小沟渠、水田都有水流，都可作为"龙的血脉"。还有前面的道路和阡陌不能向穴位直冲，要横过才好；墓地要避风，不当风头，墓的后部不要有路经过，要离墓后远些。前后左右还有丘陵高地的讲究。每一墓穴前后左右的地势龙脉有关下代儿子房头的命运，多子者要兼顾各房头的均衡，总之戒律很多，还要以罗庚定出坟墓的方位角度和择日择时安葬。

至于住宅的讲究，因格式已经有了，就是整座屋的方位问题、建筑问题。因是聚族而居，并不是如墓地可以灵活选择，地点的讲究也不那么复杂了。大多是坐北向南或偏西，或偏东；后座比前座高，前庭比后庭阔；不要三个门直冲，通风向阳就可以。

（二）建房中要遵守讲究规矩

1. 吓土。造新房的时候，要设神位拜祭土神，叫作"吓土"。房前房后，都要贴符插香,可阻邪鬼进屋捣乱。升梁那一天,凡生肖相冲的人都不可近前,大梁两头要挂楹果(写着"财丁兴旺,千子万孙"等字的圆形木板)、米筛、红布袋、马镫等物。

2. 留灵。当别人家新建的房屋要升大梁的时候,邻居人家要在地上烧一堆火,叫作"留灵",这样才能使自家的地灵不被拔去。俗信以为,若是房屋前面有恶煞气,可在门楼的瓦楞上,安放一块画着八卦的红砖,或一只陶狮,或斜放一个种草的钵头,可保无恙。

3. "抱楹头"做四句。升楹(升梁)时,要请有福气的老年人"抱楹头"做四句,同时升楹的工人要念咒召神。升梁之后,凡在旁观看的人,主人都要送他一个粿,受者会有财气。

(三)建房后要讲究入厝净油火

祠堂或院落建成之后,要择日"入祠"或"入院",隆重者还在祠前或院前演戏。演戏之前要先净油火,戏台要"净棚"。由戏班中一名净角,扮成竖眉红脸,乱发披肩,头戴树叶圈,身穿武士装,着草鞋,一手执三叉,一手拿一束榕枝和竹拨,向铁鼎里烧开的油中一蘸,即向戏台的四角或院落的各处作喷溅之状,称"净油火"。这时,台上及院落中要烧蚝,随着一声锣鼓轰响,武士就挥叉赶煞,接着鞭炮齐鸣,从院落厅房的里面向外赶出,意为把邪煞全部赶出院落。净油火之后,院落各门迅速关闭,不让邪煞再进;戏台也放下幕布,净油火以此结束。过了一两刻钟,场地清理打扫干净,就拜起神演起戏来,让神主入龛,院落可以入人居住。净油火的时候,人们都要避开,尤其是儿童,一旦受惊,就会被认为是邪魔上身,所以做父母的要督促孩子走开。

四、风水树

"风水树"是说惠来人有植树造林的好传统,且有未创乡先种树的说法。因种树需待百年期,建屋只要同心协力,短时间内便可完成,故要未创乡先种树,最少也要创乡与种树同时进行。惠来先民把创种与这乡同时栽种于惠来大地的树木称为"风水树"。"风水"二字,意义深远,只要村庄在,这棵风水树便谁也不敢砍伐。惠来先人所种的风水树,大多是榕树,因榕树生命力极强,树龄可达几百年以至上千年，且根繁叶茂，浓荫似盖，榕树体现了潮汕人顽强的生命意识，也寄托着先祖对后代的希望，故现在惠来的大小村庄，村前村后必有几丛甚至成片的古榕屹立于大地之上。看这棵树的年龄有多久，便可推算出这座村庄的创乡历史有多久。实际上，惠来人的先祖把榕树视为风水树的观念也同样具有朴素环境保护意识。百年古榕能调节气候，能阻挡台风，惠来地近沿海，每年夏秋常有台风袭击滨海农村，大榕对阻挡台风的危害起了一定作用。古榕也是村民乘凉歇息的好去处。

■ 东陇镇寄陇村的古榕树和"忠孝"石

〔第五节〕医疗习俗

一、草药治病

惠来明清时期，民间缺医少药。妇女"祀鬼奉神，疾病不迎医，惟降乩取药，或托命巫觋符咒祈禳"。普遍用草药治病，因而每个居民聚落，都有一个或几个青草医生，有的是义务的，有的是专业的，要收费。即使是义务的，治愈后也要送礼。草药治某些疾病，十分灵验，不论内外科，若能对症下药，真是药到病除。感冒、痢疾等常见病用几味草药即可痊愈；就是罕见病，如妇女血崩、小儿肚肿胀、痱疮、蛆骨瘤等，也可用草药治愈。至于临盆分娩，则依靠接生婆。如果难产，则难以救治；即使顺产，婴儿死亡率也很高，通常是"着三日""着六日"（即产后3天、6天就发病）。因为那时卫生条件很差，剪断脐带用的是破瓮片，难免染上破伤风菌。天花，更是小儿的主要杀手。不知从什么时候开始，有的土医生揭起天花病人的疮疤，干后研末，参以他药，用少许吹进婴儿鼻孔，使婴儿发烧，从而产生了对天花的抗体，但有效率极低，有的还因此引发病变。

二、生好娘

冬春之际，是麻疹普发期。惠来人叫"生好娘"。全家人必须斋戒，求观音菩萨保佑。有的地方称这种病叫"阿娘功劳"。患麻疹12日后，已经痊愈，需要行一种仪式——"丛丕"。即用黑豆炒熟，让患儿坐在竹匾中央，由祖母念吉祥话，把豆倒到阿奴头上，其他孩子就可抢豆吃。发痘疹，如果病情较轻，叫作"食水痘，闲过鲨"。清末民初，县城与主要圩镇有了中医药店，慈善部门也有送医送药之举。民国期间，西医西药传入，医疗水平有了提高。

三、刮痧

惠来古为蛮荒之地，天气炎热时，地气湿而多瘟瘴。当时惠来地区居民时有患风寒感冒，中暑头疼或其他邪热脖子硬、红眼赤尿、耳鸣口歪、腰酸背痛之类者，作为简便治疗的一种办法，即是请来民间医生采用一种与针灸原理有些相似之处的民间俗用治疗方法，称为"刮痧"。在这种中医治疗技法中，"痧"是指患者的局部皮肤在经受器具刮擦之后出现的紫红色甚或暗青色的斑点、斑片。临床经验中，完全健康的人是刮不出"痧"来的。只有处于亚健康或者潜伏着某种病变的人才能刮擦出"痧"来。并且这出"痧"的部位、形态、颜色，范围大小还与患者的具体病情有相对应的联系，呈现相当的规律性。刮痧法不仅能治病，而且有一些热病用此法来治疗的效果要比用西医的疗效要好。不雅之处就是患者皮肤上的色斑要经好多天以后才能褪去。刮痧时取一碟子清水。可用专门的刮子或牛角梳背面、瓷质汤匙背等，浸水挟持于拇指和食指中，不停地刮擦患者的选定部位，如脖子背根部、背部、肩臂部、腰部等，但对于像眉心和人中这样的穴位，就只能徒手浸水操作进行抓捏。直到被捏的部位、穴位出"痧"为止。被刮擦及抓捏的地方是干的，不会流血水。

第四十四章

行业职业习俗

〔第一节〕农业传统习俗

一、耕作时序

惠来农民按当地的气候环境、土壤情况、各种农作物生长特性,不误农时安排耕作,形成了一年24个节气的生产习俗,总结而成为生产农谚,成为农家某些行动的指导准则。

正月,立春浸种开春锣,"雨水种上水"说明种子出芽,可播下秧田。果树嫁接,则是"春前柑、橘、桃、李、奈,春后杨莓、橄榄、柿""正月桃开花,好种瓜"。

二月,惊蛰春分,办好田等秧。

三月,清明紧接谷雨天,抢插早稻莫误时;平原插清明,山区布谷雨。说明山区插秧比平原晚些。但"早田布谷雨,晚田布处暑",都是适时的。

立夏小满,主要在田间管理,芒果季节注重防虫,因为"芒种蜴,堵着就食"。

夏至,早熟稻可试割,故有"夏至稻好试"农谚。小暑收早冬,大暑布晚田。这是三夏大忙季节。所谓"六月收早冬,家神也欲请落龛",说明抢收抢插繁忙。

立秋有些尚未插完晚稻的,继续插秧,名为布秋田。处暑则进入除草管理。八月,晚禾要风吹,禾稻生长才枝骨硬,获得好结实,如碰上秋霖雨,便会只长叶不发杆,故谚有:"晚田最怕秋霖雨,一点一声愁。"到"秋分稻含春"就要晒田防虫。

寒露稻抽穗灌浆时最怕寒露风,碰到寒露风,谷粒便会不饱满,因而选种插秧要掌握时间，以便抽穗扬花时避过寒露风。霜降油尖稻弯腰，则要扎草人惊（吓跑）霜降鸟（禾花雀），"霜降鸟，一食便了了"。

到十月，十月立冬收晚造，收起种落又再忙。这时稻底薯要管好，收好冬便培土，冬种小麦、芥菜要开始种植。

冬春之交，冬种要抢时。"双雪"（小雪大雪）到冬至，农事主要对冬种作物管理，对园田要犁地晒土，兴修水利。"双寒"（小寒大寒）一过等春到，农家至此准备"采囤"过年，腌芥菜、晒萝卜干，做备耕工作。

"人误地一时，地误人一年。"这是农民对耕作时序重要性的总结。时序更新，季节周而复始，农活一茬接一茬，农民要抢时间，不误农时，正如乡间小调所唱："生为农夫忙又忙，一年四季忙不了，春夏过了又秋冬。"

二、养鸡俗

以前，养鸡有很多讲究。母鸡生蛋时，人不可窥视，否则就会生不出鸡蛋。小鸡孵出来后，要赶紧采一枝仙草缚在鸡笼上面，可保平安。元宵夜里，妇女们到竹丛下面摇着竹丛，口里念诀"摇竹子"，又在地上抓一把沙石用衣服兜着，念诀"抱大鸡"，一边走一边发出唤鸡的声音，把衣服里的沙石一直带到鸡舍，放进鸡笼里面让鸡吃，这样就能养出又大又多的鸡。家里的鸡若是着了瘟疫，要拿一块"火旺"（一种植物）、一只旧草鞋、一张旧粮单，缚在一起放于鸡笼上面。有的拿一块"火旺"和一块杉刺挂在鸡笼上面，这样可驱除鬼魅。也有的写一张"姜太公在此，此鸡不卖"的字条贴于鸡笼上。

三、粮食作物（稻、麦）一年三熟

惠来自古种植水稻一年两熟。1952年后，为增产粮食，农村在晚稻收割后，兴起种小麦的习俗，利用冬闲地增产粮食。1990年全县种植小麦面积7.4万亩，占晚造面积50%，亩产212公斤，总产1.57万吨。种小麦的习俗，持续多年，现在，由于市场经济的形成，小麦产量低，收入少，种植面积极少。

四、水稻浸种仪式

过去,在水稻浸种时要举行择吉、驱邪和祭神3样仪式。早造浸种的时间一般选在正月初四之后的吉日,因为初四后,上天述职诸神才能回来上班,因此初四之前浸种的,就得不到保佑。水稻种子用清水洗干净后,要郑重其事地喷洒七色花水(七种吉祥花草浸过的水),以驱魔瘴、辟邪气、祈求稻种能在洁净的环境中发芽成长,免受病虫害的侵扰。以上仪式完成之后,人们要带着祭品,到培育秧苗的田头,摆上祭品,烧香祭拜土地伯公,祈求土地神保佑稻种粒粒发芽,风调雨顺,丰收大吉。

五、农事规俗

在经济不发达的年代,农业生产者之间,有不少事互相关联,需互助合作进行,久而形成一些习惯性规俗。

(一)合作饲养耕牛。即几家人共养一头牛,轮流使用。

(二)合作购置大件农具。如犁、耙、水车、风柜、磨、砻等共同使用。

(三)合置糖寮榨蔗制糖。明清以来,惠来盛产甘蔗,置糖寮榨蔗制糖所需资本较大,除少数富户糖房出资购蔗开寮外,多数由乡里蔗农联合置寮,立股份,定规章,盈亏按股摊分。置寮要择吉日动土,请师傅,定灶位,租牛力等。除股东内必榨之蔗外,有空余时间还招蔗农来料加工,收取工钱。

(四)合作修水利。农业有收无收在水,收多收少在管与肥。因水旱而失插无收,在惠来常出现。民间修水利,多属小型山塘、陂闸、水渠。一般按受益田亩摊派劳力、经费。大型水利多为政府倡修。各村小型水利修成后,多有规章制约,少数服从多数,何时启闸放水,要看大片田园需要,由公推的管水员议定。

(五)共同护林护果。各村有不同例俗,如林区(包含村边树林),允拾树叶与丢落地上小干枝,不允采伐青枝,违俗例要重罚。果子一般是物各有主,不准采摘,但有些地方路边杂果,如油柑、酸杨桃,路人口渴拾而入口,也不怪不罚。但不许带走,即"有食无张",带走即属偷,要按村中规例重罚。

(六)"插青示禁"与"守青"。这是农业较普遍习俗,如:播种插青,不准鸡鸭落田;施肥插青,禁止别人过水;池头插青,说明已放鱼苗,不准撒网、放钓、车水（抽水）。

插青是惠来农业习俗的重要内容，是在长期的实践中形成的，具有朴素的环境保护意识。插青就是在已下播、下种的水田或旱地的四周插上青树枝或青竹枝，或以青树叶织成环状，表示这块田禁止人畜践踏及鸡鸭入食，古人谓之"插青示禁"。惠来的插青示禁习俗历史久远，各种志书和私人笔记多有记载，它体现了古人重农、护农的观念。不仅播、插种苗要插青示禁，在庄稼成长的某个关键时刻，也可以在水田施肥后"插青"。一是禁止牲口入内；二是禁止"过水"（灌溉时水从这块田流过），以免肥料耗失。在一些地方的村规民约中，大多规定了违反插青示禁的处罚细则。如：牛吃禾，补施肥；人践踏，罚加倍；鸡鸭下田啄食，可没收；等等。插青示禁简单易行，而且很有实效，得到大多数村民的拥护，至今仍在很多地方执行。守青则是组织人员巡视大田，保护庄稼。以前的惠来农村，各地都有这种自发的护农组织，通常称"守青队"。守青队有以村为单位，有的以宗族的形式出现，但其性质都是一样的。在人员组成方面，有的小村庄没有专业守青队，由族长或村委会主任出面，组织村中青壮男丁轮流守更。但更多的村庄都有专业守青队，雇人巡田守更。有些富饶村庄，守青队员还配有枪械。枪械有的由侨居海外侨胞出资购置，也有的是村中富户资助。在惠来农村，机构健全的守青队，均建有"更馆""更棚"，以供守青队员住宿。一些"更馆""更棚"至今尚存。应该承认，守青队在治安不稳定的惠来农村，起到了一定的保护农业生产的作用。中华人民共和国成立前夕，有的守青队被国民党当局利用，中华人民共和国成立后，由农会组织民兵巡逻，守青队随之撤销。20世纪五六十年代，各地治安良好，庄稼很少被盗。发展市场经济后，人口流动频繁，盗收庄稼事故时有发生。各地多以行政村为单位，成立治安队（组），协助公安部门维持治安。有些地方也实行与过去相类似的奖励、赔偿制度。

六、租佃例俗

中华人民共和国成立前，土地为私有制，农民为生存，不得不向田主租耕，形成了主佃关系。租耕有契约制、口约制、粪质制3种。订契约通常写明租耕期，年租额多少，上门收租或佃户送租谷到田主家等内容，个别还加定租押金。如不履行契约，田主则可随时另行招耕（俗称吊佃），或将押金抵租等。口约制，佃户只需凭中介人介绍，向田主要求佃耕，谈明条款，不立契据，表示凭中互守信用。粪质制，是一种较特殊的租约制，初多属公产或劣质贫瘠田园，地租低微，经佃户落力经营，变为良田，因而耕者有永租权，业主之权叫质权，佃户之权为粪权，佃耕可传子及孙，甚至可转卖粪权。

七、帮工吃饭不进屋

这个习俗的来历有一个辛酸的故事。在农忙的季节，特别是一些田地多的人家，要请人帮工。有一年农忙，一户人家请了10多个人来帮忙。由于是农历十月间，所以白天比较短，而帮工的人又多，这户人家的主妇向来做事就慢腾腾的，所以，丈夫忙了半天回来一看，桌上一个菜都没有。丈夫怒从心起，顿时破口大骂，又看到帮工渐渐从地里回来，坐在凳子上等饭吃，更是恼怒，气不打一处出，抡起巴掌向妻子头部打去，刚好打在要害上，妻子当场命丧黄泉。此后，村里人就相约，帮工吃饭，即使刮风下雨，都是挑到田头吃。

八、盐业生产习俗

历史悠久的盐业生产沉淀积累了惠来独具一格的盐业习俗。我国大多数地方的盐业生产一般奉齐国宰相管仲为保护神，惠来则不然，其保护神并不是固定的，而是随着盐业生产方式的改变而改变。盐民先是祀奉灶神和土地神，后又祀奉海龙王、土地神。将灶神奉为盐业保护神始于盐业生产的初始阶段，即凿井煮盐的年代，灶是这一阶段盐民产盐的最重要、最基本的工具设施，盐民自然对灶神十分尊敬崇拜。盐灶选址要请先生勘查挑选，选好后要设灶神神位，备办猪头五牲敬灶神，然后才动工垒灶。每月的初一、十五必备办礼品祭拜灶神，祭拜时要诚心祈祷，祈求灶王爷保佑盐灶常年炉火旺，不败卤煮，出好盐。农历十二月二十四日灶王爷上天述职，盐民要备三牲、五牲隆重祭祀。祭拜完毕，盐灶始熄火，盐民也回家休息过春节。来年正月初四，盐灶重燃，也要备三牲、五牲祭拜，迎灶神归位。随着生产技术的进步，盐民产盐由凿井煮盐改为铺筑盐埕盐田，直接引海水上田，让卤水接受阳光暴晒结晶成盐，这样既降低制盐成本，又大大提高产量质量，盐业的保护神随之由灶王爷改变为龙王爷。因为引卤上田，日头暴晒，依靠的是天气，对此坐在灶前静观人事的灶神已无能为力。惠来人认为掌管风云变化的是龙王爷，于是盐民尊奉龙王爷为行业保护神。沿海设有龙王庙，祭祀时合乡一起祭拜，不像灶神单家独户祭拜，自然隆重得多，热闹非凡。土地崇拜来源于远古时代，土地生长五谷，万民赖以生存。因此，人们对土地感恩戴德，民间信仰以土地神最为普及，盐民产盐始终奉祀土地神，因为不管哪种产盐方式，始终与土地有关联，但土地神一般作为次一级的神祇，礼品不如灶神或海龙王的丰盛。惠来盐民奉祀神祇无论是灶神、龙王爷或土地神，始终关系着盐业生产的好坏，表达盐民希望通过借助大自然多产盐，多产好盐的美好愿望，从一个侧面折射了盐民强烈要求技术革新、技术进步的美好愿望。在惠来，盐业的历史地位不容忽视，至今，仍保留着许多与"盐"有关的地名，如盐埕、盐岭等，让人们追忆往昔盐业的兴盛。

〔第二节〕商业习俗

商行习俗，重视开春与岁暮。当年假后，正月初四或初五新开市时，先要拜地主爷与财神，再放爆竹开门，扫地要自门口扫入，以示开春进财，顾客进门要热情接待，祝新春如意。至岁末则经营结账，被人欠的数要追讨，欠人的货款要清还，无钱可还人家的债主，则暂外出避债。节前老板要给伙计加点压岁钱，有赚则包红包发红利，要辞退工人则于年终时，请他开春另找高就，要跳槽者也于此时向老板说明。中华人民共和国成立后解雇工人则多按工会法和合同规定办。商行还有做"牙祭"之俗，即月之初二、十六做牙祭，备鱼肉拜地主爷（土地神）和财神，然后晚餐聚会，实则也是半月一次例会，边吃边总结半月或一月营业情况。

药店、棺材铺不拜财神爷，不贴商家所习用"生意兴隆""财源广进""招财进宝"一类话语。这成为一种商业道德，至今为人们所普遍遵循。

1949年前，商店早上开门营业时，掌柜先要拿起算盘向上晃几下，发出"悉索"响声再放回柜台上，用手打几下，用"鸡毛采"掸去灰尘，表示一开门便有生意做，讨个好兆头。中药店掌柜不单要甩响算盘，还要撞响舂药的铜臼，使其发出"叮铃"声，预兆一天生意兴隆。理发师一开门便把剃刀在抹布上来回擦拭，因为这擦布是吕洞宾传下的剑盒，能去凶化吉。木匠开门要先磨砺斧头。铁匠开炉要先拉风箱。20世纪90年代，这些习俗不再盛行，但一些新风俗又开始流传，如开市的第一位顾客买卖能否做成预示该天生意的好坏，第一位顾客即使还价稍低，店主也尽可能与之成交。

一、猪仔码

"猪仔码"是民间买卖猪苗计算重量或价钱的数码，在阿拉伯数字没有被普遍应用之前，民间无论商店记账及各种生产劳动计数，均采用猪仔码记数。其数码为丨、刂、川、㐅、δ、丄、丄一、丄二、夂、十、0分别代表从1—10及0，数码从高位数向低位数排列，高左低右，如逢丨、刂、川、排在一起时，第一个竖写，第二个横写，第三个又竖写，如此分开，以免混淆。数码左下方标明最前一个数码的位数，如十、百、千、万等；数码右下方标明数码的单位，如斤、条、个、元等。这种猪仔码，写起来成方形，一目了然，老百姓使用很普遍。后来阿拉伯数字普及，猪仔码越来越少人用，自然而废。

二、隐语

中华人民共和国成立前，商业行业中，某些货物交易要通过经纪人为中介，进行讨价还价，这种交易场所便称为"牙家"或"佣行"，收取介绍费。在这种交易活动中，常有买商与经纪人互相串通，使用隐语从中蒙蔽老实巴交的卖货人，压低价格，谋取暴利，于牙家和买货主之间共同创造了许多行内话和隐语作为讨价还价的语言。

隐语世俗称"偈"或"僻"，各种不同的牙家有各种不同的"偈"（僻）。"偈"（僻）首先发端于禽畜行业的猪集市上，故称为"猪僻"。这种隐语主要是用替代数目字的称呼和组合，以蒙蔽乡下来的卖货人。中华人民共和国成立前，换黑汇便叫"换牛"，黑汇交易场所叫"牛圩"。旧衣行业、牛圩中介人、猪市中介人、贩鸡鸭行业等，都有各自的以暗语代数字谈价钱的习惯。如"猪僻"，便以"拗、么、宗、超、新、漏、寮、原、欺"的行话代替数目字"一、二、三、四、五、六、七、八、九"。组合法上数码同一个数词叫"重"。如

11叫"重拗"；18叫"拗原"，以此推之。米行业的隐语便叫"米僻"。"米僻"的行话在数目字是：1叫"禾"，2叫"雨"、3叫"川"、4叫"彭"、5叫"夜[2]"（即"抓"之意）、6叫"溜"、7叫"弯"、8叫"眉"、9叫"翘"。如蔬菜行，用"丁天春罗语交货公旭田"代替1—10这10个数目字。这里面其实很有讲究。丁字第一笔是"一"，天字最先两笔是"二"，春字最先写出的是"三"，罗字上面是"四"，语字右上角是"五"，交字上面是"六"，货字右上角有"七"，公字上面是"八"，旭字最先二笔是"九"，田字中间是"十"。

僻语一般有3种，一种是正僻，将声母韵母倒置反切，急念而形成，它是商人交易"僻语"，不是一般的地方方言；第二种是不反切，用同调叠韵而成，俗也称为"乞食僻语"或"轿夫僻"；再一种是以忧为韵母与要说的声母拼切而成。僻语流行应用的范围，视其行业的活动情况而定。俗语有"唔识僻，赚无食"的谚语。

还有的行业不使用隐语"僻"话，却用手势做动作来表示。如"牛僻"用"摸头、麾尾、挦肚腩"等动作，示意在价格上成交与否。

后来，这些隐语不单在行业上使用，逐渐在集市广泛流行起来。商人们保守隐语行话的秘密，逐渐流传开来，为普通民众所掌握。中华人民共和国成立后，由于时代环境的不同，集市货物使用明码标价，这类隐语行话便被淘汰了。

三、票证

计划经济的产物。20世纪50—90年代，国家对部分主要日常生活用品实行票证制度，有粮票、糖票、布票、肉票等。与日常生活最密切的是粮票，国内出差在餐厅、饭店吃饭时，除照付饭钱外，还要交粮票。粮票分全国粮票和地方粮票；地方粮票又分省和专区两种。粮票面值分半两、1两、2两、半斤、1斤、5斤、10斤、30斤等。50—80年代出差，一定要带足粮票，没有粮票，便要按粮票折值计价。这一制度，一直到1992年才废除。随着经济的发展和市场经济的确立，票证制度逐渐淡出人们的日常生活。

四、度量衡

昔日计算长度单位为丈，1丈等于10尺，1尺等于10寸，1寸等于10分。150丈等于1里，10里等于1铺路。1970年后，改为公制，与之相应，上述长度单位称为市制，即市尺，市里……公制以公尺（米）为单位，1公尺等于3市尺，1公里等于1000公尺，也等于2市里。余类推。

计算土地面积的单位为亩，也即市亩，1市亩等于60平方丈，等于6000平方尺，等于666.6平方公尺。1亩等于10分，1分等于10厘，100市亩为1顷。

计算重量单位为斤，1斤等于16两，1两等于10钱。后来改为市斤，1斤10两，1两10钱，100市斤称1担。与公制的比率是1公斤等于2市斤。计重器具称秤，以秤杆、秤砣、秤钩构成。市秤1斤为1.1磅。还有司马秤、太公秤，司马秤1斤等于1.33市斤、太公秤1斤等于1.1市斤。

计算容量单位为斗，10斗等于1石，也称1担；1斗等于10升，1升等于10合。各地斗的容量不同，以甲子为最大，其次是隆江、惠城、神泉，以计量大米为主。也有一种计量稻谷的容器称栳。斗为方形，栳为鼓形，4栳1石。中华人民共和国成立后，米谷都以重量计算，容器就被淘汰了。

五、零售店

惠来对商业区的各种零售门市，习惯称"铺"。如卖酒的叫酒铺，卖烟的叫烟铺，卖酱油的叫酱油铺。铸造犁、锅的手工业作坊称为炉铺，较多的是饼铺、米铺、药铺等。中华人民共和国成立后也有叫铺的，但多数称商店、门市部。

六、圩市

惠来置县之初，全县有市镇7处，分别是：南门市，位于县衙前十字街；西门市，位于县城西门外北山驿前面；东门市，在翁家书馆前面；武宁市，位于周田镇武宁村公馆西面；复古新市，位于仙庵镇红桥村东面，周田镇黄岗村西面，后遭兵灾烧毁；黄岗市，迁地未集；龙江市，在龙江铺前，水陆辐辏，为全县巨镇。古时圩集场地很小，如惠来城的南门市，就是手工业联社（二轻局）的地址，总面积400多平方米。反而是龙江市，从古到今，兴盛热闹。到清乾隆年间，又增加神泉、葵潭两个圩集。

市有较多固定商店，天天有人上市交易。圩则按期集中买卖，过午即各自回归。挑货上圩场出售，要缴摊位费。小量买卖自己秤重，大宗如卖柴草、地瓜等，则由圩场称秤人代称，收几分钱手续费。过去收摊位费所得，大部分为圩场公益事业之用，现为市场物业管理部门收管理费。过去市和圩都划定专业范围成专业交易场所，如菜市、牛场、草木场、猪崽场等。大宗生意交往，有一些中介人，所以牛场、猪崽场便出现一些"牛中""猪中"（交易经纪人）。商店作坊，有货物交往，有银钱收支，便需要账簿记录。中华人民共和国成立前私人独资商业作坊，簿记没统一规格，一般只记原收出存，结码求天地合圆。个别股份制大公司，才用较先进商业簿记记账。当时记账均用竖式，数码则用"猪仔码"，总数则以繁体字大写记清。年终结账，盈亏收付、理结之后，加盖商号印记与如意印。

圩集天天有集市的，有惠城、隆江、神泉；葵潭于农历一、四、七日为"墟日"。周田、东港2乡，在民国初期形成圩市，"圩日"为农历三、六、九日。中华人民共和国成立后，除葵潭仍保持"圩日"，其余乡镇均为天天市。某些专业市场，如猪苗市场、牛市场等仍有自然形成的"圩日"。有圩集的那天农民们称为"斗圩"，从上午8时多开市至下午2、3时左右才散市。20世纪50—90年代，是圩集交易的全盛时期。

这种别具一格的"圩集"，是附近农民进行农副产品交易的场所，是一种间歇式的自由市场，"圩集"一般都设在城镇上。从当时农村的实际情况看，这样的圩集既适应农村生产力的水平，又便于农民们安排农活，做到农活赶集两不误。圩集设有市管员，负责对圩集进行统一管理，凡进场摆卖者必须服从管理和缴纳税金。场内划分为家畜、家禽、果蔬和其他等片区，还附设有"公秤"，专门为成交者称量货物。农民们按出售产品的类别分别进入片区摆卖，全是地摊。片区有的是简易竹棚，有的则是露天平地，地板大多是泥沙地。早在20世纪50年代，各地圩集已呈现一派繁荣景象：每逢"斗圩"，从早晨6时多起，来自四面八方挑着沉甸甸货物的农民兄弟就开始陆续进场摆卖，交易物资十分丰富，品种繁多，主要有猪仔、鸡、鹅、鸭、各式水果、蔬菜、干柴、山草等，还有其他生活生产资料，如大米、番薯、豆类、农具、竹器等。在赶集的人群中，除小部分是专业生意人之外，很多既是卖家又是买家，有的是为了扩大再生产，有的是买回家中的必需品。

20世纪50—80年代，惠来各地农村除极少数有侨汇等外来收入之外，大多数农民只有靠搞副业才能有现金所得，以供家庭日常费用之需，如卖一窝6—12只猪仔，除了买回油盐酱醋之外，还可解决孩子入学费用和添些新衣等。圩集便为农民进行农副产品交易大开方便之门，因此，历来很受广大农民的欢迎。但是，由于极左政策的影响，这种充满乡村朝气活力的圩集曾一度（1958—1961）被禁止。1962年，各地贯彻执行党的"农业六十条"，圩集才得以恢复和发展。

20世纪80年代以后，随着农村经济的发展，原来3天一圩的传统习俗已不适应市场经济发展的需要，1990年后，这种习俗终于被冲破，变3天一圩为天天有圩。

七、佣行

佣行是现代交易所的前身，也是圩市贸易的发展。古代的圩市，有些已设立佣行，但多数由"中人"主持。有些"猪中"甚至手提一杆秤，生意一旦成交，他便当着双方的面，给你过秤，并结清金额，各付中人钱，完成一番买卖。

佣行与一般圩场不同，它由集体创办，只提供场地和公秤，价钱由买卖双方面议，佣行概不介入。买卖成交之后，由佣行过秤，双方各持单据一张，分别付佣金2分，即金额2%，佣金简称为"佣"。

昔年的佣行，还没有地秤，只有木杆秤，秤索吊在梁上。不管是主秤员，还是开小单收佣金者，个个都有一身绝好的本领，即极强的记性和高超的口算才能。比如鸡鸭行，两只大鹅刚挂上秤钩，他边听单价边问姓名，一只手准确地捋开秤锤索，口里高唱起来："来呀——现个呀——余大弟鹅2只42斤4两呀——价1个6角半呀——共70元7角1呀！"当年用的还是16两秤，折算相当困难。还没等写单的人拨响算盘珠，他已迅速把金额报出来，精确到分，4舍5收，极少有差错，如有神助，不论青果（水果）行、鱼行、蔬菜行、鸡鸭行、柴炭行，都有一两名这样的奇才，人人都说这是真正的"财副"。他们眼力的"一次准"同样难得。司秤的人，倘估计不准，秤锤索老是捋过来捋过去，过一次秤要大半天，后面排起长龙，便会咆哮起来。还有，过秤时大多是毛重，如一筐白菜，要迅速判断竹筐是3斤半、3斤，还是浸过水，有4斤，加以扣除，报出净重，不让任何一方吃亏。这也是硬功夫。

当年佣行中有种种怪异的行业语,当作商业秘密,只在讨价还价时进行,外人即使听到,也如闻天书,如听黑话。这些暗语,又各不相同,牛圩有牛圩的暗语,猪圩有猪圩的暗语,药材行有药材行的暗语。今天已少有人知晓了。

中华人民共和国成立后,佣行已纳入地方职能部门,最初称交易所,接着是市场服务站,然后是市场管理所。市场仍分成若干专业市场。不过,农村人仍习惯称为"行",进市场交易称"上行"。佣金已称为手续费,按标准,双方各收1%。

〔第三节〕渔业习俗

一、鱼行

中华人民共和国成立前,经营水产品贸易的机构,大的称渔行,设店面向顾客售鱼的称鱼店,有摊位无店面的称鱼贩,还有沿街叫卖的流动小贩。中华人民共和国成立前,全惠来鱼行仅仅几家。渔行一般设"家长"(经理)一名,负责掌秤、作价等主要事务,是渔行业务的核心人物。另设内外管账各一人,伙计四至六人,大的渔行也有多至十人以上。渔行的设备较简单,除常用家具如桌椅上,仅需大秤、小秤、大桶、小桶、大筐、小筐、冰槌、鱼刀等。但需有较宽敞场地以供储鱼

■ 20世纪80年代的神泉码头鱼市

放鱼，还要临近码头。渔行之设本来是为渔民服务的，对水产品的流通起到了一定的积极作用，但是渔行老板都是当地较有势力者独资经营或合资经营，有些黑心的渔行老板，对渔民的盘剥十分苛刻，主要手段有：（一）大秤入，小秤出，"扣斤底重"。渔民交货过秤，渔行有权扣除斤两，一百斤只算九十六斤，一百斤出头也只算一百斤，渔行叫作"扣斤底重"。（二）渔行内部有隐语，名曰"鱼僻"，用以欺瞒渔民。秤手报重量时不喊1、2、3等渔民听得懂的数字，而喊幼、犁、冬等所谓"鱼僻"，渔民不明所以，画押认账。等到渔民和渔行对账时，记账的将"鱼僻"译成明码，渔民又吃了哑巴亏。（三）"鱼金鱼土"。鱼汛旺淡，气候风云，行情变化，都带来鱼价的不稳定，本来这属正常的市场因素，但也和渔行老板从中做手脚有很大关系。有时，早晚、上下午，甚至相隔一小时，鱼价也各不相同，渔行就是利用鱼价的起落垄断市场。有的无良老板，在旺汛到来时把冰价提到渔民无力购买的高价。渔民没有存储设备，只得忍痛贱卖。有渔谚云："渔民苦，鱼多贱过土。"又有渔民称"鱼金鱼土"，捕不到鱼时贵如金，鱼捕多时贱如土。（四）渔行员工也从中"抓一把"。有不成文的规例，渔行的员工，特别是掌秤的和记账的，都可以任意上船拿鱼而不必付钱，名叫"尝鱼"。为此，许多渔行员工练就一手"抓鱼"本领，渔船靠码头，各自拿只大筐斗，跳上船，先跟船老大寒暄几句，寒暄时，眼尖地看中舱中最大最贵的大鱼虾，比如龙虾、大黄花鱼之类，就轻轻提起，丢进大筐斗里。说声告辞，跳上码头，把大龙虾藏好，又拿起大筐斗，跳上另一条船去跟船老大寒暄。不上一个钟头，已抓到了七八条大鱼，这些鱼都是又大又新鲜而且很名贵的，自有固定的鱼贩子前来拿去卖个好价钱。听老渔民说，一条船靠码头，这"第一道工序"最少要损失七八条上等好鱼。不过，这些"财副"和掌秤的，还算有节制，遇到淡汛，他们是不会上船拣鱼的。

客观公正地讲，旧时的渔行虽然有许多陋习，对渔民进行盘剥，但是，渔行对促进渔业生产还是起到了不小的作用。比如，他们在淡季向渔民提供生活和生产必需品，解了渔民的燃眉之急。对无钱造船的渔民，他们给予资金支持，让渔民有生产工具，可以出海捕鱼谋生。当然，天下没有免费午餐，渔行老板的这些措施，主观愿望是为自己，由渔行出资造的叫"行内船"，所获水产品须全部卖给这家渔行,造船费用在鱼产品中逐年扣除。因此,对它进行全盘否定是片面的,应该予以否定的是极个别渔霸。渔霸财大势横,交官结府,对渔民的盘剥方式已不限于上面提到的种种陋习,而是采取包括政治在内的各种欺压手段,有的渔霸还拥有枪支等武装,对于敢于和他们对抗的渔民,他们私设公堂,严刑拷打,甚至采取活埋和捆缚沉江沉海等杀人灭口的手段。

二、渔家风俗

讨海渔民,出没于波涛之间。茫茫大海,既供养他们的衣食,也可能时刻吞没他们的性命。因而,他们希望有一个保护神来保佑他们的平安。每年正月初五年假开后第一次出海,要在海滩遥拜无庙无偶像的海神,祈求出海保平安。渔家的保护神主要是天后圣母和海龙王。每年农历三月廿三日妈祖(天后)圣诞,各地的天后宫香火都很旺盛,非渔家也对她很崇奉。渔民多所忌讳。每年过了新年,第一艘出海捕捞的船要"抓阄"确定,其他船户要派钱补贴。造新船,要择日看时。安龙骨之后,要取银制女人头簪插上银花,放在龙骨上,称"压槽母",象征"金银头髻"。船要装两个龙眼,有的饰龙纹的银圆或铜圆图案,寄意出海"两眼见银"。渔具忌妇女跨踏,家中有人产育,便要用红花仙草水喷洒渔具,以清秽气,集吉祥。这种风俗习惯,流行至今。渔民吃鱼吃了一边忌翻过那边,要将骨脱去再吃下边。偶尔翻转,也要说为"顺过来"不能说"翻过来"。汤匙不能反扣在碟边。滨海盐民,最敬灶神,因为古盐场以煮海水为盐,因此,定灶位、敬灶神都很重视,祈求不败卤,煮出好盐。清代中后期改煮盐为晒盐,盐灶便逐渐被淘汰。

(一)鲎母掠来刣(宰),鲎公放落海。鲎,是海中节肢动物,头胸部甲壳与腹部甲壳之尾部呈马蹄形,腹部甲壳之尾部呈剑状,雌雄常在一起,肉可食,也称鲎鱼。渔民捕鲎有一个经验,那就是先捕鲎母,后捕鲎公。因为鲎母被捕,鲎公就在旁边寻找,不想逃离,甘愿殉情;若是鲎公被捕,鲎母立即逃之夭夭,只顾逃命,不顾鲎公。这也是俗语"枭过鲎母"的来由。渔民痛恨枭情绝义的鲎母,同情用情专一的鲎公。假如只捕到鲎母,捕不到鲎公,他们就把鲎母宰了;反之,如果只捕到鲎公,捕不到鲎母,他们就把鲎公放回。鲎公体小肉少,也是渔民放生鲎公的一个原因,这就是"鲎母掠来刣,鲎公放落海"的由来。现在鲎的数量日益减少，价钱日益抬高，鲎公放落海的俗规逐渐被打破。

（二）渔民崇拜"长年"。在惠来，渔家把每条渔船的船长兼技术员，统称为"长年"。每年冬季，在近海中为桁槽（定置作业）打杆插入海泥时，渔民们喊号子，把通常的"第一"喊成"阿六"，接下去喊"二啊""三啊"。每年农历四月十二日，又称"长年生"，渔民都向长年公像跪拜。这"长年""阿六"是一位明朝的渔民英雄。南澳岛东半部是云澳湾，自明朝至今，就有桁槽捕鱼作业。汛期是在每年霜降至翌年芒种。桁槽捕鱼方法是：在近海湍急的流路上，插入150支圆周约1米、每根间隔14米的大松木桁，由打入海泥3米深的750支杆缚竹筋固桁，然后在2支桁木之间挂上大网，有点儿像"守株待兔"似的。起初，桁杆多被激浪冲坏，渔民毫无办法。明朝崇祯年间，来了一位40余岁的中年人，身穿蓝布衫，头缠青布帕，自称是福建连江人，姓英名阿六，善插桁桩。渔人见他身材雄健，气宇轩昂，不敢小看他，便热情请教他竖桁技术。他教渔民在每支大桁的南北各打2支杆入海泥，杆连竹筋固桁，桁与桁又再系上竹筋。当年，果然桁桩不坏，渔获甚丰，渔民们便尊称英阿六为"长年"，意即老大。次年，再做桁时，仍请他指教。可是，由于大风浪袭击，有的桁杆插下海泥之后，剧烈地摇晃起来，大家搏战风浪，费尽九牛二虎之力，也难以把杆打牢。英阿六见此情景，便说："打桁杆入海，欲它牢固，必须由我潜下海里去。"说罢，从船上纵身一跳，扑向海里。可是，他再也没有上来。渔民们多方寻捞，毫无踪影。渔民们十分悲痛，派人前往福建连江，报知其家属。谁知寻遍连江，并无此人。令人奇怪的是，自那以后，渔民进行作业，桁位插杆，虽遇九级风浪，也无冲坏之患。于是，渔民中流传，是阿六的英灵在佑护，都很感激英阿六，在他溺亡不久，于离桁位不远的澳前内青山，建庙竖塑像祀之。时至今日，渔民在打桁杆入海底和量桁木间的位置时，都把"第一"，全部喊成"阿六"；把船上技术员称为"长年"，把内青山称"长年山"，还把英阿六殉难的那一天——农历四月十二日，定为"长年生"（长生不死之意）。每年这一天，渔民们都会纪念这位古代桁槽作业的奠基者，异省的渔民英雄。

（三）疍民之俗。惠来昔有疍民，宋时已有记述他们受雇帮陈尧佐捕鳄鱼之事。他们世代以舟为居，活动于江海之上，以操舟载运和捕鱼为生，不与陆上人通婚。清康熙三年（1664）迁海界时，疍户也被迁徙入内地，被迫上陆定居。疍家生活、生产习俗已基本与沿海居民一样，但对船仍特别爱护，也保留有一些禁忌习俗。如不穿鞋上船，妇女衣服不能晒于船头，饮食时汤匙不翻伏。家有凶丧，虽处理完毕，要出海也要择日卜吉。他们有3个隆重节日，七月初七举行"水陆道场"活动，以度溺水亡灵；三月初一为"疍家婆"买力日；十二月二十五日拜司命帝君，祈求一家平安。过去他们婚姻不避近亲，这也是居于水上的地理条件的限制。疍民生活艰苦并被人歧视，俗谚："出海半条命，上岸低头行；生无立足所，死无葬身地。"是疍民的悲惨写照。

（四）特殊的作业方式

1. **拗罾和车罾**。在江河出海口沿岸，常可看到拗罾及车罾的捕鱼法。它们的道理其实是相同的，即都是在水中"守株待兔"。这个株都是人工设置的，结构上有些不同且操作方法上也稍有不同，在捕鱼所得上更不相同。

一般来说，拗罾的捕鱼规模较小，顶多只是半专业人员的捕鱼方法。所谓罾，其实是一张可开可合的活动渔网，大者其边长也不过五六米。这张细目渔网的4个角被两根架成"×"型的竹竿的末端捆住，另将这个"×"架的中心点与另一根长竹竿的末端拴紧在一起，同时由此处接驳出一根粗绳作为牵引绳操在渔人的手里。捕鱼时，将那根长竹竿的头部顶在岸边底下，拉住牵引绳缓慢放松，让罾网靠着自身的重量慢慢沉入水中去，这个过程约需10分钟。当一切平静之后，就会有鱼儿、虾儿等从网的上方水中不断游过，操控者这时要用双手快速将罾网拉出水面，因此它另有个俗名叫做"手罾"。之后用长柄小勾网袋将鱼虾提取上岸。如果将这种拗罾装置固定在渔船上，就叫作"船罾"。其优点是看哪儿鱼多就可以把船开到哪儿，这是专业户所为。

车罾是专业户的作业方式，通常搭建后连作几个月不搬迁。它采用的渔网每边长达10多米。罾网结构大体相同，只是规格大一两倍，因此要花费较大的力气才能将这个大型罾网拉出水面。渔民们运用物理学上辘轳省力的原理，用4块中间钻了洞的长木板和许多个竹榫做成一个直径约1.5米的有手柄轮子（行话称为"车仔"），又在轮子上绕上几圈粗绳子，把粗绳子的一端连接罾顶的"×"架中点。采用这种方法捕鱼的时候，一般把架设地点选择在离岸20多米的平缓海（江河）床上，要选择海水退潮时也有水的地方才可设置车罾，因此须先架设一段离岸六七米长的架空独木桥，先到达一座架空的海面上的小棚寮。这座小棚寮6平方米左右，至少可容纳一个小睡铺和小厨间。在棚寮处又有一条小独木桥往外延伸10多米，其尽头处安装着那个活动的竹木轮子（即"车仔"）和其他附加装置，还有那个活动大罾网。作业时，渔人站在这里操动"车仔"上面的手柄，缓慢地放松绳索，让罾网平稳地沉入水中。约半小时后，操纵"车仔"拉紧绳索，平稳地把罾网吊出水面，以收获鱼、虾、蟹等等。这种有意思的水上作业方法，目前好像转化成了一种休闲方式，一些来自城镇的"业余渔民"，一边喝工夫茶，呼吸新鲜空气，一边享受渔猎生活带来的乐趣。

2．**栅箔**。这是潮语发音，专指在江海出海口的岸边水域里设置的一个捕鱼设备。沿海地区20世纪五六十年代以前流传的童谣："雨落落，阿公去栅箔，栅着鲤鱼共苦初。"指的就是这回事。这种原始的捕鱼方法在多年前就基本淘汰了，但据说目前在个别偏僻的地方尚零星存在着。其方法是趁海水快涨潮时，在岸边设置栅箔装置。这里的"箔"以前是用竹篾编织而成的，后期改为用细孔目的塑料网代替。设置方法是先用几十根木棍及竹竿深深插入近岸边的江河底，接着将数张"箔"展开，将"箔"的底部也一一插入河底淤泥中，并将"箔"固定在木棍或竹竿上，形成一长排平行于岸边的"箔"阵，候待海水涨潮后快平潮时，抛投些鱼饵引诱鱼儿进入"箔"阵中，最后将"箔"阵的两端入口处各用"箔"片封住。现在的关键之处就是要在封口处的90度角两张"箔"片之间的外部设置一个"箩"。这个"箩"由另一张短"箔"片圈成一个留有缝隙的直径约1.2米的圆圈围成，它可容渔人进入其中用钩网捉鱼。必须将90度角外的两张"箔"片的末端各折成45度左右，并互相临近使得形成一个喇叭状夹口，这个很小的喇叭状夹口要插入到"箩"的缝隙中去。这样，当鱼儿进入"箔"阵发现被困之后，它们企图摆脱困境却四处碰"箔"，无奈之余它们只好奋力从"箔"头尾的两个夹缝处往外逃，不料却因此误入了更绝的困境。由于这两个夹口是由大变小的喇叭状，所以鱼儿进得来而游不出去，它们便只能在"箩"里不停地回游，因为"箩"里的喇叭状夹缝里小外大，与鱼儿的生活习性相反而使得鱼儿游不出去。在以前，渔民仅靠"栅箔"的方法就能捕到很多鱼，足以养活一家人。

目前由于严重的环境污染,渔业资源受到破坏,用"栅箔"的方法来捕鱼已经没有什么收获,只有个别中老年渔民因体力衰退及别无长技而不得已仍操此法。在没有潮汐现象的内陆江河,不能应用此法捕鱼。

3. 扣舡。潮汕方言有"扣舡"一词,形容声音太嘈杂、太刺耳。如"勿扣舡""而(杂)过在扣舡""勿哭扣舡,哭嗳除死人"等。扣舡曾是惠来一种独特而且很主要的海洋捕捞方式。

"扣舡"一名"扣圈"。据《澄海县志》载:"春夏间天晴无风,掌圈者集数十罟船出港,给予饮食。择老练者为长年,每(船)舵公共正副二人。至洋,长年居中,众罟群而听命焉。以旗挥之,咸相率远布,令幼稚环圈击板以驱鱼。逾时,复以旗招之,使圈渐逼而击板益急。不论何鱼,凡头有沙者毕集圈内,困不能舒。若其头无沙则逝矣。长年张网取之,或多至数十担,获利什百。若所获少,俗谓之扣白圈。"从这段描述中可以看出,扣舡就是渔民在长年的指挥下,猛敲舡板,使之发出刺耳声音,海中有小沙石的鱼类受到此剧烈的声波震荡都会处于半昏迷状态而网捕之。扣舡作业以捕捞大黄花鱼为大宗。

渔民从事扣舡作业的历史,最少盛行了200年以上。20世纪50年代,有关部门认为这种作业方式是对海洋资源的极大破坏,已禁止。但扣舡一词却流传下来,因为用扣来形容嘈杂实在太形象了。

据考证,扣舡捕捞是被称为"海畬"的疍民最先创造的。历史上曾有数量颇多的疍民活动于惠来的江河近海,疍民的远祖是越人,越人习水,故捕鱼经验丰富,后来疍家渔民逐渐同汉族渔民融合,但遗韵仍存,大的扣舡船称"舡母",小的叫"疍艇",集体劳作的扣舡渔民称"众疍"。

4. 跳白。是一种船名,也是一种捕鱼作业方式,其特点是既不用网,也不用药杀电触,是一种很有趣味的诱捕方式,完全让鱼自己跳上船来。此种捕鱼方式的出现和盛行,可以看出古代惠来人的智慧和昔时惠来地区近海水产资源的丰富。用现代人的观点,这种捕捞方式既有利生态平衡,也有利环境保护。据资料记载,跳白船一般船长10米,宽仅0.5—0.7米,船体窄长、浅底,适宜于近海滩涂河汊等浅水水域行走,但不能载货,只能坐一人。这种船的另一个显著特点就是在船左舷右舷皆涂以白色,船腹下设割绳,悬灯一支,灯光度不能太强也不可太弱,太强把江面照得如同白昼，会惊跑鱼儿，太弱则左右舷的白光无法映射入水，鱼儿看不到，也起不到诱捕作用。作业时须以两条船为一组，将船腹下设置的割绳互相对牵系紧，并排前进。小船开行，跳白捕捞便算开始。渔者坐于船尾，手握划桨，行进于近海浅滩和江河出海口，如遇风平浪静，捕鱼人则干脆入舱而睡直到天亮，任由白色窄而长的小船随流飘荡。跳白捕捞一般是在月隐星疏的夜间进行，此时星光倒映水中，水天一色，难辨天上水下。当跳白船在水中行进时，割绳牵动，正在水中悠闲嬉游的鱼儿虾儿受到突如其来的惊吓，仓皇跳跃。此时灯光照映涂抹得白晃晃的船板，随着水波的荡漾晃动，有趋光性的鱼类便啪啪往那现白光处跳，鱼类的群体意识又很强，你跳我也跳，平静的江河水面出现了令渔人欣喜的小骚乱。鱼虾跳上船，就再也无法回到水里了，因为跳白船底虽浅，但舱底早已放有海藻茅草之类，一方面使跳入其中的鱼儿虾儿以为自己跳进了安全的避险处，不再狂蹿乱跳，而主要的是鱼虾挂在海藻再也无力弹跳，直到天微明，船上灯光和白色船板已起不到诱惑作用为止。

潮汕地区的跳白捕捞可以说有很久的历史，惠来也有。跳白捕捞现在已被淘汰，其原因自然是这种方式再也捕不到鱼。但在近海乡村，偶尔或可看见被废弃的跳白船残骸搁浅在河滩河汊水边，无人看管。

5. **搬山**。俗称拉大网，或牵罟，属于地拉网的一种，是今天仍"活着"的古渔法。渔具简单：船或大竹筏一艘、人形网一大张（重数百斤、长近千米），麻索百数十丈。渔法：30—60人组合为一艚，先集体把大网扛到海滩，再把人员分成两组，乘涨潮之时，一组在海边手挽网绳一端，另一组乘船载着大网，在水中边驶边撒，绕着沿海撒一个宽50—100米的大弧圈，然后也跳上岸，两组人一齐用力拉网，背向海滩后退，技术员指挥、控制着这张网的平衡，直到把大渔网里的鱼兜上海滩，即起捕。这是一种大规模的捕捞方式，获鱼有时成堆如小山，故称"搬山"。

每年夏秋的鱼汛旺季，搬山都可实行，主捕大小鳓鱼、红口鲳鱼、大白带、马鲛、杂鱼，渔获量每艚少则几十公斤，多的几百公斤。因为搬山渔法简单，渔具只一船一网（网线过去原由棉纱织成，重近千斤，十分费力，后改为胶丝或尼龙网线重量减轻），操作技术简单，人员除船主和技术员，其余多为临时招来的农闲生产人员,所以直到现在,它成了沿海渔民、农民的第二职业。

搬山像是一幅原始狩猎图。过去,这项劳动只有男人参加(赤身裸体),到20世纪70年代以后,才有妇女参加。搬山是过去常见的一种海埭作业,尽管普通渔工收获不多,但每次拉网,大海都不会让人空手而归,偶尔还有比较大的收获,而鱼贩都在岸边等着购买,鱼上来了他们马上运走上市,销路是没有问题的。不过搬山也是一项很艰苦的劳动,其脚络索完全靠人力从海中拔起,有时男女老少冒着大风雨在海浪中奋力拔网的情景,有时黑夜里渔民还在海滩作业。

〔第四节〕小行当

那些渐行渐远的老行当,成为一个个文化符号,留下时代变迁的轨迹。惠来人有不少祖祖辈辈留传的老手艺、老行当,种类繁多。但随着社会的发展,科技的进步,老行当在逐年减少,不少行业都后继乏人,面临失传。惠来人勤俭持家,勤劳刻苦,心灵手巧,在惠来人手里,很多东西都能变废为宝,而且这些东西陪伴我们走过了童年、青年甚至一生。即便表现形式不一,只要看到它,都能唤起人们的怀旧和乡愁。

一、与农业生产相关的小行当

(一)种大菜,腌咸菜。惠来很多农民种大芥菜,每株大芥菜重达数斤,农村家家户户都腌咸菜,作为常年佐餐之用。每年秋收后种上芥菜,菜地都是选在离村庄近,离水源不远的地方。每天早上都要淋水,平时还要淋足够的水肥。中华人民共和国成立前,外地人是不会种大芥菜的,他们的所谓芥菜只是几片长叶,不会包成球大的心,直到20世纪50年代,潮汕老农前往各地传经,才传播开来。惠来人以这种大芥菜比任何蔬菜大得多,所以称为"大菜"。惠俗每年正月初七家家户户要吃"七样菜",其中也少不了大芥菜。过去一般人尤其是农村贫穷家庭,三餐都是配吃咸菜和菜脯,吃咸菜、菜脯成为穷人的生活特征。但华侨回乡,特别爱吃这种家乡风味的特产,常常要托亲邻过洋者带去。据说有一个富裕的华侨在南洋托人带了一坛咸菜去,他如获宝贝,每天总要拿一点出来佐餐。有一个亲戚刚过洋,被他宴请。这亲戚见到桌上满是鱼、肉好菜色，他不好意思吃，就拣了桌上的一小碟咸菜吃。主人不解，说道："你在家乡已经吃多了咸菜，来这里还要吃咸菜，为什么和我争吃？"客人莫名其妙，以为他很吝啬，连一点咸菜也舍不得请他。后来，家人才对这人说："大鱼大肉你尽管吃，这里的咸菜，比黄金贵重呢！"他才恍然大悟。

（二）种蔗制糖。惠来种蔗制糖有悠久的历史。清雍正《惠来县志》记载："甘蔗，其汁煮成糖，惠产尤佳，可以裕民。"种蔗何时传入惠来，志书无明确记载。在清代，甘蔗煮糖之外，还将甘蔗船运北方，以供生食。雍正年间监生方殿才，曾自神泉乘8桨风帆船至上海，夜宿吴淞口，作《清平乐》一首："神前浩浩，四海交通道，北上桅樯风汛好，甘蔗有如甘草。淞臬仓库峣峣，怜他夜里全烧，怎奈黄糖绝市，惹来奇货高标。"可见，清代惠来的甘蔗和蔗糖已远销华中、华北。民国十六年（1927）广东农业调查报告书记载："惠来年产蔗糖两万吨，以汕头为集散地，由水路外运。"惠来每年水稻收割后，各村都搭起临时工棚制糖，称糖寮。甘蔗取汁，是用3头牛拉石碾压榨，共压3次，蔗汁抽出约60%。石碾直径约1米、高约1.2米，圆柱体，上部有一圈凸凹齿轮，用梗木削成楔子装上去，转动时由木楔传动，不致磨损石碾。碾子上下各有直径20多厘米、深10多厘米的六角槽，可以安装轴心。蔗汁用明锅浓缩，糖漏分离糖蜜。最后加仁油渣和贝灰，在糖匾上用手揉松，便成红糖。生产效率很低，人工牛力需劳累两个月。1972年创办惠来糖厂，各村的糖寮大多停止生产，个别交通不便的村有保留。由于全县生产甘蔗不能满足糖厂的生产需要，糖厂经济效益很低。农户因为种蔗效益低，不愿种植。

（三）饲养禽畜。是农家主要副业收入，其中以养牛、猪、鸡、鸭为主，少数人养鱼、羊、兔、蜜蜂。"五谷丰登，六畜兴旺"，是传统农民最基本愿望，他们在冬至和春节，都会在家门贴这种对联。冬至节，还要在牛栏、猪栏贴糯米丸，以祈求平安。养猪是农家副业收入一大项，也是积肥的主要来源。农村一般以私养为主，买猪苗要结合饲养户的人口与财力，决定养大种或小种。有的地方有赛大猪风俗，通过比赛，交流养猪经验，促使养大猪风气。养猪有一些习俗，如母猪配种要说吉利话，阉猪不让属虎的人行近，卖大猪时，主人要拔几根鬃毛放在猪栏,说一声"下一栏像这一栏一样肥大"。惠来农村自古户户养猪。他们不用商品饲料,而是用家庭的米泔水、薯渣、番薯、番薯皮及蔬菜等。一般饲养时间1年,每户1—2头。为城乡市场提供商品,同时也是家庭的一项经济收入。饲养的农户,为使猪长得快,每年农历正月十五夜,都为猪做生日。用番薯厚合菜和猪肉做成"大猪粿",拜猪槽公。惠来农村还有养"公猪"(指共同养猪)的习俗。那是经济极为羸弱的年代,为了年尾谢神,几户亲友共买一头猪苗,轮流喂养,到年尾宰了拜神,按份分肉。出猪寮的那一户,则多得一份肉。春节时在猪圈牛栏贴平安符。冬至时,主人为了答谢耕牛一年的劳作,要用甜圆粘于牛头牛尾,表示与牛同过节日。母牛发情配种时,母牛主人要送红包给公牛主人,如果是在牛群中自由配种,要给牧童红包,并给公牛送些草料。母牛生小牛,三朝要牵出栏去散步,并到田间象征性地犁地两圈。看人宰牛,手要放背后。卖大猪时,主妇要在大猪的颈项拔几根鬃毛丢回猪圈,买猪者要说:"阿嫂手头红红,养猪大大只。"家里杀了猪,次日一早要用猪血、猪肉拌咸菜一起煮大半锅,送给邻居一户一碗。邻居接碗后说:"财气,又卖大猪了。"对长辈要煮一碗猪肝汤表示敬意。母猪配种结束时,配种员要用竹子鞭打母猪屁股,并说"顺顺十二只"。母猪生小猪时,肖虎者要回避。八月十五,须在家门口堆一叠杂草,放火焚烧,念诀道"日大千斤,夜大八百"。买了小猪放进猪圈时,要在猪身上套一根麻绳,还要用吹火管向猪吹一下,小猪就能快快长大,当晚要拜司命帝君.并献上银锭,口念:"献浮浮,饲猪大过牛;献猛猛,饲猪大过马。"别家的猪误闯家门时,可以剪下一撮猪尾巴的毛,放在户枢下,把门打开,念道:"唔是我家猪,你敢来我家,顺邻公在此,掠你来打死。"杀猪的时候,屠夫要念:"世上物,世上用,个是中人唔是我。"这样将来才不会下地狱。猪若生有五个趾,要送到山里放生,不能杀。农户养猪的习惯,保持至20世纪末,那时养猪户明显减少,专业饲养户相对增多。

(四)养公猪配种。惠来人古时认为养公猪给母猪配种,是带晦气的,是不光彩的职业。所以养公猪的很少,而且养公猪的,多数是残疾人,正常健康人是不养公猪的。女人更不能养公猪,传说女人养公猪配种,母猪怀不了孕,怀了孕也得流产。1990年后,各乡镇兽医站引进良种公猪,给农户母猪配种,私人养公猪就更少了。

（五）拾猪粪。惠来人称之为"挽猪屎"，是一个附属于农业却又游离于农业生产之外的一个小行当，被列入农村三等劳力的老弱病残者以此为谋生手段，也有一些落难人士迫于窘境只好操此业。20世纪80年代以前，农户养猪尤其是养母猪，名义上有猪圈拦着，实际上除那些正在长膘的猪之外，大多猪崽大部分时间均在外东蹭蹭，西拱拱，四处游荡觅食，回圈里喂食和睡觉的时间并不多。它们到处觅食的过程，便是到处有它们拉下的粪便。于是挽猪屎人一手提着"猪屎篮"——其实是装上硬把提手的小畚箕，一手拿着"猪屎耙"在村头巷尾随意巡走。路上逢有猪屎便把它扒到篮子里去。篮子满了便倒在某处积聚起来，待积聚有上百斤之后便拿去换钱或交到生产队去赚取工分。在20世纪80年代以前，猪屎是宝贵的农业生产肥料。

（六）凿尿桶垢。昔日惠来城乡，有一种"凿尿桶垢"的工匠行业，他们走街串巷，叫喊声声，巧匠专为居家妇人凿掉尿桶垢，凿出后不但没有收工钱，反而要按尿桶垢重量倒还钱。自古世代相沿，妇女常在房中设置"尿桶"便溺，时长日久，尿液结垢，氨酸恶臭容量减少，故应凿刮。由此，专凿尿桶垢的巧匠应运而生。他们肩挑筐囊，带着槌、凿、钳子，有的还备有秤子等工具，穿街过巷呼喊，应时上门，工匠凿出尿桶垢，做到污物尽其利用，一举多得。尿桶垢中含有氨、氮、磷、钙等有机肥料，世代菜农常用于瓜菜施肥，有效促使作物青嫩翠绿，生长茂盛。在昔年化肥紧缺的岁月，尿桶垢是菜农施肥的"抢手肥料"。尿垢清洗干净，经火煅成为一味中药材，药名"人中白"。中医常用作清热解毒，祛瘀止血之用。明代李时珍《本草纲目》载："人中白，以风日久干者为良。也可用妇女尿桶中白垢火煅。"又说："气味卤平、无毒。主治，鼻衄、肺痿、心膈热、降火、消瘀血等功效。"据现代药品化验显示，人中白含有尿酸钙、磷酸钙等，常用量3—10克，供配药煎服，也可作外用药。当代，随着人们居住条件的改善，居家妇人"方便"进"卫生间"，尿桶（缸）已成为历史的见证。由此，凿尿桶垢的工匠也销声匿迹，偶有老中医开处方用"人中白"，走遍中药材铺难以寻到。

（七）阉猪阉鸡。阉猪阉鸡，指给猪和鸡进行阉割的一件工作。它与古代阉人当太监，是一样的道理。小猪生长到3—4个月，便进入发情期（俗称"起群",母猪则称为"走水"),这是正常的生理现象。除个别猪要留作种猪外,不管牯和母,都要阉割,否则,发情便呈周期性,一旦发情起来,猪便不睡不吃,性情暴躁,挖砖撬石,甚至越栏逃跑。所以必须及时阉割,以后便不再发情了。鸡也一样,小雄鸡长至3个月以上,便雄性勃发,整天要追母鸡,也喜欢与雄鸡搏斗,故此要阉割,那公鸡才长得有"肉头"。阉鸡和阉猪者将一把小刀、小剪、小钳、镊子等大小工具吊在裤头,走南串北。技术熟练的人,阉一只鸡只需几秒钟。阉一头猪也不过几分钟。先端一盆清水出来,清洗手术部位,在猪的小腹切一小口,用一把小弓张开切口,利索地用一根线把睾丸或卵巢切断取出,手术便完成了,也不用缝合。据说此乃得自当年华佗高超外科手术的真传。有些母猪公猪太老了,已不宜当种猪,也必须阉割,让它长膘,一段时间后才可屠宰。阉这样的老公猪老母猪便比较费力。阉牛当然更费劲,要几个人合作。当年农村的母猪,春天发情期较集中,阉猪师傅常常忙不过来。一阵风过后,便稀稀落落了。故有"一日阉九猪,九日无猪阉"的俗语。今天还常用这句话来形容生意的冷热不均。现在已不需要阉鸡了。雄鸡只注射雌性激素,或把这种激素掺在饲料中。从前农村养母猪的人多,之所以等到数月后才阉割,原因在于要看小猪的长势,长得骨骼好的,便作为种猪,可以赚钱。今天,一般农村根本无法养母猪,因为肉猪还可以圈养,母猪一定要让它四处奔跑,今天的环境不适合。养母猪成了偏僻乡村或山区那些专业户及养猪场的事,他们的小猪崽一产下来,便立即用"挑"的办法,破坏其生殖机能,这样的猪,一辈子也不会发情。

二、与工业生产相关的小行当

(一)**烧炭**。以前,山区烧木炭者,要在炭窑顶供奉土地神位,逢农历初一、十五备酒菜给神打牙祭。一座山的木炭烧完后易地前一定要备酒菜谢山神,并邀山主(山岭所有者)会餐一顿。20世纪90年代,随着煤气和液化气的普及,烧炭者越来越少。

(二)**番薯磨粉**。惠来曾被戏称为"番薯县",番薯是农村主食之一。农村家家户户习惯用番薯制成薯粉,除自家过年过节做薯粉粿所用,存下的出售,积少成多,数量可观。据民国二十四年(1935)广东省农村局调查,惠来全县收购薯粉两万担,在汕头港运往上海和山东的烟台,以及出口南洋。薯粉可制成粉丝(称粉仔),惠来的薯粉丝名誉潮汕。古时磨薯粉是妇女手工加工,手拿番薯在磨钵内磨碎。磨钵是陶制的,形似大面盆,内壁有锯齿,一不小心往往把手指磨破。磨碎的番薯泥,用水过滤,沉淀后便是薯粉。薯渣可酿酒、喂猪。1966年惠来县农机一厂试制电动磨薯机成功后,机械代替了手工。

(三)海水制盐。惠来南临南海,近海村庄有以海水制盐的习惯。始于何时,志书没有明确记载。宋代,海水制盐生产规模逐渐扩大,隆井盐场即在今惠来县域。清代以前海盐生产是煮盐,制盐者称"灶户",制盐工人称"灶丁"。清代中后期由煮盐改为晒盐,晒盐的制作过程大体是:将纯净的海水浇在微沙上让太阳晒,蒸发水分,留下盐分。经几次浇晒后,将沙收进卤窟中,窟下部有一个竹篾隔开,上部填卤沙,下部空的。再引海水浸在卤沙上,让海水下漏至卤池。再将沙搬开,取出卤水,均匀地倒进盐埕。盐埕用鹅卵石密铺夯平。晒到下午,盐埕上结晶成白花花的盐。明万历三十一年(1603),全县有灶户422户,灶丁1390人,盐田3078亩。清雍正八年(1730),惠来盐田从潮阳隆井盐场分出,建立惠来盐场,设盐课大使,管理惠来境内9围盐田,合计592塥、1205亩。所产原盐,除供应惠来县外,余者由神泉从海上运出。经海门、达濠、澄海县长桥口,查验后,沿韩江上溯至潮州广济桥,由潮桥场配售。中华人民共和国成立后盐业生产体制有过多次变化。1980年后盐田实行承包经营。21世纪20年代,尚有靖海后表盐场在生产。

(四)贝壳烧灰。惠来县历来有贝壳烧灰的习惯,俗称"贝灰"。在没有水泥的年代,贝灰是主要建筑材料。宋代以后,人们用贝灰与黄土、沙,按一定比例,拌成一种混合料用于夯筑墙体,坚固耐用。清末又利用这种混合料,舂实制成贝灰"土角",建筑墙体更方便。烧制贝灰的原料是沿海出产的蚝壳、螺壳、牡蛎壳和红蟟、白蟟等。贝灰生产工艺简单,在平地上用"田土角"筑一长方形窑,长3.5米,宽1.5米,高0.7米。窑分两层,用泥砖堆铺成一平面,留有间隙(气孔)。下面以泥砖支撑,作通风用。旁边设一圆形脚踏鼓风机。烧制时,先在窑底垫草与粗糠,作引燃物,将蟟与木炭、粗糠、适量的水,混合均匀,放满窑中,点火引燃。用脚踏木扇鼓风助燃,12小时左右即成贝灰。1980年后用煤粉作为燃料,每窑只烧4小时左右。1985年统计,全县共有贝灰窑132条,年产贝灰10万多立方米。在当时水泥紧缺的情况下,贝灰是各种建筑的主要材料。20世纪80年代末,水泥放开经营,惠来县公私建筑,都以水泥为主,用贝灰的很少。到21世纪,各地烧贝灰就极少了。

(五)揪结。过去,惠来乡下设有不少"揪结寮",这是一种设于野外专为拉固麻纱的作坊,因是一间简陋茅棚故称为"寮",相传清代全县各地都有。全民族抗日战争时期,"揪结寮"又在惠来兴起,原因是:1939年汕头沦陷后,沿海口岸遭封锁,内陆公路被破坏,货物流通主要靠肩挑,织布厂因缺乏原料而停产,市场上机织布随告断货。但人们不能不穿衣服,于是,被迫回到了手织的年代。当时除利用废棉纺纱织些"粗棉布"外,还恢复使用苎麻织造"苎布"。苎麻织成布后须到沙滩上摊开喷水、晒干、再喷水反复多次用土办法漂白成为"白苎布"。它从麻到布的制作过程是:1.破丝成结。先把麻的纤维——麻皮浸入水中"软化",捞起后用手破成丝,丝破得越均匀越精细越好,然后连接起来拧成线,这种线俗称为"结"。2.分经纬线。麻结连接放于"结筐"中,然后用手摇纺纱车逐条从头至尾扎紧。扎后分为"纬线"和"经线"。纬线用一节约14厘米长的小竹管(一般用毛笔管)作轴,用手把结斜绕为两头尖、中间圆的"纬仔"(俗称"结仔"),以供穿梭之用。经线则先绕为"结经卷","结经卷"是绕在一节长约8厘米、直径4厘米的竹管上。操作时,左手拇指伸入竹管内,食指夹住竹管在外调节结的进退,右手持结将其斜绕为"结经卷"。绕至直径(含管)8厘米左右把竹管退出变成"经线"。3.上"揪结机"。把经线于天气晴朗时送到"揪结寮"上机拉固。"揪结机"由"浆槽""线排""回轮"三部分构成。浆槽是个长方形、面向上、中间凹,两头封、前后两旁钻上相对均衡进出麻结小孔的无盖木盒。槽中凹处是盛"浆糊"的地方,把"经结"穿过浆槽让其沾上浆糊后,每隔数米远便竖立一支"T"字形线排,横排用竹片削平并钻上与浆槽相同的小孔供结通过,末端每条线位装个小"回轮"。当操作人员在寮里从槽把结送出后,经过来回的日晒、风吹,所有沾过糨糊的结已干燥,增强了结实度和耐拉力。操作过程若中途断线,就必须停"机"接线。经过"揪结"这道工序后,经线卷入织布机的"羊头",再穿过"吊栈"和"布梳"便可开机织布了。抗战结束后,随着纺织工业的恢复和发展,"揪结寮"逐步减少,少数留存的主要是用苎麻、黄麻织成蚊帐布。

（六）织苎。织苎这一家庭手工业，在惠来由来已久，并且是一般家庭的重要经济来源。中华人民共和国成立前，惠来乡间随处都有番线铺，这些番线铺将农民种植的麻苎皮收购后，稍微加工（主要是剥去外皮膜），发放给邻近妇女领回家中纺织。织苎妇女在理完家务之余，以此赚些微利。织苎者从番线铺领来苎皮，用鲜泔水泡浸若干小时，可使苎丝洁白，捞起后，先劈成片，坐下来，在大腿上盖上一块厚布，将苎片撕成一丝丝，用手将一丝一丝连接在一起，在大腿的厚布上挲一挲，把苎丝接成长长的，有条不紊一圈圈地放进竹筐里，如果没有按顺序放进，等一下要圈起来，那就真的"麻烦"了。苎丝织连完毕，圈成一绺一绺，算是第一道工序完成，就要制成番线。次日清晨，在小巷摆上两张板凳，一张上面放着要将苎丝编成线的手车，手车是木板钉成"7"字形，较长一侧放在凳面上，短者前为丫形铁条，后面是曲尺手，将苎丝扎在丫铁条两边，一人拉着竹筐里放的苎丝，慢慢往后退，一人坐在板凳上，纺着曲尺手，将苎丝编线后扎在木圈上，圈成一缕一缕。圈成缕的线，拿到番线铺，掌柜的用秤称一称，与其发放的斤两相符，发还工钱。有的织苎者为了贪小便宜，将要交还番线铺的苎线蘸上米汤，偷出一缕苎线，经过日积月累，将所偷的苎线，倒卖给其他收购者。据一些织过苎的老人介绍，为番线铺加工一斤苎线工钱是价值3筒米，卖1斤苎线，可得10筒米的价钱。在那贫穷的日子里，能够多得几筒米，实是事非小可。中华人民共和国成立后实行公私合营后，番线铺并入集体经营。织苎这一手工艺，一直到20世纪70年代还时有所见。

（七）拍铁。在潮语中，"拍"就是"打"的同义语，"拍铁铺"也就是打铁铺。在20世纪50—80年代，许多日常生活、生产用的小五金制品基本是小作坊土法生产的，这些小五金作坊有许多就是拍铁铺。这些拍铁铺有大有小，大的便叫作什么号什么厂。大的厂号通常专业生产某些产品，如剪刀、菜刀、铁钳、鼎铲、镰刀、泥工瓦刀、犁头等。当产品旺销时，这些厂号昼夜生产，叮叮当当的打铁声响个不停。大厂号一般集中在市镇，小打铁铺通常设在较大的乡村，一个大乡村可能有五六个小拍铁铺。一般小拍铁铺只有师徒三四人，场地就附设在住家或家的附近，它们多是为适应周围乡村农家的生活生产需求而生存的。这样的小拍铁铺通常什么都生产,只要有人买并且做得来且工价合算的话。拍铁铺里的行头家什并不多,就一个大风箱,一个生火炉子,一副大小铁砧,一个淬火池子和几副大小锤子、钳子等。关键在于师傅们的技术本领。这样的小手工生产渐渐难以适应新形势的,不知不觉间它们相继退出居民的生活圈,但有些地区仍保留着许多历史上遗留下来的"铁铺"地名。

(八)拍锡。制造和修理锡器叫"拍锡",经营和生产锡器、铜器的作坊称"拍锡铺"。锡属于软金属,容易加工打造,制作时一般先将熔化的锡合金液浇铸成平薄匀称、各种规格的长条锡片和铸件,然后用木槌、铁锤、剪刀、圆规、木模等很简单的工具模具,通过浇铸、接驳、冲压和碾、敲、打(拍)、剪等手段,先制出胚胎,再在其表面刻花纹刻字句以及打磨、上漆等工序,就能"拍"出茶叶罐、酒壶、酒杯、暖炉等经常使用的日常生活器皿和专用于祭祀祖先、神明的成套祭器。"拍锡"曾是惠来有名的传统手工艺之一,工匠"拍"制出来的成套祭器尤其精美讲究,名闻海内外。旧时土法造酒的设备是炉灶、锡龙和缸缸瓮瓮。锡龙安放于大"鼎"之上,加了"酒饼"的大米煮沸之后,上升的蒸汽全部被收进锡龙里,通过冷却,最后凝结成酒精。锡龙的大小决定酒厂产量的多少和质量(酒度)的高低,所以酒厂对锡龙的技术要求很高,酒含酸性,锡龙腐蚀太薄就要更换。当时惠来土酒厂很多,不少"拍锡铺"光制锡龙就生意应接不暇。中华人民共和国成立后,随着人们生活观念的改变,认为锡有毒,使用锡器皿的越来越少,有不少"拍锡铺"关门,但由于这种螺旋状金属蒸馏管打造工艺复杂,一时无法找到其他替代器,故会打制锡龙的"拍锡"匠仍然生意很好。直到20世纪70年代末期,不锈钢开始普及,工匠也掌握了不锈钢管的焊接技术,再加上质检部门强制各类酒厂不准使用锡金属作为蒸馏设备,"拍锡"匠才完全退出历史舞台。只留下"打锡街"之类的地名,让有怀古情结的人去追寻它昔日的光辉。

(九)补鼎。改革开放以前(20世纪80年代前),广大农村经济落后,物资奇缺,一些生活器皿用破就补,补了再用,再破再补,因此,各种修修补补的能工巧匠便应运而生,补鼎就是其中之一。潮语所说的"鼎",不同于古代的三足鼎。它一般是用生铁浇铸而成,带两个耳朵,其纵向剖断面呈弓形,书面用语称为双耳平口圆底大铁锅。使用时锅口常加上木质圆盖子,俗称"鼎盖"。鼎可用于烧水做饭，也可作煮肉炒菜之用等，老百姓的一日三餐都离不开它。其个子大者，约有1.4米之宽，安在农家的草木灶上或机关单位工厂的食堂里使用。小的只有脸盆那么大，被置于普通居民的炭炉、木炉上使用。这种生铁鼎本身带有铸造砂眼，并且使用时翻动锅铲造成的磨损、柴草燃烧时带来的氧化等损坏也很厉害，还有人为伤损，导致铁鼎破裂。铁鼎破裂就需要修补。补鼎师傅一般是收了好多个破鼎以及其他要修理的生铁工件之后，才生火在土甘炉里熔炼生铁水。这时要使用专用的拉打风箱、焦炭、炉子等等，然后将锅的破裂处刮干净，倒下烧得通红的熔化铁水，用两块布团在铁锅的破裂处两面将铁水压平，待其冷却退尽热气，铁锅便修复了。补鼎师傅是按鼎的破裂程度有多大以及它的新旧程度怎样来收取工钱的。一般他事前不肯讲清工价多少，补好后才按具体情形将工价写在鼎的破裂处附近。写时补鼎师傅用一种外行人看不懂的"补鼎码"（又叫猪仔码），而且是铁价，没有讨价余地。补鼎，民间有二法：其一是铆补法。即用事先预制好的铁铆钉从鼎内面破洞处进行铆补。由于铆钉带有直径约1厘米并略呈弧形状的帽子，形似图画钉，使修补后的鼎面既不平滑，又易损坏，故不受欢迎。其二是焊补法。焊补法不但工艺精细，而且需要铁片（块）、块煤、木炭等原辅材料和专用炉具工具。在补鼎前须做很多准备工作：一是清理鼎面破洞处，即去污除锈和清除周边烂铁；二是将铁片（块）打碎，装进用耐火土制成的椭圆形火锅里，然后置于带有人力风箱的火炉中；三是熔化铁碎片，先用木炭在炉中生火，再将油亮亮的块煤垒叠于木炭之上，并让小伙子不停地拉动风箱（有人称为"牵铁途"），"铁途铁途"的鼓风声令炉火纯青炉温猛升，顷刻间，一锅红彤彤的铁液就沸腾起来，补鼎也就开始了。师傅们在几分钟之内即把补鼎的功夫展现得淋漓尽致：他们一手拿着耐火布按在鼎的背面破洞处，一手用陶制小勺子掏取铁液，一点一点地焊补在鼎的内面洞口上，小洞1、2点则可，大洞8点、10点直至洞口合拢，再用砂纸反复摩擦，使新旧鼎面衔接平滑。补鼎者，一般3—5人同行，大多数为家族式经营，也有合伙结伴者。补鼎业多属于流动小作坊，他们四海为家，一年不分春夏秋冬，一天一个村庄，过着日出而作日落而息的不定居生活，其谋生境况也够艰辛。他们没有车船，靠的是两条腿一支扁担，有的挑着炉具工具，有的挑着原材燃料，有的挑着被装粮食，天天踏着沉重的脚步走南串北翻山涉水，以补鼎维持生计。他们每到一地，总是选择大树下的平坦地面，一卸下行装，便手忙脚乱地干起活来：一面做准备工作，一面派员环绕村庄招揽活儿。该员走庭院串小巷抑扬顿挫地呼叫"补——鼎嘢"，走一趟下来至少收下几十个破鼎，此外，一些村民也闻讯陆续提着破鼎赶来他们的驻地。像补鼎这样的流动小作坊，所到之处都受到农民们的欢迎，尤其在作业过程中围观甚众，很多人对他们那风风火火的劳作和精湛技艺赞叹不已，一些好心人还主动为他们提供食宿等方面的方便。改革开放以来，随着农村经济的发展，农民生活水平的提高和科学技术的进步，很多工艺新颖轻巧耐用的铝鼎、不锈钢鼎、不粘鼎等先后在市场出现，并很快进入农民家庭，使笨重易锈的铁鼎除了大号鼎还有市场外，余者已无人问津了，加上这些新型鼎的使用寿命很长，再也没有补的需要。因此，自20世纪80年代中期起，补鼎业也就悄悄地不见踪影了。

（十）补风炉和卖风炉窗。当年的家用燃料，离不开柴、炭、草。农村以草为主，兼烧柴枝，故一律用灶，风炉只偶尔用到。城镇人家都有灶，要拜灶神，但除一些人口较多，三餐用灶之外，人口较少的，便用风炉，年节卤鸭卤鹅才用灶。还有灶仔，既可燃草，也可燃柴。风炉也以燃柴为主，木炭则是家道殷实的人家日常的用物。有一句俗语"睡晏晏，扣响炭"，形容有钱人能够用木炭，不用早起床。通常只有煲中药才非木炭不可，有专用的"凉水锅"，"风炉仔"比小茶炉要大一点儿。不过煲中药多数用"冇炭仔"，大灶烧柴块，通红的炭块夹进灶前的"火炭缶"，加上盖，冷却便成"冇炭仔"，煲中药最适宜，火力不太猛。风炉大大小小，多种多样。小至燃榄核的小茶炉，大至可煮大鈦锅的大风炉，还有可煮各种陶锅的中等风炉。风炉的重要部位是风炉窗，圆形风炉窗上有圆形小孔，如果孔太大，炭屑容易从孔隙掉下炉底，从而浪费热能，圆孔太小，则不通风，影响效果。风炉最易损坏之处也是这个炉窗。要换炉窗，可到风炉店买一个，但一定要适中。故此，买炉窗一定要用草量一下直径。换新炉窗之后，周围还要用黏土修补，使炉窗与炉壁紧密相连。这种土是普通的田土掺上炉灰，但有人仍嫌麻烦，很少自己动手，请个炉匠来修补。那些炉匠，穿街过巷，叫卖风炉窗，每天好几次从门口经过，给人补风炉，换炉窗。炉壁有裂痕，可以用土修补，再箍上一条铅线。20世纪80年代后，城乡居民多数用上煤炭，风炉便少见了。尤其是90年代后，燃气逐渐普及，家家都用燃气炉具。紧接着是电气化，电饭煲、电磁炉、电热水器……风炉更少见了。煲茶也普遍用电热炉。煮中药、炖补品有时偶尔用一次风炉，风炉并未绝迹，只是不用换炉窗罢了。

（十一）箍桶。20世纪80年代以前，惠来城乡间随处都能听到"换桶底"的喊声。随着社会的进步，木制家具、农具由塑料代替，所以箍桶这一行业已几近倒闭了。箍桶师傅只能"下岗"或改行了。箍桶，是把崩塌了的圆木桶修理好。在惠来是属于木工行业的一个门类，箍桶师傅为生计挑着一柜一筐，里面装着木匠工具，叫着"换桶底"之声，穿街过巷，将崩塌或桶墙底已朽的木桶收下，找处空地暂作修理场所。箍桶所使用的工具只不过是锯、刨、斧头、凿、铁圆规、墨斗、虎头钳，还要带几圈作桶箍用的竹篾（后来用铅线代替）。修的是农用的大小木桶，打谷桶和家用的马桶、腰桶、大脚桶，他们的圆规，是铁圆规，有一尺余长，在桶壁底部四周量一量，画出的圆形就是木桶的底，锯好刨好之后，打进去很牢固，再用些小木屑打进四周接缝，便不会漏水了。竹篾或铅线则是作箍桶用的，用竹篾或铅线量一下桶的外壁，围上三几圈，箍得很结实，不会轻易甩落。如桶壁或桶底腐朽需换的，桶的主人要自备木材，箍桶师傅有时也为桶主出谋献策，将较坚固的桶壁换作桶底，桶底有时也可换作桶壁，因为桶底受到的压力较大，俗语"抽底换墙"就是这样来的。因为箍桶师傅只负责修补，没有提供材料，所以得到的工钱不多，每天走东村、穿西巷，也修不了几件，只有在接近农忙的时候，工件才多一些。这工作看似粗工夫，其实技术性不低，大多是祖传的，也有一些是拜师学来的。大凡箍桶师傅在50多岁时，如自己没有子弟愿意来继承这般手艺，便收学徒，作为学徒的，每天早起要为师父磨斧头、刨刀等工具。出门时要为师父挑装工具的柜和筐。师父只管三餐，不付工钱，学艺时间一般是3年4个月满才可出师。在今天看来，这点粗功夫便要学3年4个月，实在是太那个了。因为这种小技术也不是一般的家具木工所能干得，奥妙就在于用"土法"计算圆周率，如果师父不给你点破，学徒是不易摸索出来的。整套手艺还要有一定的经验积累。箍桶师傅的社会地位很低，原因不是他们的技术简单，而是所修的木桶并不高贵，诸如尿桶、粪桶这些脏东西。所以农村儿童经常嘲笑他们"箍桶——终世惨"。这种被人贱视的职业现在已难得一见了。

（十二）补雨伞。雨伞，惠来人称为雨遮，是遮雨遮阳的日常生活用具。南方多雨，晴天又常常骄阳似火，出门携雨伞者确实很常见。无论是20世纪60年代以前使用的油纸竹骨伞还是后来的布质铁骨伞，再后的尼龙布缩骨伞，一不小心都容易损坏。按惠来人俭朴的生活作风，可以修复的日用器具都是要修复的，于是就有了补雨伞的行业。从事补雨伞这行业的人，一般挑着一副筐子担，一只筐子放着等待出售的二手半新雨伞和收购来的旧伞、坏伞，另一只筐子则装着修伞工具和其他家什。在20世纪80年代之前，补雨伞师傅或者游街串巷吆喝"补雨伞、补雨遮"，或者聚集在固定地方，等待送坏伞前来修理。

三、与商业和交通相关的小行当

（一）挨砻米粜。"挨砻米粜"，就是购入适量稻谷，然后加工成白米卖出去，从中赚取一点差价和加工费，这是20世纪50—90年代惠来乡镇中一项从业人数较少的家庭副业。"挨砻米粜"的家庭一般都拥有一间约20平方米的挨砻间，其作业器具主要有：沙砻或土砻（均是人力碾米器具）一台、风柜一台、立式米筛一台、石臼一个等。其运作方式大致是这样的：一是购进稻谷，分别于每年夏收和秋收结束后的短期内购进一批稻谷储存起来；二是"挨砻"（即碾米），单人或双人用手推动一台沙砻或土砻，将稻谷碾成糙米；三是舂米，单人用脚踩动一条笨重的"7"字形的碓，利用碓与石臼的震动效果将糙米舂成白米，然后用竹筛筛去米糠；四是摆卖，将白米装进竹筐或米袋，然后挑往附近城镇的农贸市场摆卖。"挨砻米粜"者，大多是三四十岁的中年男女，他们一般是城镇周边的殷实人家，有的夫妻一起干，有的父母子女一起干。干此行需要一定的资金和较强的劳动力，并兼有较好的经济头脑。例如，每年夏收和秋收两个关键时节，他们要及时了解市场信息，当稻谷价格大幅滑落时，他们便趁机大批量购入。"挨砻米粜"的运作虽然简单，但却是一项令人望而生畏的重体力劳动，从购进稻谷挨砻到舂米、摆卖，无一项不是自身的体力操作，尤其是挨砻最费力。"挨砻米粜"者虽然煞是辛苦，但其家庭收入在当地人看来甚可观，他们除了赚取差价和加工费外，还赚一些副产品：一是粗糠，即挨砻时筛下来的谷壳，可作为燃料出卖，也可作为鹅鸭的辅助饲料；二是细糠，即舂米之后筛下来的米糠，它是养猪、养鸡鸭鹅不可缺少的上乘饲料。因此，"挨砻米粜"人家大多也是农村禽畜的饲养大户。20世纪70年代后，随着机械碾米的普及，经营者不再"挨砻"，而只是"粜米"。

（二）做把戏。"做把戏"就是走江湖，绝大多数为小团体组织，小者三四人，大者二三十人，极个别只有一名拳头师父。他们的谋生方法大致是这样的：首先是打锣聚众，他们每到一个村寨，便挑选一个既有大树遮阴又较平坦的地方驻扎下来，安顿停当，便紧锣密鼓地敲打起来，以招引乡民驻足围观；二是自吹自擂，由班主或一名资深的拳头师父在大庭广众面前大吹大擂一番，通常是先自报姓名、何处人氏、师出何处、归何门户，然后用手猛打胸脯，竭力鼓吹其拳术之精湛，其家传秘方药物之灵验，等等。为更有效地招徕观众，很多拳头师父均采用表演的形式，即左手拿着小铜锣，右手拿着小锣锤，说一句话伴以一阵锣鼓，师父说话尽管有点故弄玄虚，但其绘声绘色诙谐风趣，加上锣鼓渲染，使之富有节奏感和吸引力；三是表演节目兼卖药，这是走江湖的关键环节，一般情况下，他们每表演一两个节目卖一次药，反复进行至表演结束。"做把戏"卖膏药的流动小团体，他们中确有身怀绝技并有家传秘方良药者，如跌打膏药、肚痛药、解暑药、蛇丸等，这些药物对农村常见的跌打、风湿、中暑和毒蛇咬伤等确有良好疗效。在缺医少药的年代，由于他们送药上门且价钱便宜，故颇受人们欢迎。"做把戏"虽然大多是几个人的小团体，但其表演也不失多姿多彩，如幼年苦功的武术、惊心动魄的气功和变幻莫测的魔术等等，在锣鼓的渲染下，气氛十分热烈，令人大饱眼福。此外，还有一种大班"做把戏"，它与小班迥然不同，主要人员有二三十人，节目艺术水平较高，同样是以卖药赚钱。这种大班有文的也有武的，文的是柔情似水的潮剧演出，武的是飞檐走壁的杂技表演。在江湖上闯荡的人，大多智商较高，聪明过人，不但身有绝技，而且伶牙俐齿能说会道，十分滑头，在开场白的演绎和推销药品过程中便可见一斑。他们的人生也是十分坎坷和艰辛的，他们必须拜师习武学艺，历经沧桑饱尝苦难，方能练就一二步绝技。一年四季除农事大忙外，他们天天挑着一担笨重的行装（被装、道具和药品等），翻山涉水，日晒雨淋，闯荡于各地乡村和墟镇，吃的是粗粮淡饭，睡的是墙边地板，过着浪迹天涯的生活。

（三）走乡药郎。亦称"走乡医"或"某药仙"，相传始于宋代的李次口，世代相沿传授方药,背着药囊,手摇铜铃,奔走乡间,为民治病,世俗都称他为"铃医"或"铃仙"。

"走乡医"绝大多数是家传师授,青囊得技,但也有的以贩卖丹膏丸散,懂点医药知识,天道酬勤时长日久积累点临床治疗用药。他们有的肩挑药囊(篓),悬挂葫芦;有的背个药箱(篮)手摇铜铃,或弹拍竹鼓;有的药郎还慢步呼喊治病用药及介绍用法及疗效,这对缺医少药的乡村群众生疮害病及时医治非常方便。"走乡药郎"为便于群众预约购药,多有按时定点的奔走路线,无论寒冬腊月,炎夏酷暑,栉风沐雨,头顶烈日,戴着竹笠,脚穿草鞋,跑遍山寨渔村,百姓听到铃鼓叮咚,欣然迎出,招呼门口,掀开药囊,逐一介绍,对疾选药,任人选购备为家用,深受民众的欢迎。

(四)写灯笼。新春正月,逢年过节,以前惠来人家家户户挂灯笼,宗祠宫庙、官府衙门、商业铺户,更是张灯结彩,号称庆升平。潮语"灯"与"丁"同音,丁就是人丁,更有一番寓意,故一些祠堂和宫庙一年四季,灯笼长挂。由于旧时灯笼在惠来各地使用普遍,便有写灯笼这一行业。灯笼铺的市招就是灯笼,不仅门店前挂满各式各样的灯笼,其中还有一支制作特别,上书一个"写"字,一看便知这是灯笼铺。灯笼铺铺前往往坐着一位上年纪的老者,既看管店前也招揽生意。还双手不肯闲,顾客一走他就埋头写灯笼字。写灯笼者要粗通文墨,书法过得去,还要懂得各姓氏灯号。所谓灯号就是各姓氏创姓之初的封地地名,或是皇帝对其先人所封赠的官衔,或是对其德行美誉的褒扬。如林姓,可以写"西河旧家",也可以写"九牧世家"。西河是比干的封地食邑,九牧世家则是莆田林氏一家九兄弟在唐朝时都成进士,都当了刺史,刺史汉朝称州牧。总之,宣扬宗族光荣史是灯笼的一项重要内容。灯笼式样繁多,常见的有冬瓜形、葫芦形、柿饼形等等。要先用细竹篾编制成灯笼壳,有场地的灯笼铺可以在自己的店后设工场,雇工人制作灯笼壳,场地较小的,则向竹器店定做,灯笼壳编好后,贴上丝纸,写好了字,要一遍遍地刷桐油,桐油刷到差不多了,最后还要用丝棉纸用力擦,使灯笼壳呈现光泽,这样才可以在灯笼上写字。不同造型的灯笼在用法上也有讲究。冬瓜形是普通人家所用,葫芦形是旧时官府差役的巡城灯笼,圆形的一般挂在祠庙门前。还有一种白灯笼,是专为一些人家丧考妣而制作,女写"慈"、男写"严",以及死者享年,白底蓝字无刷油，俗称"白灯笼"。谁家门前悬挂白灯笼，一看便知其家中有丧事。惠来人有句嘲讽吝啬人的谑语："你经到灯笼免刷油。"灯笼除了写上各姓氏和灯号外，还要写上"千子万孙""长命富贵""财丁兴旺"等吉祥语。惠来人认为，灯与丁同音，写灯笼者是给人家赠丁赠福，以此为职业，会对自己"折福"。受此观念影响，在以前，一般读书人如果不是受生活所迫，是不愿意从事这种职业的。如今，随着社会的进步，灯笼的传统功能已经逐渐淡化，但逢有吉庆节日，不论是在农村还是城市，张灯结彩，大红灯笼高高挂，仍是最普遍的庆祝方式。但灯笼已是工厂里批量生产，写灯笼只局限于某些特殊用途。

（五）摇鼓郎。20世纪80年代前，惠来各地农村经济落后，交通不便，每个村庄除一两间卖杂货的"铺仔"之外，再也找不到其他商店了，农民家中一针一线都必须到集镇上才能买到。在这种情况下，各种"挑担子"的小贩便应运而生，而那些被人们称为"摇鼓郎"的小贩是最具代表性的。"摇鼓郎"在走村串巷时无须呼叫商品的名称，而是挑着一担货物边走边摇着一个带有木柄和两个黄豆大的线锤、直径约5厘米的双面小鼓，人们一听到"叮咚叮咚"的鼓声便知道他的到来和可以买到什么东西，久而久之，人们便亲热地称他"摇鼓郎"。"摇鼓郎"用一支特制的两端翘起中间呈弧形状的木扁担，挑着两个高约90厘米、长约50厘米、宽约35厘米并有玻璃面罩的多层式木柜子，里面装着毛巾、手巾、雪花膏、红胭米、花露水、针线、剪刀、木尺、小玩具和儿童服装等几十种百货小商品，其服务对象主要是女人和儿童。因此，人们常说："要做摇鼓郎，须有妈人（女人）样。"就是要熟悉女人用品和儿童用品，要善于与老婶老姆、姑娘们打交道，生意才好做。据笔者当年所见的几个"摇鼓郎"，其"妈人样"令人佩服。他们多数都是高挑身材，能说会道且轻声细语，头戴白色布帽，着装清秀文雅，令女人们易于接近。"摇鼓郎"早上踏着沉重的脚步走出家门，虽然肩上压着一担六七十斤重的货物，但一进入村庄，他便不停地摇着小鼓，"叮咚叮咚"的鼓声打破了乡村巷道的静谧并很快走到女人们聚集的地方停了下来，例如姑娘们坐在一起穿针走线绣花的小巷，家庭主妇忙于操持家务的大院，老婶老姆伴着孙儿玩耍的树荫下，这些都是"摇鼓郎"做生意的好地方。别看"摇鼓郎"只是个小贩，却有一套别有情趣的生意经。他把生意做到农民的家门口，做到人们的心坎上。每到一处，首先是喋喋不休地介绍五花八门的商品，他那诙谐风趣的言语令姑娘们放下绣花活儿，令儿童停止玩耍，一齐拥到他的货柜旁，用贪婪的眼光注视着货柜里的各色商品。更有趣的是，"摇鼓郎"遇有空隙时，会坐下来与女人们促膝聊天，拉家常聊打扮，"从暹罗说到猪槽"，逗得女人们开怀大笑，而他则从中了解女人们喜欢什么讨厌什么，以便有的放矢组织货源把生意做活。"摇鼓郎"走动的范围大都相对固定，也有互相穿插，今天走东村，明天串西村，轮转不断，但无论生意是旺是淡，他在一个地方停下来总是要半个小时以上才会摇着小鼓缓步离开。"摇鼓郎"的生意虽然风行了不短的一个时期，并受到女人们和儿童的青睐，但随着农村经济的发展和供销社销售网点的扩大，大部分百货小商品已可随处买到，使这种流动的小百货商贩失去了市场，因此，自20世纪80年代起，人们再也听不到摇鼓兄"叮咚叮咚"的鼓声了。

（六）**出租小人书**。小人书就是连环画册。惠来人有的称为"古册"，这大概是因为这个名称在形成之时，小人书的内容多是在讲"古时候"的故事。小孩子一般称为"图书"，惠来口语称此行业为"税图书"，这里的"税"就是"出租"的意思。小人书图文并茂，故事内容就摆明在眼前，即使是不识字者也可以根据画面人物的身体语言等来个"按图索骥"式的猜测加上边看边问，弄懂个差不离。是故它还起着成人扫盲和儿童启蒙的辅助作用。并且其中的故事内容大多是经过精心挑选出来的，能够引人入胜，扣人心弦。绝大多数读者都是翻阅了开头就欲罢不能，直看到最后结束为止。许多小孩子是从四五岁上就看小人书开始识字的。报纸上载，象棋全国冠军许银川小时候在惠来县城，当他的父母上班时，就是让他在工厂门口附近的小人书摊上看图识字度过光阴的，在许银川获得全国冠军成名后，有记者采访他小时候最感兴趣的是什么事情，他脱口而出就是小时候在租书摊看小人书的难忘记忆。小人书的内容、题材极其广泛，古今中外，天上地下无所不包，因而人见人爱，以至于有一段时间中小学校规定不能携带进入校园，担心会耽搁了学生们的学业。行规一般是要求人们在摊点里看完小人书而不得带离。租主一般把小人书的封面彩图揭下来，然后将许多彩色封面集中起来挂在摊点附近以招来读者。又设置许多小凳让顾客坐着看。在20世纪50年代，大概一分钱租2本"图书"，60—70年代，一分钱可租一本。70年代末至80年代初，香港版李小龙"功夫古册"大行其道，还有金庸、梁羽生的"武侠古册"也红得发紫。当时也是这个行业最辉煌的时光，租金则是按"质"定价，从2分钱到1角钱不等。但不久后电视机进入普通老百姓的家庭，人们的娱乐形式也多了。出租小人书这个行业很快便消失了。

（七）**单车运输**。20世纪50—90年代，惠来城乡有单车工友，专门载客。人们要到没有开通汽车线路的乡镇或农村，除了两条腿，主要靠搭乘单车。那班技术熟练的单车工友，在乡间山路，崎岖小道，弯曲泥泞的田埂，也能操纵自如，让乘客稳如泰山。20世纪50—60年代，5公里收费3角钱；20世纪60—70年代，5公里收费5角钱；80年代后，大概收1元，不过可以讲价。80年代中后期，出现摩托车载客，单车运输随之式微。

（八）**撑渡**。渡船是指横过河溪载人往来的船只。惠来河流较多，在过去桥梁建设还不发达的日子里，渡船是一种不可或缺的行业。一竿一桨一舴艋之舟便是划渡者的主要工具。划渡者不管年老年幼均被称为"渡伯"。渡伯划船载人过溪河，收取微利，生活实是清贫，每逢风吹雨打，更是苦不堪言。清代《惠来县志》记载渡夫每年"工食银三两二钱"，多则4两。大多数渡伯以渡船为家，其生活必需品大都从要过渡的小贩中买取，这样才能长守渡船，时刻等待过渡者来喊"开船"，惠来俗语"行船企铺，不离半步"，便是这样来的。渡船还有公渡和私渡，公渡是设置驿道和主要路道的渡口，向官府登记捐纳税收。私渡则是没有登记的，一般是在比较偏僻的地方，作为私渡，平安无事则可，如若有人员溺水伤亡，则要受重罚。如今，惠来的渡口大多已架起桥梁，只剩下旧渡名。但仍有个别渡口存在。

四、手工艺行当

（一）**染布**。20世纪70年代以前，在乡镇间，经常有中年男子，肩挑二木橱摇摇荡荡，手拿拨鼓，一摇一拨，摇鼓发出"咚""咚""咚"之音，伴随着悠扬铿锵的"尼衫尼裤——哎"的吆喝声，穿街过巷，招揽生意。"尼衫尼裤"就是将衣服原来的颜色改染为另一种颜色，所染的大部分是旧衣服，但也有部分是颜色不合主人意的新布。这种工匠被称为"摇鼓郎"，摇鼓郎所挑的担子，一橱装着风炉、铜锅和燃料，另一橱装着染衣色料、剪刀、尺、一双大筷，这便是摇鼓郎所有的工具,还有一格装着收来的漂染工序比较复杂的衣或布块,有时还装着要转卖的布块。在凭布票供应布的年代里,有相当一部分人的衣料是从摇鼓郎手中买来的。每逢顾客要急染衣服,或是所染颜色的工序较为简单,摇鼓郎风炉火燃起,铜锅水一沸,加上色料拌匀后,将衣服放进铜锅里,拿起大竹筷,夹着衣服,东翻一下、西掀一下,再将衣服放进带有色泽的色水里浸煮20多分钟,掠起衣服,晒干后像新的一样。漂染业由来已久。明清时期,潮汕的麻、苎等土织布大量出口,有的要染上颜色,所以便有漂染业。染色原料大多以薯莨、青丛等植物为主。将青丛放入地窖中泡浸一段时间后,可捞起作肥料或燃料,让地窖的水澄清后打干,窖底积的一层淀料再稍为加工便成色料。薯莨剁碎放进水中泡洗出它的淀粉,沥干后那些淀粉便是色料。这些染衣服摇鼓郎,在那个"新三年,旧三年,缝缝补补又三年"的物资紧缺的日子里,确实满足了不少既无能力添置新衣布、又要穿新衣服者的爱美心愿,但20世纪80年代后,随着经济的发展,染衣服已经失去市场,摇鼓郎只能改行。

(二)**缝衣服**。裁缝店,绝大多数为一家一店,有缝纫机一两台,师傅1名,助手1—2名。裁缝师傅,顾名思义,既能量体裁衣,又能开机缝制,既是时装设计师,又是制衣操作手。他们大多为城镇人,以裁缝为职业维系一生。但在一些农村中也常有个别人从事此业。尽管那个贫穷的年代人们不怎么讲究穿着,但随着岁月的流逝,服装的款式也多少出现一些变化。如20世纪50年代流行青年装、中山装、列宁装等,60年代则流行海军装即军官服等,70年代出现喇叭裤,80年代出现牛仔裤、百褶裙和全套西装等。很多裁缝师傅均能与时俱进,适时掌握新潮服装的裁剪技术,以适应广大顾客的要求。 裁缝店,每年有两个旺季,一是春末夏初,二是秋末冬初,直至春节前夕。大多数顾客都凭自己的经验带来适量足用的布料,夏天有白洋布、花布、的确良、丝绸等布料,冬天则多为斜纹布、华达呢、灯芯呢、羽毛料之类,其颜色显得较为单调,主要有蓝、黑、白、红等。凡来缝制衣服者,裁缝师傅均用一条布拉尺量其胸围、腰围、臀围和脚、手等部位的尺寸并记在笔记本上,再用粉笔在布料上标明顾客姓名,同时约好取件日期。此外,对于那些不清楚自己或孩子衣服的用布量者,裁缝师傅则先给予量体测出用布量,然后由顾客按量买布付制。每年春节前两个月内,可以说是裁缝店生意最红火的时候,其原因有两个方面：一是惠来青少年有过年必穿新衣之习俗，家家户户都要为孩子添制新衣，即使穷家也不例外；二是寒冬在即，一些中老年人急需添制厚衣服御寒保暖。因此，每年自农历十一月份起，手提各式布料的人接踵而来，有时竟然在裁缝店门口排起队来。像这样遍布城乡的裁缝店，尽管大多数在制衣工艺上尚处于大众化水平，但服务周到工价便宜，因而很受人们的欢迎。改革开放以后，随着各地制衣业的迅速发展和人民生活水平的提高，加上香港、台湾成衣的大量涌入，使成衣市场倏然变得十分活跃，临街时装店如雨后春笋地开张起来，各色男装女装童装琳琅满目缤纷多彩，人们可随心所欲地选购那些潇洒漂亮得体适穿的衣服，因此，至20世纪90年代，各地裁缝店便已风光不再，旧时那种门庭若市的热闹情景也已消失。

（三）吹糖。"吹糖人"也叫卖"糖猴"，这是以前惠来儿童最喜欢的玩意儿。在已逝的岁月，经常可以在市集旁边及公共娱乐场所附近，见到流动摊贩挑着担子在卖"糖猴"。糖猴可以玩耍，玩耍够了还可以吃。所以小孩子喜欢，大人也喜欢买来哄小孩子，认为别的玩具玩够了扔掉，浪费，糖猴不浪费。"糖猴"是一种加了色彩的白糖制品，吹糖人一边现场吹现场卖。通常他将装有白糖、火炭、杂物的筐子放在一边，而将装有风炉和铜锅的架台放在前面以便制作和售卖。他用脚踏动皮鼓风箱以吹旺放置在中间的炭炉子，烧热了上面的糖浆锅子。这个锅子是特制的，其中用金属片隔开成好几个格子。大格子里是融化了的纯白糖浆，小格子各有红、青、黄数色糖浆。摊主左手持小竹棒浸渍白糖浆并搅成一小团之后抽起在空中旋转以冷却，同时右手持镊子把白糖浆团又拉又捏又吹，大多制成一只只生动活泼的猴子，又用镊子挑上各种色彩的糖浆给点缀缠绕上腰带、帽子、鞋子、千钧棒和五官等等，于是神气活现的孙大圣便做成了。手艺好的还能吹捏出猪八戒、沙和尚、哪吒等天兵神将以至猪、牛羊、鸡等飞禽走兽和仙桃、荔枝、杨桃等水果。吹糖人的产品不能算是艺术品，儿童拿在手中玩弄一会后会将它放进口中"消灭"掉，所以对艺术并不十分讲究，只要求有几分相似，有几分童趣就可以。吹糖人的技巧在一个"快"字，当小竹棍缠上"糖稠"之后，就要用很快速度将它吹捏成形，时间久了，"糖稠"冷却了，吹起来很费力，揉捏也很难。不管是"糖猴"还是仙桃荔枝，一般一只值一个铜钱，最贵的要算手挥如意棒的孙大圣，售价也不会超过2个铜钱，若是小猪小牛，则一个铜钱可买2—3只。但它的成本极低，黄豆大的"糖稠"能吹出拳头大的仙桃。当然，放进嘴里就化了，口中只有短暂的甜味。吹糖人卖"糖猴"是在大庭广众之中，儿童拿着它玩耍和招摇过市，风吹日晒，尘土附着其上，很不卫生的。20世纪80年代后，儿童和家长卫生知识提高，物质生活也大幅度提高，很少有人买它，如今市上已难再见吹糖人的身影。

五、其他小行当

（一）**盲人算命**。盲人学算命，这是由旧的社会制度所造成的。盲人没法参加劳动来维持生活，有的便只好以卖卜为业。盲人心静，少了眼前形形色色事物的干扰，较能记忆与思考，一般都要经过拜师。盲人算命有居家的，有外出的，大多是男人，且是自幼失明。外出的要过乡过里，由一个明眼亲人带路，盲人一手提手杖，一手提着一个碗口大的平面圆铜镜和小铜扣，边走边"叮叮"地敲着，让人家知道盲人算命先生来了。常是有一人算起，接着又有邻近的妇女也乘机请求推算。请算命的人，要报出自己（或家人）的生辰，即出生年月日时，也要言明要问的主要是什么事或是一生命运。算命先生就运算起来，按其出生的年月日时的干支起"四柱"，即是年柱（出生年的干支）、月柱（出生月的干支）、日柱（出生日的干支）、时柱（出生时的干支）。每个干支都有两个字（如甲子、乙丑、丙寅等），所以又叫"算八字"。盲人算命没有纸笔或算盘，只是用手指伸屈点节运算，和大城市明眼人算命有所不同。盲人算命先生从起四柱后，起算出生日干支中的五行（即金木水火土）生克情况，从中得出一生大运、小运、流年的吉凶、利弊顺逆和贫富、贵贱、寿夭、疾病、灾难、关节以至妻儿情况的推算。还会教导如何摆脱凶难、逢凶化吉的办法，所以算命先生也懂得问命人的心理状态，推算没有说得太死，往往留有余地，可以随机应变，以取得问命人的欢心与信任。有的算命先生不是敲打小铜镜，而是吹小笛子的。

（二）**相五形**。相五形是一种对具体人的命运的预测术，它不必言明出生年月日时来推算，而是观其相貌来预测。相面颜的是将人的面部分成好多个年岁行运点，从额头经印堂、两眉眼、眼下、两颊、鼻梁鼻孔、人中、上下唇、嘴巴至下巴等等。要观察其气色与眼神及五官的各种形状，还要听其声音以至"进行三步""退行三步"等等。推断出被相者从出生起有何吉凶顺逆及以后有何吉凶关节，何时能转折、交运，幸运还是逆运，以至多少岁时有大厄或寿终，眼前有何祸福等等。相术也有一套，有师传授，有资料可学，更重要的是靠经验与灵活。它不比算命那么玄虚，有具体人在面前可以察言观色，还可以从其肌肤、衣服、举止、言谈、声音等来辨别各类人的性格、职业、生活习惯和心理状态，而不单靠脸上的几个点来判断。相五形在惠来是一种悠久的民俗，相五形者多是男人，被相者也多是男人，妇女不便给男人相土察看颜面各部分。直至现在，相五形还在民间存在，只不过职业的相士很少，而作为一种相术，还是有所流传。除了相面颜五官外，还有一种相掌纹的，惠来人称"看手痕"。被相者男看左掌，女看右掌。看掌纹比较简单，但也有书可读，有口头传授，所以"看手痕"很普遍，家人、亲友平日座谈随时可相。惠来人"看手痕"，与外地有些不同，只相掌纹而不包括"箕""斗"，相箕斗另有一种相法。"看手痕"一般只相掌里的几条纹理，从食指与大拇指相距的中间有一条转下掌腕交接处的掌纹，称为"本命纹"，主寿命长短，有无危难夭折。从食指下与大拇指相距中间横过掌面至外沿处的纹，称为"断掌"，男主富贵，女主克夫；如没有构成"断掌"，则另作别论。如果转而向食指与中指间而出，则主不会守财，用钱大手大脚，得来的钱财用尽食尽。如果这条纹没有流出指缝，则不然，算是不破财。在本命纹生出旁边的纹为"夫妻纹"，接近的主夫妻感情好；不接近或相接的主感情差。如果另有纹插入，则主多妻或多夫（继室或继夫）。如果在掌心中本命纹与夫妻纹中能形成若干个三角形，称为"钱库"，主有钱；没有的则一般。这几点掌纹简单论相是最普通的，所以人们也常作为一种玩笑，并不完全相信，但也有不同的变通说法。还有更简易的手指"箕""斗"相，惠来有这样的歌谣："一螺（即斗）一丁丁，二螺走脚皮，三螺有米煮，四螺有米炊，五螺五田庄，六螺掰心肠（操心的意思），七螺七揲揲，八螺做乞食，九螺九安安，十螺做太公。"女的则是："九螺九贫贫，十螺做夫人。"各地歌诀也有不尽相同的，横竖都是一种玩笑，只教人们如何认识箕与斗而已。

（三）接生。以前，惠来人家每逢孕妇分娩，大多是世代相沿的自家接生，富裕人家才专门聘请产婆来家为临产孕妇帮助接生。分娩时产婆都沿袭着传授的坐跪、站立等方式接生。新生儿呱呱坠地之后，凡是男婴，产婆就惯用"毛笔杆片"为婴儿切断脐带，象征着将来长大识文墨，会做官；如果女婴，惯于采用"破碗片"或"家用剪刀"断脐带，象征着长大成为善于料理家务的贤淑妇人，会针工。脐带切断包扎后，一端附着胎盘的就用稻草包扎起拿到村外种落于土地上以表示落地生根，开枝发叶，子孙繁衍；也有的将胎盘包扎后装入陶瓷中藏在房子里的眠床底板下。产程顺利时，产婆就初步完事，产家必应奉送"红包"。一般为3天后产婆要上门"巡脐"。"满月"时产家要请产婆"吃甜丸卵"或"甜面"，有的还再奉送"礼品"或"红包"以深表感谢。惠来乡村产婆，绝大多数是家传得技，在乡间或邻近乡村受聘为孕妇接生，技法粗陋，很不安全，如产妇分娩过程出现胎盘滞留，则施行"扁担"来按压产妇的下腹部，企图借以促使胎盘尽快剥离排出体外，这是不科学的。由于产婆用力牵拉等原因导致产妇大出血，出现昏迷、虚脱等垂危症状，尤其遇到难产时，产婆更是束手无策，致母婴命丧黄泉的时有发生，故民间流传"妇女生仔是一边眠床，一边棺柴（材）""姿娘生仔如渡鬼门关"等俗语。

（四）**轿佚**。在旧社会，惠来民俗中，社会地位最低的是抬棺材、抬轿、埋死婴和牵猪哥。这几种行业也往往集中在一户兼干，潮语称为"轿佚"。过去演"大戏"时，演到太悲哀时就有丑角讲几句引人发笑的话，演到祝英台要出嫁时在房里啼哭不已，演轿夫的丑角就喊道："快点上轿呀，我们还要去扛棺材呢！"可知抬轿与抬棺是一户干的行业。有人叫轿时则抬轿，有人叫抬棺材时则抬棺材，有人来叫埋夭亡的婴儿时则去埋死婴，没事干时就牵着公猪下巷找母猪配种。这些服务性的行业都不是一般人所愿意干和所能干的，但人们总是把他们看为最低下的职业、最脏秽的人而避之。潮剧中也有演牵猪哥的，给人的印象是低下得可笑，其曲是："手牵猪哥下乡中，寻求猪母结成双；若是主人合心意，铜钱十二米二筒。"可知找到一次配种，还只是维持一户几个人的一天伙食而已。

第四十五章

传统节日习俗

传统节日指的是"年时八节"。所谓"八节",是指一年8个重要的民俗节日:春节、元宵、清明、端午、中元、中秋、冬至、除夕。重阳不受普遍重视,特别是在惠来,因此,不列入"八节"。除夕和春节连在一起,统之谓过年。

惠来流传有这样一首年节歌谣:

正月元宵人游安,各家各处人看人,各乡各里神赛会,吹箫鼓乐闹潺潺。

二月排来是春分,各家上山祭祖坟,祭祖阿公来保贺,保贺千子共万福。

三月踏上是清明,清明脚踏满月根,各家上山去扫墓,纪念先祖共先灵。

四月初起是夏天,此月无节免使钱,各家各处转寒服,转了寒服换热衣。

五月端午闹龙船,龙船好看闹纷纷,各家各处人缚粽,纪念屈原祭江坟。

六月小暑割早田,种子落土百二天,一下锄头三点汗,为人饮食真艰难。

七月排来是热天,南风扑面脸悠悠,田仔布好着勤劳,争取大冬得丰收。

八月节名叫中秋,中秋朥饼着浮油,人人庆祝好佳景,八仙和会来出游。

九月九日是重阳,重阳孔子天下恭,诲而不倦三千数,七十二士史册传。

十月到来人收冬,收粳收糯入仓房,感谢神农之恩德,赐予天下度三餐。

十一月到来年近边,各家各处人搓圆,搓圆就来过冬至,冬节日子无定期。

十二月到来年在边,各处神明要上天,上天之日在廿四,送神之后正过年。

这首歌谣所指的月份是农历,明显是以前惠来农村年节风俗的写照。民国时期,惠来各处大大小小的节日诞会,可谓多如牛毛,即使是"此月无节免使钱"的四月,尚有部分地区要举行浴佛节,买鱼买龟到河边放生。

〔第一节〕春节

■ 春节文娱游演队伍

俗称"正月头",指农历正月初一至初三,正月初一称元旦,也叫"初一早"。传说这一天是管全年的,所以迎接这一天要非常虔诚。中华人民共和国成立后,政府将春节规定为法定假期,放假3天。县城、圩镇开展民间文娱活动,游行队伍主要由英歌舞、大锣鼓、八音、扛大旗、太平鼓、景屏等组成,甚为壮观,观赏群众人山人海,呈现一片祥和的太平盛世景象。此外,还有舞狮队、曲班到祖祠或大户人家演出,更增添节日的热闹气氛。

食甜粥是惠来人的普遍习俗。初一早要食甜粥,兆示全年甜甜蜜蜜。这天多数人家要吃素,最起码早餐不能吃荤。早餐后整天吃干饭,并且饭煮得很多,吃不完,叫"新年有剩余",并预兆全年出外不致遇雨(若出门遇雨时,人们常调侃"你是初一早食粥")。

春节期间有不少传统活动。

一、拜年

农历正月初一日称元日,为新岁之首,春天之始。天方拂晓,喜炮声声,家家户户厅中大桌上,红盘盛满大桔(即柑,柑大于桔,故称大桔,兆示大吉)、青橄榄及各式精美糖果,门前张灯结彩,晚辈向上辈敬茶祝福。惠来有俗谚说:"有心拜年初一、初二,无心拜年初三、初四。"说的是拜年越早越见其诚意。故此,有的人起床后就立刻向亲戚朋友拜年去了,回来后才吃饭。大人携小孩带上大桔到亲友家拜年,主客互致"新正如意、恭贺发财、添福"等吉利话;主人请客以大桔、槟榔(古俗敬槟榔,今用青橄榄代之),谐音为"宾临大吉"之意。主客共品工夫茶,客人赠上大桔贺主人"吉祥如意",主人也要以大桔回赠,意在回敬美好祝愿。20世纪80年代很盛行"换柑运动",即客人送来4粒柑,主人收两粒,又回敬两粒。90年代时尚送红包、电话拜年。拜年的礼俗随着时代的变化"与时俱进"。

二、回娘家

旧俗正月初一,嫁出的女儿不能回娘家(沿海农村规矩更严,如今有些思想开明的父母已不再讲究),俗谓"不让嫁出女儿回头看过年灯"。正月初二、初三、初四,嫁出去的女儿们便纷纷带着丈夫、儿女回娘家拜年。女儿回娘家,必备办一大袋的饼干、糖果,由母亲分送邻里乡亲。如果家中有多个女儿的,而这些女儿又不在同一天归来,那么,就要来一个分一次。礼物颇薄,四块饼干而已,然而,它反映的情意却甚浓,真正是"礼轻情意重",表达姑娘对乡亲的切切思念。姑娘回到家中,若家中有侄儿,当姑母的必须给压岁钱。回娘家的习俗,惠来人称为"食日昼"。顾名思义,仅仅是吃中午饭而已,女儿必须在晚饭前赶回婆家。

三、"参狮"驱邪

有的村落、社头成立舞狮班。初一早,就由"头手"(即主要人物)提狮头,带锣、鼓手到大户人家"参狮",意为替人家驱除邪魔,人家很欢迎,都赏红包。尤其第一班参狮,赏钱更多。还有一些其他活动。初一早,不少英歌队敲锣打鼓到各村各户参拜贺年,主人燃放鞭炮以迎。还有手摇万年青叶(俗谓摇钱树)或手执书有"招财进宝"等吉利话的小红纸贴于人家门上的;或是吹唢呐、敲竹板、唱歌谣、做四句、说吉利话挨家贺年的,都趁着讨点赏钱。初二、初三日乡村圩镇多组织庆新春文娱活动,除搭戏棚演潮剧、皮影戏外,还有大锣鼓队、虎狮队、英歌队、舞龙队等沿街挨村寨游行表演。今还有映电影、赛球、书画展、猜谜语等。白天夜晚人们成群结队尽兴游赏观看，一片迎春的热闹喜乐气氛。

■ 虎狮表演

四、禁忌

惠来人春节期间有许多禁忌。因为正月是一年之始，惠来人往往将它看作是新的一年年运好坏的兆示期，因此过年的时候禁忌特别多。言语方面，诸如破、坏、死、鬼、杀、病、痛、输、穷等不吉利的字眼，都禁忌说出口来。非说不可，就要找替用语。如生病说成"人食唔落"。也忌婴儿啼哭，因为啼哭是"无头彩"，兆示疾病、凶祸。故这一天即使小孩惹了祸，也不能打他或呵斥他，以免他啼哭不休。行为方面，端杯、盘、碗、碟要格外小心，不能打坏。"禁扫地"这一习俗正在慢慢被淘汰，因为春节期间燃放鞭炮，人来客往，地上纸屑、垃圾特别多，不打扫一下的确有碍大雅。因此，从讲究卫生出发，不少年轻人也就对这个传统禁忌习俗不怎么讲究了。这一天债主不许上门讨债，因为人们认为这一天讨债对借贷双方均不吉利。也忌从别人口袋里掏东西，人们认为，正月初一的口袋让人掏了，可能导致一年都被"掏空"的危险。忌死人，也忌办丧事，因为这将给家里带来不祥。同时，忌该天理发，因为人们在这一天总喜欢把理发同办丧事联系起来。这一天甚至忌杀生，杀生被认为会导致刀灾、兵灾、血灾等灾祸的发生。但是，随着人们生活水平的提高，吃东西图个新鲜，为了口腹之快，也就没什么顾忌了。饮食方面，这一天严禁吃药。否则，被认为会导致一年从头到尾疾病缠身，吃药不断。初一早饭忌吃荤，有两种说法：一种是这一顿吃斋，其功用等于一年；另一种是暗喻勤俭治家，不可铺张浪费。

五、其他习俗

春节习俗中尊老爱幼的传统美德，蕴涵了厚重真切的传统文化和民族精神，而这也正是传统节庆文化在一浪高过一浪的现代化和西化潮流中傲然挺立、与时共进的重要原因之一。尽管各个岁时节俗各有主题，但这些节俗都有一个共同的特点，就是各节俗不同主题中都同时将尊老爱幼的福禄寿禧和太平团圆的淑世情怀演绎得淋漓尽致。如春节，正月初一新年伊始，各家各户男女老幼都要穿新衣，放鞭炮，礼祖拜年；家中晚辈要给长辈拜年请安祝福，长辈要给小孩"压岁钱"。年幼者对长辈较平日更加毕恭毕敬，礼貌有加，语言应当较平日更加委婉柔从，说吉祥话，禁止粗鲁、揶揄，要尊称长者而不准直呼其名；做客向人拜年必带去成双数的柑，表示送去"大吉"；客人带上的礼物，互致"大吉"；家家户户都要在厅堂桌几上摆上一盘柑和橄榄（取代古时的槟榔）以迎宾客，寄托"宾临大吉"之意。

惠来人最重视除夕，从农历十二月廿四日神明"上天述职"之日起，家家户户经历大扫除、添置新衣、采办年货、选购年画、春联（有文化的人则自己书写或好友间相互书赠），一番忙碌之后，便是隆重准备除夕夜围炉吃团圆饭了。除夕日，外出的家人都得赶回家团聚。围炉与各类节庆团圆家宴一样，老人是核心，是最受人尊崇的角色。开宴前，家人都要先向老人说些诸如"福寿安康"之类的吉祥话，向老人敬酒，为老人夹菜，然后才依次举箸就餐。老人也举杯说些祝福家人吉祥如意，希望孩子聪明晓礼，后生勤奋拼搏之类的祝词。唐代诗人白居易描述除夕夜宴的《三年除夜》与围炉的情景十分贴切："晰晰燎火光，氲氲腊酒香。嗤嗤童稚戏，迢迢岁夜长。堂上通帐前，长幼合成行。以我年最大，次第来称觞。"饭后，大人们给孩童，成年子女给父母、上辈分发压岁钱，然后守岁。这些礼俗充分体现了惠来传统节庆文化的尊老爱幼理念。惠来岁时节俗对一家骨肉团圆氛围的追求与期盼，是十分鲜明而强烈真切的。从某种意义上说，团圆是传统节庆的一个重要主题。

〔第二节〕元宵节

元宵节始于2000多年前的西汉。汉高祖刘邦死后，吕后篡权，培植吕氏势力。老臣周勃、陈平趁吕后病亡，一举平定"诸吕之乱"，拥立刘邦的二儿子刘桓登基，称汉文帝，这天是农历正月十五日，汉文帝为要万民同庆，便把这天定为元宵节（正月又称元月，"宵"同"夜"，故也称元夜、元夕）。因为道教把一年中的正月十五称上元，七月十五称中元，十月十五称下元，所以元宵节又称上元节。

一、花灯节

元宵是花灯节。民间张灯之俗源于佛教，始于东汉。《僧史略》载：佛祖释迦牟尼降服群魔是在西方佛历十二月三十日，即我国的正月十五日，为纪念佛祖降魔，此日需举行燃灯法会。东汉明帝为提倡佛教，便下令在元宵节，官民一律挂灯，从此蔚然成风。历代都把张灯、赏灯作为一大盛事。唐睿宗时曾在长安宫城外架起一座20丈的"灯轮"，悬挂5万盏灯。宋代曾在开封御街上，万盏彩灯垒成灯山。明代朱元璋在金陵即位，规定正月初八上灯，十七日落灯，张灯10夜。清代曾在乾清宫设鳌山灯，盛况空前。

二、情人节

元宵节又是准"情人节"。旧俗元宵，惠来未嫁姑娘还有坐大菜（芥菜）、摇竹丛以求得好郎君的行止。民谣云："坐大菜，坐了有人爱。坐竹丛，坐了正合人。"元宵花灯鼓乐、游神赛会甚多，此时此刻，未出嫁的姑娘行动较自由，往往成组成群参加活动，对自己的未来，也多憧憬，故有大胆约心上人在竹园、菜地相会者，也有些男子专窥姑娘坐大菜、摇竹丛者。明代潮剧《陈三五娘》元宵观灯而定情，都是此类风俗的反映。久之，元宵成了少男少女寻春约会相亲的情人节。中国没有情人节，但古诗所云："月上柳梢头，人约黄昏后。"正是元宵时节。惠来姑娘的坐大菜、摇竹丛已经演绎出多少爱情故事。当代，此俗在农村尚有遗存。竹枝词《元宵坐大菜》描写的正是这一习俗："观灯已罢夜阑珊，小妹良宵兴未完。相约田间坐大菜，将来嫁得好郎官。"在城镇，元宵也有不少旧俗与时尚的活动，加上国外传入的情人节（公历2月14日）日期多在元宵前后，故城镇男女青年也多有相亲约会的浪漫情调。于是，逐渐形成元宵准"情人节"的习俗。

三、闹元宵的内容

惠来各地元宵风俗活动内容大都有吊花灯、游花灯、舞狮、猜灯谜、吃汤丸等，其主要内容在灯，故又称灯节，它有最浓厚的游乐色彩，故称闹元宵。

（一）兴灯。上一年出生的男孩及娶进门的媳妇，都必须在这一年的正月举行兴丁仪式。产男孩算全灯，娶媳妇算半灯。时间大多在正月十三日左右。各地风俗不尽相同，但都要在地头老爷庙里挂上莲花灯，有些还用灯屏（即用泥和布做成古代人，让它们聚合在一个厅堂中）。有的地方，分灯糖、花生豆，或甜粥，或大油粿，或请人喝擂茶（即用爆米花加茶水，有的还加芝麻，没爆米花则用干饭泡茶）；有的农村，还要办酒席宴请亲友。中华人民共和国成立前有些穷人家出现"卖阿兄上阿弟"（把阿兄卖掉，给阿弟上灯）的惨剧，有的还因此离乡出走。到21世纪初，挂灯、分糖还是有的，请客就没那么盛行。

（二）看新娘。元宵节第二夜，各地有看新娘的习俗。即上一年娶的媳妇艳装靓扮，立于厅旁，由长辈陪伴，让邻里亲友观看。红漆方桌上放着茶点，招待客人品尝。中华人民共和国成立后，这习俗消失了。

（三）摆社。摆社是在神庙前、祖祠前摆设各种精制粿品和瓜薯麻豆甘蔗等，以及专力饲养的三牲，还有家藏珍贵玉石、书画、古董等等。摆社的三牲、粿品、瓜果都衬贴精工剪纸，使祭品艺术化。

■ 隆江镇孔美村上灯场面

■ 孔美村上灯所用"鱼树"

（四）游神赛会。全县各地都有将神庙里的神像抬出来，游神给社众赐福的习俗。游神的程式是：子时落殿，即将神像从殿上抬下来。擦洗之后，置于厅上让人供奉。装好肩具之后，于上午9时左右出游。随行有锣鼓班、八音班、大旗。隆江一带还有小锣鼓班，由十几岁的少年演奏。善众当街设祭，叫"三献"。游遍各社之后，于下午7时左右进庙。先把神像扎稳，由8个壮汉将神像倒转。这时漫天爆竹齐响，震天动地，浓烟滚滚，神像在炮火纷飞中由壮汉扶起来，快速冲进庙中。游神仪式至此完毕。

（五）娱神游艺。娱神游艺有多种艺术形式：大锣鼓管弦乐队、笛套锣鼓队、标旗队、涂下戏、木偶戏、潮剧、英歌舞、布马舞、鳄鱼舞、鳌鱼舞、鲤鱼舞、舞狮、舞龙、彩旱船等等。中华人民共和国成立后，在文化部门的倡导和辅导下，大都成为单独存在的文艺表演形式。近年有些地方有游神活动，这些艺术形式又被动员去参加游神。

（六）赛灯、猜谜。赛灯是元宵夜的群众文娱活动。各社展示古装灯屏，让人观赏，小孩子人手一把蛤蟆灯、鲤鱼灯、鼓灯，大街小巷自由玩耍，增添节日的欢乐气氛。猜谜是有文化的成年人在元宵节的一项高品位活动，谜栅灯火辉煌，观众挤成一片，鼓声咚咚，当猜到精彩的谜时，观众哄然欢呼，气氛热烈。此外，惠来城乡还有荡秋千活动，惠城东郊、北栅，前詹石峻村，溪西后山村较为盛行。

■ 神泉英歌

〔第三节〕清明节

据《历书》载："春分后十五日，斗指丁，为清明，时万物皆显，因此得名。"

一、寒食节的由来

清明节，有些地方叫寒食节，相传是纪念介之推的。其实，寒食节是清明前一天。介之推是春秋时代晋国的贤臣，他侍奉晋文公（公子重耳）。晋国发生内乱，公子重耳被迫逃亡国外，介之推义无反顾一直跟随重耳。后来，重耳做了国君，称晋文公。开始，他对介之推的耿耿忠心铭记在心里，但是，时间久了，也就渐渐淡忘了。晋文公封赏追随他流亡的功臣，忘记了介之推。介之推心中十分难受，就带着年迈的母亲，回到家乡附近一个大山中，过着隐居生活。晋文公终于发现自己身边少了介之推，重新记起他的功劳，他非常愧疚，派人寻找介之推。得知他已隐居深山，便亲自跑到他隐居的山中寻找，可是介之推不想见他。晋文公下令放火烧山，想迫使介之推跑出来。火熄后，才发现介之推和他的母亲相抱在一起，被烧死在深林之中。这事传开后，人们尊敬和怀念介之推。以后，便在他被烧死的这天纪念他，这天就在农历三月的清明节前一天。因为介之推是被火烧死的,大家在这一天人们都不忍举火,宁愿吞吃冷食,所以,这天叫"寒食节"。

二、清明祭祖的由来

汉代以前,清明节并不像后世这样被人看重,原因是当时并没有扫墓这项礼节。据史书记载,祭祀坟墓的风气,起源于汉。《晋书·礼志》载:"古无墓祭之礼,汉承秦皆有园陵。"古俗本有春秋祭祀。春祭在清明,秋祭在重阳。于是,清明祭祀祖坟的俗例,自汉以后相沿承袭,流行民间已历2000多年。宋《梦华录》有这样的记叙:"清明节,凡新坟皆用此日拜扫,都城人出郊。禁中前半月,发宫人车马朝陵,宗室南班近亲,亦分遣诣诸陵坟享祀,从人皆紫衫,白绢春角子青行缠,皆系官给。节日,亦禁中出车马,谐奉先寺道者院,祀诸宫人坟。"明刘侗《帝京景物略·清明扫祭》叙述:"三月清明日,男女扫墓,但提樽榼,轿马后挂楮锭,粲粲然满道地。拜者,酹者,哭者,为墓除草添土者,焚楮锭者,次以纸钱置坟头,望中无纸钱则孤坟矣。哭罢不辞也,趋某树,择园圃,列坐尽醉,有歌者,哭笑无端,哀往而乐回也。"清明,也是踏青插柳的好时光。远在宋代,张择端就绘出了东京仕女郊游的《清明上河图》,与《清明上河图》同是表现东京风物的《梦华录》,也有关于插柳踏青的描述:"清明节,寻常京师以冬至后一百五日为大寒食,前一日为之炊熟,柳条串之,插于门楣,谓之子推燕……四野如市,往往就芳树之下,或园圃之间,罗列杯盘,互相劝酬,都城之歌儿舞女,遍满园亭,抵暮而归……轿子即以杨柳杂花装簇顶上,四垂遮映。"东京是北宋的都城开封,其他散见各类文籍的例子,还有很多。如唐代诗人韩翃的诗:"春城无处不飞花,寒食东风御柳斜。日暮汉宫传蜡烛,青烟散入五侯家。"春天,京城的柳枝在寒食节风中倾斜飘摇,所描写的就是清明杨柳的景象。而头上戴柳条,是唐明皇李治的杰作。据说,李治在渭水岸边举行祓禊,把柳枝绕成圆环分送群臣,说是可以驱邪。据《荆楚岁时记》说,柳枝是插在檐前和门户上的。后世的人将柳枝插戴到头上,是因李治的举动,认为柳枝可以辟邪,于是蔚为风气,变成了俗例。民间还有另一种说法:柳永是宋朝景祐进士,官至屯田员外郎,世号柳屯田。柳为举子时,多游狭邪,善为歌词。教坊乐工每得新歌,必求柳为词,始行于世。柳词旖旎近情,有《乐章集》。柳曾客居扬州,当地教坊多唱柳词,据说,凡受柳所青睐的歌伎,无不声名鹊起。柳死于京口,后每年清明之日,北里歌伎率往墓前致祭,祭罢,则在路边折柳簪发,以为悼念。遂成后世插柳的习俗。如今,每到清明节,人们不仅祭祀自己的祖先,还到革命烈士陵园祭扫。凡是在历史上为人民立过功,做过好事者,人们都纪念他。

三、清明节习俗

清明节,在我国传统岁时节令中,是个比较重要的节日。这天,人们慎终追远,寻根思源,借表对先人的孝忱之意。还有踏青插柳、荡秋千、放风筝等民俗活动。

(一)**扫墓祭祖**。扫墓俗称"过纸",即子孙到祖先墓地拜祭,并清除杂草,用红油漆重描墓碑上的文字。祭品多是糖饼,用五彩纸条压于坟头,散放墓旁。邻近村落的牧童来领赏糖饼。扫墓时间主要在清明日。但从清明日算起,一个月内,可以择日扫墓。中华人民共和国成立后,县城机关团体与学校,在清明日组织人员到烈士陵园献花圈。

(二)**踏青春游**。清明踏青的风俗宋代已经形成。明代,南方这种习俗更为常见。明代中期以后,宗族制度在经济比较发达的地区,对社会生活的各个方面都产生了巨大影响,扫墓也成为敬宗与睦族的手段。同样,带有娱乐联谊性质的踏青春游活动也可以促进家庭以至宗族之间的和睦团结。于是,在清明扫墓的同时踏青春游,就蔚然成风了。妇女穿着新鞋,出行于郊原,谓之"踏青"。因为古时的妇女平时不可随便出游,当春回大地,风光明媚的时候,才可以到郊外去领略一下大自然的景色,一解深闺的愁闷。后来人们将这一活动挪在清明日。20世纪90年代以后,惠来人往往把扫墓和踏青结合起来。扫墓时带上一些饮料,等扫墓完毕,找一处干净平坦的地方,就着祭品和饮料,席地而食。这就把古老的习俗和当代的生活情趣巧妙地结合起来了。

〔第四节〕端午节

农历五月初五为端午节,也称端阳节、五月节。拜节的主要祭品是粽子,粽子分为球粽(用竹叶包糯米及佐料煮成)、条粽(用糯米浸"红栀",即深棕色的碱,包在竹叶里成条状,煮至糯米化为糊状),还有栀粿(即用糯米粉拌红栀蒸煮而成)。都是能清热、消积的食物。惠来隆江流传"关公磨刀"的传说。农历五月十三日那天,是关圣帝君(关羽)诞辰日、降神日,俗称"关公磨刀日",民间举行庙会,并演戏谢神、进刀。这一天在隆江禁忌动刀,以示崇敬。隆江关帝庙坐落在龙江河北岸,故此热闹非常,人海如流。

一、端午节来源

对端午的得名和始源,历来众说不一,其中"凭吊屈原说"较为盛行。农历五月初五,是爱国诗人屈原怀才不遇,忧国伤时,悲愤投汨罗江殉难的日子。"凭吊屈原说"的最早记载见诸萧梁时吴均《续齐谐记》:"世人作粽,并带五彩丝及楝叶,皆汨罗之遗风也。"又传屈原投汨罗江殉难后,楚国百姓便往江里投粽子,使屈原之尸免遭鱼虾之吞噬,此说相沿至今。故世人都把端午看作是纪念屈原的日子。

二、端午节习俗

端午节的习俗颇有文化和科学内涵,主要有:

(一)悬插"五瑞"。惠来乡下,历代相沿,端午要在门楣、门环以至屋檐下,悬挂一束束用红头绳系扎着的艾草、菖蒲、石榴花、蒜头、龙船花,共5种,称"五瑞",旧俗传为"合五"以招屈原之魂。其实,这是古代先贤针对"恶月"瘟疫猖獗而采取的防疫保健措施,意在驱瘟辟邪。艾是菊科多年生草本植物,又称蕲艾。自古是惠来人于端午用来辟邪、祛疫消灾的植物。乡间有民谣:"端午半夏五月艾,悬挂门楣驱毒邪。"端阳日,街头巷尾,卖艾声声,芳香浓郁,有的人把艾叶扎于香囊佩戴着,以禳毒气,祛病健身。明代李时珍的《本草纲目》载:"艾生田野，处处有之……五月五日采，灸病疗百疾，起沉疴之人为康泰，其功亦大矣。"《孟子》云："犹七年之病，求三年之艾也。"更道出了患7年之病，只用3年的艾就把病治好。这些都说明古代用艾祛病保健疗效显著。现代医学研究分析，艾叶含有挥发油，主要成分为苦艾素。还含有鞣酸、氯化钾及微量的维生素B、C及A类物质。苦艾素有较强的杀菌和抑菌作用，还能兴奋血管收缩中枢和运动中枢，有提高人体免疫功能之效。由此，古人端午节流行挂艾、插艾的民俗，是一种空气消毒、驱虫杀菌的简便可行方法，有一定的科学道理，当今仍然值得提倡。端午节也有人称为杀虫节。这一天称作"圣日"，吃药最见效，小孩子吃中药"使君子"或疳积糕，驱蛔虫。药店晒药，书店晒书，都是为了杀虫。

（二）吃端午粽。明代李时珍的《本草纲目》说："古人以菰芦叶裹黍米，煮成尖角之形，故曰粽，曰角黍。"惠来人家，世代相沿，端午包粽，是祭吊屈原遗风之一。民间有"未食五月粽，破裘唔甘放"的气象谚语，可见粽子成为惠来名小吃的历史悠长。

（三）洗"午时浴"。传说五月初五是龙的生日，这天龙抬头喷出的水能治病。故此，惠来人在这一天到外面溪河取水，置于自家水缸里供全家人吃喝，祈求一年平安，风调雨顺。有的还在中午12点钟左右到海边、溪河等洗浴，称之为"午时浴"，祈求身体健康。

（四）饮龙舟水。饮龙舟划过的江水，即"龙舟水"。乡间流传，饮龙舟水能使人身强体壮，妇女用来洗头发，还能治头风。

三、龙舟竞渡

龙舟竞渡是端午节的主要活动。划龙舟是这一节日的主要活动内容，惠来各地都盛行这一体育活动。县城的南栅池、隆江的龙江、靖海的狮石湖、仙庵的西塘、鳌江等水域，都有划龙舟的活动。或表演，或竞赛，非常热闹。惠来的龙舟，一般没有龙头龙尾装饰。16个划手，锣鼓手各一人，舵公一人。比赛有奖品，竞争非常激烈。锦标多为近3米长的彩绣。传说锦标能够兆生男孩，所以村中居民凡婚后尚未有男孩的，争相请夺标者将彩标送到自己家里走一趟。送标时，龙船队打着龙舟鼓、敲着龙舟锣，划桨者按比赛时船上的次序排列，来到相请人家，户主盛装出来迎接，煮一锅甜食给龙舟队员吃，并送一个红包。礼仪结束，龙舟队又作划船之状归去。惠来的龙舟竞渡有两点与众不同：

（一）洗溪。隆江习俗，竞渡前请龙舟到水里穿梭划行数次，称"洗溪"。龙江两岸插上彩旗，旌旗招展，升放灯笼气球，烘托节日气氛。赛前龙舟手要食"龙舟饭"，然后"洗溪"，分别把龙舟划到他们所奉祀的佛祖、关帝、妈祖等神庙前祭拜，以祈求神明庇佑平安，旗开得胜夺头标。

（二）三参灯。惠来各地龙舟不大一样，一般船舷和船腹都绘有不同颜色。绿色的俗称雄龙，红色的俗称雌龙。龙舟桨数不等，少则6对，多则12对。比赛之前把龙舟划到妈祖庙前参拜龙王爷，船首对着庙门，划进划退参拜3次，称"三参灯"，保佑旗开得胜。

〔第五节〕中元节

七月十五日是中元节，惠来人俗称"七月半""鬼节""施孤"。家家祭祀祖先，粿品特殊，称"人仔粿""心哺仔（童养媳）"。

一、中元节起源

中元节起源有两种说法，记录备考。

（一）"目莲解救母厄"说。目莲之父逝世而其母却忘记奉祀，还恶行多端，且立假咒，结果惨遭横死，判入阿鼻地狱。目莲要救母亲，就积下许多阴德。因此，世尊赐她锡杖，顿开地府门，走向地狱。谁知来到地狱第一殿时，她母亲已经被押去第二殿。追到第二殿，她母亲又被押去第三殿。如此一直追到第十殿，只见母亲化为饿鬼。目莲对母极孝，急以钵盛饭喂母，但食未入口，已化为火焰，焚身之痛，不胜其苦。原来，目莲的母亲已入"饿鬼道"。所谓"饿鬼道"乃佛家语，"六道轮回"之一道。六道轮回有三善道、三恶道。"饿鬼道"是三恶道的第二道，即六道中的第五道。死了到地狱而入"饿鬼道"的，须永远挨饿，任何食物入口即变成火焰。佛事里的"放焰口"，乃是为饿鬼解除这种禁制。佛祖告诉目莲，必须在每年七月十五日以百味五果置盆中，供养鬼灵，超度众饿鬼，其母才能得到济度。目莲依佛祖之言祭祀群鬼，最后与父母同证果，成为地藏王菩萨之护法。每年七月十五日遂成中元节。关于中元节的记载，史料颇多。相传唐代李豫，每年七月十五日，一定要在宫中设一个规模盛大的盂兰盆。盂兰盆是梵语"乌篮般奴"的读音，意思是倒悬，也就是说，有人在地狱中受到倒悬之苦，所以要供奉，使他们得救。关于盂兰盆，宋代陆游《老学庵笔记》有这样的记叙："故都残暑，不过七月中旬，俗以望日具素馔享先，织竹作盆盎状，贮纸钱，承以一竹，焚之，视盆倒所向，以引气候。谓向北冬寒，向南则冬暖，向东则寒暖适中，谓之盂兰盆，盖俚俗老媪辈之言也。"《东京梦华录》不但对盂兰盆有描述，连节日具体的情景都写出来："七月十五日，中元节，先数日市井卖冥器、靴鞋、幞头、帽子、金犀假节、五彩衣服，以纸糊架子盘游出卖，潘楼并州东西瓦子，亦如七夕，要闹处也卖果食、花生、花果之类，及印卖《尊胜目莲经》，又以竹竿斫成三脚，高三、五尺，上织窝之状，谓之盂兰盆，挂搭衣服冥纸在上焚之。构肆乐人自过七夕，便搬目莲救母杂剧，直至十五日止，观者增倍。中元前一日，即卖练叶，享祀时铺衬桌面，又卖麻谷窠儿，亦是系在桌子脚上，乃告祖先收成之意。又卖鸡冠花，谓之洗手花，十五日供养祖先素食，才明即卖祭米饭，巡门叫卖，亦告诚意也。又卖转明菜花、花油饼、馂豏、沙豏之类。城外有新坟者，即往拜扫，禁中亦出车马诣道者院谒坟。本院官给祠部十道，设大会，焚钱山，祭军阵亡殁，说孤魂之道场。"

（二）"祭祀杨文广"说。过去，惠来地区还有另一种传说：中元节是宋代"杨家将"杨文广平南蛮时，为祭祀北方将士在南方阵亡之亡灵而设立的节日。但这种说法没有得到广泛认同，因为，盂兰盆会早在南北朝时期就已流行。倒是杨文广平南蛮经过百花尖，立誓时留下的三块"试剑石"如今成为周田镇新村的一个景点。北齐颜之推《颜氏家训·终制编》云："及七月半，盂兰盆望于汝也。"梁宗懔《荆楚岁时记》也说："七月十五日，僧尼道俗悉营盆供诸佛。"

二、盂兰盆会

"中元节"原本是道教所命名。在惠来，这个节日的种种活动，同道教无关。民间几乎没有称为"中元节"的，都把它叫作"七月半"，因为节日就在农历七月十五日。七月半的节日活动，围绕着祭祀祖先进行。这个节日祭祖，要比其他一些节日隆重，祭品之中，一定要准备好楮衣。或者是因为七月暑尽，季节更换，必须更衣防寒。一般人家，祭祖在家中公厅举行；有钱人家，则祀先于寺庙，先期醵金作"盂兰盆会"。

盂兰盆会是佛教重要的岁节仪规之一。《佛说盂兰盆经》"目莲解救母厄"的故事，与中华民族的孝道十分合拍。梁朝开始，在中国逐渐风行，目莲救母的故事也逐渐中国化而且家喻户晓。到宋元以后，盂兰盆会逐渐由孝亲变为祭鬼。惠来、潮阳、南澳等地，祀祖于盂兰盆会，还保留着佛教的本义。法事仪式一般是：由7或九或11位和尚，穿着袈裟，戴上僧帽，手执各种法器，先拜佛，再到孤魂炉前荐引，并在临时搭成的篷棚内伴着音乐起舞（俗称"走五贡"），最后在一张长长的供桌两旁坐下来。主持者则坐在供桌上，配乐诵经，僧还需表演各种手势。法事大约进行4个钟头，最后一个仪式是由主持者抛出供品（主要是面包）给信徒们抢夺——"施孤"。

三、施孤与抢孤

"施孤"是中元节的主要内容。有"高孤"与"暗孤"之分。施暗孤是主办者挂出大士圣王画像，有的还加山神、土地像，摆设香案炉，供广大信徒拜祭。祭礼大多是一钵钵装得满满尖尖的白米饭、斋菜（豆干、豆腐、花生、青菜之类）；有的是面包、红粿，纸礼有吊钱、纸锭、大小纸元宝；还有"金山""银山"（用竹骨扎成，糊上金银纸，有一人多高）。纸礼焚化后，祭品由各户收回。施"高孤"较为隆重。要搭"孤棚"，即用木柱、木板搭成高棚，"孤棚"前面往往立着两个五色纸糊成的巨大纸人，青面獠牙，俗称"孤王"，是专门负责维持参加施孤大会的无主鬼们秩序的大鬼。祭孤台上的灵牌有三块："男孤魂之位""女孤魂之位""儿童男女孤魂之位"。上面陈列各种祭品，有面包山（用竹扎成高塔形，糊上纸，外面挂满面包）、粿山（竹扎成锥形，约1米高，糊上纸，外面贴上红粿）、饭包、米糖方等。主持庵寺则请来一班法师，设座祷祝。即用几张方桌联成大祭桌，主要法师披袈裟，戴僧帽，高坐祭桌上念经，并用手演示各种动作，其余法师坐在供桌两边，配以鼓乐，场面肃穆庄重。广场上还祀着三尊彩纸糊成的高大神像，即大士圣王居中，两旁山神、伯公。至下午4时左右，祭祀完毕，焚烧纸礼（有金山、银山），小孩子一哄而上，将三尊神像砸烂、火化。之后孤棚将祭品收起来，向下面群众投掷，观众争、抢，叫"抢孤"。有抢实物，如面包、粿；有抢竹签，凭竹签可向主持者换饭包、糖方。至此结束，叫"散孤"。从七月初一日"开孤门"到七月底"关孤门"，各庵寺轮流择日举办。

四、布田

在中元节，有些地方有"布田"的习俗，即把点燃的香烛沿着门口的墙边遍插着，插得越多越好，俗称"布田"（插秧），象征秋收五谷丰登。有的小孩还喜欢偷偷地跑到别家的门口割"稻谷"，常有为此事而引起争吵的。

〔第六节〕中秋节

俗称"八月半"，这天晚上，除了祀祖，就是拜月。月圆人圆，这个节日人们当作团圆节。夜间拜月，不论城乡，都由妇女主持，在门前或庭院放一方桌，上供鲜果糕饼，红烛大香，恭候"月娘"升上中天。在八月中秋到来之前，家家户户的家庭主妇都忙着用糯米粉、糖制作月糕，或用花生米、糖、麦芽糖等制成桃形的"地豆桃"或四方形的"地豆方"。晚上，人们在庭院中摆放供桌，农村人还会到田里取来两根甘蔗，在供桌上搭成一个拱门。祭月一般由家庭主妇主祭，男人不祭月。因为男人属阳，月属阴，阳不祭阴，怕产生冲撞。妇女们祭月，先焚香祈告，并拿两片由竹头或木头制成的杯珓，说出待神委决的事情后，向上一抛，杯珓掉到地上。如果两片都成反面，便是"笑杯"，两面都成正面，则是"稳杯"，都主不吉；如果一正一反，则为"胜杯"，主吉兆，预示着祈告内容可以实现。小孩们则喜欢将书包、崭新的课本、作业本、铅笔放在供桌上，以祈求读书聪明。中秋节的习俗源远流长。

一、送糕饼

惠来传统的婚姻礼俗中，已订婚或正在谈婚论嫁的男女双方，中秋节前必须互送大糕大饼、红柿等，寓意双方圆圆满满，甜美吉祥。男方要在节前到糕饼店定做一块几十斤重的大糕，配一块大饼，大多为特制的"隆江绿豆饼"。节前抬送到女方家中，供其祭拜月神。女方事先准备好红柿，成双成对的红柿回赠男方，以示吉祥如意。大糕大饼祭月神后，切成数份分给亲朋好友。葵潭一带约定俗成，即使在婚后，女婿还要照常给岳父母送糕饼。惠来其他地方婚后不送。

二、跪月华

中秋晚上，天上会有月华出现，一般妇人、少女都要等着看。月华是月亮边上一圈红色的光晕，如果看见月华，便要立即跪下祈祷，默念"保佑我配着好儿婿""我食老做太婆"等愿望，希望以后会应验，但能看到月华的人很少。

三、卜针影

当月亮挂高空，发出清辉的时候，有人便会盛来一盆清水，轻轻地在水面上放一枚针，让它浮着，那针的下面便会现出种种不同形状的影子来，不同的形状会有不同的说法，妇女们便根据这些针影来测算自己命运的好坏。

四、拜月娘

"拜月娘"的供品要清净完好。有月饼、糕、茶叶、芋、柚、红柿、杨桃、油甘、葡萄等；有蘑菇、木耳、紫菜、针菜等斋菜及自制粿品；有手巾、化妆品、饰物等；有纸钱、银塔等祭神用品。妇女们用红纸剪出吉祥图案贴在果品上，点红烛焚高香。隆江拜月娘习俗中，糕饼、芋、柚是不能少的，芋头还要横切成圆形，蒸熟。"拜月娘"，我国绝大多地方祭拜的是嫦娥，而隆江多指神话中的观音菩萨娘娘。"拜月娘"要拜到月上中天才结束。

五、集体赏月

民国时期各圩镇曾举办此项活动。即布置一间彩棚，上供太阴娘娘神像，还将各户收藏的名家书画展出。供桌上粿品琳琅满目，各呈奇艺。如有的用芝麻浸色，缀成尖塔形，中有吉祥文字或福禄寿图案，精巧绝伦。有的赛大糊雅粿，用米糍做成倒置小缸状，红白都有，外面用小剪刀剪出各式各样的花纹，顶端还有一个小工艺品模样的玩意儿，这叫大粿。糯米粿大得出奇，圆形直径达半米，油光闪闪。发酵粿白得出奇，大得出奇。宝锭做成塔状物，形形色色各呈姿彩。

六、小孩子烧砖塔

烧塔，相传是汉人反抗元朝残暴统治的起义信号。元朝统一中国以后，采取种族歧视的政策，剥夺人民游神赛会的权利，甚至不容许百姓夜行和夜间点火。元朝末年，韩山童、刘福通等白莲教领导人利用宗教作掩护，发动起义开展推翻元朝统治的斗争。惠来地域人民为与周边地区统一步调，按事前密约，于农历八月十五这一天，在空旷地方用瓦片砌塔，燃烧猛火，作为行动信号，一齐动手。从此，烧塔便成为中秋习俗相沿下来。节前，孩子们收集许多瓦片砖头，砌成高塔，塔的大小高低，依据积聚瓦片的多寡及参与者的年龄层次而定，10岁左右的孩子砌的是小瓦塔，一般只有两、三尺高。青年砌的规模较大，因为他们年龄大些，会从四方八面搬来瓦片，故砌的瓦塔往往有五、六尺到一丈多高。瓦塔垒砌也有讲究，大瓦塔的塔基要铺上砖条，然后按"品"字形的格局构建。为了使塔身通风透气和造型美观，大的瓦塔常是两片瓦片合在一起按"品"字形架放。塔下留出相对的两个门，一个用于投放燃料，另一个掏出木灰。塔的上端留出空口，供吐火舌、火焰。砌建瓦塔的地方，大都在沙滩、旷埕与广场，在同一场地中，有时砌上几个瓦塔。月亮升至半空以后瓦塔开始燃烧起来，至燃烧猛烈时，瓦片被烧得通红透亮，塔口的火焰直冲云天，就在这个时候，人们把粗粒的海盐，一大把一大把地撒向塔里，瓦塔发出像鞭炮一样的噼啪响声，再撒上硫黄，燃放出蓝色光焰，十分壮观，招引广大群众围观欣赏。有的地方，还把烧塔作为竞赛项目，塔建得高、烧得美和旺的，经群众评议后给予奖励。中华人民共和国成立后，各种丰富多彩的文娱活动吸引了广大青少年，中秋烧塔在乡镇已基本消失。

〔第七节〕冬节

冬节在二十四节气中的冬至这一天。这一天，太阳直射在南回归线上，北半球白天最短,因此,古人称之为"日短至"。在汉代,"日短至"日官吏依法令休假,回家同妻儿一起,摆设酒肴,宴请邻里,欢笑相乐(见《汉书·薛宣传》)。冬至称冬节,最初见于《南齐书·高祖十二王传》,据说,这天王子们要进宫问安。到宋代,冬至成为重大节日之一。《东京梦华录》讲到,北宋时"京师最重此节,虽至贫者,一年之间,积累假借,至此日更易新衣,备办饮食,享祀先祖。官放关扑,庆贺往来,一如年节"。到南宋,冬至节日气氛可以和过年相比,因而有"肥冬瘦年"的说法。冬节的习俗流传久远。

一、吃冬节圆和冬节茧

每年冬至日为冬节,民间非常重视,称为圆满节。早晨,全家人都要先吃一碗汤圆,吃了冬节圆,就叫"增加一岁"。关于这种习俗起源的传说,《中华全国风俗志》下篇卷五载:"往时有一樵者,至山樵采,失足坠涧中。涧极深,无人援救,不能出险。且深山路绝人稀,樵者呼救,力竭声嘶,亦无援之者。樵者居涧中,食精姜得免饿毙。历十余年,遍体生毛,身轻能飞。于是高飞出涧还家。性状全变,家人呼之不应。用糯米粉和水成丸,与樵者食。樵者以为精姜,食之。渐还本性,家人得以团聚。而自此相沿成习,遂有搓丸之风矣。"冬节圆除供人吃外,还用来表示节日气氛,门环、灶头、谷囤、猪圈、牛舍都要贴上一粒,表示到处都圆圆满满。这一天,又是耕牛的节日,要让牛休息,不放牧,主人用冬节圆喂它,割蔗尾供它嗑,在牛的前额贴上一粒汤圆。冬节的汤圆,惠来的做法与别地不同,先做成一个锅盖形的大汤圆,煮时切成立方形小块。除了汤圆,还有"冬节茧"(和北方的饺子形状相似,是用粳米粉制成的)。

二、挂冬纸

惠来人扫墓,大多数在清明进行,叫"挂春纸"。过去,惠来个别地方有在冬节进行扫墓点,叫"挂冬纸"。挂冬纸和挂春纸一样,表达"敬宗睦族"的理念之外,也有聚族郊游的娱乐功能。冬节扫墓的祭品,有茶酒、三牲、粿品,有应时的柑橘、香蕉,一盘鲜蚶更是不可缺少的。这个季节,海蚶正肥美。不过,用它做祭品,又有其他寓意。有人说,是取其吉祥。祭拜仪式过后,墓主的子孙就在墓前聚餐。野外的聚餐轻松又热闹，儿童嬉闹，长者笑语，山野间荡漾着家族的融洽与和谐。祭品里那盘鲜蚶一定会被吃完，蚶壳就撒到墓堆上。惠来人把蚶壳称作"蚶壳钱"，撒在坟头，将它当作"冥钱"。

〔第八节〕除夕

农历每年最后的一个晚上，俗称廿九夜（月大的为三十夜）。除夕的主要活动是结束即将过去一年的事务，做好迎接新一年的准备。旧俗过年前，男必新理发，俗语："有钱无钱，剃头过年"；女必"挽面"，现女子多为剪发美容。

其实，除夕的各种活动从十二月初就开始了。

一、采囤（扫舍）

年底，家家户户要"采囤"（扫舍）。旧俗定在腊月廿四日，今多选吉日清扫。是日，人们用榕树枝、嫩竹叶、石榴花、稻草扎成掸子，掸拂尘垢蛛网，清洗器具，疏浚沟渠。这种讲究清洁卫生的民俗源远流长，据《吕氏春秋》记载，我国在尧舜时代就有春节扫舍的风俗。代代相传，宋吴自牧《梦粱录》载："十二月尽，不论大小家，俱洒扫门闾，去岁秽，以祈新岁之安。"

二、送神上天

十二月廿四日一早，用米、糖、柑各一盘，拜祭各神位，献烧纸马纸凤，让神骑了上天。并将家中所贴灵符、香炉里的"香脚"、旧门联、门神等都收下来，送到小溪里或竹丛下。然后换上新的神位牌及金花红绸。

三、办年货

买鸡、鹅、鸭、鱼肉；添置新衣饰；新购家具、器皿；选购年画、春联等。尤其要买柑桔、青橄榄等象征吉祥如意和迎亲送友的水果。

四、做粿

除夕前两三天,各家妇女就忙于做粿。粿品是酒壳龟、挚罗包(面粉粿)、菜头粿、红桃粿。鼠曲粿为潮汕地区独有,粿皮掺入鼠曲草(药名为白头翁,能祛痰止咳),馅用豆沙或芋泥,风味独特。

五、贴门神、春联

大年三十(或二十九)日,家家户户纷纷上街购买春联,有雅兴者自己铺纸泼墨挥毫,将宅子里里外外的门户装点一新。

(一)门神的传说。传说是能捉鬼的神荼、郁垒。东汉应劭的《风俗通》中引《黄帝书》说:上古的时候,有神荼、郁垒两兄弟,他们住在度朔山上。山上有一棵桃树,树荫如盖。每天早上,他们便在这树下检阅百鬼。如果有恶鬼为害人间,便将其绑了喂老虎。后来,人们便用两块桃木板画上神荼、郁垒的画像,挂在门的两边用来驱鬼避邪。南朝梁宗懔《荆楚岁时记》中记载:"正月一日,造桃板着户,谓之仙木,绘二神贴户左右,左神荼,右郁垒,俗谓门神。"

然而,真正史书记载的门神,却不是神荼、郁垒,而是古代的一个勇士叫作成庆的。在班固的《汉书·广川王传》中记载:广川王的殿门上曾画有古勇士成庆的画像,短衣大裤长剑。到了唐代,门神的位置便被秦叔宝和尉迟恭所取代。《西游记》中叙述更加详细:径河龙王为了和一个算卜先生打赌,结果犯下天条,罪该问斩。玉帝任命魏徵为监斩官。径河龙王为求活命,向唐太宗求情。太宗答应了,到了斩龙的那个时辰,便宣召魏徵与之对弈。没想到魏徵下着下着,打了一个盹儿,魂灵就升天,将龙王斩了。龙王抱怨太宗言而无信,日夜在宫外呼号讨命。太宗告知群臣,大将秦叔宝奏道:愿同尉迟恭戎装立门外以侍。太宗应允。那一夜果然无事。太宗因不忍二将辛苦,遂命巧手丹青,画二将真容,贴于门上。后代人相沿下来,于是,这两员大将便成为千家万户的守门神了。在今天惠来一些旧式建筑门楼的两扇大门上,我们还可以见到神荼、郁垒或者两员雄赳赳的战将,形象似乎一样,但是仔细观察,其中一位手执钢鞭,另一位手执铁锏。执鞭者是尉迟恭,执锏者是秦叔宝。

(二)贴春联的由来。门联同样也是从桃符发展而来的。原先人们用桃木板画神荼、郁垒画像，挂在两扇门上。后来，画像又改成只写字的"门目"。但门目上两边各写两字，表达内容有限，人们觉得不过瘾，便又在大门两侧再挂上两块桃木板（后改用纸），写上了字数较多、能充分反映心愿的对子。据《宋史·蜀世家》载：蜀后主孟旭命学士为题桃符，以其非工，自命笔题"新年纳余庆，嘉节号长春"。据说这便是我国最早的一对春联。明代朱元璋建都南京后，曾令各家贴对联，并将门联改名为春联，一律用红纸书写。传说有一次，朱元璋亲自到民间察看，只一户人家没贴春联。一问，原来这家人是阉猪的，不识字，于是亲自动笔为他写了一联："双手劈开生死路，一刀割断是非根。"由于历代大力提倡，使春联成为我国一种特殊的民间文艺形式，长盛不衰。惠来人对春联普遍比较重视，买一副春联，往往要琢磨很久。从各家各户所贴的春联看，可以反映出不同的审美情趣和价值观念。其中较多的是反映惠来人勤劳上进、团结和睦的特点，像"和睦一家添百福，平安二字值千金""勤生产五谷丰登，善治家六畜兴旺"等。潮汕地区对联中最有名的莫过于明朝潮州才子林大钦撰写的"天增岁月人增寿，春满乾坤福满堂"一联。传说，林大钦早年曾当过私塾先生。有一年正月初一日，东家夫人过生日，请来先生撰写春联、寿联。只见林大钦提笔蘸墨，不假思索便写出此联。在惠来的春联中，经常还看到单扇门上或谷簟、福瓮上贴着斗大的一个"春"字。"春"字在这里有两层含义：一层表示春回大地，万象更新；一层巧借"春"与"存"潮音的相谐，表示年年有余的良好愿望。这跟北方人喜筵上吃鱼，谐音"余"有异曲同工之妙。

六、祭祖

备全了粿品、鱼、肉，除夕日下午就隆重祭祖。全家长幼依序跪拜祖宗，充分体现惠来人慎终追远、百善孝为先的传统美德。

七、吃团年饭

家家户户的住宅打扫得焕然一新，除夕夜，主妇们忙着准备做一年之中最丰盛、最富意义的团年饭。团年饭，顾名思义，是一家在过年时欢聚在一起吃饭，连故去的老祖宗也不忘记的。因此，家家户户做好团年饭之后，首先必须"拜老公"（祭祖宗）。祭祖时，应该将代表祖宗的香炉从神龛上请下来安放在供桌上，然后焚香祷祝，请祖宗用餐。祭毕，将祭祖用的饭菜重新热过，设大桌于大厅，一家人团团"围炉"，这是每个家庭大团圆的美好时刻。一家人不论平时天各一方，或者平时有多少疙瘩，这个时候也应该欢声笑语，不能说伤心事或吵闹。

八、给压岁钱

惠来人称给"压岁钱"为"压腰"，家里有收入的小辈要给长辈压岁钱，长辈也要给未成年的小辈压岁钱。老人给孩子压岁钱称"逗须"，这是祝福孩子健康成长，长命百岁。民俗学家考证，压岁钱是由唐代的"洗儿钱"演化而来。《资治通鉴》载："杨贵妃得子，玄宗自往观之，喜，赐贵妃洗儿金银钱。"唐王建《宫词》描写："妃子院中初降诞，内人争乞洗儿钱。"

九、守岁

即整夜不睡以迎新春。昔日"守岁"只是家人团聚，漫话家常，如今是观看中央电视台迎春晚会精彩节目以待晓钟。新年钟声敲响，家家户户鸣放鞭炮（20世纪90年代后禁放鞭炮）。是晚农家水缸要贮满水，米缸要填满米，灯火不能熄灭，以象征"岁岁有余""年年不断炊"的好兆头。

第四十六章

民间体育活动

〔第一节〕棋类

惠来县民间传统弈棋，种类颇多。这些弈棋活动，在城镇、农村极其普遍。

一、象棋

惠来人大多喜欢下象棋。中华人民共和国成立前,每当夏夜,大路旁,一盏小灯,一张棋盘纸,人们手摇大蒲扇,弈棋、烹茗,自得其乐。常有一群青少年围观。中华人民共和国成立后,不但民间仍热衷下棋,而且棋赛成为节日活动的内容之一。文化部门主持赛事,并加以奖励。在象棋的普及活动中,惠来县还出现了象棋国际特级大师许银川。

二、杂棋

惠来人喜爱下棋。在民间,除下象棋外,还有各种各样的杂棋。这些杂棋,不必特制棋盘棋子,可以随地用小石子、小瓦片或小树枝等作棋子,在地面上画个小棋盘,就可对弈了。最常见的有下列几种:

(一)厕棋。是小孩子的入门棋。在地上画1个方格,加上两条对角线,以其中一个三角形为厕池,每人两只,以不得不下厕者为负。

(二)九宫格。也称"行九龟",每人6只,布于九宫格周围。在一直线4点中,以两只吃对方1只的方式,直到对方只剩1只为胜。

(三)放直。也叫"放三"。棋盘是用大中小3个方格套在一起,把方格的对角线和中线画出来,最小的方格放空。放置3只棋子成直线就可吃掉对方1只。先放后行,棋艺十分深奥。

(四)行禁。棋盘似金钱形,2个圆形相套,用十字线联系,在大圆直线处画上半圆。每人6只,有时7只,那是在大圆直线外再加上1点,放上1只。以能把对方的棋子包围的规则吃只,似围棋。

〔第二节〕技巧类

一、武术

武术是惠来县农村传统体育活动项目之一,历来是比较广泛和活跃的。这与惠来的地理和历史的特点有关。旧时因地处偏僻,盗寇甚多,人们为了防身,故习武之风甚盛。县内许多村子,仍存留清代武馆旧址。抗日战争时期,习武之风很盛。民国三十二年（1943），由于饥荒，生活困难，习武几乎停止。中华人民共和国成立后，20世纪50—70年代，习武很少。80年代开始，习武之风又盛。各乡镇都有几个村子聘请教师教授武术。90年代溪西镇兴办了文武学校。从小学一年级起招收学生，文武双学。以后全县又陆续办了几所这类学校。

惠来武术流派，主要是少林派，有魏、李、朱三派，但以朱家拳为主。在惠城、隆江、葵潭、前詹、华湖等乡镇，有名的武师有秀水里村的高青云、孔美村的吴川、惠城镇的方公惜。方公惜的徒弟徐普道，20世纪30年代曾任汕头市精武馆副馆长。石壁寮庵尼师仁和、炳章、阿隐三代女尼都是武术名家。

李家拳派是由清末民初一云游僧人，浪迹到甲子镇的汪家寮村，被村民陈顺相留，与其渐成莫逆之交，遂传武艺给陈顺。陈顺后授徒，代代相传。此后，岐石、鳌江、东港、南海、溪西、隆江等乡镇和东埔农场习武者多属此派。

魏家拳派代表人物是华谢村谢德天，其父少年时在潮州开元寺当和尚，懂武术，后与一凤阳女结婚生谢德天，凤阳女也精通武术，夫妻传艺给谢德天。谢德天16岁时武术已学成，先后教徒多人。中华人民共和国成立后，返回华谢村。20世纪80年代初于惠城东山（即县交通局东侧）设寓行医。1988年病逝。

二、荡秋千

惠来自古在农历正月半有荡秋千的风俗。民国时期，有此项活动的地方有：惠城镇梅北村北栅、东郊村北爷宫，前詹镇的石峻村，周田镇的崎岠村，溪西镇的后山村，岐石镇的华清村。中华人民共和国成立后，继续开展荡秋千活动的只有石峻村，除"文化大革命"时中断了几年，一直坚持到21世纪后。荡秋千是一项有益的体育活动，对培养人的胆量、灵敏性起了锻炼作用。石峻村在中华人民共和国成立后参军的青年中，有3人为空军飞行员，他们原来都是荡秋千的积极分子。

三、游泳和潜水

游泳是惠来自古已有的民间体育活动。渔民、船民都需会游泳，游泳成为生产中不可缺少的一种技能。农村有句俗话："教仔㳺，勿教仔爬树。"群众对游泳十分重视。潜水是水下作业的一种技能。中华人民共和国成立初期，靖海镇的东光、后王、后湖、旧厝、资深、坂美、大潭等村,仙庵镇的华清、四石、望前等村,都有一批潜水能手,通常可潜入水下10米左右,潜水时间最长的可超过1分钟。他们为了从事沿海水下捕捞工作,而苦练潜水本领。

〔第三节〕孩子杂耍

自古以来,惠来小孩玩耍的游戏多种多样,都是有益身心健康的体育活动。主要有以下几种。

一、打陀螺

用木头削成弧形圆锥体,上面也是一矮阔圆锥,末端钉上一方形铁钉,作为陀螺的轴心,长约3—5厘米。将细绳子绕在轴心上,有序地向上排列。然后,用力一摔,嗡的一声,陀螺飞出,落在地上快速转动,时间长短不等。比赛的方法是:几个陀螺比赛转,先停的为失败者,被胜利者们用陀螺轮流打击,一直到大家都打不中了,才停止。

二、撬寸

用2节短木棒,一节20厘米长,一端削成斜面,叫寸竿;另一节10厘米,双头削尖,叫寸只。在地上凿一小坑,长15厘米,宽比寸竿直径稍宽。玩时将寸只横在坑上,用寸竿撬寸只。对方若能将寸只接住,算是胜利,若接不住,则要在寸只落地处,抛向架在坑上的寸竿。抛中了,算胜利;抛不中,再由撬者左手拿起寸只,右手拿起寸竿,狠狠向前击出。对方若接住,就胜利;接不住,撬者胜利。用寸竿量出坑与寸只落地距离,所得数字是撬者得胜数目。

三、打河

在一平地上(多是在河滩上)划一河界,双方人数均等。由一人冲进对方阵地,对方若能将他抓住,算这人"死"了。这个人若能用手拍着对方的人,而且即刻返回阵地,那被拍中的人算"死"了。因此,双方必须十分机警,才能不败。

四、劫旗

在一旷地上，最好有山石的地方。甲队竖上一旗，队众防守，乙队千方百计夺取甲方的旗，被拍中者为俘虏，斗智斗勇，十分有趣。

五、揭蟋蟀尾

蟋蟀，惠来人叫"乌龙"，又称"蛐蛐"，是一种对禾稻有害的昆虫，身体黑褐色。"揭蟋蟀尾"这句俗语来自民间游戏"斗蟋蟀"。

斗蟋蟀一般是在早稻收割之后进行，即六、七月之间。此时的禾稻刚好收割完毕，田间的蟋蟀因无处藏身而满地跑。有好事者便捉来装入篮篓中。农忙之余，斗蟋蟀之时，双方挑选雄的蟋蟀（只有雄蟋蟀才好斗）放于木盆或浅陶钵中，让其互相搏斗。开始，两只雄蟋蟀同时被放入盆钵中，彼此各自退守一角，相互对视，并不立刻厮打。好事者为使蟋蟀尽快厮斗起来，便用树丫或竹枝轻轻挑拨蟋蟀的尾部，让其近前。此时的蟋蟀因尾部被揭起而产生斗意。当两只雄蟋蟀碰到一块时，便会仰头厮斗起来，互相攻击对方。斗输的蟋蟀步步后退，而斗赢的则步步进逼，直逼得其走投无路、低头逃跑或躺着不动，才振翅鸣叫，洋洋得意。

旧时，这种游戏在农村十分流行。后来还被人用作赌钱的把戏。而今，随着社会的发展与进步，这种游戏已极少见到。唯留下一个形象而生动的潮汕俗语，"揭蟋蟀尾"，即是挑拨离间，煽风点火，使互相斗仇矛盾升级之意。与化解矛盾，和睦相处形成鲜明对照。

此外，还有放风筝、跳绳、跳方格、抓只（玩小石子）等，都是儿童们喜爱的活动。

〔第四节〕赛龙舟

农历五月初五日是端午节，又称端阳、重五、蒲节，是我国民间传统四大节日（春节、清明、端午、中秋）之一。端午节最主要的风俗是赛龙舟。唐代有诗："鼓声三下红旗开，两龙跃出浮水来。棹影斡波飞万剑，鼓声劈浪鸣千雷。"诗文描写了赛龙舟激动人心的热烈场面。

一、起源

赛龙舟始于何时？人们熟知的传说是为纪念爱国诗人屈原。公元前278年，秦军攻破楚国郢都，屈原痛心疾首，于农历五月初五日抱石投汨罗江。楚国百姓闻讯纷纷驾舟搭救，并把饭团等食物投进江中，想让鱼虾蟹吃饱，不去咬损屈原身体。由此发展了端午节赛龙舟和吃粽子的习俗。传说是人民群众发挥集体智慧和想象力创造的，而事实是怎样呢？著名学者、诗人闻一多先生在《端午考》一文中列举了几十则战国以前的文献，进行考证。他摘录《说苑》《战国策》中有关生活在长江中下游地区的百越族的记载，这些先民"断发文（纹）身，以似龙子"，以及常在水中渔猎捕捞，逐渐生发了对龙蛇等类的图腾崇拜。得出结论：赛龙舟起源于四五千年前百越族娱神的图腾祭仪式。已经出土的楚墓葬帛画绘有划龙舟图像，鄞州区出土的春秋青铜器，其图纹铸有几个头戴羽冠的男子划着龙舟。这些文物证明了闻一多先生的论断是科学的。但几千年来，人们把远古的风俗和纪念伟大诗人屈原巧妙地、牢固地结合起来，产生了深入人心的传说。闻一多先生在《端午的历史教育》一文中主张继续保持纪念屈原的传说，指出这个传说有弘扬爱国主义的深远意义。因此，历史上曾出现过的其他赛龙舟起源说，如纪念伍子胥、纪念孝女曹娥、纪念越国战胜吴国等逐渐淡化，很少再被提起。

惠来境内多江河湖海，自古盛行赛龙舟。民谣"五月节，扒（划）龙船，溪中锣鼓闹纷纷，船头打鼓别人婿，船尾掠舵是阮君"传唱至今。惠来赛龙舟颇具特色。农历四月初四俗称"龙出洞"，就开始训练或初赛。各乡多用海船、江船改装成龙舟。一般在船头斜插一根木柱，固定后系上画有鳞片的花布作龙颈，装上精美的木雕龙头，龙头上有能活动的龙舌、龙须、龙髦（都装上弹簧）。两舷坐上6—10对桨手，中间站着1个敲锣的和1个打鼓的（海上比赛则多只击拍船板），船头站着一人，俗称"骑龙头"，指挥全船。当到达终点时，"骑龙头"者一脚顶住龙头木柱，一手挽住龙颈，另外一脚一手悬空摆动，看准锦旗，用脚钩住标杆，用手抢下锦标。参赛龙舟往往相距甚近，谁机敏谁获胜，这就是惊险而精彩的"赛龙夺锦"。锦标一向被当作最吉祥之物，常被送给资助龙舟赛的回国探亲的华侨或大商家。城镇地区赛龙舟比较考究。多采用双头尖的"公鸡船"，装上龙首、龙尾。船舷和船腹漆上不同颜色，画上鳞片，或加上双金钱、双凤凰等吉祥图案。俗称绿色的叫"龙船公"，红色的叫"龙船母"。每条船有1个鼓手（指挥）、1个锣手和1个舵手，桨手则视龙舟大小而定。有的采用18米长的龙舟，有桨手17对，全舟共37人。桨手最少的6对，最多的有25对。各地比赛前要到妈祖庙或其他水神庙前，龙尾朝庙门，按讯号划进划退参拜三次，俗称"三参灯"，以祈赛事顺利。开赛时几艘龙舟一字排开，讯号一发，龙舟似箭离弦，船桨飞舞，激起一片水花，势若倒海翻江。锣鼓声、喝彩声、鞭炮声，声闻数里。

民间传统习俗，男人才可参加赛龙舟，女人不可。因为舟船做成龙形，就是龙爷了，女人坐在龙爷身上，就是亵渎玷污神明。因而赛龙舟是男人的专利。故民间有"五月小（神经错乱）禾埠（男人），八月小姿娘（女人）"的俗谚。

二、形式

赛龙舟是大型民俗活动和民间体育竞技活动，参与人员多，观众也多，常常是江中鼓声如雷，吼声震天，两岸人山人海。旧时有"龙船锣鼓戏"之俗语，意为赛龙舟、营锣鼓、做大戏，都是民间盛大的民俗文化活动。三种之中，赛龙舟排在最前面，即赛龙舟最具震撼力。旧时赛龙舟有村与村比赛，有一村之中围与围比赛，甚至还有一姓村中的辈序比赛。人人都有好胜心，人人都想赢。常常有输了就找理由闹事的事情发生，引发了村与村纠纷，围与围纠纷，公孙父子纠纷，甚至发展为刑事案件。故旧时人们称赛龙舟是"打水擂台"，又有"龙船划上官厅"的无奈俗语。中华人民共和国成立后，各地想办法改变这种陋俗。此后赛龙夺锦活动成为发扬团结协作、拼搏向上、敦亲睦邻良风美俗盛会。龙江河等江河是赛龙舟的理想场所。中华人民共和国成立以前的龙舟赛场，除了安排龙舟赛道和起始点外，其余水域还有许多观赏赛龙舟的船只；有由各弦间乐馆雇来的，装扮得五彩缤纷并在里面演奏乐曲的船只，称"十音船"；还有小船在赛区水域游弋、助威或进行即兴的比赛，人们称为"无头臼"。今为了安全起见，旧时那些观赏船、十音船和无头臼等，都不准停在赛场水域。举行较大型的赛龙舟活动，必要时还要封航和在两岸观赏区禁止车辆通行。

数百年的赛龙舟活动中，如何赛得有趣圆满，经不断创造，相沿成俗有如下四种竞赛形式：

（一）**表演赛**。两条以上的龙舟，以慢速或中速保持并驾齐驱，来回穿梭。这种表演赛，民间称为"和龙"。

（二）**友谊赛**。有起点和终点标志，两条以上龙舟比赛，前后快慢距离较长了，由前面龙舟的头桡或头至三桡停划举桡，称"企桡"，等后面的龙舟赶上了，才继续下桡划动。这样，看谁"企桡"多，多的就意味着胜。但最后还是无胜负之分，只暗示着相互的实力而已。

（三）**夺标赛**。指乡村小型竞赛，两条以上龙舟同时起划，直至抢旗夺标决出胜负。

（四）**锦标赛**。指较大型的比赛。这种比赛一般有领导，有组织，统一规程和统一安排进行比赛。比赛过程有淘汰赛，最后决出前几名和冠军、亚军、季军等名次。这类比赛一般是结合某种庆典活动或经贸活动举行，以增强活动内容和含义。

（五）**计时赛**。各条龙舟同时出发，到达终点以计时间长短决出胜负。

赛龙舟的赛道一般抽签决定。因江河有"流沟"，故在江河比赛，一般都应有来回程才公平合理。如果一程决定胜负，那就等于抽签决定胜负，没有比赛意义。这是民间历来赛龙舟主持者们所了解和重视的，这样才能做到公平、公正、公开，胜负合理，人人满意。

三、赛龙舟的习俗

每年端午节，各地龙舟下水参加比赛到比赛结束龙舟上水，整个过程是有其仪式和习俗的。

（一）**龙舟下水仪式**。节前数天，一般是农历五月初一，或由主事人择定日辰，青年们敲锣打鼓到村旁的龙船厝把龙舟的龙身和龙骨抬至河滩，砍来乌脚绿竹劈成竹篾，绞成篾索，把龙骨绞缚到龙身上，称"缚龙骨"，再把龙头、龙尾装上，然后举行祭典开光。祭毕把龙舟推下水，划到江边的龙王庙拜龙王，称"送纸"。这一仪式意为向龙王报告，因为龙舟是有名号、有"户口"的，要下水到江中比赛，必须让管水的龙王知道，以保证龙舟和参赛子民的安全。"送纸"完毕，让后生们自我开展划龙舟比赛，称"练桨"。初四日，把龙骨重新绞紧,以备赛用。

参加比赛的桨手由主事人择定,派人把编好号码的船桨送到桨手家中,称"分桨"。主事人选定桨手是很严格的。桨手必定是村中身强力壮的青壮年人,而且"正倒会,桨种好",即能左右用桨,姿势优美,动作规范,有集体观念,有拼搏精神。而谁胜任龙舟上哪个桨位,主事人真是费尽脑筋。龙舟桨位分为三部分,即前肚、后肚和中肚。前肚最强,后肚次之,余为中肚。前肚头桨1名须最强壮有力,依次向后类推,但第三位桨手比第二位吃力,这都是主事人应该知道和掌握的。不管哪个桨位,总之,能被选中为桨手,都是村里强壮者的佼佼者,未娶亲的青年人当过桨手就是一个很有说服力的谈亲条件。"分桨"后,接到船桨的家庭,都引以为荣,桨手不论外出做工或经商,不论多远,家人都会通知他马上回来,准时参加赛龙舟。

村里的龙舟每次比赛回来,村集体要备办丰盛饭菜慰劳健儿们。如果比赛夺标凯旋,为村争光,全村人会欢欣鼓舞,奔走相告,倍感骄傲自豪。

没有龙舟的乡村可到有龙舟的村租用。旧时租者赛完可把龙须留下,分发给村中小孩挂平安,但必须购置新龙须挂还,并谢以锦旗和红包。

龙舟,是吉祥象征,友谊使者。有龙舟的乡村,通常在赛事之余,将龙舟划到没有龙舟的友好乡村或同姓氏乡村"洗港"。所谓"洗港",就是龙舟绕溪港热烈划行,鼓声、锣声、爆竹声和桨手们的吼喊声汇成一片,震天动地,波浪翻腾,这样溪港就吉祥如意了。有些乡村,还把龙舟留给友村或宗亲村半天或一两天,给友村或宗亲村的后生们玩个够,以增进友谊,睦族敦亲。

(二)龙舟上水仪式。每年赛龙舟结束,赢得的标旗部分赠给捐资者,部分拍卖给村民,以作为赛龙舟费用。得到标旗者,把标旗供奉在厅堂视为圣物,能保佑平安,招财纳吉。赛龙舟结束之后,还要择日演戏酬神。赛龙舟结束,家家户户要备办丰盛礼品祭拜龙舟。然后把龙舟各部分拆卸,龙身和龙骨送回龙船厝放置,龙头和龙尾有专门橱柜收藏,一般放置于祠堂。

四、造龙舟的习俗

(一)请龙。村里决定要造龙舟,必定择日到本村神庙"请龙"。龙舟有黄龙、红龙、青龙和白龙,不敢造乌龙,谣云:"红龙红酣酣,乌龙钻入洞。"村决定要造什么龙舟,应告诸神明,经准许,才可建造,不可造次。

(二)动工。请龙毕,设临时神坛,俗称"夏老爷",择吉动工。动工前要做好备料。备料应由造龙舟师傅负责。旧时造龙舟一定要选用"过河杉",因"过河杉"浸过咸水,不易腐烂。现在过河杉没有了,都是汽车运载来的,那也要选皮壳雅、杉目少的杉材。

(三)起名。龙舟必须有名号,在造龙舟过程中,就要请有才学的先生起名了。龙舟的名号必须有意义,有文化内涵,从龙舟的名号便可窥见这个村文化底蕴之一斑。龙舟的名号也是这个村的一张名片。名号起好后,便绣在三角旗上,也就成为这条龙舟的旗号了。

(四)祭龙。龙舟未造时,杉材只是一堆材料;龙舟造成了,这些材料就都变成龙的筋骨血肉,就是圣物,就是龙爷了,要择日举行竣工典礼,全村家家户户备礼祭拜,点龙眼开光,并照习俗仪式程序下水启用。

赛龙舟是传统民俗文化活动和传统体育项目,具有非常深厚的群众基础,民族文化底蕴和民族精神,内涵丰富,有独特的文化魅力。赛龙舟是庆升平盛世、物阜民丰和禳灾驱疫的民间活动。现在又以赛龙舟为载体,开展大型建设项目竣工庆典或经贸活动,使赛龙夺锦盛会内容更丰富,规模更盛大,更受群众欢迎。赛龙舟习俗将世代相沿,千秋传颂。

第四十七章

古代官方祭祀

〔第一节〕学宫祭祀仪式

历代学宫的祭祀仪式，是非常隆重而且讲究的，其中蕴含着尊师重教、倡扬教化文明的儒家思想。学宫先师庙（大成殿）、崇圣祠（启圣祠），每年的祭祀，当政者都非常重视，其所需费用，列入"财政预算"。其所需资金，按雍正年间祭祀规制，先师庙需要帛九、豕六、羊二、鹿一、兔一、黍、稷、稻、粱、藁鱼、枣、栗、榛、菱、芡、笋、芹、酒、香烛等物，总支出均平银二十五两，每年两次共需五十两；崇圣祠需要豕二、羊二、帛三、黍、稷、兔、鱼、枣、栗、葱、芹、酒、香烛等物，总支出均平银四两四钱一分，每年两次共需八两八钱二分。所崇祀、从祀的人物以及祭祀仪式，从简单到复杂，从不成文到成文，其间经历过很大的变化。

一、祭祀器品

乾隆六年（1741），朝廷颁发学宫祭祀仪式的各项规制，各地学宫按照规制举办祭祀仪式。

（一）祭器：爵、云雷尊、铜象尊、铜牺尊、罍、白瓷爵四十二座、龙勺一把、龙幕六条、登、铏、簠、簋、豆、祝文牌二座、献帛盘二十四个。

注：

爵：形似雀禽小者，名雀，其义取小为贵。通柱八寸三分，深三寸三分，口径长六寸二分，阔二寸九分，两柱三足，以铜为之。

云雷尊：范金为之，纽以螭首，两旁有耳，画云雷于腹。雷，取其奋豫；云，取其需泽。用贮初献酒。

铜象尊：范金为之，画象于尊腹，用贮亚献酒。或曰尊作象形，穴其背以受酒也。

铜牺尊：范金为之，画牛于尊腹，用贮终献酒。或曰尊作牛形，穴其背以受酒也。

罍：用以佐尊。

登：范金为之，瓦豆谓之登，用盛太羹。

铏：范金为之，三足，口有两耳，覆以盖，用盛和羹。

簠：右用陶器，后世范金为之，其制外圆内方，上覆以盖，高七寸，深二寸，阔八寸一分，腹径长一尺一寸，用盛黍稷。

簋：右用陶器，后世范金为之，其制外圆内方，上覆以盖，高六寸七分，深二寸八分，阔五寸，腹径长七寸九分，用盛稻粱。

笾：竹制，口径四寸九分，深一寸四分，通足高五寸九分，足径阔五寸一分，以荐果核。

豆：豆制不同，或以玉，或以木，或以瓦，或以铜，明清时多用木，以荐菹、醢。

（二）祭品（括号里是特定祭器所盛放的祭品）：帛、俎（羊、豕、鹿、兔）、登（太羹）、铏（和羹）、簠（黍、稷）、簋（稻、粱）、笾（形盐、鹿脯、藁鱼、枣、栗、榛、菱、芡）、豆（韭菹、菁菹、芹菹、笋菹、醓醢、鹿醢、兔醢、鱼醢）。

注：

太羹：淡煮肉汁不和。

和羹：猪脊肉薄切片，滚汤捞过捞起，然后用盐、酱、醋调和。

黍、稷：黍，用黍米捡过，完洁入汤，捞起如捞饭法。稷，用稷米如前法。

稻、粱：稻用白粳米，粱用糯米，制作皆如前法。

形盐：周礼所谓制为虎形之类。

藁鱼：干鱼。

芡：即鸡头莲，可用土果代之。

韭菹：韭菜切去本末，淡用。

菁菹：菁菜切长片，沸汤淡用。

芹菹：芹菜切作长片。

笋菹：干笋煮过，切长片，淡用。

醓醢：猪脊卤细切，用油盐香料作鲊。

鹿醢：鹿卤细切，用油盐等料作鲊。

兔醢、鱼醢：用兔、鱼，作法如上。

二、祭品陈设

（一）先师庙祭品

1. 正位陈设：帛一（白色）、牛一、羊一、豕一、登一、铏一、簠二、簋二、笾、豆十、酒樽一、白瓷爵三。

2. 四配陈设：帛四（白色）、羊一、豕一、铏一、簠二、簋二、笾八、豆八、酒樽一、白瓷爵三。

3. 东哲、西哲陈设：帛一（白色）、豕一、铏各一、簠各一、簋各一、笾各四、豆各四、豕首一、白瓷爵三。

4. 东庑、西庑陈设：帛一（白色）、豕三、簠各一、簋各一、笾四、豆四、铜爵各一。

（二）崇圣祠祭品

羊一、豕一、铏二、笾八、豆八、簠二、簋二、帛一、爵三。

东西配位从祀位祭品：豕肉二、鱼二、铏一、笾四、豆四、簠一、簋一、帛一、爵三。

三、祭祀祝文

（一）先师庙祝文：维乾隆×年，岁次×月×朔，越×日，广东省潮州府惠来县知县×××，致祭于至圣先师孔子曰：维先师德隆千圣，道冠百王，揭日月以常行，自生民所未有，属文教昌明之会，正乐和礼节之时，辟雍钟鼓，咸恪荐于馨香，泮水膠庠，益致严于笾豆。兹当仲春（秋），祇率彝章，肃展微忱，聿将祀典，以复圣颜子、宗圣曾子、述圣子思子、亚圣孟子配尚饗。

（二）崇圣祠祝文：维乾隆×年，岁次×月×朔，越×日，广东省潮州府惠来县知县×××，致祭于肇圣王、裕圣王、诒圣王、昌圣王曰：维启圣王，王奕叶钟，祥光开圣，绪盛德之后，积久弥昌，凡声教所覃敷，率循源而溯本，宜肃明禋之典，用申守土之忱。兹届仲春（秋），聿修祀事，以先贤颜氏、先贤曾氏、先贤孔氏、先贤孟孙氏配尚飨。

四、祭祀过程

（一）先师庙。康熙《惠来县志·秩祀》记载文庙祭期："岁春、秋仲月上丁日。用仲者，以四时之正也；用丁者，取阴火文明之象也。"

正祭前三日，参加祭祀的所有人员不饮酒，不茹荤，散斋。前二日，沐浴更衣，宿于别室，致斋。祭前一日，承祭官率各官送祭品到学宫，引赞献官，齐赴先师庙阶下拜台，执事者设香案，行一跪三叩首礼。随后，常服诣省牲所（即宰牲所）赞牲、省牲，然后开始宰牲，教官洗涤器，以毛血少许盛于盘，其余毛血以净器盛贮，待祭毕埋之。盖取毛以告纯，取血以告杀也。

至期，鸡初鸣，各官齐集学宫。

承祭、分献、陪祭各官，入两房门序立。赞引生引承祭官至盥洗所，盥手毕，引至阶下拜台。

典仪唱："各官就位序立。"各官序立毕，典仪唱："举迎神，乐作《咸和之曲》。"乐作，典仪唱："迎神。"赞引生唱："跪，叩，兴，行三跪九叩首礼。"

乐止，典仪唱："举初献，乐奏《宁和之曲》。"乐作，典仪唱："行初献礼。"执事官出班，各司其事。承祭官、分祭官升坛。赞引生引承祭官、分献官，由东阶上进殿左门。

典仪唱："诣至圣先师孔子位前。"赞引生引承祭官诣案前，唱："跪，奠帛。"捧帛官以帛跪进，承祭官接帛，拱举，授捧帛官，捧帛官捧帛陈案上。赞引生唱："献爵。"执爵官以爵跪进，承祭官接爵，拱举，授执爵官，执爵官执爵陈案上。赞引生唱："叩，兴，行一跪一叩首礼。"

典仪唱："诣读祝位。"赞引生引承祭官诣读祝位，唱："跪。"读祝官捧祝跪于左，分献官跪于后，陪祭官跪于拜台。乐止，典仪唱："读祝。"读祝毕，读祝官捧祝陈案上。乐作，赞引生唱："叩，兴，行一跪三叩首礼。"

典仪唱："诣复圣颜子位前。"赞引生引承祭官诣案前，唱："跪，奠帛。"捧帛官以帛跪进，承祭官接帛，拱举，授捧帛官，捧帛官捧帛陈案上。赞引生唱："献爵。"执爵官以爵跪进，承祭官接爵，拱举，授执爵官，执爵官执爵陈案上。赞引生唱："叩，兴，行一跪一叩首礼。"宗圣曾子、述圣子思子、亚圣孟子皆如前仪。十二哲、两庑，由分献官俱照前仪行礼。

毕，典仪唱："初献礼毕，复位。"赞引生引承祭官、分献官各至阶下拜台立。乐止，典仪唱："举亚献，乐奏《安和之曲》。"乐作，典仪唱："行亚献礼。"承祭官、分献官升坛、献爵，仪式如初献礼。典仪唱："亚献礼毕，复位。"

赞引生引承祭官、分献官至阶下拜台立。乐止，典仪唱："举三献，乐奏《景和之曲》。"乐作，典仪唱："行三献礼。"承祭官、分献官升坛、献爵，执行如亚献礼。

典仪唱："诣受福胙位。"赞引生引承祭官诣受福胙位，唱："跪。"捧福酒官捧福酒跪进，典仪唱："饮福酒。"承祭官授爵，拱举，授捧福酒官。捧福胙官捧福胙跪进，典仪唱："受福胙。"承祭官受福胙，拱举，授捧福胙官。典仪唱："谢受福胙。"赞引生唱："叩，兴，行一跪三叩首礼。"典仪唱："三献礼毕，复位。"

赞引生引承祭官、分献官至阶下拜台立。乐止，典仪唱："举徹馔，乐奏《宣和之曲》。"乐作，典仪唱："举徹馔礼。"承祭官、分献官升坛，赞引生引承祭官、分献官各诣案前视徹馔。毕，典仪唱："徹馔礼毕，复位。"

赞引生引承祭官、分献官至阶下拜台立。乐止，典仪唱："举送神，乐奏《祥和之曲》。"乐作，典仪唱："送神。"赞引生唱："跪，叩，兴，行三跪九叩首礼。"

乐止，典仪唱："诣望燎所。"读祝官捧祝、捧帛官捧帛、执爵官执爵，各诣望燎所。赞引生引承祭、分献、陪祭各官俱诣望燎所。典仪唱："举望燎，乐奏《祥和之曲》。"乐作，焚祝帛，奠爵，毕，乐止。

典仪唱:"礼毕,各官退。"

(二)崇圣祠。崇圣祠的祭祀时间,于"春秋仲月上丁子夜致祭,取子不先父食之义也,遣教职先祭毕,始祭文庙。"崇圣祠祭祀仪式同先师庙正殿,惟不用乐。

五、崇祀、从祀人物的变化过程

(一)封号的变化。追溯历代褒崇孔子之礼,见诸记载的,最早应该是从汉高祖刘邦十二年(公元前195),于太牢祭祀孔子开始的。汉孝武帝表章六经,后世开始尊崇孔子。汉元帝诏大师"褒成君",霸以所食邑八百户,祀孔子,赐霸爵,关内侯孔子裔封侯之始也。汉平帝刘衎于元始元年(1),谥孔子为"褒成宣尼父"。汉光武帝于太牢并祀孔子七十二门生,是后代祭祀孔子门生之始。汉章帝元和二年(85),皇帝亲赴鲁地,祭祀孔子及七十二门生,作六代乐,御讲堂,命太子、诸王说经,大会孔氏男子,赐男女钱币,拜孔禧郎中,诏从还京,列七十二子从祀,此从祀弟子、优礼圣裔、用乐讲学之始也。汉灵帝时(168—184),于鸿都门置孔子及其弟子像,此为立像之始也。

三国时,大概于魏文帝曹丕(220—226年在位)、魏明帝太和(227—232)中,改谥孔子为"文宣尼父",封其后代为"崇圣侯",拜孔氏四人、颜氏二人为官。北齐天保年间(550—559),定春秋二仲释奠,于每月初一,由祭酒领博士、诸生皆下拜,这是后世初一拜孔之始。

隋文帝开皇中(581—600),追赠孔子"先师尼父"。以周公(姬旦,周文王第四子,被尊为儒学的奠基人)为"先圣",南面;孔子东面。命国子学于岁四仲月上丁日释奠,州县学于春秋仲月释奠,此为后世州、县学于春秋仲月释奠之始。

唐高祖李渊武德二年(619),下诏国学立周公庙和孔子庙各一所。这段时期,孔子在中国教育界的地位并不是最高的,还没有达到"唯我独尊"的地位。

唐太宗贞观二年(628),李世民采纳左仆射房玄龄的提议,开始设立专祠供奉孔子,确立孔子为"先圣",颜子为"先师"配享。这就是此后万世相传的"师道定分",由此确立了孔子独尊的地位。贞观四年(630),诏州县皆立庙，四时致祭，以左丘明等二十二人为配享，确定孔子为"先圣"，正南面，遍祀于天下郡邑学校，并以先儒配享。后又尊孔子为"先圣尼父"。贞观二十二年（648），确定"释奠仪"，以祭酒、司业、博士备三献，后世国学遣官释奠，州、县以太守、县令主祭，盖始于此。

唐高宗李治乾封元年（666），赠孔子"太师"称号。总章元年（668），赠颜子"少师"、曾子"少保"称号，这是后世追赠孔门弟子之始。武则天在位时封孔子为"隆道公"。唐玄宗李隆基于开元八年（720），诏颜子、曾子、十哲皆坐像。开元十三年（725），封孔子为"文宣王"，舞八佾，用宫悬，定祭期春秋二仲上丁日，赠诸弟子各公、侯、伯，又赠曾参以下六十七人皆伯爵。

北宋时，宋真宗赵恒于咸平（998—1003）中，加谥孔子为"至圣文宣王"，追封孔子父亲叔梁纥为齐国公，孔子母亲颜氏为鲁国太夫人，妻子开官氏为郓国夫人。又晋升闵子为公，与颜子并列，进升曾子为侯，左丘明以下至范甯二十一人皆为伯，升王肃为司空、杜预为司徒。宋神宗元丰七年（1077），封孟子为"邹公"，开始把孟子列为配享，仅次于颜子。宋哲宗封孔鲤为"泗水侯"，子思伋为"沂水侯"。宋徽宗大观四年（1110），赠公夏首至廉洁十人皆侯爵，从祀。宋徽宗政和三年（1113），封王安石为"舒王"，配享；王雱为"临川伯"，从祀。南宋理宗淳祐元年（1241），斥去王安石。

元世祖忽必烈时（1260—1294），祭祀依汉唐制，执事者皆穿公服、执手板。元成宗大德十年（1306），加封孔子为"大成至圣文宣王"。元至顺初（1332），又封孔父为"启圣王"，孔母为"启圣王夫人"，四配皆为公爵。

明太祖朱元璋于洪武元年（1368），开始确定每年仲春、仲秋上丁日，派官到先师庙行"释奠礼"。洪武二十六年（1393），始颁大成乐于天下。明宪宗成化十二年（1476），采纳国子监祭酒周洪谟的建议，将祭祀时表演的乐舞增加为八佾（8纵8横），如同王者之礼乐一般尊崇。到明世宗嘉靖九年（1530），采纳辅臣张璁的提议，把先师庙祀典的整个过程以及各级祀典活动的规模、形制确定下来，并确定崇祀的谥号、章服，以及配享、从祀者的礼奏规格等，此后基本确定下来。规定自国子监及各级儒学一律题称"至圣先师孔子"，四配题称"复圣、宗圣、述圣、亚圣"，十哲以下称先贤，左丘明以下称先儒。大成殿改称"先师庙"。一切公、侯、伯封号不复称，易塑像制木主，改大祀为中祀，笾豆各捐其四，礼行三献，乐用六奏，舞用六佾。以显示天下尊崇以孔子为宗的读书风气，又区别于一般郊庙的祭礼。并采用宋濂、谢铎、程敏政的建议，认为儿子不能先于父亲吃饭，颜回、曾参、子思伋、孟轲坐享堂上，则他们的父亲不应该列祀于庑下。于是，开始把他们的父亲颜无繇、曾点、孔鲤、孟孙缴公宜供奉于"四配"，遵循天下父子人道天伦之大经。后来还单独设立崇圣祠（启圣祠）崇祀。

清康熙二十五年（1686），皇帝亲笔题写"万世师表"匾额悬挂于先师庙。康熙五十一年（1712），朱熹升于先师庙东哲。雍正四年（1726），御书"生民未有"匾额。乾隆三年（1738），御书"与天地参"匾额。

（二）《御制至圣先师孔子赞（并序）》。历代帝王对孔子的崇奉，从康熙二十五年（1686）颁布的《御制至圣先师孔子赞（并序）》，可见一斑：

"盖自三才建而天地不居其功，一中传而圣人代宣其蕴。有行道之圣，得位以绥猷；有明道之圣，立言以垂宪。此正学所以常明，人心所以不泯也。粤稽往绪，仰溯前徽，尧舜禹汤文武，达而在上，兼君师之寄，行道之圣人也。孔子不得位，穷而在下，秉刚述之权，明道之圣人也。行道者，勋业炳于一朝；明道者，教思周于百世。尧舜文武之后，不有孔子，则学术纷淆，仁义湮塞，斯道之失传也久矣。后之人而欲探二帝三王之心法，以为治国平天下之准，其奚所取衷焉。然则孔子之为万古一人也，审矣！

巡省东国，谒祀阙里，景企滋深，敬摘笔而为之赞曰：

清浊有气，刚柔有质。圣人参之，极以立行，著习察舍，道莫由惟皇建极，惟后绥猷，作君作师，垂统万古。

曰惟尧舜禹汤文武，五百余岁，至圣挺生，声金振玉，集结大成，序书删诗，定礼正乐。既穷象系，亦严笔削。上绍往绪，下示来型，道不终晦，秩然大经。百家纷纭，殊途异趣，日月无蹄，羹墙可晤。孔子之道，惟中与庸，此心此理，千圣所同。孔子之德，仁义中正，秉彝之好，根本天性。庶几夙夜，勖哉令图，溯源洙泗，景躅唐虞，载历庭除，式观礼器。摛毫仰赞，心焉遐企。百世而上，以圣为归；百世而下，以圣为师。非师夫子，惟师于道。统天御世，惟道为宝。泰山岩岩，东海泱泱，墙高万仞，夫子之堂。孰窥其藩，孰窥其径，道不远人,克念作圣。"

（三）《御制颜曾思孟四贤赞》。康熙二十八年（1689），朝廷颁布《御制颜曾思孟四贤赞》。

赞颜子："圣道早闻，天资独粹。约礼博文，不迁不二。一善服膺，万德来萃。心斋坐忘，其乐一致。礼乐四代，治法兼备。用行舍藏，王佐之器。"

赞曾子："洙泗之传，鲁以得之。一贯曰唯，圣学在兹。明德新民，止善为期。格致诚正，均平以推。至德要道，百行所基。缵承统绪，修明训辞。"

赞子思子："于穆天命，道之大原。静养动察，庸德庸言。以育万物，以赞乾坤。九经三重，大法是存。笃恭慎独，成德之门。卷之藏密，扩之无垠。"

赞孟子："哲人既萎，杨墨昌炽。子舆闢之，曰仁曰义。性善独阐，知言养气。道称尧舜，学屏功利。煌煌七篇，并垂六艺。孔学攸传，禹功作配。"

先师庙、崇圣祠从祀人物的演变更加复杂，其更替增删大致源于统治者对儒家学说不同流派的推崇，但主流是不变的。

自东汉安帝刘祜延光三年（124）开始，将孔子及他的七十二位门生供奉于阙里祭祀。唐太宗于贞观二十一年（647），下诏将左丘明、卜子夏、公羊高、谷梁赤、伏胜、高堂生、戴圣、毛苌、孔安国、刘向、郑众、杜子春、马融、卢植、郑玄、服虔、何休、王肃、王弼、杜预、范宁、贾逵等二十二人从祀。宋神宗赵顼于元丰七年（1084），把荀况、杨雄、韩愈列为从祀。南宋时理宗赵昀于淳祐二年（1242），封爵给周敦颐、张载、程颢、程颐，与朱熹从祀。理宗景定二年（1261），将张栻、吕祖谦列为从祀。南宋度宗赵禥于咸淳三年（1267），将邵雍、司马光列为从祀。元仁宗皇庆二年（1313），列许衡从祀。明太祖洪武二十九年（1396），采纳行人司副杨砥的奏议，罢杨雄从祀，进祀董仲舒。明英宗朱祁镇于正统二年（1437），进宋儒胡安国、蔡沈、真德秀从祀。正统八年（1443），采纳辅臣杨士奇的提议，列元人吴澄从祀。明孝宗朱祐樘于弘治九年（1496），列宋人杨时从祀。到了明世宗嘉靖九年（1530），从祀去申党存，申枨、公伯寮、秦冉、颜何、荀况、戴圣、刘向、贾逵、马融、何休、王肃、王弼、杜预、吴澄等一十四人具罢祀，林放、蘧瑗、郑众、卢植、郑玄、服虔、范宁等七人俱祀于乡。而把后苍、王通、欧阳修、胡瑗、陆九渊等五人都增入从祀。明穆宗于隆庆五年

（1571），列薛瑄从祀。明神宗于万历十三年（1585），列陈献章、胡居仁、王守仁从祀。万历二十三年（1595），采纳巡抚郭惟贤的奏议，将周敦颐的父亲周辅成，按照程珦、朱松先例从祀于启圣祠。

康熙五十五年（1716），列范仲淹从祀。雍正元年（1723），把"启圣祠"改为"崇圣祠"，褒封先师五代：木金父公为肇圣王、祈父公为裕圣王、防叔公为诒圣王、伯夏公为昌圣王、叔梁公为启圣王。雍正三年（1725），进先儒张迪从祀崇圣祠西庑。东庑进先贤蘧瑗、秦冉、牧皮、公都子、公孙丑和先儒郑康成、诸葛亮、尹焞、陈淳、魏了翁、王柏、许谦、罗钦顺、陆陇其从祀。西庑进先贤林放、颜何、县亶、乐正克、万章和先儒范宁、罗从彦、李侗、黄干、何基、赵复、金履祥、陈浩、蔡清从祀。迁原祀东庑先贤秦非、颜哙、程颢、邵雍和先儒谷梁赤、后苍、杜子春、韩愈、杨时、张栻入祀西庑；迁原祀西庑先贤左丘明、张载、程颐和先儒公羊高、孔安国、王通、欧阳修、吕祖谦、蔡沈、王守仁、薛瑄入祀东庑。按照年代的先后，排列位次。

六、人物排列

（一）雍正三年（1725），学宫先师庙崇祀、从祀人物排列顺序如下：

1. 正殿崇祀人物。至圣先师孔子神位，正中南向。

2. 四配崇祀人物。复圣颜回（曲阜人，封兖国复圣公）、述圣子思伋（封沂国述圣公），在殿内东旁西向；宗圣曾参（武城人，封郕国宗圣公）、亚圣孟轲（邹县人，封邹国亚圣公），在殿内西旁东向。

3. "十哲"。闵损（鲁人，封费公）、冉雍（鲁人，封薛公）、端木赐（卫人，封黎公）、仲由（卞邑人，封齐公）、卜商（卫人，封魏公）立于殿内次东旁西向；冉耕（郓城人，封郓公）、宰予（曲阜人，封卫公）、冉求（鲁人，封徐公）、言偃（吴人，封吴公）、颛孙师（陈人，封陈公）立于殿内次西旁东向；另有朱熹（婺源人，封徽国公）立于殿内次东旁西向。

4. 东庑崇祀、从祀人物。蘧瑗（卫人，封内黄侯）、澹台灭明（武城人，封金乡侯）、原宪（宋人，封单父侯）、南宫适（鲁人，封海阳侯）、商瞿（曲阜人，封须昌侯）、漆雕开（蔡人，封平兴侯）、司马耕（商丘人，封睢阳侯)、有若(曲阜人,封平阴侯)、巫马施(陈州人,封东河侯)、颜辛(曲阜人,封阳谷侯)、曹䘏(海宁人,封上蔡侯)、公孙龙(楚人,封枝江侯)、秦商(鲁人,封冯翊侯)、颜高(鲁人,封需泽侯)、壤驷赤(西安人,封上邽侯)、石作蜀(巩昌人,封成纪侯)、公夏首(鲁人,封巨平侯)、后处(青州人,封胶东侯)、奚容箴(鲁人,封济阳侯)、颜祖(曲阜人,封富阳侯)、句井疆(卫辉人,封滏阳侯)、秦祖(西安人,封禋城侯)、县成(鲁人,封武城侯)、公祖句兹(鲁人,封即墨侯)、燕伋(秦人,封汧源侯)、乐欬(鲁人,封建城侯)、狄黑(卫辉人,封林虑侯)、孔忠(孔子从子,封郓城侯)、公西蒧(鲁人)、颜之仆(鲁人,封苑句侯)、施之常(鲁人)、申枨(鲁人,封文登侯)、左丘明(中都人,封中都伯)、秦冉(蔡人,封新息侯)、牧皮(力牧之后)、公都子(鲁人)、公孙丑(齐人)、张载(宋大梁人,封郿伯)、程颐(宋洛阳人,封洛国公)、公羊高(周临淄人,封临淄伯)、孔安国(孔子十一世孙,汉人,封曲阜伯)、毛苌(汉河间人,封乐寿伯)、高堂生(汉时鲁人,封莱芜伯)、郑康成(东汉高密人,封高密伯)、诸葛亮(汉人,封武乡侯)、王通(隋河津人)、司马光(宋夏县人,封温国公)、欧阳修(宋庐陵人)、胡安国(宋崇安人,封建宁伯)、尹焞(宋河南人)、吕祖谦(宋东莱州人,封开封伯)、蔡沈(宋建阳人,封崇安伯)、陆九渊(宋金谿人)、陈淳(宋龙溪人)、魏了翁(宋苏州人)、王柏(宋人,何基弟子)、许衡(元河内人,封魏国公)、许谦(元人,金覆祥弟子)、王守仁(明余姚人,封新建伯)、薛瑄(明河津人)、罗钦顺(明泰和人)、陆陇其(清平湖人)。

5. **西庑崇祀、从祀人物。**林放(鲁人,封长山侯)、宓不齐(曲阜人,封单父侯)、公冶长(诸城人,封高密侯)、公皙哀(济南人,封北海侯)、高柴(卫辉人,封共城侯)、樊须(鲁人,封益都侯)、商泽(鲁人,封邹平侯)、梁鳣(齐人,封千乘侯)、冉孺(鲁人,封临沂侯)、伯虔(鲁人,封沐阳侯)、冉季(鲁人,封请城侯)、漆雕徒父(鲁人,封高苑侯)、漆雕哆(鲁人,封濮阳侯)、公西赤(西阜人,封巨野侯)、任不齐(楚人,封尚阳侯)、公良孺(陈州人,封中平侯)、公肩定(鲁人,封梁父侯)、鄡单(聊城人,封聊城侯)、罕父黑(鲁人,封祈乡侯)、荣旂(鲁人,封厌次侯)、左人郢(鲁人,封南华侯)、郑国

（鲁人，封朐山侯）、原亢（鲁人，封莱平侯）、廉洁（卫人，封胙城侯）、叔仲会（鲁人，封博平侯）、公西舆如（鲁人，封临朐侯）、邦巽（鲁人，封高唐侯）、陈亢（陈人，封南顿侯）、琴张（卫人，封阳平侯）、步叔乘（青州人，封博昌侯）、秦非（鲁人，封华亭侯）、颜哙（曲阜人，封济阴侯）、颜何（鲁人，明罢祀，雍正二年复祀）、县亶（鲁人）、乐正克（邹人）、万章（邹人）、周敦颐（宋道州人，封道国公）、程颢（宋洛阳人，封豫国公）、邵雍（宋涿州人，封新安伯）、谷梁赤（周末鲁人，封睢阳侯）、伏胜（秦邹平人，封乘氏伯）、后苍（汉东海人）、董仲舒（汉河间人，封广川伯）、杜子春（东汉偃师人，封缑氏伯）、范甯（晋鄢陵人，封新野伯）、韩愈（唐修武人，封昌黎伯）、范仲淹（宋苏州人）、胡瑗（宋秦州人）、杨时（宋将乐人）、罗从彦（宋沙县人）、李侗（宋剑浦人）、张栻（宋绵竹人，封华阳伯）、黄干（宋闽县人）、真德秀（宋浦城人，封旧城伯）、何基（宋人，黄干弟子）、赵复（元人）、金履祥（何基弟子）、陈浩（元人）、陈献章（明新会人）、胡居仁（明余干人）、蔡清（明晋江人）。

（二）雍正三年（1725），学宫崇圣祠崇祀、从祀人物排列顺序如下：

1. 正位。肇圣王木金父公正中南向，裕圣王祈父公东一室南向，诒圣王防叔公西一室南向、昌圣王伯夏公东二室南向，启圣王叔梁公西二室南向。

2. 配位。颜无繇（封曲阜侯）、孔鲤（封泗水侯）在殿内东旁西向，曾点、孟孙缴公宜在殿内西旁东向。

3. 东庑。周辅成、程珦、蔡元定，俱东向。

4. 西庑。张迪、朱松，俱西向。

七、张绍祖《文庙崇祀考》

参与编修雍正《惠来县志》的县学廪膳生员张绍祖，撰写《文庙崇祀考》，介绍古代学宫祭祀盛典：

学宫祀事，为典最钜。盖以春秋告虔之中，寓鼓励斯文之意。钦惟我皇上，膺图御极，聪明天纵，道德齐礼，超轶前朝，固已上协天和，下符地瑞，黄河清，卿云见，嘉禾生。光天之下至于海隅日出，罔不从欲以治，四方风动矣。

乃睿虑殷殷，念学宫为育才之地，夫子诚万世之师尊，崇褒美，锡爵封章，诸贤诸儒，咸附青云之上，得依日月之光，煌煌钜典，千古为昭。绍祖身列宫墙，沐浴圣化，恭逢其盛，惭无掞笔，愧乏英辞，不揣固陋，研精覃恩，近稽远引，为作《文庙崇祀考》，以扬天子之休命焉。

溯孔子历代褒崇之礼，盖自汉高祖十二年，以太牢祀孔子始。平帝元始元年，谥褒"成宣尼父"。后魏文帝、太和中，改谥"文宣尼父"。后周宣帝大象二年，追封"邹国公"。隋文帝赠"先师尼父"。唐高祖二年，诏以"周公为先圣"，而孔子配享。高宗乾封元年赠"太师"，至太宗贞观二年，用左仆射房玄龄之议，始专祠孔子为"先圣"，而颜子配之，此万世相传师道之定分也。武后封"隆道公"。玄宗开元八年，定诸贤坐像。二十七年，谥孔子为"文宣王"，赠颜子为"兖国公"，闵子九人为侯，曾子为伯。宋真宗咸平中，加谥"至圣文宣王"，又以闵子为公，曾子为侯，左丘明以下为伯。神宗元丰七年，始以孟子配享。徽宗大观二年，始跻子思从祀。元加封"大成至圣文宣王"。明洪武元年，始定每岁仲春、秋上丁日，遣官行"释奠礼"。二十六年始颁大成乐于天下。成化十二年，从祭酒周洪谟议，增舞为八佾，尊崇同王者之礼乐矣。嘉靖九年，从辅臣张璁议，正孔庙祀典，定谥号、章服、配享、从祀之礼奏，自国子监及天下儒学，改"大成至圣文宣王"封号，题称"至圣先师孔子"，四配题称"复圣、宗圣、述圣、亚圣"，十哲以下称先贤，左丘明以下称先儒。大成殿改称"先师庙"。一切公、侯、伯封号不复称，易塑像制木主，改大祀为中祀，笾豆各捐其四，礼行三献，乐用六奏，舞用六佾。示天下以尊崇之实，又以别郊庙之祭。并采宋濂、谢铎、程敏政之议，以子虽齐圣，不先父食，回、参、伋、轲坐享堂上，则其父不宜列食于庑下。始以四配之，父颜路、曾皙、孔鲤、孟缴公宜配祀，启圣公而安，全天下父子人道之大经。止矣，其从祀，自汉安帝延光三年祀孔子及七十二子于阙里始，唐太宗贞观二十一年，诏以左丘明、卜子夏、公羊高、谷梁赤、伏胜、高堂生、戴圣、毛苌、孔安国、刘向、郑众、杜子春、马融、卢植、郑玄、服虔、何休、王肃、王弼、杜预、范宁、贾逵，二十二人配享孔子庙堂。宋神宗元丰七年，以荀况、杨雄、韩愈从祀。理宗淳祐二年，以周敦颐、张载、程颢、程颐封爵，与朱熹从祀。景定二年，以张栻、吕祖谦从祀。度宗咸淳三年，以邵雍、司马光从祀。元皇庆二年，以许衡从祀。明洪武二十九年，从行人司副杨砥议，罢杨雄从祀，进祀董仲舒。正统二年，进宋儒胡安国、蔡沈、真德秀从祀；八年，从辅臣杨士奇议，以元吴澄从祀。弘治九年，以宋杨时从祀。嘉靖九年，从祀去申党存，申枨、公伯寮、秦冉、颜何、荀况、戴圣、刘向、贾逵、马融、何休、王肃、王弼、杜预、吴澄一十四人，具罢祀，其林放、蘧瑗、郑众、卢植、郑玄、服虔、范甯七人，俱祀于乡。其后苍、王通、欧阳修、胡瑗、陆九渊五人，俱增入从祀。隆庆五年，以薛瑄从祀。万历十三年，以陈献章、胡居仁、王守仁从祀；二十三年，从巡抚郭惟贤议，以周敦颐父周辅成，如程珦、朱松例从祀于启祠。我国朝圣祖仁皇帝康熙二十五年，御书"万世师表"匾额悬挂庙中；五十一年，升朱子于东哲；五十五年，以宋儒范仲淹从祀。我皇上雍正元年，改"启圣祠"为"崇圣祠"，褒封先师五代：木金父公为肇圣王、祈父公为裕圣王、防叔公为贻圣王、伯夏公为昌圣王、叔梁公为启圣王。三年，进先儒张迪从祀崇圣祠西庑。御书"生民未有"四金字匾，挂于文庙。其东庑进先贤蘧瑗、秦冉、牧皮、公都子、公孙丑，先儒郑康成、诸葛亮、尹焞、陈淳、魏了翁、王栢、许谦、罗钦顺、陆陇其从祀。西庑进先贤林放、颜何、县亶、乐正克、万章，先儒范甯、罗从彦、李侗、黄干、何基、赵复、金履祥、陈浩、蔡清从祀。迁原祀东庑先贤秦非、颜哙、程颢、邵雍，先儒谷梁赤、后苍、杜子春、韩愈、杨时、张栻入祀西庑；迁原祀西庑先贤左丘明、张载、程颐，先儒公羊高、孔安国、王通、欧阳修、吕祖谦、蔡沈、王守仁、薛瑄入祀东庑。年代后先，班列坐次。

自春徂秋，以时致祭，俎豆馨香，乐舞备列，千古尊礼，先师崇儒重道，未有如今日之至矣，蔑以加矣。夫人得天地之气，而生斯赋焉。太上以理义著，其次以节概显，其次以功业见，其次以文章传，要必俯仰不愧，衾影无惭，始得登夫子之堂，与闻玉振金声。今沐圣天子深仁厚泽，加意泮宫，造就人材，奖前所以劝后，流洁本于源清。尚其夙夜，只修希贤希圣希天，以答圣主鼓励，斯世道一，风同太平，无疆之治舆。谨考。

〔第二节〕清代列入官方祭祀的祠庙

礼曰:"诸侯祭名山大川之在其地者。"又曰:"法施于民,以劳定国,以死勤事,能御大灾,捍大患,则祀之。非此族也,不在祀典。"官方祭祀,古已有之,明清时期为盛,且已形成一套严整的规范,各地在祭祀时须严格按照规范执行。惠来首祀圣庙,以崇文教;次关帝庙,为国之庇;又有山川坛、社稷坛,有风云雷雨坛,有城隍庙,皆王制之所荐享者。雍正年间奉部行,建先农坛于东郊,每岁仲春行耕耤礼,重农贵粟,前代所未有也。双忠庙祀典有缺,然祀张远、许巡二公,教人作忠,以扶植纲常,虽享祀丰洁不为渎。其他如名宦祠,以福苍生;乡贤祠,以树民望,例得并祀以隆。名宦祠、乡贤祠、先农坛、社稷坛、城隍庙、山川坛、关帝庙的祭祀模式,古代惠来县志皆有介绍。

一、名宦祠

坐落于县城学宫内,原在戟门东,万历三十六年(1608),知县游之光移建于射圃后,即原敬一亭基地。名宦祠的祭祀时间,于每年春、秋仲月上丁子夜致祭,和乡贤祠同一时间,即于祭祀先师庙之前。祭祀仪式同先师庙两庑,不用乐。祭祀时,迎神、送神各四拜,奠帛三,奠爵、读祝者皆立,由提调官行礼。

(一)祭祀人物。明,惠来县知县蒋恩;明,兵部主事谪判潮州府,署县事诸燮;明,惠来县知县林春秀;明,惠来县教谕胡钦;明,惠来县知县郑可大;明,工科给事中降惠来县典史,刘弘宝;明,惠来县知县,升吏部员外赠太常寺卿谥节愍,许直;明,分巡惠潮道鲁海青元宠;清,太子少保、两广总督佟养甲;清,两广巡抚,升任闽浙总督,朱弘祚;清,广东巡抚,升任湖广总督,晋少保,谥清端,杨宗仁;清广东巡抚杨文乾。

(二)祭品陈设:羊一、豕一、簠一、簋一、笾四、豆四、帛一、爵三。

(三)祝文:卓哉群公,懋修厥职,泽被生民,功垂社稷,兹当仲春(仲秋),特申祭告,尚飨。

二、乡贤祠

在学宫内，原在戟门西，万历三十六年（1608），知县游之光移建于射圃后，即启圣祠旧基。与名宦祠同时分祭。祭祀仪式同先师庙两庑，不用乐。

（一）祭祀人物。宋，潮阳丞，方骥之；明，进士，福清县知县，林逊；明，征士、神童，苏福；明，上犹县儒学训导，方一凤；明，巨津州知州，方廷兰；明，福建盐运同知，翁延寿；明，监察御史、河南参议，谢正蒙；明，举人，方鏞；清，处士，张旭；清，吏部观政、进士，张经；清，南川县知县，方应祷；清，举人，高廷焕；清，新田县知县，谢廷诏；清，考授州同，方广益；清，封川学教谕，唐世炫；清，两当县知县，唐培；清，庠生，方豹。

（二）祭品陈设：羊一、豕一、簠一、簋一、笾四、豆四、帛一、爵三。

（三）祝文：于惟群公，孕秀兹邦，懿德笃行，奕世流芳，兹当仲春（仲秋），特申祭告，尚飨。

教谕梁廷佐的一首诗《祀乡贤祠（并引）》，记录了康熙二十一年（1682）祭祀乡贤祠的盛况，其引云："潮之属邑曰惠来，其乡贤祀于黉宫之右，有自来矣。崇祀者，明之大尹文敏林公、徵士神童苏公、运使仁寰翁公、侍御中吉谢公、外翰肖左方公、刺史华畹方公、孝廉巽中方公。近抚军金公咨移宗伯，以处士日初张公并祀焉，从邑绅士之请也。惟是祠建自前代，为日已久，漫漶朽蠹。张公嗣君、进士虚舟先生，会诸贤之裔，鼎新之，翚飞轮奂，一时并称，诚壮国体、展孝思也。廷佐不敏，司铎兹土，获董其事，但祭享固春秋二仲，而望朔之礼阙如。廷佐仰止高山，请诸上宪，朔望展礼，永著为则。于是为诗二十韵，以纪其事，非独景行先型，亦志瞻溯之诚云尔。"

三、先农坛

先农坛位于东郊华埔乡之东，坛高二尺一寸，宽二丈五尺。坛后正房三间，配房各一间，正房中间供奉先农之神牌位，东间存放祭品、农具，西间存放耤田米谷，配房东间置办祭品，西间令看守农民居住。坛庙周围有耤田四亩九分，耤田之外周围筑土为墙，开门南向。每年于仲春亥日祭祀，支地丁银六两一钱六分四厘。

（一）祭品陈设：豕一、羊一、帛一（白色）、铏一、笾四、豆四、簠二、簋二。

（二）祭祀仪式。前一日，承祭官赴坛所省牲，瘗毛血。回署阅祝文，佥名印帛。及期，众官齐集坛门，礼生引入神祠，行一跪三叩首礼。迎神牌安坐坛所，引赞唱："诣盥洗所。"盥洗毕，引至拜位前序立。

唱："跪，叩，兴，行二跪六叩首礼。"

唱："诣神座前，跪，奠帛，献爵，叩，兴。"

唱："诣读祝位。"跪读祝毕。

唱："饮福，受胙。"毕，叩，兴，复位。

唱："跪，叩，兴，行二跪六叩首礼。"

唱："彻馔送神。"

读祝者捧祝、执帛者捧帛，各诣燎所。燎毕，奉神牌回祠，行一跪三叩首礼。祭毕，耕耤田。

（三）耕耤田礼仪。先农坛礼毕，正印官换蟒袍补服，秉耒佐贰，执青箱播种。行耕时，用耆老一人牵牛，农夫二人扶犁，俱照九卿之例，九推九返，陪官捧箱播种，农夫终亩。耕毕，各官率耆老、农夫望阙行三跪九叩首礼。

（四）耕耤田农具。俱用赤色，牛只用黑色，箱用青色，所盛籽种照本处土宜。选择勤谨农夫二名，免其差役，酌给口粮，令看守坛宇，灌溉耤田。地方官不时看视，查其力作收获，将每年所收米谷数目用过粢盛，数目造册，报布政司，送户部查核。

（五）祝文：维雍正×年，岁次×月×朔，越×日，广东省潮州府惠来县知县×××，致祭于先农之神曰：维神肇兴稼穑，粒我烝民；颂思民之德，克配彼天。念率育之功，陈常时夏，兹当东作，咸服先畴。深惟九重之尊，岁举三推之典，忝膺守土，敢忘民劳？谨奉彝章，聿修祀事。惟愿五风十雨，嘉祥恒沐于神庥；庶几九穗两岐，上瑞频书于大有。尚饗！

四、社稷坛

在县城西边一里，坛址东西各二丈五尺，高三尺，阶三级。嘉靖乙未年

（1535），署县事经历王仕宝建，万历三十四年（1606），知县游之光嫌其与义冢相杂不便，礼拜移建高阜。高阜离旧址五丈余，原系邑民方洪盛排年地，以旧坛址易之。每年春秋仲月上戊日祭祀，按雍正年间规制，每年两次需银一十三两四钱八分。

（一）祭品陈设：羊一、豕一、帛一（黑色）、铏一、笾四（枣、栗、盐、藁鱼）、豆四（韭菹、醓醢、菁菹、鹿脯）、簠二（黍、稷）、簋二（稻、粱）。

（二）祝文一：维雍正×年，岁次×月×朔，越×日，广东省潮州府惠来县知县×××，致祭于社稷之神曰：维神奠安九土，粒食万邦。分五色以表封圻，育三农而蕃稼穑。恭承守土，肃展明禋，时届仲春（秋），敬修祀典。庶凡凡松柏，巩磐石于无疆；翼翼黍苗，佐箱仓于不匮。尚饗！

乾隆九年（1744），颁行"常雩礼"，山川、社稷、先农三坛合坛而祭，于四月份举行"常雩礼"。其祝文：

（三）祝文二：维乾隆×年，岁次×月×朔，越×日，广东省潮州府惠来县知县×××，致祭于山川、社稷、先农之神曰：恭膺诏命，抚字群黎。仰体彤廷保赤之诚，勤农劝稼；俯惟菽屋资生之本，力穑服畴。令甲爰颁肃，举祈年之典。惟寅将事，用申守土之忱；黍稷馨香，尚冀明昭之受。赐来牟率育，庶俾丰豫于盖藏。尚饗！

五、城隍庙、山川坛

城隍庙坐落于县治之北，乃布政司旧址左边，中堂一座，东西廊房各三间，前卷蓬一列，门屋中左右，后观音堂一座，左右二房。城隍诏封监察司民城隍显佑伯。山川坛位于县南一里，坛址周围各二丈五尺，高三尺，阶三级，斋房三间，于坛东南设山川神位、风云雷雨神位、城隍神位，故风云雷雨、山川、城隍之神共一坛，于每年春秋仲月上戊日祭祀。每年两次祭祀共需银一十八两七钱二分。

（一）祭品陈设。风云雷雨神位居中，帛四；山川神位居左，帛二；城隍神位居右，帛一，帛皆白色。祭品陈设、祭拜仪式俱与社稷坛一致，但望瘗改为望燎，不唱，瘗毛血。

（二）祝文：维雍正×年，岁次×月×朔，越×日，广东省潮州府惠来县知县×××，致祭于风云雷雨、山川、城隍之神曰：维神赞襄天泽，福祐苍黎。佐灵化以流形，生成永赖；乘气机而鼓荡，温肃攸宜。磅礴高深，长保安贞之吉；凭依巩固，实资捍御之功。幸民俗之殷盈，仰神明之庇护，恭修岁序，正值良辰，敬洁豆笾，只承牲帛。尚飨！

六、关帝庙

祀关羽（161—219）。位于西关中街社学旧址。明万历三十三年（1605），邑民方天福、方洪盛等输赀重建。知县游之光为清出生员林之栢原占地，益之题曰：汉寿亭侯祠。有正堂一座，前堂一座，门屋中左右，规模恢宏，在当时乃全县庙宇之冠。汉寿亭侯封伏魔大帝神位。每年春秋两次祭祀，雍正年间，所需费用共支地丁银十两。隆江镇有一座；中华人民共和国成立前，惠城镇在西门外有一座，中华人民共和国成立后改为他用；在南门桥左边有一座，仅留地名"关爷前"。20世纪90年代初，在西坛旁修建一座。关羽，字云长，三国时蜀汉大将，以忠、义、勇、信而著称。后世崇仰他为神，一般的生意人及商铺都祭关公。

（一）祭品陈设：豕一、羊一、枣、荔枝干、龙眼干、柿饼、麦饼、绿豆、鸡、鱼、龙虾、帛、香、烛、锭。

（二）祝文：维雍正×年，岁次×月×朔，越×日，广东省潮州府惠来县知县×××，致祭于忠义神武关圣大帝曰：维帝浩气凌霄，丹心贯日，扶正统而彰信义，威震九州。完节以笃忠贞，名高三国，神明如在。偏祠宇于寰区，灵应丕昭。荐馨香于历代，屡征异迹，显佑群生。恭值佳辰，遵行祀典，筵陈笾豆，几奠牲醪。尚飨！

七、其他列入官方祭祀的坛庙

（一）邑厉坛。设无祀鬼神坛，坛在县北一里。

（二）双忠庙。祀张巡、许远二将军，原在先师庙西侧，已迁。张、许二将军是唐至德二年（757）为平息安禄山之乱而战死的忠勇将军。张巡，河南人，时为真源县令，曾率小吏百姓在雍丘打败降贼的雍丘县令狐潮，并将劝他降敌的部下正法。睢阳城被安禄山之子安庆绪部下尹子琦围困时，睢阳太守许远（杭州盐官人）与张巡同守睢阳城，坚守数月，外无援兵，城中粮尽，"食马，马尽，罗雀掘鼠，雀鼠既尽，巡出爱妾，杀以食之，远也杀其奴。"（《新唐书》）不久，城陷，张、许均被执，骂贼不屈，被杀。朝廷赐立庙于睢阳城祀之，世称"双忠"。宋熙宁年间（1068—1077），潮州府派军校钟英（潮阳人）带贡物入朝，道经睢阳双忠庙，因景仰张、许之烈，入庙斋拜，乞赐灵佑。当夜，梦得神告，庙殿后匦中有十二神像及一把铜辊，赐予带回；并说潮阳东山东岳庙左佛寺之后有大石屹立之地可以建祠祀之。钟英遵嘱，将神像铜辊带回置于东岳庙，遂"立化"为神。及后，人们每见东岳庙上空"玄旗双出"。旁寺僧人惊怪，报告地方官，事闻于朝，乃令移寺建庙，祀张巡、许远，并赐庙额为"威灵庙"，封张、许为双忠圣王（张巡为"忠靖福济昭圣灵佑王"，许远为"善利威济卫圣孚应王"），钟英也被追封为嘉祐侯，建专祠于庙内东侧，并祀。自此，潮阳双忠庙成为世人崇拜的胜地，潮汕各县均建有双忠庙。南宋民族英雄文天祥护幼主路过潮阳双忠庙时，赋词一首《沁园春·谒张巡、许远庙》："为子死孝，为臣死忠，死又何妨？自光岳气分，士无全节，君臣义缺，谁负刚肠？骂贼张巡，爱君许远，留取声名万古香。后来者，无二公之操，百炼之钢。人生翕欻云亡。好烈烈轰轰做一场。使当时卖国，甘心降虏，受人唾骂，安得流芳？古庙幽沉，仪容俨雅，枯木寒鸦几夕阳。邮亭下，有奸雄过此，仔细思量。"

（三）节孝祠。祀妇女节孝人物，在双忠庙西侧，已改建。

（四）文昌祠（文昌阁）。祭主宰功名、禄位之神。惠县城有文昌祠（阁）。

上面属于官府设置的神庙，原由官方奉祀。民国初年还有祭孔，民国二十六年（1937）后停止。神庙有改为学校的，有改为警察所的。有的为附近群众奉祭。中华人民共和国成立后，官方奉祭的庙祠，多数已湮圮。1980年起，有些庙祠，为附近群众自发集资修复，如城郊三坛、关帝庙、双忠庙等。民国前属官办的神庙，中华人民共和国成立后，不再有官办。

第四十八章

民间信仰

〔第一节〕民间信仰场所

惠来人拜神，主要是到庙宇去拜。但说来也怪，惠来人到庙宇供香，一般不称拜神，而是称"拜老爷"。惠来人"拜老爷"和拜神是有区别的，只有到农历年末酬神时才叫"拜神""谢神"。究其渊源，还必须从古籍的说法谈起。所谓老爷，原指旧时的官吏。王应奎《柳南随笔》卷五："前明时缙绅惟九卿称老爷，词林称老爷，外任司道以上称老爷，余只称爷，乡称老爹而已。"清代四品官以上称大人，五品以下称老爷。旧时，豪绅亦称为老爷，仆称主亦为老爷。惠来的庙宇，俗称老爷宫，所供的"老爷"，其实都是一些历史上或传说中的有益于人民的官吏、名人。这里说的老爷，实际上是一些在人民心目中有地位的人。但由于历经千百年的民间崇拜和神化，以及历代统治者的渲染、利用，给祭拜老爷及其场所（老爷宫）披上一层神秘面纱。

惠来民间有信奉鬼神习俗，不管什么人都可以向神祈求保佑。祭品不拘，礼节不究，一炷香、三面纸，磕几下头便可表达自己心中的愿望。神祇无处不在，街头巷尾、路边树下、屋里屋外、灶台门边，一领神帐，一个香炉，便是一位神祇所在了。

这种崇拜多神的对象，有自然神、英雄神、祖宗神、佛家、道家、行业神、传说神等。崇拜的这些对象，如按籍贯或流派划分，又可分为全国共奉神、惠来本地神和外来神三种。惠来人信奉的神，上有玉皇大帝，中有城隍、土地，下至炉君门神，按照人间官阶，想象出一套神的系统。

惠来县神庙大多是释、道、神同祀一庙或单独一神的神庙。神庙在惠来县的数量很多，几乎一村有一神庙或多座神庙，惠城区内就有数座土地庙，信神拜佛非常普遍。

一、南海庙（广利圣王庙）

内祀南海神。唐天宝十年（751），封南海神为"广利王"。神泉镇的南海神庙称"广利王庙"。康熙元年（1662），迫沿海居民内迁30里，人迁庙毁。康熙八年（1669）展界后，庙移建于城内。20世纪80年代末，群众修复庙宇，称"神泉古庙"。除神泉镇外，还有鳌头村的洪希圣王庙，东陇镇赤洲村的洪海圣王庙，都祀南海神。

二、真武庙

祀北极玄天上帝。我国古代天文学家把天上的二十八个星座称为"二十八宿"，并将它们分为四组，称东方青龙、西方白虎、南方朱雀、北方玄武，同为道教的护法神。后来，玄武被说成是奉玉帝之命镇守北方的统帅，封为上帝。潮汕各地称这类庙宇为玄帝古庙、真武宫、北帝庙、元山古庙、玄真庙、永昌古庙、真武古庙、夏祉古庙等。清县志载，全县有真武庙7座。20世纪70年代溪西镇鲁阳村黄光山建一规模巨大的庙宇，崇祀玄天上帝，后又在山顶竖立一座高达25米的石佛，10里之外，亦可望见。

三、玉峰古寺

玉峰古寺供奉释迦牟尼佛，位于隆江镇象湖村，面向龙江河，地势开阔。该寺始建于南宋咸淳六年（1270），原名玉凤寺，该寺保存用于收租的"栳"（一种漏斗形量具），刻有"玉凤寺"三字。明朝年间，古寺拥有僧田二百多亩，寺中僧人逾百，香火旺盛。明嘉靖年间，北哨贼首黄启荐据冰山（今隆江镇邦山）为巢穴，该寺被强占为据点。清顺治癸巳年，官兵剿惠，寺庙被焚，存下一片焦土残垣。原僧田因豪强争寺，皆被官府所收，充作"学租田"，每年缴租进入县库，直至中华人民共和国成立后停止。历代该寺皆有重修或重建，最近的一次是20世纪80年代，修葺后焕然一新，现住持释悟诚法师，该寺占地面积约10亩，建筑面积1200平方米。

四、天帝庙

祀四方神。秦时，建有上帝祠，内祀白、青、黄、赤四帝。各乡镇有许多村建有上帝庙。

五、三山国王庙

祀三山国王（巾山、明山、独山之神）。惠来各乡镇都有庙宇，惠城设庙多处。三山国王原本是揭西河婆盆地周围的三座神山：巾山、明山、独山。它们曾是群巫所从的神山，是巫师们通天的地柱，在进入农业社会以后，演化为掌管农业天气的风神、雷神、雨神，最后定型为三山国王神，并延续至今。传说在隋朝开皇（581—600）某年一月廿五日，有三个身穿金甲的异人，从山里的石穴中闯了出来，自称是同胞兄弟。这时，在玉峰石界的古枫树上，忽有莲花吐出，清香四溢。路人陈某幸遇，见神乘马召言，于是与神俱化。过了段时间，神假借乡人之口说封陈某为将军，这就是人们常说的化王，他与三山国王一同被供奉在巾山之下的国王庙中。唐宪宗元和十四年（819），韩愈任潮州刺史，其时淫雨不止，庄稼受灾，韩公遂设祭大湖神，群众也向三山国王祈祷，结果悉如人愿，大获丰收。从此信仰三山国王的风气更是遍布潮州府。到了宋太宗征太原时，忽见天降三位金甲神将挥戈助阵，大获全胜，后汉主刘继元被迫请降。太原平定，王师奏凯祝捷的晚上，云端里忽现一面旗帜，上书"潮州独山神"五个大字。于是太宗特命韩指挥专程来到潮州，诏封三山神，并赐"明贶三山国王"神匾，神庙建在明山脉穴之处。三山国王权力很大，举凡天地人事都须向他们报告，所以境内百姓经常要进庙烧香，祈祷求签，如果他的袍旧了，身脸脏了，要及时捐款为他涂上金身和更换衣袍。不仅如此，潮人更把人性的一些弱点也都附会到神灵身上，比如有的传说讲三山国王好赌，赌输了就以老婆抵押，因此，有的三山国王没夫人，而有的三山国王却有两个夫人；又如有的传说三山国王喜新厌旧，每天晚上都把夫人的神像踢倒，庙祝不知该怎么办，三山国王就托梦告诉庙祝要休妻，于是人们只好把夫人抬进山中扔掉，另塑一新像为他续弦，这才罢休。

六、火帝庙

祀火神,即炎光大帝和华光大帝,专司火。全县只有一座,庙址在城隍庙东北面。

七、龙王庙

祀龙王。传说专司水域和兴云布雨,民国时期在惠城河头(通神泉的河)设庙,中华人民共和国成立后已废。1990年后,建一庙在惠城镇河头西边。

八、土地庙

俗称土地伯公庙,通称福德祠,祭土地神。凡有关土地的地方都设土地神,称福德老爷(社区)、伯公(田)、地主老爷(家里)和福神,遍及各社、巷、家庭。民间相传土地神是管理土地的神,即社神。

惠来人祀土地神有永久性和临时性两种。永久性的为居住民宅、商店、工厂、车间、作坊等,设立"地主"神位,每月农历初二、十六两天定期举行祭祀,俗称"牙祭",祭品不拘。街头巷尾及村寨的土地庙叫"福德祠",供奉"福德老爷及福德妈",即土地公土地婆。有些田头路边也会建一小土地庙,深一尺、宽二尺、高二尺,供一神位,两边对联"公公公十分公道,婆婆婆一片婆心"。临时性的土地神位主要设于建筑工地。动工之前,人们用五副纸锭、五支香夹在一段竹竿中,作为土地神位的标志,进行祭拜。工程完工之日,还要备办牲礼谢神。

九、禹王庙

在神泉镇区南侧紧靠海边,称水仙宫,祀禹王。夏禹为部落领袖,治洪水有功,人民敬之祀之。

十、真君庙

祀晋朝吴真君和许逊。惠来各地有庙,以隆江镇井尾村真君庙较早,规模较大。吴真君,俗名吴猛,晋时江西分宁人,扶危济贫,后成道,称为真君大帝。

他自幼便是一位出了名的孝子，后云游求师，道法精深，医术高明，能起死回生，为民除害，深得人民爱戴。许逊是吴猛的弟子，生于三国吴赤乌二年（239）。相传，其母亲梦神鸟送下神珠，吞下怀孕而生下许逊。逊未足月，已聪敏异常，过目成诵，无师自通。后师吴猛，再师王朔、女仙谌母，取得列名上清的资格。

十一、妈祖宫（天后宫）

祀妈祖（天后圣母），系传说中的保护航海平安的女神——林默娘。据记载，宋建中靖国元年（1101），惠来关门山外，古称"潮州府大坭都后表楼"始建"天妃宫"于靖海港湾，关内古称"潮州府隆井都赤洲楼"建"妈祖庙"于盐岭河、雷岭河交会神泉港出海口西岸赤洲村，南宋庆元六年（1200）神泉建"妈祖庙"。2024年，全县登记在册建于宋、元、明、清的妈祖宫、庙、殿共有24座，现代建造2座，高9.9米妈祖石雕圣像三尊；全县庙宇用地面积10多万平方米，建筑面积约3万平方米；妈祖信众涉及二市三县区十镇上百个村落近百万人。惠来的妈祖信仰传承发展近千年，惠来县妈祖文化交流协会于2007年1月成立，2012年7月创建中共党支部，2022年起，由李春余任党支部书记兼会长。县妈祖文化交流协会有理事71人、会员1089人、义工2000多人，其中共产党员76人；历届会长有郑明辉、苏文炳（已故）。会址设于惠城镇华群村南"妈祖学堂"楼。

妈祖又称天上圣母、天后，原名林默，宋建隆元年（960）农历三月廿三诞生于福建莆田，宋雍熙四年（987）九月初九，因救助渔民而不幸遇难，年仅28岁。乡民感念妈祖恩德，在湄洲岛上立庙祭祀，妈祖由此成为渔民们共同信奉的海上女神，千年流布。妈祖文化肇于宋、成于元、兴于明、盛于清、繁荣于近现代。历代皇帝36次褒封，清康熙五十九年（1720）钦定春秋两祭，与黄帝、孔子祭典并列为"中华三大祭典"；20世纪80年代，联合国授予妈祖"世界和平女神"称号；2009年，妈祖信俗被联合国教科文组织列入《人类非物质文化遗产代表作名录》，成为世界共同的精神财富。

十二、大峰庙

祀大峰。宋代僧人，俗称林灵噩，又名林通叟。曾任绍兴县令，后弃官为僧。

云游到潮阳蚝埠（今和平镇），结庐桥尾山后灵豁（今灵泉寺）客居。南宋建炎元年（1127），建和平桥以渡往来乡民。后人感恩，于灵豁建灵泉寺祀大峰。潮汕各地也有庙奉祀，惠来县惠城东栅有一座，隆江、华湖也有大峰祖师庙。

十三、宋禅祖师庙

祀宋超月真身。庙址在惠城东栅永福寺。20世纪50年代初，真身失踪。1992年，庙重新修葺。还有惠城北郊的成德善堂，也祀宋禅祖师。海内外有庙多处。

十四、吕洞宾庙（仙师公庙）

祀吕洞宾，别称吕纯阳，统称为吕仙师，传说中的八仙之一。庙址在惠城东门内义济巷。东陇、葵潭也有庙。吕洞宾，本名琼，字伯玉，亦名绍先，出家后才改名岩，字洞宾。俗语说："狗咬吕洞宾，不识好人心。"吕洞宾成为游行世间、普度众生的神仙的代称。

十五、七圣娘庙

祀七圣娘，传说是上帝的第七个女儿。昔在庄严禅寺内祀七圣娘；东陇镇仙井古岩也祀七圣娘；20世纪90年代，山美村建白云堂，内祀七圣娘；惠城侨东新村也有七圣娘堂。

十六、天竺庵（注生娘）

惠城北门内有天竺庵，内祀注生娘。

十七、黄大仙庙

祀黄大仙。本姓黄，名初平，1990年后新建一庙于惠城镇必田村东山。

十八、太白金星庙

祀太白金星，21世纪初年建，庙在惠城北郊。

十九、龙岩古庙

俗称西天佛，释道两类神祇都有奉祀，庙在城北一里的龙岩山上，为20世纪70年代后所建，规模相当壮观。

以上记述的神庙，都是由附近的群众，募集资金建庙奉祀，群众自己管理，有的还有理事会。

〔第二节〕神诞和其他节日

神是人类由蛮荒向文明发展漫长过程中形成的精神产物，信神是人类共有的一种文化现象。但不同国家、不同民族有着各自所崇拜的神，并且有的神多，有的神少，汉族属于多者；在同个族群中，不同的生活环境和发展条件，神的多寡也不一样。惠来的先民来自中原、福建，惠来地区在航海业未发达的古代属于省尾国角，因此既有传承中原正统文化的一面，又有形成特色地域文化的另一面。所以惠来人对神的崇仰程度便高于其他地方。人们习惯认为，在现实社会之外的自然界中，还另有一个神的世界，人的善与恶、功与过自有神在评判，人的平安与祸害、成功与失败由神在主宰，并且神也如同现实社会的管理模式，职位有高低，职能有不同，如管理土地、护境、护航的土地之神、安境老爷、妈祖等等，其中最高层次的是玉皇上帝，俗称"天公"。照此推理，各方神灵也终年辛劳，对神给予诚心酬谢便在情理之中，因此，惠来各地每年有大量的神仙诞会，如关爷诞、妈祖诞、财神诞等，还有一些区域性的地方神诞。细数起来，几乎每个月都有好几个诞会，有些是礼仪性地庆祝一番，有些虽然隆重，却不是普遍性的节日。但无论什么样的节日诞会，无不体现着惠来人民信神事鬼的风俗，都有祭祖祭神祭鬼的仪式掺杂其中。

下面按时间顺序逐一介绍。

一、七样菜节

正月初七日，惠来有"食七样菜"的习俗。即选用6种蔬菜同煮，然后用香菜叶将煮熟的6样菜包成菜卷吃。这一天，家家户户都会买来7种不同的当令蔬菜混合在一起烹煮，惠来人给这种蔬菜煲起了一个十分雅致的名字"七样菜"。大人、小孩每人至少吃上一大碗。吃"七样菜"时，大人要教小孩子唱一首歌谣："七样羹，七样羹，大人吃了变后生（年轻），奴仔吃了变红芽（面色红润），姿娘吃了如朵花。"葵潭人则吃"七样菜饭"。"七样菜"中芥菜、厚合和萝卜是必不可少的。芥菜惠来人称"大菜"，这种菜是"七样菜"的首选，茎叶爽脆、可口，香味纯正，是平凡的农家菜。厚合，叶大如扇，茎硕汁多，一种从中原南移的粗生贱长的蔬菜，平时作为饲料，不能入肴，但在"七样菜"中却唱主角，这反映了先民对根和祖先的眷恋和叨念。萝卜又称菜头，上古叫芦菔，中古改称莱菔，"冬吃萝卜夏吃姜，医生无赚饿死妻"，是一种著名的药蔬，冬春食用，能清热降火，去痰化积。"七样羹"也包含着养生之道。除此三款，再随意选配四种。这个节日，如果从人文意蕴的角度来探究，当是缘起于惠来先民对春、对大自然的赞美和感恩。春天的惠来，"草芽菜甲一时生"，各类蔬菜一齐来参加春天的大联欢。用一个节日来表达对造化亘古的感念，正是惠来人优雅情怀的生动体现。如果从养生的角度来看，在新年伊始之际，设置这个蔬菜节也是十分合适的。新春的欢娱热闹接近尾声，几天来都是鱼肉油腻的佳肴美食，换换口味，来几碗清素的菜煲，中和肠胃，消积化食，非常必要。

二、天公生

天公就是玉皇大帝，农历正月初九是天公的生日。在这天，家家户户都要设祭庆祝天公生日。天公生的祭典十分隆重，凌晨，各家各户就在正厅摆开大方桌，供奉三牲，然后烧纸钱，放爆竹。在祭祀前一天，一定要斋戒沐浴，而且在当天有很多禁忌：早晨起来洗过脸的洗脸水不可以倒入污沟、地上，恐污了天公的脸，会遭天谴，要将洗脸水倒于尿桶、尿缸、厕所（不露天的地方）。是日，凡露天的场所不扫地，屋内扫地垃圾也要待第二天才倒到外面。小孩不可在露天场所小便，否则是对天公不恭，会遭到天公的责备。妇人的内外裤不能晾于室外，否则阴阳相冲有辱天公。大小便桶当天不可到池塘洗涤。农民不能挑粪、担肥，以防撒在地上玷污了天神、日爷。20世纪80年代后，天公生的祭祀仪式就很简单了，祭品就用面条、龙眼干，意为顺顺利利、团团圆圆，而且多数禁忌也不再受信奉。

三、立春

立春是二十四节气的第一气,它标志着春天的到来,农业生产也即将开始。在中国这样一个"以农为本"传统悠久的国家里,立春成为节日,并且是官方的节日,是很自然的。《礼记·月令》说:"立春之日,天子亲率三公九卿诸侯大夫,以迎春于东郊。还反,赏公卿诸侯大夫于朝,命相布德和令,行庆施惠,下及兆民。"惠来人把立春称作"打春"。旧时立春的节日活动,主要有鞭春牛和迎芒神土牛。立春"鞭春牛"是一种古老的带有巫术色彩的习俗,它的意义在于催耕助农。唐代这种风俗已经存在,到了宋代,这种风俗流播更广,《东京梦华录》记载立春前一日的情形:开封、祥符两县,置春牛于府前。立春日一大早,开封府僚属便举行打春仪式。芒神,就是勾芒。它是东方之神,春天之神,草木之神,代表着生命,代表着繁殖。对勾芒神的崇拜起源很早,《山海经》有描绘。唐人注释的《礼记·月令》有更详细的描述:"其神勾芒者,谓自古以来主春立功之臣,其祀以为神。是勾芒者,主木者官,木初生之时,勾曲而芒角,故言勾芒。"古代风俗,祭祀勾芒神在二月春分。由勾芒神的神格所决定,这种祭祀行为的目的,也是为了祈求农业的丰收。大概因为"鞭春牛"与"祀勾芒"两种信仰活动的性质和目的接近,宋代人干脆合二为一,从宋代开始,祭祀勾芒神的活动也在立春日举行。大文豪苏东坡就写过一篇《立春祭土牛祝文》,向勾芒祷告说:"敢昭告于勾芒之神:木铎传音,师官相儆;土牛示侯,稼穑将兴。敢徼福于有神,庶保民于卒岁。无作水旱,以登麦禾。"这种节日官方祭祀活动一直延续到清代。

四、迎春习俗

清代,惠来有迎春鞭春习俗,祈求五谷丰登。每年立春前,官府先用泥塑的春牛,放于城东赤山院。立春前一日,县知事与县内全体文武官员穿着吉服,到赤山院迎春,请芒神与土牛,迎到县衙仪门外。将神东南向,土牛则西南向。立春日县内官员穿朝服,祭芒神。祭完后,各执彩杖,正官击鼓3声,环鞭土牛3次。这是古代官员举行的迎春仪式。迎春其实是鞭牛。康熙《惠来县志·时节之俗》记载惠来迎春习俗:"立春,先日,盛结彩棚,扮景粧狮,鼓吹出东门,宴迎土牛,老幼观者塞途。及归,竞掷土牛,互相闚谑,并视土牛与芒神色相,辨是岁风雷雨旸之候。鞭春日，或拾牛土，谓可压邪。"

俗话说："一日之计在于晨，一年之计在于春"。在南方，对于从事耕种的农民来说，随着"立春日"的到来，也就意味着可以开始新一年的种植计划了。在古代，社会各阶层对于立春日的迎春活动都十分重视。古时立春日，除了大小官员都要参加迎春外，县令还要亲自下到地里犁田三圈，传说如果县令的这三圈地顺顺利利犁完的话，那么当年的农事便会风调雨顺、五谷丰登；如果在犁田过程中耕牛不听使唤，别别扭扭的话，则预示当年的农耕工作比较麻烦。立春日举行祭拜炎黄五帝仪式，其中以祭拜炎帝为主。传说炎帝是五六千年前我国西部原始社会末期氏族社会中姜族的部落首领，他与黄帝结成联盟，共同对付九黎族首领蚩尤的侵犯，取得胜利后两人共同掌管天下，被尊为中华民族的共同祖先；除此之外，炎帝对人类最大的贡献还在于教农民学会耕种以及亲自为人民尝辨百草，使人类懂得与疾病作斗争，因而被尊称为五谷神，也即神农氏。祭拜五帝的礼物除常见的果品之外，十二样粮食种子和十二种水果是必不可少的，粮食种子包括稻谷、麦、豆、番薯、芋、黍、玉米、高粱等；十二样水果一般没有明确规定，只要有含意吉祥的便可，如苹果取"平平安安"，香蕉取"招财进宝"，葡萄取"硕果累累"。

五、二月二

农历二月初二俗称"龙抬头"。据说，"二月二"在周代本是一个祭祀的日子，到了唐代已演变成一个民俗节日。此时正值惊蛰前后，春归大地，万物复苏，蛰伏在泥土或洞穴中的昆虫蛇兽从冬眠中醒来，传说中的龙也从沉睡中醒来，故称"龙抬头"。古时龙是神圣的象征，所以就借龙来驱逐害虫。明代曾流行熏虫儿，二月初二这天人们要把元旦祭祀余下的饼，用油煎，以此熏床和炕，叫熏虫儿。还有以蜡烛照房子墙壁的习惯，有"二月二，照房梁，蝎子蜈蚣无处藏"之语。"二月二"也是一个企盼学业有成的日子。过去私塾先生多在这一天收学生，谓之"占鳌头"。学生们念："二月二，龙抬头，龙不抬头我抬头。"由于民间流传着"二月二"与龙相关联的传说，加上"惊蛰一犁土，春分地气通"，所以农家人这一天的讲究颇多，他们把朴实的愿望寄托在俗事中，祈盼这一年过得更加美好。过去有一些习俗，二月二早晨起来后，农家人会找来长竿敲击房梁，把龙唤醒，然后用草木灰向井台引一条灰龙，再用谷糠从井台向水缸引回一条金龙；早餐吃年糕和猪头肉，午餐吃春饼，还要吃炒豆子；天近黄昏时，家家户户都要用灶膛里的灰围绕房子撒一圈，叫围社，目的是把所有的邪祟灾祸都挡在外面，凡是有亲人出门在外的，这个圈一定要留一个口，意为盼其早回家乡。这一天，人人都要理发，意味着"龙抬头"走好运，给小孩理发叫"剃龙头"；妇女不许动针线，恐伤龙睛；人们也不能从水井里挑水，要在头一天就将自家的水瓮挑得满满当当，否则就触动了龙头。民间流传着"二月二，龙抬头；大仓满，小仓流"的歌谣，这一天，农家人对来年年景充满祈盼，他们为即将进行的春耕播种而激动，祈求传说中的龙此时能抬头，抖动身子下一场透雨，以滋润土壤。"二月二"有一些特殊的食俗。普遍人家在这一天要吃面条、春饼、爆玉米花、猪头肉等，不同地域有不同的吃食，但大都与龙有关，普遍把食品名称加上龙的头衔，如吃水饺叫吃龙耳，吃春饼叫吃龙鳞，吃面条叫吃龙须，吃米饭叫吃龙子，吃馄饨叫吃龙眼。吃春饼叫作吃龙鳞是很形象的，一个比手掌大的春饼就像一片龙鳞。春饼有韧性，内卷很多菜。如酱肉、肘子、熏鸡、酱鸭等，用刀切成细丝，配几种家常炒菜如肉丝炒韭芽、肉丝炒菠菜、醋烹绿豆芽、素炒粉丝、摊鸡蛋等，一起卷进春饼里，蘸着细葱丝和淋上香油的面酱吃，真是鲜香爽口。吃春饼时，全家围坐一起，把烙好的春饼放在蒸锅里，随吃随拿，热热乎乎，欢欢乐乐。还有吃爆玉米花的习惯。相传武则天当了皇帝，玉帝便下令三年内不许向人间降雨。但司掌天河的玉龙不忍百姓受灾挨饿，偷偷降了一场大雨，玉帝得知后，将司掌天河的玉龙打下天宫，压在一座大山下面。山下还立了一块碑，上写："龙王降雨犯天规，当受人间千秋罪。要想重登凌霄阁，除非金豆开花时。"人们为了拯救龙王，到处寻找开花的金豆。到了第二年二月初二这一天，人们正在翻晒金黄的玉米种子时，猛然想起，这玉米就像金豆，炒开了花，不就是金豆开花吗？于是家家户户爆玉米花，并在院里设案焚香，供上开花的金豆，专让龙王和玉帝看见。龙王知道这是百姓在救他，就大声向玉帝喊道："金豆开花了，放我出去！"玉帝一看人间家家户户院里金豆花开放，只好传谕，召龙王回到天庭，继续给人间兴云布雨。从此以后，民间形成了习俗，每到二月初二这一天，人们就爆玉米花，也有炒黄豆的。

六、上巳节

原本定在三月上旬的巳日，魏晋以后节期固定在农历三月初三。惠来民间称作"三月三"，也有些地方称为"古清明"，可能是因为这个日子与清明节靠近。上巳节起源于上古的祓祭。祓祭是一种感生巫术，祓除的用意，在于用春水荡涤不洁，祈求生育。这种巫术原本是施于女子的。到汉代，上巳已经逐渐演变为节日，节日的主要活动仍是祓除。《后汉书·礼仪志》记载："上巳，官民皆洁于东流水上，曰洗涤祓除，去宿垢疢，为大洁。"这时的祓除活动多少还有点巫术的意味，但无论是官是民，都用春水洗涤清洁，这种社会性行为，与其说是为了求子，倒不如说是为了养生。晋代，上巳节的祓禊，实际上完全是春天里嬉游郊野的娱乐了。呼友引侣，踏青山原；濯手足于清流，引曲水以行觞；宴饮吟咏，畅抒幽情，让自己的身心和大自然融汇在一块。正是晋人风度改变了这个节日的性质。对于"三月三"这个节日，晋人写下许多诗文歌赋，最脍炙人口的，莫过于王羲之的《兰亭集序》。此后，节日基本定型。唐人的《辇下岁时记》载："三月上巳，有锡宴群臣，即在曲江，倾都人物，于江头禊饮踏青。"节日活动，也还是禊饮与踏青。曲江赐宴，场面的豪华，人物的繁盛，在杜甫的《丽人行》里，可窥一斑。那种对享乐的追求，与晋人的风范，又截然不同。旧时上巳节，多举行于士大夫阶层，节日活动也只是踏青与野宴，而多数人所追求的，并非唐代的奢华，而是晋人的自然情趣。

七、太阳公生

农历三月十九日是太阳公的生日。从祭祀的对象来看，应该是中和节的变迁。中和节是为了祭祀勾芒神，即日神的生日。据《唐书》所载，中和节是在唐德宗亲自提倡下兴起的一个节日。虽然其立节为时较晚，但实际上应该是上古的自然崇拜的演变结果。据清人汪启淑的《水曹清暇录》载："（中和节）市中货太阳糕，以祀太阳星君。""亦有持斋诵太阳经者"（《春明岁时琐记》）。太阳经也称为《太阳星君圣经》，经文曰："太阳明明诸光佛，四大神州镇乾坤。太阳日出满天红，晓夜往来不住停。行得快来催人老，行得慢来不留存。天上无我无昼夜，地下无我少收成。家家门前都走过，倒惹众生叫小名。恼了门神归天去,饿死黎民苦众生。个个神明有人敬,哪个敬我太阳神。太阳三月十九生,家家念佛敬香灯。有人传我太阳经,合家老少免灾星。无人传我太阳经,眼前就是地狱门。佛说明明诸光佛,传与善男信女们。每日早晨念七遍,永世不走地狱门。临终之时生净土,九元七祖尽超升。有福念我太阳经,世代儿孙福禄深。"

八、妈生

妈生就是妈祖诞,在农历三月二十三日。妈祖崇拜起源于福建莆田地区,宋元以后,逐渐流行于中国沿海各地,并传播到国外。潮汕与福建毗邻,又多莆田移民,很早就接受妈祖信仰的影响。宋代,惠来已经有了妈祖庙。明清以来,妈祖信仰在惠来地区广泛传播,从沿海到内地,出现了众多的妈祖庙。这些庙宇在妈生这一天,都会举行祭祀妈祖的仪式。但是,只有在渔民和商、船民的聚居区域,妈祖诞才能够演化成节日。这些以出海捕鱼和行船贸易谋生的民众,对妈祖都很崇拜。平时,出海之前要先到妈祖庙乞保平安,安全返航之后又要到妈祖庙去报平安。打造新船,下水前要用三牲礼饼祭祀妈祖;逢年过节,也要准备好祭品,到妈祖庙答谢神恩。每年妈生,他们会更加虔诚地膜拜致祭,从而形成一些节日风俗。这天,船民、商户、人家,要吃豆芽韭菜炒面线,大概是商人们用谐音取其"长久生财"的兆头。但又有一种解释,认为这种习俗来源于妈祖"机上救亲"的传说。传说有一次,妈祖的亲人出海遇风。妈祖正在家纺线,感知父兄险情,立即闭目神游,前往救援。她用手挽紧纱线,使海船上的桅杆帆索不致被风暴撕断。亲人也得以安全返航。人们在这个节日吃面线以纪念妈祖,寓有消灾化难、祈求平安的含义。妈祖的祭祀形式从莆田流传到惠来,发生了不少变化。在过去,惠来的船家每当新船下水时,总要到妈祖庙请香回来,在船中肚供置天后圣妈祖的香案。除初一、十五上香烧元宝外,每逢妈祖圣诞,更要隆重祭祀。平素最悭吝的船主,这一天也要以"五牲"或"三牲"祭祀妈祖,然后盛宴招待全船员工。

九、浴佛节

每年农历四月初八,是佛教寺院传统的"浴佛节"。过去,佛寺庵堂都要焚香设斋供佛,用五色香水浴佛。传说,这一天是佛教创始人释迦牟尼出生的日子。据

《佛陀本生传》记叙，释迦族原是雅利安人的一支，在恒河的支流上建成一个小王国"迦毗罗"。国王是位智勇兼备、才德高超的明主，赋性仁慈，爱护百姓，国内政治修明。王后摩耶，是一位容貌美丽、性格贤淑的女子。这样的明王贤后，本来十分匹配，只是国王老迈，而摩耶王后也一直没有生育，二人常为子嗣问题而闷闷不乐。摩耶王后已年届中年，春末夏初的一天，她独自坐在后花园，沐浴煦暖的阳光。熏风飘拂，鸟语花香，令人陶醉。突然，她发现晴朗的天空里，出现了一只长着6根长牙的白象，四周有五彩祥云围绕，徐徐降下，转瞬间从王后的右胁钻了进去。王后一惊，从陶醉中清醒过来，但觉身体像浴过兰汤般舒畅，心里说不出的喜悦。王后怀孕了，10个月过去，到了分娩日期，王后由宫娥陪伴，要到父母家中生产。这时艳阳普照，一路上百花竞放，百鸟争鸣，天籁悦耳。摩耶王后慢慢走着，当她路过蓝毗尼园的时候，忽然腹中一阵疼痛，小孩就要出世了。宫娥们急忙在一棵无忧果树下，架起床来，让王后躺下。这时晴空无云，阳光照耀大地，显得格外光明。摩耶王后伸手握着一枝树枝。忽然，从右胁生下一位脸庞饱满的婴孩——他就是后来成为佛祖的释迦牟尼。婴儿出生后，便在四面八方各走7步，步生莲花。同时，右手指着天，左手指着地，说道："天上地下，唯我是尊。"这就是佛家所说的十方。此时，上空天女散花，天使奏乐，且有九龙喷水，为太子沐浴。这传说十分广泛，且为佛门弟子所接受。每届浴佛节，有寺庙效此故事而使之形象化。宋代金盈之《醉翁谈录》卷四对浴佛节有一段描述："八日，诸经说佛生日，不同其指，言四月八日者为多。宿愿果报经云，我佛世尊生是此日，故用四月八日浴佛也，南方多用此日，北人专用腊八。皇祐间，员照禅师来会林，始用此日，盖行摩诃利头经；浴佛之日，僧尼道流云集相国寺，是会独甚；常年平民，合都士庶妇女骈集，四方挈老扶幼交观者莫不蔬素。众僧环列既定，乃出金盘，广四尺余，置于佛殿之前，仍以漫天紫幕覆于上，其紫幕皆销金为龙凤花木之形。又置小方座，前陈经案，次设香盘，广四尺余，四隅立金频伽，蹬道阑槛，无不悉具，盛陈锦绣被褥，精巧奇绝，冠于一时。良久，吹螺击鼓，灯烛相映，罗列香花，迎拥一佛子，外饰以金，一手指天，一手指地，其中不知何物为之，唯高二尺许，置于金盘中。众僧举扬佛事，具声振地，士女赡敬，以祈恩福；或见佛子于金盘中周行七步，观者愕然，今之药傀儡者,盖得其遗意。既而揭去紫幕,则见九龙饰以金宝,间以五彩,从高喷水,水入中盘,香气袭人。须臾,盘盈水止,大德僧以次举长柄金杓,挹水灌浴佛子,浴佛既毕,观者并求浴佛水饮漱也。"

浴佛节,惠来佛寺多称为"大佛诞"。是日,寺院的僧尼早早便摆设好供佛斋料粿品,明烛高烧,香烟缭绕,钟磬交鸣,诵经声声,瑞霭盈盈。还煮好罗汉粥,广施信众。所谓罗汉粥,好似八宝粥,用大米,杂以花生、红豆、香菇、木耳等煮成粥。僧尼传罗汉粥吃了可保平安。而这天,各方善男信女也食蔬吃素,带上元宝、香烛、糖果、水果、花生油等,到寺中敬佛奉佛,吃罗汉粥,为佛祖敬香添油。有乐善好施者,捐款捐物,祈求消灾解厄,发财致富,健康长寿。

十、六月六

"六月六"俗称"鬼节"。在惠来,旧俗认为农历六月初六这一天,地府的鬼魂会跑到阳间挑西瓜回去消暑。但小鬼懒惰,往往抓人代挑。因此,惠来人在这一天有诸多禁忌:不到亲朋家串门,否则将会给亲朋带来不祥;晚上不能出门,更不能在野外露宿。这一天,还有个习俗:如果今年恰是亲人死去的第二年头,家属就应该在这一天为死者作法事,超度死者灵魂,称为"过桥"。举行仪式时,必须备办西瓜、三牲等,然后用米粉蒸制7块"桥板"(长七八寸,宽二三寸)和几个"桥墩",以及一端宽一端窄的"狗舌",将这些东西在逝者灵前搭起一座桥,这就是传说中的生死桥——奈河桥了。桥头置放"狗舌"、瓜果、三牲,然后才焚香点烛诵经。关于"六月六",还有一个传说:农历六月初六是佛祖释迦牟尼晒经的日子。故民间认为这一天晒的东西易于保存。民谣云:"六月六,晒衣服。"人们习惯于在这一天将衣物拿到室外晾晒,认为这样衣物不会被虫蛀。特别是为老人准备的寿衣,也要在这一天将衣物拿出来晒。

十一、土地爷生

六月廿六日,是土地神圣诞之日,惠来民间称"土地爷生"。大地生长草木五谷,养育人类,故被视为无穷力量的神灵。古代对土地的崇拜具有重要的意义。祭土地是上至王公贵族,下至小民百姓一年中的大事。土地神即社神,先秦时期社神地位极高，故社稷一词通常作为国家的代称，祭祀典礼也由天子或各地行政长官主持。汉唐以后，社神的地位有所下降，祭祀也不限一地，其原因是因为"土地阔不可尽祭，故封土为社以报功。"所以各地山陵园地，均有大社坛，这些社坛以后又演变为各种土地庙，社神也由显赫的大神演变为明清小说中所描写的猥琐的土地老儿。现在惠来人祭拜土地神的形式已经十分简单，在田头随便插上香烛，便可祈请土地神享用。在各家各户，都设有"地主神位"，每逢初一、十五（也有初二、十六的），都以饭菜或瓜果祭拜，形式虽然简单，但却持之以恒。如有乔迁，"地主神位"也是首先迁入的对象。由此可见土地神在人们心目中的地位之重要。

十二、乞巧节

农历七月初七，是"乞巧节"，在民间是一个相当热闹的节日。传说很古很古的时候，有个不幸的孩子，依靠哥嫂过活，嫂嫂不贤，被迫分家，带着老牛自耕自食，人们叫他牛郎。有一天，织女和众仙女下凡游戏，在银河洗澡，老牛劝牛郎去取织女的衣裳，织女便做了牛郎的妻子。婚后男耕女织，生一儿一女，生活美满幸福。不料天帝查得此事，派王母娘娘押解织女回天庭受审，一对恩爱夫妻被拆散。牛郎上天无路，悲愤万分。老牛不忍他们妻离子散，触断头上牛角，变成一只小船，让牛郎挑着一双儿女，登上牛角船，腾云追去。眼看快追上了，王母娘娘忽然拔下头上银簪，抛在牛郎面前，霎时化成一条波浪滚滚的天河。牛郎织女无法过河，只能在河两岸遥望对泣。他们的坚贞爱情，感动了喜鹊，喜鹊用身上五彩羽毛，化成一座跨越天河的彩桥，让牛郎织女在鹊桥上相会。王母娘娘无奈，只好允许他们在每年的七月七日会面一次。织女是天宫有名的巧女，因此，人间妇女都在这一天晚上，趁她离开天宫，与牛郎相见的时候，向她献上水果、凤仙花，乞求智巧。

在惠来有些地方，七月初七拜祭的不是织女，而是床神。据《潮汕诸神崇拜》一书载，在潮阳、揭阳、惠来等地，民间称床神为"床脚婆"，又称"阿婆"。传说这阿婆是宋代一位潮汕妇女，善于看护和教育幼儿，深受群众爱戴。史载，宋仁宗出世不久时啼哭不止，危在旦夕，御医毫无办法，只好请阿婆进宫护理，果然见效。一日她正在开怀喂奶，皇帝忽然驾到，回避不及，只好躲入床下，憋闷而死。皇帝知道后大为感动，遂封其为儿童的保护神。以后，凡是有小孩的人家都要供奉阿婆，直到孩子15岁"出花园"后为止。"床脚婆"的传说是出于一种崇敬的心理，在惠来人看来，"床脚婆"是庇护幼儿成长的神，契合惠来人重子嗣的心理特点。

十三、孔子爷生

农历八月廿七是孔子生日。以前，凡此日学生都要到学宫举行祭礼典礼，仪式由县衙派人主持。凌晨，县太爷即令差役抬全猪全羊，并率大小文武官员前来学宫。经魁星门，穿大成门，上大成殿，祭祀孔子。礼毕即由原路退出，关闭大门。主祭人要先行斋戒，沐浴更衣，不饮酒，不吃荤，清心洁身，不能让肮脏的身心玷污了圣坛，以表示诚敬。学生则穿戴整齐，敲锣打鼓列队等在门外，一俟官员祭毕，即由老师带领经学宫侧门进大成殿，在孔像前一字排开，司仪老师唱礼，师生齐唱《孔子歌》，后行三鞠躬礼，礼毕由侧门而出。

十四、九皇斋

吃九皇斋是旧时潮剧班社的祭祀活动。每年九月初一至初九，戏班祭拜九皇神和斗姥天尊。祭祀仪式很特异：用一个谷斗装满米，中插一根小木柱，木柱上置9个小环，每个小环吊着一盏豆油灯，日夜点燃不熄，还焚香，供花果，演戏，梨园公所里呈现一派热闹又庄严的气氛。这9天里，戏班必一律斋戒吃素。童伶们除了在台上演戏外，其他时间都要散发披素衣。若有人误吃荤腥或骂人，打破食具器皿，便是触犯禁忌，要被罚至神前叩首忏悔，求神宽恕。此礼俗来自古代的"九皇会"。清代潘荣升《帝京岁时纪胜》："九月，各道院立坛礼斗，名曰九皇会。自八月晦日斋戒，至重阳，为斗母诞辰，献供候戏，燃灯祭拜者甚胜。"

十五、重阳节

农历九月初九是重阳节。中国古代以六为阴数，九为阳数，九月初九正好是两个阳数相重，所以人们把它叫作"重阳""重九"。据三国时曹丕《九日与钟繇书》："忽复九月九日。九为阳数，出题日月并应，以为宜于长久，故以享宴高会。"重阳节的起源，可以上溯至汉初。汉高祖刘邦的爱妃戚夫人被吕后残害后，戚夫人身边一位姓贾的宫女也被逐出宫，嫁与贫民为妻。她对乡里人说，在皇宫中，每年九月初九，都要佩茱萸，食蓬饵，饮菊花酒，以求长寿。百姓们听了纷纷仿效起来，自此，重阳节成为习俗。神泉镇金东洲村许氏族人在这一天到葵岭"虾地"祭拜先祖许阳德，几百年来已形成惯例。近些年，重阳节又成为老人节。老人们在这一天或赏菊以陶情操，或登高游玩以锻炼身体。有的地方还举办老年体育运动会、老年人文艺演唱会，给桑榆晚景增添了无限乐趣。儿孙辈在节日里，都要买些老人喜欢的礼品，孝敬爷爷、奶奶、爸爸、妈妈。

十六、五显爷生

农历九月廿八日为华光大帝生日，称"五显爷生"，有五显宫的地方都要举办盛大庙会，演戏游神。普宁高埔的庙会，由于参加的人多，且高埔又地处普宁、惠来、陆丰三县交界之处，借此进行商贸活动的人不少，所以成为庙会与土特产贸易的交流会，拜神商贸融成了一体，成了山货的重要交易市场。客家地区在这一天有"捉福"的风俗。节前，族中老大派人到各家各户收钱，买祭品，其中必有一头大猪。节日杀猪，连猪肠都要染成红色，连同整头猪一起上祭。族里老大烧香，祈告天地神明，带领众人膜拜，烧大金大宝，放爆竹。然后开始"捉福"，即分福肉和福饭。屠夫先把猪肉割成许多小块，连猪血、猪肠也切成一点一点来分。民众集结在五显宫前，拿着碗，静静等候点名分福。一人高喊："这份是谁的？"另有一人代表"老爷"答话，说给某人某人，听到点名的人恭恭敬敬答应："在这里。"上前领肉，又到另一处去分碗带猪红、猪肠、杂菜的"福饭"，然后高高兴兴地接福回家。家人和禽畜吃了福肉福饭，可保一年平安顺利。晚上演戏酬神，大村做大戏，穷村演纸影。

十七、五谷爷生

五谷爷有的地方又叫五谷母，五谷爷生是民间崇奉的五谷神诞。五谷神诞是由下元节演变而来的。依道教仪规，农历十月十五是下元节。惠来民间没有下元节之俗，而称这一天为五谷神诞。五谷神，依中国神话，一说是神农氏，一说是后稷。惠来农村习俗有两个神诞日：六月初六和十月十五。总之，都是拜农业神，一年两次，大概是因为水稻一年两收，分两次答谢神恩之故。这是我们这个古老的农耕社会所有节日中，和农事关系最密切的一个。农民们在这天早上，用米筒装白米，贴一圈红纸，插上3支香，便算是五谷神位。在这不分男神女神的两次五谷神诞的日子里，农民们用米粉、花生、油麻、黄豆等混合制成各种象形的粿品：谷穗粿、人仔粿、豆目粿、尖担粿、谷箩粿等，平日的粿可以互赠，这一次的"尖担""谷箩"则必须自用。此外有一钵新米饭，黏成圆锥形，锥尖添上红糖。还有鱼、肉、甜豆干、菜、粉丝蛋等"五碗头"。五谷爷生实质是百姓庆贺丰收，祈求来年五谷丰登的一项活动。城镇米店以五谷爷为行业神。五谷神诞的主要习俗是尝新。在惠来农村，这天有"尝新"的民俗，或称"留五谷"。

十八、完年

惠来人信神比较突出，民俗中围绕拜神的方式就很多，其中农村拜"完年"就很具特色。这种活动，酬谢的对象是天公（玉皇上帝），一般是在农历十月至十一月进行。据初步考证，这种活动明清时期便已盛行，至今最少有500年以上的历史。当前惠来农村的谢神拜"完年"活动，是改革开放后重新恢复起来的一项重要民俗，意义已有别于过去。以往拜"完年"，是在生活条件很差的情况下进行，只祈求来年风调雨顺，减灾增产，人畜平安，祭祀的规模与档次没法与今天相比。现在拜"完年"，更多的是民俗活动的心态，其实已是一种轻松愉悦的民间文化集会，祭祀的规模更大，档次更高，文化内涵更为丰富。

十九、老爷上天和老爷落天

农历十二月廿四日，俗谓送神上天言事之日，其风俗活动是祭拜灶神。惠来人称这位灶神"申面公"，正确的神名是司命帝君，简称司命公。靖海一带传说中的司命公原是一个穷汉，玉帝小女儿看中了他，偷着下凡与他结婚。这事被玉帝知道了，心里动怒。按照天规，玉帝把亲生女儿打下凡尘，不准再回天宫。王母娘娘疼爱小女儿，就出面求情，玉帝才答应女儿和其丈夫成亲，并准许每年腊月二十四日回天宫一次，正月初四又得返回人间。同时封女婿为司命帝君。司命帝君深知民间疾苦，每年上天都向玉帝说情给人间粮食。可土地神也向玉帝禀告，说凡夫俗子糟蹋粮食。玉帝听了生怒，就令司命帝君察看百姓善恶、禽畜兴衰等事，回天宫首先必须奏明这些事项。司命帝君回到人间，跟邻居和亲朋说起这件事。邻居和亲朋便在自己的灶头用半截瓦筒糊在烟囱旁，贴上写有司命帝君神位的红纸，于腊月廿四日奉祀祭拜。百姓知道这件事，一传百，百传千，四乡八里，纷纷安上司命帝君神位，诚心祀拜。腊月廿四日天一亮，妇女们须起床，先把锅鼎拿到屋外巷头清除烟渍，俗称"耙鼎"。从这一天起，要等到神落天才能再"耙鼎"，意思是不要惊动司命公。天亮了，人们就把已经煮好的一碗糖粥、一盘红糖、一碗水、一盘米、4只纸马放在鼎盖头祀拜。神泉、澳角、前詹沿海一带还做红桃粿、发粿、油锥粿，和三牲祀拜司命帝君，也即祀拜灶公。祀拜时，先烧3炷清香，然后跪下，口里念念有词，祈求司命公上天多说家门的好话，多降福到家门，在新的一年里能养好大猪。为了使司命公尽快安全到达，祀拜完毕又烧两只纸马，让灶公婆夫妻俩乘上天马。送司命公上天后，各家各户就清理室内卫生，把老年贴的各种老爷神符撕下来，把香枝取下来，恭恭敬敬地盛好拿到村旁堆在一起，意思是如果玉帝不信司命公的话，再派人巡视时，看到人间百姓真的把村社家内打扫得干干净净，又虔诚地祷求玉帝赐福赐寿，不会再有谎言。从此，玉帝更加信任司命公，把为百姓消灾咎、添福寿、增五谷、饲大猪诸事交由司命公司命。正月初四一早又虔诚接神落天到人间。百姓仍按腊月廿四日那样做法奉敬司命公，再烧2只纸马，迎接神落天，同样天还未亮就起来"耙鼎"，这种民俗一直沿袭至现在。惠来大多数人家，往往在初四、初五求神赐签，相传这两天因神刚从天庭回来，对这一年的安危祸福知道甚详，故求之灵应。其实祭灶神的前身是人类对火的崇拜。懂得用火是人类从动物进化为人的主要标志。然而，人类知道用火以后，火又成为难以控制的灾害。于是人们对火的感情，是既感激，又敬畏，因此对它的祭祀也就延续不绝。

除上述介绍的节日和活动外，还有每年三月初三和九月初九的"草药节"，惠来人家家户户采集适宜的青草切碎煮饭，九月初九还做酒糟。

〔第三节〕民间巫术禳解

禳解是指人们为了躲避厄运或躲避失败而运用各种方法来削弱或抵消凶祸的侵害,以此达到消灾解厄的目的。其实,说白了,就是一种自我心理安慰。这一习俗由来已久,且在民间广为流传,至今长盛不衰。禳解之风在惠来民间到处可见,广泛存在于民居建筑、穿着饰品、工艺、美术、道路交通、红白喜事等民俗事象之中。好多惠来人在其一生的不同时期总会戴上不同种类的饰品,婴幼儿时期戴上银制手环、脚环和铜纽扣,童年时期佩戴玉葫芦或顺治钱,成年以后则根据各人的喜好戴上耳环、戒指、项链和玉镯子等。俗以为,金、银、玉的制品有保护灵魂守窍,使鬼祟不敢侵扰的作用,戴上它们自然可保平安,逢凶化吉。惠来城乡习俗,在村中较险要的地方或交叉路口,常常要立一块竖直的小石碑,上面刻着"泰山石敢当"五个字(有的则是刻上八卦图案),意在抵挡邪煞,保护乡人和过路人平安。原来,石敢当为五代十国一勇士,他捍卫家乡,逢凶化吉,故民间有此一举。惠来民居处处体现着禳解的习俗。如习惯在屋前栽种石榴花、仙草和大刺,俗信这些植物是吉祥草,能够驱除邪气。祠堂,有的在大门两侧竖立一对石狮或石锣鼓,有的则在照壁上绘出或嵌出麒麟的图案,这些不仅有装饰的作用,同时也有驱邪纳吉之功能,因为狮子、麒麟是"辟邪瑞兽",而石锣鼓也有驱除邪祟之效。新春期间,人们贴门神和春联,同样有驱邪解厄之作用。惠来人十分讲究房屋的风水、格局,最忌房门直冲河流、水井、大路、小巷,但若由于条件限制而无法避开这些禁忌时,人们就会设法破解之,如在门上悬挂八卦或铜镜以"反射"邪祟或不吉祥的影响,避凶趋吉;也可于屋脊上塑一麒麟或放一圆形陶瓷容器(俗称糖漏)以禳解之。另者,建房、作灶、开井、铺楼等事,人们亦常于显眼之处悬挂大刺以避邪祟,祈求工事进展顺利。每逢进宅、出花园、结婚等喜庆时,人们总要用石榴花、仙草浸水喷洒所需的物品,或将石榴花直接插在这些物品之上,俗信这样就能祓除邪煞。有时还要燃放爆竹,以此增大祛除邪煞之效。以上所述都是在未违犯禁忌,厄运尚未降临之前采用各种办法加以解除,做到"防患于未然",这属于"事前设防禳解法"。如果是在违禁犯忌之后再采取办法来克除灾厄祸患,使违禁者逢凶化吉，这属于"事后补救禳解法"。如乡间有的小孩不慎冲撞邪煞，精神异常，哭闹不止。碰上这种情况，家长一般不去求医，而是用石榴花、仙草、大刺、沙子、粟头等物煮水喂小孩几口，余者给其洗脸，即可恢复正常。惠来人最忌出门途中遇到送葬队伍，以为不祥。万一遇上了，为了驱除邪气，回家后必定于自家门口用大刺、石榴花、仙草浸水洗脸，方可进入家中。有参加丧事者，事毕亦用此法禳解邪气。

一、送册子鬼

病人请道士卜卦，假设卜到的是册子鬼，就要做一个草人，一盘粿一碗饭，一副三牲，茶、酒各三杯，晚上拿去放在病人的睡床前面，祝道："册子鬼，食了快快去，保佑病人快快好。"祝后，就把两个杯珓掷在地上，如果一个阴一个阳，就表示册子鬼答应了，就要把准备好的那些东西拿到门口，送册子鬼回去。俗信以为，送册子鬼出门时，人人都要闭嘴，否则册子鬼听了要回来的。

二、送鬼

有些莫名其妙的病症，吃药又不能见效时，乡人就以为是触犯了鬼魂，要赶紧到市场去买些食物来，于黄昏时分，到交叉路口去祭拜，这叫"送鬼"。送了之后，病者自会痊愈。送鬼的时候，如果刚好有人路过，所送的鬼就会跟着那个人走，那人也就要生病了。所以遇上有人送鬼，路上的人都要远远躲开。

三、搬重物、泼泔水

病人如果用药不见效，又感到有什么很重的东西压在他的身上，周身十分痛苦时，就要将病人卧房周围沉重的东西都搬开，并用洗米的泔水泼到放过重物的地上，那么，染病的人就会日轻一日地好起来。

四、包着胎

小儿受孕妇所触，如果生泻病，俗称"包着胎"。要将小番薯3个，用墨画成人形，放在睡床里和小孩同睡3天，然后先用蓝线缠住其中一个，煮饭时埋进灶膛草灰里,饭熟取出。如蓝线断了,则不是包着胎;若蓝线没断,就是真包着胎。这时,就要把番薯放在门槛上剁成两段,再用那条蓝线缠第二个、第三个番薯,如法炮制,每天剁一个。剁完番薯,那条蓝线要用来缠在树枝上。

五、换肚肠

常常流产的女人,须嘱娘家于元宵节或端午节煨一个猪肚,插上石榴花送来给她吃,这叫"换肚肠"。换了肚肠,以后就不会流产。又法:小产的女人可在元宵夜把田里的水沟用土块堵塞,跪下祷拜12次,以后就不再流产。

六、井底泥

离家外出的人,如怕水土不服,可先把自己家井底的泥土取出晒干,随身带到外地,放在客居之地的井或水缸里。

七、烧"钱"治病

人们若有疾病时,可买12张小金、1张白钱或青红钱,拿着在病人全身摩挲12遍,然后拿3支香一对烛,到大门口向东祷拜,拜后把那些东西烧化,病人的身体就会好起来。在路上不小心踏上了别人丢弃的小金等,也会致病,必须拿3个红纸香筒,3支香,插到路边的墙上,方可保无事。

八、大风癞

民间巫医陋俗。身上若是长了风疱,红熟发痒,俗叫"大风癞",患者可取破笠一顶、扫帚一把、香筒三个、香三支,于黄昏时放置门口祷拜,并念咒道:"给予大风鬼,勿来再交缠。"

九、痔无三拍

生了痔疮,可用手在肛门上拍三下,俗话说"痔无三拍"。

十、脚生蠍，杀头斩

身上长了恶物，可请巫师点一枝香，在患处周围摆动，同时念咒语道："生蠍生蠍，杀你的头，斩你的脚。"直至念完一支香，这样每天一次，连念3天，逐天还要用雄黄末敷于患处，并用蛤蟆肠、鸡仔眼两种药清洗，不久即可痊愈。

十一、写"马"字止血

若是手脚受伤出血，可写一张止血符贴于伤处。止血符是一个繁体的马字，每写一画（折和钩都单独算一画，共12画）要念一个地支，如写第一画横时，念"子"，写最后一画点时，念"亥"。

十二、鱼瓯上头，鱼骨胶落

鱼刺卡在喉头，须含饭一大口，紧闭双唇，用力吞下，或喝饭汤12口。如果是小孩被鱼刺卡喉，须急将盛鱼的菜盘在小孩头上摩挲，并念诀道："鱼瓯上头，鱼骨胶落。"又法：以手移动小孩的肚兜带，骨鲠也会坠落。此法的效力未经科学验证，未可轻信。

十三、蜈蚣咬，鸡母孵

被蜈蚣咬伤时，可急捉小母鸡一只，以其肛门紧贴伤处，其毒立消。俗谚"蜈蚣咬，鸡母孵"就是这个意思。

十四、麻雀嗞

嘴角破烂疼痛，俗叫"麻雀嗞"，要用一个饭团在嘴角擦几下，丢上屋顶给麻雀吃掉。又有一说是因为沾到了毒蛛的尿，要用龙眼干贴在上面。

十五、给狗戴孝

被狗咬伤时，要取清水一盆，用银簪蘸水在咬伤的地方刮着，同时口里念道："刮父刮母，一刮就好。"小孩给狗咬伤，恐晚间发惊，可把狗毛拔出一小撮，在小孩额头擦几下，这样，晚上就能安睡了。也有人把一撮狗毛用布包起，煮水给小孩洗澡，小孩便可平安无事。人被狗咬伤后，如果那只狗死掉了，那么被咬的人也难有生望，除非能替那条狗戴孝百天，百天内还不能剃头，这样可能有救。小孩被狗咬伤后，千万不能听到锣鼓声，否则也会死掉。

十六、止痛诀

小孩身体的一部分受伤时，可以用嘴朝伤处呵气，并念诀道："呵——，呵——，呵——（呵气的声音），个钱买猪脚，一碗食，一碗拉，拉在地块？拉在'屎学'脚（厕所旁）。"

十七、挖"火炭"

有人上吊时，要赶紧把绳子解下来，然后对着那人的口陆续吹气。同时要挖掘上吊处的地面，传说地下必有火炭存在，如果那块火炭给挖着了，人就有救；如果挖不着，那人就肯定没有生还的希望，用不着施救了。

十八、谷刺眼疗（俗称"目针"）

眼睑若生疗，要叫家人取12粒砻头谷（已经碾过而壳仍未脱的谷子），闰年取13粒，蹲于门旁，把每粒的尖端对疗处刺一下，刺完放进户枢里，再把门转动12次，若是闰年转13次，谷粒碾碎以后，眼疗自然会好。

十九、鸡翁鸡母诀

若手脚脱臼，可急叫一人用手托住脱臼的地方，念诀道："鸡翁鸡母，一掇就好。"同时用力把脱臼的关节扯一下，让它复回原位，马上就能动弹。

二十、绞鱼鳞缀

皮肤表面若长鱼鳞赘，要用头发紧紧扎住，将它绞出。

二十一、脚痹痹，挽草来贴鼻

孩子有时坐得太久，四肢血液不能流通，发生麻痹时，父母要赶快拿一根草在水里浸一下，或用唾液涂上，贴在孩子的鼻梁上，使水的冷气刺激神经，麻痹的感觉就会立即消退。

二十二、端午圣日

不论身上长了什么毒疮，都可在端午节这天，用刀向患处虚砍几下，病即可愈。又法：端午节午时，由患者自带一枝艾到偏僻的地方，用艾刮患处，把艾丢在地上，另由别路回家，病即可愈，但若循原路而回，则无效果。生瘤疔、黑痣等物，可于端午节午时用京墨涂于患处，并用针尖刺它，就会消失或不再长大。端午节午时的水，叫作"龙须水"，如果用来擦身，可使身体强健，不生病痛，俗有"龙须水，洗了健过鬼"的谚语。如小儿患疳积病，可于端午节午时用"使君子"花炒蛋吃，极有效验，只取"使君子"炒吃也可。

二十三、收魂

孩子失足跌在水里，捞起来以后，要取银纸12张，在水边烧化，又用畚箕在水面上捞12下，然后逐次罩在小孩子的头上。或者只用网在水中捞一粒石头，藏在孩子身上，这叫"收魂"。

二十四、压惊

孩子失足跌倒受惊时，要赶忙抱直，并说"跌高跌大"，拿一个煮熟的鸡蛋放在孩子的头上碾来碾去，或让孩子吃下，这叫"压惊"。又法：孩子跌倒受惊时，急忙抱起，用手抚地并转抚孩子的胸口12下，同时口里念诀道："神归天，马归地，十二精神归阿囝自己。"然后，又取银锭一副在孩子身上摩挲12次，再拿到孩子跌倒的地方烧化，拾取银锭灰12撮，压在孩子睡床的席子下面，或者放进孩子的衣服口袋里，这叫"压惊"。又法：孩子跌倒受惊时，赶快抱起，以手抚其背，念诀道："跌落涂，勿跌着阿囝。"抚其耳朵念诀道："捻耳仔，惊大人，勿惊囝仔。"这样就能平安无事。孩子受惊生病时，须带那孩子到受惊的地方，用脚使劲踏几下，这样病就会好了。又法：孩子若受惊失神，做父母的要在黄昏的时候拿了香和银锭，还有孩子所穿的衣服，到受惊的地方祷拜，烧了香和银锭，用衣服包回一些灰，轻声呼唤："某某呀！某某呀！我肉我仔胆大大返来，你母在这块。"一面走，一面喊，直到孩子的卧室，把纸灰擦在孩子的腹部和额头上。这样连续做几个晚上，据说孩子就能回过神来。

二十五、标送

如果有人出门归来发高烧，口出疯证，卧床不走，就会被看作是在山间、路上撞了鬼，得罪了鬼魂。解脱的办法是做巫术"标送"，即赔罪，请求宽恕。夜阑人静之后，病情轻者就要点燃三炷香、夹上一块剪成二十四道穗状的红纸，插到十字路口，火化盖有"天国银行"的纸钱。病情重者，光花"钱"还过不了关，还要备好丰盛饭菜，盛于笡箩，摆在十字路口宴请鬼魂。饭要干饭，菜要有肉、鱼、蔬菜，盘数要奇数。为了表示虔诚，烧饭做菜时，手要洗净，不能试生熟尝咸淡。路人如遇"标送"得马上从笡箩里取些饭菜吃下去，否则，病人的症状将会移到他身上。据说，鬼魂不仅收拾大人，也收拾婴儿小孩，常使他们发烧、惊风。婴儿碰到这种情形，卧室要垂下门帘；采来茅根、仙草、桃叶、杉鲜，一一把雨伞骨结在一起，挂于门帘上；再用一件男人的裤子倒悬于婴儿的帐前，设下三道关卡，层层阻挡鬼魂继续滋事。

第四十九章

宗教信仰

〔第一节〕佛教在惠来的传播和发展

佛教，约在公元一世纪（西汉武帝年间）由印度传入内地。惠来地域佛教传播，见诸史料记载的，肇始于唐元和五年（810），高僧大颠入惠传教，迄今已有

1200多年的历史。

一、古代的发展概况

宋太祖建隆元年（960）至南宋开禧三年（1207）间，是佛教衰落时期。其时，惠来沿海一带渔民崇信"妈祖"，仅神泉一隅边海便有各种神庙三十余处。南宋嘉定元年（1208），僧人老泉重倡佛教之禅风，并在酉头都武宁乡创建了光华庵和三长寺（今已湮没）。后邑民建造了玄德古寺、三清庵、大圯庵等三处寺庙。

元代（1260—1368），蒙古族崇奉喇嘛教。当时佛教界一些名人如耶律楚材、刘康等在朝廷任职并受尊信，汉族僧人与河西四鹘僧受到相当高的礼遇，故佛教得以扶持发展。延祐初年（1314），惠来创建了"龙归院"；延祐三年（1316），在僧右峰又建造了"荆山古寺"。此时惠来佛教界出现一种特殊现象：一些大寺庙还经营工商业，发展商品经济。

明代是佛教鼎盛之期，僧道度牒免费发给，并常有给田赡僧之举。朝廷设置僧录司，所有僧官须经礼部考选，吏部委任。其时，惠来寺庙兴起，僧徒突增至二百余人，香火之盛，系前所未有。全县新兴之寺庙有：葛峰岩、仙石山、仙井岩、西林寺、东山禅寺、镇江寺、新地堂、清水岩、长福寺、永兴寺、永福寺、太平古寺、庵仔娘、庵仔、九门坑庵、文明岩、玉华庵、犁头庵、圆觉寺、清净寺、三宫庵、天竺庵、瞻云庵、东胜寺、惠镇寺、西石岩、圆墩老庵、赤竹池庵等。这些庵寺大都是当时一些读书人的读书所在，他们入仕为官后，予以修葺、扩建，逐渐成为规模较大的庙宇。如铭湖岩，乃明洪武年间惠来第一个进士林逊读书的地方。仙井岩乃明万历六年（1578）吉水人刑部观政邹元标和晋江人南京工部侍郎何乔远流放"都匀卫"时讲学场所；万历十六年戊子年（1588）一科中四举的谢正蒙、方一位、林世赏、汪巨瀚四人在其少年求学时，也是在仙井岩读书后一举成名。东山禅寺，乃万历二十二年甲午年（1594），福建盐运丞翁延寿少年读书之处；清代进士翁有仪青少年时期也在此地读书。由于历代名人多信奉佛教，这些寺庙大多又是他们读书的场所，而且是幽静明秀之处，故历代官员、文人墨客相继登临览胜。位于珍珠廉山下的五福田新乡后山岗上，有一座明代雕琢的石佛，乃一巨石刻成，脸部眉目清晰，坐于椅上，面向进村的路口，高四米多，宽三米，艺术造诣高超。

清康熙元年（1662），惠来迁界，沿海一带乡民徙入五十里外的山野居住，僧徒进入深山，原有寺庙遭到毁坏，此时僧徒减少。清康熙八年（1669）展界之后，僧徒回归原有寺庙，复修寺院。这时，惠来的佛教活动才恢复起来。至清末，全县僧尼已有300多人。建造之寺庙，分官建和私建二种：官建是指由官府出资修建之寺庙；私建是指由乡民集资兴建之寺庙。据统计，官建的有：永福寺、铭湖岩、西来古寺、永兴寺、榕石庵、百花岩、虎头岩、仙井古岩、石壁寮庵等；私建的有：普惠岩、留衣庵、桥观寺、武高山寺、如来佛祖、龙泉寺、九门坑庵、文明岩、甘泉寺、太平古寺等。

二、中华人民共和国成立后的发展概况

1949年，中华人民共和国成立后，人民政府贯彻落实宗教政策，惠来佛教徒的宗教生活基本正常。惠来之寺庙多分布于农村，为解决僧尼的生活来源，各寺庙所在乡、村均按人口分配给僧尼口粮田和旱园。如百花岩庄严禅寺分得水田9.59亩，旱园6.58亩；普惠岩分得水田1亩余，旱园5亩多。城镇的庵寺，则按政府有关政策给寺内僧尼供应商品粮。

1966年至1976年"文化大革命"期间，惠来佛教事业遭受严重破坏，殿宇荒芜，文物散失，僧尼遭到歧视，佛教信仰受到禁锢。

1979年，中共十一届三中全会后，人民政府进一步落实宗教政策，僧尼的佛事活动、生产劳动受到法律保障，佛教事业有了新的发展。1986年底，惠来县人民政府根据实际情况，在全县范围内开放了以百花岩庄严禅寺为首的二十七处寺庙。这些寺庙是：周田镇的百花岩庄严禅寺、武宁光华古寺、狮林庵、宝德庵、狮石后屿天福寺、杭美坑仔美云庵、振德精舍；靖海镇的普惠岩；仙庵镇的田墘望德庵、京陇荆山古寺、云光精舍；前詹镇的铭湖岩、沟疏慈航古院；华湖镇的新地观音古寺；神泉镇的横山广福寺、石壁寮庵；惠城镇的普陀岩、榕石庵；岐石镇的华慰寺；东陇镇的华古寺、乌石庵、仙井古岩；隆江镇的镇江寺、桥埔惠镇寺、后吉西山岩；溪西镇的西来古寺、黄光山玄德古寺。1987年8月15日，惠来县于榕石永福寺

成立"惠来县佛教协会筹备委员会",释宏悟法师任筹备组组长,释惟铭法师任副组长兼秘书长。2002年1月4日,首届代表大会召开,正式代表66人,有诸山长老及社会各界贤达参加。会议讨论并通过释惟铭法师的《惠来县佛教协会筹委会工作报告》《惠来县佛教协会章程》《惠来县佛教寺庵管理规定》,选举产生惠来县佛教协会第一届理事会和常务理事会人员,释宏悟任会长,释惟铭任副会长兼秘书长。会址设于榕石永福寺。2022年,释惟见任会长。

三、成立惠来县佛教协会

1987年8月15日,惠来县于榕石永福寺成立"惠来县佛教协会筹备委员会",释宏悟法师任筹备组组长,释惟铭法师任副组长兼秘书长。2002年1月4日,首届代表大会召开,正式代表66人,有诸山长老及社会各界贤达参加。会议讨论并通过释惟铭法师的《惠来县佛教协会筹委会工作报告》《惠来县佛教协会章程》《惠来县佛教寺庵管理规定》,选举产生惠来县佛教协会第一届理事会和常务理事会人员,释宏悟任会长,释惟铭任副会长兼秘书长。2004年,全县有佛寺70多座,常住僧尼居士约300人,在册僧尼108人。已批准开放佛事活动的寺庵38所。计:惠城镇有寺庵5座、隆江镇4座、神泉镇5座、靖海镇2座、仙庵镇4座、前詹镇3座、周田镇7座、华湖镇1座、东陇镇3座、溪西镇2座、岐石镇1座、鳌江镇1座。2020年,全县已批准开放佛事活动的寺庵50所,其中,惠城镇西一社区波罗庵是惠城唯一一所女众道场。

县佛教协会会址设于榕石永福寺。2022年,释惟见任会长。

〔第二节〕历代高僧和名寺

一、大颠和尚对惠来佛教的传播和影响

大颠(731—824),唐初僧人,俗姓陈,名宝通,大颠是其自起的法号,祖籍颍川,后移居潮阳。他早年于潮阳城西郊海潮岩(西岩)出家,礼曹溪派系的惠照为师,后游罗浮瀑布岩,在石头希迁和尚处学得大无畏法,获曹溪之真传。回潮阳后,曾游历数寺,唐贞元七年(791)择址于龙山湾幽岭下,创建潮阳灵

山寺，后潜心著有《〈般若波罗蜜多心经〉释义》《〈金刚经〉释义》。慕名听其传法者达千余人。潮阳灵山寺创建28年后，韩愈被贬到潮州担任刺史，当年大颠已届89岁高龄，已成为潮阳比较有名的学者，在潮州也颇有名声。韩愈到任后，获悉大颠高名，连修三书请大颠到潮州城会晤。韩愈离开潮州前，亲自到灵山寺探访大颠，并赠官袍留念。这段千秋佳话，却又引出一宗历史公案。首先，关于韩愈与大颠连修三书之事，就一直争论不清，欧阳修、朱熹等认为是真，杨慎、陈澧等断定是伪。这三封书信，清康熙潮州知府林杭学纂修《潮州府志》有收录。韩愈与大颠的交往，更是历代争论不休的话题。其实，两人的交往纯属对于诗文的兴趣爱好相同，而韩愈在潮州并没有可与交谈的朋友，韩愈认为他"颇聪明、识道理"，本不信佛的韩愈对大颠的学识颇为欣赏，因而与之来往结交。这对爱惜人才、尊重贤能的韩愈来说，并非崇其法，而是以人之常情与之结交。两个"道不同"的知音之间的交往，在潮汕历史上留下一段佳话。

据历代《惠来县志·仙释》记载："僧大颠，姓陈氏，得法于石头希迁，入罗浮瀑布岩。唐元和初，居海丰法留山，游龙溪，遇乡人祷雨弗应，愿自焚。众因请之，刻期雨降。后徙潮阳灵山，乡人因建庙祀之，祷多验，俗呼为'祖师'。至今龙溪溪西村有祖师堂存。"当年大颠在海丰法留山时，为传佛教，云游四方，来到当时地旷人稀、蛮烟瘴毒的海丰县龙溪都溪西村，其时龙溪大旱，村民正在龙江河边露天设坛祈祷。大颠自告奋勇，亲自上坛虔心祷雨，果然大雨瓢泼而降。在龙溪都期间，大颠游览了风光绝美的黄光山，对黄光山的清幽胜境大为赞赏。南宋宝祐元年（1253），在黄光山黄藤岗山麓大颠云游足迹之处，创建"玄德古寺"，祀北极玄天上帝。大颠一路来到惠来都，游览了"榕石"奇景，后选普陀岩山居穴潜修二年，建庙宇，植树种果，开坛讲经，传授禅风。康熙《惠来县志·山川》记载："普陀岩山，在县西北十里，五朝山之西，两石夹峙，岩祀普陀佛，有飞来钟和石香炉。岩口有泽，岁旱祷雨即应。前后荔奴（龙眼）百株，实颇佳种。传唐僧大颠所植。山高可以望海。"此外，黄赞发《潮州先民与先贤》（2000年汕头大学出版社）记载："大颠返回潮州，先后游历惠来的庄严禅寺，普宁的马嘶岩、洪山岩，潮阳的双髻岩、马岩。"庄严禅寺即周田镇的百花岩，"潮阳的双髻岩"也可能是惠来的双髻谢。可见，大颠在惠来的足迹遍布不少后来成为宗教圣地的名山。至此，惠来佛教始以南禅之临济正宗为主要宗派，并陆续创建了百花岩、铭湖岩、榕石庵等几处较早寺庙。其时，惠来佛教经籍主要是玄奘从印度大乘佛教中翻译而来的《大般若经》。

二、宋超月和东栅永福寺

明代僧人宋超月，是一位德高望重、博学多才的高僧，深受海内外善男信女所尊崇，尊称为宋禅祖师。宋超月，号乙镜（亦作一镜），惠来县靖海所南门外人（一说为靖海千户所城内北门洪巷宋厝人），生于明隆庆二年（1568）农历四月初七日，卒于清康熙四十年（1701）辛巳十一月二十九日，按公历是1702年1月，经历十六世纪近半个世纪，跨过完整的十七世纪，迎接十八世纪初，一生跨越三个世纪，堪称奇迹。他自幼聪慧、素食，性慈祥，精禅理。时处明末清初，战乱频繁，烽火不靖，民不聊生。他目睹此景况，心远尘俗，志慕云林，对佛教推崇备至。后得道明大师点化，顿悟禅机，遂于明崇祯六年（1633）皈依佛门，落发于普宁清风寺，乃行遍天涯，足遍普陀、九华、五台、峨眉四大名山圣地，西至天竺传经，云游历三十余载，徒步五万八千里。迨至清康熙九年（1670），始返惠来县城，居榕石庵。康熙十一年（1672），邑人进士张经于城郊东栅建永福寺，师诵莲花法座，遂于寺中潜心研究佛学，引导大众乐善为怀，扶危救难。康熙十九年（1680），惠来遭受旱灾，田园失收，百姓饥危。他除了把自己积累用于施济外，还不顾高龄体弱，四处奔走，启发善心，募化集资，赈济饥民。人民感念殊深，咸称为"活佛"。清康熙四十年（1701）岁次辛巳，宋超月在东栅永福寺禅定已满三十载。是年元月，宋超月在殿东静室闭关入禅，不餐烟火，初时则逢五、七日一期，醒饮清水，每月三期，延至十一月二十九日卯时，宋超月安详正果圆寂。享寿134岁（虚岁），积闰世寿138岁（《惠来县志》记载宋超月积闰136岁。农历三年一闰，五年二闰，十九年七闰，即以19年7个闰月为一周期，宋超月一生中共有49个闰月，积闰应增加4岁，因而是138岁），僧腊（僧尼受戒后的年岁）69年。三百多年来，宋禅祖师之香火，遍布海内外，包括中国广州、澳门、香港等地，以及马来西亚、美国等国，俱建庙祀之。宋超月圆寂时，僧徒募得白绫数匹，用以包裹圣躯，并髹之以漆，以保永垂不朽。宋禅祖师圆寂后，法身端坐，神态庄严。首徒国弥、邑贤士绅善众集资髹成金相，供奉于殿右圆寂旧址，从清同治六年（1867）至光绪二十五年（1899）年间，永福寺曾多次重修、扩建。庙内原有"不生不灭，是佛是仙；即色即空，无人无我""百卅六年成正果，几千万载此真容""六根清净成正果，百炼方成此真容"等对联。民国时期惠来县县长方乃斌对联"超然修养一百四十纪，月亮伴行五万八千程"，嵌入宋超月的名字，高度概括宋超月一生突出事迹，在各对联中独占鳌头。清光绪元年（1875），僧众于永福寺东建造"宋祖师庙"，供奉宋超月真身，真身髹漆换袍每十二年一次，最后一次换袍是在20世纪40年代，由惠来著名民间工艺师黄哖负责髹漆修饰外表。黄哖年轻时曾参加在潮州开元寺举办的佛身妆彩漆艺比赛，拔得头筹，由此负责宋超月真身髹漆换袍、穿上白底衣，披上袈裟的工作。宋超月肉身至1952年"土改"时失踪，惠来民间传闻被善人偷梁换柱冒险秘藏，今为悬谜。2017年，揭阳市委推进创建"贤德揭阳，做贤德揭阳人"活动，惠来县委县政府十分重视，选取"文化名人苏福、陈雪坡，佛门高僧宋超月，岭南名臣谢正蒙，抗日名将翁照垣，工农革命运动先驱方汝楫"等六位历史名人为惠来贤德人物代表，铸造铜像供世人瞻仰，宋禅祖师就是其中之一。

三、释宽鉴和百花岩庄严禅寺

1949年，中华人民共和国成立后，人民政府贯彻落实宗教政策，惠来佛教徒的宗教生活基本正常。惠来之寺庙多分布于农村，为解决僧尼的生活来源，各寺庙所在乡、村均按人口分配给僧尼口粮田和旱园。如百花岩庄严禅寺分得水田9.59亩，旱园6.58亩；普惠岩分得水田1亩余，旱园5亩多。城镇的庵寺，则按政府有关政策给寺内僧尼供应商品粮。

1951年，潮州开元寺住持释宽鉴和尚来到惠来，在各庵寺僧尼的诚心恳请下，担任了百花岩庄严禅寺的住持，为信徒皈依说教，并继承唐代大颠之禅风，积极倡导农禅并重的好风气。周田镇百花岩是古代与潮阳灵山齐名的宗教圣地。宽鉴和尚少年在韶关南华寺出家受戒，先后担任过韶关大鉴寺、广州六榕寺、潮州开元寺、潮阳灵山护国禅寺等著名禅寺住持。他博学多才，能诗善赋，写有《乐观山海赋》《百花岩赋》等诗词，被僧人称为文字般若；民国末年饶宗颐主持编纂《潮州志》

时,邀请宽鉴和尚参与编修,负责《宗教篇》的撰写。各庵寺的僧尼,不论耄休老少延龄,均遵循宽鉴和尚之教导:"响应政府号召,遵循佛教条例,积极劳动生产、学习及修持,努力爱国爱教,节约以实际,增产造林,深耕细作,以竟光荣。"宽鉴和尚的农禅风一直影响并指导着惠来佛教徒的佛事与生产,促进其走自食其力的道路,改变僧尼过去只靠善男信女施舍钱物过活之状况。

宽鉴和尚圆寂后,其弟子释宏悟继承并发扬明师之农禅风,号召全县僧尼日出而耕,日没而入,躬耕于野,扶犁耕地,自食其力,"以竟光荣"。并以行医之秘技,不取酬劳,施济于民,深为群众所称道。在多年的医药实践中,他还总结、编著了《治病荐百草》一书,留传世人。

1966年至1976年"文化大革命"期间,惠来佛教事业遭受严重破坏,殿宇荒芜,文物散失,僧尼遭到歧视,佛教信仰受到禁锢。

四、释传正和黄光山佛光寺

1993年,时居南华寺当职的释传正大和尚,受玄德古寺邀请,到黄光山担任住持。经其多方努力,1994年建成高达28米的精雕阿弥陀圣像,玄德古寺改称"佛光寺"。2004年黄光山佛光寺被省民宗局评为"广东省文明宗教活动场所"。2005年10月,县政府邀请已担任韶关南华寺住持的释传正兼任惠来县佛光寺住持,他对佛光寺的保护和建设进行了全面而精密的远景规划,依据中华佛教文化、结合中国传统古建筑风格、采用青砖灰瓦红木结构,相继建成了天王宝殿、钟楼、鼓楼、大雄宝殿、大悲阁、地藏阁、斋堂及多功能上客堂等殿宇,绿化美化寺院环境600多亩。2020年,佛光寺占地面积扩至689.2亩,东至虎空仔山、打石湖,南至和尚坑山,西至石母娘山脊、狮脚球山,北至尖地竹田湖尾,住寺僧人8人。该寺以明清建筑的风貌格局闻名广东,成为粤东古建筑群名刹。2020年,黄光山被评为"惠来新八景"之一。2021年,佛光寺在天王殿西僧房西边建设两层藏经阁,用于收藏该寺珍贵史料和经书,2022年尚未完工。佛光寺已按原先的规划依山而建,殿、堂、阁、亭、楼、坛等主次分明,层次清晰,青砖灰瓦,使得总体布局极其和谐得体。有信众发愿于寺前洗心湖立一尊观音滴水雕像,因疫情而尚未付诸实施。

■ 黄光山佛光寺

■ 释传正大和尚

释传正大和尚是惠来周田镇狮石村人，俗姓林，名培庵，号基岩，1946年出生于一个世代信奉佛教的居士家庭，11岁到惠来普慧岩出家当小沙弥。1970年只身至韶关南华禅寺参拜六祖慧能大师真身，1980年，于南华禅寺方丈惟因老和尚座下剃度，次年于福建雪峰崇圣寺受具足戒，同年赴中国佛学院南京栖霞山分院深造，1990年，惟因老和尚圆寂后，释传正为南华禅寺代理住持，1999年，传正法师再次出任南华禅寺方丈，2005年10月，释传正再次担任惠来县佛光寺住持，2022年，年事已高的释传正大和尚仍然为惠来佛教事业辛勤操劳。

五、释仁法与十力禅院

十力禅院位于惠城北区郊外，始建于清代中叶，几经兴废，于20世纪90年代，由释惟峰携领惠籍旅港善信方紫东先生重建。释惟峰因病去世后，惠城波罗庵方文宣居士接续筹划建设，初具规模，2005年邀请四川释仁法入主道场。释仁法致力将十力禅院建设成为集传播佛教思想精神、传承中华优秀传统文化、关爱社会民生于一体的综合性现代宗教活动场所，得到政府大力支持。在惠籍旅港三宝弟子方振淳鼎力相助下，释仁法精心筹划设计，以山门殿、放生池、天王殿、大雄宝殿、藏经楼为中轴五进式明清风格，融合两侧药师殿、弥陀殿、钟鼓楼、斋堂、僧寮为一体的仿古建筑，一一落成，于2017年10月10日（丁酉年庚戌月庚午日）举行圣像揭彩开光法会，十力禅院成为县内又一所闻名道场。2015年，十力禅院成立以扶贫助学为宗旨的"十力慈善会"，至2022年9月，持续扶持贫困学子100多人130多万元。十力禅院经常在禅堂举办禅修班和弘法班，宣传佛教"慈悲为怀"的思想。2022年，十力禅院占地面积50多亩，建筑面积约30亩，僧人20名。

释仁法年轻时就读四川成都文殊院空林佛学院、四川省佛学院，1990年在四川新都宝光寺具足三坛，2005年受邀入主十力禅院后，广播佛缘，悉心将佛学理论落实到禅修实践中。2018年"5·12"汶川地震，释仁法深受震动，发愿"闭关"，从2008年5月至2011年5月，释仁法"闭关"三年后圆满出关。2014年农历正月十九日，释仁法只身徒步前往山西五台山礼佛，历时79天，跋涉2700多公里。

〔第三节〕永福禅寺

一、永福禅寺的前世今生

永福禅寺滥觞于一块高约2米的石头，雏形始于石头顶端上长出了一株根粗叶茂的榕树，显扬于唐元和六年僧大颠在"榕石"流连欣赏，引起了附近居民的注意而传播开来，直到明代，"榕石"旁始出现民间自发修建的"九子母祠"。"九子母祠"是属于民间信仰的自然神的崇拜。

明万历八年（1580），惠邑太学生方秉臣捐粮地作三宝坛场；崇祯十六年（1643），惠来知县沈惟煌建榕石庵。榕石庵开山始祖开道诠（成公），出生时间不详，葬于榕石山，现存墓碑。进入清代，榕石庵成为清军惠来营的"香火"，先后两任惠来营游击李仲科、张图麒发起重修榕石庵。民国时期，榕石庵规模壮大。中华人民共和国成立后，庵宇日渐破败。

1985年后，县佛教协会成立，决定榕石庵与永福寺合并，称榕石永福寺。1989年破土改建。20世纪90年代前后，释宏悟驻锡永福寺，躬亲十有余载，颇有所成。2000年后，十方信众暨永福常住礼请中国佛教协会副会长、广东省佛教协会会长、羊城光孝寺方丈、惠籍大和尚释明生，驻锡榕石永福寺。2009年5月，释明生晋院驻锡，改名"永福禅寺"，征地数十亩，精心布局，用心谋划，对永福禅寺进行大规模建设。2024年,永福禅寺初具规模,仍在继续建设中,占地面积47亩。

重建后的永福禅寺,主体建筑重塑盛唐时期的寺院建筑风格。整体以木石榫卯,斗拱飞檐,正垂脊,鸱吻鬼面等为建筑元素。寺院布局合理,以两边大小五座四合院围绕中轴线主体建筑的格局,体现佛法"万佛朝宗"寓意。寺院已建有方丈楼、六和堂、五观堂、三学堂、念佛堂、禅堂、山门、天王殿、钟鼓楼、大雄宝殿等主要建筑。待建中的有藏经阁、祖师殿、观音殿、宝塔等。寺内整体建筑于细微处无不体现中华传统建造的匠心工艺和技艺传承的鬼斧神工。

二、"榕石"和大颠的传说

大颠(731—824),唐初僧人,俗姓陈,名宝通,大颠是其自起的法号,祖籍河南颍川,后移居潮阳灵山。他早年于潮阳城西郊海潮岩(西岩)出家,礼曹溪派系的惠照为师,后游罗浮瀑布岩,在石头希迁和尚处学得大无畏法,获曹溪之真传。回潮阳后,曾游历数寺,唐贞元七年(791)择址于龙山湾幽岭下,创建潮阳灵山寺,于此潜心著述《〈般若波罗蜜多心经〉释义》《〈金刚经〉释义》等。慕名听其传法者达千余人。潮阳灵山寺创建28年后,韩愈被贬到潮州担任刺史,当年大颠年届89岁高龄,已成为潮阳远近闻名的博学老者,在潮州府各地也颇有名声。韩愈到任后,获悉大颠高名,连修三封书信邀请大颠到潮州府城会晤。韩愈离开潮州前,亲自到灵山寺探访大颠,并赠官袍留念。这段千秋佳话,却又引出一宗历史公案。首先,关于韩愈与大颠连修三书之事,就一直争论不清,宋代大儒欧阳修、朱熹等认为是真,明代杨慎、清代陈澧等断定是伪。这三封书信,清康熙潮州知府林杭学主持纂修的《潮州府志》有收录。韩愈与大颠的交往,更是历代争论不休的话题。其实,两人的交往纯属对于诗文的兴趣爱好相同,而韩愈在潮州并没有多少可与交谈讨论学问的朋友,韩愈认为大颠"颇聪明、识道理",本不信佛的韩愈对大颠的学识颇为欣赏,因而与之来往结交。这对爱惜人才、尊重贤能的韩愈来说,并非崇其法,而是以人之常情与之结交。两个"道不同"的知音之间的交往,在潮汕历史上留下一段佳话。

据历代《惠来县志·仙释》记载:"僧大颠,姓陈氏,得法于石头希迁,入罗浮瀑布岩。唐元和初，居海丰法留山，游龙溪，遇乡人祷雨弗应，愿自焚。众因请之，刻期雨降。后徙潮阳灵山，乡人因建庙祀之，祷多验，俗呼为'祖师'。至今龙溪溪西村有祖师堂存。"当年大颠在海丰法留山时，为传播佛教，云游四方，来到当时地旷人稀、蛮烟瘴毒的海丰县龙溪都溪西村，其时龙溪大旱，溪西村民正在龙江河边露天设坛祈祷。大颠自告奋勇，亲自上坛虔心祷雨，果然大雨瓢泼而降。在龙溪都期间，大颠游览了风光绝美的黄光山，对黄光山的清幽胜境大为赞赏。南宋宝祐元年（1253），在黄光山黄藤岗山麓大颠云游足迹之处，创建"玄德古寺"，祀北极玄天上帝。大颠一路来到惠来都，游览了"榕石"奇景，后选普陀岩山居穴潜修二年，建庙宇，植树种果，开坛讲经，传授禅风。康熙《惠来县志·山川》记载："普陀岩山，在县西北十里，五朝山之西，两石夹峙，岩祀普陀佛，有飞来钟和石香炉。岩口有泽，岁旱祷雨即应。前后荔奴（龙眼）百株，实颇佳种。传唐僧大颠所植。山高可以望海。"此外，黄赞发《潮州先民与先贤》（2000年汕头大学出版社）记载："大颠返回潮州，先后游历惠来的庄严禅寺，普宁的马嘶岩、洪山岩，潮阳的双髻岩、马岩。"庄严禅寺即周田镇的百花岩，"潮阳的双髻岩"也可能是惠来的双髻谢。可见，大颠在惠来的足迹遍布不少后来成为宗教圣地的名山。至此，惠来佛教始以南禅之临济正宗为主要宗派，并陆续创建了百花岩、铭湖岩、榕石庵等几处较早寺庙。其时，惠来佛教经籍主要是玄奘从印度大乘佛教中翻译而来的《大般若经》。

可以说，大颠是惠来佛教史上见诸史料记载的最早传播者，因此，永福禅寺"西天东土历代祖师之莲座"将"唐代大颠宝通禅师之莲座"排在第一位。

"榕石"出现在县志的篇目是"山川"，榕石成为宗教信仰场所经历了相当漫长的历史过程。同治《惠来县志·山川》"县北之山"记载："榕山石，在县北一里，古榕一株，高跨石上，中祀'九子母'，邑人在此祈嗣。"

惠城镇东北郊外约一里处，有一处火山喷发形成的小山丘，山上形成不少形状独特的巨石，如棋盘石（位于烈士陵园内），缓坡处散落几块巨石，如榕石（位于榕石永福禅寺内）。不知何年何月，一只小鸟停立在这方巨石上，这只小鸟刚刚在榕树上吃了一肚子榕籽，突然内急，无巧不巧的，落下的榕籽在这块巨石的顶端缝隙处扎根生长，雨露滋润，榕根沿着石头的边缘伸入地下，渐渐长大，秀色可餐。

这处奇特的景观，渐渐为周边的居民所传播，纷纷传言这棵榕树是仙人种植的"九子母榕"。民间传说，"九子母榕"兆应多子多福，荫益子孙后代，于是，有求子愿望的妇女纷纷到此祷拜求子，据说还挺灵验。一传十，十传百，"榕石"在这一带就出了名。

明嘉靖三年（1524）设置惠来县，县治设于惠来都，于是惠城成为全县的政治经济文化中心，榕石也随之成为全县的一个著名景观，前来求签膜拜的善男信女络绎不绝，成为一处香火旺盛的圣地。

传说，唐代高僧大颠和尚在溪西佛祖祷雨应验后，一路游山玩水，寻找适合修身养性的山川名胜，他在前往普陀岩的路上经过榕山石，为"榕石"的奇异景观所吸引，在此久久驻足，叹为神奇。后来他到了普陀岩，在普陀岩种下一百株龙眼树，"大颠普陀岩植荔奴"是古代《惠来县志》所记载的内容。

三、九子母祠

明代是佛教鼎盛之期，僧道度牒免费发给，并常有给田赡僧之举。其时，惠来寺庙兴起，僧徒突增至二百余人，香火之盛，前所未有。

大约于明代，惠城周围善信自发于"榕石"旁边建一小神庙，称"九子母祠"，供奉民间传说的九子母神，属于比较"专业"的民间信仰场所，祈祷子嗣的妇女自带供品前来祷拜，颇为灵验。"九子母祠"是"榕石"旁边兴建的最早的神庙。"九子母祠"倚石建屋，前宽2米，后宽3米，进深3.5米。祠门向东，祠后以石为墙，石覆盖一小洞，洞里祀"九子母"。

"九子母"传为春秋时鲁国一胎产九子的寡母，鲁国君主尊为母师，故有盛名，后世遂祀为"多产"之神。现在能够见到祀九子母的最早记载，是南朝梁代宗懔的《荆楚岁时记》："四月八日，长沙寺阁下，有九子母神。是日，市肆之人无子者，供养薄饼以乞子，往往有验者。"

1992年揭阳市政协出版《揭阳文史（第一辑）——揭阳市名胜古迹专辑》，刊登惠来学者黄俊雄、张志杰撰写的《榕石古迹探源》，文章写到"九子母祠"：

古榕巨石中，有一"九子母祠"，倚石建屋，前宽2米，后宽3米，深3.5米。祠门向东，祠后以石为墙，石覆盖一小洞，洞里祀九子母，石额有凹槽，宽20厘米，高35厘米，深12厘米（原文误为12米），底面阴刻的字有"母"字的痕迹，是否是"九子母"三字，有待复修时一求证。九子母，神名，她一胎生九子，后僧徒祀之，称"诃利帝母"，俗称"九子母"（有别于鬼子母），《荆楚岁时记》有"四月八日，长沙寺阁下，有九子母神。是日，市肆之人无子者，供养薄饼以乞子，往往有验者"的记载，邑人何时开始供奉九子母，无从查考，但万历前后，香火颇盛。万历八年县太学方秉臣因求子有验，遂将榕山之粮地捐献给县众建寺，榕石庵便在当年兴建。乾隆六年，其裔孙方廷炆刻"员门碑记"有详细记述，碑刻至今仍在。九子母香火，雍正年间仍盛。后因年久失修，祠庙倒塌，邑人就近祀"注生娘""好命公妈"等神，九子母遂被埋没于荒草之中。不过其遗址，颓垣败壁，石洞碑刻，历历在目。由此，可见榕石古迹，实包古榕、巨石和九子母，三者连成一体，不可偏废。

四、榕石庵

明万历八年（1580），县学生员、太学生方秉臣为酬谢祈福得子之愿，专献榕山粮地以作三宝坛场，大约从此时开始，"榕石"开始有僧人驻锡，成为宗教场所。乾隆六年（1741）农历八月，方秉臣的直系后裔、太学生方廷炆等人在"榕石庵"立了一通《员门碑记》，可惜碑已无存，惠来县文联《潮汕历史文化丛谈》记叙了碑记的内容。碑记内容据"县八品冠带方世滨叙"，原文开列粮地东西四至范围，粮地带米4亩，还有寺旁的园地带租2两银子，作为灯油费用。

员门碑记

祖邑庠生加太学秉臣公，万历八年因祷嗣有应，遂将榕石粮地带米肆亩，载在祖排内施舍建寺，寺旁之园带租银贰两，以为香灯。恐后人混侵，敬将东西四至开列于后（四至略）。县八品冠带方世滨叙。

乾隆六年岁次辛酉桂月吉旦

裔孙太学廷炆等立

明崇祯十六年（1643），惠来知县沈惟煌于"榕石"之东边建设庵寺，称为"榕石庵"，为当时惠来一大古刹，明末清初历经战火破坏，到康熙初年已颓圮。同治《惠来县志·庙宇寺观》记载："榕石庵，在北郊外一里，明崇祯十六年，知县沈惟煌建，寇乱颓圮。"沈惟煌于崇祯十六年（1643）至十九年（1646）任惠来知县，是一位对惠来有突出贡献的官员。

同治《惠来县志》卷之五"职官"记载："沈惟煌，陕西宁夏卫籍，湖广德安府孝感县人，岁贡，崇祯十六年任，升四川重庆府合州知州，名宦有传。"

同治《惠来县志》卷之五"名宦"记载："沈惟煌，字默庵，湖广孝感人，由贡授教谕，升惠邑令。甫莅任，即画策御姜世英之寇。恤灾化讼，三载报最，迁四川合州知州……及其离任，老幼泣送长亭，咸思俎豆云。"

沈惟煌建造"榕石庵"，邀请僧人道诠驻锡住持，成为榕石庵的开山始祖。道诠出生年月和俗家名字不详，从他葬于榕石山的墓碑立碑时间"雍正六年岁次戊申季秋"（1728）来判断，道诠来到榕石庵时是一位年轻僧人，在他的努力下，榕石庵逐渐发展起来，成为惠城周边一座名刹。墓碑落款有"嗣法孙：福、瑞、从；曾孙：祥、宝、达；玄孙：澄静等"，可见，到清雍正年间，榕石庵的僧人已经传到第五代。

清康熙十一年（1672），惠来营游击李仲科重修"榕石庵"。同治《惠来县志·庙宇寺观》记载："国朝康熙十一年，防将李仲科重修，拨田付守，有施田碑。"施田碑已无存。同治《惠来县志》卷之十"兵防"记载："李仲科，辽东正黄旗人，康熙三年任，九年升山西大同府得胜路参将。"李仲科的接任者李自友于康熙十一年到任，因此，在李自友到任前，李仲科仍以"防将"身份驻守惠来。这是清代第一次重修"榕石庵"，重修后的"榕石庵"成为当时文人墨客争相吟咏的胜迹。

清康熙二十六年（1687），惠来知县张秉政于九月初九重阳佳节游览榕石山，挥毫写下《九日榕石登高诗》；见诸记载的还有知县查曾荣《棋坪石晚眺》、副榜方廷棨《游榕石庵》。张邦泰，字浦云，江西泰和县人，举人。道光十三年任开平令，二十三年再任，建开元塔和修建学宫。道光二十七年冬十月至二十八年冬十一月任丰顺县令；道光二十九年调任澄海县令；咸丰元年至二年任惠来县令。当张邦泰任惠来令时，日后成为洋务运动骨干、江苏巡抚丁日昌，到惠来当训导。张邦泰任丰顺令时，为丁日昌的座师。当时，恰好地方相对平静安定，张县令与学生兼下属丁日昌，以及幕僚周缓斋、盐宰刘松岩、生员林辉山、通守方兼斋、举人方渭溪父子等，政务之余，或到海角甘泉，或游榕石庵，或登望海楼，诗酒征逐。清末洋务运动骨干、江苏巡抚丁日昌，咸丰年间在惠来担任县学训导，他是时任惠来县令张邦泰的得意门生，政务之余，张邦泰和丁日昌常常到处游山玩水，丁日昌留下十首反映惠来民情风俗的《葵阳竹枝词》。十首《葵阳竹枝词》第一首，描写的是城中妇女于上巳日往榕石庵踏青的景况。

清光绪三年（1877）丁丑冬月，乡贤朱清华偕三僚友同游榕石庵时，赋诗阴刻于石壁上，诗云："抱石苍榕夺化功，擎天傍立梵王宫；千层翠盖迷冬日，万隙祥光透碧空。木石犹能相结合，竹梅应许素心同；今朝有幸酬三约，胜迹常怀在五中。"在狭长榕树根的石壁上，还阴刻有"榕石"两个巨字，"榕"为上下结构，上"容"下"木"。上字宽65厘米、高72厘米，下字较短，为六朝文体，苍劲稳健，落款署"光绪十六年庚寅九日邑人陈宗韩书"。

五、查曾荣和张图麟重建榕石庵

查曾荣，字春谷，浙江仁和人。康熙三十八年（1699）至四十六年（1707）任惠来知县。在任期间，"榕石庵"已是破败不堪，查曾荣在《重建榕石庵记》描述"橥薨坠落""荒烟蔓草"。惠来营游击张图麟是一位虔诚的佛教徒，"雅嗜浮屠"，因"斯寺载在邑乘，注为本营香火"，因此请求知县查曾荣助力重建榕石庵。同治《惠来县志》卷之十"兵防"记载："张图麟，湖广荆州府人，康熙三十九年任。"康熙四十五年的惠来营游击是刘文喜，由此推断，查曾荣和张图麟重建榕石庵的时间应在康熙三十九年（1700）至康熙四十五年（1706）之间。查曾荣《重建榕石庵记》介绍张图麟"号瑞臣，河南闵乡人"，与"兵防"记载有出入。张图麟率先捐出数十两银子，恳请查曾荣共襄盛举。查曾荣慨然应允，当即捐出薪俸，"庀材以助鸠工，缭以垣墉，坚以甃甓。构亭于中，辟门于外"。重建前，"榕石庵"是"樵憩牧讴""戏马射雕"的场所；重建后，"榕石庵"焕然一新，"画栋雕栏，点石雨花""金山紫焰，玉地珠华"。

在《重建榕石庵记》中有这么一句话"斯寺载在邑乘，注为本营香火"，"榕石庵"在古代惠来县志皆有记载，但并未注明属于惠来营"香火"。同治《惠来县志》卷之十"兵防"记载，明代惠来营曾驻扎于南郊文昌阁，清代惠来营游击驻于城内，但并未点明城内何处。种种线索表明，清代惠来营游击驻于榕石山一带，因此"榕石庵"成为惠来营的"香火"。惠来营士兵操练的校场位于今东郊社区，符合在榕石山驻兵的位置要求。这也可以解释清初两次重建"榕石庵"，皆由惠来营游击发起的内在原因。

到了民国时期，"榕石庵"规模壮大，庵坐东向西，分为首座祀庵主、施主和玉皇大帝，第二座祀大颠祖师，第三座大雄宝殿祀三如来，第四座祀诸佛，后座为禅房、斋堂，悬一凿空木雕敲鱼通知进膳。1950年后，庵宇破败，几将倒塌。1989年破土改建，得到海内外众善信全力支持和资助，历经十年，一座坐北向南，总建筑面积逾千平方米之梵宇耸立，新建成大雄宝殿、天王殿、观音阁、地藏阁、大颠祖师殿、宋禅祖师殿，辟建碑廊，及配套设施，初具规模。寺旁建二层楼，是县佛协会会址，成为全县佛教徒活动中心。该寺今有二处颇有历史价值、观赏作用的文物点，一是碑廊，另一是榕石。

20世纪90年代，"榕石庵"自西而东，首座祀庵主、施主和玉皇大帝，二座祀大颠祖师，中座祀释迦牟尼佛和文殊、普贤二菩萨，西座祀十八罗汉像，东座为禅房、斋堂。九子母神在东座外墙靠榕石处。正殿为大雄宝殿，中祀释迦牟尼佛，东西侧祀文殊普贤菩萨，两旁供十八罗汉。东庑祀观音菩萨，西庑祀宋禅祖师。后殿祀大颠祖师，东侧祀大峰祖师，正殿东西有走廊，前面是宏伟的三山门。主座东面为禅房，是惠来县佛教协会会址，西面为僧舍。寺由释宏悟任住持。

2000年，榕石永福禅寺香火繁盛，海内外善男信女踊跃赞助数十万元资金，对整个庙寺全部进行重建和装修，建成较大规模的佛教活动场所。有大雄宝殿、东西阁、功德祠，祖师庙等。大雄宝殿阁内，有玉皇大帝，有释迦、文殊、普贤和十八罗汉佛以及九子母神等；殿阁前面，有唐大颠祖师庙和宋超月禅师庙两座；殿阁西侧为碑记廊，东侧建有禅房阁。禅房阁东边建有县佛教协会楼阁，阁前有凉亭，凉亭西边为榕石古迹。整个庙寺宏伟壮观，远非古寺可比；数十身贴金佛塑，神态俨然，殿阁绿瓦朱扉，雕梁画栋，金碧辉煌，成为惠来县著名的佛教旅游胜地。

六、张经、宋超月兴建东栅永福寺

惠城东栅永福寺，与惠城北郊榕石庵相距约200米。清康熙九年（1670），高僧宋超月与吏部观政进士张经相投契，由其发起，择城郊东栅兴建殿宇。清康熙十一年（1672），殿宇建成，名"永福寺"，祀释迦佛祖，超月为该寺住持，升莲花座，诵贝叶经，潜心研究佛学。方维碧居士捐出白沙湖田租70石，以充香积（"开山嗣法和尚宋超月"竖碑记述）。嗣后，信众在永福寺西侧建功德祠，祀庵主、施主等神位。康熙四十年（1701），宋禅祖师在殿东静室坐禅，绝食烟火，至十一月廿九日子时圆寂，享寿（积闰）136岁。在圆寂处建"宋禅祖师庙"，供奉宋禅祖师真身。当时"屋仅数椽，窄不容膝，差足以遮蔽风雨而已"（《张增辉碑记》）。同治六年（1867），惠来知县周葆熙捐钱倡修，勒碑详述，碑刻仍在。光绪二十五年（1899），"宋禅祖师庙"扩建，规模雄伟壮观，由庵主裔孙张增辉和方亦、佑主、吴藩臣祖捐献，匾额为证。抗日战争前，东栅永福寺功德祠，大佛寺（永福寺正座）宋禅祖师庙十王庙土地庙禅房多座，寺前辟地遍植花果，周围林木茂盛，鸟语花香。善男信女瞻拜相续，香火鼎盛，骚人墨客多到此吟咏。抗战时，为避日机轰炸，县立第一小学移寺上课，迨迁出则办成私立诚信学校，1950年改办为县立第三小学，旋为东山小学，最后为英内小学（一些房屋被改建为学校宿舍）。1998年由宋禅祖师庙理事会赎回。2003年农历十月廿五日重建奠基，同年农历十二月十六日正式开工。

东栅永福寺与榕石庵结缘历史悠久，两寺住持一人兼任，自宋超月回到惠来，最初于榕石庵（九子母祠）修炼，后居东栅永福寺，仍兼榕石庵住持，继后是国尔禅师、演实任住持。民国以后，相继有平寻、岳训、凤双、宽豪、振荣等出家住持。

张经一贯信奉佛教，多做善事。张经（1628—1694），字虚舟，惠来县龙溪都船场乡（今惠来县隆江镇）人。康熙十一年（1672）岁次壬子，"宋禅祖师"宋超月云游全国五岳名山胜地回到惠来都，其时已年届103岁期颐之年，他决定在惠来榕石庵驻锡。张经获悉后，亲自到庵堂拜访，两人交谈十分投契，常在一起谛参真俗，探研易理，一起畅论《易经》。宋超月与张经相交日久，遂成为志同道合的挚友。张经与惠来都有名望的居士方维碧联合共同缘起，择城郊东栅清静幽雅地方兴建殿宇，张经捐资购置地基，方维碧捐献田谷70石以充香积，康熙十一年（1672）岁次壬子冬，殿宇圆成，名为"永福寺"。张经老母亲张太夫人，体弱多病，皈依佛门，跟从宋禅祖师超月持素斋戒，诵经十年，疾病消除，福体康健，寿辰延至92岁，寿终正寝。张经为母送终，祭祀法会，皆请宋超月法师主持佛事。

明代僧人宋超月，是一位德高望重、博学多才的高僧，深为海内外善男信女所尊崇，尊称为宋禅祖师。康熙十一年（1672），邑人进士张经于城郊东栅建永福寺，师诵莲花法座，遂于寺中潜心研究佛学，引导大众乐善为怀，扶危救难。清光绪元年（1875），僧众于永福寺东建造"宋祖师庙"，供奉宋超月真身，真身髹漆换袍每十二年一次，最后一次换袍是在民国时期即20世纪40年代，由惠城镇西三社区著名民间工艺师黄哖负责髹漆修饰外表。黄哖年轻时曾参加在潮州开元寺举办的佛身妆彩漆艺比赛，拔得头筹，由此负责宋超月真身髹漆换袍、穿上白底衣，披上袈裟的工作。宋超月肉身至1952年"土改"时失踪，惠来民间传闻被善人偷梁换柱冒险秘藏，今为悬谜。

七、周葆熙修缮永福寺

周葆熙，字雨棠，浙江嘉兴秀水人，附贡生。钦赏五品衔广东候补布政司。同治四年（1865）冬初至六年（1867）代理惠来令。周葆熙在惠来的时间不长，又是代理县令，所存史料不多。同治六年（1867）秋七月十五日，周葆熙为县城东栅永福古寺高僧宋超月撰写碑文，碑记仍存于东栅永福寺。

清同治五年（1866）岁次丙寅，惠来县令周葆熙莅永福寺瞻仰奉拜宋禅祖师髹漆金身，欣悦座前悬挂书写"不生不灭"四个字，亲自撰写碑记，立下石刻署名碑文。"托陈春远仁兄，商同永福寺施主张、方两公"，在周葆熙的碑文中，出现陈春还和施主张、方两公，这三人是此次负责修缮的重要人物，张、方两公是张经、方维碧的后代。

碑文分为两个部分，前半部分介绍宋禅祖师和张经兴建东栅永福寺的因缘和经过，因为县志没有记载，周葆熙说明是为以后编修县志存史。落款是"周葆熙谨记"。后半部分是写周葆熙震撼于宋禅祖师肉身庄严，发起捐俸修缮永福寺的过程。落款是"权知惠来县事周葆熙谨启"。因碑刻年代久远，个别字迹模糊不清，无法辨认，姑留空白，以待贤者。

周葆熙碑记

禅师宋姓，字超月，号一镜（乙镜），惠邑靖海所人也。前明隆庆二年四月初七日师诞生。自幼善慧，崇祯六年（　）落于普宁草庵，（　）身礼佛。嗣因烽火不靖，师乃行脚天涯，不知所往。迨国朝康熙间，始复返惠，与吏部观政、进士张公经相契合，谛参真禅。师访得县治东门外东栅地方极僻静，谋之张公，捐赀购基。壬子岁，遂成殿宇，即永福寺也。时居士方维碧好施饭僧，乐捐白沙湖乡田租七十石，以充香积。师是年卓锡寺中，登莲花座，诵贝叶经。至三十年辛丑元月，于殿东静室绝餐烟火，至十一月二十九日卯时，灯熄圆寂，享世寿百三十有六岁。僧徒募得绫布，以漆裹之，遂供奉真身，而香火于以留传焉。同治五年，余闻其异，因往瞻拜庄象于真座前，悬（　）。而考邑乘又所未载，访得其略，爰志之，以备募修时采取焉。

周葆熙谨记

葆熙天涯奔走三十余年，所见坐化供奉真身者不恒经见，诚宇宙间所罕有也。余忝莅斯邑，见宋禅师祠倾，恐多年塌圮，为之倡修缮。

惟恐淹没，深滋愧也，因特捐廉俸，托陈春还仁兄，商同永福寺施主张、方两公，贤明（　）虑邑东缺（　）。

一镜宋禅师者，相现庄严，性成善慧，本长生佛，是不坏身，久得七斤布衫，高明生皈依佛，后入定三橡偈经。迨国朝，解脱凡尘五万八千里，自天竺惠来。色想早空，夫四大一百卅六年，从人于西逝，形骸尚存于丙祠。迨王来嫌钵钟，遭致座上香烟稀少，惋昔墙洞宇落，荡就西倾，恐令栋拆棱崩，全皆露处，即使金镕成，亦口堪比天为盖而地为床，况只漆之真身，能否天残以摇，而日以薄，势必至南无菩萨，将同于乌呼先生矣。燕权定是邑，绩礼命祠板庀材，而鸠工修葺，而立经地焉，蓝飞而为筑建其路，于落成，虽而荡千万洵之处无留隙，八十亩之金而竭力，愧本范承只可倡捐薄俸，任文肇众其易举，遂须启筹集资金,积故庙之银,定造福昌之庆,共念进修佛果,普度一切众生。是盖深顿檀施圆满,十分功德者也。

同治丁卯年秋七月朔日
权知惠来县事周葆熙谨启

八、永福禅寺的新生

1978年党的十一届三中全会后,宗教政策得以落实,县统战部决定把榕石庵、永福寺合为一处,易名"榕石永福寺",后更名惠来县永福禅寺。

20世纪90年代前后,释宏悟驻锡永福寺,躬亲十有余载,颇有所成。2000年后,十方信众暨永福常住礼请惠籍中国佛教协会副会长、广东省佛教协会会长、羊城光孝寺方丈明生大和尚,驻锡榕石永福寺。

2009年4月,由惠来县佛教协会聘请,中国佛教协会副会长、广东省佛教协会会长、广州光孝寺方丈释明生大和尚兼任惠来县榕石永福禅寺住持。2009年5月,释明生晋院驻锡,征地数十亩,精心布局,用心谋划,对永福禅寺进行大规模建设。2009年12月16日,永福寺重修扩建奠基庆典隆重举行,重修扩建工程正式启动。中国佛教协会副会长、广东省佛教协会会长、广州光孝寺方丈、永福禅寺住持释明生大和尚为动工仪式揭碑。由此,永福禅寺的建设翻开了历史新篇章,释明生运筹帷幄,精心布局,集腋成裘,聚沙成塔,一座殿堂级的大型宗教场所日渐呈现在人们面前。

2022年,永福禅寺初具规模,仍在继续建设中,占地面积47亩,建筑面积1.6万平方米,僧人36人。重建后的永福禅寺主体建筑重塑盛唐时期的寺院建筑风格。整体以木石榫卯,斗拱飞檐,正垂脊,鸱吻鬼面等为建筑元素。寺院布局合理,以两边大小五座四合院围绕中轴线主体建筑的格局,体现佛法"万佛朝宗"寓意。寺院已建有方丈楼、六和堂、五观堂、三学堂、念佛堂、禅堂、山门、天王殿、钟鼓楼、大雄宝殿等主要建筑。待建中的有藏经阁、祖师殿、观音殿、宝塔等。寺内整体建筑于细微处无不体现中华传统建造的匠心工艺和技艺传承的鬼斧神工。

2024年10月,榕石永福禅寺总占地面积为32095.69平方米,其中建筑面积约为1.6万平方米。永福禅寺建筑群呈现纵轴式布局,具有轴线对称、院落布局、功能分区、前低后高、主次分明的特点。寺院主体建筑山门、天王殿、钟鼓楼、大雄宝殿、祖师殿、观音殿、藏经楼依中轴线对称分布。在中轴线的主要殿堂阁楼中，大雄宝殿和藏经楼为永福禅寺体量最大的建筑，也是永福禅寺寺庙结构的中心区域。

永福禅寺主体建筑风格设计为仿唐建筑，屋顶漆金"靴子型"鸱尾，构件名为"鸱吻"，设计初期参考国内古建营造法及历史遗存，如敦煌壁画与唐长安城遗址出土文物，唐大明宫，华清宫鸱吻装饰等元素，结合仿唐风格予以优化设计。寺庙主要殿堂均为木石或纯木材料，凭榫卯紧密衔接，以斗拱飞檐迭起支撑。大雄宝殿殿顶为重檐庑殿顶，各处殿顶均用鸱吻鬼面装饰，于细微处无不体现中华传统建造的匠心工艺和技艺传承的鬼斧神工。

永福禅寺各殿堂之间利用庑廊链接，形成多合院落。因寺庙主体建筑造型、院落空间及附属建筑的不同，形成不同的院落群，每处院落又因地形的原因，建于不同标高的平台之上。因此，永福禅寺的整体平面布局是规整统一的，但其实际建筑空间却是丰富多变，每个院落都能够形成自己的特色。这种排列有序的院落群可引导信徒有秩序地、有层次地观赏寺院，形成一定的朝拜景观序列。

除了中轴线上的主体殿堂建筑外，寺院其他楼堂宿舍，分布于中轴线两侧，形成东西两大片区。按照传统的丛林组织规制，东片区为佛寺的办公活动、僧众饮食起居、往来宾客的区域，永福禅寺东侧依次设置三学堂、五观堂、六合堂、方丈寮、永安堂等。西片区则是僧众修行的活动场所，永福禅寺西侧依次设置有念佛堂、禅堂等。共计大小七座四合院围绕中轴线主体建筑分布，呈现包围格局，体现佛法"万佛朝宗"寓意。

永福禅寺建于平地，为体现传统丛林的序列与等级，从山门开始，借用人工手法，将地基上台，使各个主殿堂向上依次升高，从而凸显佛寺的庄严感。将主殿和次殿置于不同的平台上，不同平台之间的殿宇用跌落游廊和爬山廊相连接，因存在高度差的缘故，连廊层层跌落，使整个寺庙建筑群在视觉上形成高低错落的变化，具有节奏韵律美。

九、释明生大和尚和永福禅寺

释明生，1960年9月出生，惠来县靖海镇人，硕士，现任中国佛教协会副会长、广东省粤港澳合作促进会名誉会长、广东省佛教协会会长、榕石永福禅寺住持,是第十届全国政协委员,第十、十一、十二、十三届全国人大代表。1982年在潮阳沙陇圆通寺出家并常住,1983年7月到山西五台山塔院寺受具足戒,1986—1990年在中国佛学院读佛学并获本科毕业。2003年当选为全国人大代表、全国政协委员,2004年任广东省佛教协会会长。释明生乐善好施,带领广东佛教界帮助民族地区移民搬迁、兴建水利工程、兴建希望小学、帮助困难学生完成学业、组织成立10所广东佛教慈善诊所,施医赠药、帮助贫困人群免费治疗白内障、帮助灾区重建家园;成立广东省佛教协会慈善基金会与广东善缘社工作服务中心,成立广州光孝寺和敬社会工作服务中心,在全国率先引导佛教走向社区服务,法师数十年来,个人为公益慈善活动捐款500余万元。

2009年4月,由惠来县佛教协会聘请,释明生兼任惠来县榕石永福禅寺住持。2009年12月16日,永福寺重修扩建奠基庆典隆重举行,重修扩建工程正式启动。中国佛教协会副会长、广东省佛教协会会长、广州光孝寺方丈、永福寺住持明生大和尚为动工仪式揭碑。释明生法师充分发挥个人的影响力和号召力,广布福田;释曙进师父殚精竭虑,精心操持,永福禅寺的建设日臻完善。

〔第四节〕仙井古岩

出县城沿广葵路西行5公里,是东陇镇苗海村委会,村北约2公里处有梅花山,山腰平坦处有一座历史悠久的寺庙"仙井古岩",奉祀七圣娘娘。山上林木茂盛,新筑石阶曲径蜿蜒,直通山顶翼然小亭。梅花山上,有汲而不竭充满传奇色彩的仙井,有"清廉天下冠"谢正蒙读书处,有不可移动文物登记单位"蚶蚌寨遗址",有红色遗迹"彭湃攻打惠来城扎营旧址"。登上山巅,东陇洋一片平畴,整个县城尽收眼底,一览无遗。是一座文武杂糅,自然风光秀丽壮阔,人文传说引人入胜的名山。

一、禅声悠扬仙井岩

山不在高,有寺则名,仙井古岩坐落在东陇镇苗海村北梅花山山腰处。仙井古岩始建于明朝，距今500多年，从1980年至1984年逐步重新修建了一些殿堂，1983年10月被列为惠来县重点文物保护单位。寺里有口天然古井，是由一块大石形成，中间天然凹下成为一个水堀，在水堀之旁有一小裂缝，泉水从这个小裂缝渗透出来后，汇聚到这个水堀，天造地设，鬼斧神工。泉水清纯甘冽，源源不竭，仙井古岩也因此而得名。数百年来香火鼎盛，神奇传说众多。

2002年由新华出版社出版的《惠来县志·文化体育·仙井岩》记载了20世纪90年代仙井古岩的详细建筑概貌："仙井古岩位于县城西5公里，东陇镇苗海村北梅花山腰处。据传明时已有庙堂，以后屡有修建。1984年进行一次大修。分前后座，前座由山门进入，有正殿3间，前有拜亭，左右各有2间厢房，每间厢房有进出后座的过道。由过道进入后座，须登七级台阶，后座为官厅格式，中间是5间正殿，两旁各有4间厢房。整座占地面积1700平方米。前殿左方配间有一巨石，中有不足尺深的石堀，水清甘醇，满而不溢，汲而不竭，故有仙井之称。整个庙堂依山建筑，坐东北向西南，前后是茂密的荔枝园，左有小路可通西北邻山的蚂蚱寨，为明末清初罗英啸聚山林之所。"这里介绍罗英是"啸聚山林"的土匪。

2010年县地名委员会编辑印刷的《惠来县地名志》记载："仙井古岩是座庙宇，始建于明中叶，因前厅三宝大殿左侧有一巨大岩石，石下有不足尺深的石堀，泉水清澈甘甜，满而不溢，汲而不竭，有'仙井'之称，故此得名。明万历六年（1578），吉水人刑部观政邹元标及晋江人南京工部侍郎何乔远流放都匀卫，曾于此讲学，万历十六年（1588），一科四举的谢正蒙、方一位、林世赏、汪巨翰中举前曾在此攻读；岩北的蚂蚱寨是明末农民起义首领罗英起义抗清遗址，遗迹尚存；1928年中共东江特委书记彭湃、红四师参谋长徐向前率领红四师攻打惠城时曾转战于此。该庙宇'文革'期间被拆毁，1984年原址修建，沿用至今。位于惠来县城西5公里，在东陇镇苗海村委会北2公里的达三圩山腰处，坐东北向西南，依山筑舍，占地面积1700平方米，前后厅有三大殿，24个小厢房。晴天可观南海，历史悠久，景致清幽，远近闻名，既是文化古迹礼佛圣地，又堪称旅游胜地，1983年被列为县重点文物保护单位。"这里认为罗英是"明末农民起义首领"，是抗清英雄。

2011年由方志出版社出版的《惠来县志·风俗》记载了2004年仙井古岩的情况:"仙井岩,位于东陇镇苗海村北梅花山腰,距惠城10里。该庙始建于明洪武年间,以后屡有修建,1984年进行一次大修。寺坐东北向西南,依山势而建。分前后座,前座由山门进入,有正殿3间,前有拜亭,左右各2间厢房,每间厢房有进出后座的过道;由过道登7级台阶进入后座。后座为官厅格式,中间是5间正殿,两旁各有4间厢房。前殿左方配间有一巨石,中有不足尺深的石窟,喷出清泉,水清甘醇,满而不溢,汲而不竭,故有仙井之称。已被列为县重点文物保护单位。1986年10月批准开放佛事活动。2004年,有僧尼2人,住持释惟愿。"这里记载了仙井古岩的始建时间是明洪武年间(1368—1398),于1986年10月正式获准成为宗教开放场所。

"2004年惠来县批准佛教活动寺庙表"记载:仙井古岩,位于苗海村,场所负责人释惟愿,占地面积1800平方米,建筑面积700平方米,明洪武年间(1368—1398)始建。

■ 文物保护单位——仙井古岩

■ 蚶蚌寨遗址

二、鼓角铮鸣蚶蚌寨

古时兵家,以攻城夺寨为主。寨筑山上,取其易守难攻。蚶蚌寨所在的山头,历史上曾多次为农民军事力量所占据,并发生多次战事。传说蚶蚌寨得名乃是山势能开能合,有如蚶蚌,易于隐蔽。山上半山腰处有洞口掩映在茂密的树林中,深不可测,据说是罗英所挖掘,可直通普宁山界。山顶处残存一段长约30米的大石垒砌的寨墙墙基。2009年编写的《惠来县军事志·军事要地》记载:"**蚶蚌寨**位于县城西6.5公里达三圩村北，明末清初山寇罗英于此筑寨，今有墙基遗迹。"

蚶蚌寨范围较广，县志记载和蚶蚌寨有关联的战事有"东客营""北山""京观""达三埠""仙井岩"等。康熙《惠来县志·山川》记载：

"**东客营**，在县西五里。弘治六年，流贼童阿王据此劫掠，分守道委驿丞刘伋筑堡，拨民壮一百六十名守之。正德十四年，贼首曾钯头复拒此为营，次年就捕，遗址犹存。"

"**北山**，在县西五里。己丑年，罗英率寇万余围邑，义士高亮祯、陈全斌剿罗英于此。"

"**京观**，在县西六里。己丑，罗英围邑四十日，援兵莫至，举人高廷焕密书，请其侄亮福、亮祯，于七月二十七日，统乡勇尽歼群贼。邑人拾贼骸为堆，树碑曰'京观'，以志功（详兵事志）。"

"**达三埠**，在县西一十三里，其山高峻，两峰夹峙，中有一涧。明末闽寇攻县四月，筑寨为巢，延至顺治三年丙戌十一月二十九日，大师诛林学贤，遂屠其寨。"

"**仙井岩**，在达三埠，山巅有观音收鲤像，旁有泉，甘液如醴，旋于左畔。"

三、"四君子"和"四举亭"

邹元标、何乔远在明万历年间（1573—1620）曾来过仙井古岩讲学，两人并称"四君子"之二，结伴出外游历，从时间和履历来判断，大体上可以确定是1582—1588年间，仙井古岩的秀丽风光吸引了两位文人气质的朝廷官员，其时，谢正蒙、林世赏、汪巨瀚、方一位等人正好在仙井古岩潜心攻读，有幸聆听两位大学者的谆谆教导。康熙《惠来县志》记载："谢正蒙，字中吉，惠来都华谢里人也。赋性警慧好学。万历戊子举于乡，与邹元标、何乔远先生讲求正学、筮仕。"万历十六年，同在仙井古岩求学的四位县学生员同时中举，康熙《惠来县志·选举》记载："万历戊子科刘景辰榜：林世赏（酉头都人，仕四川大竹知县）、谢正蒙（惠来都人，历仕御史、河南参议，赠父王仪如其官，崇祀乡贤，有传）、汪巨瀚（龙溪都人，二次会副，仕江西兴国知县）、方一位（惠来都人）。"对于建县仅仅60多年的惠来县来说,"一科四举"一时成为佳话,时任知县林正康、县学教谕黄廷仪奏呈允建"四举亭",清乾隆年间奉旨重建为四举坊。四举坊位于县城十字街牧爱坊（连城大街处）,建筑物全部为石料结构,跨街四柱二楼三层,钦赐御书"龙跃云津"勒刻于亭顶额面。2002年新华出版社出版《惠来县志·大事记》记载:"万历十六年,惠来同科考中举人林世赏、谢正蒙、汪巨瀚、方一位4人。是年,在县城连城街建'四举亭'。"2008年孙淑彦《惠来历代县长考略》记述:"（万历十六年）惠来县谢正蒙、林世赏、汪巨瀚和方一位四人同时中举人,这在惠来历史上是值得高兴的大事。因此,知县林正康在县城建'四举亭'以示庆贺。"

邹元标（1551—1624）,字尔瞻,号南皋。江西吉水县县城小东门邹家人,明代东林党首领之一,与赵南星、顾宪成号为"三君"。邹元标幼有神童之称,九岁通《五经》,万历三年（1575）在都匀卫所（后改名南皋书院）讲学。万历五年（1577）中进士,入刑部观察政务,与伍惟忠友好,为人敢言,勇于抨击时弊,因反对首辅张居正"夺情",被当场廷杖八十,发配贵州,潜心钻研理学。万历十一年（1583）,回朝廷任吏部给事中,他又多次上疏改革吏治,触犯了皇帝,再次遭到贬谪,降南京吏部员外郎。以疾归,居家讲学近三十年。天启元年（1621）任吏部左侍郎,后因魏忠贤乱政求去。崇祯元年（1628）,追赠其为太子太保、吏部尚书,特谥忠介。

何乔远（1558—1632）,字穉孝,或称稚孝,号匪莪,晚号镜山,福建晋江人,是杰出的方志史学家。何乔远日与缙绅游士倡酬论学,讲德考业,求书问字,他博览群书,里居20余年,辑明朝十三代遗事成《名山藏》,又纂《闽书》154卷,颇行于世。何乔远性格刚直不阿,在史学上敢于秉笔直书、发表自己独特见解。与邹元标、冯仲好、赵侪鹤并称为"四君子",后世学者称其为"镜山先生",死后赠工部尚书,予祭葬。

谢正蒙刚直不阿的性格与邹、何两人如出一辙,不知是巧合抑或是在仙井岩求学期间深受邹、何两人的影响?

明代举人出仕较为普遍,大多担任七品以下职位,如县学教谕、训导等。"一科四举"除了方一位尚未出仕即已去世,其他三人皆当上县令,尤其谢正蒙,更是其中的佼佼者。

谢正蒙，字中吉，惠来都华谢里人也。赋性警慧好学。万历戊子举于乡，与邹元标、何乔远先生讲求正学、筮仕。任湖广安乡县，厘奸剔弊，政举卓异。抵京赐宴，清廉为天下冠，考授监察御史。奏陈时弊，不避权贵。巡按直隶，督理两淮盐政，旧商人有陋规千金，蒙概痛革，恤商裕课。巡方所至，见范公堤倾圮，田庐场灶，没为波涛。蒙捐俸修筑，斥卤咸成沃壤。淮民德之，肖像，与范文正并祀，题其额曰"二贤祠"。任满未代，报丁内艰归服。阕升河南大梁道，恳辞弗就，优游林下，十六年卒。著有《疏草》四卷传于世。举祀乡贤。子兆熊，楚藩都事，卓有能声；兆熙，南雍监生，恬淡持躬。皆公清廉之贻也。

汪巨瀚，龙溪都甲子人，二次会副，任江西兴国知县。

林世赏，酉头都人，任四川大竹知县，与惠来知县游之光同修《惠来县志》并撰写序言。

方一位，字茂锡，惠来都人，生有异质，博览群书，过目不忘，教授生徒，大多成名，同榜举人林世赏是他门下之士。

四、林学贤、罗英筑寨

明末清初，战乱频仍，各种势力纷纷拉队伍、占山头。惠来人林学贤集结了一支万多人的队伍，以虎头寨（位于葵潭兵营村）为据点，发展军事势力。有人认为他是领导抗清农民起义的领袖，推动了历史和社会的进步。有人则认为他是一个匪贼，占山为王，剥削平民，抢劫官商，为害地方。清顺治二年（1645），林学贤得悉清军南下江南，集结农民队伍对抗清兵。顺治三年（1646）十一月十五日，林学贤集合虎头寨一万多手下，再次举事，"杀牛竖旗，鸣金振鼓，酣饮达旦。"十六日一大早，兵士各执兵器，行兵至达三埠驻营，四周围砌，遍布蒺藜，围困县城。林学贤驻营地点即是蚶蚌寨。其时，惠来知县沈惟煌已去任，南明政权派龚燿代理县事。对于林学贤再袭县城的图谋，代理惠来知县龚燿曾向巡抚刘柱国申报。刘柱国批文说："林学贤以举人倡乱，罪在不赦。朝廷既贷其罪，又荣以官，何负此辈，而复狂逞也？仰县将学贤罪状逐一详确，并成（指苏成）行兵事宜，从长打算，无挟仇，无过激，无贻地方不了之局。"可见苟延残喘的南明政权已经是泥菩萨过河——自身难保，再无力理会惠来的战事。十一月二十九日，清军部院佟养甲、督师李成栋带兵由福建进入广东，途经惠来，驻扎在县城西边的磁窑山。县中百姓纷纷剃辫归顺，众乡绅到马前叩首，请求派兵剿灭林学贤。部院佟养甲详细询问林学贤的兵力和驻地，得知林学贤驻扎在达三埠，离县城仅10里。即下令调转兵马，进攻林学贤的驻地。林学贤发三炮迎战，兵败被杀，其弟林有声得以脱逃。

罗英是普宁县十三寨老鸦地山寇，自明朝开始，就多次袭击普宁、揭阳等地方，作恶累累，百姓恨之入骨。但也有人认为他是对抗清军的农民起义领袖。顺治四年（1647）七月廿六日，罗英率贼众数千进犯惠来，扎营惠城西面苗海村北，葵岭南面的蚶蚌寨。城内官民紧闭城门固守，罗英围攻县城3天，久攻不下，遂分兵烧杀掳劫西南二关，意图切断外界对惠城的支援，久困惠城。一天，罗英忽然看见山中旌旗蔽日，误以为是救兵骤降，惊骇异常，慌忙拔寨逃窜。据说，罗英逃窜之时，在山上埋下十八瓮银子，有贪财之徒曾在山上到处挖掘，被嗤为笑料。城中百姓纷纷传言是神兵天降。罗英率众直奔上都大坭都，沿途洗劫铅锡（今前詹）、周田、杭美等乡。顺治六年（1649）六月十六日，罗英集中主要力量重围县城。四周俱布桩栅，将县城团团围住。罗英施行种种暴行，"贼以神庙为巢，掳掠妇女秽亵，神宇从未有酷烈如此者。"罗英的虐行激起了惠来百姓的愤怒。高廷焕、谢廷诏、方国斌招募乡勇800人，分别由高亮福、高亮祯和陈廷斌带领，于七月廿六日，埋伏在北山、禄昌（今梅北村附近）等处。交战时罗英中伏被杀，余众溃散。康熙《惠来县志》记载了这场战斗的激烈场面，"以八百之众，破数万之贼，歼戮殆尽，堆积山原，邑人拾贼骸埋之，筑京观碑于道，以志功。"东陇人孝廉方之孝写了《北山平寇歌》，记录此事。

这块石碑原立于今惠西路水流巷口对面，上刻"明高陈三将军剿罗英于此"，左侧刻"通县士民立"。高、陈三将军即指高亮福、高亮祯、陈廷斌。据说当时此巷血流成河，故称血流巷，后因名字不吉利，改称水流巷。中华人民共和国成立后此碑仍在，20世纪80年代街道改建时石碑被挖掉。

五、彭湃扎营仙井岩

1928年1月，彭湃和徐向前、叶镛、袁裕等率领红四师第十、十二团向惠来进军，2月3日，进驻惠来县西部葵潭区兵营村和圆墩村，在兵营村主持成立惠来县第一个苏维埃政权——兵营乡苏维埃政府。3月7日攻占惠来中部重镇隆江，随后攻下总铺洋雨亭山阵地。3月10日，彭湃、徐向前等率领中国工农红军第四师攻城指挥部和中共惠来县委等机构进驻距惠来县城3公里的苗海村，筹划攻城事宜，在苗海村成立惠来县苏维埃政府，彭湃兼任主席。当时，彭湃、徐向前率领的队伍驻扎在苗海村梅花山的仙井岩。

中国工农革命军潮阳县第三团数百人越过雷岭到惠来支援暴动，驻扎于离惠来县城东面10公里的茶铺村。彭湃夫人许玉磬带领宣传队到苗海、达三埠各村发动群众。3月12日凌晨，彭湃率领红军、中共惠来县委书记黄符和县委委员方凤巢等率领农民武装团队、赤卫队、尖串队，以及附近各乡农民数万人，分三路进攻县城西门、南门、北门，张开东门一路。国民党惠来县县长连夜修书命人潜出惠城，到汕头讨救兵。汕头第七十六团团长颜鼎臣带着独立营赶往惠来增援，沿途受到赤卫队阻击，直到夜晚才窜出重围，到达惠来县城。黎明时分，东城门枪声稀少，颜鼎臣带领手下赶往东门，将东门沙包拉开，仓皇而逃。红军和赤卫队及参与攻城的农民群众进占县城，放出狱中的革命者和农民，焚烧县衙。敌人向东溃逃至离县城约20公里的锡溪村时，与赴惠来增援的敌第七十七团向卓然部相遇，汇合一起，向县城反扑。敌人抵达县城时，红军、赤卫队主动撤出县城，但依然把县城围住。

普宁赤卫队截断盐岭一带敌人交通，潮阳第三团及惠来东区尖串队，联合袭击惠来关门山敌守军第七十七团独立营，激战数小时。3月21日，董朗率红二师师部300多人从海丰到达惠城，参加攻城。22日，敌人第二次弃城逃跑。第二次攻克惠来县城后，惠来县苏维埃政府在苗海村举行宣判大会，对13名土豪劣绅、反革命分子处以极刑。根据中共东江特委决定，红四师向潮阳发展，攻打成田、沙陇，帮助潮阳农民暴动；红二师留两个连驻扎惠来兵营乡，其余向普宁进攻，攻打桥柱、旱塘。东江特委派共青团东江特委书记王克欧、红四师党代表袁裕到揭阳领导暴动。惠来县工农革命军团队、赤卫队则到各乡清查潜逃豪绅地主和其他反动派。

大革命时期,彭湃在惠来取得两次重大军事胜利,队伍便是驻扎在蚶蚌寨。1985年1月,徐向前为苗海村攻城指挥部题名:"中国工农红军第四师攻城指挥部旧址。"

〔第五节〕道教、天主教和基督教

惠来诸多神庙中,大多是释、道、神同祀一庙。如太上老君、李道明(李铁拐)、吕洞宾等多有供奉。信徒一般不是崇尚道教教义,而是为了祈福保安。

一、道教

(一)赤山古院。在惠城南偏东2里处。宋代嘉熙二年(1238),知事郑良秦路经赤山,有感而题"惠来真致"四字于石上。到元至正元年(1341),东福村人方元壮在云游道人毛冲指导下,建道院祠宇共3座于赤山,至2024年香火不绝。

(二)华临古观。位于华湖镇先春村东面5里处。明末清初,罗浮山道人邓教煊(道家第十七代传人)至此草创道观,供奉三清,悬壶济世,用草药为乡民治病。在那缺医少药的偏僻山区,能为民解除病痛,实是功同再造。故香火逐渐旺盛,道观规模也逐渐扩大,还由历任住持,募捐资金修桥筑路。该观迄今已有300多年历史。也曾几次焚毁湮圮。直到1950年(庚寅),由道家第二十四代传人高诚平主持,海内外人士捐资20万元,修复古观。占地1200平方米,田园数亩、水塘1个,自修、自耕、自养,还继续以草药济世,主持募捐资金,修桥筑路。实是一方净土。

(三)兜率宫。坐落于神泉镇澳角村,占地160平方米,专供太上老君,香火旺盛。

(四)龙岩古寺。在县城北面2里处。该寺西面一半供奉三清。

(五)赤松观。1987年定点筹建。观址选于惠城镇必田村西北侧,专供太上老君、黄大仙、乙镜真人(亦称宋禅祖师)。至1987年,全县道士共有73人。

二、天主教

在潮汕,惠来县是天主教最先传入的地区。康熙五十九年(1720),有两位姓戴的中国籍神父从澳门进入惠来地区活动。其中一位被清政府发配，充军河南；一位便仍回澳门。这是第一阶段。清道光二十年（1840）鸦片战争以后，传教成为帝国主义国家的特权，中国政府无权干涉。特别是信教的人受到教会的保护，才使信教的人逐渐多起来。这阶段来惠传教的是法国籍神父，有傅、马、施、明等人。在惠来创下二个堂区：一为葵潭，一为百塆。

（一）葵潭堂区，地点在现葵潭镇。在法国人任神父期间，建有小教堂和神父楼各1座。光绪三十一年（1905）创办1所小学，称"崇善学校"。民国十九年（1930）起，神父改由华籍人士充任。1952年土地改革以后，由黄伯禄、林指如负责。1984年教堂开放，由王致中任神父。2022年，占地面积1850平方米，建筑面积650平方米，主要教职人员曾庆要，管理组织负责人黄资相。

（二）百塆堂区，在百塆村，中华人民共和国成立初期属葵潭区，20世纪80年代属东港镇，是一个教会村。村民有30多个姓氏，都信天主教，是由各县聚集来的。开头到百塆传教的是法国人戴神父，以后是马神父，主持创建1座200平方米的教堂。光绪二十四年（1898）明神父主持另建400平方米教堂和神父楼各1座，创办"明德学校"和育婴堂各1所。2022年，占地面积2450平方米，建筑面积2010平方米，主要教职人员李作欣，管理组织负责人郑顺辉，常驻教职人员2人。

民国十六至十七年（1927—1928）间，百塆地主武装在肖觉的带领下参加围剿海陆丰工农革命政权，受到红军的反击，许多人因此过洋到泰国。民国十九年（1930）后陆续有教徒从各县移入，百塆便仍是一个教会村。神父改由华人充任。

1952年土地改革以后，有小部分没信教的居民移入，该村便停止了集体的宗教活动。1966年"文化大革命"开始，该村神父曾受到批斗。1978年后，中央重申宗教信仰自由政策，该村已恢复了正常的宗教活动，教堂重新扩建。

百塆村是天主教徒比较集中的农村。1985年全村人口为2318人，教徒为2302人。鳌江大坑头（属澳上村）村是百塆堂区的一个活动点，全村180人，只有一户没有信教。百塆堂区辖下神泉镇的文昌、周田镇的头径、崎岞、仙庵镇的锡溪等村有教徒活动点，但人数不多。1987年，全县合计，天主教徒共有5821人。

（三）天主教汕头教区大主教黄炳章。黄炳章，天主教汕头教区主教，1968年出生于葵潭镇吉成村一家信仰天主教的家庭，1985年在葵潭中学高中毕业后，考上天主教中南神哲学院；1991年5月毕业，晋升为神父，到汕头教区服务，开始投身宗教事业。他把教会作为发挥"民间外交"的桥梁作用，促进教会顺应时代发展潮流，加强对海外华侨的联系，鼓励他们回内地和潮汕投资。1998年，他赴香港，后又出国到新加坡等地，与教会代表一起参加"亚太地区华裔圣经研讨会"。2001年5月和2004年5月，他作为宗教界代表，先后参加汕头市青年团赴法国和加拿大访问；2001年8月，他参加全国天主教"一会一团"组织的代表团，赴法国进行为期20天的宗教访问。2011年7月14日，他晋牧任为天主教汕头教区主教。并当选为广东省天主教爱国会主席、中国天主教爱国会副主席。

黄炳章积极从事慈善工作，获得了国家、社会的认可，2001年和2003年3月，《中华儿女》海外版作了两次专访和报道，在参加全国两会期间，接受中央国际广播电台国际频道和《中国宗教》的专访。2000年8月，被评为"汕头市社会团体创业建功先进个人"；2002年12月，被评为"广东省宗教界为社会主义现代化建设服务先进个人"；2001年和2003年3月，《中华儿女》海外版连续作了两次专访和报道；2009年7月，获得"中华慈善优秀工作者（志愿者）奖"；2012年6月，获得汕头市"无偿献血先进集体"；2014年3月，被评为第二届全国创建和谐寺观教堂先进个人；2015年12月，"天爱"基金会被评为"汕头市光彩事业组织奖"；2016年，评为汕头市无偿献血先进个人；2018年10月，荣获国家卫健委、中国红十字会总会、中央军委后勤保障部卫生局联合评选的"2016—2017年度全国无偿献血奉献奖铜奖"；2019年12月，被评为中国天主教第二届公益慈善（精准扶贫）经验交流会先进个人；2022年11月，广东省天主教两会和汕头市天主教爱国会分别被中央统战部授予全国"宗教界先进集体"。

三、基督教

基督教在潮汕地区由英籍牧师传布的叫长老会，由美籍教士传布的叫浸信会。进入惠来的基督教，主要是这两个宗派。惠来基督教长老会一派，有4个礼拜堂，都在城镇。惠来县基督教浸信会这一派有3个礼拜堂，都在农村。

（一）惠城祚通礼拜堂。清光绪十六年（1890）左右，由岭东大会派驻甲子镇的牧师到惠城建立。初建堂点在东门街，后移祚通村。抗战后是隆江人林学经在此主持，1949年后由陆丰人曾少邦负责。1958年曾少邦调回原籍，礼拜堂由村接管。1986年落实政策，产权已归还教会。1890—1956年，先后在该礼拜堂传道的有：李子文（棉湖人）、胡若林（甲子人）、江顺习（揭阳枫江人）、黄崇天（揭阳渔湖广美人）、纪景星（普宁贵政山人）、卢以诚（岐石人）、林学经（隆江人）、陆映山（潮安云布人）、杨以霖（汕头人）、曾少邦（陆丰大鞍人）。20世纪80年代后，先后在该教堂传道的有：王伟鹏、杨立光、陈楚南、蔡奕标、黄楚贤、黄恩惠、黄见明、吴旋娟，2024年驻堂传道人林锐鑫教士。惠城礼拜堂历任执事有：方兴宽、郑姑锥、王特遇、吴希典、王圆、方章合、篮摩太、杨惠忠、陈金城。2005—2007年度被评为广东省模范宗教活动场所，2010—2011年度被评为揭阳市宗教活动场所先进单位，2013年被评为惠来县平安宗教场所。

（二）隆江福音堂。光绪十九年（1893）该堂在市美社买屋作为堂址。民国十六年（1927）由岭东大会出资扩建。1952年土改时停止聚会。旧堂大厅外被粮管所借用，一部分为教徒居住。1985年堂址归还教会。

（三）靖海礼拜堂。光绪三十一年（1905）由信徒倡建，地点在镇西城郊右侧。民国二十三年（1934）迁建于靖海市场大巷。1958年停止聚会，堂址被西锋大队借用。1984年归还。

（四）黄岗礼拜堂。光绪二十五年（1899），乡民因靠基督教牧师解决纠纷而免于危难，从而相信基督教。事后由乡老发动，建礼拜堂1座，面积156平方米，两房一厅。建成后由西差会派牧师住堂传教，还办有学校教儿童识字。堂址于1950年被乡政府借用，1985年落实政策时归还。

（五）周田礼拜堂。光绪二十九年（1903），基督教浸信会传入周田，几年后在前湖乡寨仔尾建教堂1座。当时传道的是揭阳人林恩典，执事有黄协明、黄协英等。1952年教堂为当地乡政府征用，20世纪80年代后已归还。

（六）月山礼拜堂。民国二十一年（1932）建于月山村老寨后横巷中心。堂址1952年被农业生产大队借用，1985年落实政策时归还。

惠来县信基督教的人数较少，1985年只有2422人。

基督教（包括天主教）是一神教，规定入教须经洗礼。这样，婴儿受洗才成为教徒。一律照基督教规定的假日度假，周日称礼拜日，要到礼拜堂念经礼拜，节日有圣诞节等，都与当地拜神佛的居民习惯不同。女青年不准同教外的人结婚，婚礼需在神父或牧师主持下进行。

（七）**葵潭礼拜堂**。葵潭礼拜堂建于清光绪二十七年（1901），地点在葵潭"崎路头"（吉成社区），面积约99平方米。民国十六年（1927）焚毁，后由岭东大会拨款修建。长老余子成、执事余国良都是医生。1949年后停止聚会，堂址被医药商店借用。1986年归还，1987年已建成二层楼教堂。

后　记

　　2022年春，县委、县政府联合发文，制定纪念惠来建县500周年各项工作安排，惠来县人民政府地方志办公室负责编写一本反映惠来建县500年的史书，定名《惠来史略》。近三年来，在县方志办全体工作人员的共同努力下，该书得以顺利完成。全书共8篇49章，约108万字。

　　《惠来史略》在编写过程中，承蒙县委、县人大、县政府、县政协四套班子领导的高度重视，并得到社会各界贤达大力支持帮助，在此，表示衷心感谢。

　　本书的编写，时间匆促，人手不足，舛误难免，祈请方家指正。

编者

2024年12月